Monika Fick

Lessing-Handbuch

Leben – Werk – Wirkung

Dritte, neu bearbeitete
und erweiterte Auflage

Verlag J.B. Metzler
Stuttgart · Weimar

Bibliografische Information der Deutschen Nationalbibliothek
Die Deutsche Nationalbibliothek verzeichnet diese
Publikation in der Deutschen Nationalbibliografie; detaillierte bibliografische Daten sind im Internet über
<http://dnb.d-nb.de> abrufbar.

Gedruckt auf chlorfrei gebleichtem, säurefreiem und
alterungsbeständigem Papier

ISBN 978-3-476-02248-6

© 2010 J.B. Metzlersche Verlagsbuchhandlung
und Carl Ernst Poeschel Verlag GmbH in Stuttgart
www.metzlerverlag.de
info@metzlerverlag.de
Einbandgestaltung: Willy Löffelhardt/Melanie Frasch
Satz: Typomedia GmbH, Ostfildern
Druck und Bindung: Kösel Krugzell · www.koeselbuch.de
Printed in Germany
September 2010

Verlag J.B. Metzler Stuttgart · Weimar

Inhalt

Anhang und Register

Einleitung

Lessing konnte sich von der Zeit seines Wirkens an bis heute einer unbestrittenen und kontinuierlichen Wertschätzung erfreuen. Signifikant sowohl für den Autor als auch für die Rezeption erscheint es, dass gerade die Hochachtung zum Problem geworden ist. Sie will nicht so recht zu dem Bild vom kritischen Schriftsteller, kompromisslosen »Selbstdenker« und Einzelgänger passen. Man empfindet ein Unbehagen so viel Übereinstimmung gegenüber und möchte Lessing, den Mutigen mit der Bereitschaft zum Dissens, für die »Streitkultur« retten. Der Zwiespalt zeichnet sich bereits zu Lessings Lebzeiten ab. Einerseits ist er ein berühmter Autor, der, wo er auch hinkommt, ausgezeichnet und geehrt wird, andererseits hat er Schwierigkeiten, eine angemessene Stellung zu finden, Geldsorgen überschatten sein Leben. Seit den sechziger Jahren löst man das Dilemma, indem man die Rezeption als doppelbödig zu enthüllen sucht. In Deutschland sei Lessing als undeutscher Dichter verdächtigt worden, der Respekt vor seiner Leistung sei Lippenbekenntnis geblieben, hinter dem sich die Ablehnung seiner spezifischen intellektuellen Qualitäten verberge. Man habe unangemessene ästhetische Normen an ihn herangetragen, um ihn als »Dichter« zu desavouieren und sein kritisches Potential zu verdecken. Hierbei ist man allerdings der Gefahr nicht entgangen, dass das Wort vom »engagierten Kritiker« selbst zur gängigen Münze wurde, die, einmal geprägt, den Blick auf die Inhalte verstellte. Heute scheint ein gelassenerer Standpunkt gefunden. Die Forschungslage ist zum einen durch den Pluralismus der Ansätze gekennzeichnet, zum anderen entdeckt man mehr und mehr die Vielfalt im Gegenstand. Dahinter steht die Tendenz zur Historisierung. Lessing wird eingeordnet in die Diskussionen und geistigen Auseinandersetzungen seiner eigenen Zeit, wodurch der »Pluralismus« der Themen und Gebiete, mit denen er sich beschäftigte, hervortritt. Den Rahmen für diesen Willen zur Konkretisierung bildet die Revision der Aufklärungsforschung, die unter dem Stichwort »anthropologische Fragerichtung« stattgefunden hat. Ein Weg zeigt sich hier, in der Vergangenheit betretene Sackgassen zu vermeiden: die Unterwerfung des Autors unter einen ihm fremden ästhetischen Anspruch oder die Festlegung auf eine nur vordergründige soziale und politische Relevanz. Das Bild vom Menschen in seiner Vielschichtigkeit rückt in den Mittelpunkt.

Es scheint an der Zeit, das Wissen über Lessing vor dem Hintergrund dieser Tendenzen zusammenzufassen und neu zu ordnen, das neue Instrumentarium auf die Erschließung seines Werks anzuwenden, zumal da Lessing als eine Schlüsselfigur der Aufklärung in Deutschland anzusehen ist. Hier hat das *Handbuch* seinen Platz. Es bietet zunächst umfassende Informationen zum Kontext, die Darstellung ist auf breiter Quellenbasis angelegt. Der Einbezug vielfältiger Quellen dient der Verlebendigung der historischen Zusammenhänge, in denen das jeweilige Werk steht. Die Inhalte, um die Lessing stritt, die Probleme, mit denen er rang, sollen anschaulich werden, zugleich soll die Dialektik von Kritik und Zeitgebundenheit hervortreten. Die Schärfe von Lessings Kritik hängt unlöslich mit ihrer Präzision zusammen, sie ist auf die Streitfragen des 18. Jahrhunderts bezogen und steht in den – philosophischen wie literarischen – Traditionen dieses Jahrhunderts. Wenn somit umfassende Information und dabei Veranschaulichung historischer Problemstellungen intendiert sind, so fußt die Darstellung zugleich auf dem Bewusstsein, dass jede Rekonstruktion zugleich Konstruktion ist, dass das Anschaulich-Machen zugleich Perspektivierung bedeutet. Unmittelbar schlägt sich dieses Bewusstsein darin nieder, dass der Weg, auf dem das Wissen zustande gekommen ist, immer nachgewiesen und festgehalten wird – auch auf die Gefahr hin, dass die Quellenbelege manchmal den Lesefluss unterbrechen. Darüber hinaus liegt allen Einzelkapiteln ein perspektivierender gedanklicher Leitfaden zugrunde. Ausgangspunkt ist die These von der Aufwertung der sinnlichen Natur des Menschen in der Epoche der Aufklärung. Dabei kristallisiert sich als die entscheidende Frage die mögliche Durchdringung von Sinnlichkeit und Vernunft, Gefühl und Reflexion heraus. Hinter den Synthese-Entwürfen, so der Leitgedanke weiter, steht eine tiefgreifende Erschütterung, nämlich der Umbruch im Bereich des Religiösen, der Prozess der Säkularisation. Denn Affekte und sinnliche Regungen erhielten im Rahmen der überlieferten religiösen Überzeugungen eine eindeutige Orientierung, sie galten als die treibenden Kräfte zum Guten wie zum Bösen. Noch Lessings Vater legte ihre Wirkung so fest: Die Affekte können den Menschen zur höchsten religiösen Liebe entflammen oder zur niedrigsten Begierde verführen (Disputation: *De affectibus*, 1712). Wo sich jedoch die Verankerung in den einzelnen religiösen Überlieferungen und Glaubenslehren löst, werden die Affekte im Guten wie im Schlimmen zum Problem. Das Telos der Lenkung und Kultivierung des Gefühls muss neu gefunden werden. – Wenn die Akzentuierung der sinnlichen Natur des Menschen, seiner Erlebnisfähigkeit und Emotionalität von einem sehr gegenwärtigen Erkenntnisinteresse gelenkt ist, so setzt die Betonung der rationalen Sinnstiftungs-Modelle der Aufklärungszeit der Aktualisierbarkeit Grenzen. Lessing bezieht den Einzelnen auf ein Ganzes, in dem Zusammenhang und Ordnung herrschen, wie unergründlich auch immer. Moralische Normen werden kaum angetastet, ein Konsens herrscht über das, was im zwischenmenschlichen Bereich (nicht in der Beziehung zum Göttlichen) gut und böse ist, wie Altruismus sich bewährt und Egoismus sich auswirkt. Gestritten wird darüber, auf welchem Weg der Mensch jeweils dazu gelangen kann und welchen Anteil sein psychisches Innenleben daran hat. »Gott« ist für Lessing, auch wenn er den christlichen Glauben aufgibt, keine leere Metapher, der Tod nicht die letzte Grenze für das Individuum. Die Ständegesellschaft wird als etwas Gegebenes akzeptiert, Kritik übt Lessing innerhalb seiner Lebenswelt an konkreten Entwicklungen.

Perspektivierung: Hinter den Analysen steht ein Bild von Lessings kritischem Potential, das sich mittels einer von Alexander Daveson überlieferten Anekdote am besten skizzieren lässt: »In Braunschweig war ein Stallmeister, der ein wüstes ausschweifendes Leben führte. Er trank, spielte und –. Er […] gerieth in Schulden, und brachte sich endlich durch einen Pistolenschuss selbst ums Leben. In seiner Tasche fand man einen Brief, voll der zärtlichsten Ausdrücke, an ein – Freudenmädchen. Sie allein war es, um derenwillen er die Welt ungerne verließ. – Als man von diesem Manne sprach, seine Lebensweise tadelte, und besonders den Umstand rügte, dass er

seine letzten Augenblicke dem Andenken einer feilen Dirne widmen konnte, nahm Lessing die Partei des unglücklichen Stallmeisters. ›Gerade dieser Zug, sagte er, gerade *dieser* Brief, gereicht dem Stallmeister zur Ehre. Er ist ein Beweis, daß sein Herz noch einer aufrichtigen Anhänglichkeit fähig war. Sie nennen dies Mädchen eine feile Dirne. Dazu hat sie die Noth Fremden gemacht. Wissen Sie, was die Liebe sie lehrte, dem Stallmeister seyn?«« (Daunicht 1971, 339f.). Grenzüberschreitende Radikalität in der Hinwendung zum Einzelnen verbindet sich mit der Affirmation bestehender Normen. Lessing verteidigt die Ausgestoßenen, indem er Quellen des allgemein anerkannten »Guten« in ihnen aufdeckt.

Um die Vielseitigkeit Lessings hervortreten zu lassen und zugleich Zusammenhänge zwischen dem scheinbar Disparaten transparent zu machen, werden die Werke in chronologischer Reihenfolge besprochen. Lediglich da, wo die Befolgung der Chronologie eine nicht mehr sinnvolle Aufsplitterung bedeutet hätte, werden Werkgruppen zusammengefasst: die Lyrik, die frühe Literaturkritik, die Rettungen, die theoretischen Äußerungen zur Schauspielkunst, die dramatischen Fragmente. Die intendierte Nähe zum Gegenstand forderte eine möglichst umfassende Berücksichtigung des Oeuvres; seit den enzyklopädischen Monographien vom Beginn des 20. Jahrhunderts (Oehlke, E. Schmidt) werden hier viele Werke erstmals wieder im Rahmen einer Gesamtschau vorgestellt. Dennoch ist Vollständigkeit nicht erreicht und nicht beabsichtigt. Viele Jugendkomödien und die Komödienentwürfe, philologische und kunsthistorische Studien, das Notizbuch der italienischen Reise, der Komplex der *Collectaneen*, (religions-)philosophische Schriften vor der Veröffentlichung der Reimarus-Fragmente, die Herausgeber- und Übersetzertätigkeit Lessings finden nur insoweit Beachtung, als sie zum Kontext eines repräsentativen Werks gehören und zu ihm hinführen (Ausnahmen: Sophokles, Diderot-Übersetzung). Es wird dann jeweils vorab ein Überblick über die wichtigsten Texte gegeben, darüber hinaus wird der Zugang zu den herangezogenen Werken, insbesondere den Übersetzungen, durch das Register erschlossen (Einträge unter »Übersetzungen« und ›Theatralische Bibliothek: Auszüge«; die Stichworte »Italienreise« und »Notizbuch der italienischen Reise« leiten zu weiterführenden Literaturangaben). Der Briefwechsel diente als Grundlage für das biographische Portrait, ist aber nicht zum Gegenstand einer Untersuchung gemacht worden.

Die Werkanalysen sind nach einem fünfteiligen Schema aufgebaut. Den Auftakt (1) bildet die chronologische Orientierung, jedes Kapitel eröffnen Angaben zum Erstdruck und zur Druckgeschichte, die sich allerdings auf das Notwendigste beschränken. Zur Ergänzung wird auf die Bände des Deutschen Klassikerverlags verwiesen (*Werke und Briefe in 12 Bänden*, hg. von Wilfried Barner zusammen mit Klaus Bohnen u. a., Frankfurt a. M. 1985 ff. = Sigle B), die zur Textgrundlage dienen und in denen die Editionsgeschichte genau aufgerollt wird. Es folgt (2) die Darstellung der Entstehung, des Kontextes und der Quellen, welcher Teil wiederum in sich untergliedert ist. Hier werden, zugeschnitten auf das jeweilige Werk, die für ein historisches Verständnis notwendigen Informationen gegeben, Informationen zur Gattungstheorie, zu literarischen Traditionen und Formen, zu den Bedingungen des Literaturbetriebs, zur ästhetischen Theorie, zur Zeitgeschichte, Theatergeschichte und Kunstgeschichte, zu Philosophie und Theologie, zur politischen Theorie, zu gesellschaftlichen Formationen (wie den Freimaurer-Bünden). Den Werkinterpretationen geht (3) ein Forschungsbericht voraus; dieser fehlt lediglich dann, wenn sich keine Deutungstradition gebildet hat. Die Integration von Forschungsberichten ist eine Konsequenz aus der eingeschlagenen Perspektivierung. Der vornehmste Zweck dieser Übersichten ist es, auch andere Perspektiven aufzuzeigen, die Divergenz der möglichen Ansätze und die Verschiedenheit der Ergebnisse bewusst zu halten. Sodann dienen sie dazu, das erreichte Diskussionsniveau zu bestimmen und die (noch ungelösten oder unlösbaren) Probleme herauszupräparieren, denen sich die Analyse zu stellen hat. Die Analysen selbst (4) wachsen aus der Auffächerung des Kontextes hervor. In immer neuen Variationen werden die Pole umkreist: »Anschauung« und »Erkenntnis«, Gefühlsimpuls und rationales Ziel, das Individuum in seiner kreatürlichen Bedingtheit und die Ordnung des Ganzen, Sinnlichkeit und Moralität, Natur und (göttlicher) Geist. Als vornehmste Felder, auf denen diese Fragen aufgeworfen werden, zeichnen sich ab: Theater und Drama (Dramen; Schauspielkunst); theoretische Reflexion über Möglichkeiten der Dichtung (Fa-

belbuch; Abhandlungen zum Epigramm), speziell der Tragödie (Poetik des Mitleids; *Hamburgische Dramaturgie*); Literaturkritik (z. B. »Literaturbriefe«); Philosophie (Spinoza-Gespräche) und Theologiekritik (Fragmentenstreit; Erziehungsschrift). Wenn die Frage nach der Koordination von »Denken« und »Empfinden« auf den Inhalt der besprochenen Werke zielt, so tritt bei den Dramenanalysen die Frage nach der Form als ein weiterer Leitgedanke hinzu, »Form« in einem weiten Sinn verstanden (als dramatischer Plan, Konstruktion der Handlung). In der formalen Organisation, so die Prämisse, prägen sich die philosophischen Postulate (Ordnung, Zusammenhang, Theodizee-Gedanke) mittelbar aus, die Verdeutlichung der Handlungskonstruktion ist deshalb ein wesentlicher Schritt der Interpretation (z. B. *Miß Sara Sampson*, *Minna von Barnhelm*, *Nathan der Weise*). Den Schluss der Werk-Präsentationen (5) bildet die Darstellung der zeitgenössischen Rezeption, die in der Regel bis zu Goethe hin verfolgt wird. – Die Kapitel sind so angelegt, dass jedes in sich geschlossen und für sich lesbar ist, weshalb Wiederholungen nicht ganz zu vermeiden waren. Zugleich werden grundsätzliche epochale Zusammenhänge und Voraussetzungen an derjenigen Stelle erörtert, an der sich der unmittelbarste Bezug zum Werk ergibt (z. B. die religionsphilosophischen Strömungen im Kapitel zum Fragmentenstreit, die politischen Theorien in den Kapiteln zu *Samuel Henzi* und *Ernst und Falk*).

Lücken sind gleichwohl zu verzeichnen. Gerade was die Rezeptionsgeschichte anbelangt, findet das Prinzip der Quellenorientierung Grenzen. Ausgewertet wurde im Wesentlichen das Material, das in neueren Editionen und Dokumentsammlungen zugänglich ist. Damit bleibt ein wesentliches Forschungsdesiderat bestehen: die systematische Auswertung der in Wolfenbüttel gesammelten Materialien zur zeitgenössischen Rezeption. Die Lessing-Akademie beherbergt eine Dokumentation aller Lessing-Bezüge in einem umfänglichen Spektrum von Zeitschriften zwischen 1749 und 1789; die Erwähnungen sind in Kopien, die 54 Ordner füllen, festgehalten. Auch die Wirkung im Ausland, insbesondere in Frankreich, ist noch nicht aufgearbeitet. – Ebenfalls verzichtet wurde auf eine Darstellung der Editions*geschichte*, auf eine wissenschaftsgeschichtlich orientierte Beschreibung der Werkausgaben. Hier kann wiederum auf die Arbeit der Lessing-Akademie verwiesen werden, wo eine Werkkonkordanz im Entstehen ist. – Schließlich: Obgleich dem Thema »Theater im 18. Jahrhundert und Lessings Theaterkonzeption« ein Kapitel gewidmet ist, ist das andere Thema, nämlich »Lessing auf dem Theater«, nicht behandelt worden. Eine angemessene Darstellung hätte einen Zusatzband notwendig gemacht.

Danken möchte ich insbesondere Oliver Schütze, Metzler-Verlag, der die einzelgängerische Arbeit immer wieder in den Dialog überführte, sodann Edeltraud Schnappauf, Lessing-Museum in Kamenz, die mir seltenes Quellenmaterial zugänglich machte. Klaus Bohnen und Arno Schilson danke ich dafür, dass sie mir großzügig Einsichtnahme in das Manuskript ihrer Editionen gewährten (B 7, B 10). Last not least gilt mein Dank Meike Adam und Carola Dahmen, die das Namenregister erstellten.

Einleitung zur zweiten Auflage

Vier Jahre, die seit dem Erscheinen des Lessing-Handbuchs verstrichen sind, sind eine zu kurze Zeit, um die damaligen Ergebnisse schon wieder zur Disposition zu stellen, zumal das Buch durchaus seine Funktion erfüllt und sich bewährt zu haben scheint. Deshalb bleibt es in der zweiten Auflage im Wesentlichen unverändert. Fehler wurden verbessert, darüber hinaus konnten nunmehr Lessings Werke alle nach der Ausgabe des Deutschen Klassiker-Verlags (hg. von Wilfried Barner), die inzwischen komplett vorliegt, zitiert werden. Die dortigen Kommentare zu Entstehung, Kontext und Wirkung wurden berücksichtigt und eingearbeitet (vgl. ergänzend Kap.: Praktische Hinweise). Die neu erschienene und gesichtete Literatur wird am Ende jedes Kapitels in einem eigenen Block (*Ergänzungen zur zweiten Auflage*) angeführt, meistens mit knappen Hinweisen auf den Inhalt. Dabei sind für die Auswahl nicht nur die (repräsentative) Bedeutung der Beiträge, sondern auch die Grenzen der Verfasserin bestimmend gewesen. So fehlt die Literatur zu den nicht bearbeiteten Bereichen: zu Lessings Briefwechsel, zur Rezeption im 19. Jahrhundert, zur Geschichte der Lessing-Inszenierungen. – Fortgeschritten sind mit der Zeit die Projekte der Forschungsstellen. So ist die Werkkonkordanz der Lessing-Akademie, die den Fundort sämtlicher Lessing-Titel in einer Reihe umfangreicherer Ausgaben nachweist und dabei auch die bei Reclam erschienenen Texte berücksichtigt, inzwischen abgeschlossen. Mit der Werkkonkordanz verbinden sich ein Titelverzeichnis zur Ausgabe von Lachmann/Muncker und weitere Hilfsmittel

zur editorischen Erschließung von Lessings Werk. Informationen darüber können unter der Internet-Adresse abgerufen werden: www.lessing-akademie.de. Ein Schwerpunkt der Arbeitsstelle für Lessing-Rezeption am Lessing-Museum Kamenz (www.lessingmuseum.de) ist die Erfassung und Dokumentation der Bestände; das Sammlungsverzeichnis (hg. von Wolfgang Albrecht und Dieter Fratzke) bietet eine Grundlage für Studien im Lessing-Museum. Die von Wolfgang Albrecht bearbeiteten Begleitbücher zur Dauerausstellung (abgeschlossen: 2006) erheben den Anspruch, auf einer wesentlich erweiterten Materialbasis die von Biedermann (1924) und Daunicht (1971) herausgegebenen Bände »Lessing im Gespräch« abzulösen bzw. zu ergänzen (s. Literaturhinweise: Quellen zur Wirkung Lessings).

Keine revidierte Auflage also – gleichwohl ein Beitrag zum Lessing-Jahr 2004. Dessen Ertrag wird erst später feststehen, doch lassen sich die Tendenzen der gegenwärtigen Forschung überblicken und bündeln. Drei Richtungen bzw. Schwerpunkte zeichnen sich ab.

1. »Lessings Grenzen« lautete das Thema einer Tagung zu Lessings 275. Geburtstag (Wolfenbüttel; Leitung: Ulrike Zeuch). Grenzen werden sichtbar im Blick auf das konkrete Detail. Nach wie vor gehen von der philologischen Detailforschung wichtige Impulse für die Konturierung des Lessing-Bildes aus. Dass die Erschließung des Details so fruchtbar ist, hängt mit der Eigenart vor allem des jungen Lessing zusammen, auf das, was er am eigenen Leib erfährt, mittels des

Rückgriffs auf Traditionen zu reagieren. Erforscht und konkretisiert man sowohl die biographischen als auch die intertextuellen Bezüge, so kann im scheinbaren Stereotyp der »Puls des Lebens« spürbar gemacht werden. Ein Paradebeispiel ist die Komödie *Der junge Gelehrte*. Fortwährend entwerfen die Interpreten das Bild vom »gelehrten Narren« (Košenina 2003) neu, indem sie die Titelfigur auf wechselnde Typen beziehen (den Polyhistor, den eitlen Studenten, den Pedanten...). Gleichzeitig erläutern sie die Figur und ihren Typus von Lessings Lebenswelt in Leipzig her, füllen die Umrisse mit den Farben seiner individuellen Erfahrung. Nicht weniger spannend ist der Major von Tellheim. Man hat den Typus des Melancholikers in der Figur entdeckt und beschrieben (Busch 2002); die Profilierung wirft nicht nur auf das Orientierungsmodell der Vorsehung ein neues Licht, sondern auch auf die Nähe des Stücks zur persönlichen Umwelt, sollen doch sowohl der Freund Ewald von Kleist sowie Lessing selbst nicht frei von depressiven Zügen gewesen sein.

2. »Grenzen«: Der Blick »von außen«, aus der Distanz, sieht Lessings Einbindung in zeitgenössische Diskussionen, sieht die Begrenzung, die zum Beispiel allein die Bindung an das damalige philosophische Vokabular mit sich bringt. Daneben gibt es jedoch einen anderen Blick, der, gleichsam auf Augenhöhe mit Lessing, in dessen eigenen Grenzziehungen den Zugriff auf ein Entgrenzendes wahrnimmt. Immer noch, immer wieder lässt sich die Forschung von der Diskrepanz zwischen den fixierbaren Inhalten der Lessingschen Schriften und seiner knappen, andeutungs- und anspielungsreichen Sprache inspirieren. Es gibt kaum einen Gedanken Lessings, für den man keine historischen oder zeitgenössischen Parallelen finden kann, er greift teils anerkannte, teils gewagte Ideen seiner Epoche auf oder knüpft an alte, vergessene Traditionen an. Auf der anderen Seite suggeriert seine Sprache eine Energie, einen Impuls, der über die einzelnen Inhalte hinausschießt und ihnen eine neue Zielrichtung verleiht. Doch welche? In der gegenwärtigen Forschung zeichnen sich drei Wege ab, eine Antwort zu finden. Erstens arbeitet man weiter an dem Bild von Lessing als dem Polemiker, der gegen verschiedene Fronten kämpft und dabei seine Argumente strategisch platziert (s. S. 160–167). »Lessings Skandale« wird das Thema

einer zweiten Wolfenbütteler Tagung im Lessing-Jahr sein (Leitung: Jürgen Stenzel). Einen Einblick in das Problem vermag Peter J. Brenners pointiertes Lessingbuch zu geben (2000). Brenner kehrt das bisher geltende Urteil geradezu um. Nehmen wir zum Beispiel die Goeze-Kontroverse. Er setzt Lessing ins Unrecht gegenüber der Regierung (272 f.); Lessing erscheint als Experimentator und Spieler, sogar als Lügner Goeze gegenüber (263); Goeze habe die Bedürfnisse des bürgerlichen 18. Jahrhunderts vertreten, nicht Lessing, der ewig Unruhige und Unruhestifter (275); aus der Lust am Widerspruch heraus habe er gestritten, unverbindlich, ja, beliebig seien jedoch die bezogenen Positionen geblieben, oft beruhe seine Rhetorik auf Blendwerk (258), ein Beispiel für eine beispiellose »Ästhetik der Frechheit« (259). Eine solche Kritik lässt den Religionsdisput buchstäblich ins Leere laufen. Einen Fingerzeig auf einen Ansatz, der dem gegenüber eine Profilierung der Streit*gegenstände* verspricht, gibt Conrad Wiedemann (in Band 3 der Barnerschen Ausgabe, 2003), der Lessings Widersprüche auf epochale Zusammenhänge bezieht und das Polemische als einen Grundzug des Zeitalters der Aufklärung fasst, der aus der »Aufwertung der Sinnlichkeit« resultiert.

Zweitens erkennt man in dem Gegensatz zwischen der Begrenztheit der Standpunkte und Lessings Sprachduktus, der ständig neue Horizonte zu öffnen scheint, ein Verhalten gegenüber dem Religiösen. Natürlich steht hier Lessings Spätwerk im Zentrum, und nach wie vor ist die Deutungsperspektive relevant, die Lessings Sprache, verschweigend und verhüllend wie sie sei, mit der Unerkennbarkeit des Göttlichen in Verbindung bringt (Strohschneider-Kohrs). Einen besonderen Akzent setzt seit dem 11. September 2001 das Drama *Nathan der Weise* und die Aufwertung des Islam (Kuschel 2004). Drittens schließlich transponieren dekonstruktivistische und posthermeneutische Ansätze Lessing in die Postmoderne (z. B. Müller Nielabas *Nathan*-Analyse, 2000). Sie überbieten gleichsam die in der theologisch-ästhetisch orientierten Forschung angelegte Tendenz, das Wesentliche der Texte jenseits aller bestimmbaren Inhalte nur in den sprachlichen Bildern zu fassen, die eine thematische Fixierung verweigern. Entfällt die Referenz des »Religiösen«, so bleibt das unbegrenzte Sprachspiel, bleiben die semantischen Verschiebungen mit ihren nicht abschließbaren Sinnpro-duktionen – eine Deutungsvariante, die beson-ders an der Ringparabel, die den »wahren« Ur-sprung der Religionen im Dunkeln lässt, erprobt wird.

Lessing für die Postmoderne? Lässt er sich bruchlos in heutige Vorstellungsweisen übersetzen? Hier behaupten die Darstellungen und Ana-lysen des Lessing-Handbuchs ihre Aktualität. Sie beleuchten – in vielfältigen, von der Sache be-stimmten Variationen – die Stelle, an der Modelle der Sinnstiftung zusammenprallen mit dem Indi-viduellen, dem Emotionalen und Irrationalen, dem unbefriedigten Wünschen und Sehnen. Da-bei liegt ein starker Akzent darauf, den Zusam-menhang mit den zeitgenössischen Denkmustern und Sprechweisen zu zeigen. Denn Lessing ent-faltet seine *eigene* Dynamik nur da, wo der Weg, die inhaltlichen Referenzen auf das zeitgenössi-sche (rhetorische, ästhetische, philosophische, theologische) Denken und Wissen aufzudecken, möglichst weit beschritten wurde; auf diesen Weg möchte das Buch führen. Dies gilt auch ge-genüber der theologischen Lessing-Interpretation und den Ansätzen, der Ästhetik seiner Schriften und Dramen einen religiösen Gehalt zu verlei-hen. Diese Analysen müssen sich reiben an der Spreng- und Stoßkraft, die Lessings Argumente erhalten, wenn man sie von der philosophischen Tradition her erschließt – ausgehend von der Spi-noza-Rezeption bis hin zum Rückgriff auf okkulte Überlieferungen. Wo Lessings Sprache in Andeu-tungen abzubrechen scheint, sieht die andere Deutungsrichtung das psychologische Konzept der »dunklen Perzeptionen«. Jede theologische Deutung des Spätwerks hat bislang ihre »anti-theologische« Gegen-Deutung gefunden, ohne dass eine die andere falsifizieren kann – welcher Fingerzeig könnte darin liegen? Lässt sich dieses Phänomen für das Verständnis Lessings fruchtbar machen?

3. Grenzerweiterungen sind schließlich in einem spezifischen Bereich zu verbuchen: in der Erfor-schung von Lessings Wirkung, wobei vor allem die internationale Rezeption zunehmend Auf-merksamkeit erfährt. Einen Überblick über den Forschungsstand gibt der Tagungsband *Lessing International – Lessing Reception Abroad* (hg. von John A. McCarthy, Herbert Rowland und Ri-chard E. Schade, 2001). Einen weiteren auf-schlussreichen Beitrag lässt die Dokumentation der Tagung im Jubiläumsjahr 2004 erwarten: *Mit Lessing zur Moderne. Soziokulturelle Wirkungen des Aufklärers um 1900* (Kamenz; Leitung: Wolf-gang Albrecht).

Besonderer Dank gebührt an dieser Stelle Herrn Marco Schüller, ohne dessen schnelle, zu-verlässige und findige Literaturrecherche und -beschaffung die Neuauflage nicht zu rechter Zeit hätte erscheinen können.

Aachen, im Mai 2004
Monika Fick

Einleitung zur dritten Auflage

Die dritte Auflage ist eine vollständige Neubear-beitung des Handbuchs. Leitender Gesichtspunkt der Überarbeitung war, ergänzend zu den an-thropologischen, (religions-)philosophischen und ästhetischen Fragestellungen, den Bezug von Lessings Werk zu zeitgeschichtlichen Ereignissen aufzuzeigen und so den gesellschaftlichen Wir-kungswillen des Aufklärers sichtbar zu machen. Anlass dazu gab vor allem Hugh Barr Nisbets ins-pirierendes Buch *Lessing. Eine Biographie* (2008) mit seinen genauen Einblicken in die zeit- und kulturgeschichtlichen Konstellationen, aus denen Lessings Dichtungen und Schriften erwuchsen: Einblicke, die nicht von der Konkretion des Tex-tes weg-, sondern zu ihr hinführen, da sie jenseits ideologischer Schematisierungen und obsoleter Konfrontationen (z.B. ›des‹ Adels mit ›dem‹ Bür-gertum) erarbeitet sind. In der Einführung zur Aufklärung und in den Kapiteln zu dem Lustspiel *Die Juden*, zur *Hamburgischen Dramaturgie*, zu *Philotas*, *Minna von Barnhelm* und *Emilia Ga-lotti* treten nunmehr die (gesellschafts-)politi-schen Implikationen und Intentionen deutlich hervor; zugleich soll der Zusammenhang mit dem neuen Menschenbild und mit Lessings religionsphilosophischem Denken erkennbar werden.

Zu den Themen Anthropologie und Religionsphilosophie: Der Grundgedanke der ›Aufwertung der Sinnlichkeit‹ (Kondylis) wurde zum einen ergänzt durch das Denkmodell des ›Perspektivismus‹ (Nisbet), zum anderen durch das der ›anthropozentrischen Wende‹, mittels dessen Charles Taylor den Prozess der Säkularisation neu zu konturieren suchte (2007/09). Lessing nimmt Profil an als ein Aufklärer, der die anthropozentrische Wende zwar massgeblich mitgestaltet hat, ohne jedoch eine ihrer wesentlichen Prämissen, den anthropologischen Optimismus, völlig zu übernehmen (vgl. die Abschnitte zu dem Lehrgedicht *Die Religion* und zu dem Herrnhuter-Fragment). Diese Spannung teilt sich der Theodizeestruktur seiner Dramen mit: Dem Blick auf das ›Ganze‹, in dem das ›Gute‹ zur Geltung kommen soll, wohnt ein Moment des Glaubens, der kontrafaktischen Entscheidung, poetologisch: des Schöpferischen inne. Daran knüpfen wir an in den (neu gefassten) Analysen zur *Hamburgischen Dramaturgie*, zu *Miß Sara Sampson*, *Emilia Galotti* und *Nathan dem Weisen* sowie zu den Spinoza-Gesprächen. In dem Kapitel zu *Laokoon* wiederum geht es darum, in dem Konzept des Schönen und des schönen Menschen das Gegenmotiv zu einer rationalistischen Wirklichkeitskonstitution zu entdecken.

In einigen derjenigen Kapitel, die keine grundlegend neue Tendenz aufweisen, wurde gleichwohl der Anschluss an den neuen Forschungsstand dadurch hergestellt, dass die Erschließung der intertextuellen Bezüge, die den dialogischen Charakter von Lessings Schriften begründen, durch eigene Beiträge weitergeführt wurde (z.B. Lessings Dialog mit Haller im Herrnhuter-Fragment, seine Debatte mit Breitinger in der ersten Abhandlung zur Fabeltheorie oder seine Positionierung gegenüber Gellert und La Mettrie in der Komödie *Der Freigeist* etc.). Weitgehend unverändert blieben lediglich die literaturgeschichtliche Einführung (im ersten Teil) sowie die Kapitel zum Trauerspiel-Briefwechsel, zu dem Faust-Projekt und den Dramenfragmenten, zu den *Zerstreuten Anmerkungen über das Epigramm* und zum Fragmentenstreit, schließlich die Darstellung von Diderots Dramenkonzeption. Unverändert blieben darüber hinaus fast alle Abschnitte

zu »Aufnahme und Wirkung«; nur in wenigen Fällen (z.B. zu *Philotas* oder den Gesprächen über Spinoza) machten einschlägige Publikationen eine Revision oder Ergänzung nötig. Die Lessing-Akademie überführt ihre umfangreiche Dokumentensammlung zur zeitgenössischen Rezeption Lessings (ca. 1750 bis 1800) in einen elektronischen Katalog; Teilergebnisse sind bereits online zugänglich (http://www.lessing-akademie.de; s. dort unter »Lessingtexte« im Hauptmenü).

Alle Forschungsübersichten wurden aktualisiert, wobei selbstredend nur die wichtigsten Tendenzen berücksichtigt und anhand repräsentativer Beispiele vorgestellt werden konnten; soweit möglich, sollten Argumentationszusammenhänge transparent gemacht werden. Vollständigkeit war kein Ziel; stichwortartige Informationen zu Beiträgen, die nicht ausführlich referiert werden konnten, in den Literaturverzeichnissen am Ende der Kapitel geben zusätzliche Fingerzeige auf die Fülle der in der Forschung thematisierten Aspekte. Der grundsätzlichen Revision entsprechend, wurde auch retrospektiv Literatur aufgenommen.

Das Handbuch sollte in dem Rahmen, in dem es angelegt war, verbessert und auf den neuesten Stand gebracht werden; darin bestand das Kerngeschäft der Überarbeitung. Jedoch sind auch zwei Erweiterungen anzuzeigen: Erstens werden Lessings Jugendkomödien nunmehr ausführlich gewürdigt (wobei wir zugleich zum *Freigeist* eine neue Sichtweise vorschlagen); dazu kommt ein Abschnitt über die Komödie im Kapitel über die *Hamburgische Dramaturgie*. Zweitens haben wir, wenngleich nur in untergeordneter Funktion, die *Collectaneen* thematisiert, Lessings »Schreib- und Denkwerkstatt« (Axel Schmitt), wobei dieser Abschnitt (innerhalb des *Laokoon*-Kapitels) eher als Anregung denn als vertiefende Darstellung gedacht ist.

Die anderen Lücken sind geblieben. In verstärktem Maße haben wir zwar den Briefwechsel für die Neufassung des Kapitels zur Biographie herangezogen, ihn jedoch nicht zum Gegenstand einer spezifischen Untersuchung gemacht; ein Verzeichnis der einschlägigen Literatur findet sich am Ende des biographischen Abschnitts (S. 54f.). Dem Philologen Lessing wurde kein eigenes Kapitel gewidmet (vgl. dazu Schönert 2011); neben einer Darstellung Lessings auf der

Bühne, der Rezeption im 19. Jahrhundert (vgl. den Tagungsband *Mit Lessing zur Moderne. Soziokulturelle Wirkungen des Aufklärers um 1900*, hg. von Wolfgang Albrecht und Richard E. Schade, 2004) und der Rezeption im Ausland (vgl. *Lessing International – Lessing Reception Abroad*, hg. von John A. McCarthy, Herbert Rowland und Richard E. Schade, 2001) wird man insbesondere das Thema »Lessing und die Juden« bzw. »Lessing und das Judentum« vermissen (vgl. dazu Willi Goetschel im *Companion to the Works of Gotthold Ephraim Lessing*, hg. von Barbara Fischer und Thomas Fox, 2005, 185–208). Einige Hinweise gibt der Abschnitt über das Lustspiel *Die Juden*; in den Kapiteln über *Nathan den Weisen* und die Gespräche mit Jacobi über Spinoza finden sich weiterführende Literaturangaben.

Vielen und vielfach habe ich zu danken: an erster Stelle Oliver Schütze und dem Metzler-Verlag dafür, dass sie die Neubearbeitung, die viel umfassender wurde als ursprünglich geplant, ermöglichten. Der Fritz Thyssen-Stiftung gilt mein Dank für die gewährte finanzielle Unterstützung, Magdalena Cullmann und Aneta Jalocha für zuverlässige Hilfe bei der Literaturrecherche, beim Korrekturlesen und der Schlussredaktion. Helmut Berthold danke ich für die immer sachkundige Beantwortung all meiner Fragen, die ich an die Lessing-Akademie richtete, und den Mitarbeitern in der Geschäftsstelle der Lessing-Akademie für die Kooperation während meiner Bibliotheksaufenthalte in Wolfenbüttel. Mein besonderer Dank gilt des Weiteren den Kollegen und Lessing-Forschern, die mir in großzügiger Weise, zumeist noch vor der Drucklegung, Einblick in ihre Manuskripte gewährten: Helmut Berthold, Christoph Bultmann, Karl S. Guthke, Thomas Martinec, Hugh Barr Nisbet, Richard E. Schade, Wilhelm Schmidt-Biggemann, Gisbert Ter-Nedden und ganz besonders Friedrich Vollhardt. Mit Gisbert Ter-Nedden hat sich über den wechselseitigen Austausch unserer Manuskripte ein jahrelanger Dialog entwickelt; für die vielen wertvollen Anregungen und Hinweise möchte ich an dieser Stelle sehr herzlich danken: insbesondere auch dafür, dass ich nicht nur Arbeiten, die sich im Prozess der Drucklegung befanden, vorab lesen durfte, sondern auch das wahrhaft inspirierende Kapitel zu *Minna von Barnhelm* aus dem geplanten Lessing-Buch.

Mein größter Dank richtet sich jedoch an Hugh Barr Nisbet, der alle Kapitel mit seiner kritisch-konstruktiven Lektüre begleitete, Fragen beantwortete, mich auf Fehler und Unstimmigkeiten aufmerksam machte und auch auf manchen Wegen bestärkte. Vieles konnte ich aufgrund seiner Anregungen und Anmerkungen verbessern; was nicht gelungen ist, habe nur ich zu verantworten.

Aachen, im April 2010
Monika Fick
(RWTH Aachen University)

Siglen, Abkürzungen und praktische Hinweise

Bd. 1–3, Berlin 1884–1897, Nd. Hildesheim 1969.

Daunicht 1971 Lessing im Gespräch. Berichte und Urteile von Freunden und Zeitgenossen, hg. von Richard Daunicht, München 1971.

Kuhles Doris Kuhles: Lessing-Bibliographie 1971–1985. Unter Mitarbeit von Erdmann von Wilamowitz-Moellendorff, Berlin/Weimar 1988.

Seifert Siegfried Seifert: Lessing-Bibliographie, Berlin/Weimar 1973.

Lexika:

ADB Allgemeine Deutsche Biographie, hg. durch die Historische Commission bei der Königl. Akademie der Wissenschaften, Bd. 1–56, Leipzig 1875–1912, Nd. Berlin 1967–71.

Neuer Pauly Der Neue Pauly. Enzyklopädie der Antike, hg. von Hubert Cancik und Helmuth Schneider, Bd. 1–16, Stuttgart/Weimar 1996–2003.

RGG Die Religion in Geschichte und Gegenwart. Handwörterbuch für Theologie und Religionswissenschaft, 3. neu bearbeitete Aufl. hg. von Kurt Galling in Gemeinschaft mit Hans Freiherr von Campenhausen u. a., 6 Bde und 1 Registerbd., Tübingen 1957–1965.

Zedler Grosses vollständiges Universal-Lexicon aller Wissenschafften und Künste [...], 64 und 4 Supplement-Bde, Halle/Leipzig: Johann Heinrich Zedler 1732–54, Nd. Graz 1961–64.

Die Literaturverzeichnisse am Ende der einzelnen Kapitel folgen in der Regel der Kapitelgliederung. Die Quellen werden zu Beginn zusammengefasst (Autor, Erscheinungsjahr/Erscheinungsjahr des Neudrucks oder Nennung des Herausgebers; Werkausgaben: Erscheinungsjahr der Schrift/Sigle mit Band- und Seitenzahl. Alle Titel sind in der Darstellung mit dem Erscheinungsjahr des Erstdrucks genannt; zur besseren Orientierung wird ggf. im Verzeichnis ein Kurztitel hinzugefügt). Um eine möglichst sachbezogene bibliographische Information zu gewährleisten, wurden manche Punkte weiter untergliedert oder es wurden neue Rubriken hinzugefügt, um Aspekte, die nicht dargestellt werden konnten, wenigstens bibliographisch zu dokumentieren. Die Verzeichnisse enthalten jedes Werk, das auch in der Darstellung erwähnt wird, daneben bringen sie weiterführende Literaturangaben (Autor, Erscheinungsjahr bzw. Autor, Herausgeber des Sammelbandes, Erscheinungsjahr, Seitenangaben). Wo sich zu häufig Mehrfachnennungen ergeben hätten (bei allen Forschungsberichten mit Ausnahme von demjenigen zu *Emilia Galotti*) oder aber wo das Prinzip der Darstellung und die Gruppierung der Forschung nicht kompatibel sind (vor allem in den Kapiteln des ersten Teils und in Überblicken wie den Kapiteln zur Bühnenpraxis und zu den dramatischen Fragmenten), wird die Untergliederung aufgegeben. Im Text wird dem Autornamen das Erscheinungsjahr hinzugefügt; die Zusammenstellungen am Ende der jeweiligen Kapitel sind alphabetisch angeordnet. Die vollständigen bibliographischen Angaben finden sich im Literaturverzeichnis im Anhang. – Um eine chronologische Orientierung zu gewährleisten, wird bei allen genannten Werken das Datum des Erstdrucks angegeben; eine Ausnahme bilden die Dramen, auf die im Kapitel über die *Hamburgische Dramaturgie* Bezug genommen wird, da es sich hierbei weitgehend um Aufführungstexte handelt. Die Lebensdaten der erwähnten Personen sind im Register zu finden; in der Darstellung wurden sie dann hinzugefügt, wenn die zeitlich-historische Einordnung besonders wichtig schien.

Lessings Werke werden nach der Edition des Deutschen Klassiker-Verlags zitiert (Herausgeber: Wilfried Barner; Sigle B). Für die Gespräche mit Jacobi über Spinoza, die in B nicht aufgenommen sind, wurde auf die Göpfertsche Ausgabe (Sigle G) zurückgegriffen. Werke, die in beiden Ausgaben nicht enthalten sind, werden nach Lachmann/Munkker (Sigle LM) zitiert. Ausnahmen werden in den einzelnen Kapiteln begründet.

Erster Teil:
Zeit und Person

Lessing-Bilder

»Aber, liebster Bruder, was Du getan hast, kann ich nicht tun. Du tust wohl Recht, daß Du alle Ansprüche auf Amt und Versorgung aufgiebst. Denn ich mache mir wenigstens die schmeichelhafte Hoffnung, daß Du seit Jahr und Tag wohl einen weiten, aber sichern Weg zu Deinem Auskommen und Ruhe erwählet hast, ohne nötig zu haben, den Tor zu loben und den Reichen zu bitten« (Theophilus Lessing an den Bruder Gotthold Ephraim, 8.1.1768, B 11/1, 491).

Ohne »nötig zu haben, den Tor zu loben und den Reichen zu bitten«: Was Theophilus Lessing an seinem berühmten Bruder wahrgenommen hat, den Hang und die Kraft zur Unabhängigkeit, macht auch heute noch den dominanten Zug im Bild Lessings aus. Er gilt als der unbeirrbare Aufklärer, der mit beträchtlichem persönlichen Einsatz Vorurteile bekämpft und gegen »eingeschliffene Erwartungen« verstoßen habe (Barner 2004, 26), wobei es ihm mehr auf die Konsequenz und Energie des Denkens als auf das gefundene Resultat angekommen sei. Er wollte nicht Wahrheit als fertige »Münze« übermitteln, sondern zum »Selbstdenken« anregen, zur »Mündigkeit« erziehen. Das vornehmste Mittel, die Leser zu involvieren und zum »Selbstdenken« zu stimulieren, sei der dialogische Stil, den Lessing meisterlich beherrscht habe; zudem mache seine Argumentationsweise die Genese, das ›Warum‹ der gedanklichen Resultate transparent, der Zusammenhang von (methodischem) Weg und (Erkenntnis-)Ziel werde durchschaubar. Sprachstil und Denkhaltung zeichneten Lessing als einen ›Neuerer‹ aus. Den Begründer einer ›nationalen‹ Literatur sieht man in ihm im 19. Jahrhundert, als einen der Wegbereiter der ›Moderne‹ versteht man ihn im 20. Jahrhundert. Energie des Denkens verbinde sich mit Leidenschaft des Denkens; Verstandesklarheit, »Lebhaftigkeit«, Geist und Witz gingen in Lessings Prosa eine Symbiose ein. In den Fokus rückt die Polemik: Der immer streitlustige Lessing habe der Polemik die Signatur des Poetischen aufgeprägt (und umgekehrt). Er wird zum Inbegriff des kalkulierenden, verständigen Dichters, des Kritikers und philosophischen Kopfes. Aufgrund seines Engagements sei er zeitbedingt in dem Sinne gewesen, dass er auf Probleme der eigenen Zeit reagiert habe, der kritische Bezug zur Gegenwart zeichne ihn aus. So sei er zwar ganz eingebunden in das 18. Jahrhundert, die Impulse jedoch, die er gegeben habe, wirkten weiter. Die Gegenstände, über und um die Lessing gestritten habe, seien entweder vergessen (sehr früh, bei Herder und Friedrich Schlegel bereits, taucht das Argument der historischen Distanz auf) oder zum Allgemeingut des ›westlichen Denkens‹ geworden (Nisbet 2008), vorbildlich bleibe die Art, wie Lessing mit den Themen umgegangen sei und sie sprachlich gestaltet habe. Dabei bringt man dieses ›Wie‹ oft mit persönlichen Charakterzügen des Aufklärers in Verbindung, vor allem mit dem Mut, Autoritäten anzugreifen und zum Anwalt abweichender bzw. unterdrückter Überzeugungen zu werden. Durch die Zeiten hindurch sieht man in Lessing den »männlichen« Dichter. Noch 1981 weiss Jörg Drews für das Hinreissendste in Lessings Prosa kein anderes Eigenschaftswort als »männlich« (in Bohnen 1982a, 103), für Martens ist ebenfalls ein »männliches Element« mit Lessing in die deutsche Prosa eingezogen (ebd. 118).

Mit wachsendem historischen Abstand stellt sich jedoch mehr und mehr auch die Frage nach der »Verstehbarkeit« Lessings als eines Aufklärers (so Barner im Lessingjahr 2004). Zwei Momente erweisen sich als besonders »vertrackt«: die empfindsamen Züge seines Werks und seine gelehrten Obsessionen. Barner (2004, 40) verweist auf die Sorgfalt, mit der Lessing »um Ermittlung und Bewertung der Umstände« bemüht gewesen sei – ein Gegenmotiv zu der Gewissheit, immer nur vorläufige Wahrheiten erhaschen zu können.

Nachruf 1781

Kontext Theologie

Bereits in den Nachrufen wird auf Lessing das Bild vom Wahrheitssucher angewendet, wie er selbst es in der *Duplik* geprägt hat. Der »Eifer«, so heißt es in der Todesanzeige der *Braunschweigischen Nachrichten von politischen und gelehrten*

Sachen (19.2.1781), womit Lessing die »Wahrheit« gesucht habe, hätte ihn gewiss »zu derselben geführt«; eine Wendung, die Schiller wörtlich in die von ihm herausgegebenen Stuttgarter *Nachrichten zum Nuzen und Vergnügen* (Nr. 17, 27.2.1781) übernimmt (Braun 2, 375 resp. 384). In einer Trauerfeier (9.3.1781) für Lessing auf dem Hamburger Theater werden die Zeilen gesprochen: Ihn »durstete; nun ist er an der Quelle,/ [...] Nun weiß Er, daß der treue Sucher/ Einst hinter den entfernten Vorhang dringt [...]« (*Litteratur- und Theater-Zeitung*, Berlin, 31.3.1781; zit. nach Braun 2, 392). Auch auf einer zu seinen Ehren geprägten Schaumünze wird er als »Freund« der »Wahrheit« dargestellt (Braun 2, 393). Dabei hat der Begriff »Wahrheitssucher« im Jahr 1781 noch einen kritischen, polemischen Beiklang. Noch ist die Debatte über die religionskritischen »Fragmente eines Ungenannten« im vollen Gang. Der Orthodoxie gilt Lessing als Verführer zum Irrglauben. In der in Nürnberg erscheinenden *Kinderzeitung. Ein Wochenblatt* (19.3.1781), also einer Zeitschrift, die sich an ein breiteres Publikum wendet, wird die Warnung ausgesprochen (zit. nach Albrecht 1991, Nr. 2, 9): »Nichts fehlte ihm, als *Gellerts* Herz und Religion.« Wie sehr die Charakteristik »Wahrheitssucher« ihr Profil vor dem Hintergrund der Angriffe auf Lessing gewinnt, zeigt der berühmte Nekrolog Herders: *G.E. Leßing. Gebohren 1729, gestorben 1781* (*Der Teutsche Merkur*, Weinmond [= Oktober] 1781). Herder entwickelt das Bild vom »Wahrheitsucher, Wahrheitkenner, Wahrheitverfechter« (Braun 2, 413) als Verteidigung gegen die moralischen Verdächtigungen, die seitens der Orthodoxie ausgesprochen werden (Braun 2, 411). Er »entschuldigt« Lessing, ohne seiner Meinung beizutreten (Braun 2, 412). Er erstreitet damit als Theologe (ebd., 410) dem Verstorbenen das Recht, das scheinbar Sanktionierte (die »christliche Wahrheit«) zur Diskussion stellen zu dürfen.

Kontext Theater

Unangefochten ist Lessings Ruhm als Theaterautor, wobei dieser Ruhm an der Ambivalenz teilhat, die dem Stand der Schauspieler als gesellschaftlicher Randgruppe anhaftet. Nach seinem Tod wird nochmals deutlich, wie sehr Lessing Konventionen überschritt. In mehreren Städten finden Trauerfeiern statt, die von den Theater-

truppen arrangiert werden (vgl. Braun 2, 384f. [Berlin] und 391f. [Hamburg]; U. Schulz 1977, 196; dazu Fischer 1997, 8f.). Das spektakulärste Unternehmen jedoch ruft der Theaterautor, Schauspieler und Prinzipal Gustav Friedrich Wilhelm Großmann, der, wie viele andere Schauspieler, mit Lessing persönlich bekannt war, ins Leben. Im Jahr 1788 ergreift er die Initiative, dem Verstorbenen ein Denkmal zu errichten, das nur von den Schauspielergesellschaften finanziert ist. Der Plan scheitert, adlige (der Nürnberger Reichsgraf Friedrich Julius Heinrich von Soden) und fürstliche (der Braunschweiger Landesherr Karl Wilhelm Ferdinand) Mäzene springen ein, im Juli 1796, zwei Monate nach Großmanns Tod, findet die Enthüllung des Denkmals in Wolfenbüttel statt (Fischer 1997). Einerseits ein Zeichen für die Dominanz adliger Kulturförderung und für die finanzielle Misere der Theater, die das Geld nicht aufbringen können. Andererseits jedoch auch ein Zeichen für die exzeptionelle Stellung Lessings. Nach Leibniz ist er der erste »Bürgerliche« in Deutschland, dem man ein Denkmal errichtet, Resultat seines Wirkens ist es, dass der Vorschlag, der Selbstbewusstsein signalisiert, aus der Berufsgruppe der Schauspieler kommt.

Kontext »Gelehrsamkeit«

Durchweg wird in den Nachrufen die ganze Bandbreite von Lessings Schaffen vorgestellt, seine Vielseitigkeit gilt als sein besonderes Charakteristikum und Verdienst. Fast formelhaft kehrt dabei die Wendung wieder: Lessing habe Gelehrsamkeit mit »Geschmack«, mit dem »Gefühl für Schönheit« (Braun 2, 375) verbunden. Einer der »ersten Gelehrten Deutschlands« wird er in Nicolais *Allgemeiner deutschen Bibliothek* (1781, 44. Band; Braun 2, 376) genannt, der Kritiker der Berliner *Litteratur- und Theater-Zeitung* (24.1.1781) schreibt über Lessing: »unstreitig der erste Mann unsrer Nation, der an allumfassender echter Gelehrsamkeit, hohem Dichtertalent, geleitet durch die hellste Kritik und Leibnizschen Scharfsinn im weiten Reiche der Litteratur keinen Nebenbuhler hatte« (Braun 2, 377f.). Auch in Herders Augen ist der »Reichthum« der Wissensgebiete für Lessing konstitutiv. Er spricht von dem »ungeheure[n] Mancherley«, das dieser bereits in den *Schrifften* (1753–55) entfalte (Braun 2, 399), und stellt das poetische, theoretische, kunstwissenschaftliche und philologische Werk im Einzelnen vor. Bei Herder findet sich aber auch die Bündelung der Einzelbegabungen auf das »Haupttalent« (ebd. 402) hin: die philosophische Kritik. Herder entdeckt hier den »Geist«, der dem divergierenden »Mancherley« einen einheitlichen Stempel aufprägt. Er nimmt überall den gleichen geschliffenen »dialogischen Styl« (ebd. 398) und die gelungene Synthese von Denken und Darstellung wahr.

Kontext Kritik. Friedrich Schlegel

Die Sichtweise, dass die Hauptdomäne Lessings die philosophische Kritik sei, wird zu einem Grundmuster der Rezeption. Das Argument wird in dem Augenblick zugkräftig und dominierend, in dem man keine der inhaltlichen (philosophischen, religiösen, psychologischen, kunsttheoretischen) Positionen mehr mit Lessing teilt. Denn dann schärft sich der Blick auf die bleibende Faszination der sprachlichen Techniken und des geistig-gedanklichen Habitus, der sich unabhängig von allen Inhalten artikuliert. Friedrich Schlegel hat in diesem Sinn das Bild vom »Kritiker« Lessing entworfen, dessen Werk »Literatur, Polemik, Witz und Philosophie« vereinige (_Über Lessing_, Schluss des Aufsatzes [1801]; KA 2, 398). Die Wirkung seiner Lessing-Essays (1797/1801; _Lessings Gedanken und Meinungen_ [1804]) ist allerdings die Geschichte eines Missverständnisses. Man hat Friedrich Schlegel so gelesen, als ob er den kritischen Geist Lessings aus dem Reich der »echten« Poesie verbanne, als ob er von einer romantischen Dichtungsauffassung aus Lessing nur als »unpoetischen« Dichter wahrnehme. In Wahrheit jedoch will Schlegel gerade umgekehrt die poetische Qualität von Lessings Intellektualität erschließen. Er will das Paradoxe in dessen Werk freilegen, das für ihn das Wesen der romantischen Poesie ausmacht: »Das Beste was Lessing sagt, ist was er, wie erraten und erfunden, in ein paar gediegenen Worten voll Kraft, Geist und Salz hinwirft; Worte, in denen, was die dunkelsten Stellen sind im Gebiet des menschlichen Geistes, oft wie vom Blitz plötzlich erleuchtet, das Heiligste höchst keck und fast frevelhaft, das Allgemeinste höchst sonderbar und launig ausgedrückt wird« (_Über Lessing_, 1797; KA 2, 112).

Lessing der Kämpfer – 19. Jahrhundert

Herders Nachruf enthält ein weiteres für die Rezeptionsgeschichte zentrales Moment: das nationale Motiv. Er spricht vom »teutschen« Geist Lessings (Braun 2, 403), niemand habe seit Luther »ursprünglich _teutscher_« als er geschrieben (Braun 2, 398). Das »Nationale«, nun nicht mehr in kulturellem, sondern in politischem Sinn verstanden, wird zum beherrschenden Grundzug des Lessing-Bildes im 19. Jahrhundert. Lessing wird für die politischen Kämpfe der Zeit instrumentalisiert, er wird zum Kronzeugen der nationalen Einigung. Das Revolutionsjahr 1848 markiert dabei einen wichtigen Einschnitt. Für beide ›Richtungen‹ wird er in Anspruch genommen, für die demokratische und die monarchische. Georg Gottfried Gervinus ist der herausragende Geschichtsschreiber des liberal-demokratischen Bürgertums. Die Hauptmerkmale Lessings, seine Selbständigkeit, sein Wille, zur Selbständigkeit zu erziehen, sein Eintreten gegen Missstände und Schlendrian, werden mit dem nationalen Gedanken verknüpft. Lessing habe immer im »Ganzen der Nation« gelebt, habe sich vom »Gefühl der Nationalbedürfnisse« tragen lassen (_Neuere Geschichte der poetischen National-Literatur der Deutschen_ [1840]; zit. nach Steinmetz 1969, 295 resp. 294). Darin, das deutsche Nationalbewusstsein gebildet – »gebildet« im doppelten Wortsinn genommen – zu haben, wird die bleibende Leistung Lessings gesehen. – Dies ändert sich auch nach 1848 und dem Scheitern der bürgerlichen Revolution nicht. Allerdings verkehrt sich die geschichtliche Perspektivierung. Aus dem Kritiker der herrschenden Zustände, aus dem Rebellen und Revolutionär wird der Heros, der die »Volkskräfte« gestärkt und der politischen Größe Deutschlands vorgearbeitet habe. Das Bürgertum des wilhelminischen Kaiserreiches rückt Lessing an die Seite der Macht. Seine geistigen Taten werden mit den politischen, vor allem den kriegerischen Taten Friedrichs II. parallelisiert. Wie Friedrich Preußen politisch »groß« gemacht habe, so habe Lessing den kulturellen Aufstieg Deutschlands begründet. Die Kampf- und Kriegsmetaphorik findet sich breit ausgeführt (dazu Schröder 1981). Sie soll den Anteil geistiger Kraft an der Konsolidierung politischer Macht suggerieren, die ›Mächtigkeit‹ des Geistes ausdrücken: »So standen sie beide im Nebel der Nacht: der König, der einen Lessing suchte für unsere Kunst, und der Dichter, einen Friedrich suchend für unseren Staat« (Heinrich von Treitschke: *Lessing* [1863]. Zit. nach Steinmetz 1969, 380). Den »Mehrwert« der Gesamterscheinung »Lessing« über alle historische Bedingtheit hinaus sieht man jetzt in seinem kämpferischen Mut. Klar erkennt zwar Erich Schmidt, dass Lessing ein »humanes Weltbürgertum« vertreten und sich somit um die »politisch-staatliche Bildung« der »Nation« wenig gekümmert habe. Doch, so fährt er fort, sein »gewappnetes Selbstgefühl« habe die »im Halbschlummer ruhende[n] Volkskräfte« »mächtig« »aufgerüttelt« (*Lessing. Geschichte seines Lebens und seiner Schriften* [2. Aufl. 1899]; zit. nach Steinmetz 1969, 398). Noch »heut« vernehme die Jugend »von ihm zuerst das Lebensideal der tätigen Energie, nicht des beschaulichen Daseins« (ebd.). Schmidt benutzt ebenfalls die Kriegsmetaphorik. Lessings Stimme töne »in jedem Kampf um freie Forschung und Duldung hell« dazwischen »wie der anfeuernde Befehl eines unsichtbaren Feldherrn« (1. Aufl. 1884; ebd. 396), die Rhetorik der Streitschriften wird mit dem erfrischenden »Stahlbade des Kampfes« verglichen (2. Aufl. 1899; ebd. 398).

Auch die ›Gegenpartei‹, auch die Kritiker des Kaiserreichs und Vertreter der Sozialdemokratie machen Lessing zu einem der Ihrigen. Das Bild des Menschen Lessing bleibt sich dabei merkwürdig gleich, nur die Ziele seines »Kampfes« ändern sich. Für Irritationen sorgt etwa, dass Ferdinand Lasalle und Franz Mehring, die wichtigsten hier zu nennenden Autoren, gleichfalls auf die Kampfesmetaphorik zurückgreifen. Lasalle bindet Lessing in eine Geschichtskonstruktion ein, die den Einfluss Hegels verrät. Der Gewinn politischer Macht, so die Prämisse, sei nur dann von geschichtlicher Bedeutung, wenn er von einer entsprechenden geistigen Entwicklung begleitet werde. In diesem Sinn parallelisiert Lasalle Lessing und Friedrich II.. »Insurrektion« ist das Stichwort. Im Siebenjährigen Krieg habe der preußische König mit den politischen Traditionen Europas gebrochen. Lessing habe Vergleichbares auf kulturellem Gebiet geleistet. Er habe die Selbstfindung des Geistes eingeleitet, gegen die Macht der Überlieferung habe er das Subjekt auf sich selbst zurückgeführt: »Und die Fahne des Gedankens in der Hand, getrieben von dem

Feuer seines Begriffs, immer weiter stürmte er [Lessing] von Schanze zu Schanze gegen alle Positionen der geistigen Welt!« (*Lessing vom culturhistorischen Standpunkt* [1861]; zit. nach Steinmetz 1969, 354). – Das Standardwerk der marxistischen Lessing-Interpretation ist Franz Mehrings Buch *Die Lessing-Legende* ([1]1893; 1963). Es ist unmittelbar gegen Erich Schmidts Biographie gerichtet. Es trägt den Untertitel »Eine Rettung«. Lessing soll vor dem affirmativen Blick gerettet werden, der ihn im »Geist« zu einem Bürger des Kaiserreichs, zu einem »mächtigen und glücklichen Bürger« (Treitschke; Steinmetz 1969, 378) macht. Als »Legende« entlarvt Mehring die Parallelisierung der Bestrebungen Lessings und Friedrichs II.. Lessing habe den preußischen König nicht bewundert, sondern gehasst, er habe gegen die feudalistische Gesellschaftsordnung rebelliert. Für Mehring ist Lessing der Vorkämpfer der bürgerlichen Klasse, die er – vergeblich – auf den Weg der nationalen Einigung zu bringen suchte.

Die nationale Vereinnahmung Lessings und seine Stilisierung zum »Kämpfer« und geistigen »Eroberer« gehen im 19. Jahrhundert Hand in Hand mit der Entwicklung eines positivistischen Wissenschaftsverständnisses. Es entstehen eine Reihe von Lessing-Biographien, die noch heute einen Wert als Materialsammlungen besitzen: die Darstellungen von Danzel/Guhrauer (1850–1854), Adolf Stahr (1859; 8. Aufl. 1877), Erich Schmidt (1884–1886; 4. Aufl. 1923) und Waldemar Oehlke (1919). Erich Schmidt beschreibt seine Intention so (2. Aufl. 1899; Steinmetz 1969, 398 f.): »Hier soll Lessing der Mensch, der Dichter, der Forscher nach den Geboten historischer Erkenntnis vor uns hintreten, die […] fragen will, was der Einzelne seiner Familie, seiner Heimat, seinen Schulen, seinem Volk, seinem Zeitalter dankt und was die freiere Entfaltung seiner Eigenart diesem Zeitalter Neues zugebracht hat.«

Herold des Irrationalismus – Erste Hälfte des 20. Jahrhunderts

Das Lessingjahr 1929

Es ist bekannt, dass irrationale Strömungen zu Beginn des 20. Jahrhunderts weite Verbreitung finden. Expressionismus, Vitalismus, »Wille zur

Macht«, »Leben« und »Erlebnis«, tragisches Lebensgefühl, das »Unbewusste« und die »Seele« – all dies sind Schlagworte der Zeit, die mit dem Irrationalismus zusammenhängen. Man sollte meinen, dass in einem solchen gedanklichen Umfeld kein Platz mehr für Lessing ist und über ihn nicht weiter nachgedacht wird. Doch ist dies keineswegs der Fall, vielmehr scheint gerade die Feindseligkeit des Aufklärers allem Unklaren, Dumpfen, Verschwommenen gegenüber zur Auseinandersetzung aufzufordern. Zwei neue Fragestellungen kristallisieren sich heraus. Zum einen wird jetzt die Frage bedeutsam, ob Lessing ein »Dichter« gewesen sei. Sie stellt sich in dem Moment, in dem das »Irrationale« als die Quelle des Poetischen angesehen wird, ja, zur Definition des Poetischen dient. Zum anderen sucht und entdeckt man irrationale Momente in Lessings Werk. Eine der Hauptfragen der Zeit, die Frage nach der Einheit von Rationalem und Irrationalem, Gedanke und Gefühl, wird auf Lessing angewendet. Einen guten Eindruck der Rolle, die Lessing im kulturellen Leben vor 1933 spielt, vermittelt das Jubiläumsjahr 1929. In seinem Festvortrag zum 200. Geburtstag umreißt Ferdinand Josef Schneider das neu erwachte »metaphysische Bedürfnis« der Zeit, das sich im Expressionismus Luft gemacht habe, und fährt fort (*Lessing und die monistische Weltanschauung* [1929], 4): »Im instinktiven Gefühl, dass uns Lessing als bloßer Klassiker der Aufklärung heute nicht allzu viel mehr bedeutet, sucht man ihn jetzt als Übergangserscheinung aufzufassen und müht sich ab um ein Problem, das sich etwa auf die Formel bringen ließe: ›Lessing und das Irrationale‹. Man will des Dichters Beziehungen ergründen zur Welt des Irrationalen, die den Urquell alles künstlerischen Schaffens bildet, das heißt, zu jenen Faktoren unsres Seelenlebens, die rein logisch nicht erfaßbar sind.« Schneider spricht Lessing den Zugang zum Irrationalen ab, reklamiert ihn aber für eine »monistische Weltanschauung« (Immanenzdenken, Spinozismus). Als ›Irrationalisten‹ dagegen erweist ihn Franz Koch, der die Verwandtschaft mit der »kommenden Epoche« (des Sturm und Drang), die mehr »irrational gerichtet« gewesen sei, aufdecken möchte (*Lessing und der Irrationalismus* [1928], 114). Er macht auf die vielfältigen Theoreme in Lessings Werk aufmerksam, in denen auf das »Gefühl« bzw. das »Herz« reflektiert wird. Julius Richter, der die

Beiträge zum Lessing-Jahr auswertet, rückt das Verhältnis zum »Irrationalen« gleichfalls ins Zentrum: »Unstreitig steht die *Weltanschauungs-* und *Religionsfrage* bei Lessing im Vordergrunde des Interesses – und das dürfte wiederum charakteristisch für die Geistesrichtung unserer Zeit selber sein. Wie stand Lessing zur Aufklärung? War er ihr treuester Sohn, oder war er ihr Überwinder? War sein Denken noch reiner Rationalismus, oder hat er den ›Durchbruch des Irrationalismus‹ innerlich miterlebt? Hier scheinen heute die eigentlichen […] Lessing-Probleme […] zu liegen.« Richter findet es »sehr bezeichnend«, dass »das Losungswort der Gegenwart, der ›Irrationalismus‹«, »immer wieder bei der Erörterung Lessings auftaucht« (*Rückblick auf das Lessingjahr 1929* [1930], 572). Thomas Mann (*Zu Lessings Gedächtnis* [*Berliner Tageblatt* 1929]) und Hugo von Hofmannsthal (*Gotthold Ephraim Lessing. Zum 22. Januar 1929* [*Neue freie Presse* 1929]) umkreisen die Symbiose von »Verstand«, Besonnenheit und ›Enthusiasmus‹, die ihnen als auszeichnendes Merkmal Lessings gilt. Hofmannsthal betont dessen Lebendigkeit vor allem auf dem Theater, man spüre die »Vereinigung der Logik mit etwas Höherem« (zit. nach Steinmetz 1969, 452). Thomas Mann polemisiert gegen den Vorwurf rationalistischer Flachheit. Leben und Werk zeugten von »Dämonie« und »Besessenheit«, »Naturtiefe« und »Leidenschaft«. Diese Elemente dürften jedoch von Lessings Trieb nach gedanklicher Durchdringung nicht abgetrennt werden, ja, sie würden bei ihm zum Movens der Versprachlichung. So rettet Mann den »Dichter« Lessing: »Eine andere Bestimmung des Dichterischen als: sprachverbundene Leidenschaft, der Affekt als Sprache – ich finde sie nicht« (zit. nach Steinmetz 1969, 449).

Erneut findet sich der Versuch, Lessing für die gegenwärtige politische Situation in Anspruch zu nehmen. Steht aber im Kaiserreich hinter den Projektionen ein im »Aufschwung« begriffenes nationales Selbstbewusstsein, so jetzt das durch den Versailler Vertrag traumatisierte. Man pflegt das Bild des Kämpfers, der Halt in einer krisengeschüttelten Zeit zu geben vermag: »Lessing […] – du sollst Männer wecken! […] Gib uns deinen unermüdlichen Tätigkeitsdrang in zielbewußtem Vorwärtsstreben. Führe dein Volk, wie einstmals zu neuem selbstbewußten sieghaften Aufstieg!« (Lessing-Feier der Friedrich-Wilhelm-

Universität zu Berlin am 22.1.1929, Festrede von Julius Petersen, zit. nach: Barner u. a. ⁵1987, 405). Demgegenüber verdient die Stimme von Theodor Heuss Beachtung. Er betont in dezidierter Gegenwendung gegen die nationalistische Vereinnahmung das Bürgerliche und Humane bei Lessing (*Gotthold Ephraim Lessing* [*Deutschland. Monatsblatt für die Deutschen im Ausland* 1929]; zit. nach Steinmetz 1969, 447).

Nationalsozialismus

Lessing wird im Nationalsozialismus »gleichgeschaltet«, ein Lessing-Bild wird propagiert, das der rassistischen Ideologie entspricht. Dies kann jedoch nur dadurch geschehen, dass alles ausgeblendet wird, was ihn realiter auszeichnet: die Zugehörigkeit zur Aufklärung, die Toleranzidee und Freundschaft mit Juden, die Verfechtung des »Menschlichen« im bürgerlichen Trauerspiel. Die Argumentationsstrategien erläutert detailliert Grimm (in Barner u. a. ⁵1987, 412 ff.). Eine Grenze findet die Indienstnahme am *Nathan*, das Drama verschwindet während des Dritten Reichs aus der Schullektüre und aus den Theaterrepertoires (ebd., 417). Der indirekt politische Charakter der Idee des Menschlichen, das sich in der Privatsphäre entfaltet, tritt hervor. Der totalitäre Staat kann diese Privatsphäre und diesen Begriff vom Menschen nicht tolerieren, das »bürgerliche Trauerspiel« setzt dem ideologischen Literaturkonzept Schwierigkeiten entgegen (ebd., 417). Viele Argumente stehen dabei bereits in einer Tradition, neu ist die Verschmelzung des Irrationalismus-Kults mit dem Völkischen, dem Rassegedanken und dem Antisemitismus.

Antisemitische Literaturgeschichtsschreibung. Aufgrund seines Kampfes gegen die religiösen und gesellschaftlichen Vorurteile den Juden gegenüber spielt Lessing eine herausragende Rolle in der Auseinandersetzung um deren Emanzipation und Assimilation in Deutschland. Lessing wird zum Kronzeugen der jüdischen Emanzipation, was ihm die Feindschaft der Antisemiten zuzieht. Grimm zeichnet die Fronten im »Berliner Antisemitismus-Streit« (1880) nach, in dem Lessings Haltung das Unpatriotische des Antisemitismus beweisen soll. Im antisemitischen Lager wird er dann zum Juden »gestempelt« und als solcher mit Hass verfolgt. Die einschlägigen Aufsätze

bzw. Bücher stammen von Eugen Dühring (1881; 1892) und Adolf Bartels (1918, 2. Aufl. 1934). Zielscheibe des Angriffs ist neben Lessing sein Biograph Erich Schmidt: Indiz, dass vor 1933 Nationalismus und Antisemitismus nicht notwendig Hand in Hand gehen. – Wie weit im Vordergrund das Thema der jüdischen Emanzipation am Ende des 19. Jahrhunderts steht, zeigen die (in Bohnen 1982a abgedruckten) Beiträge zum Jubiläumsjahr 1881: sowohl Wilhelm Scherer als auch Julian Schmidt räumen in ihrer Würdigung der Verdienste Lessings der »Judenfrage« breiten Raum ein, *Nathan der Weise* steht im Mittelpunkt.

Völkische Literaturgeschichtsschreibung und Irrationalismus-Kult. 1890 erscheint Julius Langbehns Buch *Rembrandt als Erzieher*, das sofort zu einem ungeheuren Erfolg wird. Langbehn verklammert die Aufwertung des Irrationalen mit dem Volks- und Rassegedanken, die germanische Volksart figuriert als bevorzugter Träger und »Hort« des Irrationalen. In der Nachfolge Langbehns steht Josef Nadler. Das Lessing-Bild verliert hier jegliche Kontur, es wird identisch mit der vertretenen Ideologie (Lessing als Typus des »Nordischen«), die es bestätigen soll. In einer der Kampfmetaphorik gewidmeten ideologiekritischen Studie analysiert Jürgen Schröder (1981) die Mechanismen, die Topoi und Traditionslinien der Argumentation. Josef Nadlers *Literaturgeschichte der deutschen Stämme und Landschaften* (1913; Auszug bei Steinmetz 1969, 439 f.) kann die Verselbständigung der Kriegsmetapher veranschaulichen. Das Lessingbild ist gänzlich aus einer Kriegsszenerie entwickelt, die in ein geisterhaftes »nordisches« Licht getaucht wird.

Das Lessing-Bild nach 1945

Deutsche Demokratische Republik

Für das Lessing-Bild der DDR sind die marxistische Geschichtskonstruktion und die marxistische Literaturtheorie bestimmend. Den Bezugspunkt bildet die Gegenwart, die Auseinandersetzung mit der Vergangenheit hat die Legitimation der gegenwärtigen sozialistischen Gesellschaft zum Ziel. Auseinandersetzung heißt soviel wie »Aneignung«, die (Literatur-)Geschichte wird zum »Erbe«, Geschichtsschreibung zur »Erbeaneignung«. In seinem Überblick über Tendenzen der Lessing-Rezeption in der DDR spricht Hans-Georg Werner (1984c) von dem »für die Erbeaneignung der sozialistischen Gesellschaft grundlegenden Interesse« und sieht es darin, »daß die aus dem Kampf um den Fortschritt hervorgegangenen Traditionen in ihrer aktivierenden Kraft bewußtgehalten werden« (432). Auf diese Weise wird ein Lessing-Bild produziert und propagiert, das in seinem affirmativen Charakter demjenigen der wilhelminischen Periode auf erstaunliche Weise ähnelt. Auf viele Jahre hinaus ist die 1958 zuerst erschienene Monographie Paul Rillas prägend: *Lessing und sein Zeitalter* (benutzte Ausgabe: Lessing. Gesammelte Werke, 10. Bd. [²1968]). Sie fußt auf Mehrings *Lessing-Legende*. Mehrings These, im Zentrum von Lessings Werk stehe die Opposition gegen den »Feudalismus«, wird adaptiert, dabei jedoch in eine andere Perspektive gerückt. Mehring verweist auf Lessing als einen »Vor-Vorkämpfer« des Proletariats von einer Gegenwart aus, in welcher das »Proletariat« auf der Seite der Opposition steht. Rilla reklamiert Lessing als Vorkämpfer für eine Gesellschaftsordnung, die sich durchgesetzt hat. Nicht anders als zur Zeit des Kaiserreichs wird der Einsatz für die nationale Einigung betont. »Nationale Einigung« ist bei Rilla das Schlag- und Stichwort, das die Brücke zum »Klassenbewußtsein« Lessings zu schlagen erlaubt. Er sei der »literarische Lehrer des sich auf dem Wege zur Nation befindenden Bürgertums« gewesen (Werner 1984c, 413), der die Fähigkeit besessen habe, »alle ihn bewegenden Probleme auf die sozialen Grundfragen der Klassenauseinandersetzungen seiner Zeit zu beziehen« (Werner 1984c, 411). Mit der Betonung der sozialen Problematik und Verantwortung scheint das nationale Pathos inhaltlich gerechtfertigt. Doch bleibt die Analyse des sozialen Bezugs abstrakt, die Leitsätze der marxistischen Theorie werden wiederholt. Wo das Lessing-Bild konkret wird, dominieren die Züge des »Kämpferischen«. Die Parolen des »Klassenkampfes« verschmelzen mit der Verherrlichung des »männlichen« Dichters. Lessing wird auf Kosten seiner Freunde heroisiert, aus Mendelssohn (!) und Nicolai werden Opportunisten, die sich mit den Verhältnissen arrangieren (Rilla 21968, 82, 104 f., 143, 259 u. ö.). Dem Portrait liegt ein rigoristisches, engherzig moralisierendes Menschenbild zugrunde. Sinnlichkeit, Leiden-

schaft, Liebe und Tod sind kein Thema. Die Ehe mit Eva König wird von Paul Rilla deshalb akzeptiert, weil sie Lessing in seinem Kampf fürs Bürgertum nicht behindert, ihm dafür vielmehr neue Kraft gegeben habe (Rilla 21968, 404 f.). – Hans-Georg Werner (1984) zeichnet die weiteren Wege der Lessing-Rezeption mit ihren unterschiedlichen Akzentsetzungen im Einzelnen nach. Die Debatte entzündet sich an der Frage nach dem Verhältnis von Politik und Moral in Lessings Stücken, man fragt danach, welche politische Funktion die Darstellung des Privatbereichs im »bürgerlichen Trauerspiel« hat. So lenkt z. B. Peter Weber (1970) verstärkt die Aufmerksamkeit auf Lessings philosophische Positionen, auf die Rolle der Empfindsamkeit, auf die Priorität des Moralischen, die Zentralstellung des Individuums und die Konzentration auf privates Schicksal. Er deckt, in Anlehnung an Kosellecks Argumentationsmuster, die antihöfische Tendenz und damit die oppositionelle Funktion dessen auf, was als ›Rückzug ins Private‹ erscheinen könnte.

Bundesrepublik

Ein einheitliches Lessing-Bild als »kultureller Besitz« hat sich in der BRD nicht mehr etabliert. Auf der einen Seite stehen die Nachrufe anlässlich der Jubiläen (1979, 1981), in denen im Wesentlichen die eingangs skizzierten Wesenszüge wiederholt werden, wobei man zugleich das Bild vom »unpoetischen Dichter« zu revidieren sucht (Bohnen 1982b; vgl. Steinmetz 1969, 13–45). Auf der anderen Seite steht die wissenschaftliche Auseinandersetzung mit dem Werk. Die leitenden Fragestellungen hierbei sind im Rahmen der Forschung zur Aufklärung anzusiedeln. Zwei Paradigmen haben prägende Kraft angenommen: Die sozialhistorische Betrachtungsweise und die mentalitätsgeschichtliche bzw. anthropologische Deutungsrichtung. Die sozialhistorische Forschung ist wesentlich durch die Studien von Jürgen Habermas (1962) und Reinhart Koselleck (1959) angeregt worden, in denen die Emanzipation des Bürgers im 18. Jahrhundert im Zentrum steht. Ein Instrumentarium scheint hier an die Hand gegeben, nicht nur die gesellschaftliche Bedingtheit, sondern auch die gesellschaftliche Relevanz von Literatur sichtbar zu machen. Das ungelöste Problem dieser Richtung liegt darin, dass noch kein methodischer Weg gefunden wurde, die spezifisch literarischen Traditionen und Qualitäten von Texten zu erfassen und mit dem soziologischen Ansatz zu vermitteln. Desgleichen werden inhaltliche Komplexe, die für die Literaten der Aufklärung von grundlegender Bedeutung sind, fast ganz ausgeblendet, vor allem philosophische Horizonte und die psychologische Innenschau. – Dasjenige Werk, das den Impuls der Literatursoziologie für die Interpretation Lessings am nachhaltigsten fruchtbar macht, ist das Lessing-Arbeitsbuch (Barner u. a. ⁵1987, 1. Aufl. 1975). Es spiegelt die Vorzüge und die Einseitigkeit der sozialhistorischen Orientierung wider. Der Hauptakzent liegt auf der Beleuchtung der gesellschaftlichen und sozialen Hintergründe. Lessing gewinnt Profil als sozial engagierter bürgerlicher Schriftsteller und Aufklärer.

In der anthropologischen Forschung geht es um ein Bild vom Menschen, für das die Integration seiner Körperlichkeit konstitutiv ist. Im 18. Jahrhundert heißt »Anthropologie«: Wissenschaft vom leib-seelischen Zusammenhang. Als moderne Forschungsrichtung wendet sich die philosophische Anthropologie gegen die Abstraktionen der Geistesgeschichte. Losgelöst von ihren Trägern, den Menschen, so lautet die Kritik, führten in den geistesgeschichtlichen Entwürfen die »Ideen« ein illusorisches Eigenleben. Gesetzlichkeiten würden konstruiert, die das Individuum verschwinden ließen (Marquard 1973). In der historischen Anthropologie wird das Menschenbild vergangener Epochen rekonstruiert, wobei die Frage leitend ist, wie jeweils die physische Bedingtheit, die Kreatürlichkeit und Sinnlichkeit, die Triebabhängigkeit (Sexualität), die emotionalen Bedürfnisse, die Gefühle des Menschen gesehen und gedeutet wurden. Es mag verwundern, warum gerade die Epoche der Aufklärung zum bevorzugten Gegenstand der anthropologischen Forschung geworden ist, scheint doch die Periode des Rationalismus und Optimismus wenig Raum zu lassen für die Erkenntnis dessen, was sich dem Zugriff der Vernunft verweigert. Doch gerade aufgrund dieses Widerstands hat hier die Forschung ihr Material gefunden, um zu Prinzipiellem vorzustoßen. Es kristallisieren sich zwei konträre Sichtweisen heraus, zwei unterschiedliche Möglichkeiten, das Verhältnis von (»irrationalem«) Gefühl und Vernunft zu interpretieren. Die erste Sichtweise führt zu dem Ergebnis, dass die Rehabilitation der Sinnlichkeit, die Aufwertung der leiblichen Sphäre und physischen Natur des Menschen, Charakteristikum der Aufklärung sei. Die philosophische Orientierung für diese Sichtweise gibt das Standardwerk von Kondylis an die Hand (1981). Kondylis klärt zunächst grundsätzlich die Dialektik von Rationalem und Irrationalem. Auch irrationale Inhalte müssten in dem Moment, in dem sie mitgeteilt werden sollen, in eine rationale, verständliche Form gebracht werden. Rationalität wird als notwendiger Modus der Vermittlung irrationaler (Vor-)Entscheidungen, Wertsetzungen und Inhalte gezeigt. Dies vorausgesetzt, entdeckt Kondylis in den philosophischen Strömungen der Aufklärung allenthalben inhaltliche Positionen, die eine Aufwertung der (nicht-rationalen) Sinnlichkeit implizieren. Man wolle im 18. Jahrhundert die sinnlichen Antriebskräfte des Menschen nicht ausgrenzen, sondern integrieren. Als Fundament und Basis der Vernunftentfaltung werde die sinnliche Natur gesehen, nicht als Gegenkraft. Dieser Ansatz ist an den Inhalten, die in einer Epoche zur Diskussion stehen, orientiert. Zahlreiche Einzelforschungen schließen sich hier an, auf den verschiedensten Gebieten zeichnet man die Erschließung des »ganzen« Menschen nach: auf dem Gebiet der Psychologie und Physiologie, der Ästhetik, Literatur und Schauspielkunst (Alt 1996; einen Querschnitt gibt der Sammelband Schings 1994, eine Übersicht der Forschungsbericht von W. Riedel 1994).

Die zweite Sichtweise führt zu dem konträren Ergebnis: Die Epoche der Aufklärung sei eine Epoche der Repression der Sinnlichkeit, der Abspaltung der Sinne vom Körper, der Entfremdung vom Körpergefühl, des Verlusts der »Ganzheit«. Diese Sichtweise geht auf Michel Foucaults einflussreiches Werk *Les mots et les choses* (1966; dt.: *Die Ordnung der Dinge*) zurück, das die diskursanalytischen Interpretationen anregte. Nicht auf das »Was«, die Inhalte, ist hier der Blick gerichtet, sondern auf das »Wie«, auf die Form, der sich die Inhalte anbequemen müssen. Die Rationalität der Vermittlung wird als Strategie der Ausgrenzung analysiert. Für Foucault ist diese Strategie der Ausgrenzung, der Ausblendung gerade da am Werk, wo »Sinnlichkeit« im (17. und) 18. Jahrhundert primär konstituiert wird, in der sinnlichen Wahrnehmung. Er analysiert die zentrale Denkform der Epoche, die »Repräsentation« (»Vorstellung«), und zeigt: Was man als vorbehaltlose Annäherung an die sinnliche Oberfläche der Welt, an das empirisch Erfahrbare versteht, ist das Resultat einer rigiden Steuerung und Beschränkung des Blicks zum Zweck der rationalen Beherrschung. Die Quelle gleichsam, aus der alle anderen Inhalte fließen, die Vorstellungsbilder der sinnlichen Wahrnehmung selbst erscheinen hier bereits den Techniken der Rationalisierung unterworfen.

Das anthropologische (Forschungs-)Interesse ist vielfach bereits auf das Gebiet der Literatur übertragen worden. Die Lessing-Philologie kann dabei auf zahlreiche Vorarbeiten zurückgreifen. Bereits im Jahr 1964 arbeitet Guthke als zentrale Aufgabe für die Forschung heraus, das Verhältnis von Irrationalem und Rationalität bei Lessing zu klären. Seinem Hinweis »antworten« mehrere Aufsätze vor allem aus dem angelsächsischen Bereich (Heitner 1973, Wessell 1973, Steinmetz 1977, Brown 1983; psychologischer Ansatz: Reh 1981). Mit der Ausweitung und Systematisierung des anthropologischen Ansatzes zeichnet sich auch in den Interpretationen zu Lessing die Antithetik der Sichtweisen ab. Aus der hermeneutisch orientierten Perspektive heraus dringt Lessing zu neuen Synthesen von Sinnlichkeit und Vernunft vor (»Mitleid«, »anschauende Erkenntnis«, »sittliche Empfindung«, »Gefühl des Christen«, »Geheimnis« der »Offenbarung« etc.). Den Rahmen, innerhalb dessen die Sinnlichkeit Bedeutung und Wert gewinnt, bilden dabei die philosophischen, theologischen und ethischen Vorgaben der Epoche, mit denen Lessing sich auseinandersetzt (Beispiele: Nisbet 1993, Fick 1993, Košenina 1995; M. Bell 1996). Aus der kritischen Perspektive heraus, die die Fragen der Diskursanalyse weiterentwickelt, zeigt Lessing vor allem in seinen Dramen die Repression der Sinnlichkeit. Seine Figuren demonstrieren aus dieser Sicht die Techniken der »Diskursivierung«, in denen die Impulse der erotischen Leidenschaft abgespalten werden und der Körper zum Fremdkörper wird (Utz 1990, Greis 1991).

Lessing-Forschung 2000–2010

Das exponentielle Wachstum der Literatur zu Lessing, von dem Nisbet (2008, 863) spricht, hält unvermindert an, und die Forschungslandschaft ergibt ein buntes, vielfältiges Bild: In den zahllo-

sen Analysen – im Zentrum der Aufmerksamkeit stehen die Dramen, der *Laokoon* und die Erziehungsschrift – ist die gesamte Palette der methodischen Zugänge vertreten, medientheoretische, diskursanalytische und dekonstruktivistische Ansätze finden sich ebenso wie Beiträge, die auf dem *gender*-Konzept aufbauen (vgl. dazu die umsichtige Darstellung von K. Wurst 2005); man versucht, die sozialhistorische Betrachtungsweise (z. B. Hempel 2006) mit den systemtheoretisch gewonnenen Erkenntnissen zu gesellschaftlichen Transformationsprozessen zu vermitteln (Prolegomena dazu in: Friedrich/Jannidis/Willems 2006); man fragt nach der Rolle des Geldes und sucht nach ökonomischen Modellen (z. B. Weidmann 1994; Breithaupt 2004; Schönert 2008); und nach wie vor erweist sich das Werk Lessings als ein ungemein fruchtbares Gebiet für philologische Entdeckungen und für die historisch orientierte hermeneutische Interpretation bzw. Kommentierung.

Den archäologischen Blick ziehen insbesondere *Laokoon* und *Emilia Galotti* auf sich, was sicherlich mit der Prägekraft von Wellberys Thesen zum »Gesetz der Schönheit« zusammenhängt; Wellbery liest den *Laokoon* als eine Verdichtung der *episteme* der Aufklärung, um in einem zweiten Schritt diese Verdichtung archäologisch zu unterwandern (s. S. 271 f.). Die Übertragung auf *Emilia Galotti* bietet sich wegen der Conti-Szenen an, in denen von jeher eine Fortsetzung der Laokoon-Debatte unter den Bedingungen des Theaters gesehen wurde (unmittelbar von Wellbery abhängig ist zum Beispiel Bonn 2008; auch Heeg 2000 rekurriert auf das »Gesetz der Schönheit«: 292, 299). Dekonstruktivistische Lektüren vermögen den Blick für die Doppelbödigkeit von Lessings Stücken zu schärfen (z. B. liest Heeg [2000] den *Text* der *Emilia Galotti*, der die psychologisierende Einfühlung provoziere *und* hintertreibe, als eine Dekonstruktion der *Charaktere*; vgl. auch Müller Nielaba [2000] zu *Nathan dem Weisen*), während die *gender-studies* Kapital aus Lessings produktivem Umgang mit Oppositionen und Antithesen schlagen: Dass er den ›Weg der Mitte‹ suchte und vornehmlich die Gut-Böse-Opposition im Urteil über Menschen aushebeln wollte, gehört zum Standardwissen zu Lessing; kontrovers wird in den einschlägigen Studien die Frage diskutiert, ob seine Synthesen (von Gefühl und Vernunft, von Anschauung und

Begriff) auf dem Ausschluss oder der Anerkennung des Inkommensurablen beruhen (s. o.); ob seine Texte also das »Opfer des Weiblichen« durch das väterliche »Gesetz der Schönheit« reproduzieren oder kritisch ›ausstellen‹.

Bunt und vielfältig ist auch das Bild, das die Beiträge der historisch-hermeneutischen Lessing-Forschung ergeben; die Hauptlinien der interpretatorischen Kontroversen zeichnen die Referate zu den Werkabschnitten nach. Zu Lessing existiert darüber hinaus eine ausgesprochen lebendige Tradition philologischer Forschung, Erschließung neuer Quellen und Rekonstruktion historischer Kontexte (wiewohl aus Sicht der jeweiligen Forscher natürlich die Lücken immer noch viel zu groß sind). So stellt Keßler (2009) einen Quellenfund zur Erziehungsschrift vor, nämlich die (1738 anonym erschienenen) *Lettres sur la Religion Essentielle a l'Homme, Distinguée de ce qui n'en est que l'Accessoire* von Marie Huber; Friedrich Vollhardt (2002; vgl. S. 410) ist den Verflechtungen von Lessings theologischen Interessen mit der Apologetik auf der Spur; Gad Freudenthal (2005) weist Lessings publizistischen Einsatz für die bürgerliche Gleichstellung der Juden nach (s. S. 90 f.); Blitz (2000) verfolgt das Medienecho des Siebenjährigen Kriegs und präzisiert so die zeitgeschichtliche Folie des *Philotas*, während Nisbet (2006) in einem Erlass Friedrichs II. eine unmittelbare Anregung für *Minna von Barnhelm* (wieder-) entdeckt (vgl. Guido Geest 1899, 14; s. S. 298); Guthke (2009) ordnet das *Tonsine*-Fragment in den Zusammenhang des Exotismus ein (s. S. 332); die Lessing-Akademie macht mittels einer elektronischen Edition von Lessings Übersetzungen ein neues Forschungsgebiet zugänglich (s. S. 239 f.). Schließlich präsentiert Mulsow (2009 und 2010) in einer »Kriminalgeschichte aus der Lessing-Philologie« den zweiten, allerdings nicht von Lessing stammenden Teil zu einem Fragment aus Lessings theologischem Nachlass, der *Historischen Einleitung in die Offenbarung Johannis* (B 8, 655–659), so dass wir nunmehr einen neuen vollständigen Text besitzen, den man zumindest in Lessing-Nähe rücken kann (eine Edition ist für 2011 geplant: Mulsow 2010, Anm. 1); zugleich jedoch identifiziert er den Entwurf Lessings als eine Übersetzung und macht dabei auf die Rolle clandestiner Gelehrsamkeit aufmerksam – um nur wenige Beispiele anzuführen. Mit detektivischem Scharfsinn

gehen diese Forscher den Lektürespuren und Rezeptionszusammenhängen nach, so dass greifbar wird, in welche Sinnvorgaben (z. B. deistische Ordnungsvorstellungen) das Lessingsche Denken sozusagen eingebettet war und wie sich damit die Lebenspraxis verband (z. B. publizistische Strategien zur Durchsetzung von Toleranz *in konkreten Fällen*: Goldenbaum 2004a und 2004b). All dies ist weit von einer Sinnleere nach dem Verlust der Transzendenz, welche (nicht nur) die dekonstruktivistischen Studien voraussetzen, entfernt.

Stellt man die Frage nach dem Entwurf eines neuen Gesamtbilds, so sind zum einen die Beiträge Ter-Neddens, zum anderen Nisbets Zusammenschau von Leben und Werk (Lessing-Biographie, 2008) zu nennen.

Die große Lessing-Biographie von H. B. Nisbet ist veranschaulichende historische Erzählung und unentbehrliches Arbeitsinstrument in einem, da er die (zum Teil entlegenen und disparaten) Ergebnisse einer historisch orientierten Lessing-Forschung *en detail* auswertet und vorstellt. Nisbet verleiht dem gesellschaftlichen Wirkungswillen Lessings Profil, indem er die einzelnen Werke in die konkreten »Konstellationen« (Vollhardt 2009) stellt, aus denen sie hervorgehen und auf die sie referieren: Konstellationen familiärer, zeitgeschichtlicher, ortsgebundener, freundschaftlich-geselliger, publizistischer, theaterpolitischer oder literarischer Art. Dabei präsentiert er Lessing als Europäer, der im geistigen Gespräch ›auf Augenhöhe‹ mit Aufklärern wie La Mettrie, Voltaire, Rousseau und Diderot argumentiert. Die philosophischen Positionen, die Lessing im Rückgriff auf Leibniz und als »Liebhaber« der Theologie entwickelt, enthüllen so ihren progressiven Charakter: Nisbet betont den Relativismus von Lessings Erkenntnistheorie und arbeitet die Durchdringung von Perspektivismus, Individualismus und Skeptizismus heraus. Indem er – mit gebotener Vorsicht – Leben und Werk aufeinander bezieht, schafft er eine neue Bewertungsgrundlage für die Frage, inwiefern eigene Erfahrung in Lessings Werk eingegangen ist und den gedanklichen Gehalt oder den Sprachstil geprägt hat (z. B.: Lessings Miterleben der Belagerung von Schweidnitz und die Belagerungsmetaphorik im theologischen Streit; das Werben um Eva König und der Abbruch der Arbeit an der *Matrone von Ephesus*). Der Zusammenhang, den er dabei zwischen Lessings persönlicher Lebenskrise (nach der Hamburger Enttäuschung) und seinem Perspektivismus nachzeichnet, ist ein Modell, das eine Alternative zu idealistischen Persönlichkeitskonzeptionen darstellt; damit könnte es sich als ein Schlüssel zu den Widersprüchen in Lessings Werk, z.B. den Brüchen in *Emilia Galotti*, jenseits organologischer Einheitsvorstellungen und ahistorischer Dekonstruktionen erweisen (bes. 660 f.; zum biographischen Aspekt s. S. 51–53).

Gisbert Ter-Neddens neue Lessing-Studien (zu *Philotas* [2007], den *Fabeln* [2010], *Emilia Galotti* und *Nathan* [2010] sowie *Minna von Barnhelm* [2011]) sind geeignet, das Problem der oft bemerkten Diskrepanz zwischen Emotionalisierung und Intellektualität (nicht nur) im dramatischen Werk des Dichters und Kritikers zu lösen. Er spricht von dem »Lessing-Code«, den es zu erkennen gelte, und meint damit die Aufspaltung in die Erlebensperspektive der Figuren und eine kognitive Ebene, die mit dem ›aus Leidenschaft‹ geführten Dialog zugleich aufgebaut werde (»doppelte Adressierung«); zwischen beiden Ebenen bestehe eine »kognitive Dissonanz«. Auf diesen »Lessing-Code« bildet Ter-Nedden das Prinzip der ›Modernisierung‹ der überlieferten Tragödienstoffe ab, das er bereits ins Zentrum seines Trauerspiel-Buchs (1986) stellte, wobei er ›Modernisierung‹ (und »Kontrafaktur«) nun insbesondere auf die religiösen Mythen und die religiöse Bildersprache bezieht. Die religiösen Vorstellungen, die den Menschen in Beziehung zu Gott, einem übernatürlichen Sein und einem Jenseits bringen, vor allem die Vorstellungen von Seelenheil und Verdammung, schlägt Ter-Nedden der Erlebensperspektive der Figuren zu: Lessing decouvriere sie als Projektionen von deren Selbstbehauptungswillen, der sich in tödliche Aggressivität gegen die vermeintlich Bösen verwandle (die Tugend-Laster-Opposition als eigentlicher »Sündenfall«). Während die Techniken der Emotionalisierung dazu dienten, mittels Empathie die Erkenntnis einer gemeinsamen Menschennatur zu fördern, deren angeborenes Erbteil eben dieser Selbstbehauptungswille und der Impuls, Böses mit Bösem zu vergelten, sei, dienten die Techniken, die eine »kognitive Dissonanz« erzeugten (z.B. tragische Ironie), dazu, die Verblendung der Figuren kenntlich zu machen und, im Sinne einer poetischen Theodizee, den natürlichen Zusammenhang der Dinge hervortreten zu lassen: trans-

parent werde der Mechanismus einer *self-fulfilling prophecy* (s. S. 390 f.). Den »tragischen Plotkonstruktionen« stellt Ter-Nedden die »antitragische Theodizee« der Komödien und des »dramatischen Gedichts« *Nathan der Weise* (s. S. 497 f.) gegenüber, in denen, wiederum auf natürliche Weise, die Überwindung der Egozentrik und Realisierung von Solidarität gelängen. Ter-Nedden beschreibt Lessings Dramen als »Lehrstücke«, deckt ihre epigrammatische Struktur auf und zeigt die Affinität zwischen *Philotas* und den *Fabeln* (s. S. 183), dadurch die Einheit des Werks neu profilierend.

Markant ist an Ter-Neddens Zusammenschau – neben der Erhellung der ästhetischen Prinzipien (»Lessing-Code«) – vor allem die konsequente Engführung von Anthropologie und Religionsphilosophie. In den Dramen werde die poetische Bildersprache zum Medium für die Auslegung der religiösen Bildersprache; indem Lessing die religiösen Vorstellungen entmythologisiere, bringe er gleichwohl deren »aufklärungsresistente Wahrheit« zur Anschauung. Solche »aufklärungsresistente Wahrheiten« seien insbesondere im Mythos vom Sündenfall und in den religiösen Heilsversprechen enthalten. Was Ter-Nedden dann allerdings als »aufklärungsresistente Wahrheit« der religiösen Mythen bezeichnet (die biologische egozentrische Grundausstattung des Menschen, die ethische Verpflichtung, diese Egozentrik zu überwinden, die psychische Glücksempfindung, die die gute Tat begleitet, die rein menschliche Fähigkeit, das Gute um des Guten willen zu tun), sind ausschließlich solche »Wahrheiten«, die nur in einem anthropozentrischen Bezugsrahmen denkbar sind und aus denen eben das herausgefiltert ist, was »Religion« definiert, nämlich die Erfahrung, dass der Mensch auf eine Ergänzung angewiesen ist, die über seine (natürlichen) Kräfte und Anlagen geht, und seine Einbettung in einen Zusammenhang, der ihn und das ›Natürliche‹ überschreitet (vgl. Taylor 2007/ 09). Mit anderen Worten: Ter-Neddens »aufklärungsresistente Wahrheiten« sind nicht aufklärungsresistent, sondern Ergebnis eines aufklärerischen Denkens; nichts ›Resistentes‹ der Religion bleibt hier übrig. Die Diskussion dieser Thesen leitet jedoch zum Kontext der Aufklärung über.

Quellen und Dokumentsammlungen: W. Albrecht 1991;
W. Albrecht 2003, Bd. 2 [Briefe zu Lessings Tod]; W.
Albrecht 2005, Bd. 2, 590–613 [Nekrologe und post-
hume Charakterisierungen Lessings]; Bohnen (Hg.)
1982a; Braun 2 und 3; Dvoretzky Bd. 1/2, 1971/1972;
Großmann 1791/1997; Herder 1781 (Braun 2, 397–415;
vgl. Suphan 15, 486–512 [Druck von 1786]); Fr. Schlegel 1797/1801 (KA 2, 100–125 und 397–419) und 1804
(KA 3, 46–102); Steinmetz 1969.

Literatur

allgemein: W. Albrecht 1997; J. Drews in Bohnen (Hg.)
1982a, 100–103; Göpfert (Hg.) 1981; Grimm in Barner u. a. [5]1987, 344–427 [Gesamtüberblick zur Re-
zeption]; Guthke 2003 [Toleranz]; W. Martens in
Bohnen (Hg.) 1982a, 118–122; Nisbet 2008, 850–864
[Gesamtüberblick zur Rezeption].
zu Nachruf 1781: Barner 2001 [Goethes Lessingbild
contra Lessings Goethebild]; A. Fischer 1997; Nisbet 2008, 842–848; U. Schulz 1977, 196 [Verzeichnis
der Trauerfeiern für Lessing].
zu Friedrich Schlegel: K. Peter 1982.
zu 19. Jahrhundert: W. Albrecht/Schade (Hgg.) 2004
[Beiträge zur Lessing-Rezeption um 1900 in unterschiedlichen Kontexten: Lebens- und Gesellschafts-
philosophie, Theologie, Freimaurerei, Politik, Theater, Erziehung und Bildung]; Danzel/Guhrauer
1850–54; Erbepflege in Kamenz 18 (1998) [Lessing-
Rezeption im Sturm und Drang und in der Roman-
tik]; Gansel in Korte/Rauch (Hgg.) 2005, 81–95
(Lessing im Schulkanon 1800–1900; Konzentration
auf *Emilia Galotti*]; Gansel/Siwczyk (Hgg.) 2009
[*Nathan der Weise* im Kulturraum Schule 1830–1914:
Einführung und Quellentexte]; Mehring 1893/1963;
Mix 2000 [Mehrings *Lessing-Legende*]; Oehlke
1919; E. Schmidt 1884–86/[4]1923; J. Schröder in
Göpfert (Hg.) 1981, 93–114 [Kämpfer-Metaphorik];
Seeba in Fischer/Fox (Hgg.) 2005, 327–349; Stahr
1859/81877.
zu Lessingjahr 1929: Koch 1928; Nenon in W. Al-
brecht/Schade (Hgg.) 2004, 61–66 [Diltheys Lessing-Deutung im Kontext seines Lebensbegriffs]; J.
Richter 1930; F.J. Schneider 1929; Zelle 2008/2009
(2010) [Karl Viëtors Lessingbild im Gedenkjahr
1929; mit dem Abdruck des bislang unveröffentlichten Typoskripts von Viëtors Jubiläumsrede].

zu Nationalsozialismus: Bohnen (Hg.) 1982a [Beiträge
zum Lessing-Jahr 1881; Antisemitismus]; Grimm in
Barner u. a. [5]1987, 412–418; Schmiesing in Fischer/
Fox (Hgg.) 2005, 261–280; J. Schröder in Göpfert
(Hg.) 1981, 93–114 [Kämpfer-Metaphorik und völki-
sche Ideologie]; Seeba in Fischer/Fox (Hgg.) 2005,
327–349.
zu Lessing-Bild nach 1945: DDR: Bohnen in Göpfert
(Hg.) 1981, 115–130; Kertscher und Fox in Fischer/
Fox (Hgg.) 2005, 301–325 [Lessing auf der Bühne:
DDR]; Rilla [2]1968 [Erstdruck]; Weber 1970; H.-G.
Werner 1984c. – *BRD:* Alt 1996; Barner u. a.
1975/[5]1987; M. Bell 1996; Bohnen 1982b [Nach-
wort]; Brenner 2000; Brown 1983; Fick 1993; Fou-
cault 1966, übers. von Köppen [14]1997; Greis 1991;
Guthke 1964 [Forschungsbericht]; Guthke in Göp-
fert (Hg.) 1981, 131–160 [Forschungsbericht];
Guthke 1981d [Philosoph im Spielkasino]; Haber-
mas 1962/1990; Harth 1993 [Paradoxien im Werk
Lessings]; Heitner 1973; Hildebrandt 1979; Jung
2001 [Einführung zu Lessing]; Kondylis 1981/[2]1986;
Koselleck 1959/[8]1997; Košenina 1995; Marquard
1973; R. Meyer in Fischer/Fox (Hgg.) 2005, 283–299
[Lessing auf der Bühne: BRD, Österreich, Schweiz];
Nisbet 1972/73; Nisbet 1993; Reh 1981; W. Riedel
1994; Schings (Hg.) 1994; Steinmetz 1969, 13–45
[Einleitung]; Steinmetz in Harris/ Schade (Hgg.)
1977, 165–168; Steinmetz in Fohrmann (Hg.) 1998,
91–103 [gegenläufige Sichtweise zur Idealisierung
von Lessings Persönlichkeit]; Utz 1990; Weidmann
1994 [Ökonomie in Lessings Dramen]; Wessell
1973.
Lessing-Forschung 2000–2010: Barner in Schmidt-
Glintzer (Hg.) 2004, 11–40; Blitz 2000; Bonn 2008;
Breithaupt in W. Albrecht/Schade (Hgg.) 2004, 67–
77; Fauser in Fauser (Hg.) 2008, 7–17 [Tendenzen
der jüngeren Lessingforschung]; Freudenthal 2005;
Friedrich/Jannidis/Willems (Hgg.) 2006; Golden-
baum 2004a und 2004b; Guthke 2009 [Exotismus];
Heeg 2000; Hempel 2006; Keßler 2009; Müller Ni-
elaba 2000; Mulsow 2009; Mulsow in Bultmann/
Vollhardt (Hgg.) 2010 (im Druck); Nisbet 2008;
Schönert 2008; Ter-Nedden 1986; Ter-Nedden in
Adam/Dainat (Hgg.) 2007, 317–378; Ter-Nedden in
Bultmann/Vollhardt [Hgg.] 2010 (im Druck); Ter-
Nedden in Rose (Hg.) 2010, 159–205; Vollhardt in
Alt u. a. (Hgg.) 2002, 29–48; Vollhardt 2009; Wurst
in Fischer/Fox (Hgg.) 2005, 231–257.

Lessing im Kontext der Aufklärung: Philosophie und Gesellschaft

»Unsere Tage füllten den glücklichsten Zeitraum des 18. Jahrhunderts. Kaiser, Könige, Fürsten steigen von ihrer gefürchteten Höhe menschenfreundlich herab, verachten Pracht und Schimmer, werden Väter, Freunde und Vertraute des Volks. Die Religion zerreißt das Pfaffengewand und tritt in ihrer Göttlichkeit hervor. Aufklärung geht mit Riesenschritten. Tausende unserer Brüder und Schwestern, die in geheiligter Untätigkeit lebten, werden dem Staate geschenkt. Glaubenshaß und Gewissenszwang sinken dahin; Menschenliebe und Freiheit im Denken gewinnen die Oberhand. Künste und Wissenschaften blühen, und tief dringen unsere Blicke in die Werkstatt der Natur. Handwerker nähern sich gleich Künstlern ihrer Vollkommenheit, nützliche Kenntnisse keimen in allen Ständen. Hier habt ihr eine getreue Schilderung unserer Zeit. Blickt nicht stolz auf uns herab, wenn ihr höher steht und weiter seht, als wir; erkennt vielmehr aus dem gegebenen Gemälde, wie sehr wir mit Mut und Kraft euren Standort emporhoben und stützten. Tut für eure Nachkommen ein Gleiches und seid glücklich« (zit. nach Merker 1982, 7). An dieser Passage aus einem anonymen Traktat aus dem Jahr 1784 lassen sich grundlegende Motive der Aufklärung ablesen: die Symbiose von Reformoptimismus und Absolutismus, das Vertrauen in die Vernunft, die Hoffnung auf sozialen Wandel und Wohlstand durch die Verbreitung von Bildung und Wissen, die Forderung nach Toleranz, der Glaube an eine ›natürliche Religion‹ und an die allgemeine »Menschenliebe«, schließlich das Gefühl, in Übereinstimmung mit einer übergreifenden vernünftigen Ordnung zu leben (Überzeugung von der allmählichen Vervollkommnung der Menschheit).

Die anschließende Darstellung soll die Verflechtung von ideellen, politischen und sozialen Faktoren im Zeitalter der Aufklärung beleuchten. Sie erhebt keinen Anspruch darauf, einen umfassenden Überblick über die unterschiedlichen Tendenzen der Epoche zu geben oder eine Begriffsbestimmung von ›Aufklärung‹ zu leisten (s. dazu Ciafardone 1983, hg. Hinske 1990; W. Schneiders 1974, 1990, 1995, ²2001; bes. jedoch Enskat 2008). Vielmehr dient sie als ein Grundriss für die anschließenden Werkanalysen und als eine Einführung in Denkfiguren, deren Kenntnis für ein historisches Verständnis Lessings unentbehrlich ist; deshalb die relativ ausführliche Erläuterung der Wolffschen Termini und der Begrifflichkeit Baumgartens. Der Aufbau folgt dem Grundgedanken, dass für den gesellschaftlichen Wirkungswillen der aufklärerischen Eliten eine Neubestimmung des Menschen gegenüber der religiösen Tradition von prägender Bedeutung gewesen ist (vgl. Taylor 2007/09). So geben wir zunächst einen Einblick in zentrale philosophische Zusammenhänge: Wolffs Zuordnung von ›Welt‹ und erkennendem Subjekt, naturrechtliches Denken, Deismus, Materialismus, sensualistische Strömungen und das Interesse an der sinnlichen Natur des Menschen (Abschnitt: Modelle der Synthese). Danach gehen wir auf die politischen, gesellschaftlichen, sozialen und kulturellen Zusammenhänge ein, um in einem letzten Abschnitt den Bezug all dieser Momente zu Lessing herzustellen.

Die Prägekraft der Wolffschen Schulphilosophie

Im 10. und 11. »Literaturbrief« erläutert Lessing, wie er sich eine gute Erziehung vorstellt. Er rückt das Selbstdenken und die »Übung der Seele« in den Vordergrund: nur durch Übung könne die Seele »vollkommen« gemacht werden. Diese »Übung« besteht für ihn darin, dass man die Schüler dazu anleite, »durch eigenes Nachdenken auf die Wahrheit zu kommen.« Ehrgeiz, Neugierde und schließlich das belohnende »Vergnügen an der Erkenntnis der Wahrheit« motivierten zu solcher Anstrengung (11. Brief; B 4, 479). Unter der »Wahrheit« versteht er die Entdeckung der »Ursachen«. Auf die »Wahrheit« stoße man, wenn man »bei jeder Begebenheit auf die Ursache« denke, »jede Ursache gegen die Wirkung« abmesse und das Verhältnis beider zueinander richtig bestimme (ebd.). Die Suche nach den »Gründen«, nach dem »Warum«, wie Lessing sagt, rückt die »Begebenheit« in ihr wahres Licht. Die Bestimmung dessen, warum etwas ist, wird als Wesensdefinition aufgefasst und beides mit der »Wahrheit« identifiziert. Sokrates habe seine »Definitionen« durch Schlussfolgerungen gewonnen. Der 11. »Literaturbrief« endet mit einem Plädoyer für die »Strenge der itzigen Methode«. Lessing meint damit das Verfahren der Schulphilosophie. Indem »man nur richtige Definitionen aufzusuchen scheinet«, bringe man »die allertiefsinnigsten Wahrheiten« heraus (B 4, 481). Im 10. Brief spricht sich Lessing für die Beibehaltung der »Ontologie« (der »Lehre vom Sein«) im Schulunterricht aus. Er setzt sich damit für eine Disziplin ein, die vielfach bereits als veraltet abgetan wurde. In der Ontologie (Lessing beruft sich auf den Freund Moses Mendelssohn) würden die »allgemeinen Gründe aller menschlichen Erkenntnis gelehrt«, sie vermittle die »Fertigkeit sich bei einem jeden Vorfalle schnell bis zu allgemeinen Grundwahrheiten zu erheben« (B 4, 478). Dies aber sei die einzige fruchtbare »Seelenübung«, nur dadurch werde der Verstand ›aufgeklärt‹ (das Stichwort fällt in diesem Zusammenhang) und der Mensch ›gebessert‹.

Lessings Plädoyer für ›Gründlichkeit‹ in der Erziehung ist eine verdeckte Hommage an Christian Wolff: Selbständigkeit im Denken, Vernunftgebrauch, die genetische Methode und die Bedeutung der Kausalität, schließlich die Wertschätzung der Ontologie als einer ›Fundamentalwissenschaft‹ deuten auf ›unseren Weltweisen‹, wie Lessing den Philosophen in den *Abhandlungen zur Fabellehre* (B 4, 361, Z. 21) nennt.

Verbreitung der Wolffschen Philosophie. Die »Schulphilosophie«

Von der Bedeutung Wolffs für die erste Hälfte des 18. Jahrhunderts gibt K.J. Grau in seiner noch nicht veralteten Darstellung der Bewusstseinsphilosophie eine anschauliche Zusammenfassung (1916/1981, 197): »Die geschichtliche Wirksamkeit Wolffs innerhalb des deutschen Geisteslebens des 18. Jahrhunderts hat an Ausdehnung und Intensität kaum ihres gleichen. [...] was Aristoteles für die Wissenschaft des Mittelalters, das wird Wolff für die philosophisch interessierte Welt seines Jahrhunderts. Er zählt Schüler und Anhänger an allen Orten; er gilt zeitweise schlechthin als *der* Philosoph; und das nicht nur bei den Philosophen vom Fach, sondern weit hinaus noch in anderen Schichten und Kreisen der Bevölkerung.

Durch ihn wird die Weltweisheit aus einer Gelehrsamkeit zu einer Art volkstümlichen Kunst. [...] Der Wolffianer sind in der ersten Hälfte des 18. Jahrhunderts unendlich viele, nicht nur auf den Lehrstühlen der Universitäten, sondern auch in Fürstenhäusern, Gesellschaftssalons und in Bürgerstuben.« Ein Befund aus neuerer Zeit lautet: »Wolff ist das Zentrum der *intellektuellen und moralischen Reform* in der ersten Hälfte des Jahrhunderts; er stellt das begriffliche Instrumentarium bereit, mit dem das in Bewegung geratene Wissen neu geordnet, die Diskurse neu formiert werden können« (R. Graf 1992, XI). Wolff, der als einer der ersten seine Werke auch in deutscher Sprache veröffentlicht und auf Deutsch lehrt, hat die philosophische Terminologie des 18. Jahrhunderts geprägt. Mit den Begriffen werden seine Konzeptionen verbreitet, sie üben ihre Prägekraft auch da aus, wo man sich gedanklich von ihm ablöst. Es ist nicht zu viel behauptet, wenn man von einer Allgegenwart der Wolffschen Begriffssprache in der Psychologie, der Poetologie und Ästhetik, der Ethik sowie der natürlichen Theologie spricht. Zeitgenössische philosophische Lexika (Walch, Meissner) sind (weitgehend) nichts anderes als Wolff-Wörterbücher. Gottsched berichtet in seinem Handbuch der Philosophie *Erste Gründe der Gesamten Weltweisheit* (1733–1734) von der Bedeutung, die Wolffs Schriften für ihn gewannen: »Ich lernte aber zu gleicher Zeit auch Herrn Hofrath Wolfs Gedanken von Gott, der Welt und der Seele des Menschen kennen. Hier ging mirs nun wie einem, der aus einem wilden Meere wiederwärtiger [!] Meynungen in einen sichern Hafen einläuft und nach vielem Wallen und Schweben, endlich auf ein festes Land zu stehen kommt. Hier fand ich [...] Gewißheit« (Vorrede zur 2. Aufl. 1736, unpag., Bl. 6). Johann Jakob Bodmer betont in der Schrift *Anklagung des verderbten Geschmackes* (1728) an zentraler Stelle den Einfluss Wolffs. Er beginnt das Kapitel *Von dem Sinnreichen und Scharffsinnigen* mit den Worten: »ICh [!] kan dieses Haupt-Stück nicht füglicher anheben, als mit einem gerechten Lob des grossen Lehrers Teutschlandes, des Hrn. Hof-Raths *Christian Wolfen*« (hg. Meid 1980, 36). Charakteristisch ist die Adresse aus der Vorrede zu dem Werk über die Einbildungskraft (*Von dem Einfluß und Gebrauche der Einbildungs-Krafft; Zur Ausbesserung des Geschmackes*, 1727). Bodmer schreibt (unpag., Bl. 1.): »Als ich Dero philosophische Schrifften erstlich lase/ rührten sie mich mit so vollem Lichte/ und so überzeugender Gewalt/ daß ich augurirte/ Verstand und Tugend würden hinfür allgemein werden/ und jedermann sich bestreben durch das Mittel derselben die Glückseligkeit des Lebens [...] zu erreichen.« Ähnliches berichtet Johann Georg Sulzer von sich. Wolffs sog. *Deutsche Metaphysik* (1. Aufl. 1719) sei eines der ersten Bücher gewesen, das er »mit Begierde« in die Hand genommen habe (nach Tumarkin 1933, 85). Lessing studiert während seiner Leipziger Universitätsjahre die »deutschen Wolfischen Schriften«, wie sein Bruder erzählt (*Lessings Leben*, hg. Lachmann 1887, 34), und auch Mendelssohn führt unter seinen philosophischen Lehrern neben Locke und Leibniz Christian Wolff an (6. *Brief über die Empfindungen*; JubA 1, 64 f.).

Den Grund für diese große Faszination sehen wir darin, dass Wolff den Zeitgenossen wie kein anderer einsichtig machte, wie man die Welt im Kopf rekonstruiert und dadurch eine sichere Anleitung zur vernünftigen Lebensführung im Dienst des Allgemeinwohls erhält.

Vernunft – »Übung der Seele«

Wolffs Schriften sind enzyklopädisch angelegt, sie decken nahezu alle Disziplinen ab. Dabei geht es nicht um die Anhäufung eines gesammelten Wissens, es geht um die Erschließung von Wissensgebieten durch die Vernunft. Zum rechten Gebrauch der Vernunft will Wolff seine Leser anleiten. Er versteht sein Werk als ein Angebot, nicht fertige Ergebnisse zu übernehmen und ungefragt zu glauben, sondern den Demonstrationsweg mitzudenken, an der eigenen Erfahrung die Denkschritte zu überprüfen: »Ich verlange nicht, daß man von mir etwas auf guten Glauben annehmen sol. Vielmehr ermahne ich einen jeden, [...] daß er alles auf das schärffste untersuchet« (sog. *Deutsche Ethik*, Vorrede zur ersten Auflage 1720, unpag., Bl. 3). Immer wieder fordert er dazu auf, die Aufmerksamkeit auf die Vorgänge im Bewusstsein zu lenken. Mit seinem inneren Sein wird der Leser an der Ausbreitung des Stoffes, an der Darstellung der einzelnen Gegenstände beteiligt. Es wird gezeigt, wie »Denken« und »Wissen« sich durchdringen (sollen). Wie »Gewißheit« erlangt werden kann, sollen die schier endlosen Beweisketten zeigen; »Gewiß-

heit« aber ist nichts, was dinglich greifbar wäre; sie muss durch eine Tätigkeit der Seele erworben werden. »Das ist aber was grosses«, so schreibt Wolff programmatisch zu Beginn der sog. *Deutschen Metaphysik* (1. Aufl. 1719; GW I/ 2, §4), »wenn ich von wichtigen Wahrheiten ohne Furcht sagen kann: Sie sind so gewiß, als ich bin, oder auch, ich erkenne so gewiß, daß sie sind, als ich weiß, daß ich bin.« In dem *Vorbericht* zur 4. Auflage (1729; GW I/2, §2) verweist er darauf, dass seine Sätze und Begriffe kein Lernstoff seien, sondern die Bewegung des Denkens selbst: »Diese allgemeine Gründe finde ich in ihren deutlichen Begriffen sehr fruchtbar und wer sich dieselben geläufig macht, der wird in der That erfahren, daß es gantz anders in seinem Verstande beschaffen sey, als es vorher war, ehe er diese Deutlichkeit in seinem Verstande hatte.«

Der rechte Gebrauch der Vernunft führt, das ist ein weiteres Kernmoment der Wolffschen Philosophie, nicht in die abstrakten Regionen müßiger Spekulation, sondern verbindet den Menschen mit der Welt; der Gewinn einer Erkenntnis steht auf dem Spiel, die zur Weltorientierung verhilft. Wolff denkt eminent praxisbezogen. »Wie wir erkennen, daß wir sind, und was uns diese Erkäntniß nützet«, ist das Eingangskapitel der *Deutschen Metaphysik* überschrieben; häufig kehrt in seinem Werk die Versicherung wieder: ›Es ist nichts Geringes, dies zu wissen‹. Seine Exempel wählt Wolff vornehmlich aus dem Alltagsleben und beweist damit ganz unmittelbar, welchen praktischen Nutzen die vorgetragenen Lehren enthalten. Dass er in der Entwicklung seiner Begriffe dem Wesen der Seele Rechnung getragen habe, dass er »das verschiedene Vermögen der Seele in Deutlichkeit erkläret« habe, sei der Grund dafür, dass bei der Lektüre seiner Schriften »Personen von allerhand Stande erfahren, es könne ein jeder in denen ihm vorfallenden Fällen [dasjenige] nutzen, was man sonst für die lange Weile zu lernen gemeinet« (*Vorbericht* zur 4. Auflage der *Deutschen Metaphysik*, §3). Die Anwendbarkeit seiner Philosophie im Leben ist ihm wichtig: »und wer sich bemühet nach meinen Begriffen im menschlichen Leben zu urtheilen und zu handeln, dem wird der eigene Glaube von ihrem Nutzen in die Hände kommen« (*Ausführliche Nachricht von seinen eigenen Schrifften* [1. Aufl. 1726]; GW I/9, §97, 272). »Von dem Nutzen der Welt-Weißheit« handelt ein umfängliches Kapitel in Wolffs Rechtfertigungsschrift (*Ausführliche Nachricht*, Kap. 13). Die Erkenntnis, die Wolff meint, birgt die Nötigung in sich, die rechte Tat folgen zu lassen. Man fühlt sich bereits an Lessings Mahnung, der Mensch sei nicht zum Vernünfteln, sondern zum Tun geschaffen (*Gedanken über die Herrnhuter*), erinnert: »Die Erkenntniß der Wahrheit ist dem Menschen nicht zu dem Ende verliehen, damit sich seine Sinnen, Einbildung und Verstand nur mit Vorstellungen und Betrachtungen beschäfftigen mögen, sondern vornehmlich soll diese Arbeit unternommen werden, damit er dadurch zur Glückseeligkeit gelange, und die Mittel zu derselbigen, welche er einsiehet, auch wirklich gebrauche. Die Erkenntniß muß demnach in ein Thun ausbrechen« (*Vorrede* zu den *Gesammleten kleinen philosophischen Schrifften*, Th. 5 [1740]; GW I/21.5, unpag., Bl. 1).

Rationalismus

Dass das (richtige) Denken zugleich ein Erkennen ist, dass es in der Welt orientiert und im Leben verankert, ist keine selbstverständliche Annahme. Vielmehr kommt hierin die Prämisse von Wolffs Philosophie zum Tragen: die Überzeugung von der rationalen Verfasstheit des Seins. Das Sein besitzt für Wolff die gleiche rationale Struktur, die auch das Denken auszeichnet; es wird durchschaubar, erkennbar, dem menschlichen Geist zugeordnet. An die Spitze seiner Schriften stellt Wolff die Definition der Philosophie: Sie sei die »Wissenschaft aller möglichen Dinge, wie und warum sie möglich sind« (sog. *Deutsche Logik* [1. Aufl. 1712], *Vorbericht von der Welt-Weisheit*; GW I/1, §1), womit ausgesagt ist: Das Wesen eines Dinges ist dann erfasst, wenn es nach seinen logischen Bestimmungen erfasst ist, wenn erklärt ist, »wie und warum« es »möglich« ist (d.h. keinen Widerspruch in sich enthält) – die Gesetze des Denkens bestimmen das Wesen der Welt. (Zur Erinnerung: Wenn Lessing im 11. »Literaturbrief« die Lehrer auffordert, mit der Frage nach dem »Wie« zugleich die Frage nach dem »Warum« offenzuhalten, rekurriert er nachgerade auf Wolffs Bestimmung der Wesenserkenntnis.)

Es ist ein Kosmos, der entworfen wird. Die Prinzipien, nach denen Wolff die Welt aufbaut und ihre Teile zusammengesetzt sieht, sind: Widerspruchsfreiheit (»Möglichkeit«), lückenloser Zusammenhang, Kausalität, die Verknüpfung aller Dinge nach dem Satz vom zureichenden Grund, Vollkommenheit, die er als die Übereinstimmung des Mannigfaltigen zu einem Ganzen definiert, Regelmäßigkeit, Ordnung, Zweckhaftigkeit, Vollständigkeit, Harmonie. Es handelt sich zugleich um die »ersten Gründe der Erkenntnis«, womit die Regeln gemeint sind, nach denen das Denken die Gegenstände der Erfahrung verknüpft.

»Vorstellen«

Wolff »entdeckt« das Bewusstsein als den Ort, an dem Ich und Welt sich begegnen. Nicht allein das Denken, sondern alle Inhalte des Bewusstseins werden deshalb als »Erkenntnis« aufgefasst. Der Begriff der »Vorstellung« drückt diesen Weltbezug aus. Alle unsere Wahrnehmungen und Sinnesempfindungen sind für Wolff »Vorstellungen«: Abbilder der Urbilder in der Außenwelt. Jeder Blick in die Welt führt eine Erkenntnis mit sich, ja, jede Sinneswahrnehmung ist, als Verdoppelung des Gegenstandes im Bewusstsein, als »Vorstellung«, eine Erkenntnis des Urbildes.

Aus der Analyse der »Vorstellungen« im Bewusstsein leitet Wolff die Definition der »Seele« ab. Der Vielfalt der Dinge gegenüber werde das Bewusstsein als Einheit erfahren, die Seele, Trägerin des Bewusstseins, sei somit ein »einfaches Ding«. Wir nähmen Veränderungen in uns wahr, nämlich die Eindrücke der Außenwelt und die verschiedenen Willensbestrebungen. Die Seele sei aber ein einfaches, unteilbares Ding: deshalb, folgert Wolff, verändere sie sich nicht, wie die körperlichen Dinge, durch Einwirkung von außen; die Seele sei vielmehr eine Kraft, die das Prinzip ihrer Veränderungen in sich selbst trage. So gelangt Wolff zu der Definition der Seele: »folgends […] hat die Seele eine Kraft sich die Welt vorzustellen, nach dem Stande ihres Cörpers in der Welt« (*Deutsche Metaphysik*, §753). Und: »so ist diese Kraft zugleich die Natur der Seele« (§756). Die Seele als vorstellende Kraft, die Eindrücke der Sinnendinge als Bilder, die die Seele von der Welt entwirft (vgl. §§751, 769), die Verdoppelung der Welt im Bewusstsein, die psychischen Abläufe als Abfolge in sich gegründeter Vorstellungen und dies alles nicht als passiver Reflex, sondern als »Erkenntnis«, die den Menschen der Welt ordnend gegenüberstellt: Diese Konzeption ist vielleicht *das* zentrale Denkbild der Aufklärung (in Deutschland). In ihr werden die sinnlichen Eindrücke dem rationalen Prinzip (der »Vorstellungskraft«) unterworfen.

Erkennen und Wollen

Den Schlussstein der rationalistischen Weltorientierung und Weltdeutung bildet die Unterordnung des Wollens unter das Erkennen. »Wollen« sei »etwas Wollen«, immer richte sich der »Wille« (der Wolffsche Terminus: das »Begehrungsvermögen«) nach einer Erkenntnis. Die Überzeugung, dass die Leidenschaften und Affekte sich als »Vorstellungen« zergliedern lassen und auch sie somit rational durchschaubar sind, ist der Lebensnerv des Optimismus der Aufklärung. Hier entzündet sich die Auseinandersetzung mit sensualistischen Strömungen. Wie Wolff die Vorgänge in der Seele erklärt, ergibt sich ein lückenloser Zusammenhang (*Deutsche Metaphysik*, Kap. 5: »Von dem Wesen der Seele und eines Geistes überhaupt«, §§ 727 ff.):

Die Seele als vorstellende Kraft sei eine endliche, eingeschränkte Kraft, sie sei veränderlich, ihre Vorstellungen wandelten sich – sie strebe nach immer neuen Vorstellungen. Sie strebe nach solchen Veränderungen aber nicht wahl- und ziellos, sondern handele nach »Bewegungsgründen«, d.i. nach Motiven. Sie trachte nach denjenigen Vorstellungen, die sie und ihren Zustand verbesserten, die zu ihrer Vollkommenheit beitrügen. Was zu ihrer Vollkommenheit beitrage, erkenne die Seele als »gut«. Gut sei, so Wolffs Begriffsbestimmung, was die Seele und ihren Zustand vollkommener mache. Aus der Vorstellung des Guten erwachse der Wille (§ 878). Das alles geschieht jedoch, wie Wolff weiter expliziert, ›nicht durch einen Sprung‹. Erstes Inzitament des Willens ist für Wolff die »Lust«, die die Seele bei einer Vorstellung empfindet. Er definiert: Lust sei die anschauende Erkenntnis, das sinnliche Gefühl (die »Empfindung«) einer Vollkommenheit. Dies vorausgesetzt, folgert er weiter: Gut und Böse unterscheide die Seele zuerst nach der Lust und Unlust, die bestimmte Vorstellungen in ihr erregen; gut sei, was Lust bringe. So sieht er die sinnlichen Begierden entstehen: Aufgrund der Lustempfindung fasse die Seele eine Neigung zu den betreffenden Gegenständen, sie bemühe sich, die angenehmen Empfindungen wieder in

sich hervorzubringen, d.h. sie suche, des vorgestellten Gutes teilhaft zu werden. Es ist ein unreflektiertes, unmittelbar vorantreibendes Verlangen, das Wolff hier im Auge hat, alles bleibt auf der Ebene der Sinnlichkeit: Das Lustprinzip und die sinnliche (»undeutliche«) Vorstellung davon, worin das Gut bestehe, beherrschten die Seele. Hunger und Durst zieht Wolff als Beispiele heran. Er verfolgt die sinnlichen Begierden weiter: Sie könnten sich zu Affekten steigern oder zum vernünftigen Willen läutern. Ein Affekt, eine Leidenschaft sei ein merklicher Grad der sinnlichen Begierde; sehr viele undeutliche Vorstellungen des Guten wirkten zusammen und wühlten die Seele auf. Gelange die Seele jedoch dazu, nicht mehr allein die Lust zum Bewegungsgrund ihres Handelns zu machen, sondern sich nach der deutlichen Erkenntnis der erstrebten Vollkommenheit zu richten, so werde sie vom bewussten Willen bestimmt. Sie schöpfe nunmehr ihre Motive aus der Einsicht in den Zusammenhang der Dinge und aus dem sicheren Wissen, was auf Dauer ihre Vollkommenheit vermehre. Dabei sei der vernünftige Wille nie ganz von den sinnlichen Begierden zu trennen. Oft gerate die Seele in Verwirrung bezüglich ihrer Antriebe, manchmal trübten die Begierden die bessere Einsicht. Denn da in den Begierden viele sinnliche Vorstellungen zusammenwirkten, entfalteten diese zuweilen eine größere Kraft als die deutliche Erkenntnis des Guten. Doch auch die Unterstützung des vernünftigen Willens durch die Leidenschaften sei möglich, wie Wolff prinzipiell an der Korrigierbarkeit der Affekte festhält – strebe doch die Seele mit allen ihren Vermögen nach dem Guten. Auf Dauer werde die vernünftige Freude den Sieg über die sinnliche Lust davontragen. Wolff weist hier der Dichtung (d.i. den »Comödien« und »Tragödien«) ihre Aufgabe zu: Sie könne bzw. solle lehren, indem sie auf der Ebene der Sinnlichkeit die Seele lenke, indem sie für die »anschauende Erkenntnis« (für die Empfindungsfähigkeit und das bildhafte Vorstellungsvermögen) arbeite (sog. *Deutsche Politik* [1. Aufl. 1721]; GW I/5, § 328, 275).

Wolffs Ontologie und Seelenlehre decken auf, wie Mensch und Welt vom Wesen her einander zugeordnet sind. Nicht allein, dass die Kategorien, die das ›Sein‹ strukturieren, zugleich als die Grundsätze der Erkenntnis aufgestellt werden, sondern die gleichen Kategorien kehren auch wieder als die Gesetze, die das tätige Vorstellungsleben der Seele beherrschen. Da sind die Kausalität, die Ordnung der Dinge und Geschehnisse nach dem Satz vom Grunde: Wolff zufolge determiniert sich die Seele nach Beweggründen, so dass sich für jede Vorstellung das ›Warum‹ angeben lässt. Die »Vollkommenheit« begegnet wieder als das Ziel, auf das die Seele den Willen richtet. Übereinstimmung der Teile zu einem Ganzen bedeutet hinsichtlich der seelischen Aktivität: Ausübung aller Kräfte gemäß ihrer Natur, zweckmäßige (= zu einem Zweck übereinstimmende) Koordination der Willensakte und Handlungen. Eine Harmonie wird gestiftet zwischen Wollen, Erkennen und Sein: eine Harmonie, die die Garantie dafür enthält, dass der Mensch mit den ihm gegebenen Möglichkeiten »glückselig« werden und seine Bestimmung erfüllen kann. Im Streben nach Vollkommenheit, so die Logik des Systems, lebt der Einzelne dem Plan des Ganzen gemäß.

Bezug zur Gesellschaft: Naturrechtliches Denken

Die Übung der Seele und Erkenntnis der Ordnung sind kein Selbstzweck, sondern sollen angewendet werden zur tätigen Erschließung der Welt: zum einen in den Wissenschaften, der Aneignung und Verbreitung nützlicher Kenntnisse, sodann jedoch in der Gestaltung des menschlichen Zusammenlebens. Wolff hat (in dem achtbändigen Werk *Ius Naturae*, dem *Ius Gentium*, den *Grundsätzen des Natur- und Völckerrechts* [1754], der sog. *Deutschen Politik* [1721] und anderen Schriften) eine einflussreiche naturrechtliche Begründung des Staats und des Gemeinwesens vorgelegt. Bedeutsam bzw. aufschlussreich ist sie deshalb, weil er zum einen in den Bahnen der Aufklärung denkt, das heißt die staatliche Ordnung von der »Natur« des Menschen her begründet und die Regenten auf die Achtung dieser Natur verpflichtet, zum anderen den theoretischen Entwurf als ein hermeneutisches Instrument zur Deutung der bestehenden Gesellschaftsordnung benutzt. Diese Gesellschaftsordnung ist der Ständestaat, der zugleich zur Reform ansteht.

Wolff knüpft an die naturrechtliche Tradition an, wie sie nach den Erfahrungen der Konfessionskriege vor allem von Hugo Grotius und Samuel Pufendorf geprägt wurde; naturrechtliches Denken lieferte zunächst die Argumente, um staatliche Legitimität unabhängig von der Religion zu machen. Das Denkmodell hat zwei Konstituenten: Das ›Wesen‹ des Menschen, seine Rechte und Pflichten, im Stand der Natur; sodann die juristische Vorstellung vom Gesellschaftsvertrag: Die Menschen treten aus dem Stand der Natur heraus und schließen einen Vertrag miteinander ab, um ihr Zusammenleben besser zu regeln; in diesem Vertrag geschieht die Übertragung der Macht, es entsteht die staatliche Ordnung. Wolff bestimmt den Menschen als von Natur geselliges Wesen, wobei er seine Vollkommenheitslehre zugrundelegt (*Deutsche Politik*, Th. 1, Cap. 1; GW I/5, 1–9): Der Mensch strebe nach Vollkommenheit, Vollkommenheit sei die Übereinstimmung im Mannigfaltigen; als ein Mängelwesen sei der Mensch deshalb dazu verpflichtet (»verbunden«), in Austausch mit dem Nebenmenschen zu treten zwecks wechselseitiger Unterstützung und Hilfeleistung; denn nur in solchem ergänzenden Geben und Nehmen erreiche jeder Einzelne die ihm mögliche Vollkommenheit. Daraus entwickelt Wolff den Begriff des Staats und seiner Einrichtung, des »gemeinen Wesens«: Sein Zweck sei, das »gemeine Beste« zu erreichen, das heißt die Wohlfahrt und Sicherheit seiner Bürger, das gedeihliche Zusammenleben möglichst vieler. Übereinstimmung im Mannigfaltigen heißt auch hier: Das »gemeine Beste« wird durch ein System wechselseitiger Hilfeleistung, den Ausgleich der jeweiligen Mängel, verwirklicht. Beim Aufbau des Staates denkt Wolff vom Ständestaat her. Er spricht von unterschiedlichen Gesellschaften, die sich zum »gemeinen Wesen« zusammenschließen, und meint damit die traditionellen Stände: den Stand der Ehe als kleinster Form einer Gemeinschaft (Cap. 2), sodann das »Haus«, das der Herrschaft des Familienvaters (Hausvaters) untersteht (Cap. 5); den Zweck, das gemeine Beste durch Austausch, Hilfeleistung, gegenseitiges Dienen, zu erreichen, sieht er durch die vielfältigen ständischen Gruppierungen verwirklicht, die alle eine bestimmte Funktion im Gemeinwesen ausüben (und die wiederum durch einen ›Vertrag‹ konstituiert wurden; z. B. Th. 1, Cap. 4; Th. 2, Cap. 3). Die Orientierung an der Wohlfahrt der Bürger führt allerdings zu ökonomischen Leitlinien, die das Ständewesen überschreiten: Wolff empfiehlt die Liberalisierung der Wirtschaft, die Aufhebung der Zünfte und Gilden etc. (Th. 2, Cap. 6). Insgesamt jedoch denkt er noch nicht konsequent individualistisch. Vielmehr ist für ihn der Einzelne aufgrund seiner naturgegebenen Schwäche, welche die Kehrseite der angeborenen ›Sozialität‹ ist, zur Verwirklichung seines Wesens auf die Gemeinschaft mit seinen Nebenmenschen angewiesen, die die Natur mit komplementären Fähigkeiten ausgestattet hat, – der Mann ist mit der Frau, der Hausvater mit den Familienmitgliedern und dem Gesinde etc. ›verbunden‹, um den gemeinschaftlichen Zweck, die Förderung der Wohlfahrt des jeweiligen Ganzen durch wechselseitige Unterstützung, zu erreichen –; umgekehrt begreift Wolff die ›Gesellschaften‹, zu denen die Menschen sich zusammentun, als ›Personen‹, also als übergeordnete Einheiten, in denen der Einzelne nicht mehr als Individuum sichtbar ist (Modell der ›Einheit in der Mannigfaltigkeit‹). Dementsprechend hat für Wolff im Konfliktfall die Wohlfahrt des Ganzen Vorrang vor dem Glücksanspruch des Einzelnen; wo das Gemeinwohl auf dem Spiel stehe, müsse bzw. dürfe das Wohl des Einzelnen geopfert werden – allerdings nur soweit nicht dessen Rechte, die ihm ›von Natur‹ zustehen, tangiert sind.

Ein grundsätzlich anderes Modell verfolgt John Locke in seinem staatstheoretischen Hauptwerk *Two Treatises of Government*. Hier steht das naturrechtliche Denken in einem grundsätzlichen Widerspruch zu hierarchischen Ordnungsvorstellungen (Ständestaat und absolutistischer Staat). Locke geht nicht vom Geselligkeitstrieb, sondern vom Trieb zur Selbsterhaltung aus, den Gott den Menschen eingepflanzt habe; dazu kommt dann die Erkenntnis der moralischen Verpflichtung, für die Erhaltung der anderen zu sorgen. Als den Zweck des Staats bestimmt Locke die Sicherung von Freiheit, Leben und Eigentum seiner Bürger; von daher begründet er die Notwendigkeit eines Systems der Gewaltenteilung und die Teilhabe des Volks an der Regierung. Im Unterschied zu Wolffs Ansatz erscheint hier das Individuum zum Zweck des Staats erhoben, das einzelne moralische Subjekt ist der Gesellschaft vorgeordnet. Daraus leitet Locke die Pflicht zum Widerstand in bestimmten Fällen ab. Verletzt der König die Rechte der Bürger, hat er seine Legitimität verspielt und kann (bzw. muss) – zum Beispiel durch eine Revolution – abgesetzt werden.

Für beide Richtungen, für die wir jeweils die Entwürfe von Wolff und Locke als repräsentative Beispiele herangezogen haben, gilt jedoch, dass das politische Modell des Zusammenlebens friedlicher, auf den Ausgleich von eigenem Nutzen (Selbstbehauptung, ›Selbstliebe‹) und Hilfeleistung für andere (›Solidarität‹, Geselligkeit) bedachter Menschen, in der Gesamtschau einer göttlichen Ordnung verankert ist. In den Worten von Charles Taylor (2009, 226): »Was sich aus diesen Reflexionen über das Naturrecht ergibt, ist also die Norm einer stabilen Ordnung arbeitsamer Menschen, die sich nicht dem Kriegsgeschäft und der Plünderei, sondern der Routine ihres Berufs sowie Wachstum und Wohlstand widmen und die eine Moral der wechselseitigen Achtung und eine Ethik der Selbstvervollkommnung bejahen. Diese Ordnung schien den Menschen mehr zu sein als bloß eine gute Idee; vielmehr war das die rationale und von Gott gegebene Lebensform. Wer sie anstrebte, folgte nicht einer Laune oder einer partikularen Vorliebe, sondern er bewegte sich in die vorbestimmte Richtung auf einen Terminus ad quem zu, an dem alles an Ort und Stelle sein würde. […] Gemeint ist […], daß diese Ordnung das vernünftige, ja das von der Vorsehung bestimmte Ziel unseres Strebens ist« bzw. damals als solche angesehen wurde.

Naturrechtliches Denken kann im Zeitalter der Aufklärung den *Status quo* legitimieren oder kritisieren, kann Instrument der Reform oder der Revolution sein. Im Lauf des 18. Jahrhunderts tritt allerdings ein Wandel ein von der hermeneutischen, die bestehenden (politisch-gesellschaftlichen) Verhältnisse lediglich auslegenden, zur präskriptiven und normativen, Veränderungen anmahnenden Funktion (Taylor). Parallel dazu bildet sich die Zielvorstellung vom demokratischen Verfassungsstaat und der liberal-freiheitlichen Gesellschaftsordnung aus, für die wiederum der Individualismus konstitutiv ist, das heißt der Grundgedanke, dass im Staat gleiche und deshalb juristisch und politisch gleichberechtigte Individuen zusammenwirken. Am Ende des 18. Jahrhunderts ist das Fanal für die Verwirklichung der naturrechtlichen Ideen mit der amerikanischen Unabhängigkeitserklärung, Revolution und Gründung eines Verfassungsstaats (1776, 1783, 1787) gegeben: »Die Naturrechtsfiktion vom Gesellschaftsvertrag schien zur Realität geworden, ein neuer Bundesstaat schien nach reinen Vernunftprinzipien vom Volk selbst gegründet worden zu sein« (Stollberg-Rilinger 2000, 237).

In *Ernst und Falk* zentriert Lessing die Frage nach der Begründung und Verwirklichung staatlicher Ordnung um die Frage nach dem Verhältnis von Individuum und Vergesellschaftung und greift damit ein Hauptproblem der Umbruchprozesse im 18. Jahrhundert auf. Er reflektiert auch auf die amerikanische Unabhängigkeitserklärung, allerdings mit der skeptischen Bemerkung: »Was Blut kostet ist gewiß kein Blut wert« (B 10, 56; vgl. Kap.: Ernst und Falk).

Emanzipation von theologischen Vorgaben – ein neues Menschenbild

Wir haben gesehen, dass die naturrechtlichen Entwürfe vom geordneten Zusammenleben der Menschen gerahmt sind durch die Vorstellung einer göttlichen Ordnung, eines providentiellen Plans. Dabei wird die Entfaltung naturrechtlicher Ordnungsvorstellungen flankiert von der Ausbildung einer deistischen Religion, die nachgerade zur Religion einer gebildeten Elite wird (zur Erläuterung und historischen Konkretisierung vgl. Kap.: Fragmentenstreit). Beschreibbar ist diese deistische Religion als eine anthropozentrische Wende im Verhältnis von Mensch und Gott und als Negation des Bezugs zu einem transzendenten Bereich (vgl. Taylor 2007/09). Die menschliche Norm des gedeihlichen Zusammenwirkens wird zum Modell für die göttliche Ordnung, das heißt: Dem Menschen und dem gesellschaftlichen Miteinander werden keine höheren Zwecke zugedacht als die Verwirklichung der irdischen Wohlfahrt. Die Menschen erfüllen nunmehr den Plan Gottes, wenn sie für ihr eigenes Wohl sorgen und ihre gemeinschaftlichen Interessen verwirklichen, womit auch die Begrenzung ihrer Absichten und Ziele auf das Diesseits gegeben ist. Drei Manifestationen dieser anthropozentrischen Wende haben für Lessing besondere Bedeutung: Die Ablehnung des Geheimnisses und des Wunders, die Verwandlung der göttlichen Providenz (Vorsehung) zu einer unpersönlichen Ordnung (die dem Menschen wiederum Raum gibt, seinen konstruktiven Zugriff auf die Natur zu erweitern), und vor allem die Auffassung, dass der Mensch von sich aus dazu fähig sei, das Gute zu erkennen und ein befriedigendes Zusammenleben für alle zu realisieren, mit anderen Worten: die Zurückweisung der Vorstellung, der Mensch

sei auf die göttliche Gnade angewiesen. Weil im 18. Jahrhundert im theologischen Denken die Gnade unlöslich mit der Verdammung und der Doktrin von der verderbten, radikal bösen Natur des Menschen verbunden war, hat dieser Aspekt des orthodoxen Glaubens besonders heftigen Widerstand hervorgerufen; ja, das Gnade-Verdammungs-Schema hat wohl massgeblichen Anteil daran, dass sich ein immanenter Humanismus durchgesetzt hat.

Die neue anthropozentrische Orientierung ist auch an Wolffs Philosophie deutlich abzulesen. Sie ist bis in jede Verzweigung ihrer Demonstrationen hinein eine Anweisung zur »Glückseligkeit«. Der Wolff-Schüler Gottsched definiert die »Weltweisheit« (= Philosophie) schlankweg als die Wissenschaft von der Glückseligkeit des Menschen. Damit tritt sie in Konkurrenz zur Theologie, gerade weil sie mit einem Anspruch auf Breitenwirkung auftritt. Ist für den gläubigen Christen (Lutheraner) die »Glückseligkeit« ein Zustand, der die Erlösung im Jenseits voraussetzt, so präsentiert sich dagegen Wolffs Philosophie als eine Lehre, wie der Mensch aus eigener Kraft die ihm bestimmte Vollkommenheit erreichen und somit – im Diesseits und Jenseits – »glückselig« werden kann. Wolff propagiert die Autonomie der sittlichen Vernunft. Seine Diktion gewinnt da Durchschlagkraft und Prägnanz, wo er die ursprüngliche, von Gott unabhängige Gültigkeit des Naturgesetzes (d.i. des moralischen Gesetzes) aufzeigt. Das Gesetz der Natur fände statt, »wenn auch gleich kein Gott wäre« (sog. *Deutsche Ethik* [1. Aufl. 1720]; GW I/4, §20. Ähnlich §5). Nicht im Blick auf Belohnungen und Strafen handle der ›zur Vernunft‹ gekommene Mensch: »Und vollbringet dannenhero ein Vernünftiger das Gute, weil es gut ist, und unterlässet das Böse, weil es Böse ist: in welchem Falle er Gott ähnlich wird, als der keinen Oberen hat, der ihn verbinden kan« (*Deutsche Ethik*, §38). Nicht viel anders lautet die berühmte Forderung, die Lessing in der Erziehungsschrift (§85) an den mündig gewordenen Menschen richten wird. (Nirgendwo tritt die anthropozentrische Wende deutlicher zutage als in den – von einem religiösen Standpunkt aus trivialen – Vorstellungen, die sich die Vertreter des Deismus vom Fortleben im Jenseits gemacht haben. Es erscheint als die lineare Fortsetzung der menschlichen Bestrebungen, sich zu vervollkommnen und die gemeinsamen

Interessen zu erreichen; außerdem würden Tugend und Laster belohnt und bestraft. Völlig fremd geworden scheint dagegen die religiöse Bedeutung der Verwandlung des Menschen durch die göttliche Gnade, wodurch er der Seinsweise Gottes teilhaftig gemacht werde – die lutherische Auffassungsweise des ewigen Gerichts, die ausdrücklich gegen das Lohn-Strafe-Denken gerichtet ist.)

Lessings aufklärerisches Erziehungsprogramm, das wir zu Beginn vorstellten, wirft ebenfalls ein Schlaglicht auf das neue Menschenbild und die Emanzipation der Vernunft von theologischen Vorgaben. Neugierde und Ehrgeiz, heißt es im 11. »Literaturbrief«, motivierten die Schüler. Neugierde und Ehrgeiz, hier als die Erkenntnis fördernde Eigenschaften gerühmt, sind im theologischen Denkhorizont die Eigenschaften, die den Menschen zur Hybris verleiten.

Die Ordnungsvorstellungen des Naturrechts und des Deismus fußen auf einem Menschenbild, das quersteht zu der pessimistischen lutherischen Anthropologie. Dem lutherischen Glauben zufolge ist der Mensch dermaßen von seinen sinnlichen Begierden, die seinem Egoismus entspringen, beherrscht, dass er aus eigener Kraft sich nicht Gott und dessen befreiender Liebe zuwenden kann; alle weltlichen Tugenden schmeichelten lediglich dem Stolz und der Ehrsucht. Dagegen propagieren die naturrechtlichen und viele deistische Schriften (zum Beispiel die Werke von Hermann Samuel Reimarus; vgl. Kap.: Fragmentenstreit) den Ausgleich von Selbst- und Nächstenliebe, der dem Menschen von Natur aus möglich sei; sie propagieren die Überzeugung, dass der Mensch das Gute einsehen und tun kann (was die lutherische Lehre bestreitet). Dabei setzt die moralische Norm einer friedlichen Kooperation und wechselseitigen Abstimmung der menschlichen Interessen, bei der mit der Selbstbehauptung zugleich die Achtung der anderen gewährleistet sei, ein äußerst diszipliniertes moralisches Subjekt voraus. Das Böse – als irrationale Gewaltbereitschaft, Lust an der Zerstörung, Gier (das Arsenal der Todsünden) – ist hier nicht vorgesehen; der natürliche Mensch zeichne sich vielmehr durch ein wohltemperiertes Gleichgewicht der selbstbezüglichen und altruistischen (gesellligen) Neigungen aus; für Wolff wiederum ist es ausgemacht, dass die Vernunft den Willen lenken werde und es lediglich darauf ankomme,

die richtige Einsicht in das wahre Gut zu gewinnen.

Wie die naturrechtlichen, so bergen auch die deistischen Anschauungsweisen eine enorme gesellschaftliche Sprengkraft. Sie ist in der Toleranzforderung enthalten: Mit der Durchsetzung des neuen Menschenbildes wird zugleich die Freiheit in Religionsangelegenheiten bis zu der Konsequenz erstritten, dass die öffentliche Vertretung eines atheistischen Standpunkts und die Formulierung eines Humanismus, der die Religion ausgrenzt (Trennung von Religion und Moral; vgl. Charles Taylor 2007/09), möglich werden (dazu Goldenbaum 2004a und b; zum Blick auf nicht-christliche Religionen s. Guthke 2003 und 2005).

Das neue Menschenbild impliziert, wie wir gesehen haben, als ›natürliche‹ Norm das Gleichgewicht von Selbsterhaltungstrieb und Altruismus; ja, aufgrund der Verflechtung aller miteinander scheint die – recht verstandene – Selbsterhaltung gerade in der Beförderung des Wohls der anderen zu beruhen. Dabei besteht im Lauf des 18. Jahrhunderts die Tendenz, das Verhältnis von ›Selbstliebe‹ und ›Geselligkeit‹ zu emotionalisieren und den Ausgleich im Gefühlshaushalt zu verankern, was zugleich bedeutet, dass die Harmonisierung von sinnlichem Begehren und rationaler Disziplinierung als möglich gilt und gefordert wird. Die Konzeption ›vernünftiger‹ und ›sympathetischer‹ Empfindungen gewinnt große Attraktionskraft (s. u. Abschnitt: Modelle der Synthese). Solche Harmonievorstellungen sind dennoch kontrafaktisch – das Gleichgewicht bleibt labil. Nachdem die traditionell christliche Deutung der sinnlichen Natur des Menschen (als Bereich der sündigen Triebe, des egoistischen Begehrens, der *concupiscentia*) ihre Überzeugungskraft verloren hat, treten neue, divergierende philosophische und psychologische Interpretationsvorschläge für das Verhältnis von Sinnlichkeit und Vernunft auf den Plan.

Sensualismus und Materialismus

David Hume leitet den dritten Teil (*Of Morals*) seines Erstlingswerks (*A Treatise of Human Nature*, 1739–1740), der die Moralphilosophie enthält, mit folgenden Worten ein: »Wenn wir unsere Studierstube verlassen und uns in die allgemeinen Angelegenheiten des Lebens mischen, so scheinen die Ergebnisse jener Überlegungen [gemeint: der abstrakten Spekulationen] dahin zu schwinden, wie nächtliche Gespenster beim Anbrechen des Morgens« (übers. von Lipps 1906/1989, 195). Die Studierstube verlassen und sich in die Angelegenheiten des Lebens mischen: Damit ist ein Impetus der Aufklärung benannt, der mindestens ebenso zentral und konstitutiv für sie ist wie die Emanzipation der Vernunft. Das eine hängt dabei durchaus mit dem anderen zusammen. Die Vernunft löst sich von der theologischen Weltinterpretation, sie nimmt einen quasi unvoreingenommenen Standpunkt der Sinnenwelt gegenüber ein, sie entdeckt die unentrinnbare, scheinbar zweifelsfreie Evidenz dieser sinnlich-körperhaften Welt, und sie beginnt, nach der Berechtigung von Entwürfen zu fragen, die a priori, d. h. vor aller Erfahrung, die Naturdinge auf eine metaphysische Ordnung festlegen. Die philosophischen Systeme werden als realitätsfremde Abstraktionen empfunden. Die Vernunft wird sich ihrer Grenzen bewusst. In die Schranken gewiesen wird sie durch die »Sinnlichkeit«, deren Macht und Eigendynamik man mehr und mehr zugesteht. »Sinnlichkeit« umfasst dabei die sinnliche Wahrnehmung und ihre Gegenstände, das sind die materiellen, körperlichen Dinge und das Leben der Physis, sowie die »psychische« Sinnlichkeit, die Gefühlsregungen und Leidenschaften. Ersteres ergibt das Untersuchungsfeld der Erkenntnislehre, Letzteres ist das Gebiet der Moralphilosophie bzw. Ethik. In beiden Bereichen gelangen die Vertreter des philosophischen Sensualismus zu Resultaten, geeignet, die Fundamente der Schulphilosophie Wolffscher Prägung zu untergraben. Von Sensualismus und Empirismus gehen die Anstöße aus, nach der Relevanz der Vernunftentwürfe für das »Leben« zu fragen.

Begriffsbestimmung. Unter »Sensualismus« versteht man eine erkenntnis-theoretische bzw. psychologische Richtung, in der alle Erkenntnis aus der sinnlichen Wahrnehmung und das Seelenleben aus sinnlichen (inneren und äußeren) Empfindungen hergeleitet werden. In vielem deckungsgleich ist der Begriff »Empirismus«. Er bezeichnet vor allem die Methode, die sich mit dem sensualistischen erkenntnistheoretischen Ansatz verbindet: Die Sinneserfahrung wird zum leitenden Prinzip der wissenschaftlichen For-

schung erhoben. Die Grundlagen des Sensualismus formuliert für das 18. Jahrhundert John Locke. Er bringt den alten Aristotelischen Satz neu zur Geltung: »Nihil est in intellectu, quod non prius fuerit in sensu« (»Im Verstand ist nichts, was nicht vorher in den Sinnen war«). Damit wendet er sich gegen das Axiom von den »angeborenen Ideen«. Den menschlichen Geist vergleicht er mit einer »tabula rasa«, wo hinein die Sinneseindrücke sich eingraben. In der zweiten Hälfte des 18. Jahrhunderts wird David Hume zum wichtigsten Vertreter des Sensualismus. Anhand seiner Theorien wollen wir die Herausforderung, die in dieser Richtung steckt, skizzieren. Die Reaktionen der deutschen Philosophen – Mendelssohns, Sulzers – lassen die Implikationen für die Deutung der rechten Lebensführung und für das Menschenbild erkennen.

David Hume und der Angriff auf das Kausalitätsprinzip

Hume führt die Bewusstseinsinhalte nicht auf *eine* Seelenkraft, die Vorstellungskraft, zurück, als deren Modifikationen sie dann erscheinen. Er nimmt vielmehr zwei Arten von Bewusstseinsinhalten an, die sich nicht auseinander herleiten lassen: die Impressionen (»impressions«) und die »Ideen« (»Vorstellungen«; »ideas«, »thoughts«). »Unter den ersteren versteht er die lebhaften Eindrücke, die wir haben, wenn wir hören, sehen, fühlen, oder lieben, hassen, begehren, wollen, also Sinnesempfindungen, Affekte, Gefühlsregungen; unter den Letzteren aber die minder lebhaften Erinnerungs- und Einbildungsvorstellungen, deren wir uns dann bewußt werden, wenn wir über irgendeinen Eindruck reflektieren. Die schöpferische Kraft des Denkens erstreckt sich nicht weiter als auf das Vermögen, denjenigen Stoff, welchen die Wahrnehmungen liefern, zu verbinden, umzustellen, zu erweitern oder zu vermindern« (Frischeisen-Köhler/Moog [13]1953, 404). Der Verstand kombiniert nur die Materialien, die ihm durch die äußere und innere Erfahrung gegeben werden. »Alle einfachen Ideen stammen bei ihrem ersten Auftreten aus einfachen, ihnen entsprechenden Impressionen und repräsentieren diese genau; alle *unsere Ideen* oder schwächeren Vorstellungen sind demnach *Kopien* von unseren *Eindrücken* oder lebhafteren Vorstellungen« (ebd.). Hier bereits wird die Begrenzung der Vernunft durch die Sinnlichkeit deutlich. Die Sinneseindrücke sind der Vernunft vorgegeben, sie sind unableitbar und übermächtig in ihrer Intensität. Deshalb jedoch ist es der Vernunft versagt, zu den letzten Ursachen vorzustoßen und den »Zusammenhang der Dinge«, wie Wolff sagen würde, zu erkennen. Insbesondere das Kausalitätsprinzip erweist sich, sieht man in ihm ein objektiv gültiges Gesetz, als illusorisch.

Das Kausalitätsproblem spielt für Hume eine zentrale Rolle. Kausalität ist für ihn das vornehmste Prinzip, mittels dessen wir uns in der Wirklichkeit zurechtfinden. Hume zufolge ist unser Zugriff auf die Tatsachen, auf die Welt der Dinge, ein Schließen von der Wirkung auf die Ursache, von der Ursache auf die Wirkung. Zudem ist die Kausalität die einzige Relation (d. h. Regel der Verknüpfung) zwischen den Vorstellungen, die einen Zusammenhang zwischen gegenwärtigen und abwesenden, lediglich imaginierten Dingen stiftet. Zuletzt führt die Kausalität zur Annahme einer konstant bleibenden Außenwelt, indem wir die verschiedenen Eindrücke, die wir von einem Gegenstand haben, miteinander verbinden und auf die Dauer und Identität desselben schließen. – Von so fundamentaler Bedeutung nun aber die Kausalität als orientierender Faktor ist: Nach Hume gibt auch sie letztlich keinen Aufschluss über den inneren Zusammenhang der Dinge. Die Faktizität der Sinnenwelt bleibt undurchdringlich. Denn wir würden zwar aufgrund der Regelmäßigkeit, mit der sich immer die gleiche Ereignisabfolge wiederhole, von Ursache und Wirkung sprechen und eine Kausalität postulieren. Doch niemals könnten wir beweisen, dass ein solches Band tatsächlich, objektiv zwischen den Dingen bestehe und in ihrem Wesen gegründet sei. Die »Ursache« sei der »Wirkung« unähnlich. Stellten wir uns, wie es gefordert sei, auf den Standpunkt der Empirie und hielten uns streng an das Zeugnis der Sinne, so müssten wir einsehen, dass kein Vernunftbeweis die Vereinzelung der Fakten aufheben könne. Dem Kausalitätsprinzip liege einzig und allein die Gewohnheit zugrunde. Weil wir uns an eine bestimmte Ereignisfolge gewöhnt hätten, empfänden wir, dass sie notwendig sei. Diese subjektive Empfindung von Notwendigkeit legten wir dann der Ereignisfolge selbst bei, projizierten sie als Kausalität in die Dinge. Dies gelte auch für die Annahme der Außenwelt als Quelle der Sinnes-

eindrücke. Die Vernunft, dafür zuständig, Ideen, Vorstellungen zu verknüpfen, könne das *Dasein* der Außenwelt, die *Existenz* der Gegenstände, nicht beweisen, ja, sie erkenne im Gegenteil immer nur die Bewusstseinsimmanenz der Eindrücke und Vorstellungen. Sicherheit gebe hier wiederum einzig und allein das Gefühl der Notwendigkeit, das wir mit dem Gedanken der Wirklichkeit außerhalb unseres Bewusstseins verbänden.

Im Bereich der Moralität gelten nach Hume die gleichen Prinzipien wie im Bereich der (Natur-)Erkenntnis. Der »Wille« sei der »Notwendigkeit« unterworfen, »Notwendigkeit« heiße jedoch nur: die regelmäßige Verbindung der Handlungen mit den Beweggründen, Umständen und Charakteren. Die Annahme, dass zwischen dem Handeln und den Motiven der Menschen Kausalität herrsche, sei bloß Effekt der Gewöhnung, nicht aber ein Vernunftgesetz. So verbannt Hume schließlich die Vernunft aus der Erklärung der Motivation. Nicht die Vernunfterkenntnis treibe den Menschen zum Handeln, sondern lediglich das Gefühl (von Lust und Unlust). Die Quelle moralischer Billigung oder Verwerfung sei die Sympathie, eine angeborene Freude über das Glück und ein Schmerz über das Elend der Menschen. Dieses Gefühl der Sympathie bewirke, dass wir soziale Tugenden als wertvoll empfänden und unsoziales Verhalten ablehnten.

Der Kosmos, den Wolff entwirft, besitzt im Kausalitätsprinzip eine wesentliche Verankerung. Aufgrund seiner Wirksamkeit treten Übereinstimmung und Harmonie ein. Im moralischen Bereich stützt die Kausalität den Fortschrittsgedanken ab. Als Gesetz der Motivation verleiht sie dem Streben nach dem Guten und Besseren Notwendigkeit. Man sieht, welchen Einbruch die Preisgabe dieses Vernunftgesetzes für die philosophische Weltorientierung bedeutet. Nicht die Vernunft, sondern das Gefühl, eine instinktive Regung, übernimmt bei Hume die Funktion, in der Außenwelt zu verwurzeln und das zwischenmenschliche Verhalten zu regulieren. Bei Wolff ist die sinnliche Wahrnehmung immer schon auf das Ziel, den vernünftigen Zweck, die »Glückseligkeit«, bezogen. Für Hume gibt es keine notwendige Verbindung zwischen der empirischen Erfahrung und einer allgemeinen Sinnorientierung, die mittels der Vernunft gestiftet bzw. eingesehen werden könnte.

Der »Initialunterschied« zwischen Wolff (bzw. der Schulphilosophie) und der sensualistischen Richtung liegt in der Deutung der ersten Sinneseindrücke. Wolff begreift sie als (verworrene) Vorstellungen und Vorstufen der (zergliedernden) Vernunfterkenntnis, ordnet sie demnach der bewussten (Vorstellungs-)Tätigkeit der Seele unter. Für Hume stehen die sinnlichen »Eindrücke« unableitbar neben den »Vorstellungen«, sie sind das Vorgegebene, Primäre und ziehen dem Denken Grenzen. – In Deutschland ist man hellhörig für die neuen Ansätze. Mendelssohn und Sulzer debattieren über Humes Thesen. Sulzer übersetzt 1755 Humes *Philosophical Essays Concerning Human Understanding* (1748; eine Umarbeitung des ersten Buchs des *Treatise*). Mendelssohn berichtet darüber an Lessing (19.11.1755, B 11/1, 70): »Eben dieser Prof. [=Sulzer] macht so viel Rühmens von David Hume's sehr neuem Scepticisme, da er leugnet, man könne nicht beweisen, daß irgend eine Begebenheit in der Welt eine wirkende Ursache hätte.« Mendelssohn sperrt sich gegen den Umbruch, den Humes Denken bedeutet, Sulzer zieht als Psychologe düstere Konsequenzen, Lessing, der ein auffallendes spontanes Interesse an allen Neuerern zeigt, die die Schranken der Vorstellungspsychologie durchbrechen (Rousseau, Diderot, Hutcheson, Edmund Burke), spielt die Rolle des aufmerkenden Zuhörers. (Er ist spätestens seit 1755 mit Sulzer bekannt, Diskussionsmöglichkeit bieten der Montags- und der Freitagsklub, denen sie beide angehören.) Die Probleme und Fragen, die sich auftun, bilden den Hintergrund seiner Figurenkonzeption. Was nun steht für Mendelssohn und Sulzer auf dem Spiel? Wohin führt in ihren Augen die Annahme von der Priorität der Empfindungen?

Mendelssohn, Sulzer, Lessing: Frage nach dem Regulativ für die sinnlichen Empfindungen

In den *Briefen über die Empfindungen* (1755) umreißt Mendelssohn das Problem: »Warum sind die dunkelen Vorstellungen thätiger als die deutlichen?« (JubA 1, 81). Warum, heißt das, wirken Affekte und Sinneseindrücke so viel stärker als abstrakte Vorstellungen und Vernunftideen? Euphranor, der eine der Briefpartner, spielt die Macht der Empfindungen gegen die Stimme der Vernunft aus. Probeweise stellt Mendelssohn

eine sensualistische Position vor. Ihr Charakteristikum ist der Konflikt zwischen sinnlicher Glücksempfindung und Vernunftorientierung. Euphranor argumentiert: In den Empfindungen liege die Glückseligkeit des Menschen: »Die Lust verschwindet, wenn wir unsre Empfindung allzusorgfältig aufzuklären suchen« (JubA 1, 46), »wir fühlen nicht mehr, sobald wir denken«, der »Affect verschwindet«, »sobald die Begriffe deutlich werden« – doch: »Wir sollen fühlen, geniessen, und glücklich seyn« (JubA 1, 49). Euphranor schließt: Der sinnliche Genuss und nicht die Erkenntnis des Guten sei das erste, das ursprüngliche Motiv des Menschen (JubA 1, 73): »Wie aber? du sagtest ja, die Vollkommenheit eines Dinges sey der Grund, warum wir an seiner Vorstellung Gefallen fänden? Umgekehrt Palemon! das Vergnügen, welches uns gewisse Gegenstände gewähren, ist der Grund, warum wir sie vollkommen nennen.« Das ganze »Gebäude« der Aufklärungsphilosophie »zerfällt« (JubA 1, 267: 2. Aufl. der *Briefe* 1761). Die Konsequenz aus Euphranors Gedankenreihe ist die Rechtfertigung des Selbstmordes (9. Brief; 13.–15. Brief). Denn was sollte den Menschen zum Weiterleben anreizen, wenn ausschließlich negative Empfindungen ihn bestürmen?

Die Sehnsucht nach sinnlichem Erleben löst die Frage nach Orientierung aus. Mendelssohn fängt das Problem im Rahmen der Vorstellungsphilosophie auf. Da die Seele ihre Realität in dem Streben nach »Vorstellungen« habe und dieses zugleich ein Streben nach Vervollkommnung sei, täusche sich der Selbstmörder. Jede Vorstellung, auch die schmerzvollste, stelle eine Vollkommenheit dar. Sogar der Umstand der Verdammnis sei noch demjenigen der Vernichtung vorzuziehen (*Sendschreiben an einen jungen Gelehrten zu B.*, 1756; JubA 1, 142). – Sulzer dagegen lenkt den Blick auf den Zusammenhang von Psychologie und Moral. Er geht der Gewalt der Sinnesempfindungen über den bewussten Willen nach und kommt zu Ergebnissen, die nunmehr die Hoffnung auf Vernunft durchkreuzen. Die Seele sei vom Körper abhängig. Vergangene Eindrücke wirkten in der Seele unbewusst weiter. Die Empfindungen bemächtigten sich der Seele, bevor die Vernunft Einspruch erheben könne. Wir würden von Kräften in Bewegung gesetzt, die wir nicht kennten. So gelangten wir dazu, wider unsere bessere Einsicht zu handeln, die Vernunft erweise sich als machtlos, der Mensch sei »Sklave« seiner Leidenschaften (dazu W. Riedel 1994).

Befreit die Berücksichtigung der Sinnlichkeit zu größerer Lebensintensität und Erfahrung von Fülle oder verführt sie zur Melancholie, indem die Diskrepanz zwischen dem Optimismus, den die Vernunft vorschreibt, und der Wahrheit der Gefühle, die sich der Vernunft entziehen, verstärkt Aufmerksamkeit beansprucht? Für Mendelssohn handelt es sich um eine Frage auf Leben und Tod, der Wert des Daseins steht auf dem Spiel, der Blick richtet sich auf den Selbstmörder, der das Leben verwirft. Lessings Tragödien spielen sich im Bereich der Sinnlichkeit ab. Der tragische Konflikt entzündet sich an den Reibungsflächen zwischen den Leidenschaften der Figuren und den Geboten der Vernunft. Emilias Dilemma bildet genau das psychologische Problem Sulzers nach: Sie will tugendhaft sein und kann nicht (bzw. glaubt, nicht zu können), ihr »Blut«, ihre »Sinne« reißen sie fort, Selbstmord ist der Ausweg – wie für Mellefont, wie für Philotas.

Materialismus

Fast alle Vertreter der Aufklärung, die wir bislang erwähnten – Wolff, Locke, Hume, Mendelssohn, die Vertreter naturrechtlicher Theorien und die Anhänger des Deismus, usw. – modellieren den Menschen, das moralische Subjekt, im Hinblick auf den Gedanken der ›Soziabilität‹, des Zusammenlebens in einer (langfristig) zu reformierenden Gesellschaft (das Konzept von Thomas Hobbes dagegen, für den im Naturzustand das Prinzip *homo homini lupus* herrscht, wird weitgehend abgelehnt). Die Emanzipation von orthodoxen theologischen Vorgaben ist deshalb immer flankiert von dem Axiom der natürlichen Güte des Menschen (Kritik an der Erbsündenlehre), von der Vorstellung einer natürlichen Ordnung, in welcher der Ausgleich zwischen Egoismus und Solidarität vorgesehen sei. Es ist nicht nur eine Sache der Erfahrung, sondern liegt auch in der Konsequenz des philosophischen Weiterdenkens, diesen Ausgleich zu kippen und das Wesen des Menschen nicht von seiner Neigung zur Tugend, sondern von seinen elementaren ichbezogenen Impulsen her zu bestimmen. Im (philosophischen) Materialismus wird diese Konsequenz gezogen und ausformuliert.

Materialistische Denkrichtungen erfahren in der Epoche der Aufklärung (aufgrund der neuen Diesseitsorientierung) einen großen Auftrieb. Vor allem in Frankreich gibt es zahlreiche Vertreter und Anhänger des philosophischen Materialismus. Zu den radikalsten Schlussfolgerungen gelangen Julien Offray de La Mettrie, Paul-Henri Thiry d'Holbach und Claude Adrien Helvétius. Wir konzentrieren uns auf La Mettrie, das Mitglied der Tafelrunde Friedrichs II., mit dessen Schriften sich Lessing während seines ersten Aufenthalts in Berlin intensiv beschäftigt hat.

Der Skandal: La Mettrie sieht in denjenigen Trieben des Menschen, die im Rahmen der orthodoxen Religionslehre als seine sündige Natur, sein unbezwingbares sündiges Begehren, interpretiert und der Pädagogik der Gnaden- und Verdammungsvorstellungen unterworfen wurden, dessen wahre, einzige Natur – ohne Überbau, ohne Gegengewicht, ohne Rechtfertigungs- und Legitimationsbedarf, ohne Schwächung durch die (aus seiner Sicht) illusionären tugendhaften Empfindungen. In drei Momenten gipfelt die Provokation: La Mettrie preist die sexuelle Lust als das höchste Gut – die unzensierte Erfüllung sexuellen Begehrens tritt in Konkurrenz zur spirituellen Verwandlung (Schau Gottes) als dem höchsten Zustand der Glückseligkeit. Zweitens: Er negiert die Instanz des Gewissens – Schuld- und Reuegefühle beruhen auf gesellschaftlichen Konventionen; da sie das individuelle Glücksgefühl beeinträchtigten, sollte man ihnen möglichst nicht nachgeben. Drittens: Als einzige Triebfeder des sozialen Verhaltens, als das natürliche Motiv, das die Regeln des gesellschaftlichen Zusammenlebens bestimmt, stellt La Mettrie den Egoismus dar, das Streben der Menschen, sich möglichst viele Gratifikationen zu verschaffen.

Wir werden die Jugendkomödie *Der Freigeist* als eine Antwort Lessings auf La Mettries Schrift *Anti-Sénèque ou le souverain bien* (1748, 2. Aufl. 1750) konturieren. Wie weit sich Lessing – bei aller Abwehr – auf dessen Thesen eingelassen hat, gerät erst allmählich in den Blick der Forschung (vgl. Lach 2005). Generell verweist man auf das Gedichtfragment »Über die menschliche Glückseligkeit« (B 2, 646–650; vgl. Kap.: Lyrik), mit dessen (projektiertem) Titel Lessing wohl bewusst auf La Mettries Essay Bezug nimmt. Er wendet sich hier gegen die Reduktion des Geistes und der Seele auf die physiologischen Vorgänge – und dagegen, diese Reduktion als ultimatives Wissen auszugeben. Spannend ist auch Lessings Auseinandersetzung mit La Mettrie im Rahmen der erotischen (anakreontischen) Dichtung – eine Erkundung der Formen, innerhalb derer eine Rehabilitation der Sexualität möglich ist (einige wenige Fingerzeige geben wir im Kap.: Lyrik). Sein (ambivalenter) Nachruf (B 2, 259) auf den verschrieenen Philosophen könnte der Beginn einer Rettung gewesen sein, die Lessing allerdings nie geschrieben hat.

Ein Kernproblem der philosophischen Debatte ist das Verhältnis von Leib und Seele. Im Materialismus wird der Befund, dass sinnliche Eindrücke die geistige Tätigkeit bedingen, umgemünzt zu einer Erklärung der Relation von Materie, Körper auf der einen und Denken, Bewusstsein auf der anderen Seite. Die Materie wird als das primäre und einzige »Sein« bestimmt, die Unabhängigkeit des Geistes von der Materie geleugnet. »Denken«, »Vorstellen« und »Wollen« erscheinen als Funktionen physiologischer Abläufe, die Gesetze der Körperwelt, so die Konsequenz, determinieren die Seele (vgl. La Mettries Schrift *L'homme machine* [dt. *Der Mensch eine Maschine*], 1747). Materialismus ist dabei immer auch Atheismus. Wie dem Menschen die unsterbliche Seele abgesprochen wird, so verbannt man Gott aus der Natur. Die Natur wird als ein System angesehen, das sich selbst genügt, als ein ungeheurer in sich geschlossener Mechanismus, der weder einen Schöpfer noch einen Erhalter benötigt (Paul-Henri Thiry d'Holbach). In Deutschland ist die Diskussion von großer Ambivalenz. Denn mit dem Denkmodell der ›Autarkie‹ von Vernunft, Seele und Geist ist man keineswegs mehr zufrieden, ebenso wenig wie mit der Auffassung, dass die Seele unmittelbar der göttlichen Gnadenwirkung oder aber der teuflischen Einflüsterung ausgesetzt sei. Immer mehr schärft sich das Bewusstsein dafür, wie sehr körperliche Regungen das Gemüt, die Stimmung, die Psyche beeinflussen. Auch findet die Erkenntnis Zuspruch, dass ›Glück‹ von der Fähigkeit, es zu empfinden, abhängt, demnach auf elementare Weise mit ›Gefühl‹, mit ›Sinnlichkeit‹ zu tun hat. Gerade deshalb jedoch erscheint der Materialismus als Gefahr, man lehnt ihn vehement als Konsequenz ab. Angesichts dieses Dilemmas (Sinnlichkeit ja, Materialismus nein) werden kühne Kombinationen möglich, materialistische Theoreme werden in deistische Gesamtentwürfe integriert und mit der Vorstellung, dass Gott in der Natur sich offenbare, versöhnt. So macht es Lessings Vetter Mylius beispielsweise keine Schwierigkeiten, mit seiner gottgläubigen (deistischen) Natursicht die These zu vereinbaren, dass die Seelentätigkeit vom Gehirn dependiere (*Gedanken von der Seele*, in *Vermischte Schriften*, 148 ff.). Lessing selbst interessierte sich sehr für das Leib-Seele-Problem und reflektiert es in unterschiedlichen Kontexten. Im Rahmen theologischer Vorgaben thematisiert er es im Fragment eines Lehrgedichts *Die Religion*. Hier spricht Lessing zunächst die religiöse Erfahrung von der radikal sündigen Natur des Menschen aus, um in einer Gegenwendung solches Erleben als Ausdruck einer melancholischen Verdüsterung des Gemüts zu relativieren (vgl. die Analyse im Kap.: Lyrik). Eine wissenschaftsgeschichtliche Perspektive nimmt er mit der Huarte-Übersetzung (1752) ein. Huartes Schrift *Examen de ingenios para las ciencias* (1575; dt.: *Prüfung der Köpfe zu den Wissenschaften*) ist einer der frühesten Versuche, die »materielle Grundlage geistiger Vorgänge zu identifizieren«, ohne einem simplen Reduktionismus stattzugeben (Nisbet 2008, 166; zur Huarte-Übersetzung 165–168); insofern habe, so Nisbet, Huartes Werk auf einem noch wenig vermessenen Gebiet eine Alternative zu La Mettries materialistischer Auffassungsweise zumindest andeuten können (vgl. auch Catani 2008). Schließlich hat Lessing persönliche Krisen als psychophysische Ereignisse gedeutet (z.B. an Ramler, 5.8.1764; B 11/1, 415 f.; oder die von Karl Lessing überlieferte Erklärung seiner Spielsucht: *Lessings Leben*, hg. Lachmann 1887, 130 f.).– Solch vielfaches Experimentieren und eklektisches Kombinieren verweist auf ein zentrales Motiv der deutschen Aufklärung, auf die Suche nach Synthese-Modellen.

Sinnlichkeit und Vernunft: Modelle der Synthese

Unter der Oberfläche der Vernunftorientierung gärt es in der mittleren Phase der Aufklärung. Das Zusammenwirken von Erkennen und Wollen wird von der »sinnlichen Natur« des Menschen her in Frage gestellt. Die Körperempfindungen, Triebe, unwillkürlichen Bedürfnisse,

Neigungen und Leidenschaften scheinen oftmals auf unüberwindliche Weise die vernünftige Einsicht zu durchkreuzen: für solche Widersprüche erwacht immer stärker das Interesse. Gleichzeitig werden zahlreiche Konzeptionen entwickelt, die Möglichkeiten der Versöhnung andeuten, Modelle, in denen der Widerspruch zwischen Sinnlichkeit und Vernunft, »Kopf« und »Herz«, wie die zeitgenössische Formel auch lautet, aufgehoben erscheint. Solche Konzeptionen sind die »sinnliche Erkenntnis«, der »Geschmack«, das »Mitleid«, die »Sympathie«, der »moral sense«. Erstere drei Begriffe gehören in das Gebiet der Ästhetik, Letztere in das Gebiet der Moralphilosophie. Mit dem »Mitleid« ist hier das Mitleid gemeint, das die Tragödie erregen soll.

Ästhetik

Es ist überaus erhellend für die Epoche der Aufklärung, dass in ihrem Rahmen die Grundlegung der Ästhetik, der allgemeinen Kunstlehre, fällt. 1750 und 1758 veröffentlicht Alexander Gottlieb Baumgarten die zwei Teile der *Aesthetica* (übers. von H.R. Schweizer ²1988). Er definiert die neue Wissenschaft wie folgt: Ästhetik ist die Wissenschaft der sinnlichen Erkenntnis (§ 1: »Aesthetica […] est scientia cognitionis sensitivae«). Was aber heißt »sinnliche Erkenntnis« und was wird mit Hilfe der Sinne »erkannt«? Baumgarten (§ 17): »Die sinnliche Erkenntnis ist […] die Gesamtheit der Vorstellungen unterhalb der Schwelle streng logischer Unterscheidung.« (»Cognitio sensitiva est […] complexus repraesentationum infra distinctionem subsistentium.«) Die »streng logische Unterscheidung« klassifiziert die Merkmale der Dinge, bringt ihr Wesen auf den Begriff; es geht um Wesenserkenntnis, Erkenntnis der »Wahrheit«. Welche »Wahrheit« aber vermitteln die »Vorstellungen unterhalb der Schwelle streng logischer Unterscheidung«, die Sinnesempfindungen und Gefühlsregungen, die Bilder der Phantasie und des Gedächtnisses, die intuitiven Wahrnehmungen des Scharfsinns und des »Witzes«? Baumgarten beginnt (§ 7) mit der Konzeption von der sinnlichen Erkenntnis als dem Material, auf das der Logiker angewiesen ist, als unentbehrlicher Vorstufe zur deutlichen Erkenntnis: Die »Verworrenheit« »ist eine unerlässliche Voraussetzung für die Entdeckung der Wahrheit, da die Natur keinen Sprung macht aus der Dunkelheit

in die Klarheit des Denkens. Aus der Nacht führt der Weg nur über die Morgenröte zum Mittag.« (»Confusio […] conditio, sine qua non, inveniendae veritatis, ubi natura non facit saltum ex obscuritate in distinctionem. Ex nocte per auroram meridies«.) Er endet mit der Entdeckung, dass das sinnliche Leben durch die logische Zergliederung *nicht* erkannt wird, dass beides, die Evidenzerfahrung der Sinne und die Vernunfterkenntnis, einander inkommensurabel sind. »Denn was bedeutet die Abstraktion anderes als einen Verlust?« (»Quid enim est abstractio, si iactura non est?« § 560) lautet der zentrale Satz der *Ästhetik*. Die »ästhetische Wahrheit« liegt für Baumgarten in der Fülle, dem Reichtum, der Differenziertheit der sinnlichen Eindrücke, in der Konkretion, die allein der Individualität des Lebendigen gerecht werden kann, daneben auch in der Intensität der Wirkung (z.B. §§ 428, 440, 482, 560, 563).

Dabei zersplittert das sinnliche Erleben nicht in ein Chaos der Empfindungen, ist nicht orientierungslose Reizüberflutung und läuft nicht ins Leere. Denn immer bleiben die Vorstellungen, Sinnenbilder und inneren Erfahrungen auf die »Wahrheit« bezogen, immer handelt es sich um »Erkenntnis«. An dieser Stelle nun kommen die Momente der »Vollkommenheit« und der »Schönheit« ins Spiel. Erkenntnis der »Wahrheit« ist Erkenntnis der »Vollkommenheit« eines Dings. Die »Vollkommenheit« birgt »Ordnung« in sich, ist sie doch bestimmt als Einheit, Übereinstimmung, Harmonie, Zusammenhang im Mannigfaltigen. Wo die Vollkommenheit sinnlich wahrgenommen wird, zeigt sie sich als Schönheit. »Schönheit« ist die Art und Weise der Sinne, Vollkommenheit zu erkennen und vorzustellen. Berühmt sind die Definitionen, mit denen Baumgarten die »Theoretische Ästhetik« eröffnet (§ 14): »Das Ziel der Ästhetik ist die Vollkommenheit (Vervollkommnung) der sinnlichen Erkenntnis als solcher. Damit aber ist die Schönheit gemeint.« (»Aesthetices finis est perfectio cognitionis sensitivae, qua talis, haec autem est pulchritudo.«) Im Gegensatz zu der (Wolffschen) Schulphilosophie, nach der die adäquate Erkenntnis der Vollkommenheit ausschließlich Vernunftsache ist, liegt für Baumgarten in der sinnlichen Vorstellungswelt (potentiell) mehr Vollkommenheit, als der Logiker mittels der zergliedernden Vernunft erfassen kann (bes. §§ 560 ff.). Denn die »Vollkommenheit« ist für ihn (im Anschluss an

Leibniz) unlöslich mit der Individualität eines Dinges verknüpft, prägt sich doch Mannigfaltigkeit nur dadurch aus, dass jedes Geschöpf einzigartig ist (vgl. Paetzold 1983, XX–XXII). Dieses Besondere und Unvergleichliche hinwiederum erschließt sich (nach Baumgarten) allein mittels der sinnlichen (»unteren«) Seelenvermögen, die von der Bestimmtheit der Merkmale nicht abstrahieren. Wo er die Eigenart des Ästhetischen umkreist, verlässt er das Argumentationsmuster, dass das dichterische, sinnliche Bild abstrakte Wahrheiten »verkörpere«. Die sinnliche Erkenntnis ist für ihn in ihrer Fülle eben nicht durch eine abstrakte Erkenntnis aufzuheben und zu ersetzen. So spricht Baumgarten denn auch von der »perfectio« (Vollkommenheit und Vervollkommnung) der sinnlichen Erkenntnis als dem Ziel der Ästhetik. Der Sinnlichkeit wird eine Vollkommenheit sui generis zugeschrieben, sie wird nicht zur bloßen »Erscheinung« herabgedrückt und der Vollkommenheit, die dem (abstrahierenden) Denken zugänglich ist, untergeordnet.

Es sind für Baumgarten die Werke der Kunst und besonders die poetischen Erfindungen, welche die Vervollkommnung der sinnlichen Erkenntnis leisten. An dem Punkt nun, an dem es um die Beurteilung einzelner Werke, d. h. um die Umsetzung der ästhetischen Theorie in die Kunstkritik geht, werden die Grenzen von Baumgartens Entwurf deutlich. Auf die Frage, wie denn nun die Vollkommenheit eines Werks zu erkennen sei, wie Übereinstimmung des Mannigfaltigen, sinnliche Vielfalt und ›empfindliche‹ Ordnung sich zeigten, woher der Eindruck des individuellen Ganzen komme – auf diese Frage gibt Baumgarten keine Antwort. Er hat überlieferte rhetorische Prinzipien parat, die er als Regeln an das »schöne Denken« heranträgt (z. B. §22; auch §556): »ubertas« (Fülle), »magnitudo« (Größe), »evidentia« (Evidenz), »persuasio« (Überzeugungskraft) u. a. m. (vgl. Paetzold 1983, XLII ff.). Auf lange Strecken müht er sich mit dem klassizistischen Wahrscheinlichkeitsgebot ab (§§585 ff.). Baumgarten zitiert fast ausschließlich antike Muster – und dies, wie Lessing ihm vorwirft, aus zweiter Hand, seine Beispiele schmeckten nicht »nach der Quelle« (*Laokoon*: B 5/2, 15). Die zentrale Aufgabe der zeitgenössischen Kunst- und Literaturkritik schält sich heraus. Die »Vollkommenheit der sinnlichen Erkenntnis« schließt eine mechanistische Erklä-

rung der Übereinstimmung von Teil und Ganzem aus – eine Erklärung, die nach (festgelegten) Regeln verfährt. Die Erkenntnis gewinnt Raum, dass das individuelle Werk eigenen Gesetzen folgt, von denen her allein es zu verstehen ist. Wie die »Versinnlichung« der Vollkommenheit gelingt, muss an jedem Werk neu bestimmt werden. Die Regeln dürfen keine Gültigkeit a priori beanspruchen, sondern müssen am Kunstwerk selbst abgelesen werden. Die gleiche Diskrepanz wie bei Baumgarten lässt sich übrigens bei vielen massgeblichen zeitgenössischen Ästhetikern, insbesondere bei Sulzer und Mendelssohn, feststellen. Von der philosophischen Psychologie her werden zwar neue Maßstäbe zur Beurteilung der Kunst entwickelt, wo es aber um die praktische Anwendung, um den Blick auf das jeweilige Werk geht, werden die überkommenen Begriffe der Regelpoetik angeführt. Mendelssohn etwa schreibt: *»Der Vorwurf der schönen Künste muß ferner anständig, neu, außerordentlich, fruchtbar u.s.w. seyn«* (*Betrachtungen über die Quellen und die Verbindungen der schönen Künste und Wissenschaften*, 1757; JubA 1, 172). Von hierher muss die Leistung von Lessings (früher) Literaturkritik, in der es ja immer um den konkreten Fall geht, abgemessen werden (zum Programm der »sinnlichen Erkenntnis« vgl. Kap.: Laokoon).

»Versinnlichung« lautet das Schlagwort, mit dem man ab der Jahrhundertmitte gegen Gottsched zu Felde zieht, »Versinnlichung« wird gegen Gottscheds Nachahmungsbegriff ausgespielt. Abbau von Distanz und dadurch die Intensivierung derjenigen Komponente der Kunst, die die Einbildungskraft und die Emotionen anspricht, ist das Ziel. Einige Beispiele: Im Anschluss an seine Aristoteles-Übersetzung (1753/1973) bestimmt Michael Conrad Curtius das Wesen der Poesie wie folgt (§ 17, 369 resp. 370): »Ich will beweisen, daß alle Arten von Gedichten vollkommen sinnliche Reden sind, oder seyn müssen, in welchen sinnliche Gegenstände auf sinnliche Art gedacht, und sinnlich ausgedrücket werden.« »Unser Eingeweide wird [...] bewegt, wir empfinden selbst; unsere Erkenntniß ist folglich sinnlich.« Johann Adolf Schlegel schreibt in den Abhandlungen, die er seiner Batteux-Übersetzung (*Einschränkung der Schönen Künste auf einen einzigen Grundsatz*, 1751; hier: 2. Theil, 3. Aufl. 1770/1976, 215) beifügt: »Die Poesie muß durchgängig sinnlich reden, denn durch das Sinnliche allein findet das Schöne und das Gute, das sie uns zu gewähren schuldig ist, den Zugang zu unserm Herzen. […] Es ist nicht genug, daß ihre Erzählungen und Vorstellungen und Beschreibungen sinnlich sind; sie müssen die *sinnlichsten* seyn, die nur gedacht werden können.« Oder: »Die Poesie der Malerey ist ein in ein äusserliches Sinnliches gekleidetes Schönes; sie redet ins Auge. Die Poesie der Empfindung ist ein durch ein innerliches Sinnliches belebtes Gutes; sie redet ins Herz«; sie »athmet«, wie Schlegel einprägsam formuliert, »den Gedanken Seelen ein« (ebd. 214). Auf dem Gedanken, dass die Künste für die Sinne und für das »Herz« arbeiten, baut schließlich Sulzer seine gesamte Kunsttheorie auf.

Die Warnung vor der Sogkraft der Leidenschaften scheint nicht mehr zu gelten, im Gegenteil wird die Erschütterung geradezu gefordert. An die »Eingeweide« solle die Kunst, so die ausdrucksstarke Wendung von Curtius, gehen. Nicht an Sensation und Erlebnis pur ist hier gedacht. Vielmehr soll mittels der Kunst die leidenschaftliche Empfindung, die so viel intensiver wirkt als die vernünftige Einsicht, dieser dienstbar gemacht werden. Bei seiner Empfindungsfähigkeit, der Einbruchstelle für vernunftwidriges Verhalten, soll der Mensch gepackt werden, er soll die Vernunftideen gleichsam empfinden lernen. Weil Kunst aus der sinnlichen Anschauung einen Mehrwert erzeugt, erscheint sie besonders qualifiziert, die Synthese herbeizuführen. Sulzer, Mendelssohn, Nicolai, Lessing, Johann Adolf und Johann Elias Schlegel, Bodmer und Breitinger: Sie alle denken über die Möglichkeiten und Grenzen einer solchen ästhetischen Erziehung nach. In diesem Kontext sind Lessings kunsttheoretische Schriften, allen voran der *Briefwechsel über das Trauerspiel* und *Laokoon*, anzusiedeln.

Moral sense und Mitleid

In der Konzeption des *moral sense* ist die Vereinigung von Trieb und Vernunft als bereits vollzogen gedacht. Der Terminus deutet die Synthese an: Moralität ist zu einem sinnlichen Faktor geworden. Shaftesbury und Hutcheson sind die (für Lessing) wichtigsten Theoretiker des *moral sense*. Gemeint ist ein angeborenes Wertgefühl, sozusagen ein Instinkt für moralische Werte, für »gut« und »böse«. Er wirkt spontan, vor dem Einsatz

der Reflexion. Als Grundlage für diese intuitive Urteilskraft wird die »Sympathie« (David Hume) angesetzt, die ebenfalls angeborene Neigung zu Mitleid und Mitfreude.

Bei Lessing übernimmt die Funktion des »moral sense« das Mitleid. Die Verschiebung ist aussagekräftig. Lessing ist den »schönen sittlichen Empfindungen« gegenüber skeptisch (*Miß Sara Sampson*). Überall entdeckt er die Mischung von egoistischen und altruistischen Antrieben, er weiß, wie Stärken und Schwächen der Menschen miteinander zusammenhängen. Die Mitleidkonzeption scheint hier zwei Bedürfnissen Rechnung zu tragen. Erstens ist in ihr die »sinnliche Natur« des Menschen gerettet, die Selbstliebe ist durch eine Gegenkraft ausbalanciert. Zweitens macht das Mitleid den Menschen in seiner Verletzbarkeit sichtbar. Der mitleidigste Mensch ist der beste Mensch, so begründet Lessing die erzieherische Wirkung der Tragödie, deren »Zweck« die »Erregung von Mitleid« sei. Einerseits erhebt er die sinnliche Konstitution (zu der das »Mitleiden« gehört) geradezu zur Voraussetzung von »Moralität«. Die andere Erfahrung jedoch, die diesem Satz zugrunde liegt und gleichsam dessen Kehrseite bildet, ist die Erfahrung, dass der Mensch das Wesen ist, welches Mitleid braucht und seine ›Wahrheit‹ nur dem Blick des Mitleids enthüllt. Emanzipation der menschlichen Natur und Skepsis gehen eine Symbiose ein (Analyse von »Mitleid« und »moral sense« vgl. Kap.: Briefwechsel über das Trauerspiel).

Mit der »bösen« und »verdorbenen« Natur ist im theologischen Kontext die sinnliche Natur des Menschen gemeint. Die besprochenen Syntheseformeln (das Schöne, der *moral sense*) sind auch gegen die pessimistische lutherische Anthropologie gerichtet. Die ästhetische Erziehung übernimmt Funktionen der religiösen, insbesondere diejenige der Kultivierung des Gefühls; die Annahme des »moralischen Sinnes« wendet sich gegen die Erbsündenlehre. Die natürlichen Kräfte des Menschen neigten sich dem Guten zu. Oder, wie Lessing Hutcheson übersetzt, nicht nur als vernünftiges, sondern auch als empfindendes Wesen trage der Mensch das Ebenbild Gottes an sich (*Vorrede* zur *Sittenlehre der Vernunft*, Bd. 1, 1756, 16, Übersetzung: Francis Hutcheson: *A System of Moral Philosophy*, dt: *Sittenlehre der Vernunft*). Es ist eine Streitfrage der Forschung, inwiefern diese Synthese auf der Rehabilitation der

Sinnlichkeit oder auf deren Repression (Verdrängung der starken, ichbezogenen, auch zerstörerischen Leidenschaften) beruht.

»Personen von allerhand Stande erfahren, es könne ein jeder in denen ihm vorfallenden Fällen [dasjenige] nutzen, was man sonst für die lange Weile zu lernen gemeinet« (Wolff: *Vorbericht* zur 4. Auflage der *Deutschen Metaphysik*, §3). – »Wenn wir unsere Studierstube verlassen und uns in die allgemeinen Angelegenheiten des Lebens mischen« (Hume: *A Treatise of Human Nature*): Alle philosophischen Themen, die wir vorgestellt haben, hatten im 18. Jahrhundert einen klaren Bezug zur gesellschaftlichen Praxis. Das ist im Falle des Naturrechts und der Religions- und Toleranzdebatte besonders deutlich, trifft aber auch für die Kultivierung der sinnlichen Natur und der Gefühle zu, die zur Verbesserung des gesellschaftlichen Zusammenhalts beitragen sollten.

Die Ständegesellschaft und das Bündnis zwischen Aufklärern und dem Absolutismus

Ein wesentliches Charakteristikum des Absolutismus in Deutschland ist die Aufsplitterung in viele, zum Teil winzig kleine Territorien (»Duodezfürstentümer«). Lessing, in Sachsen geboren, lebt z. B. im preußischen Berlin im Ausland. Heftige Emotionen erregt er, wenn er während des Siebenjährigen Kriegs in Preußen für Sachsen eintritt, im sächsischen Leipzig aber für Friedrichs Politik Partei ergreift. Die Fürstentümer bilden einerseits jeweils souveräne Staaten, andererseits ist ihnen die Alte Reichsverfassung übergeordnet.

Im Lauf des 18. Jahrhunderts wurden die Weichen dafür gestellt, dass der traditionelle ›Ständestaat‹ und die absolutistische Regierungsform transformiert wurden zu einer individualistischen bürgerlichen Gesellschaft mit demokratischer Verfassung. Dabei sind ›Ständestaat‹ und fürstlicher Absolutismus tendenziell *gegenläufige* Ordnungsprinzipien. Der Absolutismus arbeitet der modernen Staatsauffassung vor, obwohl die absolutistischen Herrscher zum Teil noch mit den Ständen rechnen und sie für die eigenen Zwecke einspannen. Die aufklärerischen Reformer suchten denn auch ihre gesellschaftlichen Vorstellungen (zumeist) mit Hilfe der Fürsten zu verwirklichen; viele dachten an eine konstitutionelle Monarchie mit Gewaltenteilung. Sie erstrebten nicht die Konfrontation, sondern das Bündnis mit dem (aufgeklärten) Absolutismus. Weit verbreitet ist heute die Auffassung, dass an dem gesellschaftlichen Umbau maßgeblich die bürgerlichen Literaten beteiligt gewesen seien, indem sie ein schichtenspezifisches, vom privat-häuslichen (›bürgerlichen‹) Milieu bedingtes Ideal zärtlich-empfindsamer Tugend zur allgemein menschlichen Norm erhoben, in poetischen Werken (Theaterstücken, Romanen) propagiert und dadurch dem Selbstbewusstsein des Bürgertums gegenüber dem Adel entscheidenden Auftrieb gegeben hätten, so dass zuletzt der Anspruch auf moralische Überlegenheit zu politischen Forderungen geführt habe. Diese Auffassungsweise ist zu revidieren.

Ständegesellschaft

Etabliert hat sich die Ständeordnung im Mittelalter, und noch im 18. Jahrhundert verstanden sich die Menschen als Mitglieder einer ständischen Gesellschaft; Lessing zum Beispiel spricht in *Ernst und Falk* im Zusammenhang mit der notwendigen gesellschaftlichen Differenzierung von den verschiedenen »Ständen«. Die »Stände« waren sozial, rechtlich und politisch definiert, wobei die politische nicht deckungsgleich mit der sozialrechtlichen Einteilung ist. Die politischen Stände waren diejenigen, die – durch ein Stimm- und Mitspracherecht – an der Regierung beteiligt waren (Reichs- und Landstände; der Adel, das Stadtbürgertum, die Geistlichkeit; in ganz wenigen Gebieten – zum Beispiel in Tirol – auch die Bauern). Die Rechte (und Privilegien) der politischen Stände waren genau festgelegt, sie wurden seit der Bildung der Territorialstaaten immer neu ausgehandelt und bestätigt. Das wichtigste Recht war das der Steuerbewilligung. Der Fürst konnte nicht beliebig neue Steuern erheben, sondern musste darüber mit den Ständen verhandeln und den Landtag einberufen, zu dem sie ihre Vertreter entsandten. Diese nahmen die Interessen ihres Standes wahr, nicht primär die des »Volkes«. Privilegienwesen war mit der Ständeordnung verknüpft, der Fürst konnte die Stände gegeneinander ausspielen.

Als soziale Formation sind die Stände durch ihre gesellschaftliche Funktion bestimmt. Eine

Schicht der Bevölkerung sorgt für die Ernährung – der Stand der Bauern (3. Stand), die andere für die Verteidigung, den militärischen Schutz des Landes – der Adel (»Rittertum«); die Geistlichkeit ist für den rechten Weg im Angesicht Gottes, für das Seelenheil zuständig. Als vierter Stand kommt im Hoch- und Spätmittelalter das Stadtbürgertum hinzu; es wird später, seiner ökonomischen und politischen Bedeutung entsprechend, als dritter Stand bezeichnet. Allerdings stellt diese Dreiteilung ein vereinfachendes Schema dar, das nie der gesellschaftlichen Realität entsprochen hat.

In der ständischen Verfassung gibt es die uns geläufigen Differenzierungen zwischen Individuum, Gesellschaft und Staat, dem öffentlichen, beruflichen und privaten Bereich, noch nicht. Der »Stand« ist eine Lebensform, in die man hineingeboren wird und die die gesamte Existenz bis hin zum äußeren Erscheinungsbild beherrscht: Die Stände haben ihre eigenen Trachten und Kleidervorschriften; der Stand verleiht dem Einzelnen seine spezifische Würde (»Standesehre«), er verhilft zur Identitätsfindung. Dabei handelt es sich um eine hierarchisch-komplementäre Ordnung. Stollberg-Rilinger (2000, 69 f.) beschreibt den Aufbau der ständischen Gesellschaft wie folgt: Man ging »von einer Stufenfolge verschiedener ›Gesellschaften‹ aus [...]. Auf allen diesen ineinander verschachtelten Ebenen – nicht nur der des Staates – gab es Herrschaft. Darüber hinaus existierte eine Vielzahl von genossenschaftlichen Verbänden, ›Korporationen‹, die in ihrem Innern – immer noch – weitgehend autonome Rechte innehatten [...]. Daraus folgte, dass es eine Vielzahl unterschiedlicher Rechtskreise und eine Vielzahl unterschiedlicher persönlicher Rechtsstellungen gab. Der Bürger einer Stadt genoss andere Rechte als der bloße Einwohner, der bäuerliche Untertan eines adligen Grundherrn andere als der freie Bauer, der Hofdiener eines Landesherrn andere als der Professor einer Universität, der adlige Herr andere als der städtische Patrizier; der Geistliche andere als der Laie, der Mann andere als die Frau. Der Rechtsstatus des Einzelnen war sein ›Stand‹. Dieser Begriff hatte viele Dimensionen, entsprechend den vielen Kriterien, nach denen sich der Rechtsstatus eines Menschen bemaß. Zunächst einmal bestimmte sich der Status nach dem ›Hausstand‹, d. h. danach, welche Rolle man in einem Haus einnahm (Herr, Frau, Kind, Knecht usw., [...]). Zum anderen bemaß sich der Stand nach der Zugehörigkeit zu einem übergeordneten Verband: zu einem Dorf, einer Stadt, einer adligen Korporation, einer Universität, einem Kloster usw.« Stollberg-Rilinger unterscheidet zwischen den Lebenswelten des Dorfs, der Stadt, des Hofes (71) – in jeder dieser Lebenswelten gab es wiederum unterschiedliche Stände –, deren Grenzen sich im Laufe des 18. Jahrhunderts gegenseitig zu öffnen begannen.

Die Bauern stehen innerhalb des Gesamtspektrums der Gesellschaft auf der Seite der Verlierer. Sie machen – mit erheblichen Unterschieden in den einzelnen Territorien – etwa 4/5 der Bevölkerung aus (Kiesel/Münch 1977, 48; zu den wirtschaftlich weit fortschrittlicheren Verhältnissen in Sachsen s. Nisbet 2008, 16 f.). Auch in den Städten sind viele Einwohner in der Landwirtschaft tätig, wobei die »Ackerbürger« dem Stadtbürgertum zugerechnet werden. Bäuerlicher Wohlstand findet sich selten. Generell drücken die Abgaben an die Gutsbesitzer, Missernten wirken sich ruinös aus, Verbesserungen in der Bewirtschaftung greifen nur langsam. In dem Gedicht *Die Religion* (vgl. Kap.: Lyrik) beschreibt Lessing das Leben des Bauern als dumpf und chancenlos; es wird zur Chiffre für die Reduktion des Menschen auf das Körperliche, da die Erhaltung des Leibes als fast ausschließlicher Daseinszweck erscheint. Damit versteht Lessing allerdings den Stand nicht mehr als eine notwendige, gottgegebene Lebensform (und mahnt eine Veränderung an): »[...] der halbe Mensch, verdammt zum sauern Pflügen,/ Auf welchem einzig nur scheint Adams Fluch zu liegen,/ Der Bauer, dem das Glück, das Feld das er durchdenkt,/ Und das, das er bebaut, gleich eng und karg umschränkt,/ Der sich erschaffen glaubt zum Herrn von Ochs und Pferden,/ Der, sinnt er über sich, sinnt wie er satt will werden [...]« (B 2, 271, V. 26 ff.).

Auch die Geistlichkeit bildet eine eigene Lebenswelt. Da man als Geistlicher nicht geboren wird, bieten Kirche und Klerus besondere Chancen sozialen Aufstiegs, der durch persönliche Anstrengung erreicht wird (obgleich soziale Mobilität auch durch die gelehrten Berufe möglich war und sogar zum Adel hin bestand). Grundsätzlich ist zwischen Katholizismus und Protestantismus zu unterscheiden. Lessing ist der älteste Sohn in einem protestantischen Pfarrhaus. Auf ihm lastet der Erwartungsdruck, dass er Theologie studieren und eine Stellung in der Kirche (oder an der Universität) anstreben wird. – Im 18. Jahrhundert wirken (vornehmlich protestantische) Geistliche auf dem Land häufig als Vermittler aufklärerischer Ideen; sie kämpfen gegen naturmagische Vorstellungen (›Aberglaube‹) und suchen landwirtschaftliche Reformen durchzusetzen; Michael Maurer (1996) sieht in dem Wirken der Landpfarrer einen ausschlaggebenden Faktor für die Verbreitung ›bürgerlicher‹ Bildung und Wertvorstellungen im 18. Jahrhundert.

Der ›erste Stand‹ im Staat ist der Adel, wobei man vielfache Unterschiede beachten muss (Hochadel und niederer Adel, Landadel, Stadtadel, reichsunmittelbarer Adel, Hofadel, Amtsadel etc.; vgl. Stollberg-Rilinger 2000, 79; Vierhaus 1984). Er hat (in der Regel) die Herrschaft über den Grundbesitz. Der Standesvorrang wird ostentativ zur Schau getragen (Titel, Kleidung, Sonderplätze bei öffentlichen Veranstaltungen, Exklusivität des Hoflebens). Politisch ist der Adel im 18. Jahrhundert zwar entmachtet, er genießt jedoch weiterhin zahlreiche Privilegien, aufgrund deren er seine soziale Führungsposition behauptet: Steuer- und Zollfreiheit, Anwartschaft auf bestimmte Ämter, Befreiung von militärischer Dienstpflicht, Patronatsrecht (= Recht, den Geistlichen [zumeist] der Pfarrkirche vorzuschlagen), patrimoniale (= gutsherrliche) Gerichtsbarkeit, privilegierter Gerichtsstand, Jagdrecht (Kiesel/Münch 1977, 44).

»Bürger« waren ursprünglich die Mitglieder einer städtischen Rechtsgemeinschaft. Durch das städtische Bürgertum entwickeln sich Handwerk, Handel und Gewerbe; es wird zum wichtigen Kulturträger (durch Erfindungen, Bautätigkeit, Entwicklung der Verwaltungstechnik). Dabei stellt das Stadtbürgertum wiederum keine homogene Schicht dar. Die ursprünglichen bürgerlichen Berufsstände sind die in Gilden organisierten Kaufleute und die in Zünften organisierten Handwerker. Dazu treten die akademischen Berufe: Theologen, Universitäts- und Schullehrer, Juristen, Ärzte. Ihre Vertreter finden zum Teil im kirchlichen und fürstlichen (staatlichen) Dienst Beschäftigung. Kleiderordnungen bringen die soziale Gliederung eines städtischen Gemeinwesens zur Anschauung. So unterteilt die Frankfurter Kleiderordnung von 1731 die Bürgerschaft in fünf Klassen. Zur ersten zählt die »politische Füh-

rungsschicht (Schultheiß, Schöffen, die angesehensten Ratsherren, gelehrte Mediziner und Juristen, der alteingesessene Stadtadel), zur zweiten die von den Zünften entsandten Ratsherren, der neue Adel, Großkaufleute und Bankiers mit einem Vermögen von mindestens 20.000 Talern, zur dritten Notare und Prokuratoren, Künstler und größere Ladeninhaber, zur vierten Kleinkrämer, Straßenhändler und Handwerker, zur fünften der deklassierte Rest: Tagelöhner und Dienstboten« (Kiesel/Münch 1977, 53). In ihrer sozialen Struktur und ihrer politischen Verfassung unterscheiden sich die Städte erheblich voneinander, je nachdem, ob es sich um freie Reichsstädte, Handelsstädte, Universitätsstädte, Residenzstädte oder Garnisonsstädte handelt. Die freien Reichsstädte sind von Bürgern regierte Stadtrepubliken. Doch besitzen sie keine im heutigen Sinn demokratische Verfassung. In Hamburg beispielsweise haben prozentual nur wenige Einwohner das Bürgerrecht, nur die Hälfte von ihnen wiederum ist zur aktiven Teilhabe an der Regierung und Verwaltung berechtigt. Politische Macht ist an soziale und konfessionelle Bedingungen gebunden: an Besitz und die Zugehörigkeit zum lutherischen Glauben.

Halten wir fest: Die Stände mit ihren eigenen Rechten und Herrschaftsstrukturen bilden ein Gegengewicht und -prinzip zum fürstlichen Absolutismus; nie hat ein absoluter Herrscher gänzlich ohne die Beteiligung der Stände regieren können. Gleichzeitig zeichnet sich ab, dass es »das« Bürgertum, das als Stand ein Selbstbewusstsein hätte entwickeln können oder sollen, nie gegeben hat (sondern zahlreiche Korporationen, Genossenschaften, Rechtsgemeinschaften, Berufsstände etc.). Darüber hinaus sind nunmehr die Veränderungen zu berücksichtigen, die von der absolutistischen Regierungsform ausgehen und die mit der Unterminierung der ständischen Ordnung zugleich eine Öffnung und Angleichung zwischen den adligen und (gehobenen) bürgerlichen Schichten bewirken.

Absolutismus und Aufklärung; Reformabsolutismus

Ein erstes konstitutives Merkmal der absolutistischen Regierung ist die Tendenz zur Ausschaltung der Stände. Die Landesherren suchen deren Mitspracherecht einzudämmen und die Privilegien außer Kraft zu setzen; die Durchsetzung von Rechtssicherheit und Rechtsgleichheit für alle (wodurch aus den Mitgliedern von Ständen in juristischer Hinsicht ›Staatsbürger‹ werden) war ein wesentliches Ziel des aufgeklärten Absolutismus. Als zweites Moment tritt jedoch ein ungeheurer Reformoptimismus hinzu, der viele Lebensbereiche umfasste (Finanz-, Wirtschafts-, Schulpolitik, Gesundheitswesen etc.); vor allem jedoch waren die Fürsten an der Verbesserung der Wirtschaftsleistung ihres Landes und damit an der Hebung des allgemeinen Wohlstands interessiert. »Die Reformen, die die aufgeklärten Theoretiker entwarfen und die Minister durchzuführen suchten, erfolgten nach rationalen Gesamtkonzepten; sie gaben sich nicht mehr als Rückkehr zum guten alten Herkommen aus und waren manchmal von einem geradezu revolutionären Gestaltungsoptimismus geprägt« (Stollberg-Rilinger 2000, 209). Manche Monarchen strebten Reformen an, die der gesellschaftlichen Wirklichkeit vorauseilten. Das bekannteste Beispiel ist Joseph II., der sich mit seinem Reformprogramm – Abschaffung der Leibeigenschaft, Aufhebung der Zensur, Abschaffung der Folter, Praktizierung religiöser Toleranz, Vereinheitlichung und Verstaatlichung der Verwaltung (Boldt 1984, 239 und 240) – nur bedingt durchsetzen konnte. All diese staatlichen Reformen deckten sich jedoch in hohem Maße mit dem, was in vielen Aufklärungszirkeln gefordert wurde. Dazu kommt, dass durch die Reformtätigkeit der Monarchen Angehörigen unterschiedlicher Schichten und Stände ein Weg zur Mitgestaltung und Verwirklichung aufklärerischer Ideen eröffnet wird:

Die Übernahme der neuen Staatszwecke – »Sicherheit, Wohlfahrt und zeitliche Glückseligkeit« (Stollberg-Rilinger 2000, 206) – bedeutet Machtkonzentration, und Machtkonzentration bedeutet Ausdehnung des Verwaltungsapparats. Mit der absolutistischen Regierungsform und ihren Reformprogrammen ist die Etablierung einer Beamtenschicht verbunden – je mehr Befugnisse dem Staat übertragen werden, desto größer ist der Bedarf an Beamten –, in der das berufliche Selbstverständnis von dem »Herkommen« getrennt ist. Der Amtsinhaber fungiert nicht länger als Standesvertreter, sondern als Staatsdiener; das heißt als Diener am Gemeinwohl jenseits der Partikularinteressen. Was die Rolle des Adels anbelangt, unterscheiden sich die Territorien erheb-

lich voneinander; Friedrich II. zum Beispiel bevorzugt bei der Besetzung der wichtigen Staatsämter zwar Angehörige des Adels, lehnt aber trotzdem das Herkunftsprinzip ab; auch die Adligen müssen sich durch Kenntnisse und Leistung qualifizieren. Die Beamtenlaufbahn steht jedoch auch den Nicht-Adeligen offen, zumal da immer häufiger eine akademische Ausbildung erforderlich ist; der Adel muss nunmehr mit Bewerbern bürgerlicher Abstammung konkurrieren.

So trifft die Vorstellung, dass ein Antagonismus zwischen ›dem‹ Adel und ›dem‹ Bürgertum der Motor der Veränderungen gewesen sei, nicht die gesellschaftliche Realität im 18 Jahrhundert. Adlige und Bürgerliche hegen die gleichen Reformvorstellungen, teilen die gleichen philosophischen Ideen, genießen die gleiche Universitätsausbildung etc. Es entsteht der Begriff des »Mittelstandes« oder der »gebildeten Stände«, der nichts mehr mit dem traditionellen Standesbegriff zu tun hat. Angehöriger dieser neuen Schicht wird man durch *individuelle* (wirtschaftliche oder intellektuelle) Leistungen und Vorzüge, nicht durch die Geburt in eine generationenübergreifende Gemeinschaft hinein. Vertreter des Adels (Offiziere, Grundbesitzer, Beamte), des Besitz- und des Bildungsbürgertums (Kaufleute, Unternehmer, Beamte, Geistliche, Juristen, Ärzte, Professoren) entwickeln ein Gruppenbewusstsein aufgrund gemeinsamer Bildung, gemeinsamer kultureller Interessen und Wertvorstellungen, und in diesen Wertvorstellungen spielt das überständische Konzept des ›Menschlichen‹ eine zunehmend wichtige Rolle. Neuerdings spricht man auch von den staatlichen ›Funktionseliten‹, die sich herausgebildet hätten, ebenfalls ein überständischer Begriff.

Gleichwohl hat das Bündnis zwischen Aufklärern und dem Monarchen einen gravierenden Konstruktionsfehler: das Machtgefälle zwischen dem Herrscher und dem Untertan. Die Zusammenarbeit mit dem fürstlichen Souverän stößt für viele Aufklärer da an die Grenzen, wo die Teilung und Kontrolle der politischen Macht gefordert wird. Der absolutistische Reformeifer und die Abschaffung der ständischen Privilegien werden deshalb auch als Akt fürstlicher Willkür wahrgenommen, als Ausübung einer despotischen Befehlsgewalt. Zugleich deutet man den Spielraum der Stände, politische Rechte auszuüben, um zu Elementen und Keimzellen einer liberalen Verfassung; so parallelisiert man beispielsweise Montesquieus System der Gewaltenteilung mit dem Ständewesen. In einer Nachlassnotiz spricht sich Lessing in diesem Sinn für die Beteiligung der Stände an der politischen Macht aus (*Collectaneen*, Notiz: *Deutsche Freiheit*, B 10, 531 f.). Berühmt ist die Klage über Preußen als das sklavischste Land Europas, die er aus Hamburg an Nicolai richtet (Brief vom 25.8.1769).

Öffentlichkeit und öffentliche Debatten, bürgerliche Kultur und die Idee des Allgemein-Menschlichen

Dass sich im 18. Jahrhundert ein Gruppenbewusstsein der ›gebildeten Stände‹ entwickeln kann und ein neues Gefühl einer ständeübergreifenden kulturellen Identität entsteht, hat maßgeblich mit der Ausbildung von neuen Kommunikationsformen zu tun, die wiederum die Standesgrenzen überschreiten und einen Gedankenaustausch unabhängig von persönlicher und räumlicher Nähe ermöglichen. In selbstgewählten sozialen Beziehungen werden gesellschaftliche Gestaltungsmöglichkeiten entdeckt und institutionalisiert: Privatleute gründen sog. »Gesellschaften« zur Förderung gemeinnütziger Zwecke, in denen sich Angehörige unterschiedlicher Stände und Schichten begegnen (jeder kann Mitglied werden, der den Beitrag bezahlen kann) und zusammenwirken: Lesegesellschaften, patriotische (= gemeinnützige), ökonomische Gesellschaften etc. (die Freimaurerlogen bilden einen Sonderfall). Solche Gesellschaften und ›Clubs‹ sind nicht nur Informationszentren und ›Stellenbörsen‹, sie können auch eine Verbindung zur Regierung herstellen, wenn ihnen reformfreudige Beamte angehören (Clark 2007). (In Berlin ist Lessing ab 1752 Mitglied des Montagsklubs, einer Stiftung des Schweizerischen Theologen Schultheß [E. Schmidt Bd. 1, ⁴1923, 245 f.], wo er die Bekanntschaft mit ganz unterschiedlichen Persönlichkeiten macht, u. a. mit Quanz, dem Flötisten des Königs, dem Kupferstecher Meil, dem Verleger Voß, mit einem Maler und einem Justizbeamten, schließlich mit Johann Georg Sulzer, dem vielseitigen Schriftsteller und Popularphilosophen). – Die Freundschaft erhält einen hohen Rang, sie wird zu einem Modell für das Zusammenleben; häufig sind Freundschaftszirkel die Keimzelle für die »Gesellschaften«, die einen

mehr oder weniger öffentlichen Charakter besitzen. Die soziale Bedeutung der Freundschaft wird auch in Lessings Biographie offenkundig. Wenn er die Sekretärstelle bei Tauentzien aufgibt und wieder einmal in eine völlig ungesicherte Zukunft blickt, bedeuten die Freunde ein soziales Netz: »ich […] habe Freunde«, schreibt er dem Vater (13.6.1764), um ihn wegen seiner »Versorgung« zu beruhigen (B 11/1, 409). Worüber die Freunde Lessing, Mendelssohn, Nicolai miteinander debattieren, ist für die Allgemeinheit von Interesse. Aus privaten Diskussionsrunden gehen die »Literaturbriefe« hervor, der *Briefwechsel über das Trauerspiel* ist private Korrespondenz. Im Hamburgischen Freundeskreis werden Lessings Werke gelesen und diskutiert, die Briefe von Elise Reimarus zeigen, wie sie zum Medium der Selbstverständigung werden. In einem Aufklärungszirkel, als den sich der Kreis um Elise Reimarus versteht, ›erzieht‹ Lessing tatsächlich ein Publikum.

Von besonderer Bedeutung sind die Expansion der Druckmedien, die Ausweitung des literarischen Marktes und das Anwachsen des Lesepublikums, die sprunghafte Vermehrung von Zeitungen und Zeitschriften (gelehrte Fachzeitschriften, historisch-politische Journale und die sog. moralischen Wochenschriften, ein neuer und ungemein erfolgreicher Zeitschriftentyp; dazu Näheres: Böning 2002, Gestrich 1994, Martens ²1971, Wilke 1978). Es entsteht eine literarische und politische Öffentlichkeit in dem Sinn, dass über kulturelle, wissenschaftliche und politische Ereignisse so informiert und räsoniert wird, wie es die (im gelehrten Diskurs der *res publica literaria* schon lange etablierten) Regeln der aufgeklärten Vernunft erfordern: mit Sachverstand, Vertrauen in das *Selbst*denken, Prüfung der Gegenargumente und vor allem mit der Bereitschaft zu einer Kritik, die nicht vor dem Hof und der Regierung haltmacht. Politische, in der Öffentlichkeit (z. B. den historisch-politischen Journalen) vorgetragene Kritik hat den Absolutismus seit seiner Konsolidierung begleitet (vgl. Gestrich 1994); in neueren Forschungen wird die politische Relevanz öffentlich ausgetragener Debatten über Fragen der (im Alten Reich rechtlich verbürgten) konfessionellen Toleranz betont (Goldenbaum 2004a).

Mit der Veränderung der sozialen Zusammensetzung des Lesepublikums (nicht mehr nur der politisch oder kulturell interessierte Adel und die

Fachgelehrten, sondern die ›gebildeten Stände‹, dabei zunehmend auch die Frauen) und dem Versuch vieler Schriftsteller, finanziell unabhängig vom höfischen Mäzenatentum zu werden, ändern sich auch die ästhetischen Standards und Stilideale; es entwickeln sich neue literarische Ausdrucksformen, ein neuer ›Geschmack‹ wird manifest. Kritisiert werden an der höfischen Lebenswelt vor allem die Verschwendung, die sexuelle Freizügigkeit, sodann das Zeremoniell und der Zwang zur Repräsentation und Verstellung, wobei die Hofkritik ursprünglich ein Adelsphänomen ist (Gestrich 1994, 65) und die Forderung nach ›Aufrichtigkeit‹ *auch* von Adligen an den Hof herangetragen wird (Gestrich 1994, 68–70), was einen parallelen Wandel innerhalb der höfischen Kultur andeuten könnte. Für die gebildeten Stände lauten die neuen Ideale nunmehr Natürlichkeit, Empfindsamkeit (Fähigkeit, gerührt zu werden) und unverstellte ›Sprache des Herzens‹, womit sich ein unheroisches Ethos des Mitgefühls und der Menschenliebe verbindet; gleichzeitig schätzt man jedoch Eleganz und Weltläufigkeit, einen gut lesbaren Stil voll *esprit* und ›Lebensart‹. Die wichtigsten literarischen Formen sind der Brief, der Roman (mit der Unterform des Briefromans), die rührende Komödie, das bürgerliche Trauerspiel.

Die neue, ›bürgerliche‹ Kultur steht zu der Hofkultur in einem Konkurrenzverhältnis. Man grenzt sich nicht nur kritisch vom Hof ab, sondern wetteifert auch um die Anerkennung des Fürsten (im Sinn des aufklärerischen Reformgedankens). Besonderen Anlass dazu gibt zum Beispiel die Kulturpolitik Friedrichs II., der einerseits mit den französischen *Philosophes* genau diejenigen Aufklärer ins Land holt, um deren Schriften sich die junge Berliner Intelligenz reißt, andererseits aber die deutschsprachigen Literaten kaum beachtet (zur deutsch-französischen Aufklärung in Berlin: Goldenbaum 1999). Lessing greift diese Stellenpolitik häufig an. So berichtet er etwa in der (von ihm gestalteten) Literaturbeilage zur *Berlinischen Privilegierten Zeitung* (*Das Neueste aus dem Reiche des Witzes*, Mai 1751) von der Pension, die Klopstock vom dänischen Hof ausgesetzt bekommt, nicht ohne sich darüber zu mokieren, dass ein deutscher Dichter nur von einem ausländischen König Förderung zu erwarten habe; oder er wettert in der Vorrede zu den Schriften seines Vetters Mylius gegen die

Bedingungen, die einen jungen, aus armen Verhältnissen stammenden Schriftsteller zur Vielschreiberei zwingen (B 3, 332f. – Auch seine eigenen Hoffnungen auf eine Anstellung – in Berlin an der Königlichen Bibliothek, in Dresden an der Kunstgalerie, später an der Kunstakademie, in Kassel am Antiken- und Münzkabinett, in Wien oder Mannheim – zerschlagen sich, trotz bester Empfehlungen, immer wieder). Gleichzeitig sucht Lessing von Anfang in seinen Kritiken und Rezensionen den geistvollen Stil sich anzueignen, der die französischen Essayisten salon- und hoffähig machte (vgl. Goldenbaum über Lessings Nachruf auf La Mettrie: 1999, 81f.; zu Lessings Kritik am fürstlichen Mäzenatentum s. seine zu Lebzeiten unveröffentlichte Prosaode *An Mäcen* [B 3, 836f.]).

Ein weiteres Beispiel für die Konkurrenz zwischen höfischer und ›bürgerlicher‹ Kultur ist das Theater. Am Hof orientiert man sich an Frankreich (auf dem Gebiet der Oper: an Italien). Für die Hoftheater werden französische Schauspieltruppen engagiert, französische Autoren werden bevorzugt, die Dramen des französischen Klassizismus gelten als normsetzend für Stil und Geschmack. Dagegen sucht nun Gottsched, der (gelehrte) Initiator der Theaterreform, das Niveau des deutschsprachigen Theaters zu heben und eine Bühne für alle Stände zu schaffen, wobei er jedoch ebenfalls die klassizistische Tragödie zum Muster nimmt (s. Kap.: Bühnenpraxis und Schauspielkunst). Das ›Nationaltheater‹ wird zur Lieblingsidee bürgerlicher Intellektueller, Literaten und Kritiker, und in Residenzstädten wie Berlin gibt das einheimische Publikum in der zweiten Hälfte des 18. Jahrhunderts dem deutschen Theater (der Wandertruppen) den Vorzug (vgl. Krebs 2001). Dabei ist nun diese (projektierte) überständische Bühne keinesfalls von einem starren Gegensatz zwischen hoher Tragödie und empfindsamem bürgerlichen Trauerspiel geprägt; bedeutsam ist vielmehr, dass der Gegensatz aufgelöst wird, dass auch die Form der hohen Tragödie die Tendenz zur Emotionalisierung integriert und sozusagen das bürgerliche Trauerspiel absorbiert (vgl. Kap.: Hamburgische Dramaturgie). Während die vom Bürgertum getragenen Versuche, eine stehende Bühne zu unterhalten, scheitern, beginnen (zum Teil aus finanziellen Gründen) die Fürsten, deutsche Wandertruppen zu engagieren; viele öffentliche Bühnen, die die Hoftheater ablösen, werden auf fürstliche Initiative hin eingerichtet (Wien, Mannheim).

Die entscheidende Idee für die kulturelle Identität der gebildeten Schichten ist diejenige des ständeübergreifenden ›Menschlichen‹. Sie ist nicht eindimensional zu erklären. Naturrechtliche Bestimmungen des Menschen (die von Mitgliedern aller Stände formuliert wurden, von Juristen und Universitätslehrern bis hin zu Vertretern des Hochadels) tragen ebenso dazu bei wie das philosophische Interesse an seiner sinnlichen Natur und der deistische (und reformtheologische) Widerspruch gegen das pessimistische Menschenbild der (kirchlichen) Orthodoxie. Zur ›Vorgeschichte‹ der empfindsamen Emotionalisierung gehören pietistische Strömungen, begleitet wird sie von der ›Erfahrungsseelenkunde‹ (der damalige Terminus für Psychologie), der Erforschung des ›inneren Menschen‹; schließlich zeugt die Empfindsamkeit von der Aufwertung des privaten Raums der familiären Gefühle und der Freundschaft, wobei noch zu untersuchen wäre, inwiefern und inwieweit sie auch unter dem Adel Anklang fand (Gellerts Vorlesungen jedenfalls hatten unter dem Adel begeisterte Zuhörer). Erst all diese (und sicherlich noch weit mehr) Komponenten zusammen umreißen den Bedeutungsradius des ›Allgemein-Menschlichen‹ und verleihen der Idee ihre Strahlkraft. Sie wird zum Korrektiv gegenüber der Funktionalisierung des Einzelnen im Staatsdienst (Idee des ›ganzen Menschen‹); das Bild vom ›Menschen‹ auf dem Thron ist eine politische Utopie (Schiller: *Don Carlos*) und empirische Kritik zugleich: Dass Fürsten auch ›Menschen‹ mit menschlichen Fehlern sind, macht ihre Position unhaltbar (Lessing: *Emilia Galotti*).

Aus der Spannung der Idee des ›Allgemein-Menschlichen‹ zur gesellschaftlichen Ordnung resultiert eine charakteristische Ambivalenz. Der Mensch ist nach diesem Verständnis grundsätzlich mehr, als die Stellung und Funktion in der Gesellschaft zum Ausdruck bringt, er ist und braucht mehr, als er durch politische Reformen erreichen und erhalten kann. Man kann diesen ›Mehrwert‹ als Säkularisation des religiösen Gegensatzes zwischen der ›Welt‹ und dem Bezug zu Gott begreifen. Dies impliziert, dass der Einzelne auch unter den ungünstigsten Bedingungen noch an seinem Menschsein arbeiten, dass er dieses sein Menschsein nie ganz verfehlen kann. (Les-

sing zum Beispiel liegt es fern, die »Gesellschaft« für das eigene Gefühl des Scheiterns verantwortlich zu machen. Er sei zu stolz, schreibt er an Elise Reimarus, 9.8.1778, sich unglücklich zu nennen). Darin steckt aber gleichzeitig die Gefahr, dass keine gesellschaftlichen Betätigungen als ausreichend empfunden werden, den Einzelnen wirklich zu befriedigen, dass immer ein ›psychischer Rest‹ bleibt. Der individuelle Glücksanspruch wird zur Falle. Solche Möglichkeiten des Menschen, der nunmehr als Individuum mit beträchtlichen psychischen Energien der Gesellschaft gegenübersteht, zu erkunden bzw. in Sprache zu fassen, wird am Ende des 18. Jahrhunderts zu einem bevorzugten Thema der fiktionalen Literatur.

Lessing als Aufklärer

Gelehrtentum und neue, am Menschen orientierte Bildung

Lessings beruflicher Weg – vom Universitätsstudium mit dem Ziel einer Gelehrtenlaufbahn über den Schriftstellerberuf bis hin zum herzoglichen Bibliothekar und Hofrat – spiegelt insofern die sozialen Transformationsprozesse des 18. Jahrhunderts (Umbau der Ständegesellschaft), als Lessing nirgendwo ganz hingehört, keine eindeutige soziale Identität ausbildet, zugleich jedoch offenkundig ein starkes Gefühl seines ›Menschseins‹ entwickelt. Unabhängigkeit von der ›Ehre‹ macht er früh zur Maxime, zum Beispiel in einem seiner persönlichsten Gedichte: »Weiß ich nur wer ich bin« (B 2, 400), die späte Ernennung zum Hofrat ist ihm peinlich, die Teilnahme am Hofleben ein unerträglicher Zwang. Auf geradezu provozierende Weise überschreitet er in seinem Umgang die Standesgrenzen und wendet sich Außenseitern zu (Nisbet 2005b). Die stabilen Freundschaftsbeziehungen mit Juden (zur sozialen Rolle der Freundschaft s.o.) sind das eine Beispiel, das andere sein geselliger Verkehr mit Schauspielern, die im 18. Jahrhundert noch eine außerständische, ›unehrliche‹ Gruppe bilden. Dass er sich mit den Komödianten einlässt, bedeutet eine Rebellion gegen seinen Vater, ist doch das Theater in den Augen der orthodoxen Geistlichkeit eine Brutstätte des Lasters. Jedoch auch Freunde wie Mendelssohn schütteln den Kopf darüber, dass Lessing seine Zeit in Schauspieler-Kreisen verbringt (an Lessing, 7.12.1755). In jüngerer Zeit wurde denn auch verstärkt auf das ›Unbürgerliche‹ in Lessings Lebenslauf aufmerksam gemacht (Barner 1981, Steinmetz 1998). Wir fokussieren im Folgenden die Spannung zwischen dem ›Gelehrten‹ und dem ›Dichter‹ bzw. freien Schriftsteller.

Das traditionelle Berufsprofil des »Poeten« im 18. Jahrhundert und die neuartige Existenzgründung der jungen Intellektuellen fasst Gerhard Kaiser (1982a, 112) präzise zusammen: »Bis dahin war der gesellschaftlich angesehene Poet ein Gelehrter, Beamter oder Hofmann, der bestrebt war, geläufige Stilfiguren, Bilder, Handlungsmuster so anzuordnen, dass anerkannte alte Wahrheiten eine neue Eindringlichkeit gewannen. Klopstock, Lessing und Wieland wollten dagegen – auch wenn es nicht gelang – hauptberufliche unabhängige Schriftsteller sein, freie Unternehmer auf dem schnell sich ausweitenden, immer neue Publikumsschichten erfassenden Buchmarkt.« Lessing gilt als einer der ersten »freien Schriftsteller«, man sieht in ihm das Vorbild des geistig unabhängigen Intellektuellen. Die soziohistorischen Wurzeln sind dabei in dem Stand des »Gelehrten« zu suchen. Der Zusammenhang zwischen dem »Schriftsteller« und dem »Gelehrten« kann auch für andere zentrale Gestalten der Epoche nachgewiesen werden (z. B. für Hamann, Herder, Wieland, auch Klopstock). Der »Gelehrte« hat seinen Platz in der altständischen Ordnung. Zum »Gelehrten« qualifiziert das Universitätsstudium, das mit dem Magister- oder Doktorexamen abgeschlossen wird. Standesprivilegien sind mit dem Gelehrtenstatus verbunden. Beruflich sind die Gelehrten entweder Universitätslehrer oder sie kommen – als Juristen, Mediziner, Gymnasiallehrer – in gelehrten Berufen außerhalb der Universität unter. Sie entwickeln ein Standesbewusstsein, das sie von dem ungelehrten Stadtbürgertum absetzt, wobei für die Zeit Lessings allerdings gerade die Nivellierung solcher Grenzen in der Schicht der ›Gebildeten‹ charakteristisch ist. Poesie und Rhetorik gehören zu den gelehrten Studien, ja, stellen (nach humanistischem Verständnis) deren Krönung dar. Vom Dichter wird erwartet, dass er das Wissen seiner Zeit beherrscht, um ihm den passenden (oder auch überraschenden) Ausdruck zu geben. Der »poeta doctus« (der »gelehrte Dich-

ter«) ist das Ideal. Im 18. Jahrhundert sind viele Literaten zugleich Universitätsprofessoren (Gottsched, Gellert) und verkörpern so in ihrem Beruf die Einheit von Gelehrten- und Dichtertum.

Die Beziehungen Lessings zur »Gelehrsamkeit« sind fundamental. Den gelehrten Zeitgenossen – wie dem Bibliothekar Christian Gottlob Heyne oder dem Altphilologen und Orientalisten Johann Jakob Reiske – gilt Lessing selbstverständlich als Kollege, als »Gelehrten« nehmen sie ihn wahr und als solcher kommuniziert er mit ihnen. In der Biographie seines Bruders spricht Karl Lessing häufig von ihm als dem »Gelehrten«, er verwendet die Bezeichnungen »Schriftsteller« und »Gelehrter« als Synonyme, ja, sogar das barocke Gelehrtenideal scheint ihm noch auf den Bruder zu passen: »Polyhistorie« habe dieser getrieben (*Lessings Leben* Bd. 2, 1795, 5). Zeit seines Lebens sehnt sich Lessing danach, in Ruhe »studieren« zu können – nach der Existenzweise des Gelehrten. Nur die Geldnot, äußert er gelegentlich zu Abraham Gotthelf Kästner, dem Leipziger Lehrer, habe ihn vom weiteren Verfolg einer Universitätslaufbahn abgehalten (Brief vom 16.10.1754). Immerhin legt er in Wittenberg 1752 das Magisterexamen ab. Er lebt mit Büchern, in Breslau erwirbt er sich eine Privatbibliothek von über 6.000 Bänden. Das gelehrte Moment ist ein wesentlicher Bestandteil seines Literaturkonzeptes. Gegenstände aus dem Bereich der Gelehrsamkeit bilden zentrale Themen seines Schaffens, wobei das Spektrum denkbar groß ist. Lessing veröffentlicht Schriften zur Altphilologie, zur Altertumskunde, zur Mediävistik, zur Literatur- und Kunstgeschichte. Wichtiger noch vielleicht ist der gelehrte Habitus, mit dem er prinzipiell an eine Fragestellung herangeht. Das Denken ist vom Wissen nicht losgelöst, vielmehr sucht er immer die philosophische Orientierung mit der historischen Kenntnis des Gegenstandes, mit dessen »gelehrter« Erschließung, zu verbinden. Eines der auffallendsten äußeren Merkmale dieses Habitus ist der Anmerkungsstil. Die »Anmerkung« kennzeichnet die gelehrte Abhandlung, Lessing kreist seine Themen ein, indem er sich (scheinbar) in gelehrten Anmerkungen verliert.

Der Zuordnung Lessings zur Tradition der Gelehrsamkeit scheint die vehemente, ja, radikale Ablehnung zu widersprechen, mit der er, namentlich in seinen Jugendjahren, das Berufsbild des »Gelehrten« von sich weist. Gottsched der

Professor ist ihm ein Graus. Das Professorieren liege ihm nicht, so begründet er dem Bruder Karl gegenüber die Ablehnung eines Stellenangebots am Gymnasium in Joachimsthal in Hamburg (Brief vom 26.3.1775). Nur ein Amt, das ganz nach seinem Sinne sei, werde er annehmen, schreibt er dem Vater vor dem Aufbruch aus Breslau (13.6.1764). Berühmtheit hat die Konfrontation des »Gelehrten« mit dem »Menschen« aus dem großen, an die Mutter gerichteten Rechtfertigungsbrief (20.1.1749) erlangt. In Leipzig, schreibt er, seien ihm die Augen aufgegangen über die Unfruchtbarkeit des Bücherlesens, es sei ihm bewusst geworden, dass die Bücher ihn wohl gelehrt, aber nimmermehr zu einem »Menschen« machen würden. In jungen Jahren gehören für ihn zum »Menschsein« zuerst einmal Weltläufigkeit und Lebensart; Fechten, Tanzen, »Voltigieren« habe er gelernt (auch »Voltigieren« war eine Kavalierskunst: »Sprungübungen als Vorbereitung aufs Fechten« [Nisbet 2008, 49]). Später hält er dann der »Gelehrtheit« und dem Bücherwissen die »Weisheit« entgegen. Ein Tropfen von dieser sei unendlich mal mehr wert, als die Kenntnis von Millionen Büchern (B 10, 240). Programmatische Bedeutung scheint schließlich die Komödie *Der junge Gelehrte*, Lessings Theaterdebut, zu haben. Der Gelehrte wird hier als hohlköpfiger Pedant vorgeführt, der sich hinter seinen Büchern vor dem Leben und dessen Ansprüchen verschanzt (vgl. die Analyse im Kap.: Jugendkomödien). – Solche Abwehr spiegelt jedoch nur den Wandel wieder, dem die Konzeption des »Gelehrten« und des »gelehrten Dichters« im 18. Jahrhundert generell unterliegt. Ein bestimmter Typus des Gelehrten wird kritisiert und als obsolet empfunden, ein neues (Bildungs-) Ideal wird formuliert. »Gelehrtheit« fungiert weiterhin als Wert, nur die Auffassung davon, was wahre Gelehrtheit sei, ändert sich. Der Wandel ist ein integraler – und integrierender – Bestandteil der Umbrüche des 18. Jahrhunderts. Das Wissen wird neu organisiert, die Philosophie wird zur Leitwissenschaft, der Blick richtet sich vom Jenseits auf das Diesseits, Naturnachahmung wird zum herrschenden Postulat der Dichtungstheorie, das Verständnis für die barocke Allegorie schwindet, man fragt den Gelehrten nach dem »Nutzen« seines Wissens für das Leben, für die »Welt«, für die »Gesellschaft«. Weltoffenheit und Gelehrsamkeit sollen sich eben nicht aus-

schließen, sondern einander bereichern. Ein späterer Ausspruch Lessings bringt das neue Ideal genau zum Ausdruck. Er schreibt in den *Briefen an verschiedene Gottesgelehrte*, dass die Lektüre aller Bücher fruchtlos wäre, wenn wir am Ende nicht auch das verstünden, was nicht in den Büchern steht (B 10, 196). Das Wissen über die Bücher hinaus verweist auf die Neuorientierung: Mehr als der gelehrte Gegenstand sind die Energien, mit denen der Mensch ihn aufnimmt, sind das Denken und Empfinden, die Erfahrung und das Urteil des Einzelnen. Aber dieses »Mehr« ist nicht unabhängig von den gelehrten Studien, an denen sich jeder übt. Mit Hilfe der Bücherschätze, nicht ohne sie, gelangt der Leser (und Autor) zu dieser menschlichen, auf die Lebenspraxis bezogenen Dimension.

Über das, was über alles Bücherwissen hinaus für den Menschen wichtig und wesentlich ist, möchte sich Lessing mit dem Publikum verständigen. Wenn ihn einerseits mit den bürgerlichen Schichten sowohl ein aufgeklärter Vernunftbegriff als auch ein emphatischer Begriff von der ›sich fühlenden Menschheit‹ verbinden, so errichtet andererseits der Anspruch, der mit der adäquaten literarischen Darstellung dieses ›Allgemein-Menschlichen‹ verbunden ist, auch wieder eine Scheidewand. Im 18. Jahrhundert gilt die Poesie zunächst noch als eine Beschäftigung für »Nebenstunden«, als Erholung von den »ernsthaften« Geschäften, als eine Art Verzierung des Alltags. Viele Dichter der ersten Jahrhunderthälfte haben fest definierte Berufe, seien es bürgerliche (Barthold Hinrich Brockes: Ratsherr der Stadt Hamburg; Johann Wilhelm Ludwig Gleim: Sekretär des Halberstädter Domkapitels und Kanonikus des Stifts Walbeck), gelehrte (Gottsched, Gellert, Albrecht von Haller) oder geistliche (Samuel Gotthold Lange). Bei Lessing hingegen deutet sich ein anderes Selbstverständnis an. Sein Anspruch zielt nicht darauf, das Wissen der Zeit sprachlich reizvoll einzukleiden (*poeta doctus*) oder den bürgerlichen Alltag poetisch zu begleiten (Gelegenheitsdichtung), sondern darauf, Literatur und Kunst als Erkenntnisquellen eigener Art zu erschließen. Das Ganze der menschlichen Existenz ist da involviert, und Literatur auf diese Art zu betreiben, verlangt den vollen Lebenseinsatz. Konzentration und Heiterkeit fehlten ihm, klagt Lessing häufig im Briefwechsel, für die Ausarbeitung der poetischen Projekte (z.B. an Karl

Lessing, 11. November 1770, B 11/2, 89). Er fordert die Anerkennung literarischen Schaffens fern vom Nützlichkeitsdenken. Er beschwert sich darüber, dass das »Schreiben« zu wenig honoriert werde und der Schriftsteller, der aus dem Schreiben seinen Beruf mache, keine materielle Sicherheit habe. Ideelle Bedeutung und soziale Situation klafften (zu) weit auseinander, mit katastrophalen Folgen für das kulturelle Leben. Der Theaterautor, so Lessing in der *Hamburgischen Dramaturgie*, nehme nur die »Erleuchtetsten seiner Zeit« zum Maßstab, seine Werke dienten der »Besserung« der Menschheit (1. St.). Das Publikum jedoch, heißt es an anderer Stelle (96. St.), sei nicht bereit, Geld für etwas auszugeben, das sich nicht unmittelbar mit bürgerlicher Tätigkeit und Tüchtigkeit verbinden lasse. Nur wenn der Schriftsteller von seinen Werken einigermaßen bequem leben könne, könne er seinem Auftrag gerecht werden. Die Wirklichkeit sehe jedoch so aus, dass er entweder verheizt werde oder mit »reifem« Alter einer bürgerlichen Beschäftigung sich zuwende. Dadurch aber werde die Entstehung einer qualitätvollen Literatur im Keim erstickt (vgl. Kap.: Hamburgische Dramaturgie).

Bruchstücke einer großen Debatte

Lessing hat wie wenige Schriftsteller des 18. Jahrhunderts an der Herstellung einer ›literarischen Öffentlichkeit‹ mitgewirkt und sich dabei der neuen Kommunikationsformen und Medien bedient. Einerseits steht dahinter der Zwang des Broterwerbs und der Existenzsicherung, andererseits jedoch der Wirkungswille des Aufklärers (der sich mit einem rastlosen Streben nach Kenntnissen und Bildung, einem schier unfassbaren Lektürepensum verbindet). In Berlin sucht er alle Möglichkeiten auszuschöpfen, die der entstehende literarische Markt bietet. Lessing betätigt sich als Journalist, Redakteur, Übersetzer, schreibt Rezensionen, baut das Format des »gelehrten Artikels« (des Rezensionsteils der *Berlinischen Privilegierten Zeitung*) zu einer Literaturbeilage eigenen Stils aus (*Das Neueste aus dem Reiche des Witzes*), gründet (zusammen mit Mylius) die erste Theaterzeitschrift (vgl. Kap.: Frühe Literaturkritik), er nimmt an den Preisausschreiben der Akademie teil (zusammen mit Mendelssohn), witzigerweise mit einer Schrift, mit der er sich von der Akademie und ihrer Preisfrage distan-

ziert (*Pope ein Metaphysiker!*). 1753–55 sammelt er bereits seine Werke und gibt sie in fünf Bänden, den *Schrifften*, heraus. Diese erscheinen im Taschenformat: Indiz, dass sie für einen größeren Leserkreis gedacht sind, und Karl Lessing weiß zu berichten, dass sich die Bändchen auf den Toilettentischen »vornehmer Damen« gefunden hätten (*Lessings Leben*, hg. Lachmann 1887, 93). Das erste Trauerspiel Lessings wird, als »bürgerliches Trauerspiel«, zur Sensation. Im Fragmentenstreit lehnt er es explizit ab, nur für Fachtheologen zu schreiben, er bestellt das »Publikum« zum Richter, wendet sich an die »Öffentlichkeit«. Er will eine Resonanz, die, als »öffentliche Meinung«, ein Gegengewicht zu Kirche und Staat bilden soll.

Goethes Selbstaussage, seine Werke seien Bruchstücke einer großen Konfession, abwandelnd, könnte man von Lessings Werken sagen, sie seien Bruchstücke einer großen Debatte. Fast für jedes Werk lässt sich die zeitgenössische Konstellation rekonstruieren, auf die es kritisch oder polemisch referiert. Das gilt nicht nur für die großen und kleinen Kontroversen – von der Cramer-Kontroverse in den »Literaturbriefen« bis zum Fragmentenstreit –, sondern auch für seine Theaterstücke. In der Komödie *Der Freigeist* reflektiert er die Empörung über La Mettrie, in den *Juden* brandmarkt er die Diskriminierung der jüdischen Minderheit; mit dem Fragment *Samuel Henzi* greift er ein Ereignis der Tagespolitik, den Umsturzversuch in Bern, auf und nimmt Partei für die gescheiterten ›Republikaner‹, in dem Stück *Philotas* reagiert er auf die Medienpropaganda zu Beginn des Siebenjährigen Krieges, am Geburtstag der Herzogin wird in Braunschweig das Trauerspiel *Emilia Galotti* aufgeführt, in dem er die Machtfülle des Herrschers delegitimiert – etc. Was Lessings eigene politische Position betrifft, so hat er wohl nicht an die Abschaffung der Monarchie gedacht, sondern an deren Reform im Sinn der Gewaltenteilung und Teilhabe des Volks an der Regierung; in den konkreten zeitgeschichtlichen Konstellationen deckt er immer wieder die Reibungsflächen zwischen dem ›real existierenden Absolutismus‹ und den liberalen, an der Freiheit des einzelnen Menschen orientierten Werten der Aufklärung auf (vgl. Nisbet 2008).

In seinen Kritiken, Rettungen und Streitschriften bringt Lessing die Regeln des öffentlichen Debattierens, wo das Vernunftgemäße des Disputs zugleich das Recht der Kontrahenten auf freie Meinungsäußerung begründet (bzw. begründen soll), zum Einsatz. Dabei ist bereits vom zeitgenössischen Publikum sein ungeheures Talent bewundert worden, die Argumentation lebendig zu gestalten (und seine Gegner lächerlich zu machen). Doch dienen die rhetorischen und poetischen Mittel nicht nur der Unterhaltung und Überredung, sondern in ihnen bilden sich erkenntnistheoretische Grundüberzeugungen Lessings ab (sie haben also eine genuin poetisch-ästhetische Funktion; s. u.). Darüber hinaus ist Lessings Polemik oft von einer Leidenschaftlichkeit gekennzeichnet, die die Forschung dazu verführte, das polemische Interesse von dem Einsatz für die Wahrheit zu trennen; heute dagegen sieht man umgekehrt, ohne Lessings Neigung zu sachlichen Verzerrungen zu negieren, die Leidenschaftlichkeit gerade als Indiz für sein Interesse an der Wahrheit (Goldenbaum 2004a und b, Nisbet 2008, Vollhardt 2009; vgl. die entsprechenden Kapitel zur frühen Literaturkritik und den »Literaturbriefen«).

Wie gesagt: Auch das Theater, seine ›alte Kanzel‹, hat Lessing zum Medium der öffentlichen Debatte gemacht. In seinen Schriften zur Dramentheorie und zum Theater sucht er unermüdlich, die Alternativen zur Hofkultur zu unterstützen; insbesondere kämpft er gegen die Dominanz des klassizistischen französischen Geschmacks, dessen ›Kälte‹ er die neuen Werte entgegenhält: herzergreifende Rührung, Mitleid, Gefühl der Menschheit. Die einzelnen Konstituenten dieser Idee des ›rein Menschlichen‹, die seine ›Aura‹ bewirken, haben wir im ersten Teil unseres Überblicks erläutert; die weitere Konkretisierung wird Aufgabe der einzelnen Kapitel zu Lessings Dramen, der Dramentheorie und zu *Laokoon* sein.

Perspektivismus

Der Reformoptimismus der Aufklärer ist nicht denkbar ohne das Vertrauen in die Vernunft – ohne Vertrauen in das moralische Subjekt, das gesellig-kooperative Individuum; im deutschsprachigen Raum: ohne die Wolffsche Philosophie mit ihrer Anleitung dazu, wie im je einzelnen Bewusstsein denkend und erkennend die Welt und ihre vernünftige Ordnung zu rekonstruieren ist. Auch Lessings epistemologische Haltung ist durch die Sprache der ›Schulphilosophie‹

und ihre Terminologie geprägt. Wolffsche Philosopheme fließen in seine Auffassung von Vernunft, Seele, Erkenntnis und Weltordnung ein (z. B. 11. »Literaturbrief«; s. o.). »Leidenschaften« zergliedert er im Sinn der Vorstellungspsychologie. »Leidenschaften«, heißt es zum Beispiel in einem Brief an Mendelssohn (18.2.1758, B 11/1, 276), entspringen aus einer gewissen Gattung von Vorstellungen, Empfindungen entspringen aus »Vorstellungen« und »Schlüssen« der Seele. Im *Briefwechsel über das Trauerspiel* definiert Lessing das Mitleid als die Vorstellung (»Idee«) eines Guten, verbunden mit der Vorstellung des Unglücks der betreffenden Person (an Mendelssohn, 13.11.1756; B 3, 674). In den *Gegensätzen* zu den Reimarus-Fragmenten interpretiert Lessing den »Sündenfall« als Beherrschtwerden von sinnlichen Neigungen und diese als dunkle Vorstellungen (Nr. 1; B 8, 317) etc. Auch für seine genetische Methode der Erkenntnis, d. h. die Rückführung eines Ist-Zustands auf das ›Warum‹ seiner Entstehung, lassen sich Wurzeln in der Wolffschen Ontologie und Erkenntnislehre finden (dazu Jahn 2000).

Zugleich jedoch gibt er all diesen Denkmotiven eine neue Wendung, indem er sich einen Individualismus Leibnizscher Prägung zu eigen macht, der mit Perspektivismus und Erkenntnis-Relativismus unlöslich verknüpft ist (dazu Nisbet 2008). Leibniz hat seinem (metaphysischen) Individualismus in dem Konzept der Monade Ausdruck verliehen, wobei es für unseren Zusammenhang genügt, (verkürzend) darunter den Menschen als eine individuelle leib-seelische Einheit zu verstehen. Nach Leibniz sieht »jede Monade das Weltall in ihrer je eigenen Perspektive«, macht sich also »jede ein anderes und unvermeidlich unvollständiges Bild des Ganzen« (Nisbet 2008, 671), was jedoch impliziert, dass jede Anschauung auch ein Bruchstück der Wahrheit enthält. Nisbet zufolge hat Lessing dieses Modell auf den Prozess der Theoriebildung übertragen: Erkenntnis ist für ihn standortgebunden, ist ein individueller Gesichtspunkt, der das Universum auf seine Weise spiegelt und insofern nur relative Gültigkeit hat. Das führt zur Skepsis gegenüber jeglichem philosophischem System. In einer seiner Spätschriften (*Über eine zeitige Aufgabe*) setzt Lessing den Schulphilosophen gegenüber Leibniz herab. Wolffs Systematisieren trifft der Vorwurf der »Eingeschränktheit« und »Geschmacklosigkeit«, während Leibniz der scharfe Blick für die Wahrheit zugesprochen wird (B 8, 674). Lessing lehnt einen dogmatischen Rationalismus ab; Erkenntnisse gewinnen für ihn erst dann ihren eigentlichen Wert, wenn sie als Resultate eines Denkprozesses erscheinen und mit dem ›Warum‹ zugleich die bedingenden Konstellationen ihrer Entstehung transparent werden.

Dabei führen dieses perspektivische Denken und der mit ihm verbundene ›Pluralismus‹ (vgl. Guthke 1981c) weder zu der Verabschiedung der allgemeinen Wahrheit noch zu einem kategorischen Konstruktivismus – es wird eben von Leibniz angestoßen und nicht von einem Philosophen der Postmoderne. Zum einen impliziert die Standortgebundenheit jeder Erkenntnis doch deren Gültigkeit für diesen bestimmten Standort, unter diesen spezifischen Bedingungen, die jeweils penibel zu erschließen sind, zum anderen hält Lessing an der Möglichkeit des Irrtums und des Wahns fest, was ohne die Überzeugung von einer letztgültigen Wahrheit, um die ständig zu ringen sich lohnt und der man sich *nähern* kann, keinen Sinn ergibt; und schließlich ist es ja die Teilhabe der vielen möglichen Blickpunkte, Welten und Wahrheiten an der allgemeinen, wiewohl nicht abstrakt zu fassenden, Wahrheit, die ihnen ihren Anspruch auf Achtung sichert. Allerdings wird für Lessing in gleichem Maße die Überzeugung, dass menschliche Erkenntnis nur vorläufig sein kann, zur Grundlage der Toleranzforderung (Nisbet 2008; zur Verquickung der pluralistischen Denktradition, die er bis zu Cusanus zurückverfolgt, mit der politischen Durchsetzung von Toleranz s. Nisbet 2010).

Obwohl Lessing demnach an der Existenz einer Wahrheit, die unabhängig ist von den Erkenntnis- und Darstellungsformen, festhält, führt der Perspektivismus zu einer Aufwertung der literarischen Vermittlung, scheint doch die individualisierende Fülle der sinnlichen Erkenntnis (s. S. 28f.) am besten geeignet, das Aspektische der jeweiligen Wahrheit nicht nur räsonierend zu behaupten, sondern performativ zum Ausdruck zu bringen.

Schließlich ist der Perspektivismus auch für Lessings Figurenkonzeption und dramaturgische Technik bedeutsam. Fast könnte man sagen, er habe eine monadologische Figurenkonzeption entwickelt. Der Sinn des dramatischen Geschehens besteht für ihn nicht (wie für Wolff oder Gottsched) in der Enthüllung bzw. Veranschaulichung einer moralischen Wahrheit, sondern in der Entfaltung der individuellen Wahrnehmungsweisen und Figurenperspektiven, die konfliktreich aufeinanderstoßen und nicht ohne weiteres auszugleichen sind (z.B. *Minna von Barnhelm*). Das hat zweierlei Konsequenzen. Erstens: Das ›Ganze‹, zu dem nach Lessing der Dichter das Schauspiel ›runden‹ solle, kann vom Zuschauer nur durch die Figurenperspektiven hindurch erschlossen werden, es realisiert sich nur in deren Verflechtung und Interaktion. Zweitens: Lessing räumt den ›unbewußten Perceptionen‹, den dunklen sinnlichen Antrieben, einen relativ breiten Spielraum ein (Leibniz denkt die ›Monade‹ als ein Kontinuum von unbewussten und bewussten ›Vorstellungen‹); in *Emilia Galotti* beispielsweise deutet der Dialog immer wieder auf eine Schicht verschwiegener, unerkannter Impulse und Gefühle, die sich in der – oft überraschenden – Handlungsweise der Figuren Bahn brechen.

Menschenbild und Gottesbild

Lessing, der sich selbst als »Liebhaber der Theologie« bezeichnete, hat die ›anthropozentrische Wende‹ (s.o.) maßgeblich vorangetrieben. Religions- und Theologiekritik bestimmt dabei nicht nur einen großen Teil seines essayistischen Werks, vielmehr prägt die Frage nach der Rolle der Religion auch viele seiner Dramen – in den Theaterstücken spiele er, wie Gisbert Ter-Nedden jüngst (2010) formulierte, die lebensweltlichen Konsequenzen religiöser Auffassungsweisen mit den Mitteln der ›anschauenden Erkenntnis‹ durch. Dabei plädiert Lessing keinesfalls für eine atheistische Überzeugung (das wäre in seinen Augen Dogmatismus), sondern ihm ist es vielmehr darum zu tun, den Religionsstreit mit den Mitteln des Perspektivismus aufzuheben: Von Gott und seiner Wahrheit können wir uns nur perspektivisch begrenzte Bilder und Vorstellungen machen. Für seine Dramen bedeutet das, dass die Gottesbilder der Figuren zu integralen Momenten innerhalb der psychologischen Motivation der Handlung werden.

Mit besonderer Energie wendet sich Lessing gegen die Ambivalenz des lutherischen Gottesbildes, in dem die beiden Seiten des liebenden und des verdammenden Gottes wie in einem Vexierbild zusammengehören (vgl. dazu Kap.: Fragmentenstreit). Für die damalige intellektuelle Elite ist vor allem die Lehre von der Verdammung der Sünder zum Stein des Anstoßes geworden, sie gilt als Quelle des Fanatismus, der Grausamkeit gegenüber Andersgläubigen und als Hindernis für die Verbreitung von Menschenliebe; unweigerlich werde man, so die (An-)Klage von Rousseaus savoyischem Vikar, seinen Nebenmenschen verabscheuen, wenn man ihn als verdammt sich denken müsse (*Émile ou de l'éducation* [1762], hg. Rang 1963, 545 ff., hier 630). Lessing fügt sich in diese Richtung ein; er fordert eine Auffassungsweise von der »Ökonomie des Heils«, der zufolge keine Seele verlorengehen dürfe (B 8, 322. In diesem Zusammenhang verdienten die im Spätwerk sich mehrenden Anspielungen auf Augustinus, auf den die Lehre von der Masse der Verdammten zurückgeht, eine eigene Untersuchung). In *Miß Sara Sampson* und *Emilia Galotti* perspektiviert er das Bild vom verdammenden Gott, indem er es als die disziplinierende religiöse Vorstellungsweise von Menschen transparent macht, die von ihren starken Leidenschaften hingerissen werden und zugleich ihre eigenen Rachewünsche sublimieren (wie er auch Goeze vorwirft, er hoffe durch das Verdammen selig zu werden [B 9, 185]). Damit stößt er jedoch wiederum auf die Frage nach dem Bösen im Menschen. Einerseits zieht Lessing die problemlose Harmonisierung von Selbstliebe und Nächstenliebe in Zweifel; im Innern seien wir »Teufel« und »Barbaren« geblieben, schreibt er in den Entwürfen *Gedanken über die Herrnhuter* (B 1, 942) und *An Mäcen* (B 3, 863). Andererseits jedoch beantwortet er die Frage prinzipiell im Sinn des aufklärerischen Optimismus: Von Natur sei der Mensch nicht ›radikal böse‹, auch für die Verirrungen aus Leidenschaft lasse sich ein verständlicher Grund angeben, und im ›Ganzen‹ (der Natur, der Vorsehung) herrsche ein Sinn, der ihm zwar verborgen, aber nicht fremd sei, dürfe er doch auf dessen Übereinstimmung mit seinen sittlichen Kräften bauen. Zugleich aber nimmt dieses aufklärerische Vertrauen bei Lessing die Form eines neuen ›Sprungs in den Glauben‹ an. Denn mit dem Sieg der altruistischen Antriebe im Menschen zu rechnen, beruht – so zeigen es die späten Dramen – auf einer nicht mehr rational zu begründenden Entscheidung: für die Liebe anstelle der Selbstliebe. Hier erfüllen die Psychologisierung der Gottesbilder und das Plädoyer für das Bild vom liebenden Gott ihre Funktion (vgl. die Analysen zu *Miß Sara Sampson*, *Emilia Galotti* und *Nathan dem Weisen*).

Zur Biographie

Grundzüge

Ein ›deutscher Molière‹. Lessing ist (neben Wieland und Herder) einer der wichtigsten Repräsentanten der Aufklärung in Deutschland; viele Tendenzen der Epoche konnten wir denn auch durch den Rückgriff auf seine Schriftstellerlaufbahn illustrieren. Dass er mit seinem Werk und seinem öffentlichen Auftreten einen ›Lebensnerv‹ der Zeit traf, wird durch seinen publizistischen Erfolg bestätigt: Bereits die Jugendkomödie *Der junge Gelehrte* erzielt einen Achtungserfolg, das bürgerliche Trauerspiel *Miß Sara Sampson* wird dann zur Theatersensation; spätestens mit den »Literaturbriefen« setzen sich die ›Berliner‹ (Mendelssohn, Nicolai, Lessing) als tonangebende neue Schule der Kritik durch; der *Laokoon*, die *Minna von Barnhelm* und die *Hamburgische Dramaturgie* machen Lessing zu einer gefeierten Berühmtheit nicht nur als Dramatiker und Theaterautor, sondern auch als Gelehrter und Kapazität auf dem Gebiet der Altertumskunde, die damals den Rang einer ›Leitwissenschaft‹ einnahm. Zwar zerschlägt sich die Hoffnung auf eine Anstellung (im Dienst Friedrichs II.) in Berlin; doch ist die Ernennung zum Direktor der renommierten Bibliothek in Wolfenbüttel (eine der besten in Europa) durch den Herzog von Braunschweig-Lüneburg eine Auszeichnung, ein ›Karrieresprung‹. Wenn Lessing im Frühjahr 1775 nach Wien reist, erfährt er dort einen beispiellosen Empfang, seine Stücke werden gespielt, er erhält Ovationen, gleich nach seiner Ankunft lädt ihn die Kaiserin Maria Theresia zu einer Audienz; auf der Rückreise arrangiert der Kurfürst von Sachsen (Friedrich August III.) eine Unterredung und sucht nach einer Möglichkeit, ihn aus Braunschweig ›abzuwerben‹ (vgl. an Eva König, 23.1.1776; B 11/2, 739). Noch bei seinem Tod gilt er als der führende Dramatiker Deutschlands, ja, es scheinen sich sogar Fäden nach Weimar, dem neuen aufstrebenden ›Kulturzentrum‹, anzuknüpfen: Mit Wieland und Herder steht Lessing in einem freundschaftlichen Kontakt, selbst Goethe, der sich von seiner Sturm und Drang-Phase zu distanzieren beginnt, erwägt einen Besuch in Wolfenbüttel (zu Lessing und Goethe vgl. Barner 2001). Das Lebensziel, ein »deutscher Molière« zu werden (an den Vater, 28.4.1749; B 11/1, 24) und sich »einen vergleichbaren Rang als Kritiker und Gelehrter« zu erwerben, schreibt Nisbet (2008, 472), habe Lessing »glänzend verwirklicht«.

Die Feststellung, dass diese äußere Erfolgskurve in krassem Widerspruch zu Lessings Selbstwahrnehmung steht und dass seine Biographie Brüche aufweist, die zu keinem aufklärerischen Bildungskonzept passen, gehört zum Standardrepertoire der neueren biographischen Forschung; die Verzahnung von Erfolg und Scheitern macht zum Beispiel Dieter Hildebrandt (1979) zu einem Leitmotiv seiner Darstellung von Lessings Leben. Dazu kommt die – ebenfalls oft wiederholte – Feststellung, dass Lessing in seinem Briefwechsel zwar negativen Empfindungen – wie Zorn, Missmut oder hypochondrischer Verstimmung – beredten Ausdruck verleiht, ansonsten jedoch sein Gefühlsleben in sich verschließt, kaum persönliche Eindrücke von ›Land und Leuten‹ mitteilt und auch die ›inneren‹ Gründe für seine Lebensentscheidungen (z. B. abrupte Ortswechsel, Berufspläne, Verlobung und Hochzeit) für sich behält. Die am meisten irritierenden Züge im Bild des streitbar-unbeirrbaren Aufklärers Lessing sind die anscheinende Planlosigkeit oder mangelnde Zielgerichtetheit seiner Lebensführung, welche die unumgängliche Kehrseite zu dem Streben nach Unabhängigkeit zu sein scheint, das Gefühl der Vergeblichkeit, das sich seiner gegen Ende seines Lebens bemächtigt, und seine Spielleidenschaft. (Zu Lessings Spielleidenschaft, die in Breslau begann und in Wolfenbüttel endete – noch kurz vor seinem Tod beschäftigt er sich mit den Einsätzen für die Zahlenlotterie – verweisen wir auf die Studie von Guthke [1981d] und auf Nisbets Darstellung [2008, 376–382]; Nisbet bringt sie in einen ursächlichen Zusammenhang mit einer depressiven Veranlagung Lessings; er habe die Erregung des Spiels als stimulierendes Gegenmittel gegen seelische Lähmung und Lethargie gesucht.)

Wanderjahre. Offenkundig versuchte Lessing, der aus bildungsorientierten, doch armen Verhältnissen (dem ›protestantischen Pfarrhaus‹) stammt, den Zwang des Broterwerbs mit dem Ideal des ›Sich-Selber- Lebens‹, des selbstbestimmten Studierens, und mit der Befriedigung der Lust, die »ganze Welt« auszureisen (an Ramler, 12.11.1774; B 11/2, 673), zu verbinden. Die Art, wie er diesen Plan realisierte, erweckte allerdings bei seinen Freunden häufig den Verdacht der Planlosigkeit; sie kritisieren seine Rastlosigkeit, sein unstetes Leben (z. B. Mendelssohn; vgl. *Lessings Leben*, hg. Lachmann 1887, 105). So schreibt Karl Lessing über die Lebensentwürfe seines Bruders, nachdem dieser die Anstellung als Sekretär des Generals Tauentzien aufgegeben hatte: »Er hatte vielerlei Pläne; und wäre er nur entschlossen genug gewesen, einen in [!] Ernst durchzusetzen, so wäre es vielleicht nach seinem Wunsche ausgeschlagen. Bald wollte er von Berlin weg, da das, wovon er zu leben gedachte, ihm jeder Ort gewährte; bald nach Dresden; bald auf das Land, um einige Jahre da nichts als Komödien auszuarbeiten […].« (*Lessings Leben*, hg. Lachmann 1887, 151; vgl. auch 172). Dabei hängt die scheinbare Zersplitterung der Energien auch mit Lessings Vielseitigkeit und mit seiner Begabung zusammen, die Möglichkeiten, die ein Ort bietet, zu erkennen, aufzugreifen und sich anzupassen; jedenfalls entspricht seine Tätigkeit jeweils dem *genius loci*: In Leipzig und dann wieder in Hamburg lockt ihn das Theater; im (zunächst) zensurbefreiten Berlin nutzt er die Chancen des Journalismus und der ›Intellektuellenszene‹; in Wittenberg, der lutherischen Universitätsstadt, vertieft er sich in gelehrte Studien (mit dem Resultat z. B. der *Rettungen*); in Wolfenbüttel erfüllt er die Aufgaben des Bibliothekars, er erweitert seine »historischen Kenntnis[se]« (an Karl Lessing, 3.4.1774; B 11/2, 641) und ihm gelingen mehrere beachtliche Funde (z. B. der Berengar-Handschrift). Dabei leitet ihn das Vertrauen, dass er mit seiner Versatilität und seinem Fleiß sich überall ein geeignetes Umfeld schaffen werde. Den Abbruch des Universitätsstudiums und den Ausbruch aus der vorgeschriebenen Laufbahn rechtfertigt er mit den Worten: »Wenn ich auf meiner Wanderschaft nichts lerne so lerne ich mich doch in die Welt schicken. Nutzen genung! Ich werde doch wohl noch an einen Ort kommen, wo sie so einen Flickstein brauchen, wie mich« (an die Mutter, 20.1.1749; B 11/1, 18). Ähnlich begründet er sein Vorhaben, die Breslauer Stelle zu kündigen:

»Wie es weiter werden wird ist mein geringster Kummer. Wer gesund ist, und arbeiten will, hat in der Welt nicht zu fürchten« (an den Vater, 13.6.1764; B 11/1, 409). Resignierter klingt es aus Hamburg, als das Scheitern des Nationaltheaters sich abzuzeichnen beginnt. Lessing kommt auf den lange gehegten Plan einer Italienreise zurück: »Was ich in Rom will, werde ich Ihnen aus Rom schreiben. Von hier aus kann ich Ihnen nur so viel sagen, daß ich in Rom wenigstens eben so viel zu suchen und zu erwarten habe, als an einem Orte in Deutschland. [...] Alle Umstände scheinen es so einzuleiten, daß meine Geschichte die Geschichte von Salomons Katze werden soll, die sich alle Tage ein wenig weiter von ihrem Hause wagte, bis sie endlich gar nicht wieder kam.« (An Nicolai, 28.9.1768; B 11/1, 540f.).

Gleichwohl: Lange hält es Lessing nie an einem Ort, in einem Betätigungsfeld aus; er charakterisiert sich mit dem Bild des Sperlings auf dem Dach, der jederzeit wegfliegen kann (an Eva König, 8.1.1773; B 11/2, 495), des Landstreichers (an Elise Reimarus, 7.5.1780; B 12, 326) und des (geistigen) Wanderers, der seine Reichtümer nur zufällig und auf Schleichwegen findet (Vorrede zum *Hermäa*-Fragment; B 5/1, 449); in einem Brief an Ramler (nach seiner zweiten ›Flucht‹ aus Berlin) spielt er auf seine »eigensinnige Denkungsart« an, »auch die Freunde als Güter des Glücks anzusehen, die ich lieber finden, als suchen will« (11.12.1755; B 11/1, 77). Der Feuereifer, mit dem Lessing sich in jede Arbeit stürzt, um sie, oft unvollendet, liegenzulassen, sobald eine neue Anregung seine Aufmerksamkeit fesselt, bildet somit keinen Widerspruch zu der inneren Distanz, mit der er sich oft über seine Werke äußert. Nach dem Scheitern des Theaterprojekts in Hamburg ist ihm das Theater zuwider, nie mehr will er sich damit abgeben. Den Bruder Karl warnt er vor der Existenz des Schriftstellers, das Schreiben sei ein armseliges Handwerk (26.4.1768; B 11/1, 515), und vollends das Komödien- und Tragödienschreiben sei eine fruchtlose Mühe, eine Folter, die alle Seelenkräfte anspanne, und doch »weder Geld, noch Ehre, noch Vergnügen bereite« (an Karl, 5.12.1772; B 11/2, 484). Mendelssohn gegenüber bezeichnet er seine altertumswissenschaftlichen Studien als »ein Steckenpferd mehr, sich die Reise des Lebens zu verkürzen« (5.11.1768; B 11/1, 560), die Übersendung der Berengar-Schrift an Ramler begleitet er

mit den Worten, er traue sich kaum mehr zu, etwas Besseres als »solchen Bettel« bearbeiten zu können (29.10.1770; B 11/2, 83); immer wieder spricht er abwertend von seinen gelehrten Studien, und angesichts des vielfach Begonnenen und wenig Vollendeten richtet er an den Bruder Karl die Frage: »Aber was schadet das? Wenn ich auch nichts in meinem Leben mehr vollendete, ja nie etwas vollendet hätte: wäre es nicht eben das?« (2.2.1774; B 11/2, 614). Johann Arnold Ebert hält ihm vor, seine gewöhnliche Antwort sei: »*Es kömmt doch nischt dabei heraus*« (27.1.1769, B 11/1, 591), und Karl Lessing berichtet, der Bruder sei zuweilen der Anstrengung, ein Projekt zu Ende zu führen, mit der Frage ausgewichen: Wozu die ganze Mühe? (*Lessings Leben*, hg. Lachmann 1887, 121). Wozu? Vielleicht haben sich die epochenspezifische Trennung zwischen dem Menschen und seinen gesellschaftlichen Rollen sowie die Individualisierung des Glücksanspruchs auf Lessings Lebens- und Existenzgefühl ausgewirkt. Bereits in dem berühmten Rechtfertigungsbrief an die Mutter formuliert er es ja als sein Ziel, ein ›Mensch‹ zu werden, und kontrastiert das ›volle Menschenleben‹ mit der toten Buchgelehrsamkeit (20.1.1749; B 11/1, 15); auch die Übersiedlung nach Breslau ist durch das Gefühl motiviert, »daß es wieder einmal Zeit sei, mehr unter Menschen als unter Büchern zu leben« (an Ramler, 6.12.1760; B 11/1, 354); und Karl berührt in der Biographie seines Bruders öfter die Spannung zwischen dem Erfahrungshunger des Menschen Lessing und dem Schriftsteller (*Lessings Leben*, hg. Lachmann 1887, 101, 104f., 242; 126–138: um Welt- und Menschenkenntnis sei es dem Bruder in Breslau, dem nicht unbedeutenden Schauplatz des Siebenjährigen Kriegs, gegangen).

Endstation Wolfenbüttel. Als Lessing die Berufung zum herzoglichen Bibliothekar annimmt, sieht er allem Anschein nach sein Amt als eine weitere Übergangs- und Zwischenstation seines Lebens an, die nicht länger als einige Jahre dauern sollte (vgl. z.B. den Brief an Karl Lessing, 30.4.1774; B 11/2, 641). Zunächst sagt ihm das neue Lebensumfeld (die Einsamkeit in Wolfenbüttel, die ungestörtes Arbeiten ermöglicht, und die Geselligkeit in Braunschweig) durchaus zu; ja, sogar die Verwirklichung des lange gehegten Wunsches, nach Italien zu reisen, ist ihm versprochen worden. Erst als sich abzuzeichnen beginnt, dass er in Wolfenbüttel feststeckt, und die Zwischenstation zur Endstation zu werden droht, drückt Lessing in seinen Briefen an die engsten Vertrauten, an die Verlobte Eva König und an seinen Bruder Karl, auf beklemmende Weise das Gefühl der Stagnation, der Hoffnungslosigkeit und des Lebensüberdrusses aus. Das »ganze Leben« sei ihm nicht selten »so ekel – so ekel!« (an Eva König, 27.6.1772; B 11/2, 437), er sei »mißvergnügt, ärgerlich, hypochondrisch« (an Eva König, 1.12.1773; B 11/2, 597), versuche, unter Büchern vergraben, »alle Aussicht in die Zukunft zu vergessen«, seine Freunde und Bekannten sollten ihn »für tot« achten (ebd., 598); von »Tag zu Tag« werde es »schlimmer« (an Eva König, 8.4.1774; B 11/2, 634); er spricht von dem »Schlamme«, in dem er in Wolfenbüttel ersticke (an Joseph von Kuntzsch, 17.3.1775; B 11/2, 704), und schließlich: »Ich sehe meinen Untergang hier vor Augen, und ergebe mich endlich drein« (an Karl Lessing, 11.11.1774; B 11/2, 671) – usw. Die Biographen des 19. Jahrhunderts, Guhrauer, Stahr und E. Schmidt (s.u.), sahen als den ›Leitstern‹ in dieser Lebensphase die Liebe zu Eva König an. Fünf Jahre verstreichen von der Verlobung (im September 1771) bis zur Hochzeit (Oktober 1776), während der die beiden sich selten sehen, zuweilen auch selten schreiben; oft hören (bzw. lesen) sie monatelang nichts voneinander. Mit nüchternem Realitätssinn und edelmütiger Selbstaufopferung hätten sie daran gearbeitet, die wirtschaftlichen Hindernisse ihrer Verbindung aus dem Weg zu räumen, wobei sie Kraft aus ihrer Liebe geschöpft hätten. Diese Deutung wird durch die Entdeckung erheblich relativiert, dass Lessing die Neigung Ernestines Christines Reiskes, die er im August 1771 persönlich kennenlernte und die nach dem Tod ihres Mannes (1774) leidenschaftlich um ihn wirbt, nicht unerwidert gelassen und demnach zwischen zwei Frauen geschwankt habe (Heinrich Schneider 1951b; Bennholdt-Thomsen/Guzzoni 1992, 88–103; Nisbet 2008, 575–582). Lessings Widerstand gegen dauerhafte Bindung und die Angst vor dem Verlust der Unabhängigkeit scheinen auch in seiner Beziehung zu Frauen eine Rolle gespielt zu haben; die innere Zerrissenheit, die er niemandem bekennen kann, hat wohl zu seiner Depression beigetragen. Andererseits führt er mit Eva eine sehr glückliche Ehe, wie auch die Briefe, in denen er ihr versichert, wie sehr er sie

brauche, mit dem Herzton der Liebe berühren: »Darf ich Sie, meine Liebe, nun noch so viel bitten, daß Sie Mitleiden mit mir haben […]. Es gehe mir, wie es gehe: ich werde nie aufhören können, Sie hochzuschätzen und zu lieben.« (3.4.1773; B 11/2, 537f.) »Leben Sie recht wohl, meine Beste, und erhalten Sie mir Ihre Liebe, die würklich das größte Gut, meine Glückseligkeit allein ausmachen kann.« (23.1.1776, B 11/2, 740); »und erhalten Sie mir Ihr Herz, dessen ganzen Wert ich kenne, und in dessen Besitze allein ich noch auf den Rest meines Lebens glücklich zu sein hoffen darf. Leben Sie wohl, leben Sie recht wohl, und küssen Sie Ihre Kinder für mich in meiner Seele.« (2.6.1775; B 11/2, 720). Nach dem Tod seines Sohnes und seiner Frau, die im Kindbett stirbt – *die* Katastrophe seines Lebens –, sucht er ›Zerstreuung‹, wie er sagt (B 12, 119, 122), im theologischen Streit (Fragmentenstreit). Wie vor allem die Briefe an Elise Reimarus, der Freundin in Hamburg, zeigen, fällt er erneut der depressiven Verstimmung anheim: »Ich bin mir hier ganz allein überlassen. Ich habe keinen einzigen Freund, dem ich mich ganz anvertrauen könnte. […] Wie oft möchte ich es verwünschen, daß ich auch einmal so glücklich sein wollen, als andere Menschen! […] Doch ich bin zu stolz, mich unglücklich zu denken, – knirsche eins mit den Zähnen, – und lasse den Kahn gehen, wie Wind und Wellen wollen. Genug, daß ich ihn nicht selbst umstürzen will! – «. (9.8.1778; B 12, 184f.). In seinem letzten Brief an Mendelssohn vergleicht er Vergangenheit und Gegenwart unter dem Aspekt des Verfalls: »Auch ich war damals ein gesundes schlankes Bäumchen; und bin itzt ein so fauler knorrichter Stamm! Ach, lieber Freund! diese Scene ist aus! Gern möchte ich Sie freilich noch einmal sprechen!« (19.12.1780, B 12, 370).

Freundschaft. Nach dem einhelligen Urteil seiner Freunde ist Lessing ein ausgezeichneter Gesellschafter gewesen, seine Ideen entwickeln sich vor allem im Dialog. Moses Mendelssohn erzählt: »Die am meisten wider ihn eingenommen waren, wußte er in einer Stunde persönlichen Umganges zu gewinnen, und gleichwohl ist ihm meines Wissens nie eine geflissentliche Schmeichelei aus dem Munde gegangen […]« (Brief an August Hennings, 8. Mai 1781; JubA 13, 16). Lessing habe die Kunst des Gesprächs so beherrscht, »daß man sich in einer Unterredung mit ihm, allezeit scharf-

sinniger glaubte, als man wirklich war [...]«
(ebd.). Geselligkeit und Freundschaft sind, ganz
dem Geist des 18. Jahrhunderts gemäß, ein Le-
benselixier Lessings; dass er den »Umgang«, wie
er ihn brauche, entbehren müsse, ist seine Klage
in Wolfenbüttel (z. B. B 11/2, 463 und 641).

Die Schilderung des geselligen und freundschaftlichen Verkehrs, den Lessing in jeder Stadt
pflegt, ergäbe eine Kulturgeschichte des 18. Jahrhunderts. Die wichtigsten Namen und Begegnungen sind in der Zeittafel erfasst. Hier sollen
zwei Beziehungen näher beleuchtet werden: diejenige zu Mylius, dem Jugendfreund, der an der
Wegscheide steht, als Lessing sich gegen das Studium der Theologie entscheidet, und diejenige
zu Moses Mendelssohn, seine vielleicht wichtigste Freundschaft.

Vieles, was für Lessings Lebenspraxis typisch
werden wird, scheint in seinem Verhältnis zu
Christlob Mylius (1722–1754), dem er sich während seines Studiums in Leipzig anschließt, bereits voll ausgeprägt. (Mylius gilt als der Vetter
Lessings. Sein Vater, Caspar Mylius, war mit einer Schwester von Lessings Vater verheiratet, die
jedoch bei der Geburt des sechsten Kindes starb.
Christlob ist das vierte Kind aus zweiter Ehe, die
Caspar Mylius mit Marie Elisabeth Ehrenhaus
schloss.) Mylius ist ein Außenseiter, der die gesellschaftlichen Konventionen in doppelter Weise
herausfordert. Finanziell in äußerst bedrängten
Verhältnissen lebend, schert er sich nicht um sein
abgerissenes Äußeres und geriert sich als *enfant
terrible* der Leipziger galanten und gelehrten Welt
(Trillmich 1914, 64f.; *Lessings Leben*, hg. Lachmann 1887, 37; Nisbet 2008, 51). Zweitens vertritt
er freigeistige religiöse Anschauungen; es ist gut
möglich, so Nisbet (2008, 53), »daß Lessing seine
erste genauere Bekanntschaft mit Freidenkern
von radikalerer Couleur, als die Wolffschen Ratio-
nalisten in Halle und Leipzig es waren, keinem
anderen als Mylius verdankt.« (Die schöne und
bemerkenswert progressive Würdigung Spinozas, die Nisbet zitiert, stammt aus dem 41.
Stück der Wochenschrift *Der Freygeist*: »So
gründlich, wie du, dachte kein Freygeist; so
fromm leben wenig Religionisten.« [Buchausgabe
1745, 164]; das Leipziger ›Netzwerk‹ der »Freigeister im Gottsched-Kreis« hat jüngst Martin
Mulsow [2007] aufgedeckt.) Vielseitig begabt,
verdient sich Mylius seinen Lebensunterhalt mit
literarischen und journalistischen Arbeiten; noch

am bekanntesten sind wohl die Wochenschriften,
die er herausgegeben (und zum großen Teil selbst
geschrieben) hat: die *Philosophischen Untersuchungen und Nachrichten* (1744–1746), *Der Freygeist* (1745), *Der Naturforscher* (1747–1748) und
die *Physikalischen Belustigungen* (1751–1753; die
Wochenschrift *Der Wahrsager* [1749] wird nach
wenigen Nummern von der – wieder eingeführ-
ten – Berliner Zensur verboten, was in den Kontext von Lessings Komödie *Der Freigeist* gehört;
vgl. S. 83). Mylius ist einer der ersten Wissen-
schaftsjournalisten, der die Ergebnisse der Naturforschung popularisiert; zu der Zeit, als Lessing
ihn kennenlernt, verlagert er seinen Schwerpunkt
auf seine naturwissenschaftlichen Interessen.

Lessing verdankt seinem Vetter viel. Mylius
bahnt ihm die Wege zum Theater der Neuberin,
führt ihn in das literarische Leben Leipzigs ein,
verschafft ihm die ersten Publikationsmöglichkei-
ten – ein charmantes Zeugnis der Zusammenarbeit sind Lessings anakreontische Lieder und Gedichte, die im *Naturforscher* erscheinen und die
mit Witz und Laune auf die Themen der Zeitschrift abgestimmt sind –, verhilft ihm in Berlin
zu ersten Anstellungen als Journalist und Redakteur. Die Freundschaft der beiden erscheint somit
zunächst in dem gleichen reizvollen Licht eines
bohèmehaften intellektuellen Treibens wie Lessings Universitätsjahre insgesamt: Statt ordentlich zu studieren, gehen die jungen Leute ins
Theater, schreiben Komödien, übersetzen französische Stücke, um Freikarten zu erhalten (wie
Christian Felix Weiße, ein anderer Jugendfreund,
erzählt [vgl. B 1, 1270f.]), verfolgen im fleißigen
Selbststudium die eigenen literarischen, philosophischen und naturwissenschaftlichen Interessen,
wobei sie auf dem Gebiet der Religion die Anregungen verbotenen Wissens in sich aufnehmen.

Dass Lessing sich Mylius anschließt und zu
ihm hält, zeugt jedoch nicht nur von seiner geselligen Ader und von seinem Bedürfnis, Wissen
mit Erfahrung zu verbinden, sondern greift tief in
seine geistig-seelische Entwicklung ein. Denn im
Elternhaus ist Mylius als Freigeist und moralisch
verkommener Mensch verschrien, wozu ein alter
Streitfall das seine beigetragen hat: An der Stadtschule in Kamenz hatte der Rektor Heinitz sich
für die Wiederbelebung des Schultheaters einge-
setzt, welchen Bestrebungen sich der Pastor, Lessings Vater, entgegenstellte. Als Mylius erfährt,
dass Heinitz wegen der Schwierigkeiten Kamenz

verlassen hat, verfasst er ein Pamphlet, das den Vorfall als die Vertreibung von Vernunft, Tugend und Wissenschaft verspottet und böse satirische Zeilen auch auf Lessings Vater enthält (vgl. Danzel/Guhrauer Bd. 1, 1850, 19). Die Eltern sind um das Seelenheil des Sohnes besorgt, während dieser seinen eigenen Weg zu finden sucht; das Bekenntnis zu Mylius ist ein Schritt der Emanzipation von der väterlichen Autorität. Lessing schreibt nach Hause: »Werde ich denn niemals des Vorwurfs los werden können, den Sie mir wegen M. machen?« (30.5.1749; B 11/1, 27). »Sie wollen vor gewiß wissen, ich müsse hier H. M – zur Frone arbeiten, und darbei Hunger und Kummer ausstehen. [...] Doch muß ich mich am meisten wundern, wie Sie den alten Vorwurf von den Comoedien wieder haben aufwärmen können?« (30.4.1749; B 11/1, 20). »Nur eines geht mir nahe, daß ich die Bekanntschaft mit dem H.M. noch immer hören muß« (29.5.1753; B 11/1, 50). Er beansprucht für sich, dass ihm Selbständigkeit im Urteil über Religionsdinge zugestanden werde: »Die Xstliche Religion ist kein Werk, das man von seinen Eltern auf Treue und Glaube annehmen soll« (30.5.1749; B 11/1, 26). Er verteidigt den Freund gegen die moralischen Anschuldigungen; denn er wenigstens habe ihn immer »sehr redlich« gefunden (29. Mai 1753; B 11/1, 51). Dabei misst er das eigene Verhalten nicht nur mit dem Maßstab einer vernünftigen Sittlichkeit, sondern beruft sich auf das urchristliche Gebot der Feindesliebe: »So lange ich nicht sehe, daß man eins der vornehmsten Gebote des Xstentums, *Seinen Feind zu lieben* nicht besser beobachtet, so lange zweifle ich, ob diejenigen Xsten sind, die sich davor ausgeben.« (30.5.1749; B 11/1, 26). Die Überschreitung der konventionellen Moralvorstellungen hat bei Lessing immer auch mit der Beherzigung dieses Gebots zu tun, das für ihn den zentralen Sinn des Christentums ausmacht (ein interessanter Beleg aus der Wolfenbütteler Zeit ist das Schreiben an Gleim, 6.2.1774, in dem er sich dazu ermahnt, auch die Fürsten und Großen dieser Welt als Menschen zu sehen, die auf die Feindesliebe Anspruch erheben dürfen: B 11/2, 619).

Die Freundschaft mit Mylius nimmt kein gutes Ende. Mylius, der in Berlin anlässlich der Beobachtung einer Sonnenfinsternis (25. Juli 1748) Kontakte mit renommierten Gelehrten anknüpfen konnte, erhält die Chance, im Auftrag einer (vielleicht auf sein eigenes Betreiben im Jahr 1751 gegründeten) Gesellschaft eine dreijährige Forschungsreise nach Übersee zu unternehmen; zuerst ist Ostindien, dann Nordamerika als Ziel geplant (Trillmich 1914, 118 f.). Mylius versteht es sogar, Albrecht von Haller als ›Projektleiter‹ zu gewinnen, das Vorhaben findet eine relativ breite Resonanz, viele Beitrittserklärungen laufen ein. Die Expedition, auf der Mylius z. B. Sammlungen für Naturalienkabinette anlegen soll, kann den Grund für eine solide berufliche Laufbahn legen; von einer Professur in Göttingen ist die Rede. Stolz auf seinen Freund berichtet Lessing nach Hause: »Er hat jetzo sein Glück auf eine sehr gute Art gemacht, und es ist ihm eine Professur in Göttingen versprochen worden, sobald er wieder von seiner Reise zurück kömmt.« (29.5.1753; B 11/1, 51). Doch die Erwartungen werden bitter enttäuscht. Mylius, der anscheinend der Verlockung, endlich einmal gut zu leben, nicht widerstehen kann, verschwendet die ihm anvertrauten Gelder, ohne den Zweck seiner Reise auch nur ansatzweise zu erfüllen. Ende Februar 1753 bricht er auf, erst im August setzt er nach England über, monatelang hält er sich in London auf, pflegt gelehrte Kontakte und übersetzt für wissenschaftliche Zeitungen, zehrt dabei seine finanziellen Mittel restlos auf und stirbt im März 1754 an einer Lungenentzündung; seine letzten Bittbriefe an Haller zeugen von seiner Verzweiflung. Das ›Denkmal‹, das Lessing ihm setzt, lässt erkennen, dass es ihm nicht gelingt, mit der Enttäuschung über das Versagen des Freundes fertig zu werden. Er gibt 1755 eine Auswahl von dessen Schriften heraus (die *Vermischten Schriften*, datiert auf 1754), die er mit einer Vorrede einleitet (B 3, 330–349). Einerseits klagt er darin die Umstände an, die das »Genie« zur Vielschreiberei zwingen und es an seiner Entfaltung hindern, worüber er fast in einen zynischen Tonfall gerät: »Er wollte und sollte reisen; er reisete auch, allein er reisete auf fremder Leute Gnade; und was folgt auf fremder Leute Gnade? Er starb.« (B 3, 333). Andererseits nehmen, wie Nisbet (2008, 214–223) minutiös nachgezeichnet hat, Lessings Vorrede und die unter den Schriften getroffene Auswahl nachgerade den Charakter einer Abrechnung mit dem Toten an, die weit über eine bloße Distanzierung hinausgeht. Nisbet führt diese für Lessing ungewöhnliche Härte dem Unglücklichen gegenüber auf das spannungsvolle und ambivalente Verhältnis zum Vater zurück, dessen moralisches Urteil sich, so musste es dem Sohn vorkommen, doch als richtig erwiesen habe. (Zu dem Gedächtnis, das Lessing dem Freund gleichwohl bewahrte, vgl. Kap.: Faust-Fragmente, S. 214f.).

Nicht lange nachdem Mylius Berlin verlassen hat, lernt Lessing *Moses Mendelssohn* (1729–1786) kennen (nach Engel [1998] bereits vor Dezember 1753). Eva Engel (1998) betont den Kontrast zwischen Mylius und Mendelssohn, der jüdische Freund habe den Kurs, den Lessing zusammen mit Mylius eingeschlagen habe, korrigiert. Mit einer schier unglaublichen Willensanstrengung hat sich Mendelssohn eine Existenz als Gelehrter und relativ wohlhabender Kaufmann geschaffen. Seine Startbedingungen sind weit schlechter als diejenigen von Mylius. Als vierzehnjähriger Junge macht er sich völlig mittellos von der Heimatstadt Dessau nach Berlin auf, um seine Studien bei seinem Lehrer David Fränkel, der als Oberrabbiner nach Berlin berufen wurde, fortzusetzen. Viele Jahre lebt er in äußerster Armut, bringt jedoch Zeit und Energie auf, sich eine umfassende literarische und philosophische Bildung zu erwerben; neben der deutschen Sprache (groß wird Mendelssohn mit Jiddisch und Hebräisch) lernt er Englisch, Französisch, Latein, Griechisch. Die Aneignung von Gedankenwelten, die Erweiterung des Gesichtskreises, oder wie es in der damaligen philosophischen Sprache heißt, der Erwerb von immer neuen »Vorstellungen«, besitzt für ihn eine buchstäblich existenz- und realitätsschaffende Kraft; »Leben« bedeutet für ihn der Triumph des Geistes über den Körper. Als kleiner Junge verbringt Mendelssohn Stunden mit der Lektüre des Maimonides, wobei sich sein Rücken endgültig verkrümmt, was er später scherzhaft kommentiert (nach Schoeps ²1989, 11): »aber deswegen liebe ich ihn [d.i. Maimonides] doch, denn der Mann hat mir manche trübe Stunde meines Lebens versüßt, und so auf der einen Seite mich zehnfach für das entschädigt, um was er mich in Betracht meines Körpers gebracht hat.« – 1750 nimmt er eine Stelle als Hauslehrer bei dem Seidenfabrikanten Isaak Bernhard an. Seine materielle Existenz ist nunmehr gesichert, wobei er allerdings, der nur als »geduldeter Jude« in Berlin lebt, keinerlei Bürgerrechte genießt und zum Beispiel jederzeit ausgewiesen werden kann. Vier Jahre später wird er in Bernhards Firma Buchhalter, dann Prokurist und Teil-

haber. 1762 heiratet er die Hamburger Kaufmannstochter Fromet Gugenheim; seine Kinder wachsen in einer wohlhabenden, geselligen und weltläufigen Atmosphäre auf. Seine Veröffentlichungen machen Mendelssohn zu einer europäischen Berühmtheit. 1763 erhält er den Preis der Berliner Akademie der Wissenschaften. Zu untersuchen war die Frage, ob die metaphysischen Wahrheiten derselben Evidenz fähig seien wie die mathematischen (JubA 2, XLV–LIII). Der Dialog über die Unsterblichkeit, *Phädon* (1767), wird in viele Sprachen übersetzt. Lessing macht Mendelssohn mit Friedrich Nicolai bekannt, es entwickelt sich eine intensive Zusammenarbeit, ein »Symphilosophieren«. Ohne Wissen des Freundes veröffentlicht Lessing 1755 die *Philosophischen Gespräche* (anonym; Mendelssohns Verfasserschaft spricht sich schnell herum). Mendelssohn, der auf dem Gebiet der Metaphysik, der Psychologie und philosophischen Ästhetik zum »Selbstdenker« geworden ist, vermittelt Lessing wesentliche philosophische Anregungen; auch scheint er versucht zu haben, mehr Konsistenz in Lessings sprunghaft-rastlose Arbeitsweise zu bringen (vgl. z.B. den Brief nach Leipzig, 7.12.1755; B 11/1, 73; auch *Lessings Leben*, hg. Lachmann 1887, 105). Zusammen verfassen die Freunde *Pope ein Metaphysiker!*, mit Nicolai korrespondieren sie über die Neuansätze in der Tragödientheorie (*Briefwechsel über das Trauerspiel*), die *Briefe, die neueste Litteratur betreffend* sind ein Gemeinschaftsprojekt der drei, über die Thesen des *Laokoon* holt sich Lessing den Rat der Berliner Freunde, vor allem denjenigen Mendelssohns.

Den intellektuellen und menschlichen Anspruch der Freundschaft zwischen Lessing und Mendelssohn mögen einige briefliche Zeugnisse verdeutlichen. Auf das an ihn gerichtete *Sendschreiben* (den Anhang zu Mendelssohns Übersetzung von Rousseaus zweitem Diskurs) antwortet Lessing: »Ich will es nicht wagen, der Freundschaft, nach Ihnen, eine Lobrede zu halten; ich will nichts, als mich von ihr hinreißen lassen. Möchte ich Ihrer Wahl so würdig sein, als Sie der meinigen sind!« (21.1.1756; B 11/1, 88). In der Hitze der Debatte über das Trauerspiel schreibt Lessing an Mendelssohn: »[...] und werden Sie nicht müde, mich zu bessern, so werden Sie auch nicht müde werden, mich zu lieben« (18.12.1756; B 11/1, 153). Mendelssohn wiederholt in seinem Antwortschreiben diese Worte und fügt hinzu:

»[...] und ich zweifle, ob Sie so viel dabei gedacht haben, als ich, wenn ich Sie versichere, daß ich Sie liebe« (Januar 1757, B 11/1, 164). Nach dem Tod des Freundes schreibt Mendelssohn an Herder, Lessing sei »der einzige Mann« gewesen, »an dem ich in mehr als 30 Jahren keine Spur von dieser Gesinnung [dass seine, des Juden, Gesellschaft unerwünscht sei] wahrgenommen, der so allezeit ungetheilten Herzens, ganz sich selbst gleich, ganz mein Freund und Wohltäter blieb!« (15.3.1781; zit. nach Nisbet 2008, 836).

Deutungsmuster für Lessings Leben in den Biographien des 18., 19. und 20. Jahrhunderts

Aufklärungsoptimismus. »Von den Theologen kam ich auf das Theater; nunmehr von dem Theater auf die Lotterie, und wir sind mit allem fertig, was in diesem und jenem Leben frommen und vergnügen kann« (an Eva König, 25.10.1770; B 11/2, 81). Lessings Vertrauen darauf, dass die Umstände sich ›schicken‹ werden (von seiner »Toleranz dem Leben gegenüber« sprechen Bennholdt-Thomsen/Guzzoni 1992, 103), hat ihn am Ende dahin geführt, wohin er nicht wollte; nie entwirft er in seinem Briefwechsel einen inhaltlichen Leitfaden für seine vielfältigen Studien und Tätigkeiten, nie wird eine Lebensaufgabe, die er sich gesetzt hätte, greifbar, vielmehr scheinen die jugendlichen Hoffnungen, Pläne und Erwartungen enttäuscht zu werden – kein Wunder, dass Lessings Biographen häufig den ›inneren Zusammenhang‹, nach dem sie suchen, mittels der Sinn- und Deutungsangebote ihrer je eigenen Zeit ergänzen. Bereits in Karl Lessings Lebensbeschreibung (1793–95) seines Bruders ist das so, obwohl Karl auch die problematischen Züge Gotholds schnörkellos darstellt und sein Portrait zwar von seiner Bewunderung zeugt, aber keinesfalls idealisierend ausfällt. Doch trägt Karl an Leben und Werk seines Bruders wie selbstverständlich den Perfektibilitätsgedanken der Aufklärung heran: Kein Zweifel besteht für ihn daran, dass Gotthold das Ziel, Vorurteile zu bekämpfen, die Menschen zu vergnügen und dadurch zu bessern (vgl. an Gotthold, 22.3.1768; B 11/1, 512), an der eigenen Vervollkommnung durch unermüdliches Studium zu arbeiten (*Lessings Leben*, hg. Lachmann 1887, 98; vgl. auch an Gotthold, 14.2.1774; B 11/2, 623) und mit der Gelehrtheit zugleich Weisheit zu erwerben (*Lessings*

Leben, hg. Lachmann 1887, 163), voll und ganz erreicht habe; die individuellen Eigenheiten und Schwächen, von denen er erzählt, fasst er nicht als Widerspruch dazu auf, sie können das Bild nicht trüben, und die Depression während der letzten Jahre erklärt er, zum Teil sicherlich zu Recht, mit der Krankheit und dem körperlichen Verfall. Lessing selbst jedoch, der auf seiner *eigenen* Art, die Menschen aufzuklären, beharrt (an Karl, 2.2.1774; B 11/2, 615), konnte und wollte seine individuellen Ansprüche an das Leben gerade nicht mehr unter ein allgemeines Ziel subsumieren. So schreibt er aus Hamburg an Moses Mendelssohn: »Ob ich hier oder da bin, daran ist so Wenigen so wenig gelegen, – – und mir am allerwenigsten! [...] Mit allen zu unsrer wahren Besserung wesentlichen Studien ist man so bald fertig, daß einem Zeit und Weile lang wird.« (5.11.1768; B 11/1, 560).

›Geprägte Form, die lebend sich entwickelt‹ (Goethe). In den großen Biographien des 19. (und frühen 20.) Jahrhunderts – von Danzel/Guhrauer (Bd. 1: 1850; Bd. 2: 1853/54; 2. Aufl. 1880/81), Stahr (1859; 8. Aufl. 1877), Oehlke (1919; 2. Aufl. 1929), E. Schmidt (Bd. 1: 1884; Bd. 2: 1886; 4. Aufl. 1923) – erscheint Lessings Lebenslauf nach dem Humanitätsideal der Weimarer Klassik modelliert. Zum einen schreibt man Lessing eine geschichtliche Aufgabe zu, deren Verwirklichung ihn einsam gemacht und zum Charakter gebildet, seinen vielfältigen Bestrebungen eine Einheit verliehen und den inneren Zusammenhang seines dramatischen, ästhetischen und religionsphilosophischen Werks gestiftet habe, nämlich die Schöpfung der deutschen Nationalliteratur. Zum anderen dienen die Liebe zu Eva König und das Unglück der letzten Lebensjahre dazu, ihn zur gemüts- und seelentiefen Persönlichkeit und zum »ganzen Menschen« zu stilisieren, der die Dämonen in der eigenen Brust mittels rastloser Tätigkeit (Fragmentenstreit) überwunden und zu einer reifsten Menschlichkeit sich durch Finsternis und Nacht hindurch emporgeschwungen habe (*Nathan der Weise*, Erziehungsschrift); ›Idee und Liebe‹ seien ihm geblieben (so vor allem die Perspektivierung Erich Schmidts).

Der Vorgabe, an der Lebensweise, den Beschäftigungen und Werken Lessings die Entwicklung zu einem ›ganzen‹ und geschichtlich bedeutenden Menschen abzulesen, scheint man sich nur schwer entziehen zu können; das Modell liegt jedenfalls noch der für die 70er Jahre des 20. Jahrhunderts repräsentativen (und ausgesprochen gut lesbaren) Biographie von Dieter Hildebrandt zugrunde (*Biographie einer Emanzipation*, 1979). Zwar figuriert Lessing nicht mehr als Vorkämpfer der Nationalliteratur, sondern als Vorkämpfer für Toleranz und politische Freiheit, also für Ideale, die von den Deutschen im Verlauf ihrer Geschichte verraten worden seien; doch wenn Hildebrandt Lessing eine »Gestalt« zu geben versucht, greift auch er auf das Muster vom Einzelgänger und unverstandenen Verfechter der Wahrheit zurück, lastet (wie nicht erst Mehring 1893, sondern bereits Adolf Stahr 1859) die Schwierigkeiten in Wolfenbüttel der repressiven absolutistischen Regierung an und sieht dabei den ›ganzen Menschen‹ Lessing in jeder seiner publizistischen Taten sich ausprägen: »ein Ruf zur Ordnung, zur eigenen, strengen, einsamen, Bekenntnis zu dem Gesetz, nach dem er angetreten [!]: ein Mann allein, ein Kopf für sich« (376). Selbst Steinmetz (1998) sitzt der täuschenden Optik dieses Modells auf, wenn er, die Schere zwischen öffentlichem Erfolg und privater Niedergeschlagenheit in den Blickpunkt rückend, Lessings Scheitern daran misst, eine kontinuierliche Bildung im Sinne Goethes – eine Bildung, die den Lebenslauf mit seinen Aufs und Abs erst eigentlich zu einer ›Biographie‹ machen würde – verfehlt zu haben (zur Kritik daran vgl. Nisbet 2005a).

Wo man allerdings – vor allem in biographischen Einzelstudien – auf das ›Bildungsroman-Modell‹ (Nisbet) verzichtet, fällt gleichwohl häufig die Rückprojektion gegenwärtiger Befindlichkeiten ins Auge. So pointiert zum Beispiel Mattenklott in einem Beitrag zu Lessings Italienreise (1775) das Bild des Gelehrten als Weltmann. Lessing begleitete (quasi dienstlich) den braunschweigischen Prinzen Maximilian Julius Leopold; sein Tagebuch gibt keinen Aufschluss über persönliche Eindrücke; 1971 haben sich jedoch 36 Folio-Seiten Reisekostenabrechnungen gefunden mit Quittungen für Theater-, Opern- und Operettenbesuche, Belegen für das Begehen von Festungen, Dom- und Kirchenbesichtigungen, Einladungsnachweisen bei Fürsten und Adligen – ein beredtes Zeugnis dafür, wie aufwendig die Tour gewesen ist. Mattenklott versucht, hinter den Dokumenten die Lebensrealität zu fassen: »Die acht Monate in Italien müssen, was Tempo, Ereignis-

dichte, Vielfalt der Eindrücke, Anforderungen an die körperliche Vitalität und intellektuelle Geistesgegenwart betrifft, schlicht überwältigend und für Lessing wie ein Rausch gewesen sein.« Allein in Venedig habe ihn, indem der Aufenthalt des Prinzen mit demjenigen von Kaiser Joseph II. und dem höchsten Festtag der Dogen-Republik zusammenfiel, ein »kaum vorstellbares Spektakel« erwartet. »Die Unterstellung«, schreibt Mattenklott, »er habe all dies nur degoutant gefunden«, entbehre »jeder Grundlage. Für sicher kann einzig gelten, daß Lessing [...] während dieser Zeit an einem üppigen weltlichen Leben teilhatte, worüber er nichts Überliefertes mitgeteilt hatte« (Mattenklott 1997, 232f.). Andere Forscher suchen Lessing interessant zu machen, indem sie ihn als »schwierigen Menschen« charakterisierend (Brenner 2000, 9–36), seine moralische Integrität in Zweifel ziehen; Brenner z.B. wirft ihm soziale Kälte gegenüber der Familie in Kamenz vor, während er sein Einkommen in Wolfenbüttel verspielt habe (20–22 und 26). Auch wenn solche Behauptungen sich auf selektive Beobachtungen (einzelne Stellen im Briefwechsel etc.) stützen können – sie bleiben, vorgetragen ohne Kontextualisierung (gesellschaftliche Verbreitung und Akzeptanz des Spiels im 18. Jahrhundert), ohne weitere Recherchen (Bilanz von Gewinn und Verlust? Vergleich mit den Zuwendungen an die Familie?), ohne Kommentierung der vielfachen Zeugnisse von Lessings Großzügigkeit, Freigebigkeit und Mildtätigkeit den Armen gegenüber, bloße Meinungsäußerungen der Biographen, die das Wissen über Lessing nicht vermehren.

Hugh Barr Nisbets Lessing-Biographie (2008)

Zu einer neuen Synthese integriert H.B. Nisbet die vielfältigen Ergebnisse der biographischen, kultur- und ideengeschichtlichen Lessing-Forschung. Er deckt die optische Täuschung des Bildungsroman-Modells auf und mahnt ein ›Zurück zu den Quellen‹ an. Indem er den ›Zickzackkurs‹ von Lessings Lebenslauf transparent macht – er liebe »die Veränderung von Schwarz in Weiß«, schreibt Lessing an Nicolai aus der Wolfenbütteler Einsamkeit (17.5.1770; B 11/2, 12) –, gelingt es ihm, existentielle Motive und aufklärerische Sinngebungsmuster herauszuarbeiten, ohne ein Telos unterzuschieben und die Brüche auszublenden. Wir stellen, grob reduzierend, zwei Grundmotive dieser Biographie dar; damit vervollständigen wir zugleich unsere Skizze zum Leben des Menschen Lessing. Diese beiden existentiellen Motive sind die unbedingte Achtung der individuellen Autonomie und die Realisierung des Perspektivismus als eines Musters, das sich sinnstiftend auf Lessings Weltbezug und seine Lebensstationen anwenden lässt.

Die Förderung der individuellen Autonomie, wie Nisbet sie als typisch für Lessings Verhalten nachzeichnet, begreift zwei Momente unter sich, die bereits der Bruder Karl betonte: den »Eigensinn« Lessings, sein Beharren auf der eigenen Unabhängigkeit (*Lessings Leben*, hg. Lachmann 1887, 127, 144f.), und seine Vorliebe für Außenseiter und Sonderlinge (vgl. *Lessings Leben*, hg. Lachmann 1887, 33, 86, 134). Die Achtung fremder Autonomie und das Interesse an denjenigen, die ihre individuelle Eigenart gegen den Mainstream zu behaupten wissen, prägen sich nicht nur im schriftstellerischen Gestus der »Rettungen« aus, sondern haben, so Nisbet, auch Lessings Freundschaften beeinflusst. Er teilt Zeit und Leben mit Außenseitern bzw. Angehörigen von Gruppen am Rand der Gesellschaft: mit Schauspielern, mit Freigeistern (z.B. Mylius, zuletzt Könemann), mit Juden (Gumpertz, Mendelssohn, zuletzt Daveson; vgl. dazu Nisbet 2005b). Diese Solidarität zeige, dass sein Eintreten für die Autonomie des Einzelnen kein abstraktes Prinzip war, sondern gelebtes Engagement, das ihn gesellschaftliche Konventionen überschreiten ließ und wofür er die Kosten getragen hat – in Wolfenbüttel sei er zuletzt selbst zum Außenseiter geworden (2008, 836). Gleichzeitig, so Nisbet weiter, habe Lessings Sinn für fremde Autonomie und Individualität die viel beschworene Zurückhaltung bewirkt, die von manchen als Reserviertheit und Kälte missverstanden wurde. Lessing folgte der Maxime, keinen Rat zu geben, da jeder selbst wissen müsse, »was er tun kann, was er tun muß« (an den Vater, 30.11.1763; B 11/1, 401 und 10.1.1765; B 11/1, 424); und seine Angewohnheit, seinen Wohnort zu wechseln, ohne von den Freunden Abschied zu nehmen, ist zum Teil dadurch zu erklären, dass er seine eigenen impulsiven Entscheidungen undiskutiert lassen wollte (vgl. Lessings Brief aus Breslau an Mendelssohn, 7.12.1760).

›Perspektivismus als Lebenspraxis‹, das zweite existentielle Motiv, wird für Nisbet zum Wegwei-

ser zu den zahlreichen Ortswechseln Lessings, den häufigen Veränderungen seines Wirkungskreises, wo die eigensinnige Bewahrung seiner Unabhängigkeit mit einem planlos-impulsiven Sich-Treiben-Lassen gekoppelt scheint. Lessings nach dem Hamburger Fiasko formulierte Selbsterkenntnis, dass es ihm an jedem Ort gefallen und nirgendwo lange gefallen werde (Nisbet 2008, 508; vgl. auch 664–666), indiziere, dass er seinen eigenen Lebensrhythmus (von Zur-Ruhe-Kommen, Langeweile und neuem Aufbruch) im Licht des erkenntnistheoretischen Prinzips des Perspektivismus verstanden habe: Jeder Wirkungskreis, jedes Umfeld biete Möglichkeiten, mit den eigenen Talenten zu wuchern und etwas zu leisten, das die Menschen fördere und insofern ›wahr‹ sei; jede dieser Chancen, jede Verwirklichung sei jedoch zugleich nur vorläufig, ein Übergang, lediglich ein einzelner Aspekt der vollen Realität. Eine solche perspektivische Blickrichtung lässt sich in Lessings Art, mit Menschen umzugehen, wiedererkennen. Sie verleiht sowohl seinem Individualismus, seiner Vorliebe für Außenseiter, als auch dem Bedürfnis, fremde Autonomie zu schützen, einen Bezug zu der Suche nach Wahrheit, geht es doch immer um die Entfaltung konkreter, individueller Wahrheitsmomente. Ein schönes Beispiel dafür ist die von Karl Lessing bestätigte Haltung, jeder Situation und jedem Menschen eine gute Seite abzugewinnen (*Lessings Leben*, hg. Lachmann 1887, 131, 242). An Eva König schreibt Lessing: »Sie werden sagen, daß ich eine besondere Gabe habe, etwas Gutes an etwas Schlechtem zu entdecken. Die habe ich allerdings; und ich bin stolzer darauf, als auf alles, was ich weiß und kann. Sie selbst, wie ich oft gemerkt habe, besitzen ein gutes Teil von dieser Gabe, die ich Ihnen recht sehr überall anzubringen empfehle; denn nichts kann uns mit der Welt zufriedner machen, als eben sie.« (25.10.1770; B 11/2, 79). Die gleiche Einstellung kommt in der Verteidigung zum Ausdruck, mit der Lessing – nach einer von Daveson überlieferten Anekdote – der moralischen Verurteilung eines angeblich verkommenen Stallmeisters entgegentrat, dessen letzter Brief vor seinem Freitod einem Freudenmädchen galt: »Gerade dieser Zug, sagte er, gerade *dieser* Brief, gereicht dem Stallmeister zur Ehre. Er ist ein Beweis, dass sein Herz noch einer aufrichtigen Anhänglichkeit fähig war. Sie nennen dies Mädchen eine feile

Dirne. Dazu hat sie die Noth Fremden gemacht. Wissen Sie, was die Liebe sie lehrte, dem Stallmeister seyn?«« (Daunicht 1971, 339 f.).

Die beiden existentiellen Motive, die Wahrung der Unabhängigkeit und das perspektivische Sich-Einlassen auf Situationen und Menschen, führen, folgt man Nisbets Lessing-Biographie, last not least zu den beiden großen politischen Themen in Lessings Leben, der Verteidigung der Toleranz und dem Einstehen für die liberalen, demokratischen Werte der Aufklärung. Nisbet charakterisiert die Herzogsfamilie von Braunschweig-Lüneburg als kultiviert, fortschrittlich und tolerant; Lessing habe akzeptable Lebens- und Arbeitsbedingungen bekommen (555–566). Auch wenn Lessing weder Revolutionär gewesen noch eine systematische politische Theorie vertreten habe, habe er doch mit seiner persönlichen Haltung gegen das gesellschaftliche Gefälle zwischen den »Großen« und den Untertanen rebelliert. Er habe seine abhängige Stellung als Eingriff in seine Autonomie erfahren; dieser Verlust, mit dem er sich nicht abfinden konnte, habe – zusammen mit dem Tod seiner Frau und dem körperlichen Verfall – das Unglück seiner letzten Jahre ausgemacht.

Die wichtigsten biographischen Quellen und Hilfsmittel sind der Briefwechsel (s. Literaturangaben), die »Selbstbetrachtungen und Einfälle« (B 10, 240–244; dazu B 10, 1005 f.) sowie die sprachlichen ›Selbstbilder‹, die Lessing entwickelt hat (dazu Strohschneider-Kohrs 1999c), die Lebensbeschreibung von Karl Lessing sowie die materialreichen Biographien des 19. Jahrhunderts (vor allem Danzel/Guhrauer und E. Schmidt), die ebenso materialreiche Biographie von H.B. Nisbet (2008), die – zum Teil entlegene – alte und neue Forschungsergebnisse zusammenführt und ein kulturgeschichtliches Panorama der Zeit vom heutigen Erkenntnisstand aus entwirft, damit das monumentale Werk von E. Schmidt ablösend; sodann die von Daunicht herausgegebene Sammlung von Gesprächen und Notizen über Lessing, die in den letzten Jahren durch die Bände von Wolfgang Albrecht (*Lessing im Spiegel zeitgenössischer Briefe*, Bd. 1/2, 2003; *Lessing. Gespräche, Begegnungen, Lebenszeugnisse*, Bd. 1/2, 2005) bedeutend erweitert worden sind, schließlich die von Wolfgang Albrecht erarbeitete *Chronik zu Leben und Werk* (2008), welche die früheren Chroniken an Vollständigkeit und Präzision weit übertrifft. Die Lücken in Lessings Biographie und die resultierenden Aufgaben für archivalische Forschungen skizziert W. Albrecht in einer 2006 publizierten Studie (dort auch Hinweise zu weiteren biographischen Einzelstudien). Zu den Lessing-Portraits forscht die Arbeitsstelle für Lessing-Rezeption (Kamenz); im November 2010 startet – mit erster Station im Halberstädter Gleimhaus – eine Wanderausstellung *Doch wer ihn kennt, erkennt ihn im Bilde. Lessing im Porträt*, die auch bislang unbekannte bildnerische Darstellungen Lessings dokumentiert (Kuratorin: Birka Siwczyk; Mitarbeit: Doris Schumacher; geplant ist ein Begleitkatalog zur Ausstellung).

Quellen: W. Albrecht 2003, Bd. 1/2; W. Albrecht 2005, Bd. 1/2 [Lessing in Gesprächen und im Spiegel zeitgenössischer Briefe]; Batteux/J.A. Schlegel, Th. 2, ⁵1770/1976, 187–248 [erster »Grundsatz« der Poesie]; Baumgarten 1735, übers. von Paetzold 1983 [Bedingungen des Gedichtes]; Baumgarten 1750/1758, übers. von H.R. Schweizer ²1988 [Ästhetik]; Bodmer 1727; Bodmer 1728 in Bodmer/Breitinger, hg. Meid 1980, 36–40; Curtius 1753/1973 [Aristoteles-Übersetzung]; Daunicht 1971; Gottsched ²1736 [Weltweisheit]; Hume 1739–1740, übers. von Lipps 1904–1906/1989; Hutcheson/Lessing 1756; Meissner 1737/1970 [Philosophisches Lexikon]; Mendelssohn JubA 1 [frühe Schriften zu Philosophie und Ästhetik]; JubA 12/1 und 13 [Briefe]; Mylius 1745 [Zeitschrift *Der Freygeist*]; Mylius 1754/1971 [*Vermischte Schriften*]; Rousseau 1762, hg. Rang 1963; Walch Bd. 1/2, ⁴1775/1968; Wolff GW I/1 [»Deutsche Logik«, ¹⁴1754], I/2 [»Deutsche Metaphysik«, ¹¹1751], I/4 [»Deutsche Ethik«, Ausg. letzter Hand 1752], I/5 [»Deutsche Politik«, ⁴1736], I/9 [*Ausführliche Nachricht*, ²1733], I/19 [*Grundsätze des Natur- und Völckerrechts*, 1754], I/21.5 [*Gesammelte Schriften*, 1740].

Literatur

Zu Philosophie der Aufklärung: Altmann 1969 [Mendelssohn]; Cassirer ⁵1973 (zuerst 1932); Catani in Berthold (Hg.) 2008, 29–45 [Lessings Huarte-Übersetzung im Kontext der monistischen Anthropologie der Aufklärung]; Ciafardone 1983, hg. Hinske 1990; Dürbeck 1998 [Ästhetik und Einbildungskraft]; Enskat 2008 [Aufklärung und Urteilskraft; grundlegende philosophische Untersuchung zu den Bedingungen von Aufklärung]; Franke 1972 [Baumgarten]; Frischeisen-Köhler/Moog ¹⁵1953 (= Überweg 3); Godel 2002 [Anthropologie: »dunkle Vorstellungen« und Vorurteil]; R. Graf 1992; Grau 1916/1981; Guthke 2003; Guthke 2005 [Toleranz und das Interesse für außereuropäische Kulturen]; Hofmann 1999 [literaturgeschichtliche Einführung zur Epoche der Aufklärung]; Kondylis 1981/²1986 [Synthese-Modelle]; Košenina 2008 [literarische Anthropologie]; Martinson in Fischer/Fox (Hgg.) 2005, 41–63; Nisbet 2008, 165–168 [Huarte-Übersetzung im wissenschaftsgeschichtlichen Kontext; Bezüge zu Lessings innerer Biographie]; Oschmann 2002 [»Versinnlichung« der Rede]; Paetzold 1983 [Baumgarten]; Pütz 1978; W. Riedel in Schings (Hg.) 1994, 410–439 [Sulzer]; Schneiders 1974; Schneiders 1990; Schneiders 1995; Schneiders ²2001; H.R. Schweizer 1973 [Baumgarten]; Segreff 1984 [Mendelssohn]; Taylor 2009 [zuerst 2007]; Torra-Mattenklott 2002 [Ästhetik]; Tumarkin 1933 [Sulzer]; Vollhardt 2001 [naturrechtliches Denken und Empfindsamkeit]; Wuthenow 2000 [Bewertung der Leidenschaften im »Zeitalter der Vernunft«].

zu Ständegesellschaft, Aufklärung und Absolutismus: Barner u.a. ⁵1987; Böning 2002; Boldt 1984; Frühsorge/Klueting/Kopitzsch (Hgg.) 1993; Förster (Hg.) 1989; Gestrich 1994; Goldenbaum in Goldenbaum/Košenina (Hgg.) 1999, 69–100 [französische Aufklärer in Berlin]; Goldenbaum 2004a [Toleranz und Politik]; Kiesel/Münch 1977; Krebs in Fontius/Mondot (Hgg.) 2001, 167–177; Martens 1971 [moralische Wochenschriften]; Maurer 1996 [Biographie des Bürgers]; Mauser 1989 [Geselligkeit]; Mauser 2000a; Merker 1982; Pütz 1978; Rieck in Stellmacher (Hg.) 1998, 73–95 [Leipzig als Zentrum des literarischen Lebens]; Sauder 1979 [sozialgeschichtliche Aspekte der Literatur im 18. Jahrhundert]; Stollberg-Rilinger 2000; Vierhaus 1984; Vierhaus 1987; Vierhaus 1987a; Vollhardt 2001, 18–34; Weigl 1997; Wilke 1978.

zu Lessing als Gelehrter: Barner in Vierhaus (Hg.) 1981, 165–204; van Dülmen 1986; Grimm in Grimm (Hg.) 1992, 50–66; H.-W. Jäger (Hg.) 1997 [Öffentlichkeit]; Jørgensen in Engel/Ritterhoff (Hgg.) 1998, 31–41; G. Kaiser in Bohnen (Hg.) 1982a, 112–117; Milde 1969; Nisbet 2008, bes. 600–627 [Lessing als Bibliothekar in Wolfenbüttel]; Raabe 1977; Raabe 1982; Reifenberg 1995; Wiedemann 1967 [zum Polyhistorismus]; Zimmermann 1992 [zum neuen Gelehrtenideal].

zu Lessing als Aufklärer: Barner u.a. ⁵1987; Goldenbaum 2004a und b [öffentliche Debatten]; Hofmann 1999; Jahn 2000 [Wolffsche Terminologie in den *Abhandlungen zur Fabellehre*]; Lach 2005 [Beziehung zum Materialismus La Mettries]; Martinson in Fischer/Fox (Hgg.) 2005, 41–63 [Lessing und die europäische Aufklärung]; Nisbet 2008; Nisbet 2010; Ter-Nedden in Vollhardt/Bultmann 2010 (im Druck); Vollhardt 2009.

zu Lessings Biographie: W. Albrecht 2003; W. Albrecht 2005; W. Albrecht 2004/05 (2006); W. Albrecht 2008; W. Albrecht 2008/2009 (2010)b [Besuch Wezels 1779 in Wolfenbüttel und Begegnung mit Lessing]; G. Bauer in Cercignani (Hg.) 1994, 57–78

[Lessings Auffassung von Freundschaft]; Becker-Cantarino 1982 [Wien]; Bennholdt-Thomsen/Guzzoni 1992, 88–103 [Lessings Beziehung zu Ernestine Christine Reiske]; Brenner 2000, 9–36; Danzel/Guhrauer Bd. 1/2, 1850–1854; Döring in Engel/Ritterhoff (Hgg.) 1998, 1–29 [St. Afra]; E.J. Engel in Engel/Ritterhoff (Hgg.) 1998, 43–57 [Lessing zwischen Mylius und Mendelssohn]; Grimm 1985 [Italienreise]; Guthke 1981d [Spielernatur]; Hildebrandt 1979; Jasper 2001; K. Lessing, hg. Lachmann 1887; K. Lessing Bd. 1–3, 1793–1795; Mattenklott 1997 [Italienreise]; Milde 1969 [Lessings Bibliothekariat]; Mulsow 2007 [Freidenker im Gottsched-Kreis]; Nisbet 1973 [»ennui«]; Nisbet in Stenzel/Lach (Hgg.) 2005, 1–19; (=2005a); Nisbet in Stenzel/Lach (Hgg.) 2005, 79–100 (=2005b); Nisbet 2008; Oehlke Bd. 1/2, 1919; H. Peter 1881 [St. Afra]; Raabe in Bahr/Harris/Lyon (Hgg.) 1982, 103–120 [Probleme der biographischen Forschung zu Lessings Lebensjahrzehnt in Wolfenbüttel]; Raabe/Strutz 2004 und 2007 [Lessings Bucherwerbungen für die Herzogliche Bibliothek; Lessings Büchernachlass]; Reifenberg 1995 [Lessing und die Wolfenbütteler Bibliothek]; Ritter-Santini 1993 und 1993a [Italienreise]; E. Schmidt Bd. 1/2, ⁴1923; Heinrich Schneider 1951; Heinrich Schneider 1951b [Lessing und das Ehepaar Reiske]; Günter Schulz (Hg.) 1985 [Lessings Freunde]; A. Spalding 2005 [Elise Reimarus]; Stahr Bd. 1/2, ⁸1877; Steinmetz in Fohrmann (Hg.) 1998, 91–103; Stenzel 2000; Strohschneider-Kohrs 1999c [Lessings »Selbstdeutungsbilder«]; Vierhaus 1998 (1999) [Lessing und Elise Reimarus]; Wiedemann 1984 [Italienreise].

zu Mylius: Consentius 1900; Hildebrandt 1981; Mulsow 2007 [Freidenker im Gottsched-Kreis]; Nisbet 2008; Thyssen 1912 (Teildruck); Trillmich 1914.

zu Moses Mendelssohn: JubA 22 [zeitgenöss. Texte zu Leben und Wirkung], 23 [frühe Biographien], 24 [Portraits und Bilddokumente]; M. Albrecht 1986; Altmann 1973; Kayserling 1862 (Nachdruck 1972); Kleßmann 1990; Kupferberg 1972; Schoeps ²1989; Strohschneider-Kohrs in M. Albrecht/Engel/Hinske (Hgg.) 1994, 269–290; Strohschneider-Kohrs 2001 [Lessing und Mendelssohn].

zum Briefwechsel: Adam 1998 (1999) [Briefschlüsse]; W. Albrecht 2003; W. Albrecht 2003 (2004) und 2008/2009 (2010)a [neu erschlossene Briefe von und an Lessing]; Bödeker in Bödeker/Herrmann (Hgg.) 1987, 113–138 [Lessings Briefwechsel]; Bonfatti in Adam/Fauser (Hgg.) 2005, 29–43 [Lessings Briefwechsel mit Gleim]; Ciolek 2004 [Amtsbriefe Lessings als Sekretär Tauentziens]; Döring 1999 (2000) [unbekannter Brief Lessings an Boie]; Grimm 1998 (1999) [Briefe Lessings aus Wolfenbüttel]; Mauser 1998 (1999) [Lessing an Herzog Karl, 8.8.1778]; Milde 1981 [Amtsbriefe Lessings als Sekretär Tauentziens]; Milde 1985 [Textkritik]; Jasper in Jasper/Knoll (Hgg.) 2002, 215–227 [Lessings Briefwechsel mit Mendelssohn]; Milde, hg. v. Maaz u.a. 2001;

Heinrich Schneider 1951f; Strohschneider-Kohrs 1989 [Lessings letzter Brief an Mendelssohn]; Strohschneider-Kohrs 2003 (2004) [Lessings Brief an Herder vom Januar 1779]; Woesler in Werner M. Bauer/John/Wiesmüller (Hgg.) 2001, 75–94 [Probleme der Edition von Lessings Briefwechsel]; Woesler 2004/05 (2006) [Problem der verlorenen Lessing-Briefe].

zu Lessing-Bildnisse: Off 2008/2009 (2010); Rudloff-Hille 1970 und ²1991; H. Schneider 1951g.

Lessing und die Literatur im 18. Jahrhundert

Heute gilt Lessing – neben Klopstock und Wieland – als maßgeblich für die Geschichte der Literatur im 18. Jahrhundert. Er setzt die entscheidenden Akzente in der Theoriedebatte, er reflektiert die progressiven philosophischen Strömungen, seine Dichtungen werden repräsentativ für die literarische Entwicklung. Bereits die Zeitgenossen nehmen dies so wahr. Für sie leistet Lessing auf allen Gebieten, auf denen er arbeitet, Hervorragendes, bestimmt somit das Niveau neu und stellt die Weichen für die Zukunft. Den repräsentativen Charakter gewinnt sein Oeuvre vor allem dadurch, dass es fast das ganze Gattungsspektrum abdeckt. Was immer im 18. Jahrhundert modern ist, darin versucht sich Lessing, er übt sich in den vielfältigen lyrischen Gattungen, schreibt Verserzählungen, tritt mit Komödien hervor, arbeitet auf dem Gebiet der Alexandrinertragödie, schafft den Prototyp des bürgerlichen Trauerspiels, er fasst die Gattungsdiskussion zur Fabel zusammen, seine Streitschriften schließlich (Rettungen, Polemiken: gegen Lange, Dusch, Klotz, Goeze) sind in den Augen der Zeitgenossen Glanzstücke rhetorischer Prosa, die über das Stilideal der »Natürlichkeit« hinaus neue Möglichkeiten der Sprache eröffnen. Aus diesem Grund jedoch ist eine Situationsbestimmung der Literatur im 18. Jahrhundert, ohne dass Lessing voll mit einbezogen würde, gar nicht möglich. Wir tragen dem dadurch Rechnung, dass die Einordnung in die literarischen Traditionen sozusagen an Ort und Stelle, bei der Besprechung der einzelnen Werke, geschieht. Zwei Aspekte sind hier herauszustellen, die den »Start« und die weitere Richtungnahme Lessings charakterisieren: Das allgemein verbreitete Bewusstsein, dass eine deutschsprachige poetische Literatur überhaupt erst geschaffen werden muss, und die Strömung der »Empfindsamkeit«.

Gottsched und die Neubegründung der deutschsprachigen Literatur

Auch der junge Lessing ist der Meinung, dass erst »jetzt«, um die Jahrhundertmitte, in Deutschland eine Dichtung entstanden sei, die diesen Namen verdiene, die den Normen des Geschmacks genüge. Deutschland, schreibt er in der *Vorrede* zu den *Beyträgen zur Historie und Aufnahme des Theaters* (1750; B 1, 725), »kann sich nunmehro bald rühmen, dass es in den Werken des Witzes Stücke aufzuweisen habe, welche die schärfste Critik und die unbilligsten Ausländer nicht scheuen dürfen. [...] Es sind nicht nur Kleinigkeiten. Das Heldengedicht und die Fabel, das Schauspiel und das Trinklied, eines sowohl wie das andre, haben ihre Geister gefunden. Nur in der Menge dieser Geister muß unser Vaterland andern Ländern weichen. Allein man erwarte nur die Jahre, man bemühe sich nur, den guten Geschmack allgemein zu machen, so wird auch dieser Vorwurf wegfallen.« Die Literatur vor der eigenen Zeit rechnet Lessing der »Kindheit unsers guten Geschmacks« (ebd.) zu. Die Sätze werfen ein Schlaglicht auf den Geschmackswandel, der während der ersten Jahrhunderthälfte stattgefunden hat. Das Verständnis für Barockrhetorik und -poesie schwindet, die kühnen Metaphern und Bilder werden als übertrieben empfunden, man wendet sich gegen den barocken »Schwulst«, wie der stilkritische Terminus lautet. Kernbegriffe des neuen Stilideals sind »Natürlichkeit« und »Wahrscheinlichkeit«. Gottscheds Poetik, die 1730 zuerst erscheint, die *Critische Dichtkunst*, stellt einen vorläufigen Höhepunkt der Reform- und Reinigungsbestrebungen dar. Gottsched, in Leipzig Professor der Poesie *und* Logik und Metaphysik, dominiert den Literaturbetrieb vor Lessing. Seine Literaturtheorie ist dabei in Parallele zur Philosophie der Frühaufklärung zu sehen, auch sie ist, wie der Geschmackswandel insgesamt, ein Kind der neuen Diesseitszuwendung. Wie Wolff Ordnung im Denken erzeugen, buchstäblich in den Köpfen der Leute aufräumen will, so möchte Gottsched Ordnung und Klarheit in die poetischen »Erfindungen« bringen. Wie Wolff das Denken an das Diesseits verweist, so Gottsched das Dichten an die Natur. Dem Begriff der »Vorstellung« (als einem »Gemälde« der Welt, wie Wolff sagt) korrespondiert das Prinzip der Naturnachahmung, der »Mimesis«. Vorstellungsbilder der Sinnenwelt seien die Entwürfe der Dichter. Diese philosophische Neubegründung der Poesie geht Hand in Hand mit der Orientierung an Frankreich, was die Realisierung seiner Konzeption anbelangt. Gottsched theoretisiert im Blick auf die Praxis, die dichterische Produktion ist ihm wichtig. Teilweise – die Identifikation ist nicht vollständig – sieht er die eigenen Intentionen in der französischen Literatur des Klassizismus verwirklicht, hier liegt in seinen Augen eine Poesie vor, die den Idealen der »Vernunft« und »Natur« entspricht. Insbesondere auf dem Gebiet der Tragödie haben für ihn die Franzosen Vorbildliches geleistet, die *Tragédie classique* wird zum Muster. Vernunft, Norm, Gesetz, Regel gehören zusammen, Gottsched formuliert Regeln für die Abfassung poetischer Texte, womit er sich zugleich in die Tradition der Rhetorik einordnet (vgl. Kap.: Frühe Literaturkritik). – Gottscheds Literaturprogramm ist ein Reformprogramm im Sinn der praktischen Aufklärung. Er entfaltet eine umtriebige Tätigkeit, verfasst dem Regelkanon entsprechende Mustertragödien (*Der sterbende Cato*, 1732), ruft Publikationsorgane ins Leben, die den Grundstock der neuen Literatur legen sollen (*Die deutsche Schaubühne*, 6 Bde., 1740–45), wirbt als Redner um Unterstützung für das deutsche Theater. Der Einsatz für das Theater zeigt die praktische und pädagogische Zielrichtung besonders deutlich. Gottsched entdeckt die Bühne als den Ort, wo Literatur quasi ins Leben tritt, sich »verkörpert« und so ihre intensivste Wirkung entfaltet. Das Anarchisch-Lustvolle, das den Produktionen der Wandertheater eignet, ist ihm ein Dorn im Auge. Welche Erziehungschancen, so seine Sicht, werden da vertan. Den sinnlichen Appell des Theaters möchte er moralpädagogisch umfunktionieren. Darauf zielt die »Theaterreform«. Als Instrument der Bildung des Bürgers möchte er die Bühne haben, eine Schule der Tugend soll sie sein, des sittlichen Bürgers Abendschule (Haider-Pregler 1980; vgl. Kap.: Bühnenpraxis und Schauspielkunst). – Gottsched hat ein fast ausschließlich moralpädagogisches und didaktisches Literaturverständnis. Die neue Welterkenntnis ist immer eine Erkenntnis, die, nach Wolffs einprägsamer Formulierung, »in ein Tun ausbrechen« soll, ist, wie der Terminus lautet, »lebendige Erkenntnis«. Der hohe Rang der didaktischen Gattungen (Lehrgedicht, Fabel) findet hier seinen Grund. Auch ist Gottsched Verfasser zweier »moralischer Wochenschriften«, der *Vernünfftigen Tadlerinnen* (1725–26) und des

Biedermanns (1727–28). Er bedient sich desjenigen Zeitschriftentyps, der den erzieherischen Absichten der Aufklärung auf geradezu ideale Weise entgegenkommt (zur Zeitschriftengattung »moralische Wochenschrift« vgl. Martens 1971).

Wir befinden uns – so die Wahrnehmung und gedankliche Konstruktion der Zeitgenossen – in der Konstitutionsphase der deutschen Literatur, in einer Zeit des Aufbruchs. Gottsched wirbt um junge Leute, er sucht Nachfolger. Er ruft eine junge Generation von Literaten auf den Plan, die hier Wirkungschancen zu sehen, die sich vor allem von dem Elan des Reformierens anstecken zu lassen scheinen. Bald schießt dieser Elan über das von Gottsched Erstrebte hinaus. Widerspruch unter den »Schülern« wird laut, Neuansätze bahnen sich an (z. B. Johann Elias Schlegel). Am signifikantesten ist der Streit zwischen Gottsched und den Schweizer Literaturkritikern Johann Jakob Bodmer und Johann Jakob Breitinger, die sog. Leipzig-Züricher Literaturfehde. Sie entzündet sich an dem Urteil über Milton und Klopstock. Über Jahre hinaus spaltet sie die deutsche Literaturszene in zwei Lager. Sie prägt Lessings Debüt als Kritiker (vgl. Kap.: Frühe Literaturkritik). Auch in Leipzig breitet sich die Tendenz aus, das Gottschedsche Reglement zu sprengen (z. B. die Gruppe der »Bremer Beyträger«). Schlüsselfiguren für Lessing sind Christlob Mylius, der Vetter, und Friederike Caroline Neuber, die Schauspielerin und Prinzipalin. Mylius, einst Gottscheds Protegé, verfasst, als Lessing ihn kennenlernt, die bissigsten Rezensionen. Friederike Caroline Neuber war Gottscheds Partnerin in dem Unternehmen, das Theater zu »reinigen« und zur bürgerlichen Bildungsinstitution zu machen. Harlekin, die Symbolfigur des »unregelmäßigen« Theaters der Wandertruppen, wurde von ihr von der Bühne vertrieben. Doch es kommt zum Bruch mit Gottsched, die Bühnenpraxis fordert ihren Tribut. Jetzt führt sie Stücke auf, in denen Gottsched verspottet wird (*Der allerkostbarste Schatz*, 1741). Und doch: Wie »Gottschedisch«, wie konventionell und stereotyp hört sich dasjenige an, was beide inhaltlich-diskursiv zu artikulieren und aufs Papier zu bringen vermögen! Eine Diskrepanz zeichnet sich ab zwischen dem realen Leben, in dem die Grenzüberschreitungen der Individuen einen gesellschaftlichen Wandel indizieren, und dem »Spiegel« der Literatur. Welche Energie der Selbstbehauptung bringt die

Neuberin auf, wenn sie als Frau dem Leipziger Magistrat gegenüber argumentiert, die Argumente selbst aber sind Gottsched-Repetitionen, Tugend und Laster führe das Theater nutzbringend vor Augen (Texte in Daunicht o.J., 40 ff.). Abenteuerlich ist Mylius' Biographie, in seinen Werken jedoch, wirft Lessing ihm vor, könne er sich von den Gottschedschen Mustern nicht lösen, sie seien regelhörig, inhaltsleer, langweilig (*Vorrede* zu Mylius' *Vermischten Schriften*, dat. 1754). Überall begegnet der gleiche Riss. Im wirklichen Leben bricht Lessing Tabus (geselliger Umgang mit Komödianten), über den Leipziger Studienjahren liegt der Reiz des Genialisch-Bohemienhaften. Im Bereich der Literatur aber ist Objektivation, Verallgemeinerung gefordert, weshalb man sich an (sprachlichen und moralischen) Konventionen orientiert. Es scheint, als renne der junge Lessing dagegen an, als vermisse er die Impulse des Lebens in der zeitgenössischen Dichtung (was keinesfalls die Kritik an der Vernunftorientierung impliziert). Die Vorrede zu seiner Huarte-Übersetzung schließt er mit dem Gleichnis vom feurigen Pferd, das zwar stolpert, aber stolpernd mit den Hufen Funken schlägt (B 2, 422). Welch ein Bild, welche Verteidigung von Leidenschaftlichkeit und daraus geborenem Irrtum! Lessing treibt eine zweite Literaturreform, die Emanzipation von Gottsched, voran. Ein leitender Gesichtspunkt seiner Kritik ist dabei die Frage, wie viel von dem Reiz und Hauch des Lebens, von seiner Dynamik, seiner »Lebendigkeit« die Literatursprache zu bewahren vermag. Das schließt durchaus die Forderung nach Prägnanz der »Vorstellungen« ein. Lessing greift quasi »hinein ins volle Menschenleben«, wenn er als Stoff seiner ersten Tragödie ein Ereignis der Tagespolitik wählt, wobei ihm allerdings die lebendige Dramatisierung selbst noch nicht gelingt (*Samuel Henzi*). In seinen Plänen experimentiert er mit psychischen Extremen. In der Analyse des *Rasenden Herkules* (*Theatralische Bibliothek*) und im Masaniello-Projekt (Brief an Karl Lessing, 14.7.1773) steht die Genese, die Exploration des Wahnsinns im Zentrum. Einen Lebensnerv der Zeitgenossen trifft er mit *Miß Sara Sampson*, dem »bürgerlichen Trauerspiel«, das auf der Bühne einen Sensationserfolg erzielt. Damit haben wir den zweiten orientierenden Aspekt berührt, Lessings Verhältnis zur Empfindsamkeit. Die Bestrebungen, etwas von dem neuen Le-

bensgefühl in die Literatur hinüber zu retten, haben mit der Aufwertung der Sinnlichkeit zu tun, die einen integralen Bestandteil der »Aufklärung« bildet, »Aufklärung« nicht nur als philosophische, sondern als gesamtkulturelle Bewegung verstanden. Vieles, was philosophiegeschichtlich als »Rehabilitation der Sinnlichkeit« gewertet wird, wird aus literaturgeschichtlicher Perspektive als Symptom der »Empfindsamkeit« interpretiert (vor allem: der Rekurs auf das moralische Gefühl, die Synthese von »Kopf« und »Herz« auf dem Gebiet der Moralität).

Die »Empfindsamkeit«

Will man die Verbreitung der empfindsamen Literatur in Deutschland erklären und zugleich das Phänomen »Empfindsamkeit« beschreiben, so muss man auf eine Vielzahl von »Wurzeln« oder Quellen rekurrieren (vgl. S. 35–37): die gesellschaftlichen Transformationen und die Wertegemeinschaft der ›gebildeten Stände‹, das Interesse an der Psychologie, die Aufwertung der sinnlichen Natur des Menschen, den Pietismus und die literarischen Anregungen aus England. Charakteristisch für den Pietismus ist die Kultivierung des religiösen Gefühls; die Gefühlskultur der »Empfindsamkeit«, so das Argument, stelle die verweltlichte Form dar, die Strömung sei ein Beispiel für den Säkularisationsprozess (zum »Pietismus« vgl. Kap.: Gedanken über die Herrnhuter). Die Anregungen aus England sind philosophischer und literarischer Art. Die Moralphilosophie Shaftesburys (und seiner Schüler) spielt eine wichtige Rolle. Shaftesbury erhebt die geselligen Neigungen zur Quelle von Moralität, die emotionale Ausstattung des Menschen stiftet Gemeinsamkeit. Das »Herz« ist das wichtigste Organ der »Empfindsamen«, die die Literatur bevölkern, es wird zum Synonym für Mitgefühl, Einfühlungsvermögen, »Tugend«. Die literarischen Anregungen lassen sich nach drei Gruppen ordnen. Zum einen ist die Romanliteratur von großem Einfluss, in der das gefühlsorientierte Moralisieren sich mit einer ausgeklügelten Psychologie verbindet. Allen voran sind die Romane Richardsons zu nennen (*Pamela; or, Virtue Rewarded*, 1740–41; *Clarissa, or, the History of a young Lady*, 1747–48; *The History of Sir Charles Grandison*, 1753–54). Zweitens bilden sich neue dramatische Formen als Medium für den empfindsamen Gefühlsausdruck, das rührende Lustspiel und das bürgerliche Trauerspiel, wobei England wiederum eine führende Rolle spielt (s. S. 70 f. und S. 149 f.). Drittens schließlich gehen Impulse von der in England stark ausgeprägten Melancholie-Tradition aus. Die Thematisierung der Melancholie geht mit der Betonung der Subjektivität eine Symbiose ein. Goethe schildert diese Strömung als eine der wichtigsten Voraussetzungen des Werther-Romans (*Dichtung und Wahrheit*, 13. Buch [1814]; HA 9, 580 ff.). Beispiele sind die Friedhofspoesie (am bekanntesten Thomas Grays *An Elegy wrote in a Country Church Yard*, 1751) und die *Night-Thoughts on Life, Death, and Immortality* (1742–45) von Edward Young. Es zeigt sich, dass die »Empfindsamkeit« ein Doppelgesicht trägt. Der Anspruch, Vernunft und Gefühl zur Übereinstimmung zu bringen, hebt oftmals die Zerrissenheit um so schärfer ins Bewusstsein. Irrationale Gefühle werden im theologischen Kontext, wenn sie aggressiv oder selbstzerstörerisch sind, als »Sünde« erklärt. Die Auslotung der Subjektivität außerhalb des religiösen Horizontes lässt Trauer und Melancholie als »grundlos« im doppelten Wortsinn erscheinen: abgrundtief und unerklärbar. Der Doppelaspekt kommt bereits in zeitgenössischen »Würdigungen« zum Ausdruck. »Empfindsamkeit« kann zum Synonym für die Versöhnung von Kopf und Herz werden oder zum Synonym für Hypochondrie, für eine Erkrankung der Seele (Bohnen/Jørgensen/Øhrgaard 1990, 173 f.).

Lessings Beziehungen zur »Empfindsamkeit« sind eng und doch zwiespältig. Er kennt die Melancholie-Tradition. Vor der erhofften Überfahrt nach England (zusammen mit Winkler) schreibt er an George August von Breitenbauch: »Könnten Sie mir nicht ihre melancholische Einbildungskraft manchmal leihen [...]? Ich verspare die Ausarbeitung der schrecklichsten Scenen [die Rede ist vom Faust-Drama] auf *England*. Wenn sie mir dort, wo die *überlegende Verzweiflung* zu Hause ist, [...] nicht gelingen, so gelingen sie mir nirgends. –« (12.12.1755; B 11/1, 79). Als einer der ersten verwendet er den Neologismus »empfindsam«, welches neue Wort er dem Freund Johann Joachim Christoph Bode als Übersetzung für das englische »sentimental« empfiehlt (Brief aus Hamburg, Sommer 1768, B 11/1, Nr. 426 und Kommentar zu 528, 30; Bode übersetzt Lawrence Sternes Roman *A Sentimental Journey through France and Italy by Mr Yorick* [1768], einen der Haupttexte der »Empfindsamkeit«, und fragt Lessing wegen der Verdeutschung des Titels um Rat. Zur Wortgeschichte von »empfindsam« und den ersten Belegen vgl. Schuppener 2008, 7). Mit dem bürgerlichen Trauerspiel *Miß Sara Sampson* schließlich schafft Lessing ein Drama der Empfindsamkeit. Aber er identifiziert sich nicht mit dieser Strömung. Signifikant ist vielleicht, dass er keine Romane schreibt – der Roman ist die Gattung, in der das empfindsame Bild vom Menschen breiteste Entfaltung findet. Er kritisiert die latente Todessehnsucht (vgl. Kap.: Philotas). Goethes *Werther* lehnt er ab (vgl. die Vorrede zu den Aufsätzen von Jerusalem und den Brief an Eschenburg vom 26.10.1774). Ambivalent ist die Haltung zu Klopstock, Anerkennung mischt sich mit Unbehagen. In Lessings Werken wird eine starke Gefühlskomponente fassbar. Sie bleibt mit Skepsis, Distanz, einem objektivierenden Blick gepaart. Immer wieder neu stellt sich die Frage, wie Lessing die emotionale Seite des Menschen mit der rationalen verbunden sieht (zur grundsätzlichen Diskussion des Problems vgl. Kap.: »Literaturbriefe«).

Quellen: Goethe 1814 (HA 9, 580 ff. [*Dichtung und Wahrheit*, 13. Buch]); F.C. Neuber in Daunicht o.J., 40 ff.; F.C. Neuber, Bd. 1/2, hg. Rudin/M. Schulz 1997/2002.

Literatur

Alt 1996; H. Blümner 1818 [Harlekin]; Bohnen/Jørgensen/Øhrgaard 1990; Haider-Pregler 1980 [Theaterreform]; G. Kaiser ⁴1991; Martens ²1971; Mauser 2000a; Sauder Bd. 1 und Bd. 3, 1974/1980 [Standardwerk zur Empfindsamkeit]; Schuppener in Berthold (Hg.) 2008, 1–19; Wustmann 1878 [Harlekin].

Zweiter Teil:
Das Werk

Ausgaben

Ein umfassendes Verzeichnis der Primärliteratur bringt die Seifertsche Bibliographie (fortgesetzt von Doris Kuhles). Wir fügen unserer Auflistung die Nummern hinzu, die die jeweiligen Ausgaben bei Seifert (bzw. Kuhles) tragen. Dort finden sich auch detaillierte Inhaltsverzeichnisse der einzelnen Bände.

Ausgaben des 18. Jahrhunderts

Schrifften, Th. 1–6, Berlin 1753–1755 (Seifert Nr. 81). In dieser Ausgabe sammelt und sichtet Lessing seine bislang zerstreut und zumeist anonym erschienenen Werke. Im Vorblick auf die nachfolgenden Werkanalysen geben wir den Inhalt der Teile wieder: Theil 1 (1753): Vorrede. – Lieder. – Oden. – Fabeln. – Sinngedichte. – Fragmente. – Theil 2 (1753): Briefe [die Briefe 22 und 23 enthalten das Fragment des Trauerspiels *Samuel Henzi*, der 11. Brief enthält das Fragment eines Gedichtes »über die Mehrheit der Welten«]. – Theil 3 (1754): Vorrede. – Rettungen des Horaz. – Rettung des Hier[onimus] Cardanus. – Rettung des »Inepti Religiosi« und seines ungenannten Verfassers. – Rettung des Cochläus aber nur in einer Kleinigkeit. – Theil 4 (1754): Der junge Gelehrte. – Die Juden. – Theil 5 (1755): Der Freygeist. – Der Schatz. – Theil 6 (1755): Miß Sara Sampson. – Der Misogyne.

Seine Lust- und Trauerspiele sammelt Lessing nochmals in zwei Ausgaben:
Lustspiele. Theil 1–2, Berlin 1767. Theil 1: Der junge Gelehrte. – Die Juden. – Der Misogyn; Theil 2: Der Freygeist. – Der Schatz. – Minna von Barnhelm oder das Soldatenglück. – 2. Auflage Theil 1–2, 1770 (Seifert Nr. 82).

Trauerspiele, Berlin 1772. Inhalt: Miß Sara Sampson. – Philotas. – Emilia Galotti (Seifert Nr. 84).

Die Lieder und Epigramme bringt Lessing in überarbeiteter Form abermals im ersten Band der *Vermischten Schriften* (1771) heraus, der als neuen Beitrag die *Zerstreuten Anmerkungen über das Epigramm* enthält. Die *Vermischten Schriften* sind zugleich als eine umfassendere Retrospektive geplant; Lessing bereitet noch den zweiten Band (mit den Oden, Fabeln und Erzählungen, Fragmenten) vor, der jedoch erst nach seinem Tod (1784) erscheint. Diese Ausgabe wird dann von seinem Bruder Karl Gotthelf und den Freunden Johann Joachim Eschenburg und Friedrich Nicolai fortgesetzt und zur ersten Gesamtausgabe erweitert:

Vermischte Schriften, hg. von Karl Gotthelf Lessing (Th. 2–9, 13 und 14) und Johann Joachim Eschenburg (Th. 10–12), Th. 1–14, Berlin 1771–1793 (Seifert Nr. 1).

Sämmtliche Schriften, hg. von Karl Gotthelf Lessing (Th. 17, 18, 22–25, 28–30), Johann Joachim Eschenburg (Th. 15 und 16) und Friedrich Nicolai (Th. 26–27), Th. 1–31, Berlin 1793–1825 (Seifert Nr. 2). – Bei den Bänden 1–14 handelt es sich nach Seifert wahrscheinlich um einen Neudruck (Th. 1) bzw. unveränderten Druck (Th. 2–14) der *Vermischten Schriften*, wobei lediglich die veränderten Titelblätter vorgebunden wurden. Bei den Bänden 19, 20 und 21, die die Trauer- und Lustspiele bringen, wurden Exemplare der ersten Ausgabe und deren Neuauflagen verwendet. Band 31 enthält eine von Johann Friedrich Schink verfasste Biographie.

Die ersten Sammlungen des Nachlasses:
Theatralischer Nachlaß, hg. von Karl Gotthelf Lessing, Th. 1–2, Berlin 1784–1786 (Seifert Nr. 91). – *Theologischer Nachlaß*, hg. von Karl Gotthelf Lessing, Berlin 1784 (Seifert Nr. 92). – *Kollektaneen zur Literatur*, hg. und weiter ausgeführt von Johann Joachim Eschenburg, Bd. 1–2, Berlin 1790 (Seifert Nr. 96). – *Gotthold Ephraim Lessings Leben, nebst seinem noch übrigen litterarischen Nachlasse*, hg. von Karl Gotthelf Lessing, Th. 1–3, Berlin 1793–95 (Seifert Nr. 97. Im zweiten Band teilt Karl Gotthelf die philosophischen und theologischen Bruchstücke mit, der dritte Band, besorgt von Georg Gustav Fülleborn, bringt Lessings Nachlass zur deutschen Sprache, zur alten Literatur, zur Gelehrten- und Kunstgeschichte).

Diese von Lessings Zeitgenossen betreuten Ausgaben sind Rezeptionsdokumente. Wie Lessing getrost die eigenen Gedichte und Verse von Ramler korrigieren lässt, so verfährt auch Eschenburg mit dem Nachlass des Freundes; Karl Gotthelf, obgleich er nach dem Zeugnis Munckers sehr pietätvoll mit dem Werk des Verstorbenen umgeht, trifft doch eine Auswahl unter dessen Papieren und entscheidet, was überliefert werden soll und was nicht. Er ändert (die Schreibweise), ergänzt oder gruppiert um, wobei er sich auf den Willen seines Bruders berufen kann, der die Gesamtausgabe mit ihm noch vorbereitet hat. In dem Moment, in dem Lessing nicht mehr als zeitgenössischer Schriftsteller wahrgenommen wird und historisch zu werden beginnt, fordern die *Sämmtlichen Schriften* deshalb zur Textrevision auf.

Die wichtigsten Ausgaben des 19. und frühen 20. Jahrhunderts

Neben der Frage nach dem »authentischen« Text bildet die Frage nach der Werkauswahl ein spezifisches Problem. Dieses Problem erhellt besonders aus der Tatsache, dass die zwei »vollständigen« Ausgaben des 19. bzw. frühen 20. Jahrhunderts, diejenige von Lachmann/Muncker und diejenige von Petersen/Olshausen, bei Weitem nicht deckungsgleich sind, sondern einen unterschiedlichen Lessing präsentieren. Am offenkundigsten tritt der Unterschied bei den Übersetzungen zutage, die Lachmann und Muncker weitgehend ausklammern, Petersen und Olshausen aber in einem größeren Umfang berücksichtigen. Ein anderes Beispiel ist die Abbildung von Lessings Herausgebertätigkeit. Verkürzt man etwa die von Lessing redigierten Zeitschriften auf die »Originalbeiträge« (LM), bleibt das Profil dieser Zeitschriften (und damit der Wirkungswille Lessings) verdeckt. Die Fragen sind: Wie wird man der Vielseitigkeit Lessings gerecht? Wie weit soll der »gelehrte« Lessing zu Wort kommen? Wie kann man seine Herausgebertätigkeit transparent machen? Insbesondere in den Ausgaben nach 1945 wird der Zusammenhang zwischen Edition, Werkauswahl und Lessing-Bild thematisiert.

Sämmtliche Schriften. Neue rechtmäßige Ausgabe, hg. von Karl Lachmann, Bd. 1–13, Berlin 1838–1840 (Seifert Nr. 7). – Die erste historisch-kriti-sche Ausgabe, zugleich das Fundament für alle späteren Editionen. Muncker wird mit der dritten Auflage des Lachmannschen Werks die bis weit ins 20. Jahrhundert hinein maßgebliche Gesamtausgabe erstellen. Rilla (Seifert Nr. 68) charakterisiert Lachmanns Leistung wie folgt (Bd. 1, 10 f.): »Lachmanns Lessing-Ausgabe, erschienen knappe sechzig Jahre nach Lessings Tod, ist die erste wissenschaftliche Gesamtausgabe eines deutschen Klassikers; die erste, die auf philologisch-kritischen und historisch-kritischen Prinzipien aufbaut.«

Sämmtliche Schriften, hg. von Karl Lachmann, neu durchgesehen und vermehrt von Wendelin von Maltzahn, Bd. 1–12, Leipzig 1853–1857 (Seifert Nr. 11).

Werke, Th. 1–20, Berlin 1868–1879 (Seifert Nr. 15). – Es handelt sich um die sog. Hempelsche Ausgabe (nach dem Verlag Gustav Hempel). Für die einzelnen Bände zeichnen unterschiedliche Herausgeber. Bedeutsam ist diese Ausgabe, die mehrfach, auch in Teildrucken, wieder aufgelegt wurde (zuletzt 1902), aufgrund ihrer Anmerkungen und Kommentare. In diesem Umfang stellt sie die erste (allerdings nicht systematisch) kommentierte Edition dar – besondere Erwähnung verdienen die von Carl Christian Redlich besorgten Briefbände –; verzichtet wird dabei auf einen Lesarten-Apparat. Darüber hinaus bringt die Ausgabe (neben ebenfalls neu aufgenommenen Übersetzungsfragmenten dramatischer Literatur) eine umfangreiche Übersetzung Lessings, die *Ausschweifung von den theatralischen Vorstellungen der Alten* (1755; es handelt sich um die Übertragung des dritten Teils von Dubos' Schrift *Réflexions Critiques sur la Poësie et sur la Peinture*).

Werke, hg. von R[obert] Boxberger, T. 1–14, Berlin/Stuttgart 1883–1890. = Deutsche National-Litteratur, histor.-krit. Ausgabe, unter Mitwirkung von … hg. von Joseph Kürschner, Bd. 58–71 (Seifert Nr. 28), Nd. Tokyo/Tübingen 1974 (Kuhles Nr. 6). – Die Ausgabe bestätigt die für das 19. Jahrhundert charakteristische Wertschätzung Lessings als eines »Nationalautors«. Boxberger stellt jedem Band eine Einleitung in das Werk bzw. in den Werkzusammenhang voran, der Text ist von Anmerkungen begleitet, die jedoch zum Teil durch die neuere Forschung überholt sind.

Das Oeuvre soll möglichst vollständig präsentiert werden; auch Übersetzungen und Auszüge sind integriert (z. B. *Theatralische Bibliothek*).

Sämtliche Schriften, hg. von Karl Lachmann, 3., aufs neue durchgesehene und vermehrte Auflage, besorgt durch Franz Muncker, Bd. 1–23, Stuttgart, ab Bd. 12: Leipzig; ab Bd. 22: Berlin/Leipzig, 1886–1924, Nachdrucke: Bd. 1–23, Berlin 1968 (Seifert Nr. 34) und Berlin/New York 1979 (Kuhles Nr. 7). – Die immer noch unersetzte historisch-kritische Ausgabe, mit Lesarten-Apparat, aber ohne Kommentierung; ausgeschlossen sind die meisten Übersetzungen (s. S. 67). In der Vorrede zum ersten Band erläutert Muncker die Prinzipien der Edition. Zugrunde liegt die für das 19. Jahrhundert charakteristische Auffassung von der *einen* gültigen Textversion, die der Dichter intendiert habe, die Identifikation des »echten« mit dem »besten« Text. Vollständigkeit und Authentizität werden angestrebt; als derjenige Text, der dem Autorwillen am nächsten kommt, gilt der jeweils letzte autorisierte Druck (»Prinzip der letzten Hand«). Während die Hempelsche und die Kürschnersche Ausgabe Rechtschreibung und Interpunktion modernisieren, will Muncker »einen bis auf Komma und Punkt correcten und authentischen Text darbieten und zugleich den Fachmann [...] künftighin der Mühe überheben, daß er die alten [...] Manuscripte und Originalausgaben selbst vergleichen muß« (VI–VII). Im Variantenapparat sind ab dem 13. Band auch die Handschriften erfasst, soweit sie Muncker vorgelegen haben; die Bände 17–21 enthalten den Briefwechsel, der 22. Band bringt die Nachträge und Berichtigungen zu Band 1–21 und (im 2. Teilband) ein Verzeichnis der Drucke von Lessings Schriften 1747–1919. – Die historische Bedeutung der Lachmann-Munckerschen Ausgabe ist unbestritten, gleichwohl muss sie, was die Editionsprinzipien, die Textkonstitution und das Textcorpus anbelangt, als veraltet gelten (s. S. 66 f.).

Werke. Vollständige Ausgabe in 25 Teilen, hg. mit Einleitungen und Anmerkungen sowie einem Gesamtregister versehen von Julius Petersen und Waldemar von Olshausen in Verbindung mit Karl Borinski u. a., T. 1–25 [= Bd. 1–20] nebst Ergänzungsband 1–5, Berlin 1925–1935 (Seifert Nr. 60), Nd. Hildesheim/New York 1970. – Die Ausgabe bietet als erste der Werkausgaben den vollständigen Text von *Das Theater des Herrn Diderot* (nach der Ausgabe von 1781); ansonsten folgt sie in der Auswahl der Übersetzungen im großen und ganzen derjenigen von Lachmann/Muncker (s. Berthold 2010, 7). Jeder Teil bringt eine ausführliche Einleitung, zu Beginn der Anmerkungen (Ergänzungsbände 1–3 [= Bd. 21–23]) steht jeweils eine knappe Übersicht zur Druckgeschichte und Textkritik (ohne Variantenverzeichnis). Die Herausgeber bestimmen im Rückblick auf die Editionsgeschichte die Stellung und Funktion ihrer Ausgabe wie folgt: »Nachdem bereits in den Jahren 1791–94 Lessings Werke durch Bruder- und Freundeshand unter Hinzuziehung des Nachlasses in einer für jene Zeit ungewöhnlichen Vollständigkeit vorgelegt waren, brach Karl Lachmanns Ausgabe (1838–40) einer kritischen Behandlung der deutschen Klassikertexte die Bahn. Seine Arbeit konnte die Hempelsche Ausgabe (20 Teile 1868–79) teils benutzen, teils durch Erschließung neuen Materials erweitern; unter Verzicht auf philologischen Apparat machte sie sich zum erstenmal die Kommentierung zur Aufgabe, die freilich in den verschiedenen Teilen ungleich durchgeführt wurde. – Wie die Historisch-kritische Ausgabe Lachmanns durch Wendelin v. Maltzahn (1853–57) und durch Franz Muncker (1886–1924) in zweiter und dritter Auflage erneuert wurde, so war unsere Ausgabe, als im Jahr 1907 ihre Arbeit begann, dazu bestimmt, das Erbe der Hempelschen Ausgabe anzutreten, deren Grundsätze und Ergebnisse in der Zwischenzeit auch von anderen Herausgebern (Gosche und Boxberger in der Groteschen Ausgabe 1875 [vgl. Seifert Nr. 21], Boxberger und Blümner in der Kürschnerschen Nationalliteratur 1883–90) benutzt worden waren. [...] Nicht nur die in der Hempelschen Ausgabe noch fehlenden Einleitungen zu den poetischen Werken waren zu ergänzen [...]. So war schließlich auch die vollkommene Neugestaltung fast aller Einleitungen und Anmerkungen geboten« (Bd. 21, Anmerkungen zu Teil 1–7, 5). Orthographie und Interpunktion wurden modernisiert. Nicht aufgenommen ist der Briefwechsel.

Ausgaben nach 1945

Alle nach 1945 erschienenen Ausgaben sind Auswahlausgaben. Gleichwohl lässt sich unterscheiden zwischen Editionen, bei denen ein umfassender Querschnitt intendiert ist (diejenigen von Rilla, Göpfert, Barner), und solchen, die nur einen begrenzten Ausschnitt geben sollen (diejenigen von Wölfel oder Mann).

Gesammelte Werke, hg. von Paul Rilla, Bd. 1–10, Berlin 1954–58, 2. Auflage Berlin/Weimar 1968 (Seifert Nr. 68). – Die Textgestalt beruht auf dem Text der Lachmann/Munckerschen Ausgabe, wobei jedoch die Rechtschreibung modernisiert wurde. – Rilla unternimmt einen Gegenentwurf zu den Editionen des 19. Jahrhunderts. Er kritisiert insbesondere das Prinzip der Vollständigkeit. Die getroffene Auswahl soll zugleich repräsentativ in dem Sinne sein, dass sie ein ›gültiges‹ Lessing-Bild vermittelt, nämlich das Lessing-Bild der marxistischen Literaturwissenschaft. Die »Bedeutungsakzente« setzt Rilla »bei den Dramen der reifen Epoche«, unter den theoretischen Schriften bilden die »Literaturbriefe«, *Laokoon*, die *Hamburgische Dramaturgie* und die theologiekritischen Arbeiten den Kernbestand der Edition (*Vorbemerkungen des Herausgebers*, Bd. 1, 45). Der 9. Band bringt ausgewählte Briefe. – Wie mit der Werkauswahl, die zugleich eine Ganzheit sein soll, so intendiert Rilla auch mit der Kommentierung einen Neuansatz. Die Einleitungen zu den Werkgruppen werden ersetzt durch eine umfassende Darstellung des Lebenswerks vor dem Hintergrund des 18. Jahrhunderts (10. Band). Sacherläuterungen begleiten die Texte in Form von Fußnoten, knappe Anmerkungen informieren über die wichtigsten Daten zur Entstehung und Veröffentlichung und legen die Interpretationslinie fest.

Werke, hg. Kurt Wölfel, Bd. 1–3, Frankfurt a.M. 1967 (Seifert Nr. 79), weitere Auflagen 1972, 1978, 1982 (Kuhles Nr. 3). – Die Texte sind der Ausgabe von Petersen/Olshausen entnommen. – Unter den ›begrenzten‹ Auswahlausgaben, was die Kommentierung anbelangt, die wichtigste bzw. empfehlenswerteste. Jede der drei Werkgruppen (poetische Werke, Schriften zu Literatur und Kunst, philosophische und theologische Schriften) wird in einer Einleitung vorgestellt, die Anmerkungen zu den einzelnen Texten bringen Informationen zu Entstehung und Druck sowie Sacherklärungen. Neu treten Quellenangaben sowie der Einbezug von Dokumenten (Selbstaussa-

gen Lessings und zeitgenössische Zeugnisse) hinzu.

Werke in drei Bänden, nach den Ausgaben letzter Hand unter Hinzuziehung der Erstdrucke, Textrevision von Jost Perfahl, mit einer Einführung, Zeittafel und Anmerkungen von Otto Mann, Bd. 1–3, München 1969–1972 (Seifert Nr. 80 und Kuhles Nr. 4); 2. Auflage (Bd. 3) bzw. 3. Auflage (Bd. 1 und 2): Düsseldorf 1994 (Bd. 1) und 1995 (Bd. 2–3). – Der Text folgt den Ausgaben letzter Hand, die Orthographie wird modernisiert. – Die Ausgabe ist umfasender als die Wölfelsche, wobei dritte Band (*Vermischte Schriften*) als »Ergänzungsband« zum zweiten angelegt ist; beide Bände vereinigen Schriften zu Literatur, Kunst und Religion bzw. Philosophie.

Werke, in Zusammenarbeit mit Karl Eibl u. a. hg. von Herbert G. Göpfert, Bd. 1–8, München (auch Darmstadt) 1970–1979 (Kuhles Nr. 1). – Der Text beruht auf der Ausgabe von Lachmann/Muncker; die Orthographie wurde nur dann modernisiert, wenn kein Bedeutungsverlust entstand. – Das dichterische Werk wird, einschließlich des Nachlasses, vollständig geboten (Bd. 1–2), ausgeschlossen bleiben allerdings die Übersetzungen (mit Ausnahme der Plautus-Übersetzung, Bd. 3). Die Tendenz der Ausgabe ist nicht lediglich, das Lessingsche Werk möglichst vollständig vorzustellen, sondern auch, den Kontext zumindest anzudeuten. So ist der Verzicht auf die vielen Auszüge und Inhaltsreferate, die die Zeitschriften-Projekte Lessings prägen, dadurch kompensiert, dass Inhaltsverzeichnisse (z. B. zu den Nummern der *Theatralischen Bibliothek*) einen ersten Einblick in den originalen Zusammenhang ermöglichen. Des Weiteren nimmt Göpfert als erster Goezes Streitschriften gegen Lessing auf: »auf diese Weise wird Lessings großes Streitgespräch erst recht sichtbar. Und Lessings Anmerkungen zu den Aufsätzen des jungen Jerusalem etwa (ebenfalls in Band 8) kann man nur dann verstehen, wenn diese Aufsätze selbst vollständig mit abgedruckt werden« (*Zur vorliegenden Ausgabe*, Bd. 2, 792). Ausgebaut wird in den – ansonsten auf die Sachinformation beschränkten – Anmerkungen die Dokumentation. Den Dokumenten zur Entstehungsgeschichte folgen diejenigen zur Wirkungsgeschichte.

Werke in drei Bänden, aufgrund der in Zusammenarbeit mit Karl Eibl u. a. besorgten Werkausgabe in acht Bänden hg. von Herbert G. Göpfert, Bd. 1–3, München/Wien 1982 (Kuhles Nr. 12).

Werke und Briefe in 12 Bänden, hg. von Wilfried Barner zusammen mit Klaus Bohnen u. a., Frankfurt a. M. 1985–2003. – Sowohl das Munckersche Prinzip der Textkritik wird revidiert als auch die Aufgabe der Kommentierung neu angegangen. Die Ausgabe gliedert nach Schaffensperioden, dementsprechend liegen den Texten die Erstdrucke zugrunde. Die Orthographie ist zum Teil modernisiert. Nach der von Petersen und Olshausen besorgten »vollständigen« Ausgabe handelt es sich um die umfassendste Edition, was die Integration von Übersetzungen, Auszügen, des Nachlasses und der *Collectaneen* anbelangt, lediglich auf den Abdruck der – allerdings nicht zum »Werk« im engeren Sinn gehörenden – Gespräche über Spinoza wurde verzichtet. Der Kommentarteil bringt zunächst eine Einführung in den Werkzusammenhang, die Einzelkommentare sind vielfach untergliedert: Textkritik, Entstehungsgeschichte, Interpretation, Dokumente zur Entstehung, Dokumente zur Wirkung, Stellenkommentar. Was Wölfel und Göpfert begonnen hatten, die Erschließung des Kontextes, wird hier auf breiter Basis fortgeführt. Die drei Briefbände (Bd. 11/1–2; Bd. 12) bringen den kompletten Briefwechsel (mit Ausnahme der Amtsbriefe), wobei die Trennung in »Briefe von Lessing« und »Briefe an Lessing« aufgehoben ist. Das Gespräch, das Lessing mit seinen Korrespondenten führt, wird so unmittelbar lebendig. –

Eine neue historisch-kritische Gesamtausgabe gilt heute als eines der dringlichsten Desiderate der Lessing-Forschung (dazu und zum Folgenden Albrecht 2005, E. M. Bauer 2008, Guthke 1975 und 1981, Woesler 2002). Die gravierendsten Mängel der Edition von Lachmann/Muncker sind: die Fixierung auf die Ausgaben letzter Hand als Druckvorlage; der Umgang mit Handschriften, deren Varianten erst ab dem 13. Band mitgeteilt werden (Albrecht 2005, 320); Lesefehler, stillschweigende Eingriffe in den Text bis hin zu Kontaminationen von Textträgern, mangelnde Kennzeichnung fremder Zusätze; Unvollständigkeit und Undifferenziertheit der Variantenverzeichnisse; der Verzicht auf den Großteil der

Übersetzungen (s. u.); dazu kommen die Probleme der Briefedition, wo sich Munckers Verfahren zur Erschließung verschollener Briefe als unzulänglich erwiesen hat (Woesler 2001 und 2004/05 [2006], Albrecht 2003 [2004] und 2005, 320).

So lassen zum einen die neuen Erkenntnisse und Prinzipien der Editionswissenschaft – zur Textkonstitution, zur Bibliogenese (die für die verwickelten Druckprozesse im 18. Jahrhundert besonders wichtig ist; z. B. Boghardt 1975 zu *Minna von Barnhelm*; vgl. B 6, 801), zur Abbildung der Textgenese im Variantenapparat etc. – die fast hundert Jahre zurückliegende Ausgabe von Lachmann/Muncker als veraltet und unzulänglich erscheinen. Was die Festlegung der Druckvorlage für die Edition anbelangt, plädiert man heute für ein flexibles Verfahren, für eine Entscheidung von Werk zu Werk. In seinen späteren Jahren kümmerte sich Lessing zum Beispiel nicht mehr allzu intensiv um die Neuauflagen seiner Stücke, weshalb hier auf die Erstdrucke zurückzugreifen wäre (statt auf die »Ausgaben letzter Hand«); andererseits verwendete er große Sorgfalt auf die Anordnung der Lieder und Gedichte in den *Schrifften*, weshalb in diesem Fall die Entscheidung der Barnerschen Ausgabe für die zum Teil verstreut erschienenen Erstdrucke, um den Entstehungskontext sichtbar zu machen, erhebliche Nachteile mit sich bringt (optimal wäre ein Doppel-Abdruck gewesen. Zu den *Kleinigkeiten* liegt heute die vorzüglich kommentierte Faksimile-Ausgabe von Jochen Meyer vor). Darüber hinaus hat E. M. Bauer (2008) auf das Gewicht hingewiesen, das Lessing bis zuletzt auf die ästhetische Gestaltung seiner Bücher legte (gutes Papier, schöner Satzspiegel, Vignetten etc.) – auch diesen Aspekt müsste eine Edition darzustellen wissen.

Zum anderen haben mehrere Handschriftenfunde (Handschriften bereits gedruckter und bislang unbekannter Briefe Lessings, ein handschriftlicher dramatischer Entwurf [*Tonsine*: bereits in B integriert], die Druckvorlage zu *Emilia Galotti*; weitere Beispiele s. Woesler 2002, 12–15) das Textkorpus erweitert und die Ausgangslage für die Textkonstitution tiefgreifend verändert; darüber hinaus wären in einer Briefedition die Amtsbriefe Lessings, insbesondere aus seiner Zeit als Sekretär Tauentziens, abzudrucken (bislang hat sie nur LM aufgenommen; vgl. Milde

1981; Ciolek 2004). Die wieder aufgefundene Druckvorlage zu *Emilia Galotti* (Schultz 1949) ist in der Edition von Barner (u.a.) berücksichtigt (B 7, 829); E.M. Bauer hat eine historisch-kritische Ausgabe von *Emilia Galotti* besorgt (2004), die den gegenwärtigen editionsphilologischen und –wissenschaftlichen Standards entspricht; diese Edition bietet zudem die bislang umfassendste Sammlung von (zeitgenössischen) Wirkungszeugnissen (s. S. 402; was bei einer neuen historisch-kritischen *Nathan*-Ausgabe zu beachten wäre, legen Neiteler/Woesler 1999 [2000] dar).

Schließlich hat die Einsicht in den dialogischen Habitus von Lessings Werk entscheidenden Einfluss auf die Erweiterung des Textkorpus hinsichtlich der Übersetzungen und der herausgegebenen Schriften (z.B. der beiden Theaterzeitschriften; zum Sonderproblem der Rezensionen s. S. 118f.). Für Lachmann-Muncker stehen die Übersetzungen nicht gleichberechtigt neben den poetischen, kritischen und philosophischen Originalschriften (zum Folgenden s. Berthold 2010); Muncker gibt als Auswahlkriterium für die Übertragungen entweder deren literarisch-künstlerische Qualität oder einen besonderen Bezug zu Lessing, der sich in eigenen Anmerkungen dokumentiert, an (LM Bd. 1, VII); aufgenommen wurden Übersetzungen (oder Übersetzungsfragmente) von (kürzeren) Dramen (z.B. die Plautus-Übertragung: *Die Gefangnen*) oder kleinere Übersetzungsbeiträge Lessings zu den von ihm belieferten oder herausgegebenen Periodika; zudem bringt LM ein (nach dem damaligen Kenntnisstand) vollständiges Titelverzeichnis der Übersetzungen mit Entstehungsdatum. Der Vorgabe Lachmann-Munckers folgten im Wesentlichen die späteren Ausgaben, auch wenn sie im Einzelnen bedeutende Erweiterungen bieten (vgl. oben zur Hempelschen und zur Ausgabe von Petersen/

Ohlshausen). Heute dagegen wertet man die Übersetzungen als einen integralen und integrierenden Teil des Gesamtwerks, als »den poetischen und kritischen Schriften gleichberechtigte Textgattung« (Berthold 2010, 8). Diese gewandelte Auffassung prägt, so Berthold (ebd.), erstmals die Präsentation der Übersetzungen in der Barnerschen Ausgabe trotz der – verlagstechnisch bedingten – Kürzungen (z.B. Einbeziehung der Originale in den Apparat, umfängliche Auswahl, wiewohl meistens nur in Auszügen). Dem gravierenden Mangel einer fehlenden Gesamtausgabe von Lessings Übersetzungen hilft nun eine elektronische Edition ab, die seit 2008 unter Federführung der Lessing-Akademie gemeinsam mit der Herzog August Bibliothek erarbeitet und online gestellt wird (mit synoptischer Abbildung der Originale und Registerfunktionen: http://lessingportal.hab.de/index.php?id=142. – Zum Thema der Übersetzungen s. auch S. 239–241).

Literatur

Albrecht in Nutt-Kofoth/Plachta (Hgg.) 2005, 315–327 [Übersicht über die maßgeblichen Ausgaben]; Albrecht 2003 (2004) [neu erschlossene Briefe]; E.M. Bauer 2004 [hist.-krit. Ausg. von *Emilia Galotti*]; E.M. Bauer 2008 in Golz/Koltes [Hgg.], 130–143 [Lessings Arbeitsweise; Lessing als Herausgeber seiner Werke]; Berthold 2010 [Lessings Übersetzungen]; Ciolek 2004 [Amtsbriefe Lessings als Sekretär Tauentziens]; Guthke 1975 und Guthke in Göpfert (Hg.) 1981, 131–160 [Forschungsberichte]; Milde 1981 [Lessings Amtsbriefe als Sekretär Tauentziens]; Neiteler/Woesler 1999 (2000) [Aufgaben einer *Nathan*-Edition]; Schultz 1949 [Druckvorlage der *Emilia Galotti*]; Woesler in Werner M. Bauer/John/Wiesmüller (Hgg.) 2001, 75–94 [Aufgaben einer Neuedition des Briefwechsels]; Woesler/Schönberger in Neuhaus-Koch/Cepl-Kaufmann (Hgg.) 2002, 11–31 [Aufgaben einer historisch-kritischen Lessing-Edition]; Woesler 2004/05 (2006) [verlorene Briefe].

Jugendkomödien und Komödientheorie

Entstehung und Kontext

In der *Vorrede* zum dritten und vierten Teil der *Schrifften* (B 3, 153–157) schreibt Lessing rückblickend über seine frühe Liebe zur Komödie (157; vgl. B 1, 1152): »Meine Lust zum Theater war damals so groß, daß sich alles, was mir in den Kopf kam, in eine Komödie verwandelte.« Seinem Vater gesteht er, er habe »sehr große Lust«, »den Titel eines deutschen Molière« zu verdienen, der ihn »gewiß eines ewigen Namens versichert« sein ließe (Brief vom 29.4.1749; B 11/1, 24). Er fügt jedoch ein »aber« hinzu: »aber sein Umfang und meine Ohnmacht sind zwei Stücke die auch die größte Lust« ersticken können (ebd.). Gute Komödien zu schreiben, setzt für Lessing Kenntnisse von ungeheurem Umfang voraus: Er wirft sich in das Studium der gesamten europäischen Theatertradition von der Antike bis zur Gegenwart. Dabei ist sein Bühnenschaffen zugleich ein Akt der Rebellion. Die rechtgläubigen Eltern, welche die kirchlichen Vorurteile gegen das Theater teilen, machen ihm seine Leidenschaft zum Vorwurf und bezweifeln seine moralische Integrität; wie dramatisch die Auseinandersetzung war und wie tief sie ging, hat Nisbet aus den Dokumenten rekonstruiert (2008, 60–65).

Alle drei Momente – eine umfangreiche Komödienproduktion, das gelehrte Studium im Dienst von Theaterpraxis und Kulturpolitik sowie die Verarbeitung persönlicher Erfahrungen – machen diese Periode zu einer herausragenden Phase in Lessings Schaffen. Sechs ›Originalkomödien‹ sind vollendet: *Damon, oder die wahre Freundschaft. Ein Lustspiel in einem Aufzuge* (E 1747), *Der junge Gelehrte. Ein Lustspiel in drei Aufzügen* (E 1754, Uraufführung 1748), *Die alte Jungfer. Ein Lustspiel in drey Aufzügen* (E 1749), *Der Misogyne. Ein Lustspiel in einem Aufzuge* (E 1755), *Der Freigeist. Ein Lustspiel in fünf Aufzügen* (E 1755), *Die Juden. Ein Lustspiel in einem Aufzuge* (E 1754); dazu kommen zahlreiche Entwürfe. Lessing experimentiert mit den Formen der *Commedia dell'arte* und des Possenspiels, des ernsthaften rührenden Lustspiels und der satirischen Komödie, daneben macht er sich an Übersetzungen (Plautus: *Captivi*; dt.: *Die Gefangnen*,

erschienen 1750 im zweiten Stück der *Beyträge zur Historie und Aufnahme des Theaters*) und Bearbeitungen (Plautus: *Trinummus*; dt.: *Der Schatz*, erschienen 1755 im fünften Teil der *Schrifften*; zwei weitere Plautus-Bearbeitungen bleiben Fragment: *Weiber sind Weiber* nach *Stichus* und *Justin* nach dem *Pseudolus*). Er fängt eine Komödie in französischer Sprache an (*Palaion*), zu der er auch eine deutsche Version verfasst (*Vor diesen!*); ein Schäferspiel wird entworfen (*Die beiderseitige Überredung*) und sogar eine komische Oper, eine »Possenoper« (*Tarantula*) – die ersten Versuche im tragischen Fach nicht mitgerechnet. Parallel dazu liest und studiert Lessing (oder: will studieren) die dramatische Literatur der wichtigen europäischen Kulturnationen, der englischen, italienischen, spanischen, holländischen und natürlich französischen »Schaubühne« (vgl. B 1, 726). So ist er (zweitens) nicht nur produktiver Bühnenautor, sondern zugleich Gelehrter mit einem kulturpolitischen Programm. Er ruft zwei Theaterzeitschriften ins Leben, die *Beyträge zur Historie und Aufnahme des Theaters* (1749/50) und die *Theatralische Bibliothek* (1754–1758), die ein geradezu enzyklopädisches Wissen zur Verfügung stellen sollen, wobei jedoch das Ziel, Gottscheds Theaterreform weiterzuführen, die Auswahl und Blickrichtung bestimmt. Einen besonderen Akzent setzt das Interesse an der Schauspielkunst. Lessing, der stolz darauf ist, seinen *Jungen Gelehrten* mit der Neuberschen Truppe einstudiert haben zu können (B 1, 1052f.; vgl. Nisbet 2008, 73f.), begreift Theatertexte immer als Spielvorlagen für die Schauspieler, die sie verkörpern (s. Kap.: Bühnenpraxis).

Schließlich das dritte Moment: Lessing reproduziert die Komödientraditionen nicht lediglich, sondern entwickelt sie, von einem entschiedenen Wirkungswillen beseelt, weiter: Er macht die »wahre Komödie«, eine Synthese aus der satirischen und rührenden Form, zum Gefäß, um gesellschaftliche und philosophische Probleme, an denen er selbst Anteil nimmt, auf der Bühne zu verhandeln. Die frühen Komödien, in denen Lessing das, was er im Welttreiben erfährt, in Theater verwandelt, sind auch deshalb so bedeutsam und aufschlussreich, weil sie die für ihn charakteristische Beziehung zwischen Erleben und Literatur exemplarisch verdeutlichen. Auffallend ist die Intensität, mit der Lessing die eigene Person einbringt. In den Rechtfertigungsbriefen an das Elternhaus wendet er die traditionellen Versatzstücke der Theorie auf sich selbst an: »Ich lernte wahre und falsche Tugenden daraus [d. h. aus den Komödien] kennen, und die Laster eben so sehr wegen ihres lächerlichen [!] als wegen ihrer Schändlichkeit fliehen«, schreibt er an die Mutter (20.1.1749; B 11/1, 16), und weiter: »Doch bald hätte ich den vornehmsten Nutzen, den die Lustspiele bei mir gehabt haben, vergessen. Ich lernte mich selbst kennen, und seit der Zeit habe ich gewiß über niemanden mehr gelacht und gespottet als über mich selbst.« Die Themen seiner bedeutendsten frühen Komödien (*Der junge Gelehrte, Der Freigeist, Die Juden*) gewinnt Lessing, bei aller stofflichen Orientierung an literarischen Vorbildern, aus einschneidenden persönlichen Erfahrungen; dies garantiert den zunehmenden Realitätsgehalt, die zunehmende gesellschaftliche Relevanz seiner Komödien. So thematisiert *Der junge Gelehrte* den Gegensatz zwischen Buchgelehrtheit und Lebensweisheit, den er an sich selbst schmerzvoll erfährt. Wie er der Mutter schreibt: Die Bücher würden ihn »wohl gelehrt«, »aber nimmermehr zu einen [!] Menschen machen«, er habe die Bücher beiseite schieben und die Gesellschaft suchen müssen, um »leben zu lernen« (20.1.1749; B 11/1, 15 f.). In der Vorrede zum dritten und vierten Teil seiner *Schrifften* (1754) führt Lessing das einigermaßen Gelungene seines frühen Versuchs auf die »Wahl des Gegenstandes« zurück (B 3, 156; vgl. B 1, 1054): »Ein *junger Gelehrte*, war die einzige Art von Narren, die mir auch damals schon unmöglich unbekannt sein konnte.« Im *Freigeist* kommen die Anfeindungen, die seine Eltern ihm wegen seiner Freundschaft mit dem »Freigeist« Mylius machen (vgl. Nisbet 2008, 53, 61), zum Austrag, und *Die Juden* haben die Kontakte mit jüdischen Kreisen, die Freundschaft mit Gumpertz und Mendelssohn zum Hintergrund. Niemals jedoch wird eine subjektive Perspektive, gar ein subjektives Erleben, unmittelbar in den Komödien greifbar, vielmehr gehen die persönlichen Erfahrungen restlos in den literarischen Formen, der objektivierenden Analyse der Empfindungen und den philosophischen Reflexionen auf, wobei die Verflechtung mit den damals ge-

führten intellektuellen Debatten immer dichter wird. –

Um einen Einblick in die Vielfalt von Lessings Komödiendichtung zu gewähren, gehen wir zunächst auf die europäische Tradition ein, beleuchten sodann seine theoretischen Positionen, um schließlich vier Stücke vorzustellen: *Damon, oder die wahre Freundschaft* (Auseinandersetzung mit dem »rührenden Lustspiel«), *Der junge Gelehrte* (die satirische Komödie Lessings), *Der Freigeist* (Beispiel für Lessings Modell der »wahren Komödie«, zugleich Beispiel für die »philosophische Komödie«) und *Die Juden* (die Komödie als Instrument gesellschaftlicher Wirkung).

Komödienformen: Commedia dell'arte, satirische Komödie, sächsische Typenkomödie, rührendes Lustspiel

Große Wertschätzung hegt Lessing für die volkstümliche, mitunter anarchisch-respektlose *Commedia dell'arte*, deren Formenbestand er, wie Nisbet schreibt (2008, 69), »hemmungslos« ausbeutet. Die *Commedia dell'arte* ist die italienische Stegreifkomödie mit feststehenden Charaktermasken (Arlecchino, Brighella, Colombina, Pantalone, Tartaglia, der Dottore usw.). Ihr Ursprung liegt im 16. Jahrhundert. Zwei Einflüsse sind für ihre Entstehung besonders wichtig: die Karnevalsfeste und das Gelehrtentheater der Renaissance, die *Commedia erudita*. Von dieser übernimmt sie wesentliche formale Elemente (Typen und Spielmotive); die Karnevalsfeste dagegen prägen den Geist der *Commedia dell'arte* vor: die Mischung aus Vitalität und Artifizialität, aus Ausschweifung und Stilisierung. Konstitutiv ist die Tatsache, dass es sich (im Unterschied zum Gelehrtentheater) um Berufstheater handelt (»dell'arte«). Der Berufsschauspieler ist der Träger der *Commedia*, deren Faszinosum auf der Verbindung von spontanem Spiel und »artistischer Kunstanstrengung« beruht (Brauneck Bd. 1, 1993, 431). Die Truppen haben Spielvorlagen, in denen lediglich die – stereotypen – Handlungsabläufe knapp skizziert sind, die Ausschmückung und szenische Realisierung ist den Schauspielern überlassen, sie erst »schaffen« das Stück, auf ihre Geistesgegenwart und auf ihr komisches Talent kommt alles an. Nicht die Handlung ist wichtig, sondern die Entfaltung von Situationskomik und Wortwitz, possenhafte Szenen reihen sich aneinander. Im 17. Jahrhundert lassen sich italienische Schauspieltruppen in Paris nieder, wo sie das »Théâtre italien« gründen, die Pariser Form der *Commedia dell'arte*, »eine unterhaltsamere, weniger anspruchsvolle Alternative zum rhetorischen Theater des französischen Klassizismus« (Nisbet 2008, 67); Molière wird von ihren Vorstellungen beeinflusst. Ab 1694 sammelt Evaristo Gherardi, selbst ein gefeierter Harlekin-Darsteller, die Repertoirestücke dieses Pariser *Théâtre italien*, 1700 erscheint eine sechsbändige Ausgabe: *Le Théâtre italien de Gherardi, ou le recueil général de toutes les Comédies et Scènes Françoises jouées par les Comédiens Italien du Roy [...]*. In Deutschland, wo italienische Truppen seit dem Ende des 16. Jahrhunderts gastieren, setzt der heimische Hanswurst der Rezeption der *Commedia dell'arte* zunächst Hindernisse entgegen. Erst in den 20er Jahren des 18. Jahrhunderts erobert die italienische Burleske die deutschen Wanderbühnen, wobei das *Théâtre italien* des Evaristo Gherardi eine wichtige Vermittlungsfunktion einnimmt (vgl. Kap.: Bühnenpraxis).

Gottscheds Theaterreform und die literarische Komödie der 30er und 40er Jahre in Deutschland knüpfen dagegen an die Tradition der satirischen Komödie an, ebenfalls eine Typenkomödie, in deren Mittelpunkt eine Figur steht, die ein Fehlverhalten verkörpert. Diese Form geht bis in die Antike zurück; die *Charaktere* (Charakterskizzen) des Theophrast zum Beispiel (Lessing erwähnt ihn neben Plautus und Terenz als den dritten Autor, der während seiner Schulzeit »seine Welt« [B 3, 154] gebildet habe) gehören ebenso zu ihrer Ahnenreihe »wie die entsprechenden Figuren in der antiken Komödie, beispielsweise der Geizige in Plautus' *Aulularia*. Ähnliche Typen werden in verschiedenen Komödien Molières wie *L'Avare*, *Le Malade imaginaire* und *Le Misanthrope* satirisch behandelt« (Nisbet 2008, 69). Gottscheds theoretisches Programm bringt nun insofern eine Zuspitzung, als er auf die klare Erkennbarkeit der moralischen Absicht dringt. Er legt die Komödie darauf fest, dass sie eine »Moral«, einen »moralischen Satz« zu veranschaulichen habe, und verlangt deshalb weniger die Kunst komischer (oder satirischer) Charakterisierung als vielmehr die erzieherische Bloßstellung des »Lasters«, einer »allgemeinen Torheit« (*Critische Dichtkunst*, 3. Aufl. 1742, Teil 2, Kap. 11, §§ 13–16; BA 6/2, 348–351). Für die gleichzeitig entstehenden Komö-

dien, die Gottsched als vorbildhaft ansieht, hat sich (in der Literaturwissenschaft) die Bezeichnung »sächsische Typenkomödie« eingebürgert. Die Bühnenhandlung besteht zumeist in einer Intrige, in der die Figuren zum Schein auf den »Lasterhaften« eingehen, um desto effektvoller den Irrtum, in dem er befangen ist, aufzudecken und der Lächerlichkeit preiszugeben. Im Titel der Stücke wird bereits häufig der ›Fehler‹ genannt, um dessen Entlarvung sich die dramatische Handlung dreht: *Der Hypochondrist* (Quistorp, 1745), *Die Betschwester* (Gellert, 1745), *Der geschäftige Müßiggänger* (J.E. Schlegel, 1743); auch viele Titel von Lessings Komödien suggerieren dieses Schema: *Der junge Gelehrte*, *Der Misogyne*, *Der Leichtgläubige* (Fragment), *Der Freigeist*, *Die Juden*. Neuere Studien zu den satirischen Komödien der Frühaufklärung (bes.: Lukas 2005) haben dabei gezeigt, dass deren Struktur und Semantik keinesfalls bruchlos die Gottschedsche Theorie umsetzen, sondern von vielfältigen sozialen und diskursiven Kräften gespeist werden; Nisbet (2008, 70 f.) wiederum verweist auf die von den Defiziten des Schemas erzwungene Tendenz, den Figuren mehr Glaubwürdigkeit und Realitätsnähe zu verleihen.

Schließlich dringt seit den 40er Jahren eine dritte Komödienform nach Deutschland, die, ähnlich wie das »bürgerliche Trauerspiel«, den etablierten Kanon der Gattungen sprengt, den mentalen Bedürfnissen des Bürgertums jedoch entgegenkommt: das rührende Lustspiel. Zunächst prägt sich die neue Form in England (Komödien mit empfindsamer Tendenz von Richard Steele) und Frankreich aus. Die wichtigsten französischen Vertreter der »rührenden Komödie« sind Philippe Néricault Destouches, Nivelle de La Chaussée und Françoise de Graffigny; Pierre de Marivaux gilt als Wegbereiter, da er eine Differenzierung der Charaktere anstrebte. Mit den Stücken La Chaussées (*Mélanide*, 1741) und Graffignys (*Cénie*, 1751; im 20. Stück der *Hamburgischen Dramaturgie* nennt Lessing das Drama »vortrefflich« [B 6, 279]) erreicht die neue Form ihren Höhepunkt. Die Komödie dient nicht mehr dazu, menschliche Schwächen lächerlich zu machen, sondern tugendhafte (bürgerliche und adelige) Personen treten auf, die durch ernsthafte Konflikte gefährdet sind, »Rührung« ist das Wirkungsziel. Die Mischform ist in Frankreich nicht unumstritten, die Bezeichnung »Comédie larmoyante« (»weinerliche Komödie«) geht auf eine kritische Äußerung Voltaires zurück (Vorrede [1738] zu *L'Enfant prodigue*, nach Daunicht 1963, 14 f.) und hat zunächst verspottenden Klang. – In Deutschland macht vor allem Gellert den neuen Dramentypus heimisch (*Das Loos in der Lotterie*, 1746; *Die zärtlichen Schwestern*, 1747).

Gellerts Rührstücke sind aus heutiger Sicht befremdlich anmutende Seelengemälde. Das Menschenbild ist bestimmt von der *moral sense*-Theorie (Shaftesbury, Hutcheson) und der Lehre von den tugendhaften Empfindungen. Die Figuren genießen das Gefühl ihrer Tugend (die zum tugendhaften Gefühl mutiert) und tragen es mit großer Beredsamkeit zur Schau. Charakteristischerweise handelt es sich meist um Tugendheldinnen. Sie demonstrieren die Doktrin der »zärtlichen Liebe« und der Selbstlosigkeit. Im Konzept der »zärtlichen« oder »vernünftigen Liebe« werden sinnliche Regungen domestiziert, indem sie nur als ›Nebeneffekte‹ der Bewunderung für die Tugend des Geliebten zugelassen werden (vgl. dazu Schönborn 2000); in der auf der Bühne vorgeführten Selbstlosigkeit wiederum wird einerseits die Macht der Eigenliebe schlichtweg negiert, andererseits erscheinen, ohne dass dies durchschaut würde, die Demut und Opferbereitschaft als eine sehr feine Form des Egoismus, da ihrer Bekundung die gesellschaftliche Wertschätzung und Belohnung stets sicher sind (zum mentalen Profil der empfindsamen Komödie vgl. Rentschler 1979; Lukas 2005 [mit weiterführenden Literaturangaben]).

Lessings Konzept der »wahren Komödie«. Plautus-Abhandlungen und Abhandlungen zum »rührenden Lustspiel«. Verhältnis zur *Commedia dell'arte*

Die Bestimmungen des jungen Lessing zur Komödie scheinen über die Gottschedschen Formeln nicht hinauszugehen – wie ja auch sein eigenes Programm zur »Aufnahme« (d. h. Förderung) des Theaters an das Reformprojekt Gottscheds, das er in der Vorrede zu den *Beyträgen* noch ausdrücklich mit Lob bedenkt (B 1, 731), anknüpft. Das Tugend-Laster-Schema ist präsent. Die Absicht des Lustspiels, schreibt Lessing in

dem *Beschluß der Critik über die Gefangnen des Plautus* (B 1, 877), sei es, die »Sitten der Zuschauer zu bilden und zu bessern. Die Mittel die sie [!] dazu anwendet, sind, daß sie das Laster verhaßt, und die Tugend liebenswürdig vorstellet.« Nachdruck werde der moralisierenden Sympathielenkung dadurch verliehen, dass in der Komödie »das Laster allezeit unglücklich und die Tugend am Ende glücklich« dargestellt werde. Als »Nachahmung einer lasterhaften Handlung, die durch ihr lächerliches Wesen den Zuschauer belustigen, aber auch zugleich erbauen kann«, definiert Gottsched in der *Critischen Dichtkunst* die Komödie (3. Aufl. 1742, Teil 2, Kap. 11, § 13; BA 6/2, 348), und in seiner Zeitschrift *Die vernünftigen Tadlerinnen* heißt es weiter: »Die Tugend muß stets als belohnt, das Laster als bestraft vorgestellet werden« (nach Durzak 1970b, 14). Wie Gottsched deutet Lessing zunächst (1750) eine ablehnende Haltung dem »rührenden Lustspiel« gegenüber an, wenn er von dem »itzt einreißenden verkehrten Geschmack in den Lustspielen« spricht (B 1, 767).

Und doch trügt der Schein der Gottsched-Nähe. Kein zweiter Gottsched, sondern ein deutscher Molière will der junge Lessing werden (vgl. den Brief an den Vater vom 29.4.1749; B 11/1, 24); und an Molière hatte Gottsched viel auszusetzen. Er habe der possenhaften Komik des italienischen Theaters einen zu großen Einfluss gewährt und das Lächerliche nicht genau genug mit dem Verächtlichen (»Lasterhaften«) verbunden; das Lachen, das Molières Komödien erregten, sei nicht immer ein vernünftiges Lachen, es sei moralisch verdächtig.

Nun hat Molière selbst in dem Vorwort zu *Tartuffe* den Kurs seiner Komödie als Satire auf die Fehler der Menschen bestimmt. Es sei die »Aufgabe der Komödie«, die »Laster« zu »bessern«, und dies gelinge ihr, indem sie sie der »Lächerlichkeit« überführe: »Gemein sein, das nimmt man wohl hin, lächerlich sein auf keinen Fall.« (*Préface* [1669]; übers. Köhler 1986, 9). Wenn Lessing die Standardformeln der Theorie anbringt, dann zumeist in einem Kontext, der eher an Molière als an Gottsched erinnert. Molière verteidigt seinen *Tartuffe*, die Satire auf heuchlerische Frömmigkeit, gegen die Anfeindungen der Geistlichkeit, und Lessing verteidigt seine Vorliebe für die Komödie gegen die Theaterfeindlichkeit der Kirche, insbesondere seines eigenen Vaters. Die traditionellen Argumente erhalten einen autoritätskritischen Klang: »Ein Comoedienschreiber ist ein Mensch der die Laster auf ihrer lächerlichen Seite schildert. Darf denn ein Christ über die Laster nicht lachen? Verdienen die Laster so viel Hochachtung?« (Brief an den Vater vom 28.4.1749; B 11/1, 24). In der Plautus-Abhandlung führt er einen gewagten Vergleich zwischen dem Erziehungspotential der Komödie und der Bibel durch. Während die Strafpädagogik der christlichen Glaubenslehre (oft) nur »Furcht« vor den üblen Folgen des Lasters erwecke, mobilisiere das Lachen die Selbstkräfte (B 1, 749): »Wer aber das Laster verlacht, der verachtet es zugleich, und beweiset, daß er lebendig überzeugt ist, Gott habe es nicht etwa aus einem despotischen Willen zu vermeiden befohlen, sondern daß uns unser eignes Wohl, unsre eigne Ehre es zu fliehen gebiete.« Statt Sündenangst und Duckmäuserei fördere die Satire der Komödie eine freie und souveräne Haltung. (Die Schlusszeilen der Fabel *Die Füchse und die Bäre*, die das gleiche Argument veranschaulicht, stellen den Bezug zu *Tartuffe* explizit her [B 1, 64]).

Der Souveränität des (selbst-)kritischen Lachens entspricht Lessings Suche nach einem integrativen Komödienmodell. Von Anfang an sind seine Bestrebungen darauf gerichtet, ein Konzept der »wahren Komödie« zu entwickeln, das neben der – von Gottsched präferierten – satirischen Form auch diejenigen Formen fruchtbar macht, die dieser als unvereinbar mit seiner Idee eines ›gereinigten‹ und regelmäßigen Theaters ausschließt: die volkstümliche Komik der *Commedia dell' arte* und das zu Tränen Rührende der empfindsamen Komödie. Auf Horizonterweiterung drängt Lessing bereits mit dem Programm, das er in der Vorrede zu den *Beyträgen* vorstellt. Das Theater fast aller europäischen Völker und Nationen will er bekannt machen; er rügt die einseitige Orientierung an Frankreich und empfiehlt stattdessen die englische Schaubühne, die als unregelmäßig galt; sie komme dem »Naturelle« der Deutschen mehr entgegen (B 1, 729). Vollends zum Gegenentwurf gegen Gottscheds Unternehmungen werden Lessings beide Theaterzeitschriften durch das Lob des Plautus und die Rehabilitation des italienischen Theaters. In der Vorrede zur *Theatralischen Bibliothek* (1754) verteidigt Lessing die italiänische Bühne gegen die

von Mylius vorgebrachten Vorurteile, die diejenigen Gottscheds wiederholen; das vierte Heft (datiert auf 1758) enthält dann die »Entwürfe ungedruckter Lustspiele des italiänischen Theaters« (Übersetzungen aus dem *Dictionnaire des Théâtres de Paris* [1756]; vgl. B 4, 878) – Lessing versorgt die deutschen Autoren mit genau denjenigen Plotmustern von »Liebesstreiche[n]«, die Gottsched als trivial, »abgedroschen« und unsinnig aussortiert wissen wollte (*Critische Dichtkunst*, 3. Aufl. 1742, Teil 2, Kap. 11, § 16; BA 6/2, 351). In den *Beyträgen* stellt Lessing ein umfassendes Plautus-Projekt vor, die Übersetzung sämtlicher Komödien wird versprochen (B 1, 767). Fertig wurden die *Abhandlung von dem Leben, und den Werken des Marcus Accius Plautus*, die Übersetzung der *Captivi*, eine in Contra und Pro gegliederte *Critik über die Gefangnen des Plautus* (dazu Stenzel in B 1, 1336 und Korzeniewski 2003, 183–185) und die Plautus-Bearbeitung *Der Schatz* (nach *Trinummus*; s.o. S. 68). Dem römischen Dichter aber wirft Gottsched gleichfalls die allzu große Nähe zum Niedrig-Komischen vor, eine Lust am sittlich Zweideutigen, am Derben und Obszönen, die er als Bedrohung seiner aufklärerisch-didaktischen Absichten empfindet. Auch der Anonymus, dessen kritischen Leserbrief Lessing einrückt, sowie ein Rezensent der *Gefangnen* rügen an Plautus, er erreiche das »lustige Comische« »zu oft mit niedrigen Reden und mit Uebertreibung aller Dinge« (B 1, Nr. 8, 1342; zur zeitgenössischen Einschätzung des Plautus und deren gelehrter Tradition vgl. Korzeniewski 2003, 180–183).

Wenn Lessing solchen Verdächtigungen zum Trotz Plautus-Stücke zum Muster der »wahren Komödie« erhebt, bedeutet das nun keineswegs die Lossagung von dem aufklärerischen Anspruch, dass das Theater die Zuschauer bilden und bessern solle. Die Scherzreden und witzigen Einfälle, die Wortspiele und alles ›nur‹ Lustige (statt Lächerliche) bleiben eingebunden in das Konzept einer moralisch wirksamen Komödie. Das Entscheidende liegt in der Leistung der Integration: In einigen seiner Komödien, so Lessing, gelinge es Plautus, das Freizügige und Scherzhafte mit dem satirisch Lächerlichen und dem Rührenden, das Tränen auspresst (B 1, 877f.), zu verbinden. Dass alle drei Momente in *einem* Stück zugleich auftreten, integriert sind, dass aus der aufklärerischen Wirkung keines der drei Momente ausgeschlossen ist, ist für Lessing die Errungenschaft des Plautus. Während er in dem *Beschluß der Critik über die Gefangnen* noch den Akzent auf die erhabenen Gesinnungen legt (B 1, 877 f.), um den Vorwurf der nicht funktionalen Komik zu entkräften, entwirft er in seiner Stellungnahme zu den *Abhandlungen von dem weinerlichen oder rührenden Lustspiele* (*Theatralische Bibliothek*, erstes Heft [1754]; B 3, 277–281) einen Typenkreis, der die integrativen Aspekte stärker betont, wobei er erneut auf Plautus als den Meister der »wahren Komödie« verweist (B 3, 278).

Lessing folgt in dieser Veröffentlichung einer für ihn charakteristischen Strategie: Er stellt (als Herausgeber und Übersetzer) zunächst je eine Kritik und eine Verteidigung der neuen Form des Rührstücks einander gegenüber: Chassirons *Reflexions sur le Comique-larmoyant* (1749; dt.: *Betrachtungen über das weinerlich Komische*) und Gellerts Leipziger Antrittsvorlesung *Pro comoedia commovente* (1751; dt.: *Abhandlung für das rührende Lustspiel*). In seiner eigenen Positionsbestimmung, dem Entwurf eines Typenkreises, lässt er dann beide Standpunkte hinter sich. Die wahre Komödie, so seine Argumentation, vereinige das Lachen und die Rührung, stelle Edles und Ungereimtes vor, vermenge die Klugen und die Toren und komme so »ihrem Originale, dem menschlichen Leben, am nächsten« (B 3, 279). Verselbständige sich der eine Pol, biete die Komödie nichts als »Laster und Ungereimtheiten«, die nur mit solchen »Zügen« geschildert seien, welche »zum Lachen bewegen, es mag dieses Lachen nun ein nützliches oder ein sinnloses Lachen sein« (B 3, 279), erhalte man das Possenspiel (*cum grano salis* das deutsche Äquivalent zur *Commedia dell'arte*); verselbständige sich die Rührung, gelange man zur neuen Form der »weinerlichen Komödie«, in der nur tugendhafte Personen mit ernsthaften Gesinnungen auftreten. Diese Formen werden nun, entgegen dem Urteil der »strengen Kunstrichter« (B 3, 279), nicht als regelwidrig verbannt, sondern als Sonderformen betrachtet; wo Gottsched Verbotsschilder aufrichtet, sieht Lessing Abweichungen, die aus gewissen »Blickpunkten« und Perspektiven, für gewisse Bedürfnisse ihre Berechtigung besitzen können. Lessing (B 3, 280): »Der Pöbel wird ewig der Beschützer der Possenspiele bleiben, und unter Leuten von Stande wird es immer gezwungne Zärtlinge geben, die den Ruhm empfindlicher

Seelen auch da zu behaupten suchen, wo andre ehrliche Leute gähnen. Die wahre Komödie allein ist für das Volk, und allein fähig einen allgemeinen Nutzen zu stiften.«

In der »wahren Komödie« wechseln Lachen und Rührung ab, sie verbindet also Extreme. Die Gattungsbestimmung führt zum einen zur Verabschiedung der Doktrin des »moralischen Satzes«, zum anderen zur Verabschiedung der Typenfiguren (dazu und zum Folgenden s. Kornbacher-Meyer 2003, 26–66 und 125 ff.). Lessing verlangt vom Komödiendichter, dass er die plötzlichen Umschläge vom Satirischen zum Rührenden vermeide (B 3, 278): »Freilich muß der Dichter gewisse Staffeln, gewisse Schattierungen beobachten, und unsre Empfindungen niemals einen Sprung tun lassen. Von einem Äußersten plötzlich auf das andre gerissen werden, ist ganz etwas anders, als von einem Äußersten allmählig zu dem andern gelangen.« Das bedeutet aber, dass der Zweck der Handlung nicht in der Veranschaulichung einer »allgemeinen Moral« liegt, sondern daß sie belehrend wird durch eine schlüssige Motivation, die lächerliche Ungereimtheiten und rührende Verhaltensweisen kontinuierlich auseinander hervorgehen lässt. Dies wiederum erfordert eine Differenzierung der Charaktere, die komplex genug sein müssen, um als Träger einer solchermaßen motivierten Handlung gelten zu können. Die »Fehler« und die Gegenwirkung edler Gesinnungen müssen vom Wesen der Figur her begründet sein. (Zur Kritik an der Doktrin des »moralischen Satzes« vgl. die Lessing zugeschriebene Rezension aus dem Jahr 1753: B 2, 521. Die klare Formulierung der Konsequenz, dass ein und dieselbe Figur zugleich lächerlich und rührend sein müsse, findet sich allerdings erst in der *Hamburgischen Dramaturgie*, 28. St.; B 6, 322f).

Eine Reaktionsweise schließt dabei, Lessing zufolge, die »wahre Komödie« aus – auch dies eine Konsequenz der Motivation, die zwischen den Gegensätzen einen Zusammenhang aufdeckt: Das Verlachen der Laster *der anderen* und den Genuss der *eigenen* Tugend. Sächsische Typenkomödie und rührendes Lustspiel stehen beide in der Gefahr, den Zuschauer in seiner Tugendsicherheit zu bestärken und damit den Zweck der Komödie zu verfehlen. Lessings Kommentar schließt denn auch mit einer sehr skeptischen Bemerkung: Das rührende Lustspiel schmeichle der Eigenliebe und nähre den Stolz, und der Zuschauer »bekömmt von den guten Eigenschaften weiter nichts, als die Einbildung, daß er sie schon besitze« (B 3, 281).

Der Bezug zur Commedia dell'arte. Lessing hat das ›nur‹ Komische der *Commedia* und des Possenspiels nicht zur Ehre der theoretischen Reflexion erhoben. Doch als Bühnenautor und Theaterpraktiker interessiert er sich lebhaft dafür; er hat ihm größeren Raum zugestanden, als es die Entwicklung zur Realitätsnähe seiner späteren Komödien vermuten lässt (vgl. Hinck 1965). Er notiert »comische Einfälle und Züge«, die er zu einem großen Teil dem *Théâtre italien* des Gherardi (s. o. S. 70) entnimmt (B 1, 133–137). Es sind keine handlungstragenden Elemente, die er festhält, sondern »lustige Sentenzen und witzige Wortwechsel, vor allem solche, die, ganz nach dem Vorbild des Plautus, mit lächerlichen Umständlichkeiten den Fortgang der Handlung verzögern und damit nebenbei auch helfen, die oft dürftige dramatische Materie amüsierlich zu strecken« (Stenzel in B 1, 1049). Lach (2004, 111–148) sieht in ihnen so etwas wie eine Urzelle, ein »Grundmuster« (121) der Lessingschen Komödie: Situationen, deren zweckfreie Komik sich aus der Kontrastierung der Figuren und ihrem pointierten, dabei ziellosen Aneinander-Vorbeireden entfalte. Dass Lessing im vierten Stück der *Theatralischen Bibliothek* weitere, bei Gherardi noch nicht gedruckte Spielvorlagen sammelt, um, wie er selbst sagt, »ein Magazin für unsere komische Dichter anzulegen« (B 4, 180), haben wir bereits erwähnt. Er bewundert Goldoni (vgl. den Brief an Mendelssohn, 8.12.1755), den italienischen Komödiendichter des 18. Jahrhunderts, der die Tradition der *Commedia dell'arte* weiterentwickelt, und plant eine Goldoni-Ausgabe. Manche seiner frühen Versuche, die oft leider Fragment geblieben sind, stehen nicht nur im Blick auf vereinzelte Kunstgriffe und eingestreute Szenen (»Einfälle« und ›Züge‹) der *Commedia dell'arte* nahe, sondern von ihrer inneren Struktur her. So ist *Die alte Jungfer* eine Posse ganz in dieser Tradition (neben dem *Damon* die zweite Komödie, von der Lessing sich später distanzierte; vgl. 16. »Literaturbrief«). In ihr geht es um Geld und Sex; Walter Hinck (1965) charakterisiert sie wie folgt: »Kein anderes deutsches Lustspiel des 18. Jahrhunderts hat sich mit derselben unerbittlichen, ja

übersteigernden Konsequenz jenen Standpunkt völligen moralischen Desinteressements zu eigen gemacht […]. Nicht eine der Personen dieses Lustspiels erhebt Anspruch auf ein sympathisches Interesse des Zuschauers. […] Keinerlei Versuch zu einer ideellen Sinngebung ist unternommen. […] Der Sinn des Lustspiels erfüllt sich im Hier und Jetzt des szenischen Augenblicks« (268; Analyse und Literaturhinweise bei Kornbacher-Meyer 2003, 162–175).

Die Sprengkraft der burlesken Komik beruht darin, dass in ihr Sinnlichkeit und sexuelles Begehren sich artikulieren. Lessing verteidigt die angeblich ›unkeuschen‹ und anstößigen Scherze des Plautus, indem er sie mit der heuchlerischen Schamhaftigkeit und Koketterie der modernen Zeiten vergleicht, die weit mehr vom »Laster« zeugten und zu ihm verführten als das unverstellt Obszöne (B 1, 860). Die niedrigen Charaktere des Plautus, deren grob sinnliches Gebaren den »Sitten« im alten Rom entsprochen habe, zeigten die unverfälschte »Natur«, während die »neuern Dichter« »in allen Kleinigkeiten so viel Geistiges« anbrächten, »daß sie das Körperliche ihres Gedichts gar darüber aus der Acht« ließen (B 1, 870). Vor allem die Dienerfiguren in Lessings frühen Komödien vertreten diesen Aspekt des Komischen. Sie lassen mehr oder weniger unverhohlen sexuelle Wünsche durchblicken (Anton und Lisette im *Jungen Gelehrten*; Lisette im *Damon*) und betonen das »Körperliche« der Liebe. In der – Fragment gebliebenen – Plautus-Bearbeitung *Weiber sind Weiber* (B 1, 518–539) wollte Lessing – vielleicht – eine »wahre Komödie« schaffen, die das Lächerliche und Rührende mit dem sinnlich-»sinnlosen« Lachen der Posse verbindet. Offenkundig sollte die Handlung sich aus der gegensätzlichen Gemütsart der Schwestern Laura und Hilaria entwickeln: Die eine, Hilaria, ist ganz »Leichtsinn«, die andere, Laura, ganz »Betrübnis« (B 1, 526) – Lachen und Weinen nebeneinander. Darüber hinaus lässt das Fragment keine moralisierende Tendenz erkennen. Lessing scheint ein Stück über die Kraft der außermoralischen Liebe geplant zu haben – eine Komödie über den Satz, dass Liebe keine Gründe annimmt. In diese Richtung geht die Mutmaßung des Bruders Karl. Er schreibt über den Entwurf (nach B 1, 1226): »Vielleicht wollte er ein Beyspiel liefern, daß Zärtlichkeit gegen den Mann von gar keinen moralischen Umständen, sondern blos von dem physikalischen Temperamente abhängt, und so unerklärlich als Sympathie ist.« Stenzel weist diese Vermutung von der Hand. Doch genau so, wie der Bruder sie charakterisiert, als unerklärliche Sympathie, gestaltet Lessing die Wirkungsweise der Liebe im *Freigeist* (Theophan: »Das Herz nimmt keine Gründe an« – V, 3; B 1, 434), sogar in *Miß Sara Sampson*, dem empfindsamen Trauerspiel.

Für die Analysen der vier Jugendkomödien Lessings ergeben sich vier Richtlinien: die Integration der Komödienformen (*Damon*), die Auflösung des Typenschemas der satirischen Komödie mittels der Kunst der Motivation und Differenzierung der Charaktere (*Der Freigeist*), die Verdichtung der Bezüge zum Erfahrungshintergrund und zu aktuellen Debatten (*Der junge Gelehrte*, *Der Freigeist*, *Die Juden*) und die kritische Auseinandersetzung mit der empfindsamen Konzeption von Liebe und Freundschaft, in der Sexualität und alle egoistischen Impulse totgeschwiegen werden (*Der junge Gelehrte*, *Damon*, *Der Freigeist*).

Forschung zu den Jugendkomödien

Zwei Perspektiven werden in der Forschung im Wesentlichen verfolgt: die Einordnung von Lessings Jugendkomödien in die Lustspieltradition und, was den *Jungen Gelehrten*, den *Freigeist* und *Die Juden* anbelangt, die gedankliche Zuordnung zu den philosophisch-politischen Themen der Aufklärung (Verabschiedung eines obsoleten Gelehrtenideals, Vorbereitung der Humanitätsidee, Toleranzforderung und bürgerliche Emanzipation der Juden); für diese Stücke hat man die Bezeichnung »Problemkomödie« und »philosophische Komödie« geprägt (Hoensbroech 1976, Bohnen 1980).

Hinck (1965) deckt in seinem Standardwerk zum Lustspiel des 17. und 18. Jahrhunderts die Reichweite des Einflusses auf, den die italienische *Commedia dell'arte* (bzw. das *Théâtre italien*) auf die Entwicklung in Deutschland ausübt. Als ambivalent sieht er Lessings Verhältnis zum italienischen Theater. Sein Sinn für Komik und sein Gespür für Bühnenwirksamkeit hätten ihn einerseits zu ihm hingezogen. Andererseits gerate er mit seinen intellektuellen Interessen mehr und

mehr in Widerspruch zu den Gesetzen der *Commedia dell'arte*, insbesondere zu dem Prinzip der Typisierung. In seinen Problemkomödien überfordere er die Form. Dennoch bewahre gerade die Orientierung an dieser Komödienform Lessing davor, abstrakte Thesenstücke zu schreiben.

Wenn Hinck das Weiterwirken der italienischen Lustspieltradition betont, lockert er den Zusammenhang zwischen Lessings Anfängen und Gottscheds Theaterreform. Dagegen deutet Lappert (1968) die Jugendkomödie Lessings ganz von der Komödie der Aufklärung, der sächsischen Typenkomödie, her. Das Verdienst seiner Studie beruht darin, dass er deren Aufbau von Christian Wolffs Philosophie her erschließt. Er vermag plausibel zu machen, dass für die Figurenführung und den Handlungsaufbau Wolffs Seelenlehre prägend geworden ist. Die Unterordnung des Wollens unter das Erkennen ist ihm zufolge das konstitutive Element. Die Laster und Fehler, die dem lächerlichen Verhalten der Hauptfiguren zugrunde lägen, flössen alle aus einem Irrtum, einer Trübung der Erkenntnis. ›Aufklärung‹ im wörtlichen Sinn sei der Kern der Handlung. Die Intrige ziele auf Korrektur des Irrtums, der Verstand der Figuren werde gebessert. Die gewonnene Einsicht bringe die Läuterung des Willens mit sich; der Lasterhafte sei von seinem Fehler geheilt. In Lessings »ernsten« Komödien entdeckt Lappert eine Spannung zwischen dieser Struktur und der Vertiefung der Charakteranalyse, die das Tugend-Laster-Schema unterlaufe.

Gegenüber der Überbewertung des rationalistischen Elements macht Paul Böckmann (1932–33 und 1949/²1965, 530 ff.) auf die Synthese von Herz und Verstand aufmerksam, die in Lessings Komödien intendiert werde. Mit der Betonung des »Herzens« rücke Lessing von der Dichtung der Aufklärung ab, die ganz verstandesorientiert sei und dem »Formprinzip des Witzes« gehorche (Distanz, Wortspiel, Beherrschung der Handlung durch den »Einfall«). Das neue ›empfindsame‹ Moment trete besonders deutlich im *Freigeist* hervor, wo die Liebe über Kreuz zum Handlungssymbol für das Zusammenfinden von »Kopf« (Adrast; Henriette) und »Herz« (Juliane; Theophan) werde.

Neuere Studien lösen sich von der Fixierung auf die »Problemkomödien« und stellen die Vielfalt von Lessings früher Komödiendichtung heraus, die, wie Kornbacher-Meyer (2003, 163) betont, »weniger als ein kontinuierliches Fortschreiten denn als ein Aufgreifen, Experimentieren und Modifizieren vorgefundener Möglichkeiten im weiten Feld der europäischen Lustspieltradition zu werten ist.« Roman Lach (2004, 111–148) entdeckt Marivaux als Inspirationsquelle für Lessing; er konturiert das Spiel mit Gegensätzen als das Prinzip des Komischen, aus dem heraus er seine Stücke entwickelt habe. Kornbacher-Meyer (2003, 26–66) arbeitet die Eigenständigkeit von Lessings Theorie heraus; er habe sich von Anfang an sowohl gegen die satirische Verlachkomödie als auch gegen das rührende Lustspiel gewendet. In genauen Analysen sämtlicher Jugendkomödien verfolgt sie die Auflösung der Schemata, insbesondere der Doktrin des »moralischen Satzes«, von den dramaturgischen Gegebenheiten und Anforderungen her: von der Notwendigkeit, einen Handlungsknoten (zumeist die Beseitigung eines Liebeshindernisses) mit einer differenzierenden Charakterzeichnung zu verbinden. Nisbet (2008, 66–104) legt den Akzent auf Lessings Experimentieren mit den vielfältigen Komödienformen des europäischen Theaters und macht zugleich das Streben nach Realitätshaltigkeit als entscheidenden formalen und inhaltlichen Faktor deutlich. (Eine umfassende Aufarbeitung der Forschung findet sich bei Kornbacher-Meyer; zur Einbettung in die zeitgenössische Komödiendichtung s. Lukas 2005).

Experimente: Damon, oder die wahre Freundschaft

Damon, oder die wahre Freundschaft. Ein Lustspiel in einem Aufzuge. Das Stück wird in der von Mylius herausgegebenen Zeitschrift *Ermunterungen zum Vergnügen des Gemüts* (7. St., 1747) veröffentlicht; es ist die erste Komödie Lessings, die im Druck erscheint. Er hat keine weitere Ausgabe veranstaltet; 1770 und 1775 erscheinen zu seinem großen Unwillen zwei Raubdrucke. – Text: B 1, 65–93.

Forschung

Die Streitfrage lautet: Orientiert sich Lessing an der neuen Form des rührenden Lustspiels (Nisbet 2008, 79–81), oder ist das Stück eine Satire auf die Empfindsamkeit, das erste Zeugnis seines

polemischen Talents (Rentschler 1979)? Am treffendsten sind diejenigen Lösungsvorschläge, die nicht im Sinn einer Alternative entscheiden, sondern in dem Stück das Nebeneinander bzw. die Verschränkung unterschiedlicher Komödiensprachen sehen (Kornbacher-Meyer 2003, 125–142; Lach 2004, 123–125). An deren Befunde knüpft unsere Analyse an.

Analyse

Mit großer Wahrscheinlichkeit ist *Damon, oder die wahre Freundschaft* Lessings Reaktion auf Gellerts Rührstück *Die zärtlichen Schwestern*, das von der Neuberin in Leipzig kurz nach Ostern 1747 uraufgeführt wurde (GS 3, Kommentar, 410; vgl. Nisbet 2008, 80). Lessing adaptiert Sprache, Konzepte und Handlungsstruktur des »rührenden Lustspiels«, konfrontiert sie jedoch mit den Mustern der italienischen und satirischen Typenkomödie. Es entsteht ein seltsames Amalgam aus unterschiedlichen Komödiensprachen, an dessen Brüchen die Konturen der »wahren Komödie« sich abzuzeichnen beginnen.

Im Haus der jungen Witwe befleißigt man sich, seit Damon und Leander um ihre Hand anhalten, der Sprache der Empfindsamkeit. ›Zärtlich‹ soll die Liebe sich ausdrücken, durch Freundschaft soll sie sich veredeln. So formuliert die Witwe ihre Erwartungen an ihren Liebhaber und Bräutigam: »O Damon, wie zärtlich wird Ihre Liebe sein, da Ihre Freundschaft schon so zärtlich ist!« (Letzter Auftritt; B 1, 93). Ihre Dienerin Lisette ahmt bzw. äfft, wenn sie mit Leander über Damon (und umgekehrt) spricht, den hohen Ton des Freundschaftskults nach: »Damon, Ihr liebster Freund auf der Welt, das kostbarste Geschenk des Himmels, ohne welches Ihnen alle Güter, alle Ehre, alles Vergnügen, nur verachtungswert, nur eitel, nur unschmackhaft vorkommen würden, Damon Ihr andres ich, dessen Glück Ihr Glück, dessen Unglück Ihr Unglück ist; Damon, der edle Damon, der – – – –« (4. Auftritt; B 1, 76). Die Struktur der Handlung entspricht der sog. Tugendprobe des rührenden Lustspiels. Leander kann der Versuchung, das Jawort der Witwe zu gewinnen, indem er den Freund hintergeht, nicht widerstehen, während Damon sich als Freund und Liebhaber bewährt.

Während die Witwe und ihre Freier sich der Sprache des rührenden Lustspiels bedienen, spricht Lisette diejenige der außermoralischen italienischen Typenkomödie (zum Folgenden bes. Kornbacher-Meyer, 129–133, die Lisette allerdings der satirischen Komödie zuschlägt). Was die Witwe als Tugendprobe und Gesinnungsprüfung betrachtet, ist von Lisette als Intrige geplant, welche die Freunde zu dem komödientypischen Verhalten von Nebenbuhlern verführen soll (1. Auftritt; B 1, 67 f.): »Damon ist also des Leanders Nebenbuhler, und Leander des Damons. Und gleichwohl sind Leander und Damon die besten Freunde? Das wäre eine neue Mode. Wider die streite ich mit Händen und Füßen. Was? Nebenbuhler, die sich nicht unter einander zanken, verleumden, schimpfen, betrügen, herausfordern, schlagen, das wären mir artige Creaturen. Nein. Es muß bei dem Alten bleiben. Unter Nebenbuhlern muß Feindschaft sein, oder sie sind keine Nebenbuhler.« Dabei verteidigt sie das Recht der Liebe gegenüber der Freundschaft bzw. beharrt auf dem elementaren Unterschied zwischen beiden, den das empfindsame Konzept der ›zärtlichen‹ und ›vernünftigen‹ Liebe hinwegzulügen droht (dazu Rentschler 1979, 165 f.). Damon gegenüber bekennt sie sich freimütig zur Sinnlichkeit und Sexualität, den außermoralischen Aspekten der Liebe (2. Auftritt; B 1, 72): »Als wenn ein Frauenzimmer nicht für alle wohlgemachte Mannspersonen einerlei Neigung hätte. [...] Liebe bleibt Liebe. Eine Königin liebt nicht edler, als eine Bettlerin, und eine Philosophin nicht edler, als eine dumme Bauersfrau. Es ist Maus, wie Mutter. Und ich und meine Frau würden in dem Wesentlichen der Liebe gewiß nicht um ein Haar unterschieden sein.«

Wie Lessing mit der Lisette-Figur die empfindsame Liebesauffassung burlesk ironisiert, so ›entlarvt‹ er in der Handlung zwischen Damon und Leander mit satirischen Mitteln die Widersprüche empfindsamer Freundschaft, wie sie zum Beispiel in den Schlussszenen von Gellerts rührendem Lustspiel *Die zärtlichen Schwestern* manifest werden. In ihnen wird Siegmund, der sich eines ähnlichen Betrugs wie Leander schuldig macht, abgestraft und als ein Unmensch aus dem Kreis der Tugendhaften ausgestoßen. Freundschaft beruht für Gellert auf dem Prinzip der Gegenseitigkeit: Sie setzt auf beiden Seiten ein hohes Maß an Tugend voraus; gleiche Gesinnungen, ein gleiches Streben nach Vollkommenheit und wechselseitiger Ansporn dazu knüpfen das

feste Band, das Freunde aneinander bindet – so zeichnet er sein Ideal beispielsweise in den *Moralischen Vorlesungen* (24. Vorlesung; GS 6, 256–262; dazu Vollhardt 2001, 291–298). Wer diese Ansprüche nicht erfüllt oder sich als Heuchler erweist, ist demnach als Freund disqualifiziert. Für Damon dagegen bewährt sich »wahre Freundschaft« gerade dann, wenn das Prinzip der Gegenseitigkeit verletzt ist, wenn eine wirkliche Beleidigung, ja, Schädigung durch den Freund vorliegt – denn worin bestünde sonst das Verdienst? So trifft die ›Moral‹, die Damon am Ende formuliert, nicht nur Leander, sondern zugleich die empfindsame Beredsamkeit der Rührkomödie: »Nun gestehen Sie mir wenigstens, lieber Leander, daß es etwas schwerer sei, die Pflichten der Freundschaft auszuüben, als von ihr entzücket zu reden.« (Letzter Auftritt; B 1, 93).

Freilich lässt sich das Geheimnis einer Freundschaft, die nicht mit der Tugend des Freundes ›rechnet‹, nicht ausplaudern. Wo Leander solch unbedingte Vergebungsbereitschaft wortreich einklagt, wird er zum Gegenstand der satirischen Verlachkomödie. Die Zumutungen, die er an Damon richtet, übertreiben dabei den empfindsamen Freundschaftskult nicht (wie es in der Forschung immer gesehen wird), sondern brechen mit dessen Regeln. Leander macht gerade dasjenige zum Beweis der »wahren Freundschaft«, was Gellert in den *Moralischen Vorlesungen* als »Verbrechen« gegen die »allgemeine Menschenliebe« und die »Gerechtigkeit« bezeichnet (GS 6, 257): die unverbrüchliche Treue auch zu dem, der nicht tugendhaft, nicht aufrichtig ist und sich somit als unwürdig erweist: »Drum, liebster Damon, wenn mir auch durch Sie der größte Schimpf widerführe; wenn ich durch Sie um Ehre und Ansehen käme; wenn ich durch Sie Gut und Geld verlöre; wenn ich durch Sie ungesund, lahm, blind und taub würde; wenn Sie mich um Vater und Mutter brächten; wenn Sie mir selbst das Leben nähmen; glauben Sie, liebster Damon, daß Sie mich alsdenn beleidiget hätten? Nein.« (5. Auftritt; B 1, 80). Damons Antwort rückt die Gewichte wieder zurecht: »Ich weiß es, es ist die Pflicht eines Freundes, dem andern zu verzeihen. Doch ist es auch des andern Pflicht, ihm so wenig Gelegenheit dazu zu geben, als ihm nur möglich ist.« (B 1, 81). Darüber hinaus machen sich in Damons Monologen, in denen Lessing eine erstaunliche Technik der Gedankenstriche anwendet (und die zu den besten Partien der Komödie gehören), die Impulse der Eigenliebe und Selbstbehauptung bemerkbar, die *auch* in dem Gleichheitsprinzip der Freundschaft virulent sind und deren Verleugnung zur Verlogenheit führt: »– – – – Gesetzt ich würde von ihm beleidigt – – – ich würde so von ihm beleidigt – – – […] – – – – würde ich wohl – – – nein – – ich mag mir nicht schmeicheln – – – ich würde – – – ich würde viel zu schwach sein, ihm zu vergeben – – – – […] Gesetzt, Leander würde durch sie [die Witwe] glücklich – – – werde ich sein Freund bleiben können? – – – Ich zittere – – ja – ich fühle meine Schwäche – – – ich würde auf ihn zürnen – – – – ich würde neidisch werden – – – ach – – ich schäme mich recht vor mir selbst – – –« (6. Auftritt; B 1, 84).

Insgesamt bleibt in dieser Komödie das Problem, wie das Außermoralische einer Neigung (der Liebe, der Freundschaft) mit den Anforderungen von Sittlichkeit und Vernunft zu vereinen ist, ungelöst. Die größte dramaturgische Ungeschicklichkeit offenbart sich dabei in der Charakterzeichnung und Motivation der Figuren, insbesondere Leanders. Sein Sündenfall und seine Reue erscheinen gleichermaßen plötzlich und unglaubwürdig, nur den Gesetzen der jeweiligen Komödiensprache (der *Commedia dell'arte*, der satirischen Komödie, des rührenden Lustspiels) geschuldet und nicht aus seinem inneren Wesen hervorgehend. Allein eine konsistente psychologische Motivation wäre jedoch imstande, in einer Figur beides zu integrieren, das Fehlverhalten und die menschlichen Qualitäten, die die Korrektur ermöglichen. In Adrast aus dem *Freigeist* ist Lessing diese Motivation (besser) gelungen – der Komödie, in der er zugleich auf neuer Ebene Gellerts Freundschaftskonzept revidiert.

Selbstportrait als ›faustische‹ Monade: Der junge Gelehrte

Der junge Gelehrte. Ein Lustspiel in drei Aufzügen. Der Erstdruck im 4. Teil der *Schrifften* (Berlin 1754) trägt den stolzen Vermerk: »Auf dem Neuberschen Schauplatze in Leipzig, im Jenner 1748. zum erstenmal aufgeführt« (nach B 1, 1051). In etwas erweiterter Fassung nimmt Lessing das Werk in die *Lustspiele* (Berlin 1767, T. 1) auf; deren 2. Auflage (1770) ist vermutlich von Karl Les-

sing korrigiert. Plan und Konzeption gehen auf Lessings Schulzeit zurück (vgl. B 1, 1051 f.). Text: B 1, 139–237 (nach der Ausgabe von 1754).

Forschung

Die Komödie wurde (in Wiedemanns einflussreicher und lange Zeit kanonischer Auslegung [1967]) als Satire auf den Polyhistorismus gelesen, das Bildungsideal der Frühaufklärung, das mit dem Siegeszug der Philosophie obsolet geworden sei; dagegen sieht Durzak (1970b) in Damis nicht den Polyhistor, sondern die Verkörperung des rationalen Denkstils, der nur Abstraktionen statt Leben fassen könne. Zimmermann (1992) hinwiederum verweist auf die Konturen der Typenkomödie: Nicht eine wie auch immer falsche Form der Gelehrsamkeit stehe am Pranger, sondern ein moralisches Fehlverhalten werde angeklagt. Der »Fehler« von Damis beruhe in dem Missverhältnis zwischen äußerer und innerer Bildung. Dass Damis bei all seinem Wissen innerlich roh und herzlos geblieben sei, sei der Gegenstand der Satire. Sie decouvriere den Studenten, der den Zweck des Lernens verfehle. Die Fülle der Bezüge zur Gelehrtensatire in ihren unterschiedlichsten Ausprägungen stellt Košenina (2003) dar; er entdeckt darin einen Nukleus der Individualisierung: Die typenbildende Haupteigenschaft, die verlacht werden solle, sei schwer zu identifizieren. Damis habe nahezu von allen traditionellen Lastern der Gelehrten etwas, und für jedes Einzellaster ließen sich »profiliertere Figuren« denken (71). – Ist *Der junge Gelehrte* also eine Satire gegen eine bestimmte Form des Wissens, eine Satire gegen einen bestimmten Denkstil oder gegen eine Lebensweise? so lautet die eine Streitfrage. Die andere lautet: Handelt es sich überhaupt um eine Satire, eine Typenkomödie, oder ist Damis eine individualisierte Figur mit tragikomischen Zügen (vgl. Košenina, 71 f.)? Am weitesten geht Durzak (1970b) in der These der Individualisierung, worin ihm die Forschung nicht gefolgt ist; zu Recht wird immer wieder auf die tradierten Motive der Gelehrtensatire verwiesen, die nicht zu einer individuellen Geschichte vertieft und verfugt werden können. – Kornbacher-Meyer (2003, 142–162) sieht die kunstvollen Erweiterungen des Gottschedschen Modells denn auch nicht so sehr in der Zeichnung des jungen Gelehrten, die das Schema der Typenkomödie erfülle, als vielmehr in den Figuren der Gegenpartei und in der Handhabung der Intrige. Die Gegenspieler von Damis seien »gemischte Charaktere« (Valer), Lessing entlaste die Intrige von ihrer moraldidaktischen Funktion und entwickle die Lösung aus den Charakteren selbst statt aus den Erfordernissen eines »moralischen Satzes«.

Analyse

Zwei Handlungsstränge laufen im *Jungen Gelehrten* parallel. Damis wartet auf den Brief aus Berlin, der ihm die Nachricht seines Siegs im Preisausschreiben der Akademie bringen soll, und sein Vater, der Kaufmann Chrysander, verwickelt ihn in Liebeshändel, da er ihn mit seinem – aufgrund einer unerwarteten Erbschaft reich gewordenen – Mündel Juliane verheiraten will, diese jedoch den Valer liebt. Es entspinnt sich die obligate, vom Dienerpaar Lisette und Anton vorangetriebene Intrige. Beide Stränge werden am Schluss zusammengeführt. Wenn der heiß ersehnte Brief endlich eintrifft, macht er die Hoffnungen Damis' auf seine Anerkennung als Gelehrter zunichte. Bitter enttäuscht, fasst er den Entschluss, auszuwandern, weshalb er alle Heiratspläne aufgibt. Juliane und Valer aber verzichten auf die Erbschaft, so dass Chrysander nichts mehr gegen ihre Hochzeit einzuwenden hat.

Als eine Gelehrtensatire mit persönlichem Erfahrungshintergrund charakterisiert Lessing in der Vorrede zum dritten und vierten Teil der *Schrifften* seine Komödie (vgl. B 1, 1051 ff., bes. 1054). Diesem Bezug zur erlebten Gegenwart schenkt man in der neueren Forschung vermehrt Aufmerksamkeit. Stenzel spricht von Lessings »existentielle[r] Krise« (B 1, 1055), die er in dem Stück verarbeite, Nisbet (2008, 75–79) lenkt den Blick auf das Leipziger Studenten- und Universitätsmilieu als den Anspielungshorizont der Satire; mit der Preisaufgabe der Berliner Akademie, an der Damis scheitert, wird denn auch eine brandaktuelle philosophische Debatte zitiert (die Untersuchung der Leibnizschen Monadenlehre war das Thema der Preisaufgabe für das Jahr 1747; vgl. B 1, 1070 f., Anm. zu 194, 33 f.). Zentral ist jedoch die Entdeckung Nisbets (2008, 77), dass Damis' Dialoge mit seinem Vater und seinem Bedienten die formgerechte Disputation parodieren, die in dem Kolloquium Abraham Gotthelf

Kästners über philosophische Streitfragen geübt wurde; die einzige akademische Veranstaltung, die Lessing während seines Studiums regelmäßig besuchte. Hieran knüpfen wir unsere These: Lessing nimmt im *Jungen Gelehrten* nicht einen allgemeinen ›-ismus‹ aufs Korn, weder den Polyhistorismus noch den Rationalismus, sondern er leiht der Titelfigur viele Einzelzüge seiner eigenen Arbeitsweise, so dass Damis zu einem Zerrbild seiner, Lessings, wissenschaftlichen und schriftstellerischen Bestrebungen wird. Beide ergehen sich in kritischen Anmerkungen (I, 2; B 1, 148 f.); Damis versucht eine Rettung Xanthippes gegen das (Vor-)Urteil der Geschichte (II, 15; B 1, 197 f.) – ein ur-lessingsches Unternehmen? –; wie Lessing interessiert sich Damon für Jüdisches (I, 1; B 1, 142) und verkehrt sogar mit einem Rabbiner (B 1, 145); ein Seitenhieb auf Mylius' Naturforschung bleibt nicht aus (I, 1; B 1, 144 f.; vgl. B 1, 1058, Anm. zu 144, 32); Damis und sein Autor sind Verfasser von Gelegenheits- und Lehrdichtung (III, 15); beide sind in der antiken, griechischen wie römischen, Literatur bestens bewandert und vorzügliche Lateiner; beide suchen sich neben den alten auch die modernen Fremdsprachen, »Französisch, Italiänisch, Englisch« (I, 1; B 1, 144), anzueignen; und selbst Damis' etymologisches Interesse an der Herkunft des Worts »Monade« (III, 15; B 1, 231) erinnert an Lessings »Wortgrübeleien«, in die er sich noch in *Ernst und Falk* vertieft (etymologische Herleitung von *masonry*). Das Wichtigste ist jedoch: Damis legt eine Wissbegierde an den Tag, die ihn sich zwar einerseits verzetteln und in Kleinigkeiten verlieren lässt, andererseits ihn jedoch zu der Erkenntnisproblematik hinführt, die Lessing bis an sein Lebensende umtreibt: Im Rahmen einer »Fakultätenschau« (I, 1; B 1, 143 f.; vgl. B 1, 1058, Anm. zu 143, 18) stellt Damis die Frage, ob dem Menschen eine allgemeine Erkenntnis möglich sei oder nur Wissen in den Grenzen der Fachdisziplinen. Die Fakultätenschau gehört in den Kontext des Faust-Stoffes, womit erneut ein Fingerzeig auf Lessings eigenes Denken und Forschen gegeben ist. *Der junge Gelehrte* gilt als frühestes Indiz für seine lebenslange Beschäftigung mit diesem Stoff (s. Kap.: Faust-Fragmente); später wird er Mylius im Spiegel der Faustfigur sehen (vgl. Nisbet 2008, 531–534). Anton, Damis' Diener, assoziiert die Folianten seines Herrn mit *Fausts Höllenzwang* (I, 1; B 1, 142; vgl. B 1, 1057,

Anm. zu 142, 10), und Hinweise auf Teuflisches fehlen in der Komödie nicht: »Wann es auch nach seinem Tode heißen sollte: unter diejenigen Gelehrten die zum Teufel gefahren sind, gehört auch der berühmte Damis! Was schadet das? Wenn er nur unter die Gelehrten gerechnet wird, und wann er nur berühmt heißt!« (I, 6; B 1, 160). Vollends zu einer ›faustischen‹ Figur wird Damis dadurch, dass sich sein ausschweifender Wissenstrieb mit Stolz, Ruhmsucht und Hochmut verbindet, wie die »Fakultätenschau« deutlich zeigt: Dem biblischen Satz, dass menschliches Wissen immer nur Stückwerk sei (I, 1; B 1, 143), hält Damis die Überzeugung entgegen, dass der Mensch, genauer: er selbst, einer »allgemeinen Erkenntnis« fähig sei. Egozentrik und *superbia*, die Sünde des Hochmuts, charakterisieren fast alle Äußerungen Damis'. Er sieht sich als die »Sonne, die den ganzen Erdball erleuchten muß« (II, 4; B 1, 178); seine Ehre, um die ein Gelehrter »alles« tut, steht im Mittelpunkt seines Denkens und Trachtens; ständig lauert er auf das Lob der anderen (z. B. II, 6) und ist nie faul, sich selbst zu loben. Die Projektion von Wissbegierde, Ruhmsucht und Überheblichkeit auf die Umrisse der Faustfigur lässt eine erste Stoßrichtung der satirischen Absicht sichtbar werden. Außerhalb des Theaters, in der Tradition ernst-frommer Belehrung, wird Faust wegen seiner *superbia* verdammt. Die Komödie aber verdammt nicht, sondern macht lächerlich, bringt zum Lachen über die gelehrte Obsession und setzt so an die Stelle der Angst die Möglichkeit befreiender Selbstkritik. Die Angst vor der Verdammung fördere die Heuchelei; wo man Fehler lächerlich finde, würden die im Innern wurzelnden Widerstandskräfte mobilisiert und wende man sich aus eigenem Antrieb zur »Tugend« – so fassen es die Zeilen aus der Fabel *Die Füchse und die Bäre* zusammen: »Dort brauchte man nur Fluch, hier brauchte man nur Scherz;/ Dort bessert man den Schein, hier bessert man das Herz./ Dort sieht man Düsternheit, hier sieht man Licht und Leben,/ Dort nach der Heuchelei, hier nach der Tugend streben.« (B 1, 64).

Lächerlich aber werden die »Laster« da, wo sie mit den Forderungen der guten bzw. vernünftigen Gesellschaft zusammenstoßen. *Der junge Gelehrte* ist die Komödie zu der Einsicht, die Lessing im Brief an die Mutter formuliert: »die Bücher würden mich wohl gelehrt, aber nimmermehr zu

einen [!] Menschen machen« (20.1.1749; B 11/1, 15; vgl. B 1, 1055). *Superbia* wandelt sich zur Weltlosigkeit: Sämtliche Bestrebungen von Damis, die Anerkennung seiner Umgebung zu gewinnen, laufen ins Leere; nur um sich selbst kreisend, bekommt er nichts ›Reales‹ zu fassen. Dabei gibt Lessing der satirischen Zeichnung von Weltfremdheit und Realitätsferne seines jungen Gelehrten eine raffinierte Pointierung: Die Preisaufgabe der Akademie wird zu dem Spiegel, in dem Damis sich nicht erkennt. Fensterlos wie eine Monade agiert er an diesem Komödientag, auf seiner Studierstube der Post aus Berlin entgegenfiebernd und papierne »Einfälle« ausheckend, so vor allem den »ungeheuren« (II, 13; B 1, 195) Einfall, mit Juliane eine »böse Frau« zu heiraten, um desto rühmlicher in die Gelehrtengeschichte einzugehen. Von außen dringt nichts in ihn hinein. Die Intrigenhandlung passt vollkommen zu dieser ›Fensterlosigkeit‹, denn die »Grillen« des Damis nehmen auf ihren Gang und die Lösung des Knotens keinerlei Einfluss. Die Intrige bestimmen die ›Realitäten‹ der Welt: das Geld und die Liebe. Nur mit seinen Gelehrtenträumen beschäftigt, steht Damis außerhalb der zwischenmenschlichen Interaktion, er ist nicht involviert. Valer deutet dies an, wenn er sich an seinen ehemaligen Freund mit den Worten wendet: »Das erneuerte Versprechen Ihres Vaters berechtigte mich, Sie ganz und gar zu übergehen.« (III, 6; B 1, 212). Lessing hat ein subtiles Handlungssymbol für diese Weltlosigkeit und Isolation gefunden: Damis' Abhandlung über die Monaden erreicht ihren Adressaten nicht, gelangt nicht an die Öffentlichkeit, da der Berliner Freund sie wegen ihrer Nichtigkeit erst gar nicht an die Akademie weiterleitet.

Im *Jungen Gelehrten* verkörpert die Titelfigur das »lasterhafte« Verhalten, ohne dass eine Unterscheidung zwischen dem Menschen und seinem Fehler stattfindet; Lessing folgt insofern dem satirischen Verfahren der Typenkomödie. Gleichwohl reproduziert er nicht deren Schwarz-Weiß-Zeichnung, sondern malt auch das Bild der ›vernünftigen‹ Gesellschaft in sehr gemischten Farben – kein Zuschauer kann sich hier ungestört mit ›den Guten‹ identifizieren.

Denn wenn den Damis die Ehrbegierde verzehrt, so lassen die Handlungen der Gegenpartei den Eigennutz als eine (wenn auch nicht die einzige) elementare Triebfeder des gesellschaftlichen Zusammenlebens erkennen. Chrysander, gegen den sich die Intrige richtet, wird mit seiner Habgier fast selbst zur komischen bzw. lächerlichen Figur, lächerlich vor allem deshalb, weil er Rücksichtnahme auf die Gefühle seiner Kinder bzw. Schutzbefohlenen da heuchelt, wo er lediglich an ihr Geld heranzukommen sucht. Valer bekennt sich offen zu seinem Eigennutz, wenn er um den Besitz der Geliebten kämpft: »Ach Chrysander traut mir nicht [...]. Alle mein Zureden würde umsonst sein; er würde den Eigennutz, die Quelle davon, gar bald entdecken.« (II, 2; B 1, 169). In der Figur der tugendhaften Juliane berührt Lessing das Problem einer falschen Selbstaufopferung, das Kernproblem der empfindsamen Tugendauffassung. Valer hält ihr das Berechtigte ihres individuellen Anspruchs auf Glück ebenso wie den Egoismus Chrysanders vor Augen. Juliane will das nicht wahrhaben, so dass ihre Dankbarkeit für ihren »Wohltäter« weniger von Großmut und Herzensgüte als vielmehr von Passivität und Willensschwäche zeugt. Dem scharfen Blick Lisettes entgeht das Doppelbödige dieser Tugend nicht, wenn sie Julianes Verhalten wie folgt auslegt: Sie wolle Valer für sich kämpfen lassen, um weiter die gehorsame Tochter scheinen zu können (II, 1; B 1, 167 f.). Valer wiederum überschreitet die Grenzen des berechtigten Eigennutzes, wenn er zuerst wissentlich Lisette gewähren lässt, obwohl er den geplanten Betrug für »zu arg« (II, 15; B 1, 198) hält, und dann, nachdem die Intrige geplatzt ist, alle Verantwortung dafür auf die Zofe schiebt (III, 12 und III, 18). Erst mit der Lösung am Schluss, wenn er auf die Erbschaft seiner Braut verzichtet, findet er wieder zu sich selbst zurück. (Zu Valer s. Durzak 1970b, 35–40; Rentschler 1975, 175 f.; Kornbacher-Meyer 160 f.; zur moralischen Zweideutigkeit von Damis' Gegenspielern vgl. allerdings Lukas 2005, 96–103, der die »außermoralischen Strategien« der Vernunftpartei als ein typisches Element der rationalistischen satirischen Komödie beschreibt). –

Nicht nur deshalb, weil die eigene »existentielle« Krise, Lebenserfahrung und Selbstkritik in die Bearbeitung des Sujets einfließen, ist Lessings Theaterdebut ein so glücklicher Wurf. Sondern die Stoffwahl des »jungen Gelehrten« ermöglicht eine Ironisierung, die sich auf die Komödie als ganze bezieht und ein allzu selbstsicheres Verlachen der »lasterhaften« Figur hintertreibt. Les-

sings Satire auf die ›Disproportion der Gelehrtheit mit dem Leben‹ steckt ja selbst voller gelehrter Anspielungen, ist mit ihren intertextuellen Bezügen und Zitaten (von Aristophanes und Plautus über Molière bis Holberg) von eminent gelehrter Machart, und nur ein gelehrtes Publikum wird den Hintersinn vieler Äußerungen und Gesten verstehen. Wenn schließlich der »Einfall« des Damis das Leben auf Buchformat reduziert, so kondensiert auch die Komödie, in der er auftritt, erfahrenes Leben in den überlieferten literarischen Formen. Damit aber wird die Kunstform der satirischen Komödie selbst zum Gegenstand der Satire: Ihre Typisierungen können in lebensfernen Abstraktionen erstarren. Valers Antwort auf Julianes Aufforderung: »Und wir lachen ihm [Damis] nicht nach?« wird zur Reflexion auf die Grenzen dieser Komödienform (III, 9; B 1, 215): »Nein, Juliane [...] und beinahe gehört eine Art von Grausamkeit dazu, sich über einen so kläglichen Toren lustig zu machen.«

Gellert rechts, La Mettrie links, Lessing in der Mitten: Der Freigeist

Der Freigeist. Ein Lustspiel in fünf Aufzügen. Verfertiget im Jahre 1749, zuerst im 5. Teil der *Schrifften* (Berlin 1755) veröffentlicht, dann von Lessing in den 2. Teil der *Lustspiele* (Berlin 1767; 2. Auflage 1770) aufgenommen. Die Komödie setzt sich auch auf der Bühne durch, Lessing bespricht im 14. Stück der *Hamburgischen Dramaturgie* eine Hamburger Aufführung. Erhalten hat sich ein Entwurf, in dem die Personen kurz charakterisiert werden (B 1, 348–360). Stenzel datiert den Entwurf um einige Monate früher (B 1, 1046–47). – Text: B 1, 361–445 (nach dem Erstdruck).

Kontext, Quellen und Einflüsse

Freigeister, Deisten, Atheisten und Materialisten. Am 28.4.1749 schreibt Lessing aus Berlin an seinen Vater (B 11/1, 24 f.): »Und wenn ich ihnen nun gar verspräche eine Comoedie zu machen, die nicht nur die H. Theologen lesen sondern auch loben sollen? [...] Wie wenn ich eine auf die Freigeister und auf die Verächter ihres Standes machte? Ich weiß gewiß, sie würden vieles von ihrer Schärfe fahren lassen.« Wenn die Universitätsstadt Leipzig das Umfeld ist, aus dem die entscheidenden Anstöße und Anregungen für die Satire auf den »jungen Gelehrten« stammen, so ist Berlin der Ort, an dem sich das Drama der religiösen Auseinandersetzung konkretisiert – die Bezüge des *Freigeists* zu Lessings intellektueller Biographie sind so dicht wie diejenigen seines Theatererstlings; wiederum ist die Übersetzung und Transformation dessen, was ihn innerlich bewegt und gedanklich aufregt, in literarische Formen und philosophische Konzeptionen zu beobachten.

Zunächst einige Worte zur Klärung des Begriffs »Freigeist«, der schillernd, keineswegs fest umrissen ist. Ursprünglich ist »Freigeist« die Eindeutschung des französischen »esprit libre« oder auch »esprit fort« (Theophan zu Adrast in Lessings Stück: »Nennen Sie es […] Freidenker, starker Geist, Deist« [I, 1; B 1, 364]). Er spielt in La Bruyères *Les Caractères* (1677) eine Rolle. Dort erscheint er in Verbindung mit dem Libertin (»Wollüstling«). Der ›starke Geist‹, der Gott nicht nötig hat, wird demjenigen nahe gerückt, der ›gottlos‹, sittenlos lebt. Der »Freigeist« verschmilzt sodann mit dem englischen »Freidenker«, ein Begriff, der im Zusammenhang mit dem Deismus auftaucht. Der ›Deist‹ glaubt nicht an den biblischen Gott, wohl aber an Gott als den Schöpfer und gleichsam Architekten der Natur. Vom Standpunkt der lutherischen Orthodoxie aus heißt Freigeisterei die Leugnung der göttlichen Offenbarung, ein ›Freigeist‹ kann demnach Atheist, Deist, Vertreter der »natürlichen Religion« oder »Naturalist« sein. Die ›natürliche Religion« umfasst, im Gegensatz zur geoffenbarten Religion, alle Begriffe von Gott, auf die der Mensch durch den bloßen Gebrauch seiner Vernunft gelangt. Die Bezeichnung »Naturalist« besagt, dass man sich ausschließlich an Natur und Vernunft hält, das heißt, alle Glaubenslehren, die mit der Offenbarung zusammenhängen, ablehnt. Sie wird häufig als Synonym für Deist verwendet, da auch der Naturalist eine vernünftige Erkenntnis Gottes annehmen kann. (Zur Differenzierung der Begriffe vgl. den einschlägigen Aufsatz in Mylius' Zeitschrift *Der Wahrsager* [abgedruckt in B 1, 1133–1140]).

Den Konflikt Lessings mit seinem Elternhaus schürt die Freundschaft mit Mylius, der sich vom lutherischen Glauben emanzipiert hatte; in seiner Zeitschrift *Der Freygeist* (1745/46) zum Beispiel propagiert er die Grundansichten der »natürli-

chen Religion«. In Berlin nun, wo Lessing sich seit November 1748 aufhält, ist mit Friedrich II. ein König an der Regierung, der die Aufklärung in Religionssachen fördert und für Religionsfreiheit eintritt (sofern sie dem Staat nicht schadet), der die christliche Religion für ein »widersinnige[s] System von Fabeln« (*Testament Politique* 1752/ 1974, 44) hält und die – vornehmlich französischen – Philosophen um sich schart, die aus ihrer massiven Kirchenkritik keinen Hehl machen. Die großen französischen Materialisten und Atheisten des 18. Jahrhunderts – La Mettrie, Diderot, Helvetius, Holbach – zählten zu den Mitgliedern der friderizianischen Akademie (Fontius/Geißler 1989, 239); Voltaire vertritt, wie der König selbst und die meisten Philosophen der Potsdamer Tafelrunde, einen »militanten Deismus« (Fontius/ Geißler 1989, 244). Die geistigen Spannungen, die Friedrichs Kulturpolitik auslöst, deuten die Worte Albrecht von Hallers an, mit denen er 1749 eine Berufung nach Berlin ablehnt: »Denken Sie sich einen Christen, denken Sie sich einen Menschen, der an die Religion Jesu glaubt und sie von ganzen Herzen bekennt, nach Potsdam zwischen dem Könige, Voltaire, Maupertuis und d'Argens« (zit. nach E. Schmidt Bd. 1, ⁴1923, 205). Zahllose Verteidigungen der (christlichen) Religion und (deistische) Angriffe auf sie werden veröffentlicht, wobei beide Seiten nicht nur immer neue Beweise für ihre Sache anführen (vgl. z.B. B 2, 58f.), sondern dem Gegner böse Absichten zuschreiben; die weltanschaulichen rsp. religiösen Überzeugungen gelten als Ausdruck und Resultat sittlicher bzw. unsittlicher Einstellungen. Aus der Perspektive der lutherischen Orthodoxie zeugt jeder Gedanke, der die Offenbarungsreligion antastet, also die deistische Vernunftreligion ebenso wie der Atheismus, von der Verderbnis des menschlichen Herzens. Wer die Offenbarung und das Angewiesensein der Menschen auf sie bestreite, folge den eigenen »bösen«, sinnlichen Trieben. Lessing lässt seinen Freigeist Adrast diese Argumentationsweise dem »Gottesmann« Theophan unter die Nase reiben (I, 1; B 1, 365): »Sie würden mich gerade weg einen Ruchlosen gescholten haben, der sich der Religion nur deswegen zu entziehen suche, damit er seinen Lüsten desto sicherer nachhängen könne. Um sich pathetischer auszudrücken, würden Sie mich einen Höllenbrand, einen eingefleischten Teufel genannt haben.« Aus der Perspektive derjenigen, die an die Stelle der Offenbarung die Vernunft rücken wollen, erscheinen die Verteidiger der christlichen Religion als Heuchler, die in ihrem Verfolgungseifer ihre eigenen ethischen Prinzipien verraten (z. B. beschimpft der tatsächlich verfolgte Edelmann in dem *Abgenöthigten [...] Glaubens-Bekenntniß* [1746/1969] die »Pfaffen« wortgewaltig als »Sünden=Macher«); den Vorwurf der Heuchelei wiederum gibt der aufklärerische Theologe Spalding an die Vertreter des Deismus, die die christliche Religion verächtlich machen, zurück (*Betrachtung über die Bestimmung des Menschen*, Anhang zur dritten Auflage [1749], hg. Stephan 1908, 35; zur Bedeutung Spaldings für Lessing s. Mahlmann-Bauer 2010).

Wenn Lessing sich während dieser Zeit zu Religionsfragen äußert, zeichnet sich ein Grundsatz ab, an dem er bis zum Fragmentenstreit festhalten wird: die Betonung des ›gut Handelns‹ vor dem »Vernünfteln«. Auf dem Satz, dass der Mensch zum Tun und nicht zum Vernünfteln »erschaffen« sei, baut seine ›Rettung‹ der Herrnhuter auf (B 1, 936; vgl. auch die Rezension BPZ, 103. Stück, 28.8.1751; B 2, 180 f.). Nicht die »Beweise«, die noch nie die Gegenseite überzeugt hätten (vgl. BPZ, 44. Stück, 13.4.1751; B 2, 55 f.), sondern die Art, wie eine Weltanschauung oder Religion zur Bildung des Herzens beitrage und die Lebensführung mit ihrem Geist durchdringe, wird für ihn zum Maßstab ihrer Beurteilung – ein Maßstab, vor dem insbesondere die Praxis der Verunglimpfung, Verhöhnung, Verdammung und Vernichtung des Gegners versagt und der die Toleranzforderung impliziert.

Nun erscheint im November/Dezember 1748, verlegt von Christian Friedrich Voß, eine Schrift, die selbst im freigeistigen Berlin einen Skandal auslöst: La Mettries *Traité de la vie heureuse, par Sénèque. Avec un discours du traducteur sur le même sujet.* Dieser Essay (das Vorwort zu der Seneca-Übersetzung) bedeutet einen Tabubruch und schafft neue Frontbildungen, denn in ihm steht das zur Disposition, worin sich Atheisten (wie Diderot), Deisten, vernünftige Christen und Orthodoxe einig sind, dessen Besitz sie sich wechselweise streitig machen und worauf Lessing die Möglichkeit uneingeschränkter praktischer Toleranz gründet: La Mettrie greift die »Tugend« selbst als einen unbedingt geltenden Wert an, er initiiert die »anthropologische Achsendrehung«, wie sie seit der Aufklärung denkbar wird

(W. Riedel). Geist und Wille, so La Mettrie, seien von der Organisation des Körpers determiniert; die einzige Triebfeder des Menschen sei es, glückliche Empfindungen zu haben; demnach sei die Eigenliebe die beherrschende Antriebskraft; die gesellschaftlichen Tugenden würden nur wegen ihres Nutzens, wegen ihres Glückspotentials, erstrebt. Am skandalträchtigsten ist die Leugnung der Instanz des Gewissens. Reue und Schuldgefühle, so La Mettrie, vergrößerten nur das Elend der Menschen, ohne sie bessern zu können. Die stetige Vervollkommnung, die Orientierung am Guten, weil es das Gute ist – die Lieblingsideen Lessings und der meisten Aufklärer sind in diesem Menschenbild, in dem körperlich bestimmte Glückszustände Ursprung und Ziel aller Bestrebungen darstellen, preisgegeben.

Das Echo auf den *Anti-Sénèque* ist so groß wie die Empörung. Auch die Vertreter des Deismus und Atheismus distanzieren sich von La Mettrie (zur Satire auf La Mettrie in Mylius' Berliner Zeitschrift *Der Wahrsager* und der damit zusammenhängenden Wiedereinführung der Zensur vgl. Consentius 1900 und Nisbet 2008, 126 f.). So steht nunmehr der großen Zahl der Vernunft- und Tugendgläubigen (Atheisten, Deisten, Christen ...) die Position La Mettries gegenüber, der es wagt, die Hierarchie von Sinnlichkeit und Geist umzukehren. Seine Philosophie wird als Unphilosophie gebrandmarkt, als die Ausgeburt eines lasterhaften Menschen. Wie im Religionsstreit führt man die ›irrige‹ Überzeugung auf die böse Absicht zurück und bringt sie mit einem unmoralischen Lebenswandel in Zusammenhang.

Und Lessing? Er liest den *Anti-Sénèque* vielleicht gleich zweimal: Der Titel des Gedichtfragments *Über die menschliche Glückseligkeit*, in dem er sich mit dem philosophischen Materialismus auseinandersetzt, spielt auf den Titel der Fassung von 1748 an: *Traité de la vie heureuse*; in dem Brief an seinen Vater vom 2.11.1750 zitiert er den Essay mit dem Titel seiner zweiten, 1750 erschienenen Fassung: »Ich habe eine Schrift von ihm gelesen, welche Antiseneque ou le souverain bien heißet, und die nicht mehr als zwölfmal ist gedruckt worden. Sie mögen aber von der Abscheulichkeit derselben daraus urteilen, daß der König selbst zehn Exemplare davon ins Feuer geworfen hat.« (B 11/1, 32). Lessing hat La Mettrie mehrmals öffentlich angegriffen; immer verbindet er dabei seine Kritik mit der Insinuation unlauterer Motive. Anlässlich des Nachweises eines Haller-Plagiats bezichtigt er ihn der Pornographie (B 2, 136: »Porneutik«; die sexuelle Lust bezeichnet La Mettrie im *Anti-Sénèque* als intensivste Glücksempfindung und damit als das »eigentliche Höchste Gut« [übers. Laska 1985, 20]); in der Rezension der Schrift *Thérèse philosophe* apostrophiert er ihn, den »unsinnigen Demetrius« (Pseudonym für La Mettrie), als den ›Feind der Religion und der Tugend‹ (*Das Neueste aus dem Reiche des Witzes*, April 1751; B 2, 73). Was sei die zum Laster verführte Thérèse »anders als ein Frauenzimmer, welches seine Grundsätze des glücklichen Lebens in Ausübung« bringe? (B 2, 73). Auch in seinem höchst ambivalenten Nachruf auf La Mettrie spielt er auf dessen »böse Eigenschaften« an, die man »verabscheuet« (CN, 47. Stück, 19.11.1751; B 2, 259. – Zu Lessing und La Mettrie s. Lach 2005 und B 2, 829 f.).

Damit haben wir den Hintergrund und das Problem der Komödie *Der Freigeist* konturiert. Lessing, so lautet unsere These, modelliert in der Figur des Adrast diejenigen philosophischen Positionen La Mettries, welche die Grundlagen seiner eigenen Toleranzforderung bedrohen, nämlich die Überzeugung, dass der ›ehrliche‹ Wahrheitssucher auch das Gute will. Was bedeutet es aus dieser Perspektive, wenn Theophan und Juliane ihn, den ›Lamettriesten‹, aufgrund ihrer christlichen Lebenspraxis von seinen Irrtümern zurückholen? Macht Lessing von einem überlegenen Standpunkt aus seinen Frieden mit dem Unruhestifter und dessen provozierenden Thesen, oder verstößt er ihn endgültig aus der aufgeklärten Gesellschaft?

Christliche Moralisten. Wenn Lessing den Materialismus – und vielleicht die Lebensführung – La Mettries ablehnt, so lehnt er natürlich ebenso dezidiert die Identifikation von ›wahrer‹ Tugend und christlicher Religion ab, wie sie die Vertreter von Orthodoxie und Aufklärungstheologie vornehmen. Die Charakterisierung Adrasts im Personenverzeichnis des Szenars wirkt wie eine offene Kampfansage an diese Adresse: »ohne Religion, aber voller tugendhafter Gesinnungen« (B 1, 348).

Erneut lässt sich der Kontext präzise bestimmen. Adrast zitiert in seinem Disput mit Theophan über die Freundschaft den Vorwurf Shaftesburys, die christliche Religion kenne die Freundschaft nicht (I, 1; B 1, 366). Theophans Widerlegung (B 1, 367 f.) folgt nun genau der Argumentation, die Gellert in den *Moralischen Vorlesungen* gegen Shaftesbury entwickelt (Nr. 24; GS 6, 257 f.): Wenn Freundschaft in einer naturgegebenen individuellen Harmonie der Seelen bestehe, könne sie nicht als ein allgemeines Gebot der Menschenliebe betrachtet werden; nur mit Letzterem jedoch habe es die christliche Lehre zu tun. Gellert entwirft sodann ein Freundschaftsideal, in dem nur noch von der Übereinstimmung in der Tugend und den gemeinsamen Bestrebungen, Gutes zu tun, die Rede ist; nur tugendhafte Gemüter seien zur wahren Freundschaft fähig. Die Freundschaft dagegen, die lediglich auf der natürlichen Anziehung beruht, wird diffamiert; sie verliere »nicht selten« ihren »Glanz« »in die Finsterniß des Eigennutzes und der niedrigsten Selbstliebe« (258). Schließlich gesteht Gellert die Fähigkeit zur »wahren Freundschaft« nur dem Christen zu (261 f.): »Wer wird der beste Freund seyn, […], der christlich vernünftige, oder der bloß vernünftige Freund? […] Nein, meine Herren, der rechtschaffne Mann ohne Religion ist ein verdächtiger Freund; der fromme vernünftige Mann, ist dagegen der zuverlässigste, der beste Freund, der Freund für zwo Welten.« Gegen solche Verdächtigung des »bloß vernünftigen Freundes« und der Freundschaft, die ›nur‹ auf der Natur gründet, führt Lessing Adrast, den Schüler La Mettries, ins Feld, damit zugleich ein Menschenbild herausfordernd, in dem alle Leidenschaft und Lebenslust entweder in tugendhaft-altruistische Empfindungen umgedeutet oder als böse ausgeschlossen werden (Lukas, der ebenfalls auf das Freundschaftskonzept der *Moralischen Vorlesungen* verweist [2005, 171], erkennt Lessings implizite Polemik gegen Gellert nicht).

Literarische Quellen. Der Grundriss der Handlung (Liebe über Kreuz) und die Dienerfiguren stehen in der Tradition der *Commedia*, zum Beispiel ist die Teufelsangst des Dieners Johann (II, 5) ein für das italienische Theater typischer »lazzo« (komischer Einfall). Lessing veröffentlicht die Spielvorlage von Delisles Komödie *Les Caprices du Cœur et de l'Esprit* (1739) in den *Entwürfen ungedruckter Lustspiele des italiänischen Theaters* (1758; B 4, 229–235), wobei er selbst auf die große Ähnlichkeit der »Fabel« mit seinem *Freigeist* verweist (B 4, 235, Anm. 4), die Frage der Abhängigkeit aber in der Schwebe lässt, komme es doch darauf an, dass die »Erfindung auf eine eigene Art« genutzt werde. Juliane und Theophan sind Figuren aus dem »rührenden Lustspiel«. Die negative Folie für den Freigeist Adrast hinwiederum sind die satirischen Komödien auf den »Fehler«: heuchlerische Frömmigkeit. Seit Molières *Tartuffe* gehört der fromme Heuchler zum festen Typenbestand der Komödie. Religiöse Heuchelei entlarven: Louise Adelgunde Victorie Gottsched: *Die Pietisterey im Fischbein-Rocke* (1736), Johann Christian Krüger: *Die Geistlichen auf dem Lande* (1743), Gellert: *Die Betschwester* (1745), Johann Elias Schlegel: *Der Geheimnißvolle* (1746; vgl. B 1, 1141). Zur Beliebtheit der Tartuffe-Nachbildungen notiert Stenzel, es sei »historisch immerhin bemerkenswert, daß der Stand des Pfarrers bereits einer Art von ›Rettung‹ bedurfte« (B 1, 1140).

Einen Einblick in das dichte Netz der Einflusswege gibt Stenzel (B 1, 1141), der zudem auf Lessings Plan eines Schäferspiels *Die beiderseitige Überredung* aufmerksam macht, in dem es ebenfalls um die Ergänzung komplementärer Charaktere gehe (B 1, 1131). – Die Anleihen Lessings bei der europäischen Komödientradition schlüsseln im Einzelnen P. Albrecht (1890–1891) und E. Schmidt (1897) auf.

Forschung

Die Forschungsdiskussion zum *Freigeist* konzentriert sich auf drei Fragestellungen: das Verhältnis von »Herz« und »Vernunft«, die Verschiebung von der Kritik zur ›Rettung‹ des Freigeists und drittens die Verbindung der Religionsthematik mit der Liebeshandlung bzw. der Form der Komödie; in allen drei Punkten herrscht ein weitgehender Konsens.

Erstens: Dass im *Freigeist* eine Synthese von Denken und Fühlen, »Erkenntnis« und (tugendhafter) »Empfindung«, erreicht werden soll – und damit auch eine Synthese aus der satirischen und der empfindsamen Form der Komödie (Kornbacher-Meyer 2003) –, ist seit Böckmanns Analyse (1949/²1965, 530 ff.) unbestritten (z. B. Fricke 1964; Bohnen [1980] spricht von der Vereinigung von Vernunft und Natur, Lukas [2005, 165–171] arbeitet, auf Kondylis' Sicht des aufklärerischen Antiintellektualismus fußend [s. S. 9], die Koinzidenz von Natur und Norm heraus). Unterschied-

liche Akzente ergeben sich in der interpretatorischen Konkretisierung, da Adrast und Theophan (sowie Henriette und Juliane) keineswegs eindeutig den Polen ›Kopf‹ und ›Herz‹ zuzuordnen sind. Insbesondere will der häufig für Adrast in Anschlag gebrachte Begriff des »Rationalismus« (Kramer [in Barner u. a. ⁵1987] 131; Brenner 2000, 103: »rationalistischer Dogmatismus«) als solcher wenig besagen. Denn Adrast, der ›Rationalist‹ der Aufklärung (Lisidor: »der […] spricht die Vernunft ist stark« [V, 4; B 1, 438]), vertritt eine Philosophie, die von der Determination des Menschen durch seine Empfindungen (s. S. 83 und S. 86 f.) ausgeht; seine Definition der Freundschaft (I, 1; B 1, 367) weist den unwägbaren, irrationalen Impulsen die Führungsrolle zu, und auch er selbst lässt sich nicht von seinem logischen Denken, sondern von seinen Leidenschaften (Eifersucht, Hass) leiten. Theophan, der Theologe, der in Religionsfragen der Vernunft Grenzen setzt (Lisidor: »der spricht die Vernunft ist schwach«), vertritt in seiner Auffassung von Freundschaft ebenfalls einen Rationalismus, jedoch einen Wolffscher Prägung; er erwartet, dass der Mensch »sich nicht von der Natur lenken läßt, sondern […] die Natur selbst lenket.« (I, 1; B 1, 368). Die psychologische Motivation der ›Liebe über Kreuz‹ überschreitet jedoch jede Festlegung des Verhältnisses von Fühlen und Denken und stellt einen wechselseitigen Bezug (und kein kausales Bestimmungsverhältnis) zwischen der unkontrollierbaren Neigung des Herzens und der Vernunfterkenntnis her. Diese Durchdringung ist ähnlich strukturiert wie die Entscheidung für den Glauben an einen übergreifenden Sinnzusammenhang, mit dem Lessing in dem Gedichtfragment *Über die menschliche Glückseligkeit* auf die materialistische Philosophie La Mettries antwortet.

Zweitens: Seit E. Schmidt (Bd. 1, ⁴1923, 139 ff.) und Consentius (1899), der die Figuren der Komödie mittels derjenigen Kategorien konturiert, die ein Aufsatz in Mylius' *Wahrsager* (1749; vgl. B 1, 1133–1140) zur Beurteilung der Freigeisterei bereitstellt, sieht man in dem Stück eher die Rettung des Freigeists, der gegen das herrschende Vorurteil in Schutz genommen werde, als die Verteidigung des Theologen. Für Bohnen repräsentiert Adrast den Lessingschen Wahrheitssucher, der durch Skepsis und Zweifel hindurch zur Erkenntnis einer immanenten Vernunftordnung gelange. Nisbet (2008, 85–93) zufolge habe Lessing durch geschickte dramaturgische »Vorkehrungen« (89) zwar die inhaltliche Diskussion religionskritischer Themen auf offener Bühne vermieden, doch werde am Schluss deutlich, dass Adrast keinesfalls zum christlichen Glauben ›bekehrt‹ werde – sogar die fromme Juliane spreche nur von den »grundlegenden Artikeln der natürlichen Religion« (91) –, sondern lediglich die Verachtung der Religion aufgebe, zugleich aber eine Position des Zweifels »in Verein mit moralischer Verantwortlichkeit« einnehme.

Drittens: Der Versuch, das gedankliche Problem im Rahmen der traditionellen Komödie zu entwickeln, wird fast unisono als gescheitert betrachtet. Hinck spricht von der Überforderung der Form (ähnlich Nisbet 2008, 93). Für Fricke sind Liebesgeschichte und philosophische Thematik nur äußerlich miteinander verbunden. Lappert sieht Charakterdarstellung, Problemanalyse und Handlung auseinanderbrechen. Lach (2004, 135–140) bedauert die Überfrachtung eines genuinen Komödienplots, der, wie das ursprüngliche Szenar (B 1, 348–360) zeige, ganz von der Spannung zwischen den gegensätzlichen Figuren her gedacht und auf eine schwebende Balance der Kontraste hin angelegt gewesen sei, mit der ›schweren‹ philosophisch-theologischen Thematik. Kornbacher-Meyer (2003, 189–207) sieht in dem Stück eine »wegweisende Überwindung bisheriger Lustspielstrukturen« (199), insbesondere des Schemas der Typenkomödie. Indem die Aufhebung von Adrasts Wahrnehmungsblockade Theophan gegenüber von der Liebesverwicklung her motiviert werde, werde die Korrektur des Vorurteils nicht nur in eine (relativ) schlüssige dramatische Handlung umgesetzt, sondern auch psychologisch nachvollziehbar; an die Stelle der Typenfigur trete ein vielschichtiger »gemischter Charakter«. Doch sei diese neue Lustspielstruktur nur oberflächlich und zufällig mit der Religions-und Freigeistthematik verknüpft, die kaum mehr als eine bloße »dramatische Zutat« sei (203). Lediglich Bohnen weist in eine andere Richtung. Die gedanklichen Dispute und die Handlung verhielten sich zueinander wie bildliche Anschauung und begriffliche »Explikation« (104). Wie auf der Reflexionsebene die Kommunikationsstörung überwunden werde (Szenenfolge I, 1; III, 5; IV, 7; V, 3), so sei die Liebe über Kreuz »eine gewissermaßen visualisierte Bestäti-

gung dafür, daß die Verbindung von ›Kopf‹ und ›Herz‹ eine Sache der ›natürlichen Anziehung‹ ist« (111).

Die wichtigste Anregung der jüngeren Forschung besteht in Lachs (2005, 142 f.) Hinweis auf Adrasts ›La Mettriesmus‹, den er durch seine Handlungsweise selbst widerlege; Lukas (2005, 220 f.) hinwiederum bringt zwar nicht Adrast, aber den Typus des Freigeists mit La Mettries Positionen in Zusammenhang. Baut man diesen Hinweis aus und entschlüsselt insbesondere die exakten Bezüge zwischen Adrasts Anschauungen und La Mettries *Anti-Sénèque*, verändert sich die Perspektive auf die Komödie in grundlegender Weise. Es geht in ihr nicht, wie bislang behauptet, um die Verteidigung der Freigeisterei, die den Willen zur »Tugend« (und damit den Anspruch auf Achtung) mit allen Spielarten der Gottgläubigkeit, mit Deismus, natürlicher Religion, Orthodoxie und aufgeklärtem Christentum, teilt, sondern um die Auseinandersetzung mit derjenigen Position, die den Angriff auf eben diese Tugend lanciert, auf den Glauben an das Gute und damit auf das theoretische Fundament von Lessings Praxisbezug und seiner Toleranzidee. Als Freigeist vom Zuschnitt La Mettries wäre Adrast eine Unperson nicht nur für orthodoxe Lutheraner, sondern gleichermaßen für Deisten und aufgeklärte Philosophen (etwa vom Schlage eines Diderot; vgl. Laska 1985, XVI f.; Jauch 1998, 35 f.). Damit rückt auch die Struktur des *Freigeists* scheinbar wieder näher an das Modell der Typenkomödie heran (Erziehung eines Außenseiters durch eine Intrige). Erst vor diesem Hintergrund erschließt sich die Tragweite der in der Komödie geleisteten Differenzierung zwischen den Überzeugungen und dem Menschen, der sie hat: ›Rettet‹ Lessing auch diesen Außenseiter, den Mann »ohne Religion« (Szenar; B 1, 348), oder rettet die positive Zeichnung Adrasts *vor* der Möglichkeit solcher Verkommenheit – ist das Synthesemodell der Komödie integrierend oder ausschließend?

Analyse

Die Widerlegung des Materialismus. Mit Adrast betritt ein Anhänger La Mettries (Lach 2005, 142 f.) die Bühne, der sich den *Anti-Sénèque* zu eigen gemacht hat. Sekundiert wird er von seinem Diener Johann, der die Ansichten seines

Herrn in trivialisierter Form wiederholt. In beiden Figuren konturieren sich die Herausforderung und die Gefahr, die das materialistische Menschenbild für die aufgeklärte Gesellschaft bedeutet. La Mettrie setzt das Streben nach glücklichen Empfindungen dem Menschen zum Ziel, die Eigenliebe zur universellen Triebfeder erhebend. Im *Anti-Sénèque* heißt es zum Beispiel über den Lebensentwurf der meisten Menschen: »Sie kümmern sich nicht um den Gang der Natur […] und marschieren […] frisch und munter durch ihre kleine Welt. Sie essen, trinken, schlafen, leben – und haben ihren Spaß daran. Sie täuschen sich zu ihren Gunsten und sind frei von Angst, sofern sie rechtschaffen leben. Und sie haben ihre Wunschphantasien, die sie über den Tod trösten. Der Lohn, den man ihnen verspricht, so illusionär er auch ist, bewirkt, daß sie ihre wirkliche Misere fast vergessen. Sie schaffen es, glücklich zu sein, und das genügt.« (Fassung 1748; übers. Laska 1985, 24) Johann gibt ein Beispiel für die Nutzanwendung – er ist, wie »Thérèse philosophe« (B 2, 73; s. S. 84), bei La Mettrie in die Schule gegangen. Seine Art, glücklich zu leben, sieht so aus: »Der Mensch ist in der Welt, vergnügt und lustig zu leben. Die Freude, das Lachen, das Huren, das Saufen sind seine Pflichten.« (II, 5; B 1, 390). Adrasts sublimierte Version lautet (IV, 3; B 1, 416): »Wir sollen glücklich in der Welt leben; darzu sind wir erschaffen; darzu sind wir einzig und allein erschaffen.« Die Suche nach Wahrheit geschieht nicht um ihrer selbst willen, sondern dient der Glücksempfindung. Adrast fährt fort: »So oft die Wahrheit diesem großen Endzwecke hinderlich ist, so oft ist man verbunden, sie bei Seite zu setzen; denn nur wenig Geister können in der Wahrheit selbst ihr Glück finden.« Er zieht die gleichen gesellschaftspolitischen Konsequenzen wie La Mettrie und rechtfertigt den Betrug am Volk. Die religiösen Gebote garantierten die staatliche Ordnung: »Man lasse daher dem Pöbel seine Irrtümer; man lasse sie ihm, weil sie ein Grund seines Glückes und die Stütze des Staates sind« (ebd.). Wiederum bilden nicht die gesellschaftlichen Tugenden – Aufklärung, ›Vervollkommnung‹, Nächstenliebe – die Zielorientierung, sondern der Lebensgenuss. Die Gegenleistung des Staats für den »Pöbel«: In ihm (dem Staat) könne er »für sich Sicherheit, Überfluß und Freude« finden (ebd.). Johann, der »Affe« seines Herrn, hat nicht nur die

Lehre von der Zentralstellung der Glücksempfindung aufgeschnappt, sondern auch die Lehre von der Kontraproduktivität der Schuldgefühle und des Gewissens, das Herzstück des *Anti-Sénèque*. So rät und drängt er Adrast zu einer kriminellen Handlung, wenn kein anderer Ausweg aus dem finanziellen Ruin mehr offenzustehen scheint (I, 5; B 1, 376f.). – Lessing stattet seinen Freigeist mit ähnlichen Motiven aus, die er auch in dem Gedichtfragment *Über die menschliche Glückseligkeit* dem materialistischen Denker zuschreibt. Adrast hängt seinen Überzeugungen nicht um der Wahrheit willen an, sondern weil er sich vom Glauben der Menge abgrenzen will, weil er das Aparte sucht. Würden seine »Meinungen« allgemein, so nähme er sofort die gegenteiligen an, sagt er zu Juliane (IV, 3; B 1, 415; vgl. *Über die menschliche Glückseligkeit*, B 2, 647, V. 31 ff.–648, V. 1–9). Die Wahrheit derer hingegen, die sie um ihrer selbst willen suchen, ist per se demokratisch, sie muss für alle sein und von allen erkannt werden (können). Juliane: »Es muß entweder gar keine Wahrheit sein, oder sie muß von der Beschaffenheit sein, daß sie den meisten, ja allen, wenigstens in dem Wesentlichsten, fühlbar werden kann.« (416; der späte Lessing wird dies die »innere Wahrheit« der christlichen Religion nennen). – Summa summarum: Adrast artikuliert diejenigen Thesen La Mettries, die den Glauben an das Gute und die Tugend als unbedingt geltende Werte untergraben und einen egozentrischen Hedonismus an ihre Stelle setzen. Theophan urteilt wie folgt darüber: Aus »Begierde, bemerkt zu werden«, wolle Adrast »mit aller Gewalt« etwas werden, »was nur Feinde der Tugend, was nur Bösewichter sein sollten. […] es ist ein Ungeheuer, es ist die Schande der Menschheit.« (364 f.).

Freilich: Dies Verdikt betrifft nur den Philosophen Adrast. Während im *Jungen Gelehrten* die Titelfigur identisch mit den Fehlern ist, die sich in ihr zum – originell konturierten – Typus bündeln, ist für den *Freigeist* die Differenzierung zwischen dem titelgebenden »Fehler« und dem Menschen Adrast konstitutiv. Dass er zwar »ohne Religion, aber voller tugendhafter Gesinnungen« sei, hält schließlich bereits das Personenverzeichnis des Entwurfs fest (B 1, 348). Wiederum ist jedoch die Perspektive der Forschung zu korrigieren. Die kritische Stoßrichtung der Komödie zielt nicht darauf, die Vereinbarkeit von Freigeisterei und Tugend zu demonstrieren, um so die klerikalen und religiösen Vorurteile abbauen zu helfen. Geradezu das Gegenteil ist der Fall: Die komödiantische Handlung treibt den Widerspruch zwischen Adrasts ›Lamettriesmus‹ und seinen Gesinnungen, seiner Lebensführung hervor, sie zeigt das Unlebbare seiner theoretischen Positionen. Zug um Zug werden von seiner Handlungsweise seine Meinungen demontiert, wie ein Kartenhaus bricht seine Philosophie zusammen. Der Mensch Adrast bringt sie zum Einsturz, mit dessen Tugend sie sich als *unvereinbar* erweist. Nicht deshalb, weil die weltanschaulichen Differenzen zweitrangig würden, wird am Ende nicht mehr nach ihnen gefragt, sondern weil Adrasts »Irrtümer« von seiner eigenen Lebenspraxis widerlegt werden. In dieser Unterscheidung zwischen den bösen Überzeugungen und dem guten Menschen steckt dann die kritische und provokante Forderung, mit der die Komödie sich an die Theologen und Religiösen wendet.

Adrasts Empfindungen und Intuitionen widerstreiten seinen philosophischen Prinzipien, er kann sie nicht befolgen. Eklatant wird der Zwiespalt in dem Moment, in dem Johann ihn auffordert, um des eigenen Vorteils willen Gewissen und Schuldgefühle zu überwinden. Das aber kann Adrast nicht: »Ich würde mich ewig schämen, meine Unterschrift geleugnet zu haben, und ohne Verachtung meiner selbst, nie mehr meinen Namen schreiben können.« (377) Johann bringt die Diskrepanz zwischen Theorie und Praxis auf den Punkt: »Da geht er, der barmherzige Schlucker. Das Maul ist groß genug an ihm; aber wenn es dazu kömmt, daß er das, was er glaubt, mit Taten beweisen soll, da zittert das alte Weib! Wohl dem, der nach seiner Überzeugung auch leben kann! So hat er doch noch etwas davon.« (377) Juliane lobt Adrasts Begriffe von der »Ehre«, der »natürlichen Billigkeit« (II, 1; B 1, 381), und Theophan weiß, dass das Herz seines Gegners unendlich besser ist als die blendenden Anschauungen, die er an den Tag legt. Auch sein Vorurteil gegen den Priesterstand ist inkonsistent, da es nicht seinem ›System‹ – das ja die Täuschung des Volks ausdrücklich billigt –, sondern seinen persönlichen bitteren Erfahrungen entspringt: Nur wegen ihres *Mangels* an (christlicher) Tugend und Nächstenliebe sind ihm die Priester verdächtig geworden, diesen Mangel macht er ihnen zum Vorwurf. Ebenso wenig kann er nach der Philoso-

phie des »blinden Zufalls« und »bloßen Ohngefährs« (I, 5; B 1, 376; vgl. Lach 2005, 143) leben. Zum einen stürzt sie in Verzweiflung, wenn das Glücksstreben frustriert wird: »Nichtswürdiges Leben«, ruft Adrast angesichts der Sinnlosigkeit seiner Klagen wider das »Schicksal« aus; er, der ehedem Lustige, ist schwermütig geworden (vgl. III, 1; B 1, 369; III, 5; B 1, 403, Z. 23; III, 8; B 1, 407, Z. 4). Welchen Trost kann da eine Philosophie spenden, welche die Bestimmung des Menschen einzig darin sieht, »glücklich in der Welt zu leben«? Zum anderen jedoch manifestiert sich in der Liebe zu Juliane ein überindividueller Sinnzusammenhang, der das blinde Ungefähr transzendiert. Ihre beiderseitige Zuneigung beruht auf der Anziehungskraft der Gegensätze und ist auf Ergänzung, Vervollkommnung hin angelegt, sie führt aus der Vereinzelung und Orientierungslosigkeit heraus. Juliane übt einen erzieherischen Einfluss auf Adrast aus, aus ihrem Mund nimmt er den religiösen Gegenentwurf zur »Bestimmung des Menschen« an: »[…] worinne kann die Schönheit der Seelen anders bestehen, als in […] würdigen Begriffen von Gott, von uns, von unsern Pflichten, von unserer Bestimmung? Was kann unser Herz, diesen Sammelplatz verderbter, und unruhiger Leidenschaften, mehr reinigen, mehr beruhigen, als eben diese Religion? […] Was kann uns zu wahrern Menschen, zu bessern Bürgern, zu aufrichtigern Freunden machen, als sie? – –« (IV, 3; B 1, 417; dazu Bohnen 1980, 117: Adrast lerne von Juliane, in »allem Wirklichen« eine höhere »Bestimmung« zu erkennen).

So wird Adrast im Laufe des Stücks weniger bekehrt, als dass er in der Auseinandersetzung mit seinen Mit- und Gegenspielern zu seinem wahren Wesen zurückfindet; weil er ein Mensch ist – gar ein Liebender –, kann er das nicht sein, was er nach seiner Philosophie sein müsste. Daran hat nun der Theologe Theophan einen entscheidenden Anteil. Theophan bringt Adrast gegenüber die christliche Liebe in Ausübung, von der Lessing an seinen Vater schreibt (30.5.1749; B 11/1, 26): »So lange ich nicht sehe, daß man eins der vornehmsten Gebote des Xstentums, *Seinen Feind zu lieben* nicht besser beobachtet, so lange zweifle ich, ob diejenigen Xsten sind die sich davor ausgeben.« Die Leistung Theophans liegt darin, dass er Geduld mit Adrast hat, der ihm feindselig begegnet, und dass er, gerade weil er dessen Weltanschauung und Menschenbild abscheulich findet, sie nicht ursächlich auf einen bösen Willen, ein schlechtes Herz, zurückführt. Auch versucht er Adrast von seiner Biographie her zu verstehen, man müsse dem temperamentvollen jungen Weltmann seine Philosophie als eine Jugendsünde verzeihen. Vor allem bringt er seinen Vetter Araspe davon ab, in einer Art Pädagogik des Schreckens Adrast endgültig ins Elend zu stürzen und dadurch, biblisch zu sprechen, den glimmenden Docht auszulöschen (III, 1); zu Recht sehen manche Forscher hier eine Schlüsselszene der Komödie.

Wie Johann, so gibt auch Theophans Diener Martin die Anschauungen seines Herrn in trivialisierter Form wieder; wo jener ein »Spitzbube« ist, ist dieser ein »Dummkopf« (vgl. II, 4; B 1, 387). Doch bringt Martins dumme Einfalt die Provokation genau zum Ausdruck, die in Theophans Perspektive und Haltung Adrast gegenüber steckt. Die Verteufelung der Atheisten von den Kirchenkanzeln herab führt ihn zu einer entwaffnenden Schlussfolgerung: Da Adrast und Johann Menschen ›wie du und ich‹ seien, könnten sie keine Atheisten sein, wie der Pfarrer sie male (II, 5; B 1, 387f.). Die Evidenz des Menschseins setzt sich gegen den kirchlichen Verdammungsspruch durch – eine umgekehrte ›sancta simplicitas‹.

In zwei Punkten lässt sich die kritische Stoßrichtung gegenüber den Vertretern von Philosophie, Religion, Kirche und Theologie zusammenfassen. Erstens: Die Komödie wendet sich gegen die Praxis der Verurteilung von Menschen aufgrund ihrer theoretischen Anschauungen – man wüsste gerne, wie Lessings geplante Lebensbeschreibung La Mettries ausgesehen haben würde (s. o. S. 84). Dass im *Freigeist* die Schlichtung des weltanschaulichen Streits und die Widerlegung des Materialismus der Handlung, der Interaktion der Figuren, anvertraut werden, enthält dabei eine weitere Toleranzforderung. Kein Rede- und Denkverbot, so impliziert es die Komödienhandlung, keine Unterdrückung der irrigen Meinungen wird die Gefahr bannen können, die von ihnen ausgeht, sondern allein die Lebenspraxis, in der die Überzeugungen sich bewähren müssen. Zweitens: Dieser Bezug zur Lebenspraxis bestimmt auch die Perspektive auf die Religion. Zu Recht wurde die Weite des Religionsbegriffs herausgestellt (Nisbet 2008, 91), der in der Komödie vertreten wird. »Religion« erscheint unter dem Aspekt, was sie zur Bildung des Menschen, sei-

ner Motivation zum Guten, beiträgt. Julianes Ausführungen dazu (s. o.) könnten auch Deisten und Naturalisten unterschreiben. So gesehen, ist die Widerlegung des Materialismus zugleich gegen den exklusiven Anspruch nicht nur der Orthodoxie, sondern jeder Religionspartei gerichtet. In beiden Momenten deutet *Der Freigeist* auf *Nathan den Weisen* voraus, wobei Lessing nie wieder so weit gehen wird, eine Figur »ohne Religion« auf die Bühne zu bringen.

Liebe über Kreuz. Wir haben bislang die Handlungskonstruktion unter dem Aspekt betrachtet: praktische Widerlegung der von Adrast vertretenen Weltanschauung. Das Ergebnis: Sowohl die Motivation des Vorurteils (negative persönliche Erfahrungen, unglückliche Liebe) als auch seine Auflösung (Beseitigung des Liebeshindernisses, Vertrauen zu Theophan) dienen dazu, den Menschen Adrast mit seinen Stärken und Schwächen vom (»bösen«) Philosophen und Freigeist zu trennen. So wird deutlich, dass das philosophische Thema – die Frage nach der Bestimmung und den Triebfedern des Menschen – und die Handlungsführung der Komödie – die psychologische Motivation, die Herausarbeitung der ›wahren‹ Bestrebungen der Figuren – miteinander korrelieren. Dabei haben wir bislang jedoch die Liebeshandlung vernachlässigt, deren angeblich mangelnden Bezug zur ernsten, weltanschaulichen Thematik manche Interpreten moniert haben. Fragen wir also abschließend, wie die Korrektur des Vorurteils und die Liebesverwicklung miteinander verbunden sind.

In der Liebeshandlung deckt die dramatische Analyse als Triebfedern der Figuren auch eigennützige Regungen, irrationale Impulse und sexuelles Begehren auf; die Macht der Liebe schließt die Eigenliebe nicht aus. Damit werden diejenigen selbstbezüglichen Empfindungen in die Motivation integriert, die La Mettrie zum Zentrum seiner Anthropologie macht. Die *vis attrativa* zwischen den gegensätzlichen Figuren widerlegt bzw. ergänzt Theophans Auffassung von Freundschaft und Liebe aufgrund »erkannter Vollkommenheiten« (I, 1; B 1, 368). Lisette weiß: Julianes Liebe zu Theophan hat ein gar zu »vernünftiges Ansehen« (II, 3; B 1, 384); Henriette dagegen liebt ihn richtig, nämlich »aus Liebe« (B 1, 385). Theophan stimmt am Ende zu: Juliane gegenüber muss er erleben, dass die »Hochachtung«

nicht hinreicht, um Liebe einzuflößen (V, 3; B 1, 434): »Ich habe mir Mühe genug gegeben, meine Hochachtung in Liebe zu verwandeln. […] Das Herz nimmt keine Gründe an, und will in diesem, wie in andern Stücken, seine Unabhängigkeit von dem Verstande behaupten.« Wie in allen seinen Jugendkomödien wendet sich Lessing gegen die »zärtliche Liebe« des rührenden Lustspiels. Im ersten Entwurf notiert er (II, 1): »Juliane verrät eine sinnliche Liebe zum Adrast« (B 1, 351), und ihr Geplänkel mit Henriette und Lisette verrät tatsächlich, dass sie sich körperlich zu ihm hingezogen fühlt (II, 1). Zugleich vibrieren die scharfzüngigen Wechselreden zwischen Henriette und Adrast von der Energie ihrer gegenseitigen Antipathie, wobei Henriette zu den erstaunlichen Frauenfiguren Lessings gehört, die den Männern Paroli bieten und erfahren müssen, dass diese ihre eigenen Worte in weiblichem Munde schelten (vgl. III, 8; zu Henriette als ›Spiegel‹ Adrasts s. Lukas 2005, 168). Auch in der Beseitigung der Wahrnehmungsblockade Adrasts spielen Gefühle eine entscheidende Rolle: Erst wenn Theophan zornig wird, kann Adrast ihm seine Aufrichtigkeit glauben, und erst wenn er nicht mehr eifersüchtig auf ihn zu sein braucht, kann er ihn als Freund sehen; umgekehrt bekennt Theophan, dass seine Geduld mit Adrast auch eigennützige Motive hat (III, 1; B 1, 397; zum Kontrast und dem »komplementären Ausgleich« zwischen Adrast, dem »Rebellen« gegen die empfindsame Vereinnahmung, und Theophan vgl. Lukas 2005, 170 und 181 f.).

Die Frage drängt sich auf: Sollte die Liebesverwicklung die Widerlegung des Materialismus wiederum widerlegen? Steht Empfindung gegen Empfindung, die Selbstbezüglichkeit der Liebe gegen die altruistischen, menschenfreundlichen »Empfindungen«, von denen Theophan meint, dass sie Adrast beseelten (I, 1; B 1, 365)? Nun: *Der Freigeist* ist die erste Komödie Lessings, in der die Figurenkonstellation und die Handlungsführung ein ›Ganzes‹ erzeugen, das eine übergreifende Harmonie und Ordnung abbildet. In diesem Gesamtzusammenhang schließen Gegensätze sich nicht aus, sondern ergänzen einander. Insofern spricht Lisidor – unbewusst – eine tiefe Weisheit aus, wenn er Theophan und Adrast zuruft: »Ihr habt allebeide, allebeide habt ihr Recht« (V, 4; B 1, 438), und wenn er in Adrasts materialistischer Philosophie, die Natur und Sinnlichkeit

eine ganz neue Rolle zuweist, manchen ›Brocken‹ (I, 3; B 1, 370) entdeckt, der sich mit den Anschauungen Theophans verbinden lässt. In der irrationalen Sympathie der Freundschaft wie in der *vis attrativa* der ›Liebe über Kreuz‹ manifestieren sich, jenseits der Vernunftkontrolle, Harmonie und Sinn; andererseits sind, so zeigt es die Motivation der Handlung, noch die edelsten vernünftigen Bestrebungen nicht frei von Eigenliebe. In diesem weiten Rahmen fungiert die Religion als Medium der Herzensbildung; umgekehrt legt jedes Streben nach dem Guten Zeugnis für eine göttliche Ordnung ab. –

Insgesamt lässt sich in der Form und Dramaturgie dieser Komödie eine Parallele zu Lessings Antwort auf Religionsstreit und atheistische Ärgernisse erkennen, wie er sie in den *Gedanken über die Herrnhuter* formuliert hat: »Der Mensch ward zum Tun und nicht zum Vernünfteln erschaffen« (B 1, 936). Weltanschauliche Konfrontationen werden durch das Handeln der Figuren gelöst und dadurch in Handlung aufgelöst. An die Stelle dozierter Vorurteilskritik und Typisierung tritt die psychologische Motivation, die Liebesverwicklung gewinnt an menschlichem Gehalt.

Die Juden

Die Juden. Ein Lustspiel in einem Aufzuge. Verfertiget im Jahre 1749. In: *G.E. Leßings Schrifften.* 4. Teil, Berlin 1754. Wieder in: *Lustspiele von Gotthold Ephraim Lessing.* Berlin 1767, Teil 1; 2. Auflage 1770. – Die Uraufführung findet 1766 in Nürnberg statt (U. Schulz 1977, 181 f.). – Text: B 1, 447–488 (nach der Erstfassung).

Entstehung und Kontext

Die Konzeption geht auf Lessings erstes Berliner Jahr zurück; in einer Voranzeige seines Freunds Naumann vom 18.10.1749 heißt das Stück noch »Der Jude« (B 1, 1152). Nach Gad Freudenthal (2005) könnte Lessing bei der Figur des reichen und gebildeten »Reisenden« Aaron Salomon Gumpertz vor Augen gehabt haben, den er vermutlich bereits 1748 kennenlernte (325 f.). 1753 rezensiert Lessing das *Schreiben eines Juden an einen Philosophen, nebst der Antwort*, in dem die rechtliche Gleichstellung der Juden gefordert wird; er empfiehlt die Schrift mit den Worten, der Verfasser mache der »guten Sache Ehre« (BPZ, 93. Stück, 4.8.1753; B 2, 523). Freudenthal hat nicht nur Gumpertz als den Verfasser dieser ersten deutschsprachigen Schrift zur Emanzipation der Juden identifiziert, sondern auch Lessings aktive Rolle bei der Publikation rekonstruiert. – In der Vorrede zum dritten und vierten Teil der *Schrifften* (1754) verdeutlicht Lessing den Erfahrungshintergrund, die »schimpfliche Unterdrückung« der Juden, und die Intention seiner Komödie, nämlich »dem Volke die Tugend da« zu zeigen, »wo es sie ganz und gar nicht vermutet« (B 3, 156f.). – Auf die Kritik des Göttinger Theologen und Orientalisten Johann David Michaelis hin, der an der Charakterzeichnung des edlen Juden in Lessings Stück ihre Unwahrscheinlichkeit monierte (B 1, 1246–1249), veröffentlicht Lessing unter dem Titel *Über das Lustspiel die Juden in dem 4ten Teile der Leßingschen Schriften* einen an Gumpertz gerichteten Brief Mendelssohns zusammen mit seiner eigenen Stellungnahme im ersten Stück der *Theatralischen Bibliothek* (1754; B 1, 489–497); zudem antwortet er Michaelis in einem Privatschreiben (16.10.1754).

Forschung

Mit den beiden Bestimmungen Lessings, das Lustspiel wolle die Entrechtung und Unterdrückung der Juden anprangern und dem Volk die Tugend da zeigen, wo es sie nicht vermute (B 3, 156f.), ist der Doppelweg der Forschung vorgezeichnet. Zum einen untersucht man die Strategie von Lessings Entlarvung der antisemitischen Vorurteile (z.B. Barner 1982); J. v. Lüpke (1998, 130–132) setzt hier einen neuen Akzent, indem er die Handlung konsequent auf das biblische Gleichnis vom barmherzigen Samariter abbildet (dazu auch Nisbet 2008, 94). Zum anderen geht es um den emanzipatorischen Gehalt des Stücks; zur Debatte steht die Frage, ob es über den Einzelfall hinaus eine gesamtgesellschaftliche Perspektive für die Juden enthalte (z.B. Guthke 1976). Eine dritte Gruppe bilden die zahllosen Untersuchungen zur Figur des Juden und zu Judenbildern in der deutschsprachigen und europäischen Literatur; Stenzel zum Beispiel (B 1, 1153f.) verweist auf den »edlen Juden« aus dem *Leben der schwedischen Gräfin* (1747/48) von Gellert als mögliches Vorbild, wobei Lessing aller-

dings zugleich eine »implizite Polemik« gegen Gellerts »Arrangements« zu entwerfen scheine.

Die Verengung des Blicks auf den Aspekt der moralischen Rehabilitation (›Rettung‹) der Juden hat dazu geführt, dass man (z.B. Hans Mayer) Lessing vorwerfen konnte, es gehe ihm »nur um individuelle Emanzipation« statt um gesetzgeberische Reformen (Nisbet 2008, 100; vgl. Guthke 2000, 278ff.). Maßgeblich sind deshalb diejenigen Studien, welche die zwei Bestimmungen Lessings wieder aufeinander beziehen und den Zusammenhang zwischen der moralischen Perspektive, der Vorurteilskritik (›die Tugend da zeigen, wo das Volk sie nicht vermutet‹) einerseits und der Forderung nach Aufhebung der allgemeinen »Unterdrückung« andererseits herstellen: die Analysen von Guthke (2000) und Nisbet (2008, 93–101). In beiden Untersuchungen beruht die Profilierung von Lessings Intention auf der Auswertung einer Fülle von Referenzen auf die zeitgeschichtliche Realität, die die Forschung (z.B. Gunnar Och, Selma Stern) inzwischen aufgedeckt hat; ein besonderer Rang kommt dabei den Recherchen Freudenthals zu (s.o.; vgl. Nisbet 2008, 95f.). Unsere Analyse fasst die Ergebnisse von Guthke und Nisbet zusammen.

Analyse

Die Pointe der Handlung: Zwei christliche Spitzbuben (Martin Krumm und Michel Stich) suchen ihre eigenen Verbrechen ›den Juden‹ in die Schuhe zu schieben, während ein inkognito reisender Jude einen Baron, der den Juden gegenüber voller Vorurteile ist, aus den Händen eben dieser Spitzbuben rettet. Die Pointe von Lessings satirischem Verfahren: Am Schluss, wenn der »Reisende« seine Identität als Jude enthüllt, muss sich der Zuschauer, insofern er die antisemitischen Vorurteile der anderen Figuren des Stücks teilt, als denjenigen erkennen, dessen Verblendung die Komödienhandlung entlarvt. Gleichzeitig stehen nicht, wie generell in der satirischen Komödie, die unpolitischen und nicht ins Strafrecht fallenden lächerlichen »Laster« zur Verhandlung, sondern ein gravierender gesellschaftlicher Missstand mit verheerenden Auswirkungen für die Minderheit. Diese Realität bestimmt auch den Ausgang der Komödie und verhindert das *Happy end*: Ehen zwischen Christen und Juden waren verboten, der Reisende kann die Tochter des Barons nicht heiraten. Die Mittel und Formen der Unterdrückung werden genau benannt: die Beschränkung der Juden auf Geldgeschäfte und Handel als einziger Erwerbsquelle (6. Auftritt; B 1, 460 f.) sowie der – von den Kirchenvertretern (oftmals) geförderte (vgl. 2. Auftritt; B 1, 453) – Verfolgungseifer der Christen (der »Reisende« spricht im Irrealis: »Wie aber, wenn es bei der einen [Nation] ein Religionspunkt und beinahe ein verdienstliches Werk wäre, die andre zu verfolgen? Doch –«; 3. Auftritt; B 1, 454). So deckt das Stück einen Teufelskreis auf. Das strukturelle, gesellschaftlich sanktionierte Unrecht erzeugt das Misstrauen und Vorurteil gegen die Juden, und das Vorurteil ›rechtfertigt‹ die Unterdrückung und den Vorenthalt der Bürgerrechte. Mit einer Lösungsmöglichkeit spielt Martin Krumm: »Ich dürfte nicht König sein. Ich ließ keinen, keinen einzigen am Leben. Ach! Gott behüte alle rechtschaffne Christen vor diesen Leuten.« (2. Auftritt; B 1, 453). Die andere Möglichkeit ist mit der Figur des »Reisenden« entworfen. Da er reich und unabhängig ist, konnte er sich zu einem tugendhaften und kultivierten Bürger bilden; sein ebenbürtiges Menschsein macht die diskriminierende Gesetzgebung (auf die das Stück, wie gesagt, in vielfacher Weise anspielt) zu einem Skandal und lässt als einzige aufgeklärte Lösung nur die rechtliche Gleichstellung zu, die den Mitgliedern der unterdrückten Minderheit die Chance gäbe, sich emporzuarbeiten.

Das Stück endet mit einem offenen Schluss. Nachdem der »Reisende« sich als Jude zu erkennen gegeben hat, revidiert der Baron sein Vorurteil: »Ich schäme mich meines Verfahrens« (22. Auftritt; B 1, 487), fügt jedoch wenig später hinzu: »O wie achtungswürdig wären die Juden, wenn sie alle Ihnen glichen!« (B 1, 487). Der »Reisende« kontert sofort: »Und wie liebenswürdig wären die Christen, wenn sie alle Ihre Eigenschaften besäßen!« (B 1, 488). Guthke (2000, 288 ff.) zufolge nimmt der Baron damit seine Einsicht zurück; er mache seine ›Achtung‹ von der utopischen Bedingung abhängig, dass alle Juden so perfekt wie der »Reisende« seien. Die Äußerung des Barons lässt sich aber *auch* als ein Signal für die Bereitschaft deuten, zukünftig in allen *Individuen* des jüdischen Volks die »Tugend«, wo sie sich zeigt, wahrzunehmen; wie er auch den »Reisenden« als Individuum wahrzunehmen gelernt hat. Die Entscheidung, welchen von beiden Wegen es einschlagen wolle, wird dem Publikum aufgetragen. Insgesamt ist für die Schlusswendung die aufklärerische Bedeutung der individualisierenden Perspektive zu berücksichtigen. Wie im *Freigeist* zwischen dem ›Fehler‹ und dem Menschen unterschieden wird, so geht es in den *Juden* um die Einübung eines Blicks, der *als erstes* zwischen dem Menschen und seiner Volkszugehörigkeit unterscheidet. Noch Nathan wird den Tempelherrn zu diesem ersten Schritt zu bewegen suchen: »Wir müssen, müssen Freunde sein! – Verachtet/ Mein Volk so sehr Ihr wollt« (II, 5, V. 519 f.; B 9, 533).

Der moralisch-humanitäre Aspekt (Kritik des Vorurteils; Erziehung zu einer individualisierenden Perspektive) und der bürgerrechtliche Aspekt (Forderung der Emanzipation und rechtlichen Gleichstellung der Juden) sind, was Lessings Komödie und ihren Kontext anbelangt, Seiten der gleichen Medaille. Dies macht auch die Debatte deutlich, die das Stück hervorgerufen hat. In seiner Kritik (B 1, 1246–1249) unterstützt Johann David Michaelis einerseits die Absicht, dem »ausschweifenden Haß« (1248) der Christen gegen die Juden entgegenzuwirken, wobei er ausdrücklich den Zusammenhang mit der rechtlichen Emanzipation herstellt. In England wurde Ende 1753 das vom Parlament bereits verabschiedete Gesetz zur Naturalisierung der Juden auf Druck der christlichen Bevölkerung wieder zurückgenommen (vgl. Freudenthal 2005): darauf verweist Michaelis, um zu zeigen, dass erst das Volk von seinem Hass abgebracht werden müsse, bevor die Gesetzgebung etwas ändern könne; hier hätten also Stücke wie dasjenige Lessings ihre aufklärerische Funktion. Eigentümlich zwiespältig wird aber seine Argumentation dadurch, dass er das Vorurteil, das zum Hass auf die Juden führt, selbst reproduziert, nämlich die Auffassung, dass unter ihnen, auch unabhängig von den gesellschaftlichen Bedingungen, »eine allgemeinere Redlichkeit kaum möglich« sei (B 1, 1248). Dagegen wenden sich dann Mendelssohns Brief – »Welche Beleidigung!« (B 1, 495) – und Lessings Replik: »Besteht man aber darauf, daß Reichtum, bessere Erfahrung, und ein aufgeklärterer Verstand nur bei einem Juden keine Wirkung haben könnten: so muß ich sagen, daß dieses eben das Vorurteil ist, welches ich durch mein Lustspiel zu schwächen gesucht habe; ein Vorurteil, das nur aus Stolz oder Haß fließen kann« (B 1, 491).

Aufnahme und Wirkung der Jugendkomödien

Lessings Lustspiele stoßen auf ein relativ reges Interesse, wobei er, wenn er sie im vierten und fünften Teil seiner *Schrifften* gesammelt herausgibt, kein unbekannter Autor mehr ist. Vor allem mit der Polemik gegen Lange hat er Aufsehen erregt. Wiederholt ist in den Rezensionen von den »beliebten Schriften des Hrn. Lessings« (*Jenaische gelehrte Zeitungen*, 24.8.1754; B 1, Nr. 4, 1249; *Westphälische Bemühungen zur Aufnahme des Geschmacks und der Sitten*, 1755, Teil 4; B 1, Nr. 10, 1255) die Rede, Lessing gilt als ›geschickter‹ Schriftsteller (ebd. Teil 3, 1754; B 1, Nr. 5, 1250). In einem Rezeptionszeugnis der Ausgabe von 1767 (*Lustspiele von G.E. Leßing*) wird der beachtliche Erfolg des *Freigeists* auf dem Theater erwähnt, das Stück sei in Berlin »allemal« »mit dem lautesten Beyfall aufgeführet worden« (*Berlinische Privilegierte Zeitung*, 14.5.1767; B 1, Nr. 13, 1260). – Kriterien der Kritik sind die Gesetze der Gattung, der Komödie, wobei man häufig die Gottschedschen Schemata anwendet und die »Sittenlehren« (B 1, Nr. 8, 1254), die »nützliche Moral« (B 1, 1260) der Stücke hervorhebt. So ein Rezensent, der im *Freigeist* Lessings Wink in Richtung der Theologen recht genau erkennt: »Die nützliche Moral dieses Stückes fällt in die Augen: man würde weniger Adraste finden, wenn mehr Teophane [!] wären. –« (B 1, 1260). Johann David Michaelis rückt den *Freigeist* vor den Hintergrund der »rührenden Komödie«. Er lobt die glückliche Mischung von Ernst und Scherz, um dann in einer kühnen Wendung (Michaelis ist Theologe) dem Theater Funktionen der Predigt zu übertragen. Er nennt das Lustspiel »erbaulich«, wobei er sich des Affronts bewusst ist, der darin für den »Liebhaber der Religion« enthalten sein kann (*Göttingische Anzeigen von Gelehrten Sachen*, 31.5.1755; B 1, Nr. 7, 1253). – Ähnlich wie *Die Juden* (s.o.) provoziert auch *Der Freigeist* zur Artikulation der kritisierten Vorurteile. So erkennt ein Rezensent in Adrast die Zeichnung eines verkommenen Charakters (eben eines »Freigeists«) und gelangt zu dem Schluss, Theophan verschwende »seine Perlen zur Unzeit« »um des groben, schmuzzigen und liederlichen Adrasts willen« (*Westphälische Bemühungen zur Aufnahme des Geschmacks und der Sitten*, 1755, Teil 4; B 1, Nr. 10, 1257).

Quellen: Edelmann 1746, Nd. 1969; Friedrich d. Gr. 1752, übers. Oppeln-Bronikowski, hg. v. Most 1974; Gellert 1770 (GS 6 [*Moralische Vorlesungen*]); Gottsched 3. Aufl. 1742 (BA 6 [*Critische Dichtkunst*]); La Bruyère 1677/1875; La Mettrie 1748/50, übers. v. Laska 1985; Molière 1669, übers. u. hg. v. Köhler 1986 [*Tartuffe*]; Mylius 1745/46 [*Der Freygeist*]; Mylius 1749 [*Der Wahrsager*] in B 1, 1133–1140; Spalding 1748/49, hg. Stephan 1908; Spalding: Kritische Ausgabe: hg. v. Beutel/Kirschkowski/Prause 2006].

Literatur

zu Entstehung und Kontext: B 1, 953–965; P. Albrecht 1890–1891 [Quellen, stoffliche Anregungen]; Böckmann 1932–33; Böckmann Bd. 1, 1949/²1965; Brauneck Bd. 1 und Bd. 2, 1993 und 1996; Daunicht 1963; Hinck 1965 [Commedia dell'arte; Nisbet 2008, 15ff.; Polledri in Berthold (2008), 59–80 [Lessing als Übersetzer Goldonis; das Konzept der wahren Komödie]; Sanna 1999, 51–71 [Beziehungen zu Goldoni]; E. Schmidt 1897 [Quellen zu den *Comischen Einfällen und Zügen*]; E. Schmidt Bd. 1, ⁴1923, 76ff; Schönborn 2000; U. Schulz 1977 [Theateraufführungen]; Steinmetz ⁵1978.

zu den Jugendkomödien: Brenner 2000, 84–108; Hoensbroech 1976, 93–126; Kornbacher-Meyer 2003 [mit umfassender Diskussion der Forschung]; Lappert 1968; Lukas 2005 [Komödiendichtung der Aufklärung; Kontextualisierung Lessings auf breiter Materialbasis]; Nisbet 2008, 66–104; Rentschler 1978, 46–64 [Figur der Lisette in den Jugendkomödien].

zu den Plautus-Abhandlungen: Beurteilung von Lessings philologischer Leistung: Conrady 1954; Korzeniewski 2003, 180–183, 185–188; Robertson 1913–14; zur Struktur und Argumentation der Schrift: Kornbacher-Meyer 2003, 26–39; Korzeniewski 2003, 180–191; Lach 2004, 140–148 (»Klassizität« der »wahren Komödie« als Ausgleich zwischen Individualisierung und Typisierung); Nisbet 2008, 101–104.

zu Damon, oder die wahre Freundschaft: Kornbacher-Meyer 2003, 125–142; Lach 2004, 123–125; Nisbet 2008, 79–81; Rentschler 1979; Vollhardt 2001, 291–298 [Freundschaftsdichtung: Verhältnis von »Freundschaft« und Tugendpflicht].

zum Jungen Gelehrten: Durzak 1970b; Jørgensen 1998 (1999) [Typus des Pedanten; Lebenswelt Lessings]; Kornbacher-Meyer 2003, 142–162; Košenina 2003, 70–74 [mit weiterführenden Literaturangaben zur Gelehrtensatire]; Lukas 2005, 97; Nisbet 2008, 75–79; Pompe in Ruchatz/Willer/Pethes (Hgg.) 2007, 186–207 [rhetorische Aushöhlung des Allgemeinen]; Rädle 1998 (1999) [der »junge Gelehrte« als »entfremdeter Lateiner«]; Rentschler 1975; Wiedemann in Burger/See (Hgg.) 1967, 215–235; Zimmermann 1992.

zum Freigeist: W. Albrecht in Schade/Sevin (Hgg.)

2007, 21–34 [Spaldings *Die Bestimmung des Menschen*]; Böckmann Bd. 1, 1949/²1965, 530 ff.; Bohnen 1980; Brenner 2000, 102–105; Consentius 1899; Consentius 1900; Fontius/Geißler in Förster (Hg) 1989, 229–264 [französische Aufklärer in Berlin]; Fricke in Moser/Schützeichel/Stackmann (Hgg.) 1964, 83–96; Jauch 1998 [La Mettrie]; Kornbacher-Meyer 2003, 189–207; Kramer in Barner u.a. ⁵1987, 130–134; Lach 2004, 111–148; Lach in Stenzel/Lach (Hgg.) 2005, 129–144; Lappert 1968; Laska 1985, V–XXIX [Einführung zu La Mettrie]; Liepe 1930 [Freigeist-Thematik]; Lukas 2005, 165–171, 181–183, 209–224; Mahlmann-Bauer in Bultmann/Vollhardt [Hgg.] 2010 (im Druck) [Spalding und Lessing]; Martens ²1971 [falsche Frömmigkeit]; Nisbet 2008, 85–93; E. Schmidt Bd. 1, ⁴1923, 139–145; 193 ff.

zu den Juden: Barner in Bahr/Harris/Lyon (Hgg.) 1982, 189–209; Freudenthal 2005; Guthke in Bormann (Hg.) 1976, 122–134; Guthke 2000; v. Lüpke in Engel/Ritterhoff [Hgg.] 1998, 127–151; Kopitzsch in Grab (Hg.) 1980, 29–90 [Kontext: Lessings Eintreten für Toleranz]; Kornbacher-Meyer 2003, 207–220; Nisbet 2008, 93–101.

zu Aufnahme und Wirkung: Braun 1; B 1, 1245–1269 [Lustspiele] und 1336–1345 [Plautus-Komplex]; Kornbacher-Meyer 2003, 127 [zeitgenössische Theateraufführungen von *Damon, oder die wahre Freundschaft*]; Nisbet 2008, 66–104 [passim; vor allem zur Bühnengeschichte der Jugendkomödien]; Och in Bayerdörfer (Hg.) 1992, 42–63 [Rezeption des Lustspiels *Die Juden*].

Samuel Henzi (Fragment)

Entstehung, Quellen und Kontext

Erstdruck: Lessing veröffentlicht das Fragment zuerst im zweiten Teil seiner *Schrifften* (1753), und zwar im Rahmen der *Briefe* (22. und 23. Brief). Danach nimmt es Karl Lessing in den *Theatralischen Nachlaß* (2. Teil, 1786) auf, er gibt ihm den Titel: *Samuel Henzi. Ein Trauerspiel* und fügt das Datum (Berlin 1749) sowie das Motto (s. S. 100) hinzu. – Text: B 1, 498–517.

Lessing beginnt die Arbeit an dem Stück wohl unmittelbar unter dem Eindruck der Ereignisse in Bern, also in der zweiten Hälfte des Jahres 1749. Das Tragödienfragment *Samuel Henzi* frappiert durch die Stoffwahl. Lessing unternimmt etwas für damals Ungewöhnliches: Er greift mitten hinein in das politische Tagesgeschehen. Formal befolgt er die Gattungsregeln, er schreibt eine Alexandrinertragödie, er beobachtet die Einheiten. Die Reibung mit der Tradition ergibt sich aus der Aktualität des dramatisierten Geschehens. Die Republikaner, deren Standeszugehörigkeit in den ›Römertragödien‹ recht abstrakt bleibt, wandeln sich bei Lessing zu zeitgenössischen Bürgern; als ein ›bürgerliches Trauerspiel‹ hat denn auch ein Rezensent das Fragment bezeichnet (nach Thomke 2005, 168 f.). *Samuel Henzi* zeugt von der gleichen Suche nach Realitätsnähe, wie sie insgesamt Lessings Jugendwerk charakterisiert.

Im 22. Brief erläutert Lessing seine Konzeption: Er habe den Patrioten (Henzi) und den Rebellen (Dücret), das wahre Oberhaupt (Steiger) und die Unterdrücker (die Ratsherren) miteinander kontrastieren wollen. Der Patriot zeichne sich durch uneigennützige Vaterlandsliebe aus, während den Rebellen Rachgier und Herrschsucht motivierten (B 2, 702 f.). Diese Selbstdeutung macht das Problem des Fragments sichtbar. Die Figuren spielen als Patriot, Rebell, Oberhaupt und Unterdrücker politische Rollen; zugleich scheinen sie nach dem Schema der Tugend-Laster-Opposition entworfen. Wie hat Lessing das Verhältnis von Politik und Moral in dem Fragment gefasst?

Der Stoff: Henzis Verschwörung in Bern

Die eidgenössische Republik Bern befindet sich im achtzehnten Jahrhundert auf dem Weg zur Oligarchie. Die kommunale Selbstverwaltung geht mehr und mehr in die Hand weniger mächtiger Familien über. Ursprünglich gehören dem »Großen Rat«, durch den die Ämter besetzt werden, ca. 350 Patrizierfamilien an. Bei den Wahlen im Jahr 1735 ist diese Zahl auf ein Zehntel geschrumpft, nur noch 35 Familien stellen die Mitglieder des Großen Rats (Feller ²1974, 447). Das bedeutet, dass der größte Teil der »Burger« (d.i. der Stand der »Burgerschaft«, die regierungsfähigen Patrizierfamilien) de facto von den Ämtern und damit von der Regierung ausgeschlossen ist. Aus Anlass der Neuwahlen zum Großen Rat im Jahr 1744 entsteht in Bern eine Denkschrift, in der der Anspruch der »Burgerschaft«, an der Selbstverwaltung beteiligt zu werden, geltend gemacht wird. Die Verlosung der Sitze im Großen Rat und die Abschaffung des lebenslangen Ämterbesitzes werden gefordert. Henzi gehört zu den Mitverfassern des Memorandums. Ohne Beweise erbringen zu können, legt man den Unterzeichnern Schmähschriften zur Last, die vorher kursierten und in denen die »Burger« zur Rebellion gegen die herrschende »Aristokratie« aufgerufen wurden (nach dem Beispiel Genfs 1738). Man lässt die Urheber der Denkschrift, die im Rahmen des Gesetzlichen verbleibt, büßen und bestraft sie mit Verbannung. Samuel Henzi erhält fünf Jahre, die er im preußischen Neuenburg (Neufchâtel) verbringt. 1748 wird er begnadigt und kehrt nach Bern zurück. Dort haben sich die Unzufriedenen nicht beruhigt. Henzi wird in den »Burgerlärm« verwickelt. Jürgen Stenzel fasst das Geschehen wie folgt zusammen (B 1, 1198 f.): »Obgleich nicht die treibende Kraft der ›Mißvergnügten‹, war er [Henzi] doch als guter Kenner der Geschichte und voll römischen Republikanismus gleichsam federführend, als der Gewürzkrämer Gabriel Fueter, dessen Bruder Daniel (Goldschmied), Emanuel Fueter (Leutnant der Stadtwache), Nikolaus Wernier (ein Schwager Henzis), der Stubenschreiber Wyss und andere den Umsturz berieten, ohne es schon zu ausgereiften

Plänen zu bringen […]. Ein Theologiestudent, der zufällig von der Verschwörung Kenntnis bekam, plauderte das Geheimnis einem Kommilitonen aus, der machte Meldung; Henzi wurde, schon auf dem Ritt nach Paris, wo er sein Leben fortzusetzen plante, verhaftet und am 17.7.1749 zusammen mit dem Leutnant der Wache und Wernier enthauptet.«

Die Verschwörung, der Verrat und der Tod Henzis bilden die zentralen Momente von Lessings dramatischem Plan. Kenntnis von dem Geschehen in Bern erlangt er durch eine einschlägige Artikelfolge in der *Berlinischen Privilegierten Zeitung*, die von Mylius redigiert wird. Über Mylius kann Lessing auch mündliche Nachrichten erhalten haben, da dieser mit Samuel König, einem der 1744 aus Bern Verbannten, in Kontakt steht. (Die Artikelserie ist abgedruckt in: B 1, 1167–1197.) Offenkundig ist Lessing von den Ereignissen in Bann gezogen. Die Ursache für seine Anteilnahme ist zunächst in der Person Henzis zu sehen: Die Biographie des Schweizers weist auffallende Parallelen zu derjenigen Lessings auf. Nochmals Stenzel: »Henzi war der Sohn eines Pfarrers – wie Lessing. Er war Literat – wie Lessing. Er liebte die Antike – wie Lessing. Als Parteigänger Bodmers und praktizierender Gottsched-Gegner zog er das Lob Samuel Gotthold Langes auf sich […]. Henzi hat auch ein Tell-Stück verfaßt« (B 1, 1199; zu Henzi vgl. auch Thomke 2005; Nisbet 2008, 252f.). Die entscheidende Frage ist nunmehr, inwiefern Lessing in Henzi nicht nur den Schriftsteller, sondern auch den politischen Helden und bürgerlichen Revolutionär (›Revolution‹ verstanden als Wiederherstellung der alten Verfassung) wahrgenommen hat.

Das republikanische Trauerspiel

Mit Gottscheds *Sterbendem Cato* (1731) ist die Tradition des republikanischen Trauerspiels – Tragödien, die Ereignisse aus der Freiheitsgeschichte Roms oder der griechischen Polis behandeln – auch im deutschen Sprachraum für das ›regelmäßige Theater‹ etabliert. Lessing zitiert diese Tradition in seinem Fragment, wenn er Wernier den Henzi als »Brutus« ansprechen lässt (vgl. *Der sterbende Cato* [1731]; dazu Nisbet 2008, 255). 1749 beginnt er mit der Übersetzung von Prosper Jolyot de Crébillons Drama *Catilina*, ei-

ner Tragödie, die gleichfalls im antiken republikanischen Rom spielt (vgl. B 1, 1276f.). Man hat in der Figur des Rebellen und Bösewichts Catilina ein literarisches Vorbild Dücrets erkannt (Bergethon 1946. – Zu weiteren literarischen Vorlagen und stofflichen Anregungen vgl. Stenzel in B 1, 1200–1203; für Nisbet [2008, 254] sind das republikanische Trauerspiel und Albrecht von Hallers Lehrdichtung [z.B. *Die verdorbenen Sitten*, 1731, oder *Der Mann nach der Welt*, 1733] die beiden literarischen Quellen des Fragments).

Nisbet hat das Verhältnis von literarischer Form und politischer Reflexion sowohl für das republikanische Trauerspiel als auch für Lessings ›schweizerische Tragödie‹ überzeugend beschrieben. In dem Gottschedschen Modell stehe die römische Republik für ein geordnetes Gemeinwesen, das Freiheit im Sinn von Rechtssicherheit gewähre und dessen Grundlage die Tugend sei. In dieser Abstraktion konnte das ›Rom‹ der Trauerspiele durchaus auf monarchisch regierte Staaten bezogen werden. Die vertrauten Topoi hätten jedoch eine neue Bedeutung angenommen, wenn man sie, wie es gang und gäbe gewesen sei, auf die modernen schweizerischen Republiken anwandte. Einerseits habe Bern als das »plausibelste Äquivalent« des frühen Rom gegolten, andererseits habe man in der Verquickung von Oligarchie, Luxus und Eigeninteresse eine Bedrohung für den Fortbestand der Republik gesehen. Die politische Verfassung, die alten Gesetze, habe man demnach als Voraussetzung und Garanten für Moral und Freiheit begriffen, und sowie die (politische) Freiheit beeinträchtigt wurde, sah man auch die Tugend gefährdet. So arbeitet Nisbet eine Parallele zwischen der zeitgenössischen Deutung der schweizerischen Verhältnisse, namentlich der Vorgänge in Bern, und Montesquieus Bestimmung der republikanischen *vertu* heraus (*Vom Geist der Gesetze* [*De l'esprit des lois*], 1748) – eine Parallele und Affinität, die eine Lektüre von Lessings Fragment ›im Licht Montesquieus‹ rechtfertige ganz unabhängig von der Frage, ob Lessing das große Werk des Franzosen bereits zu diesem Zeitpunkt gekannt habe oder nicht (256). Jedenfalls lege er seinem Henzi eine entschiedene Verteidigung der Volkssouveränität und Kritik an der monarchischen Herrschaft in den Mund.

In *Samuel Henzi* beruht der tragische Konflikt auf dem Widerspruch zwischen dem politischen

Ziel, der Wiederherstellung der republikanischen Verfassung, und den Mitteln, das heißt der dafür notwendigen Gewaltanwendung. Auch diese Art der Konfliktmodellierung findet sich im republikanischen Trauerspiel vorgeprägt. Wir verweisen auf ein Beispiel, das in das ›Vorfeld‹ von Lessings Fragment gehört: Georg Behrmanns *Timoleon. Der Bürgerfreund* (1741). Das Stück fand große Beachtung als eines der ersten regelmäßigen deutschsprachigen ›Originalstücke‹, wurde von der Neuberschen Truppe 1735 uraufgeführt und gehörte zu den beliebten Repertoirestücken (A. Meier 1993, 130 f.). Timoleon, der »Bürgerfreund«, befreit Corinth von der tyrannischen Herrschaft seines Bruders Timophanes. An dem Brudermord scheitert er jedoch: Er geht am Ende freiwillig in die Verbannung und legt die Regierung in die Hände von moralisch nicht belasteten Bürgern. Dieses Trauerspiel ist insofern mit *Samuel Henzi* vergleichbar, als es ebenfalls auf eine zeitgenössische (Stadt)-Republik referiert, nämlich auf Hamburg. Timoleon artikuliert den republikanischen Bürgerstolz: »Zur Knechtschaft sind wir nicht, nein, wir sind frey gebohren, / Wir kennen keinen Herrn, als Pflicht und Vaterland, / Als Rath und Bürgerschaft, als Weisheit und Verstand […]« (hg. R. Meyer 1981, 84). Der Vergleich mit diesem und ähnlichen Stücken macht dabei jedoch deutlich, wie sehr Lessing in *Samuel Henzi* auf eine präzise, dabei nicht affirmative, sondern kritische Fassung des politischen Geschehens hinarbeitet (zu *Timoleon* vgl. A. Meier 1993, 129–147; zur Konfliktmodellierung Lukas 2005).

Forschung: Politik vs. Tugend

Das Thema der Forschung zu *Samuel Henzi* ist die Frage, ob Lessings dramatische Analyse politisch orientiert sei (Thomke 2005, Nisbet 2008), oder ob er lediglich einen moralischen Konflikt konstruiere (Schmidt ⁴1923, Bd. 1, 210; Bergethon 1946; Loeb 1973; Hillmann 1989; A. Meier 1993, 161–180; Stenzel in B 1, 1202). Die meisten Vertreter der zweiten Variante sehen die Moralisierung des Politischen mit der Problematisierung der Gewaltanwendung vollzogen (Loeb, Hillmann); lieber mache man einen moralischen Feind im eigenen Inneren aus, als für die Freiheit zu kämpfen (Lukas 2005, 251 f.). Nach Loeb scheitert Lessing an einer Aporie. Der Streit zwischen den Bürgern, die ihre (demokratischen) Rechte einforderten, und der korrupten Regierung sei nur dann »im Geist der Aufklärung« zu schlichten, wenn die Herrschenden sich durch Vernunftgründe überzeugen ließen. Diese Möglichkeit sei jedoch durch den Gang der Ereignisse bereits »widerlegt« worden. Auf der anderen Seite sehe Lessing durch die Anwendung von Gewalt die vernünftigen Ziele von vornherein diskreditiert. Das im Fragment aufgeworfene Problem – das Verhältnis von Gewalt und Recht – sei im »Geist der Aufklärung« nicht lösbar.

Für Niefanger (2005, 313–343) hingegen liegt der Schwerpunkt des Lessingschen Textes nicht auf der ›spannenden‹ politischen bzw. ›republikanischen‹ Handlung, sondern auf der Reflexion ihrer medialen Vermittlung, die sowohl der Fragmentcharakter als auch der Kontext der *Briefe* ermöglichten. Mit der »epistolographischen« Rahmung rücke Lessing das Fragment in eine bestimmte Perspektive und mache so die »Relativität der mitgeteilten Geschichtsinterpretation im ›Henzi‹-Drama evident« (320); er entwerfe eine »selbstreflexive, dialogische und multimediale Struktur« (335), welche die Vorläufigkeit historischer Wahrheit sinnfällig werden lasse. Dem entsprächen die Binnenperspektivierung und Binnenstruktur: Die Identität der Figuren verschwinde hinter den divergierenden Fremdbildern der Historiographie; die (gleichberechtigte) Vielfalt der – durch unterschiedliche Überlieferungen geformten – Gesichtspunkte, aus denen heraus die Figuren politisches Handeln bewerteten und an denen sie sich orientierten, werde zur Geltung gebracht. (Zu den Prämissen dieser medienorientierten These, der Korrektur von Karl Lessings Datierung und dem Zweifel an der Authentizität des Mottos [315–319], s. allerdings Nisbet 2008, 253 und 257).

Zumindest das Argument, die Opposition von Tugend (Henzi) und Laster (Dücret) sei in *Samuel Henzi* gänzlich unpolitisch konzipiert und die Figuren formulierten keine konkreten politischen Vorstellungen, muss durch Nisbets Kontextualisierung des Fragments als widerlegt gelten. Wir behalten deshalb die Analyse aus der ersten Auflage, die Engführung mit Montesquieus Kritik der Regierungsformen, unverändert bei.

Analyse

Lessing beginnt mit der Ausarbeitung des Stücks 1749, unmittelbar unter dem Eindruck von Henzis Schicksal. 1748 erscheint in Genf Montesquieus Schrift *Vom Geist der Gesetze* (*De l'esprit des lois*), eine politische Theorie, die damals sogleich Furore macht. Voltaire beschreibt die Wirkung: »Alles, was nicht Mönch, Finanzmann oder Regierungsangestellter war, war entzückt« (nach K. Weigand 1965, 78). In Deutschland ist das politische Denken bis dato von Christian Wolff geprägt. Wolffs Modell gegenüber bedeutet Montesquieus Analyse und Beurteilung der Staatsformen einen radikalen Neuansatz, eine Herausforderung und Umwertung. Neu gewertet, umgekehrt wird die Zuordnung von politischer Verfassung und »Tugend«. Wir wollen im Folgenden das Henzi-Fragment in diese Zusammenhänge einordnen. Wir vertreten die These, dass Lessing in Frontstellung zu Christian Wolff, zur »Schulphilosophie«, argumentiert und dass das Profil dieser Argumentation von Montesquieu her zu erhellen ist.

Politik als Funktion der Moral: Christian Wolff

Wolffs Staatslehre ist ein Beispiel für die Aushöhlung des Politischen durch die moralisierende Verallgemeinerung, auf seinen Ansatz trifft das zu, was man in *Samuel Henzi* wiederzuerkennen vermeint. – »Politik« heißt bei Wolff die Lehre vom »gesellschaftlichen Zusammenleben der Menschen« (sog. *Deutsche Politik* [1. Aufl. 1721]; GW I/5). Die leitenden Kategorien sind moralische. Ein Axiom ist vor allen anderen richtungweisend: Ziel und Zweck des »Gemeinwesens« sei es, dass alle in den Stand gesetzt würden, durch Erfüllung der zwischenmenschlichen Pflichten und »Verbindlichkeiten« die ihnen jeweils mögliche »Glückseligkeit« zu erreichen. Die Voraussetzungen hierfür zu schaffen, sei Aufgabe der Regierung. Immer wieder kommt Wolff auf diesen Satz zurück: »Da das gemeine Wesen [= Gemeinwesen] deswegen eingeführt wird, damit der Mensch desto bequemer denen natürlichen Pflichten ein Gnügen thun kann [...], folgends diejenige Glückseligkeit erreichet, deren er fähig ist [...]; so hat man in Einrichtung und Verwaltung des gemeinen Wesens davor zu sorgen, daß diejenigen, so willig sind der natürlichen Verbindlichkeit ein Gnügen zu thun, nicht allein von andern nicht gehindert, sondern vielmehr gefördert werden« (GW I/5, §227, 171).

Die verschiedenen Regierungsformen versteht Wolff als unterschiedliche Möglichkeiten, den Zweck des Staats zu erreichen. Mit Aristoteles unterscheidet er Monarchie, Aristokratie, Demokratie (»Politie«) sowie deren Entartungsformen (Tyrannei, Ochlokratie, Anarchie). Als wesentlich für den Erfolg einer Regierung sieht er nicht die Art der Verfassung an, sondern die »Tugend« der Herrschenden. Allein die »Tugend« und Einsicht der Personen, die die Macht innehätten, garantierten, dass die Sorge für das gemeine Beste das Handeln bestimme. Nicht auf dem Weg institutioneller Regulative bzw. verfassungsmässiger Einschränkung der Macht, sondern durch Erziehung zur Tugend will Wolff der Ausbeutung und Unterdrückung vornehmlich begegnen. Das Problem systembedingter Missstände kennt er nicht. Er räumt zwar ein, dass die »Landesobrigkeiten« nicht immer die »Vernunft« besitzen, die nötig ist, um sich nicht durch egoistische (»wiedrige«) Affekte dazu »hinreissen« zu lassen, wider die »Grund-Gesetze« zu handeln (GW I/5, §439, 470). Von daher denkt er über Möglichkeiten nach, die Macht im Staat zu verteilen, insbesondere die Besteuerung zu kontrollieren. Doch im gleichen Atemzug hält er an der Vernünftigkeit (»Möglichkeit«) der absolutistischen Staatsform fest, in der Macht und Gewalt »unumschränkt« in der Hand eines Einzelnen ruhen.

Regierende und Regierte erscheinen bei Wolff als »Obrigkeit« und »Untertanen«, die Beziehung zwischen beiden beruht auf Befehl und Gehorsam. Der Obrigkeit obliege das Befehlen, die Untertanen seien zum Gehorsam verpflichtet. Das Wort »Freiheit« taucht bei Wolff kaum auf, die natürliche »Freiheit« der Bürger erscheint eher als Gefahrenquelle in der »Politie«, wo sie zu Zwist und schließlich zur Unregierbarkeit des Gemeinwesens führen könne. Das Fundament bildet das Naturrecht, das heißt die »natürliche« Verpflichtung der Menschen, einander zu helfen. Die Befehlsgewalt der Obrigkeit ist für Wolff (nur) dadurch legitimiert, dass die Sorge für die allgemeine »Wohlfahrt« und »Sicherheit« oberstes Prinzip ist. Wolff definiert die »Obrigkeiten« als Personen, die sich »die Sorge für die gemeine Wohlfahrt und Sicherheit angelegen seyn lassen«

(GW I/5, §232, 174), ausschließlich aus dieser Sorge fließe die Befehlsgewalt. Das Widerstandsrecht der Untertanen, wenn die Regierung gegen ihre Pflichten verstößt, grenzt er dabei auf den einzigen Fall ein, dass sie zu unrechtem Handeln genötigt werden.

Wolff handelt in der *Deutschen Politik* (u. a.) von der »Einrichtung des Gemeinwesens«, worunter er öffentliche Institutionen und Veranstaltungen versteht, von der Gesetzgebung (den »bürgerlichen Gesetzen«), von dem Souveränitätsprinzip und von der Verwaltung. Es fällt auf, wie selten er auf konkrete politische Bedingungen eingeht. Meistens denkt er von seinen philosophischen Prämissen aus, er denkt im Rahmen der »Vollkommenheitslehre«. Dass im »Gemeinwesen« alle zur Förderung des Gemeinwohls angehalten sind und dass man hierzu Vernunft, Tugend und (philosophische) Erkenntnis braucht, das ist der *cantus firmus* seiner Ausführungen. Mit der Entkonkretisierung des Politischen schleicht sich unter der Hand die Idealisierung bestehender Verhältnisse ein. Sicherlich versteht Wolff, wenn er die Ausübung der obersten Gewalt als Dienst am Gemeinwohl beschreibt, dies als Mahnung, einem Ideal nachzukommen. Dennoch verwischt sich in seiner Darstellung die Differenz zwischen »Ideal« und Wirklichkeit. Es entsteht der Eindruck, als ob in der (absolutistischen) Monarchie de facto der Einsatz für das gemeine Beste das vorrangige Regierungsprinzip sei. Insbesondere gibt Wolff keinerlei Analysen, ob und wie Missständen durch institutionelle Verbesserungen abzuhelfen sei. Jede Regierungsform erscheint ja als praktische ›Umsetzung‹ des leitenden Prinzips, des Prinzips der Sorge für Wohlfahrt und Sicherheit, in jeder Regierungsform kann das Ideal gleichermaßen angestrebt werden. Dass dies geschieht, hängt für Wolff einzig von der »Tugend« der Herrschenden ab. Immer ist innerhalb dieses Denkens politisches Handeln eine Funktion des allgemeinen moralischen (= altruistischen) Verhaltens (s. ergänzend S. 19 f. und S. 450 f.).

Lessings Kritik an der »Schulphilosophie«

In zwei Rezensionen streift Lessing die herrschende politische Theorie. Er wirft ihr Entkonkretisierung und falsche Idealisierung vor, also Mangel an realpolitischem Gehalt. In der Rezen-

sion von Fénélons *Kunst glücklich zu regieren* (*Directions pour la conscience d'un roi [...]*, 1747) moniert er, dass die Schrift sich darin erschöpfe, Verhaltensregeln aufzustellen, die lediglich den Menschen, nicht aber den Fürsten beträfen. Das Moralische und Menschliche sei eben keine politische Kategorie, die Ebene, auf der Fénélon argumentiere, sei viel zu allgemein, um zum Verständnis irgendeiner spezifischen politischen Situation mit ihrer tausendfältigen Bedingtheit beitragen zu können. Lessing (B 2, 154): »Alles, was Fenelon hier sagt, würde ein jeder Schullehrer von gutem Verstande auch haben sagen können. Es sind lauter allgemeine Sätze, welche aus einem Prinzen zur Not einen ehrlichen und vorsichtigen Mann, nichts weniger aber als einen großen König machen können.« Ähnlich ist die Stoßrichtung in der zweiten Rezension: »Abermals ein Werk eines Gelehrten von der Regierungskunst, das recht gut sein würde, wenn die Regierungskunst ein Gegenstand wäre, dem ein Gelehrter gewachsen wäre« (B 2, 259). Aus »der Schule« stammten »ganz artige Gedanken von der Glückseligkeit der Völker, von der wahren Größe eines Regenten, und dergleichen« (ebd.), doch seien dies nicht mehr als Floskeln, die vor den komplexen Anforderungen der Realität zuschanden würden. In der Fénélon-Kritik berührt Lessing schließlich die Diskrepanz zwischen dem Ideal, das der Monarchie untergeschoben wird, und der Regierungspraxis. Politischer Erfolg gehe häufig auf Kosten von Moral und »Tugend« (B 2, 154): »Man darf die Geschichte nur oben hin durchlaufen haben, um von der Wahrheit überzeugt zu sein, daß die besten Könige selten die glücklichsten, und die glücklichsten noch seltner die besten gewesen sind.«

Das Henzi-Fragment enthält eine direkte Anspielung auf Wolffs Koordination von politischer Tat und »Tugend«. Wolff weist auch dem (öffentlichen) Theater einen Platz im Gemeinwesen zu, da Tragödien und Komödien die Folgen von Tugend und Laster vor Augen stellten und dem Gemüt einprägten. Somit habe das Theater einen Erziehungswert (GW I/5, §328, 275 ff.). In Lessings Stück verhöhnt Dücret den Glauben, dass die »Tugend« Grundlage und Ziel politischen Handelns sei. Dies sei eine theatralische, eine sehr unpolitische Illusion. Um sich in der »Wirklichkeit« zu behaupten, seien andere Qualitäten verlangt. »Tugend« und »Politik« seien nicht miteinander zu vermitteln. Dücret (II, 1, V. 1ff; B 1, 510):

> Doch lieber sprich mit Ernst, als oratorisch schön,
> Den Helden minder gleich, die auf der Bühne stehn,
> Und auf des Sittenspruchs geborgte Stelzen steigen,
> Dem Volk die Tugenden im falschen Licht zu zeigen.
> Sprich ungekünstelt! Sprich! Was habt ihr bis anjetzt
> Der Freiheit euers Berns, auf das ihr trotzt, genützt?

Diese Worte sind dem »Bösewicht« Dücret in den Mund gelegt, was natürlich die Kritik an einem realitätsfremden Tugendideal relativiert. Die anderen Figuren, Henzi zumal, berufen sich ständig auf Tugend und Vaterlandsliebe. Die Zentralstellung der »Tugend« in dem Stück führte die Interpreten ja auch dazu, von Entpolitisierung zu sprechen. Es stellt sich die Frage, wie Lessing in dem Fragment »Tugend« und politisches Handeln einander zuordnet. Lässt er die politische Dimension, das Problem von Verfassung, Staatsform etc., wie Wolff restlos im Moralischen (d.h. in der sittlichen Verpflichtung, sich für den anderen einzusetzen) aufgehen? Oder lässt das Stück eine Konkretisierung der politischen Thematik erkennen, wie Lessing sie schließlich in den genannten Rezensionen fordert? Die Frage führt zu unserer Ausgangsthese zurück: Die politische Argumentation des Fragments steht quer zu Wolffs Theorie, sie fordert die Schulphilosophie heraus; sie enthüllt ihr Profil, wenn sie von Montesquieu her gelesen wird (benutzte Ausgabe: *Vom Geist der Gesetze*, übers. K. Weigand 1965).

Samuel Henzi und Montesquieu

Drei Themen des Fragments lassen sich auf Konzeptionen Montesquieus beziehen: Der Zusammenhang von Herrschen und Dienen (1), von Tugend und Freiheit (2) und schließlich (3) die »Entartung« der Demokratie.

(1) Bereits das Motto, das Karl Lessing den Papieren des Bruders entnommen hat (B 1, 1218f., Anm. zu 498, 2), ist wie eine Kampfansage an die gängige Aufgliederung des Staatskörpers in die »Obrigkeit«, die befiehlt, und die Untertanen, die gehorchen. Es stammt aus Aristoteles' *Politeia*, der Kontext ist die Beschreibung der Demokra-

tie. Es lautet (B 1, 1218): »Zur Freiheit gehört aber erstens, daß man abwechselnd regiert und regiert wird. [...]« In der Demokratie, heißt das, existiere keine Trennung zwischen den Befehlenden und den Gehorchenden, sondern die Regierenden sind den nämlichen Gesetzen wie die Regierten unterworfen. Dieser Satz führt zugleich ins Zentrum von Montesquieus Demokratieverständnis. Die demokratische Freiheit beruht nach Montesquieu darin, dass Gleichgestellte einander befehlen und gehorchen (183). Bei einer »Volksregierung« fühle der »Mann, der die Gesetze ausführen läßt«, »daß er selbst ihnen unterworfen« sei »und sie in ihrer Schwere zu ertragen« habe (118). Ganz ähnlich fordert Henzi, »Dienst und Regiment« müssten »zum gleichen Teil« beglücken (I, 2, V. 15; B 1, 507). Wenn er unermüdlich die »Freiheit« an die Bereitschaft (und Fähigkeit) zu dienen knüpft, so ist deshalb hierin nicht lediglich der Aufruf zu moralischer, sondern auch zu politischer Selbstbestimmung zu sehen. Henzis Dienst am Vaterland hat die »Freiheit« zur Voraussetzung, er ist, wie die kontextuellen Bezüge zeigen, nur innerhalb der demokratischen Regierungsform möglich.

(2) Ähnliches gilt für das Prinzip der »Tugend«. Berühmt ist die »Prinzipienlehre« Montesquieus. Die Motivation, aus der heraus die Bürger ihr Zusammenleben gestalten, ist für Montesquieu nicht im Bereich des »Allgemein-Menschlichen« angesiedelt, sondern aufs engste mit der Verfassung, der Regierungsform verbunden. Diese Motivation nennt er das »Prinzip« der jeweiligen Regierung, das, was die Menschen im Staat »in Bewegung« setzt und »zum Handeln« bringt (117). Er unterscheidet drei Prinzipien bzw. »Triebfedern«: Furcht, Ehre und Tugend. In der Despotie herrsche die Furcht, um der Ehre willen handelten die Menschen in der Monarchie, nur in der Demokratie sei die »Tugend« die Quelle für das (politische) Handeln. Tugend und (politische) Freiheit sind für Montesquieu Wechselbegriffe. Nur wo die Gehorchenden zugleich die Verantwortung trügen (und umgekehrt), sei »Tugend« *nötig*, sie müsse da die Triebkraft der Gesellschaft sein, wo der Einsatz für das Ganze auf Selbstbestimmung beruhe. Sie *könne* aber auch nur in diesem Fall die Triebkraft der Gesellschaft sein. Die Monarchie, in der der König die Befehlsgewalt innehabe, schließe (im Wesentlichen) die »Tugend« als Handlungsprinzip aus, die Gesetze,

die Gehorsam verlangten, und die »Ehre« träten an ihre Stelle. »In den Monarchien«, schreibt Montesquieu (122), »bringt die Politik die wichtigen Dinge mit sowenig wie möglich Tugend zuwege. […] Der Staat behauptet sich unabhängig von Vaterlandsliebe […]. Die Gesetze treten hier an die Stelle all jener Tugenden, deren man nicht mehr bedarf. Deren entbebt euch der Staat.« Während für Wolff die Regierung immer eine Funktion der »Tugend« (des Einsatzes für das Gemeinwohl) ist, kehrt Montesquieu das Verhältnis um: die (politische) Tugend wird zur Funktion der Regierungsform. Die Monarchie lasse die Tugend nicht zur Entfaltung kommen. Wo »Tugend« als Triebkraft des gesellschaftlichen Zusammenlebens genannt wird, ist die Abkehr von der absolutistischen Staatsform impliziert.

Freiheit, Dienst am Staat bzw. Vaterlandsliebe und »Tugend« gehen in *Samuel Henzi* eine unauflösliche Symbiose ein, jeder der Begriffe ist in dem anderen mit enthalten. Henzi macht die Tugend von der freiheitlichen Verfassung abhängig. Er beklagt sich über den Amtsmissbrauch der Ratsherren (I, 1, V. 8 f.; B 1, 501):

Freiheit! wann uns von dir, du aller Tugend Same,
Du aller Laster Gift, nichts bleibet als der Name
[…].

Dezidiert wird die demokratische (im damaligen Sprachgebrauch: republikanische) Regierungsform von der monarchischen abgegrenzt. Das Wahlrecht ist für Montesquieu das Fundament der Demokratie. Genau so argumentiert Henzi, wobei der Unterschied zwischen der Usurpation der Berner Ratsherren und dem – formal legitimen! – Status des Monarchen in seiner Rede signifikanter Weise verwischt wird. Hörbar wird das Aufbegehren gegen die Trennung der Menschen in die »Obrigkeit« und die »Untertanen« und gegen die Sonderstellung des Königs, der bei Wolff nur Gott über sich hat. Henzi (I, 1, V. 20 ff.; B 1, 503):

Drum wollte Gott, der Rat vernähm uns heute noch!
[…]
Und gönnte sich den Ruhm, der keinen König zieret,
Daß er ein freies Volk durch freie Wahl regieret.
Dies macht Regenten groß, kein angemaßtes Recht,

Kein Menschen ähnlich Heer, von Gott verdammt zum Knecht.
Freund, kann es möglich sein, daß die sich glücklich schätzen,
Die unverschämt sich selbst an Gottes Stelle setzen?

Das Prinzip der Volkssouveränität wird gegen die »Herrschaft« der Obrigkeit ausgespielt. Von Berns (alter) »Hoheit« ist die Rede, die wahrgenommen werden müsse, nur das »Vaterland« dürfe als »Herr« gelten, wobei der – gewählte – »Rat« in Henzis Augen Vormundfunktion für das »Volk« ausübt (Henzi nennt den Rat »des Volkes Mund und Hand« – I, 2, V. 17; B 1, 507; vergleichbar ist es, wenn Montesquieu dazu neigt, dem Volk nur das aktive, nicht aber das passive Wahlrecht zuzugestehen – z. B. 215 ff.). Dass der Rat sich zum »Herrn« gemacht habe, diene ihm zum Schimpf; »Vater« wird zum Gegenbegriff zu »Herrscher«. Von Steiger meint Henzi (I, 2, V. 11 f.; B 1, 508): »Er kann Berns Vater sein. Bern seufzet noch um ihn./ Drum laß uns ihn dem Schimpf sein Herr zu sein entziehn.« Lessing mag sich überdies in der Wahl des Stoffes, des Freiheitskampfes einer Schweizerischen Stadtrepublik, dadurch bestärkt gefühlt haben, dass Montesquieu die demokratische Regierungsform für kleine Staaten am geeignetsten hält. – »Tugend« fungiert in dem Tragödienfragment als politische Kategorie und steht in ursächlichem Zusammenhang mit der (demokratischen) Freiheit. Darüber hinaus formuliert Henzi die folgenden konkreten Zielvorstellungen (II, 2, V. 7 ff.; B 1, 514): Beteiligung an der Regierung (»gleichgeteilte Sorg um das gemeine Heil« – V. 8), religiöse Toleranz, Rechtsgleichheit und Rechtsstaatlichkeit, Abschaffung der Fronarbeit (unbelohnte »Müh«, um der Großen »faulen Bauch« zu nähren – V. 15 f).

(3) Der dramatische Konflikt speist sich in Lessings Fragment aus der Bedrohung der Republik bzw. der republikanischen Verfassung durch Tyrannei (Ratsherren) und Anarchie (Aufständische, Dücret). Auch hier lässt sich der Angelpunkt der Problematik von Montesquieu her konturieren. Diktatur (»Tyrannei«), Anarchie bzw. Rebellion (»Volkserhebung«) sind nach Montesquieu die Entartungsformen der Demokratie. Zur Diktatur werde die Demokratie, wenn ein (oder mehrere) Bürger die Macht an sich risse(n). Anders als in der Monarchie, in der »die Gesetze schon den Staatsaufbau berücksichtigt« (110) hät-

ten, zerstöre die Usurpation der Macht in der Republik die Grundlagen des Zusammenlebens. Kein Gesetz schütze dann die Bürger vor dem Amtsmissbrauch, »weil die Gesetze ihn nicht vorgesehen und daher nichts getan haben, was ihn bremsen könnte« (110 f.). Anarchie und Rebellion sind für Montesquieu die Kehrseite der Diktatur. Meistens richteten sich Volksaufstand oder Staatsstreich gegen den Tyrannen, nicht gegen die Tyrannei, am Ende werde nur der eine Unterdrücker durch den anderen ersetzt.

Den Grund hierfür sieht Montesquieu darin, dass in der »entarteten« Demokratie der Geist der Tugend verloren sei. Ehrgeiz, Herrschsucht und Eifersucht hätten sich an seine Stelle gesetzt. Dem Machtstreben der Regierenden korreliert nach Montesquieu ein übertriebenes Gleichheitsstreben der Bürger, durch das die demokratischen Institutionen ausgehöhlt würden. Da man »auf die Beamten eifersüchtig« sei, werde man »es bald auf das Amt«, die Feindschaft gegen die Regierenden werde zur Feindschaft gegen die Staatsform (183). Am Ende stehe die Auflösung des Staats, der häufig die Beute eines (oder mehrerer) Tyrannen werde. Die Wiederherstellung der Republik erscheint deshalb als so schwer, wenn nicht gar als unmöglich, da sie einzig und allein aus dem »Geist der Tugend« erfolgen könnte.

Der Verlust der »Tugend« tritt im Henzi-Fragment überdeutlich hervor. Von egoistischen Motiven werden beide Parteien geleitet, Machtgier beherrscht die Mitglieder des Rats, Rachsucht beherrscht Dücret. Fuetter, einer der Verschworenen, warnt vor den Auflösungserscheinungen: »Verwegne Richter nur, nicht das Gericht abschaffen;/ Den Mißbrauch ihres Amts, und nicht ihr Amt zu strafen« (II, 1, V. 20 f.; B 1, 509), sei die Aufgabe. Henzi nun unternimmt das schier Unmögliche, er erstrebt die Wiederherstellung der Republik aus dem »Geist der Tugend«. Findet er den nötigen Rückhalt? Woran scheitert sein politisches Experiment? Wird in seinem Untergang eine politische Tragödie erkennbar? Wie wird das Problem der Gewaltanwendung gelöst? Ist Wernier als Gegenfigur zu Dücret angelegt, als eine Figur, durch die Wege aufgezeigt werden, Gewalt und Verantwortung (»Tugend«) zu vereinen? Oder ist Wernier, der für Gewaltanwendung plädiert und doch auf der Seite der Tugend steht, prinzipiell von Dücret nicht zu unterschei-

den, so dass die Verschwörung an der Notwendigkeit der Gewalt scheitert? Woran scheitert Lessings Tragödienexperiment? Ist die Konkretisierung des Politischen geglückt?

Die Fragen müssen wohl angesichts der schmalen Basis des Fragments offenbleiben. Der Abbruch der Arbeit scheint Lessings Eingeständnis unlösbarer Schwierigkeiten jedenfalls anzudeuten. In der Forschung werden als Gründe zum einen die zeitliche Nähe zu den politischen Vorfällen und das damit verbundene Problem genannt, noch lebende Personen in wenig schmeichelhaften Rollen auf die Bühne bringen zu müssen (Nisbet 2008, 258 f.), zum anderen verweist man auf die Diskrepanz zwischen Inhalt und Form: Das starre Schema der klassizistischen Tragödie und die Rhetorik, zu der der Alexandriner zwinge, seien einfach unpassend für den modernen Zuschnitt der dramatisierten Ereignisse gewesen, auch falle die statische Tugend-Laster-Konfrontation auf, eine ›Collision der Charaktere‹, die Lessing in seinen Komödien bereits überwunden hat (z.B. Thomke 2005, 176; zu den Schwierigkeiten des Schlusses s. auch A. Meier 1993, 177–180).

Auch in seinen folgenden Stücken – *Philotas, Minna von Barnhelm, Emilia Galotti* – greift Lessing zeitgeschichtlich brisante Konstellationen auf. Dabei kommt es ihm darauf an, die Figuren nicht lediglich über die Konflikte reden zu lassen – das rhetorische Prinzip –, sondern das Konfliktpotential aus ihrem Inneren zu entwickeln, um so die höchste theatralische Wirkung zu erreichen. Anthropologie, Psychologie und Religion rücken in den Vordergrund – bis er in *Emilia Galotti* das Verhältnis von »Staatsinteresse« und menschlichem Interesse neu bestimmt.

Aufnahme und Wirkung

In der zeitgenössischen Rezeption kommt der gleiche Widerspruch zum Ausdruck, der auch das Fragment prägt: der Widerspruch zwischen dem aktuellen Stoff bzw. Inhalt und der schematisierenden Gestaltung, dem Kostüm der Alexandrinertragödie. Die Reaktionen bestätigen zunächst die politische Brisanz des Fragments. In Bern reagiert man besorgt auf die Nachrichten aus Berlin über ein Stück, das eine »Rettung« des enthaupteten Henzi darstellt (B 1, 1203 f.). Albrecht von Haller wirft Lessing vor, sich nicht genau genug an die historische »Wahrheit« gehalten und vor allem »die Charakteren [!] der unglücklichen Verschwornen« nicht »nach der Natur« abgeschildert zu haben. Ducret sei nicht der »Urheber der blutigen Rathschläge« gewesen, und Henzi habe ganz »andre Gemühts-Eigenschaften« besessen, als ihm »der Hr. Leßing« zuschreibe (*Göttingische Anzeigen von Gelehrten Sachen*, 25.3.1754; B 1, Nr. 3, 1207). Auf die politische Thematik selbst geht Johann Conrad Fueßlin in einem im *Hamburgischen Magazin* (Bd. 14, 6. St., 1755) veröffentlichten Aufsatz über die »letzten Religions- und Staatsverbrechern [!] des Schweizerlandes« ein (B 1, Nr. 5, 1208). Aus konservativer Sicht – auch er verteidigt die Berner Regierung gegen Lessing – bringt er die grundsätzliche Problematik zur Sprache, die Frage nach der Staatsverfassung. Lessings Helden seien Rebellen und keine Patrioten, da sie den Umsturz der Regierung und eine Veränderung in der Regierungsart anstreben. Dieser Kritik widerspricht nachdrücklich der Rezensent der Leipziger *Neuen Erweiterungen der Erkenntniß und des Vergnügens* (1755, Bd. 6, 32. St.; B 1, Nr. 6, 1213 ff.). Er entkräftet die Argumentation Fueßlins vom Gedanken der Volkssouveränität her: »Ist es nicht ganz anders in einer Republik, wo jeder seine Freyheit genießen soll? Wodurch soll sich die Freyheit unterscheiden? Dadurch, daß eigentlich alle Glieder des Staates zu Besten desselben durch Vorschläge beytragen können. [...] Wie wollte man also diese Freyheit der Schweiz absprechen? Ich glaube dies würde genug seyn, zu zeigen, daß Henzi seiner Projecte wegen nicht als ein Rebelle anzusehen sey [...]. Hätte die Stadt Bern also dem großen Rath die Souverainität so aufgetragen, wie es sich Herr F. vorstellet, so hätte sie unrecht daran gethan [...]« (B 1, 1214).

Indem Lessings Entwurf mit den historischen Ereignissen, die fast noch Gegenwart sind, verglichen wird, stellt sich zwangsläufig die Frage nach dem Verhältnis zwischen literarischer Verarbeitung und (mit-)erlebter Realität. Hier wird die Rezeption von den vorgegebenen Mustern der Poetik geprägt. Die Differenz zwischen Dichtung

und Wirklichkeit wird zugestanden und mittels der Regeln der Tragödie begründet. Diese sind »Wahrscheinlichkeit« (B 1, 1216) und, für den Leipziger Kritiker besonders wichtig, der »gemischte Charakter« des Helden, der Zusammenhang zwischen seinem Sturz und seinem »Fehler«. Der politischen Deutung von Henzis Handlungsweise überlagert sich die Deutung von gattungstheoretischen Positionen aus (B 1, 1215): »In keinem Trauerspiele muß ein vollkommen tugendhafter und weiser Mann umkommen. Ich muß ihn vorstellen, wie er durch eine Unvollkommenheit bey allen übrigen guten Eigenschaften unglücklich wird. Hr. L. stellet den Henzi als einen großen Patrioten vor, der aber zu weit geht; und eben darinn soll sein Fehler bestehen, daß er zu patriotisch ist, und die Empörung etwas eher anfängt, als er völlig gegründete Ursache hat.«

Quellen: Behrmann 1741, Nd 1981, hg. R. Meyer; Montesquieu 1748, übers. K. Weigand 1965; Wolff GW I/5 [»Deutsche Politik«, ⁴1736].
Flankierende Rezensionen Lessings: Berlinische Privilegierte Zeitung, 90. Stück, 29.7.1751, B 2, 153 f. [Fénélon]; Berlinische Privilegierte Zeitung, 140. Stück, 23.11.1751, B 2, 259 f. [... *allgemeines System einer weisen Regierungskunst*].

Literatur

zu Entstehung und Kontext: B 1, 1166 ff. [Dokumente zum Geschehen in Bern]; Batley 1983/84; Berghahn 2002 [Montesquieu und Mendelssohn]; Feller ²1974 [Geschichte Berns]; Nisbet 2008, 252–256; Thomke in Csobádi/Gruber/Kühnel u. a. (Hgg.) 2005, 167–176 [Samuel Henzi]; Vierhaus 1987, 9–32; 262–267 [Montesquieu in Deutschland]; K. Weigand 1965, 3–85, bes. 75–79 [Montesquieu].
zu Forschung: Bergethon 1946; Hillmann 1989; Loeb 1973; Lukas 2005; A. Meier 1993, 161–180; Niefanger 2005, 313–343; Nisbet 2008, 251–259; Rehm 1951b [Barockheroismus]; Schmidt ⁴1923, 206–212; Stenzel in B 1, 1198–1203; Thomke in Csobádi/Gruber/Kühnel u. a. (Hgg.) 2005, 167–176; Wertheim 1981.
zu Analyse: K. Weigand 1965, 3–85, bes. 75–79.
zu Aufnahme und Wirkung: Braun 1; B 1, 1204 ff. [Dokumente]. – Literatur: Nisbet 2008, 257 f. [politische Brisanz des Fragments; Hinweis auf Bodmers Versuch, Lessings *Schrifften* in Zürich verbieten zu lassen].

Lyrik

Entstehung und Kontext

Erstdruck: Ab 1747 erscheinen manche der Gedichte Lessings in den von Mylius herausgegebenen Zeitschriften (vierzehn im Jahr 1747 in den *Ermunterungen zum Vergnügen des Gemüts*, elf resp. acht in den Jahrgängen 1747 und 1748 des *Naturforschers*; genaueres vgl. Stenzel in B 1, 977 ff.). Das (Fragment gebliebene) Lehrgedicht *Die Religion*, das wir als Beispiel für die Lehrdichtung besprechen, steht zuerst in der November-Nummer der Monatsbeilage *Das Neueste aus dem Reiche des Witzes* (1751). Eine größere Zahl veröffentlicht Lessing dann in der »Kleinigkeiten« betitelten Sammlung (1751). 1753 folgt der erste Band der *Schrifften*, für den er die in den *Kleinigkeiten* enthaltenen Gedichte überarbeitet, einige Titel auch weglässt. Insgesamt präsentiert er hier eine stark erweiterte Auswahl seiner Lyrik-Produktion, nimmt auch die Fragmente auf, wobei es sich fast schon um eine Gesamtschau handelt. Danach hat Lessing außer Epigrammen nur noch wenige Gedichte geschrieben. Die letzte Zusammenstellung, die von ihm selbst herrührt, findet sich im ersten Teil der *Vermischten Schriften* von 1771, wobei freilich auch Ramler in die Texte eingriff. – Texte: *Kleinigkeiten*: B 2, 357–393; *Schrifften* Teil 1: B 2, 599–624; G 1, 97–115 (Anhang: Aus den *Kleinigkeiten* 1751 und aus den *Schrifften* 1753). Aufgrund der übersichtlichen Zusammenstellung legen wir für die Lehrgedichte (*Fragmente*, 1753) G 1, 151–193 zugrunde. Darüber hinaus beziehen wir einen erst später entstandenen kritischen Text mit ein: Lessings *Rettungen des Horaz* (1754), welche »Rettung« wir als eine Verteidigung der Anakreontik lesen (zur Veröffentlichung vgl. Kap.: Frühe Literaturkritik): B 3, 158–197.

Lessing erprobt alle gängigen Gattungen, in den *Schrifften* sind die Gedichte entsprechend gruppiert: Lieder, Oden, Sinngedichte (das sind Epigramme). Unter der Überschrift »Fragmente« versammelt er seine Versuche in der Lehrdichtung. Dazu treten die Verserzählung (vgl. Nisbet 2008, 110–112), die gereimte Fabel und die Prosafabel. Wir konzentrieren uns auf die (anakreonti-

schen) Lieder und Lehrgedichte (eine Analyse vor der Folie der unterschiedlichen Gattungen bieten G. Grimm in der Reclamausgabe [1987] und Nisbet 2008, 104–112). – Zwei Worte scheinen besonders aufschlussreich, mit denen Lessing seine lyrische Produktion vorstellt. Zum einen: »Kleinigkeiten« nennt er seinen ersten Gedichtband (1751). Er betont damit sowohl den Traditionszusammenhang wie den Zeitbezug. Catull und Martial sprechen von »nugae« (»Tändeleien«), Friedrich von Hagedorn bezeichnet seine Lieder in einem Gedicht *An die Dichtkunst* als »Kleinigkeiten« (nach Stenzel in B 2, 965). Der Titel warnt davor, nach einer ernst zu nehmenden Aussage zu forschen. (Zur Ambivalenz des Titels vgl. Marx 2001). Wenn damit die sittlichen Bedenken vor allem der Liebeslyrik gegenüber entkräftet zu sein scheinen, so sind der Spielcharakter, der zur Schau getragene Unernst in sich schon Provokation. Durch seine ganze Aufmachung wird der erste Lyrikband zur heiteren Kontrafaktur des gewichtig belehrenden Buches, Widmung und Vorrede bestehen jeweils nur aus der Überschrift, das »Register der wichtigsten Sachen« bringt die Buchstaben des Alphabets. Zum anderen: In der Zeitschrift *Der Naturforscher* wird er als »der anakreontische Freund« (vgl. B 1, 99 und 100) introduciert. Die Anakreontik ist der Bezugsrahmen für einen Großteil der Gedichte des jungen Lessing. Damit stellt er sich in einen gattungsmäßigen Kontext, für den die Spannung zwischen »Leben«, »Erleben« und »Fiktion« bzw. literarischer Tradition konstitutiv ist. Zugleich nimmt er an einer durchaus avantgardistischen Bewegung teil, die auf hervorragende Weise die neue Diesseitigkeit der Aufklärung dokumentiert.

Anakreontik in Deutschland um 1750

Eine vorzügliche Übersicht über die umfängliche jüngere Forschung und deren methodisches Instrumentarium (Anthropologie, Medien- und Diskursanalyse) bieten die Beiträge von Beetz (2005) und Luserke (2001 und 2005: Anakreontik als »literarisches Dispositiv«).

Anakreontisch zu dichten, ist um die Jahrhundertmitte in Deutschland eine literarische Mode. Dabei handelt es sich zunächst um die Wiederbelebung einer antiken Tradition. 1554 veröffentlicht der humanistische Gelehrte Henricus Stephanus (Henri Estienne) ein Corpus von Liedern, die er dem griechischen Anakreon, der im 6. Jahrhundert v. Chr. auf Teios lebte, zuschreibt. (Vermutlich stammen viele der Gedichte erst aus nachanakreontischer Zeit, die Verfasserfrage ist ungeklärt.) Die Sammlung umfasst 60 Gedichte, die einen ziemlich konstanten Motivschatz aufweisen. Ein heiterer Lebensgenuss wird propagiert, Wein und die (sinnliche) Liebe werden verherrlicht, Mädchen besungen. Die Kulisse bildet eine anmutige Landschaft. Formal bestehen die Gedichte aus reimlosen, drei- oder vierhebigen jambischen oder trochäischen Versen, die ohne strophische Gliederung aneinandergereiht werden. Die Bezeichnungen »Lieder« und »Oden« werden im 18. Jahrhundert synonym verwendet; mit Bezug auf das Textcorpus spricht man meistens von den Oden Anakreons.

Seit Henri Estiennes Veröffentlichung sind die anakreontischen Motive in der europäischen Lyrik präsent, allerdings ohne eigenständige Konturen zu gewinnen; sie werden zu einem Ausdrucksmittel für ihnen übergeordnete Themen. Die Anakreontik um die Mitte des 18. Jahrhunderts stellt dem gegenüber einen Neuansatz dar. Einerseits handelt es sich auch hier um die Verarbeitung des Überlieferten im Geist der eigenen Zeit, zeugt die Dichtung von einem eigenen Stil- und Ausdruckswillen. Andererseits scheint gerade dieser Stil- und Ausdruckswille zu einer Wiederentdeckung, sozusagen Freilegung des griechischen ›Urbilds‹ geführt zu haben (Anger ²1968, 30–33).

Die Anakreontik-Welle in Deutschland ist maßgeblich bestimmt von Übersetzungen und philologischen Untersuchungen. Früh bereits (1727) legt Johann Friedrich Christ, der spätere Leipziger Lehrer Lessings, Übersetzungsvorschläge vor (Zeman 1972, 83 ff.). Gottsched übersetzt 1733 die drei ersten anakreontischen Oden, er hat dabei die Verfeinerung der deutschen Sprache im Auge. Die Entwicklung geht dann über seinen Kopf hinweg. In der Anakreontik behauptet sich eine Dichtungsauffassung, die gegen Gottsched gerichtet ist, ein Protest wird artikuliert. Gleim und Uz, einflussreiche Anakreontiker, gehören der Anti-Gottsched-Partei an. Wei-

terhin jedoch bilden die Übersetzungen eine wichtige Orientierung. 1746 erscheint die erste vollständige Übertragung der Sammlung des Stephanus ins Deutsche, die Übersetzer sind Johann Peter Uz (1720–96) und Johann Nikolaus Götz (1721–81). Daneben entstehen die eigenständigen Nachschöpfungen. Allenthalben sucht man im »Geist« des Anakreon zu dichten. 1744 erscheint Johann Wilhelm Ludwig Gleims (1719–1803) *Versuch in scherzhaften Liedern*, 1749 veröffentlicht Uz die *Lyrischen Gedichte*, Götz allerdings gibt seine Lieder, die sehr beliebt werden, nur anonym heraus. Gleim, Uz, Götz gelten, neben dem unmittelbaren Vorläufer Hagedorn, als wichtigste Vertreter der anakreontischen Lyrik. Doch dürfte »kein einziger Dichter dieses Zeitraums [1740–1760] nachzuweisen sein, bei dem sich nicht wenigstens anakreontische Motive fänden« (Erna Merker ²1958, 61).

Die Anakreon-Übertragungen und Nachahmungen konnten nur deshalb wie ein Zündfeuer wirken, weil sie Bedürfnissen der Zeit zum Ausdruck verhalfen. Signifikantes Indiz für die Priorität des »Zeitgeistes« ist die Dichtung des Hamburger Patriziers Friedrich von Hagedorn (1708–1754), die großen Einfluss auf die Generation der Anakreontiker ausübt. 1729 erscheint der Lyrik-Band: *Versuch einiger Gedichte, oder Erlesene Proben Poetischer Neben-Stunden*, 1742 folgt dann der erste, 1744 der zweite Teil der *Sammlung Neuer Oden und Lieder*. Vor der Hauptwelle der Anakreontik entstanden, aber geprägt von anakreontischen Motiven, dokumentiert Hagedorns Lyrik den gedanklich-geistigen Habitus, der die gesamte Strömung ermöglicht.

Im Folgenden ziehen wir keine engere Grenze zwischen Anakreontik und »anakreontischer Dichtung«. Als Gattungsbegriff im strengeren Sinn umfasst »Anakreontik« nur diejenigen Nachbildungen, die die Strukturmerkmale des griechischen Musters aufweisen (Zeman 1972), während das Adjektiv »anakreontisch« die Stilrichtung bezeichnet, die sich in unterschiedlichen Formen ausprägen kann. Von konstitutiver Bedeutung, das heißt unentbehrlich sind lediglich die Themen: »Wein« und/oder »sinnlich-erotische Liebe« sowie die Grundhaltung: heiterer Lebensgenuss, Befreiung von gesellschaftlichen Zwängen. Häufig wird als Szenerie ein stilisiertes Naturidyll entworfen (»locus amoenus«), Schäfer und Schäferinnen treten auf, die griechische Götterwelt wird zitiert. Statt aller paraphrasierenden Beschreibungen bringen wir ein Beispiel. Es handelt sich um Gleims »Programmgedicht« *Anakreon* (in Bohnen [Hg.] 1987, 141), in welchem gleichsam die ›Fundamente‹ der Gattung und Stilrichtung transparent werden (die Motive »Wein«, »Liebe«, Garten, Geselligkeit, der sorglose Ton, die scherzhafte Pointe):

> Anakreon, mein Lehrer,
> Singt nur von Wein und Liebe;
> Er salbt den Bart mit Salben,
> Und singt von Wein und Liebe;
> Er krönt sein Haupt mit Rosen,
> Und singt von Wein und Liebe;
> Er paaret sich im Garten,
> Und singt von Wein und Liebe;
> Er wird beim Trunk ein König,
> Und singt von Wein und Liebe;
> Er spielt mit seinen Göttern,
> Er lacht mit seinen Freunden,
> Vertreibt sich Gram und Sorgen,
> Verschmäht den reichen Pöbel,
> Verwirft das Lob der Helden,
> Und singt von Wein und Liebe;
> Soll denn sein treuer Schüler,
> Von Haß und Wasser singen?

Geistesgeschichtliche Hintergründe

Der Erfolg der Anakreontik um die Mitte des 18. Jahrhunderts hat mit der neuen Diesseits-Zuwendung und der ›Aufwertung der Sinnlichkeit‹ zu tun. »Tugend« und »Lebensfreude« werden nicht mehr als Gegensätze gedacht. Angesichts einer Welt, in der jeder zur Glückseligkeit geschaffen ist (so will es die Philosophie der Zeit), wird dankbares Genießen der Gaben Gottes geradezu zur ›Pflicht‹ (Sørensen 1954). Dem entspricht die zeitgenössische Idealisierung Anakreons. Der griechische Dichter wird zum Weisen stilisiert, der zugleich ein Freund des Lebens ist. Häufig wird dabei in den Gedichten die Verschmelzung von Sinnenlust und Tugend eigens betont: so, wenn die zärtliche Liebe ausdrücklich mit der ehelichen Liebe identifiziert wird, oder wenn die Unschuld der Natur beschworen wird. Bei solcher Synthese nimmt es nicht wunder, dass Anakreontik und Empfindsamkeit (zunächst) nicht in einem Gegensatz-, viel eher in einem Ergänzungsverhältnis stehen. Zwar ist die anakreontische Dichtung auf »Scherz« und »Spiel« hin angelegt, synonym wird der Begriff »Witz« verwendet – der »Witz«, der bei Gottsched

eine rationalistische Dichtungstheorie begründet. Doch hat das ›Scherzhafte‹ der Anakreontik eine stark affektive Komponente (Schüsseler 1990), die das rationalistische Element des Witzes überlagert, aufsaugt oder verdrängt. Im »Scherz« realisiert sich quasi die Lebensfreude, ein Gefühl – das der Daseinsbejahung – gelangt zum Ausdruck. Dazu kommt der Gesellschaftsbezug. Anakreontische Dichtung ist eminent »gesellig«, sie ist zum Vortrag im Freundeskreis bestimmt. Das Scherzhafte wird zum Medium, die Schwingungen der Freundschaft anklingen zu lassen.

Als kongeniale, den eigenen Bestrebungen adäquate Theoriebildung haben die Anakreontiker die Ästhetik Baumgartens und dessen Schülers Georg Friedrich Meier begrüßt. Hier entdeckt man die gleiche positive Einstellung zur »Sinnlichkeit«, das gleiche Bestreben, Sinnlichkeit und »Geist« zu vereinbaren. Die Anakreontiker harmonisieren Sinnengenuss und Tugend, ja, Frömmigkeit; in der Ästhetik geht es um die Erkenntnisleistung der Sinne (der sinnlichen Wahrnehmung). Die Anakreontiker stellen den Bezug zwischen ihrer Dichtung und der neuen Lehre selbst her. Gleim dichtet ein Loblied auf Baumgarten, das mit einer anakreontischen Pointe, der Identität von sinnenhafter ›Belehrung‹ und erotischer Verführung, schließt (vgl. Bohnen [Hg.] 1987, 143f.). Auf der anderen Seite wirft man Gottsched den Mangel an sinnlicher Überzeugungskraft vor, seine Dichtung, unlebendig wie sie sei, nähere sich den Abstraktionen der Schulphilosophie. Uz verspottet ihn als »Magister Duns«, der »durch schulgerechte Schlüsse« um Küsse werbe und damit seine Chloris in die Flucht jage (*Lyrische Gedichte*, 1749; Sauer 1890/1964, 34f.):

> Magister Duns, das grosse Licht,
> Der deutschen Dichtkunst Ehre:
> Der, dessen Muse finster spricht,
> Wie seine Dinge er lehre.
> Der lauter Metaphysick ist,
> Auch wann er scherzt und wann er küßt;
> Ließ jüngst bey seiner Schönen
> Ein zärtlich Lied ertönen.

Trotz der geistesgeschichtlich verankerten Synthesebestrebungen ist jedoch das Gleichgewicht zwischen sinnlichem Genuss und ethischer Orientierung in der Anakreontik ein prekäres. Auf der einen Seite verselbständigt sich der ästhetische Reiz. Die inhaltlich-gedankliche Aussage

wird auf ein Minimum reduziert, die Art der Darbietung tritt in den Vordergrund. Man sucht der
Definition Baumgartens, dass Dichtung eine
»vollkommene sinnliche Rede« sei, zu entsprechen. Sinnliche Valeurs der Sprache werden aus-
gekostet, man arbeitet mit zum Teil raffinierten
bildlichen und klanglichen Mitteln. Die Lebensfreude soll sich dem sprachlichen Ausdruck unmittelbar mitteilen. Auf der anderen Seite verselbständigt sich der erotische Reiz. Nur schwer
lassen sich in manchen Gedichten die Anspielungen auf die sinnlich-körperliche Liebe an die bürgerlichen Moralvorstellungen zurückbinden (Beispiele sind die Gedichte Johann Christoph Rosts,
vgl. Alt 1996, 151), und die Parodie geistlicher
Motive (z. B. bei Uz) ruft in pietistischen Kreisen
Empörung hervor (vgl. Beetz 2001, 42–46). Beide
Aspekte, die Intensivierung der ästhetischen Mittel und die Erotisierung des Inhalts, leisten der
Erkenntnis von der Eigengesetzlichkeit der Kunst
Vorschub. Regelmäßig und stereotyp kehrt die
Versicherung der Autoren wieder, dass man von
ihren Liedern und »Scherzen« nicht auf ihre Biographie rückschließen dürfe. Das Wort »Wein
singen und Wasser trinken« macht die Runde.
Eine Spielwelt entfaltet sich, die als solche wahrgenommen und goutiert sein will. Der Kunstcharakter der Anakreontik wird betont (Schüsseler
1990). Sinnenhafte sprachliche Verlebendigung
der körperlichen Liebe (›Ästhetisierung‹) und
Fiktionalisierung reichen sich die Hand.

Die anakreontische Poesie des 18. Jahrhunderts
ist nicht nachahmend, sondern ›inszenierend‹, sie
verkörpert eine Lebensform. Wolfram Mauser
(2000b; vgl. auch Beetz 2001, 48–53) entdeckt in
dem solchermaßen performativen Aspekt dieser
Dichtung eine anthropologische Funktion, dadurch just dem Moment künstlerischer Autonomie einen außerkünstlerischen, lebensweltlichen
Sinn verleihend. Wie die Anakreontik die Harmonisierung von sinnlichem Begehren und Vernunft propagiere, so sei ihre Wirkungsabsicht auf
das Axiom der leib-seelischen Einheit gegründet.
Denn alle poetischen Mittel, die Bilder, der
Rhythmus, die Klangfiguren, die Scherze, das
Liedhafte etc., zielten darauf, den Sinnengenuss
nicht nur darzustellen, sondern mitzuteilen, im
Leser bzw. Zuhörer eine freudige seelische Bewegung auszulösen und ihn dadurch bis in seine
leibliche Organisation hinein zu stimulieren und
zu beleben. Anakreontik als Therapeutikum:

Mauser kann zahlreiche Verbindungslinien zur
medizinisch-diätetischen Literatur nachweisen;
Ärzte und Dichter hätten das gleiche Leitbild körperlicher und seelischer Gesundheit vertreten.
Zu dem Prekären der Moral (s. o.) tritt hier das
Prekäre der ›Ontologie‹, können doch monistische Modelle (leib-seelische Einheit) leicht mate-
rialistisch vereinseitigt werden. Diese Problem-
zone wird Lessing berühren, wenn er die anakreontische Dichtung Albrecht von Hallers mit der
erotischen Prosa des (materialistischen) Arztes
La Mettrie kontrastiert (s. u.).

Anakreontik und empfindsame Literatur, so
zeigt es sich, sind komplementäre Phänomene.
So mancher Anakreontiker verfasst zugleich Gedichte, die die Signatur der Empfindsamkeit tragen, in denen sich gefühlvolle Subjektivität, Begeisterung, religiöse Erhebung artikulieren (vor
allem Uz in der Sammlung: *Lyrische Gedichte*).
Klopstock selbst beschwört in der Ode *Der Zür-
chersee* (1750), in welcher die Freundschaft emphatisch gepriesen wird, den Geist Hagedorns
(AW, hg. Schleiden 1962, 53):

> Und wir Jünglinge sangen,
> Und empfanden wie Hagedorn.

Dennoch besteht da, wo die Anakreontik zwei-
deutig-eindeutig das freie erotische Spiel suggeriert, eine Spannung zur empfindsamen Vergeistigung des Gefühls. Sie wird da umso größer, wo
Dichtung mehr und mehr zum Ausdruck von
›Subjektivität‹ wird. Die Spannung bricht in den
Verdächtigungen anakreontischer Dichtung als
›unsittlich‹ auf. Man bringt das Gedicht und das
Erlebte in einen Zusammenhang. Lessing bezieht
zweimal zu diesem Spannungsverhältnis Stellung. Er verteidigt (1) in den »Literaturbriefen«
Uz gegen die Vorwürfe, die Wieland gegen dessen Lyrik vorbringt. Einen Klärungsversuch (2),
der ins Grundsätzliche vorstößt, unternimmt er
mit den *Rettungen des Horaz*, die auch eine Antwort auf die Konstellation Haller – La Mettrie
enthalten. – Wir ordnen Lessings anakreontische
Lyrik in den skizzierten Rahmen ein, um dann
die kritische Leistung der Horaz-Rettungen zu
umreißen.

Analyse

Die anakreontischen Lieder

Die Gedichte, die Lessing 1751 unter dem Titel *Kleinigkeiten* herausgibt, sind nicht wegen ihrer Originalität interessant, sondern im Gegenteil deswegen, weil sie sich so deutlich auf den ›Zeitgeist‹, die anakreontische Mode beziehen. Lessing präsentiert Anakreon-Übersetzungen und Nachbildungen (z.B. *An die Leier*, B 2, 607f.; *An die Schwalbe*, B 2, 614 usw.), »Scherze« im Sinn der Anakreontik, wobei erotische Freizügigkeit kokett zur Schau getragen wird (z.B. *An eine kleine Schöne*, B 2, 364; *Die Biene*, B 2, 613f.), lustvoll wird der sinnliche Aspekt der Liebe betont (z.B. *Die schlafende Laura*, B 2, 609). Empfindsame Töne klingen in dem Gedicht *Die Namen* (B 2, 363) an, das mit dem Wunsch nach einer dauerhaften und wahrhaften Liebesbeziehung schließt: »Nur nenne mich die Deine.« In dem Lied *Die drei Reiche der Natur* – zuerst als Beilage in Mylius' Zeitschrift *Der Naturforscher* (1747; B 1, 100f.) veröffentlicht – wird zunächst eine Naturlehre scherzhaft, aber durchaus korrekt vorgetragen, bis die Schlusspointe den Bezug zur Naturforschung aushebelt und den Bezug zur Anakreontik an die Stelle rückt. »Wein« und »Liebe« kristallisieren sich als die dominierenden Inhalte heraus, der Schluss gibt dem Ganzen eine neue, von der poetischen Gattung bestimmte Struktur. Man hat dies als Emanzipation des Ästhetischen gedeutet, als ein Beispiel verwirklichter Kunst-Autonomie (Richter 1972, 115–119). In den langen Versreihen *Wem ich zu gefallen suche, und nicht suche* (G 1, 102–105) propagiert Lessing das Ideal des heiteren Lebensgenusses und setzt es den vielfältigsten Formen von Lebensverzicht und Askese entgegen. Unter diese fallen bezeichnenderweise sämtliche Versuche, mittels Theorie und philosophischer Abstraktion das ›Leben‹ beherrschen zu wollen. Der Sänger sagt allen »Narren, die sich isten«, den Kampf an, und zählt u.a. auf: Pietisten, Atheisten, Chymisten, Quietisten, Sophisten, Juristen, Publizisten, Linguisten, Stylisten. – Schließlich ist »Geselligkeit« die wesentliche Funktionsbestimmung von Lessings Lyrik. Sie entsteht im studentischen Milieu in Leipzig, dort hat sie ihren ›Sitz im Leben‹. Lessing integriert die Tradition des Studentenlieds. In der Verquickung von Anakreontik und Studentenlied

sieht Zeman (1972) dessen Leistung: »eine glückliche Verschmelzung zweier lyrischer Erscheinungsformen« (236). Kneipenatmosphäre haftet manchen Gedichten an, so dem bis weit ins 19. Jahrhundert hinein bekannten und gesungenen Lied *Der Tod* (B 1, 59–60. Zum Todesmotiv in der Anakreontik vgl. Guthke 2007).

Einen wesentlichen Grundzug von Lessings Liedern sieht Nisbet (2008, 104–110) in ihrer »epigrammatischen Qualität« (107), die zu ihrem sangbaren Charakter hinzutrete; die Zuspitzung auf eine Pointe präge die Struktur vieler seiner anakreontischen Gedichte. Mit seiner formgebenden Intellektualität variiere er die Gattungstradition; er arbeite mit den Mitteln der Ironie bis hin zur Parodie.

Es ist somit eine offene Frage, inwiefern Lessings frühe Lyrik die gleiche Inszenierung (und Induktion) von sinnenbetonter Lebensfreude betreibt, durch welche die Anakreontik zu einem Moment und Symptom der Diesseitsorientierung und Aufwertung der ›unteren Seelenkräfte‹ wird; nur eine genaue stilistische Analyse könnte hier Auskunft geben. Jedenfalls hat Lessing die Spannungen der Anakreontik genau erkannt und mittels einer ›strategischen Anordnung‹ des Textmaterials (Nisbet 2008) thematisiert: In der Juni-Beilage (1751) zu der Zeitschrift *Das Neueste aus dem Reiche des Witzes* konfrontiert er La Mettries Schrift *L'Art de jouir* (1751; dt.: *Die Kunst, die Wollust zu empfinden*, 1751), einen Klassiker der erotischen Literatur (und damals natürlich ein Skandal), mit Hallers anakreontischer Ode *Doris* (aus dem *Versuch Schweizerischer Gedichte* [1732; 4. Aufl. 1748]). Er wirft La Mettrie, der in seinen Essay eine Prosa-Paraphrase einiger Strophen der Hallerschen Ode eingeschoben hat, weniger das Plagiat als vielmehr den Missbrauch des deutschen Originals vor: Die »unschuldigen Empfindungen« eines »tugendhaften Dichters« seien mit »priapeischen Ausrufungen« vermengt worden (B 2, 140). In der Tat liest La Mettrie Hallers Gedicht gegen den Strich und benutzt es als Argument für die eigene Liebeskonzeption, die Propagierung der freien Liebe und Emanzipation des sexuellen Begehrens von Scham- und Ehrgefühl (vgl. dazu Lach 2005). Dabei lenkt er alles Licht auf das moralisch wie ontologisch Prekäre der Anakreontik, auf die Unmöglichkeit, von den sinnlichen Trieben her den Ausgleich mit den Tugendnormen zu begründen. Eben darauf macht Lessing, ohne die materialistische Auslegung zu teilen, aufmerksam, wenn er Hallers »unschuldige Empfindungen« und La Mettries »priapeische Ausrufungen« (vgl. B 2, 136) nebeneinanderstellt und sich beide dem Wortsinn nach kaum unterscheiden. In den *Rettungen des Horaz* greift er das Problem wieder auf und verbindet es zugleich mit der Frage nach dem Verhältnis von Kunst und Leben, Poesie und Wirklichkeit.

Rettungen des Horaz (1754)

Horaz im 18. Jahrhundert. Samuel Gotthold Lange. Obgleich Anakreontik und Empfindsamkeit gleichermaßen an der »Rehabilitation der Sinnlichkeit« teilhaben, treten doch der literarische Ausdruck empfindsamer Subjektivität und derjenige sinnlicher Lust in ein Kontrastverhältnis. Diese Spaltung wird in der Horaz-Rezeption auf besondere Weise manifest, da Horaz sowohl Erotika verfasste als auch im erhabenen Stil dichtete, da er zum Vorbild sowohl der Anakreontiker als auch der neuen ›Gefühls-Dichtung‹ dient. Eines der Gedichte, in denen Lessing das Moment sinnlicher Leidenschaft und damit das Amoralische der Liebe am intensivsten zur Sprache bringt, ist die Ode *An den Horaz* (B 2, 611). Horaz tritt in der zeitgenössischen Literatur neben Anakreon. Zur gleichen Zeit veröffentlicht Samuel Gotthold Lange seine *Horatzischen Oden* (1747) und Übersetzungen (1752). Langes Oden feiern – ernsthaft und gefühlvoll – Freundschaft und die eheliche Liebe, religiöse Themen sind einbezogen: *Lob des Höchsten, Empfindung der Vergebung der Sünde, Die Schöpfung der Freude.* Wo man jedoch in der Horaz-Nachahmung die Sprache der Empfindungen übt, hat man Schwierigkeiten mit der anderen Seite des römischen Dichters, mit seiner Liebeslyrik. Gegen Horaz werden die Vorwürfe erhoben, die man auch gegen die Anakreontiker richtet. Dabei kann man sich auf die Tradition berufen. Suetons Horaz-Biographie enthält eine Passage, in der der Dichter der Religionslosigkeit, der Feigheit und der Unsittlichkeit bezichtigt wird. Lessing zitiert einen zeitgenössischen Schriftsteller, der sich aufgrund von Suetons Bericht dazu berechtigt glaubt, Horaz der »stinkenden Geilheit und der unmäßigen Unzucht« (B 3, 161) anzuklagen. Noch Samuel Gotthold Lange stellt die antike Biographie mit dem problematischen Passus seiner Horaz-Ausgabe

voran. Lessings *Rettungen* haken hier ein. Sie sind seine inhaltliche Antwort auf Langes Veröffentlichung, nachdem er im *Vade mecum* (vgl. Kap.: Frühe Literaturkritik) dessen Übersetzung einer vernichtenden Kritik unterzogen hatte.

Lessings Verteidigung des Horaz: Rehabilitation der Sexualität und Autonomie der Dichtung. Zunächst ist auffallend, dass Lessing, indem er Horaz vor dem Vorwurf der Ausschweifung und Unzucht ›rettet‹, zugleich die Sexualität auf eine Weise rehabilitiert, die ihn (Lessing) ganz in die Nähe La Mettries rückt, zumindest zu rücken scheint. Die »Empfindungen der Wollust« seien die mächtigsten und vielfältigsten aller Empfindungen (B 3, 169), der Dichter dürfe sie, um die Gemüter einzunehmen, als die »vornehmsten Güter dieses Lebens« anpreisen (ebd.); ja, hier könne er seine höchsten Triumphe feiern. Dagegen spricht Lessing abschätzig von den »Täuschereien der platonischen Liebe« (B 3, 178) und den »strengen Sittenlehrern«, die das menschliche Herz »gern umbilden wollten« (B 3, 169). Sogar an der Spiegelkabinett-Anekdote kann er nichts Anstößiges finden (B 3, 163f.). In Suetons Biographie wird der Bericht kolportiert, Horaz habe »seine Buhlerinnen in einem Spiegelzimmer genossen, um auf allen Seiten, wo er hingesehen, die wollüstige Abbildung seines Glücks anzutreffen« (B 3, 163). Lessing fragt: Na und? »Weiter nichts?« Ist denn der Einbezug aller Sinne beim Genuss nicht erlaubt? Darf man denn, soweit die Natur es zulässt, den Reiz vervielfältigen? Warum nicht ›eine Augenlust hinzugewinnen‹? »Ausschweifend« findet Lessing das nicht. Empfänglichkeit der Sinne zeichne den Dichter eben aus. Er bewundert den Horaz: »Himmel! Was für eine empfindliche Seele […]! Sie zog die Wollust durch alle Eingänge in sich. – –« (B 3, 164). Wenn Lessing dann dennoch die Sache mit dem Spiegelzimmer für unwahrscheinlich hält, so revidiert der Freispruch Horazens die ›amoralische‹ Freizügigkeit nicht. Einschränkung der Lust aus Gründen der Moral ist für Lessing nicht das Motiv. Horaz verzichtet auf nichts (ebd.): »Nein, nein; in den süßen Umarmungen einer Chloe hat man die Sättigung der Augen näher, als daß man sie erst seitwärts in dem Spiegel suchen müßte.« Von der Geschlechtlichkeit wird der Erbsündencharakter entfernt, sie wird von dem Odium ›sündiger‹ Lust befreit. Im Dunkeln will Augustinus den Geschlechtsakt vollzogen wissen, da er die Partner erniedrige und beschäme. Lessing zieht die Decke weg – selbst im Spiegelkabinett genieße Horaz ein unschuldiges Glück.

Gleichwohl ist die Nähe zu La Mettrie eine optische Täuschung. Denn das *factum brutum* der körperlichen Liebe wird von Lessing auf dreifache Weise perspektiviert: Er ordnet die Aufwertung der Sexualität dem gleichen Naturbegriff zu, der auch hinter dem Konzept einer ›natürlichen Religion‹ steht; er deutet die Liebesauffassung als kulturelles Phänomen; und er diskutiert den poetischen Ausdruck des sexuellen Begehrens im Kontext der Autonomie der Dichtung.

Wiederholt deutet Lessing in den *Rettungen* an, dass die weltanschaulichen Prämissen für seine Rehabilitation der Sexualität deistischer Prägung sind. So befreit er den römischen Dichter von dem Vorwurf der Religionslosigkeit und zeigt ihn als (heidnischen) Vertreter einer natürlichen Gottesverehrung, wobei er nebenher die stoische ›Weltweisheit‹ als veritables Beispiel einer vernünftigen Religion darstellt. Zugleich jedoch mahnt er ein historisches Bewusstsein an: Die – freizügige – Liebesauffassung, die Horaz in seiner Dichtung zur Schau stelle, müsse im Kontext der damaligen Zeit gesehen werden. Die »Liebe« habe »jedes Jahrhundert eine andere Gestalt« (B 3, 169), der Dichter aber müsse den »Ton seines Jahrhunderts« annehmen (B 3, 170); er könne nur das nachbilden, was »zu seiner Zeit« »Mode« sei (B 3, 178) – und das habe Horaz da, wo er in seiner Lyrik auch ein wenig »aus dem Gleise der Natur« ausschweife, getan (B 3, 170; gemeint ist die Knabenliebe). Eine solche historische Relativierung betrifft natürlich auch die materialistische Liebeskonzeption der eigenen Gegenwart, raubt ihr den ›essentialistischen‹ Anspruch.

Damit ist schließlich die Frage nach dem Verhältnis von Kunst und Leben und nach der Eigengesetzlichkeit der Dichtung angesprochen. Lessing setzt die in den Klopstock-Rezensionen (s. Kap.: Frühe Literaturkritik) eingeschlagene Linie fort. Unter der Voraussetzung, dass Dichtung nicht auf philosophische Erkenntnis (des ›Wesens‹ der Liebe oder der ›Wahrheit‹ der Religion) bezogen ist, sondern dass sie Gefühle rührend und überzeugend ausdrückt – Poesie und Affekt seien »nahe verwandt« (B 3, 196) –, verteidigt er deren Autonomie. Seine Argumente sind dabei

durchaus konventionell. Die Unterscheidung zwischen ›Literatur‹ und ›Leben‹ gehört zu den ›Topoi‹ der Selbstrechtfertigung der Anakreontiker. Lessing bringt denn auch die eigene anakreontische Dichtung ins Spiel, wenn er »beiläufig« seine »Phyllis und Laura und Corinna« für »Wesen der Einbildung« erklärt (B 3, 173). Um die Abgrenzung zwischen Biographie und Dichtung näher zu begründen, greift er auf Gedankengänge Bodmers und Breitingers zurück. Wenn diese vom Flug der Phantasie und vom Feuer der Einbildungskraft sprechen, meinen sie gerade nicht die Verarbeitung realer Erlebnisse, sondern sie meinen die Fähigkeit des Dichters, Nicht-Erlebtes sich vorzustellen, sich in jede Leidenschaft hineinzudenken. Sie meinen genau das Geheimnis, »willkürliche Vorstellungen« in sich »rege zu machen« (B 3, 170), auf das auch Lessing rekurriert. Lessing selbst signalisiert, dass er auf Bekanntem aufbaut, wenn er sich mit folgenden rhetorischen Fragen an den Leser wendet (B 3, 169): »Giebt man es zu, oder giebt man es nicht zu […]? Man giebt es zu. Räumt man es ein, oder räumt man es nicht ein […]? Man räumt es ein.« Einen neuen Akzent setzt er jedoch dadurch, dass er die Kriterien, die für die erhabene und rührende Schreibart gelten, kurzerhand auch für die Erotika, die Dichtung sinnlicher Liebe, in Anspruch nimmt. Um die rührenden und ›herzerhebenden‹ »Vorstellungen« der Dichter zu ›erklären‹, entwickeln die Schweizer Kritiker ihre Theorie von der Macht der Einbildungskraft. Intensität, Moralität rsp. Religiosität und Fiktivität des ›Gefühls‹ gehören für sie (in der Poesie) zusammen. In der *Vorrede* zu seiner Übersetzung deutet Lange den Horaz in diesem Sinn: als den Dichter, der die »Sprache der Leidenschaften« spricht. Der »Affect riß ihn hin, er redet lauter Empfindungen, und mahlet in einer beständigen Entzückung« (1752/1971, unpag.). Dieses Argument überträgt Lessing von der ›erhabenen Schreibart‹ auf die Liebeslyrik. Auch hier gehe es um die Suggestion von Empfindung und Gefühl, auch hier handle es sich um fingierte Affekte, um den »Schein«, selbst zu empfinden (B 3, 170). Mit der Übertragung verändert sich die Stoßrichtung des Arguments; zu der Differenzierung zwischen Kunst und Leben tritt diejenige zwischen Dichtung und Moral. Sowenig man von der Liebeslyrik auf die wirklichen Erfahrungen ihrer Verfasser rückschließen dürfe, sowenig dürfe man die

›hohe‹ Poesie als Zeugnis für die Moralität (und Religiosität) der Autoren deuten (vgl. B 3, 178). Nicht Moral und ethische Gesinnung interessierten an der Dichtung und garantierten ihre Wirkung, sondern die ästhetische Schönheit im Ausdruck der Empfindungen.

Lehrgedichte

So wenig wie an der Anakreontik kann Lessing, der mit dem Feuereifer des angehenden Literaten überall das Aktuelle aufgreift, an der Lehrdichtung vorbei. Noch ist die didaktische Poesie eine der wichtigen Gattungen der Zeit.

Die Tradition der Lehrdichtung geht auf die Antike zurück (vor allem: Lukrez, Horaz, Vergil). Für die Epoche der Aufklärung sind Alexander Popes Essays – *An Essay on Man* (1733–34) und *An Essay on Criticism* (1711) – von maßgeblichem Einfluss. Das philosophische Gedicht *An Essay on Man* wird für Mendelssohn und Lessing zum Anlass, den gedanklichen Anspruch der Lehrdichtung grundsätzlich zu prüfen und mit dem Wesen des »Poetischen« zu vergleichen (*Pope ein Metaphysiker!*). Den für den deutschen Sprachraum mustergültigen Typus des Lehrgedichts schafft Albrecht von Haller. Die Blütezeit der Lehrdichtung im 18. Jahrhundert setzt man in die Zeitspanne von ca. 1730 bis 1760.

Die Frage nach den Gründen für die rasche Verbreitung und große Beliebtheit der didaktischen Gattung wird meist dadurch beantwortet, dass man die Sujets und Inhalte charakterisiert. Denn in der Lehrdichtung werden die zentralen Themen der Zeit aufgegriffen. Die Diesseitsorientierung spiegelt sich ebenso in ihr wie das Bestreben, Vernunft, Gefühl und Willen zur Übereinstimmung zu bringen. Das Theodizeeproblem wird behandelt, die Ordnung der Welt veranschaulicht; die physiko-theologische Naturbetrachtung ist der Hintergrund für Gedichte mit (natur-)wissenschaftlichem Inhalt. Neben die »philosophischen« treten die »moralischen« Lehrgedichte, wobei »moralisch« im (damaligen) weiten Sinn zu verstehen ist: was zum Menschsein gehört. Dabei sind die Grenzen fließend, da die philosophische Orientierung sich an der konkreten Situation zu bewähren hat, der Einzelfall wiederum nur im Blick auf das Allgemeine seine Bedeutung gewinnt. Beispiele für »moralische Lehrgedichte« sind Gedichte auf Tugenden und Laster, auf alle rechtlichen und sittlichen Einrichtungen des Daseins. Eine wichtige Sparte bilden des Weiteren die fachspezifischen Lehrgedichte, wobei die »schönen Wissenschaften« den ersten Platz einnehmen, d. h. die Gedichte mit ästhetischer oder poetologischer Thematik am häufigsten sind. Daneben werden (u. a.) kosmologische und medizinische Themen behandelt. – Die Lehrdichtung erfüllt das Programm der »sinnlichen Erkenntnis« auf exemplarische Weise. Für abstrakte Inhalte werden eindrucksvolle und einprägsame Bilder gefunden – gedankliche Erkenntnis wird »versinnlicht«. Der Großteil dieser Lehrdichtung ist in paarweise gereimten Alexandrinern geschrieben, eine feste strophische Gliederung gibt es nicht. Offenbar ist der lange Vers (zwölf- bzw. elfsilbig) gut zur Entwicklung umfänglicher thematischer Zusammenhänge geeignet (Siegrist 1974, Alt 1996, 129 ff.).

»In der Wahl seiner Themen«, resümiert Grimm (im Nachwort zur Gesamtausgabe von Lessings Gedichten, 1987, 436), »unterscheidet sich Lessing nicht von den zeitgenössischen Lehrdichtern. Wie sie greift er religiöse, poetologische und naturwissenschaftliche Sujets auf.« Er plant ein Gedicht über das Weltall (über die »Mehrheit der Welten«; vgl. B 1, 26–28 und B 2, 682f.). Wenn er die Regeln des Geschmacks untersucht, plädiert er für einen Weg der Mitte zwischen dem ›Enthusiasmus‹ der Klopstock-Anhänger und dem Vernunft-Ideal der Gottsched-Partei (z. B. *An den Herrn Marpurg*, *Aus einem Gedichte über den jetzigen Geschmack in der Poesie*). Wenn er die Vorzüge und Errungenschaften der modernen Naturforschung aufzählt, fällt das Stichwort, das die Diesseitsfreudigkeit, die hinter der neuen Bemühung um die Natur steht, genau benennt: »Nicht fremd sein auf der Welt, daß man die Wohnung kennt« (*Aus einem Gedichte an den Herrn M***, V. 47; G 1, 160; dazu Fick 2009). Das Ziel ist die Kenntnis des Menschen: »Bald mit geübtem Blick den Menschen zu ergründen« (ebd., V. 69). In dem Gedicht *Über die menschliche Glückseligkeit* setzt er sich mit dem Materialismus auseinander bzw. begründet seine vehemente Ablehnung dieser philosophischen Richtung. Das »Gefühl« versichert den Dichter der Existenz Gottes (V. 63–65; G 1, 154):

Und ich fühl was in mir, das für sein Dasein
spricht.
Weh dem, der es nicht fühlt, und doch will glück-
lich werden,
Gott aus dem Himmel treibt, und diesen sucht auf
Erden!

Das Lehrgedicht: Die Religion

Das bekannteste (und umfangreichste) dieser
Lehrgedichte ist das Gedicht *Die Religion* (G 1,
169–181). Wie die meisten anderen ist es Fragment geblieben, über den ersten Gesang ist Lessing nicht hinausgekommen. Grimm (1987) skizziert den Gesamtentwurf wie folgt: Lessing »diskutiert [...] die damals hochaktuelle Frage, wie
sich die Allmacht und Vollkommenheit des
Schöpfers mit der Unvollkommenheit seiner
Schöpfung verträgt« (436); »wahrscheinlich« hätte
die »Darstellung des Glaubens [...] in einem der
nicht ausgeführten Gesänge ihren Platz erhalten«
(437). Der Blick auf den zeitgenössischen Kontext
zeigt die Beliebtheit des Themas (463): »Dieselbe
Problematik erörterten auch Gottsched (*Hamar-
tigenia*, 1737), Johann Josias Sucro (*Die beste Welt*,
1746), Christian Friedrich Zernitz (*Gedanken von
den Endzwecken der Welt*, 1748) und Haller (*Über
den Ursprung des Übels*, 1734)«; Stenzel verweist
auf unmittelbare Anklänge an Louis Racines
(3000 Alexandrinerverse umfassendes) Gedicht
La Religion (»nouvelle édition 1742«; deutsche
Übersetzung 1744; s. B 2, 902 und 904, Anm. zu
265, 32 f.).

Forschung. Beachtung hat vor allem das im Gedicht zum Ausdruck kommende Streben nach
Selbsterkenntnis gefunden. In der *Vorerinnerung*
bezeichnet Lessing die »Selbsterkenntnis« als den
nächsten und sichersten »Weg zu der Religion«
(G 1, 170); das heißt, die Erkundung des eigenen
Ichs geht den religiösen Grübeleien voraus. Im
Gedicht wird das Pathos des ›Selberdenkens‹
spürbar. Das »Ich« sieht sich auf sich selbst zu-
rückgeworfen, es löst sich von den Autoritäten,
die bislang Orientierung gaben, um zu der Wahrheit vorzudringen: »Was ich von mir gedacht ist
falsch, ist lächerlich;/ Kaum glaub ich, ich zu sein,
so wenig kenn ich mich./ Verdammte Schulweis-
heit! Ihr Grillen weiser Toren!« (V. 33–35).
Man hat in dem Rückzug auf das Ich den Vorsatz, sich nur des eigenen Verstandes bedienen zu
wollen, gesehen. Das Fragment *Die Religion* be-

deute einen ersten Schritt in der Aushöhlung religiöser Sicherheiten. Bezeichnenderweise sei niemals von »Glauben« die Rede. Nicht auf die
»Heilswahrheiten« stütze sich das »Ich« in seinem
Zweifel, sondern einzig und allein auf die Vernunft. Ihr vertraue es sich an, wenn es die »Selbsterkenntnis« zum sichersten »Weg zu der Religion«
erhebe. E. Schmidt (Bd. 1, ⁴1923, 104) sieht den
Dichter »im Bannkreis des Zweifels und der Verzweiflung« gefangen und vermisst die »glaubens-
starke Abwehr der Skepsis«, Leisegang (1931, 55)
zufolge lässt Lessing den Standpunkt der Orthodoxie hinter sich, für Harth (1993, 18–21) dokumentiert das Gedicht die Selbstvergewisserung
der Vernunft.
Andere Forscher wiederum erkennen, ganz im
Gegenteil dazu, in dem Gedicht den Pessimismus
der lutherischen Anthropologie. Für Johannes
Schneider (1953) beispielsweise ringt Lessing mit
dem Problem der Erbsünde (55); alle Aussagen
des Fragments über die *conditio humana* gingen
mit lutherischen Positionen konform. Auch
Mahlmann-Bauer (2010) arbeitet in ihrer weit
ausgreifenden Studie – der bislang umfassendsten Untersuchung – die Vorzeichen der christlich-
lutherischen Sozialisation Lessings heraus und
bestimmt als Thema des Gedichts die bis ins Ausweglose getriebene Erfahrung der menschlichen
Schulddisposition. Sie profiliert seinen gedanklichen Zuschnitt, indem sie es mit fünf Prätexten
in Beziehung bringt: der *Theodizee* von Leibniz,
Spaldings *Die Bestimmung des Menschen* (1748),
Hallers Lehrgedicht *Ueber den Ursprung des
Uebels*, Louis Racines *La Religion* und schließlich
den *Pensées* von Blaise Pascal, die Voltaire kritisch
kommentiert hatte. Lessing habe einen Gegenentwurf zu Spaldings optimistischer Anthropologie entwickelt, er habe die Macht egoistischer
Begierden nach Maßgabe der pessimistischen lutherischen Anthropologie ausgelegt, ohne jedoch
die orthodoxen Heilsangebote (die Gnade und
den Sprung in den Glauben) als (Er-)Lösung akzeptieren zu können. Während er in *Die Religion*
keinen Ausweg aufzeige, wie der Herrschaft der
bösen Leidenschaften über den guten Willen zu
entrinnen sei, modelliere er in den *Faust*-Frag-
menten eine an Leibnizens *Theodizee* orientierte
Lösung: Hier erscheine die Wahrnehmung, sündigen zu *müssen* (der blitzschnelle Übergang vom
Guten zum Bösen) als die Versuchung des Teufels, vor der die göttliche Vorsehung Faust be-

wahre: Von seinem bösen Traum erwacht, entscheide er sich für den Willen zum Guten. In der *Erziehung des Menschengeschlechts* schließlich projiziere Lessing Spaldings optimistische Anthropologie in die Zukunft und mache sie zum Ziel der Geschichte, auf das die biblische Offenbarung hinleite. –

Wir knüpfen in unserer Analyse an die (in der ersten Auflage zur Diskussion gestellte) These des ›dritten Weges‹ an: Die »Selbsterkenntnis« von Lessings Rollen-Ich führt weder zur Kapitulation vor der Triebnatur noch zur Emanzipation der Vernunft; vielmehr wird das Hinabtauchen in den finsteren Abgrund der Seele als solches unter Melancholie-Verdacht gestellt und damit problematisiert.

Analyse. Es ist ein schwarzer, giftiger Blick, den »der Dichter« in das eigene Innere ›schießt‹ (*Vorerinnerung*; G 1, 170). »Nacht« findet er, wo er lauter »Licht« hoffte (V. 30). Von Diesseitszuwendung und Aufwertung der Sinnlichkeit, dem »Geist« der Anakreontik, keine Spur. Vielmehr scheint sich ein finsterer Hass auf alles Kreatürliche zu äußern. Die leibliche Natur des Menschen wird diffamiert. Er habe eine »mit dem Viehe gemeinschaftliche Geburt; ja […] eine noch elendere«, heißt es in der *Vorerinnerung* (G 1, 170). Der Säugling wird für wenig mehr als einen Klumpen Fleisch angesehen (V. 77 ff.): »Dort lag ich, blöder Wurm! […] Wer sah durch Haut und Fleisch das Werkzeug zum Empfinden? […] Ob meine Mutter nicht ein menschlich Vieh gebar?« Im nächsten Schritt wird das »Verderbnis« des menschlichen Herzens vorgeführt. Von Natur habe der Mensch keine Chance zum Guten. Er fröne seinen »Lüsten« und »Begierden«, bevor er ihre Bosheit erkenne, und gewöhne sich daran. Deshalb wirkten sie später mit der Notwendigkeit eines Naturgesetzes, nimmermehr könne er den bösen Trieben, von Geburt an in ihm genährt, widerstehen. Gemeint sind die ich-zentrierten Impulse, die damals generell mit der »Sinnlichkeit« – im Text: dem »Blut, das jugendlich in frischen Adern rann« (V. 119) – identifiziert werden: »Stolz, Rachsucht, Eigensinn« (V. 129), »Ruhmsucht« (V. 247). Der Mensch, das »Ich« des Gedichts, erscheint als Sklave des Lasters, darauf ist er programmiert. Einen freien Willen gebe es nicht, wider die bessere Einsicht müsse er den Trieben gehorchen (V. 168 f.):

Umsonst erhebt ihr mir des Willens freie Kraft!
Ich will, ich will – – Und doch bin ich nicht tugendhaft.

Die Vehemenz der Entlarvung überrascht. In allen seinen ›Tugenden‹ entdeckt der Dichter das egoistische Motiv, das sie entwertet. Gott aber »richtet«, er »richtet Zwang als Wahl, und Ohnmacht gleich der Schuld« (V. 160).

Es sind die lutherische Sündentheologie und die Lehre von der Knechtschaft des Willens (unter das Böse), die Lessing vorexerziert und quasi empirisch untermauert. Der Gedankengang ist geläufig. Er findet sich z. B. ähnlich in einer *Die Religion der Vernunft* betitelten Schrift (von Johann Wilhelm Hecker [1752]), die Lessing am 29. Mai 1753 dem Vater übersendet. Dort schließen sich an die Erkenntnis der angeborenen Boshaftigkeit deren Erklärung durch die Erbsünde und die Beschwörung der unverdienten Liebe und Gnade Gottes an (38 ff.); in Lessings Gedicht hingegen wird nur das Strafgericht Gottes über die Sünder apostrophiert: »Ein Wesen, ganz die Huld/ Und richtet Zwang als Wahl, und Ohnmacht gleich der Schuld?/ Und straft die Lasterbrut, die es mir aufgedrungen« (V. 159–161).

Zusammen mit der Rousseau-Rezension in der April-Beilage der Zeitschrift *Das Neueste aus dem Reiche des Witzes* (1751) und dem Herrnhuter-Fragment (1751; s. S. 136 f.) gehört das Gedicht *Die Religion* also zu denjenigen Texten, in denen sich der junge Lessing intensiv auf das Problem des Bösen einlässt und dabei alle Argumente heranzieht, die den anthropologischen Optimismus, sei er nun deistischer oder neologischer (Spalding) Provenienz, zu widerlegen scheinen. Ähnlich wie in dem Fragment über die Herrnhuter greift die existentielle Skepsis auf die Wissenschaften, die Philosophie und die Kunst über, die sämtlich von den unlauteren Motiven der Menschen (bzw. des Rollen-Ichs), von Neid (V. 291 ff.) und »Ruhmsucht« (V. 247 ff.) korrumpiert seien oder aber den Kopf mit leeren Spekulationen verwirrten, ohne das Herz bessern zu können (»Und Schlüsse haben nie das Bös in uns zerstört« [V. 172]). Doch wie Lessing im Herrnhuter-Fragment unter dem Eindruck von Rousseaus Kulturkritik argumentiert und den (Teil-)Sieg des Bösen in eine geschichtliche Perspektive rückt (s. S. 137), so stellt sich auch für *Die Religion* die Frage nach dem ›Gesichtspunkt‹, aus dem heraus die Abgründe des Herzens sich zeigen bzw. die lutherische Anthropologie versifiziert wird; es stellt sich die Frage, ob diese Exploration des Bösen für bare Münze zu nehmen ist, deren Düsterkeit und Pessimismus im gesamten Jugendwerk Lessings einzig dastehen.

Unserer These zufolge ist dieser Aspekt, der die ›Wahrheit‹ solch betrübter Selbsterkenntnis relativiert, die melancholische Einfärbung der Situation; die Ausweglosigkeit des Dilemmas ›klärt‹ sich als Ausdruck einer Depression.

An einem »einsamen Tage des Verdrusses« habe das »Selbstgespräch« stattgefunden, heißt es in der *Vorerinnerung* (G 1, 170); mit »Schwermut« habe der erste ernste Blick das »Herz« »übergossen«, so hebt die Meditation an. »Verloren in mir selbst, sah, hört und fühlt ich nicht« (V. 29): Melancholie indiziert im 18. Jahrhundert einen schwerwiegenden Realitätsverlust (vgl. Schings 1977); dass Lessings Rollen-Ich die Brücken zur Außenwelt abbricht und alle Sinne verschließt, ist keine gute Voraussetzung für Erkenntnis. In der *Vorerinnerung* ist denn auch von dem Sich-Verlieren in den »Labyrinthen der Selbsterkenntnis« die Rede (G 1, 170), im Gedicht klagt das Ich, dass der »einsame Tag« »Gott, Welt und mich mir raubte« (V. 70). Als »finster« (V. 311) bezeichnet es seinen Blick, um schließlich festzustellen: »Ich werde mir zu schwarz, mich länger anzuschauen,/ Und Neugier kehret sich in melancholisch Grauen.« (V. 313 f.). Die finstere Lust, in allen Bestrebungen ausschließlich egoistische Impulse wahrzunehmen, hat schließlich ein Menschenbild zum Ergebnis, das sich kaum noch von La Mettries, des Materialisten, (in Lessings Augen) glücksfeindlicher Sichtweise unterscheidet, der ja ebenfalls jede Tugend als eine Form des Eigennutzes erklärt: »Großmut ist Ruhmbegier; Keuschheit ist kaltes Blut;/ Treusein ist Eigennutz; und Tapferkeit ist Wut;/ Andacht ist Heuchelei […]« (V. 335–337; vgl. *Aus einem Gedichte über die menschliche Glückseligkeit*: »Der stahl, weils ihm gefiel, und weil er stehlen mußte;/ Der lebte tugendhaft, weil er nichts Bessers wußte« [G 1, 154; V. 37 f.]).

Die Meditation des ersten Gesangs deutet jedoch mit der Verirrung zugleich die Lösung an. Die Schlusszeilen können als Befreiungsschlag gelesen werden: »O Herz, schwarz wie der Mohr, und fleckigt wie der Panther! […]/ Es wäre Lästerung, dir Gott zum Schöpfer geben!« (V. 342–345). Unser Verständnis dieser Zeilen: In der Tat

ist Gott nicht der Schöpfer solcher Herzen, das menschliche Herz ist nicht so, wie es sich dem durch Melancholie einäugig gewordenen Blick zeigt. Mitten in den Orgien der Selbstanklage gebietet das lyrische Ich sich denn auch Einhalt: »Ihr schwärzern Laster, bleibt! Was die Natur versteckt,/ Zieh Unsinn an das Licht!« (V. 319 f.).

Wenn Lessing, wie Mahlmann-Bauer nachweist, in dem Gedicht eine Gegenposition zu Spaldings optimistischer Anthropologie bezieht, so nimmt er jedoch zugleich Stellung *gegen* die lutherische Auffassung vom radikalen Verderben der menschlichen Natur. Die Entlarvung aller geselligen Bestrebungen und weltlichen Tugenden als Maske eigennütziger Triebe, die der Mensch gar nicht besiegen kann, und das korrespondierende Grübeln über das ungerechte Strafgericht Gottes werden als melancholische Obsessionen vorgeführt. Was als Erkenntnis bleibt – »Nichts hab ich mehr entdeckt,/ […] Als daß ich sündige, und doch die Sünde hasse« (V. 320–322) –, ist die Mischung von Gut und Böse, die für Lessing die *conditio humana* ausmacht; daß sie sündigen und doch die Sünde hassen, ist die Grunddisposition fast aller Figuren in seinen Trauerspielen, die deswegen mitleidwürdig sind; und noch in der Erziehungsschrift legt er die biblische Erzählung vom Sündenfall so aus: als Bild für die Herrschaft der Neigungen, der jedoch die Einsicht in das moralische Gesetz und in die allumfassende Liebe entgegenarbeitet (§§ 74 und 75).

Aufnahme und Wirkung

Die Reaktionen in der zeitgenössischen Kritik entsprechen dem Niveau von Lessings Lyrik, Rezensenten und Autor haben den gleichen Literaturbegriff. Wie die Gedichte die Gattungskriterien erfüllen, so werden sie als ›Musterbeispiele‹ rezipiert; der »deutsche Catull« wird Lessing einige Zeit lang genannt, nachdem er sich mit dem Motto aus den *Carmina* auf Catull berufen hatte (Jochen Meyer 2000, 234). In diesem Rahmen ist jedoch zu beobachten, dass Lessing eine Steuerung der Rezeption gelingt, dass die kecken Akzente, die er setzt und mit denen er gleichsam vorprescht, genau registriert werden. Bereits die Aufmachung der *Kleinigkeiten* weist das Buch als einen Scherz aus (s. S. 104), das »Scherzhafte« wird in den Rezensionen an erster Stelle wahrgenommen: »Das ganze Werk ist von der Zuschrift bis auf das Register scherzhaft. Denn so finden wir ein leeres Blatt mit der Aufschrift: Zuschrift […]« (Rezension der *Kleinigkeiten*, in: *Jenaische gelehrte Zeitungen auf das Jahr* 1751, 88. St., 720; B 2, Nr. 2, 967). Man ordnet die Gedichte der Anakreontik zu, das Rezeptionsmuster ist: Wein und Liebe hätten die Verse diktiert. So heißt es in den Greifswalder *Critischen Nachrichten* (Bd. 2, 1751, 51. St.) über die *Kleinigkeiten* (B 2, Nr. 4, 968f.): »Der Herr Verf. dieser Scherze hat unter gegenwärtiger Aufschrift gewissermaßen das Wesen der Anakreontischen Ode bestimmet. Man erwartet in Liedern, die dem Wein und der Liebe heilig sind, und die nur für die pochende Brust des Jünglings und des Mädgens gehören«, nicht »den Sturm der pindarischen Ode«, und: »wer in dieser Art etwas schön sagen will, der muß nicht allein die Liebe und den Wein lieben, sondern auch von ihnen geliebet werden. Dis glück ist dem Herrn Verfasser dieser Kleinigkeiten wiederfahren […].« Die Rezension der *Kleinigkeiten* in den *Göttingischen Anzeigen von Gelehrten Sachen*, 20.3.1752 (vielleicht von dem Herausgeber A. v. Haller selbst; B 2, Nr. 6, 970) formuliert eine Erwartung: »Wir zweifeln nicht, der ungenannte Verfasser werde seine Gaben […] auch auf eine andre Weise so anwenden, daß wir diese reizenden Kleinigkeiten als eine Zusage ernsthafterer Arbeiten ansehen können.« In den *Schrifften* gibt Lessing die Antwort, indem er den Scherz der »Lieder« mit dem Ernst der Oden und Lehrgedichte kontrastiert; der Kontrast wird prompt registriert, Lessing wird vom Verdacht, ein poetisches Leichtgewicht zu sein, befreit, man erkennt eine Doppelbegabung: »Auch hier zeigt es sich deutlich genug, daß Hr. Lessing nicht mit unter den Insektenhaufen anakreontischer Possenreisser gehöre. Er beweiset mit seinem eigenen Beispiele, daß man von Liebe und Wein singen könne, ohne seinen Geschmak an dergleichen Tändeleien zu verwönen, oder kurz, ohne ein poetisches Närrchen zu werden. Als er Lieder, Fabeln und Sinschriften sang, da fanden wir ihn schön; und jezt, da er den erhabensten Gegenstand von der Welt besinget [gemeint ist: *Die Religion*], finden wir ihn schön und gros zugleich« (Rezension der *Schrifften* 1 und 2, in: *Westphälische Bemühungen*, Teil 3, 1754, 16. St., B 2, 1192). In einer bemerkenswerten Kritik aus dem Jahr 1760 (*Neue Erweiterungen der Erkenntnis und des*

Vergnügens, Bd. 12, 68. St.; B 2, 1205–1211) sucht der Rezensent Lessings ›Originalität‹ zu fassen. Er lobt an den Liedern ihr »außerordentlich komisches Ansehen« (B 2, 1207), das sie durch die Kombination scherzhafter Motive mit philosophischen Themen (er bespricht zwei Beispiele) gewönnen, und erkennt darin einen philosophischen Geist, der dieser Lyrik ihren eigenen Ton verleihe: Im Unterschied zu der Dichtung von Uz und Gleim müsse man der »Muse« Lessings einen »ordentlichen philosophischen Vortrage« zugestehen, der seinem Stil (seiner »Manier«), verglichen mit dem ›naiven‹, ›zärtlichen‹ Gleim, ein etwas steifes Gepräge gebe (B 2, 1211; zu dieser Rezension im Kontext der *Neuen Erweiterungen* vgl. Guthke 2010, 333–334).

In den *Schrifften* gewinnt Lessing ein entschiedenes Profil vor dem Hintergrund der Literaturfehde zwischen den Leipzigern und den Schweizern (vgl. Kap.: Frühe Literaturkritik), wozu die *Messias*-Rezensionen (Briefe 15–19) und der Streit mit Lange (Horaz-Übersetzung; 24. Brief) beitragen. Wiederum gilt: Einerseits werden die persönliche Note, der unverwechselbare Ton, das eigene Streben als charakteristisch für Lessing anerkannt, andererseits wird keine dichterische Individualität beschrieben, vielmehr entstammen die Bewertungskategorien sämtlich dem Arsenal der Rhetorik. Es zeichne Lessing aus, dass er zu keiner der streitenden Parteien gehöre und eine »Mittelstraße« zwischen den Positionen beschreite, so halte er die Balance zwischen den Extremen: seine Muse sei erhaben, gedankenreich und dennoch flüssig (Rezension der *Schrifften* 1 und 2 in den *Göttingischen Anzeigen von Gelehrten Sachen*, 31.12.1753, von Johann David Michaelis, B 2, Nr. 5, 1187). In ähnlichem Sinn lobt der Rezensent der Leipziger *Neuen Zeitungen von Gelehrten Sachen* (17.1.1754; B 2, Nr. 6, 1189): »Denn er gehöret nicht unter diejenigen, bey denen nur der schwehre Vers die schwehren Gedanken machen soll. Seine Gedanken an sich sind erhaben; der Ausdruck ist ihnen angemessen, und er darf also sich nicht erst durch eine versetzte Wortfügung zu erheben, oder durch ein stockendes, […] mit Gewalt gezwungenes, Wort nachdrücklich zu machen, suchen.« Indem Lessing eine Funktion im Literaturstreit zugewiesen bekommt, wird er natürlich auch vehement angegriffen. Die Anhänger Gottscheds äußern sich öffentlich (vor allem: Schönaich, vgl. B 2, 1197 ff., Dokumente Nr. 10–13); Grobheit und unerträglicher Stolz bei Unkenntnis der Regeln sind die Hauptvorwürfe. Das Unbehagen der Schweizer Partei zeichnet sich vorerst nur in privater Korrespondenz ab (vgl. Sulzers abwartende Haltung im Brief an Bodmer, Mai 1754, B 2, 1279, Nr. 5).

Dass er ins Kreuzfeuer der Polemik geriet, dürfte Lessing recht gewesen sein: dadurch wird er bekannt. Von Lessings zunehmender Popularität zeugen die ratlosen Abwehrversuche der Parteigänger Gottscheds. So schreibt Johann Gottfried Reichel an Gottsched (9.7.1754, B 2, 1197, Nr. 10): »Verachtung ist zwar die beste Strafe für einen Burschen von Lessing's Art, aber der Knabe wird zu stolz. Seine Schrifften sind Zeugnisse für seine Blöße, seine Grobheit und Eigenliebe. Dennoch werden sie bewundert, gepriesen und gelesen.« Zugleich dokumentieren die Rezeptionszeugnisse die Härte des Beginns, die Zwänge des Broterwerbs. Der Rezensent der *Westphälischen Bemühungen* schließt seine Besprechung (s. S. 115) mit der Bemerkung, dass er dem Verfasser viel Glück bei der Stellensuche wünsche, für die er sich mit den *Schrifften* bestens empfohlen habe (B 2, 1195). Sulzer nennt Lessing (in einem Brief an Bodmer, Mai 1754) einen »Zeitungsschreiber bei einem hiesigen Buchführer« (B 2, 1279, Nr. 5); eine süffisante Bemerkung aus einer (Pro-Gottschedschen) Kritik wirft ein Schlaglicht darauf, was »Zeitungsschreiber« impliziert: den Kampf um die Stimme auf dem Markt der Meinungen. Es heißt da: »Sie wissen mein Herr! daß ich keinen Zugang zu den *Zeitungen* habe: folglich fehlet mir das Mittel mich selbst zu preisen, und auf meine Widersacher, wann ich will, zu schimpfen. Ich kann mich durch meine grundlosen Urtheile nicht fürchterlich machen« wie Lessing, ist zu ergänzen (Christoph Carl Reichel, *Bodmerias, in fünf Gesängen*, 1755, B 2, 1203 ff., Nr. 13; hier 1205). Signalwirkung dürften auch die beiden Rezensionen in dem damals renommiertesten Organ, den von Albrecht von Haller herausgegebenen *Göttingischen Anzeigen von Gelehrten Sachen*, gehabt haben (B 2, 970, Nr. 6 und B 2, 1184 ff., Nr. 5). Letztere (sehr wohlwollende) stammt von Johann David Michaelis. Lessing hat sich bei ihm dafür bedankt (Brief vom 10.2.1754, B 11/1, 55 ff.).

Anlässlich der Horaz-Rettungen wäre zu fragen, ob sie dazu beigetragen haben, das biographische Rezeptionsmuster der Anakreontik außer Kraft zu setzen. Die beiden bei Braun abgedruckten Rezensionen lassen in dieser Richtung nichts erkennen. Es handelt sich um inhaltliche Referate, der Blick bleibt auf Lessings Auslegung der Sueton-Biographie fixiert, das Grundsätzliche wird nicht zur Sprache gebracht (*Staats- und Gelehrte Zeitung des Hamburgischen unpartheyischen Correspondenten*, 26.7.1754; Braun 1, 37 und *Jenaische Gelehrte Zeitungen*, 24.8.1754; Braun 1, 39).

Quellen: Bohnen (Hg.) 1987 [Gedichte des 18. Jhs.]; Hecker 1752; Klopstock 1750 (AW, hg. Schleiden 1962, 53–55); Lange 1747 und 1752/1971; La Mettrie 1751, hg. Laska 1987; Uz, hg. Sauer 1890/1964.

Literatur

zu Entstehung und Kontext: B 2, 964 ff. und 1179 ff; B 3, 999–1011 [*Rettungen des Horaz*]; G 5, 772 ff. [Lessings Fehde mit Lange]; Grimm 1987, 385–440 [Nachwort]; Kemper 1997; Nisbet 2008, 190–200 [die Fehde mit Lange und die *Rettungen des Horaz*]; Tgahrt 1982, 252–268 [Horaz-Übersetzungen].

zur Anakreontik: Alt 1996, 148–151; Anger 1963 [Forschungsbericht]; Anger ²1968, 30–33; Beetz in Luserke/Marx/ Wild (Hgg.) 2001, 33–61; Beetz in Beetz/Kertscher (Hgg.) 2005, 1–17; Bohnen 1987, 433–443 [Nachwort]; Guthke in Manger/Pott (Hgg.) 2007, 9–22 [Todesmotiv]; Lach in Stenzel/ Lach (Hgg.) 2005, 129–144; Luserke-Jaqui in Beetz/ Kertscher (Hgg.) 2005, 19–31; Mauser 2000b; Marx in Luserke/Marx/ Wild (Hgg.) 2001, 135–146 [Lessings *Kleinigkeiten*]; E. Merker in Reallexikon Bd. 1, ²1958, 61–63 [Art.: Anakreontik]; J. Meyer 2000, 159–238 [Kleinigkeiten: Kommentar und Nachwort]; Nisbet 2008, 104–110; Perels 1974; Richter 1972, 115–119 [zu Lessings Gedicht *Die drei Reiche der Natur*]; Richter 1974 [»Gesellichkeit«, »Naturzustand« und »Gesellschaft«]; Schöttker 1998 [Thematisierung der »Heiterkeit«]; Schüsseler 1990; Sørensen 1954; Verweyen 1975; Zeman 1972.

zu den »Rettungen des Horaz«: B 3, 999–1011; Heudecker 2005, 225–252 [rhetorische Verfahrensweisen; Inszenierung von Anklage und Verteidigung; die *Rettungen* als »eine Werbeschrift in eigener Sache und als kritischer Lehrgang für das Lesepublikum« (234)]; Nisbet 2008, 190–200 [die Fehde mit Lange und die *Rettungen des Horaz*]; V. Riedel 1976, 121–138.

zur Lehrdichtung und zu Lessings »Die Religion«: Alt 1996, 129–148; Fick 2009; Harth 1993, 18–21; Leisegang 1931, 27–55; Mahlmann-Bauer in Bultmann/ Vollhardt (Hgg.) 2010 (im Druck); Nisbet 2008, 151–155; Richter 1972 [Lehrdichtung und Naturwissen-

schaft]; Schings 1977 [Melancholie und Aufklärung]; E. Schmidt Bd. 1, ⁴1923, 100 ff.; J. Schneider 1953, 47–61; Siegrist 1974.
zu Aufnahme und Wirkung: B 2, 967 ff. [*Kleinigkeiten*] und 1182 ff. [1. Teil der *Schrifften*]; Braun 1; J. Meyer 2001 [Vertonungen von Liedern aus den *Kleinigkei-*ten]. – Literatur: Guthke 2010 [Rezensionen aus den *Neuen Erweiterungen der Erkenntnis und des Vergnügens* zu den Liedern und den Sinngedichten]; J. Meyer 2000; Nisbet 2008, 200 [Friedrich von Hagedorns Lob für Lessings Horaz-Essay] und 212 [Wirkung der *Schrifften*].

Frühe Literaturkritik (1748–1756)

Entstehung, Textmaterial und Kontext

Lessing bedient sich als Literaturkritiker der vielfältigen Formen und Gattungen, die damals zur Verfügung standen: der (Zeitungs-)Rezension, der »Rettung«, des (fingierten) Briefs (der gern z. B. in den moralischen Wochenschriften benutzt wird), der philosophischen Abhandlung, des Vorworts, der Fachzeitschrift, des Lehrgedichts. Wir stellen der Einführung in die Literaturdebatte im 18. Jahrhundert einen Überblick über die Lessingschen Texte voran:

– *Lehrgedichte* mit poetologischer und ästhetischer Thematik. Lessing berührt in ihnen die aktuellen Fragen: die Frage nach dem rechten Verhältnis zwischen gefühlsbetonter Emphase und gedanklicher Klarheit (*Aus einem Gedichte über den jetzigen Geschmack in der Poesie*, Erstdruck im 1. Teil der *Schrifften*, 1753), die Streitfrage der *Querelle des anciens et des modernes* (*Aus einem Gedichte an den Herrn M***, Erstdruck im 72. Stück [11. November 1748] der Zeitschrift *Der Naturforscher*, dann im 1. Teil der *Schrifften*), die Frage nach der Rolle der Regeln in der Poesie (*An den Herrn Marpurg über die Regeln [...] besonders der Poesie und Tonkunst*, Erstdruck in der Zeitschrift *Der Critische Musicus an der Spree*, 18. St. [1. Juli 1749], danach in den *Schrifften*, Teil 1). – Texte nach dem Druck in den *Schrifften* 1753: G 1, 157–169.

– *Rezensionen (Buchbesprechungen in Zeitungen und Zeitschriften)*. Den größten Teil seiner Rezensionen schreibt Lessing in den Jahren 1748 bis 1755 für die *Berlinische Privilegirte Zeitung* (= *Vossische Zeitung*; seit März 1751 heißt sie *Berlinische privilegirte Staats- und gelehrte Zeitung*). Die zweite Stelle nehmen die ebenfalls in Berlin (1750–51) erscheinenden *Critischen Nachrichten aus dem Reiche der Gelehrsamkeit* ein. Wahrscheinlich arbeitet Lessing auch für die *Jenaischen gelehrten Zeitungen*, ein reines Rezensionsorgan, das seit 1749 herauskommt. Perels (1971) weist zwei in den ersten Jahrgängen (1749–50) des Blattes veröffentlichte Beiträge Lessing zu, wobei er nur diese Bände untersucht. Lessings

Rezensententätigkeit für die *Berlinische Privilegirte Zeitung* endet mit den Besprechungen von Gleims Kriegsliedern (1758; B 4, 81 ff.). Von 1757 bis 1759 geben Nicolai und Mendelssohn die *Bibliothek der schönen Wissenschaften und der freyen Künste* heraus (= *Bibliothek*; die Herausgeberschaft übernimmt ab 1759 Christian Felix Weiße), an den ersten drei Bänden (1757–58) wirkt Lessing mit, jedoch mehr als Organisator denn als Beiträger. Nur wenige (d. i. vier) Anzeigen bzw. Rezensionen stammen mit Sicherheit von ihm (vgl. Grimm in B 4, 851 f.). Nach 1755 sind die Organe seiner Literatur- und Kunstkritik die großen, eigens dafür bestimmten Werke: Die *Briefe, die neueste Litteratur betreffend*, die *Briefe, antiquarischen Inhalts* und die *Hamburgische Dramaturgie*. – 1748 in Berlin angekommen, steht Lessing unter dem Zwang, Geld verdienen zu müssen. Er profitiert von der Umtriebigkeit des Vetters Mylius, der seit November 1748 an der *Berlinischen Privilegirten Zeitung* (im Folgenden: BPZ) mitarbeitet und dort die Sparte »Von gelehrten Sachen«, eine Frühform des Feuilletons, redigiert, dann (Ende 1750) zu den *Critischen Nachrichten* überwechselt und den Redakteursposten an der BPZ niederlegt. Christian Friedrich Voß, seit 1751 der Verleger der Zeitung (weshalb sie auch *Vossische Zeitung* genannt wird), gewinnt Lessing für ihre Redaktion, ab dem Februar 1751 bearbeitet er den ›gelehrten Artikel‹. Den Redakteursposten hat er bis Oktober 1755 inne, lediglich unterbrochen durch den Aufenthalt in Wittenberg (Ende 1751 bis November 1752), während welcher Zeit Mylius für ihn einspringt.

Sämtliche Rezensionen sind anonym veröffentlicht, so dass sich das Problem der Zuschreibung stellt. Längst ist man davon abgekommen, Lessing an seinem witzig-pointierten, eleganten Stil vor allen anderen erkennen zu wollen. Vielmehr sieht man die frisch zupackende Schreibweise und das muntere Sich-Lossagen von Autoritäten, namentlich von Gottsched, als insgesamt charakteristisch für die junge Generation an. Man tendiert dazu, die damalige Literaturszene als Ganzes in den Blick zu fassen. Sichere Zuschreibungen ergeben sich zum einen da, wo Übereinstimmungen mit Veröffentlichungen vorliegen, die Lessings Namen tragen (z.B. mit den im zweiten Teil der *Schrifften* [1753] erschienenen *Briefen*), zum anderen da, wo der zeitgenössische Usus die Verfasserschaft nahelegt. Als Redakteur des gelehrten Artikels der BPZ hat Lessing wohl viele Besprechungen selbst verfasst, obgleich auch hier nichts endgültig geklärt ist (vgl. Stenzel in B 2, 736–739). Ein weiteres Problem bilden die sog. »Vorwortrezensionen« (Guthke 1993). Wie viele seiner Mit-Rezensenten erleichtert auch Lessing sich die Arbeit, indem er Vorwort und Inhaltsverzeichnis der zu besprechenden Werke abschreibt oder paraphrasiert, ohne die Übernahme zu kennzeichnen. Das Textcorpus der Rezensionen ist deshalb nur bedingt heranzuziehen, wenn es darum geht, Lessings eigene Meinung kennenzulernen. Dennoch scheint es sinnvoll, die Rezensionen als Indikatoren des geistigen Klimas zu lesen und auszuwerten, in dem der junge Schriftsteller sich bewegt. Nahezu alle Sparten des kulturellen Lebens finden Berücksichtigung: Theologie, Philosophie, Politik, Poetologie und Ästhetik, die neue Romanliteratur, Briefsammlungen und Briefsteller, geschichtliche Werke, Theaterstücke usw.

– *Das Neueste aus dem Reiche des Witzes*. Es handelt sich um eine monatliche Beilage zur BPZ, die Lessing vom April 1751 bis zum Dezember 1751 zusätzlich zur Sparte »Von gelehrten Sachen« herausbringt. Mit seiner Abreise nach Wittenberg wird das Erscheinen der Beilage eingestellt, auch nach seiner Rückkehr nach Berlin wird sie nicht mehr ins Leben gerufen. Von sehr wenigen Beiträgen abgesehen schreibt Lessing *Das Neueste* selbst. Die Nummern enthalten seine erste umfängliche Auseinandersetzung mit Klopstock, das Aktuellste aus Frankreich wird besprochen: Rousseaus erster *Discours* (1751) gleich in der April-Beilage – nach Nisbet (2008, 136) der Beginn der Rousseau-Rezeption in Deutschland –, Diderots *Lettre sur les Sourds et Muets* (1751) im Juni (vgl. Kap.: Diderot), auch geht Lessing auf neueste erotische französische Literatur ein (B 2, 235), er stellt die Anakreontik von ihrer brisantesten Seite her vor, indem er sie mit ihrer materialistischen Auslegung konfrontiert (Haller vs. La Mettrie; Juni-Ausgabe, B 2, 136 ff.; zu den Beziehungen zwischen Lessing und den französischen Aufklärern in Berlin vgl. Goldenbaum 1999). Daneben bietet die Beilage belletristische

Unterhaltung: Gedichte und Erzählungen (wobei es sich um Übersetzungen handelt). *Das Neueste* kann gut verdeutlichen, wie die Expansion des Zeitungsmarkts im 18. Jahrhundert eine Chance und eine Falle zugleich für die Autoren bedeutet. Eine Chance: Indem das Lesepublikum wächst und nicht mehr nur aus »Gelehrten« besteht, sind neue Ansprüche, was den Stil (»Weltläufigkeit«) und den Inhalt (Relevanz für das Leben) anbelangt, zu befriedigen. Die Erweiterung des Leserkreises wird in der Ankündigung der Beilage (18.3.1751, 33. St. der BPZ; B 2, 33 f.) thematisiert: »Man hat schon allzuviel wöchentliche Blätter, welche die ernsthafte Gelehrsamkeit zum Gegenstande haben; [...] so glaubt man nicht übel getan zu haben, daß man denjenigen Teil wählet, an welchem die Neugier der meisten, [...] welcher Hauptwerk die Studia nicht sind, Anteil nimmt.« Die Falle ist mit dem zunehmenden Konkurrenzdruck und dem Zwang zur Vielschreiberei gegeben.

– *Die Theaterzeitschriften*. Zusammen mit Mylius gibt Lessing die vier Stücke der *Beyträge zur Historie und Aufnahme des Theaters* heraus (1750; Inhaltsverzeichnis B 1, 1331–1333; vgl. Kap.: Jugendkomödien). Das Unternehmen gilt als erste Theaterzeitschrift in Deutschland, wobei die Herausgeber im Vorwort an Gottscheds Projekte zur Bühnenreform anknüpfen (B 1, 731). Vier Jahre später übernimmt Lessing, nunmehr als Alleinherausgeber, einen zweiten Anlauf zur Gründung eines Theaterjournals: 1754 (1. Stück) bis (Ostern) 1759 (4. Stück; datiert auf 1758) erscheint die *Theatralische Bibliothek* (Inhaltsverzeichnis der vier Stücke in G 4, 815 f.). Wir beziehen in unsere Darstellung den Seneca-Aufsatz aus dem 2. Stück (1755; rückdatiert auf 1754) ein. (Zu den Übersetzungen zur Schauspielkunst vgl. Kap.: Bühnenpraxis; zur Komödientheorie vgl. Kap.: Jugendkomödien). – Text: B 3, 530–613 (Seneca-Analysen).

– *Briefe*. Sie machen, als »Erster bis Fünfundzwanzigster Brief«, den zweiten Band von Lessings *Schrifften* (1753) aus. Neben den Erträgen der Wittenberger gelehrten Forschungen (vgl. Kap.: Rettungen) enthalten sie (u.a.) diejenigen seiner bereits erschienenen Kritiken, die er offenkundig der Anonymität entreißen will: Die Klopstock-Rezensionen (15.–19. Brief) sowie die Rousseau-Besprechung (9. Brief); im 20. Brief bekräftigt er die Parteinahme für den verfolgten

Diderot (Inhaltsverzeichnis der *Briefe* in G 3, 805). – Text: B 2, 653–710.

– *Ein Vade mecum für den Hrn. Sam. Gotth. Lange, Pastor in Laublingen* (selbständige Veröffentlichung: Berlin 1754; zur Entstehung und Drucklegung vgl. G 3, 772–775 und B 3, 956–961). Es handelt sich, nach dem »Vorgeplänkel« im 24. *Brief*, um Lessings erste Polemik großen Stils. Zugleich erhebt Lessing seine Stimme auf dem für das 18. Jahrhundert so wichtigen Gebiet der Übersetzung und Übersetzungskritik (vgl. Kap.: Diderot. Zu Lessing als Polemiker vgl. Kap.: »Literaturbriefe«), er vernichtet die Horaz-Übertragung Langes. Es gelingt ihm, das »Streitgespräch« zu verlebendigen und die »gelehrte« Kritik zu einer amüsanten Lektüre zu machen. – Text: B 3, 105–146.

– *Rettungen des Horaz.* Sie eröffnen den dritten, den »Rettungen« gewidmeten Band der *Schrifften* (1754. – Analyse des Verhältnisses von ›Poesie‹ und ›erotischer Phantasie‹ im Kap.: Lyrik).

– *Pope ein Metaphysiker!* Es handelt sich um eine Gemeinschaftsarbeit von Lessing und Mendelssohn. Der Gattung nach ist es eine Preisschrift, besser: die ironische Kontrafaktur einer Preisschrift. Die Freunde beantworten eine für Januar 1755 von der Königlich-Preussischen Akademie der Wissenschaften gestellte Preisaufgabe, indem sie zeigen: die Frage ist falsch gestellt. Sie reichen ihr Werk nicht ein, sondern veröffentlichen es 1755 anonym (G 3, 787–789; B 3, 1338–1340). Das Thema der Schrift ist die Grenzziehung zwischen Philosophie und Dichtung, der Ausgangspunkt die Baumgartensche Definition, ein »Gedicht« sei eine »vollkommene sinnliche Rede« (B 3, 617). Dichtung, so die Argumentation, sei keine philosophische Demonstration und somit keinem bestimmten »System« verpflichtet; der Poet sei ein Eklektiker, er nehme sich von jedem System, was er brauche. Die Tugend werde er gut stoisch preisen, die Wollust werde er in Epikurs Manier feiern (B 3, 620). Er suche nicht den stringenten Zusammenhang und die »tiefsinnige Überzeugung«, sondern den »lebhaften Eindruck« (B 3, 619) und die Rührung (B 3, 620, Z. 18); deshalb werde er »alle dahin einschlagende Wahrheiten in ihrem schönsten und stärksten Lichte seinen Lesern« darstellen. Die Freunde unterscheiden hier also zwischen Dichtung und Philosophie nach der jeweiligen

Erkenntnisweise: Der abstrakt-logischen steht die lebendige Erkenntnis, die das Gemüt einnimmt, gegenüber. – Text: B 3, 614–650.

– *Vorreden.* In unserem Zusammenhang besonders wichtig ist die Vorrede zu einer Ausgabe von James Thomsons Trauerspielen (1756; B 3, 755–761), die auf den *Briefwechsel über das Trauerspiel* vorausweist.

Gottsched und die Schweizer oder die Frage nach der Vernunft in der Poesie

Wenn Lessing die zeitgenössische Literaturszene betritt, ist der Streit zwischen der Gottsched-Partei und den Schweizern (Bodmer und Breitinger und ihren Anhängern) noch in vollem Gange. 1748 erscheinen die ersten drei Gesänge von Klopstocks *Messias.* Während die Anhänger Bodmers darin die Erfüllung ihres Ideals »erhabener« Dichtung sehen, verurteilen die Gottschedianer das Werk als Rückfall auf eine überwundene Stufe, als Wiederkehr barocken Schwulstes. Die Fehde beherrscht die literaturtheoretische Diskussion dieser Jahre und bildet den Hintergrund für Lessings frühe Versuche als Kritiker. Die Debatte illustriert zum einen die zunehmende Reflexion auf die Qualitäten der Dichtung, die mit dem Gefühl und der sinnlichen Vorstellungskraft zu tun haben. Zum anderen wird die Frage nach der Gedanklichkeit von Literatur neu aufgeworfen. Aporien der begrifflichen Auseinandersetzung zeichnen sich ab, die noch für die »Literaturbriefe« bestimmend sind (Fortsetzung der Klopstock-Kontroverse). Viele der in die Debatte eingebrachten Theoreme benutzt auch Lessing, wenngleich häufig nur in Abbreviaturen. Die Frage ist: Zu welchen Lösungen dringt er vor?

Gottsched ist Wolffianer, in seinem Werk *Erste Gründe der Gesamten Weltweisheit* (1733–34) popularisiert er die Wolffsche Philosophie. Auch der Poetik, der Lehre von der Dichtung, möchte er ein philosophisches Fundament geben. Die Grundlage dafür ist die Analogie zwischen der poetischen und der »wirklichen« Welt. Der aristotelische Satz, dass Kunst Nachahmung der Natur sei, erhält neue Wichtigkeit. Gottsched rückt ihn ins Zentrum, voll Stolz rühmt er sich, als erster eine Dichtungslehre entworfen zu haben, die konsequent auf dem Prinzip der Naturnachahmung aufbaue (*Auszug aus des Herrn Batteux*

Schönen Künsten [1754], 74; hier nach Saße 1988, 35, Anm. 13). Wenn die Welt des Dichters, so der Grundgedanke, ein Abbild (eine »Nachahmung«) der wirklichen Welt (der »Natur«) ist bzw. sein will, dann muss sie nach den gleichen Gesetzen entworfen sein, die auch unsere Welt bestimmen. Er macht sich die Konzeption der »möglichen Welten« zunutze. Neben dem Zusammenhang der Dinge, den Gott in die Wirklichkeit gerufen habe, gebe es andere Möglichkeiten der Verknüpfung. Wenn der Dichter das nie Geschehene so schildere, dass es eine innere Ordnung erhalte und die Begebenheiten sich folgerecht auseinander entwickelten, schaffe er eine solche mögliche Welt. Gottsched über die poetische »Fabel« (*Critische Dichtkunst* Bd. 1, ⁵1742, BA 6/1, 204): »Philosophisch könnte man sagen, sie sey ein Stücke von einer andern Welt. Denn da man sich in der Metaphysik die Welt als eine Reihe möglicher Dinge vorstellen muß; außer derjenigen aber, die wir wirklich vor Augen sehen, noch viel andre dergleichen Reihen gedacht werden können: so sieht man, daß eigentlich alle Begebenheiten, die in unserm Zusammenhange wirklich vorhandener Dinge nicht geschehen, an sich selbst aber nichts Widersprechendes in sich haben, und also unter gewissen Bedingungen möglich sind, in einer andern Welt zu Hause gehören, und Theile davon ausmachen. Herr Wolf hat selbst, wo mir recht ist, an einem gewissen Orte seiner philosophischen Schriften gesagt, daß ein wohlgeschriebener Roman, das ist ein solcher, der nichts Widersprechendes enthält, für eine Historie aus einer andern Welt anzusehen sey. Was er nun von Romanen sagt, das kann mit gleichem Rechte von allen Fabeln gesagt werden.« Lessings berühmtes Diktum von dem Werk des Künstlers als einem Ganzen, das ein Schattenriss von dem unendlichen Ganzen der Schöpfung sei (*Hamburgische Dramaturgie*), ist Nachklang und Fortentwicklung dieses Theorems.

Wie Gottsched den Gegenstand der Dichtung, die »Natur«, mittels Wolffscher Prinzipien bestimmt, so auch das produktive Vermögen des Dichters. Er greift auf die Wolffsche Seelenlehre, die Vorstellungspsychologie, zurück. Dass die Seele »Vorstellungen« (Bewusstseinsbilder und -inhalte) hat, macht nach Wolff ihr Wesen aus, sie wird durch die »Vorstellungskraft« definiert. Die spezifischen künstlerischen Vermögen, die Gottsched aufzählt, sind Modifikationen der Vorstellungskraft: Einbildungskraft, Witz, Scharfsinn, Geschmack. Er orientiert sich an Wolffs Bestimmungen. Einbildungskraft, so Gottsched, sei das Vermögen, vergangene Eindrücke festzuhalten und wieder zu beleben; Scharfsinn sei die Fähigkeit, viele unterscheidende Merkmale an einem Ding gleichsam blitzartig wahrzunehmen, Witz dagegen sei die Fähigkeit, Ähnlichkeiten an entlegenen Dingen aufzufinden, zu kombinieren, unerwartete Beziehungen zu stiften. Der Geschmack schließlich (*Critische Dichtkunst* Bd. 1, BA 6/1, 169 ff.) sei das Vermögen, mittels der Empfindung die Vollkommenheit eines Werks richtig zu beurteilen; Geschmack sei die Empfindung des Schönen und des Hässlichen. Die Vernunft habe der Poet mit allen Menschen gemein; das vernünftige Denken, der geordnete Entwurf in sich folgerechter Vorstellungen, bildeten die Grundlage der dichterischen Produktion so wie jeder sprachlichen Äußerung überhaupt. Seine eigentlich poetische Qualität erhalte das Werk jedoch erst, wenn die anderen Seelenkräfte ins Spiel kämen. Einbildungskraft, Scharfsinn und Witz erzeugten die bildhafte Qualität, durch die die poetische Rede sich von der vernünftigen Prosa abhebe (ebd. 426 f.): »Gewisse Geister haben viel Scharfsinnigkeit, wodurch sie gleichsam in einem Augenblicke hundert Eigenschaften von einer Sache, die ihnen vorkömmt, wahrnehmen. Was sie wahrnehmen, das drücket sich, wegen ihrer begierigen Aufmerksamkeit tief in ihr Gedächtniß: und so bald zu anderer Zeit etwas vorfällt, das nur die geringste Aehnlichkeit damit hat; so bringt ihnen die Einbildungskraft dasselbe wiederum hervor. So ist ihnen denn allezeit eine Menge von Gedanken fast zugleich gegenwärtig: das Gegenwärtige bringt sie aufs Vergangene; das Wirkliche aufs Mögliche, das Empfundene auf alles, was ihm ähnlich ist, oder noch werden kann. Daher entstehen nun Gleichnisse, verblümte Ausdrücke, Anspielungen, neue Bilder, Beschreibungen, Vergrößerungen, nachdrückliche Redensarten, Folgerungen, Schlüsse, kurz, alles das, was man Einfälle zu nennen pflegt, und die alle insgesammt aus einem solchen lebhaften Kopfe entstehen.«

Gottsched führt in dieser Passage das Arsenal der rhetorischen Figuren, Tropen, Bilder und Topoi auf die gesteigerte Vorstellungstätigkeit des Dichters zurück. Damit scheint die Position des Subjekts aufgewertet, gestärkt. Nicht die Vorgaben der Rhetorik sind maßgebend für die poetische Sprache, sondern die poetischen »Einfälle« fließen aus der Wahrnehmungsweise des Dichters. Zugleich aber ist es eine vernünftig geordnete Welt, die der Dichter, obschon auf besonders lebhafte Weise, zur Darstellung bringt. Der Gegenstand ist vorgegeben, die poetische Sprache fügt Einfälle hinzu, deren Genese wiederum den gleichen Vernunftgesetzen gehorcht, die auch die »Welt« strukturieren, den Gesetzen nämlich, die die Vorstellungstätigkeit (der Seele) beherrschen. Das spezifisch Poetische bleibt Akzidenz, der Gegenstand der Dichtung ist vom Gegenstand der Vernunfterkenntnis nicht zu unterscheiden.

Der Streit zwischen Gottsched (der »Leipziger« Partei) und den Schweizern (der »Züricher« Partei) entzündet sich an der Bewertung der Einbildungskraft. Bei Gottsched ist sie der Vernunft untergeordnet. Die Schweizer erheben sie zu dem Organ des Dichters schlechthin. Scharf grenzt z.B. Jakob Immanuel Pyra, ein Parteigänger der Schweizer, in seiner Gottsched-Kritik (*Erweis, daß die Gottschedianische Sekte den Geschmack verderbe*, 1743/1974) Philosophie und Dichtung voneinander ab. Dichtung habe es nur mit den sinnlichen Vermögen der Seele zu tun; es sei deshalb falsch, die Gesetze der abstrakten Logik auf die poetischen Werke anzuwenden. Poesie vermittle nun einmal keine Vernunfterkenntnis, sondern wirke durch Bilder auf die Einbildungskraft (53 ff.). Ähnlich argumentiert Breitinger in der *Critischen Dichtkunst* (1740/1966): Die philosophische Erkenntnis sei nur mühsam zu erwerben, spreche auch nur die Verstandeskräfte an, könne nicht »empfunden« werden und sei deshalb »ohne Ergetzen«. Die Natur jedoch habe dem Menschen ein »allgemeineres« und »bequemeres«, ein ganzheitliches »Ergetzen« zugedacht; deshalb habe sie ihm die leiblichen Sinne gegeben, »mittels deren die Schönheiten der Natur sich ihm durch einen blossen Eindruck ohne seine Mühe offenbareten« (*Critische Dichtkunst* Bd. 1, 79 f.). Der Poet versinnliche die Wahrheiten, die der Philosoph abstrakt darstelle: »Die Wohlredenheit [...] machet den Sinnen begreiflich, was der Verstand sonst [...] nicht ohne ein tiefes Nachdencken erreichen kan« (Breitinger: *Critische Abhandlung von der Natur, den Absichten und dem Gebrauche der Gleichnisse* 1740/1967,

112). Poetisches Sprechen ist für die Schweizer bildhaftes Sprechen, die Reflexion über den Bildcharakter der Poesie steht im Zentrum ihrer Poetik. Der Vergleich der Dichtkunst mit der Malerei ist in ihren Schriften omnipräsent und häufig bereits an den Titeln oder Kapitelüberschriften abzulesen: »Die Discourse der Mahlern«; »Der Mahler der Sitten«; »Critische Abhandlung von der Natur, den Absichten und dem Gebrauche der Gleichnisse«; »Von der Gleichheit zwischen der eigentlichen Mahlerey und der poetischen«, lautet der zweite Abschnitt aus Bodmers Werk *Critische Betrachtungen über die Poetischen Gemählde der Dichter* (1741/1971). Pyra rückt gar in seiner Verteidigung der Schweizer das Horazische Diktum »ut pictura poesis« an die Stelle des Mimesis-Prinzips: »Wann ich nach des Horatz Ausspruch urteile: ut pictura poesis erit; so folgt offenbar, daß die Herrn Schweitzer den rechten Weg erwelet haben; und nicht Herr Gottsched, der sehr unbillig vorgiebt, daß sie nur bei der untersten Stuffe stehen geblieben wären: und sich über die poetischen Bilder [...] lustig macht. Darin bestärkt mich noch mehr, daß die besten alten und neuen Kunstrichter, z. E. Aristoteles [...], eben den Weg erwehlet haben« (*Fortsetzung des Erweises, daß die Gottschedianische Sekte den Geschmack verderbe*, 1744/1974, 21).

Die Bildtheorie der Schweizer ist eine Wirkungstheorie, es geht um den (tiefen) Eindruck, den die Bilder auf die Phantasie ausüben. In dieser Eindrucksmacht findet die Naturnachahmung ihr Telos: »Damit ich solches ins kurtze zusammenfasse, so ist ein poetisches Gemählde nichts anders, als eine kunstvolle Nachahmung der Natur, welche darinnen besteht, daß man mittelst eines geschickten Gebrauches der Worte und der Redensarten eben so lebhafte und entzückende Bilder in die Phantasie der Hörer oder Leser schildern kan, als diejenigen sind, welche die Natur selbst mittelst der Sinnen in dieselbe bringet« (*Critische Betrachtungen*, 52 f.). Dabei ist die Aktivierung der Einbildungskraft für Bodmer und Breitinger kein kontemplativer Akt, sondern engstens mit der Gefühlserregung, der Erregung der Leidenschaften, verbunden. Entzündet sich doch, der zeitgenössischen Vorstellungspsychologie zufolge, das Begehren an den (sinnlichen) Bildern (Begehren »nach etwas«). Breitinger zitiert in der *Critischen Dichtkunst* die Wolffsche Definition: »die Affecten« sind »undeutliche

Vorstellung[en] des Guten und des Bösen« (*Critische Dichtkunst* Bd. 2, 362). Deshalb könnten sie »alleine von der Einbildungs-Kraft aus ihrem Schlafe aufgeweckt und ins Spiel gebracht werden« (ebd.). »Wenn auch ein Verfasser, zumahl in einer Bewegungs-vollen Schrift, sich einmahl von dem Gemüthe des Lesers Meister gemachet, so lieget ihm dann weiter ob, die angenehme Unruhe des Affects […] zu unterhalten […]. Nun kan dieses nicht besser geschehen, als mittelst herrlicher und schöner Bilder, welche uns solche Umstände lebhaft vorstellen, wodurch das Gemüth kan gerühret, und der Affect angeflammet werden« (*Critische Abhandlung*, 68). Die Sehnsucht des Menschen nach immer neuen sinnlichen Reizen, seine angeborene Leidenschaftlichkeit (*Critische Dichtkunst* Bd. 2, 355), die ihn die schmerzliche Gemütsbewegung noch der toten Ruhe vorziehen lasse (Bd. 1, 85 f.), würden durch die »poetischen Gemählde« befriedigt. Die Bewegung und »Unterhaltung« (im doppelten Wortsinn) der Affekte sei der Hauptzweck der Dichtung.

Dass durch die Bilder der Affekt »angeflammet« wird, bedeutet umgekehrt, dass durch den Affekt der bildhafte Eindruck intensiviert wird. Das poetische »Bild« jedoch ist eine »Vorstellung« (eines »Urbildes«), enthält bzw. ist somit »sinnliche Erkenntnis«. Die Verschmelzung mit der Leidenschaft bedeutet für die Schweizer keine Trübung der Erkenntniskraft – das unterscheidet sie von Gottsched. Georg Friedrich Meier, einer der Wortführer der Anti-Gottsched-Partei, sieht »Leidenschaft« und »Erkenntnis« in unlöslicher Wechselwirkung miteinander verbunden. In den Leidenschaften, die eine zwar undeutliche, aber vollständige Erkenntnis des Guten und Bösen seien, erfasse der Mensch intuitiv den Wert der Gegenstände, erfasse ihn unter Umständen sicherer und wahrhafter, als ein emotional unbeteiligtes Denken dies vermöchte. Das heißt: Die leidenschaftlich bewegten Vorstellungen bilden, Meier zufolge, die »Sache« selbst ab. Es bestehe eine Übereinstimmung zwischen der Begehrungskraft, der Sache und dem Vorstellungsbild (*Theoretische Lehre von den Gemüthsbewegungen überhaupt*, 1744/1971, 163). Für Breitinger gewährleistet allein die emotionale Intensität, mit welcher der Poet sich in seinen Gegenstand einzufühlen vermag, die ›Wahrheit‹ des Ausdrucks; nur wo die Hitze der Einbildungskraft die leiden-

schaftliche Erregung erzeuge, werde der Dichter die Situation der Natur gemäß vorstellen und die angemessenen Bilder finden (*Critische Dichtkunst* Bd. 2, 366 ff.).

Doch soweit der poetischen Einbildungskraft und ›malenden Poesie‹ das Reich der Natur (zu dem auch die menschlichen Affekte gehören) als Gegenstand angewiesen wird, lässt sich ein grundsätzlicher Unterschied dieser Dichtungstheorie zu Gottscheds Position letztlich gar nicht ausmachen – teilen doch die Schweizer mit den Gottschedianern das Wolffsche Konzept der sinnlichen rsp. lebendigen Erkenntnis. Sie widmen ihre ersten Werke Wolff, seine Philosophie bedeutet für sie eine Befreiung, Ermutigung zum Gebrauch der »Seelenkräfte«. Indem die Schweizer aber die Vorstellungspsychologie übernehmen und ihnen die Einbildungskraft als Modifikation der Vorstellungskraft gilt, dringen in ihre Dichtungstheorie die intellektualistischen Momente der Wolffschen Philosophie ein. Wolff selbst beschreibt die »Vorstellungen« der Seele als »Vorstellungsbilder«, häufig verwendet er den Vergleich mit Gemälden. So aber können die Schweizer letztlich die Einbildungskraft nicht als schöpferisches Vermögen fassen bzw. begrifflich darstellen. Sie bleibt auf vorgegebene Bilder, auf die Vorstellungen (der Außenwelt) bezogen, die sie bewahrt und aus der Erinnerung zurückholt: »diese Einbildungskraft ist […] die Schatzmeisterinn der Seele, bey welcher die Sinnen ihre gesammelten Bilder in sichere Verwahrung legen« (Bodmer: *Critische Betrachtungen*, 13). Dem entspricht die Ambivalenz in der Konzeption der »sinnlichen Erkenntnis«. Einerseits wird der poetisch-bildhaften Sprache eine spezifische Erkenntnisfunktion zugestanden. Andererseits bleibt für Bodmer und Breitinger die durch Poesie vermittelte Erkenntnis vollgültig in diskursivbegriffliche Sprache übersetzbar. Es gibt für sie keine durch Dichtung vermittelte Wahrheit, die nicht außerhalb der poetischen Welt, im Kosmos der Dinge ihren Ort hätte und nicht durch das philosophische Denken ebenfalls entdeckt werden könnte. Auch sie verwenden, nicht anders als Gottsched, die Formel von der sinnlichen Einkleidung einer philosophischen Wahrheit.

Erst die Umbesetzung, welche die Schweizer innerhalb der Wolffschen Hierarchie der Seelenkräfte vornehmen, vermag die Entzweiung mit Gottsched zu erklären. Treibendes Motiv dieser

Umbesetzung ist die Ausrichtung ihrer Dichtungstheorie auf die religiöse Poesie (vor allem seit dem Erscheinen des *Messias*). Die durch die Poesie angesprochenen sinnlichen Seelenkräfte (Empfindungs- und Einbildungskraft) erhalten nunmehr zu ihrem Gegenstand die christlichen Geheimnisse – ein Gegenstand, der der Vernunfterkenntnis entzogen ist. Die Schweizer stellen die Imagination – als das Organ des Dichters – über die Vernunft und folgen darin der Tendenz der Baumgartenschen Ästhetik und ›Aufwertung‹ der Sinnlichkeit‹; die Voraussetzung dafür aber ist, wie Goldenbaum (2004a) und Ernst Müller (2004) nachgewiesen haben, die Bindung der Poesie an den Glauben bzw. die Offenbarung. In der Versinnlichung (›Nachahmung‹) des Übersinnlichen sehen die Schweizer das Ziel der Dichtung: Sie mache die Mysterien des Glaubens erfahrbar und versetze das Gemüt in eine religiöse Begeisterung. Sie antizipieren demnach keinesfalls den Gedanken der künstlerischen Autonomie, sondern sie verpflichten die poetische Einbildungskraft auf die Vermittlung der christlichen Wahrheit. An dieser Überordnung des *religiösen* Gefühls über die Vernunft, so Goldenbaum weiter, habe Gottsched Anstoß genommen (vgl. dazu auch Döring 2009, bes. 89 ff., der allerdings die Bindung der Einbildungskraft an die Religion als inneraufklärerisches Phänomen beschreibt und den Literaturstreit in den Kontext der Säkularisation stellt).

Die Fragen, die am Ende der Literaturfehde ungelöst zurückbleiben, lauten: Wie lässt sich die »Logik der Dichtung« – die Züricher sprechen von einer »Logik der Einbildungskraft« – abgrenzen von der allgemein verbindlichen Vernunfterkenntnis? Und: Wie lässt sich ohne den Rückbezug auf das Religiöse das Hinausgreifen der schöpferischen Phantasie über die augenscheinliche Wirklichkeit begründen?

Forschung

Ein Forschungsbericht zum Thema »Lessing als Kritiker und Polemiker« findet sich im Kapitel über die »Literaturbriefe«. Isoliert man die frühe Literaturkritik, so kristallisiert sich als dominierender Aspekt neben der Zuschreibungsfrage (Consentius 1902, Muncker 1902, Guthke 1975b und 1993, Baasner 1993, die Kommentare in G 3

und B 1–3) das Verhältnis zu Gottsched und die Entwicklung einer neuen Dichtungsauffassung heraus. Grundlegend ist der Aufsatz von Guthke (1975b) über den jungen Lessing »als Kritiker Gottscheds und Bodmers«. Er rückt Lessings Ansatz vor den Hintergrund der »Fehde« zwischen den Zürichern und Leipzigern und arbeitet den »Weg der Mitte« heraus, auf den Lessing schon früh (vor Nicolai) hingewiesen habe. Er habe sowohl in Klopstocks als auch in Gottscheds Dichtungsideal die Gefahr der Verirrung erkannt, dabei als Ausweg nur die Loslösung von der Regelpoetik gesehen. Ein nicht unwichtiges Ergebnis seiner Untersuchung ist die Beantwortung der Zuschreibungsfrage, was die Gottsched-Rezensionen anbelangt. Man hatte eine Inkonsistenz zwischen dem scharfen Ton der frühen Rezensionen (1748–1750) und der Konzilianz bemerkt, mit der Lessing außerhalb des Rezensionszusammenhangs von Gottsched spricht (Birke 1968). Guthke löst das Problem, indem er als Autor der fraglichen Rezensionen Mylius vorschlägt, der zum »Todfeind« Gottscheds geworden war. Als erste Gottsched-Rezension aus Lessings Feder setzt er die Besprechung im 37. Stück der BPZ vom 27.3.1751 an, die nun gleichfalls sehr sarkastisch ausfällt, wobei Guthke den Stimmungsumschlag auf Gottscheds selbstherrlichen Umgang mit einem ihm anvertrauten Lessingschen Manuskript zurückführt.

Eine neue Kontextualisierung von Lessings Stellungnahme im Streit über Klopstocks religiöse Poesie nimmt Goldenbaum (2004a) vor. Es habe sich nicht lediglich um ein poetologisches Problem gehandelt, vielmehr sei die Kontroverse im Zusammenhang mit der für die Aufklärung konstitutiven und als öffentliche (politische) Debatte geführten Auseinandersetzung über das Verhältnis von Glaube und Vernunft zu sehen; auch Lessings publizistische Strategien müssten von daher verstanden werden. Aufgrund seiner kompromisslosen Verteidigung der Vernunft sei Lessing – wie Gottsched – den Wolffianern zuzurechnen; die Feindseligkeit Gottsched gegenüber habe mehr mit dessen autoritärem Verhalten als mit inhaltlichen Differenzen zu tun. So überzeugend Goldenbaum den aufklärerischen Horizont und politisch-öffentlichen Charakter der literarischen Debatten (Zürich-Leipziger Literaturfehde; zur Debatte über den *Nordischen Aufseher* vgl. Kap.: »Literaturbriefe«) rekonstruiert – die

Charakterisierung Lessings als eines Wolffianers greift zu kurz. Goldenbaum übersieht, dass Lessings Eintreten für Vernunft, Toleranz und Denkfreiheit nicht deckungsgleich mit einer rationalistischen philosophischen Position ist.

Den bislang umfassendsten und genauesten Überblick über die journalistische Tätigkeit Lessings während der ersten Berliner Jahre (1748–51) gibt Nisbet (2008, 133–151), wobei das stupend breite Spektrum der Interessen des jungen Autors besonders gut hervortritt. Die Signifikanz dieser frühen Arbeiten hebt Nisbet vor allem dadurch hervor, dass er aus ihnen »allgemeine Schlüsse über Lessings Eigenart als Kritiker« (147) ableitet. Die wichtigsten Charakteristika sind (147–150): 1) Die Affinität von Lessings Kritik zur Rezension – »eine Gelegenheitsgattung: aktuell, mehr oder weniger spontan, streitlustig, analytisch, unsystematisch«, »in gewissem Sinn der Archetyp seiner Kritik« (147); 2) die Skepsis einem vorgefassten System gegenüber und, in Folge davon, das induktive Vorgehen, die Orientierung am individuellen Werk, die Offenheit und Flexibilität der Urteilskriterien bei gleichzeitiger Anerkennung (und Stärkung) der subjektiven Reaktion; 3) die Verteidigung der liberalen Werte der Aufklärung, die Einforderung des Rechts auf freie Meinungsäußerung (besonders: Lessings Eintreten für Diderot), die Wahrung der Unparteilichkeit, was alles sich auch – sozusagen performativ – in dem Habitus der Lessingschen Kritik niederschlage: der Prüfung von These *und* Antithese, um *coram publicum* zu einer Lösung zu gelangen; 4) die strategische Anordnung des Materials, ein Gestaltungsmittel, das Lessing in seinen späteren Polemiken vervollkommnen wird. Nisbet analysiert als Beispiel den Aufbau der ersten Beilage (April 1751) zu der Zeitschrift *Das Neueste aus dem Reiche des Witzes* (136–138) und erkennt in der scheinbar willkürlichen Abfolge der Themen ein genaues Kalkül: Lessing bringe gegenüber den Schriften berühmter französischer Aufklärer, denen er Laszivität und Unaufrichtigkeit (Plagiate) vorwerfe, Klopstocks *Messias* als das Werk eines deutschen ›Genies‹ vorteilhaft in Position, wobei er geschickt die eigene Unparteilichkeit zur Schau stelle, indem er den Artikel mit einer rühmenden Besprechung von Rousseaus erstem Diskurs beginne, einer fulminanten und sensationellen Kritik eben der zeitgenössischen französischen Kultur, die er dann selbst thematisiere; 5)

die Verbindung der Verteidigung liberaler Werte mit der moralischen Kritik an denjenigen, die diese Werte verletzen, welche Symbiose oft dazu führe, dass Lessing einen Autor persönlich angreife und ästhetische Urteilskriterien mit ethisch-moralischen verschmölzen; damit hänge schließlich 6) dasjenige Merkmal zusammen, das den vielleicht bedeutsamsten Wesenszug des Kritikers Lessing ausmache: das Ineinander von Unparteilichkeit und persönlichem Engagement, wodurch der Einsatz für das als wahr Erkannte oft die Form der leidenschaftlichen Polemik angenommen habe.

Analyse

Lessings Standpunkt über den Polen

Aus den zahlreichen Aspekten, unter denen Lessings frühe journalistische Tätigkeit betrachtet werden kann, wählen wir denjenigen aus, der die Literaturkritik im engeren Sinn betrifft, nämlich seine Stellungnahme im Leipzig-Züricher Literaturstreit. Diese Debatte war noch so präsent, dass jeder Kritiker und ›Kunstrichter‹ – namentlich wenn er, wie Lessing, über den Hauptgegenstand der Kontroverse, Klopstocks *Messias*, schrieb – nicht umhin konnte, sich auf sie zu beziehen. Lessings Argumentationsweise lässt dabei viele Merkmale erkennen, die für ihn charakteristisch werden sollen (und denen wir zum Teil bereits bei seiner Diskussion der Komödienformen begegnet sind): Er geht eklektisch vor – jede Seite habe Recht und Unrecht zugleich, deshalb könne man eine integrative Lösung entwickeln (die dann *beide* Seiten hinter sich lässt) –; er versucht, seine Unabhängigkeit zu bewahren und zu einem unparteiischen Urteil zu gelangen; und er vertritt eine Auffassung von Poesie, in der für das begeisternde Gefühl und die Vernunftklarheit gleichermaßen Raum gegeben ist. Darüber hinaus schneiden die frühen Klopstock-Rezensionen grundsätzliche Probleme einer religiösen Poesie an und präludieren so die Polemik gegen das ›Gefühlschristentum‹ in den »Literaturbriefen«.

Dass Lessing einen eigenen Weg und Standpunkt ›über den Polen‹ sucht, äußert sich zunächst darin, dass er einmal die Kriterien Gottscheds, dann wieder diejenigen der Schweizer zu verteidigen scheint. Wie Gottsched wirft er – einerseits – den Poeten des Züricher Kreises Unverständlichkeit (B 2, 489 f.), Dunkelheit und Lohensteinischen Schwulst vor (vgl. B 1, 703 f.); er tadelt wiederholt die Diskrepanz zwischen dem Pathos der erhabenen Schreibart und der Geringfügigkeit der Gegenstände. So spöttelt er über Klopstock: »Man sieht wohl, [...] daß er Pindarisch schreiben würde, wann er auch ein Gedicht vom Ackerbau schriebe« (B 2, 283); die distanziert-skeptische (erste) Besprechung von dessen *Ode an Gott* (1751) endet mit dem ironischen Resümee: »Was für eine Verwegenheit, so ernstlich um eine Frau zu bitten!« (B 2, 279; vgl. auch B 2, 77, Z. 22 ff. und 693, Z. 28 ff.). Auf der anderen Seite verwahrt er sich davor, für einen Parteigänger Gottscheds gehalten zu werden, und betont, dass, wenn er Klopstock tadele, er gleichwohl nicht, wie die Gottschedianer, die herausragende poetische Schönheit von dessen Dichtung verkenne; ›verwahrlost‹ sei das Urteil derjenigen, die diese Schönheit nicht zu sehen vermöchten (B 2, 692). Lessing würdigt von Anfang an den *Messias* als große dichterische Leistung und unterscheidet zwischen Klopstock und dessen Nachahmern; nur die Letzteren verdammt er als verworren, langweilig und unpoetisch und gibt sie der Lächerlichkeit preis (z. B. B 2, 77). Wenn er von der Dichtung Anmut, Evidenz und Transparenz verlangt und sich damit einem klassizistischen Stilideal anzunähern scheint (vor allem: *Aus einem Gedichte über den jetzigen Geschmack in der Poesie*; zum Stilideal der Deutlichkeit und Klarheit vgl. auch B 1, 703, Z. 9 ff.), so legt er an anderer Stelle die Kriterien an, die die Schweizer im Munde führen: den Schwung und die ›Hitze‹ der Einbildungskraft, die Lebhaftigkeit der Bilder (B 1, 682, Z. 35), den schöpferischen Geist, die Erhebung der Seele. Aus seiner Sicht kommt es darauf an, beide Möglichkeiten, beide Dichtungsarten gelten zu lassen, deren jede eine spezifische Vollkommenheit erreichen könne. Auf dieser Linie liegt sein – salomonisches – Urteil über die heiß umstrittene Frage, ob der Reim weiter in der Dichtung verwendet werden solle oder nicht. Für Lessing ist beides zulässig – »Man lasse einem Dichter die Wahl« (B 2, 686, Z. 21 f.) –, denn nicht die Versform als solche entscheide über die Qualität einer Dichtung, sondern ob die je besonderen Schwierigkeiten – des Reimes oder der reimlosen Versmaße – gemeistert seien (B 2, 685–687).

Lessing beharrt also nicht auf einem ›Entweder – Oder‹, sondern plädiert für ein ›Sowohl – Als auch‹: Jede der verfeindeten Parteien produziere gute und schlechte Poesie, behaupte Richtiges und Falsches, habe Vorzüge und Mängel. In einer ihm (nach Perels mit sehr guten Gründen) zugeschriebenen Rezension in den *Jenaischen gelehrten Zeitungen auf das Jahr 1750* wird darüber hinaus die Frage aufgeworfen, ob sich dieser ›Weg der Mitte‹ auch theoretisch begründen ließe: »Wo sind die Grundsätze, welche dies in das Gleis richten, was der eine zu wenig, und der andre zu viel tut?« (B 1, 704). Lessings Antwort darauf lautet, dass diese Grundsätze nicht a priori aufzustellen sind, sondern von Fall zu Fall entschieden werden müssen. Bereits in dem Lehrgedicht (Fragment) *An den Herrn Marpurg über die Regeln [...] besonders der Poesie und Tonkunst* formuliert er den Gedanken, an dem er bis zur *Hamburgischen Dramaturgie* festhalten wird, dass das Genie sich selbst die Regeln gibt und sie deshalb kein Kritiker vorab festlegen und systematisieren könne und dürfe (G 1, 168, V. 165–170):

> Ein Geist, den die Natur zum Mustergeist beschloß,
> Ist, was er ist, durch sich; wird ohne Regeln groß.
> Er geht, so kühn er geht, auch ohne Weiser sicher.
> Er schöpfet aus sich selbst. Er ist sich Schul und Bücher.
> Was ihn bewegt, bewegt; was ihm gefällt, gefällt.
> Sein glücklicher Geschmack ist der Geschmack der Welt.

Die Vorstellungsweise, dass sich das Genie selbst die Regel gibt, geht Hand in Hand mit derjenigen, dass sich die Regeln im einzelnen Werk konkretisieren und nur so, induktiv, erkannt werden. Die Juni-Beilage zur BPZ (1751) hebt mit dem Satz an (B 2, 125): »Die Regeln in den schönen Künsten sind aus den Beobachtungen entstanden, welche man über die Werke derselben gemacht hat.« So übernimmt Lessing zwar das Konzept der Baumgartenschen Ästhetik, Dichtung sei eine »vollkommene sinnliche Rede« und ihr Wesen liege darin, in sinnlichen Vorstellungen zu sprechen und durch Bilder das Gemüt einzunehmen (B 2, 691; vgl. auch *Pope ein Metaphysiker!*), doch spottet er über die umfassenden Regelwerke und Systeme, sofern sie a priori den Wert einer Dichtung bestimmen sollen. Sein Spott trifft hier Gottsched und die Schweizer, die ebenfalls mit einer umfangreichen *Critischen Dichtkunst* hervorgetreten sind, gleichermaßen; mehrfach greift er auch Georg Friedrich Meier und dessen Ästhetik an (B 1, 681–683 und 706; B 2, 208, Z. 25 ff.; G 1, 167, V. 133 ff.). In dem Fragment *An den Herrn Marpurg* verteidigt er Intuition und Gefühl gegenüber der Zergliederung nach Regeln: Wenig Meisterstücke besitze die Poesie, »Seit dem der Philosoph auf dem Parnasse streift,/ Und Regeln abstrahiert, und die mit Schlüssen steift« (G 1, 166, V. 113 f.). Die Regeln seien »erschlichen«, die Quelle der poetischen Sprache sowie des guten Geschmacks sei das Gefühl (G 1, 166, V. 109 f.): »[...] Nun tadle mich, daß ich die Regeln schmäh,/ Und mehr auf das Gefühl, als ihr Geschwätze seh.« Verheerende Auswirkungen habe die Regel- und Systemgläubigkeit (G 1, 167, V. 129–134):

> Ach arme Poesie! anstatt Begeisterung,
> Und Göttern in der Brust, sind Regeln jetzt genung.
> Noch einen *Bodmer* nur, so werden schöne Grillen
> Der jungen Dichter Hirn, statt Geist und Feuer füllen.
> Sein Affe [gemeint ist Georg Friedrich Meier] schneidert schon ein ontologisch Kleid,
> Dem zärtlichen Geschmack zur Maskaradenzeit.

Wo er auf einzelne Werke eingeht – insbesondere seine Kritiken zum *Messias* sind hier heranzuziehen –, macht sich denn auch deutlich das Bestreben geltend, nicht von einem vorausgesetzten System her zu urteilen, sondern dem besprochenen Text gerecht zu werden, sozusagen ihm angemessene Kriterien zu verwenden, wobei Lessing sich freilich nicht von den grundsätzlichen Stil-Alternativen der erhabenen, ›feurigen‹ und der vernunfthellen ›mittleren‹ Schreibart löst. Wenn er beispielsweise die Anrufung, mit der der *Messias* beginnt – »Sing, unsterbliche Seele, der sündigen Menschen Erlösung« –, kritisiert, so deshalb, um eine noch bewegendere, dem Geist des Gedichtes mehr entsprechende Wendung vorzuschlagen (B 2, 216 f.; ihn stört natürlich, echt Lessingisch, die – anscheinende – Erhebung der ›unsterblichen Seele‹ des Sängers über den Rest der sündigen Menschheit). Keinen Widerspruch zu dieser Hinwendung zum Konkreten bedeutet es, dass Lessing die ihn leitenden Kriterien nur sehr allgemein formuliert, kommt es

ihm doch eben darauf an, keine Vorschriften a priori zu erteilen. Durch »Schönheiten der Vorstellung und Empfindung« (B 2, 77) werde ein Gedicht mitreißend, nicht durch die Beachtung der Regeln oder die Befolgung eines ästhetischen Systems.

Indem Lessing solchermaßen das Einzelwerk in seiner Konkretion über das abstrakte Lehrgebäude stellt, bahnt sich die Erkenntnis von der Autonomie der Dichtung an. Noch ein weiteres Moment weist in diese Richtung, nämlich sein Klärungsversuch in der Frage nach dem Verhältnis von Poesie und Religion. Die Schweizer verwischten die Grenze zwischen ästhetischer und religiöser Empfindung und sprachen zum Beispiel dem *Messias* einen wahren religiösen Gehalt und damit zugleich die Verbindlichkeit des Religiösen zu; sie sahen in der ›sinnlichen Rede‹ der Poesie ein besonders wirksames Medium für verbindliche theologische Aussagen. Der Streit mit Gottsched entzündete sich auch an dieser Überhöhung der Dichtung, an der religiösen Auslegung der dichterischen Inspiration. Gottsched, an der Wolffschen Trennung von Glaube und Vernunft festhaltend, warf den Schweizern den Rückfall in Aberglaube und Schwärmerei vor (nach Goldenbaum 2004a; Ernst Müller 2004, 33 ff.). Wiederum nimmt Lessing eine unabhängige Position ein. Er differenziert einerseits zwischen der philosophischen Wahrheit und den sinnlichen poetischen Vorstellungen, andererseits attestiert er dem durch die Poesie erweckten Gefühl (und damit den dichterischen Bildern) eine eigene Gültigkeit. Er konstatiert eine grundsätzliche Diskrepanz zwischen dem metaphysischen, streng abstrakten Gottesbegriff und dem Bestreben des Dichters, »überall seine sinnliche Vorstellungen anzubringen« (B 2, 691). Obwohl er also der Dichtung eine spezifische Erkenntnisleistung abstreitet, impliziert seine Differenzierung doch zugleich den Hinweis auf die Eigengesetzlichkeit der sinnlichen (poetischen) Vorstellungsweise: Der Dichter verwandle die Armut der Sprache, die keinen Begriff für rein geistige Gegenstände habe, in eine Schönheit, die freilich dem »philosophischen Kopf« »anstößig« sein müsse (B 2, 691).

In ihr eigenes Recht setzt Lessing die poetische Einbildungskraft von der Seite des Gefühls her. Zunächst scheint er den Anspruch der Schweizer, was den religiösen Gehalt der neuen erhabenen

Schreibart anbelangt, ganz zu bestätigen: Klopstocks *Messias* sei die beste Verteidigung des Christentums (B 2, 691 f.). Aufhorchen lässt allerdings seine Begründung, die auf seine Ansichten im Fragmentenstreit vorausdeutet. Nur deshalb, weil die religiösen bzw. christlichen Überzeugungen überhaupt nicht auf der Ebene der (philosophischen, beweisbaren) Wahrheit lägen, sondern Sache des Wünschens und Fühlens seien, kann sich die (ebenfalls auf die sinnlichen Seelenkräfte bezogene) Poesie auf überzeugende Weise mit dem Glauben verbinden. Lessing schreibt: »Das erhabenste Geheimnis weiß er [Klopstock] auf einer Seite zu schildern, wo man gern seine Unbegreiflichkeit vergißt, und sich in der Bewundrung verlieret. Er weiß in seinen Lesern den Wunsch zu erwecken, daß das Christentum wahr sein möchte, gesetzt auch, wir wären so unglücklich, daß es nicht wahr sei. Unser Urteil schlägt sich allzeit auf die Seite unsers Wunsches. Wann dieser die Einbildungskraft beschäftiget, so läßt er ihr keine Zeit auf spitze Zweifel zu fallen« (B 2, 692; vgl. auch B 2, 99).

Nicht immer jedoch hält sich Lessing an seine Grenzziehungen, sondern (miss-)versteht zuweilen (absichtlich?) die Sprache der Empfindung als eine objektbezogene Aussage. So parodiert er zum Beispiel Klopstocks *Ode an Gott* (1751), indem er die Wendungen, die subjektive Ergriffenheit signalisieren, in diskursive Prosa übersetzt, wobei natürlich Unsinn herauskommt: »[...] er fühlt, er fühlt es, daß Gott auch da, wo er wohnt, Gott ist. Er wünscht mit Gott zu reden, zweifelt aber, daß er ihn wird zu sprechen bekommen. Endlich wagt er es, mit dem Ewigen zu reden; er sagt ihm, daß er, Gott, ewig ist, und daß er, Klopstock, liebet. Der Ewige soll ihm seine Geliebte wieder geben [...]« (B 2, 283). Des Weiteren unterscheidet Lessing zwischen ›echter‹ und ›unechter‹ religiöser Sprache, was dazu führt, dass sich ethische Maßstäbe in seine literarische Kritik mengen. Schon in den Rezensionen von 1753 kündigt sich seine Ablehnung der empfindsamen Ästhetisierung des Religiösen an, die zu einem zentralen Thema der »Literaturbriefe« werden wird. Den Klopstock-Nachahmern wirft er (ähnlich wie Gottsched) Schwärmerei und das Gekünstelte im Ausdruck ihrer Empfindungen vor. So lautet sein Urteil über die *Drey Gebete eines Freigeistes, eines Christen und eines guten Königs* (1753), die er irrtümlicher

weise den »Witzlingen« in der Nachfolge Klopstocks zuschreibt (sie stammen von Klopstock selbst): »Das folgende Gebet des Christen [...] würde dem Unsinne eines Inspirierten viel Ehre machen. Das erhabenste Gebet, welches uns Christus selbst hinterlassen hat, ist zugleich das einfältigste, und nach diesem Muster ist es wenigstens nicht gemacht« (B 2, 490). Oder aber er macht sich über den Anspruch, in der Dichtung eine übersinnliche Erkenntnis zu vermitteln, lustig (vgl. B 1, 706: Lessing spottet über die poetische Nachahmung der Engelssysteme).

Mit der Orientierung am individuellen Werk hängt schließlich die Betonung des ›Ganzen‹ zusammen, zu dem jede Dichtung sich fügen muss; der Kunstrichter dürfe nur vom ›Ganzen‹ aus einzelne Schönheiten beurteilen. Allerdings bleibt es bei der bloßen Nennung der Kategorie des Ganzen und seiner Ordnung; eine konkretisierende Beispielanalyse führt Lessing, sofern er Neuerscheinungen aus dem Gebiet der Lyrik und Epik rezensiert, nicht durch. Seine Bemerkungen über den noch fragmentarischen Charakter des *Messias* lassen dabei vermuten, dass er bei der Bewertung des ›Ganzen‹ von den Baugesetzen des Epos ausgegangen wäre und nach deren Verwirklichung gefragt hätte: »Ich sahe es ein, [...] daß das Gedichte fertig sein müsste, wenn man von der Ökonomie desselben urteilen wollte. Noch ist der Dichter mitten in dem Labyrinthe. Man muß es erwarten, wie er sich heraus findet, ehe man von der Handlung, von ihrer Einheit, von ihrer Vollständigkeit, von ihrer Dauer, von der Verwicklung und Entwicklung, von den Episoden, von den Sitten, von den Maschinen, und von zwanzig andern Sachen etwas sagen kann« (B 2, 210 f.; vgl. auch B 1, 682). Dabei betont er, dass die »Verbindungen zu einem ordentlichen Ganzen« nur im »Innern dieses Gedichts« statthaben können und sich so der Kodifizierung entziehen (B 1, 682). In der Vorrede zu seiner Mylius-Ausgabe vermerkt er, Gottsched habe »die Beobachtung der Schulregeln für Ordnung« (B 3, 336) gehalten. Genauer entwickelt Lessing seine Auffassung von der inneren Ordnung eines Werks in seinen Dramenanalysen. Anhand seiner Seneca-Abhandlungen wollen wir sein Konzept des dramatischen Plans als eines autonomen Ganzen erläutern, dessen Vernunft nicht a priori zu bestimmen ist, sondern sich im Spannungsbogen der Leidenschaften realisiert.

Der dramatische Plan als Träger des Werkganzen:
»Von den lateinischen Trauerspielen welche unter
dem Namen des Seneca bekannt sind«
(Theatralische Bibliothek, 2. Stück, 1755, dat.
1754)

Es sollte zu denken geben: In unmittelbarer zeitlicher Nachbarschaft zu *Miß Sara Sampson* entstehen die Seneca-Abhandlungen. Zur gleichen Zeit, zu der Lessing sein erstes »bürgerliches Trauerspiel« schreibt, setzt er sich mit Senecas heroischen Tragödien auseinander, nicht weil er vor einem veralteten Modell warnen möchte, sondern weil er dem zeitgenössischen Theater Anregungen vermitteln will. Er lässt sich ganz auf den Bauplan von Senecas Stücken ein, versenkt sich sozusagen in deren Welt, um dann allerdings Vorschläge zu einer Neufassung, Aktualisierung zu entwickeln. Nach zwei Richtungen ist zu fragen: Erstens: Wie ist der Rückgriff auf Seneca in der Mitte des 18. Jahrhunderts zu bewerten? Zweitens: Was macht Lessing aus der antiken Vorlage? Hier schließt sich dann die Frage an, welche Konsequenzen für die Konzeption des »bürgerlichen Trauerspiels« sich allenfalls ergeben.

Seneca in der Mitte des 18. Jahrhunderts. Die Seneca-Tragödien haben vor allem auf die Dramatik des 16. und 17. Jahrhunderts großen Einfluss, Seneca gehört noch zu den Vorbildern Corneilles und des französischen Klassizismus. Lohenstein wird als deutscher Seneca gefeiert. Um die Mitte des 18. Jahrhunderts jedoch hat sich der Geschmack gewandelt, dem neuen Geschmacksideal sucht Gottsched Ausdruck zu verleihen. Seneca, Lohenstein, die heroische Barocktragödie verfallen dem Verdikt des »Schwulstes«. Das Pathos der Sprache wird als gegenstandslos empfunden, es verstoße gegen die Regeln der Natürlichkeit und der Wahrscheinlichkeit. Die Ablehnung Senecas ändert dabei nichts an der weiteren Orientierung am klassizistischen Theater Frankreichs. Um die Mitte des 18. Jahrhunderts hat die heroische Tragödie, in Alexandrinern verfasst, noch einmal Hochkonjunktur. Zahlreiche Dramen entstehen, in denen die vorgeprägten Konstellationen, vor allem der Konflikt zwischen Staatsraison und persönlicher Leidenschaft, reproduziert und variiert werden. Lessing distanziert sich in den Seneca-Abhandlungen nicht explizit von dieser Ausrichtung. Er bestätigt das Urteil über Corneille als großen Tragiker, allerdings mit einer Begründung, die aufhorchen lässt. Er legt den Finger auf den Traditions- und Rezeptionszusammenhang Seneca – Corneille, hebt also die innere »Verwandtschaft« zwischen Corneille, dem von Gottsched gepriesenen Muster, und Seneca, den Gottsched zum abschreckenden Beispiel stempelt, ins Bewusstsein. Im Unterschied zu Crébillon (dem Älteren), der die Härte der stofflichen Vorgaben dadurch herabmildere, dass er eine Liebesgeschichte in die Handlung integriere, erreiche Corneille ganz die Stärke und Größe Senecas. Das Beispiel ist *Thyest*, eine Tragödie der schlimmsten Untaten also. Die klare Konturierung des Grausamen, das deutliche Hervortreten der Greuel, der Verzicht auf Beschönigung sind für Lessing Qualitätsmerkmale (B 3, 610 f.).

Was steht hinter dem Rückgriff auf Seneca zu einer Zeit, da dieser als unmodern gilt? Zu Recht sieht Barner in der Verteidigung, »Rettung« des römischen Tragikers eine Etappe im Kampf gegen Gottsched. Wie immer, wenn er sich gegen Gottsched wendet, geht es Lessing um die Überwindung des Unpoetischen, Unlebendigen. Er zählt die »Fehler« auf, die Gottsched dem Seneca zum Vorwurf macht: »Und was sind es denn endlich auch für Fehler? Er ist mit den poetischen Farben allzuverschwenderisch gewesen; er ist oft in seiner Zeichnung zu kühn; er treibt die Größe hier und da bis zur Schwulst; und die Natur scheinet bei ihm allzuviel von der Kunst zu haben. Lauter Fehler, in die ein schlechtes Genie niemals fallen wird!« (B 3, 553). Auf doppelte Weise instrumentalisiert Lessing Seneca für die eigenen Zwecke. Er demonstriert zunächst den Weg zurück zu den Quellen. Er möchte den »wahren« Seneca freilegen, der von den Nachahmern verdeckt und von den Kritikern verkannt wurde. Lessing liest sodann jedoch die antiken Stücke nicht historisierend, sondern aktualisierend. Er entwickelt zum Beispiel aus dem Handlungsgang des *Rasenden Herkules* einen neuen Bauplan, organisiert den Stoff um, schält einen Zusammenhang heraus, der dem Weltbild des 18. Jahrhunderts Genüge tut. Der Rückgriff auf eine als obsolet verschrieene Tradition dient ihm dazu, das Drama der Zukunft zu konturieren.

Von der Regel zur Ordnung, von der Moral zur Motivation: Lessings Analyse des »Rasenden Herkules«. Lessing wendet sich gegen den Grundpfeiler von Gottscheds Tragödienlehre, gegen die Auffassung, eine gut eingerichtete »Fabel« (Handlung) demonstriere einen moralischen Satz (*Critische Dichtkunst* Bd. 1, Kap. 4, bes. §21; BA 6/1, 215 ff.). Dabei differenziert er zwischen dem antiken und dem modernen Drama. Die Autoren der Antike, so Lessing, hätten an eine »Lehre«, die aus dem »Ganzen« fließen und als die zentrale Aussage des Stücks sich einprägen solle, überhaupt nicht gedacht – jedenfalls gäben ihre Werke eine solche Lehre nicht her. Gottscheds »Anweisung« (›man nehme zuerst einen moralischen Satz und suche dazu einen passende Handlung‹) verfehle den Prozess poetischer Produktion. Die »Alten« seien vielmehr einerseits an die Vorgaben des Mythos gebunden gewesen, hätten sich dabei andererseits dem »Strome ihrer Gedanken« (B 3, 563) überlassen. Die poetische Ausgestaltung des Stoffes und nicht der Wille zur Belehrung sei bei ihnen das Primäre. Lessing setzt zu Beginn des Abschnitts über die *Moral des rasenden Herkules* das Bekenntnis: »Eigentlich halte ich es eben für keine Notwendigkeit, daß aus der Fabel eines Trauerspiels eine gute Lehre fließen müsse [...]« (B 3, 562). Vor diesem Hintergrund überrascht es, dass er nun gerade von den modernen Autoren die ›Moralisierung‹ des Stoffes verlangt, ja, dass er in einer solchen Moralisierung den Fortschritt von der antiken zur modernen Dramatik sieht. Für den zeitgenössischen Tragödiendichter habe der Mythos keinen verpflichtenden Charakter mehr. Er »kann ändern was er will, und es liegt nur an ihm, wenn das Ganze bei ihm nicht eben so lehrreich ist, als die besonderen Teile. – – « (B 3, 563 f.). Sollte Lessing dem Verfasser der *Critischen Dichtkunst* vielleicht näher stehen als ihm bewusst war? Er verbindet seinen Vorschlag zur Neufassung mit einer handfesten Lehre: »Welche schreckliche Lection würde dieses für unsre wilden Helden; für unsre aufgeblasenen Sieger sein!« (B 3, 564). Wie sieht er das Verhältnis zwischen dem »Ganzen« und der »Lehre«?

In Lessings Vorschlag zur Neuorganisation des Stoffes ist das Eingreifen der Götter durch eine lückenlose psychologische Motivation ersetzt. Bei Seneca wird der Wahnsinn des Herkules von Juno verhängt. Lessing dagegen will den Wahnsinn als »eine *natürliche* Folge« (B 3, 564) der

charakterlichen Disposition des Helden gezeigt wissen, aus dem Inneren des Herkules solle er stufenweise hervorbrechen. Als den Angelpunkt dieser Entwicklung sieht Lessing die Selbstüberhebung (Hybris) des Helden: »Allein sein allzugroßes Vertrauen auf eigene Kräfte bringe ihn zu einer stolzen Verachtung der Götter« und lasse ihn das »Gefühl seiner Menschheit« verlieren (ebd.). Alle »Staffeln« der Entwicklung müsse der Dichter »glücklich hinan zu gehen« wissen, um schließlich »die völlige Raserei des Herkules als einen ganz natürlichen Erfolg« erscheinen zu lassen (ebd.). Der entscheidende Grundgedanke dabei ist, dass das Gottesbild verinnerlicht und die Gottesvorstellung mit der (›natürlichen‹) psychischen Motivation verflochten wird; so solle zum Beispiel das »Gebet« des Herkules zur Vorbereitung des psychischen Verlaufs dienen, wie es auch selbst »vorbereitet« werden müsse (ebd.; vgl. auch B 3, 560, Z. 19 ff.).

Verleihe der Dichter auf diese Weise der Handlung den Anschein der Notwendigkeit (»natürliche Folge«), so habe er zugleich den dramatischen Plan, habe er das »Ganze« lehrreich gemacht. Die Differenz zu Gottsched wird deutlich. Gelingt die Organisation der Handlung zu einem Ganzen, so ist dieses Ganze, indem es Ordnung und psychische Folgerichtigkeit besitzt, *per se* »moralisch«, es hat einen moralischen Sinn. Dieser Sinn verwirklicht sich ausschließlich durch den Motivationszusammenhang, bleibt an diesen gebunden. So könnte Lessing von dem modernen Bühnenautor ebenfalls behaupten, dass er, wenn er eine Tragödie schreibe, gar nicht an eine bestimmte »Moral« denke. Sie ergibt sich mit dem in sich geschlossenen »Ganzen«. Die Welt des Dramas wird, als Zusammenhang ineinandergreifender Vorstellungen, autonom. (In dieser Autonomie ist zugleich die Antwort auf die Klopstocksche Begeisterung und Inspiration enthalten: Lessing weist die *unmotivierte* Exaltation immer deutlicher zurück – das Thema der Klopstock-Kontroverse in den »Literaturbriefen« [vgl. S. 203 f.]. Das Problem der poetischen Sprache als solcher bleibt davon allerdings unberührt).

Konsequenzen für das »bürgerliche Trauerspiel«. Lessing entwickelt wesentliche Kategorien seiner Dramentheorie am Beispiel der heroischen Tragödie. Neben die psychologische Kausalität tritt in den Seneca-Abhandlungen die Darstellung großer und erschütternder Leidenschaften. In der Vorrede zu James Thomsons Trauerspielen (1756) formuliert er den Grundsatz der Mitleids-Dramaturgie (B 3, 757): »Und nur diese Tränen des Mitleids, und der sich fühlenden Menschlichkeit, sind die Absicht des Trauerspiels, oder es kann gar keine haben.« Er sieht keinen Widerspruch zwischen der Erregung von Mitleid und Thomsons Stücken: regelmäßige, klassizistische Tragödien auch diese, mit fürstlichem Personal und pathetischen Szenen. Er beginnt Thomsons *Agamemnon* zu übersetzen, eine Tragödie, deren Ausgangspunkt die Opferung der Tochter aus politischen *und* religiösen Gründen ist (B 2, 331–353). Die Tragödienauszüge, die er in der *Theatralischen Bibliothek* bringt, dokumentieren das Interesse an der Antikenrezeption außerhalb Frankreichs; Bearbeitungen von Römerstoffen nehmen einen relativ breiten Raum ein (Virginia, Sophonisbe; LM 6). Gewiss, Lessing modelt die antiken Vorlagen um, jedoch nicht, um das Pathos abzuschwächen, sondern um neue Möglichkeiten der Rührung zu erschließen, wobei die Verinnerlichung des Gottesbildes eine zentrale Rolle spielt. Bürgerliches Trauerspiel und die »regelmäßige« Tragödie als Theater der Leidenschaften bilden für ihn keinen Gegensatz, er rückt sie vielmehr auf eine Ebene. Keines muss das andere verdrängen, »ablösen«. In diesem Sinn leistet er auch Klärungsarbeit, was die Definition des »bürgerlichen Trauerspiels« angeht. Um die Mitte des 18. Jahrhunderts sind die Zuordnungen noch im Fluss. Man zögert, ein Drama mit bürgerlichem Personal der tragischen Gattung zuzuweisen und definiert das »bürgerliche Trauerspiel« im Kontext der Komödientheorie (Alt 1994). Lessing dagegen wertet das bürgerliche Trauerspiel auf, er definiert es als eine Form der Tragödie. Die Verlagerung des Stoffes aus dem öffentlich-staatlichen in den privat-menschlichen Bereich bedeutet nicht die Schwächung der am Spiel beteiligten Leidenschaften, bedeutet für ihn nicht die Reduktion des Gefühls auf ein temperiertes Mittelmaß. Man hielt es für »unbillig«, so erklärt er die Genese des neuen Tragödientypus, »daß nur Regenten und hohe Standespersonen in uns Schrecken und Mitleiden erwecken sollten« (B 3, 265); der (Staats-)Bürger »glaubte bei sich zu fühlen, daß gewaltsame Leidenschaften und erhabne Gedanken nicht mehr für sie [die »gekrönten Häupter»], als für einen aus seinen Mitteln wä-

ren.« Versteht man bürgerliches Trauerspiel und »hohe«, wenngleich neu interpretierte Tragödie als Parallelphänomene, findet auch die Tatsache eine Deutung, dass viele (Tragödien-)Fragmente Lessings keine bürgerlichen Trauerspiele sind, sondern er mit Vorliebe die großen Stoffe der ›alten‹ europäischen Theatertradition aufgreift, mit ihnen experimentiert.

Aufnahme und Wirkung

Die größte Wirkung erzielt Lessing mit derjenigen Schrift, in der es am wenigsten um die aktuellen Fragen der Dichtung und ihrer Theorie geht, nämlich mit der Kritik von Langes Horaz-Übersetzung. Langes Reaktion auf die Veröffentlichung des 24. der kritischen *Briefe*, in dem Lessing ihm viele Fehler nachweist, im *Hamburgischen Korrespondenten* (10. und 13.11.1753, vgl. G 3, 773) rückt die Bedingungen des Starts in ein helles Licht. Lange ist ein einflussreicher Autor mit Beziehungen zum preußischen Hof, den ein unbekannter Schriftsteller anzugreifen wagt. Lange kanzelt seinen Herausforderer ab. Dieser ist ihm ein »Mensch, der erst kürzlich die Schule verlassen hat«, »ein junger Kunstrichter, der zum ersten Male seine gesammten Werke in Duodez herausgiebet, um sie durch das Format zu einem *Vade mecum* zu machen.« »Ich lerne gern; aber ich bitte meinen Herrn Schulmeister, die Ruthe auf einige Augenblicke wegzulegen« (zitiert nach: Deneke 1923, 7). Lessing erweist sich in seiner Antwort, dem *Vade mecum für den Hrn. Sam. Gotth. Lange*, als »Dialoggenie«. Er degradiert den Pastor zum Schuljungen, der die »Zuchtrute« nötig hat, von dieser Vorstellung her entwickelt er seine Polemik, er »inszeniert« sie buchstäblich. Dadurch verschafft er sich ein Profil innerhalb der Literaturszene (den »Zeitungsschreiber« nennen ihn seine Gegner verächtlich; vgl. B 2, Nr. 13, 1204 und Deneke 1923, 65): Er gilt als derjenige, der Autoritäten mit Verve angreift und dabei eine große schriftstellerische Souveränität an den Tag legt. Angriff auf Autoritäten ist das Wahrnehmungsmuster, mittels dessen man seine Literaturkritik deutet. Selbstverständlich wirft die Gottsched-Partei dem jungen Kritiker-»Kollegen« die Würdigung Klopstocks vor: »Man soll glauben; er schlage sich zu keiner Parthey. – – Und doch ist er sein eigener Verräther. – Ein Herold des *poeti-*

schen Unsinnes. – Ein Freund des rasenden *Klop-stocks.* – –« (Christoph Carl Reichel: *Bodmerias, in fünf Gesängen,* 1755; B 2, Nr. 13, 1203). Doch nun folgt keine sachorientierte Argumentation, sondern die Beschwerde über den Habitus Lessings, über seinen Stolz und seine Respektlosigkeit. Er kritisiere in einer »unanständigen Schreibart« und mit »Bitterkeit« (B 2, 1204). »Bitterkeit«, ein allzu scharfer Ton werden auch von wohlwollenden Rezensenten moniert. Lessing verliere das Augenmaß, sein »Witz« überschlage sich. Eine »bittere Kritik« nennt der Rezensent der *Westphälischen Bemühungen* (Teil 3, 1754, 16. St.) die Schriften gegen Lange (B 2, 1194f.), man mahnt »Bescheidenheit« an (B 2, Nr. 1, 1275; Nr. 3, 1276; Nr. 6, 1280). Dass Lessing nach »Witz« regelrecht »jage«, fällt auch den unbeteiligten Beobachtern auf (Ramler an Gleim Anfang Dezember 1753; B 2, Nr. 3, 1184; Ramler bezieht sich hier auf die Lyrik). Die Artikulation (bzw. Unterstellung) von Haltungen, Gesinnungen (das heißt: die rhetorische Modellierung des »ethos«) überlagert völlig die poetologischen Sachfragen. Lediglich Lessings Detailkritik an Klopstock findet gegründete Zurückweisung (B 2, Nr. 8, 1194 und Johann Jakob Dusch in den *Vermischten Kritischen und Satyrischen Schriften,* 1758; B 2, 1273f.).

Insgesamt, so lässt sich resümieren, bildet Lessings frühe Kritik einen integralen Bestandteil der damaligen Literaturszene. Er sucht sich einen Namen zu erschreiben, Autorität zu gewinnen, den bestehenden Parteien gegenüber sich durchzusetzen, darin beruht seine Wirkungsintention. Er wendet dabei die gleichen (rhetorischen) Regeln und polemischen Strategien wie seine Gegner an. Die Profilierung gelingt ihm vor allem mit dem gegen Lange gerichteten 24. *Brief* und dem *Vade mecum.* Das Phänomen, dass die Polemik sich von den Sachfragen löst und sich als eine Gattung mit eigenen Gestaltungsprinzipien behauptet, illustriert besonders schön der Schlagabtausch zwischen Lessing und dem Verfasser der *Possen* (1754), einer vornehmlich gegen die *Schrifften* gerichteten Satire. Man kritisiert einander mit gestalterischen Mitteln, mit Anspielungen, Imitationen, Kontrafakturen, beziehungsreichen Titelblättern, ja, mit buchhändlerischen Maßnahmen – aber nicht diskursiv mit Argumenten (Neuausgabe der *Possen:* Deneke 1923).

Quellen: Bodmer 1741/1971 [*Critische Betrachtungen*]; Breitinger 1740/1967 [*Critische Abhandlung*]; Breitinger Bd. 1/2, 1740/1966 [*Critische Dichtkunst*]; Bodmer/Breitinger, hg. v. Meid 1980; Gottsched ⁵1742 (BA 6/1–4 [*Critische Dichtkunst*]); G.F. Meier 1744/1971 [Theorie der Gemütsbewegungen]; Pyra 1743 und 1744/1974 [Anti-Gottsched].

Literatur

zu Entstehung und Kontext: B 1, B 2, B 3 und B 4.

zu Zeitungen und Zeitschriften im 18. Jahrhundert: Böning in Jäger (Hg.) 1997, 151–163; Böning 2002; E. Fischer/Haefs/Mix (Hgg.) 1999; H.-D. Fischer (Hg.) 1972a und 1972b; Straßner 1997, 4ff.; Wilke, Teil 2, 1978.

zu Lessings Theaterzeitschriften: J.G. Robertson 1913/1914; Vail 1934; Max von Waldberg 1924.

zur Etablierung des Fachs »Literaturkritik« im 18. Jahrhundert: Baasner in Mauser/Saße (Hgg.) 1993, 129–138; Bender 1971; Berghahn in Hohendahl (Hg.) 1985, 10–75, bes. 29–53; Fick 1996 [»Geschmack«]; Fink/Rowland (Hgg.) 1995; Guthke 1993, 1–59 [»Vorwortrezensionen«]; Heudecker 2005 [Modelle literaturkritischen Schreibens bis zur Mitte des 18. Jahrhunderts; Vielfalt der Formen und ihre Traditionen; Publikumsbezug]; Redekop 2000, bes. 60–75 [Publikumsbezug und »Geschmack« in Lessings früher Literaturkritik].

zur Zuschreibungsfrage [Rezensionen]: Baasner 1993, 129–138; Consentius 1902; Guthke 1975b; Muncker 1902 [Rezension zu Consentius]; Perels 1971.

zur Zusammenarbeit mit Mendelssohn: Engel 1979; Michelsen 1990c (zuerst 1979) [Pope ein Metaphysiker!].

zu Gottsched und die Schweizer: Alt 1994, 66–91 [Dramentheorie]; Birke 1966; Birke 1968; Döring in Lütteken/Mahlmann-Bauer (Hgg.) 2009, 60–104; Goldenbaum 2004a; Guthke 1975b; Ernst Müller 2004; Saße 1988, 28–43 [Gottsched als Erzieher]; Stockinger in Nowak/Stockinger (Hgg.) 2002, 15–49 [Gottsched]; Vietta 1986.

zu Lessing als Kritiker: Goldenbaum in Goldenbaum/Košenina (Hgg.) 1999, 69–100 [Beziehungen von Mylius und Lessing zu französischen Aufklärern]; Goldenbaum 2004a; Nisbet 2008, 133–151; Wiedemann in B 3, 961–964 [Wesenszüge von Lessings Polemik].

zur Dramenkonzeption (Aufsätze in der Theatralischen Bibliothek): Alt 1994, 149–190 [bürgerliches Trauerspiel]; Barner 1973 [Seneca-Rezeption]; Barner in Flashar (Hg.) 1997, 161–198 [Bedeutung Senecas und Euripides' für Lessing]; Daunicht 1963 [rührende Komödie, bürgerliches Trauerspiel]; Korzeniewski 2003, 194–215 [Lessing und Seneca; Seneca im 18. Jahrhundert]; Nisbet 2008, 246–250 [*Theatralische Bibliothek* und Seneca-Abhandlung]; Steinmetz 1987a; Wiedemann in B 3, 1300–1305 [Trauerspiele des Seneca].

zu *Aufnahme und Wirkung: zeitgenössische Rezeption:* Braun 1; B 1, B 2 und B 3 [Dokumentsammlungen]; Deneke 1923 [Possen]. – Literatur: Barner in Harris/ Schade (Hgg.) 1977, 323–343; Deneke 1923 [Einführung und Nachwort]; Nisbet 2008, 150 f. [Echo auf die Rezensionen in der Privatkorrespondenz etablierter Kritiker].

Gedanken über die Herrnhuter

Entstehung, Quellen und Kontext

Erstdruck: Gotthold Ephraim Leßings Theologischer Nachlaß, hg. von Karl Lessing, Berlin 1784. – Text: B 1, 935–945.

Nach Muncker (LM 14, 154, Anm. 1) trug das verschollene Manuskript des Fragment gebliebenen Aufsatzes höchst wahrscheinlich die Datierung 1750 auf dem Titelblatt. Der enge Zusammenhang mit Rousseaus erstem Diskurs (Nisbet 2008, 176), der zu Anfang des Jahres 1751 erschien, legt jedoch eine spätere Datierung nahe; Nisbet (179) vermutet eine Entstehung kurz nach Lessings Rezension von Rousseaus Schrift im »Neuesten« vom April 1751. – Das Motto, ein Zitat aus einer Rede Ciceros (vgl. B 1, 1419, Anm. 935, 2–5), in dem der Redner um Aufnahme der verfolgten Gerechtigkeit »an diesem Ort« bittet, verweist auf die rhetorische Tradition; die *Gedanken über die Herrnhuter* gehören zu Lessings »Rettungen«.

Pietismus

Der Pietismus ist eine Reformbewegung innerhalb der protestantischen Kirchen. Er wendet sich gegen die Orthodoxie, die in Lehre und Praxis als erstarrt empfunden wird. 1675 erscheint Jacob Speners Schrift *Pia Desideria* (»Fromme Wünsche«), in der die Amtskirche einer strengen Kritik unterworfen wird. Das Gemeindeleben soll erneuert werden, wobei das Urchristentum zum Maßstab dient. Die Position der Laien wird gestärkt, der Institutionscharakter der Kirche aufgebrochen. Grundlage ist die Betonung des religiösen Gefühls. Die pietistische Gemeinde bildet eine Gefühlsgemeinschaft. Im Verständnis und im Ausdruck von Frömmigkeit wird dem Gefühl die Hauptrolle zugewiesen. Hierzu knüpft der Pietismus an mystische Strömungen des 17. Jahrhunderts an bzw. bildet sie weiter. – Spener findet mit seinen Bestrebungen sofort Widerhall und Gefolgschaft; als Blütezeit des Pietismus gilt der Zeitraum von 1690 bis 1740.

Der Pietismus gehört einerseits in den Kontext der Aufklärung – wie die Empfindsamkeit, die in vieler Hinsicht als dessen Erbin bezeichnet werden kann (Alt 1996, 41 ff.). Die persönliche Glaubenserfahrung wird wichtig, die Herzensfrömmigkeit wird über Lehre, Dogma und Regel erhoben. Damit ordnet sich der Pietismus ein in den Prozess der Individualisierung und Subjektivierung, der die Aufklärung insgesamt charakterisiert. Introspektion, Versenkung in die Tiefe der Seele, Erforschung des Inneren verbinden sich mit der Kultivierung des religiösen Gefühls – wiederum in Parallele zum zunehmenden psychologischen Interesse der Aufklärung und der epochalen Aufwertung der Leidenschaften. Es etabliert sich die Gattung der pietistischen Autobiographie. Die »Erweckten« protokollieren ihr religiöses Leben, bilden in peinlicher Selbstbeobachtung die inneren Kämpfe ab. Die Sprache wird zum Instrument, die neuartige affektive Energie und psychische Differenzierung auszudrücken – die sprachschöpferische Leistung des Pietismus (Langen ²1968). Schließlich ist die Ausrichtung auf die christliche Praxis zu erwähnen, die tätige Bewährung der christlichen Liebe wird in die Vordergrund gestellt.

Andererseits besteht ein wesentlicher Unterschied zur aufklärerischen Auffassung des Menschen. Introspektion und Gefühl des Pietisten kreisen um die Erfahrung göttlicher Gnade, die Wiedergeburt, die das Erlebnis der Sünde voraussetzt, steht im Zentrum. Ein Umschlag vom »Natürlichen« zum »Übernatürlichen« wird vollzogen. August Hermann Francke (1663–1727), der in Halle wirkt, rückt Bußkampf und Sündenerlebnis in den Vordergrund. Den Weg der Bekehrung, den er in seiner Autobiographie beschreibt, erheben seine Nachfolger und Schüler zu einem Muster; sie entwickeln ein System, in dem sich die Bekehrung zu vollziehen habe (»Hallisches Bekehrungssystem«). Für Zinzendorf dagegen, den Gründer der Herrnhuter Brüdergemeine (s. S. 135), verliert das Sündenerlebnis gegenüber der Gnadenerfahrung an Gewicht. Der Gekreuzigte ist für ihn der vornehmste Gegenstand und die Quelle der (religiösen) Liebe. Er bildet eine Kreuzestheologie aus, die betont sinnlich gehalten ist (Blut- und Wundenmetaphorik). Liebe zu Gott impliziert die Seligkeit, der »Erlösung« – von

Sünde und Tod – teilhaft geworden zu sein. In den *Gedanken über die Herrnhuter* dagegen spielt Christus ausschließlich als Lehrer von Wahrheiten, die der Vernunft zugänglich sind, eine Rolle.

Biographischer Hintergrund. Die Herrnhuter Brüdergemeinde

Lessing kommt mit der innerevangelischen Kontroverse um den Pietismus bereits in seinem Elternhaus in Berührung. 1722 gründet der Reichsgraf Zinzendorf zusammen mit vertriebenen mährischen »Brüdern« auf einem Landgut in der Oberlausitz die Niederlassung Herrnhut. Dort organisiert er ein Gemeindeleben, das den eigenen Reformvorstellungen entspricht. Zinzendorf selbst hat in Halle studiert und den Pietismus Franckescher Ausprägung kennengelernt. Im Zentrum der religiösen Existenz steht für ihn die Lebensgemeinschaft mit dem Gekreuzigten. Dabei bemüht er sich sehr, den Bruch mit der Lutherischen Kirche zu vermeiden. Er lässt die Übereinstimmung der Böhmischen Brüder mit der lutherischen Kirche feststellen und die eigene Rechtgläubigkeit bestätigen. Dennoch erlangt er zunächst die staatliche Anerkennung in Sachsen nicht, 1736 kommt es zur Ausweisung. Stenzel schreibt zum publizistischen Hintergrund von Lessings Parteinahme für Zinzendorf (B 1, 1417): »Die Zeitschriften der 40er Jahre dokumentieren ein wahres orthodoxes Sperrfeuer auf breiter Front gegen Zinzendorf und seine gottlose Brut von Seelenverführern.«

Lessings Vater macht die Hetzkampagne gegen Zinzendorf und die »Stillen im Lande«, wie die Pietisten auch genannt werden, nicht mit. Er fungiert als Berichterstatter für den Weimarer Hofprediger Bartholomäi und dessen Zeitschrift *Acta historico-ecclesiastica*. Die Briefe Johann Gottfried Lessings an Bartholomäi aus den Jahren 1737–52 zeigen, dass er »gegenüber den Herrnhutern objektiv abwägend bleibt und angesichts des pietistenfresserischen Eifers eines jüngeren Amtsbruders kühlen Kopf bewahrt« (Stenzel in B 1, 1417); allerdings nimmt seine Duldsamkeit nach der offiziellen Anerkennung der Herrnhuter im Jahr 1748 ab (Nisbet 2008, 175).

Lessing selbst beurteilt die Theologie der Herrnhuter in zwei Rezensionen ebenfalls als ›einfältig‹ und voll »Enthusiasterei« (B 2, 39 und 44). Was ihn für die Brüder einnimmt, ist die

Vorrangstellung, die sie der Befolgung des christlichen Liebesgebots geben. Hier sind persönliche Konflikte im Spiel, die Abgrenzung vom Elternhaus und die Suche nach einem eigenen Verständnis des Christlichen. In den Briefen an den Vater aus dem Jahr 1749 legt Lessing immer wieder und geradezu beschwörend den Finger auf die tätige Liebe (bis hin zur Feindesliebe), die das allein Entscheidende sei (Zusammenstellung in B 1, 1416f.). Nisbet (2008, 174) macht darüber hinaus darauf aufmerksam, dass in diesen Jahren das Problem des Bösen eines der Themen gewesen sei, die Lessing am meisten zu schaffen gemacht hätten, wobei seine »moralische Entrüstung« am stärksten in dem Herrnhuter-Fragment zum Ausdruck komme.

Analyse: Kultur- und Wissenschaftskritik zwischen Rousseau und Haller

Im Zentrum des Fragments steht die Frage nach dem Einfluss von Glaube und Wissen auf die rechte Lebensführung, das Problem der »lebendigen Erkenntnis«. Lessing misst die Überzeugungskraft der religiösen und weltlichen Lehrer an ihrer ethischen Praxis – ein Grundgedanke aller seiner folgenden theologiekritischen Schriften. »Der Mensch ward zum Tun und nicht zum Vernünfteln erschaffen« (B 1, 936), so lautet der Kernsatz der Schrift; höher als der (rechte) Glaube an Gott stehe die Liebe zu ihm (B 1, 942). Darauf stützt Lessing die Verteidigung der Herrnhuter: Sie ließen sich gar nicht auf Glaubenslehren und Dogmatik ein, sondern wollten in ihrer Lebensweise die Botschaft Jesu verwirklichen. Mit der Betonung der rechten Praxis vor dem »Vernünfteln« und Wähnen geht die Aufwertung des Gefühls Hand in Hand. »Empfindungen« für die Tugend motivieren Lessings sokratischen Philosophen (B 1, 942); als Leitbild zeichnet sich die Durchdringung von Denken, Fühlen und Handeln und die Rückbindung des Denkens an die Lebenswirklichkeit ab: »Törichte Sterbliche, was über euch ist, ist nicht für euch!« (B 1, 937).

Mit der Verteidigung der Herrnhuter verbindet Lessing eine äußerst kritische Zeitdiagnose und bescheinigt der gelehrten Welt, eben diese Balance verloren zu haben: Die »Vernunft« habe die ihr angewiesene Sphäre verlassen, man habe

Wissen und Kenntnisse angehäuft, doch das »Herz« sei leer geblieben (B 1, 938), man habe zwar den Aberglauben besiegt (B 1, 941), doch nicht die verderblichen Leidenschaften. Obwohl der Mensch zum Tun und nicht zum Vernünfteln erschaffen sei, habe er den anderen Weg beschritten und »immer [...] vernünfteln, niemals handeln wollen« (B 1, 942).

Lessings Kulturkritik trifft dabei nicht nur die Theologie, sondern ebenso Naturwissenschaft und Philosophie. Das ist einigermaßen verwunderlich, hatte er doch noch in Mylius' Zeitschrift *Der Naturforscher* den »schöpferischen Geist« (B 1, 119, V. 15) der Naturwissenschaftler gefeiert als den Geist, der die Menschen »nicht fremd sein« lasse »auf der Welt« und sie mit ihrer »Wohnung« bekannt mache (B 1, 117, V. 10; Lehrgedicht »Ob die Neuern oder die Alten höher zu schätzen sind«; später veröffentlicht unter dem Titel *An den Herrn M.*). Nisbet ist es gelungen, diesen Widerspruch zu lösen, indem er, Hinweise von Lüpke (1989, 41–46) und Kronauer (1995, 27–29) aufgreifend, mittels einer vergleichenden Strukturanalyse nachweist, dass Lessing die »Gedanken über die Herrnhuter« unter dem starken, ›aufstörenden‹ (2008, 179) Eindruck von Rousseaus sog. erstem Diskurs (*Discours sur les Sciences et les Arts* 1750, E 1751) niederschrieb. Das Fragment rückt somit in unmittelbare Nachbarschaft zu Lessings ausführlichem Referat von Rousseaus Thesen in *Das Neueste aus dem Reiche des Witzes* (B 2, 64–73).

Rousseau konstruiert einen direkten Zusammenhang zwischen dem Sittenverfall und dem Aufstieg von Wissenschaft und Kunst; seine Schrift ist ein flammender Appell gegen Luxus, Verschwendung, die gesamte überfeinerte Kultur der Pariser Gesellschaft, und für eine Rückbesinnung auf das, was er »Tugend« nennt: Einfachheit der Sitten, Natürlichkeit, Wahrhaftigkeit, nützliche Tätigkeit, opferwilliger Patriotismus, das Handeln nach der Stimme des Herzens und des Gewissens. Wie dem Essay Rousseaus, so Nisbet, liege auch dem Lessingschen Fragment ein zweiteiliges Schema zugrunde (der »Geschichte der Weltweisheit in einer Nuß« [B 1, 938] folgt eine ebenso komprimierte Geschichte der Religion bzw. Theologie); der negativen Rolle, die für Rousseau die Renaissance spiele, entspreche bei Lessing der Irrweg der Reformation, deren positiver Impuls sich in fruchtlosem

Religionsstreit verloren habe; Rousseau und Lessing interpolierten eine mahnende Rede des Socrates; mit Zinzendorf lasse Lessing dann eine »Art Rousseau der Theologie« (Nisbet 2008, 177) auftreten; damit habe er aber auch das Ende seines Paradigmas erreicht, weshalb das Fragment an diesem Punkt abbreche; weder Rousseau noch Lessing böten eine Lösung des Problems an. Lessing nehme allerdings insofern eine Akzentverschiebung vor, als er »jenen Anteil der Schuld« an dem moralischen Verfall, »den Rousseau den Künsten zugeschrieben hatte, der Theologie zuweist« (ebd.).

Wir wollen diese überzeugende Profilierung durch den Hinweis auf einen zweiten intertextuellen Bezug ergänzen, der bislang von der Forschung übersehen worden zu sein scheint. Lessing legt seinem fiktiven sokratischen Weltweisen, dem er manche Züge von Rousseau verleiht (B 1, 942f.), zwei Zeilen aus Hallers *Gedanken über Vernunft, Aberglauben und Unglauben* (aus dem *Versuch Schweizerischer Gedichte*, 1. Aufl. 1732; 5. Aufl. 1749) in den Mund: »Ach! eure Wissenschaft ist noch der Weisheit Kindheit,/ Der Klugen Zeitvertreib, ein Trost der stolzen Blindheit!« (B 1, 942). Er bezieht damit seinen Essay auf ein Gedicht des bedeutenden und verehrten Naturwissenschaftlers, das ebenfalls die Diskrepanz zwischen den Bedürfnissen des Herzens und dem Erkenntnisfortschritt in Philosophie und Wissenschaft beklagt. Auch zu diesem Werk finden sich in Lessings Text thematische Parallelen und verbale Echos. Haller verbindet die moralistische Wissenschaftskritik mit einer – satirisch überspitzten – Geschichte der Religion, in der er ganz ähnliche Momente wie Lessing betont oder zumindest erwähnt: den Abfall der Menschen von der ursprünglichen Gottesverehrung, den heidnischen Götterkult, die Herrschaft des Aberglaubens, die Gewissens-Tyrannei Roms, den Bruderkrieg zwischen den Religionen. Wie Rousseau führen Haller und Lessing die moralische Unfruchtbarkeit der Wissenschaften auf menschliche Bosheit und Lasterhaftigkeit zurück, doch anders als jener, der das ›falsche Leben‹ untrennbar mit der Pflege der Wissenschaften und Künste verbunden sieht, machen sie deren Missbrauch dafür verantwortlich. Beide zweifeln die Erkenntnisleistung als solche nicht an – Haller: »Ein Newton übersteigt das Ziel erschaffner Geister,/ Findt die Natur im Werk und scheint des Weltbaus Meister« (*Gedichte*, Bd. 2, 46, V. 51 f.); Lessing über Leibniz und Newton: die Wissenschaft »leitete sie mit sichern Schritten bis zu den verborgensten Geheimnissen der Natur. Sie schienen sie auf der Tat ertappt zu haben. [...]. Den Geist führen sie bis in die entferntesten Himmel [...]« (B 1, 938) –; die dysfunktionalen Wirkungen hängen nicht mit der Erkenntnis selbst zusammen, sondern mit den ›lasterhaften‹ Motiven der Forscher wie Ruhmsucht, Eitelkeit (»Eifersucht«: B 1, 938) und Trägheit des Herzens (»die Weltweisheit« hatte »noch allzuviel praktisches«, B 1, 938). Haller und Lessing sehen in der Physiko-Theologie den Weg, auf dem die Naturforschung den Kontakt mit dem Leben wiederfinden und ›praktisch‹ werden könne: Der Wissenschafler »kenne die Schönheiten und Wunder der Natur nicht weiter, als in soferne sie die sichersten Beweise von ihrem großen Schöpfer sind« (B 1, 943; vgl. *Gedichte*, Bd. 2, 58, V. 351 ff.). Für beide spielt Descartes als Begründer der neuzeitlichen philosophischen Methode eine zwiespältige Rolle (Lessing: B 1, 938; Haller: 55, V. 269 ff.). Und schließlich scheint Lessings epigrammatische Kontrastierung von »Engel« und »Teufel« (B 1, 942), von himmelstürmendem Forschergeist und dem Fall »bis unter das Vieh« (B 1, 938), ein Echo auf Hallers berühmten Vers zu sein, der ebenfalls in den *Gedanken über Vernunft* steht: »Unselig Mittel-Ding von Engeln und von Vieh!« (44, V. 17).

Der Bezug zu Haller lässt die Bedeutung Rousseaus und Lessings Verhältnis zu ihm noch schärfer hervortreten. Haller gibt dem Auseinanderdriften von wissenschaftlichem Fortschritt und sittlicher Bildung eine existentielle Deutung, er sieht darin eine Folge der Erbsünde und habituellen Sündhaftigkeit des Menschen, die sich in jedem Lebenslauf wiederholt: die bösen Begierden bestimmen den Durst nach Wissen. Lessing dagegen übernimmt von Rousseau die historische Perspektive, die seiner Darstellung eine völlig andere Wendung gibt. Denn trotz des Sittenverfalls gilt nunmehr, dass die Verhältnisse nicht festgeschrieben sind. Lessing deutet eine geschichtliche Folge an: Mit Sokrates, Christus (den er nur als erleuchteten Lehrer gelten lässt) und den ersten Christen, den Reformatoren (die eben *auch* Gutes bewirkt haben, wenn sie die Welt vom »Aberglauben« befreiten) und schließlich Zinzendorf führt er Menschen an, die immer wieder einen neuen ›Richtungsstoß‹ gaben, indem sie die Religion in ihrer ursprünglichen ›Lauterkeit‹ herzustellen und vorzuleben suchten. Sicherlich sieht er alle in der Gefahr, an der Ignoranz und Bosheit der Mit- und Nachwelt zu scheitern. Doch nimmt das Fragment am Ende einen beinahe komödienhaften Ton an; deutlich zeichnen sich hinter der Wissenschaftskritik die Konturen der Gelehrtensatire ab (s. S. 78 ff.). Lessing lässt die ›falschen‹ Gelehrten und Philosophen auftreten und stellt ihre »lächerlichen Seiten« (B 1, 942) bloß. Damit enthüllt sich der vorgetragene Kulturpessimismus auch als ein pädagogisches Mittel, um beim Publikum die Gegenkräfte zu mobilisieren. (Dass im Herrnhuter-Fragment die gleiche Kritik an Rousseau mitschwingt, die Lessing am Ende der Rezension im *Neuesten* anbringt [B 2, 72 f.], wird durch die Verwendung der Kriegsmetaphorik bestätigt. Lessing moniert in seiner Besprechung des *Discours* die Verherrlichung der kriegerischen Tugenden – »Sind wir deswegen auf der Welt, daß wir uns unter einander umbringen sollen?« [B 2, 73] –; in den *Gedanken* bezeichnet er die Gewaltlosigkeit der urchristlichen Gemeinden als das »Schwert«, das sie siegen ließ [B 1, 940], womit er die christlichen Umwertungen andeutet.) –

Gerade weil das Herrnhuter-Fragment das ›Böse‹ thematisiert, wird es zu einem Dokument für die ›anthropozentrische Wende‹ der Zeit (s. S. 21 f.). Weder von Erbsünde noch von Gnade und Erlösung ist bei Lessing die Rede; die Religion in ihrer »Lauterkeit« (B 1, 939) und Reinheit ist für ihn die ›natürliche Religion‹ (s. S. 415 ff.), und die Mahnung, die Vernunft in die ihr gemäße Sphäre einzuschränken und zur Selbsterkenntnis zu gelangen, mutet wie eine Paraphrase der berühmten Verse Alexander Popes an: »Know then thyself, presume not God to scan;/ The proper study of Mankind is Man« (*An Essay on Man*, Epistle II, V. 1–2). Zugleich macht der Essay die Widerstände deutlich, die Lessing der optimistischen Harmonisierung von Selbst- und Nächstenliebe (s. S. 22) entgegenbringt.

Quellen: Haller 1732, hg. Hirzel Bd. 2, 1917; Pope 1733–34, hg. Williams 1969; Rousseau 1751 (1750), hg. Weigand ⁴1983. – *Flankierende Rezensionen Lessings: Berlinische Privilegierte Zeitung*, 35. St. (23.3.1751), 38. St. (30.3.1751), 103. St. (28.8.1751); Aprilbeilage (B 2, 64–73: Rousseau-Referat).

Literatur

zu Entstehung und Kontext: B 1, 1416–1418; Alt 1996, 41–44 [Pietismus]; Beyreuther in RGG Bd. 6, ⁵1962, Sp. 1913–1916 [Art.: Zinzendorf]; Enskat 2008, 115 f. und 332 ff. [Rousseaus erster Diskurs und der Praxisbezug der Urteilskraft]; Langen ²1968 [Pietismus]; E. Schmidt Bd. 1, ⁴1923, 12 und 669–671 [Lessings Vater und Bartholomäi]; M. Schmidt/M.

Stallmann in RGG Bd. 5, ⁵1961, Sp. 370–383 [Art. Pietismus]; Steinke/Boschung/Proß (Hgg.) ²2008 [Albrecht von Haller].

zur Analyse: Beyreuther in Bornkamm/Heyer/Schindler (Hgg.) 1975, 84–97 [Bedeutung Pierre Bayles]; Guthke 1975d [allgemein zu Lessing und Haller]; Kronauer 1995, 27–29; v. Lüpke 1989, 41–46; Nisbet 2008, 174–179.

Rettungen

Entstehung, Quellen und Kontext

Erstdruck: Im zweiten und dritten Teil seiner *Schrifften* (1753 resp. 1754) veröffentlicht Lessing seine *Rettungen*, die jedoch nicht alle diese Bezeichnung tragen; der Verteidigung des Simon Lemnius, die den ersten Teil der *Briefe* umfasst (Briefe 1–8; 2. Teil der *Schrifften* 1753), gibt erst Lessings Bruder in den *Vermischten Schriften* (Bd. 3) von 1784 die Überschrift: *Rettung des Lemnius in acht Briefen*. Ganz den »Rettungen« widmet Lessing den dritten Band (1754) der *Schrifften*. Er enthält die *Rettungen des Horaz*, die *Rettung des Hier. Cardanus*, die *Rettung des Inepti Religiosi* und schließlich die *Rettung des Cochläus*. Auch später schreibt Lessing »Rettungen«, das heißt, nimmt er Partei für angegriffene Persönlichkeiten, indem er die strittigen Punkte neu beleuchtet, neu perspektiviert. Die wichtigsten sind die Verteidigung des Berengar, in der es um den Abendmahlstreit geht (*Berengarius Turonensis: oder Ankündigung eines wichtigen Werkes desselben* – 1770), die Korrektur des Urteils über Adam Neuser – ein Präludium zum Fragmentenstreit, das die Toleranzfrage aufwirft (*Von Adam Neusern* – 1774); schließlich die Abhandlung *Leibnitz von den ewigen Strafen* (1773; vgl. Kap. Spinoza-Gespräche). – Texte: B 2, 655–678 (Simon Lemnius), B 3, 244–258 (Cochlaeus) und B 3, 198–223 (Hieronymus Cardanus; zu den *Rettungen des Horaz* s. S. 109–111).

Vom Ende des Jahres 1751 bis November 1752 ist Lessing in Wittenberg, wo er am 29. April 1752 das Magisterexamen ablegt. Er lebt mit seinem Bruder Theophilus zusammen, der an der dortigen Universität theologische und philologische Studien betreibt. Für Lessing ist dieses Jahr eine Zeit gelehrter Forschung, deren Ertrag (u. a.) die »Rettungen« darstellen. Er vertieft sich in die Reformationsgeschichte und die lutherische Kirchengeschichte; Simon Lemnius, Cochlaeus, der »Ineptus Religiosus« und schließlich Hieronymus Cardanus geben Anlass, deren zentrale Momente neu zu konturieren und den Toleranzgedanken als Zielvision zu formulieren (*Rettung des Hier. Cardanus*).

Die Verteidigten

– *Simon Lemnius* (1511–1550) wird als humanistischer Dichter zum Gegner Luthers. Lessings Rettung bezieht sich auf den Wendepunkt im Leben des Lemnius. Seit 1534 lebt er als Schüler Philipp Melanchthons in Wittenberg, er möchte sich wahrscheinlich eine Universitätskarriere aufbauen und veröffentlicht, um sich zu profilieren, 1538 zwei Bände mit Epigrammen. Mit diesen nun zieht er den unversöhnlichen Zorn Luthers auf sich, da er in ihnen einen von dessen größten Gegnern, den Mainzer Erzbischof Albrecht von Brandenburg, als einen Mäzen der Künste lobt, ja, ihn sogar als den Bewahrer der alten Religion würdigt. Da die Publikation in eine Zeit fällt, in der Luthers Situation sehr prekär und angespannt ist, lässt dieser sich zu einer maßlosen und rechtlich nicht einwandfreien Reaktion hinreißen. Am 8. Juni (1538) werden die Epigramme verkauft, am 10. Juni befindet sich Lemnius, der von Freunden gewarnt wird, bereits auf der Flucht, die ihn zurück in seine Schweizer Heimat führt. In seiner Abwesenheit wird er von der Universität relegiert, Luther ist die treibende Kraft der Maßnahmen, er fordert sogar die Todesstrafe für Lemnius. Eine unklare Rolle spielt Melanchthon, der die Epigramme vor der Drucklegung gelesen und keine Einwände geäußert hatte. Lemnius fügt einer zweiten Auflage einen dritten Band hinzu, der nunmehr seine Antwort auf das erlittene Unrecht in der Form von Schimpf- und Spottepigrammen auf seine Gegner in Wittenberg enthält. Rache an Luther übt er ebenfalls mit der *Monachopornomachia* (1539), in der er das Eheleben des Reformators verunglimpft. In der orthodoxen Kirchengeschichtsschreibung fungiert Simon Lemnius (im 18. Jahrhundert) als charakterloser Pasquillant, gegen den Luther aus Notwehr gehandelt habe. Lessing dagegen rückt ins Licht, dass Lemnius da, wo er als Pasquillant auftrete, auf Luthers Angriffe reagiere und nur Gleiches mit Gleichem vergelte. Obgleich Lessing nun seinerseits einige Irrtümer zugunsten des zu Rettenden unterlaufen und man auch ihm Parteilichkeit vorwerfen kann, ist der Grundtenor seiner Verteidigung des

Lemnius von der neueren Forschung (Mundt 1983) bestätigt worden.

– *Johannes Cochlaeus* (1479–1552), Humanist, Theologe, Priester, gehört nach anfänglich positiver Beurteilung von Luthers Bestrebungen zu den entschiedenen Gegnern der Reformation. In mehr als 200 Schriften verteidigt er die alte Kirche. Mit seinem Hauptwerk, den *Commentaria de actis et scriptis M. Lutheri* (1549), prägt er nachhaltig das katholische Lutherbild. Während der humanistische Poet Lemnius eher eine Randfigur ist, »rettet« Lessing in Cochlaeus einen Gegner der Reformation, der im Zentrum der theologischen Auseinandersetzung steht. Aus protestantischer Sicht wird Cochlaeus nur als Feind der gerechten Sache wahrgenommen (vgl. G 7, 729 und B 3, 1037). Nicht umsonst versichert Lessing denn auch bereits in dem Zusatz zur Überschrift, er verteidige Cochlaeus »nur in einer Kleinigkeit« (B 3, 244). Diese »Kleinigkeit« erweist sich dann aber als ein prägnanter Moment, da es um nichts weniger als um den Ausgangspunkt der Reformation (den Ablasshandel), um die Motive ihrer Initiatoren geht.

– *Der »Ineptus Religiosus«* (der »törichte Gottesgelehrte«). Lessings Rettung bezieht sich auf eine im Jahr 1652 erschienene Schrift, deren vollständiger Titel lautet: *Ineptus Religiosus ad mores horum temporum descriptus* M.J. S. (»Der törichte Gottesgelehrte gemäß den Sitten seiner Zeit beschrieben von M.J. S.«) und die als ›gottloses‹, gefährliches Buch galt. Martin Mulsow (2002; vgl. Vollhardt 2006, 371 f.) konnte zeigen, dass die Initialen M.J. S. mit hoher Wahrscheinlichkeit auf den Hamburger Hauptpastor Johann Balthasar Schupp (oder einen seiner Anhänger) verweisen, einen nonkonformen Theologen, der bereits eine Rede mit dem Titel *Ineptus orator* (1638) veröffentlicht hatte, die das Vorbild für den *Ineptus Religiosus* lieferte. Lessing durchschaut die satirische Technik der Schrift und liest sie als »das Werk eines rechtgläubigen Lutheraners, der damit vor den absurden [...] Konsequenzen theologischer Streitigkeiten warnen wollte« (Vollhardt 2006, 371); nach Vollhardt (ebd., 372 f.) stand für Lessing in dieser *Rettung* die »Schreibart« des verteidigten Werks im Vordergrund, der Rückgriff auf die burlesken Mittel der Narrensatire. – Auf diese »Rettung« wird hier nicht näher eingegangen.

– *Hieronymus Cardanus* (1501–1576), der italienische Naturphilosoph, Arzt, Mathematiker, Techniker, Astronom und Astrologe, ist eine markante Gestalt der Renaissancezeit. In den eröffnenden Sätzen seiner »Rettung« (B 3, 198) kündigt ihn Lessing als vielschichtigen Charakter an: »Dieses außerordentliche Genie hat alle Nachwelt seinetwegen im Zweifel gelassen. Man muß glauben, daß der größte Verstand mit der größten Torheit sehr wesentlich verbunden ist, oder sein Charakter bleibt ein unauflösliches Rätsel.« Er empfiehlt die Autobiographie des Cardanus (*De vita propria*, geschrieben 1576, gedruckt 1643) wegen der großen »Aufrichtigkeit«, die darin herrsche (B 3, 198), und noch 1772 äußert er in Wolfenbüttel einem Besucher gegenüber (Carl Friedrich Cramer), »unter allen Büchern auf Erden hätte ihn keines mehr interessirt, als die eigne Lebensbeschreibung des wunderlichen Cardan« (Daunicht 1971, 323). Ähnlich wie die Faustgestalt lässt auch der wunderliche Cardan, der die Widersprüche und Rätsel der Renaissancezeit sichtbar macht, Lessing zeit seines Lebens nicht los. In der frühen »Rettung« betont er, er könne nur *einen* Aspekt des komplexen Werks, nämlich die Religionsfrage, berücksichtigen (B 3, 198 f.). Gleichwohl kann die religiöse Thematik als ein orientierender Faktor gelten, der den unterschiedlichen Zusammenhängen, in denen sich Lessing mit dem Italiener beschäftigt, zugrunde liegt.

Im Vergleich zu den Verteidigungen des Simon Lemnius und des Cochlaeus erweitert Lessing in der *Rettung des Hier. Cardanus* den Gesichtskreis, indem nunmehr nicht lediglich die Toleranz unter den christlichen Bekenntnissen, sondern darüber hinaus die Toleranz gegenüber den nichtchristlichen Religionen diskutiert bzw. eingefordert wird. Den Anknüpfungspunkt bildet eine Passage aus Cardanus' Werk *De subtilitate* (1551; »Über den Scharfsinn«). Es handelt sich um einen »Wettstreit der Religionen«, ausgetragen zwischen einem »Heiden« (Lessing übersetzt lat. »idolorum cultor« mit »Götzendiener«), einem Christen, einem Juden und einem Mohammedaner. Bereits Julius Cäsar Scaliger (1484–1558) wirft Cardanus vor, er lasse den Ausgang des Streitgesprächs offen und erkenne dem Christentum nicht den Sieg zu. So dient diese Passage seit dem 16. Jahrhundert als ein Hauptargument, um ihn des Atheismus anzuklagen. Gegen diesen Anklagepunkt nimmt Lessing ihn in

Schutz. – In jüngerer Zeit hat man das Augenmerk auf die Figur des Mohammedaners in Lessings Cardanus-Apologie gelenkt und von einer »Rettung des Islam« gesprochen. Karl-Josef Kuschel (1998) situiert die Schrift im Kontext der zeitgenössischen Orientalistik, die sich allmählich als Wissenschaft etabliert. Er spricht angesichts der abschätzigen Urteile noch eines Voltaire über Mohammed von einem »Paradigmenwechsel« in der Beurteilung des Islam, der bei Lessing zu erkennen sei (vgl. Kap.: Nathan der Weise). Dabei wird allerdings nicht berücksichtigt, dass Lessing den Islam der »natürlichen Religion« angleicht und mit keinem Wort das entscheidende Problem, den Anspruch einer übernatürlichen und geschichtlich beglaubigten Offenbarung, berührt (vgl. Analyse).

Dennoch bringt Lessing den italienischen Naturkundigen tatsächlich in Zusammenhang mit einem »Paradigmenwechsel« in Sachen Religion. Er verfolgt aufmerksam dessen Prophezeiung, um 1800 werde die christliche Religion sich von Grund auf wandeln; in einem – allerdings späteren – Entwurf (um 1777/78; vgl. den Eintrag *Cardanus* in den *Collectaneen*) notiert er dazu: »Was ist wahrscheinlicher, als daß diese Prophezeiung werde erfüllt werden? Oder vielmehr, was ist unstreitiger, als daß diese Prophezeiung schon erfüllt worden?« (B 8, 660). Die konkreten Verschiebungen, die diese »sehr große Veränderung«, wie Lessing sagt (ebd.), bedingen, liegen im Bereich der Naturphilosophie. Mit anderen Worten: Naturphilosophie, Naturforschung, die Frage nach dem Verhältnis von Materie und Geist, sind der Kontext, innerhalb dessen die Veränderungen im Verständnis von »Religion« und »Offenbarung« beschreibbar sind. Cardanus ist kein Theologe, sondern Naturforscher, als solcher (als Astronom und Astrologe) spricht er seine Prophezeiung aus. In Wittenberg beschäftigt sich Lessing mit dem Werk eines Geistesverwandten, des spanischen Arztes Juan Huarte (um 1529–1588; vgl. S. 27). Die Faustgestalt wurde bereits erwähnt. Karl Lessing deutet das Telos der Untersuchungen und Interessen seines Bruders an. Er erinnert sich in seiner Biographie, Gotthold Ephraim plante eine Ausgabe der Schriften Girolamo Cardanos, Tommaso Campanellas (1568–1639) und Giordano Brunos (1548–1600. – *Lessings Leben*, hg. Lachmann 1887, 95). Als Horizont öffnet sich das pantheistische Denken, der

Bogen reicht von hier zu den Spinoza-Gesprächen, in denen Lessing seine Sympathie für naturphilosophische Allbeseelungstheorien bekennt. – Die *Rettung des Hier. Cardanus* hat bereits zwei Vorläufer: Den Artikel über Cardanus in Bayles *Historisch-Kritischem Wörterbuch* (s. S. 142) und einen Aufsatz von Johann Friedrich Christ, der in Leipzig zu Lessings Lehrern gehört (*Noctes Academicae*, 1727; das Werk enthält neben der »Rettung« des Cardanus Verteidigungen von Machiavelli und Agrippa von Nettesheim). Über beide Schriften informiert Göbel (1980; vgl. auch B 3, 1034f.).

In allen »Rettungen« integriert Lessing die philologische Recherche und das historische Detail in ein »Gegenwartsgespräch« (Vollhardt 2006), meistens in der Form, dass er Autoren und Werke verteidigt, gegen welche die üblichen Verleumdungen kurz zuvor wiederholt worden waren. In der Rettung des Simon Lemnius spricht er den Gegenwartsbezug deutlich aus. Er schreibt im 2. *Brief*, »noch bis auf den heutigen Tag« behalte man »auf dieser hohen Schule«, womit die Wittenberger Universität gemeint ist, ähnlich intolerante »Gesinnungen« bei wie gegenüber dem Lemnius (B 2, 659). Lessing spielt auf ein konkretes Ereignis an. Der Physikprofessor Georg Matthias Bose (1710–1761) hatte einige seiner Schriften an Papst Benedikt XIV. gesandt und ihn einen Protektor der Wissenschaft genannt. Seitdem (ab 1749) wird er von den Kollegen aus der theologischen und juristischen Fakultät angegriffen. Lessing äußert seine Meinung dazu in einem Brief an Gottlob Samuel Nicolai, den Bruder Friedrich Nicolais, vom 9.6.1752, der das oft zitierte Epigramm enthält (B 11/1, 39): »Den Papst, den Papst gelobt? Wanns noch der Teufel wär,/ So ließen wir es gelten.« Die kritische Stoßkraft der Rettung des Lemnius charakterisiert Stenzel wie folgt: »die Reaktionen kamen jedoch erst 1754; hätte Lessing auf sie reagiert, der spätere Fragmentenstreit hätte leicht schon in diesen frühen Jahren einen veritablen Vorläufer bekommen« (B 2, 727).

Zur Gattungsfrage. Bayles »Dictionnaire«

Obgleich »Rettung« (lat. vindicatio) ein gängiger Begriff innerhalb der Gelehrtensprache der Zeit ist (Stenzel in B 2, 1281f.), gibt es keine fest definierte rhetorische Gattung, die »Rettung« heißt. In Zedlers Universallexikon erscheint das Verbum »retten« im Zusammenhang mit der Polemik. Polemische Schriften, die polemische Theologie, die polemische Methode: ihre Aufgabe sei die Widerlegung von Irrtümern, die Verteidigung von Wahrheiten; statt »verteidigen« sagt Zedler wiederholt »retten« (z. B. Art. *Polemische Theologie*, Bd. 28, Sp. 1080). Lessing selbst nennt erst die Aufsätze der *Schrifften* von 1754 »Rettungen« (zuvor spricht er von ›Verteidigung‹ und ›verteidigen‹), was Stenzel als Indiz dafür wertet, »daß beim Autor ein vertieftes Nachdenken über den Charakter seiner apologetischen Versuche begonnen hatte« (B 3, 1001; s. auch Lessings Kommentar in der *Vorrede*, B 3, 154). Strittig ist die Frage, ob Lessing mit der spezifischen Schreibweise seiner Essays zugleich eine literarische Gattung der ›Rettung‹ gestiftet habe. Stenzel verneint dies: Es handle sich, im Unterschied zur gerichtlichen Verteidigungsrede, lediglich um einen Argumentationsmodus – den des Verteidigens, Widerlegens, Rehabilitierens –, der frei verfügbar sei und innerhalb jeder literarischen Gattung und Form angewendet werden könne (so seien z. B. auch die Komödien *Der Freigeist* und *Die Juden* »Rettungen«).

Das einflussreichste Vorbild, nach dem Lessing seine »Rettungen« formt, sind die Artikel in dem *Dictionnaire historique et critique* (1. Aufl. [vordatiert] 1697) von Pierre Bayle (1647–1706), einem Hauptwerk der Aufklärung. Bayle unterwirft die Überlieferung der kritischen Methode, wobei er mit einem fast unumschränkten Skeptizismus vorgeht. Er wird zum Gründervater der Geschichtswissenschaft, indem er zum einen den geschichtlichen Ereignissen eine »Gewißheit« eigener Art zuerkennt und so das Historische in den Rang einer Wissenschaft erhebt, zum anderen zugleich die Abhängigkeit des Faktenwissens von den jeweiligen Prämissen der Forschung demonstriert, das heißt Quellen- und Rezeptionskritik betreibt. Sein Skeptizismus richtet sich darüber hinaus gegen die philosophischen Systementwürfe und die theologische Rationalisierung der Offenbarung, wobei er angesichts der Unfähigkeit der Vernunft, zur Wahrheit vorzudringen, den ›Sprung in den Glauben‹ empfiehlt (sog. Fideismus); im achtzehnten Jahrhundert wurde er nicht nur – wiewohl meistens – als Vorkämpfer freigeistiger Positionen (bis hin zum Atheismus

und Materialismus), sondern auch als Verteidiger des religiösen Glaubens wahrgenommen. Dabei dienten ihm Skeptizismus wie Fideismus dazu, sein Hauptanliegen zu begründen, nämlich die Einforderung von Toleranz und Verwerfung jeglichen Gewissenszwangs. Obwohl er aufgrund der Annahme, das ›Gesetz der Natur‹ sei dem menschlichen Herzen eingeschrieben, die Autonomie der Moral verfocht, neigte er einem anthropologischen Pessimismus zu; die Historie erschien ihm als eine »Sammlung der Verbrechen und Unglücksfälle des menschlichen Geschlechts« (zit. nach Gawlick/Kreimendahl 2003, XLVIII. – Zu Bayle s. Cassirer ^{3}1973, 269–279; Gawlick/Kreimendahl 2003; weitere Angaben zur neueren Literatur in Vollhardt 2006, 364 f., Anm. 12 und Anm. 14).

Bayles Lexikonartikel bilden das kritische Verfahren in ihrem Aufbau ab: Ein – zuweilen sehr kurzer – Haupttext wird von ausufernden Anmerkungen begleitet, ein Schema, dem Lessing in seiner Jöcher-Kritik (vgl. Nisbet 2008, 168–170) und im Sophokles-Buch folgt. Maßgeblich für die *Rettungen* ist der intellektuelle Habitus des *Dictionnaire*: Jeder Artikel ist aufgrund der Verbindung von Überlieferungs- und Dogmenkritik »eine eigenständige historische Revisionsverhandlung und zugleich aktuelles erkenntniskritisches Beispiel« (Stenzel in B 3, 1006).

Forschung

Der maßgebliche Aufsatz zur »Rettung des Cardanus« ist die Studie von Helmut Göbel (1980), in der er das aufklärerische Denken Lessings konturiert. – Innerhalb der neueren Forschung zu den *Rettungen* zeichnen sich zwei Problembereiche ab. Erstens: Wie verhalten sich Sachgehalt und rhetorische Strategie zueinander? Wie sind Gegenstand und Darbietungsweise aufeinander bezogen, welche Funktion hat Lessings Kunst der Verlebendigung und Dramatisierung? Moore (1993) erprobt die These, dass Affektregie und sachorientierte Erkenntnis, Rhetorik und Wahrheitssuche bei Lessing eine unlösliche Symbiose eingehen. Als repräsentatives Beispiel dient ihr die *Rettung des Hier. Cardanus*. Im Streitgespräch zwischen den Religionen spiele der Einsatz rhetorischer Mittel eine wesentliche Rolle. »Wahrheit« werde zu einer Funktion des lebendigen

Vortrags. Im lebendigen Vortrag artikuliere sich die emotionale Teilnahme des Sprechers, des Betroffenen. Durch die Integration der Emotionalität erhielten die Argumente ihre Überzeugungskraft und Beglaubigung. »Wahrheit« werde dabei zwar nicht beliebig zur Disposition gestellt, doch werde sie relativiert. Moore führt den Begriff der »historischen Wahrheit« ein. »Wahrheit« werde in Lessings Disputationen nicht als (vor-)gegeben vorausgesetzt, sondern sie entfalte sich im Vortrag der Argumente (zu Moore vgl. auch Kap.: Fragmentenstreit; zur Relation von Polemik und Wahrheit s. die Forschungsübersicht zu den »Literaturbriefen«).

Zweitens: Wie verhalten sich die gelehrte Thematik und philologische Methode der *Rettungen* zu Lessings aufklärerischen Absichten, und lässt sich allenfalls ein Zusammenhang mit den Dramen erkennen? Reh (1984) sieht den Habitus des ›Rettens‹ als eine Konstituente des Gesamtwerks. Man müsse den Blick von den einzelnen Vorwürfen, vor denen Lessing »rette«, weg- und hinlenken auf das Ziel, *wofür* er rette, auf das Telos seiner Argumentation. Der jeweilige Zielgedanke verbinde die *Rettungen* mit den dramaturgischen, ästhetischen und geschichtsphilosophischen Schriften. Als gemeinsame Konzeptionen arbeitet Reh heraus: den »gemischten Charakter« (Menschenbild, prekäre *conditio humana*); den Plan der Vorsehung, der die Geschichte orientiere und die dramatische Handlung strukturiere (Simon Lemnius), die Bindung der »Wahrheit« an ihre Fruchtbarkeit bzw. segensreiche Wirkung und die Beurteilung der Geschichte von dieser Wirkung her (Cochlaeus); schließlich die Kritik des Wunders und die Toleranzidee (Cardanus). – Stenzel rückt im Kommentar zu den *Rettungen* (B 3 [2003], 999–1008, hier 1001–1005) Lessings Verteidigung der Außenseiter vor den Hintergrund der ›anthropologischen Wende‹ in der Mitte des 18. Jahrhunderts. Mit der Aufwertung der Sinnlichkeit habe sich zugleich das Bewusstsein für die Fragilität der *conditio humana* verstärkt, an die Stelle des unbeirrbaren Tugendhelden trete der Mensch mit seinen Fehlern und Schwächen, seinem individuellen Psychogramm, welche Neuorientierung zunächst jedoch große Irritationen ausgelöst und sich als ›rettender Gestus‹ der Intellektuellen gegenüber dem ›Ausnahmefall‹ manifestiert habe; Stenzel spricht von der »Stunde der Außenseiter«, die zugleich die »Stunde der Rettungen« gewesen sei (B 3, 1003). Die Idee des ›ganzen Menschen‹ präge des Weiteren auch Lessings Kritik des gelehrten Betriebs: Er wende sich gegen dessen »Unseriosität«, »Mißgunst« und »Lebensfeindlichkeit« (B 3, 1004) und stelle über das Philologenhandwerk, dessen Beherrschung er glänzend demonstriere, das »ethische Regulativ der psychologischen Einfühlung und menschlichen Nachsicht« (B 3, 1007).

Schließlich ist die Tendenz zu verzeichnen, die aufklärerischen Themen und Ziele der *Rettungen* über eine genaue Rekonstruktion der gelehrten, insbesondere der theologischen Traditionen zu erschließen, die ihren Kontext bzw. ihre Folie bilden: Kontroverstheologie, polemische Theologie, Apologetik sind die Stichworte (vgl. Vollhardt 2002 und 2006). In seinem Dissertationsprojekt wird Michael Multhammer den Zusammenhang zwischen der Wahrheitsfrage und den solchermaßen historisch zu konkretisierenden Darbietungsformen neu konturieren, wobei er zum ersten Mal der ›strategischen Anordnung‹ der vier *Rettungen* im dritten Band der *Schrifften* die gebührende Aufmerksamkeit schenkt.

Analyse

Geschichte und Geschichtsdeutung (Lemnius, Cochlaeus)

In den *Gedanken über die Herrnhuter* betrachtet Lessing die Reformation unter dem Aspekt des allgemeinen moralischen Verfalls (s. S. 136): Ihr ursprünglicher Geist sei im Religionsstreit verloren gegangen. »Was hilft es, recht zu glauben, wenn man unrecht lebt?« (B 1, 941). Mit der Betonung der menschlichen ›Bosheit‹ zeichnet sich die Möglichkeit bzw. die Gefahr eines prinzipiellen Kultur- und Geschichtspessimismus ab. Eine Antwort auf diese Problematik deutet Lessing im Rahmen seiner Aufsätze zur Reformationsgeschichte, in den »Rettungen« des Simon Lemnius und des Cochlaeus, an.

In den Briefen über Simon Lemnius geht es um die menschlich-allzumenschlichen Motive der geschichtlichen Akteure. Indem Lessing klarstellt, dass Lemnius mit seiner Kampagne gegen Luther nur auf dessen Angriffe reagierte und ihm mit gleicher Münze heimzahlte, deckt er einen Mechanismus auf, wie er ihn auch häufig zum

Spannungsmoment seiner Dramen macht: Die böse Tat eines Menschen erweist sich als die Folge davon, dass er als böse behandelt wird: »Er floh; er ward citiert; er erschien nicht; er ward verdammet; er ward erbittert; er fing an seine Verdammung zu verdienen« (B 2, 660; vgl. auch 669, Z. 26f.). Und: »Ein jeder wehrt sich womit er kann; der Wolf mit den Zähnen; der Ochse mit den Hörnern; und die Natur selbst lehrt es sie. [...] Soll der arme Dichter nur allein sein [sic] Waffen nicht brauchen?« (B 2, 671). Mit dem Werben um Verständnis für den »armen Lemnius«, wie ihn Lessing zu Beginn nennt (B 2, 657, Z. 15 und Z. 29), ist die Kritik an Luthers Verhalten unlöslich verbunden, der nicht mehr als unfehlbar, sondern als Mensch mit menschlichen »Mängel[n]« (B 2, 658) erscheint; Autoritätskritik ist die Kehrseite zu dem Plädoyer für Einfühlung und Schonung.

In der *Rettung des Cochläus* ergänzt Lessing die empirische Betrachtung durch eine Geschichtsdeutung, die eine optimistische Gesamtperspektive ermöglicht. Wiederum steht zur Debatte, dass niedrige menschliche Motive in der Reformation wirksam gewesen seien, sie gar ausgelöst hätten (nämlich der Ablassstreit zwischen Augustinern und Dominikanern). Zunächst weist Lessing nach, dass nicht Cochlaeus der Erfinder der Nachrede sei, Luther habe aus Neid und enttäuschter Gewinnsucht gegen den Ablasshandel gepredigt. Das Gerücht habe schon lange bestanden, bevor Cochlaeus es verwendet habe. Dann aber schlägt Lessing einen neuen Argumentationsweg ein, der auf die späte Differenzierung zwischen historischer Wirklichkeit und ›innerer Wahrheit‹ des Christentums vorausdeutet: Der ›Geist‹ der Reformation, ihre ›innere Wahrheit‹, werde von der Frage nach den Motiven ihrer Initiatoren überhaupt nicht berührt. Zum einen plädiert er für eine providentielle Sichtweise: Gott bediene sich häufig menschlicher Schwächen, um seine Absichten zu erreichen: »Genug, daß durch die Reformation unendlich viel gutes ist gestiftet worden [...]; genug, daß wir in dem Genusse ihrer Früchte sitzen; genug, daß wir diese der Vorsehung des Himmels zu danken haben. Was gehen uns allenfalls die Werkzeuge an, die Gott dazu gebraucht hat? [...] Mag doch also die Reformation den Neid zur Quelle haben; wollte nur Gott, daß jeder Neid eben so glückliche Folgen hätte!« (B 3, 257; vgl. auch B 2, 668, Z. 17–19).

Zum anderen enthält die Unterscheidung zwischen geschichtlicher Empirie und dem ›Wesen‹ der Reformation den Appell, sich auf die ›innere Wahrheit‹ zurück zu besinnen, die nicht angefochten werden kann und deshalb (Selbst-)Kritik und Toleranz gleichermaßen zulässt. Lessing bezieht dies auf die konkrete Praxis des gelehrten Streits. Denn, so die Sinnspitze des Arguments, solange es im Kampf um die Deutung der Geschichte darum gehe, die starren Frontlinien und Tugend-Laster-Oppositionen zu behaupten, werde nur der unselige Wirkungsmechanismus von Anschuldigung und Gegenanschuldigung perpetuiert; die Kontrahenten verstrickten sich in die gleichen Motive, die sie ihren Gegnern vorwerfen: »Wir sind einfältig genug, und lassen uns fast immer mit ihnen in die heftigsten Streitigkeiten darüber ein: wir untersuchen, verteidigen, widerlegen, und geben uns die undankbarste Mühe; oft sind wir glücklich, und öfters auch nicht [...]« (B 3, 257). An dieser Stelle kommt der jeweilige aktuelle Anlass der *Rettungen* ins Spiel, die Fortschreibung der tradierten Verleumdungen in der Gegenwart. Lessing weist nach, dass das negative Bild seiner Helden im besten Fall auf Unkenntnis (B 3, 245f.) und Leichtgläubigkeit (B 3, 256), im schlimmeren auf absichtlicher Manipulation der Überlieferung beruht (B 3, 240ff.: Pastor Vogt über den *Ineptus Religiosus*), immer aber auf Voreingenommenheit schließen lässt (B 2, 669: Pastor Vogt über Lemnius) – die parteiischen Gelehrten stehen alle im Verstrickungszusammenhang der niederen Motive. Die Praxis der Rettungen dagegen, welche die Bereitschaft voraussetzt, den ›Geist der Wahrheit‹ auch der anderen Seite zuzugestehen (vgl. Lessings Urteil über Valdesius als fairen Beobachter: B 3, 258), zielt auf die Aufhebung dieses Mechanismus: »Wie wäre es also, wenn man dieses ganze Feld, welches so vielen Kampf zu erhalten kostet, und uns doch nicht das geringste einbringt, endlich aufgäbe?« (B 3, 257). Anhand konkreter Einzelfälle gibt Lessing ein Beispiel, wie auf dem Gebiet der Gelehrsamkeit die Unfruchtbarkeit des Meinungsstreits zugunsten des ›rechten Lebens‹ überwunden werden könnte.

Wettstreit der Religionen – Rhetorik und Wahrheit
(Cardanus)

Als die bedeutendste der frühen theologiekritischen Rettungen gilt die *Rettung des Hier. Cardanus*. Wesentliche Argumente im späteren Kampf um die christliche Wahrheit finden sich vorweggenommen. Beachtlich ist erneut das argumentative Geschick, mit dem Lessing vorgeht. Im gleichen Moment, in dem er Cardanus vor dem Atheismus-Verdacht in Schutz nimmt, wirft er ihm zu große Parteilichkeit für das Christentum vor – die Verteidigung wandelt sich zur Anklage. Cardanus habe die Sache der beiden anderen Offenbarungsreligionen, des Judentums und des Islam, schlecht geführt. Das Streiten selbst wird zum Thema erhoben, der Beitrag der Rhetorik zur Wahrheitsfindung wird reflektiert. Lessing formuliert die Grundregel des Streitgesprächs, wie sie ähnlich z.B. in Zedlers Universallexikon immer wieder angeführt wird. Der gegnerische Standpunkt müsse sich in seiner vollen Stärke entfalten können, wenn die Widerlegung Überzeugungskraft beanspruchen wolle (z.B. Art. *Polemische Theologie*, Bd. 28, Sp. 1084). Diese Grundregel fußt zunächst auf dem Wissen um die Wahrheit. »Wahrheit« erscheint als vorgegeben und vorgeordnet, die Auseinandersetzung mit den Meinungen der Gegner ist, trotz aller Fairness, ein Scheingefecht. Wiederum jedoch kippt das Argument bei Lessing durch die Art der rhetorischen Präsentation um. Der Jude und der Mohammedaner treten auf, ihre Reden strafen, lebendig, eindringlich, affektiv und zugleich philosophisch auf der Höhe der Zeit wie sie sind, die kläglichen »Beweisgründe« Lügen, die Cardanus ihnen in den Mund legte. Der Christ hingegen kommt daraufhin nicht mehr zu Wort. Die Sicherheit der christlichen Wahrheit scheint weggebrochen. Sie ist neu zu finden. Dazu können Jude und Mohammedaner ihren Beitrag leisten. Die Polemik gewinnt einen offenen Horizont, die rhetorischen Mittel erhalten ein ungeahntes Gewicht. Denn bei der Wahrheitssuche geht es nun nicht länger nur um die Widerlegung der gegnerischen Rede, sondern um die Erkenntnis von deren Evidenz, deren eigener Wahrheit.

Lessing lässt die Vertreter des Judentums und des Islam zwei verschiedene Wege einschlagen. Der Jude appelliert an das Ethos, er mobilisiert Affekte, der Mohammedaner appelliert an die Ratio, er spricht Vernunft und Erkenntnis an. Die faktische Geschichte, die Unterdrückung und Verfolgung der Juden, die Grausamkeit der Christen: all dies wird zu einer Anklage, die einen praktischen Gegenbeweis gegen den Anspruch der christlichen Religion, den jüdischen Glauben abgelöst zu haben, mit sich führt. Ihre besondere Brisanz gewinnt die *Rettung* aufgrund der Aufwertung des Islam (s. S. 490 f.). Inhaltlich allerdings vertritt der Mohammedaner Grundsätze des Deismus und der natürlichen Religion. Er zwingt den Vertreter des Christentums, darüber nachzudenken, worin der ›Mehrwert‹ der Offenbarung und des Wunders eigentlich beruhe. (Offenbarung und Wunder öffnen die Bereiche, die der vernünftigen Erkenntnis Gottes nicht mehr zugänglich sind.)

Die Frage nach der wahren Religion bleibt offen. So antizipiert die Rettung des Cardanus auf ganzer Breite die Problemstellung des Fragmentenstreits, wo ebenfalls die Frage im Zentrum steht, was die Offenbarung über die Vernunfterkenntnis hinaus »offenbare« und worin das Geheimnis der Religion zu suchen sei.

Aufnahme und Wirkung

Wie die Kritik an Samuel Gotthold Lange, so dient auch die »Rettung« des Simon Lemnius in den (kritischen) *Briefen* dazu, den Ruf Lessings als eines unschlagbaren Polemikers zu begründen bzw. zu festigen. Der gemäßigt liberale Theologe Johann David Michaelis würdigt zwar in seiner Rezension des ersten und zweiten Teils der *Schrifften* die Gelehrsamkeit, mit der Lessing seine Korrekturen an der Kirchengeschichtsschreibung vornehme (*Göttingische Anzeigen von Gelehrten Sachen*, 31. Dezember 1753; B 2, 1186). Hauptsächlich jedoch ruft die Verteidigung des Lemnius die Vertreter der Orthodoxie auf den Plan (B 2, 1262 ff., Dokumente Nr. 1–5). Es erscheint ein ganzes Buch, in dem Luthers Vorgehen gegen Lemnius erneut gerechtfertigt wird (Andreas Gottlieb Masch: *Vertheidigung des seligen Lutheri und der Reformationsgeschichte, wider den Verfasser der Kleinigkeiten*, Frankfurt/ Leipzig 1756), welches wiederum mehrere zustimmende Besprechungen erhält. Masch wirft Lessing vor, seine Gegner nicht sachlich zu widerlegen, sondern rhetorisch zu vernichten.

Selbst wenn er mit guten Gründen angegriffen werde, bleibe er der Sieger, indem er mittels seiner sprachlichen Virtuosität Evidenz auch da suggeriere und die Leser da blende, wo die Wahrheit gegen ihn sei. Masch scheint in Lessings Sprachstil eine Wahrheit eigener Art zu spüren, er scheint zu ahnen, dass hinter der Form ein neuartiger Weltblick steht, für den ihm die Kategorien noch fehlen. »Beleidigend« findet er deshalb den Stil des Gegners. Er schreibt (B 2, 1263), die bisherigen Kontrahenten Lessings hätten »zwar das beruhigende Vergnügen gehabt, daß sie die Wahrheit behauptet, und die Unschuld gerettet, oder sich selbst mit guten Gründen vertheidiget haben. Allein ich weis nicht, ob der Sieg der Wahrheit ihnen das angenehme gewähren können, welches er sonst denen darreichet, die ihn erfechten; indem sie mit einem Gegner einen Streit führen müssen, der seinen Witz vornehmlich dazu gebrauchet, daß er diejenigen, über welche er sich zu urtheilen die Freyheit nimmt, auf eine so beleidigende Art angreift, daß sie, um nicht noch mehr herauszulocken, mit einem halben Siege zufrieden seyn müssen.« Inhaltlich fassbar wird dies Neue im Lutherbild der Lemnius-Rettung. Lessing zeichnet den Vater der Reformation mit menschlichen Zügen, seine »Iraszibilität« habe ihn irregeleitet. Der Orthodoxe kann in dem Bild des fehlbaren Menschen nur das Bild des »abscheulichen« (vgl. B 2, 1262, Nr. 1) Sünders erkennen. Obgleich Masch eine objektive Untersuchung der »Wahrheit« verspricht, geht sein Urteil an den Sachgründen Lessings vorbei. Die Argumentation kippt um ins Emotionale. Er diffamiert Lessing, weil dieser Luther diffamiert habe. Das Drama des Fragmentenstreits kündigt sich an (B 2, 1265): »Es ist wahr, das Andenken *Lutheri* wird bey allen [...] im Segen bleiben, man mag ihn als einen *Tyrannen* vorstellen [...]; man mag ihn wie den *feurigsten* aber *ungelehrtesten Menschen* ausschreyen; man mag ihn als einen beschreiben, dessen *aufgebrachtes Gemüth alles zuthun vermögend gewesen.*«

Die beiden anderen Rettungen werden in (nach Braun: drei) Sammelrezensionen der *Schrifften* besprochen, d. h., ihr Inhalt wird referiert. Der provokative zweite Teil der Rettung des Cardanus wird nicht thematisiert. Lessing heißt nunmehr ein »berühmter« Schriftsteller (*Jenaische Gelehrte Zeitungen*, 24. August 1754; Braun 1,

39). Man rühmt die seltene Mischung von Gelehrsamkeit und »Witz« bzw. »lebhafter« Schreibart, wobei dies Wahrnehmungsmuster zwei Varianten hat. Der Rezensent der *Göttingischen Anzeigen von Gelehrten Sachen* (10. Juni 1754) geht vom Bild des Gelehrten aus und lobt die »Lebhaftigkeit des Geistes« (Braun 1, 34), der Rezensent der *Staats- und Gelehrten Zeitung des Hamburgischen unpartheyischen Correspondenten* (26. Juli 1754) dagegen geht vom Bild des Poeten aus und lobt Gründlichkeit und Ernst. Er schreibt (Braun 1, 37): Der dritte und vierte Teil der *Schrifften* »bestätigen, daß der Verfasser kein bloßer witziger Kopf, wie der größte Theil unserer Belustiger, Bemüher, Beyträger, u. a. sondern ein Mann sey, der sich mit dem Kern der Litteratur und der Wissenschaften genau bekannt gemacht hat, und dessen Feder alles zu beleben weiß.« – (Zur insgesamt »überwältigend« positiven Aufnahme von Lessings *Schrifften*, deren Veröffentlichung bewirkt habe, »daß aus dem relativ obskuren Journalisten und talentierten Verfasser von leserfreundlichen Gedichten ein Autor von Rang und Namen wurde«, vgl. Nisbet 2008, 212).

Quellen: Bayle, übers. Gottsched [nach der 5. Aufl. 1740], Bd. 2, 1742/1975, 53–58 [Art. »Cardanus«]; Bayle, übers. Gawlik/Kreimendahl 2003; Cardanus 1663/1966, Bd. 3 [*De Subtilitate*], bes. 551 ff.; Daunicht 1971; Zedler Bd. 20, 1739/1961, 1337 [Art. »(Widerlegungs-)Methode«], 28, 1741/1961, 1079–1100 [Art. »Polemische Theologie«], 40, 1744/1961, 920–925 [Art. »Streit-Schriften«].

Literatur

zu Entstehung und Kontext: B 2, 725 ff. und 1260 ff.; B 3, 999–1008 und 1033–1038; Cassirer ⁵1973, 269 ff. [Bayle]; Danzel/ Guhrauer Bd. 1, 1850, 229 ff. [Christ]; K. Lessing, hg. Lachmann 1887, 95; Gawlick/Kreimendahl 2003, IX-LVI [Bayle]; Heudecker 2005 [rhetorische Traditionen; Formen der Literaturkritik: Dialog, Apologie, Satire]; Nisbet 1978 [Bayle]; Sauder 1975 [Bayle-Rezeption]; Schmidt 1, ⁴1923, 40 ff. [Christ] und 217 ff. [Wittenberg]; von Treskow in van Dülmen/Rauschenbach (Hgg.) 2002, 1–21 [Bayle und die »Entstehung der Kritik«]; Vollhardt in Alt u. a. (Hgg.) 2002, 29–47.
zu Cardanus: Fick 1995; Grafton 1999; Kuschel 1998, 91–103.
zu Cochlaeus: Bäumer in Lexikon für Theologie und Kirche Bd. 2, ⁵1994, Sp. 1239–1240.
zu Simon Lemnius: Mundt Bd. 1/2, 1983.
Forschung zu den Rettungen: Barner in Zeuch (Hg.) 2005, 11–23 [»Kontingenz« im Schreibverfahren

Lessings als Parallele zu der neuen Unübersichtlichkeit des literarischen Marktes, der Medien und der Öffentlichkeit; mit ihrem konkretisierenden, den Anlass auf ein Zufallsmoment zuspitzenden Zugriff seien die Rettungen und Polemiken Lessings gegen den Anspruch »universeller Wahrheit« gerichtet]; Göbel 1980; Heudecker 2005, 225–252 [*Rettungen des Horaz*]; Kuschel 1998, 91 ff.; Moore 1993, 19 ff.; Moore in Mauser/ Saße (Hgg.) 1993, 392–400; Mul-

sow 2002; Nisbet 2008, 170–173 [Lessing und Bayle; Eklektizismus], 182–190 [Rettungen: Autoritätskritik und Toleranzpostulat]; Reh 1984; Joh. Schneider 1953; Stenzel in B 3 (2003), 999–1008; Vollhardt 2006.

zu Aufnahme und Wirkung: B 2, 1182–1216 und 1262–1280; Braun 1 [Dokumente]. – Literatur: Nisbet 2008, 212.

Miß Sara Sampson

Bei wenigen Stücken der Literaturgeschichte ist die Diskrepanz zwischen historischer und gegenwärtiger Bedeutung so groß wie bei *Miß Sara Sampson*. In der Mitte des 18. Jahrhunderts war Lessings tragischer Erstling eine Sensation, das Stück gehört zu den herausragenden Dokumenten der Empfindsamkeit. Heute ist der Konflikt der Titelheldin, die Erfahrung des vorehelichen Liebesvollzugs als ›Sünde‹, obsolet geworden, wir teilen die Vorstellungen der Figuren von Tugend und Laster nicht mehr. In der Analyse geht es darum, diese fremd gewordene (dabei sehr komplexe) Welt des Dramas einem historischen Verstehen zu erschließen.

Entstehung, Quellen und Kontext

Erstdruck: Das Drama erscheint 1755 im 6. Teil der *Schrifften* (zusammen mit dem Lustspiel *Der Misogyne*) unter dem Titel: *Miß Sara Sampson. Ein bürgerliches Trauerspiel, in fünf Aufzügen* (Berlin, bei Christian Friedrich Voß), 1757 erscheint die erste Separatausgabe (ohne Verfasser-, Verleger- und Ortsangabe). 1772 bringt Voß einen verbesserten Einzeldruck, wiederum ohne Verfassernamen und ohne die Kennzeichnung »bürgerlich« heraus. Dieser Druck liegt auch der Ausgabe von Lessings *Trauerspielen*, ebenfalls 1772, zugrunde (d. h. der Text stammt vom gleichen Drucksatz). Es ist die letzte zu Lessings Lebzeiten erschienene Ausgabe. – Das Stück wird am 10. Juli 1755 in Frankfurt an der Oder von der Ackermannschen Truppe uraufgeführt. Unter den Zuschauern sind Ramler und Lessing (vgl. Aufnahme und Wirkung). – Text: B 3, 431–526.

Zu Beginn des Jahres 1755 zieht sich Lessing, der seit November 1748 in Berlin lebt, für einige Wochen nach Potsdam zurück, wo er, wie Ewald Christian von Kleist zu berichten weiß, sich in ein Gartenhaus verschließt (an Gleim, 2.4.1755; vgl. Daunicht 1971, 82f.), das Resultat dieser Klausur ist *Miß Sara Sampson*. In einer von Friedrich Wilhelm Basilius von Ramdohr überlieferten

Anekdote kommt der Kontext plastisch zur Anschauung. Ramdohr erzählt (Daunicht 1971, 81 f.): »Leßing war mit Mendelssohn bey der vorstellung eines der französischen weinerlichen dramen zugegen. Der letzte zerfloß in thränen. Am ende des stücks fragte er seinen freund, was er dazu sagte? Das [!] es keine kunst ist, alte weiber zum heulen zu bringen, versetzte Leßing. […] Was gilt die wette, […] in sechs wochen bringe ich ihnen ein solches stück. […] am Folgenden morgen war Leßing aus Berlin verschwunden. Er war nach Potsdam gereiset, hatte sich in eine dachstube eingemiethet, und kam nicht davon herunter. Nach verlauf von sechs wochen erschien er wieder bei seinem freunde, und Miß Sara Sampson war vollendet.«

Erneut schafft Lessing ein Theaterstück, das den Puls der Zeit aufnimmt. Es ist sein Tribut an den empfindsamen Gefühlskult, zugleich reflektiert es aktuelle religiöse Themen; schließlich ist es das erste deutschsprachige bürgerliche Trauerspiel, das den Begriff der Gattung erfüllt.

Ein herausragendes Dokument der Empfindsamkeit ist *Miß Sara Sampson* nicht nur aufgrund seiner ausgeklügelten Affektregie, durch die ein Maximum an tränenseliger Rührung erreicht werden soll, sondern aufgrund des Konzepts des ›moralischen Gefühls‹ (*moral sense*), nach dem die Sympathieträger entworfen sind. Der *moral sense* ist eine der wichtigsten Syntheseformeln, unter der man sich den Ausgleich von Sinnlichkeit und Vernunft dachte (s. S. 30f.). Man verstand darunter eine gefühlsmäßige Disposition zur Mitmenschlichkeit, eine angeborene ›Sympathie‹, die den Menschen vor aller rationalen Überlegung steuere und zum Altruismus geneigt mache. Die angeborene Empfindlichkeit für das Gute (im Sinne der Menschenliebe) qualifiziere den Menschen, dem Moralgesetz zu folgen. So führen es Sir William, Sara und Waitwell auf der Bühne vor: Sie scheinen mit ihren ›natürlichen‹ Gefühlen und Empfindungen (väterliche bzw. töchterliche Liebe; Mitleid) einen Kompass zu besitzen, der sie vom Pfad der ›Tugend‹ nicht dauerhaft abirren lässt (wobei die Normverletzungen der Figuren zugleich die Grenzen des Konzepts aufzeigen).

Auffallend sind die zahlreichen religiösen Anspielungen des Stücks (*imitatio Christi* in Saras Sterbeszene; Marwood als ›Schlange‹, als Versucher[in]), deren kritischer Sinn jedoch durchaus komplementär zu dem Konzept der ›moralischen Empfindungen‹ zu sehen ist: Wir werden zeigen, dass die allumfassende Versöhnung der Schlussszenen auf die Umdeutung des Glaubens an Erlösung und Verdammung hinausläuft, was wiederum die Überzeugung von der ursprünglichen Güte der menschlichen ›Natur‹ zur Voraussetzung hat. Von dieser religiösen (Neu-)Orientierung zeugen zahlreiche Spuren in Lessings Frühwerk (z. B. das Lehrgedicht *Die Religion*, die Komödie *Der Freigeist*, das Fragment *Das Christentum der Vernunft*, die *Rettung des Hieronymus Cardanus*); schwierig ist es jedoch, ihre Quellen exakt zur fassen. Neben den philosophischen Anregungen (u. a. Leibniz, Spinoza, Rousseau) spielen sicherlich auch theologische eine wichtige Rolle; zu fragen wäre zum Beispiel, ob Lessing zu diesem Zeitpunkt sich bereits für eine Anti-Augustinische Theologie interessierte (Augustinus ist derjenige Kirchenvater, der die Lehre von der ewigen Verdammung des größten Teils der Menschen am dezidiertesten vertrat und deswegen im 18. Jahrhundert großen Anstoß erregte; dazu und zu Origines als Antipoden vgl. D. Breuer 1999, 31–60). Dabei könnte für die spezifische Verflechtung von ›Empfindsamkeit‹ und Religion in *Miß Sara Sampson* auch die Ablehnung der materialistischen Reduktion der Empfindungen auf die Selbstliebe, wie Lessing sie in den Schriften La Mettries kennenlernte (s. S. 26f. und S. 86f.), eine Rolle gespielt haben.

In einer in der *Berlinischen privilegierten Zeitung* (anonym) erschienenen Selbstanzeige (3. Mai 1755, B 3, 389) lenkt Lessing die Aufmerksamkeit forciert auf die Gattungsbezeichnung seines Stücks. Er ruft Gottsched in die Schranken: »Ein bürgerliches Trauerspiel! Mein Gott! Findet man in Gottscheds critischer Dichtkunst ein Wort von so einem Dinge?«. Nun findet man aber allerdings in der 4. Auflage der *Critischen Dichtkunst* (1751) »ein Wort von so einem Dinge«. Gottsched geht auf den neuen Typus der »beweglichen und traurigen« Komödie ein, »die von den Franzosen *Comédie larmoyante* genennet wird«, lehnt aber die Gattungsbezeichnung »Komödie« ab, um stattdessen »bürgerliche, oder adeliche Trauerspiele« vorzuschlagen (BA 6/3, Variante zu

349, 3). Obgleich also Lessing, der nun einmal auf Gottsched fixiert zu sein scheint, die Fakten schief wiedergibt, so hat seine Fehlleistung doch einen tiefer liegenden sachlichen Grund. Wie Alt gezeigt hat (1994, bes. 156), herrscht bis hin zu Lessing eine große Unsicherheit, was den Umgang mit dem Terminus »bürgerliches Trauerspiel« anbelangt, wobei die Unsicherheit daher zu rühren scheint, dass man sich scheut, den Begriff mit der Tragödie in Verbindung zu bringen bzw. das »bürgerliche Trauerspiel« als Form der Tragödie anzuerkennen. Vielmehr fasst man die Verwandtschaft mit der »ernsthaften« Komödie ins Auge, wie ja auch Gottsched in der oben zitierten Passage diesen Typus mit dem »bürgerlichen Trauerspiel« identifiziert. Er bringt im gleichen Zusammenhang auch den Begriff »Tragikomödie« ins Spiel. Lessing dagegen zieht die Linien anders. Er definiert das »rührende Lustspiel« als Sonderform der Komödie, während das »bürgerliche Trauerspiel« für ihn der Gattung der Tragödie zugehört (B 3, 264f.). So gesehen, könnte Lessings Angriff auf Gottsched das Neuartige des Plans beleuchten, ein »bürgerliches« Sujet endlich zu einer Tragödie zu verarbeiten. Auf den Charakter seines Stücks als einer genuinen Tragödie (und nicht als einer Mischgattung) wollte er dann verweisen.

Das Ursprungsland der neuen Gattung ist England. Dort haben zwei Stücke großen Erfolg, die als Prototyp der Gattung gelten, wobei sie die Bezeichnung »domestic tragedy« nicht im Titel führen: George Lillos *The London Merchant* (1731) und Edward Moores *The Gamester* (1753; dt.: »Der Spieler«). Beide Werke setzen sich auf den deutschen Theatern durch (Übersetzungen 1752 resp. 1754/55). Namentlich *Der Kaufmann von London* wird immer wieder als Quelle für Lessings »bürgerliches Trauerspiel« genannt. Stoff- und Motivparallelen gibt es dabei wenige, es sei denn, man nimmt das englische Ambiente, den Verzicht auf fürstliche Protagonisten und den Kontrast zwischen den Frauenfiguren, der Buhlerin und dem tugendhaften Mädchen, als solche. Von der Struktur und Wirkungsintention her stehen Lillos Tragödie und Lessings Trauerspiel sogar in eklatantem Gegensatz zueinander (was analog auch für Moores *Spieler* zutrifft). Das englische Stück ist ein Gerichtsdrama, die Hauptperson unterwirft sich dem Urteilsspruch, nicht durch Mitleid, sondern durch Abschreckung soll das didaktische Ziel erreicht werden. Man schob deshalb bei der Suche nach Abhängigkeiten und literaturgeschichtlichen Zusammenhängen Lillos Stück auch wieder beiseite. Kies etwa (1926–27; ihm folgt G. Hillen in G 2, 692) macht als wichtigste Quelle Thomas Shadwells Komödie *The Squire of Alsatia* (1688) ausfindig, in der er das Handlungsgerüst von Lessings Stück vorgebildet erkennt, und zieht ergänzend noch zwei englische Trauerspiele heran, die neben dem Hauptmotiv, nämlich Verführung, Flucht und Vergebung, weitere auffallende motivische Übereinstimmungen mit *Miß Sara Sampson* aufweisen: *Caelia: or, The Perjur'd Lover* (1733) von Charles Johnson und *The Perjur'd Husband* (1700) von Susannah Centlivre. Lessing selbst verweist auf *The London Merchant* erst 1756, in der *Vorrede* zu einer Ausgabe von Thomsons Trauerspielen (B 3, 755–761, hier 757). – Ein Parallelphänomen zu Lessings Stück stellen die Romane Richardsons (*Pamela* [1740–1741] und *Clarissa* [1747– 1748]) dar, Vergleichspunkt ist die Inszenierung bürgerlicher Tugend bei gleichzeitiger Psychologisierung (zur Bedeutung von *Clarissa* für *Miß Sara Sampson* vgl. Hempel 2006, 41–47; H. Reinhardt 2006). Der Hinweis auf Richardsons Romane als möglicher Quelle stammt dabei nicht erst von der positivistischen Einflussphilologie, sondern bereits Lessings Zeitgenossen bemerken Ähnlichkeiten. Lessing allerdings verwahrt sich dagegen. Anlässlich einer Aufführung der *Miß Sara Sampson* in Hamburg notiert er: »Sara Sampson, sagt H. v. Bielefeld, ist zwar ein ursprünglich deutsches Stück; gleichwohl scheint der Stoff aus englischen Romanen genommen oder nachgeahmt zu sein [...]«, und fragt zurück: »Was soll dies eigentlich sagen? Der Stoff scheint aus englischen Romanen genommen zu sein? Einem die Erfindung von etwas« abstreiten? (Paralipomenon zur *Hamburgischen Dramaturgie*, B 6, 697. – Zu den literarischen Anregungen aus England s. Guthke [6]2006, 32 f.).

Einerseits also, so lässt sich resümieren, will Lessing nicht die rührende Komödie, sondern das bürgerliche Trauerspiel, das er dezidiert in die Tradition der Tragödie einrückt. Andererseits stellt er der Perspektive des Gerichts, des irdischen und himmlischen, die in Lillos Stück herrscht, die Perspektive der Vergebung entgegen. Für die nachfolgende Analyse ist ein doppelter Standpunkt bestimmend. Zum einen liegt die

These zugrunde, dass für die tragische Dimension im bürgerlichen Trauerspiel die religiöse Dimension ›zuständig‹ ist (zumindest bevor der Ständekonflikt ins Zentrum rückt). Durch die religiöse Dimension bekommen die Figuren die Fallhöhe, die sie als tragische Figuren qualifiziert, hier steht die Existenz ›an sich‹ auf dem Spiel, geht es doch um Heil und ewige Verdammung (s. S. 21 f. und S. 412 f.). Zum anderen wird das theologische Problem in *Miß Sara Sampson* von einer philosophisch-aufklärerischen Perspektive her, die Lessing zu diesem Zeitpunkt sich aneignet, beleuchtet.

Forschung

Literatursoziologische Deutungsansätze

Bürgerliches Trauerspiel. Am weitesten verbreitet ist der Ansatz, die in dem Stück propagierte Menschlichkeit mit dem soziologischen Begriff des Bürgerlichen in Zusammenhang zu bringen – die Interpretation von *Miß Sara Sampson* als eines »bürgerlichen Trauerspiels« (Barner u. a. [5]1987, Borchmeyer [3]1992, Eibl 1971, Eloesser 1898, Hempel 2006, Mauser 1975, Seeba 1973, Steinmetz 1990, Weber 1970). Was die Beschreibung der Gattung anbelangt, herrscht heute ein weitgehender Konsens (vgl. zum Folgenden Guthke [6]2006; Nisbet 2008, 262): Das ›bürgerliche Trauerspiel‹ wird von seinem Gegensatz her, der klassizistischen Tragödie, definiert, wobei die primäre und entscheidende Neuerung stofflicher Art ist. Während die klassizistische Tragödie Staatsangelegenheiten behandelt und in ihr das aristokratische Ethos herrscht, nimmt das bürgerliche Trauerspiel seine Vorwürfe aus dem privaten, ›häuslichen‹ Bereich; sein Ethos ist das der Tugend, die als ›allgemein-menschlich‹ begriffen wird; ›bürgerlich‹ bedeutet im zeitgenössischen Sprachgebrauch ›nicht öffentlich, heroisch, politisch‹ (Wierlacher 1968; zur Begriffsgeschichte differenzierend Guthke [6]2006, 7–15). Zum ›bürgerlichen Trauerspiel‹ wird *Miß Sara Sampson* also zunächst dadurch, dass Lessing eine tragische Handlung aus einem Familienkonflikt formt. Mit dieser Verschiebung ist die Aufhebung der sog. Ständeklausel verbunden: Wo das ›Staatsinteresse‹ keine Rolle spielt, sind auch Regenten, Fürsten und Könige als handelnde Personen funktionslos. Ausgeschlossen sind desgleichen die sozial niedrigen Schichten; ansonsten aber ist die ständische Zuordnung der Figuren denkbar unbestimmt. In den meisten bürgerlichen Trauerspielen treten (fast) nur Adlige auf; auch in *Miß Sara Sampson* gehören die Hauptfiguren dem Adel an (Sir William Sampson: Landadel; seine Tochter wird eine »reiche Erbin« genannt; Marwood stammt aus »gutem Geschlechte« [IV, 8; B 3, 502]; Mellefont hatte ein Vermögen zu verschleudern, das ihm den Weg zu den »größten Ehrenstellen« hätte ebnen können [I, 3; B 3, 437]). Die soziale Zugehörigkeit des Personals wird von zeitgenössischen Theoretikern mit dem Begriff des »Mittelstandes« angegeben (z. B. von Lessing; vgl. B 3, 265), der weite Kreise des Adels (außer dem Hochadel) einschloss. Ein Standesgegensatz zwischen dem Adel und dem ›Bürgertum‹ oder ein spezifisch bürgerliches Selbstbewusstsein wird deshalb in den Stücken (bis in die 70er Jahre) nicht greifbar (zur Vieldeutigkeit des Begriffs ›Bürger‹ vgl. M. Maurer 1996; zusammenfassend Nisbet 2008, 260–262).

Das Problem ist nun die Interpretation dieses Befunds. Zweifellos bedeutet das bürgerliche Trauerspiel eine enorme Aufwertung der Privatsphäre, des Familiären: Private Schicksale werden für würdig und wichtig genug erachtet, um die tragischen Affekte, Schrecken, Mitleid und Bewunderung, zu erregen. Wie Lessing über »den Engländer« schreibt, dem es »ärgerlich« gewesen sei, »gekrönten Häuptern viel voraus zu lassen; er glaubte bei sich zu fühlen, daß gewaltsame Leidenschaften und erhabne Gedanken nicht mehr für sie, als für einen aus seinen Mitteln wären« (B 3, 265). Dabei hat sich weitgehend die Perspektive durchgesetzt, in der Tatsache, dass im deutschsprachigen bürgerlichen Trauerspiel die Standesunterschiede zunächst irrelevant sind, den egalitären Anspruch zu sehen, dass sie in der Wirklichkeit überwunden werden sollen. Zudem versteht man die Privatsphäre als das Medium, in dem sich schichtenspezifische Werte ausdrücken ließen. In *Miß Sara Sampson* zum Beispiel kontrastiere Lessing adlig-höfische Auffassungen von Sexualmoral mit dem bürgerlichen Tugendbegriff. Diese Sichtweise gerät allerdings in dem Moment unter Druck, in dem das Erklärungsmodell vom ›sich emanzipierenden Bürgertum‹ als unzulänglich erkannt wird, um die gesellschaftlichen Transformationsprozesse des 18. Jahrhunderts zu beschreiben (Friedrich/Jannidis/Willems 2006, IX–XL).

Empfindsamkeit. Kompliziert ist auch die soziale Zuordnung der ›Empfindsamkeit‹ zum ›Bürgertum‹. Für das sich formierende Bürgertum sind im 18. Jahrhundert vielfältige Werte konstitutiv: Leistung, Arbeit, Sparsamkeit, Rationalität der Lebensgestaltung auf der einen Seite, Naturgefühl, Freundschaft, Zärtlichkeit, Empfindsamkeit auf der anderen. Während die meisten Forscher hierin komplementäre Werte sehen, konstruiert Lothar Pikulik in mehreren Beiträgen (1966, 1984, 2001) einen Gegensatz zwischen Bürgertum und Empfindsamkeit: Leistungsethik contra Gefühlskult. ›Bürgerliche‹ Gesinnung ist für ihn beispielhaft in der Hausväterliteratur formuliert. Ordnungsdenken, Erwerbsstreben, Fleiß, Gehorsam dem Familienoberhaupt (dem »Hausvater«) gegenüber, die unangetastete Geltung moralischer Normen und immer wieder die Affektkontrolle, die Regulierung der Gefühle, die Vorrangstellung der ehelichen Zweckgemeinschaft vor dem individuellen Liebesausdruck, die Diffamierung der großen Leidenschaft, sind die wichtigsten Charakteristika. Dagegen sprenge der neue Gefühlskult die bürgerlichen Ordnungsvorstellungen. Zentrales Anschauungsbeispiel ist für Pikulik (1966) *Miß Sara Sampson*. Das reflexive Gefühl verselbständige sich und werde zum Selbstgenuss, der Objektbezug gehe verloren (Saras Lust am Leiden trotz der Vergebung des Vaters) – eine autonome, irrationale und potentiell subversive psychische Kraft werde erfahrbar gemacht (2001; zu Saras Haltung vgl. auch Fricke 1964, Hillen 1970, 119 ff.).

Den Thesen Pikuliks ist vehement widersprochen worden. Brita Hempel (2006) fasst die Gegenargumente nochmals zusammen: Sein Konzept des Bürgertums sei anachronistisch; man habe (im 18. Jahrhundert) die ›wahre Empfindsamkeit‹ als vereinbar mit der Vernunft gedacht; mit dem Begriff des ›moral sense‹, der moralischen Empfindungen, favorisiere man ›Unmittelbarkeit‹ und ›Natürlichkeit‹, was einen Gegenentwurf zur höfischen Repräsentation und Verstellungskunst bedeute (dazu jedoch differenzierend Roßbach 2002/03, 168–171); schließlich lasse sich ein Zusammenhang herstellen zwischen der Empfindsamkeit und der Veränderung der Familienstrukturen, dem Wandel von der Groß- zur

Kleinfamilie und der Trennung der Berufswelt von der Privatsphäre, in der man sich die Pflege menschlich-zärtlicher Gefühle erlauben durfte; die Konsolidierung dieser neuen Familienkultur habe im ›Bürgertum‹ stattgefunden (dazu wiederum kritisch: M. Maurer 1996, 518–523; zum Zusammenhang zwischen Empfindsamkeit und Bürgerlichkeit vgl. auch Guthke [6]2006, 42–49).

Familie. Sobald die Familie ins Visier rückt, wird aus der Geschichte der Emanzipation (der Gefühle, des ›Allgemein- Menschlichen‹, des ›Bürgertums‹) eine solche der Repression (der Sexualität, der Frau). Richtungweisend hat Sørensen (1984) die Argumentationsfigur etabliert: In einer Phase des Umbruchs diente die Emotionalisierung der familiären Beziehungen (auch) der Stabilisierung patriarchaler Herrschaftsstrukturen. In einem ebenfalls einflussreichen Beitrag fokussiert Saße (1988) die Ausklammerung des sexuellen Begehrens aus dem empfindsamen Liebesideal. Dass Sara der Übergang von der »Herkunfts-« in die »Zeugungsfamilie« nicht gelinge, sei die Entsprechung dafür, dass sie sich mit ihrer leidenschaftlichen Liebe in ein gesellschaftliches Vakuum begeben habe; die Gesellschaft habe noch keine Integrationsformen für eine auf sexueller Attraktion beruhende Liebe entwickelt. (Zur Spannung zwischen Empfindsamkeit und Sexualität aus diskursanalytischer Sicht vgl. Greis 1991).

In jüngeren Studien, die Aspekte der Frauenforschung und *gender studies* integrieren, rückt die Vater-Tochter-Konstellation in den Mittelpunkt des Interesses; untersucht wird nunmehr die Symbiose von patriarchaler Herrschaft, Emotionalisierung der Familienbindung und Repression der weiblichen Sexualität. Die obsessive Fixierung auf die weibliche ›Unschuld‹ und sexuelle ›Reinheit‹, die zu bewahren die Frau (die Tochter) unmündig und passiv gehalten werden musste, sei eine Reaktion auf die ›Bedrohung‹ durch die aufklärerischen und emanzipatorischen Einflüsse der Zeit gewesen. Sir William Sampson fungiert nunmehr als patriarchalischer Vater: Mit seiner die Normen überschreitenden Vergebungsbereitschaft hole er die Tochter in die emotionale Abhängigkeit zurück (und sichere seine Altersvorsorge), vereitle Saras eigene Art der Krisenbewältigung, die in dem Leiden an der

Schuld bestanden habe, und belaste sie mit der neuen Schuld, dem Vater zu viel abverlangt zu haben (so Hempel 2006, 49–67; diese sozialpsychologischen Argumente gehen jedoch an der Logik des Religiösen, der Lessings Figuren folgen, völlig vorbei. – Bei Hempel und Guthke [6]2006, 71 f. weitere Literaturangaben; zu erwähnen sind – u. a. – Schönenborn 2004, Stephan 1985, Wosgien 1999, 164–194; Wurst 1988 und 2005, bes. 240–242. Während Hempel sich auf die bekannten Beispiele – Sara, Emilia, Luise – bezieht, erweitert Schönenborn die Textbasis erheblich und berücksichtigt insbesondere Werkbeispiele von Autorinnen und anonym veröffentlichte Dramen).

Ideengeschichtliche Analysen

In den ideengeschichtlich orientierten Analysen sucht man die Ursachen für das – trotz der Vergebung des Vaters – tragische Scheitern des Paares nicht in den sozialen Voraussetzungen (bürgerliche Ehe, patriarchale Familie), sondern in der Problematik der Empfindungen, die moralphilosophisch, anthropologisch, psychologisch oder religiös bestimmt wird.

Für Peter Michelsen (1990e) beruht die Logik des Scheiterns auf dem Widerspruch zwischen Empfindung und Moralität. Bildet für Saße die Identität von moralischer Empfindung und natürlicher Zuneigung zwischen den Familienmitgliedern ein wesentliches Element der Argumentation, so baut Michelsen seinen Gedankengang auf der These auf, das Drama entlarve, indem es tragisch ende, den illusionären Charakter der Synthese. Es zeige die Unmöglichkeit, Moralität auf der Basis der Empfindungen zu begründen. Moralität sei nur durch die normsetzende Vernunft zu formulieren und zu erhalten. Saras Reue und der verpflichtende Charakter des Ehesakraments deuteten auf die Objektivität der Moral. Die Empfindungen hingegen seien immer schwankend, sie liefen nicht von sich aus auf die Ebene der Moralität zu. Dies trete in jedem Moment der tragischen Entwicklung hervor. Nicht die Moralität, sondern nur die Ambivalenz der Empfindungen könne das Drama letztlich zeigen. Daraus entspringe die ›Tragödie der Empfindungen‹.

»Ambivalenz der Empfindungen« ist das Stichwort, das Peter-André Alt (1994, 191–210) in den Mittelpunkt seiner Analyse rückt. Er integriert neuere Forschungen zur Psychologie der Aufklärung. Eindringlich zeigt er, wie die Figuren das Opfer der emotionalen Verwirrung werden, in der sie sich befinden. Auch für Alt sprengt diese emotionale Verwirrung die Harmoniekonzeption der »moralischen Empfindung«. Sara finde aus dem Zwiespalt zwischen Liebe und Tugend keinen Ausweg (197 f.). Mellefont sei ein Spielball unverstandener Impulse des Gefühls. Ihre Psychologie werde den Figuren zum Schicksal. Am deutlichsten drücke diese Verinnerlichung Saras Traum aus. In ihm artikuliere sich die Ambivalenz von Todessehnsucht und Todesfurcht, die die Titelheldin beherrsche. Der Traum präfiguriere die Katastrophe – für Alt ein Signal dafür, dass die wahre dramatische Handlung die innere Handlung geworden ist: »Das äußere Geschehen des Dramas vollzieht nur nach, was sich im Reich der Leidenschaften und Empfindungen bereits zugetragen hat« (209). Das Korrelat zu der Psychologisierung bildet in Alts Analyse die sittliche Selbstverantwortung, die am Schluss die Figuren für ihr Tun übernähmen. So wird das Drama zu einem Dokument des Säkularisationsprozesses. Psychologie trete an die Stelle von Metaphysik. Autonome Selbstbeherrschung des Menschen steht auf der einen Seite, während auf der anderen Seite der Strom der Empfindungen die Autonomie bedroht.

Insbesondere in Alts Analyse ist es die Sogkraft der Empfindungen, die der Katastrophe ihre innere Konsequenz verleiht. Dabei bekundet sich gerade in der Hingabe, mit der die Figuren auf ihre Gefühlsregungen horchen, ein eminent aufklärerisches Interesse. So nimmt es nicht Wunder, dass eine textnahe Interpretation entworfen werden konnte, der zufolge das Stück nicht um »Empfindungen«, sondern um »Erkenntnis« kreist: Gisbert Ter-Nedden (1986, 13–113) sieht den Aspekt der ratio in dem Drama entfaltet. Er interpretiert das Werk ganz vom Vernunftoptimismus der Aufklärung her. Nicht die Tragödie der Leidenschaften, sondern die Tragödie des Irrtums werde von Lessing geschrieben. Als verpasste Erkenntnischancen reihten sich die Stationen der Handlung aneinander. Die Kausalität hin zum Untergang werde als eine scheinbare entlarvt. Im Zentrum steht die Anagnorisis-Szene IV, 8, in der Marwood der Sara gegenübertritt. Das ganze Stück sei darauf angelegt, in der Konfrontation der beiden Frauen sowohl die große

Chance der Vergebung als auch die Blindheit zu zeigen, durch die Sara ihren Tod provoziere. Indem sie, selbst rachsüchtig, die Marwood ausschließlich vom Tugend–Laster–Schema her beurteile, bringe sie diese in Rage. Sie erzeuge in der Gegnerin die Reaktion, die deren Antwort auf die ihr entgegengebrachte Lieblosigkeit sei.

Affektrhetorik und Körpersprache. Eines der auffallendsten Charakteristika von *Miß Sara Sampson* ist die Dauerreflexion der Figuren über ihre Gefühle und Affekte; sie analysieren und kommentieren sie fast unaufhörlich. Diese Kombination von Redseligkeit und Gefühlsausdruck ist zum Gegenstand zahlreicher Interpretationen gemacht worden. Während für Trappen (1999) die Affektmodellierung in *Miß Sara Sampson* noch ganz im Kontext der rhetorischen Tradition steht, betonen die meisten Forscher (zu Recht) den Zusammenhang zwischen Emotionalisierung, Psychologisierung und erstrebter ›Natürlichkeit‹ des Ausdrucks. Michelsen (1990e) arbeitet die eminente Bedeutung der Körpersprache heraus (das ständige Weinen; die häufigen Hinweise auf Gestik und Mimik des Dialogpartners in der Figurenrede; vgl. dazu bereits Ziolkowski 1965) und sieht sie als Symptom für die Emanzipation der Empfindungen: An den Stellen, an denen die Sprache, das Werkzeug der ratio, versage, werde dem Körper, der stummen Gebärde, der Ausdruck der Empfindungen anvertraut, und auf diesen Ausdruck steuere die exzessive Aussprache der Gefühle zu: Die Schauspieler, so Lessings Technik, sollten sich in den Affekt hineinreden, um ihn überzeugend darstellen zu können. Entgegengesetzt argumentiert Alt: Noch sei in dem Stück die Sprache, der sprachliche Logos, das Medium, das die Empfindungen domestiziere – Zergliederung, nicht Ausdruck der Empfindungen sei die Losung. Alexander Košenina (1995) stellt die Diskussion insofern auf eine neue Grundlage, als er die anthropologischen, psychologischen und schauspielkünstlerischen Theoreme nachzeichnet, die hinter der ›körperlichen Beredsamkeit‹ in *Miß Sara Sampson* stehen. Wentzlaff-Mauderer schließlich (2001, 50–88) gibt einen Überblick über die unterschiedlichen Funktionen des nichtsprachlichen Ausdrucks in Lessings Stück (z.B. dienten die Tränen als authentisches, der Verstellungskunst nicht zugängliches Zeichen für die Menschlichkeit einer Figur.

– Zum Zusammenhang von Schauspieltheorie, Figurenkonzeption und Affektmodellierung vgl. auch Golawski-Braungart 1995 und 2005, 40–62).

Lutherische Sünden- und Gnadenlehre. Zuletzt ist auf eine Gruppe von Interpretationen (Bornkamm 1957, Durzak 1970, van Ingen 1972, Zimmermann 1986, Mönch 1993, J.E. Maier 1998) zu verweisen, die die Kausalität des Geschehens von der religiösen Thematik her begründen. Diese Deutungsrichtung geht auf Heinrich Bornkamm zurück, der, an eine zeitgenössische Rezension (1755; vermutlich von Johann David Michaelis; s. B 3, 1218f., Nr. 2) anknüpfend, in dem Stück die Dramatisierung der Vergebungsbitte aus dem Vaterunser erblickt. Er verweist auf die Analogie zur lutherischen Sündentheologie. Die Anerkennung des göttlichen Gerichts und die Erfahrung der Gnade bilden in ihr eine dialektische Einheit. Diese Dialektik strukturiere das Drama, wenn Sara zunächst sich der Vergebung ihres Vaters für unwürdig halte, um sie dann doch anzunehmen. Im Schlussakt vollende sich ihre Entwicklung, indem sie nunmehr bereit sei, ebenfalls Verzeihung zu üben.

Weitergeführt werden Bornkamms Thesen v.a. von Rolf Christian Zimmermann (1986), der jedoch die Akzente geradezu umgekehrt setzt. Präfiguriert nach Bornkamm der irdische Vater den himmlischen, so tritt nach Zimmermann im vierten und fünften Akt die Differenz zwischen irdischer und himmlischer Sphäre hervor. Sara stelle sich der Gerichtsbarkeit Gottes anheim, nachdem sie bereits mit dem irdischen Vater versöhnt sei. Sie erkenne das Unbedingte ihrer Verfehlung, der Sünde wider die Heiligkeit der Ehe. Die Überstürzung der Ereignisse bis hin zur Katastrophe zeige den Aufruhr in der göttlichen Ordnung, den die Übertretung des Gebots nach sich ziehe. Sara gelange am Ende zu dem geläuterten Verständnis, dass in den Fügungen des Himmels sich eine höhere Weisheit offenbare, als Menschen von sich aus einzusehen vermögend seien (Analogien zur lutherischen Sünden- und Gnadenlehre arbeitet ebenfalls J.E. Maier [1998, 333–366] heraus).

Ähnlich wie Zimmermann betont auch Cornelia Mönch (1993), dass die Tugend–Laster–Konstellationen des bürgerlichen Trauerspiels nur dann zu verstehen seien, wenn man sie vor den zeitgenössischen christlichen Hintergrund rücke.

Mönch hebt dabei die Diskussion insofern auf eine neue Ebene, als sie Lessings Sonderstellung im Spektrum der bürgerlichen Trauerspiele nachweist (vgl. dazu jedoch S. 160–162). Sie bezieht viele der Texte (z.B. Pfeils *Lucie Woodvil*) auf die lutherische Vorstellung von der Strafgerichtsbarkeit Gottes; obgleich Leidenschaften und empfindsame Regungen in den Stücken mobilisiert würden, werde doch das Mitleid diffamiert, da es die »Schulddisposition« der Menschen verkennen lasse und so zu ihrem ewigen Unheil beitrage. Lessings Mitleidsdramaturgie dagegen hebele das Lohn-Strafe-Schema samt Tugend-Laster-Opposition aus (das Schema der »poetischen Gerechtigkeit«); in *Miß Sara Sampson* (41–48) würden die entsprechenden theologischen Vorstellungen als »Aberglauben« (47) entlarvt.

Analyse

Zweierlei zeichnet *Miß Sara Sampson* aus: die Psychologisierung und Emotionalisierung auf der einen, die Kritik unterschiedlicher Gottesbilder auf der anderen Seite. Die Aufgabe der Analyse ist es, beide Komponenten miteinander zu verbinden. – Zuvor jedoch eine Bestimmung der Koordinaten »Tugend« und »Laster« und Erläuterung der zeitgenössischen Vorstellungswelt, auf die das Stück Bezug nimmt: Der Tugendbegriff ist christlich konnotiert. Tugend bedeutet primär: Liebe zum Menschen, die sich aus der Liebe zu Gott speist. Die Konkretisierung im praktischen Verhalten führt dabei zur Verquickung mit konventionellen Moralauffassungen und der ständischen Ehekonzeption. Für das Verhältnis der Kinder zu den Eltern gibt Luthers Katchismus die entscheidenden Richtlinien. Die Eltern sind Stellvertreter Gottes auf Erden. Die Kinder sind ihnen gegenüber zu unbedingtem Gehorsam verpflichtet, der der Dank für das empfangene Leben ist. Vor allem in Heiratsangelegenheiten steht die Gehorsamspflicht auf dem Prüfstand. Wo die Liebe der Kinder eigene Wege geht, wird dies als Auflehnung gegen die Eltern verstanden. Denn dann wird die kindliche Liebe von der Leidenschaft verdrängt. Der Eigenwille und die Eigenliebe verhindern die Unterordnung unter den göttlichen Willen. Die Rebellion gegen die göttliche Ordnung zeigt sich am deutlichsten im vorehelichen Geschlechtsverkehr. In ihm regiert die

»sündige Begierde« den Menschen, der, um die sinnliche Lust zu befriedigen, den Willen Gottes missachtet. In diesem Sinn deutet Sara ihren »Fehltritt«, wenn sie von der »unheiligen Leidenschaft« (IV, 8; B 3, 506) der Liebe spricht. – Lessing löst sich in *Miß Sara Sampson* nie so weit von den herrschenden Moralvorstellungen, dass er die Bindung von Liebe und Ehe in Frage stellte. Gleichwohl bringt er religiöse und bürgerlich-gesellschaftliche Orientierung in ein Spannungsverhältnis. Denn die religiös begründete Vergebungsbotschaft seines Stücks überschreitet die bürgerlichen Normen insofern, als das (christliche) Gebot der Menschenliebe der Sexualmoral und patriarchalischen Eheauffassung übergeordnet wird.

Tugend-Laster-Opposition

Der Grundriss des Stücks scheint sehr klar: Die Figuren heben sich nach dem Prinzip des Kontrastes voneinander ab, und dementsprechend ist die Handlung aufgebaut. Der eifersüchtigen Marwood, die ganz Rache, Zorn und Wut ist, steht Sir William gegenüber, der nur Vergebung und Versöhnung im Sinn hat; beide reisen dem flüchtigen Liebespaar nach und durchkreuzen von ihren jeweiligen Gasthofzimmern aus wechselweise ihre Pläne. Marwood möchte Mellefont, der sie um Saras willen verlassen hat, mit allen Mitteln wieder zu sich ziehen, Sir William dagegen beabsichtigt, den Verführer seiner Tochter als Schwiegersohn zu akzeptieren. Während der großen Konfrontation Saras mit Marwood (IV, 8) ist es denn auch just die Vorstellung von der verzeihenden Güte des Vaters, aus der sie, Marwood, ausgeschlossen ist, welche sie dermaßen in Rage versetzt, dass sie, all ihre Kontenance verlierend, Saras furchtsame Reaktion provoziert, die sie dann zu ihrem Giftmord anreizt. Am Ende rühmt sie sich (in ihrem Bekennerschreiben) ihrer schwarzen Tat, während in Saras Sterbeszene sich die Versöhnung mit dem Vater, dem irdischen wie dem himmlischen, vollendet.

Zwischen der ›bösen‹ Marwood und dem guten, gütigen Vater steht das Liebespaar: Mellefont schwankt gefährlich zwischen seiner alten und neuen Liebe, während Sara, die um ihr Seelenheil ringt, ihre innere Verbundenheit mit ihrem Vater nie aufgegeben hat. Besonders sorgfältig differenziert Lessing den Kontrast zwischen den rivalisierenden Frauen aus. Sara verkörpert die »Liebe«, Marwood den eifersüchtigen »Zorn« (dazu Golawski-Braungart 1995 und 2005); jene erweist sich als unfähig zur Verstellung, diese ist deren Meisterin; während jene um ihres inneren Friedens und der wahren Tugend willen ›die Welt‹ verachtet (vgl. I, 7; B 3, 442f.), denkt diese nur in den Kategorien von Ansehen und weltlicher Ehre; während jene, das Mädchen »von schönen sittlichen Empfindungen«, wie Marwood spottet (II, 3; B 3, 453), die Sinnlichkeit beseelen möchte, spielt diese, von allen Figuren als »Buhlerin« bezeichnet, ihre erotische Faszinationskraft aus; und während Marwood sich ihrer gelungenen Rache rühmt, zerreißt ihr Opfer den belastenden Zettel und vergibt ihr.... .

So betrachtet, läuft das Stück auf eine perfekte Inszenierung der poetischen Gerechtigkeit (im Sinn gerechter Sympathielenkung) hinaus: Die Tugend erscheint als liebenswürdig und erstrebenswert sogar im Jammer und Unglück; auch öffnet sich am Ende die Aussicht auf die ewige Glückseligkeit. Umgekehrt erscheint das Laster als hässlich und ein böses Schicksal der Marwood gewiss (vgl. *Hamburgische Dramaturgie*, 34. St.; B 6, 351, Z. 9ff.).

Lessing als Psychologe

Lessing setzt jedoch eine nicht anders als raffiniert zu nennende Technik der Psychologisierung ein, um die Tugend-Laster-Opposition, die geläufige Kontrastierung des Guten und Bösen, zu unterlaufen. Er bedient sich dabei (damals) moderner anthropologischer und psychologischer Konzepte, stattet seine Figuren mit un- und halbbewussten Empfindungen aus; vor allem bedient er sich, vielleicht an Richardsons Briefromanen geschult, des Kunstgriffs, das gleiche Geschehen aus unterschiedlichen Perspektiven zu bewerten, so dass dessen moralische Eindeutigkeit sich verflüchtigt. Vornehmster Gegenstand dieser Psychologisierung sind natürlich Sara und Marwood – fast könnte man in ihnen eine Präfiguration der *femme fragile* und der *femme fatale* sehen. Sara bezeichnet ihre Rivalin – die »mördrische Retterin« ihres Traumes (IV, 8; B 3, 509) – als eine »ihr ähnliche Person« (I, 7; B 3, 442). Diese Ähnlichkeit arbeitet Lessing heraus, indem er die Aufmerksamkeit auf Saras Sinnlichkeit und Marwoods Sittlichkeit lenkt.

Vergleichbar hat sich Sara mit Marwood zunächst durch ihren »Fehltritt«, den außerehelichen Liebesvollzug, gemacht. Dabei ist die Fortsetzung ihres Verhältnisses mit Mellefont so asexuell nicht, wie heutige Interpreten es oftmals sehen (z. B. Hempel 2006, 50). Im gesamten Dramenverlauf wird immer wieder darauf verwiesen, wie vollständig ihre Liebe Saras Herz ausfüllt. Ihr »Anteil« an dem »Vergehen« ist ihr ›teuer‹ (IV, 1; B 3, 486): »denn er muß Sie überzeugt haben, daß ich meinen Mellefont über alles in der Welt liebe.« Eine Mutter hätte sie vor der Verführung bewahrt; so sieht sie in dem frühzeitigen Tod der eigenen Mutter eine »Fügung«: »ich würde Mellefonts nicht sein« (IV, 1; B 3, 488). Ausdrücklich misst sie ihn nicht mit moralischen Maßstäben, sondern sieht ihn einfach »mit den Augen der Liebe« (I, 7; B 3, 444), und sie liebt ihn nicht aufgrund seiner »Tugend«.

Für die Zukunft kommt nunmehr alles darauf an, welchem Mann sie ihre Unschuld aufgeopfert hat. Denn die Integrität ihrer (wie wir heute sagen würden) ganzheitlichen Liebe hängt auf Dauer entscheidend von dem Verhalten des Partners ab. Wenn Mellefont sich langfristig nicht als aufrichtig und treu, sondern bloß als Verführer erwiese, Sara also nicht ehelichte und über kurz oder lang andere Beziehungen anknüpfte, so bliebe auch ihre Liebe eine »unheilige Leidenschaft« und wäre desillusioniert, wenn nicht gar korrumpiert (vgl. Hempel 2006, 62 f.). Marwood konfrontiert in dem großen Streitgespräch (IV, 8) ihre Nebenbuhlerin mit dieser Prognose, und die Heftigkeit von deren Gegenwehr indiziert die Plausibilität des Verdachts, über den Sara eben nicht erhaben ist.

Auch nimmt Mellefont seine Liebe zu Sara trotz ihrer neuartigen Qualität immer noch aus der Sicht des Libertins wahr. Dies offenbart sich nicht nur in seiner Ehescheu, sondern ebenso in seinem Wunsch, mit Sara vor Marwood zu »prahlen« (III, 2; B 3, 470). Sara selbst bleiben die beunruhigenden Signale nicht verborgen, und die Liebe des Paares erscheint seltsam unterminiert. Bereits in ihrem ersten Dialog muss sie den Zweifel gewaltsam zurückdrängen und spricht ihn dadurch aus (I, 7; B 3, 445 f.): »O Mellefont, Mellefont. Wenn ich mir es nicht zum unverbrüchlichsten Gesetze gemacht hätte, niemals an der Aufrichtigkeit ihrer Liebe zu zweifeln, so würde mir dieser Umstand – Doch schon zu viel;

es möchte scheinen, als hätte ich eben jetzt daran gezweifelt.« Ständig gibt er ihr Anlass zu neuem Argwohn: Er zieht Sara nicht in sein Vertrauen, verheimlicht ihr die Ankunft der Marwood, verschweigt die Existenz der Tochter – der Figurendialog wird zum Symptom für Unausgesprochenes, die wechselseitigen Liebesbeteuerungen signalisieren (auch) die Unsicherheit, die nach solchen Bekundungen verlangt.

Durch den Vergleich mit Marwood, die ihr einen möglichen Spiegel ihrer Zukunft vorhält, wird deutlich, dass der Kampf Saras um ihre Tugend noch unentschieden, der Ausgang noch in der Schwebe ist – erst im weiteren Lauf ihres Lebens könnte bzw. müsste sie sich bewähren. Ergänzt wird diese Perspektive durch das Portrait, das Marwood von sich selbst zeichnet. Auch wenn die edlen Züge dieses Portraits in gänzlichem Widerspruch zu dem stehen, was der Zuschauer von Marwood sieht und erfährt – worauf es ankommt, ist, dass niemand entscheiden kann, ob sie nicht vor zehn Jahren, zu Beginn ihrer Liaison mit Mellefont, tatsächlich so gewesen ist, wie sie sich im Rückblick sieht. Erst im Lauf der Zeit – und des Lebens an seiner Seite – ist sie die Marwood geworden, die gegen Sara intrigiert. Diskreditiert wird schließlich, unter dem Aspekt der reinen Tugend betrachtet, Saras Glücksanspruch. Denn Marwood hat als Mutter seiner zehnjährigen Tochter schlichtweg ältere Rechte an Mellefont (wie bereits Johann Jakob Dusch in seiner Rezension [1758] bemerkte; s. Braun 1, 74). Kurzum: Wie die »schönen sittlichen Empfindungen« keine einwandfreie moralische Orientierung gewährleisten und Saras Sinnlichkeit außermoralisch ist und bleibt, so dürfte umgekehrt auch Marwood Sympathie und Verständnis für sich reklamieren.

Der Gott der Liebe und die ›Entsündigung‹ der Natur

Die Unzuverlässigkeit der moralischen Empfindungen und die Ambivalenz der Charaktere ist in Lessings Stück nicht Aporie (Michelsen 1990e), sondern Pointe, und sie führt nicht zum Relativismus oder gar zur Nivellierung der Differenz zwischen Tugend und Laster (so Lukas 2005, 268–274), sondern zum Mitleid und der sympathetischen Erkenntnis der allgemeinen *conditio humana*. Gezeigt wird die Verstrickung aller

Figuren, und wenn die ›Tugendhaften‹ als verführbar, schwankend und nicht frei von egoistischen Impulsen erscheinen, so vermittelt die Figurenzeichnung umgekehrt die Einsicht, dass auch die ›böse‹ Marwood nicht von Grund auf und ursprünglich böse ist. Psychologisierung und Emotionalisierung, die raffinierte Pluralisierung der Perspektiven (welche flankiert wird von der Funktionalisierung moderner anthropologischer Konzepte und dem Einsatz effektvoller körpersprachlicher Mittel), sind dabei jedoch nicht Selbstzweck; weder in der ›Analyse der Empfindungen‹ noch in der Rührung, welche die ›gemischten Charaktere‹ erwecken, liegt die Sinnspitze des Stücks. Bedeutung und Sinn erhält die Psychologisierung vielmehr erst durch die Kritik der Gottesbilder, die mit ihr verbunden ist.

An jedem Punkt der dramatischen Entwicklung lenken die Figuren den Blick nicht allein nach innen, sondern auch nach oben. »Gerechter Gott!«, so quittiert Mellefont den Empfang von Marwoods Brief, der die Rachehandlung einleitet (I, 9; B 3, 447). Der Diener Norton kontert: »Weh Ihnen, wenn er nichts, als gerecht ist!« »Gnade, o Schöpfer, Gnade!« sind Mellefonts letzte Worte (V, 10; B 3, 526). Als strengen Richter imaginiert Sara Gott zu Beginn, »der die geringsten Übertretungen seiner Ordnung, zu strafen gedrohet hat« (I, 7; B 3, 442); sie interpretiert den Schmerz über die Trennung von ihrem Vater und ihre psychischen Qualen als gerechte Strafe des Himmels für ihr »Verbrechen«; auch ihren Traum deutet sie als Gerichtstraum. Selbst Marwood erweist sich als gute Theologin, wenn sie Mellefonts Vorwürfe mit der Strategie des Teufels vergleicht, der seine Opfer erst verführt und sie dann anklagend der Verzweiflung über ihre Sünde preisgibt (II, 7; 463).

Entscheidend ist aber nun ein doppelter Wandel. Zum einen steht die Verwandlung des Bildes vom strafenden in das vom liebenden und vergebenden Gott auf dem Spiel (III, 3); zum anderen geht es um eine anthropozentrische Achsendrehung: Das Bild des liebenden Gottes wird von den ethischen Vorstellungen des Menschen her entworfen, nicht umgekehrt. Mit anderen Worten: Lessing ruft das lutherische Gottesbild mitsamt dem Sünde-Gnade-Schema auf, um es aufklärerisch umzupolen.

Wenn Sir William seiner Tochter vorbehaltlos vergibt, wird der irdische Vater zum Vorbild des himmlischen. Mellefont nennt ihn »einen göttlichen Mann« (III, 5; B 3, 482), Sara formuliert die Vorbildfunktion. »Wiederhole mir«, so ihre Bitte an Waitwell, »daß mein Vater versöhnt ist, und mir vergeben hat. Wiederhole es mir und füge hinzu, daß der ewige himmlische Vater nicht grausamer sein könne. – « (V, 8; B 3, 519). Auch Waitwell, der das Bild vom vergebenden Gott in die eindrücklichsten Worte kleidet, geht von der eigenen menschlichen Erfahrung aus. Das Verzeihen habe ihn immer glücklich gemacht (III, 3; B 3, 476): »Ich fühlte so etwas sanftes, […] so etwas himmlisches dabei, daß ich mich nicht entbrechen konnte, an die große unüberschwengliche [!] Seligkeit Gottes zu denken, dessen ganze Erhaltungen der elenden Menschen ein immerwährendes Vergeben ist.«

Der anthropozentrischen Wende in der Modellierung des Gottesbildes entspricht Saras Weg zur ›Heiligen‹. Während nach lutherischer Auffassung für eine solche Verklärung, wie sie ihr am Ende zuteil wird, eine Gnadenwirkung nötig wäre, welche die menschliche Natur, den bösen Eigenwillen, überwindet, geht bei Sara alles ›natürlich‹ zu – sie ändert sich nicht. Sowenig sie ihre Liebe zu Mellefont dem Vater zuliebe zurücknimmt (III, 3), sowenig opfert sie sie im Angesicht des Todes um Gottes willen auf. Darin liegt das Entscheidende ihrer Apotheose: Sie muss den ›Marwood-Anteil‹ in ihrer Liebe gerade nicht verleugnen und verdrängen. »Noch liebe ich Sie, Mellefont«, sagt sie (V, 10; B 3, 524), »und wenn Sie lieben ein Verbrechen ist, wie schuldig werde ich in jener Welt erscheinen!« Das heißt: Sie darf gerade diese Liebe, die so ganz dem irdischen Wünschen und Begehren entspringt, mit ins ›Jenseits‹ nehmen, muss sie keiner höheren Liebe unterordnen. Nirgends findet in diesem Punkt eine »metanoia«, eine Umkehr und Buße statt, kein Aufopfern des sinnlichen Triebes, keine Verurteilung der natürlichen Neigung als ›böse‹. Auch für ihre Vergebungsbereitschaft, in die sie nunmehr Marwood einzuschließen fähig ist, nennt sie einen natürlichen – und gewagten – Grund. Sie stellt einen Zusammenhang zwischen ihrer Sanftmut und ihrer körperlichen Konstitution her: »Ach, Mellefont, warum sind wir zu gewissen Tugenden bei einem gesunden und seine Kräfte fühlenden Körper weniger, als bei einem siechen und abgematteten aufgelegt?« (V, 5; B 3, 516). Mellefonts Ausruf: »Diese Heilige befahl mehr, als die menschliche Natur vermag!« (V, 10; B 3, 525) wird denn auch durch Sir William widerlegt, der das einzige ihm verbleibende Glück nur darin finden kann, den »letzten Willen« seiner Tochter zu erfüllen. Mellefont handelt unter dem Diktat der Rache und Strafe. *Ihm* muss die göttliche Liebe noch als »Gnade« erscheinen, um die er nach dem Selbstmord fleht. Sir William sieht ihn dagegen im Licht des neuen Gottesbildes. »Ach, er war unglücklicher als lasterhaft«, lautet sein letztes Wort über ihn (V, 11; B 3, 526). *Ein* Grab, so ordnet er an, soll die Liebenden umschließen. Das christliche Begräbnis wird, entgegen der Kirchensatzung, dem Selbstmörder nicht verweigert.

Was für Sara gilt, gilt auf der anderen Seite auch für Marwood. Nach lutherischer Glaubensüberzeugung ist das Pendant zur Gnade Gottes der – gerechte – göttliche Zorn. Wenn die Gnade gegen die sündige Natur wirkt, so wirkt der göttliche Zorn sozusagen mit ihr. Gott bediene sich der bösen Leidenschaften, ›verstocke‹ das Herz der Sünder, um sie so seinem Gericht auszuliefern. Viele zeitgenössische Theaterbösewichte nehmen ein solches Ende. Demgegenüber macht Lessing einsichtig, wie nicht Gott, sondern die Menschen das Herz der Marwood ›verhärten‹ – als »verhärtete Buhlerin« wird sie von den Figuren vielfach apostrophiert. Ihre Wut und Rache sind die ›natürliche‹ Reaktion auf die Lieblosigkeit und Ungerechtigkeit, mit der Mellefont (und später Sara in IV, 8), der zehn Jahre gemeinsamen Lebens von sich abzuspalten und alle Schuld ihr zuzuschieben sucht, ihr begegnet.

Fügungen des Himmels – natürlicher Zusammenhang

Sämtliche Figuren des Stücks sehen sich der göttlichen Führung und »Fügung« anheimgestellt: Mellefont, Sara, Sir William. Doch das Schicksal, das sie erleiden, erweist sich als Resultat des ›natürlichen‹ Motivationszusammenhangs. Alle Figuren, so zeigt es die dramatische Analyse, sind bestimmt durch das Kontinuum ihrer Seelenregungen, in dem, von den unbewussten Empfindungen bis zu den bewussten Entscheidungen, keine Spur verlorengeht und jede Prägung ihre Wirkung entfaltet. Fast ostentativ lenkt Lessing die Aufmerksamkeit auf die psychologische Gesetzmäßigkeit des Übergangs, wenn Sara und

Mellefont, erschüttert von der unerwarteten väterlichen Vergebung, ihre un- und halbbewussten Empfindungen bereden (IV, 1 und 2). Lessing greift auf die Konzeption der »unbewußten« bzw. »dunklen Perceptionen« zurück. Ihr zufolge wirken in jedem Bewusstseinszustand zahlreiche Empfindungen, die nicht einzeln wahrgenommen werden, also ›unbewußt‹ und ›dunkel‹ sind. Sie schreiben sich entweder von vergangenen Eindrücken her, die in den Nerven noch nachzittern, oder sie sind, verworren und unentwirrbar, in einer großen Erschütterung enthalten, die die Seele bestürmt. Beide Erklärungsweisen finden in Saras Fall Anwendung. »Aber wie dem«, so möchte Mellefont die Geliebte beruhigen, »der in einer schnellen Kreisbewegung drehend geworden, auch da noch, wenn er schon wieder stille sitzt, die äußern Gegenstände mit ihm [!] herum zu gehen scheinen; so wird auch das Herz, das zu heftig erschüttert worden, nicht auf einmal wieder ruhig. Es bleibet eine zitternde Bebung oft noch lange zurück [...]« (IV, 1; B 3, 488). Mit einer ähnlichen Psychologie versucht es Sara selbst: »sind es gewöhnliche Empfindungen, die von der Erwartung eines unverdienten Glücks, und von der Furcht es zu verlieren, unzertrennlich sind? – Wie schlägt mir das Herz, und wie unordentlich schlägt es!« (IV, 1; B 3, 486).

Keine Spur geht verloren, jeder Eindruck, jede einmal eingenommene Richtung prägt auch die folgenden Entscheidungen: So, mit ihrer je eigenen Vergangenheit im Rücken, agieren die Figuren miteinander, und weil keine aus dem spezifischen Ereigniszusammenhang ihres Lebens heraustreten kann, sind Sara und Mellefont notwendig zum Scheitern verurteilt. Denn ihr Liebesverhältnis und Liebesglück, in dem alles anders werden und ein Wunder an Erneuerung sich ereignen soll, hat das Unmögliche zur Voraussetzung, nämlich das Rückgängig-Machen einer zehnjährigen Lebensphase. Wir haben bereits gezeigt, wie aufgrund von Mellefonts Widerwille gegen die eheliche Bindung (bes. IV, 2 und 3), den Nachwirkungen seiner bisherigen Lebensweise – er nennt sie »vermaledeite Einbildungen, die mir durch ein zügelloses Leben so natürlich geworden!« (IV, 2; B 3, 490) –, seine Beziehung zu Sara (noch) fragil und brüchig ist; ihre Vorahnungen, das »rebellische Etwas« in ihrem Innersten (IV, 1; B 3, 488), sind keine Chimären, sondern das unbewusste Wissen um die »Flatterhaftigkeit« (IV, 8; B 3, 501) ihres Geliebten. Was jedoch noch schwerer wiegt: Mellefonts Verbindung mit Sara impliziert die Annullierung der eigenen Verantwortlichkeit für sein Zusammensein mit Marwood, wie seine abrupte Trennung von seiner ›Familie‹ und die Beschimpfung der Ex-Geliebten als die »Schande ihres Geschlechts« (II, 6; B 3, 462) zeigen. Das gewaltsame Zurückdrehen der Zeit funktioniert denn auch nicht. Marwood lässt sich nicht in Luft auflösen, sie holt die Flüchtenden ein, Böses mit Böserem vergeltend.

Keinesfalls sind der natürliche Motivationszusammenhang und die psychologische Kausalität jedoch im Sinn eines philosophischen Materialismus oder biologischen Determinismus zu verstehen. Vielmehr handelt das Stück, in dem es um Fehler, Vergebung und Wiedergutmachung geht, ja nachdrücklich von einer Besserung, einer Höherentwicklung. Auf Mellefonts verzweifelten Ausruf: »Sie sind verloren […]!« reagiert Sara gelassen: »aber setze das äußerste, daß ich sterben müsse; bin ich darum verloren?« (V, 6; B 3, 518). Auch Mellefont stirbt versöhnt, für Arabellas Erziehung ist gesorgt; Marwoods »Schicksal« bleibt offen … . Als treibende Kraft der Vervollkommnung wirkt dabei die Liebe, die die Figuren füreinander haben: die noch zu schwache Liebe Mellefonts zu Sara, die Liebe des Vaters zur Tochter. Hier kommt das Gottesbild nachgerade ausschlaggebend ins Spiel (wie auch der Naturbegriff um die Dimension des Jenseits zu erweitern ist; das Fortleben nach dem Tod ist bei Lessing aus dem Prozess der Vervollkommnung nicht hinwegzudenken). Nur die Orientierung an einem liebenden Gott ermöglicht es den Figuren, die Fragilität und Fragwürdigkeit ihrer Verhältnisse, ihren ›übergänglichen‹ Charakter, zugunsten der Liebe zu entscheiden und einander zu verzeihen – wie umgekehrt die Orientierung an dem ›rächenden‹ Gott (z.B. Mellefont gegenüber Marwood) das Unheil heraufbeschwört. Den Höhepunkt dieser Entwicklung stellen Saras Versuche dar, sogar ihren grausamen Tod mit der Liebe Gottes in Verbindung zu bringen, was allerdings den Verzicht auf jegliche Erklärung bedeutet: »Wer wollte die Fügungen des Höchsten zu richten wagen?« (V, 10; B 3, 524). So lässt sich schließlich auch das moralische Wirkungsziel dieses bürgerlichen Trauerspiels bestimmen. Am Ende ist eine Einsicht gewonnen, die, würden sie alle Figuren von Beginn an besitzen, die Tragödie

abgewendet hätte, diese Einsicht soll im Zuschauer wirksam werden. Das Gleiche trifft für das Mitleid zu, das die Zuschauer empfinden sollen, es motiviert dazu, (solche) Tragödien zu verhindern.

Viele Themen und Strukturen, die Lessing in seinen folgenden Stücken weiterentwickeln wird, sind in *Miß Sara Sampson* vorgebildet. Die Kritik der Gottesbilder greift er in *Emilia Galotti* wieder auf; dort kehrt auch das Rätselraten über die weibliche Sinnlichkeit wieder. Den natürlichen Motivationszusammenhang wird er theoretisch als Theodizeemodell begründen (*Hamburgische Dramaturgie*); in seiner Figurenkonzeption feilt er einen Perspektivismus aus, der als eine Übertragung des Leibnizschen Monadenmodells ins Psychologische (Kontinuum der »Perzeptionen« vom Unbewussten zum Bewussten) beschrieben werden kann. In allen späteren (vollendeten) Bühnenstücken jedoch wird Lessing die Exploration der Psyche und die Erkundung der *conditio humana* mit der Reflexion konkreter zeitgeschichtlicher Ereignisse und gesellschaftlicher Zustände verbinden, gleichsam eine Synthese des *Henzi*-und *Sara*-Experiments anstrebend.

Aufnahme und Wirkung

Miß Sara Sampson ist das erste deutschsprachige »bürgerliche Trauerspiel«, das die Gattungskriterien erfüllt: Helden aus dem Mittelstand bzw. niederen Adel; privater Konflikt; Prosa als ›naturgemäße‹ Sprache. (Weitere Akzente in der Entwicklung der bürgerlichen Dramatik setzt Lessing mit seiner Diderot-Ausgabe [»Familiengemälde« mit versöhnlichem Ausgang] und mit *Emilia Galotti* [Integration einer politischen Thematik]). Der große Erfolg von Lessings Stück (s.u.) hat denn auch viele Trauerspiele angeregt, in denen (auf den ersten Blick) vergleichbare Figuren in ähnlichen Konfliktkonstellationen auftreten, in denen vor allem die empfindsame Emotionalität, die zum neuen Menschenbild gehört, Ausdruck gewinnt. In der anschaulichen Charakteristik Guthkes: »Häufig laufen die Stücke auf einen tableauartigen Schlussauftritt zu, in dem gerade im Tiefpunkt des Unglücks ein allseitiges zärtliches und beispielgebendes Verzeihen, Verstehen und Verzichten auf Rache und Rivalität die bürgerliche Kardinaltugend der ›Großmut‹ bezeugt. In solchen intensiv emotionalen verklärenden Momenten [...] wird das Non-plus-ultra der ›sich fühlenden Menschlichkeit‹ erreicht. Tugend bestätigt sich, Schwäche rafft sich zum emotionalen Kraftakt auf, das Laster erkennt und reformiert sich, die gefühlvolle Familiengemeinschaft stellt sich vertieft und gereift, wenn auch dezimiert wieder her« (Guthke [6]2006, 73). Diese Sichtweise vom Modellcharakter der *Miß Sara Sampson* für das bürgerliche Trauerspiel, die eine zweihundertjährige Rezeption zusammenfasst, ist von Claudia Mönch in ihrer breit angelegten, aufgrund der verarbeiteten Materialfülle (über 200 Dramen) bestechenden Untersuchung *Abschrecken oder Mitleiden* (1993) herausgefordert worden. Ihre These lautet: Die Mitleidsdramaturgie Lessings stellt einen Sonderfall in der Ausprägung des Typus dar, die meisten Dramen dieser Gattung gehorchen dem Modell der »poetischen Gerechtigkeit« und verfolgen eine Strategie der Abschreckung; nicht Empathie und Gefühlsausdruck seien das vornehmste Wirkungsziel, sondern Sozialdisziplinierung (350); dabei unterscheidet sie eine Vielzahl von Gruppen und Untergruppen. Gegen diese Revision legte Guthke wiederum Berufung ein. In einer Studie, die ihre Faszinationskraft ebenfalls aufgrund der überwältigenden Menge der – in chronologischer Ordnung – zitierten Zeugnisse entfaltet, führt er den Gegenbeweis (2008; Diskussion der Reaktionen auf Mönch: 16–18 und Guthke [6]2006, 61–64). Die Dokumente zur Wirkung der bürgerlichen Trauerspiele (Rezensionen, Aufführungskritiken, Theaterzettel, Vorworte, Widmungen etc.) bestätigten die Dominanz der Mitleidsästhetik; »Konventionen der Reaktion«, eine »kollektive Subjektivität« und eine »Erwartungshaltung« an die Gattung würden erkennbar, der wiederum die Autoren von »bürgerlichen Trauerspielen« entsprochen haben dürften (19). Und das Fazit: Mitleiderregung und Rührung seien die »Parole« gewesen, »das bürgerliche Trauerspiel wurde als Mitleidsdramatik rezipiert, wie Lessing sie mit ›Miß Sara Sampson‹ begründet und dann theoretisch verteidigt hatte« (72).

Überzeugend kritisiert Guthke sowohl die Textauswahl Mönchs (dazu insgesamt jedoch Lukas 2005) als auch die unzulässige Gleichsetzung des emotionalen »Schreckens«, des Hasses und Abscheus vor dem Laster, mit dem wirkungsäs-

thetischen Ziel der »Abschreckung«. In der Konformität der von ihm gesammelten Zeugnisse scheint tatsächlich ein Aspekt der kollektiven bürgerlichen Subjektivität ›objektiviert‹ (19), und man darf dankbar sein für diesen eindrucksvollen Einblick in das »literarische oder geschmacksgeschichtliche Leben« (19) der Zeit. Gleichwohl will es uns scheinen, dass der entscheidende Erkenntnisfortschritt nur dadurch zu gewinnen wäre, dass man die zum Klischée tendierenden Aussagen der Wirkungszeugnisse und die differenzierten Ergebnisse semantischer und struktureller Analysen der Dramentexte, wie Mönch sie vornimmt, aufeinander bezieht (statt unmittelbar von dem Mitleids-Vokabular der Rezeptionszeugnisse auf die drameninterne Sinnkonstitution zurückzuschließen). Wir geben zwei Hinweise, welche die Frage nach der Sonderrolle Lessings und *Miß Sara Sampsons* berühren:

Erstens: Johann Gottlob Benjamin Pfeils *Lucie Woodvil* (1756), oftmals und fälschlich als eine »Schwester« der *Miß Sara Sampson* beschrieben (so wieder von Alt 1994), und seine Abhandlung *Vom bürgerlichen Trauerspiele* (1755, hg. Till 2006) stellen in der Tat, wie Mönch herausarbeitet, ein Gegenmodell zu Lessings Theorie und Praxis des »bürgerlichen Trauerspiels« dar; hier ist Guthkes Lektüre (2008, 11) nicht präzise. Denn Pfeil trennt (im Paragraph 9 der Abhandlung, auf den sich Guthke hauptsächlich bezieht) die Erregung des Mitleids von der moralischen Besserung auf eine Weise, die der Lessingschen Auffassung völlig fremd ist. Für Lessing bessert die Tragödie *durch* das Mitleid (Trauerspiel-Briefwechsel); für Pfeil erregt das bürgerliche Trauerspiel Mitleid und bessert den Zuschauer *sodann* durch seelische Bewegungen, die vom Mitleid verschieden sind, nämlich durch den »Abscheu« vor dem Laster und durch den Nachahmungseifer der Tugend gegenüber (104f.). Die empathische Erkenntnis des Zuschauers, dass er kaum besser als der Bösewicht auf der Bühne sei (105), hat wiederum wenig mit der Lessingschen Einfühlung (*Hamburgische Dramaturgie*, 32. St.) zu tun. Nicht zum »innigsten Mitleiden« mit den Unglücklichen, die der fatale Strom der Leidenschaften dahin reißt (B 6, 338f.), soll die Erschütterung bei Pfeil führen, sondern zum Zittern für die eigene Person vor der Strafe; und dieses »Zittern« ist nicht, wie Guthke meint, vergleichbar mit Lessings »Furcht« als dem »auf uns selbst bezogenen Mitleid« – es ist, bei Pfeil, nachgerade der Sieg über dieses selbstbezügliche Mitleid. Denn das Mitleiden, das *er* durch das (bürgerliche) Trauerspiel erregt sieht, ist ein höchst unsicherer Kantonist in Sachen »Besserung des Herzens«. Es »schmeichelt« der betrüglichen »Eigenliebe« (104), der Ursünde, die dem Zuschauer vorgaukelt, er sei eines gleichen Mitleids würdig wie die Personen auf der Bühne: »weil wir es für billig halten, daß man es auch gegen uns nicht spare, wenn wir wirklich dergleichen Unglücksfälle erfahren sollten« (104); diesen »Stolz« demütigt der Spiegel des bürgerlichen Trauerspiels (105). Im 15. Paragraphen spricht Pfeil von dessen »erhabenen« (!) Zügen, die aus den »großen und seltenen Eigenschaften der handelnden Personen« entsprängen, »sie mögen gut oder schlimm seyn« (109), was sich nun fast wie eine Verbürgerlichung von Positionen Corneilles anhört (vgl. dazu Lessings Polemik gegen die glänzenden Laster, *Hamburgische Dramaturgie*, 83. St.; B 6, 596); und er endet mit der Fokussierung des Lasters als dem ›Herzstück‹ des bürgerlichen Trauerspiels: Ihm würden tragische Gegenstände nicht mangeln, »so lange noch ein bürgerliches Herz reich genug an Lastern ist, als welche die Hauptquelle der tragischen Begebenheiten sind« (109) – nicht gerade ein Plädoyer für die natürliche Güte der sich fühlenden Menschheit. *Lucie Woodvil* ist das Theaterstück zu dieser Theorie: Ein Gerichtsdrama, in dem die Hauptfiguren, durch das Mitleid ihrer Umgebung in ihrer frevelhaften Liebe bestärkt, in Verzweiflung sterben und dem Höllenfeuer anheimfallen; eine Drohbotschaft vom Zorn Gottes, der das Herz der Sünder verstockt – kurz: eine vollständige Kontrafaktur zu Lessings Stück, die nicht lediglich als Verschiebung der »Zärtlichkeit« hin zur »Wollust« zu beschreiben ist. So ist also mindestens von zwei Modellen für das bürgerliche Trauerspiel auszugehen, welche die Umbrüche der ›anthropozentrischen Wende‹ abbilden. Für Guthke ist im bürgerlichen Trauerspiel die ›Umstellung‹ auf ein rein immanentes Weltbild bereits vollzogen, das »Selbstverständnis« der Figuren sei »wesentlich immanent« (Guthke ⁶2006, 19; bekräftigend 73 f. mit dem Hinweis auf einige Ausnahmen). Demgegenüber zeigen die Analysen und Kontextualisierungen von Mönch, dass im bürgerlichen Trauerspiel die Umprägung christlich-lutherischer Sinnvorgaben und Heilsvorstellungen in

vollem Gange ist. Wo das Vexierbild vom erbarmenden *und* verdammenden Gott im Hintergrund steht, wird die (drameninterne) Affektmodellierung eine analoge Ambivalenz aufweisen (ein anderes Beispiel, das seine Psycho-Logik durch die Vorstellung eines verdammenden Gottes gewinnt, ist Brawes *Freygeist*, welches Stück nicht als bürgerliches Trauerspiel zu bezeichnen [Guthke ⁶2006, 65] neue Probleme aufwirft). Die Frage bleibt weiterhin offen, wie Semantik und Struktur der einzelnen bürgerlichen Trauerspiele, die Guthke auflistet, auf diese Modelle zu beziehen sind, welche Transformationen und Mischformen sich ergeben und welche Tendenzen sich als die dominanten erweisen (für die *Julie*-Dramen Weißes und Sturzens wäre z. B. zu bedenken, ob die offenkundige Pathologisierung der unbedingt Liebenden [vgl. Lukas 2005, 324 ff.] eine Säkularisierung des Motivs vom verstockten Herzen des Sünders darstellt. – Neben dem theologischen Kontext diskutiert Mönch den pädagogischen und strafrechtlichen Kontext als Referenzrahmen für die Wandlungsprozesse im bürgerlichen Trauerspiel).

Zweitens: Das (in der Forschung bereits oft beschriebene) Problem, das sich in Guthkes Rezeptionszeugnissen ebenso abzeichnet wie in Mönchs Textbeispielen (und das sie mit dem unglücklichen Begriff der »Abschreckung« neu zu konturieren sucht), ist die Tugend-Laster-Opposition, durch die Mitleid, Rührung und Menschenliebe unlöslich mit dem »Haß« auf die »niederträchtigen«, »gewissenlosen« (zitiert nach Guthke 2008, 27) Bösewichter verbunden erscheinen, die aus der Mitleidsgemeinschaft ausgeschlossen werden; häufig stehen ihnen entweder die ›reine Unschuld‹ (wie in dem Beispiel *Euphemie*, das Guthke als eine »Variation zum Thema« der *Miß Sara Sampson* bezeichnet [52]: es ist »ein Erzbösewicht und ein Erzgutes Mädgen drinn« [53]) und/oder der gefallene Mensch gegenüber, der sich Mitleid und Vergebung durch Reue und Zerknirschung verdient (z. B. *Der Spieler*, Mönch 87–95; ihre Erläuterung, dass Lessing dieses Stück von seinem eigenen, divergierenden Verständnishorizont aus kommentierte [93 und 15 f.], ist plausibel). Gleichzeitig wird im Drama der Empfindsamkeit das »Laster« mit der ungezügelten Leidenschaft (dem Derivat der sündigen Begierden) identifiziert. Guthkes bereits in den früheren Auflagen seiner Einführung formulierte

Beschreibung dürfte ungefähr dem entsprechen, was Mönch mit »Abschreckung« meinte: »Gewarnt wird entsprechend vor der Ausartung empfindsamer Liebe zu maßloser subjektivistischer Leidenschaftlichkeit, die zum Laster führt« (Guthke [6]2006, 69; vgl. [4]1984, 55 f.). Rigorose Abspaltungen und Ausgrenzungen konstituieren also dieses empfindsame Fühlen, und die zärtliche Menschenfreundlichkeit bestätigt sich durch den Hass auf die Bösen, die Abscheulichen, deren Bestrafung »Vergnügen« bereitet. Dazu entwerfen Lessings Theorie und Praxis des »bürgerlichen Trauerspiels« ein Gegenmodell: Sara ist keine ›reine Unschuld‹, sie nimmt ihre ›sündige‹ Liebe zu Mellefont nicht zurück, die Verbannung Marwoods aus der Mitleidsgemeinschaft wird nicht affirmiert, sondern als eine falsche Tendenz durchschaubar gemacht; gegen die Figur des »Erzbösewichts« argumentiert Lessing permanent in der _Hamburgischen Dramaturgie_. Zu prüfen wäre, ob und inwiefern er Nachfolger oder Mitstreiter gefunden hat.

Eines allerdings bleibt Tatsache: Miß Sara Sampson hat das Publikum, sei es bei der Lektüre oder bei einer Theateraufführung, tief ergriffen und zu Tränen gerührt. Die Zeugnisse sprechen für sich. Berühmtheit hat Ramlers Bericht von der Uraufführung (durch die Ackermannsche Truppe in Frankfurt/Oder am 10. Juli 1755) erlangt. Er schreibt am 25. Juli 1755 an Gleim (Daunicht 1971, 88): »Herr Leßing hat seine Tragödie in Franckfurt spielen sehen und die Zuschauer haben drey und eine halbe Stunde zugehört, stille gesessen wie Statüen, und geweint.« Schnell wird das Stück in das Repertoire der wichtigsten Wanderbühnen aufgenommen. Im April 1756 gibt Heinrich Gottfried Koch die _Sara_ in Leipzig, ab Oktober 1756 spielt Schuch das Drama in Berlin, Schönemann in Hamburg. Von der Berliner Aufführung erzählt Friedrich Nicolai: »Ehe ich Ihnen genauer […] Nachricht gebe, muß ich Ihnen sagen, daß ich ungemein gerührt worden bin, daß ich bis an den Anfang des fünften Aufzugs öfters geweint habe, daß ich aber am Ende desselben, und bei der ganzen Scene mit der Sarah, vor starker Rührung nicht habe weinen können […]« (an Lessing, 3.11.1756; B 11/1, 111). Christian Adolf Klotz, der spätere Gegner in der antiquarischen Fehde, schreibt über seine Lektüreerfahrung (an Briegleb, 29.12.1763; nach Eibl 1971, 242): »Es ist wahr, die Tragödie ist vortreflich [!]: sie reißt uns

dahin, und ich wenigstens schäme mich nicht zu sagen, daß sie mir Thränen abgezwungen hat.« Iffland erinnert sich an eine Theateraufführung, die er als Neunjähriger erlebte (23.2.1769; nach: Richel 1985, 51 f.): »Einst kam mein ehrwürdiger Vater aus einer Vorstellung der ›Miß Sara Sampson‹ nach Hause. Er war ganz erweicht von den Leiden der Sara […] _Miß Sara Sampson!_ Ich bin in Tränen zerflossen während dieser Vorstellung.« Aus dem Rückblick (1782) fasst Johann Friedrich Schink die Gründe für den großen Erfolg des Stücks zusammen. Überwältigend, weil neuartig, seien die Wirklichkeitsnähe, die Stärke des Gefühlsausdrucks und die realistische Psychologie gewesen (_Dramaturgische Fragmente_, Bd. 4, 1782, 1095 f., zit. nach Richel 1985, 49 f.). Auch in Frankreich wird man auf _Miß Sara Sampson_ aufmerksam und debattiert über das »bürgerliche Trauerspiel«, Diderot interessiert sich lebhaft für Lessings Drama, er plant eine Übersetzung. 1761 erscheint eine Besprechung des Stücks in der Dezember-Nummer des _Journal étranger_, die mit einem Plädoyer für die neue Gattung verbunden ist (abgedruckt bei Eibl 1971, 245 ff.). Ganz ähnlich wie der anonyme Rezensent (ob es sich freilich um Diderot handelt, wie Danzel vermutet, ist ungewiss; vgl. Eibl 1971, 245) argumentiert Jean-François Marmontel in der _Poétique française_ (1763; II, 10), ohne jedoch das deutsche Stück zu thematisieren. Lessing zitiert beide Stimmen in der _Hamburgischen Dramaturgie_ (14. St.) und baut sie in den eigenen Gedankengang ein. Immer geht es um die poetische Nichtigkeitserklärung des gesellschaftlichen Ranges angesichts der Empfindungen des »Menschen«.

Etwa 20 Jahre lang währt der Erfolg der _Miß Sara Sampson_, dann wird das Stück allmählich vergessen. 1775 bringt Christian Heinrich Schmid den Effekt des Stücks nochmal auf den Begriff. Lessing habe bewiesen, »wie mächtig er sey, durch Situationen und Sprache die Zuschauer und Leser zu rühren«. Er fügt hinzu: »Alle unsre großen und kleinen Truppen spielen ›Miß Sara‹, und sie hört nicht auf zu gefallen« (_Chronologie des deutschen Theaters_, neu hg. v. Paul Legband, Berlin 1902, 115; zit. nach Richel 1985, 49). Doch aus dem gleichen Jahr (1775) stammen Zeugnisse, die Distanz signalisieren. Johann Martin Miller hält das Stück für mittelmäßig und langweilig. An Johann Heinrich Voß schreibt er, auf dem Theater ennuyiere und beleidige es »erschreklich« (20.2.1775, Daunicht 1971, 338). Mehrere zeitgenössische Berichte bestätigen, dass Lessing selbst die *Sara* nicht mehr sehen mochte (Belege bei Daunicht 1971, 339f.). In den Augen Goethes, Schillers und der Romantiker schließlich ist das »bürgerliche Trauerspiel« vollends ein Irrweg (Auszug aus August Wilhelm Schlegel bei Richel 1985, 52f.).

Unisono also wird dem Trauerspiel Lessings, solange es neu ist, bescheinigt, stark zu »rühren«. Was aber verbindet man gedanklich mit der Gefühlserschütterung? Zeitgenössische Analysen bringen ganz unterschiedliche Aspekte zur Sprache und ergeben somit ein divergierendes Bild. Charakterzeichnung, Motivation, Handlungsführung und Diktion werden besprochen. Kaum muss die neue Gattung mit ihrer »Regelwidrigkeit« verteidigt werden, die Emanzipation von Gottsched scheint gar kein Thema mehr zu sein, wie auch der »Aufschrei der Regeltreuen« ausbleibt (Eibl 1971, 161). Eibl bringt nur eine Kritik (1758), in der *Miß Sara Sampson* zum Ausgangspunkt für eine Auseinandersetzung mit der Frage der »Regeln« genommen wird. Die Verfasser, Daniel Heinrich Thomas und Johann Ehrenfried Jacob Dahlmann, vertreten eine Linie, die derjenigen Lessings erstaunlich nahe kommt, indem sie als vornehmste Richtschnur für den Dramatiker die Erregung von »Mitleid« und »Traurigkeit« bezeichnen. Zugleich machen sie auf einen Tabubruch aufmerksam: das langsame Sterben Saras auf offener Bühne. Innerhalb des klassizistischen Regelkodex galt als Norm, dass der Tod nicht öffentlich gezeigt werden dürfe (*Vermischte critische Briefe*, Rostock 1758, 17. Brief, nach Eibl 1971, 189ff. Zur Sterbeszene vgl. auch *Hamburgische Dramaturgie*, 13. St.). – Ein Rezensent (vermutlich der Theologieprofessor Johann David Michaelis) der *Göttingischen Anzeigen von Gelehrten Sachen* (2.6.1755), nimmt die Interpretation Bornkamms vorweg (s. S. 154). Er rückt das Stück in einen religiösen Kontext und sieht in ihm eine Dramatisierung der »Sittenlehre, daß der, so selbst Ursache hat Vergebung zu wünschen, vergeben soll« (B 3, 1218, Nr. 2). – Eine umfängliche Kritik erscheint 1758 in den von Johann Jakob Dusch herausgegebenen *Vermischten kritischen und satyrischen Schriften*, wahrscheinlich stammt sie von Dusch selbst (abgedruckt in Braun 1, 69–86 und Eibl 1971, 217ff.). Es handelt sich um zwei Briefe; einem Verriss folgt eine Rettung des Stücks. Diese Rezension bricht mit den gängigen Rezeptionsmustern: Die Handlung sei »kaltsinnig, langsam, ohne Bewegung« (Braun 1, 77); die ›Einheit des Interesses‹ sei nicht gewahrt, indem neben Sara auch Marwood die Teilnahme des Zuschauers beanspruchen dürfe (74). Im zweiten Brief verteidigt der Verfasser das Trauerspiel trotz seiner Fehler wegen vieler erhabener Stellen, in denen die »Kürze«, das »Feuer« und die »Stärke der Gedanken« (86) eine starke Wirkung hervorriefen. Diese Kritik mag Lessing empfindlich gemacht und zu seinen aggressiven Satiren auf Dusch in den »Literaturbriefen« veranlasst haben.

Quellen: Daunicht 1971; Gottsched ⁴1751 (BA 6/3 [*Critische Dichtkunst*]); Pfeil 1755 und 1756, hg. Till 2006.

Literatur

zu Entstehung und Kontext: B 3, 1203–1218; G 2, 687–693; Richel 1985.

zum problem-und literaturgeschichtlichen Kontext: Breuer 1999; Eloesser 1898, 18ff.; Guthke 2008; Hillen in G 2, 691; Kies 1926–27; Maurer 1996; Mönch 1993; Reinhardt in Friedrich/Jannidis/Willems (Hgg.) 2006, 343–375 [Bezüge zu Richardson]; Richel 1985; Wiedemann in B 3, 1209ff.

zu »bürgerliches Trauerspiel«: Alt 1994, 66ff. und 149ff.; Barner u.a. ⁵1987, 162–178; Borchmeyer in mega (Hg.) ⁵1992, 105–119; Daunicht 1963; Eibl 1971, 96–117 und 135–166; Eloesser 1898; Friedrich/Jannidis/Willems (Hgg.) 2006, IX-XL [Einleitung der Herausgeber]; Guthke ⁶2006; Hempel 2006; Kettner 1904, 1ff.; Mauser 1975; Nisbet 2008, 259ff.; Pikulik 1966, 1984 und 2001; Rochow 1999; Seeba 1973, 45–55; Steinmetz in Krebs/Valentin (Hgg.) 1990, 59–72; Weber 1970; Weimar 1977; Wierlacher 1968.

zu Forschung/Analyse: Alt 1994, 191–210; Bornkamm 1957; Durzak 1970 [»äußere« und »innere« Handlung]; Eibl 1971 [ausführlicher Kommentar und reichhaltige Materialien zum Kontext]; Eibl 1977; Fick 1993 [Forschungsbericht]; Fricke in Moser/Schützeichel/Stackmann (Hgg.) 1964, 83–120 [hier: 96–120]; Golawski-Braungart 1995 und 2005, 40–62; Greis 1991; Hempel 2006; Hillen 1970; van Ingen 1972; Košenina 1995; Lukas 2005, 268–274; J.E. Maier 1998, 333–366; Michelsen 1990e; Mönch 1993; Nisbet 2008, 259–281; Pikulik 1966; Rochow 1999 [Kontext »bürgerliches Trauerspiel«]; Roßbach 2002/03; Saße 1988, 146ff.; Schönenborn 2004; Sørensen 1984; Stephan 1985; Ter-Nedden 1986, 13–113; Trappen 1999; Wentzlaff-Mauderer 2001, 50–88; Wiedemann in B 3, 1209–1218; Wosgien 1999, 164–194; Wurst 1988; Wurst in Fischer/Fox

(Hgg.) 2005, bes. 240–242; Zimmermann 1986; Ziolkowski 1965.

zu Sara-Medea: Barner 1973, 35–52; Ter-Nedden 1986, 20 ff.; Sanna 1992; Woesler 1978.

zu Aufnahme und Wirkung: zeitgenössische Rezeption: Braun 1, 69–86; G 2, 693 f.; B 3, 1218–1261; Eibl 1971, 189–201 und 214–248; Richel 1985 [Dokumentsammlungen]; B 3, 1207 f. [Aufführungen]. – *Literatur:* Eibl 1971, 161–171; Guthke [6]2006 [[4]1984]; Guthke 2008; Lukas 2005; Mönch 1993; Nisbet 2008, 279–281 [Bühnenerfolg].

Briefwechsel über das Trauerspiel

Entstehung und Kontext

Erstdruck: Zu Lebzeiten Lessings werden die Briefe nicht als geschlossener Text veröffentlicht. – Der »Briefwechsel über das Trauerspiel« ist private Korrespondenz, die Briefpartner sind Moses Mendelssohn, Friedrich Nicolai und Lessing, der im Mai 1756 die Europareise mit Winkler antritt. In einem Brief vom 20. Juli 1756 kündigt Lessing »eine Menge unordentlicher Gedanken über das bürgerliche Trauerspiel« an, die Nicolai zu seiner eigenen *Abhandlung vom Trauerspiele* (s. u. und S. 171) benutzen könne (B 11/1, 98), worauf Nicolai am 31. August für Lessing die Grundgedanken seiner Schrift zusammenfasst (zur Chronologie s. Martinec 2008a, 58–60). Mit diesem Brief eröffnet er einen Disput, der sich mit zunehmender Intensität über fast ein ganzes Jahr erstreckt. Das »Ende« setzt man generell mit Nicolais Brief an Lessing vom 14. Mai 1757 an, in dem dieser die Ergebnisse und offenen Fragen der Diskussion auflistet. Danach verliert sich die Konzentration auf das *eine* Thema, ohne dass dieses verschwinden würde. Wegen des Ausbruchs des Siebenjährigen Kriegs (29. August 1756) bricht Winkler die Reise ab und kehrt mit Lessing nach Leipzig zurück; am 1. Oktober 1756 schreibt dieser an Mendelssohn (B 11/1, 109): »Ja freilich bin ich, leider, wieder in Leipzig. Dank sei dem Könige von Preussen!«

Erstmals werden die Briefe im 27. und 28. Teil der *Sämmtlichen Schriften* (Berlin 1794) gedruckt. Muncker (LM) bringt sie in den Bänden 17 (Briefe Lessings) und 19 (Briefe Mendelssohns und Nicolais). Die erste Einzelausgabe besorgt Robert Petsch, er gibt den Briefen den Titel, der sich als eine Art Werkbezeichnung eingebürgert hat: *Lessings Briefwechsel mit Mendelssohn und Nicolai über das Trauerspiel.* Leipzig 1910. – Text: B 3, 662–736.

Nicolais *Abhandlung vom Trauerspiele* erscheint 1757 im ersten Stück des ersten Bandes der *Bibliothek der schönen Wissenschaften und der freyen Künste.* Neben diesem Text, der quasi die literaturtheoretischen Signale für die Debatte gibt (vgl. dazu jedoch differenzierend Martinec 2008a), hat eine Schrift von Mendelssohn im Hinblick auf die psychologischen Thesen zentrale Bedeutung: Die *Briefe über die Empfindungen* (in der Erstausgabe Berlin 1755 lautet der Titel nur *Über die Empfindungen*). Die Theorie der »vermischten Empfindungen«, die er darin entwickelt, steckt den geistesgeschichtlichen Horizont des Trauerspiel-Briefwechsels ab (vgl. Kap.: Kontext: »Aufklärung«. – Eine Erläuterung des schulphilosophischen Vokabulars gibt Jochen Schulte-Sasse in seiner vorzüglich kommentierten Einzelausgabe des Trauerspiel-Briefwechsels [1972], in die er als flankierende Texte die Abhandlungen von Nicolai und Mendelssohn aufgenommen hat).

Zeitgenössische Theorie des bürgerlichen Trauerspiels

Jeder, der im 18. Jahrhundert über die Tragödie schreibt, steht auf dem Boden der Poetik des Aristoteles. Die Aristotelische Bestimmung lautet: Die Tragödie ziele auf die Erregung und Reinigung der Leidenschaften. Die emotionale Wirkung steht im Zentrum dieser Konzeption. Damit trifft der Aristotelische Tragödiensatz einen Nerv der Zeit. Die Empfindungen und Gefühle, die sinnlichen Antriebe, werden generell zu einem Brennpunkt des Interesses. Dramentheorie, Sittenlehre und Psychologie begegnen sich. Dazu tritt als wichtiger theoretischer Impuls die Grundlegung des bürgerlichen Trauerspiels. 1755, in dem gleichen Jahr, in dem *Miß Sara Sampson* uraufgeführt wird, erscheint die erste einschlägige theoretische Schrift in deutscher Sprache: Pfeils Abhandlung *Vom bürgerlichen Trauerspiele.* Als wesentliches Kriterium der neuen Gattung hebt er die soziale Neuerung hervor: Personen bürgerlichen Standes treten als Helden einer Tragödie auf. Hieran schließen sich die Verschiebungen in der Stoffwahl und der Diktion. Während die heroische Tragödie Stoffe aus dem Bereich der Überlieferung, d. h. der Mythologie oder Geschichte, bearbeite, werde der Autor eines bürgerlichen Trauerspiels die Handlung erfinden: »Das ganze Reich der Fabel ist ihm eröffnet, insoweit es sich zu den Kothurnen des Trauerspiels schickt« (Mathes 1974, 52). In der klassizistischen

Tragödie herrscht die gebundene Rede, der Vers. Im bürgerlichen Trauerspiel dagegen, so Pfeil, solle sich die prosaische Schreibart durchsetzen. Das Gebot der Nützlichkeit und »Wahrscheinlichkeit« steht hinter dieser Forderung. Nur wenn die Nachahmung dem Original – der Ausdrucks- und Empfindungsweise des Bürgers – ähnlich sei, würden die Wirklichkeitsnähe und die Illusion erreicht, die eine tiefgreifende Wirkung garantierten. Denn nur dann werde sich das Publikum mit dem Bühnengeschehen, den agierenden Personen, identifizieren.

Affektive Wirkung durch Identifikation: Damit ist das wesentliche Merkmal des »bürgerlichen Trauerspiels« benannt. Der soziologische und der psychologische Aspekt sind untrennbar miteinander verbunden. Die Entdeckung der Privatsphäre für die Tragödie geht Hand in Hand mit der Reflexion über den allgemeinmenschlichen Stellenwert der Leidenschaften. Nicht nur im Bereich des Staatsinteresses sind große Gefühle möglich. Die Hauptabsicht des Trauerspiels, so lautet Pfeils Argumentation, ist es, Mitleiden und Schrecken zu erregen. Kann man, fragt er, dem bürgerlichen Trauerspiel, »diese Absicht zu erhalten«, abstreiten? Man müsste leugnen, »daß die Herzen bürgerlicher Personen, den Wirkungen der Leidenschaften unterworfen wären […]. Sind diese Leidenschaften nicht die Quellen aller der Handlungen, durch welche wir Schrecken oder Mitleiden bei andern erregen? Sind bürgerliche Personen der Tugenden und der Laster weniger fähig, als die Helden?« (Mathes 1974, 50). Private Konflikte werden zum Modellfall der *conditio humana*. Nur dreizehn Jahre später bringt der Leiter der Wienerischen Schaubühne, Joseph von Sonnenfels, den Wandel auf den Begriff. Die hohe Tragödie, ehemals Repräsentation der höchsten menschlichen Möglichkeiten, erscheint nun als ständisch gebundener Sonderweg, während dem bürgerlichen Trauerspiel die allgemeine Geltung zuerkannt wird (Mathes 1974, 72): »In der *hohen Tragödie* liegt – wenn ja ein Anteil darinnen liegt, der Anteil eines *Standes*, der dazu nicht sehr zahlreich ist – in dem *bürgerlichen* Trauerspiele, wie man es zu nennen pflegt, liegt der Anteil des *ganzen menschlichen* Geschlechts.« Die Entsprechung bildet Lessings Diktum aus der *Hamburgischen Dramaturgie*, Könige seien nur dann für die Tragödie geeignet, wenn der Dichter den Menschen in ihnen zeige (14. St.; B 6, 251).

Der Hauptzweck der Tragödie ist die Erregung und Reinigung der Leidenschaften, die Erweckung von Furcht, Schrecken, Mitleid. Die Abkehr von der Ständeklausel als einem Bestimmungsmerkmal der Tragödie lässt alles Licht auf die Dimension des Gefühls, auf die Bedeutung der Leidenschaften, fallen. Damit stellt sich die Frage nach dem Wirkungsziel als ein moralisches Problem. Wozu, so fragt man, die Erregung der Leidenschaften durch die Tragödie? Setzen denn nicht die starken Gefühle die Vernunft außer Kraft? Führen denn nicht die »Leidenschaften« zu den fürchterlichen Taten? Kann mit dem emotiven auch ein moralischer Zweck verbunden werden? Wie ist die Aristotelische »Katharsis« auszulegen, was heißt »Reinigung« der Leidenschaften? In den *Briefen über die Empfindungen* zitiert Mendelssohn noch die landläufige Definition des Lasters: »Was nennt man sonst Laster, als die Tyranney der Leidenschaften über die Vernunft?« (13. Brief, JubA 1, 93). Der Hinweis auf den Zustand leidenschaftlicher Erregung gereiche bei lasterhaften Handlungen nicht zur Entschuldigung. Er bringt ein Beispiel der Schaubühne, die sittlich unerlaubte, inzestuöse Liebe der Phädra (ebd.): »*Phädrens* sträfliche Liebe müßte aufhören lasterhaft zu seyn, weil sie von der heftigsten Leidenschaft verzehrt ward.« Wie ist da die Erregung der Leidenschaften durch die Tragödie zu rechtfertigen? Wird der Zuschauer, der emotional auf die Verstrickungen der Figuren reagiert, nicht in dem Zustand festgebannt, der durch die Übung der Vernunft geklärt werden sollte? Pfeil löst dieses Problem, indem er das bürgerliche Trauerspiel auf einen strengen Tugend-Laster-Schematismus festlegt. Die Wirkungsformel »Schrecken und Mitleid« wird unter der Hand fallengelassen und durch eine andere ersetzt: Der Zweck der Tragödie sei, die Liebe zur Tugend und den Abscheu vor dem Laster einzupflanzen. Pfeil (Mathes 1974, 49): »Die Hauptabsicht des Trauerspiels ist, Schrecken und Mitleiden zu erwecken, oder wenn man lieber will, die Tugend auch ohngeachtet ihres Unglücks liebenswürdig und das Laster allezeit verabscheuungswürdig vorzustellen.« Dabei dominiert in Pfeils Abhandlung der ›Abscheu vor dem Laster‹ als Wirkungsziel. Er fürchtet sogar, er möchte zu »theologisch« werden (ebd., 56). In der Tat scheinen seine Ausführungen der pessimistischen lutherischen Anthropologie verpflichtet. Die Gefühlstherapie ist eine solche des (Er-) Schreckens: In der erschütternden Identifikation soll der Zuschauer die Bosheit im eigenen Herzen erkennen: »Wir sehen, daß uns oft nur noch einige wenige Schritte fehlen, um ebender Bösewicht zu sein, der uns auf dem Theater vorgestellet wird. Wir können nicht anders, wir müssen anfangen, wegen unserer eigenen Person zu zittern« (ebd., 55). Die Brisanz des Mitleids-Postulats tritt zutage. Impliziert es nicht die Verharmlosung, ja, Schönfärberei des Lasters? (Quellenorientierte Übersicht zur Theorie des bürgerlichen Trauerspiels: Guthke [6]2006, 50–58).

Mit der Frage nach dem Zusammenhang von leidenschaftlicher Erregung und sittlicher Verbesserung rückt die Diskussion über das Trauerspiel vor den Hintergrund der zeitgenössischen Moralphilosophie. Deren Vertreter, die englischen Moralphilosophen (Shaftesbury, Hutcheson) zumal, entwickeln ein differenziertes System der Empfindungen. Sie bauen auf die natürliche Güte des Menschen. Nicht die Vernunft, sondern das Gefühl wird als Quelle der Tugend entdeckt. Die Sympathie, die sich in der spontanen Mitempfindung von fremdem Leid äußert, wird zum Ursprung und zum Garanten zwischenmenschlicher Solidarität erhoben. Das Mitleid, das die Tragödie erweckt, erhält aus dieser Sicht moralische Dignität.

Forschung

Theorie des bürgerlichen Trauerspiels

Das soziale Faktum, die ›Verbürgerlichung‹ des Personals der Tragödie, ist meistens der Anhaltspunkt der Analyse. Die ältere Forschung (der 70er Jahre des 20. Jahrhunderts) setzt dabei einen Antagonismus zwischen Adel und Bürgertum voraus, der sich nicht in politischen, sondern in moralischen Kategorien geäußert habe. Das politisch ohnmächtige, aber wirtschaftlich erstarkende Bürgertum habe seine neuen Ansprüche in der Form artikuliert, dass es die eigenen moralischen Normen als allgemein gültig verstanden und den Adel kritisch an ihnen gemessen habe. Auf dieses von Koselleck und Habermas entwickelte Deutungsmodell haben viele Forscher das bürgerliche Trauerspiel mit seinem Ethos der (bürgerlichen) Tugend, dem auch die adligen Personen unterworfen werden, bezogen. Heute jedoch geht man

nicht mehr von einer Konfrontation ›des‹ Adels mit ›dem‹ Bürgertum aus, wobei sich jedoch noch kein alternatives Modell, das die vielschichtigen sozialen Vorgänge und die literarische Darstellung komplexer Gefühlswelten miteinander zu verbinden erlaubte, durchgesetzt hat (s. auch S. 150–152 zu *Miß Sara Sampson*, S. 353–356 zur *Hamburgischen Dramaturgie* und S. 381–386 zu *Emilia Galotti*).

Als ambivalent beurteilt Szondi (1973) den Weg in die Innerlichkeit, den das Bürgertum in Deutschland beschritten habe. In den Vorlesungen zur *Theorie des bürgerlichen Trauerspiels* schlägt er einen großen Bogen von Lillos *The London Merchant*, dem ersten bürgerlichen Trauerspiel, zu den Entwicklungen auf dem Kontinent. Lillos Drama exemplifiziere in seiner Wirkungsintention und in seinem Inhalt den Willen des Bürgertums, zur erfolgreichen Lebensführung zu gelangen. Anders lägen die Verhältnisse in Europa und in Deutschland. Die Empfindsamkeit, die der Bürger hier kultiviere, sei Ausdruck der politischen Ohnmacht im absolutistischen Staat. Szondi sieht in der »idealen Welt reiner Menschlichkeit«, die durch das bürgerliche Trauerspiel propagiert werde, nicht die kritische Waffe, sondern das Palliativ. Als Eskapismus deutet er auch Lessings Mitleidsentwurf.

Szondi ist der herausragende Vertreter der literatursoziologischen Interpretation des bürgerlichen Trauerspiels und seiner Theorie. Dabei wird innerhalb dieser Richtung meistens als Faktum behauptet, was allenfalls Hypothese sein kann: Die These nämlich, dass die Analyse der Empfindungen, das neue Ausmessen der Innerlichkeit, ein Reflex auf die politisch-soziale Lage des Bürgertums sei, dass die Familienkonflikte die gesellschaftlichen Konflikte und Defizite spiegelten. Indem die komplexen Wechselverhältnisse in ein einfaches Ursache-Wirkung-Schema gepresst werden, entsteht überdies die Suggestion, als sei mit der Rückführung auf einen »politisch-sozialen Erfahrungsgehalt« (Szondi) das Phänomen der »Empfindsamkeit« selbst erklärt. Hier haben zwei Arbeiten zu wesentlichen Differenzierungen geführt: Wierlachers Sichtung der Terminologie, deren sich die Theoretiker des bürgerlichen Trauerspiels bedienen, und Martinos Einbindung der Tragödientheorie in zeitgenössische (moral-)philosophische, (affekt-)psychologische und ästhetische Strömungen.

Wierlacher (1967 und 1968) klärt zunächst den Bedeutungsradius des Begriffs »bürgerlich«. »Bürgerlich« sei standesübergreifend gemeint. Der Terminus indiziere den Gegensatz zu »heroisch«, politisch. »Bürgerlich«, so Wierlachers Befund, heißt: zur Privatsphäre gehörend; von der Familie her definiert. Hand in Hand mit der Entdeckung des »Bürgerlichen« für die Tragödie gehe eine Neuorientierung des Menschenbildes. Der fühlende Weise werde zur Leitfigur. Auf der Bühne wolle man den »fühlenden« Helden sehen. Menschliche Gebrechlichkeit werde zugelassen, die Empfindungsfähigkeit positiv bewertet. Dem neuen Menschenbild entsprechend wandle sich die Wirkungsintention: Rührung (Mitleid) werde vom Trauerspiel erwartet. Sie zu erreichen, diene der Realismus der Darstellung. Die Kategorien der »Illusion« und der »Wahrscheinlichkeit« finden hier ihren Platz. Zugleich fördere die Rührung eine idealisierende Tendenz. Die Bedürfnisse des empfindsamen Zuschauers zielten auf die Bestätigung des Guten. Das bürgerliche Trauerspiel favorisiere den glücklichen Ausgang nach durchstandenen Leiden und blende das Hässliche aus. In der Erhöhung des Gefühls der ›Menschlichkeit‹ liege schließlich der propagierte moralische Nutzen der Tragödie.

Das Interpretationsgefüge, das Wierlacher solchermaßen aus den zentralen theoretischen Termini aufbaut, trifft jedoch eher auf die Stücke Kotzebues und Ifflands zu als auf Lessings Trauerspiele. So greift insbesondere der am Ende erhobene Vorwurf, die empfindsame Rührung und das Mitleiden seien letztlich ich–zentrierte Gefühle, Mendelssohn und Lessing gegenüber zu kurz. Viele bürgerliche Trauerspiele haben zudem nicht allein die ›Rührung‹ über die Tugend zur Wirkungsabsicht, sondern, bei ausgeprägter Schwarz-Weiß-Zeichnung der Charaktere, auch die Verabscheuung des Lasters; dazu stellt Lessings Mitleids-Konzeption eine Alternative dar (Mönch 1993; zur Diskussion ihrer Thesen s. S. 160–162; zur begrifflichen Klärung von ›bürgerlich‹ vgl. Weimar 1977, Neuß 1989, 209 ff., Guthke [6]2006, 1–18).

Martino (1972) legt seiner Studie zur Tragödienlehre im 18. Jahrhundert ebenfalls eine literatursoziologische Perspektive zugrunde. Das Verdienst seines Werkes liegt jedoch darin, den Zusammenhang zwischen dramentheoretischen und philosophischen Entwicklungen an vielen Stellen durchschaubar gemacht zu haben. Die inhaltlichen Implikationen der Gefühlsästhetik gewinnen dadurch schärfere Konturen. Aus der Fülle des Materials sind drei Linien hervorzuheben. Martino untersucht (1) den psychologischen Gehalt von Leibniz' Seelenlehre und weist überraschende Affinitäten zu Dubos' Theorie der Leidenschaften nach. Desgleichen zeigt er (2) die Querverbindungen zwischen dem philosophischen Empirismus und der Identifikations–Dramaturgie auf. David Humes ›Sympathie‹-Begriff wird als Quelle für die Wirkungsintention des Dramas im 18. Jahrhundert entdeckt. Mit »Sympathie« bezeichne Hume das ursprüngliche Vermögen der Einfühlung. Nur durch Einfühlung in den Nebenmenschen kämen die Urteile über ›gut‹ und ›böse‹ zustande, da man sich in dessen Unglückslage hineinversetze. Martino zieht die Analogie zur Absicht der Tragödie, durch Erweckung des Mitgefühls die Menschenliebe zu steigern. Schließlich betont er (3) die ständige Parallelisierung von Emotionalität und Moralität, die für das Denken im 18. Jahrhundert charakteristisch sei. Die Theorie des bürgerlichen Trauerspiels wird in den skizzierten Rahmen eingeordnet. Sie ist für Martino progressiv und regressiv zugleich. Progressiv in der entschlossenen Abwendung vom Rationalismus, regressiv in der Tendenz zur Verinnerlichung, der Flucht vor den (politischen) Realitäten.

Ideengeschichtliche Analysen. Lessings Mitleidskonzeption und deren historische Quellen

Im Zentrum des *Briefwechsels* steht die Frage nach den tragischen Leidenschaften. Lessing begründet seine Mitleidsdramaturgie. Die Psychologie der Affekte ist ein dominierendes Thema der Auseinandersetzung. Ein heftiger Streit um Lessings »Mitleid« ist auch in der neueren Forschung entbrannt. Es geht, vordergründig, um eine Quellenfrage: Welche Einflüsse aus der zeitgenössischen Philosophie sind anzusetzen, um Lessings Konzeption gedanklich zu profilieren? Hintergründig steht das gleiche Problem zur Diskussion, über das bereits Lessing und Mendelssohn sich entzweiten: Welche Rolle ist der gefühlten Anteilnahme und der vernünftigen Einsicht bei der ästhetischen Erziehung zuzuweisen?

Unabhängig voneinander entdeckten Kronauer (1978) und Schings (1980) im *Briefwechsel* eine

Anspielung auf Rousseaus *Discours sur l'origine et les fondements de l'inégalité parmi les hommes* (1755, hier: hg. K. Weigand, ⁴1983). Mendelssohn hatte dies Werk ins Deutsche übertragen (*Von dem Ursprunge der Ungleichheit unter den Menschen*, 1756), Lessing es knapp rezensiert. Bei der Anspielung handelt es sich um den berühmten Passus: »*Der mitleidigste Mensch ist der beste Mensch*, zu allen gesellschaftlichen Tugenden, zu allen Arten der Großmut der aufgelegteste« (an Nicolai, November 1756, B 3, 671). Der Kontext für die positive Bewertung des Mitleids ist bei Rousseau die radikale Kultur- und Zivilisationskritik. Er erhebt es zum einzigen Garanten der sozialen Tugenden (»vertus sociales«; bes. 172 ff.). »La générosité« (Lessings »Großmut«), »la clémence« und »l'humanité« werden vom Mitleid (»la pitié«) hergeleitet. Die Pointe beruht darin, dass Rousseau das Mitleidsgefühl in seiner elementaren Konkretheit den Verhaltensmaximen der zivilisierten Gesellschaft entgegensetzt. Das Mitleid ergreife den Menschen vor aller Überlegung. Es sei nicht korrumpierbar, weil es dem Zugriff der Vernunft entzogen sei. So projiziert Rousseau es in den Naturzustand zurück. Im Mitleid drücke sich die »bonté naturelle«, die natürliche Güte des Menschen, aus.

Schings zieht eine weitgehende Parallele zwischen Rousseaus und Lessings Mitleidsbegriff. Das Aufregende habe für Lessing darin gelegen, dass hier ein Gefühl der Vernunft vor- und übergeordnet und als Quelle der Moralität angesehen werde. Gefühl und Vernunft werden in Schings' Auslegung polarisiert. Wie Rousseau führe Lessing die unfehlbare Kraft des Mitleids auf die Tatsache zurück, dass es unabhängig von der Vernunft, sozusagen an ihr vorbei, wirke. Mit Hilfe dieser Mitleidskonzeption fundiere Lessing die Absicht des Trauerspiels neu. Die Spannung zwischen (tragischer) Leidenschaft und (vernunftgeleiteter) Moralität entfalle. In dem emotional Packenden, der Aufhebung von Distanz, der Unmittelbarkeit der Wirkung, werde die Chance moralischer Einflussnahme durch das Theater verankert.

Vehementen Einspruch formuliert Michelsen (1990b, 126–136) gegen Schings' Interpretation. Sein Haupteinwand betrifft die Polarisierung von Vernunft und Gefühl, die Abtrennung und Emanzipation des Mitleids von der Vernunft. Zu Recht macht Michelsen auf die intellektualistische Komponente aufmerksam, die Lessings Mitleidskonzeption (auch) eignet. Er zitiert zahlreiche Bestimmungen, in denen Lessing, anknüpfend an die zeitgenössische Schulphilosophie, das »Mitleid« als eine »anschauende Erkenntnis« definiert: Mitleid sei die »Idee« eines Guts, sei die Vorstellung großer Vollkommenheiten in seinem Gegenstand, verbunden mit der Vorstellung des Unglücks und Verlusts. Wenn Michelsen allerdings den Standpunkt Lessings der Vernunftorientierung Mendelssohns angleicht, wird nicht recht einleuchtend, worum sich die Kontrahenten eigentlich so leidenschaftlich gestritten haben (Harmonisierung der Standpunkte: Alt 1994, 175–190; zu ›Lessing und Rousseau‹ auch Golawski-Braungart 1999, 421–424; 430 f.).

Nicht Rousseau, sondern Hutcheson ist für Heidsieck (1979) der Autor, der Lessing die entscheidenden Anregungen bei der Bestimmung des Mitleids gab. Heidsieck kann seine These ebenfalls philologisch gut abstützen. Lessing hatte ein wichtiges Werk des schottischen Moralphilosophen, *A System of moral philosophy*, übersetzt; die Übersetzung erschien 1756 (zur Verfasserfrage s. jedoch Martinec 2008b). Heidsieck entdeckt in Hutchesons Konzeption des »moral sense« diejenige Synthese-Struktur, die sie ihm als Quelle für den Mitleidsbegriff Lessings geeignet erscheinen lässt: Der »moral sense« sei vorrational und dennoch vernunftähnlich; als ein »Gefühl« treibe er zum Handeln an (bes. 19. – Eine Übersicht über die Standpunkte nochmals bei Nisbet 1993. Er kommt ebenfalls zu dem Ergebnis, dass Lessings »Mitleid« eine kognitive und eine affektive Komponente enthalte. Diese Koordination sei in Hutchesons »moral sense«, nicht aber in Rousseaus »pitié« präfiguriert. Dabei sieht Nisbet in Lessings Konzept weniger die Synthese als vielmehr das Disparate. Rationalistische und ›emotive‹ Elemente würden in seiner Moralphilosophie zusammenfließen – Motive aus zwei Denkrichtungen, die sich gegenseitig ausschlössen [16]. In seiner Lessing-Biographie betont Nisbet [2008, 281–293] das ästhetische Vorzeichen von Lessings Sensualismus, den er nur im Rahmen seiner Tragödientheorie vertreten habe).

Auf eine neue Ebene hebt Thomas Martinec (2003; 2008a und 2008b) die Diskussion, indem er den Blick von der Fixierung auf eine bestimmte Quelle löst und stattdessen den Wandel von einem rhetorischen zu einem psychologischen und bewusstseinsphilosophischen Affektbegriff als den entscheidenden Umbruch ins Auge fasst, an dem die unterschiedlichen Standorte der Kontrahenten zu verorten seien. Damit etabliert er zugleich ein griffiges Argumentationsgefüge, das die Entwicklung der frühaufklärerischen Tragödientheorie – von Du Bos, Batteux und Gottsched über Bodmer und Breitinger, die beiden Schlegels und Curtius bis hin zu Nicolai, Lessing und Mendelssohn – präzise zu beschreiben vermag. Einerseits stünden Lessing, Nicolai und Mendelssohn auf gleichem Boden, wenn sie den Affekt, die tragische Leidenschaft, das Mitleid, nicht rhetorisch als zwangsläufiges Resultat sprachlicher Überzeugungs-Strategien fassten (Modell der ›Affektübertragung‹), sondern bewusstseinsphilosophisch und psychologisch als eine seelische Aktivität der Zuschauer, die ihren Ursprung in dem sinnlichen Erkenntnisvermögen habe; eindrucksvoll kann Martinec hier den Gegenstandsbezug von Lessings Mitleidskonzept verdeutlichen, der es von jeglichem empfindsamen Selbstgenuss abrückt (zu Lessings Differenzierung zwischen den Leidenschaften der Figuren und der seelischen Bewegung, die im Rezipienten ihren Ursprung hat, s. auch Lehmann 2000, 256–275). Dies vorausgesetzt, zeige sich jedoch andererseits die Divergenz zwischen den Kontrahenten in dem Moment, in dem es um die Frage nach der moralischen Qualität der von der Tragödie ausgelösten Seelenbewegung gehe. Für Mendelssohn, der einer rationalistischen Psychologie folge, führe zur Moralität nur die Vernunft, die von den sinnlichen Seelenkräften höchstens unterstützt werden könne. Lessing dagegen verstehe das Mitleid als eine selbständige moralische Kraft, die er der Vernunft vorordne; er vertrete einen dezidiert sensualistischen Standpunkt. Dabei habe Lessing bei seinem Versuch, die Tragödientheorie des Aristoteles von der neuen Seelenlehre her zu modellieren, eklektisch auf unterschiedliche Quellen zurückgegriffen; neben Mendelssohn und Hutcheson zieht Martinec besonders den Aristoteles-Kommentar von Curtius heran. (So elegant und ingeniös dieser Lösungsansatz ist, um die Gemeinsamkeiten und Differenzen zwischen den Briefpartnern zur erklären – *ein* Aspekt bleibt unerörtert, nämlich die Frage, ob das Modell einer sinnlichen Erkenntnis nicht qua Erkenntnisbegriff immer einen Vernunftaspekt in sich schließt, von dem sich dann auch die

moralische Qualität des Mitleids bei Lessing herleitet; hier wäre der Terminus ›Sensualismus‹ genauer zu bestimmen). – In seiner Studie zu Lessings Hutcheson-Übersetzung präzisiert Martinec (2008b) die Analogien und Differenzen zwischen dem *moral sense* und Lessings Mitleidsbegriff. Neben die Priorität des moralischen Gefühls der Vernunft gegenüber tritt als grundlegende Gemeinsamkeit der ›demokratische‹ Aspekt: Sowohl das moralische Gefühlsurteil als auch das Mitleid zeichneten sich dadurch aus, dass es allen Menschen offenstehe, den »wohlerzogenen und nachdenkenden Personen« und den »rauhesten Menschen« (Hutcheson; zit. nach Martinec 2008b, 110), dem »Mann von Verstande sowohl als de[m] Dummkopf« (Lessing; B 3, 683).

Diskursanalytische Gegenposition

Der Trauerspiel-Briefwechsel ist ein einzigartiges Dokument dafür, wie im 18. Jahrhundert die Leidenschaften »besprochen« werden und wie unterschiedlich man ihre (ästhetische) Funktion bestimmt. Die Diskussion der drei Freunde hat deshalb nicht nur die Versuche angeregt, die zugrunde liegenden Denkmodelle inhaltlich zu bestimmen, sondern auch dazu aufgefordert, nach den Impulsen und Strategien zu fragen, wodurch diese Denkmodelle allererst konstituiert und hervorgebracht werden. Kurz: Am Beispiel des Trauerspiel-Briefwechsels wird die Divergenz, die zwischen den ideengeschichtlichen und den diskursanalytischen Rekonstruktionen besteht, auf exemplarische Weise offenkundig. Zu einer völlig anderen Bewertung des Verhältnisses von Vernunft und Leidenschaft gelangt Luserke (1993 und 1995), der einen diskursanalytischen Ansatz anwendet. Für Luserke ist die Synthese, die Lessing im Blick habe, nur um den Preis der Ausblendung des Irrationalen (des »Begehrens«) zu erhalten. Das Konzept: »Moralisierung des Gefühls« signalisiert für ihn die restlose Unterordnung der Leidenschaft unter die Vernunft. Lessings »logozentrischer Katharsisdiskurs« verschweige das, was er begehre (1993, 329).

Analyse: Der Trialog der Freunde

Nicolai

Den Ausgangspunkt des Disputs bildet Nicolais *Abhandlung vom Trauerspiele* bzw. sein brieflich mitgeteiltes Resümee (31.8.1756; s. Martinec 2008a, 58–60). Nicolai ist ganz praxisorientiert. Er möchte Hinweise geben, wie eine möglichst effektvolle Tragödie geschrieben werden könne. Er lehnt sich dabei eng an die sensualistische Ästhetik von Dubos an. Dieser hatte bereits 1719 (*Réflexions critiques sur la poésie et sur la peinture*) die Behauptung aufgestellt, dass es das vornehmste Ziel der Kunst sei, die Seele in eine angenehme Bewegung zu versetzen, d. h. Gefühle zu erwecken, Leidenschaften zu erregen. Langeweile sei das schlimmste Übel für den Menschen; dieser zu entfliehen, gebe er sogar schmerzlichen Empfindungen den Vorzug. Die pathoshaltigen Darstellungen der Kunst böten den willkommensten Ausweg, indem sie ein gefühlsmäßiges Engagement provozierten, ohne mit der Realität des Unglücks zu belasten. Diese Thesen nimmt Nicolai auf bzw. entwickelt sie in modifizierter Gestalt weiter. Seine Ausführungen sind gegen die Tragödientheorie und -praxis der Gottschedschule gerichtet, deren Vertreter den Zweck des Trauerspiels in der Veranschaulichung eines ›moralischen Satzes‹ sahen. Langatmige Stücke, die eher einer dialogisierten Sittenlehre als einer theatralischen Aktion glichen, habe man diesen Grundsätzen zu danken.

Nicolai entpflichtet die Kunst (zunächst) von ihrem moralischen Auftrag. Seine Abhandlung wurde denn auch immer wieder als ein wichtiger Schritt auf dem Weg zur Autonomie-Ästhetik verstanden, als ein Beitrag zu der Erkenntnis von der Eigenständigkeit und Eigengesetzlichkeit der Kunst. Nicht die Verbesserung, sondern einzig und allein die Erregung der Leidenschaften sei der Hauptzweck der Tragödie, behauptet Nicolai. Von dieser Behauptung aus entfaltet er seine Argumentation. Die tiefste emotionale Erschütterung erfahre der Mensch im Schrecken und im Mitleiden; dementsprechend seien dies, wie Aristoteles festgesetzt habe, die eigentlich tragischen Leidenschaften. Er fügt noch, der europäischen Tradition (Corneille) folgend, die Bewunderung hinzu, die für ihn ebenfalls eine gefühlsmäßige Reaktion ist. Bei der Einrichtung der

Handlung und der Wahl der Charaktere habe der Autor lediglich auf die möglichst aufwühlende Wirkung zu achten. Nur um ihretwillen hätten die ›Regeln‹ Geltung. Wie selbstverständlich ist das bürgerliche Trauerspiel integriert. Worauf es ankomme, sei die Handlung, die theatralische Aktion. Sie müsse Format besitzen – Nicolai sagt: »Größe«; dabei sei es gleichgültig, ob sie ihr Interesse aufgrund des erhabenen Standes oder aufgrund der erhabenen Gesinnung der beteiligten Personen erhielte. Mit der ästhetischen Emanzipation der Leidenschaften wendet sich Nicolai zugleich gegen Pfeils Funktionalisierung der Gefühle innerhalb des Tugend-Laster-Schemas. Liebe zur Tugend und Abscheu vor dem Laster könnten zwar durch die Tragödie erweckt werden; doch sei die momentane Gefühlswallung nicht mit der Tugend selbst zu verwechseln. Eine moralisierende Wirkung sei immer nur eine zufällige, niemals aber die wesentliche Absicht der Tragödie. Wo die Erregung von Schrecken, Mitleid, Bewunderung auf dem Spiel stehe, sei es dem Dichter sogar erlaubt, den Helden mit einem Schein von Sittlichkeit auszustatten, der der vernünftigen Prüfung nicht standhalte. Um die emotionale Anteilnahme zu sichern, dürfe der Autor moralische Bedenklichkeiten außer Acht lassen.

Die Trennung zwischen ›Kunst‹ und ›Moral‹ ist Nicolai freilich nur deshalb möglich, weil die sittlichen Normen für ihn fraglose Gültigkeit besitzen. Im obigen Beispiel: Wenn der tragische Held, der durch seine schlechten Taten das Unglück heraufbeschwört, dem Gefühl nahe gebracht wird, so handelt es sich für Nicolai dabei nicht um eine menschliche Aufwertung. Die positive Perspektive, aus der der Fehler gezeigt wird, dient bei ihm nicht dazu, herrschende Bewertungs-Schemata in Frage zu stellen und etwa die Komplexität des Menschlichen zu zeigen. Ganz im Gegenteil: Weil die ästhetische Lust, die tragischen Leidenschaften, als Selbstzweck und nicht als Mittel für eine moralische Wirkung (»Verbesserung«) aufgefasst werden, wird ihnen keine Erkenntnisleistung zuerkannt. Deshalb regiert, wenn auch aufgelockert, doch wieder das Tugend-Laster-Schema, was die inhaltliche Anordnung der Handlung anbelangt. Die theatralische Sittlichkeit dürfe sich nie so weit von der wahren Sittlichkeit entfernen, dass die Zuschauer zu einer Anteilnahme und Rührung gezwungen würden, wider die sich das allgemeine sittliche Empfinden empöre. Erneut geht es Nicolai nicht um einen etwaigen moralischen Auftrag der Tragödie, sondern um die Maximierung der gefühlsmäßigen Wirkung. Der Preis für den ästhetischen Lustgewinn ist die Bedeutungslosigkeit, zu der die ästhetische Reaktion innerhalb der vernünftigen Weltinterpretation absinkt.

Nicolai übersendet am 31.8.1756 an Lessing einen Auszug seiner Abhandlung. Dominierend tritt die Grundthese hervor: Ziel und Zweck des Trauerspiels sei die Erregung der Leidenschaften; die Verbesserung (»Reinigung«) liege nicht in der Absicht der Tragödie. Hier hakt Lessing ein. Er möchte die Symbiose von ästhetischer, emotionaler und moralischer Wirkung gewahrt wissen. Er wirft Nicolai vor, die Sache nicht »philosophisch« genug angegangen zu sein. Dabei wird zu seinem eigentlichen Streitpartner Mendelssohn, nicht Nicolai, der kaum Diskussionsbeiträge liefert. Gegenstand des Streits ist das »Mitleid«. Lessing erhebt es zum alleinigen Wirkungsziel der Tragödie und vertraut ihm die moralisierende Kraft an, die Nicolai leugnet. Die Deutung des Mitleids als eines ›moralischen Gefühls‹ erweckt den Widerspruch Mendelssohns, obgleich sich Lessing ausdrücklich auf dessen *Briefe über die Empfindungen* beruft. Auf philosophischer Ebene wird die Frage, auf welche Weise die ästhetische Reaktion mit der Moralität zusammenhängt, zu einer Frage nach dem Verhältnis von Gefühl und Vernunft. Wie ist die Synthese, die Lessing vorschwebt, zu verstehen? Analysieren wir zunächst die Argumentation Mendelssohns, von der Lessing sich abgrenzt. (Zu Nicolais Neuansatz, der in der Unterscheidung zwischen der ›wirklichen‹ Leidenschaft des Zuschauers, der in ihm erweckten ›Rührung‹, und den dargestellten Leidenschaften der Figuren bestehe, s. Martinec 2008a).

Mendelssohn

Mendelssohn steht prinzipiell auf der Seite Nicolais, was den Eigenwert der ästhetischen Lust angeht. Er übersetzt dessen dramentheoretische Termini in die Sprache des Metaphysikers und bindet somit dessen Positionen in die Vollkommenheitslehre ein, wie sie von Wolff und Leibniz ausformuliert wurde. Psychologische Analyse, ästhetische Reflexion und metaphysische Orientierung bilden bei Mendelssohn eine unaufhebbare Einheit.

Der Mensch sehne sich nach ›großen Gefühlen‹, deshalb die Faszination der Tragödie, so der Hauptgedanke Nicolais. Für Mendelssohn ist dies jedoch noch zu wenig; es fehlt die Antwort auf die Frage nach dem ›wozu‹ des Gefühlsaufwandes. Für ihn ist die Gemütsbewegung per se auf ein Ziel hin ausgerichtet, sie ist sinnorientiert. Ja, in der Sinnorientierung wird die Rastlosigkeit der menschlichen Seele begründet. Mendelssohn hängt der Vorstellungspsychologie an, der zufolge das Wesen der Seele in der Kraft besteht, ›Vorstellungen‹ von der Welt zu haben. Jede Sinneswahrnehmung und sinnliche Empfindung wird als ›Vorstellung‹ aufgefasst. Die Jagd nach immer neuen Vorstellungen sei die ihr angeborene Tätigkeit. Die Triebkraft dieses Strebens sei die Erkenntnis des Guten oder, wie Mendelssohn sagt, des Vollkommenen. Denn die Betrachtung der Vollkommenheit erfülle die Seele mit Lust. Die Zuneigung und Liebe zur Vollkommenheit bestimme die Bewegung der Seele. Dabei ist die Vervollkommnung durchaus nicht konfliktfrei zu haben. Ebenfalls im Einklang mit der zeitgenössischen Psychologie unterscheidet Mendelssohn zwischen unteren und oberen Seelenkräften. Zu den oberen Seelenkräften gehören der Verstand und der bewusste Wille. Die unteren Seelenkräfte umfassen die Sphäre der Sinnlichkeit. Sie wirken im spontanen Gefühl, im sinnlich unreflektierten Wünschen und ›Begehren‹, in den sinnlichen Trieben. Auf dieser Ebene hat die Seele nur dunkle, undeutliche Vorstellungen vom Guten, die die Leidenschaften mobilisieren. Sie hat, wie ein anderer Terminus lautet, eine »anschauende Erkenntnis« des Guten. Bleibt sie hier stehen, wird sie oftmals Scheingütern nachjagen, die zwar eine sinnliche Befriedigung versprechen, dies aber auf Kosten einer höheren Vollkommenheit und einer höheren Beseligung.

Was hat Mendelssohns metaphysisch untermauerte Psychologie mit der Tragödienlehre zu tun? Die Tragödie ist die Nachahmung der Leidenschaften und der Handlungen, die aus ihnen fließen. Damit ist sie für Mendelssohn ein sinnliches Abbild des Strebens nach Vollkommenheit und der Verirrungen, denen der Mensch in seinem Streben ausgesetzt ist. Entsprechendes gilt für die Reaktion seitens der Zuschauer. »Mitleid«, »Schrecken«, »Bewunderung« enthalten ja gefühlsmäßige Werturteile. Ablehnung und Zustimmung mischen sich. Mendelssohn: Der Zuschauer übt das »Vermögen zu den Vollkommenheiten eine Zuneigung zu haben, und Unvollkommenheiten zu fliehen« (14. Mai 1757, 2. Beilage, B 3, 734). Die »Ausübung dieses Vermögens« (ebd.) bereite der Seele Lust. Sie werde innerhalb der fiktionalen Welt nicht durch das Leid (die Unlust) über ein reales Unglück getrübt (»verdunkelt«).

Dies alles: Die theatralische Vorstellung und die tragischen Leidenschaften, sind für Mendelssohn sinnliche Phänomene. Hier trifft er sich mit Nicolai. Das Ästhetische wird von der Vernunfterkenntnis (der »symbolischen Erkenntnis«) abgekoppelt; seine Eigenart wird zugegeben. Von seiner Sphäre, der Sphäre des Gefühls, geht aber deshalb auch bei Mendelssohn kein innovativer Impuls für die Erkenntnis wahrer Vollkommenheiten aus. Diese bleibt die Sache der Vernunft, die die Ziele entwirft und über ›Gut‹ und ›Böse‹ entscheidet. Das Mitleid etwa schließt (für ihn) die »anschauende« (gefühlsmäßige) Erkenntnis einer Vollkommenheit in sich. Das heißt: Die Liebe zur Vollkommenheit, die sich in ihm ausspricht, realisiert sich auf der Ebene sinnlichen Fühlens. Als bloßes Gefühl ist das Mitleid verführbar, auch unwürdige Gegenstände können es beanspruchen. Auf der Bühne, folgert Mendelssohn, sei die Bestechung der Vernunft durch das Gefühl erlaubt, da die »Schaubühne« ihre »besondere Sittlichkeit« habe (13. *Brief über die Empfindungen*, JubA 1, 94). Auf der Bühne erwecke z.B. der Selbstmord des Mellefont Mitleid im höchsten Grade. Werde diese Tat jedoch in dem Spiegel der »wahren Sittlichkeit« betrachtet, werde das Mitleid sich in Abscheu verwandeln (ebd.). Mendelssohn setzt der »ästhetischen Erziehung« als einer Erziehung *durch* »Empfindungen« Grenzen. Er gibt zu Bedenken (*Von der Herrschaft über die Neigungen* [1756], § 10, JubA 2, 154): »Wer die Empfindlichkeit eines Menschen vermehrt, hat ihn dadurch noch nicht tugendhaft gemacht, wenn er nicht zugleich seine Urteilskraft gebessert hat.« In der Schlusskapitulation zum *Briefwechsel* hält Nicolai gleichfalls fest: Das Mitleiden vermehre zwar »unsere sittliche Empfindlichkeit«; dies allein reiche jedoch zur »Reinigung der Leidenschaften«, zur moralischen Besserung, nicht hin, »da das Mitleiden selbst wiederum von der Vernunft regiert werden

muß« (B 3, 728). Gefühl und Vernunft gelangen bei Mendelssohn (und Nicolai) in der Sphäre der Kunst nicht zur Deckung, dem Ästhetischen wird keine Erkenntnisleistung zugestanden. Die Bestimmung der Eigenart der Kunst impliziert ihre Abwertung.

Wenn Mendelssohn auch niemals von der Unterdrückung, sondern immer von der Integration der Sinnlichkeit als dem Idealzustand spricht und ausdrücklich die ästhetische Lust, das freie Spiel der sinnlichen Begehrungskräfte, als eine »Vollkommenheit« sui generis bejaht, lässt er doch an dem höheren Wert der Vernunft keinen Zweifel. Auf deutliche Erkenntnis sei die Vorstellungskraft der Seele angelegt. Die deutliche Erkenntnis offenbare die Vollkommenheit als solche, ungetrübt von irdisch–sinnlicher Beschränkung. Sie lenke zu richtigen Begriffen von der Tugend, sie erfülle die Seele mit einer dauerhaften Liebe und Lust. Zu Recht erkennt Schings hier eine im Ansatz dualistische Anthropologie. Die Höherwertung der ›oberen Seelenkräfte‹ findet ihren Niederschlag in dem Tragödienmodell, das Mendelssohn bevorzugt: Es ist die heroische Tragödie, die die Bewunderung erweckt. Wo der Held »das moralische Gute« ungleich höher schätze als das »physische Gute« (B 3, 707) und den Trieb zum Leben überwinde, da erstrahlten die menschlichen Möglichkeiten im höchsten Glanz. Das Mitleid binde an die sinnliche Natur, die Bewunderung führe über deren Schranken hinaus: »Dieser innerliche Sieg, den seine göttliche Seele über den Körper davon trägt, entzückt uns […]« (ebd.). Der Protagonist siege »über Natur und Schicksal« und zeige sich als »unerschrockenen« Helden, »wo wir den gebeugten unter seiner Last seufzenden Menschen erwarteten« (B 3, 690). Durch den Affekt der Bewunderung werde die Erkenntnis der höchsten Vollkommenheit in eine sinnliche Anschauung verwandelt (ebd): »Können Sie nunmehr noch zweifeln, daß die anschauende Erkenntnis der Vollkommenheit durch die Bewunderung sinnlicher wird […]?« (Zu Mendelssohns Konzept der ›theatralischen Sittlichkeit‹ [*Briefe über die Empfindungen*] und dem Problem der »Theatermoral« s. Ranke 2009, 21–63).

Lessing

Lessings Wirkungslehre unterscheidet sich von derjenigen Mendelssohns und Nicolais in drei wesentlichen Momenten. Die Tragödie hat für ihn unmittelbar moralische Wirkung (1); und zwar (2) aufgrund des Mitleids, das sie erweckt. Das Mitleid ›bessere‹ den Menschen als solches, ohne das Regulativ der Vernunfterkenntnis nötig zu haben. Schließlich lehnt Lessing (3) die ›Bewunderung‹ als selbständige tragische Leidenschaft ab. »Schrecken« und »Bewunderung« werden dem Mitleid untergeordnet. Der Grund für diese Differenzen ist die Tatsache, dass Lessing ›Gefühl‹ und ›Vernunft‹ auf eine ganz andere Art synthetisiert.

Mitleid. Lessing eröffnet die Debatte über das Trauerspiel, indem er Nicolais These von der lustvollen Erregung der Leidenschaften als einseitig zurückweist. In seinen Augen ist die Kunst mehr als Belustigung. Sie soll in das alltägliche Leben hineinwirken. Sie soll die Zuschauer moralisch beeinflussen und »bessern«. So skizziert er, wie er sich »vorstelle, dass das Trauerspiel durch Erzeugung der Leidenschaften bessern kann« (Nov. 1756, B 3, 669). Damit fällt Lessing nicht, wie immer wieder behauptet wird, auf eine veraltete Position, die Position Gottscheds, zurück. Zwar ist auch für Gottsched der ›moralische Nutzen‹ der Kunst entscheidend. Er kann diesen Nutzen jedoch nur dadurch verwirklicht sehen, dass er die Kunst auf die Wiedergabe allgemein geltender Lehren verpflichtet. Die sinnliche Einkleidung wird hier zweitrangig gegenüber dem Inhalt, den der Verstand abstrahiert.

Ganz anders verhält es sich bei Lessing. Für ihn ist die gefühlsmäßige Reaktion, das Mitleid, bereits das moralische Phänomen. Damit wird die Zielorientierung auf die deutliche Vernunfterkenntnis unterlaufen. Die ›Besserung‹ steht und fällt mit der sinnlichen Kraft der Tragödie. Die anschaulich-eindringliche, leidenschaftliche Darstellung ist nicht ersetzbar durch eine aus ihr zu gewinnende moralische Anweisung. Denn der moralische Gehalt realisiert sich in der Erschütterung, die die Tragödie hinterlässt. Schulte-Sasse (1972, 218): »Der entscheidende Punkt ist nicht, ob Lessing der Kunst noch moralische Aufgaben zuspricht, sondern ob die Kunst als Ausdrucksmedium fremdbezogen und untergeordnet bleibt oder eigenständige Geltung erreicht, indem sie auf ein ihr zugeordnetes menschliches Vermögen, das Gefühl, bezogen wird.« Wenn also Lessing, im Unterschied zu Mendelssohn und Nicolai,

Kunst und Moral erneut miteinander verknüpft, bekundet sich darin nicht ein Misstrauen in die Sphäre der Leidenschaften, sondern deren Höherwertung. Dies tritt vor allem in der Mitleidskonzeption zutage. Lessings Wirkungsformel hat Berühmtheit erlangt (B 3, 671): »[…] die Bestimmung der Tragödie ist diese: sie soll *unsre Fähigkeit, Mitleid zu fühlen*, erweitern. […] *Der mitleidigste Mensch ist der beste Mensch*, zu allen gesellschaftlichen Tugenden, zu allen Arten der Großmut der aufgelegteste.«

Gar nicht unverständig ist es nun, wie Mendelssohn Lessings Meinung auslegt (B 3, 727): »Das Mitleiden reinige die Leidenschaften […] dadurch, daß es den Menschen geselliger macht, indem er das Unglück seines Nebenmenschen wie sein eignes fühlt.« Mendelssohns Definition des Mitleids lautet (*Briefe über die Empfindungen*, Beschluß, JubA 1, 110): Es sei »die Liebe zu einem Gegenstande, mit dem Begriffe eines Unglücks, eines physicalischen Uebels, verbunden, das ihm unverschuldet zugestoßen.« Die Liebe wiederum ist die von »Lust« begleitete Vorstellung einer Vollkommenheit. Ganz ähnlich umschreibt bzw. zergliedert Lessing das »Mitleid«. Alle »Betrübnis, welche von Tränen begleitet wird«, insbesondere das Mitleid, »ist eine Betrübnis über ein verlornes Gut […]. Nun findet sich bei dem verlornen Gute nicht allein die Idee des Verlusts, sondern auch die Idee des Guts, und beide, diese angenehme mit jener unangenehmen« Idee verknüpft, ergeben das Phänomen der »vermischten Empfindung« (an Mendelssohn, 13. Nov. 1756, B 3, 674. – ›Idee‹ wird dabei im zeitgenössischen Sprachgebrauch synonym für »Vorstellung« verwendet). An späterer Stelle fügt Lessing hinzu: »Ein großes Mitleiden kann nicht ohne große Vollkommenheiten in dem Gegenstande des Mitleids sein« (an Mendelssohn, 18. Dez. 1756, B 3, 694). In Mendelssohns schulphilosophische Terminologie übersetzt: Im Mitleid übt die Seele ihr Vermögen, vermittels der anschauenden Erkenntnis, d. h. gefühlsmäßig, die Tugend zu lieben und deren Unglück abzulehnen. Wo liegen bei so viel Gemeinsamkeit die strittigen Punkte? Für beide ist das Mitleid ein Gefühl, das zum ›Guten‹ hinzieht. Beide operieren mit dem Denkmodell: In den Leidenschaften wirken die – mehr oder weniger verworrenen – Vorstellungen eines Guts (»anschauende Erkenntnis«).

Wir haben die Vorbehalte bereits kennengelernt, die Mendelssohn dem Mitleid als einem moralischen Gefühl entgegenbringt. Die Richtung, die das Mitleid nimmt, muss für ihn beständig von der Vernunft überprüft werden. Wer die sittliche Empfindlichkeit vermehre, habe den Menschen beileibe noch nicht tugendhafter gemacht. Dass mit der Intensivierung des Gefühls auch eine *Verbesserung* des Gefühls verbunden sei, dafür müsse die Urteilskraft sorgen, die dem Gefühl seinen Inhalt gebe und seine Intentionalität vorschreibe. Die Erhöhung der »Empfindlichkeit« werde lediglich dazu verhelfen, die sittlichen Entschlüsse in die Tat umzusetzen. Für Lessing dagegen wird die Unterscheidung zwischen ›wahren‹ und ›falschen‹ Vollkommenheiten, zwischen »Gütern« und »Scheingütern«, die das Mitleiden gleichermaßen mobilisieren, irrelevant. Das heißt: Diese Unterscheidung berührt für ihn die moralische Qualität des Mitleids nicht. An Mendelssohn, 18.12.1756 (B 3, 698): »Gesetzt auch, daß mich der Dichter gegen einen unwürdigen Gegenstand mitleidig macht, nemlich vermittelst falscher Vollkommenheiten, durch die er meine *Einsicht* verführt, um mein *Herz* zu gewinnen. Daran ist nichts gelegen, wenn nur mein Mitleiden rege wird, und sich gleichsam gewöhnt, immer leichter und leichter rege zu werden.« Der mitleidigste Mensch ist der beste Mensch. Nicht ›von außen‹ lenkt für Lessing die Vernunft das Mitleiden, indem sie, unabhängig vom Fühlen, über die »Vollkommenheiten« befindet. Umgekehrt liegen für ihn die Verhältnisse. Das Mitleiden muss zur treibenden Energie für das vernünftige Denken werden. Es liegt, als Gefühl, der Reflexion voraus. Nicht viele, meint Lessing, sind zur »deutlichen Erkenntnis« der Vollkommenheit fähig. Das Mitleid jedoch »bessert unmittelbar; bessert, ohne daß wir selbst etwas dazu beitragen dürfen; bessert den Mann von Verstande sowohl als den Dummkopf« (B 3, 683). Zugleich schließt für Lessing das Mitleiden die Vernunft in sich. Als ›anschauende Erkenntnis‹ ist es auf ein Gegenüber, auf ein »Du« bezogen. Diesen elementaren, sozusagen kreatürlichen Du-Bezug auszufalten, ist die Aufgabe der Vernunft. Den ersten Anstoß gibt die Mitleidsempfindung, hinter deren Auftrag die Vernunft nicht zurückkann.

Mitleid und moral sense. Bereits Mendelssohn und Nicolai erkennen in Lessings Empathie-Konzeption die Konturen der *moral-sense*-Lehre. Mendelssohn bringt am Schluss der Debatte den Begriff des »moralischen Geschmacks« (B 3, 729) ins Spiel. »Moralischer Geschmack« ist die deutsche Entsprechung für den englischen Terminus »moral sense«. Lessing hatte 1756 das Werk des Shaftesbury-Schülers Francis Hutcheson, *A System of moral philosophy*, übersetzt (vgl. dazu jedoch Martinec 2008b, 95–100). Er ist also mit der neuen Richtung bestens vertraut. Der ›moral sense‹ weist eine Struktur auf, zu der Lessings »Mitleid« analog gebildet scheint (Heidsieck). Es begegnet die gleiche Vereinigung von Emotionalität und Moralität (Rationalität). »Moral sense« ist für Hutcheson ein ursprüngliches Gefühl, das nicht weiter zu zergliedern ist – Mendelssohn dagegen analysiert den »moralischen Geschmack« als untergeordnete Stufe der Vernunfterkenntnis. Hutcheson verwendet auch den Begriff ›innerer Sinn‹. Der Mensch besitze einen ›inneren Sinn‹ für moralische Werte. Ein Wahrnehmungs- und Beurteilungsorgan für Gut und Böse sei ihm angeboren, das ebenso ursprünglich und unableitbar wie die körperlichen Sinnesorgane sei. Es äußere sich als spontane Zu- und Abneigung bei altruistischen bzw. egoistischen Handlungen. Spontaneität und Reflexion sind hier eins geworden. Besonders nachhaltig dürfte Lessing beeindruckt haben, wie Hutcheson das Verhältnis von Vernunft und Gefühl, was das Telos menschlichen Handelns angeht, im Vergleich zur landesüblichen Schulphilosophie umdreht. Hutcheson macht klar, dass nicht Vernunftschlüsse, sondern Neigungen den Willen bestimmen. Was der Mensch letztlich wolle, hänge von seiner Gefühlsdisposition ab. Die Vernunft zeige nur die Mittel, wie der Endzweck zu erlangen sei: »as no opinion or judgment can move to action, where there is no prior desire of some end« (Hutcheson 1755/1969, Bd. 5, 38). Wer das Mitleid schärft, so Lessings Analogieschluss, gibt den altruistischen Neigungen die Stärke, die den Schritt vom Fühlen und Denken zum Handeln gewährleistet. Als »anschauende Erkenntnis« erschließt das Mitleid den Bezug zu einem Gegenüber. Als Gefühl treibt es zu den entsprechenden Taten. Von »gesellschaftlichen Tugenden« spricht Lessing im *Briefwechsel*, von »Verwandlung der Leidenschaften in tugendhafte Fertigkeiten« wird in der *Hamburgi-*

schen Dramaturgie die Rede sein (78. St.; B 6, 574).

Bewunderung. Mendelssohn ist »Metaphysiker«, Lessing ist Theatraliker, Empiriker, »Belesprit« [!], wie er sich selbst nennt (13.11.1756; B11/1, 123). Mendelssohn deutet den Menschen von dem Ziel der »Vollkommenheit« her, Lessing geht von den ursprünglichen seelischen Impulsen aus. Mendelssohn argumentiert logisch unanfechtbar, Lessing befragt die psychologische Realität. Die Differenzen lassen sich jedoch nicht allein auf den Unterschied der Perspektiven zurückführen. Hinter der Umpolung, die Lessing im Verhältnis von Gefühl und Vernunft vornimmt, steht eine grundsätzlich andere Auffassung der »Natur«. Der Unterschied zu Mendelssohn artikuliert sich vor allem in Lessings Ablehnung, ja Diffamierung der »Bewunderung«: »Ich glaube, der ist der größte Geck, der die größte Fertigkeit im Bewundern hat« (an Mendelssohn, 18. Dez. 1756, B 3, 698). Im Rahmen seiner Wirkungslehre begreift Lessing Bewunderung und Schrecken als Sonderformen des Mitleids. Der »Schrecken« sei das durch ein plötzliches Ereignis »überraschte Mitleid«, die Bewunderung das zur Ruhe gekommen Mitleid. Die Tragödie sei um ihre Wirkung gebracht, wenn sie mit dem Affekt der Bewunderung schließe.

Die höchste Vollkommenheit ist – darin sind Mendelssohn und Lessing sich einig – Gott vorbehalten. Die Differenz liegt in der Art, wie beide den Menschen mit diesem Ziel in Verbindung bringen. Die Sinnlichkeit, auch wenn sie gottgewollt ist, beengt für Mendelssohn dessen Entfaltung auf Erden. So sieht er ein Bild sittlicher Vollendung in dem Tragödienhelden, der sich freimacht von der physischen Bedingtheit des Daseins: der die »Natur« und das »Schicksal« besiegt (B 3, 690). Im Vergleich zum Mitleid, das den Menschen nur empfindlicher, »zärtlicher« mache, sei die Bewunderung der höherwertige Affekt. Sie unterstütze zuverlässig die Zielrichtung der Vernunft (B 3, 676): »[…] nein! die sinnliche Empfindung des Mitleidens macht einer höhern Empfindung Platz, und ihr sanfter Schimmer verschwindet, wenn der Glanz der Bewunderung unser Gemüt durchdringt.«

Lessing wittert hinter dem »Heroismus« (B 3, 681), den der Freund befürwortet, das Misstrauen in die menschliche Natur. Er parallelisiert den »Sieg über die Natur« mit der Gnadenwirkung, durch die, nach lutherischer Lehre, allein das menschliche Herz bekehrt werden kann. Die bewundernswerte Veränderung des Gusman, so exemplifiziert er am Beispiel von Voltaires *Alzire ou les Américains* (1736), sei »durch nichts wahrscheinlich zu machen, als durch eine übernatürliche Wirkung der Religion« (B 3, 678). Wo der Dichter die Bewunderung erweckt, verstößt er in Lessings Augen gegen die Ordnung der Natur. Der Charakter entwickle sich nicht mehr seinen natürlichen Anlagen gemäß (ebd.). Der Autor statte den Helden mit Eigenschaften aus, die wir »der ganzen menschlichen Natur nicht zugetraut hätten« (B 3, 679). Darin aber, in der Unterdrückung der Empfindlichkeit, der sinnlichen Komponente der Natur, sieht Lessing nichts Bewunderungswürdiges. Es fällt die berühmte Wendung von der »Halsstarrigkeit der Tugend« (B 3, 680). Er nimmt Mendelssohn, der ja selbst immer wieder eine optimistische Auffassung vom Menschen verteidigt, beim Wort (ebd.): »Sie haben einen zu richtigen Begriff von der menschlichen Natur, als daß Sie nicht alle unempfindliche Helden für schöne Ungeheuer, für mehr als Menschen, aber gar nicht für gute Menschen halten sollten.« Lessing wehrt sich gegen die Absonderung der ›Tugend‹, also des Strebens nach Vollkommenheit, vom Bereich des Fühlens. Mendelssohn will den Helden als Bezwinger des Schmerzes, Lessing will ihn in seiner Abhängigkeit von den »schmerzlichen Empfindungen« sehen (B 3, 682). Er macht sich über die Märtyrertragödie lustig, in welcher der Held agiert, als sei sein Geist jetzt schon vom Körper getrennt (B 3, 696): Der »Märtyrer« »sehnet sich nach Tod und Martern; […]. ich bewundere den frommen Enthusiasten, aber ich müßte befürchten, seinen Geist in dem Schoße der ewigen Glückseligkeit zu erzürnen, wenn ich Mitleid mit ihm haben wollte.« Dies ist für Lessing nicht der rechte Weg zur Vervollkommnung, deren Dynamik er mit einem sinnlichen Impuls, dem Mitleid, beginnen lässt. Die höchste Entfaltung des Menschen bleibt für ihn in die Ordnung der Natur eingebunden, die Sinnlichkeit und Vernunft umschließt. Empfindlichkeit, Leidensfähigkeit, Mitleiden halten die Unvollkommenheit des Irdischen gegenwärtig; sie tun es so, dass sie zur Besserung, Veränderung, Vervollkommnung motivieren. Eine leise Skepsis klingt dabei an, was die Möglichkeit betrifft, die »Vollkommenheit«

überhaupt so rein und sicher zu erfassen und a priori das Bessere vom Guten zu unterscheiden. Wie viele, fragt Lessing, haben schon die »deutliche Erkenntnis der Vollkommenheit?« (B 3, 683). Gesetzt den Fall, dass ein endgültiges Wissen darüber dem Menschen generell verwehrt sein sollte – besonders der späte Lessing wird sich dieser Auffassung zuneigen –, ist das Mitleid der einzige Kompass, der die Vernunft bei ihren sittlichen Entscheidungen letztlich leiten kann.

Lessings Mitleidskonzeption ist brisant, sie unterscheidet sich wesentlich von der Affektregie der zeitgenössischen (bürgerlichen) Trauerspiele, die Liebe zur Tugend, Abscheu vor dem Laster hervorrufen sollen. Das ›Mitleid‹ durchkreuzt die Einteilung der Personen in tugend- und lasterhafte. Mendelssohn und Nicolai nehmen die »theatralische Sittlichkeit«, in der die Grenzen zwischen Tugend und Laster zu verschwimmen drohen, als Indiz für die Unzuständigkeit der Kunst in Sachen Moral. Für Lessing hingegen geht von der »theatralischen Sittlichkeit« durchaus eine moralische Wirkung aus. Es beeinträchtige den Wert des Mitleids eben nicht, wenn es sich auf »falsche« Vollkommenheiten beziehe. Damit wird der Kunst eine von Vernunftschlüssen unabhängige Erkenntnis zugestanden. Sie trifft die Komplexität des Wirklichen potentiell besser als die Abstraktionen der ›symbolischen Erkenntnis‹; sie erweitert das Wissen um diese Komplexität. Die Vernunft sondert Tugend und Laster, wahre und falsche Vollkommenheiten. Das Mitleid sieht den konkreten Menschen, in dem beides unentwirrbar zusammenfließt.

Quellen: Hutcheson 1755 (Collected Works, Bd. 5/6, 1969); Hutcheson/Lessing 1756 (2 Bde); Mathes 1974 [zeitgenössische Texte zur Theorie des bürgerlichen Trauerspiels]; Mendelssohn 1755, JubA 1, 41–123 [*Über die Empfindungen*] und 1756, JubA 2, 147–155 [*Von der Herrschaft über die Neigungen*]; Rousseau 1755, hg. U. Goldenbaum 2000 [Übersetzung Mendelssohns]; Rousseau 1755, hg. K. Weigand [4]1983; Schulte-Sasse 1972 [mit Nicolais *Abhandlung vom Trauerspiele* und Auszügen aus Mendelssohns *Briefe über die Empfindungen*].

Literatur

zu Entstehung und Kontext: B 3, 1377–1380 und 1394–1439 [Stellenkommentar: umfassende Aufschlüsselung der literarischen und philosophischen Quellen]; G 4, 831; JubA 2, XXV–XXIX.

Forschung: zur Theorie des bürgerlichen Trauerspiels: Guthke [6]2006; Hempel 2006 [soziale Funktion der Mitleidsdramaturgie: Sensibilisierung des Publikums für überständische Werte und Empfindungsweisen]; Martino 1972; Mönch 1993; Neuß 1989, 209–216; Szondi 1973; Weimar 1977; Wierlacher 1967 und 1968.

zum Briefwechsel, Positionen der Briefpartner; Lessings Mitleidskonzeption: Alt 1994, 175–190; Engbers 2001 [*moral sense*: Rezeption der Schriften von Hutcheson und Shaftesbury in Deutschland]; Golawski-Braungart 1999; Heidsieck 1979; Kronauer 1978; Lehmann 2000, 256–275; Luserke in Mauser/Saße (Hgg.) 1993, 322–331; Luserke 1995, 151–193; Martinec 2003; Martinec in Falk/Košenina (Hgg.) 2008, 45–65 [= Martinec 2008a]; Martinec in Berthold (Hg.), 95–113 [= Martinec 2008b]; Michelsen 1990b, bes. 126–136; Nisbet 1993; Nisbet 2008, 281–293; Ranke 2009, 21–63 [»theatralische Sittlichkeit« bei Mendelssohn]; Redekop 2000, bes. 75–94 [soziale Funktion der Mitleidsdramaturgie: Sensibilisierung des Publikums für überständische Werte und Empfindungsweisen]; Schings 1980; Schulte-Sasse 1972, 168–237; Wiedemann in B 3, 1381–1393; Zelle in Gerhard (Hg.) 1999, 97–115 [Mendelssohns Konzept der tragischen Leidenschaften: Ethik und Ästhetik].

Philotas

Entstehung und Kontext

Erstdruck: Das Drama erscheint anonym zu Ostern 1759 bei Voß in Berlin. Der Titel: *Philotas. Ein Trauerspiel*. Lessing nimmt es dann in den Band *Trauerspiele* (1772) auf. Die Uraufführung findet am 24. Januar 1774 durch die Kochsche Truppe in Berlin statt. – Text: B 4, 9–35.

Lessing verfertigt das Drama im Lauf des Jahres 1758. Der entstehungsgeschichtliche Hintergrund ist der Siebenjährige Krieg. Dokumente zur Entstehung gibt es allerdings keine (Lessing veröffentlicht das Stück anonym). Doch enthält der gleichzeitige Briefwechsel mit Gleim wichtige Fingerzeige zur Interpretation (s. S. 179 f.). – Lessings »Entwicklung« ist immer wieder von der Gleichzeitigkeit des Ungleichzeitigen geprägt. Nach dem »bürgerlichen Trauerspiel«, der *Miß Sara Sampson*, formuliert er die theoretischen Grundlagen der neuen Gattung (*Briefwechsel über das Trauerspiel*). Danach jedoch geht er keinesfalls daran, die erarbeiteten Richtlinien nunmehr in der Praxis zu erproben und »bürgerliche Trauerspiele« zu schreiben. Vielmehr wendet er sich wieder dem Stoffbereich der heroischen Tragödie zu. Neben dem Einakter *Philotas* entstehen mehrere Fragmente, die im Umkreis der antiken Heldengeschichte angesiedelt sind. *Kleonnis* ist das markanteste von ihnen. Lessing hat diesen Entwurf selbst als Pendant zu *Philotas* bezeichnet (vgl. Kap.: Fragmente. Tragische Süjets). Damit trägt er einer Zeitströmung Rechnung. Denn in den 50er und 60er Jahren hat die heroische Tragödie mit ihren Staats-Aktionen noch einmal Hochkonjunktur. Zu denken ist an Wieland, dessen »Trauerspiel« *Lady Johanna Gray* (1758) Lessing ausführlich in den »Literaturbriefen« bespricht, sowie an die Dramenproduktion der Cronegk, Weiße und Brawe, dessen *Brutus* (E posthum 1768) zu den psychologisch und gedanklich interessantesten deutschsprachigen Römertragödien gehört. Noch der Spielplan des Hamburger Nationaltheaters ist von diesen Stücken geprägt. Wie lassen sich die Tatsachen deuten? Wie stellt sich Lessing mit *Philotas* zu der heroischen Tragödie und welche Konsequenzen ergeben sich für das bürgerliche Trauerspiel? (Zu Lessings Freundeskreis und dem biographischen Kontext von *Philotas* vgl. Nisbet 2008, 302–316).

Publizistik im Siebenjährigen Krieg. Thomas Abbt: »Vom Tode für das Vaterland«. Gleims »Preussische Kriegslieder«

Man hat – wohl zu Recht – das aufflammende Interesse an heroisch-politischen Dramenstoffen mit dem Siebenjährigen Krieg in Verbindung gebracht, der bei vielen Intellektuellen (nicht nur in Preußen) eine große »nationale« Begeisterung auslöste. Tod und Opfer für das Vaterland werden in den Trauerspielen verherrlicht. Zugleich entstehen Dichtungen und Schriften, in denen die Autoren ihre Anteilnahme an den Kriegsereignissen unmittelbar artikulieren. Sie werfen ein bezeichnendes Licht auf den mentalitätsgeschichtlichen Hintergrund, vor dem die antikisierenden Heldentragödien anzusiedeln sind. Besonders aufschlussreich für die Phänomene, auf die *Philotas* Bezug nimmt, ist Thomas Abbts Schrift *Vom Tode für das Vaterland*. Zwar ist sie erst 1761 erschienen. Die große Resonanz, die sie fand, lässt jedoch vermuten, dass sie weit verbreiteten Anschauungen Ausdruck verlieh, mit denen Lessing ebenfalls konfrontiert wurde. (Auf breiter Quellenbasis informiert Blitz [2000] über die Darstellung des Kriegs in den Medien, angefangen von den Versuchen Friedrichs II., seine Politik zu kommunizieren, bis zu den Dankpredigten protestantischer Geistlicher; zum Siebenjährigen Krieg als Medienereignis s. auch die Beiträge in Adam/Dainat [Hgg.] 2007).

Das Hervorstechende an Abbts Werk ist die Verschmelzung von aufklärerischer Argumentation und emotionaler Agitation. Das Heroische wird von der höfisch-aristokratischen auf die bürgerliche Sphäre übertragen. Zugleich hebt Abbt den Zusammenhang zwischen Heroismus und Stoizismus auf. Abbt baut seine Werbung für den vaterländischen Heldentod im Dienst Friedrichs II. auf dem Grundgedanken auf, dass der Teil, der Einzelne, sich für das Ganze zu opfern habe (auch Philotas denkt so). Ein rationaler Kern und ein emanzipatorisches Element sind in diesem

Grundgedanken enthalten. Abbt verpflichtet den König darauf, der erste Diener des Staates zu sein und sich dem »Gesetz«, dem Prinzip des Rechtsstaats, zu beugen. Nur so sei die Monarchie »ein Ganzes«, das die »Glückseligkeit« aller garantiere und befördere. Nur so sei das Opfer der Einzelnen für das »allgemeine Beste« zu rechtfertigen. Zugleich mache die persönliche Aufopferung aus dem Untertan einen Staatsbürger. Der Einsatz des eigenen Lebens im vaterländischen Krieg ebne die Standesunterschiede ein. Abbt fordert auch für Friedenszeiten eine stärkere Berücksichtigung des Bürgertums bei der Vergabe von Ämtern und Ehrenstellen.

Statt aber die völkerrechtliche Problematik von Friedrichs Überfall auf Sachsen (1756) oder die realen Auswirkungen des Kriegs auf die Bevölkerung nüchtern zu untersuchen, nimmt Abbt als gegeben an, dass Recht und Gesetz auf Seiten Preußens sind und der vaterländische Krieg der »Glückseligkeit« aller dient. Der König darf als Landesvater die Liebe der Untertanen fordern. Rationale Analyse schlägt um in eine Mobilisierung der Gefühle. Abbts Schrift hat ihr Zentrum in dem Bestreben, einen leidenschaftlichen Heroismus zu erwecken. Eine Missachtung bürgerlichen Sicherheitsstrebens, bürgerlicher Alltäglichkeit ist nicht zu überhören. Zugleich hat der »Heroismus«, den er predigt, die Gefühlswerte der Empfindsamkeit in sich aufgesogen. Charakteristisch ist der antistoische Affekt. Nicht die Vernunft werde die kreatürliche Todesfurcht überwinden, Leidenschaft könne nur durch Leidenschaft besiegt werden. Die Leidenschaft, die Abbt der Todesfurcht entgegensetzt, ist die empfindsam überhöhte Vaterlandsliebe (auch eine Folge der »Aufwertung der Sinnlichkeit«). In *Philotas* zeigt Lessing ebenfalls, wie das Selbstopfer aus einer ganz und gar leidenschaftlichen Haltung resultiert.

Das Erstaunliche an Abbts Schrift besteht darin, dass Vaterlandsliebe, Überwindung der Todesfurcht und Todesbereitschaft zu *einem* Affekt zusammenfließen. Unermüdlich wird der »schöne Tod fürs Vaterland« (um eine Wendung Gleims zu gebrauchen) beschworen, so, als liege hierin Sinn und Ziel aller Bewährung. Unter der Hand vertauschen sich die Prioritäten. Nicht länger erscheint die Todesbereitschaft als äußerster Prüfstein der Vaterlandsliebe – umgekehrt erweist Abbt den hohen Wert der Vaterlandsliebe da-

durch, dass sie die Todesverachtung hervorruft. Durch die Instrumentalisierung der Religion wird seine Argumentation aus heutiger Sicht vollends zum Skandal. Der Soldat wird mit den Märtyrern der Urkirche verglichen. Selten, so Abbt, halte die christliche Religion Beweggründe bereit, die stark genug seien, die Liebe zum Irdischen auszulöschen. Viel sicherer erzeuge die Vaterlandsliebe die Uneigennützigkeit, die mit dem Tod versöhne, ihn willig ertragen lasse und so zur ewigen Seligkeit verhelfe. Die Überhöhung der Vaterlandsliebe, die nur den Tod als den ihr gemäßen Ausdruck kennt, zu einem diffusen religiösen Gefühl kehrt als ein zentrales Motiv in *Philotas* wieder.

Wie gesagt, *Philotas* geht Abbts Schrift voraus. Doch erlebt Lessing, wie manche seiner Freunde von Kriegsbegeisterung und Siegestaumel erfasst werden; Freunde, die den gleichen Ideen der Aufklärung verpflichtet sind wie er. Er gibt Gleims Kriegsdichtung mit einer Vorrede heraus (*Preussische Kriegslieder in den Feldzügen 1756 und 1757 von einem Grenadier*. Anonym bei Voß in Berlin, 1758; 2. Aufl. 1759. Vgl. B 4, 90–93; hier benutzte Ausgabe: Brüggemann 1935/1966). Parallelen zu Abbts Schrift lassen sich allenthalben ziehen. Auch Gleim feiert den Heldentod, den »schönen Tod« fürs Vaterland, auch er verherrlicht Friedrich II., auch bei ihm verbindet sich der Heroismus mit geradezu empfindsamen Zügen. Den *cantus firmus* der *Preussischen Kriegslieder* bildet die Verteidigung der gerechten Sache des Königs, des »Menschenfreunds«, dem der Krieg vom Neid und der Machtgier der europäischen Fürsten aufgezwungen worden sei. Dementsprechend werden die Feinde permanent als bösartig, tückisch und feige, d. h. menschlich minderwertig diffamiert; zugleich wird der gerechte Krieg religiös überhöht und zur Angelegenheit der göttlichen Vorsehung gemacht.

Lessing befördert das alles zum Druck – aus marktstrategischen Gründen, wie Blitz (2000, 209–215), aus ästhetischen Gründen, wie Nisbet (2008, 309 f.) und die meisten Kommentatoren vermuten. Zum Konflikt mit Gleim kommt es anlässlich von dessen Ode auf den Sieg der Preußen über die Russen in der Schlacht bei Zorndorf, einem der blutigsten Gemetzel des Siebenjährigen Kriegs (*An die Kriegesmuse nach der Niederlage der Russen bei Zorndorf*, Brüggemann 1935/1966, 128–136). Die Stimmung der Freunde war aufgeheizt durch Berichte von den Greueltaten der russischen Armee gegenüber der Zivilbevölkerung – auch ein Onkel des von ihnen hochgeschätzten Ewald von Kleist wurde ermordet (vgl. B 11/1, 825). In seiner Ode stilisiert Gleim die Schlacht nunmehr zu einem Rachefeldzug biblischen Ausmaßes, in dem der »Blutdurst« gegen einen zum Unmenschen degradierten Feind sich hemmungslos entfalten darf. An manchen Stellen, schreibt Lessing nach der Lektüre (der ersten Fassung), hätten ihm »vor Entsetzen die Haare zu Berge gestanden« (an Gleim, 16.12.1758; B 11/1, 305). In seinem brieflichen Disput mit Gleim zeichnen sich die gedanklichen Konturen des *Philotas* ab. Es geht um die »Collision des Patriotismus« (B 11/1, 305; Lessing ist Sachse), um die schlichte Erkenntnis, dass die Gegenseite auch ihren ›gerechten Krieg‹ führt und ebenso überzeugt ist, für den Frieden zu kämpfen. Diese Erkenntnis entzieht dem Blick auf den Feind die kriegerische Energie. Lessing distanziert sich von der Einseitigkeit des Patriotismus mit den oft zitierten Worten: »Vielleicht zwar ist auch der Patriot bei mir nicht ganz erstickt, obgleich das Lob eines eifrigen Patrioten [...] das allerletzte ist, wonach ich geizen würde; des Patrioten nemlich, der mich vergessen lehrt, daß ich ein Weltbürger sein sollte« (B 11/1, 305). In einem anderen Brief nennt er die Vaterlandsliebe eine »heroische Schwachheit« (an Gleim, 14.2.1759, B 11/1, 311 f.). Gleim allerdings versteht nicht, dass und warum Lessing nicht Partei ergreift. In einem Brief an Ramler (6.1.1759; W. Albrecht 2003, Bd. 1, 57–59), in dem er die Kritik des Freundes Punkt für Punkt durchgeht, bekräftigt er die Überlegenheit der preußischen Sache; in seiner Versbearbeitung des *Philotas* (s. S. 190) gibt er dem Stück eine eindeutige, heroisch-patriotische Botschaft. Lessing antwortet darauf lakonisch: »Empfangen Sie vor allen Dingen meinen Dank für ihren Philotas. Sie haben ihn zu dem ihrigen gemacht, und der [...] Verfasser kann sich wenig oder nichts davon zueignen« (an Gleim, 12. Mai 1759, B 11/1, 321 f. – Zusammenstellung der kritischen Äußerungen Lessings zum Siebenjährigen Krieg bei Wiedemann 1967, 384–387; zur brieflichen Diskussion der Freunde vgl. Blitz 2000, 198–223).

Eine wichtige Rolle spielt für Lessing des Weiteren die vielschichtige und noble Persönlichkeit des preußischen Offiziers und Dichters Ewald von Kleist, der mit dem Versepos *Cißides und Paches* (1759) ebenfalls einen Beitrag zur emphatischen Kriegsliteratur beisteuert: »Der Tod fürs Vaterland ist ewiger/ Verehrung werth. – Wie gern sterb' ich ihn auch,/ Den edlen Tod, wenn mein Verhängniß ruft!« heißt es da am Schluss (hg. Wolf 1983, 148). – In den »Literaturbriefen« wirbt Lessing sowohl für Gleims Zorndorf-Ode [15. Brief] als auch für *Cißides und Paches* [40. Brief]). Wenn Kleist in der Schlacht von Kunersdorf tödlich verwundet wird, erkennt und beklagt Lessing den Zusammenhang von Todesverachtung und Todessehnsucht (an Gleim, 6. Sept. 1759, B 11/1, 332f.; zu Kleist s. Nisbet 2008, 304–308; Blitz 2000, 223–233).

Forschung

Conrad Wiedemanns Aufsatz *Ein schönes Ungeheuer* (1967) ist zum »Standardwerk« der neueren *Philotas*-Forschung geworden. Mit ihm beginnt unser Überblick. Über die ältere Deutungsgeschichte informieren (u.a.) Blitz (2000), Ehrich-Haefeli (1993), Maier (1998, 368–374), V. Riedel (1979), Ter-Nedden (2007). – Mit Wiedemanns Arbeit setzt sich die Erkenntnis durch, dass Lessing in dem Werk, das scheinbar den Heroismus verherrlicht, Kritik an diesem übt. Wiedemann bringt das Stück auf eine Linie mit der im *Briefwechsel über das Trauerspiel* geübten Polemik gegen die Bewunderung. Lessing führe den stoischen Helden ad absurdum. In Philotas lebten noch einmal die Ideale der ›alten Tragödie‹ auf: Staatsraison, der große Einzelne, Bewährung im Krieg, Macht, (politische) Größe, (kriegerischer) Ruhm und Ehre. Philotas ordne alles, insbesondere die Menschlichkeit, der (eigenen) »Ehre« unter. Lessing zeige in der Konfrontation mit Aridäus, wie das »Prinzip Philotas« die Ideale der Aufklärung aushebele.

Die wichtigste Analyse des Einakters nach Wiedemann bietet Ter-Nedden (1986). Er gewinnt dem Stück eine ungewöhnliche Aktualität ab, indem er es als einen Beitrag zur Friedenserziehung liest. Wie Konflikte zu lösen und nicht zu lösen sind, spiele Lessing anhand seiner Figuren vor. Die Hauptursache für die Verblendung des Philotas ist für Ter-Nedden die Unfähigkeit, sich in die andere Seite hineinzudenken. Er sehe nicht, dass alles, was er für sich beanspruche, Ehre, Ruhm, Gunst der Götter, der Gegner ebenfalls für sich reklamieren dürfe. Durch diese Spiegelbildlichkeit werde die Rechtfertigung des Kriegs unterminiert. Philotas könne sich vom partikularistischen Denken und vom Gruppeninteresse nicht freimachen. Das positive Gegenbild sei Aridäus. In ihm enthülle sich die politische Stoßkraft der (universalistischen) Menschheitsidee. Weil er zwischen dem Politiker und dem Menschen trenne, habe er einen Standpunkt gewonnen, von dem aus er auf den Gegner zugehen und die Verständigung mit ihm suchen könne.

Ein besonderes Verdienst der Interpretation Ter-Neddens liegt in der minutiösen Zergliederung von Philotas' Argumentation, seiner »Trugreden«. Schon öfter wurde beobachtet, dass der Prinz Versatzstücke der Aufklärungsphilosophie verwendet. Man hat dies als ein Moment der Kritik an dieser Philosophie gedeutet. Für Wiedemann ist Philotas (auch) ein Produkt der aufklärerischen Erziehung. Marion Gräfin Hoensbroech (1976) sieht die (unterstellte) Gefühllosigkeit des Helden als eine Konsequenz des abstrakten Rationalismus. Auch Kiesel spricht von dem »Rationalismus« des Helden (in Barner u. a. [5]1987, 257). Dagegen zeigt Ter-Nedden, dass die Anklänge an das aufklärerische Denken nur scheinbar sind, dass Philotas die Inhalte dieses Denkens in ihr Gegenteil verkehrt. Von der Philosophie her, die er buchstäblich zitiere, widerlege sich sein Raisonnement; Philotas widerlege sich selbst.

Ein ungelöstes Problem gibt Wiedemanns Auslegung auf: Das Trauerspiel, in dem Lessing mit der heroischen Tragödie abrechnet, scheint den Fehler der Gefühlskälte zu wiederholen. Ist Philotas nicht ein abschreckendes Beispiel? Und soll die Tragödie, Lessing zufolge, nicht Mitleid erregen und zur Identifikation einladen? Die Frage lässt sich auf zweierlei Weise beantworten: durch eine Untersuchung der Gattungszugehörigkeit des Dramas oder durch eine psychologisierende Deutung von Philotas' Charakter.

Den ersten Weg schlägt Norton (1992) ein. Lessing habe mit *Philotas* keine ›reine‹ Tragödie geschrieben. Das Stück stelle eine Mischform dar; es enthalte tragische und komische Elemente. Norton entdeckt das Schema der Typenkomödie: Aufgrund eines ›Fehlers‹ (hier: der Ehrsucht und Ruhmbegierde) isoliere sich der Held von der Gesellschaft; er agiere in zunehmender Verblendung. Insofern handle es sich um eine Satire. Doch kleide Lessing den satirischen Inhalt in die Form der Tragödie. Der Held nehme ein tragisches Ende; seine Geschichte werde ohne (komische) Illusionsdurchbrechung vorgestellt. Lessing wecke eine partielle Anteilnahme, um desto wirkungsvoller das heroische Ideal, für das scheinbar geworben werde, destruieren zu können. Durch die intellektuelle Einsicht werden, diesem Interpretationsansatz zufolge, dem Mitleid deutliche Schranken gesetzt. – Die Diskussion der Gattungssemantik ist heute ein zentraler Aspekt der Forschung zu *Philotas*, wobei das Problem in der Ambivalenz der Reaktionen liegt, die der jugendliche Held auslöst: ist es Mitleid? Bewunderung? oder kritische Distanzierung? Auch Lessings Rückgriff auf das antike Tragödienmodell wird in diesem Zusammenhang thematisiert (A. von Bormann 1998 [1999], 37–43). Eine übersichtliche Darstellung der unterschiedlichen Gattungselemente und ihrer Funktion findet sich bei Nisbet (2008, 319ff.). In eine neue Richtung weist Ter-Neddens (2007; 2010, 179f.) Vorschlag, Lessings Kriegsdrama als Parabel, als Lehrstück zu lesen, womit eine neue Sicht auf die Art seiner Mimesis verbunden ist (s. S. 183f.).

Eine psychologisch vertiefte Sehweise verfolgen Helmut J. Schneider (1990) und Ehrich-Haefeli (1995). Philotas scheitere in einer Pubertätskrise. Die Tragödie, so Schneider, thematisiere keine abnorme und anachronistische Fehlentwicklung, von der sich der Zuschauer quasi selbstgerecht distanzieren könne. Vielmehr mache Lessing auf ein Gefahrenmoment in uns allen aufmerksam. Er inszeniere einen missglückten Emanzipationsversuch. Philotas wolle sich vom Vater lösen. Sein Dilemma bestehe darin, dass er, statt sich zu befreien, das Gewalt- und Abhängigkeitsverhältnis verinnerliche. Davon zeugten die kindlich-narzisstischen Vorstellungen, die er vom Erwachsensein hege. Erwachsensein bedeute für ihn nicht verantwortliche Lebensführung, sondern heroische Männlichkeit. Wenn er sich dem gewalttätigen Anspruch dieses Bildes unterwerfe, affirmiere er die Bindung an den Vater. Der Schritt in die Gleichberechtigung, die ihm Aridäus gewähren wolle, gelinge ihm nicht. Das Dilemma des Philotas spiegele die Aporie jeder Erziehung: die Aporie, dass die Erziehung zur Mündigkeit die Abhängigkeit (Erziehbarkeit) des Zöglings voraussetze.

Psychoanalytische Deutungsmuster – »Verinnerlichung« und die Kategorie des »Über-Ich« – trägt Ehrich-Haefeli an das Trauerspiel heran. Zum Angelpunkt ihrer Analyse wird Philotas' Selbstverurteilung: »Darf ich mir alle Fehler vergeben, die mir die Vorsehung zu vergeben scheinet? Soll ich mich nicht strenger richten […]?« (4. Auftritt; B 4, 18). Nicht an einem Mangel, sondern an einem ›Zuviel‹ an Moralität scheitere Philotas. Nicht Ruhmsucht, sondern ein masochistisches Strafbedürfnis lenke seine Entscheidungen. Er habe die aufgeklärten Normen, die ihn zum Dienst an Staat und Gesellschaft verpflichteten, so stark verinnerlicht, dass er unter ihrem Druck zusammenbreche. Er könne sich von dem Schuldgedanken nicht mehr befreien; deshalb stelle sich ihm der Selbstmord als Weg zur Wiedergutmachung dar. Die Internalisierung der Normen werde begünstigt durch den Wandel der Vaterrolle, den das Stück ebenfalls reflektiere: den Wandel vom patriarchalisch strengen zum zärtlichen Vater. Lessing erkenne eine Gefahrenzone der Aufklärung. Der Disziplinierungsdruck, der mit der Loslösung von äußeren Autoritäten verbunden sei, werde in *Philotas* zur tödlichen Gewalt im Inneren des Menschen.

Philotas ist ein leidenschaftlicher Charakter. Er ist begeisterungsfähig und schwärmerisch. Er spricht von dem »Feuer«, das in seinen Adern tobt. Am Ende steigert er sich in einen Rauschzustand hinein, in dem die Gebilde seiner Phantasie zu Halluzinationen sich verdichten. Burgard (1987) erkennt in solchen Zügen den Solipsismus des Helden, an dem er zugrunde gehe. Er gibt ihm (u.a.) eine literaturhistorische Deutung. Lessing nehme in der Titelfigur seines Dramas das Sturm-und-Drang-Genie (kritisch) vorweg (Vorläufer dieser Deutung: Vincenti [1937, wieder 1968]). Er arbeite die folgenden Analogien heraus: den Enthusiasmus, das Eruptiv-Gewaltsame, die Kraft und Dynamik, die Innerlichkeit, vor allem jedoch die Erhöhung des eigenen Ich. Sie zeige sich in der Missachtung der Götter, der Ignorierung des tatsächlichen Ereigniszusammenhangs, der Selbstschöpfung und Neugestaltung der Realität nach einem Idealbild, das ein subjektives Wahnbild sei. Auch wenn die Parallelisierung mit der neuen Bewegung anachronistisch ist (die Epoche des Sturm und Drang setzt erst Jahre nach Erscheinen des Werks ein): Burgards Herausarbeitung von Philotas' übersteigerter Subjektivität vermag den Blick dafür zu schärfen, dass Lessing mit seinem psychologischen Interesse den Stürmern und Drängern überraschend nahekommt.

Fast einmütig lautet das Urteil der Forschung über den Schluss des Einakters: In der Abdankung des Aridäus manifestiere sich die Trennung von Politik und Moral; Lessing gestehe ein, »daß die Vereinbarung von Regierungspflichten und empfindsamer Moral […] für den Monarchen letzthin utopisch sei.« (Fink 1998 [1999], 67). Eine Gruppe neuerer Deutungen (Stiening 1998, Blitz 2000, Mein 2005) erkennt in dem Gegensatz von Politik und Humanität nicht mehr vornehmlich Lessings im Namen der Menschlichkeit vorgetragene Kritik an der auf Krieg beruhenden Machtentfaltung, sondern man versteht das Stück als Lessings resignative, zutiefst pessimistische Diagnose der Prinzipien und Triebfedern, auf denen der moderne Machtstaat beruhe. Im Heroismus des Philotas nehme kein rückwärtsgewandtes, obsolet gewordenes Ideal Gestalt an, um gleichsam endgültig verabschiedet zu werden (das war Wiedemanns These), sondern die Denk- und Empfindungsweise des Prinzen sei repräsentativ für Tendenzen der Aufklärung, die seit dem Kriegsausbruch 1756 virulent geworden seien – namentlich die preußische patriotische Bewegung mit ihrer Verklärung des Opfertodes bei gleichzeitiger emotional-aggressiver Abgrenzung vom (Kriegs-)Gegner wurde ja von bürgerlichen Intellektuellen getragen. Blitz erkennt in dem Trauerspiel die »Totalität einer kriegerisch-männlichen Lebensform« (237) und in seinem Schluss eine Ambivalenz, die der Verführungskraft des Prinzen geschuldet sei. Stiening bezieht die Reflexionen des Philotas auf eine – moderne – Staatstheorie (Hobbes; Hegel: 190), in welcher der staatliche Machterhalt nur als Abgrenzung gegen den ›Feind‹ denkbar sei; das Souveränitätsprinzip sei zugleich das Kriegsprinzip. Deshalb sei es nicht irrational, sondern konsequent, wenn Philotas im Akt der Identifikation mit dem Staat sich gleichzeitig aggressiv gegen den feindlichen König wende und seinem Vater nach einem »totalen Krieg« einen Frieden sichere, der möglichst auf der vollständigen Niederlage des Kontrahenten beruhe. Lessing decouvriere zwar die destruktiven Elemente der Machtmaschinerie (Tod des Thronerben), doch ohne eine Gegenperspektive zu entwickeln. Die Reaktion des Aridäus ist für Stiening »eine Negation, die […] resignativ und hilflos affektiv endet« (211). Noch einen Schritt weiter geht Mein, der im Friedensschluss des Aridäus nicht mehr den – wie auch immer folgenlosen – Gegensatz zur Strategie des Philotas erkennt, sondern deren Resultat; Aridäus' Menschlichkeit habe die feindliche Tat des Prinzen zur Voraussetzung. Mein argumentiert diskursanalytisch; das Trauerspiel mache die Konstitution des öffentlichen Raumes durch den Diskurs der Macht transparent. Die Stoßrichtung des Beitrags wird durch das Motto angegeben, das Foucaults *Vom Licht des Krieges zur Geburt der Geschichte* entnommen ist.

Dieser Sichtweise gegenüber ist daran zu erinnern, wie stark Lessing in dem Trauerspiel die Perspektive des Philotas relativiert. Der Krieg dauert eben nicht ewig, sondern gerade drei Jahre – so lange wie beim Erscheinungstermin des Stücks der Siebenjährige Krieg (vgl. Nisbet 2008, 324). Bevor die Väter den Thron bestiegen, herrschte Frieden, und einen möglichst dauerhaften Frieden wollen beide Parteien wieder herstellen. Aridäus bezweckt mit dem »Tausch« der Königssöhne nicht, wie Mein behauptet, die Fortsetzung, sondern die Beendigung des Krieges: »Mittelspersonen« zwischen »veruneinigten Vätern« sollen die »liebenswürdige[n] Kinder« werden und so »glückliche Folgen« herbeiführen (B 4, 21). Aridäus distanziert sich im Namen aufklärerischer Ideale von der fürstlichen Eroberungspolitik, wenn er Philotas gegenüber die Befürchtung ausspricht: »Du wirst mehr Siege, als glückliche Untertanen zählen« (B 4, 30). Und schließlich beruft sich Aridäus auf eine universelle Instanz, die zwischen den Staaten zu entscheiden vermag und somit geeignet erscheint, den Frieden zu sichern, nämlich auf die Götter, die das Leben und die Tugend *aller* Menschen zu erhalten bestrebt seien. So deutlich inkorporiert Lessing die Gegenwerte einer empfindsamen Aufklärung in das Kriegsstück, dass Zweifel gegenüber der These, hier werde der Rückzug in die private Innerlichkeit gezeigt bzw. der Menschlichkeit keine politische Kraft zugetraut, aufkommen und sich die Frage, welchen Sinn die Humanität des Aridäus hat, neu stellt.

Eine überzeugende Antwort darauf legt Ter-Nedden in seiner zweiten *Philotas*-Studie (2007) vor, mit der er einen entscheidenden Akzent in der Deutungsgeschichte des kleinen Dramas zu setzen vermag. Er entwickelt eine neue Perspektive auf das Stück, indem er, anknüpfend an die Befunde des Trauerspielbuchs (1986), die Dichotomie ›kriegerisch-politisch vs. menschlich-privat‹ aushebelt und durch den Gegensatz von ›Konfrontation vs. Kooperation‹ ersetzt, die nunmehr beide im Bereich politisch relevanten Handelns angesiedelt sind. Lessing gehe es nicht darum, Oppositionen aufzubauen und dann mit dem Tugend-Laster-Schema zu besetzen, sondern er wolle den blinden Fleck eines solchen Denkens entlarven. Übertragen auf *Philotas*: Die Blindheit des Helden beruhe darin, nicht zu erkennen, dass die Behauptung eigener Überlegenheit immer die Gegenseite zu einer gleichen Behauptung provoziert und somit nie zum Frieden führen wird. Die Alternative des Aridäus bestehe in der Änderung der Spielregeln, dem Angebot der Kooperation, das eine Möglichkeit der »Gewinnmaximierung« (Ausgleichsfriede) auf der Basis einer »übergreifenden Solidarität« modelliere. Diese politische Dimension des Stücks erschließe sich allerdings nur, wenn man die Art seiner Referenz genau erfasse. Es sei nicht beziehbar auf die reale Kriegssituation, sondern richte sich gegen den »Krieg in den Köpfen der Menschen«, gegen den Medienkrieg. Zu der Aggression, der Herabsetzung des Gegners und dem Blockdenken, die sich in einer fanatisierenden Publizistik entwickelt hatten, suche Lessing die Gegenmechanismen zu finden und dramatisch zu simulieren. Sein Beitrag zu einer »Evolution des Friedens« setze bei der Überwindung der Kampf- und Erlebnisperspektive an. So führt Ter-Neddens Analyse zu einer Neubestimmung des Mimesis-Charakters von Lessings Trauerspiel und damit zu einer Neudefinition seiner Gattungszugehörigkeit. Es handele sich um eine Parabel, ein Lehrstück, das den Zuschauer nicht zur Identifikation einlade, sondern zu einem Beobachterstandpunkt über den Polen erhebe (den Zusammenhang mit dem Fabelbuch stellt Ter-Nedden auch 2010, 179 f. her). Durchschaue man das Kontrafaktische ihrer Prämissen nicht, stelle die Handlung eine weltfremde Absurdität dar: Im wirklichen Krieg sei keine vergleichbare Situation denkbar, in der die Könige durch die Gefangenschaft ihrer Söhne erpressbar würden; nicht verhandelbar sei da die Notwendigkeit des Sohnesopfers, wenn der Vorteil des Staats auf dem Spiel stehe. Deshalb sei die Handlung mit ihrer künstlichen Symmetrie als ein parabolisches Konstrukt zu verstehen, das – ähnlich wie die Modelle der Spieltheorie (Gefangenendilemma) – der Simulation von Konfliktverläufen an einem Punkt diene, an dem offenbar werde, dass die Kosten der Konfrontation jeden möglichen Gewinn übersteigen.

Wir folgen in unserer Analyse der Weichenstellung Ter-Neddens, was die Strukturierung der Handlung anbelangt. Auf diesem Grundriss aufbauend, rücken wir jedoch die Figur des Herrschers und deren Funktion im Krieg in den Vordergrund, ausgehend von der Überlegung, dass Friedrich II. die ausschlaggebende Rolle in der wirklichen Welt wie in den Köpfen der Leute spielte und es deshalb von zentraler Bedeutung ist, wie sich die Publizisten den Souverän denken, welchen Monarch sie haben wollen. Dem Bild vom Feldherrn und »Vater« der Soldaten (Gleim) stellt Lessing, so unsere These, den *Antimachiavellisten* (s. S. 186 f.) entgegen (*Anti-Machiavell* heißt der von Voltaire bearbeitete Essay Friedrichs des Großen, der bei seinem Erscheinen 1740 [datiert 1741] eine europäische Sensation war; schwer vorstellbar, dass Lessing und seine Freunde ihn nicht kannten). Eng damit verbunden ist die zweite Prämisse: Wir lesen das Stück nach wie vor als ein Trauerspiel, das sein kognitives Ziel zusammen mit der Affektregie entwickelt und dementsprechend, vor allem was den jugendlichen Helden anbelangt, Psychologie betreibt; dahinter steht die These der Integration von Vernunft und Gefühl (Lessing nennt das Stück »Trauerspiel«, und dass ein Trauerspiel die Wirkungsgesetze der Fabel erfüllen soll, müsste gegen Lessings Gattungstheorie begründet und erwiesen werden). Die Erregung von Mitleid, die das Trauerspiel durch die Einfühlung in seine Figuren erreicht, steht deshalb keineswegs im Gegensatz zu der intendierten intellektuellen Aufklärung des Publikums, schließt es doch die Kritik an der heroischen Konfrontation und Eskalation ein.

Analyse

Die Logik der Handlung: Strategien der Konfliktlösung

Wie alle Dramen Lessings zeichnet sich auch *Philotas* durch die geradezu durchsichtige Klarheit seines Grundrisses aus. Das Geschehen auf der Bühne – Philotas' Reaktion auf seine Gefangenschaft, seine Auseinandersetzung mit Aridäus, dem gegnerischen König, und sein Weg in den Selbstmord – spielt sich vor der Folie der spiegelbildlichen Situation im feindlichen Lager ab. In dem gleichen Gefecht wie Philotas wurde auch Polytimet, des Aridäus Sohn, gefangengenommen. Die symmetrische Konstellation dient Lessing nunmehr dazu, die Gleichartigkeit der kämpfenden Parteien zu verdeutlichen. Jede kriegerisch-patriotische Äußerung des Philotas wird von Aridäus mit der Antwort quittiert: Möge mein Sohn vor deinem Vater jetzt ebenso sprechen! (3. Auftritt; B 4, 16) Dabei macht Lessing den Punkt transparent, der im publizistischen Schlagabtausch seit Beginn des Siebenjährigen Krieges so augenfällig geworden war: Jede Partei, Preußen wie Österreich, beansprucht für sich, den Frieden gewollt zu haben; jede Partei stellt sich als Opfer eines Angriffskriegs dar; und jede Partei sieht das Recht auf ihrer Seite. Im Unterschied zu seinen Freunden, die ausschließlich vom preußischen Standpunkt aus urteilen und deshalb dessen Überlegenheit verteidigen (s. S. 178–180), zeigt Lessing in *Philotas* den Zusammenprall beider Perspektiven. Die Handlung des Stücks gewinnt ihre Spannung nicht aus dem Freund-Feind-Schema, sondern daraus, dass im Blick auf den Konflikt jede Partei das Gleiche von sich behauptet (Ter-Nedden). Philotas glaubt »das Recht […] auf Seiten« seines »Vaters« (B 4, 29) und ruft das »wehe« über den »Urheber« des Kriegs aus. Auf die Entgegnung des Aridäus, nicht er sei der Angreifer gewesen, antwortet Philotas mit dem Argument, welches dem Publikum aus den Rechtfertigungsschriften Friedrichs II. sattsam bekannt sein durfte: Was als Aggression erscheint, könne auch die defensive Reaktion auf die Vorbereitung eines Angriffskriegs seitens des Gegners sein; nicht müde wird das preußische »Cabinetsministerium«, diese Unterscheidung zu wiederholen (*Preußische Staatsschriften* Bd. 3, hg. Krauske 1892). Philotas: »Nun ja; mein

Vater hat das Schwert zuerst gezogen. Aber entsteht die Feuersbrunst erst dann, wenn die lichte Flamme durch das Dach schlägt?« (B 4, 29. – Zur reziproken Symmetrie der Gesprächskonstellation und ihrer moralkritischen Funktion s. Ranke 2009, 401–451).

Doch indem solchermaßen die Symmetrie der Argumente das Urteil über den Konflikt ins Unentscheidbare entrückt, bindet die dramatische Analyse die Konfliktlösung an die Fähigkeit der Figuren, aus der Begrenztheit des eigenen Blickwinkels herauszutreten und das Streben nach einem gemeinsamen Ziel – den Frieden und die Wohlfahrt der Völker – auch dem Gegner zuzugestehen. Aridäus gewinnt diese Haltung, wenn er die Pattsituation, die Gefangenschaft beider Prinzen im jeweils feindlichen Lager, zu einer menschlichen Begegnung mit dem Sohn des ehemaligen Freundes umfunktioniert und zum Anlass nimmt, an die Situation vor dem Krieg anzuknüpfen und einen »Kooperationsfrieden« (Ter-Nedden) anzubahnen. So artikuliert er seine Hoffnung: »und vielleicht, daß es auch sonst glückliche Folgen hat, wenn wir uns näher kennen. Liebenswürdige Kinder sind schon oft die Mittelspersonen zwischen veruneinigten Vätern gewesen.« (B 4, 21) Anders Philotas: Indem er auf seinem vaterländischen Standpunkt beharrt, verwandelt sich der – unentscheidbare – Streit um das Recht in die Verteidigung der eigenen Vormachtstellung. Er muss zugeben, dass im Krieg letztlich das Recht des Stärkeren gilt. Aus der Prämisse: »Unsere Schuld und Unschuld sind unendlicher Mißdeutungen, unendlicher Beschönigungen fähig«, zieht er den Schluss: »Die Götter aber, du weißt es, König, sprechen ihr Urteil durch das Schwert des Tapfersten. Laß uns den blutigen Spruch aushören!« (B 4, 30). Zugleich zeigt die dramatische Analyse, dass die Strategie des Philotas eben nicht das Potential hat, zu einem dauerhaften Frieden zu führen, sondern in ihr die Fortsetzung und Perpetuierung des Kriegs angelegt sind (ganz abgesehen von der Gefährdung der Thronfolge, die sein Selbstmord ebenfalls bedeutet). Zwar will auch Philotas den Frieden, vom Standpunkt der eigenen Überlegenheit aus ist er jedoch nur als Unterwerfungsfriede denkbar. Solange er seinen Vater durch solch ein Friedensdiktat bedroht sieht, nennt er das einen »schimpflichen Frieden« – genau dazu wird er am Ende Aridäus zwingen. Was aber für den

Feind »schimpflich« ist, wird dieser, der gleichen Logik folgend, im nächsten Krieg zu korrigieren suchen. Den Kriegsgrund liefert Philotas mit seinem Selbstmord gleich mit, ist diese Tat doch der feindlichen Partei gegenüber ein Rechtsbruch. Strato erinnert daran: »als unser Gefangener hattest du kein Recht über dich« (8. Auftritt; B 4, 34), und des Aridäus erste Reaktion zeigt, wie sehr sie zur Gegengewalt reizt.

So endet der Einakter mit einem offenen Schluss. Philotas verabschiedet sich mit einer Vision, welche den ewigen Frieden ins Jenseits verlegt: »Dort, wo alle Tugendhafte Freunde, und alle Tapfere Glieder Eines seligen Staates sind, im Elysium sehen wir uns wieder!« (B 4, 35). Ob aber zwischen den beiden irdischen Staaten in Zukunft Krieg oder Frieden herrschen wird, hängt nach der Abdankung des Aridäus von seinem Nachfolger Polytimet ab – je nachdem, ob er sich der Denk- und Handlungsweise des Philotas anschließt und die Rückeroberung der im »schimpflichen Frieden« verlorenen Länder betreibt, oder ob er in die Fußstapfen seines Vaters tritt und auf die Kriegspolitik zugunsten des Lebens und Glücks seiner Untertanen verzichtet. Die letzten Worte, die in dem Stück gesprochen werden, sind an das Publikum gerichtet: »Glaubt ihr Menschen«, fragt Aridäus, »daß man es nicht satt wird?« (B 4, 35). Im offenen Schluss werden die Zuschauer zu der Entscheidung aufgefordert, welche Perspektive, welche Haltung sie selbst einnehmen und unterstützen wollen, diejenige des Philotas oder des Aridäus?

Antimachiavell

Die Abdankung des Aridäus wirft die Frage nach der politischen Dimension seiner Menschlichkeit auf. Handelt es sich, wie in der Forschung immer wieder behauptet wird, um einen Rückzug ins Private und die Trennung von Politik und (bürgerlicher) Moral, von Staatsraison und Menschenliebe? Oder simuliert der Machtverzicht des Aridäus lediglich die Strategien der kooperativen Konfliktlösung, wobei der Sieg der väterlichen Liebe nur »kontrafaktisch« (Ter-Nedden; s. S. 183 f.) zu verstehen sei? Festzuhalten ist zunächst der schlichte Befund, dass Lessing die Metapher vom Fürsten als Landesvater beim Wort nimmt (zum Kontext vgl. W. Braungart 2005). Philotas zeigt durchaus Verantwortungsbewusstsein, wenn er sich seiner Gefangennahme und mehr noch der zu erwartenden Auslösung schämt. Wo sein Vater ihn schonen wird, haben die Untertanen Leib und Leben geopfert, sie »mußten« »dem Könige die Vorteile mit ihrem Leben erkaufen«, »deren er sich als Vater für einen unwürdigen Sohn begiebt« (B 4, 15), so seine Einsicht und Klage. Den Umkehrschluss realisiert Aridäus: Wo der König als Vater den eigenen Sohn rettet, indem er auf den Kriegsgewinn verzichtet, darf er auch das Blut seiner Untertanen nicht um der politischen Macht willen vergießen, muss er in ihnen gleichfalls die leidenden Menschen, die Väter und Söhne, sehen. Doch damit ist die Frage noch nicht beantwortet, sondern erst eigentlich gestellt, ob diese Vermenschlichung der Politik nicht eine weltfremde Utopie ist, die nur auf den Rückzug in eine private Innerlichkeit hinausläuft?

Unsere Antwort darauf lautet, dass Lessing keine Lösung für die Widersprüche des aufgeklärten Absolutismus parat hat, dass aber die Genauigkeit, mit der er auf die Diskussion über die Kriege um Schlesien und auf die ethischen Maßstäbe der kriegführenden Parteien Bezug nimmt, den Ernst seiner Vision vom menschlichen Herrscher konturiert. Auch bewegt er sich damit keineswegs im Raum luftiger Intellektuellenträume, hatte doch niemand anders als Friedrich II. selbst, solange er noch Kronprinz war, in seiner Schrift *Réfutation du Prince de Machiavel* (= *Anti-Machiavell*, bearbeitet von Voltaire [ersch. 1740, datiert 1741]) das Bild vom Menschen auf dem Thron entworfen. Hier spricht der künftige König von der »Menschlichkeit«, Barmherzigkeit und Güte als den vornehmsten Tugenden des Fürsten, von dessen Pflicht, der erste Diener nicht des Staates, sondern der ihm anvertrauten Völker zu sein (*Der Antimachiavell*, übers. Bergmann 1991, 9) und seinen Ruhm in das Wohlergehen seiner Untertanen zu setzen. Vor allem verurteilt er das Bestreben, die eigene Macht durch die Eroberung fremder Länder zu vergrößern. Er kontrastiert die barbarischen Zeiten (das 15. Jahrhundert) Machiavellis, in denen man den »unseligen Ruhm von Eroberern« den Tugenden der »Sanftmut«, »Gerechtigkeit« und »Milde« vorgezogen habe, mit der Gegenwart, in der die Menschlichkeit als höchste Tugend gelte, und fragt, »was einen Menschen zum Größenwahn veranlassen und wieso er den Plan hegen kann, seine Macht auf dem Elend und der Vernichtung

anderer Menschen aufzubauen. Wie kann er glauben, daß er berühmt wird, wenn er die Menschen nur unglücklich macht?« (11). In Lessings Stück ist die Zeit, in der man, wie Friedrich schreibt, »durch Lobeshymnen grausame Leidenschaften« förderte (11), wiedergekehrt, und die Worte, mit denen sich Aridäus an Philotas wendet, lesen sich wie eine pointierte Zusammenfassung der Kritik am Eroberer aus dem *Anti-Machiavell*: »Du wirst dein Volk mit Lorbeern und mit Elend überhäufen. Du wirst mehr Siege, als glückliche Untertanen zählen. –« (7. Auftritt; B 4, 30).

Der Widerspruch zur Realität des *Ancien regime* und zur europäischen Politik des Gleichgewichts der Mächte bricht nicht erst nach der Thronbesteigung Friedrichs II. auf, als er 1740 in Schlesien einmarschiert und somit einen Angriffs- und Eroberungskrieg gegen Österreich führt. Der Widerspruch zwischen den Interessen der Untertanen und der Machtpolitik des Souveräns ist bereits dem Essay des Kronprinzen eingeschrieben, in dessen letztem Kapitel er die Gründe erläutert, die auch einen Offensivkrieg rechtfertigen (vgl. Schieder 1983, 102 ff.; Clark 2007, 222 f.). Ein Fürst handele klug, wenn er einen Staat angreife, der im Begriff sei, sich maßlos zu vergrößern und alle seine Nachbarn zu bedrohen (102), was auf Österreich gemünzt ist. In dem gleichen Kapitel stellt er das Elend des Krieges, die »Leiden« der Bevölkerung, den »Horror der Schlachten«, die »Pein der Verwundeten«, den »Schmerz der Waisen«, den Verlust so vieler Menschen vor Augen und schließt mit der Mahnung, die, wie wir gesehen haben, auch den politischen Sinn der Vaterliebe des Aridäus ausmacht: »doch die Fürsten, die andere Menschen für ihresgleichen halten [...], gehen verantwortungsvoll mit dem Blut ihrer Untertanen um.« (105) Es ist durchaus möglich, dass Friedrich II. die eigene Handlungsweise im Einklang mit dieser Maxime sah.

Lessing kann die Widersprüche des aufgeklärten Absolutismus nicht lösen, aber er erforscht die politischen Implikationen der Rede von der »Menschlichkeit« der Fürsten. Auch darin, dass er die patriotische Empfindungs- und Wahrnehmungsweise der bürgerlichen Intellektuellen in einer Herrscherfigur – dem Prinzen Philotas – modelliert und die emotionalen Beweggründe politischen Handelns hervortreten lässt, liegt ein im Blick auf den *Anti-Machiavell* fassbarer – doppelter – Sinn. Erstens ist der *Mensch* auf dem Thron zugleich *nur* der Mensch auf dem Thron. Dass das Urteil der Herrscher durch ihre allzu menschlichen Leidenschaften, insbesondere ihren verderblichen Ehrgeiz, getrübt wird, streicht Friedrich II. in seinem Essay heraus (21–23). Besonders deutlich aber zeigte sich die Abhängigkeit der politischen Entscheidungen sogar des besonnensten Monarchen von seinen Affekten und Stimmungen beim Ausbruch des Siebenjährigen Kriegs. Noch in der Art, wie die veröffentlichten Staatsschriften über die geheimen Verträge, die Intrigen, die mutmaßlichen betrügerischen Absichten der Gegner berichten, wird erkennbar, dass die Entscheidung zur Besetzung Sachsens in einer Atmosphäre des Verdachts, des Misstrauens und des Argwohns gefallen ist (z. B. *Preußische Staatsschriften*, 127, 131, 186 f., 202 f. u. ö.; dazu Clark 2007, 237–239). »Er hatte sich übereilt, er war zu argwöhnisch« (B 4, 29), so versucht Aridäus die Kriegserklärung von Philotas' Vater zu verstehen. Dass hier tatsächlich eine Anspielung auf den Beginn des Siebenjährigen Krieg vorliegt, legt die Replik von Philotas nahe, der erregt an die »stolze, verächtliche Antwort« erinnert, die sein Vater von Aridäus erhalten habe. Nichts wird in den preußischen Staatsschriften öfter wiederholt als die Geschichte von Maria Theresias, der österreichischen Kaiserin, stolzer und ›gehässiger‹ Antwort auf die dreimaligen diplomatischen Anfragen Friedrichs II., ob sie einen Krieg gegen Preußen im Schilde führe (z. B. 126, 205). Argwohn, der Mangel an Vertrauen in die Menschlichkeit bzw. Friedenswilligkeit der anderen Seite, ist in *Philotas* der emotionale Grund der intellektuellen Unfähigkeit, die Gleichartigkeit der gegnerischen Argumente zu reflektieren und anzuerkennen.

Eng verbunden mit der Decouvrierung der menschlichen Beschränktheit der (absolutistischen) Herrscher ist der zweite Aspekt: Indem Lessing nicht zwischen den Motiven der preußischen Patrioten und den Antrieben der Fürsten unterscheidet, sind die Standesgrenzen zwischen dem Untertan und dem Souverän aufgehoben. Auch dieses Thema klingt im *Anti-Machiavell* an. »Mir scheint«, schreibt Friedrich II., »wenn es sich um die Geschichte des menschlichen Geistes handelt, verschwinden die Unterschiede des Standes und der Verhältnisse, und die Könige sind nur Menschen, und alle Menschen sind

gleich« (30). Zum einen verpflichtet Lessing aufgrund der wesentlichen Gleichheit der Menschen den Herrscher auf die »Menschenliebe«. Zum anderen richtet sich die kritische Analyse der emotionalen Barrieren, welche die volle Wahrnehmung der Menschlichkeit des Gegners verhindern, an *alle* im Publikum, an die bürgerlichen Intellektuellen und ihren König. – Wir haben gezeigt, wie Lessing in *Philotas* »Konfrontation« und »Kooperation« emotional verankert und welchen politischen Sinn er der Sphäre des Menschlichen und Allzumenschlichen gibt. Damit jedoch ist seine dramatische Analyse der menschlichen Natur noch nicht erschöpft, denn vor allem in der Philotas-Figur leuchtet Lessing in seelische Abgründe.

Anthropologie und Vorsehungsglaube

Es ist paradox: Im Zentrum von Lessings Kriegsstück steht eine altruistische Tat, die Aufopferung des eigenen Lebens für einen überindividuellen Zweck. Auf seine rhetorische Frage: »Wer ist ein Held?« gibt sich Philotas die Antwort, »ein Held sei ein Mann, der höhere Güter kenne, als das Leben«, ein »Mann, der sein Leben dem Wohl des Staats geweihet; sich, den einzeln, dem Wohl vieler«, und weiter: »Ich kann meinen Zweck erfüllen, ich kann zum Besten des Staats sterben« (B 4, 20). Diese Reflexion spiegelt die gleiche Zuspitzung einer altruistischen Ethik auf den »Tod für das Vaterland« wieder, die Abbts Schrift ihre befremdliche Radikalität verleiht und den preußischen Patriotismus im Zuge des Siebenjährigen Kriegs insgesamt charakterisiert (vgl. Hellmuth 1995 [1998], bes. 43). Lessing demontiert die heroische Affinität zum Tod, indem er sie psychologisiert: Mit Philotas steht weder ein Ungeheuer noch ein politischer Märtyrer auf der Bühne, sondern ein unreifer Jugendlicher, der in der überbordenden Artikulation seines Schmerzes – er weint und rührt auch Strato, den gegnerischen Feldherrn, zu Tränen (2. Auftritt; B 4, 14) – eher ein Geistesverwandter Miß Saras als ein stoischer Tugendheld zu sein scheint: »O das ist mehr, als eine fühlende Seele ertragen kann!« (2. Auftritt; B 4, 15).

Wie in *Miß Sara Sampson* führt in *Philotas* die dramatische Analyse der Empfindungen zu den dunklen, unbewussten Perzeptionen. Auf einen unzugänglichen Grund der Seele verweisen die

Figuren selbst. Philotas: »Unsere Schuld und Unschuld sind unendlicher Mißdeutungen, unendlicher Beschönigungen fähig. Nur dem untrieglichen Auge der Götter erscheinen wir, wie wir sind« (B 4, 30). Und Aridäus: »Wo weiß ein Sterblicher, wie böse er im Grunde ist […]« (B 4, 16). Im Wissen um die Ambivalenz der menschlichen Antriebe hält sich Philotas an die eigene Begeisterungsfähigkeit. Dabei beruht sein ›Sündenfall‹ darin, dass er die Güte der Götter – er nennt sie die »allzugütigen«! (4. Auftritt; B 4, 18) – zurückweist und sich nicht in den Zusammenhang der Dinge einordnet. So ignoriert er hinsichtlich der Gefangennahme des Polytimet die Kausalität der Ereigniskette – nur der Verlust ihres Prinzen spornte seine Soldaten zu ihrer übermenschlichen Leistung an (3. Auftritt; B 4, 17) – und identifiziert den Willen der Götter mit dem Kriegsglück des Vaters: »Das Glück hätte sich erkläret, für wen es sich erklären sollte« (4. Auftritt; B 4, 19), wäre nur Polytimet gefangen. In der für ihn demütigenden Gefangenschaft kann er keine göttliche Fügung erkennen; die Stimme der Götter hört er erst wieder, wenn er einen ruhmvollen Ausweg gefunden hat. Ein »Gott« habe den Gedanken in ihm gedacht (4. Auftritt; B 4, 19); später wird er ihn einem Gebet vergleichen (5. Auftritt; B 4, 25). In all dem zeigt sich, wie Philotas, statt sich in eine überindividuelle Ordnung einzufügen, sich zu deren Mittelpunkt macht und die eigenen Bedürfnisse an die Stelle des göttlichen Willens setzt, kurz, wie er der Verwechslung des Subjektiven mit dem Objektiven erliegt.

Die Selbstbezüglichkeit im Fühlen, Denken und Handeln des Philotas, die als heimliches Motiv seines Opfertodes erscheint, ist jedoch nicht der Ausdruck eines grundsätzlichen Egoismus – auch dies würde dem Konzept der »unbewußten Perceptionen« widersprechen. Vielmehr lässt Lessing das Streben nach Ruhm so mit der Todessehnsucht verschmelzen, dass sich die Seele als unentwirrbares Rätsel erweist.

Die Begierde, für das Vaterland *zu bluten*, stachelt den Prinzen an. Was ihn an seinem ersten Kampfeinsatz bis zur Entzückung berauscht, ist der Gedanke des Todes: Auf jeden der »anfeuernden Blicke« des Feldherrn Aristodem »hätte ich, ich allein, ein Heer angegriffen, und mich in der feindlichen Eisen gewissesten Tod gestürzet« (B 4, 14). Fast sieht es so aus, als lege er es mit seiner Tollkühnheit darauf an, getötet zu werden.

Die Ikone des Ruhms ist für ihn der hingestreckte Jüngling mit dem Schwert in der Brust (6. Auftritt; B 4, 28). An Parmenio (5. Auftritt) richtet er die rhetorische Frage: »Ist früh sterben ein Unglück?« (B 4, 26). So stellt sich der Selbstmordgedanke nicht eigentlich als das Resultat der rationalen Erwägungen ein, die den Vorteil des Vaters betreffen. Vielmehr scheint Philotas' Raisonnement umgekehrt von seinem Todeswunsch gelenkt. Der Entschluss, zu sterben, so enthüllt es Lessings Analyse, entspringt komplexen und fragwürdigen Seelenregungen.

Philotas selbst umgibt den Gedanken des Selbstopfers mit der Aura des Unbegreiflichen. Die Analogie zur religiösen Begeisterung und Inspiration ist offenkundig. Parmenio gegenüber beharrt er darauf, dass sein »Einfall« sich nicht mitteilen lasse (5. Auftritt). Eine Diskrepanz tut sich auf zwischen dem trockenen Raisonnement, mit dem er seinen Gedanken sich selbst auseinandersetzt, und der unbeschreiblichen Empfindung, die er in ihm auslöst. Er »durchstrahlt« seine ganze Seele (B 4, 19). Sein voller Gehalt lasse sich nur empfinden, nicht »denken« und in Worte fassen (B 4, 25). Als Eingebung Gottes habe er an dessen Unergründbarkeit teil. (Im 49. »Literaturbrief« kritisiert Lessing diese Art der Inanspruchnahme des religiösen Gefühls. Man dürfe die Empfindung nicht über das Denken stellen, die Ausschaltung des Denkens habe häufig zu Fanatismus geführt.)

Das Selbstopfer bedeutet demnach für Philotas etwas, das mit der Staatsraison nicht ganz zu verrechnen ist. Dieser dunkle, nur gefühlte Sinn leuchtet in der Schlusswendung des Monologs (4. Auftritt) blitzartig auf. Philotas: »Welch Feuer tobt in meinen Adern? Welche Begeisterung befällt mich? […] Geduld, mein Herz! […] Bald will ich dich deines einförmigen langweiligen Dienstes erlassen!« (B 4, 20). Der einförmige langweilige Dienst des Alltäglichen – dagegen ist die Ruhmbegierde gerichtet. Philotas sehnt sich nach dem Außerordentlichen, Unerhörten. Er kann diese Sehnsucht nicht in Einklang mit der Realität bringen. So wandelt sie sich zur Todessehnsucht. Der (spektakuläre) Tod bietet die Erfüllung der Wünsche, die, irrational und unartikulierbar, sich in die Alltagsrealität nicht einbinden lassen.

Ebenfalls ausgehend von der Fragwürdigkeit und Undurchschaubarkeit der menschlichen Neigungen, richtet Aridäus dagegen den Blick auf den Gesamtzusammenhang. Wenn er in dem Verlust des eigenen Sohnes den Fingerzeig der Vorsehung erkennt, so heißt das: Er begreift in der Notwendigkeit, die eigene ›Begehrlichkeit‹ einzuschränken, die Chance zur Tugend und ordnet sich, aus dem Zwiespalt der Natur heraustretend, der moralischen Instanz der Götter unter. Dabei nimmt ein Gottesbild Konturen an, das durchaus auf Goethes *Iphigenie*-Drama vorausweist. »Die Götter«, so ist Aridäus »überzeugt«, »wachen für unsre Tugend, wie sie für unser Leben wachen. Die so lang als mögliche Erhaltung beider, ist ihr geheimes, ewiges Geschäft.« (3. Auftritt; B 4, 16). Wo Philotas sich »finster« in »tiefe Anbetung der Vorsicht« ›verliert‹ (B 4, 17), möchte Aridäus ihn in seine Umgebung zurückholen: »Die beste Anbetung, Prinz, ist dankende Freude«, ist in der Dankbarkeit das eigene Ich begrenzende Lebensbejahung. Die Menschlichkeit des Aridäus und die Auffassung seines Herrscheramtes sind unlösbar mit diesem Bezug zu einer sittlichen Realität, der gegenüber er sich verpflichtet weiß, verbunden. Nur so entrinnt er der Zweideutigkeit der menschlichen Antriebe, ohne wie Philotas der Schwärmerei und damit dem Größenwahn anheimzufallen.

In Lessings Einakter gibt das Gottesbild die Richtung an für die Entwicklung der Menschlichkeit und der Menschheit. Wo das Gottesbild des Aridäus an motivierender Kraft gewinnt, öffnet sich der Blick für den Zusammenhang zwischen den Menschen über die Grenzen der Einzelstaaten hinweg. In Philotas zeigen sich sowohl die Fähigkeit zur Selbsttranszendierung (Opferbereitschaft) als auch das Konkurrenz- und Konfliktpotential der menschlichen Natur. So erscheint die Analyse der Empfindungen, die Psychologisierung, wiederum eingebunden in den aufklärerischen Gesamtduktus des Trauerspiels. Der jugendliche Held repräsentiert eine frühe Stufe der menschheitlichen Entwicklung (zum Stufenmodell in *Philotas* s. Ter-Nedden 1986, 161 f.), zu deren friedliche(re)m Verlauf das kleine Drama mit seinem an das Publikum gerichteten Schluss (s. S. 185) seinen Beitrag leisten möchte.

Heroische Tragödie, bürgerliches Trauerspiel, antike Tragödie

Philotas ist ein herausragendes Beispiel dafür, wie eng die Entfaltung der politischen Thematik (Kritik am heroischen Patriotismus und Frage nach der universellen Geltung der Menschlichkeit) mit der Konkretisierung der Gattung zusammenhängt. Die Gattungszugehörigkeit stellt kein abstraktes formales Problem dar, sondern ist konstitutiv für den politischen Gehalt des Stücks. Das Patriotismus-Phänomen trägt hybriden Charakter: Im bürgerlichen Lager wird für den heldenhaften ›Tod fürs Vaterland‹ geworben, indem man an Empfindung, menschliche Rührung und große Gefühle appelliert. Dementsprechend hebt Lessing in dem Stück die Dichotomie von »heroischer Tragödie« und »bürgerlichem Trauerspiel« auf und unterläuft das Zuordnungsschema: heroisch-stoisch-politisch-höfisch vs. bürgerlich-empfindsam-human-privat. Einerseits unterdrückt Philotas die natürlichen Regungen der Kindesliebe und trennt vom Sohn den Prinzen (Modell der heroischen Tragödie), doch ist andererseits sein Entschluss, zu sterben, nicht Ausdruck stoischer und rational begründeter Selbstüberwindung, sondern entspringt einer schwärmerischen Leidenschaft. Er ist nicht der stoische Held der klassizistischen Tragödie, sondern ein Held, der (auch) Mitleid erregt. Das Mitleid hat eine doppelte Funktion: Es integriert Philotas in den Kreis des Menschlichen, und es impliziert die kritische Distanzierung von seiner Denk- und Empfindungsweise, ist doch das Mitleid das Heroismuskritische Gefühl par excellence. In der Reaktion der Figuren auf den Tod des Philotas verbindet Lessing beide tragischen Affekte, die Bewunderung (heroische Tragödie) und das Mitleid. Strato und Aridäus »beweinen« den »wunderbaren Jüngling«, den Aridäus dann zwar den »größeren Sieger« nennt, jedoch nicht ohne an die zu hohen Kosten dieses Siegs zu erinnern. (Zu den satirischen und komischen Zügen des Trauerspiels s. Nisbet 2008, 322; Lessings kritische Bezugnahme auf ›paradigmatische‹ heroische Tragödien untersucht detailliert Ranke 2009, 461–470)

Wesentlich für die Suche nach einem neuen Modell des Trauerspiels ist schließlich der Rückgriff auf die Antike. Sowohl Senecas *Rasender Herkules*, dessen dramatischen Plan Lessing in der *Theatralischen Bibliothek* analysierte (s. S. 130 f.), als auch die *Aias*-Tragödie des Sophokles, die er (wahrscheinlich in den späten 50er Jahren) zu übersetzen beginnt, werden in der Forschung als ›Praetexte‹ für *Philotas* herangezogen (Nisbet 2008, 318; zu den intertextuellen Bezügen zu *Aias* vgl. die wichtigen Ergebnisse von Ter-Nedden 1986, 121–153; Ter-Nedden 2007, 343–352). Wohl mit Bedacht stellt Lessing in *Philotas* ›griechische‹ Menschen auf die Bühne. In *Laokoon* wird er die Helden Homers und Sophokles' als Muster der fühlenden Helden preisen. Im griechischen Theater findet er die erschütternden Situationen, in denen Könige als Menschen zur Geltung kommen und das verhandelt wird, was *alle* angeht. (Zur Rolle des griechischen Theaters vgl. Kap.: Sophokles).

Aufnahme und Wirkung

Wie irritierend Lessing festgefahrene Denkschemata durchkreuzt, zeigen die zwei wichtigsten Rezeptionszeugnisse, die zugleich im Kontext der publizistischen Wirkung des Siebenjährigen Kriegs anzusiedeln sind: Gleim antwortet mit einer Version in jambischen Versen (*Philotas. Ein Trauerspiel. Von dem Verfasser der preussischen Kriegeslieder vercificirt* [1759]), Bodmer setzt dem *Philotas* den *Polytimet* als eine Parodie entgegen (*Polytimet. Ein Trauerspiel. Durch Lessings Philotas, oder ungerathenen Helden veranlasset* [1760]). Beide Werke sind Kontrafakturen, die Lessings Stück nach jeweils unterschiedlichen Richtungen vereinseitigen bzw. eindeutig machen.

Wenn wir in der Analyse des *Philotas* den Akzent auf das Potential der Menschlichkeit setzten, im kriegerischen Konflikt zu einer Veränderung der Wahrnehmungsmuster zu führen, vermögen die Bearbeitungen von Gleim und Bodmer die andere Seite des Problems zu zeigen, die Ter-Nedden evident gemacht hat: Die Forderungen der »Menschenliebe« werden zur gesinnungstüchtigen Phrase, wenn sie aus der Haltung der Mobilmachung heraus, die im 18. Jahrhundert den Ausdruck »Tod fürs Vaterland« fand, artikuliert werden.

Beide, Bodmer und Gleim, halten den Grundsatz hoch, dass der Monarch um des bloßen Gewinns von Ländern und Provinzen willen seine Untertanen *nicht* in den Tod schicken bzw. elend machen darf (z. B. Gleim: *Philotas*, 7. Auftritt; *Polytimet*, 3. Auftritt; Grosse 1979, 59 rsp. 67). Beide favorisieren den Herrscher, der das Glück seiner Völker im Auge hat und deshalb den Frieden bewahren will. Leicht ist dabei zu erkennen, wie

Gleim diesen Frieden mit dem Sieg im Krieg identifiziert und somit den Sinn von Lessings »Plotkonstruktion« an ihren Gelenkstellen ›pervertiert‹ (Ter-Nedden 2007, 352–357): Er eliminiert die Chance zum Ausgleichsfrieden – der Tausch der Königssöhne bedeutet bei ihm die Fortsetzung des Kriegs (Grosse 1979, 52) –, und er blendet den Fingerzeig auf die (kriegs-)logische Folge von Philotas' Selbstmord aus, den Tod des Polytimet, der, wie Aridäus androht, im feindlichen Lager ebenfalls wird für das Vaterland sterben können.

Schwieriger ist das Verhältnis von Bodmers Satire zu Lessings Stück zu bestimmen. Es könnte scheinen, als nehme Bodmer einen ähnlichen Standpunkt wie Lessing ein und verstehe nur die Ironie des Dramas nicht. Blitz (2000, 255–260) zeichnet die pazifistische Botschaft des *Polytimet* nach, das Plädoyer für »einen stillen Kampf« (Grosse 1979, 77) und die Entlarvung der Verwechslung des Staatswohls mit einer von »Herrschsucht« angetriebenen Eroberungspolitik seitens Philotas'. Ter-Nedden dagegen entdeckt hinter den inhaltlichen Argumenten die gleiche, auf politischen Fanatismus zusteuernde Haltung wie bei Gleim. Er zieht dafür vor allem den zweiten, 1768 hinzugefügten (und nicht bei Grosse abgedruckten) Schluss heran, in dem Bodmer für republikanische Tugenden wirbt: für den »fanatischen Eifer« und die »Leidenschaft«, sich selbst und »sein Liebstes« dem Vaterland »aufzuopfern«, sowie für die »Neigung«, sein »Bestes in dem allgemeinen Besten zu suchen« (zit. nach Ter-Nedden 2007, 361).

Wenn es also um die »Republik« und um löbliche politische Ziele geht, hat Bodmer keine Probleme mit leidenschaftlicher Parteinahme und radikaler Opferbereitschaft; vielmehr erweist er sich geradezu als ein ›Fundamentalist‹ republikanischer Tugend. Dass dennoch der »Eifer« des Philotas sein Missfallen erregt, zeigt, wie irritierend Lessing die Prämisse bzw. die Legitimation solcher Mobilisierung patriotischer Gefühle unterläuft: In seinem Stück fehlen die eindeutige Tugend-Laster-Opposition, die Schwarz-Weiß-Zeichnung der Figuren und die klare Formulierung einer politischen Ideologie, welche die Affekterregung und die Selbstaufopferung rechtfertigen würde. Deshalb vermag Bodmer in Lessings Trauerspiel nur eine gefährliche Verherrlichung von Gefühl und Leidenschaft zu erkennen: »o des mißlungenen Helden!«, lässt er in seiner Parodie den Vater des Philotas ausrufen, »[d]as habe ich dem Herzen zu danken, das, von schwindlichten Entzükungen betäubt, nicht mehr siehet und nicht mehr höret!« (Grosse 1979, 76). In der *Ersten Vorrede* zu *Polytimet* beschwert er sich: Das »Parterre« und die »Logen« »entdeken den Helden in der jugendlichen Hize, in der schwindlichten Bravade [...]. Polytimet mag ein Held seyn, wie ein philosophischer Träumer ihn fodert, ein dunkler, frostiger Jüngling, der denkt – – aber Philotas ist ein brausender Junge, ein Held, wie die würkliche Welt ihn hat [...]. Dieser kann sich auf den Beyfall unserer Zeiten verlassen [...]« (Grosse 1979, 90. – Zu Bodmers politischen Trauerspielen und der republikanischen Tradition vgl. A. Meier 2009, Beise 2009, Maissen 2009).

Eine verständnisvolle Rezension des *Philotas* aus der (Lessing nahestehenden) *Bibliothek der schönen Wissenschaften und der freyen Künste* (Leipzig 1759, Bd. 5; B 4, Nr. 3, 798 ff.) weiß dagegen die Ambivalenz im Charakter der Titelfigur zu schätzen. Ungewöhnliches, so der Kritiker, wage Lessing mit der Zeichnung des Protagonisten. Er charakterisiert Philotas als den *kindischen* Helden, der aus einem »unglückliche[n] Vorurtheil« heraus handle (B 4, 800); sein Freitod sei nicht notwendig, sei nicht der einzige Ausweg aus einer Notsituation (B 4, 801). Zugleich ist, so impliziert es die Rezension, der von einem Vorurteil geblendete jugendliche Held dennoch ein tragischer Held, ist Gegenstand des Mitleids, der gefühlsmäßigen Identifikation, und nicht Objekt der rationalen Vorurteilskritik. Das Neue in der Konturierung des Protagonisten hängt für den Kritiker des Weiteren mit dem Experimentcharakter zusammen, der dem Stück als einer »Tragödie« eigne. Er begreift das Werk als einen Vorstoß in der Entwicklung einer nationalen Alternative zu der klassizistischen, an den französischen Mustern orientierten heroischen Tragödie. – Dass in dem kindlichen Helden ein neues Menschenbild sich ankündigt, das auf die Genieperiode vorausweist, macht schließlich Herders Vergleich zwischen Philotas und Polytimet deutlich. In dem Aufsatz *Ueber Thomas Abbts Schriften* (2. St., 1768) schreibt er: »O ihr Kunstrichter und Critischen Köpfe! wollet immer keinen kindischen Jüngling, keinen Heldenknaben, den seit sieben

Tagen erst die männliche Toga kleidet, wollet lieber einen Altklugen Blödsinnigen, kurz keinen *Philotas*, sondern *Polytimet:* das Genie lacht! und das Dichterische Gefühl entscheidet!« (Suphan 2, 318; vgl. Grosse 1979, 92 f.).

Quellen: Abbt 1761 in Kunisch (Hg.) 1996, 589–650 (auch in Brüggemann [Hg.] 1935/1966, 47 ff.); W. Albrecht 2003, Bd. 1; Friedrich II./Voltaire 1741, übers. Bergmann 1991; Gleim 1758 in Brüggemann (Hg.) 1935/1966, 97–128; E. v. Kleist 1759, hg. v. G. Wolf 1983, 133–148; Preußische Staatsschriften [1756] Bd. 3, hg. Krauske 1892.

Literatur

zu Entstehung und Kontext: B 4, 781–788 und 791–195; Adam/Dainat (Hgg.) 2007; Barner 1986; Blitz 2000, 145–280; Bohnen in Freimark/Kopitzsch/Slessarev (Hgg.) 1986, 23–38; Clark 2007 [Preußen und Friedrich II.]; Fink 1998 (1999) [Lessings Kritik am heroischen Republikanismus; mit knappem Überblick über den Kontext]; Gädeke Schmidt 1988; Hellmuth 1995 (1998) [Patriotismus]; Nisbet 2008, 302–316; Rehm 1951b [Römertragödien]; Schieder 1983 [Friedrich II.]; Wiedemann 1967 und 1991 [Patriotismus].

zu Forschung/Analyse: Barner u.a. ⁵1987, 256–258; Blitz 2000, 233–247; A. von Bormann 1998 [1999]; W. Braungart 2005; Burgard 1987; Ehrich-Haefeli in Mauser/Saße (Hgg.) 1993, 223–237; Fink 1998 (1999); Hoensbroech 1976, 144 ff.; J.E. Maier 1998, 367 ff.; Mein 2005; Nisbet 2008, 316–328; Norton 1992; Ranke 2009, 401–470; V. Riedel 1979; Helmut J. Schneider 1990; Stiening in B. Bauer/W.G. Müller (Hgg.) 1998, 169–211; Ter-Nedden 1986, 114 ff.; Ter-Nedden in Adam/Dainat (Hgg.) 2007, 317–378; Ter-Nedden in Rose (Hg.) 2010, 159–205; Vincenti (1937) in G. und S. Bauer (Hgg.) 1968, 196–213; Wiedemann 1967.

zu Aufnahme und Wirkung: zeitgenössische Rezeption: B 4, 796–804; Braun 1; Grosse 1979 [mit den Texten von Gleim und Bodmer; Herder]; Herder 1768 (Suphan 2, 295–363; zu *Philotas* 318 f.). – *Literatur:* Beise in Lütteken/Mahlmann-Bauer (Hgg.) 2009, 327–349 [Bodmers ungedruckte vaterländische Dramen]; Blitz 2000, 247–260; Fries in Lütteken/Mahlmann-Bauer (Hgg.) 2009, 429–456 [Bodmers Lessingparodien]; Hebel 1988; Maissen in Lütteken/Mahlmann-Bauer (Hgg.) 2009, 350–364 [Bodmers republikanischer Fanatismus]; A. Meier in Lütteken/Mahlmann-Bauer (Hgg.) 2009, 314–326 [Bodmers Poetik des politischen Schauspiels]; Niefanger in Lütteken/Mahlmann-Bauer (Hgg.) 2009, 410–428 [Bodmers *Polytimet*]; Nisbet 2008, 325–328; Pagel 1991; Ter-Nedden in Adam/Dainat (Hgg.) 2007, 352–361.

Briefe, die neueste Litteratur betreffend

Entstehung und Kontext

Erstdruck: Die *Briefe, die neueste Litteratur betreffend*, die zunächst einzeln (wöchentlich vom 4.1.1759 bis zum 4.7.1765) ausgegeben werden, erscheinen in Buchform in 24 Teilen, einsetzend mit vier Einzelbänden von je 13 Briefen im Jahr 1759 und endend mit dem 23. Teil, der nur 6 Stücke umfasst, im Jahr 1765, der 24. Band (1765) ist ein Registerband. 1766 veranstaltet Nicolai eine Gesamtausgabe, nachdem er die Teile 1–12 bereits 1761–1763 neu aufgelegt hatte. Einen weiteren Neudruck nimmt er 1767–1779 vor, der jedoch nur die Teile 1–6 betrifft. Lessings Beiträge sammeln Johann Georg Heinzmann in den 1785 anonym herausgegebenen *Analekten für die Litteratur* und Friedrich Nicolai im 26. Teil der *Sämmtlichen Schriften* (Berlin 1794). Beide Ausgaben sind unvollständig (Angaben nach Bender 1972, 383–386 und 391 f.; B 4, 1050 f. und 1064–66). – Text: B 4, 453–777.

Die Briefform stellt kein Novum dar, sowohl Lessing (*Briefe*, Vorrede zu der Mylius-Ausgabe) als auch Nicolai (*Briefe über den itzigen Zustand der schönen Wissenschaften in Deutschland*, 1755) haben sich ihrer bereits bedient. Biographisch gesehen sind die »Literaturbriefe« ein Produkt der Freundschaft zwischen Nicolai, Mendelssohn und Lessing. Nachdem Ewald von Kleist ins Feld gezogen ist (es ist das zweite Jahr des Siebenjährigen Kriegs), siedelt Lessing im Mai 1758 von Leipzig nach Berlin über, wohl hauptsächlich, um den dortigen Freunden nahe zu sein. In einem Schreiben an das *Göttingische Magazin der Wissenschaft und Literatur* von 1782, dem wichtigsten Dokument zur Entstehung, berichtet Nicolai, wie aus den Unterredungen der Freunde der Plan zu einem kritischen Journal erwächst. Die Briefform fängt etwas von der Lebendigkeit des Gesprächs ein und verleiht einen Hauch der »Geselligkeit«, die damals zu den Leitbildern bürgerlicher Kultur gehört. Nicolai erzählt (zit. nach B 4, 1086 f.): »Im November 1758 war ich einmal mit *Lessing* zusammen, als auf eine damals neu herausgekommene Schrift eines noch lebenden Autors die Rede kam. Wir hatten mancherley daran

auszusetzen. Ich weiß nicht mehr, wer von uns beyden zuerst wieder das zu schreibende Journal [...] aufs Tapet brachte. [...] Endlich fiel mir ein: Wir haben so oft gesagt, man sollte schreiben, was wir sagen. Wir wollen also in Briefen niederschreiben, was wir in unsern täglichen Unterredungen sagen, wollen uns keinen bestimmten Zweck vorstellen, wollen anfangen, wenn es uns gefällt, aufhören, wenn es uns gefällt, reden, wovon es uns gefällt; gerade so wie wir es machen, wenn wir zusammen plaudern.« Lessing gibt dann der Idee konkrete Konturen, indem er den fiktiven Adressaten der Briefe bestimmt. Nicolai berichtet weiter (ebd. 1087): »Der Gedanke an einen verwundeten Offizier zu schreiben, gehört ganz Lessingen zu; denn, sagte er, wie leicht kann *Kleist* verwundet werden, so sollen die Briefe an ihn gerichtet seyn. Lessing kam damals von Leipzig zurück, wo er mit Kleisten eine innige Freundschaft gestiftet hatte.«

»Die damaligen Journale waren fast alle frostig, seicht, partheyisch, voll Complimente« (ebd. 1086), so charakterisiert Nicolai die Praxis der Literaturkritik, von der sich die Freunde abheben wollten. Insbesondere den Lessingschen Briefen eignet ein äußerst angriffslustiges Element; er argumentiert mit der Lust an der Provokation. Für die Artikulation der Polemik ist der Brief nun gleichfalls ein vorzügliches Instrument, er leistet der Reihung geschliffener Aperçus Vorschub, die ohne Begründung in den Raum gestellt werden. Nicolai präzisiert auch das inhaltliche Problem. Es geht um die Überwindung der Stagnation, in der er die deutsche Literatur aufgrund der Fehde zwischen der Schweizerischen und der Gottschedischen Partei stecken sieht. Man musste, wie Nicolai sich erinnert, zu einer von beiden Parteien gehören, sich auf eine der beiden Positionen festlegen (Bender 1972, 375 f.; die betreffenden Passagen sind nicht in B 4 abgedruckt). Indem sie einen provozierenden Ton anschlagen, die Regeln des Streits ignorieren und sich um den mittransportierten poetologischen Ballast nicht kümmern, erwecken die Freunde in ihrem Journal dagegen den Anschein, einer neuen Literatur vorzuarbeiten.

Mit der Angriffslustigkeit ist die Aktualität dieser Publizistik verbunden. Nicolai betont den Zusammenfall des Veröffentlichungs-Zeitraums mit dem Siebenjährigen Krieg und suggeriert eine Partizipation der ›kritischen Waffengänge‹ an der allgemeinen patriotisch erregten Stimmung, wenn er schreibt, dass der Krieg »alles mit Enthusiasmus« ›anspannte‹ (B 4, 1087). Die Lessingschen Briefe deuten allerdings auf die in *Philotas* geübte Kritik an der patriotischen Begeisterung voraus. Gleich im ersten Brief nennt er es einen bloßen »Traum«, dass der Krieg »nichts als ein blutiger Proceß unter unabhängigen Häuptern ist, der alle übrige [!] Stände ungestöret läßt, und auf die Wissenschaften weiter keinen Einfluß hat« – das Gegenteil, so die eigentliche Meinung, ist in der Wirklichkeit der Fall (B 4, 456). Wiederholt stellt Lessing die Beziehung zur Kriegssituation her: Er diskutiert Vorschläge zur Sicherung eines immerwährenden Friedens (5. Brief; B 4, 466 und 467), stellt Gleims Ode auf die Schlacht bei Zorndorf – zum Teil nacherzählend – vor (15. Brief) und zitiert Logaus Gedichte über den Dreißigjährigen Krieg, um an das Elend des gegenwärtigen Kriegs zu erinnern (36. Brief; B 4, 541–543). Das andere hochbrisante Thema, das Lessing aufgreift, ist der Zusammenhang von Aufklärung und Religion. Indem seine Argumentationsstrategie darin besteht, auch den frommen Dichtern und Theologen ein heterodoxes Gedankengut nachzuweisen, macht er aus der theoretischen Frage einen Testfall für die Praxis der Toleranz (mit dem Ergebnis, dass alle Seiten sich wechselweise Denunziation vorwerfen; vgl. dazu Goldenbaum 2004b; s. S. 202f.).

In den ersten beiden Jahren (1759 und 1760) liefert Lessing die meisten Beiträge, dann erlahmt sein Interesse. Seine Mitwirkung endet mehr oder weniger mit der Abreise nach Breslau (7.11.1760) und dem Antritt der Tätigkeit als Sekretär beim preußischen General Tauentzien. Der sechste Teil bringt seine letzten Berliner Arbeiten. Von Breslau aus steuert Lessing noch den 127. »Literaturbrief« mit der Antwort auf Bodmers Kritik an seinem Fabelbuch und den 233. Brief bei. Die Rezension von Meinhards Übersetzung im 332. Brief verfasst er im Mai 1765, nachdem er wieder nach Berlin zurückgekehrt ist. Insgesamt stammen 55 Beiträge von Lessing, 63 von Nicolai, der Löwenanteil stammt von Mendelssohn: über 120 Briefe schreibt ihm Eva J. Engel zu (1994c, 345), 83 bzw. 89 Gunter Grimm

(unterschiedliche Angaben in B 4, 1055 vs. 1061). Nicolai engagiert sich mehr nach dem Ausscheiden Lessings, wobei die »Literaturbriefe« nur deshalb fortbestehen können, weil Thomas Abbt hinzugewonnen wird. Abbt liefert 64 Beiträge. Zuletzt gehören noch Resewitz, Grillo und Sulzer zu den Mitarbeitern, die aber dem Unternehmen keinen Schwung mehr verleihen können. – Die Briefe werden mit fiktiven Initialen unterzeichnet, unter dem Schutz der Anonymität können die Verfasser frei ihre Meinung sagen, auch manchmal die Stimmung manipulieren (Michelsen 1990d). Es gelingt den Freunden, das Geheimnis der Urheberschaft zu wahren, obgleich man natürlich die Autoren mit der »Berliner Gruppe« (Lessing, Nicolai, Ramler, Mendelssohn) identifiziert. In einem Brief an Herder (vom 24.12.1768) deckt Nicolai auf, wer sich jeweils hinter den Initialen verbirgt. Lessing steht hinter Fll.A.G.E.L.O. – »flagello«, »ich peitsche« (oder geißele), wie Seiffert (1969) einleuchtend entschlüsselt (s. S. 195f.).

Forschung

Kontext: Ästhetik und Poetik

Lessing tritt in den »Literaturbriefen« als einer auf, der eine neue Literatur begründen möchte und mit neuen Maßstäben an die zeitgenössische Produktion herantritt. Er ruft nach dem »Genie«, das sich selbst die Regel gibt (17. Brief). Er kanzelt die Vertreter fast aller aktuellen literarischen Tendenzen ab. Die Literaturgeschichtsschreibung hat sich über lange Zeit weitgehend Lessings Perspektive angeeignet. Maßgebend wurde Erich Schmidts Urteil: »Jetzt fuhr Lessings Kritik in den wüsten, platten, unkritischen und unsittlichen Schlendrian wie der Sturm über die Stoppeln. Er hatte längst eingesehen, dass dem Heil der deutschen Litteratur nichts so nötig sei als freie Bahn zu schaffen. Genies sollten da ausschreiten können, wo dummdreiste Nachahmer und Bücherfabrikanten lagerten. Dieses Ziel blieb den ›Litteraturbriefen‹ […]. Darum sind die ›Litteraturbriefe‹ wesentlich polemischer Natur […]. Unerbittliche Strenge ward zum Gesetze erhoben […]. Was in der nächsten Zeit Bedeutendes über unsere Litteratur hervortrat, erhob sich auf dieser Grundveste der deutschen Kritik« (⁴1923, Bd. 1, 393f.).

Die Schwierigkeiten der Interpretation beginnen dann, wenn man das neue Literaturideal, das Lessing vertritt, aus seiner Kritik herausfiltern will. Die Textbasis ist schmal; selten expliziert Lessing seine Kriterien. Die genauesten Analysen aus jüngerer Zeit stammen von Bender (1972), W. Albrecht (1987 und 1993b) und Bernhard Fischer (1990).

Bender zufolge artikuliert Lessing in den »Literaturbriefen« ein neues Selbstverständnis des Dichters. Er verabschiede das Nachahmungsprinzip (Mimesis). Für Lessing beruhe die Tätigkeit des Dichters nicht mehr in der Nachahmung der »Natur«, sondern in der Schöpfung einer eigenen Welt. Bender liest diesen Wandel an der Sprachauffassung ab, wie sie in den Übersetzungskritiken deutlich werde. Lessing werfe den besprochenen Übersetzern sklavische Nachahmung vor; sie versäumten es, in den Geist der Sprache einzudringen. Dagegen rühme er an einer gelungenen Übersetzung, dass der Verfasser nicht der fremden Sprache nachbuchstabiere, sondern das Werk in der eigenen Sprache nachschaffe (332. Brief). Bender sieht in der Übersetzungskritik eine Vorstufe und Analogie zu Lessings Bestimmung des Dichters. Die Gegenüberstellung des schöpferischen Geistes mit dem »Nachahmer«, dem »Versificateur« (Cramer) und, schlimmer, dem moralisierenden Schwätzer (J.J. Dusch), ist für Bender die Leitlinie der »Literaturbriefe«

Für Bernhard Fischer liegt Lessings Leistung als Literaturkritiker darin, dass er nicht länger nach den Vorgaben der Regelpoetik urteile, sondern das Werk als Ganzes betrachte und von ihm her die Kriterien der Wertung entwickle. Die »ästhetische Evidenz« rücke an die Stelle der Regeln der Poetik. Fischer beleuchtet den Wandel in der Literaturkritik von Gottsched, Bodmer und Breitinger über Klopstock bis hin zu Lessing und Mendelssohn (Überwindung der Regel-Orientierung). Gottsched habe zentrale Kategorien der Regelpoetik mit Hilfe Wolffscher Theoreme reformuliert. Die poetische Darstellung werde der Vernunfterkenntnis untergeordnet. Fischer spricht von der prosaischen Diskursivität, die der Poesie in Gottscheds Verständnis eigne. Zum qualitativen Maßstab erhebe er die Regelmäßigkeit und die Lehrhaftigkeit. Ein poetisches Werk solle die vernünftige Ordnung der Welt auf vernünftige (»regelmäßige«) Weise vorstellen. Die Schweizer näherten sich dem Gedanken von der

Eigengesetzlichkeit der Kunst, indem sie die Ausdruckskomponente stärker betonten und das »Vergnügen« (delectare) über den Nutzen (prodesse) und die Belehrung (docere) stellten. Klopstock gehe weiter in dieser Richtung. Er streife die Auffassung, dass der poetische Ausdruck die Diskursivität der Sprache überwinde. Der Aspekt der Gemütsbewegung verselbständige sich. Gleichzeitig relativiere Klopstock die Bedeutung der »Regeln«. An die Stelle der »Regeln« rücke er die »Muster«, die er nicht mehr als die *exempla* der Alten, sondern als die Werke der Original-Genies bestimme. Allerdings kenne Klopstock noch nicht die ästhetische Evidenz des Einzelwerkes, die sich unabhängig von seiner »Musterhaftigkeit« erweise. Dieser Schritt werde in den Schriften Mendelssohns zur Ästhetik und in der Literaturkritik Lessings vollzogen. Beide Autoren orientierten sich an dem Begriff des »Ganzen«, in dem alle Teile übereinstimmten. So etablierten sie die Konzeption des »Werks«, das eigenen Gesetzen gehorche, die nicht ohne weiteres auf andere Werke übertragbar seien. – Albrecht schließlich gibt eine gute Übersicht über die Themenabfolge der Lessingschen Briefe.

Jede Interpretation, die den ›intellektuellen Durchbruch‹ (Guthke 2010, 329) von Lessings Kritik an einzelnen Theoremen festzumachen sucht, ist dem Einwand ausgesetzt: die Einsichten, die Lessing formuliert, sind, für sich betrachtet, nicht originell. Fast alle Termini und Begriffe – gerade die vom (Werk-)Ganzen und seiner Teile – gehören zum damaligen theoretischen Allgemeingut und Standardrepertoire der Kritik. Geläufig sind etwa die Forderung nach innerer Übereinstimmung der Teile, die Überzeugung, dass das poetische Werk eine eigene, in sich geschlossene Welt ausmache, sowie die Vorstellung, dass diese Einheit und Eigenheit durch die sinnlichen Qualitäten der poetischen Sprache gestiftet würden (Baumgarten 1735). In der Schrift *Erweis, daß die Gottschedianische Sekte den Geschmack verderbe* (1743–44/1974) vertritt Jakob Immanuel Pyra (der in der Baumgarten-Nachfolge steht) z.B. die Auffassung, Miltons religiöses Epos *Paradise Lost* sei ein »Ganzes«, das von einem verborgenen Plan strukturiert werde. Man müsse diesen Plan untersuchen, bevor man das Werk be- und verurteile (bes. 56ff.; bezeichnenderweise stützt sich Bernhard Fischer, um den neuen ›Werkbegriff‹ zu illustrieren, fast ausschließlich auf Mendelssohn). Karl S. Guthke (2010) konkretisiert diese ›Einbettung‹ Lessings in eine »synchronische Konstellation im literarischen Leben« der 1750er Jahre (343), indem er die Affinitäten nachweist, die zwischen Lessings kritischen Positionen und denjenigen der *Neuen Erweiterungen der Erkenntnis und des Vergnügens* bestehen, einer erfolgreichen Zeitschrift (1753–1762), deren Verfasser ein – allerdings einseitiges – »Gespräch« mit Lessing führten. Diese Affinitäten sind: die Behauptung eines unabhängigen Standpunkts im Streit zwischen Gottsched und den Schweizern, die Anwendung ästhetischer Kriterien wie »Feuer und Einbildungkraft« *und* »Beurtheilung und Scharfsinnigkeit« (339); die Präferenz der englischen Literatur (samt antifranzösischem Affekt); die Verteidigung des bürgerlichen Trauerspiels und der entsprechenden Mitleidsdramaturgie (s. dazu jedoch S. 160–162); schließlich die Bestimmung des Verhältnisses von ›Genie‹ und ›Regel‹. Wie Lessing betonten die Verfasser der *Neuen Erweiterungen* die Schöpferkraft des Genies, das seinen eigenen »Vorschriften« folge und aus dem die Natur selbst spreche, statt dass es sie regelgetreu nachahmen müsse (342).

Kontext: Rhetorik und Polemik

Das offenkundige Paradox, dass die »Literaturbriefe« bereits von den Zeitgenossen als Fanal eines Neubeginns empfunden wurden, ohne dass auch sie imstande waren, die neue Linie gedanklich zu benennen, hat schon früh die Lösung gefunden, das Innovative in der Form, dem Stil der Lessingschen Briefe zu sehen. Lessing handhabe die Sprache auf eine bisher unerhörte Weise. Sie erreiche eine Prägnanz, Eleganz und Schärfe, wie man es noch nicht lesen konnte. Von der »Waffe«, die Lessing sich mit seiner Sprache geschmiedet habe, ist die Rede. Was er begrifflich nicht habe artikulieren können, das werde in der Form seiner Kritik zum Ereignis (Michelsen 1990d). Analysen zur Form von Lessings Literaturkritik haben vor allem die Kraft zur Verlebendigung herausgearbeitet. Auf die dialogische Anlage, den vielfältigen Einbezug des Lesers, die Herstellung von Gesprächssituationen, wird immer wieder verwiesen. Lessing, der Theatraliker, dramatisiere die Diskussion.

Es ist das Verdienst Feinäugles (1969), die Herkunft von Lessings literarischen Strategien und Techniken entdeckt bzw. genauer bestimmt zu haben. Lessing, so Feinäugle, schöpfe aus dem Arsenal der Polemik, der Streitschriften; er müsse in der Tradition der Polemik gesehen werden. Den dialogischen Charakter, das Zu–Wort– Kommen des Gegners, die finessenreiche Fingierung konkreter Gesprächssituationen (Feinäugle: »rhetorische Situationen«), deckt er als das genuine Erbe der Rhetorik auf. Zugleich plädiert er für eine gattungsmäßige Differenzierung von Lessings Kritiken. Von »Polemiken« dürfe man nur da sprechen, wo die Gattungskriterien (vor allem die Vorstellung des gegnerischen Standpunktes und dessen Widerlegung) erfüllt seien. Lessings vernichtende Kritik von Duschs *Schilderungen aus dem Reiche der Natur und der Sittenlehre* (1757/58) z.B. wäre nach Feinäugle keine Polemik, da die unmittelbare Konfrontation mit dem Gegner fehlt.

Lessings Polemik: In einem weiteren Verständnis hat sich der Begriff durchgesetzt, um die Schärfe seiner Kritik zu bezeichnen – eine Schärfe, die oft über den unmittelbaren Anlass weit hinauszielt. Je nachdem, wie man den sachlichen Gehalt von Lessings Literaturkritik bewertet, fällt das Urteil über die Funktion seiner Polemik aus. Die für lange Zeit dominierende Meinung hat Erich Schmidt formuliert: Die sachliche Notwendigkeit und Stringenz von Lessings Argumentation rechtfertigten die polemische Zuspitzung. Die Öde der zeitgenössischen Literaturlandschaft habe den kritischen Feldzug herausgefordert. Seitdem Joachim Birke (1968) jedoch Lessings Verhältnis zu Gottsched näher unter die Lupe nahm und auf die Diskrepanz zwischen der (teilweisen) gedanklichen Übereinstimmung und den verbalen Angriffen aufmerksam machte, ist die Frage nach den Wurzeln von Lessings Polemik beunruhigend gestellt: Ist sie inhaltlich überhaupt gedeckt? In den »Literaturbriefen« fordert Lessing die Trennung von Person und Sache und die Unparteilichkeit des Kritikers. Er selbst aber verletzt dieses Prinzip etliche Male; er verletzt es Wieland gegenüber in dem Augenblick, in dem er es als Richtlinie formuliert (7. Brief, s. S. 201 f.). Sind hierin nur momentane Entgleisungen zu sehen, bedingt durch Lessings »Irascibilität« (Selbstdeutung: B 9, 692)? Oder speist sich Lessings Polemik aus Motiven, die dem sachbezogenen Denken vorausliegen?

Als Polemiken im Tagesgeschäft der Literaturkritik, die in erster Linie der Selbstbehauptung dienen und wenig mit einer problemorientierten Auseinandersetzung zu tun haben, bestimmt Hans-Werner Seiffert die »Literaturbriefe« (1969). Er rekonstruiert das ›Umfeld‹, auf das die Briefe Bezug nehmen. Lessing habe sich in der zeitgenössischen Publizistik einem Generalangriff auf sein gesamtes Schaffen ausgesetzt gesehen. Eine wichtige Rolle habe dabei die Kontroverse zwischen dem Schweizer Zirkel, dem seit 1752 auch Wieland angehörte, und dem Anakreontiker Johann Peter Uz gespielt (vgl. 7. Brief). Seiffert verdeutlicht die Perspektive, aus der heraus Lessing Wieland wahrnahm. Er zeigt, dass Lessings Beiträge als eine umfassend angelegte Gegen-Kritik gelesen werden können. Er verteidige seine Produktion (Gedichte, Tragödien, Fabeln, Übersetzungen) und mache seine Gegner lächerlich (Dusch, Wieland, die Schweizerische »Partei«). Er habe in Wieland (fälschlich) den Initiator der Angriffe auf ihn gesehen. So sei die Schärfe seiner Reaktion zu verstehen. Seiffert kann die Polemik als den »Kern« von Lessings Literaturkritik buchstäblich entziffern, indem er das Geheimnis der Initialen löst. Wieland beendet eine seiner Invektiven gegen die anakreontische Lyrik (in den *Sympathien* von 1756/1758) mit dem Ruf nach einem neuen Liscow – Liscow war ein bekannter Satiriker –, der die kleinen Scribenten »geiseln« solle. Lessing unterzeichnet seine Briefe mit den Chiffren A.E.Fll.G.L.O. – »flagello«, ich peitsche, wie Seiffert aufschlüsselt.

Das Problem: Polemik und Sachbezug in Lessings Literaturkritik

Seinen scharfsichtigsten Kritiker hat Lessing bislang in Peter Michelsen (1990d) gefunden. An Birkes Befunde zu Lessings Haltung Gottsched gegenüber anknüpfend, legt Michelsen den Finger auf die Widersprüche, in die er sich verwickelt. Zunächst decouvriert Michelsen den berühmten 17. »Literaturbrief«, mit dem Lessing Gottsched den »Todesstoß« versetzt habe. Der Brief sei ein rhetorisches Meisterstück; auf Sachargumente stütze Lessing sein vernichtendes Urteil nicht (s. S. 199f. zum 17. »Literaturbrief«). Frage man jedoch, so Michelsen weiter, nach dessen eigenen Maßstäben und Bewertungskriterien, so stelle sich heraus, dass diese sich kaum von denjenigen Gottscheds unterschieden. Er

vertrete ein konservatives Stilideal. Er argumentiere im Rahmen eben des Wolffianismus, der die Substanz auch von Gottscheds Dichtungskonzeption ausmache. Sprachrichtigkeit, Deutlichkeit der Vorstellungen verlange Lessing von der Dichtung. Insbesondere die Kritik an Klopstock lasse seinen ›Konservatismus‹ hervortreten. Gegenüber der Emanzipation der Empfindungen halte er an dem Primat der Vernunft fest. Wo er Klopstock lobe, geschehe dies mit Hilfe von Kriterien, die diesem nicht angemessen seien. Letztlich befreie Lessing ihn nicht von dem Gottschedschen Vorwurf der Unverständlichkeit, Dunkelheit und Unnatürlichkeit. Zum Stilprinzip der Deutlichkeit trete das der Sachlichkeit, des Angemessenen, des *decorum* – ein Ideal, das ebenfalls der Ära Gottscheds angehöre. Schließlich zeige der generelle Duktus von Lessings Kritik die Orientierung an Vernunft und Regel. Er isoliere das Detail, zeige einzelne Fehler: ein Verfahren, das eine feststehende Norm voraussetze. Die Polemik, so Michelsens Fazit, sei Selbstzweck für Lessing. Eine argumentative Leitlinie lasse sich nicht erkennen. Um zu polemisieren, kümmere er sich nicht um die Berechtigung seiner Einwände.

Stoßen Lessings Angriffe ins Leere? Michelsen möchte diese Konsequenz nicht ziehen. In einer Schlusswendung gesteht er der Polemik doch einen Sachgrund zu und gibt der Detailkritik ein neues Fundament. Lessing beschwöre zuweilen das »Ganze« eines Werks, das in sich stimmig sein müsse. Er erhebe dies »Ganze« zu einer Instanz, vor der das »Regelmäßige« nicht mehr gelte. Nur von dem »Ganzen« her dürften »Fehler« und »Schönheiten« gewertet werden (vgl. den Satz, der auf die *Hamburgische Dramaturgie* vorausweist: »Die Güte eines Werks beruht nicht auf einzeln [!] Schönheiten; diese einzelne Schönheiten müssen ein schönes Ganzes ausmachen [...]. Nur wenn das Ganze untadelhaft befunden wird, muß der Kunstrichter von einer nachteiligen Zergliederung abstehen, und das Werk so, wie der Philosoph die Welt, betrachten« [16. Brief, B 4, 497]). Allerdings bestimme er die ästhetische »Ganzheit« nie näher; die Kriterien seiner Urteilsbildung blieben unerfindlich. So zeugten die »Literaturbriefe« von dem Umbruch, in dem damals die Dichtung und Dichtungstheorie sich befunden hätten. Generell habe man sich von der Regelpoetik gelöst und den ästhetischen Eigenwert des Werks erkannt. Jedoch habe man für das Neue, für die Individualität der ästhetischen Erfahrung, noch keine begriffliche Sprache gefunden. Eindrucksvoll dokumentierten Lessings *Briefe* dieses Dilemma. Sein »Gespür« für Qualität sei oft richtiger gewesen als die rationale Begründung seines Urteils. Das Neue gewinne jedoch Gestalt in der Form der Lessingschen Kritik. Die polemische Rhetorik sei nicht nur Ausdruck für ein noch unbestimmtes Tasten, sondern in ihr, in ihrem Schwung und ihrer sprachlichen Souveränität breche sich dies Neue selbst Bahn.

Michelsens Thesen führen in letzter Konsequenz zu einem rätselhaften Paradox. Mit seiner Vernunft, so sieht es aus, hat Lessing Widervernünftiges behauptet. Er nimmt Positionen ein, die sich gegenseitig ausschließen. Solches ist der Fall, wenn er Gottsched rhetorisch »erledigt« und sich inhaltlich an dessen Konzeption anlehnt. Sein »Gespür« und sein Gefühl aber haben ihm, Michelsen zufolge, den richtigen Weg gewiesen. Die undeutliche Empfindung also, die Lessing Klopstock gegenüber herabsetzt, erweist sich als innere Richtschnur. Eine gefühlsbetonte Praxis steht der Abwertung von Gefühl und Empfindung in der Theorie gegenüber – sollte Lessing sich in diese Widersprüche verwickelt haben? In unserer Analyse der »Literaturbriefe« werden wir die Frage nach Lessings Parteinahme neu aufwerfen und nach einer gedanklichen Konsistenz in seinen vielfältigen Gegen-Wendungen suchen.

Worin liegen die Motive von Lessings Polemik? Der Sammelband *Streitkultur* (hg. von Mauser/ Saße 1993), der der Lessingschen »Irascibilität« gewidmet ist und die anhaltende Faszination dieses Themas dokumentiert, lässt zwei Richtungen bei der Antwortfindung erkennen. Zur Debatte steht die Maßlosigkeit, mit der Lessing stritt, die Verselbständigung des Streits über die – oft geringfügigen – Anlässe hinaus. Zum einen sieht man die Ursachen in lebensgeschichtlichen, existentiellen, psychologischen, beruflichen oder (kultur-)politischen Umständen. Die Frage wird virulent, »was Lessing durch seine polemische Strategie eigentlich kompensierte« (Berghahn, 180). Der Vater–Sohn-Konflikt, durch die selbständige Berufswahl provoziert, wird in die Diskussion gebracht (Stenzel). Eine neue Beleuchtung erfahren Lessings medienpolitische Absichten. In den öffentlichen Auseinandersetzungen sei es auch um den Prestigegewinn von Medien-Imperien gegangen. Barner zeigt dies

anhand der »Fehde« mit dem Altertumswissenschaftler Klotz. Literaturpolitik und nicht die Suche nach Wahrheit macht Grimm als das primäre Motiv von Lessings Kritiken aus. Lessing spreche in seinen Briefen als ›Parteiorgan‹ der »Berliner«, der Herausgeber und Mitarbeiter der *Bibliothek der schönen Wissenschaften und der freyen Künste* (Nicolai und Mendelssohn). Unter dem Deckmantel objektivierender Kritik betreibe Lessing die Vernichtung der Gegner. Der Anlass sei – wie im Falle Duschs und Wielands – oft persönlicher Natur; er räche sich für schlechte Rezensionen. Als Gattungsmuster entdeckt Grimm die Satire. (Auf das Thema »Polemik« geht er nicht ein.) Lessing verstehe sich in der Nachfolge des Satirikers Liscow. Mit dem Befund ›Satire‹ erkennt Grimm der Literaturkritik Lessings den argumentativen Kern ab. Als Konstituenten der Satire gelten ihm die Fiktionalisierung und die Personifizierung des Streits. Lessings Strategie ziele auf Deformierung des Gegners mit literarischen Mitteln. Oftmals entwerfe er eine fiktive Situation, die die objektiven Gegebenheiten verdecke. – Grimm radikalisiert den Ansatz Michelsens. Anders als dieser stuft er den Sachgehalt von Lessings Urteilen lediglich als sekundäres Begleitphänomen einer Polemik ein, in der sich primär ein persönlicher Geltungshunger artikuliere. – Zum anderen entdeckt man in der Maßlosigkeit als solcher einen Gehalt. Lessings Polemik sei von seinem Wahrheitsbegriff nicht zu trennen. Für ihn gebe es keine Wahrheit, die inhaltlich fest umgrenzt sei, denn der Mensch könne sich ihr nur annähern, sie nie erreichen. Immer neu müsse das Erkannte der Prüfung unterzogen werden. Die Suche nach Wahrheit sei ein unabschließbarer Prozess. In dieser Offenheit sehen manche Interpreten die Tendenz zur Unterminierung des Wahrheitsbegriffes. Lessings Streiten sei der Gefahr ausgesetzt, sich als Suche zu verabsolutieren und gegenstandslos zu werden (Steinmetz). Es handelt sich dabei um eine Problemstellung, die auf den Fragmentenstreit vorausweist (vgl. dazu das Plädoyer für die *Suche* nach Wahrheit und die Unterscheidung zwischen metaphysischer und historischer Wahrheit im 11. Brief).

Polemik im Dienst der Wahrheit oder Wahrheit im Dienst der Polemik? Heute tendiert man dazu, beide Komponenten nicht als einander ausschließend, sondern als komplementär zu denken. So bezieht Nisbet (2008, 331–349) die drei Ebenen aufeinander: Lessings persönliche Abrechnung mit seinen Gegnern, seine literaturpolitischen Zwecke (Untergrabung der Autorität Gottscheds *und* der Schweizer) und den Sachgehalt seiner Kritik. Einen konstruktiven Beitrag erkennt Nisbet insbesondere in Lessings Auseinandersetzung mit Wieland und Klopstock. Er habe zu Recht in Wielands empfindsam-religiösen Texten ein Moment des Gekünstelten und Unaufrichtigen entdeckt; Klopstock gegenüber verteidige er die Autonomie der Dichtung, wobei die Kategorie des ›Ganzen‹ gerade wegen ihrer Unbestimmtheit der Individualität und Originalität des einzelnen Werks Rechnung trage (zu den Kriterien von Lessings Literaturkritik vgl. auch van Laak 2005). – Die wichtigste neuere Untersuchung zu den »Literaturbriefen« stammt von U. Goldenbaum (2004a und b). Sie arbeitet den Sachgehalt von Lessings Polemik heraus, indem sie die Konstellation der Cramer-Kontroverse historisch rekonstruiert. Bereits der Zürich-Leipziger Literaturstreit sei auch ein Streit über das Verhältnis von Religion und Poesie bzw. Ästhetik, von religiöser und säkularer Einbildungskraft, gewesen; diese Debatte werde auf intellektuell anspruchsvollerer Ebene in der Fehde zwischen dem Kopenhagener Kreis (Klopstock; *Der nordische Aufseher*) und den Berliner Aufklärern fortgeführt. Dabei habe der Verlauf der Kontroverse die Kritik Lessings bestätigt, der dem »Gefühlschristentum« intolerante Tendenzen nachwies. Goldenbaum deckt die praktische Intoleranz der Parteigänger Cramers auf, die schließlich das Autorenteam der »Literaturbriefe«, insbesondere Mendelssohn, mittels der Unterstellung religionsfeindlicher Absichten verleumdet und denunziert hätten. (Umgekehrt ist Basedow, einer der Verteidiger Cramers, später unter dem Vorwurf des Sozinianismus aus dänischen Diensten entlassen worden. – Ähnlich wie Goldenbaum argumentiert Ernst Müller 2004, 33–78, wobei die Revision der Position der Schweizer unter dem Stichwort ›ästhetische Religiosität‹ eine zentrale Rolle spielt).

Indem Goldenbaum eine Gruppe seiner Kontrahenten genau untersucht, befreit sie Lessing von dem doppelten Vorwurf, seine Polemik löse sich von den Sachgehalten und stehe in keiner Relation zu der Geringfügigkeit der Anlässe. Was sie für das Thema ›Religion‹ leistete, steht für das

Thema der ›malenden Poesie‹, und das heißt: für die Dusch-Polemik, noch aus, nämlich eine Untersuchung, die Lessings Kritik mit den angegriffenen Texten selbst konfrontierte; auch Grimm (in Mauser/Saße 1993) übernimmt in seiner ›Rettung‹ Duschs lediglich Urteile aus zweiter Hand.

Weitgehend unbekannt sind des Weiteren die *Briefe, die neueste Litteratur betreffend*, als Ganzes (Nachdruck 1974). Lessings Literaturkritik bildet nur einen kleinen Ausschnitt aus einem Gesamtwerk, das einen Überblick nicht nur über Belletristik, sondern über Publikationen aus den unterschiedlichsten Wissensgebieten (Philosophie, Mathematik, Naturforschung) zu geben sucht. Was Eva J. Engel für Mendelssohn in Angriff genommen hat (JubA 5/1; Engel 1994c, 344f.), müsste für sämtliche Mitarbeiter an den »Literaturbriefen« geleistet werden: die Kommentierung und Erschließung im Blick auf den umfassenden Literaturbegriff, der für das Gemeinschaftsprojekt konstitutiv ist. Einer Untersuchung bedürften ebenfalls die Zusammenhänge mit der von Nicolai herausgegebenen *Bibliothek der schönen Wissenschaften und der freyen Künste*. Im 16. Brief behauptet Lessing sogar, dass er die *Bibliothek* seinen »Briefen gleichsam zur Basis« mache. Oftmals beinhalten seine Kritiken jedoch Revisionen der *Bibliotheks*-Beiträge (Gottsched, Wieland [vgl. Albrecht 1993b, 85f.], Dusch). Inhaltliche Verflechtungen und publizistische Strategien wären aufzudecken. (Zum Thema ›Übersetzung‹ in den »Literaturbriefen« s. Kap. Diderot, S. 239f.).

Analyse: Die wichtigsten Themen und Kontroversen

Die wichtigsten Themen, die Lessing behandelt, sind: Übersetzungen; empfindsam-religiöse Literatur (Klopstock; Wieland) und Anakreontik – wie um der zunehmenden Beliebtheit religiös motivierter Dichtung entgegenzutreten, lobt Lessing (im 32. Brief) Gerstenbergs Lyrik-Band *Tändeleyen* (1759, 2. Aufl. 1760), streicht den Kunstcharakter dieser Art Liebeslyrik heraus und weist die moralischen Bedenken zurück –; Gottsched und sein Einfluss; der Zustand des deutschen Theaters; Beschreibungspoesie und Naturdichtung (v. a.: Polemik gegen Dusch); Verhältnis von Religion und Moral (Cramer-Kontroverse). Zudem nutzt Lessing die »Literaturbriefe« als Forum, eigene Werke publik zu machen. So beendet er die Polemik gegen Gottsched (17. Brief) mit der Wiedergabe einer Szene aus seinem Faustfragment, um zu illustrieren, wie eine interessantere Dramenkunst aussehen könnte. Im 36. Brief kündigt er die Ausgabe von Logaus *Sinngedichten* an (ein Gemeinschaftswerk mit Karl Wilhelm Ramler; vgl. auch 43. und 44. Brief). Er stellt seine Abhandlungen zur Fabellehre vor (70. Brief); Bodmers Attacken gegen sein Fabelbuch werden abgewehrt (127. Brief). Lessing rechnet in den »Literaturbriefen« mit der von Gottsched repräsentierten Ära ab; gleichzeitig wendet er sich gegen Konsequenzen der Empfindsamkeit, die ihm als Irrwege erscheinen.

Theater

Gottsched und der 17. »Literaturbrief«. Sachgehalt und rhetorischer Effekt dieses berühmtesten der »Literaturbriefe« stehen, so will es scheinen, in eklatantem Widerspruch zueinander. Sachlich trägt Lessing kaum etwas Neues zur Debatte bei. Das Ansehen Gottscheds ist bereits im Schwinden, vor allem im Lager der »Empfindsamen« tastet man sich an einen neuen Literaturbegriff heran (Klopstock). Schon vor Lessing richtet sich der Blick nach England, wenn man nach Alternativen für das am französischen Geschmack ausgerichtete Theater sucht. Lessing spielt Shakespeare gegen Corneille und Racine, die klassizistischen Vorbilder, aus. Seine Argumente stehen in der Tradition der englischen Literaturkritik. Was er vorbringt: Die Konfrontation des Naturgenies mit dem Dichter, der Konventionen gehorcht, die Parteinahme für das Große und Erhabene, das sich mittels der Regeln nicht fassen lässt, der Rückbezug auf die Antike, insbesondere die Griechen, schließlich die Attestierung gewaltiger Wirkung, der Herrschaft über die Leidenschaften (der Zuschauer), all das findet sich vorformuliert z. B. in dem Essay von John Dryden, das Lessing für das 4. Stück (datiert 1758) der *Theatralischen Bibliothek* (in Auszügen) übersetzt (*Of Dramatick Poesie, An Essay*, 1668; dt.: *Versuch über die dramatische Poesie*; B 4, 130–179). Auch vermittelt Lessing diese Tradition der Literaturkritik nicht als erster nach Deutschland. Spätestens seit Caspar Wilhelm von Borcks *Julius Caesar*-Übersetzung (1741) ist das Interesse an Shakespeare erwacht, der englische Theaterdichter dient als

Beispiel, wenn es um die Abwägung der nationalen Geschmacksvorlieben geht (z. B. J.E. Schlegel). Darüber hinaus, so lautet der Befund weiter, kann von einer substantiellen Auseinandersetzung mit Shakespeare keine Rede sein, vielmehr folgt Lessing in den eigenen Stücken genau den dramaturgischen Regeln (vor allem: Einheit der Handlung), die der Engländer sprengt. Lessing benutzt den Namen aus »literaturpolitischen« Gründen (Grimm in B 4, 1071), er fungiert als Signalwort im Kampf gegen Gottsched (vgl. Guthke 1984b; auch Nisbet 2008, 338–341).

Lessing bündelt die Argumente zu einer »geballten Ladung« (Michelsen) und setzt so eine Entwicklung, die sich von langer Hand angebahnt hat, ins helle Licht, besiegelt sie gewissermaßen. Er vertreibt, wie Michelsen griffig formuliert, Gottsched nicht vom Thron, sondern gibt dem bereits Gestürzten den Todesstoß. Lessings Rhetorik freilich verschleiert diesen Tatbestand. Nie zuvor hat die Kritik an Gottsched die mit Lakonismus gepaarte Dichte erreicht, die ihr bei Lessing eignet, nie zuvor geschah die Absage mit solcher Vehemenz und Kompromisslosigkeit. So erzielt er den Eindruck, er erst habe die »Wende« initiiert. Als Meilenstein und Einschnitt in der deutschen Literaturgeschichte wurde der 17. Brief auch oft gelesen. Heute rückt man vor allem die Ungerechtigkeit Gottsched gegenüber ins Blickfeld (Michelsen, Grimm), der nicht nur große Verdienste um die Theaterreform für sich verbuchen dürfe, sondern der Lessings eigenen Bestrebungen den Boden bereitet habe. Dennoch: Auch wenn die rationale Begründung seiner Polemik dürftig ausfällt, so hat Lessing doch darin recht, dass dem deutschen literarisierten Theater, dem didaktischen Theater Gottscheds, das Lebendige, Fesselnde, die sinnliche Kraft verloren gingen. Die Forderung danach vibriert in seiner Rhetorik, in den witzigen Aperçus. Nicht argumentativ, sondern suggestiv verweist Lessing auf den Mangel, die sprachliche Darbietung ersetzt die inhaltliche Explikation. Damit veranschaulicht der 17. »Literaturbrief« die Aporie, die immer wieder aufbrechen wird: Leidenschaftlichkeit und Ausdruckswille, die den Argumenten vorausliegen, sind nicht immer durch diese einzufangen und abzudecken. Der neuartige Zugriff auf die Sprache, den Lessing vorführt, wird nicht diskursiv erläutert.

Die Gottsched-Polemik gipfelt gewissermaßen

in der Veröffentlichung des Faust-Fragments. Dem theoretischen Angriff lässt Lessing nunmehr ein Anschauungsbeispiel für das neue Theater folgen. Das Beispiel ist gezielt gewählt – es ist gleichsam ein Wink mit dem Zaunpfahl. Gottsched stellt in der *Critischen Dichtkunst* das Faust-Spiel auf eine Stufe mit der Oper (Grimm in B 4, 1077 f.; BA 6/1, 241). Die Oper ist für ihn der Inbegriff des zu überwindenden Geschmacks: voll barocken »Schwulsts«, voller Unwahrscheinlichkeiten und ausschweifend unregelmäßig. Die Provokation gegen Gottsched, die in der Anknüpfung an diese Tradition steckt, liegt auf der Hand. Dabei bedeutet der Rückgriff auf den Fauststoff keineswegs, dass Lessing sich außerhalb der von Gottsched angestoßenen Entwicklung stellte. Vielmehr deckt er die Integrierbarkeit der anscheinend fremden Motive auf. Er will Einbildungskraft und Phantasie für das Theater der Aufklärung, das »reformierte« Theater, funktionalisieren (vgl. ergänzend die Kap.: Frühe Literaturkritik; Diderot; Bühnenpraxis und Schauspielkunst; Faust-Fragmente).

Christian Felix Weiße (81. Brief) und Wieland (63. und 64. Brief). Weiße ist der Leipziger Studiengenosse und Jugendfreund Lessings, mit dem er die frühe Theaterleidenschaft teilt. Vom fünften Band (1759) an führt er die *Bibliothek der schönen Wissenschaften und der freyen Künste* weiter, die zuvor von Nicolai herausgegeben wurde. Doch seit dem Tod des Bruders (1758) wird Nicolai immer mehr von der väterlichen Verlagsbuchhandlung vereinnahmt, so dass er die Schriftleitung der *Bibliothek*, die nicht von ihm verlegt wird, abtritt. – 1759–68 veröffentlicht Weiße seine Dramen in fünf Bänden unter dem Titel *Beytrag zum Deutschen Theater*. Der erste Band (1759) enthält das Trauerspiel *Eduard der Dritte* (hier: [3]1771), auf das Lessing im 81. Brief eingeht. Weißes Drama liegt ein Stoff aus der englischen Geschichte zugrunde. Es ist ein Beispiel für die noch ungebrochene Attraktivität der politischen Tragödie. In Aufbau, Versmaß und der Anlage des Konflikts – es geht um den Zwiespalt zwischen Leidenschaft und der Verantwortung für das Staatswesen – lehnt sich Weiße an die französischen Muster an. Das Werk ist bezeichnend für sein Tragödienschaffen. Vergleichbare Stücke werden noch den Spielplan des Hamburgischen Theaters prägen. *Eduard III.* demonstriert die Selbstzer-

störung des Lasters und zielt auf die Erregung von »Schrecken«. Nichts kann die Herrschsucht Mortimers, des Günstlings der Königin, aufhalten. Die Königin Isabelle wird gezeigt als Opfer ihrer Leidenschaft (Liebes-»Wut«) für Mortimer. Sehenden Auges stürzt sie sich in den Abgrund des Lasters. Der zügellosen Herrschsucht und Wollust fallen die ›Guten‹ zum Opfer; die ›Bösen‹ treiben die Handlung voran. Hilfe kommt von außen; sie trifft zu spät ein. Doch im Untergang der Frevler offenbart sich eine verborgene Gerechtigkeit. Isabelle leidet seelische Höllenqualen, sie rast gegen sich selbst und verzweifelt. Mortimer steigert sich ebenfalls in die Leidenschaft (den maßlosen Stolz) hinein, die ihn zugrunde richtet. Im Rampenlicht stehen bei Weiße die Lasterhaften, deren »unglücksel'ge Triebe« die Quellen der Handlung sind.

Wie sehr sich Lessing diesem Dramentypus (Staatsaktionen; Bestrafung des Lasters; Erregung von »Schrecken«) bereits innerlich entfremdet hat, zeigt seine Kritik im 81. Brief. Er lobt zwar einzelne Stellen, fertigt aber das Stück insgesamt mit der Bemerkung ab, es folge der Ökonomie der französischen Trauerspiele. Verdeckt konfrontiert er Weißes Theatralik mit der modernen Richtung des »bürgerlichen Trauerspiels«, wenn er (im gleichen Brief) auf Diderots Konzeption der tragischen Rührung verweist – gehört doch Diderot zu den schärfsten Kritikern der französischen Bühne und der *Tragédie classique* (vgl. Kap.: Diderot).

In einer anderen Briefgruppe (Nr. 63–64) nimmt Lessing Wielands Trauerspiel *Lady Johanna Gray* (GS, Abt. 1, Bd. 3, 147–215) aufs Korn. Das Stück wurde 1758 veröffentlicht. Es ist, was damals ein Novum bedeutete, in Blankversen geschrieben. Es handelt sich um eine Märtyrertragödie mit dem Wirkungsziel der Bewunderung (vgl. Wielands Vorrede) – das komplementäre Gegenstück zur Tragödie der erhabenen Verbrecher und zu der Dramaturgie des Schreckens. Wieland feiert den Glauben an die Unsterblichkeit der Seele, der Johanna dazu befähigt, um ihrer Überzeugung willen den Märtyrertod auf sich zu nehmen. Wieland folgt einer dualistischen Sicht des Menschen: Die Seele sehnt sich nach Befreiung aus ihrem Gefängnis, dem Körper. Keine Sekunde fechten die Titelheldin Todesangst und Liebe zum Leben an; sie hat keine irdischen Leidenschaften zu überwinden.

Lessings Kritik an Wielands Stück zielt auf die Unterscheidung der Menschen in Erlöste und Verdammte, in ›Engel‹ und ›Teufel‹, eine Opposition, der beide Dramentypen, die Rachetragödie und die Märtyrertragödie, folgen. Wieland habe den einen Teil seiner Figuren in der »idealischen Form der Vollkommenheit« »gegossen« (63. Brief; B 4, 645) und als »Cherubim und Seraphim, besonders weiblichen Geschlechts«, gezeichnet (B 4, 646), den anderen Teil als »Teufel« reden lassen. Dem hält er den Grundsatz entgegen, auf dem die Mitleidspoetik fußt, dass nämlich die »wahre Gestalt« der Menschen die »innere Mischung des Guten und Bösen« sei (B 4, 646), und fällt das bekannte Urteil, Wielands Charaktere seien zwar »moralisch gut«, aber »poetisch böse« (B 4, 645; vgl. Neuß 1989, 67ff.; s. auch Mendelssohns Rezension in der *Bibliothek*, Bd. 4, St. 2: B 4, 1200f., Anm. zu 646, 32f., sowie Albrecht 1993b, 84–87). Die Ablehnung des – metaphysisch und religiös furchtbaren – Gedankens, die Sünden der Menschen seien ein Werkzeug der Rache Gottes, da sie ihn zu deren ewiger Verdammung berechtigten, wird zudem auch in der Szene aus dem *Faust*-Fragment deutlich, in der Lessing diesen Gedanken eben dem Teufel in den Mund legt, seinen Faust jedoch die Vorstellung Gottes als des Rächers in Zweifel ziehen lässt (17. »Literaturbrief«).

Der Ersetzung der Bewunderung und des Schreckens durch das Mitleid laufen die Hinweise auf den überständischen Charakter des modernen, antiklassizistischen Trauerspiels parallel (81. Brief). In ihren Leidenschaften seien alle Menschen gleich; der Drang der Ereignisse, die pathetischen Situationen pressten ohne Unterschied die gleichen ›herzrührenden‹ (sprachlichen) Wendungen aus ihnen heraus, sei es nun Bauer oder Königin, und Bauer wie Königin könnten in die nämlichen pathetischen Situationen geraten (B 4, 701–703). Das Diderot-Zitat zur antiken Bühne, das Lessing hier einflechtet, betont zudem das Potential des Theaters, eine politische Institution des gesamten Volkes zu sein (B 4, 700f. – Vgl. ergänzend das Kap.: Hamburgische Dramaturgie).

Die Auseinandersetzung mit dem »Gefühlschristentum« (Kritik an Wieland, Cramer und Klopstock)

Weder die Dramaturgie des Schreckens und der Bewunderung noch Lessings Mitleidspoetik sind ohne die Auseinandersetzung mit den entsprechenden religiösen Implikationen bzw. christlich-lutherischen Vorstellungsweisen zu denken (vgl. auch unsere Analyse von *Miß Sara Sampson*). Die Kritik an der Verflechtung von Religion und Poesie ist ein Leitthema der Lessingschen »Literaturbriefe«; eng damit verbunden ist die Untersuchung des Verhältnisses von Denken, Empfinden und Glaube, von Vernunft und Gefühl, Philosophie und religiöser Überzeugung. Lessing spricht diese Fragen an, indem er sich gegen prominente Vertreter der literarischen Empfindsamkeit (Wieland und Klopstock) wendet und einen Angriff auf eine Zeitschrift, die moralische Wochenschrift *Der nordische Aufseher*, startet, in der sich ein empfindsames »Gefühlschristentum« (Goldenbaum) artikulierte. Damit greift Lessing nicht nur zentrale Themen der Aufklärung auf, sondern gewinnt zugleich große Publizität, handelt es sich doch beim *Nordischen Aufseher* um das Organ eines äußerst einflussreichen intellektuellen Zirkels (des Kopenhagener Kreises um Klopstock und den Hofprediger Cramer, s.u.). Seine Kritik löst denn auch eine vehement geführte Debatte aus.

Christoph Martin Wieland (7.–14. Brief). Die Attacken gegen Wieland lassen den polemischen Grundzug von Lessings Literaturkritik besonders deutlich hervortreten. Nach freigeistigen literarischen Anfängen schließt sich Wieland, der von 1752 bis 1760 in Zürich (und Bern) lebt, den Bestrebungen an, eine religiöse Dichtung zu kultivieren – ein Gesinnungswandel, der Aussenstehenden rätselhaft erscheinen konnte. Wieland wird in die Auseinandersetzung zwischen den Schweizern, d.i. dem Kreis um Bodmer und Breitinger, und den Berliner Aufklärern verwickelt (Einzelheiten bei Seiffert 1969 und W. Albrecht 1993). Den unmittelbaren Anlass für Lessings Eingreifen geben Wielands Ausfälle gegen Johann Peter Uz, einen der Hauptvertreter der Anakreontik. Wieland macht die anakreontische Liebeslyrik moralisch verdächtig. In der Vorrede (*Zuschrift*) zu den *Empfindungen eines Christen* fordert er den renommierten Theologen Sack auf, gegen solch schädliche Poesie einzuschreiten, wobei er (in der ersten Auflage 1757) geradezu denunzierend die Gedichte von Uz (und anderen Autoren) als Beispiel nennt (GS, Abt. 1, Bd. 2, 341). Ähnlich ereifert sich Wieland in den *Sympathien* (zuerst 1756), ebenfalls religiös getönten Prosastücken (GS, Abt. 1, Bd. 2, 491). Lessing, wie Uz Verfasser von anakreontischen Gedichten (»Kleinigkeiten«), zahlt Wieland mit gleicher Münze heim. Er zieht dessen moralische Integrität durch boshafte Insinuationen in Zweifel (7. Brief); zugleich stellt er den orthodoxen Charakter von dessen religiösen Überzeugungen in Frage. Lessings Gegenpolemik gipfelt in einer Denunziation Wielands an die Theologen (12., 13. Brief; Dokumentation von Wielands Reaktion bei W. Albrecht 1987, 413–421).

Sachlich setzt sich Lessing mit zwei Schriften Wielands auseinander: mit den (bereits genannten) *Empfindungen eines Christen* (die zweite Auflage von 1758 trägt den Titel: *Empfindungen des Christen*) und dem *Plan einer Academie zu Bildung des Verstandes und des Herzens junger Leute*. Beide Texte sind in einer Sammlung prosaischer Schriften enthalten, die Wieland 1758 herausbringt und die Lessing als Ganzes empfiehlt (7. Brief). Wieland verfolgt durchaus Ziele der Aufklärung. In dem Akademie-Plan geht es ihm um Ähnliches wie Lessing in dem Herrnhuter-Fragment: um die Verbindung von Theorie und Praxis, Kopf und Herz (GS, Abt. 1, Bd. 4, 183–206). Lessing erkennt eine Gefahr, die allen Versuchen innewohnt, Verstandes- und Gefühlskräfte zugleich auszubilden bzw. als Einheit zu sehen. Er befürchtet eine Harmonisierung auf Kosten des Verstandes und wirft Wieland vor, die Übung des Denkens vernachlässigt zu haben. »Denken« ist dabei für Lessing vor allem ein ›Selbst Denken‹ (»eigenes Nachdenken«) und als solches eine kraftvolle seelische Tätigkeit, deren Dynamik jedoch unlöslich mit der Ordnung der Dinge, in der der ›Satz vom Grunde‹ waltet, verknüpft ist. Das »Warum« selbst zu finden, sollen die Schüler vor allem lernen. Sie sollten angeführt werden, »bei jeder Begebenheit auf die Ursache zu denken, jede Ursache gegen die Wirkung abzumessen, und aus dem richtigen Verhältnis derselben auf die Wahrheit zu schließen« (11. Brief; B 4, 479). Ebenso wichtig ist die »Fertigkeit«, das Allgemeine und das Besondere auf-

einander zu beziehen und »sich bei einem jeden Vorfalle schnell bis zu allgemeinen Grundwahrheiten zu erheben« (10. Brief; B 4, 478). – Eine schiefe Synthese von Verstand und Gefühl wittert Lessing auch in Wielands Religionsauffassung. Er macht als deren gedanklichen Kern ein freigeistiges Ideengut aus (Shaftesbury; 12. Brief; B 4, 482), das Wieland lediglich empfindsam verbräme. Den *Empfindungen eines Christen*, einer Reihe von Prosa-Gedichten über religiöse Themen, wirft Lessing Mangel an wahrem religiösem Gefühl vor (8. Brief).

Johann Andreas Cramer und der »Nordische Aufseher« (Briefe 48–51, 102–112). Seit 1751 wohnt Klopstock in Kopenhagen, wo er ein Stipendium des dänischen Königs erhält. Zum Teil aufgrund von Klopstocks Initiative wird Johann Andreas Cramer als deutscher Hofprediger 1753 nach Kopenhagen berufen. Cramer hatte in Leipzig Theologie studiert, daneben schon früh eine literarische Tätigkeit enfaltet. Er gehört zu den Mitbegründern der Zeitschrift *Bremer Beyträge* (1744–1759), an der auch Lessings Vetter Mylius beteiligt war. Seine Bekanntschaft mit Klopstock fällt in den Herbst des Jahres 1746. Die moralische Wochenschrift *Der nordische Aufseher* erscheint von Januar 1758 bis Januar 1761. Cramer verfasst die meisten Beiträge, weitere Mitarbeiter sind Klopstock und Johann Bernhard Basedow, der zwar nur ein Stück liefert, jedoch durch seine Verteidigungsschrift Lessing zu der im 102.–112. »Literaturbrief« gegebenen Antwort provoziert. Der Aufsatz und die Gedichte Klopstocks, auf die Lessing eingeht (49., 51., 111. Brief), sind im *Nordischen Aufseher* zuerst veröffentlicht (zur Bedeutung des Kopenhagener Kreises und des *Nordischen Aufsehers* vgl. Goldenbaum 2004b). –

In einer Artikelfolge des *Nordischen Aufsehers* fordert Cramer eine religiöse Erziehung, in der Jesus zunächst als vorbildlicher Mensch, dann erst als göttlicher Erlöser den Kindern nahegebracht wird. Lessing verwirft diese Pädagogik mit dem Argument, sie sei in sich widersprüchlich, da sie die Kinder vorübergehend zu Sozinianern (das heißt zu Ketzern, die die Gottheit Jesu leugnen) mache (48. Brief; B 4, 600). In einer anderen Artikelfolge hinwiederum vertritt Cramer die Auffassung, dass »Rechtschaffenheit« ohne Religion nicht möglich sei – das Vorurteil, das Lessing bereits mit der Komödie *Der Freigeist* zu widerlegen suchte. Seine Kontroverse mit Cramer und dessen Verteidigern ist insofern ein Vorspiel des Fragmentenstreits, als sich deutlich seine spätere Haltung gegenüber der theologischen Strömung der Neologie abzeichnet, der er eine unzulässige Verwischung der Grenzen zwischen Religion, theologischer Dogmatik und Philosophie vorwirft. Dabei lässt Lessing es Cramer gegenüber völlig offen, welche Richtung er selbst nun vertritt. Statt eine bestimmte Überzeugung zu begründen, demonstriert Lessing, wie man seine Vernunft bezüglich jeder inhaltlichen Position recht anwenden müsse. Er dringt auf die Unterscheidung der Ebenen und Begriffe: Die *christliche* Religion sei nun einmal durch die christlichen »Geheimnisse« definiert, Gegenstände des *Glaubens* könnten nicht zugleich Resultate einer logischen Beweisführung sein; Rechtschaffenheit und Frömmigkeit, weltliche Tugend und Wohlgefallen vor Gott, dürften nicht in eins gesetzt werden; per definitionem habe ein Atheist keine Pflichten gegenüber Gott, weshalb man ihm Moralität in einem weltlichen Sinn nicht abstreiten dürfe, und wer (wie Cramer) die Religion ethisch funktionalisiere und zu einem »Bewegungsgrund« (unter anderen) mache, das Gute zu tun, habe den »rechtschaffenen Mann« bereits vorausgesetzt, den sie angeblich erst hervorbringe, und müsse somit auch einen weltlichen Weg moralischer Bildung anerkennen (B 4, 605 f.). Solcher denkerischen Übung des Differenzierens, womit sich Lessing in *jeden* der strittigen Standpunkte versetzt, entspricht die praktische Forderung nach Toleranz, wobei er ostentativ den Blick über das Christentum hinaus lenkt und Achtung gegenüber den nicht christlichen Religionen fordert (106. Brief; B 4, 730; zum Bezug auf Mendelssohn vgl. Goldenbaum 2004b, 695; zu Lessings Kritik an der Neologie und der Rolle, die er dem Gefühl zuweist, vgl. ergänzend das Kap.: Fragmentenstreit).

Klopstocks Aufsatz »Von der besten Art über Gott zu denken« (Nordischer Aufseher, 25. St., 1758): Die Kontroverse um »Denken« und »Empfinden«. Zum Verständnis von Klopstocks Argumentation muss an zwei Implikationen der zeitgenössischen Vorstellungspsychologie erinnert werden. Zum einen: Die Grenzen zwischen »sinnlicher« und »geistiger« Seelentätigkeit werden durchlässig. Die »Vorstellungen« von der Welt, nach denen

die Seele strebt, reichen von unregistrierten Sinneswahrnehmungen (den »unbewußten Vorstellungen«) bis hin zur deutlichen Erkenntnis. Diese »Vorstellungen« machen ein Kontinuum aus, da sie alle in der Seele zusammenwirken. Der Begriff »Empfindung«, den Klopstock (und Lessing) verwenden, umfasst dabei zunächst (bei Wolff) die Sinneswahrnehmungen und Körperempfindungen. Er wird dann auf die geistige Sphäre übertragen. Auch die »Empfindungen« sind gegenstandsbezogen, sind »Vorstellungen«, allerdings undeutliche. Generell ist die »Empfindung« ein Zustand, in dem die Seele noch keine deutliche Erkenntnis ihres Gegenstandes hat. Sie nimmt ihn als Ganzes wahr, ohne die Teile unterscheiden zu können. Dabei kann der Gegenstand Objekt der Sinne oder des Denkens sein. In Leibnizens metaphysischem Modell ist die Schlussfolgerung angelegt, dass in den unbewussten Vorstellungen die umfassendere Erkenntnis liegt, da die Monade das Weltall in seiner Gesamtheit nur in ihnen spiegelt. Der Mangel an »Deutlichkeit«, und damit sind wir beim zweiten Punkt, wird jedoch kompensiert durch die Energie, mit der die Seele sich ihrem Gegenstand verbindet. Die Dynamik des Gefühls wird gegen die Distanziertheit des Intellekts ausgespielt. Jede deutliche Erkenntnis, so bereits Wolff, muss zum »Beweggrund« für den Willen werden (»lebendige Erkenntnis«). Jetzt beginnt man eine Verwandtschaft zwischen Willensstärke und Leidenschaft zu sehen. Nur wenn der Mensch vom Gegenstand seines Nachdenkens auch gefühlsmäßig berührt werde, werde er die Passivität überwinden (Leidenschaft als »sinnliche Vorstellung des Guten«).

Klopstock nun stößt (in diesem Aufsatz) an die Grenze vor, an der die ›Aufwertung der Sinnlichkeit‹ den Rahmen des Rationalismus sprengt. Er zeigt auf die ›andere Seite‹, auf die irrationale Quelle, die im Denken vieler Aufklärer (und auch Lessings) rationalisiert wird. Sein Gedankengang lässt sich wie folgt skizzieren: Er geht davon aus, dass Gott unbegreiflich ist und ›zu groß‹ für die menschliche Vernunft. Wenn der Mensch Gott ›denkt‹ bzw. ›vorstellt‹, so ist das, was die Fassungskraft übersteigt, Gegenstand des Gefühls. Somit fällt das ›Gefühl‹ nicht hinter die Vernunft zurück, sondern übertrifft, überschreitet sie. Zugleich garantiert es die ›Lebendigkeit‹ der Vorstellungen. Die Erkenntnis Gottes wandelt sich zur Begeisterung für Gott, zur religiösen Leidenschaft. Klopstock macht die Intensität der seelischen Wirkung zum Prüfstein für die (logische) Wahrheit der Gotteserkenntnis. Weniger auf den Gedankeninhalt als auf die Kraft und Bewegung der Seele kommt es ihm an. Kraft und Bewegung ›an sich‹ aber sind nicht als »Gegenstand« und »Vorstellung« objektivierbar. Indem er die Empfindungen zur höheren Art des Denkens erhebt, wertet er die rationale Erkenntnis ab. Was im Moment der Begeisterung in der Seele vorgehe (was sie »denke«), lasse sich nicht in Worte fassen. Dennoch lägen in diesen *gefühlten* »Gedanken« (vielleicht) die größten Wahrheiten von Gott verborgen. So sucht Klopstock sich der irrationalen Quelle, dem seelischen Impuls, der der Objektivierung vorausliegt (der ›Empfindung an sich‹), zu nähern. Er stößt zu der Grenze vor, an der die »Empfindungen« nicht mehr Gegenstand sind, sondern, selbst uneinholbar, die sprachliche Gestaltung formen, so dass das Unsagbare poetisch zum Ausdruck kommt.

Diesen Perspektivenwechsel vollzieht Lessing nicht mit. Für ihn bleiben Empfindung und Leidenschaft zu objektivierende Gegenstände und Vorwürfe der dichterischen Darstellung, auch geht es ihm weniger um das ›Dass‹ der Empfindung als vielmehr darum, *was* denn nun empfunden werde; sobald jedoch das ›Was‹ der Empfindung mitgeteilt wird, handelt es sich um einen diskursiven Gedanken. Das Konträre der Standpunkte machen Lessings Bemerkungen zu Klopstocks Gedicht *Die Allgegenwart Gottes* deutlich (51. Brief; B 4, 617–620; vgl. Klopstock AW, 78–84). Klopstock möchte die Bewegung der Seele, ihren Aufschwung zu Gott und ihr Erfülltsein von der göttlichen Gegenwart, den Leser mitvollziehen lassen; der Aufschwung erscheint denn auch immer von dem Verlust, dem Herabsinken aus diesem erhebenden Zustand, bedroht (letzte Strophe). Lessing dagegen fixiert den gedanklichen Inhalt und übersetzt die poetische Sprache zurück in eine philosophische; er versteht das Gedicht als eine Thematisierung der »Allgegenwart Gottes« und schreibt: »Aber wenn ich Ihnen sagen sollte, was ich denn nun aus dem Folgenden, von der Allgegenwart Gottes mehr gelernt, als ich vorher nicht gewußt; welche von meinen dahin gehörigen Begriffen, der Dichter mir mehr aufgeklärt; in welcher Überzeugung er mich mehr bestärket: so weiß ich freilich nichts darauf zu antworten« (B 4, 618 f.). – Zugleich ordnet Les-

sing jede Empfindung in den »Mechanismus« der Seele (B 4, 468) ein; sie erklärt sich für ihn nur aus dem kausalen Zusammenhang, der Folge von Empfindungen, während für Klopstock gerade die Erhebung über den natürlichen Zustand konstitutiv für die religiöse Dichtung ist. Lessing erläutert seine Kritik an Klopstocks Liedern: »Weil er bloß diese seine Empfindungen auszudrücken suchte, und den Reichtum von deutlichen Gedanken und Vorstellungen, der die Empfindungen bei ihm veranlasst hatte, durch den er sich in das andächtige Feuer gesetzt hatte, verschwieg und uns nicht mitteilen wollte: so ist es unmöglich, daß sich seine Leser zu eben den Empfindungen, die er dabei gehabt hat, erheben können. Er hat also [...] die Leiter nach sich gezogen, und uns dadurch Lieder geliefert, die [...] so voller Empfindung sind, dass ein unvorbereiteter Leser oft gar nichts dabei empfindet« (111. Brief; B 4, 751; vgl. auch 51. Brief; B 4, 617; das Lied, das den Anlass zu dieser Kritik gibt, schreibt Lessing freilich irrtümlich Klopstock zu; es stammt von Cramer). Vielleicht ist dieser Einwand gezielt gegen die Einleitung zu den *Geistlichen Liedern* gerichtet, in der Klopstock eine solche genetische Explikation der Empfindungen von sich weist: Der Dichter »fliegt von Gebirge zu Gebirge [...]. Gewisse nähere Erklärungen, gewisse Ausbildungen will sie [die Seele] alsdann nicht«; im Unterschied zur Ode müsse das Lied zwar »einige von diesen Erweiterungen hinzusetzen«, dürfe dabei jedoch nicht weitergehen, »als es schlechterdings notwendig ist« (*Einleitung zu den Geistlichen Liedern* [1758], AW, 1012).

Obwohl sich Lessing als Antipode Klopstocks erweist, vertritt er keinen einseitig rationalistischen Standpunkt. Vielmehr übt er, wie gegenüber Cramer, die Kunst des Differenzierens und fordert die deutliche Trennung von Religion bzw. Philosophie und Poesie. Auf diesem Weg gelangt er zu einer Autonomieerklärung der Dichtung und zur Bestimmung der spezifischen Eigenart und Leistung der ästhetischen Empfindungen. Er stützt sich dabei auf Mendelssohns Beschreibung der ästhetischen Reaktion (*Briefe über die Empfindungen*, 3.-5. Brief). Während die philosophische Erkenntnis keine deutliche Vorstellung vom inneren Gefüge des Ganzen vermitteln könne und nur mühsam Teilaspekte zergliedere – »Bei der kalten Speculation gehet die Seele von einem deutlichen Begriffe zu dem andern fort; alle

Empfindung die damit verbunden ist, ist die Empfindung ihrer Mühe, ihrer Anstrengung [...]« (49. Brief, B 4, 608) –, seien die Empfindungen das »Mittel«, »aus dem Gegenstande selbst, Vergnügen zu schöpfen«. Wenn die Seele einen Gegenstand ›empfinde‹, habe sie den Eindruck des Ganzen, sie fühle die Harmonie der Teile untereinander, ohne sich um deutliche Begriffe bemühen zu müssen. Dem Anspruch Klopstocks, in seinen Gedichten religiöse Gedanken und Gefühle zu erwecken und sogar zu neuen Wahrheiten über Gott zu gelangen, hält Lessing dies rein ästhetische Vergnügen entgegen und lehnt es ab, die Poesie mit dem Ernst und der Verbindlichkeit von Religion, Philosophie und Metaphysik zu befrachten. »Wer heißt den Herrn *Klopstock* philosophieren?« fragt er im 111. Brief (B 4, 749) und lobt (im 51. Brief) die Ode über die *Allgegenwart Gottes* als ein Werk der Poesie: »Genug, daß mich eine schöne, prächtige *Tirade*, über die andere, angenehm unterhalten hat; genug, daß ich mir, während dem Lesen, seine Begeisterung mit ihm zu teilen, geschienen habe: muß uns denn alles etwas zu *denken* geben?« (B 4, 619).

Lessings Klopstock-Kritik mündet in eine Bestimmung der Sprache, die wie eine *revocatio* aller Bemühungen anmutet, sie zum Instrument für den Ausdruck von Empfindungen zu machen: »Die Sprache kann alles ausdrücken, was wir deutlich denken; daß sie aber alle *Nüancen* der Empfindung sollte ausdrücken können, das ist eben so unmöglich, als es unnötig sein würde« (49. Brief; B 4, 608). Von Herder (Fambach Bd. 3, 1959, 95–97) bis zu Michelsen (1990d) hat man hier die Nähe zur Literaturauffassung Gottscheds gesehen (vgl. auch Fambach Bd. 3, 1959, 82, Z. 50 ff.). Dabei muss man jedoch, wie Goldenbaum nachgewiesen hat, den publizistischen Kontext von Lessings Argument berücksichtigen. Die Verwechslung der Lebhaftigkeit der Empfindung mit einer neuen »Wahrheit« ist für Lessing das Einfallstor für Schwärmerei (»fanatische und enthusiastische Begriffe von Gott«; B 4, 609); er ruft sogar Gottscheds gleichlautende Einwände ostentativ in Erinnerung, wenn er Jakob Böhme und Pordage, die als Repräsentanten des religiösen Fanatismus galten, nennt (ebd.; zur Gottsched-Anspielung vgl. Lessings Erklärung B 4, 750; Goldenbaum 2004b, 666 f.). Er greife, so Goldenbaum weiter, mit dieser Kritik an Klop-

stock zugleich das Cramersche Gefühlschristentum an und mache auf dessen potentielle Intoleranz aufmerksam. Der Verdacht der Intoleranz habe sich denn auch im weiteren Verlauf der Debatte durch die Angriffe der Cramer-Partei auf Mendelssohn, die dessen bürgerliche Existenz bedrohten, bestätigt. Dabei lässt Lessings Strategie keinen Zweifel an seiner grundsätzlichen Distanz zu Gottsched aufkommen, hält er doch nicht nur an der Unterscheidung zwischen Klopstock als Philosophen und als genialen Dichter fest, sondern rühmt gegenüber Wieland die religiöse Dichtung Petersens (8. Brief), der als Schwärmer verachtet sei (Petersen vertrat übrigens eine anti-augustinische Theologie der ›Wiederbringung aller Dinge‹; vgl. D. Breuer 2006).

Klopstocks Konzept einer ›übervernünftigen‹ Empfindung also lehnt Lessing ab und trennt die ästhetischen Empfindungen vom Denken der Wahrheit. Trotz dieses prinzipiellen Gegensatzes gibt es jedoch eine Strukturanalogie zwischen den beiden, indem es auch Lessing auf die *Bewegung* der Seele beim Denken ankommt, auf ihre Entfaltung in der fortschreitenden Entwicklung der Wahrheit – auf die Dynamik des Selbst-Denkens, die letztlich ebenfalls uneinholbar ist und nicht rational durch das, *was* im Einzelnen gedacht wird, begründet werden kann. Den sprachlich-dichterischen Ausdruck findet diese Energie des Denkens in der Tatsache, dass vielfach nicht-diskursive und performative Mittel wie Anspielungstechnik, Lakonismus, Witz, szenische Gestaltung etc., die diskursive Aussage der Lessingschen »Literaturbriefe« formen.

Anschauende Erkenntnis und beschreibende Poesie (Polemik gegen Johann Jakob Dusch)

Am meisten ist Lessing ins Zwielicht durch seine Angriffe auf Dusch (2., 16., 41., 77. Brief) geraten; die Verquickung von Sach- und Parteiinteressen scheint hier besonders eng. Michelsen und Grimm weisen Lessing unfaires Verhalten nach. Die Parteinahme für die Freunde, die Herausgeber der *Bibliothek der schönen Wissenschaften und der freyen Künste*, bedinge sein Urteil, nicht umgekehrt (Dusch hatte den Berliner Kritikern Voreingenommenheit vorgeworfen, auch hatte er *Miß Sara Sampson* nicht gerade wohlwollend rezensiert). Die Zeitgenossen hätten Dusch gegen Lessing in Schutz genommen und seine Angriffe als ungerecht empfunden; Dusch sei ein angesehener Schriftsteller gewesen, dem man nicht jedes Verdienst absprechen dürfe. Thomas Abbt, Lessings Nachfolger bei den »Literaturbriefen«, rehabilitiere den Geschmähten sogar (Grimm 1993, 265). Vollends habe Lessing unfairen Gebrauch von der Anonymität der Briefe gemacht, wenn er seine Verfasserschaft der Dusch-Besprechungen (in der Vorrede zu dem Fabelbuch) öffentlich leugnete (Michelsen 1990d, 91). –

Komplementär zu der Absage an den Ausdruck von ›übervernünftigen‹ Empfindungen sind Lessings Konzeptualisierung der ›anschauenden Erkenntnis‹ und die daraus resultierende Skepsis der zeitgenössischen ›malenden‹ und beschreibenden Poesie gegenüber zu verstehen. In seinen Abhandlungen zur Fabellehre, die er im 70. Brief ausführlich referiert, entwickelt er den Begriff der ›anschauenden Erkenntnis‹. Es handelt sich um ein ästhetisches Modell, das der Dichtung die adäquate Versinnlichung abstrakter Sachverhalte und Gedanken zuweist. Für Lessing impliziert es ein Postulat, an dem er die Beschreibungsliteratur und ›malende Poesie‹ misst, wobei er als Beispiel Duschs *Schilderungen aus dem Reiche der Natur und der Sittenlehre* (1757/1758) aufspießt (41. Brief; das Thema der ›malenden‹ Poesie führt er im 40. Brief anlässlich des Lobes von Kleists Versepos *Cißides und Paches* [1759] ein: B 4, 555). ›Anschauende Erkenntnis‹ als Darstellungsprinzip fordert die Übereinstimmung von Bild und Sache, und diese Stimmigkeit vermisst er bei Dusch. Er verweist auf Fehler in der bildlichen Logik, zu denen sachliche Ungenauigkeiten und gedankliche Unschärfen hinzutreten. Weil Duschs Metaphern den naturwissenschaftlichen Erkenntnissen widersprächen, seien sie nicht überzeugend. Goethes Diktum von der ›exakten Phantasie‹ scheint hier antizipiert. Als das Hauptübel macht Lessing dabei – nicht nur bei Dusch (41. Brief, B 4, 565), sondern z.B. auch bei Cramer (50. Brief, B 4, 615 f.; 104.– 105. Brief) – eine ausufernde Geschwätzigkeit, sozusagen die Kehrseite des Mangels an Gründlichkeit, aus. Es sei daran erinnert, dass auch Goethe, der im Übrigen die Kriterien für das »Poetische« in den Rezensionen des Berliner Kreises vermisst, als grundsätzlichen Fehler der damaligen Literatur ebenfalls das Weitschweifige ansieht. Nur »durch Bestimmtheit und Kürze«, so sei er gewahr ge-

worden, könne der »erste Schritt« »aus der wässrigen, weitschweifigen, nullen Epoche« getan werden, als einem der ersten sei dieser Schritt Lessing gelungen (*Dichtung und Wahrheit*, 7. Buch, HA 9, 269 und 271 f.).

Das ›Geschwätzige‹ ist für Lessing jedoch nicht nur ein Problem sprachlicher Redundanz, sondern liegt in seinen Augen im Wesen der beschreibenden Poesie begründet: in der tautologischen Verdopplung (dem ›Malen‹) ihrer Gegenstände. So verhöhnt er den Zeigegestus von Duschs Schilderungen: »Was giebt es denn nun zu betrachten? Da repräsentieren sich: ›Entblößte Hügel, die ihr Inneres aufdecken […].‹ Und abermals repräsentiret sich: ›Die schönste Gegend […].‹ Und abermals repräsentiret sich: ›eine unzählbare Menge von Stauden‹. Und abermals repräsentieren sich: ›teils Pflanzen, teils lebendige Geschöpfe‹. Und abermals repräsentieren sich – O verzweifelt! Ich wollte meinen Herren noch das ganze Tierreich repräsentieren; aber Sie sehen das Licht geht mir in dem Kasten aus. ›Die Betrachtung des Tierreichs soll daher Ihnen selbst überlassen sein!‹« (B 4, 574. – Die Frage wäre zu stellen, ob Lessing in diesen Passagen seiner Dusch-Satire, in denen die diskursive Explikation der Einwände ganz durch eine suggestive Inszenierung ersetzt ist, zu einer prinzipiellen Kritik der Repräsentationsästhetik gelangt).

Statt der beliebigen Reihung von ›Repräsentationen‹ (B 4, 561 f.) und klischeehaften Allegorien fordert Lessing »Anlage, Erdichtungen und Ökonomie« (Beschluß des 41. Briefes; B 4, 580), einen verborgenen Plan, der zu gleichen Teilen aus der Kraft der Seele und der Erkenntnis der Ordnung der Dinge hervorgeht (vgl. ergänzend die Kap.: Fabelbuch und Laokoon).

Aufnahme und Wirkung

Vorbemerkung: Wir greifen *eine* Linie, die poetologische, heraus, die eng mit der religiösen Thematik verbunden ist. Zum viel weiteren Literaturbegriff der Briefe und zur inhaltlichen Aufschlüsselung der kulturellen Verflechtungen (z.B. mathematische und biologische Themen) wird auf Engels Forschungen zu Mendelssohn (1994a und 1994b; Einführung in JubA 5/1) verwiesen; zur Resonanz der Cramer-Kontroverse vgl. die Studie von Goldenbaum (2004b).

Das »Echo«, schreibt Herder in seinen *Fragmenten ueber die neuere Deutsche Litteratur* (1767), in denen er sich mit den »Literaturbriefen« auseinandersetzt, – das »Echo« »richtet sich« »nach der Stimme, die« es »aufrief« (Suphan 1, 252). Schwer zu fassen ist die »Stimme«, die Tonart der »Literaturbriefe«, Leidenschaft und Sachlichkeit, Selbstinszenierung und Artikulation des Neuen sind ununterscheidbar miteinander verflochten. Dementsprechend zwiespältig und schwer zu bewerten sind das (unmittelbare) Echo und die (längerfristige) Wirkung. Fest steht lediglich, dass die »Literaturbriefe« weithin beachtet werden, dass die Resonanz sehr groß ist – eine Resonanz jedoch von Freund und Feind. Einesteils werden die »Literaturbriefe« begeistert gelobt. Von den »beliebten« Briefen ist in den begleitenden Rezensionen häufiger die Rede (vgl. B 4, Nr. 4, 1093: »Diese Wochenschrift hat seit ihrem Anfange allgemeinen Beyfall erhalten«; B 4, Nr. 5, 1094: die »beliebten« Briefe; B 4, Nr. 11, 1105: die Fortsetzung der »beliebten« Briefe usw.). Auch aus dem Rückblick rühmt man den Beitrag, den die Verfasser der »Literaturbriefe« zur Hebung der Kultur geleistet hätten. Exemplarisch ist das Urteil von Christian Heinrich Schmid (*Litteratur der Poesie*, 1775), das diejenige Perspektive antizipiert (bzw. prägt), die man bis weit ins 20. Jahrhundert hinein einnimmt: »Kein Journal hat in seiner Neuheit so viel Aufsehn erregt, keines (auch noch nach seinem Ende) so viel Nutzen gestiftet. Der Einfluß, den es auf unsre Litteratur gehabt, die Lobredner, Epitomatoren, Nachahmer, Nachbeter und Widersacher, die es in so grosser Menge gefunden, werden es in der Geschichte unsers Geschmacks unvergeßlich machen. Der Briefton erlaubte keine so detaillirten Auszüge, als in Bibliotheken gemacht werden; aber dafür konnten die Verfasser die wichtigsten Punkte ausheben, allgemeine Digreßionen und Betrachtungen anstellen, die neue Aussichten vorzeichnen u.s.f. Hierzu gehörten höhere philosophische Talente, und diese besassen sie. Durch ihre Untersuchungen haben sie unsre vorher noch sehr unfruchtbare Aesthetik mit neuen Lehrsäzzen und Anwendungen bereichert. Philosophie gab ihnen das Uebergewicht über viele ihrer Zeitgenossen. In Eingängen, Uebergängen, Wendungen und Erfindungen waren sie originell, und überhaupt die Schreibart ihnen eigen; Witz und Munterkeit die vornehmsten Eigenschaften, wodurch sie sich

unterschieden. Sie gaben der Kritik einen so hohen Grad von deutscher Freymüthigkeit, als sie zuvor nicht gehabt hatte sie verfuhren scharf mit Stümpern, die man sonst zu sehr schonte und waren auch gegen Männer von Talenten ungebunden. Die Schriftsteller warfen ihnen vor, daß sie alles nach dem höchsten Ideale beurtheilten, daß sie zuweilen in Machtsprüche, einseitige Urtheile und Ungerechtigkeiten verfielen« (zit. nach: JubA 5/1, LXXI).

Schmids Kritik lenkt den Blick darauf, dass die »Literaturbriefe« einen großen Teil ihrer Wirkung der originellen »Schreibart« ihrer Verfasser verdanken, ihrem »Witz« und ihrer »Munterkeit«. Die »Freimütigkeit«, die Schmid ebenfalls anführt, wird von Anfang an hervorgehoben. Damit aber ist der Punkt berührt, an dem die »Stimme« der »Literaturbriefe« nicht mehr eindeutig auszulegen ist, weil sachliche Kritik und Polemik ineinanderfließen. Die Rezensenten – Braun sammelt ausschließlich wohlwollende Reaktionen – freuen sich über die Lebendigkeit des Vortrags, sie attestieren den »Literaturbriefen« einen eminenten Unterhaltungswert, die Leser würden zum Lachen gebracht. Der Kritiker der Leipziger *Bibliothek der schönen Wissenschaften und der freyen Künste* hebt dabei ans Licht, zu welcher Konsequenz die sprachliche Virtuosität führt: zur Verselbständigung der Polemik, zur Loslösung der rhetorischen Mittel von den sachlichen Inhalten. Er meint: »Und wenn man auch an der Wahrheit desjenigen bisweilen zweifeln wollte, was der Verfasser sagt, so verführt doch seine heitere Mine so sehr, daß man alles so lange für wahr hält, als er es gesagt.« (Bd. 5, 1. St., Leipzig 1759; B 4, 1103) Dass der »besondere Ton«, die »Schreibart«, der witzig-bissige Stil einen wesentlichen Bestandteil der »Literaturbriefe« ausmachen, dessen sind sich alle Beiträger bewusst. Nach dem Ausscheiden Lessings sorgt sich Mendelssohn darum, dass dieser »Ton« verloren gehen könne. Erich Schmidt überliefert den folgenden Ausspruch: »Er hat seine Geißel andern übergeben, aber sie streichen zu sanft, denn sie fürchten Blut zu sehen« ([4]1923, Bd. 1, 416). Immer wieder ist im Briefwechsel davon die Rede, wie der »lebhafte«, »lustige«, »muntere« »Ton« zu erzielen sei (JubA 5/1, LXIIf.). Wo aber Eleganz und »Schärfe« der Schreibart den vorgetragenen Meinungen das »Übergewicht« verleihen, da wandelt sich (nicht nur) in den Augen der Betroffenen »Freimütigkeit« in »Dreistigkeit« und Aggressivität, gepaart mit Voreingenommenheit. *Diese* Stimme der »Literaturbriefe« ruft neben den positiven die negativen Reaktionen hervor. So fragt Herder in seiner Gesamtwürdigung: »allein schäzzen sie [die Briefe] nicht die Merkwürdigkeit gewisser Werke beinahe blos nach dem Maas, wie sie dabei Raum zum eignen Urtheil, zur Strafe und Spekulationen finden?« (*Einleitung* zur Ersten Sammlung der *Fragmente* [1767], Suphan 1, 146). Geschickt werden die Angriffe und Gegendarstellungen der Kritisierten von den Verfassern der »Literaturbriefe« pariert, indem man sich als Opfer einer Überzahl von Gegnern in Szene setzt, die aufgrund ihrer Mittelmäßigkeit die ungeschminkte Kritik nicht vertrügen. So verfährt Nicolai in dem überblickshaften 76. »Literaturbrief«: »Inzwischen ists wahr, aufsehen haben diese Briefe gemacht. Die Horcher in der gelehrten Welt, diese gefährliche Leute, die alle Umständchen wissen müssen, die einen Schriftsteller oder eine Schrift angehen, haben allen ihren Witz erschöpft, um die Absichten der Verfasser der an Sie geschriebenen Briefe zu errathen. Es sind geheime besondere Absichten sagen sie; Lieber Gott! was für geheimer Absichten brauchts dann, um seine Meinung frei und deutsch wegzusagen. […] Was brauchts dann für Cabalen, oder geheime Ränke um zu sagen, daß B*** ein schlechter Uebersetzer, D*** ein schlechter Schriftsteller, G*** ein unwissender Prahler und W*** ein affectirter Belesprit ist!« Und weiter: »Was können wir aber dafür, daß wir von gewissen Schriftstellern die Meinung haben, daß sie *schlecht* sind? warum schreiben die Leute nicht etwas gutes. –« (JubA 5/1, 119 u. 120). Auch diese Sichtweise ist zum Rezeptionsmuster geworden. Angesichts der fast durchweg positiven Kritiken, die Braun vorlegt, und der ebenfalls rühmenden ›Nachrufe‹, die Engel zitiert (JubA 5/1, LXVIII ff.), drängt sich der Eindruck auf, dass hier die Wahrnehmung ganz entscheidend von den Autoren selbst gelenkt und geprägt ist, dass die Kritiker deren Perspektive übernehmen. Denn wo sind die vielen Anfeindungen, die beispielsweise Gerstenberg im zwölften der *Briefe über Merkwürdigkeiten der Litteratur* (Erste Sammlung, 1766) erwähnt? »Sie wissen nicht«, heißt es da (166; vgl. B 4, 1125), »was während Ihrer vierjährigen Abwesenheit für eine Menge unsinniges Zeuges wider diese Dingelchen aus

jedem Winkel Deutschlandes zum Vorschein gekommen ist! Kaum würden Sie mir glauben, wenn ich Ihnen von dem unvernünftigen Betragen der beleidigten Schriftsteller nur eine glimfliche Carricatur entwerfen wollte. Partheylichkeit, Tücke, Kurzsichtigkeit – sind nur drey Züge: sie müßten schaudern, wenn Sie die übrigen erblickten.« Allerdings spricht auch Thomas Abbt, Lessings Nachfolger bei den »Literaturbriefen«, von dem angestauten »Hass« der »bösgemachten Autoren«, der sich auf ihn allein richten werde, falls nicht alle Beiträger ihr Incognito lüfteten (Brief vom 9.12.1764; JubA 5/1, XLIV f.).

Dabei geht nun die aggressiv wirkende Energie des »Tonfalls« größtenteils auf Rechnung Lessings, er ist es, der den »Literaturbriefen« die meisten Feinde schafft (die prominentesten unter ihnen: Gottsched, Dusch, Wieland, Bodmer, Cramer und Basedow). Mendelssohn sucht mäßigend zu wirken und scheint z. B. weitere Invektiven gegen Gottsched verhindert zu haben (vgl. JubA 5/1, LVI). Die Kompromisslosigkeit Lessings ist auch ein Briefthema unter den Freunden. Ramler an Gleim, 29.12.1759 (B 4, 1081): »Schreiben Sie doch auch an Herrn Lessing, ob er gleich der ist, der alle Welt, und so auch mich, angreift: so schreiben Sie ihm doch nur. Ja, eben deswegen schreiben Sie ihm, weil er alle angreift. […] Doch was geht michs an? Ich weiß, daß Herr Lessing seine Meinung sagen, und durch Unterdrückung sich Luft schaffen und Platz machen will. Diese Natur ist nicht auszutreiben. Er kann ohnmöglich in Schriften derjenige gelinde, nachgebende, lustige Gesellschafter sein, der er doch im Leben ist. Es ist freilich schlimm!« Engel unterscheidet zwischen den Reaktionen auf Mendelssohns und auf Lessings Beiträge. Mendelssohns Sachlichkeit habe das Lob geerntet, während Lessings Leidenschaft und zunehmende Bitterkeit die Schmähungen provoziert hätten (JubA 5/1, LXVIII): »Wir treffen sowohl auf positives Lob wie auf rein negatives Schmähen. Die negative Kritik wendet sich gegen Lessing und Abbt, während Mendelssohns Beiträge – mit Ausnahme der Aussagen zu Rousseau und Hermann Samuel Reimarus – zeitgenössische Lorbeeren ernteten.« So ergibt sich der Befund, dass, obgleich von Lessing prozentual relativ wenige »Literaturbriefe« stammen, dennoch seine Stimme sich als die durchdringendste erweist und am meisten gehört wird. Er provoziert die unmittelbaren Gegenschriften, er gibt den unterhaltenden Ton an, der zum Lachen reizt, auf seinen Anteil ist aber auch das Wahrnehmungsmuster konzentriert bzw. beschränkt, dem zufolge das kritische Unternehmen den zahllosen »Anschlägen« der Beleidigten ausgesetzt gewesen sei. Ein Beispiel für die Durchsetzungskraft des Spektakulären (erst Engel korrigiert das Bild, indem sie Mendelssohn in den Blickpunkt rückt) –?

Bei der Auswertung der Reaktionen auf Lessings Kritik stellt sich die gleiche Frage, die bereits ein Leitfaden der Analyse war: Welche sachliche Funktion hat Lessings polemische Schärfe? Albrecht (1987) ordnet die Gegenstimmen wie folgt:
– Die Kontroverse um den *Nordischen Aufseher* und um die Rolle der Religion in der Literatur; Disput um Klopstock (372–398);
– Echo auf den 17. »Literaturbrief« (398–407; dazu Heitner 1963);
– Pro und contra zu Gottscheds *Sprachkunst* (407–413);
– Wielands Reaktionen (413–421);
– Streit mit Dusch (421–440);
– Repliken Bergmanns und Bodmers (440–446. Der Jurist Christian Gottlieb Bergmann ist einer der von Lessing angegriffenen Übersetzer; vgl. 4. Brief und die *Nachricht* am Ende des 30. Briefs).

Das bislang edierte Material (Braun 1; Bender 1972, grundlegend: Albrecht 1987, JubA 5/1) erlaubt die folgenden Hinweise. Einerseits sucht man sich die rhetorischen Techniken, die Darstellungsmittel Lessings zu eigen zu machen. Man verfasst »Briefe«, man übt sich in dem kurzweiligen Ton, dem lebendigen Vortrag, man übt sich darin, die Argumente in eine quasi szenische Gestaltung umzusetzen (vgl. Heitner 1963, 46–48); Dusch schlägt satirische Funken aus der Fiktion, dass die »Literaturbriefe« an einen verwundeten Offizier gerichtet sind (*Briefe an Freunde und Freundinnen, über verschiedene kritische, freundschaftliche, und andere vermischte Materien*, 1759, 38. Brief, 209–216; vgl. Bender 1972, 333–337). Andererseits – das gilt für Bodmer und Cramer – wehrt man die neue Diesseitigkeit ab, deren Atem man durchaus in dem Werk verspürt. Charakteristisch ist hier die moralisierende Haltung. Cramer missversteht Lessings Fragen, die auf die gedankliche Folgerichtigkeit seiner theologischen Position zielen, als Zweifel an seiner moralischen Integrität und beantwortet den Aufruf zu freier Untersuchung mit der Mahnung, den Willen Gottes zu erfüllen. Er schließt seine Verteidigung (Vorrede zum 3. Band des *Nordischen Aufsehers*, 1761) mit den Worten: »und ersuche meine Leser, ihre Wünsche mit den meinigen zu verbinden, daß Gott mich und alle, die der Welt durch Schriften nützen wollen, regieren möge, sich darinnen nichts zu erlauben, was nicht zur Verherrlichung seiner Ehre oder zur Ausbreitung der Frömmigkeit, der Tugend, der Wahrheit und eines auch ihm gefälligen guten Geschmacks gereichen kann« (zit. nach Albrecht 1987, 383). – Bei Bodmer wird die Empörung gegen den weltläufigen Stil, gegen die Verführung zur Weltlichkeit manifest. Hinter seinen Anwürfen steht nicht nur der persönliche Ärger über Lessings Kritik. Vielmehr macht sich darin das Ressentiment gegen die gesamte neue Richtung Luft, gegen die Missachtung der bislang gültigen Normen und Grenzziehungen: »Dieser Journal behält seine Verdienste bei allen denen, die verderbt genug sind, an einem leichtsinnigen Witze Vergnügen zu haben. Wir entdecken in dem siebenden Teil davon die Vermessenheit auf einem hohen Grade, die unter dem Schein von Munterkeit die Empfindungen von Tugend, Unschuld und Ernst verspottet« (*Freimütige Nachrichten von neuen Büchern und andern zur Gelehrtheit gehörigen Sachen*, XVIII, 1761, 19. St., 13. Mai; zit. nach Albrecht 1987, 443 f.). Wie für Cramer die Trennung von Religion und Moral undenkbar ist, so lehnt sich Bodmer gegen die Trennung von Poesie und Moral auf. Er wirft den Autoren der »Literaturbriefe« eine unmoralische Haltung vor: »Wenn ihre schalkhaften Einfälle ein Gelächter erwecken, so muß der Unschuldige dafür erröten. Für die kleine Untreue, die damit unterläuft, behelfen sie sich mit dem bequemen Satz, daß die Güte einer Schrift eine andere sei und eine andere die Güte des Menschen. Sie werden immer behaupten, daß man bei einer Gelegenheit ein schlimmer Mann und bei einer andern ein guter Poet sein könne« (ebd. 445. – Vgl. auch Dokument Nr. 52, 385–387 [Friedrich Carl von Moser]).

Den Höhepunkt *dieser* Wirkung der »Literaturbriefe« bildet das Einschreiten des Bergrats Johann Heinrich Gottlob von Justi, der ein zeitweiliges Publikationsverbot erwirkt. Sein Motiv ist wohl Abbts Verriss seines Staatsromans *Die Wirkungen und Folgen sowohl der wahren als falschen Staatskunst, in der Geschichte des Psammitichus*

Königs von Aegypten im 196.–198. Brief. Das hauptsächliche Material seiner Denkschrift (Datierung: 8. März 1762) liefern Lessings gegen Cramer gerichtete Briefe. Justi denunziert mit agitatorischen Mitteln: er diffamiert den »Juden«, um die religionsfeindliche Tendenz des Werks zu »beweisen« (ausführliche Darstellung und Dokumentation des Vorgangs und seiner Folgen v. a. für Mendelssohn: Engel in JubA 5/1, XXIII – XLIII; vgl. Albrecht 1987, 346–360).

Wie lässt sich aber über diese negativen Reaktionen und dramatischen Tagesereignisse hinaus der tatsächliche Einfluss der »Literaturbriefe« auf die deutschsprachige Literatur fassen? Wie lässt sich beschreiben und belegen, dass, wie Schmid behauptet, mit ihnen erst die Weite des Gesichtskreises gewonnen ist, die der Dichtung förderlich sein kann? Bereits die Zeitgenossen haben damit Schwierigkeiten. Gerstenberg leugnet schlichtweg, dass es eine Vermittlung zwischen Literaturtheorie und poetischer Produktion gibt; sinnigerweise in dem Werk, das eine Nachahmung der »Literaturbriefe« ist (*Briefe über Merkwürdigkeiten der Litteratur*, Erste Sammlung 1766, 12. Brief, 167): »Ihnen meine ganze Meynung in zwey Worten zu sagen – sie [d.i. die »Literaturbriefe«] sind dem lesenden Theile in einem hohen Grade, dem schreibenden aber nicht im mindesten nützlich gewesen; und mich wundert, wie sie das Letzte nur einmal haben erwarten mögen./ Ich halte wenig oder nichts von förmlichen Discussionen über Werke des Genies, die denselben statt eines Fingerzeiges auf größere Vollkommenheiten dienen sollen.« 1782 konstatiert August Wilhelm Rehberg, dass das Werk nicht mehr gelesen wird: »Das Wochenblatt, das sie gemeinschaftlich schrieben, und dergleichen nie vorher oder nachher geschrieben worden, hat unbeschreibliche Verdienste um Deutschland gehabt. Es ist sehr zu bedauern, dass so viele critische Abhandlungen von Mendelssohn, die zu gut sind, als daß ich sie hier noch loben sollte, und mehrere vortreffliche Aufsätze von Abbt, die unter dem Namen von Recensionen in den Litteraturbriefen stehen, bald nicht mehr werden gelesen werden, weil man doch einmal ein Journal, so lange Zeit nachdem es erschienen ist, nicht mehr lieset […]« (*Über die deutsche Litteratur*; zit. nach JubA 5/1, LXX). Einen Hinweis auf eine Antwort vermögen Herders eingangs zitierte *Fragmente* zu geben. Herder integriert die in den »Literatur-

briefen« gegebenen Anregungen in größere Zusammenhänge, Zusammenhänge der Sprache, der Literaturgeschichte, des griechischen und römischen Einflusses, der Mythologie. Damit bestätigt er, dass in den Briefen die neue Sichtweise sich anbahnt: die Ahnung des ästhetischen Ganzen, das nach je eigenen Regeln beurteilt sein will. Zugleich nimmt er in der Auseinandersetzung um Klopstock für diesen Partei, verteidigt dessen Poesie des Ausdrucks und erhebt die Sprache des Dichters, gerade was den religiösen Gehalt angeht, über die Fachsprache der Theologen (Dritte Sammlung der *Fragmente*; Suphan 1, 513–526; vgl. W. Albrecht 1987, 391–394).

Quellen: Nachdruck der »Literaturbriefe«, 24 Tle, 1759–65: Hildesheim/New York 1974; Baumgarten 1735, hg. Paetzold 1983; Cramer (Hg.) 1760/62/70; Gottsched ⁵1742 (BA 6/1, hier 241 [*Critische Dichtkunst*]); Klopstock (1758) in Cramer (Hg.) 1760, Bd. 1, 25. St., 310–321 [*Von der besten Art über Gott zu denken*]; Klopstock AW, hg. Schleiden 1962, 78–84 [*Die Allgegenwart Gottes*] und 1009–1016 [*Einleitung zu den Geistlichen Liedern*]; Mendelssohn JubA 1, 41–123 [*Über die Empfindungen*], JubA 5/1 [»Literaturbriefe«], JubA 5/2 [*Allgemeine deutsche Bibliothek*]; Pyra 1743–44/1974; Weiße Th. 1, ⁵1771 [1. Aufl. 1759; *Eduard III.* aus *Beytrag zum deutschen Theater*]; Wieland GS, Abt. 1, Bd. 2, 336–404 [*Empfindungen eines Christen*] und 446–495 [*Sympathien*], Bd. 3, 147–215 [*Lady Johanna Gray*], Bd. 4, 183–206 [*Plan einer Academie*].

Literatur

zu Entstehung und Kontext: W. Albrecht 1987, 319–345 [Dokumente]; Bender 1972, 372–381 [Dokumente zur Entstehung], 383–392 [Textüberlieferung] und 483–494 [Nachwort]; Engel in JubA 5/1 [Einleitung]; E. Fischer/Haefs/Mix 1999 [literarische Zeitschriften; Medien im 18. Jahrhundert]; Grimm in B 4, 1050 ff.; Heudecker 2005 [Formen der Literaturkritik im 18. Jahrhundert und ihre rhetorische Tradition: Dialog, Apologie, Satire]; Martens ²1971; Martens 1977 [moralische Wochenschriften]; Nisbet 2008, 329–349; Seiffert 1969.
zu Sachinformationen: Lessings Gegner: W. Albrecht in Mauser/Saße (Hgg.) 1993, 103–112 [Wieland]; Albrecht 1993b; Danzel/Guhrauer Bd. 1, 1850, 385 [Duschs positive Reaktion auf die Kritik der »Literaturbriefe«]; Deicke 1910 [Dusch]; Grimm in Mauser/Saße (Hgg.) 1993, 258–268 [Dusch]; Guthke 1984b [Shakespeare; 17. »Literaturbrief«]; Luehrs 1909 [Cramer]; Martin in Lütteken/Mahlmann-Bauer (Hgg.) 2009, 459–473 [Wielands Verhältnis zu Bodmer]; Neuß 1989, 67 ff. [Wieland].

zu Forschung/Analyse: W. Albrecht 1987, 480–522 [Nachwort]; W. Albrecht in Mauser/Saße (Hgg.) 1993, 103–112; Albrecht 1993b; Barner in Mauser/Saße (Hgg.) 1993, 15–37; Bender 1972, 483–494 [Nachwort]; Berghahn in Mauser/Saße (Hgg.) 1993, 176–183; Birke 1968; Breuer in Laufhütte/Titzmann (Hgg.) 2006, 413–424; Engel 1994b und 1994c; Fambach Bd. 3, 1959; Feinäugle 1969; Bernhard Fischer 1990; Gellhaus 1995, 201–247 [Rhetorik der Begeisterung bei Klopstock]; Goldenbaum 2004b; Grimm in Mauser/Saße (Hgg.) 1993, 258–268; Guthke 2010; Kaiser 1961 [Denken und Empfinden bei Klopstock]; van Laak in Zeuch (Hg.) 2005, 25–46 [Rekonstruktion von Lessings Kriterien der Kritik anhand des Bezugs zu den hermeneutischen Theorien von G.F. Meier und Chladenius]; Michelsen 1990d (zuerst 1975); Ernst Müller 2004, 33–78; Nisbet 2008, 331–349; E. Schmidt Bd. 1, [4]1923, 389 ff.; Seiffert 1969; Steigerwald in Lange/Neumeyer 2000, 109–131 [»Darstellung« bei Klopstock]; Steinmetz in Mauser/Saße (Hgg.) 1993, 484–493; Stenzel in Mauser/Saße (Hgg.) 1993, 494–500.

zu Aufnahme und Wirkung: zeitgenössische Rezeption: W. Albrecht 1987; B 4, 1080–1126; Bender 1972; Braun 1 [Dokumentsammlungen]; Fambach Bd. 3, 1959; Gerstenberg 1766/67/1770, Nachdruck 1971; Goethe 1812 (HA 9 [*Dichtung und Wahrheit*, 7. Buch]); Herder 1767 (Suphan 1, 131–531). – *Literatur:* Engel 1994 a und b; Engel in JubA 5/1 [Einleitung]; Goldenbaum 2004a und b; Grimm in B 4, 1079 f.; Heitner in Hofacker/Dieckmann (Hgg.) 1963, 43–58; Nisbet 2008, 347–349.

Faust-Fragmente

Vorbemerkung

Lessing und der Fauststoff – das scheint auf den ersten Blick nicht zusammenzupassen. Lessing, der das Streben nach Wahrheit und Erkenntnis zeit seines Lebens für den höchsten Trieb im Menschen hält, der nach dem vernünftigen Kern der Religion fragt und für den die historischen (»positiven«) Religionen nur vorläufig sind, der insbesondere die »ewige Verdammung« des Sünders bestreitet (*Leibnitz von den ewigen Strafen*) – was konnte Lessing an einem Stoff finden, der den Interessen des Aufklärers geradezu entgegengesetzt zu sein scheint? Fausts »Wissensdrang« wird im Volksbuch als Frevel wider die göttliche Ordnung gewertet, als der verdammungswürdige Versuch, hinter die Geheimnisse Gottes zu gelangen. Faust ist der Sünde der *superbia* anheimgefallen. Zugleich erscheint der Erkenntnishunger mit dem Streben nach Macht und sinnlichem Genuss verbunden, mit der grenzenlosen Befriedigung »niedriger« Begierden. Teufelspakt und Höllenfahrt schließlich gehören für das achtzehnte Jahrhundert dem Bereich des Aberglaubens an, während die Vorstellungen von »Himmel« und »Hölle« für die Faustgestalt der Überlieferung geradezu konstitutiv sind. Wie lässt sich die Tatsache deuten, dass Lessing sich immer wieder mit diesem Stoff beschäftigt? Kann er ihn zum Ausdrucksmedium für die eigenen Intentionen umformen? Oder bleibt die Diskrepanz unüberwindlich?

Entstehung, Quellen und Kontext

Erstdruck: Die früheste Erwähnung eines Faust-Dramas findet sich in einem Brief Mendelssohns an Lessing vom 19.11.1755, gedruckt wird zu Lebzeiten Lessings lediglich die Szene *Faust und sieben Geister* (II, 3) im 17. »Literaturbrief«, der das Datum 16. Februar 1759 trägt; Gesprächsberichte von Zeitgenossen dokumentieren seine Beschäftigung mit dem Stoff noch während der Wolfenbütteler Jahre. – Ausgaben: Petsch 1911, Guthke 1968, G 2 (mit den Zeugnissen im Kommentarteil), B 4 (mit Einbezug der Zeugnisse in der Entstehungsgeschichte, 822 ff.). Wegen der übersichtlichen Zusammenstellung der Dokumente legen wir die von Guthke besorgte Ausgabe zugrunde (= Guthke 1968).

Der Fauststoff ist ein Produkt der Renaissancezeit. Hinter der Sagengestalt steht eine historische Persönlichkeit, wobei allerdings die urkundlichen Nachrichten kein fest umrissenes Bild mehr ergeben. Wahrscheinlich lebte Georgius (oder Johannes) Faustus von (ca.) 1480 bis (ca.) 1540, trat als Sterndeuter und Wahrsager auf und galt bereits den Zeitgenossen als marktschreierischer Scharlatan, der einen anrüchigen Lebenswandel führte. Dass er jedoch ebenfalls bereits zu Lebzeiten in den Ruf eines Teufelsbündners kam, lässt sich auch als Hinweis auf herausragende Qualitäten interpretieren. Für die literarische Ausgestaltung ist dann der Zusammenhang von Größe und Verführbarkeit konstitutiv. Faust wird zu dem Gelehrten, dessen Begabung ihm zum Fluch wird, da er sich aufgrund seines Wissensdurstes der schwarzen Magie zuwendet und dem Teufel verschreibt. Der erste Faustbuch-Druck (*Historia von D. Johann Fausten*) erscheint zur Frankfurter Herbstmesse 1587, der ungenannte Autor (nach neuen Forschungen: Nicodemus Frischlin?) sammelt dabei die bisherige mündliche und schriftliche Überlieferung. Herausgeber ist der Verleger Johann Spies. Das Faustbuch erfährt mehrere Bearbeitungen, verbreitet ist im 18. Jahrhundert eine Fassung (1725) von einem »Christlich Meynenden«. Schon früh gelangt die Spies'sche *Historia* nach England, wo sie Christopher Marlowe zur Grundlage eines Faust-Dramas (*The Tragicall History of D. Faustus*, um 1590) dient. Die Wanderbühnen bringen die Dramenversion nach Deutschland. Spieltexte aus der damaligen Zeit sind nicht erhalten. Vermutlich nach der Wende zum 18. Jahrhundert wird das Stück von den Marionettentheatern übernommen, als Puppenspiel hat Goethe das Drama zuerst kennengelernt. – Welche Version des Faustbuchs Lessing gelesen hat, ist ungewiss. Der Stoff ist ihm jedenfalls bereits in Leipzig vertraut. Die Jugendkomödie *Der junge Gelehrte* enthält Anspielungen auf die Gelehrtentragödie (I, 1; B 1, 142; s. S. 79 f.).

Am 14.6.1754 gibt die Schuchsche Theatertruppe das Faust-Drama in Berlin, Lessing kann die Aufführung gesehen haben (Petsch 1911, 11).

Das Textmaterial: Lessings Faust-Fragmente und zeitgenössische Zeugnisse

Generell unterscheidet man drei Konzeptionsstufen. Der ersten Stufe gehören das sog. Berliner Szenar und das Fragment aus dem 17. »Literaturbrief« an. Petsch datiert beide Entwürfe auf die Mitte oder die zweite Hälfte der 50ger Jahre (16). Am 8.7.1758 schreibt Lessing an Gleim, »ehestens« werde er seinen »Doktor Faustus« in Berlin spielen lassen (B 11/1, 293). Lessing orientiert sich hier im Wesentlichen an der stofflichen Vorlage, Teufelsbeschwörung und Teufelsbündnis setzen die Handlung in Gang, das Vorspiel deutet auf Fausts Verstrickung und Sündenfall hin (wobei das »Teufelskonzil« zwar ein traditionelles Motiv ist, aber nicht unmittelbar zur Faustüberlieferung gehört – Mahal 1972, 547, Anm. 46a). Noch in Hamburg denkt Lessing über die dichterische Gestaltung der Zauber-Thematik nach. In einem Brief vom 21.9.1767 an den Bruder Karl bittet er um die Übersendung der *Clavicula Salomonis* (die *Clavicula Salomonis* sind ein Buch, das Geisterbeschwörungen enthält. Es geht mindestens bis ins späte Mittelalter zurück; gedruckte Ausgaben erscheinen u.a. 1570, 1686, 1716).

In einer zweiten Planungsphase experimentiert Lessing mit einer Alternative, wenn nicht gar Kontrafaktur: er erwägt eine Faust-Dramatisierung ohne Teufel und Teufelei, einen *Faust* als »bürgerliches Trauerspiel«. Es gibt kaum Belege für diese Stufe, nur die Erinnerungen zeitgenössischer Gesprächs- bzw. Briefpartner. Mit dem Gedanken der »Entzauberung« des Stoffes spielt Lessing dabei schon früh. In seinem Brief vom 19.11.1755 bringt Mendelssohn den Faustplan in Zusammenhang mit dem »bürgerlichen Trauerspiele« (B 11/1, 69). Am 9. Dezember 1775 schreibt Freiherr von Gebler an Nicolai: »Mir hat unser großer […] Freund auf mein Befragen mündlich anvertraut, daß er das Sujet zweimal bearbeitet habe, einmal nach der gemeinen Fabel, dann wiederum ohne alle Teufelei, wo ein Erzbösewicht gegen einen Unschuldigen die Rolle des schwarzen Verführers vertritt« (Guthke 1968, 25, Nr. 19). Von zwei verschiedenen Entwürfen berichtet Karl Lessing im Vorwort zum *Theatrali-*

schen Nachlaß. Friedrich Müller gegenüber äußert sich Lessing über die Konzeption »ohne Teufel«, die Ereignisse sollten »so sonderbar aufeinander folgen, daß bei jeder Szene der Zuschauer würde genötigt gewesen sein, auszurufen: das hat der Satan so gefügt« (Friedrich Müller über seine Begegnung mit Lessing in Mannheim 1777, Guthke 1968, 27, Nr. 21). Fingerzeige auf diese Konzeption enthalten schließlich die *Collectaneen* (Guthke 1968, 21, Nr. 8. Die Datierung ist ungewiss). Lessing spielt Möglichkeiten durch, die Teufelsgestalt zu rationalisieren und in ein planvolles Ganzes zu integrieren; der Theodizeegedanke wird berührt (s. S. 216f.).

In einer letzten Phase kommt Lessing wieder auf Teufel und Teufelsbund zurück, gibt dem Motiv aber eine völlig neue Wendung. Bereits in dem (1777 geführten) Gespräch mit Friedrich Müller reflektiert er über eine mögliche Rettung Fausts. Diese wird zum Kernmoment des neuen Plans. Die Teufel sollen durch ein Phantom gefoppt werden, während der wirkliche Faust, von einem Engel in tiefen Schlaf versenkt, träumend der Verführungsgeschichte zusieht. Auch von dieser Version existieren nur Gesprächsberichte von Zeitgenossen, die im Wesentlichen übereinstimmen (Friedrich Münter im Gespräch mit Johann Jakob Engel – 1782; von Blankenburgs Schreiben über Lessings verlorengegangenen Faust – 1784; Engels Ausgestaltung des Teufelskonzils aus der Erinnerung – 1784/85). Engel fasst den Schluss so zusammen: Faust erwacht und »dankt der Vorsehung für die Warnung, die sie durch einen so lehrreichen Traum ihm hat geben wollen.« Er sei jetzt »fester in Wahrheit und Tugend als jemals« (Guthke 1968, 36).

Begleitet wird das Faust-Projekt von dem regen Interesse der Zeitgenossen. Mendelssohn bezweifelt noch die Möglichkeit einer Modernisierung des Stoffes (Brief an Lessing vom 19.11.1755), für die Autoren des Sturm und Drang wird er dann hochaktuell, Lessing gerät in eine Wettbewerbssituation mit Goethe. Mehrmals erwähnen die Freunde (Christian Felix Weiße, Johann Jakob Engel) den »Konkurrenzdruck« (Guthke 1968, Nr. 17, 18, 20). Lessing, der von Goethes Faust-Plänen erfährt, fühlt sich herausgefordert. Engel überliefert den Ausspruch (Guthke 1968, 26): »meinen Faust holt der Teufel, aber ich will G[oethe] seinen holen!« (vgl. auch Nisbet 2008, 535).

Forschung

Wie lässt sich die lebenslange Beschäftigung Lessings mit dem widerspenstigen Stoff deuten? Es ist zum Konsens der Forschung geworden, in dem Paradox selbst des Rätsels Lösung zu sehen: Lessing gehe es um Rettung und Rehabilitation des ›Verdammten‹. Bereits das Thema, die Tragödie eines Gelehrten, habe Lessings Aufmerksamkeit fesseln müssen, der ebenfalls ›Gelehrter‹ gewesen sei (Grimm in B 4, 827). Im Fauststoff sei die Frage nach Wissen und Erkenntnis gestellt, Lessing habe um eine Antwort im Geist des 18. Jahrhunderts gerungen. Zentral sei die Umwertung der »Wißbegierde«. Ihre Diffamierung als Sünde sei für den Aufklärer inakzeptabel. Allerdings zeichne sich bei Lessing eine neue Problematisierung des Wissensdranges ab. Das Bewusstsein der Grenzen sei der tiefere Grund für die Faszination durch den Faust-Stoff (Grimm in B 4, 830 ff.). Der Preis für die Freisetzung des Erkenntnisstrebens sei der Verzicht auf den Vollbesitz der Wahrheit. Man erläutert den Lessingschen Faustplan mit Hilfe der Konzeption von »Wahrheit«, wie sie dem Fragmentenstreit (v. a.: *Eine Duplik*) und der *Erziehung des Menschengeschlechts* zugrunde liegt. Fausts »Fehler« sei die Ungeduld, das Trachten nach augenblicklicher Enthüllung der ganzen Wahrheit (Guthke 1960, Henkel 1970, van der Laan 2008/2009 [2010], bes. 57 f.). In diesem Sinn spreche der Teufel (im Vorspiel) von dem »Zuviel« an »Wißbegierde«, wodurch sie zur Quelle aller Laster werde, in die Faust verfalle. Irrtümliches und fruchtbares Streben parallelisiere Lessing in der dritten Konzeption, der »Phantomlösung«.

Sei somit der Angelpunkt von Lessings Faustbearbeitung die Wende von der Verdammung zur »Rettung« des Erkenntnistriebs, so stelle sich die Frage nach dem Wesen und der Funktion des Teufels. Hierin liege die eigentliche konzeptionelle Schwierigkeit für Lessing, an welcher der Plan schließlich gescheitert sei. Nicht die poetische Vergegenwärtigung von Teufeln und Zauberwesen sei dabei das Problem. Vielmehr rechtfertige Lessing z. B. in der *Hamburgischen Dramaturgie* ausdrücklich das Auftreten von Geistern (Guthke 1960, 143). Auf der Bühne zähle nur die poetisch-theatralische Überzeugungskraft, die Phantasie behaupte ihr Eigenrecht. Problematisch werde die Figur des Teufels dann, wenn,

wie bei Lessing, das metaphysisch Böse im Weltplan gar nicht mehr zugelassen sei. Von der Schwierigkeit, das ›Teuflische‹ zu integrieren, zeugten die Versuche, eine Fausthandlung »ohne Teufel« zu konstruieren. Auch sei die Rolle der Düpierten, die die Teufel in der »Phantomlösung« spielten, wenig überzeugend (Mahal 1972, 540 ff.).

Vollhardt (2006, 377–387) stellt einen Zusammenhang zwischen den Selbstbeschreibungen des sechsten und siebten Teufels und dem Essay *Leibnitz von den ewigen Strafen* her, wobei er zwei neue Quellen heranzieht: Leibnizens *Confessio philosophi* (383), einen frühen Entwurf zur Theodizee-Frage, und Mendelssohns Abhandlung *Von der Herrschaft über die Neigungen* (385; zu Leibniz vgl. auch Mahlmann-Bauer 2010; s. S. 112 f.). Für Ter-Nedden (2010) machen die Faust-Fragmente die »Theologie des Sündenfalls« transparent, welche in den Tragödien dramaturgisch umgesetzt werde. Theologie und »Dramaturgie« des »Sündenfalls«: Ter-Nedden arbeitet vor allem die Parallelen zu *Emilia Galotti* heraus (die Konzeption des »Erzbösewichts« als Verführers wurde von jeher mit Marinelli in Verbindung gebracht; s. Nisbet 2008, 533, Anm. 112). Er unterscheidet dabei drei Momente bzw. Aspekte des Sündenfalls: das ungeduldige Überspringen zeitlicher Wachstums- und Reifeprozesse (siebter Teufel), das Unterliegen unter der Kraft der Leidenschaften, wodurch die Figuren in sich gespalten würden und die Verantwortung für ihre Taten auf einen »Verführer« und »Bösewicht« abwälzten; schließlich die Projektion des eigenen Hasses auf das Gottesbild, so dass Gott die Züge eines Rachedämons (»Rächers«) annehme und die kontingenten Ereignisse eine »teuflische Deutung« erhielten.

Nisbet (2008, 530–535) wiederum bringt Lessings Beschäftigung mit dem Faust-Stoff mit einer persönlichen Erfahrung in Verbindung. Die Problematisierung der »Wißbegierde« werde gespeist von der Enttäuschung über Mylius: »Das war also ein aus dem wirklichen Leben gegriffener Fall eines Abenteurers, dessen Wissensdurst von Anfang an moralisch gefährdet war und dessen Weg ins Verderben […] von Selbstsucht und Geldveruntreuung zu Verzweiflung und schändlichem Tod führte« (532). Als Indizien führt Nisbet an: Die Begegnung mit Schuchs Berliner Faust-Aufführung falle in die Zeit, in der Lessing die

Ausgabe von Mylius' Schriften vorbereitete; in der Vorrede entlarve Lessing (auch) die wissenschaftlichen Ambitionen des einstigen Freundes und schmücke den entsprechenden Abschnitt mit einer Vignette, die einen gehörnten Teufel zeige (220); als »Wißbegierde« bezeichne er die treibende Kraft von Mylius und Faust; die in dem Brief an Breitenbauch (12.12.1755) enthaltenen Anspielungen auf Melancholie und die »überlegende Verzweiflung«, die in England zu Hause seien, seien Reminiszenzen an die Umstände von Mylius' Tod; auch habe Lessing zu dieser Zeit, als er die England-Reise mit Winckler vorbereitete, geplant, dem Verstorbenen auf dessen letzten Stationen zu folgen. Nur die persönliche Erfahrung mit Mylius, so Nisbet, habe Lessing instand gesetzt, dem Stoff, der die Signatur der Burleske getragen habe, eine tragische Dimension abzugewinnen.

Ein wichtiger Aspekt der Forschungsliteratur ist schließlich die Epochenverwandtschaft, die sich im Spiegel der Fausttradition enthüllt. Renaissance und Aufklärung erscheinen als wichtige Etappen im Prozess der Diesseitszuwendung, wobei die Entwicklung an der Thematisierung der Erkenntnis ablesbar wird. Den Fluchtpunkt solcher Untersuchungen, die den Fauststoff ins Zentrum rücken, bildet dabei meistens die Dichtung Goethes. Lessings durchaus offenes Verhältnis zum Sturm und Drang tritt hervor. Der Ablehnung der unregelmäßigen Dramen Goethes – Lessing sieht einen Rückfall in die »Haupt- und Staatsaktionen« (Guthke 1968, Nr. 18) – steht das Verständnis für Maler Müllers Dramatisierung von Fausts Leben (1778) gegenüber, wobei auch Müllers Konzeption die Signatur der Sturm-und-Drang-Epoche trägt, will er doch die Extreme der menschlichen Natur ausmessen. Er will »bei den Bewegungen und Explosionen sichre Blicke sowohl nach den Höhen als auch Tiefen der menschlichen Natur« werfen (Guthke 1968, 27).

Epochenverwandtschaft: Die Hinwendung zum Fauststoff ist auch vor dem Hintergrund von Lessings Beschäftigung mit der Reformation und Renaissance zu sehen. Zunächst hat die Rückwendung zur Reformationszeit theologische Motive (Rettungen: *Simon Lemnius*, *Cochläus*, *Adam Neuser* etc.); van der Laan (2008/2009 [2010]) bringt die aufklärerische Umdeutung der Faustfigur in eine Beziehung zu Lessings Rezeption der Theologie des Faustus Socinus (Fausto Sozzini; 1539–1604), allerdings ohne darauf einzugehen, dass Lessing dem Sozinianismus gerade philosophische Inkonsequenz vorwirft (z.B. B 7, 574f.). Doch weisen die Faust-Fragmente auch auf den naturphilosophischen Kontext. Lessing betreibt Quellenstudien (*Clavicula Salomonis*). Zu denken ist an sein lebenslanges Interesse an Cardanus, dem Mathematiker und Naturphilosophen der Renaissancezeit, der in manchen Zügen der Faustgestalt vergleichbar ist, ein Interesse, das sich nicht mit der »Rettung« der religiösen Anschauung erschöpft (vgl. Kap.: Rettungen). Gerade beim späten Lessing stößt man immer wieder auf Konzeptionen, die vom pansophischen Naturdenken geprägt scheinen (vgl. Kap.: Spinoza-Gespräche).

Analyse

Den Ergebnissen der Forschung ist kaum etwas hinzuzufügen. Profilieren lässt sich die Bedeutung der aufklärerischen Positionen. Die Faustfragmente machen transparent, dass die zeitgenössische »Seelenlehre« die Figurenführung prägt und dass für die Handlungskonstruktion der Theodizeegedanke grundlegend ist.

Lessing lässt (im Berliner Szenar) Faust den Teufel mittels der »Entelechie« des Aristoteles beschwören, der Teufel erscheint daraufhin in dessen Gestalt. »Entelechie« ist der aristotelische Terminus für »Seele«. Was sich in der Szene abspielt, ist wie ein aufklärerisches Kolleg über die Funktionsweise der Seele. Indem Faust in dem Geist die Erinnerung an die frühere Existenz wecken will, setzt er den Mechanismus der »Vorstellungen« in Gang: »Erinnerst du dich«, fragt er, »keiner Vorstellungen, die diesem gegenwärtigen und jenem deinem hinbrütenden Stande vorhergegangen? –« (Guthke 1968, 7). Sollte es Faust hier um einen letzten Aufschluss über die Geheimnisse der Seele gehen? Die Erscheinung des Aristoteles gemahnt an »Seelenwanderung« und Reinkarnation, ein damals beliebtes Diskussionsthema, das ebenfalls vom Wesen der Seele handelt.

Die Frage nach der Motivation bildet den Kern der Vorstellungspsychologie. Jagt der Mensch Scheingütern nach oder strebt er nach dem wahren Gut? Das Wissen um die Komplexität der Antriebe, ein Grundgedanke Lessings, prägt den

Aufbau der Faustfigur. Zuviel Wissbegierde sei ein Fehler, räsoniert der Teufel, der zum Laster verführen könne. Mit den »Tugenden«, den Stärken der Menschen, sind ihre Schwächen nur zu eng verschwistert. Saladin im Nathandrama weiß, aus »welchen Fehlern unsre Tugend keimt« (IV, 5, V. 434). Das Ineinandergreifen von positiven (selbstlosen) und negativen (eigennützigen) Impulsen bei allen unseren Handlungen ist ein Hauptargument in der Schrift *Leibnitz von den ewigen Strafen* (B 7, 472–501). Lessing entwickelt hieraus seine Jenseitsvorstellung. Der Mischung von Gut und Böse entspreche das Ineinander von »Himmel« und »Hölle« im menschlichen Inneren. – Die Nähe von Gut und Böse thematisiert Lessing in der im 17. »Literaturbrief« veröffentlichten Faust-Szene, der sogenannten »Geschwindigkeitsprobe«. Die Probe selbst gehört zum Kernbestand der Faustüberlieferung. Lessings Erfindung sind die beiden letzten Geschwindigkeitsgrade, die eine unüberbietbare Steigerung suggerieren sollen: Der sechste Teufel ist schnell wie die Rache Gottes, der siebte Teufel ist schnell wie der Übergang vom Guten zum Bösen. Er wird von Faust begeistert in Dienst genommen: »Ha! du bist mein Teufel!« (Guthke 1968, 13). In der guten Handlung, so Petschs (1911, 20) zutreffende Erläuterung, »können bereits die Keime der bösen liegen, ja, dieselbe Handlung kann unter verschiedenen Gesichtspunkten gut und böse erscheinen.«

Fausts Dialog mit dem sechsten Teufel über die Rache Gottes knüpft an die gängige lutherische Lehre an, der zufolge Gott das Herz der Sünder ›verstocke‹ und auf diese Weise sein Gericht über sie ergehen lasse (dass Faust noch sündige, sei schon die Rache Gottes, meint der Teufel). In der Forschung (Vollhardt, Ter-Nedden) besteht ein Konsens darüber, dass Lessing auch diese Vorstellungsweise im innerweltlichen Sinn des *Leibnitz*-Essays umgedeutet hätte.

Auf der zweiten Planungsstufe steht die Frage nach der Handlungskausalität – und damit die Theodizeefrage – im Vordergrund. Lessing trägt sich mit dem Gedanken, die Handlung »ohne Teufel« zu konstruieren. Ein menschlicher »Erzbösewicht« (Guthke 1968, Nr. 19) soll die Rolle des Verführers spielen. Dem Plan liegt das Prinzip einer negativen Kausalität zugrunde: Den Eindruck einer ›satanischen Fügung‹ will Lessing erwecken. Damit berührt die Konzeption das zentrale Problem der Tragödie der Aufklärung. Haben wir es nicht immer mit »satanischen Fügungen« zu tun? So greifen zum Beispiel in *Emilia Galotti* alle Zufälle ineinander, um die Katastrophe möglich zu machen – als ob der Teufel die Hand im Spiel hätte. Dabei geht es Lessing darum, das Scheinhafte dieses ›Als ob‹ zu verdeutlichen. In den *Collectaneen* notiert er den Ausspruch Tamerlans, er sei die Geißel Gottes. Diese Entschuldigung seiner Grausamkeiten, so Lessing weiter, könne dazu dienen, den Charakter des Verführers im »zweiten Faust« »wahrscheinlicher« zu machen (Guthke 1968, Nr. 8). Es handelt sich nicht nur um die ›natürlichste‹, sondern auch um die teuflischste aller Verführungen, da sie Gott zur Rechtfertigung menschlicher Bosheit und Grausamkeit bemüht (vgl. Ter-Nedden 2010).

Schließlich kontrastiert Lessing der Verdammung die Errettung Fausts (3. Konzeption, s. S. 213). Auch diese Wendung hat exemplarischen Charakter für das Theater Lessings. Die Reaktion Fausts auf die Verführungsgeschichte beantwortet die Frage nach dem Telos der negativen Kausalität. Die Bühnenhandlung (= Fausts Traum) löst eine Erschütterung aus, die ihn vor gleichem (Sünden-)Fall bewahrt und auf dem Weg der »Tugend« bestärkt. Der Anblick der Tragödie und die Empathie mit dem Helden führen zu einer Haltung, die zur Vermeidung der Tragödie verhilft. Auf der Bühne wird hier die erhoffte Wirkung des tragischen Endes dargestellt.

Literatur

zu Entstehung und Kontext, Fausttradition: Grimm in B 4, 822–827 und 832 ff. [Dokumente]; Henning 1967; Mahal 1972; Milde 1988, 7–24 [Einleitung]; Petsch 1911, 1–31 [Einleitung]; Schings 1977, Schöne 1999, 180–186.

zu Forschung: Grimm in B 4, 827–832; Guthke 1960; Guthke 1968, 69–77 [Nachwort]; Henkel 1970; van der Laan 2008/2009 (2010); Mahal 1998 [Fausttradition]; Mayer 1961; Mahlmann-Bauer in Bultmann/Vollhardt (Hgg.) 2010 (im Druck); Meyer-Benfey 1923; Nisbet 2008, 530–535; Sauer 1888; Johannes Schneider 1953; Ter-Nedden in Bultmann/Vollhardt (Hgg.) 2010 (im Druck); Vollhardt 2006, 374–387.

Das Fabelbuch

Entstehung, Quellen und Kontext

Erstdruck: Die Fabeln erscheinen im Oktober 1759 bei Voß in Berlin unter dem Titel: *Gotthold Ephraim Lessings Fabeln. Drey Bücher. Nebst Abhandlungen mit dieser Dichtungsart verwandten Inhalts.* Die Abhandlungen stehen hinter den Fabeln. 1760 erscheint ein zweiter Druck (zurückdatiert auf 1759); 1777 kommt eine zweite Auflage der Erstausgabe heraus. – Text: B 4, 295–411.

Wie *Das Theater des Herrn Diderot*, so gehört auch das Fabelbuch in den Kontext der »Literaturbriefe«. Mit der Diderot-Übersetzung führt Lessing den Diskurs über die Leidenschaften weiter, im Fabelbuch dagegen geht es um Erkenntnis und ihre Veranschaulichung, nicht die emotionale, sondern die kognitive Seite der Poesie steht zur Debatte. Zugleich legen die Fabeln Zeugnis von dem Streben nach Kürze, Prägnanz und Verdichtung ab, die Lessing in den »Briefen« von der Literatursprache fordert. Die Tendenz zum Lakonismus ist dabei ein Neuansatz. In seinen frühen Fabeln, die er zwischen 1747 und 1753 veröffentlicht, findet sich von Lakonismus noch keine Spur. Während der junge Lessing Fabeln im Zeitgeschmack dichtet, stellt er im Fabelbuch Muster auf, die gegen diesen Zeitgeschmack gerichtet sind.

Die Fabel gehört im 18. Jahrhundert zu den beliebtesten Gattungen. Fast jeder Autor veröffentlicht Fabelsammlungen, viele Namen sind heute vergessen: Daniel Stoppe, Daniel Triller, Meyer von Knonau, Magnus Gottfried Lichtwer, Kästner, J.A. Schlegel, Zachariae, Gottlieb Konrad Pfeffel u.a. 1742 kommt in Königsberg eine moralische Wochenschrift mit dem Titel *Der Deutsche Aesop* heraus, die nur Fabeln enthält. Prägend wird dabei die Form, die Jean de La Fontaine ihr gibt. La Fontaine sammelt seine Fabeln in zwölf Büchern (*Fables choisies, mises en vers*), die 1668 (1–6), 1678/79 (7–11) und 1693 (12) erscheinen. Diese Versfabeln sind voll sprachlicher Eleganz, Spielfreude und kalkulierte Ausgestaltung rücken in den Vordergrund. Lessings kritisch gemeintes Urteil lautet, La Fontaine habe aus einem scharf

geschliffenen Werkzeug der Belehrung ein anmutiges poetisches Spielwerk gemacht (B 4, 401). Den Spielcharakter (»Lustigkeit« sagt Lessing) tragen auch die Werke der prominentesten deutschsprachigen Fabeldichter, die Fabelsammlungen Friedrich von Hagedorns, Gellerts und Gleims. Versform, »fabulierende« Ausschmückung, heitere Reflexionen auf den Erzählvorgang, Digressionen sind die Merkmale. Bezeichnend ist die Offenheit zu einer anderen beliebten Gattung, der Verserzählung. »Fabeln und Erzählungen« lautet zum Beispiel der Titel der Sammlung Gellerts (1746–48), Versfabeln und Verserzählungen ordnet Lessing im ersten Band (1753) seiner *Schrifften* (unter der Überschrift »Fabeln«) nebeneinander. Allerdings enthält auch dieser Band bereits Prosafabeln, einige von ihnen nimmt er in die Sammlung von 1759 auf. – Wann sich Lessing von diesem Geschmack abwendet, ist nicht exakt zu bestimmen; Nisbet (2008, 351) macht den Einfluss von Winckelmanns Antikenbild, dem Ideal griechischer Einfalt und ›klassischer Simplizität‹, geltend (vgl. Kap.: Laokoon). Im März 1757 übersetzt Lessing Samuel Richardsons Werk *Aesop's Fables, with instructive Morals and Reflections* [...], *design'd to promote Religion, Morality, and Universal Benevolence* (1740; Titel von Lessings Übersetzung: *Sittenlehre für die Jugend in den auserlesensten Aesopischen Fabeln mit dienlichen Betrachtungen zur Beförderung der Religion und der allgemeinen Menschenliebe vorgestellet*, 1757). Ein Urteil darüber, wie er diese Fabeln bewertet, deren didaktische Zielsetzung der Titel massiv betont, ob er sie für gelungene Beispiele einer knappen Prosa hält, ist nicht überliefert. Jedenfalls prägt sich um diese Zeit seine Geringschätzung der erzählfreudigen Versfabel aus. Er lehnt eine Rezension der 1756 und 1757 erschienenen Sammlung des befreundeten Gleim für die *Bibliothek* ab, Mendelssohn gegenüber erklärt er, er habe die Gleimschen Fabeln »nie für gute« gehalten (Brief vom 18. August 1757, B 11/1, 236). Im Sommer dieses Jahres (1757) nimmt er die Veröffentlichung seiner neuen Prosafabeln in Angriff (B 4, 937). Zwei Notizgruppen mit den Überschriften (von Lessings Hand) *Über den Aesopus* bzw. *Über den Phäder*, die als Vorarbeiten zum Fabelbuch eingestuft werden, dokumentieren den philologisch genauen Umgang mit der antiken Quelle (B 4, 415 ff. und Kommentar, 1004 ff.). Im 3. »Literaturbrief« (4. Januar 1759) formuliert er den eigenen Maßstab. Die Fabeln Aesops stehen ihm für das Ideal der Kürze und »prosaischer« Schmucklosigkeit. Er bedauert, dass der englische Dichter John Gay in seinen Fabeln sich nicht an die Muster und Regeln Aesops gehalten habe. Im 70. »Literaturbrief« (23. November 1759) stellt Lessing sein Buch, das kurz zuvor zur Michaelismesse (Oktober) 1759 erschienen ist, vor, wobei er vor allem aus den *Abhandlungen* zitiert. Er akzentuiert die Aspekte der sinnlichen und lebendigen Erkenntnis sowie die Konfrontation Aesop vs. La Fontaine (bzw. dessen »Nachahmer«). Zugrunde liegt der Angriff auf die »blumenreichen Abwege der schwatzhaften Gabe zu erzehlen« (B 4, 666).

Lessing hat sich auch später mit dem Fabel-Komplex beschäftigt. Für die zweite Auflage will er die Fabeln überarbeiten und neue hinzufügen (Brief an Ramler vom 5.8.1764), wozu es jedoch nicht kommt. Die zweite Auflage von 1777 weist gegenüber dem Erstdruck kaum Veränderungen auf. Lessing wäre jedoch nicht Lessing, wenn er nicht doch der scheinbar verworfenen Versfabel eine neue Chance geben wollte. 1764 versifiziert er eine Reihe seiner Prosafabeln, auch spielerische Reimerzählungen (*Nix Bodenstrom*; Grimm 1987, 185) entstehen. Die Versfassungen sind verloren gegangen (B 4, 940 f.). Für den 2. Band der *Vermischten Schriften*, der erst posthum 1784 erscheint, sieht er die Rubrik »Fabeln und Erzählungen« vor, die die gereimten Fabeln neben den Verserzählungen enthält (Grimm 1987, 320 f.). Schließlich beschäftigt sich Lessing mit der Fabel nicht nur als Dichter, Kritiker und Theoretiker, sondern auch als Philologe. Neben der antiken Fabeldichtung interessieren ihn die mittelalterliche Tradition und Überlieferung. Er eröffnet die Beiträge *Zur Geschichte und Literatur. Aus den Schätzen der Herzoglichen Bibliothek in Wolfenbüttel* (1773) mit textkritischen Studien zu Ulrich Boners Fabelbuch (vermutlich nach 1350/51) und zu den Tradierungswegen der aesopischen Fabeln (vgl. G 5, 960–970; B 4, 970–973; Schönert 2011).

Der Rückgriff auf Aesop. Lessings Quellen

– Aesop (Aisopos). Lessing gewinnt sein Gattungsideal im Rückgriff auf die äsopische Fabel. Mit dem Prinzip der Kürze glaubt er, einen ursprünglichen Wesenszug der Gattung erfasst zu haben. In der knappen Form, die Aesop der Fabel gegeben habe, habe sie ihre »Bestimmung«, lebendige Erkenntnis zu vermitteln, am besten erfüllt. Dabei spiegelt jedoch wahrscheinlich das überlieferte Textcorpus aesopischer Fabeln eine Stufe der Literarisierung wider, die der Entwicklung im 18. Jahrhundert, gegen die Lessing ankämpft, analog ist.

Bereits in der Antike gilt Aesop als der wichtigste griechische Vertreter des Genos der Fabel, so, dass sein Eigenname zur Bezeichnung der Gattung dient (»aesopische Fabel«). Doch trennt eine tiefe Kluft die historische Persönlichkeit (die allerdings kaum noch greifbar ist) und die schriftliche Überlieferung. Wahrscheinlich ist Aesop in Thrakien (Westküste des Schwarzen Meeres) geboren und 564/3 v. Chr. in Delphi gestorben. Der Fabeltypus, den er (vermutlich) prägte, gehört in den Kontext archaischer ionischer Weisheit. Die Quellen überliefern das biographische Detail, dass Aesop Sklave in Samos gewesen sei. Gleichwohl erlaubt keines der ältesten Zeugnisse »die Vermutung, es habe sich bei ihm um einen Vertreter der Interessen der sozial Schwächeren gegen die Mächtigen gehandelt« (Neuer Pauly Bd. 1, Art. Aisopos, 364); auch hat man Fabeln vor allem in den Kreisen der griechischen Elite erzählt (Neuer Pauly Bd. 4, Art. Fabel, 358). Die weit verbreitete Auffassung von der ursprünglichen sozialkritischen Stoßrichtung der Fabel (vom »Aufstand der Fabel« ist dann die Rede) ist demnach historisch nicht haltbar. – Die ältesten erhaltenen Fragmente äsopischer Fabeln stammen aus dem 1. Jahrhundert n. Chr. Hier bereits ist die Verbindung zur ionisch-archaischen Weisheit verloren gegangen, die Fabel »ist zu einem *paradeigma* geworden, das man in den Schulen der Rhet[oren] benutzt, und [...] ist daher den Prozessen von Veränderung, von Nachahmung und Wetteifer unterworfen, die die aisopische Authentizität zunehmend unterminieren« (Neuer Pauly Bd. 1, Art. Aisopos, 364). Die Sammlungen, die im Lauf der Jahrhunderte angefertigt werden, finden als Hilfsmittel im Rhetorikunterricht Verwendung, das heißt, dass die fixierten Texte ausgestaltet werden sollen und die knappe Fassung eben nicht das »gültige« Endprodukt, sondern Rohmaterial ist. Im 9. oder 10. Jahrhundert n. Chr. entsteht die wichtigste Ausgabe aesopischer Fabeln, die *Collectio Augustana*, in der die bekanntesten Sammlungen kompiliert sind. Auf der *Collectio Augustana* fußt auch die von Lessing benutzte Ausgabe von Johann Gottfried Hauptmann (1741).

– *Phaedrus*. Für Lessing weicht nicht erst La Fontaine von dem äsopischen Muster ab, sondern bereits der lateinische Dichter Phaedrus (vgl. auch die Notizen *Über den Phäder*, B 4, 424 ff. und Kommentar, 1014 ff.). Phaedrus (geb. vermutlich um 15 v. Chr. in Pierien/Macedonia; gest. vermutlich um 50 n. Chr.) lebt (vermutlich) als Freigelassener des Augustus in Rom. Er begründet mit seiner Fabelsammlung (in fünf Büchern) die Tradition der poetischen Fabel. Er gibt seinen Fabeln eine anspruchsvolle, künstlerische Form, sie sind nicht mehr in Prosa, sondern in Versen verfasst. Er schöpft zum Teil aus einer Sammlung aesopischer Fabeln, zum Teil erfindet er eigene Stoffe. Unter den Zeitgenossen scheint Phaedrus allerdings wenig Erfolg gehabt zu haben.

– *Antoninus Liberalis* (vgl. 2. Buch, Fabel Nr. 29: *Tiresias*) ist der Autor einer Sammlung kleinerer mythischer Verwandlungsgeschichten (»Metamorphosen«), die in dem *Codex Palatinus* überliefert ist. Man kennt nicht mehr als den Namen, der in das 2. bis 3. Jahrhundert n. Chr. weist (Neuer Pauly Bd. 1, 805).

– *Suda* oder *Suidas* (vgl. 2. Buch, Fabel Nr. 28: *Die Furien*) ist der Name eines byzantinischen Reallexikons aus dem 10. Jahrhundert n. Chr.. Lessing nimmt, wie es damals üblich ist, den Titel für den Verfasser, auch heute noch ist die Bedeutung von »Suda« ungeklärt. Es handelt sich um eines der wichtigsten Quellenwerke zur Antike. Das Lexikon enthält etwa 30.000 Einträge. Unter dem Stichwort »*Aëipárthenos*«, »die immer Jungfräuliche«, das Lessing in seiner Quellenangabe anführt, findet sich die Erläuterung, Sophokles habe die Furien so genannt (Grimm in B 4, 968, Anm. zu 327, 1).

– *Claudius Aelianus* (um 170 n. Chr. – um 230 n. Chr.; vgl. 1. Buch, Fabeln Nr. 3, 5, 16, 18, 20, 24, 25, 26; 3. Buch, Fabeln Nr. 5, 11, 16). Das Werk, aus dem Lessing seine stofflichen Anregungen nimmt, heißt *Perì zóon idiótetos*, er zitiert

den lateinischen Titel: *De natura animalium* (»Über die Natur der Tiere«). Es handelt sich nicht um Fabeln, sondern um eine Sammlung von Tiergeschichten. Allerdings will Aelian, der der Stoa nahesteht und philosophische Werke verfasst, nicht nur unterhalten, sondern auch belehren und, wie er in *Perì zóon idiótetos* schreibt, der Wahrheit dienen. Einerseits trägt er ausgefallene Merkwürdigkeiten vor, andererseits hebt er immer wieder den »moralischen Zeigefinger« (Art. Aelian in Metzler-Lexikon 1997; anders akzentuiert: Neuer Pauly Bd. 1, Art. Claudius Ailianos, 327 f.).

Fabeltheorie im 18. Jahrhundert am Leitfaden der ersten Abhandlung

Bis zum 18. Jahrhundert hat die Fabel keinen eigenen Platz im Kanon der Gattungen; sie wird, obgleich in der Praxis gepflegt, in den Poetiken nicht eigens behandelt (sondern in den rhetorischen Lehrbüchern; vgl. dazu B 4, 401, Z. 19 ff.). Sie gilt als Literatur für Kinder (Batteux), als Erziehungs-Instrument. Eine konsistente Theorie der Fabel (als einer poetischen Ausdrucksform) wird nicht entwickelt. Dies ändert sich im Lauf des 18. Jahrhunderts. Zwei Gründe lassen sich dafür angeben. Einen wichtigen Anstoß für die theoretische Reflexion gibt die aufblühende Fabeldichtung. La Fontaine hebt die Fabel auf ein neues Niveau. Sie wird ›poetisch‹ und dadurch theoriefähig (vgl. dazu Lessings ironischen Kommentar: B 4, 401, Z. 27 ff.). Die andere Voraussetzung ist die Moralisierung der Literatur. »Nutzen« ist für die Aufklärungszeit die Legitimation der Dichtung. Sie muss eine moralische Aufgabe erfüllen, sie muss »bessern«. Allenthalben knüpft man an die Horazische Formel des »prodesse und delectare« an und präzisiert sie: *Durch das Vergnügen soll die Belehrung erfolgen.* Die Fabel wird zum ›Ideal‹ der Dichtung, denn sie erfüllt die doppelte Anforderung, zu ergötzen und zu nutzen, auf herausragende Weise. Sie ist die »didaktische Gattung par excellence« (Barner u. a. [5]1987, 224). Noch Sulzer preist sie in der *Allgemeinen Theorie der schönen Künste* (Bd. 2, [2]1792/1967) in diesem Sinn. Symptomatisch ist, dass die zwei Bedeutungen des Wortes – »Fabel« als »Erdichtung« und als »Gattung« – nicht scharf voneinander abgegrenzt werden. So behandelt Gottsched in der *Critischen Dichtkunst* die gesamte Literatur nicht anders als die ›aesopische Fabel‹, wenn er die Anweisung gibt: Man kleide einen moralischen Satz in eine passende Fabel (Geschichte, Handlung) ein. Lessing sucht hier Klärung zu schaffen; seine Essays heben mit einer Begriffsbestimmung und Differenzierung zwischen der »Fabel« im Sinn von *plot* (der »Erdichtung, womit der Poet eine gewisse Absicht verbindet« und die er »durch die Epopee, durch das Drama herrschen läßt« [B 4, 345]), und der »Aesopischen Fabel« an. – Wie die Konvergenz beider Momente, des poetischen Spiels und moralischen Nutzens, zu begründen und zu erreichen sei, ist das zentrale Thema der meisten Fabeltheorien.

In der ersten Fabelabhandlung lässt Lessing repräsentative Ansätze Revue passieren: La Motte, Richer, Batteux, Breitinger (Textauszüge in Lindner 1978). Historisch richtig stellt er La Motte an die Spitze. Die erste Untersuchung, in der die Fabel als eine Gattung sui generis gewürdigt wird und ihre Regeln formuliert werden, stammt von ihm. Er darf als Begründer der poetologischen Fabeltheorie gelten. Es handelt sich um den *Discours sur la Fable*, den La Motte seinen 1719 erschienenen *Fables nouvelles* voranstellt. Alle vier Autoren stimmen in zwei Aspekten überein, die die Pfeiler der Fabeltheorie im 18. Jahrhundert bilden (sie vertreten durchaus die *communis opinio*). Zum einen: Die Fabel wird als Allegorie definiert. Immer wieder taucht die Metapher von der verkleideten Wahrheit, der in ein Bild gekleideten Lehre auf. Eine ›verkleidete Philosophie‹ (»Philosophie déguisée«) nennt La Motte die Fabel (zit. nach Lindner 1978, 222). Zum anderen: Der poetische Schmuck, die erzählerische Komponente der Fabel, gewinnt auch in der theoretischen Reflexion zunehmend an Gewicht und Eigenwert. Zwar wird generell die (moralische) »Lehre« als der Endzweck einer Fabel bestimmt. Doch schon bei La Motte dient die allegorische Einkleidung einem Vergnügen, das zu der Belehrung *hinzutritt*. Die Entzifferung des Gemeinten sei für den Intellekt eine angenehme Beschäftigung, sei Unterhaltung. Charakteristisch ist das Argument, mittels dessen La Motte das »Vergnügen« mit dem »Nutzen« verbindet. Es ist das gängige Argument von der Poesie als »verzuckerter Arznei«. Die allegorische Einkleidung, das poetische Gewand diene dazu, den Widerwillen der Menschen gegen eine unverhüllte Moralpredigt

zu überwinden. Indem sie etwas anderes zu sagen scheine, schmeichele sich die Fabel ein. Mit fremden (poetischen) Federn geschmückt, schaffe sich die Lehre Gehör. Zuweilen wird das Argument mit der Ursprungstheorie verquickt. Aesop habe ungebildete, rohe Menschen erziehen wollen, deren begriffliches Vermögen noch nicht entwickelt gewesen sei. Die Poesie der Fabel sei wie eine List gewesen, den Zugang zu ihren Herzen zu gewinnen (Breitinger; Batteux/Schlegel: »Die äsopische Fabel ist das Schauspiel der Kinder« [Bd. 1, ⁵1770/1976, 344]). Auch die Auffassung, dass die Fabel ein Mittel der Untertanen war, Herrschaftskritik zu artikulieren, wird vertreten; allerdings wird diesem Gedanken (zunächst) keine weiterführende Bedeutung verliehen (dies ändert sich erst im Zusammenhang mit der französischen Revolution). – All diesen Bestimmungen liegt letztlich eine rhetorische Auffassung der Poesie zugrunde. Der »moralische Satz« als der eigentliche Inhalt der Aussage und der »fabulierende« Vortrag werden voneinander getrennt. Die »Lehre«, die die Fabel vermittle, so Breitinger in der *Critischen Dichtkunst* (1740/1966, Bd. 1, Abschnitt 7, 164ff.), gehöre in das Gebiet des »gemeinen bürgerlichen Lebens« (182). Die »täglichen Geschäfte […] der Menschen« jedoch hätten »nichts ungemeines oder merckwürdig-reizendes an sich« (183). Ein »reizendes Ansehen« verleihe der »Lehre« erst die poetische Erfindung, die mittels des »Neuen«, »Seltenen« und »Wunderbaren« die Gemüter »entzücke« (ebd.). Wie strikt Breitinger die ernste »Moral« und den poetischen Schmuck voneinander abgrenzt, zeigt das Wort »Maske«, mit dem er die Erzählung der Fabel bezeichnet (166). Die Durchtrennung des Bezugs von »moralischer Wahrheit« und »poetischem Vortrag« kann dabei jedoch auch zur Freisetzung des poetischen Elements führen. Dies ist bei Batteux der Fall. In dem Werk *Cours de belleslettres ou principes de la littérature* (1747–50), das Lessing zitiert, konzentrieren sich die Überlegungen zur Fabel auf den poetischen Schmuck, für den Regeln festgesetzt werden. Beiläufig wird nunmehr die Unterhaltung zum Endzweck der Fabel erhoben: »Mais quand on a principalement en vûe de plaire […]« (»Wenn es einem allerdings primär um Unterhaltung geht […]«; zit. nach Lindner 1978, 227).

Es fällt auf, dass Lessing – neben Gellert (*De Poesi Apologorum Eorumque Scriptoribus/*Von

denen Fabeln und deren Verfassern [1744/
1772]) – auch Gottsched unerwähnt lässt. Dem
Zug der Zeit folgend, fügt Gottsched der 4. Auflage der *Critischen Dichtkunst* (1751) ein Kapitel
über die Aesopische Fabel bei (vgl. Mitchell 1982,
127). In diesem nimmt er Lessings Ansatz durchaus vorweg. Er polemisiert gegen die poetische
Ausschmückung. Er nutzt die Wolffsche Begrifflichkeit für eine Theorie der Fabel. Das Leitwort
ist »Versinnlichung der Wahrheit«. Gottsched entwickelt vier Regeln (2. Bd., 1. Abschnitt, 2. St.,
bes. § 12 ff.; BA 6/2, 428 ff.): Die zentrale Bedeutung der moralischen Lehre (1), die Anschaulichkeit (»Wahrscheinlichkeit«) der Erzählung (2), die
Kürze der Fabel, ihre durchgängige Funktionalisierung auf den moralischen Satz hin (3), die
Schlichtheit (»edle Einfalt«) der Diktion (4). Allerdings verfolgt er diese Linie nicht bis zu der
Konsequenz, an der ein Widerspruch zur »Allegorie« sich auftäte. Vielmehr lässt er neben dem
Begriff der »Versinnlichung«, des »Sinnlich-Ma-
chens«, den der »Einkleidung« stehen. – Die
Frage, warum Lessing Gottsched keines Wortes
würdigt – hat er Abgrenzungsnöte dem Rivalen
gegenüber? – führt zu der Frage, die im Mittelpunkt der Forschung steht: Wie lässt sich Lessings Verhältnis zu Wolff fassen?

Forschung

Lessings Fabeltheorie

Voraussetzung für die sinnvolle Beschäftigung
mit Lessings Fabeltheorie ist die Erkenntnis des
Zusammenhangs mit Christian Wolffs Philosophie. Seit Markschies (1954/55) auf den Zusammenhang hinwies, gehört der Vergleich mit Wolff
zum Standardrepertoire der Forschung. Zwei
konträre Ergebnisse stehen einander gegenüber.
Eichner (1974) grenzt in ihrem grundlegenden
Werk Lessings Ansatz von demjenigen Wolffs ab.
Mit dem Begriff der »anschauenden Erkenntnis«,
von beiden als Schlüssel zum »Wesen« der Fabel
gebraucht, sei dennoch Verschiedenes gemeint.
Wolff behandle die Fabel nicht anders als ein wis-
senschaftliches »Exempel«. Eine allgemeine
Wahrheit solle durch einen einzelnen Fall demonstriert werden. Der einzelne Fall fungiere bei
Wolff als »Reduktion«. Das Moment der sinnli-
chen Anschauung besitze keinen Eigenwert. Les-

sing dagegen stehe der zeitgenössischen Ästhetik
nahe. Die besondere und irreduzible Leistung
der sinnlichen Anschauung werde (an-)erkannt
und hervorgehoben. Lessing nehme in seiner
Fassung der »anschauenden Erkenntnis« den
Symbolbegriff der Klassik vorweg. Ein besonderes Verdienst Eichners ist es, dass sie Parallelen
zu Theoremen von Leibniz aufdeckt (Bedeutung
des Individuellen und Irrationalen). Zu vergleichbaren Ergebnissen gelangt Schrader (1991), wobei
sie sich auf poetologische Fragen konzentriert.
Sie arbeitet Lessings Neubegründung der Gattung heraus. Mit Hilfe des Begriffs der »anschauenden Erkenntnis« habe Lessing innerpoetische
Zusammenhänge sichtbar gemacht. – Im Gegenzug zu Eichner legt Harth (1978) die Abhängigkeit
Lessings von Wolff offen. Zentrale Bedeutung gewinnt der Begriff der lebendigen Erkenntnis.
Beide, Lessing und Wolff, konzentrierten ihre
Überlegungen auf die Wirkung der Fabel. Für
beide liege diese in der Kraft zur Motivation. Die
Begründung, warum die anschauende Erkenntnis zugleich lebendige (= motivierende) Erkenntnis sei, habe Lessing weitgehend von Wolff übernommen.

Wer hat Recht? Die Antwort hängt davon ab,
wie man die Möglichkeit, das Begrifflich-Diskur-
sive und das Sinnlich-Anschauliche zur Deckung
zu bringen, generell und prinzipiell bewertet. Das
Problem kehrt (als ungelöstes) in einer neueren
Studie (Althaus 1991) wieder. Lessings Fabelabhandlungen (und Fabeln) werden von einem
sprachtheoretischen Standpunkt aus untersucht.
Althaus erkennt einerseits in Lessings theoretischer Prosa die Eigendynamik der Metapher. Die
rationalistische Unterscheidung zwischen begrifflicher Wahrheit und bildhafter Bezeichnung
werde hinfällig. Andererseits werde in den Fabelabhandlungen die Priorität des Begriffs erneut
bestätigt. Das Konkrete werde von der abstrakten
Erkenntnis her gedacht (59).

Günter Jahn (2000) liest die Fabelabhandlungen als ein Beispiel praktischer Aufklärung und
erschließt sie von ihren pädagogischen Prämissen
und Implikationen her. Er geht dabei von der
fünften Abhandlung (und dem 9.–11. »Literaturbrief«) aus, wo Lessing sein didaktisches und methodisches Programm einer Erziehung zum
Selbstdenken durch Übung der Seelenkräfte erläutert habe. In der ersten Abhandlung sieht Jahn
sodann ein ›Muster‹ der von Lessing empfohle-

nen Lehrart. Um den Leser von der Fabel zu ›unterrichten‹, bediene er sich der exemplarischen, genetischen und sokratischen Methode. Besonders aufschlussreich sind Jahns Beobachtungen zu Lessing genetischer Erklärungsweise, die zu einer »Realdefinition« führe, in der die Sache nach der Weise bestimmt werde, auf die sie entstehen könne (40: Hinweis auf Wolff). Wenn Lessing, exemplarisch veranschaulichend, das »Wesen« der Fabel am Beispiel des »Werdens« einer Fabel erläutere, führe er zugleich die eigene, vom Allgemeinen zum Besonderen leitende Denkbewegung vor (nach dem Motto, dass das Finden einer Sache oft ebenso lehrreich sei als die Sache selbst); statt fertiges Wissen bloß übernehmen zu müssen, werde der Leser dadurch dazu gebracht, sich den Gegenstand mit- und selbstdenkend anzueignen.

Die Fabel ›wächst‹ nicht nur auf dem »gemeinschaftlichen Raine der Poesie und Moral« (B 4, 298), sondern auch dem der Poesie und Rhetorik, dient sie doch von alters her als ein Mittel, zu überreden und zu überzeugen; Lessing selbst verweist auf den Zusammenhang mit der rhetorischen Tradition (B 4, 401 f.). Die Grenze ist mit dem Konzept der ›lebendigen Erkenntnis‹ bezeichnet, die die Fabel bewirken soll, impliziert ›lebendige Erkenntnis‹ doch die Beeinflussung des Willens durch sinnliche Vorstellungen. Harth weist den Zusammenhang und die Herkunft Wolffscher Termini aus der Rhetorik nach (Evidenz, Energie; Rolle und Art des Beweises etc.); Villwock (1986) verweist auf die Konvergenz von Rhetorik und Skepsis. Das »rhetorische Moment« (69) trete da in sein »genuines Recht« ein, »wo die Ausgangspunkte des Erkennens fragwürdig werden«. Schrader dagegen spricht von der Ablösung des rhetorischen Modells durch die »philosophische Grundlegung des Gattungsbegriffs« (107); und Nisbet (2008) betont völlig zu Recht die (traditionelle) Differenz zwischen der affektbezogenen rhetorischen und der philosophischen Argumentation. Lessings Theorie zufolge verkörpere die Fabel eine moralische Wahrheit, deren Einsicht wiederum den Leser motivieren solle; mit der Orientierung an der ›Wahrheit‹ bewege sich Lessing jedoch auf philosophischem, nicht rhetorischem Terrain (354).

Das Konzept der ›anschauenden Erkenntnis‹ rückt Ter-Nedden (2010) in einen neuen Horizont, indem er es vor der Folie der ›Medienrevo-

lution‹ des 18. Jahrhunderts erschließt. Die Überflutung des Marktes mit Büchern und neuen Printmedien, das »exponentielle Wachstum« gespeicherten Wissens, hätten zu einer Abwertung der symbolischen gegenüber der anschauenden Erkenntnis geführt, genauer: die »anschauende Erkenntnis«, die in der Imagination die Dinge selbst vorstelle, sei zum »Anderen« der *cognitio symbolica* geworden, die lediglich die zeichenhafte Repräsentation der Dinge sei: »Angesichts der manifesten Hypertrophie der rein symbolischen Erkenntnis in Gestalt des bloßen Bücherwissens kommt alles darauf an, die symbolische in anschauende Erkenntnis und damit fremde in eigene Erfahrung zu verwandeln« (168). Diese generelle, z. B. von Leibniz und Wolff formulierte »Aufgabe« der Aufklärung habe für Lessing deshalb besondere »Dringlichkeit« gewonnen, weil er in ihr zum einen das Telos der Religionskritik erblickt habe, nämlich die Plausibilisierung der religiösen Mythen als »anschauende Erkenntnis« von Lebensdeutung und Lebenserfahrung, weil er zum anderen in der »anschauenden Erkenntnis« eine Methode des eigenen Schreibens entdeckt habe, eine Form von »Gedanken- und Gesprächsbewegungen«, die es dem Leser ermöglichen sollen, »in ihrem Nachvollzug fremde Erfahrungen zu eigenen zu machen« (169), unabhängig von der Autorität der Überlieferung zu werden und ein personales Verhalten der »Mündigkeit« auszubilden. Hier habe auch die »anschauende Erkenntnis« der Fabel ihren Platz, auch sie diene bei Lessing der Erziehung zu dieser mündigen Haltung. Indem Lessing die Topik der verkleideten Wahrheit, der verzuckerten Arznei etc. durch das Konzept der anschauenden Erkenntnis ersetze, ziehe er zudem die Konsequenz aus der unumgänglichen Veränderung, welche die Fabel erleide, wenn sie literarisiert und von ihrem Situations- und Interaktionskontext, auf den sie referiere, isoliert werde. Lessing mache die Fabel zur »Meta-Fabel«. Wie er in der fünften Abhandlung zeige, sei es ihm vor allem um die Erfindung von Fabeln zu tun, wobei es nicht um irgendeinen moralischen Nutzen, sondern um das Verhältnis von Allgemeinem und Besonderem, um Urteilskraft und »Mustererkennung« gehe (170). Lessings Fabeldichtung versteht Ter-Nedden denn auch als ein weiteres Beispiel für die ›Modernisierung‹ der antiken Vorlagen. (In diesem Zusammenhang wäre nochmals an Villwocks Hinweis [62 f.] auf den Aesop-Artikel in Bayles *Dictionnaire historique et critique* [1. Aufl. 1697; übersetzt von Gottsched 1741–1744] zu erinnern; vgl. die fünfte Fabel des zweiten Buches, *Der Stier und das Kalb*, in der Bayle namentlich genannt wird).

Interpretationen zu Lessings Fabeln

Die Interpretationen zu Lessings Fabeln ergeben ein disparates Bild. Eine kontinuierliche Forschungs- und Deutungstradition hat sich nicht entwickelt. Generell wird das hohe Reflexionsniveau konstatiert: Lessing gehe es weniger um Fakten als um Wahrnehmungsweisen, Urteile und Vorurteile. Innerhalb eines geschlossenen Theoriemodells argumentieren die marxistischen Interpreten. G. Bauer fragt danach, wie sich die »Aufklärung, »in ihrer Struktur und in ihrer Intention, zu den historisch gegebenen Ordnungssystemen verhält, die sich […] ebenfalls auf Vernunft berufen« (in Hasubek [Hg.] 1983a, 260 f.); zu diesen zählt Bauer das Ständewesen, den Absolutismus und seine Büreaukratie, den Merkantilismus und die vorkapitalistische Wirtschaftsform. Zum Zeugen der aufklärerischen Vernunft, die auf dem Prüfstand steht, wählt er Lessings Fabeldichtung, da sie einen besonders engen Bezug zur Realität besitze (260). Er erkennt ein ambivalentes Verhältnis zu den »Ordnungssystemen«. Einerseits würden die Ständehierarchie, die absolutistische Herrschaft und das ausbeuterische Leistungsprinzip in Frage gestellt, kritisch unterminiert. Andererseits würden die Unterdrückungsmechanismen internalisiert. Am eklatantesten trete dies in Lessings »pathetischem Pazifismus« hervor, der auf dem ›Satz‹ gründe, dass Unrecht leiden besser als Unrecht tun sei. Die moralisierende und die analysierende Vernunft gerieten in Widerspruch zueinander (zur Einordnung und Kritik vgl. Hasubek 1983b, 12 f.).

Von einem soziologischen Standpunkt aus interpretiert Sternberger die Fabel vom Esel mit dem Löwen (1990; zuerst 1950). Ihr aufklärerisches Postulat liege in der Idee der Gleichheit. Die Pointe der Fabel bestehe darin, dass die Abschaffung der Ständegesellschaft nicht allein gefordert, sondern als bereits vollzogen vorausgesetzt wird. Das Selbstbewusstsein des Bürgers gegenüber dem Höfling werde artikuliert, der Dünkel des Emporkömmlings desavouiert. Beidemale sei die Gleichheit aller Esel (die »Asinität«) Bezugspunkt. Allerdings bleibe der Löwe als Vertreter des feudalistischen Herrschers unangefochten; er stehe außerhalb des Streites unter den Eseln. Die Studie enthält hervorragende Bemerkungen zu Lessings Modernität im Vergleich zur »klassischen« Fabel. – Als eine Kritik am absolutistischen Herrschaftssystem liest Mauser (2000c) die Fabel *Die Esel*: Lessing entlarve die affirmative, Machtstrukturen stabilisierende Funktion naturrechtlicher Argumentation.

Den marxistischen und den literatursoziologischen Ansatz weist Eichner als verfehlt zurück, da wesentliche Themenbereiche ausgeklammert würden. Ihr Buch stellt die bislang umfassendste Deutung von Lessings Fabeln dar. Es ist der geistesgeschichtlichen Methode verpflichtet. Inhaltliche und stilistisch-formale Analysen ergänzen einander. Lessings Prosa wird auf ihre historischen Voraussetzungen hin untersucht; die (dialogische) Struktur der Fabeln wird transparent gemacht. In der thematischen Analyse arbeitet Eichner den Gedanken der Erziehung durch Kritik heraus. Lessings kritisches Verfahren fuße auf der Technik der Psychologisierung. Er decke die Triebfedern auf, die hinter »Lastern« wie »Tugenden« stünden, und zeige die sittliche Begrenztheit des Menschen. Zugleich betone er die Verantwortung des Individuums. Erziehung des Einzelnen, nicht gesellschaftliche Veränderung sei das unmittelbare Ziel. Einen besonderen Abschnitt widmet Eichner den Fabeln literaturkritischen Inhalts.

Den Zusammenhang mit Lessings kritischen Schriften erhebt Villwock (1986) zum Leitgedanken der Interpretation. ›Kritik‹ wird dabei nicht inhaltlich, sondern als methodisches Prinzip bestimmt. Allerdings scheint der Deutungsrahmen zu hoch angesetzt, wenn die kleinen Fabelstücke auf Grundsatzfragen wie die Verfasstheit menschlichen Seins, dessen Geschichtlichkeit, die Spannung zwischen Individuation und Gesellschaft u. ä. bezogen werden. Gut beobachtet ist dagegen die Doppelung von Idealisierung und Entlarvung, die Villwock als beherrschendes Motiv vieler Fabeln erkennt. Lessing zeige, wie im Menschen beide Tendenzen, das ideale Streben und das reale, oft genug egoistische Bedürfnis, unlöslich miteinander verbunden sind.

Lessings literaturkritischen Fabeln wendet sich Spitz (1976) zu; zugleich macht er den Aufbau der drei Bücher transparent. Lessing knüpfe an die Tradition der Prolog- und Epilogdichtung an. Die Eingangs- und Schlussfabel jeden Buches habe programmatischen Charakter. Lessing stelle in ihnen wichtige Aspekte seiner Theorie vor. In eindringlichen Analysen arbeitet Spitz die Querverbindungen zwischen den Rahmenstücken heraus. – Schließlich gerät die Fabel als _epische Kleinform_ in den Blick, wenn Hasubek (1983c) nach der Rolle des Erzählers bei Lessing fragt. Er entdeckt eine erstaunliche Vielfalt an Funktionsmöglichkeiten und Ausprägungen dieser Rolle. Die Figur des ›Fabulisten‹ gewinnt Profil.

Ter-Nedden macht Lessings ›Modernisierung‹ der antiken Vorlagen zum Ausgangspunkt seiner Analysen (_Herkules_; _Das Schaf_; _Zeus und das Schaf_; _Der Knabe und die Schlange_). Lessing revidiere und korrigiere die Eindeutigkeit der Opposition von ›Gut‹ und ›Böse‹, auf der die Moral der aesopischen Fabel oftmals beruhe. Indem er dem ›Bösen‹ einen Grund, ein verständliches Motiv gebe, fordere er dazu auf, die Täter-Opfer-Perspektive zu überschreiten, das Interesse der Selbsterhaltung zu universalisieren und von dieser Warte einer »weltbürgerlichen Distanznahme« aus zu kooperativen Konfliktlösungen zu gelangen (184). Die gleiche Überwindung des Frontdenkens, die »Abrüstung« der moralisierenden Mobilmachung gegen den ideologischen Gegner, die Ter-Nedden als das Sinnzentrum von Lessings Dramen herausarbeitet (s. S. 12 und S. 183 f.), konturiert er auch als das leitende Prinzip seiner »Meta-Fabeln«. Diese Auffassung der »anschauenden Erkenntnis« (als Differenzierung zwischen moralistischen Gemeinplätzen und lebenspraktischer Vernunft, die Wahrnehmungsweisen verändert) gibt einen neuen Blick auf den politischen Situations- und Interaktionskontext frei, auf den sich Lessings Fabeln allenfalls beziehen lassen, nämlich die Patriotismus-Welle, die der Siebenjährige Krieg auslöste (vor allem: _Das beschützte Lamm_ [II, 11]; Anm. 46; vgl. auch den Brief Lessings an Gleim, 12.[?] 5.1757; B 11/1, Nr. 129). Ter-Nedden rückt hier seinen _Philotas_-Kommentar ein (179 f., 184–186; s. S. 183 f.). Als Gegenprobe dienen schließlich Bodmers Parodien, in denen Lessings Strategien der Distanznahme und moralkritischen Relativierung rückgängig gemacht würden, wobei die wiederhergestellte Eindeutigkeit zum tautologischen Leerlauf der Fabeln führe (vgl. Wirkung, S. 234 f.). – Ter-

Neddens Beitrag gehört zu den anregendsten Studien zu Lessings Fabeln; er gibt ihnen ihren Platz im Gesamtwerk und konturiert ihre politische Dimension, ohne sie mit weltanschaulichem Tiefsinn zu überfrachten oder auf eine klassenkämpferische Ideologie zu fixieren (vgl. dazu Anm. 37).

Analyse I: Die Fabelabhandlungen

Lessing fügt seiner Fabelsammlung fünf »Abhandlungen« hinzu, die den Gesichtspunkt skizzieren, aus dem er die Fabeln, die sich so sehr vom zeitgenössischen _usus_ unterscheiden, beurteilt zu werden wünscht (vgl. B 4, 299). In der ersten Abhandlung, _Von dem Wesen der Fabel_, von ihm selbst als »die weitläufigste und dabei die wichtigste« bezeichnet (70. »Literaturbrief«; B 4, 666), entwickelt er seine Definition, in der zweiten, _Von dem Gebrauche der Tiere in der Fabel_, bestimmt er die Funktion der Tier-Charaktere, der dritte Essay, _Von der Einteilung der Fabeln_, enthält eine elaborierte Klassifikation (vernünftige, sittliche, mythisch-sittliche Fabeln etc.), in der vierten Abhandlung, _Von dem Vortrage der Fabeln_, begründet Lessing die Ablehnung des poetischen Schmucks, und in der fünften, _Von einem besondern Nutzen der Fabeln in den Schulen_, stellt er ein pädagogisches Konzept vor, einen Vorschlag zu einem ›produktionsorientierten Unterricht‹. Die erste und die letzte Abhandlung sind deutlich aufeinander bezogen. In jener begründet Lessing die moralische Wirkung (Rezeption), in dieser thematisiert er die Erfindung von Fabeln (Produktion); zu ihrem moralischen Nutzen trete ein »heuristischer« (B 4, 408). Beidemale liegt der Akzent auf der Aktivierung der Seelenkräfte, dem Selbst-Denken und -Erkennen. Die moralische Wirkung modelliert Lessing mit Hilfe der aktuellen »psychologischen Begriffe« (B 4, 372 ff.); beim Finden und Erfinden von Fabeln hinwiederum werde das erkenntnistheoretische »Principium der Reduction« (B 4, 408 f.) internalisiert; die Schüler bildeten ihren Geist in der – für alle Wissenschaften grundlegenden – Fähigkeit, das Besondere, Konkrete, mit dem Allgemeinen zu verbinden und das Allgemeine auf das Besondere zurückzuführen.

Wir konzentrieren uns auf die erste Abhandlung, die sich durch die konsequente Verbindung von induktivem (Diskussion repräsentativer Fabeltheorien; Beispielanalysen) und deduktivem Verfahren auszeichnet. Ihre Bedeutung liegt dabei weniger in der Fabeldefinition selbst als in der Art, wie Lessing diese genetisch entwickelt und ihre Herleitung als einen Denk- und Lernprozess inszeniert (vgl. Jahn 2000). In den Worten Nisbets (2008, 357): »Aus heutiger Sicht hat Lessings Theorie ebenso wenig Gültigkeit wie die ganze Tradition der normativen Poetik, in der sie steht. Wie viele seiner Schriften fesselt sie aber immer noch durch ihre rhetorische Brillanz und sprühende Dialektik, die die Argumentation vorantreiben.«

Das »Exempel der practischen Sittenlehre« (B 4, 372): Die Wolffschen Begriffsstützen

Mit Nachdruck stellt Lessing die Bedeutung zentraler Wolffscher Theoreme für seine Fabellehre heraus (Hinweise auf Wolff: B 4, 361, 372 f., 388, 389, 391, 408 f. u. ö.), ja, er scheint am Beispiel der Fabel demonstrieren zu wollen, wie eine philosophisch fundierte ›Dichtkunst‹ aussehen könnte – scheinbar ganz im Gegensatz zu der Ablehnung der ästhetischen Systeme und »Grillen« in den frühen Kritiken und Lehrgedichten (s. S. 126 f.). Wolffs Lehre von der anschauenden und lebendigen Erkenntnis, schreibt er, sei eine »Materie, die durch den ganzen speculativischen Teil der Dichtkunst von dem größten Nutzen ist, und von *unserm Weltweisen* schon gnugsam erläutert war!« (B 4, 361).

Lessing bezieht sich (B 4, 361, Anm. 21) auf Wolffs *Philosophia practica universalis* (1739). Es handelt sich um seine Ethik, deren deutschsprachiges Pendant den Titel trägt: *Vernünfftige Gedancken von der Menschen Thun und Lassen, zu Beförderung ihrer Glückseeligkeit*). Es geht um die Erkenntnis von Gut und Böse; in der Wolffschen Terminologie: um die Erkenntnis dessen, was zur Vollkommenheit des Menschen beiträgt und deshalb von ihm erstrebt werden muss. Im zweiten Band entwickelt Wolff seine Gedanken über den Nutzen der Fabel (§§ 249–323; zur Fabel §§ 302–323). Er bezieht sie auf die »anschauende Erkenntnis« und bestimmt von daher ihre Funktion und ihre besonderen Vorzüge. Sie erzähle, so seine Definition, eine erfundene Geschichte zu dem Zweck, einen moralischen Lehrsatz zu illustrieren; der Lehrsatz werde am Anfang oder am

Schluss explizit formuliert. Diese Illustration bestimmt er als Versinnlichung eines Allgemeinen (d. h. der moralischen Lehre) und somit als eine »anschauende Erkenntnis«. Wenngleich dabei die Veranschaulichung lediglich dasjenige bestätigt, was die Vernunfterkenntnis unabhängig davon begrifflich auseinandersetzt, und folglich keine primäre kognitive Leistung erbringt, so hat sie doch die Vorzüge der »Klarheit« und »Lebendigkeit«. »Klarheit« heißt nach Wolffschem Sprachgebrauch: In der anschauenden Erkenntnis ist all das simultan präsent, was in der logischen Deduktion einzeln unterschieden wird. In einem Blick fassen wir zusammen, was wir im Schlussverfahren nacheinander ableiten – allerdings auf Kosten der Deutlichkeit (Klarheit ist der Gegenbegriff zur »Deutlichkeit« der Vernunfterkenntnis). »Lebendig« ist nach Wolff die Erkenntnis dann, wenn sie motivierend wirkt und einen Antrieb zum Handeln darstellt. In der durch die Fabel vermittelten »anschauenden Erkenntnis« würden die sinnlichen Seelenkräfte zur Zustimmung zu dem bewegt, was die Vernunft als gut und richtig erkannt hat, wodurch sich die Intensität der Wirkung auf den Willen erhöhe.

Während Lessing auf die Wolffsche Explikation der anschauenden Erkenntnis lediglich kurz verweist, da die »philosophische Sprache« nunmehr völlig »bekannt« sei (B 4, 361), widmet er der ›lebendigen Erkenntnis‹, der Frage nach der motivierenden, den Willen lenkenden Funktion der Fabel, große Aufmerksamkeit. Warum wirken sinnliche und konkrete Vorstellungen mächtiger auf den Willen als abstrakte? Lessing knüpft in seiner Begründung nicht unmittelbar an Wolff an, sondern integriert einen Gedankengang Mendelssohns. In der Abhandlung *Von der Herrschaft über die Neigungen*, die er Lessing während des Trauerspiel-Briefwechsels zusendet, geht Mendelssohn den Aufgaben der Sittenlehre nach. Dreierlei sei nötig, um zu einem »tugendhaften Wandel« anzuleiten, nämlich: die Einsicht in den Wert der Tugend zu vertiefen, eine Fülle von Bewegungsgründen (Motiven) zu zeigen, und diese Bewegungsgründe schnell überblicken zu lehren, sie sozusagen einzuimpfen (JubA 2, 151). Ersteres leiste die allgemeine praktische Philosophie, die die »Löblichkeit der Tugend nach aller Strenge« (150, § 6) demonstriere; das zweite leiste die Ethik, die die Motive erläutere; das dritte werde durch die Gewohnheit und die anschauende Erkenntnis erreicht (152–154). In der anschauenden Erkenntnis, so Mendelssohn, wirkten viele Bewegungsgründe zugleich; ist sie doch durch die Simultaneität der (undeutlichen) Vorstellungen definiert. Daraus resultiere ihre Kraft, den Willen zu lenken.

Dieses Argument greift Lessing auf. Durch die anschauende Erkenntnis, schreibt er, können »wir in einer kürzern Zeit mehr Bewegungsgründe« in einem »Satz« »entdecken«, »als wenn er symbolisch [d. h. begrifflich] ausgedrückt ist« (B 4, 373). In einem letzten Schritt bestimmt er als fruchtbarsten Gegenstand der anschauenden Erkenntnis das als wirklich und individuell Vorgestellte; der Reichtum des Individuellen erhöhe die Anzahl der »Bewegungsgründe« und steigere somit den Motivationsdruck: Das Besondere muss »als wirklich betrachtet werden und die Individualität erhalten, unter der es allein wirklich sein kann, wenn die anschauende Erkenntnis den höchsten Grad ihrer Lebhaftigkeit erreichen, und so mächtig, als möglich, auf den Willen wirken soll« (B 4, 373).

Es stellt sich nunmehr die Frage: Übernimmt Lessing mit dieser Orientierung an Wolff auch dessen rationalistisches Dichtungsverständnis, in dem für die Eigenwertigkeit des Sinnlichen und die Kunstautonomie wenig Platz ist? Wie gesagt: Wolff funktionalisiert die Poesie für den moralischen Zweck und ordnet die anschauende Erkenntnis der abstrakten unter. Wir suchen eine Antwort auf zwei Ebenen zu finden. Zum einen greifen wir Anregungen von Ursula Goldenbaum (2004a, 2004b) auf und verstehen die Fabelabhandlungen *auch* als eine Stellungnahme Lessings zu dem Poesiebegriff der ›Klopstock-Partei‹, das heißt als den Beitrag zu einer Debatte (s. S. 198 und S. 201 ff.); zum anderen wollen wir den ersten Essay für sich betrachten und auf das Problem der ›anschauenden Erkenntnis‹ beziehen.

Lessing contra Breitinger

Die Publikation des Fabelbuchs fällt in die Zeit von Lessings Mitarbeit an den »Literaturbriefen«, und sie passt zu dem dort vertretenen Programm; Lessing macht auf den Zusammenhang durch Querverweise aufmerksam (vgl. B 4, 409, Anm. 71). In den »Literaturbriefen« wendet er sich gegen Wieland, Klopstock, Cramer und damit auch gegen die Schweizer Kunstrichter. Er kritisiert

insbesondere die Ästhetisierung des Christentums: eine Literatur, die mittels ›erhabener‹, begeisternder Bilder religiöse Gefühle ausdrücken und dadurch zugleich einen verbindlichen Einfluss auf die Seele ausüben möchte; beabsichtigt ist eine Lenkung des Willens durch sinnliche, poetisch wunderbare ›Vorstellungen‹, könne doch des Menschen Vernunft auf dem Gebiet der – über die Existenz entscheidenden – religiösen Geheimnisse nichts Sicheres erkennen.

Dazu entwirft Lessing in den Essays über die Fabel ein veritables Gegenmodell, das die anthropologischen Grundlagen berührt. Zum einen differenziert er zwischen Poesie und Moral. Diejenige Dichtungsart (Gattung), deren Zweck die moralische Beeinflussung des Willen sei, sei die Fabel, und hinsichtlich dieses Zwecks sei sie ein Gegenstand der Moralphilosophie; sie sei, wie er mit Wolff definiert, das »Exempel der practischen Sittenlehre« (B 4, 372); und sie erreiche ihre Absicht nicht mit den Mitteln der Poesie, des anmutigen Schmucks und der herzergreifenden Schreibart. Zum anderen setzt er auf die Möglichkeit des Einklangs von Vernunft und Wille, Denken und Tun, welche den Optimismus der Wolffschen Ethik ausmacht, das heißt darauf, dass die (anschauende) Erkenntnis (des Guten) zu einem entsprechenden Handeln führen werde. Erkenntnis also fordert Lessing, wo es um die sittliche Lebensführung geht, statt sinnlich-übersinnlicher Vorstellungen und seelischem Aufschwung, und er fordert »richtige psychologische Begriffe« von den Gesetzen der Motivation (B 4, 372). Breitingers Abschnitte über die Aesopische Fabel (aus der *Critischen Dichtkunst* [1740]) dokumentieren dagegen die herrschende Verwirrung; so jedenfalls nehmen sie sich im Licht dieser anschauenden und lebendigen Erkenntnis aus. ›Verstecken‹ müsse der Fabulist, so Breitinger, seine Lehre, damit er die habituelle Eigenliebe und den Hochmut seiner Zuhörer überlisten könne; gegen ihren Willen müsse er die Moral in ihr Herz schmeicheln und sich deshalb des poetisch Wunderbaren, als welches er zum Beispiel die Tierfiguren ansieht, bedienen (Bd. 1, Abschnitt 7, 164 ff.). Die Konturen der pessimistischen lutherischen Anthropologie schimmern hier durch; die Wirkung der Fabel erfüllt sich für Breitinger vornehmlich darin, dass die Zuhörer ihre eigene Bosheit erkennen. Um seine gegen die Theorie vom Wunderbaren gerichtete These von der allgemeinen Bekanntheit und Konstanz der Tiercharaktere zu erläutern (zweite Abhandlung), variiert Lessing – als ein Beispiel – die Fabel des Propheten Nathan auf das von König David begangene Unrecht an Urias (2 Sam., Kap. 12; B 4, 381 f.) und ersetzt den reichen Mann durch einen habgierigen Priester: vielleicht ein bissiger Seitenhieb auf Breitingers Argumentationsweise, der unmittelbar vor der Passage, die Lessing zitiert (B 4, 377 f.), Hagedorns Versifikation eben dieser biblischen Fabel anführt (*Critische Dichtkunst*, Bd. 1, 180–182).

Jedenfalls: Wie die allegorische Auffassung der Fabel (›Verstecken‹ der Wahrheit) bei Breitinger Hand in Hand geht mit »psychologischen Begriffen«, die eine Trübung der Erkenntnisfähigkeit des Menschen durch die Macht der Triebe und einen grundsätzlichen Widerstreit zwischen Erkennen, Wollen und Tun voraussetzen, so impliziert Lessings Konzept der »anschauenden Erkenntnis« die optimistische (aufklärerische) Überzeugung, dass die Erkenntnis den Willen und das Tun lenken könne und werde. Durch die anschauende Erkenntnis selbst – und nicht durch poetische Tricks und Ablenkungsmanöver (das »Wunderbare«) – sieht Lessing die Fabel wirken, und die Moral, die Sittenlehre, die Erkenntnis des Guten wirkt ihm zufolge nicht trotz und gegen den Willen des Zuhörers, sondern mit ihm. Dieses Hervorstrahlen der Wahrheit, die, indem sie in die Augen leuchtet, zugleich den Willen bestimmt, sucht Lessing als das Entscheidende der Fabel zu verdeutlichen: »Die Klarheit, die Lebhaftigkeit, mit welcher die Lehre aus allen Teilen [...] auf einmal hervor strahlet, hätte durch ein ander Wort, als durch das ganz widersprechende *versteckt*, ausgedrückt zu werden verdienet. [...] Und es muß gar keine Mühe kosten, die Lehre in der Fabel zu erkennen; es müßte vielmehr [...] Mühe und Zwang kosten, sie darin nicht zu erkennen« (B 4, 360). Und: Breitinger »würde es sehr wohl angestanden haben, wenn er uns mit den trocknen Worten der Schule belehrt hätte, daß die moralische Lehre in die Handlung weder *versteckt* noch *verkleidet*, sondern durch sie der *anschauenden Erkenntnis* fähig gemacht werde. Ihm würde es erlaubt gewesen sein, uns von der Natur dieser auch der rohesten Seele zukommenden Erkenntnis, von der mit ihr verknüpften schnellen Überzeugung, von ihrem daraus entspringenden mächtigen Einflusse auf den Willen,

das Nötige zu lehren.« (B 4, 361. Vielleicht spielt Lessing darauf an, dass die Schweizer in ihren frühen Schriften den deutschen Philosophen enthusiastisch als großen Anreger preisen). Der Lakonismus, die Kürze, der Verzicht auf die poetische Ausgestaltung, stehen ganz im Dienst dieser anschauenden und lebendigen Erkenntnis. Jedes Detail der Fabelerzählung müsse funktional auf die Lehre bezogen sein; jede einzelne sinnliche Vorstellung müsse dazu beitragen, »die einzeln Begriffe, aus welchen der moralische Lehrsatz bestehet, anschauend erkennen zu lassen« (B 4, 357). Zugleich ist es diese durch funktionale Kürze erreichte ›Anschauung‹, wodurch für Lessing die »Sittenlehre« der Fabel zu einem ›sicheren‹ »Mittel zur lebendigen Überzeugung« (B 4, 401) wird und die »allgemeinen Schlüsse« die »Fähigkeit« gewinnen, »auf den Willen zu wirken« (B 4, 373).

Fassen wir zusammen: Einerseits setzt Lessing in seinen Abhandlungen zur Fabel die Grenzziehung zwischen der durch die Poesie intendierten seelischen Bewegung (›Rührung‹) und der Erkenntnis von ›Wahrheit‹ fort (vgl. S. 127 f. und S. 203–205) und bedient sich dabei des Wolffschen Begriffsrahmens, womit er zugleich nochmals eine entschieden anti-schweizerische Position bezieht (dazu Goldenbaum 2004a). Er stützt seine Theorie von der Wirkung der Fabel auf eine rationalistische Ethik und modelliert das Verhältnis von (Fabel-)Erzählung und Lehre nach dem Wolffschen Konzept der anschauenden Erkenntnis. Andererseits jedoch, und damit sind wir bei dem zweiten Teil unserer Antwort angelangt, impliziert Lessings Auslegung dieses Konzepts eine Emanzipation der Anschauung; er hat einen ästhetischen Erkenntnismodus im Visier, der eine rationalistische Dichtungsauffassung (die Fabel als bloße Illustration oder Allegorie für ein anderweitig Erkanntes) sprengt. Und so werden, wie so häufig bei Lessing, die Essays selbst zu einem Beispiel für ›anschauende Erkenntnis‹, für die Ersetzung begriffslogischer Ableitungen durch ästhetische Verfahrensweisen.

Anschauende und lebendige Erkenntnis

An die Spitze seines Gedankengangs stellt Lessing die Ablehnung der allegorischen Auffassung der Fabel (*Von dem Wesen der Fabel*, Abschnitt: *De la Motte*). Zwischen der Erzählung und ihrer

Bedeutung bestehe nicht die Relation bloßer Ähnlichkeit (Allegorie), sondern der Identität. Er dekretiert: Die Tiere der Fabel repräsentieren die moralischen Subjekte nicht, sondern sie *sind* sie; die Handlungen und Verhaltensweisen der Tiere illustrieren nicht das sittliche Streben, sondern *sind* es (B 4, 350). Diese für sein Fabel-Konzept grundlegende Relation, durch welche das Sinnlich-Individuelle enorm aufgewertet, sozusagen ›wesentlich‹ gemacht wird, begründet er mit einem Satz, den er – allerdings – wörtlich aus Wolff (*Philosophia practica*, § 257) überträgt: »Das Allgemeine existieret nur in dem Besondern, und kann nur in dem Besondern anschauend erkannt werden« (B 4, 372). Wie lässt sich, obwohl sich Lessings Theorie in den Wolffschen Begriffsrahmen einfügt, zeigen, dass er, anders als Wolff, der Anschauung eine primäre Rolle einräumt? (Vgl. dazu Steiner 2000, 281 ff., der eine Beziehung zu Baumgartens Ästhetik herstellt).

Lessing zieht aus dem Postulat der »anschauenden« und »lebendigen Erkenntnis« Konsequenzen für den Aufbau der Fabel. Das Spezifische und Entscheidende seiner Konzeption liegt dabei darin, dass nicht nur die ›Moral‹ den Sinn der Handlung ausmacht, sondern auch umgekehrt die Handlung den Sinn der Moral konditioniert. Die Fabel müsse ein ›Ganzes‹ sein, und das werde sie dadurch, dass der moralische Satz, ihr »Endzweck«, jede Einzelheit bestimme; so würden die Einheit und Übereinstimmung der Teile gewährleistet. »Leben« (B 4, 366) und Energie erhalte die Fabel aber erst durch die Handlung. Die Fabel solle kein Bild eines ›Zustands‹ sein, sondern eine Handlung vorstellen. Die Handlung definiert Lessing als »*Folge von Veränderungen*«, die einen Zweck haben (B 4, 357). »Folge« und »Zweck« implizieren, dass die Veränderungen ineinander gegründet sind und auf ein Ziel zulaufen. Die innere Logik der Verknüpfung enthüllt dabei der moralische Satz; durch ihn erhält die Handlung ihre Dynamik. Er legt die Motive des Strebens offen; die Gründe für die Handlungen der (Fabel-)Tiere treten ans Licht. Als inneres Prinzip der Handlungskausalität ist er aber zugleich auf die Realisation durch den individuellen Fall angewiesen. *Folgerecht* geht der moralische Satz aus den sinnlichen Vorstellungen der Fabel hervor. Die Handlung illustriert den Lehrsatz nicht, sondern der Lehrsatz resultiert aus der Handlung. So ist nicht nur die

Handlung auf den moralischen Satz als ihr *raison d'être* ausgerichtet, sondern die moralische Lehre ist auch zurückbezogen auf die Handlung. Fabelerzählung und Lehre erläutern sich wechselseitig; eines ist nichts ohne das andere; eines spiegelt sich im anderen. So aber wird, anders als in Wolffs Fabelverständnis, die Anschauung zu einem nicht hintergehbaren Ferment der Erkenntnis aufgewertet. Genau so ›funktionieren‹ denn auch viele von Lessings Fabeln: Die Moral erscheint nicht eindeutig fixierbar, vielmehr muss der Leser die Folge der ineinandergreifenden Vorstellungen nachvollziehen, um dann zu den entsprechenden Schlüssen zu kommen; die seelische Bewegung vom Anschauen zum Denken ist wichtiger als die Vermittlung des ›fertigen‹ Satzes. Hier nun wird die Ästhetisierung der Erkenntnis vollends greifbar, scheint doch die funktionale Verflechtung der moralischen Lehre mit den sinnlichen Vorstellungen der Erzählung, welche die Fabel zu einem ›Ganzen‹ macht, das Modell zu sein, nach dem Lessing sich ihren (ja durch keinerlei Erfahrung gedeckten) »Nutzen«, ihre motivierende Kraft in der wirklichen sittlichen Welt, dachte.

Schließlich beruht die Überzeugungskraft der ersten Fabelabhandlung selbst auf dem Einsatz ästhetischer Mittel. Aus der ›Öde‹ der allgemeinen Begriffe, schreibt Lessing zu Beginn, dränge es die Seele schnell zu konkreten sinnlichen Vorstellungen (B 4, 349). Dieser Bewegung trägt seine Gedankenführung Rechnung. Er entwickelt die tragenden Konzepte seiner Fabeldefinition (anschauende und lebendige Erkenntnis, die Wirklichkeit des individuellen Falls, den Handlungsbegriff) weniger diskursiv als dadurch, dass er ständig Fabeln erzählt und kommentiert, die Beweisführung der Evidenz des Beispiels anvertrauend (z. B. die Fabel von den Fischen, die ›verbessert‹ wird: B 4, 357 f. und 365 f.). Zudem kann Lessing auch nicht diskursiv begründen, warum zwischen Besonderem und Allgemeinem *nicht* die Relation der Ähnlichkeit besteht – die Identität kann nur intuitiv, anschauend erfasst werden. Um sie zu benennen, bedient sich Lessing metaphorischer Wendungen wie derjenigen, dass die allgemeine Wahrheit aus allen Teilen der Fabel mit »Klarheit« und »Lebhaftigkeit« »hervor strahlet« (B 4, 360). Die philosophischen Termini werden hier zu suggestiven Bildern. Auf welche Weise mittels der »anschauenden Erkenntnis« im

Besonderen das Allgemeine erfasst wird, ist nicht begrifflich zu erläutern, sondern kann nur bildhaft bzw. metaphorisch umschrieben werden.

Ambivalenz der »anschauenden Erkenntnis«

Bei alledem ist freilich ein grundsätzliches Problem im Auge zu behalten. Anschauende Erkenntnis: Der Begriff, um den Lessings Fabeltheorie zentriert ist, beinhaltet eine Aporie. Denn in dem Moment, in dem die Erkenntnis ausformuliert und ihr Inhalt fixiert wird, ist sie nicht mehr ›anschaulich‹, sondern ›begrifflich‹. Die anschauende Erkenntnis als solche kann demnach gar nicht sprachlich ausgedrückt werden. Sage ich, was ich »anschauend erkannt« habe, so ist die Mitteilung begriffliche Erkenntnis. Diese Aporie ist der Grund dafür, dass Lessings Position auf begrifflich-diskursiver Ebene oft nur schwer von derjenigen Wolffs abzugrenzen ist. Das Konkrete, Anschauliche, Individuelle rückt bei Lessing in den Vordergrund. Dabei liegt der hohe Wert des Individuellen und des »besondern Falles« eben darin, dass in ihm das »Allgemeine« »existieret«. Mit der Beziehung der Anschauung auf die Erkenntnis, des Besonderen auf das Allgemeine, der Handlung auf die Absicht etc., kommt Lessing aber nicht ohne die Ebene der Begriffe aus. In der Anschauung des »wirklichen« Geschehens, schreibt er zum Beispiel, entdecken wir weit mehr Motive, zu handeln, als wenn alles in der Sphäre des Möglichen verbliebe; wir unterscheiden die Motive deutlicher (B 4, 373 f.). Die »Anschauung« bringt *mehr* an Erkenntnis zuwege als die begriffslogische Deduktion – das ist der Neuansatz. Und doch gehört der »Beweggrund«, einmal richtig, »deutlich« erkannt, in das Reich der allgemeinen, begrifflich abgesicherten Wahrheiten. In einem anderen Zusammenhang sagt Lessing: Das Gefühl habe ihn darauf gebracht, warum die Fabel Tiercharaktere bevorzuge; mittels des begrifflichen Schlussverfahrens wäre er nie auf die Idee gekommen (2. Abhandlung; B 4, 384). Einmal erkannt, ist die gefundene Regel aber als eine allgemein gültige mit logischen Gründen abzusichern. Die Bewegung von der »Öde« der Begriffe zu den sinnlichen Vorstellungen (s.o.) ist eine Pendelbewegung; der doppelte Bezug der ›anschauenden Erkenntnis‹ (auf die Anschauung und die Vernunft) bleibt den Lessingschen Theoremen (und Fabeln) eingeschrieben.

Resümee

Lessings Fabeltheorie ist ein Meilenstein in der Anerkennung des Ästhetischen, die Leistung der Form wird untersucht, die Relation von Teil und Ganzem, in den »Literaturbriefen« mehr beschworen als expliziert, wird genau bestimmt. Gerade diejenige literarische Gattung, in der Poesie und Moral sich überlagern – von dem »gemeinschaftlichen Raine der Poesie und Moral« spricht Lessing in der *Vorrede* (B 4, 298) –, wird ihm zum Anlass, einen ästhetischen Modus des Erkennens zu postulieren. Diese Erkenntnisweise entwickelt Lessing jedoch in Gegenwendung gegen die Konzeption der poetischen Bildersprache, wie sie die Schweizer Literaturkritiker (und ihr Kreis) vertraten; den Gegensatz treibt er durch die Orientierung an Wolffs epistemologischen und psychologischen Begriffen hervor.

Analyse II: Die Fabeln

Der kompositionelle Rahmen

Fabeln und Fabelabhandlungen bilden eine Einheit. Lessing selbst fordert, dass beide zusammen gelesen werden müssen (*Vorrede*, B 4, 299). Die Theorie soll die Praxis erhellen, an der poetischen Verwirklichung soll die Reichweite der »Regeln« geprüft werden (wobei er nicht darauf verzichtet, auf den notwendigen »Eigensinn« des Genies gegenüber den Regeln hinzuweisen: B 4, 299). Die Zusammengehörigkeit von Theorie und (Fabel-)Dichtung zeigt sich darin, dass viele Fabeln sich auf poetologische Gegenstände beziehen. Lessing verdeutlicht die Wichtigkeit der Theorie darüber hinaus mittels der kompositionellen Anordnung. Er gliedert die Fabelsammlung in drei Bücher zu je 30 Fabeln. Die erste und die letzte Fabel jedes Buches ist poetologischen Inhalts. Die Reflexion auf die Fabel schließt sich so wie ein Rahmen um die einzelnen Bücher (vgl. Spitz 1976).

Die Eröffnungsfabeln können als Interpretationsanweisungen gelesen werden. Besonders eng ist die Verbindung zwischen der ›Eingangsfabel‹ und den restlichen Fabeln im zweiten Buch. Es ist das Buch, in dem Lessing den Bezug zur antiken Tradition offenlegt: Alle Fabeln dichten eine antike Vorlage um; die Quelle wird im Inhaltsverzeichnis angegeben. Das Verhältnis zwischen Tradition und Innovation thematisiert die erste Fabel dieses Buches. – Immer wieder wird die Fabel zu Beginn des dritten Buches als Illustration von Lessings Theorie herangezogen – Lessing selbst tut dies in der vierten Abhandlung (B 4, 403). Es ist die Fabel von dem Mann mit dem Bogen, der bricht, wenn er allzu kunstvoll verziert wird. Die Lehre zielt auf die Treffsicherheit des dichterischen Worts und erinnert daran, dass auf dem Grenzgebiet zwischen Poesie und Moral der zweckfreie Schmuck die Intensität der Aussage beeinträchtigt. In die gleiche Richtung weist die Prologfabel der Sammlung überhaupt, die erste Fabel des ersten Buches. Sie vor allem trägt programmatischen Charakter. Die Muse der Fabeldichtung (die »fabelnde Muse«) selbst tritt auf und fordert den Verzicht auf poetischen Zierrat, damit die ›Wahrheit‹ umso anschaulicher hervortrete: »Die Wahrheit braucht die Anmut der Fabel; aber wozu braucht die Fabel die Anmut der Harmonie?« (B 4, 302). Der programmatische Anspruch wird dadurch unterstrichen, dass Lessing, indem er La Fontaine nennt, die Tradition zitiert und sich zugleich von ihr abgrenzt.

Explizit auf die Fabellehre bezogen ist von den »Epilogfabeln« nur diejenige des ersten Buches. Sie handelt vom Gebrauch der Tiere in der Fabel und ›lehrt‹ die Unveränderlichkeit der traditionellen (Tier-)Charaktere (der ›dumme‹ Esel etc. Vgl. die zweite Abhandlung). Indem sie die Bindung an die aesopischen Vorgaben akzentuiert, bildet sie zugleich eine Klammer zum zweiten Buch, das die Umdichtungen antiker Fabeln enthält. – Die anderen beiden Fabeln am Ende des zweiten bzw. dritten Buches haben das Verhältnis zwischen dem Autor und dem Publikum zum Gegenstand. Sie teilen diese Thematik mit manchen anderen der Fabeln. Ihre Position ist somit weniger ausgezeichnet als diejenige ihrer Gegenstücke zu Beginn der Bücher.

In der anschließenden inhaltlichen Analyse ausgewählter Fabeln soll ein Querschnitt durch die Themengruppen gelegt werden. Neben die Fabeln, die die zeitgenössische Literaturszene beleuchten, treten Fabeln auf die Weltordnung (»Theodizee-Fabeln«), auf die Natur und die Triebfedern der Menschen (psychologische Motivation) und schließlich solche auf die soziale Ungleichheit (Ständethematik). Insgesamt wird in Lessings Sammlung die traditionell pessimistische und zynische Fabelwelt psychologisiert und dadurch moralisiert – sie wird umgepolt auf die Hoffnung, dass das anschauend Erkannte den Willen bestimmen wird.

Göttliche Weltregierung

Den Rahmen der Aufklärung stecken vor allem die »Theodizee-Fabeln« (Eichner 1974) ab. Zeus erscheint in ihnen als »Vater der Tiere und Menschen« (I, 5); es sind Fabeln auf die göttliche Weltregierung. Lessing setzt den Akzent auf die Mitwirkung des Menschen. Charakteristisch sind die Fabeln, in denen das Schaf als Opfer auftritt. In der aesopischen Fabel, die Lessing in *Zeus und das Schaf* (II, 18) zitiert (Hauptmann Nr. 119), wird das Gesetz von Angriff und Verteidigung formuliert. Der getretenen Schlange (die Lessing durch das Schaf ersetzt) wird die Lehre erteilt, nur wer Gewalt mit Gegengewalt vergelte, werde Ruhe vor seinen Angreifern haben. Der aus diesem Wissen zu gewinnende Rat ist der zu rechtzeitigem Widerstand. Gezeigt wird quasi das Naturrecht auf Selbstverteidigung. Lessings Fabel dagegen schließt mit einer Mahnung zur Duldsamkeit (B 4, 323): »es ist besser, Unrecht leiden, als Unrecht tun.« Damit ist die ursprüngliche Intention geradezu umgekehrt. Die Pointe der Umkehrung liegt dabei in der moralischen Deutung, die Lessing dem Geschehen gibt: Aus dem Recht des Stärkeren, das die aesopische ›Vorlage‹ demonstriert, wird »Unrecht«. Der Dialog, den Zeus mit dem Schaf führt, läuft auf diese Einsicht zu. Das Schaf erkennt die moralische Unterlegenheit der wehrhaften Tiere: Mit den »reißenden Tieren« will es nichts gemein haben, die »giftigen Schlangen« werden gehasst; es möchte auch nicht »so stößig werden, als der Bock«. Es ist nicht mehr die Rede von Angriff und Gegenwehr, sondern vom wechselseitig zugefügten Schaden, von dem Bösen der Gewalt: Du musst, so Zeus zu dem Schaf, »selbst schaden können, wenn sich andere, dir zu schaden, hüten sollen!« Indem das Schaf die Waffen, die ihm Zeus anbietet, zurückweist, ist es nicht länger nur das passive Opfer, als das es zu Beginn auftritt: Das »Schaf mußte von allen Tieren vieles leiden.« Es erkennt, dass seine eigene Wehrlosigkeit ursächlich mit seiner Güte zusammenhängt und dass diese Güte nicht ohne die Wehrlosigkeit zu haben ist. Indem es das resultierende Leiden nunmehr freiwillig auf sich nimmt, ist die Unschuld des Schafes nicht länger erzwungenes Resultat der physischen Unterlegenheit, sondern umgekehrt wird diese Unterlegenheit zum Ausdruck des inneren Wollens.

Den Erkenntnisprozess im ›maieutischen‹ Dialog des Schöpfers (Zeus) mit dem Geschöpf macht Ter-Nedden (2010, 176ff.) zum Angelpunkt der Fabel, wobei er in der ›Maxime‹ des Schafs (»es ist besser, Unrecht leiden, als Unrecht tun«), das *Gorgias*-Zitat freilegt. Der Verzicht auf Gegenwehr dürfe nicht befohlen werden, sondern müsse das Resultat eigener Einsicht und Entscheidung sein. Dabei setze Lessings Modernisierung der antiken Vorlage eine veränderte Perspektive auf die sittliche Welt voraus, die eben nicht so sei, »wie sie dem Gut-Böse-Moralismus erscheint« (180). Vielmehr sei mit der universalisierenden Wahrnehmung, dass *alle* dem Selbsterhaltungstrieb folgen, die Haltung korreliert, *allen* – und damit auch dem etwanigen Gegner im Konflikt – die Selbsterhaltung zuzugestehen. Der anthropologische Optimismus von Ter-Neddens Auslegung scheint allerdings durch *diese* Fabel nicht gedeckt, welche die verwandelnde Kraft des Gewaltverzichts eben nicht von der Bereitschaft trennt, zugefügte Leiden zu erdulden. Der erste Teil der Einsicht des Schafes passt jedenfalls schwerlich zu einer Welt ohne den »Gut-Böse-Gegensatz«: Immer erwecke das »Vermögen«, schaden zu können, auch die »Lust«, es zu wollen und zu tun, welcher Lust das Schaf wohl weiterhin ausgesetzt bleiben wird.

Moralisierung und Akzentuierung der ›Kraft der Seele‹ gehen in vielen Fabeln Hand in Hand. Geradezu rebellisch formuliert Lessing den Anspruch auf Eigeninitiative, Selbständigkeit und Selbstdenken in der Fabel *Der Stier und das Kalb* (II, 5). Die Fabel des Phaedrus, auf die er Bezug nimmt, lautet (V, 9; übers. Rückert/Schönberger 1975):

> Beim engen Eingang krümmte sich ein Stier mit Hörnern,
> Und kaum gelang es ihm, in seinen Stall zu kommen.
> Da zeigte ihm ein Kalb, wie er sich beugen müßte,
> »Schweig«, rief der Ochs, »ich wußt' es, eh' du warst geboren.«
> Wer gerne Ältere belehrt, mög' sich dies merken.

Bei Lessing dagegen »zersplittert« der Stier mit seinen Hörnern den Balken der Stalltüre. Das Kalb rühmt sich dem Hirten gegenüber, ihm »solchen Schaden« nicht zuzufügen. Der Hirte nun rechtfertigt die Unbeugsamkeit des Stieres. Da dessen Kraft die Ursache des Schadens sei, nehme er ihn gerne in Kauf. Der kraftvolle Stier sei ihm nützlicher als das harmlose Kalb. Bis dahin ist die Fabel eine (kontrastive) Ergänzung zu *Zeus und das Schaf*: Unschädlichkeit aufgrund von Schwäche ist nichts wert; Kraft als solche ist nicht ›böse‹. Die eigentliche Pointe der Fabel liegt jedoch in ihrem zweiten Teil. Es handelt sich um eine »zusammengesetzte Fabel« (vgl. B 4, 346f.); Lessing bezieht die Erzählung vom Stier und dem Kalb nunmehr auf die theologische und philosophische Diskussion seiner Zeit. Der Stier wird mit Pierre Bayle verglichen, der mit »verwegnen Zweifeln« an dem herrschenden Weltbild rüttelt, das Kalb mit den »kleinen Philosophen«, die sich den festgefügten Denkweisen einpassen. Statt des Hirten spricht der Fabulist. Er wünscht sich Streit und ›Ärgernis‹, da im Zweifel sich oft die höhere Denkkraft betätige. Die Überzeugung schwingt mit, dass das Zerstören von Sicherheiten nötig sei, um zu neuen Wahrheiten zu gelangen.

Wie skeptisch und hintergründig Lessings Blick auf die göttliche Weltregierung zuweilen werden kann, zeigt die Fabel von der Maus (III, 23). Die Argumentation so mancher Physiko-Theologen wird aufs Korn genommen, für die die gesamte Schöpfung zum Nutzen für den Menschen da ist, in diesem Nutzen ihren Zweck hat. Lessings Vetter Christlob Mylius z. B. vertritt diese Überzeugung. Lessings philosophische Maus sieht den Zweck der Naturordnung in der Erhaltung der Mäuse. Sie lobt die »gütige Natur« um der Weisheit willen, fliegende Mäuse geschaffen zu haben (dafür sieht sie die Fledermäuse an). Im Fall eines Sieges der Katzen über die Mäuse, räsonniert sie, könne somit leicht das ausgerottete Geschlecht wieder »hergestellt« werden. »Die gute Maus«, lautet der Kommentar der Fabel, »wußte nicht, daß es auch geflügelte Katzen giebt. Und so beruhet unser Stolz meistens auf unsrer Unwissenheit!« Die gute Maus! Aufgrund von Unwissenheit hat sie das Vertrauen, ihren Feinden nicht rettungslos ausgeliefert zu sein. Aufklärung heißt in diesem Fall Desillusion über den Zustand einer Welt, in der überall die Katzen die Mäuse fressen.

*Psychologische Motivation: Entlarvung
des Egoismus*

Lessing deckt mit seinem moralisierenden und
psychologisierenden Verfahren nicht allein das
›Gute‹ auf, das allem Anschein zum Trotz sich in
der Welt verwirklicht. Öfter dient dieses Verfahren der Entlarvung von Bosheit und Heuchelei.
Lessings Fabeln sind zumeist Dialogfabeln; ihre
Spannung liegt in der psychologischen Enthüllung (*Der kriegerische Wolf*, I, 12; *Der Wolf auf
dem Todbette*, II, 4). In der aesopischen Fabel
vom Geizigen (Hauptmann Nr. 59) erhält der Be-
stohlene den Rat, den Goldklumpen durch einen
Stein zu ersetzen. Zur Begründung dient die
Lehre, dass Besitz, der keine nützliche Anwendung erfahre, nichts wert sei. Bei Lessing (II, 16)
gibt der Geizige noch eine Replik, welche die
psychischen Triebfedern grell hervortreten lässt.
Wenn für ihn selbst der Diebstahl auch keine Veränderung bringe, habe er doch einen andern reicher gemacht. »Ein andrer um so viel reicher! Ich
möchte rasend werden.« – Ähnlich gibt Lessing
in der Fabel *Der Dornstrauch* (II, 27) den Blick
auf die Bosheit wie in einer Momentaufnahme
frei. Der Dornstrauch in der antiken Fabel (»ru-
bus«: Brombeerstrauch; Hauptmann Nr. 42), der
unablässig die Kleider der Vorübergehenden an
sich reißt (»non cessat praetereuntium vestes arri-
pere«), soll das Unabänderliche von einmal ange-
nommenen Gewohnheiten illustrieren. Lessing
dagegen zeigt den Willen, der hinter dem Habitus steht. Auf die Frage der Weide, warum er
denn so offenkundig ohne Nutzen nach den Klei-
dern des Menschen greife, antwortet der Dornstrauch: »Ich will sie […] nicht nehmen; ich will
sie […] zerreißen.«

Durch die subtile psychologische Motivierung
erhält auch die Fabel vom Raben und vom Fuchs
(II, 15) ihre kritische Stoßkraft (die vielleicht am
häufigsten zitierte Neufassung Lessings). Zugrunde liegt die bekannte Fabel vom Raben, den
die Schmeichelei des Fuchses dazu bringt, den
Käse im Schnabel fallen zu lassen. Der Rabe ist
der Düpierte, der Fuchs der Gewinner, dem der
Erfolg Recht gibt. Die Dummheit des Raben
›rechtfertigt‹ die List des Fuchses. Lessing dagegen fragt nach dem Wesen der Schmeichelei. Die
erschmeichelte Beute ist vergiftet. Im Schlusssatz
drückt sich die moralische Empörung über die
Schmeichler aus. Die Situation ist zweideutig und

doppelbödig geworden. Einerseits bringt der
Fuchs offen vor, was er möchte, nämlich das
Fleisch in den Klauen des Raben. Andererseits
vergrößert sich dadurch die Verlogenheit. Der
Fuchs simuliert eine Lage, in der es auf freiwilli-
ges Geben und Nehmen ankäme. Unter der
Maske der vorgetäuschten wechselseitigen Großmut können sich ungebremst die egoistischen
Impulse ausleben. Der Rabe gibt, weil er für einen Adler gelten will, der Fuchs weiß die räube-
rische Habsucht in eine Haltung frommer Dankbarkeit zu kleiden. In dieser Verfälschung der
Motive liegt das Vergiftete der Situation. Das un-
ehrlich erworbene Geschenk bringt denn auch
keinen Gewinn, sondern wirkt zerstörend auf
den Empfänger zurück.

Entlarvung des Egoismus ist schließlich das
Thema der (oft als besonders gelungen einge-
schätzten) Fabel *Die Eiche und das Schwein* (I,
15). Der Baum fordert vom Schwein Dankbarkeit
für die Eicheln, von denen es sich ernährt. Das
Schwein kontert: Wohl wäre es dankbar, wüsste
es nur, dass die Eiche ihre Früchte um seinetwil-
len fallen lasse. Die Eiche ist damit durchschaut
und ihr Anspruch zurückgewiesen. Doch auch
das Schwein entlarvt sich selbst in seiner Ich-Be-
züglichkeit, wenn es keine Wohltat schätzen
kann, die nicht ausdrücklich für es geschieht.
Seine Borniertheit und Unfreiheit kommen vor
allem in seinen Augen zum Ausdruck. Gierig sind
sie nach den Eicheln gerichtet – der Blick haftet
am Boden, statt sich auch einmal nach oben zu
wenden.

So skeptisch nun Lessings psychologischer
Scharfblick sich ausnimmt, so bleibt die Intention
der Fabeln doch eine erzieherische. Nicht die Un-
abänderlichkeit des Bösen soll eingeschärft werden; vielmehr soll die psychologische Motivation
den Anteil des Menschen daran aufdecken. Die
Einsicht soll Veränderung bewirken. Dem entspricht die aktive Rolle, die dem Leser zugewiesen wird. Kaum dass ihm eine fertige Lehre angeboten wird. Die »Moral« liegt meistens darin,
dass er die Bestrebungen und Gesinnungen der
Fabeltiere erkennt und richtig bewertet. Mittels
der Psychologisierung und Moralisierung gewinnt Lessing den tradierten Stoffen neue Perspektiven ab und fügt ihrem ›Sinn‹ einen Gegensinn hinzu. Der Leser ist zu gleicher Flexibilität
aufgerufen. Er soll gewohnte Denkweisen verlassen; er wird mit der Komplexität konfrontiert,

die eine Situation durch die psychologische Motivation oftmals erhält. In welcher Art er sich die Durchbrechung des Bösen denkt, zeigt Lessing in der Fabel *Zeus und das Schaf* aus der Perspektive des Opfers (s. S. 230 f.). Doch geht er das Problem auch aus der Perspektive des Täters an. Die *Geschichte des alten Wolfs, in sieben Fabeln* (III, 16 ff.) ist ein Musterbeispiel dafür, wie Lessing eingefahrene Beurteilungsweisen unterminiert und aushebelt. Zunächst scheinen die moralischen Gewichte eindeutig. Der Wolf, ausdrücklich als »böse« charakterisiert, steht als Heuchler da: Er fasst den Entschluss zur Güte in dem Moment, in dem er zu schwach zur Gewaltanwendung ist. Es ist ein »gleißender« Entschluß, vom Eigennutz diktiert. In den sechs Antworten der Schäfer wird die Heuchelei decouvriert. Der Mechanismus der bösen Gesinnung wird offengelegt. Die Schäfer gehorchen den Regeln der politischen Klugheit. In den Angeboten des Wolfs sehen sie nichts als Tricks, sich Nahrung zu erschleichen und ohne Gefahr weiterhin Schaden zuzufügen (Nr. 3). Dessen Raserei am Ende scheint sie darin zu bestätigen, dass sich die »Wolfsnatur« nicht ändern wird. Doch in der letzten Fabel kehrt sich die Stoßrichtung der Kritik um. Vom Schluss her gerät die Reaktionsweise der Schäfer ins Zwielicht. Der Weiseste von ihnen erkennt, dass das eigene Verhalten den Wolf provozierte. Das Stichwort von der »Besserung« fällt, zu der ihm keine Chance gegeben wurde. Indem die Schäfer ihn auf sein vergangenes Verhalten festlegen, setzen sie den Kreislauf von Gewalt und Gegengewalt fort. Auch ihre Handlungsweise erscheint auf einmal von Geiz und Roheit (Nr. 6), Missgunst und Angst (Nr. 5 und 4), vor allem aber von Egoismus und Hartherzigkeit bestimmt. Nur durch deren Überwindung aber kann der Kriegszustand aufgehoben werden (vgl. auch die Fabel vom Mann und dem Hund [II, 20]: manchmal, so die Lehre, kann allein das Zugehen auf den Gegner die von diesem geschlagene Wunde heilen).

Ständethematik: »Rangordnung der Tiere«

In einigen Fabeln führt Lessing die Schlechtigkeit in der Welt auf politische Ungleichheit zurück (vgl. Eichner 1974; Mauser 2000c). Dass Willkürherrschaft und Tyrannei sich durch *jedes* Argument zu legitimieren wissen, demonstriert die Fabel von der Wasserschlange (II, 13). Es geht allein um die Logik der Machtausübung, die in extremer Zuspitzung dargestellt wird. Eine Anwendung auf eine konkrete politische Situation (etwa als Angriff auf eine Staatsform) dagegen ist schwer herauszulesen. – Die Rangordnung unter den Tieren wird in mehreren Fabeln thematisiert. Wiederum lässt sich eine Kampfansage gegen die Ständeordnung nicht festmachen. Die äußere Hierarchie wird lediglich dadurch unterminiert, dass sie als irrelevant für den wahren Rang enthüllt wird. Es kommt darauf an, sich seines inneren Werts bewusst zu sein. Dieses Bewusstsein macht unabhängig von der Einschätzung durch die Gesellschaft und befreit von dem Zwang des Sich-Vergleichens (*Der Rangstreit der Tiere*, III, 7–10). Karrierestreben im Dienst der Großen führt dagegen häufig zu Selbstverlust und Dünkel (*Der Esel mit dem Löwen*, II, 8). Das Streben nach Beachtung wird als erniedrigend gezeigt, da die Großen selbst es an wirklicher Achtung fehlen lassen (*Der Löwe mit dem Esel*, II, 7).

Fabeln auf die Literaturszene

Nicht nur die Anfangs- und Schlussfabeln der einzelnen Bücher behandeln poetologische Fragen. Zahlreiche Fabeln haben die zeitgenössische Literaturszene zum Gegenstand. Ihre Absicht ist kritisch und satirisch; sie gehören in den Kontext der »Literaturbriefe«. Lessing tadelt die mangelnde Originalität deutscher Literaten (I, 6; II, 9); einen Schwerpunkt bildet die Auseinandersetzung mit Klopstocks ›erhabener‹ Poesie bzw. mit Klopstocks Nachahmern und Gegnern (I, 8 und 9; II, 21; II, 2; dazu Ter-Nedden 2010, 189 f.). Als weitere Aspekte treten (u. a.) hinzu: Kollegen-Neid, Plagiat (II, 6: die bekannte Neufassung der Fabel von den Pfauen und der Krähe), ungewollte Konsequenzen der Polemik (II, 30), Wechselwirkung zwischen Autor und Publikum (III, 24 und 30). Von Interesse sind diese Fabeln auch deshalb, weil sie Rückschlüsse auf die Zielgruppe, an die Lessing sich wendet, erlauben. Für Wolff ist es noch ausgemacht, dass die Fabel diejenigen belehrt, die im Denken wenig geübt sind. Die ›klassische‹ Formulierung stammt von Gellert: Der ›Auftrag‹ der Fabel sei es, »Dem, der nicht viel Verstand besitzt,/ Die Wahrheit, durch ein Bild, zu sagen« (*Die Biene und die Henne*). In den *Abhandlungen* betont (und lobt) Lessing den volkstümlichen (und demokratischen) Charakter der Fabel: Noch der »rohesten Seele« komme die »anschauende Erkenntnis« zu (B 4, 361), und auch den »Unwissendsten« seien die Tiercharaktere bekannt (B 4, 381). Die ›Literatur-Fabeln‹ jedoch setzen ein gebildetes Publikum voraus. Es muss mit den zeitgenössischen Parteiungen und Literaturfehden vertraut sein, um die Anspielungen zu verstehen; es muss Namen wie Pope, Addison, Kneller (I, 7. Sir Geoffrey Kneller war ein in London ansässiger, aus Lübeck stammender Maler [B 4, 963, Anm. zu 305, 21]), Johann Lorenz Mosheim (berühmter lutherischer Theologe) und Bayle kennen; es muss in der Lage sein, die Bezüge zu den antiken Vorlagen zu durchschauen.

Aufnahme und Wirkung

Seine Fabeltheorie, sachbezogen wie Lessing sie vorträgt, scheint zunächst kaum Angriffspunkte für Streit und Polemik zu bieten. Dementsprechend sind die meisten Rezensionen, die Braun abdruckt (wieder in: B 4, 941 ff.), entweder werbende Ankündigungen oder Inhaltsreferate. In seinen Berliner resp. Leipziger »Hausblättern« wird der »Werth der Neuigkeit« herausgestellt (*Berlinische privilegirte Zeitung*, 29.11.1759; B 4, Nr. 1, 941), Lessings Name ist nunmehr zugkräftig: »Es giebt Schriftsteller«, heißt es in der *Bibliothek der schönen Wissenschaften und der freyen Künste* (Leipzig 1761, 7. Bd., 1. St.; B 4, Nr. 6, 955), »deren Name schon ein gewisses Siegel der Vortreflichkeit [!] auf dasjenige drückt, was sie schreiben […]: die Welt kennt sie gleich, kauft sie, und liest sie […] Herr *Lessing* gehört unter die kleine Anzahl derselbigen.« Die *Abhandlungen* werden wegen des philosophischen Geistes, der aus ihnen spreche, gelobt (ebd. 956); der Rezensent der *Göttingischen Anzeigen von Gelehrten Sachen* (31.1.1760) allerdings meldet Bedenken an, was die Ablehnung des La Fontaineschen Fabelmodells anbelangt (B 4, Nr. 3, 945 und 947). Auch J.A. Cramer, gegen den Lessing in den »Literaturbriefen« unter dem Schutz der Anonymität mit all seiner satirischen Kunst zu Felde zieht, rückt in den *Nordischen Aufseher* (Bd. 2, Abt. 2, 121. St.) eine lobende Erwähnung ein. Er hebt das Merkmal hervor, das bereits ein Kritiker-Topos ist: die Verbindung von Erfindungskraft, naivem [!] Witz, philosophischer Einsicht, »Critik«, Ge-

lehrsamkeit und Belesenheit sowie rhetorischer Eleganz (B 4, Nr. 7, 957).

In der *Vorrede* zum Fabelbuch (B 4, 298–301) schlägt Lessing allerdings einen polemischen Ton an. Er stellt, indem er auf Dusch antwortet (B 4, 300 f.), den Bezug zu den »Literaturbriefen« her (wenngleich mit einer Unwahrheit, da er seine Verfasserschaft abstreitet), und schließt mit einem Streitwort. Wir haben in unserer Analyse herausgearbeitet, welche Herausforderung Lessings Berufung auf Wolff für Breitinger bedeutet. Diejenigen Kritiker nun, die sich tiefer auf das Fabelbuch einlassen, wenden sich sämtlich gegen Lessing, und sämtlich markieren sie ein polemisches Element. Als »Sticheleyen« auf Ramler, den Batteux-Übersetzer und Parteigänger La Fontaines, liest Johann Georg Hamann die *Abhandlungen*, die ihm im Übrigen »mehr zum Ueberdruß als zum angenehmen Unterricht philosophisch und witzig« sind (Brief an den Bruder, 2.4.1760; B 4, Nr. 2, 981). Herder verwendet Kriegsmetaphern, wenn er Lessings Vorgehen charakterisiert: »Mit Streit und Blutvergießen unter drei Nationen erkämpft er sich folgende Erklärung der Aesopischen Fabel« (*Ueber die neuere Deutsche Litteratur. Fragmente. Erste Sammlung. 2. völlig umgearbeitete Ausgabe* [1768]. Suphan 2, 189), diese »Erklärung« wird dann als »Machtspruch« (ebd. 190) bezeichnet: »Leßing wills« (ebd. 189). Einen regelrechten Streitgang aber fordern Bodmer und Breitinger heraus, wobei sie zu spüren bekommen, wovor Hamann seinen Bruder warnt. »Weh dem«, schreibt dieser am Ende seines brieflichen Verrisses (B 4, 981), »der solche Köpfe nachahmen will! weh dem, der sich untersteht sie anzugreifen, ohne sich einer Ueberlegenheit mit Recht anmaßen zu können.« Bodmer und Breitinger verfassen eine polemische Nachahmung des Fabelbuches. Sie parodieren Lessings Fabeln und suchen seine Theorie zu widerlegen: *Lessingische unäsopische Fabeln. Enthaltend die sinnreichen Einfälle und weisen Sprüche der Thiere. Nebst damit einschlagender Untersuchung der Abhandlung Herrn Leßings von der Kunst Fabeln zu verfertigen* (Zürich 1760). Die Anzeige dieser Streitschrift in dem Leipziger Journal *Das Neueste aus der anmuthigen Gelehrsamkeit* (1760, im Weinmond [=Oktober]) lässt erkennen, wie sehr man Lessing um seinen »Ton« beneidet. Der Rezensent kündigt das (anonym erschienene) Buch der Schweizer wie folgt an

(B 4, 951): Des Verfassers »Vorrede ist aus eben dem Tone geschrieben, wie Hr. Lessing andre Leute zu kritisieren pflegt. Es wird ihm, als einem Liebhaber der republikanischen Freiheit im Reiche der Gelehrsamkeit, nicht befremden, daß andre Mitbürger, zumal alpinische, eben dieselbe Sprache reden.«

Aber die Schweizer *können* diese Sprache nicht reden. Ex negativo macht ihre Reaktion deutlich, wie weit sich Lessing mit seinem Begriff der »anschauenden Erkenntnis« von deren didaktischer Dichtungskonzeption entfernt. Bodmer, von dem die Fabeln stammen (während Breitinger der Verfasser der *Untersuchung* ist), rückt die Irritation ins Licht, die von Lessings Umstrukturierung der vertrauten Schemata ausging. Lessings Fabel sei wie ein Spiegel, der »gut« und »böse« nicht eindeutig enthülle, sondern den, der hineinsehe, »wie man nur« wolle, verwandele (3. Buch, Nr. 1, 124): »er erhöhete einen Menschen in einen Dämon, oder erniedrigte ihn in ein Thier«; auf die Restitution moralischer Eindeutigkeit ist er in seinen Repliken vor allem bedacht. Dabei ist Bodmers »Krieg« (Ter-Nedden 2010, 184 ff.) gegen Lessing voller Zünd- und Sprengstoff, geht es doch keineswegs nur um abgehobene poetologische Fragen oder um die Nische einer literarischen Kleingattung. Vielmehr zieht Bodmer, wie Ter-Nedden betont, Lessings moralische Integrität und Rechtgläubigkeit in Zweifel und wiederholt (in der Vorrede) die Vorwürfe gegen die anakreontischen Lieder, die er als »offenbare Gotteslästerung« wahrnimmt; sein »Feldzug« gegen Lessing habe die gleiche »historische Signifikanz« wie dessen andere publizistischen Kontroversen.

Lessing antwortet den Schweizern mit dem 127. »Literaturbrief« (B 4, 755–766). Diese Replik führt vor Augen, weshalb seine Kontrahenten sich oft so hilflos ausnehmen, sie zeigt die Berechtigung von Hamanns Ausruf: »Weh dem, der solche Köpfe nachahmen will!« (s. S. 234). Lessing widerlegt nicht mittels umständlich vorgetragener Argumente, sondern mittels virtuoser sprachlich-szenischer Gestaltung. Dabei verhöhnt er in seinem brillanten *Capriccio* nicht nur die Witzlosigkeit von Bodmers Fabeldichtung, sondern weist mit Vehemenz die Insinuation zurück, sein eigenes ›Genie‹ sei das Symptom dafür, dass er ein »profaner Bösewicht« sei (B 4, 760; Hinweis von Ter-Nedden; vgl. Grimms Kommentar in B 4, 1247, Anm. zu 760, 35).

Herder wendet sich gegen Lessing, indem er das Prinzip der »anschauenden Erkenntnis« zuende denkt, auf welchem Weg er zugleich die historische Distanz erkennt, die Aesop von dem modernen Fabeldichter trennt. In Herders Augen zerreißt Lessings Terminologie, d. h. die Differenzierung zwischen »allgemeinem Satz« und »besonderem Fall«, den Zusammenhang zwischen »Leben« und »Lehre«, der für die aesopische Fabel konstitutiv sei. Er fragt: »und wo ist der allgemeine Moralische Satz hinter jeder Fabel? *Lebensregeln, Erfahrungssätze, Klugheitslehren*, kurz! Griechische *Weisheit* aus dem Menschlichen und Bürgerlichen Leben – ja die finde ich auf allen Seiten« (Suphan 2, 190). Gleiches gilt für den Handlungsbegriff. Wo Lessing letztlich immer noch deduktiv vorgeht und die »Folge von Veränderungen« von dem »moralischen Satz« bestimmt sein lässt, verfährt in Herders Augen Aesop induktiv. Der Grieche habe nur das Treiben der Menschen vor Augen, nur diejenige Fabel sei schön, die »die *Begierde*, die *Sucht*, die *Anstrebung*« (ebd. 192) zeige. Herders Vergleich läuft auf den Kontrast zwischen einer »naiven« (er verwendet das Wort »Einfalt«) und reflektierten Dichtung zu. Lessings Fabeln sind für ihn Produkte der Spätzeit, geprägt vom einfallsreichen Spiel mit literarischen Traditionen. Ähnlich argumentiert Goethe in einer Rezension für die *Frankfurter gelehrten Anzeigen* (1. Mai 1772). Die »Weisheit« der Aesopischen Fabel setzt für ihn die Unmöglichkeit voraus, eine »allgemeine Moral« von der konkreten Situation abzuspalten. Lessings Fabel dagegen repräsentiere den vergeblichen Versuch, trotz der Abstraktion anschaulich und lebendig zu sein: »man konnte doch mit der Induktion nicht fort kommen, und behalf sich also mit dem bloßen Witz; da wurde die Fabel Epigramm« (MA 1/2, 323; vgl. B 4, Nr. 4, 983. – Zu Herder und der Unwiederholbarkeit von Lessings Fabeln s. Ter-Nedden 2010, 164 f. und 191–194).

Quellen: ΜΥΘΩΝ ΑΙΣΩΠΕΙΩΝ [Mython Aisopeíon], ed. Hauptmann 1741; Batteux/Schlegel Bd. 1, ⁵1770/1976, 344–358; Bodmer/Breitinger 1746/1969, 9.–11. Brief; Breitinger Bd. 1, 1740/1966 [*Critische Dichtkunst*]; Gellert 1744/1772 (GS 5, 1–99); Gottsched Bd. 2, ⁴1751 (BA 6/2, 418–433 [*Critische Dichtkunst*]); Lindner 1978 [Textsammlung]; Mendelssohn JubA 2, 147–155 [*Von der Herrschaft über die Neigungen*]; Richardson/Lessing 1740/1757, hg. Pape 1987; Phaedrus, übers. Rückert/Schönberger 1975; Sulzer Bd. 2, ²1792/1967, 164–200 [Art.: Fabel]; Wolff GW II/11 [*Philosophia practica universalis*, pars 2, 1739].

Literatur

zu Entstehung und Kontext: Grimm in B 4, 935–941 [Fabeln], 970–980 [Abhandlungen], 1004–1007 [*Über den Äsopus*], 1014–1016 [*Über den Phäder*]; G 5, 890–896 und 960–970; Goldenbaum 2004a und 2004b; Grimm 1987, 320f. und 418–427 [»Fabeln und Erzählungen«]; Schönert in Oesterreicher/Selig (Hgg.) 2011 [Lessings philologische Forschungen zur Fabel].

zu Lessings Quellen: Metzler-Lexikon antiker Autoren 1997, 3f. [Art.: Aelian (Stamm)], 522–524 [Art.: Phaedrus (Koster)]; Neuer Pauly Bd. 1, Sp. 327f. [Art.: (Claudius) Ailianos], 360–365 [Aisopos], 805 [Antoninus Liberalis] und Bd. 4, Sp. 355–364 [Art.: Fabel].

zu Fabeltheorie im 18. Jahrhundert: Briegel-Florig 1965; Dithmar ⁷1988; Emmerich 1957 [Pfeffel]; Gebhard 1974; Hasubek (Hg.) 1982a und 1983a; Kayser 1931; Kemper 1997, 341–359 [Rehabilitation Gellerts]; Kramer in Barner u.a. ⁵1987, 221–234; Leibfried ⁴1982; Lindner 1978; Mitchell in Hasubek (Hg.) 1982a, 119–133; Noel 1975; Ott 1959 [La Fontaine].

Forschung zu Lessings Fabeltheorie und -dichtung: Althaus 1991; G. Bauer in Hasubek (Hg.) 1983a, 260–297 (zuerst 1973); Brenner 2000, bes. 77–83 [fünfte Abhandlung]; Eichner 1974; Harth 1978; Hasubek

1983b, 1–17 und 363–383; Jahn 2000; Markschies 1954/55; Mauser 2000c ; Nisbet 2008, 350–357; Pikulik in Fues/Mauser (Hgg.) 1995, 77–89; Pizer in Fischer/Fox (Hgg.) 2005, 89–103 [historische Einordnung; Lessings Ablehnung der Allegorie; Bedeutung der 5. Abhandlung]; Rölleke 2002 [*Die Eiche und das Schwein*]; Schrader 1991; Schüller in Engels/Nicolaye (Hgg.) 2008, 223–261 [Bienensymbolik in deutschen Fabeln des 18. Jahrhunderts]; Spitz in Rücker/Seidel (Hgg.) 1976, 291–327; von Stackelberg 2000 [»Gegendichtung« zu La Fontaine]; Steiner 2000, 175–289 [die Fabeldichtung des 18. Jahrhunderts und das Verhältnis von Philosophie und Poesie]; Sternberger 1990, 60–78 (zuerst 1950); Ter-Nedden in Rose (Hg.) 2010, 159–205; v. Treskow 2000 [Lessing und La Fontaine]; Villwock 1986.

zu Aufnahme und Wirkung: zeitgenössische Rezeption: Braun 1; B 4, 941ff. und 980ff. [Dokumentsammlungen]; Bodmer/Breitinger 1760 [Lessing-Parodie]; Goethe 1772 (MA 1/2, 322–323); Herder 1768 (Suphan 2, 188–199). – *Literatur:* Anger in Hasubek (Hg.) 1982a, 134–145 [Herder]; Fries in Lütteken/Mahlmann-Bauer (Hgg.) 2009, 429–456 [Bodmers Lessingparodien; Nisbet 2008, 356f. [vorwiegend positives Echo; zu der Rezeption der Fabeln schreibt Nisbet: sie seien »die am häufigsten übersetzten« von Lessings Werken, »heute in mindestens siebenundzwanzig Sprachen greifbar« (357)]; Schödlbauer in Elm/Hasubek (Hgg.) 1994, 247–264 [Herder]; Ter-Nedden in Rose (Hg.) 2010, 184–190 [Bodmer] und 191–194 [Herder].

Das Theater des Herrn Diderot

Entstehung und Kontext

Erstdruck: Denis Diderots Theaterstück *Le Fils naturel ou les Épreuves de la vertu* erscheint anonym 1757, der Untertitel lautet: »Comédie en cinq Actes et en Prose, avec l'Histoire véritable de la pièce«. Mit der »l'Histoire« ist die Rahmenfiktion gemeint, in die das Stück eingebettet ist (Präambel und Überleitung zum zweiten Teil, den Gesprächen); unter der Überschrift »Dorval et moi« sind drei Dialoge (»*Entretiens*«) angefügt. Auch das zweite Stück veröffentlicht Diderot anonym (1758): *Le Père de famille, comédie en cinq Actes, et en Prose, avec un discours sur la poésie dramatique*. Beide Male ist als Druckort Amsterdam angegeben, in Wahrheit ist der Druckort Paris. Lessings Übersetzung erscheint im Jahr 1760, ebenfalls anonym. Sie umfasst beide Theaterstücke mit den zugehörigen Abhandlungen:

Das Theater des Herrn Diderot. Aus dem Französischen. Erster Theil. Berlin, bey Christian Voß 1760. Der Band enthält die *Vorrede des Übersetzers*, den Text des Dramas: *Der natürliche Sohn, oder die Proben der Tugend. Ein Schauspiel in fünf Aufzügen. Nebst der wahren Geschichte des Stücks* sowie die *Unterredungen über den »natürlichen Sohn«* (*Dorval und Ich*). – Zweyter Theil. Berlin, bey Christian Friedrich Voß 1760. Der zweite Band enthält den *Hausvater*, wobei Lessing als Gattungsnamen wiederum »Schauspiel« angibt (für frz. »comédie«), und die Abhandlung *Von der dramatischen Dichtkunst*. – Eine zweite, überarbeitete Fassung erscheint im Jahr 1781 (ebenfalls bei Voß). Lessing fügt eine neue Vorrede hinzu, sein Name erscheint nunmehr bereits auf dem Titelblatt.

Die Ausgabe des Deutschen Klassikerverlags (B 5/1) bringt nur den zweiten Teil, die Übersetzung des *Père de famille* und des anschließenden Essays. Einen vollständigen Text (nach der Ausgabe von 1781) bietet Julius Petersen (PO 9 [=11. Teil]), auf dessen Edition wiederum die von Wolfgang Stellmacher (Leipzig 1981) bzw. Klaus-Detlef Müller (Stuttgart 1986) besorgten Reclam-Bände beruhen. – Text: Stuttgarter Reclam-Ausgabe (= R).

Lessing lernt Diderot früh kennen. Das Leitmotiv der Rezeption ist sicherlich das Interesse für den Theaterautor. Noch in der *Hamburgischen Dramaturgie* ist ihm Diderot der wichtigste Bundesgenosse, wenn es darum geht, gegen klassizistische Bühnenkonventionen einen neuen Theater- und Schauspielstil zu propagieren. Er rückt eine (eigene) Übersetzung von Passagen aus Diderots (porno-)erotischem Roman *Les Bijoux indiscrets* (*Die verräterischen Kleinode*; St. 84–85) ein, es sind die Passagen, in denen das französische Theater karikiert und kritisiert wird. Die Übersetzung ist nicht genau zu datieren, Erich Schmidts Annahme, sie sei eine Jugendarbeit und gleich bei Erscheinen des Romans (1748) angefertigt, kann nicht bewiesen werden (B 5/1, 542f.). Dabei dürfte jedoch ein Grund für die besondere Faszination, die Diderot auf Lessing ausübt, darin zu suchen sein, dass der Franzose sich als Philosoph der Aufklärung für das Theater engagiert; »nach dem Aristoteles« habe sich kein »philosophischerer Geist mit dem Theater abgeben«, schreibt Lessing in der Vorrede zu den Dramenübersetzungen (R 5). Als Philosophen, der den Blick auf das Theater mit übergreifenden ästhetischen, psychologischen und anthropologischen Fragestellungen verknüpft, lernt er ihn zuerst kennen. In der Juni-Nummer (1751) seiner Literaturbeilage *Das Neueste aus dem Reiche des Witzes* bespricht Lessing den *Brief über die Taubstummen* (*Lettre sur les Sourds et Muets, à l'usage de ceux, qui entendent et qui parlent*, 1751), in dem Diderot ästhetische Probleme, unter anderem den Vergleich der Künste, unter Einbezug der Sinnesphysiologie neu aufrollt. Lessing räumt den kritischen Anmerkungen zum Darstellungsstil der französischen Schauspieler naturgemäß breiteren Raum ein (B 2, 128f.), darüber hinaus enthält die Rezension überaus aufschlussreiche Winke, was sein Verhältnis zur philosophischen Avantgarde angeht. Zum einen gibt er eine Charakteristik von Diderots Denkstil, die seit jeher als versteckte Selbstdeutung interpretiert wurde. Es ist das unsystematische, dem Exkurs huldigende, der Konkretion verpflichtete Vorgehen, das ihm auffällt und ihn anzieht, »Ungebundenheit« und »Ausschweifungen« (= Abschweifungen), die ganze »unordentliche« Schreibart führten zu »neuen und schönen Gedanken« (B 2, 127), die sich, so kann man ergänzen, dem Blick des Systematikers nicht gezeigt hätten. Zum anderen legt er ein Bekenntnis ab zur Rolle des Philosophen in der Gesellschaft. Diderot war wegen der materialistischen Tendenzen, die in dem Essay *Brief über die Blinden* (*Lettre sur les aveugles, à l'usage de ceux qui voient*, 1749) offen zutage liegen, verhaftet worden, die Nachricht davon hatte auch Deutschland erreicht, Lessing kennt Sachverhalt und Umstände (Mortièr 1967, 308 ff.). Er verteidigt den Philosophen gegen die staatliche Unterdrückung. Die Besprechung schließt mit einem Bild, das die Lichtsymbolik der Aufklärungsepoche anspielungsreich variiert. Die Zweifler, die an ewigen »Wahrheiten« zu rütteln wagten und somit deren Licht verdunkelten, leiteten auf ihren »Gängen voll Nacht« weit sicherer zum »glänzenden Throne der *Wahrheit*« als die Dogmatiker und Schullehrer, die sich strikt innerhalb ihres Systems bewegten und so nur einem eingebildeten Licht folgten. Am »düstern Throne der Lügen« lange der »Dogmaticus« an, wenn – oder weil – er andere Meinungen nicht dulden wolle, dies sei der wahre Krebsschaden der Gesellschaft. Lessings Rezension klingt mit einem entschiedenen Protest gegen die Inhaftierung Diderots und einem Plädoyer für Toleranz aus (B 2, 135). Allerdings kann Lessing sich es nicht verkneifen, Diderot gegen den Materialisten La Mettrie auszuspielen. Diderot gilt ihm als der »freie Geist«, für den die »Tugend« der »Religion« nicht bedarf, während er in La Mettries Schriften den Angriff auf »Tugend« und »Sittlichkeit« wittert (135 f.).

Auch die Diderot-Publikation von 1760 trägt einen politischen Akzent. In der Vorrede introduziert Lessing den Autor gleich im ersten Satz als einen der Herausgeber der »berufenen« *Encyclopédie* (1751 ff.), die 1759 von der Zensur verboten worden war. Seit 1757 stehen die Enzyklopädisten unter massivem obrigkeitlichem Druck, Diderot muss obendrein seine Dramen sowohl gegen Plagiatsvorwürfe als auch gegen den Verdacht religionsfeindlicher Tendenzen verteidigen. N. Immer und O. Müller resümieren (2008, 150): »sich 1759 für eine Übersetzung eines aktuellen Werks von Diderot zu entscheiden, bedeutete also schon unabhängig von Lessings […] dramenpolitischen Hintergedanken eine beachtliche Provokation.« Dazu kommt die Pointe, dass Les-

sing, wie Barner sagt, mitten »im Siebenjährigen Krieg einen Franzosen gegen die französisierende Theaterhegemonie in Deutschland ins Feld« führt (B 5/1, 546) und einen »neuen gallischen Helden in Berlin« lanciert, »wo die preußische [politische] Gallophobie gerade auf dem Höhepunkt war« (Nisbet 2008, 361); »in lausbübischer Weise«, bemerkt Nisbet, schmuggelt Lessing in seine Übersetzung ein ›Schach dem König‹ ein, wenn er aus Diderots Constance (*Le Fils naturel*) eine Theresia macht, mithin der Sympathieträgerin des Stücks den Namen von Friedrichs großer Gegnerin und Erzfeindin verleiht (ebd.).

Der unmittelbare Kontext der Diderot-Übersetzung sind die *Briefe, die neueste Litteratur betreffend.* Zwei Themen stecken den engeren Horizont ab, in den das Werk einzurücken ist: Übersetzungskritik und Theaterpolitik. Übersetzungskritik bildet den Auftakt der »Literaturbriefe« (Nr. 1–6), der Angriff auf Gottscheds Theaterreform einen der ersten Höhepunkte (Nr. 17).

Übersetzung im 18. Jahrhundert. Lessing als Übersetzer

Übersetzungen haben bis weit ins 18. Jahrhundert hinein für die ›Entstehung‹ einer deutschsprachigen Literatur hervorragende Bedeutung. Der Geschmackswandel, von dem im ersten Teil (s. S. 56–59) die Rede ist, bewirkt, dass man in Deutschland zu Beginn des Jahrhunderts noch keine nennenswerte »schöne Literatur« zu haben glaubt, während in den Nachbarländern, v. a. in Frankreich, die normsetzenden Muster bereits im vorangegangenen Jahrhundert entstanden sind. Auch muss man sich in Erinnerung rufen, dass Leibniz noch nahezu alle seine Schriften entweder auf Latein oder auf Französisch abfasste, dass Christian Thomasius einen Skandal auslöste, als er an der Leipziger Universität deutschsprachige Vorlesungen ankündigte (Sommersemester 1687), dass die Veröffentlichung seiner Werke in deutscher Sprache (ab 1710) eine Pioniertat Christian Wolffs war. Übersetzungen erfüllen in dieser Lage eine Doppelfunktion, sie machen mit den philosophischen, wissenschaftlichen und literarischen Entwicklungen des Auslands bekannt und sie beeinflussen die Bildung der deutschen Literatursprache, indem die Übersetzer an ihrem Werkzeug, der deutschen Sprache, feilen müssen. Reinhardt Tgahrt unterscheidet (in dem Ka-

talog zur Marbacher Ausstellung 1982) drei Über-
setzerpositionen: Übersetzung als Broterwerb,
Übersetzung aus Liebhaberei und zum Beweis
der Kennerschaft, Übersetzung im Rahmen eines
kulturpolitischen Programms. Übersetzungen
werden im 18. Jahrhundert mehr und mehr zu
einer gefragten Ware, was zu einer oft überhaste-
ten »Produktion« führt, wobei die Übersetzer
meistens finanziell völlig ungesichert und abhängig sind. Oft wird die mangelnde Qualität der
Übersetzungen angeprangert, oft wird Klage über
die verheerenden Bedingungen dieses Broterwerbs geführt (Beispiele Tgahrt 1982, bes. 230–
234). Den Typus des Liebhabers, der, finanziell
unabhängig, den eigenen Dichtungen Übersetzungen zur Seite stellt, dabei »Poesie« immer
»nur« als Beschäftigung für Nebenstunden ach-
tend, verkörpert der Hamburger Patrizier
Barthold Hinrich Brockes, der Verfasser der vielen Bände des *Irdischen Vergnügens in Gott* (9
Bde, 1721–1748). Er übersetzt aus dem Englischen, das man damals weniger häufig beherrscht
als das Französische, 1740 erscheint die Übertragung von Alexander Popes *Essay on Man* (1733–
34), es folgt 1744 diejenige von James Thomsons
The Seasons (1730). Letzteres Werk übt auf die
beschreibende Naturlyrik großen Einfluss aus.
Schließlich der Übersetzer, der ein kulturpoliti-
sches Programm verfolgt, welcher Typus natürlich von Gottsched vertreten wird. Seine Übersetzungen dienen vor allem der »Schöpfung« eines
deutschsprachigen Theaters, auch seine Schüler
spannt er dafür ein. – Die Theorie des Übersetzens im 18. Jahrhundert fußt zum großen Teil auf
einer Sprachauffassung, die in der Wolffschen
Philosophie gründet. Denken und Sprechen, die
Vorstellungen und die Worte, konstituieren dieser Auffassung zufolge getrennte Bereiche; die
Sprache ist das Zeichenreservoir für den Ausdruck der Gedanken. Wegen der (postulierten)
Unabhängigkeit der Gedanken von der Sprache
geht man davon aus, dass der jeweilige Wortsinn
exakt in einer anderen Sprache wiedergegeben
werden kann; so unterschiedlich die Sprachen
der Völker sind, bezeichnen sie doch die gleichen
»Vorstellungen«. Die Materialität der Sprache
rückt nicht ins Blickfeld, die Sprachen fungieren
als (austauschbare) »Einkleidungen« der Wahrheit. Als Richtlinien für die Übersetzung ergeben
sich Genauigkeit, da die präzise Vermittlung der
»Vorstellungen« gewährleistet sein muss, und

Sprachrichtigkeit, dazu treten, was den Stil anbelangt, die Regeln der Rhetorik und Poetik (B 5/1,
567; Tgahrt 1982, 70 und 98 ff., Huber 1968, 6 ff.;
Reichmann 1995).

Lessing als Übersetzer vereinigt alle drei Positionen. Er übersetzt, um Geld zu verdienen, um als
Gelehrter mit wissenschaftlichen und philosophischen Werken des Auslands bekannt zu machen,
und um sein theaterpolitisches Programm voran-
zubringen; mit dem *Theater des Herrn Diderot*
führt er seinen Kampf gegen Gottsched fort. In
welchem Ausmaß dabei Übersetzungtätigkeit,
Kritik und sog. schöpferische Produktion ineinandergreifen, wie eng das Übersetzen und das
›Modernisieren‹ (Ter-Nedden) bei Lessing miteinander verflochten sind, gerät erst allmählich in
den Blick der Forschung (dazu und zum Folgenden vgl. Berthold 2010, der drei Beispiele näher
beleuchtet: die Fabeln, die Lange-Polemik und
die »Literaturbriefe«). Dass Lessings Übersetzungen bislang nicht als integraler Teil seines Gesamtwerks wahrgenommen wurden, liegt hauptsächlich daran, dass sie nur bruchstückhaft in den
maßgeblichen Ausgaben vertreten sind und neuere Separatdrucke allenfalls die bekannteren Namen berücksichtigen (wie Diderot, Voltaire oder
Friedrich d. Gr. [z. B. Erich Schmidt 1892, Neudruck 1980]; vgl. Kap.: Ausgaben, S. 67). Lessing
übersetzt aus dem Englischen, Französischen,
(Alt-)Griechischen, Lateinischen und Spanischen; es handelt sich, rechnet man die Fragmente dazu, um mehr als 40 Titel: um poetische,
literaturtheoretische, geschichtswissenschaftli-
che, philosophische, theologische, religiöse und
wissenschaftsgeschichtliche Texte – kurz: Das
Gesamtcorpus ist ein Spiegel von Lessings Vielseitigkeit *und* Tendenz zur Aus- und Abschwei-
fung; in Bertholds Charakterisierung: »eine willkürliche, weder durch die Gattung noch durch
den Zeitraum der übersetzten Schriften noch
auch durch die Ausgangssprachen gebändigte
Textmenge« (2010, 8).

Die Polemik gegen schlechte Übersetzer – solche, die sich ihre Übungen zum Spracherwerb
mit Geld bezahlen ließen, wie er spottet (4. Brief;
B 4, 461), – ist das Thema der ersten »Literaturbriefe« (Briefe Nr. 1–6, 77; vgl. Tghart 1982,
231 f.), während Lessing im 332. Brief, anlässlich
von Johann Nicolaus Meinhards zweibändigem
Werk *Versuche über den Charakter und die Werke
der besten Italiänischen Dichter* (1763–64), sein

Idealbild eines Übersetzers entwirft (zum Folgenden vgl. Baumgarten 2008 und Berthold 2010). Neben der Beherrschung der fremden Sprache und dem Gespür für deren Eigentümlichkeiten verlangt er ausgedehnte Kenntnisse der jeweiligen Nationalliteratur bzw. des jeweiligen Sachgebiets. Denn nicht wörtliche Genauigkeit sei das Ziel der Übertragung, sondern die Transponierung von Sinn, Geist und Schönheit des Originals. Indem Lessing solchermaßen ›Geist‹ und ›Buchstabe‹ gegeneinander ausspielt, geht er deutlich über die rationalistische Sprach- und Übersetzungskonzeption z. B. Gottscheds hinaus. Andererseits bleibt er dieser Konzeption insofern verhaftet, als er an einem ›wahren‹ Sinn des Originals festhält, der unabhängig von den Einzelsprachen existiert, weswegen es für ihn auch möglich ist, dass der Übersetzer eine treffendere Wendung findet als der Urheber des Textes. Lessings Summenformel für die Aufgabe des Übersetzens lautet: ›dem Originale nachdenken‹ (4. Brief; B 4, 462); auf diesem Weg sei es Meinhard gelungen, ein Äquivalent für die spezifische Schönheit der italienischen Dichtungen weniger zu finden als zu schaffen. Unter seiner »Bearbeitung« hätten »so verschiedne Schönheiten in einer Sprache, für die sie gar nicht bestimmt zu sein schienen, einen Glanz, ein Leben erhalten, das mit der Blüte, in welcher sie auf ihren natürlichen Boden prangen, wetteifert« (B 4, 771). So wird der (ideale) Übersetzer selbst zu einem »Original«. Die Kategorien, mittels derer Lessing dessen schöpferische Leistung zusammenfasst, tragen dem Inkommensurablen poetischer Sprache Rechnung, ohne wiederum das rationalistische Sprachverständnis zu sprengen: »Genie«, »feines Gefühl« und »richtiges Urteil« (ebd.). Es liegt auf der Hand, dass die Charakterisierung der Leistung Meinhards, er habe mit der Übersetzung das Original gleichsam in einen neuen Boden verpflanzt und ihm dort einen ähnlichen Schein und »Glanz« des Lebens verliehen, auch die Zielsetzung von Lessings Diderot-Übertragung umreißt (zu Lessings Sprach- und Übersetzungskonzeption s. auch Hamilton 2004/2005 [2006].

Theaterpolitik

In den »Literaturbriefen« ist die Provokation Gottscheds bei gleichzeitiger Profilierung der eigenen Reformbestrebungen ein Leitmotiv. Die Diderot-Übersetzung gewinnt hier programmatische Funktion. Lessing konfrontiert die Lobredner der französischen Bühne mit einem Franzosen, der diese Bühne kritisiert und nach neuen, moderneren Formen, nach einer überzeugenderen Sprache der Leidenschaften sucht (Vorrede zur Übersetzung; 81. Brief). Die Argumentation, die Lessing im 81. Brief einschlägt, scheint präzise auf die deutsche Kulturszene abgestimmt. Er führt Diderot gegen Christian Felix Weiße ins Feld, dessen heroische Tragödien er bespricht. Dabei ist in der *Bibliothek der schönen Wissenschaften und freyen Künste* unter Weißes Herausgeberschaft eine ausführliche Rezension des *Fils naturel* und der *Entretiens* erschienen (1759; Mortier 1967, 43 ff.; zur kritischen Tendenz von Weißes Rezension vgl. Immer/Müller 2008, 150 f.); zudem werden Diderots Stücke ja bereits vor Lessings Übersetzung in Deutschland gespielt (Mortier 1967, 49 ff.; Nisbet 2008, 360). Es ist, als wolle Lessing endlich das Leben freigesetzt wissen, das er überall unterhalb der Routine des Literaturbetriebs gären sieht.

Das Theater des Herrn Diderot ist Lessings bedeutendste Übersetzung auf dem Gebiet der Dramenliteratur, zugleich ist es das letzte größere Übersetzungswerk, das zu einem Abschluss gekommen ist. Wir geben eine genauere inhaltliche Analyse, da vor allem die theoretischen Abhandlungen die möglichen Dimensionen des »bürgerlichen Trauerspiels« auszumessen imstande sind.

Forschung

Lessings Übersetzungen stellen ein recht junges Forschungsgebiet dar; dementsprechend sind keine Kontroversen, sondern Erschließungen zu verzeichnen: Mit der seit 2008 unter Federführung der Lessing-Akademie und in Zusammenarbeit mit der Herzog August Bibliothek entstehenden elektronischen Edition sämtlicher Übersetzungen Lessings, die zugleich die Originale synoptisch abbildet, wird nunmehr die Grundlage geschaffen für eine literatur-, sprach-, stil- und ideengeschichtliche Auswertung. Golawski-Braungart (1995, 2005, 2008, 2010) kommentiert und situiert Lessings Übertragungen aus dem Französischen im Kontext poetologischer und theatertheoretischer Fragestellungen (vgl. Kap.: Bühnenpraxis, S. 321 und S. 326); zu den Übertragungen aus dem Lateinischen und Griechischen liegt die umfassende Studie von Korzeniewski vor (2003; vgl. Kap.: Sophokles). Die Beiträge zu dem von Berthold herausgegebenen Sammelband (2008), der Lessing als Übersetzer gewidmet ist, konkretisieren fast sämtlich den intentionalen Charakter von Lessings Übersetzungswerk und weisen den jeweiligen Zusammenhang mit literaturkritischen und öffentlichkeitsorientierten Interessen nach (vgl. Golawski-Braungart, ebd., 126); dabei wird vor allem die Rolle der Subjektivierung und Emotionalisierung für Lessings Suche nach dem Ausdruck, welcher das ›Leben‹ des Originals bewahrt, greifbar (z.B. die Studien zur Thomson-Übersetzung [Nilges] oder zur theatralischen Illusion [Berthold]). In ihrer Analyse von Lessings Diderot-Verdeutschung arbeiten Immer und Müller (ebd., 147–163) die Akzentuierung von Schlüsselworten der Empfindsamkeit und die Glättung des religiös Anstößigen heraus.

Das Standardwerk zum Thema ›Diderot in Deutschland‹ ist Mortiers groß angelegte Studie (1967). Weitere Beiträge zu Diderots Theaterkonzeption s. Literaturverzeichnis (S. 248 f.); zu Lessings Theater- und Schauspielkonzeption s. Kap.: Bühnenpraxis.

Analyse

Das »genre serieux«

Wie Lessing versucht Diderot die traditionelle Gattungshierarchie aufzubrechen und experimentiert mit neuen Dramenformen. Zwischen Komödie und Tragödie siedelt er die »ernsthafte Gattung«, das »genre serieux«, und das »bürgerliche Trauerspiel« an. Mit dem *Natürlichen Sohn* (*Le Fils naturel*) und dem *Hausvater* (*Le Père de famille*) liefert er zwei Muster für das »genre serieux«, wie auch die theoretischen Reflexionen sich auf diesen Typus konzentrieren. Die Notwendigkeit, ein neues Drama zu schaffen, sieht er in dem Wandel der Zeit begründet. In jedem Werk, schreibt er, müsse man den »Geist des Jahrhunderts« »wahrnehmen können« (R 134). Hinter dieser Forderung steht das Gebot der Wirklichkeitsnähe, wobei »Wirklichkeit« wiederum im Sinn des 18. Jahrhunderts, im Sinn der Aufklärung, definiert wird. Die Moral habe sich gereinigt, Vorurteile nähmen ab, der Geschmack an nützlichen Dingen breite sich aus, das »Volk« erwache zu politischem Bewusstsein: Spuren davon müssten sich »sogar in einer Komödie« finden (R 134). Aus der Forderung, Spiegel einer gewandelten Wirklichkeit zu sein, leiten sich alle konkreten Richtlinien ab, die Diderot für das »genre serieux« aufstellt. Prinzipiell und grundlegend ist das Gebot der »Illusion«. Die fiktive Welt des Dramas müsse in sich kohärent und zugleich mit der Alltagserfahrung der Zuschauer vergleichbar sein. Die innere Kohärenz führt zum Prinzip der »Wahrscheinlichkeit«, die der Dichter bei der Handlungskonstruktion zu beachten habe. Ausführlich geht Diderot auf den dramatischen »Plan« ein, Naturwahrheit und Kausalität müssten die Verknüpfung der Begebenheiten bestimmen, im Werk des Dichters müsse »eine merkliche und in die Sinne fallende Verbindung« (R 319) herrschen. Die Vergleichbarkeit mit der Alltagserfahrung führt zu Stoff und Gegenständen der neuen Gattung. Diderot definiert sie so (R 144): »Der Inhalt muß wichtig, und die Verwicklung muß einfach und häuslich sein, und dem gemeinen Leben so nahe als möglich kommen.« Nicht nur die politische Führungsschicht, sondern alle Stände sollten sich in den Vorgängen auf der Bühne wiedererkennen. Diderot beleuchtet diese Forderung von drei Seiten her. Zum einen von Seiten der »Sitten« und der »Moral«. Diejenigen Konflikte, die unter Privatleuten vorfallen und allgemein menschlicher Natur sind, solle der Dramatiker zum Vorwurf nehmen. Visiert er hier quasi die »Innenansicht« der Gesellschaft an, so zielt der andere Aspekt auf deren »Außenansicht«. Statt der Charakterdarstellung fordert Diderot die Darstellung der Stände. Den »Kaufmann, den Richter, den Sachwalter, den Staatsmann, den Bürger, den großen Herren, den Statthalter« (R 159) solle der Dichter auf die Bühne bringen, die »Pflichten der Stände, ihre Vorteile, ihre Unbequemlichkeiten, ihre Gefahren« seien noch nie gezeigt worden, obgleich sie genug Stoff für eine dramatische Verwicklung hergäben (R 158). Dabei schließt der Begriff »Stand« auch die verwandtschaftlichen Verhältnisse in sich, den Stand des Hausvaters, der Schwester, des Bruders usw. (R 159). Drittens bezieht Diderot die Forderung, Drama und Theater hätten sich der bürgerlichen Alltagswelt zu nähern, auf die Wirkungsabsicht. Er erhofft sich eine intensive Rührung, die auf gefühlsmäßiger Teilnahme der Zuschauer am Dramengeschehen beruht. Alle drei Faktoren garantieren für ihn die gesamtgesellschaftliche »Nützlichkeit« der Schauspiele (R 371).

Die Affinität dieses Konzepts zu Lessings »bürgerlichem Trauerspiel« liegt auf der Hand. Fast reflexhaft stellt man dabei folgenden Zusammenhang her: Das aufstrebende Bürgertum schaffe sich eine Gattung, die die eigenen Interessen spiegele, die vornehmsten Kennzeichen seien Realismus und die Vermeidung des wahrhaft Tragischen; Versöhnung, milde Rührung, Empfindsamkeit seien angesagt. Die Komponenten: Harmonisierung von Konflikten und Erregung von Mitgefühl profiliert man dabei mittels der Abgrenzung von der heroischen Tragödie, der *Tragédie classique*. Diderot wendet sich dagegen, dass die einmal etablierten Muster für immer normsetzend sein und keine Innovationen mehr zulassen sollen. Die Regeln, die in der höfischen Repräsentation gründen, empfindet er als Einschränkung. Die Abwendung von dem Pathos, wie es in den Tragödien eines Corneille oder Racine herrscht, wird dabei zumeist als Verabschiedung des »Erhabenen« interpretiert. Das Selbstopfer zugunsten des »Staats«, der ausweglose Konflikt, der Sturz der Großen, all das passe nicht mehr ins bürgerliche Ambiente. Der aristokratischen Gesinnung, die man in der erhabenen Seelengröße der Tragödienhelden bestätigt gesehen habe, stelle sich das bürgerliche Selbstbewusstsein entgegen (z. B. Meyer-Kalkus 1995; zur Problematik dieser Auffassungsweise vgl. Kap.: Miß Sara Sampson, S. 151 f., und Emilia Galotti, S. 381–383). – Nicht berücksichtigt scheint in diesem Argumentationsmuster die Funktionsbestimmung, die Dubos der Gefühlserregung durch die Kunst gegeben hat, nämlich den Ausbruch aus der alltäglichen Langeweile zu ermöglichen (*Réflexions critiques sur la poésie et sur la peinture*, 1719, bes. I, Section 1–4). Ein genauerer Blick auf Diderots Stücke und vor allem auf die theoretischen Essays zeigt, dass auch er nach Sensationen sucht, deren Quellen nicht im häuslichen Kreis und bürgerlichen Glück liegen. Neben die Überlegungen zur »ernsthaften Gattung« rücken diejenigen zum Erregungspotential des Tragischen, wobei das bürgerliche Trauerspiel integriert ist, ohne eigens thematisiert zu werden. Diderot möchte das Tragische im Rückgriff auf seine archaischen Ursprünge neu beleben. Die Anpassung an die Bedingungen des Zeitalters ist die eine Seite, die Kehrseite dazu ist die Aufsprengung des Alltäglichen. Inmitten der bürgerlichen Realität sucht Diderot nach der entgrenzenden Erschütterung. Er will das Erhabene nicht abschaffen, sondern erneuern.

Die »andere Seite« des bürgerlichen Theaters: Die neue Konzeption des Erhabenen – Sublime

Die Quelle für die Theorie des Erhabenen ist im 18. Jahrhundert die (wahrscheinlich im ersten nachchristlichen Jahrhundert entstandene) Schrift von Pseudo-Longinos *Perí hýpsous* (»Über das Erhabene«; übers. R. Brandt ²1983). In diesem Werk ist das »Erhabene« weit mehr als eine Stilkategorie und ist mittels der Bestimmungen des *genus grande* nicht zu fassen. Der Begriff indiziert eine Grenzüberschreitung, die Überschreitung des (menschlichen) Maßes. Gegenstand und Wirkung gehören aufs engste zusammen. Das »Erhabene« ist (mit) dadurch definiert, dass es eine spezifische Reaktionsweise auslöst, es erweckt Schauder und Staunen, Bewunderung und Entsetzen, es überwältigt, ja, reißt zur Ekstase hin. Erhabene Gegenstände entstammen entweder dem Bereich der Natur – »erhaben« ist z. B. das Universum in seiner unfasslichen Größe, eine Landschaft, die den Eindruck des Unermesslichen oder des Wild-Bedrohlichen macht, die Weite des Meeres oder die Gewalt eines über hohe Felsen in die Tiefe stürzenden Wasserfalles – oder dem Bereich des »Geistes«: Seelengröße angesichts eines widrigen Schicksals wird von Pseudo-Longinos als »erhaben« bezeichnet, »hohe Gedanken« fordert er von dem, der »erhaben« sprechen bzw. Erhabenes darstellen will. Beide Male reflektiert er das Moment der Grenzüberschreitung. Unter allen Eigenschaften rücke allein die Fähigkeit, das »Erhabene« zu fassen und zu gestalten, den Menschen »nahe an die Seelengröße des Gottes« heran (36, 2; Brandt 99). Das Erhabene in der Natur verweist nach Pseudo-Longinos zurück auf den menschlichen Geist. Der Mensch suche in der Natur nach dem Großen bzw. dem Übergroßen, weil er seinem Geist keine Schranken setzen wolle. »Darum«, heißt es in *Perí hýpsous* (35, 3; Brandt 99), »genügt selbst der ganze Kosmos nicht für die Betrachtungen und Gedanken, die der menschliche

Geist wagt, sondern häufig überschreitet unser Denken die Grenzen dessen, was uns umgibt.« Hier klingt die für das »Erhabene« charakteristische Spannung zwischen dem sinnlichen Eindruck und dessen Transzendierung an. Einerseits ist die Intensität der sinnlichen Wirkung konstitutiv für das Erhabene, es beansprucht das Wahrnehmungsvermögen und erregt die Leidenschaften. Andererseits gewinnt der sinnliche Eindruck seine Aussagekraft erst durch den Bezug auf geistige bzw. mentale Prozesse. So konkretisiert sich für Pseudo-Longinos die immer neu ausgreifende Bewegung des Geistes in dem Verlangen nach großartigen, sogar mit Vernichtung drohenden Naturschauspielen, was umgekehrt bedeutet: »Erhaben« wird das Naturschauspiel erst aufgrund der »hohen Gedanken« des Menschen. Für den erhabenen sprachlichen Ausdruck schließlich macht Pseudo-Longinos die Lizenz zur Regeldurchbrechung geltend. Das Korrekte wird gegen das »Große« ausgespielt. – Im 18. Jahrhundert erleben Longins Schrift und die Konzeption des Erhabenen eine Renaissance, wobei, wie Carsten Zelle (1995) zeigen konnte, bereits im 17. Jahrhundert das »Erhabene« zu einem tragenden Pfeiler der Literaturtheorie avanciert. 1674 übersetzt Nicolas Boileau-Despréaux den griechischen Text ins Französische (*Traité du Sublime, ou du Merveilleux dans le Discours, Traduit du grec de Longin*), wobei die Übertragung wie ein Originalbeitrag zur Dichtungslehre aufgenommen wird. Dem Schönen, Regelmäßigen, Vernünftigen und Harmonischen werde, so Zelles Interpretation, ergänzend das Erhabene gegenüber gestellt, das Unregelmäßigkeit und Disharmonie in sich schließe und auf emotionale Erschütterung abziele. Im 18. Jahrhundert lenkt man im Zuge der empiristischen und sensualistischen Strömungen die Aufmerksamkeit verstärkt auf die sinnliche Komponente und analysiert die *Empfindung* des Erhabenen als ein gemischtes, äußerst komplexes Gefühl, in dem Grauen und Lust sich durchdringen. Vor allem einflussreich ist hier Edmund Burkes Schrift *A Philosophical Enquiry into the Origin of our Ideas of the Sublime and Beautiful* (London 1757), die Lessing zu übersetzen beginnt (B 4, 448–452; nähere Informationen ebd. 1040–1045). Um die Intensivierung der sinnlichen Wirkung des Erhabenen geht es auch Diderot. Dabei macht er den Appell an die dunklen Triebe und an das Gewaltpotential

im Menschen auf eine Weise präsent, dass die Konzeption auseinanderzubrechen droht.

Diderots Plädoyer für eine Verbürgerlichung der Tragödie und des Dramas mündet immer wieder in das Argument: Nur da, wo die höfischen Konventionen aufgebrochen werden, ist der Eindruck des Erhabenen wieder möglich. Das »Erhabene« wird nachgerade als das Telos des bürgerlichen Trauerspiels postuliert. In der traditionellen Tragödie, so Dorval in der dritten Unterredung über den *Natürlichen Sohn* (R 153), gebe es »keine große tragische Leidenschaften mehr zu erregen; man könne die erhabenen Gesinnungen unmöglich auf eine neue und rührende Art vortragen.« All dies erlaube jedoch die »bürgerliche Tragödie«, sie werde »eine andere Handlung, einen andern Ton und ein Erhabenes haben, das ihr eigentümlich zugehöret« und das mit neuer Unmittelbarkeit empfunden werden könne (ebd.). Nicht (jedenfalls nicht ausschließlich und nicht an erster Stelle) das Streben nach sozialer Aufwertung des Bürgertums steuert die Aufhebung des Regelkanons und der Ständeklausel, sondern der Wille zum »Erhabenen«. Darum werden *decorum* und »Wohlanständigkeit« (»bienséance«) beiseite gefegt: »Ah, grausame Wohlanständigkeit«, ruft Dorval aus (R 123), »wie geziemend machst du unsere dramatische Werke, und wie klein!« Die »Wohlanständigkeit« wird als »Feindin des Genies und aller großen Wirkungen« bezeichnet (R 125). Wo Diderot diese »großen Wirkungen« umschreibt, bedient er sich der Begriffe, die zur Bestimmung der erhabenen Rührung sich ausgeprägt haben. Die Seele werde »ganz« erschüttert, sie werde mit »Aufruhr und Schrecken« (R 121) erfüllt, »Schauder« (R 154) werde erregt, »heftig« und »gewaltig« müssten die Zuschauer ergriffen werden (passim). Auch auf die Termini, die das Gefühl des »Erhabenen« als gemischte Empfindung charakterisieren, greift Diderot zurück. Das Genie vermöge die Seele von »entgegengesetzten Seiten zugleich zu erschüttern und ein von Unlust und Vergnügen, von Widrigkeit und Anmut, von Behäglichkeit und Schrecken vermischtes Gefühl in ihnen hervorzubringen« (R 349). Im Kontrast mit dem »Sanften« entfalte das Erhabene seine höchste Kraft (R 350) usw.

Der Ausbruch aus dem Korsett der Regeln ist der neuralgische Punkt in der Konzeption des Erhabenen und in Diderots Dramentheorie. Wo das »Erhabene« auf dem Spiel steht, handelt es sich dem Anspruch nach nicht um die Rebellion gegen bestimmte Normen, die durch andere ersetzt werden (z. B. höfischer Verhaltenskodex durch bürgerliche Moral und Sittlichkeit), sondern um das Aufblitzen einer Dimension, in der »Regeln« überhaupt nichts mehr ausrichten. Bei Diderot kommt an diesem Punkt die »Sinnlichkeit« zum Zuge. Sie ist das Element, das Regel und Konvention »an sich« durchbricht. Um den großen Eindruck, den das Theater potentiell hinterlasse, zu beschwören bzw. zu schildern, rekurriert er häufig auf die bloße Natur, ungezähmt sollten die Leidenschaften auf der Bühne sich zeigen dürfen (z. B. R 370). Als Problem zeichnet sich die antizivilisatorische Stoßrichtung ab. Diderot preist Lukrez' Bild, das die »zügellose Entzückung der Liebe« als Kampf zwischen Raubtier und Jäger vorstellt (R 349f.). Oder er vergleicht die Wirkung des Erhabenen mit der Wirkung eines Erdbebens, wenn die Mauern der Häuser wanken und die Erde den »festen Tritt« verweigert (R 301). Schließlich verbindet sich das »Erhabene« mit der »Rebarbarisierung« (Zelle 1995, 127) der Literatur. »Was braucht der Dichter?« fragt Diderot, seine Antwort lautet: »Die Poesie verlangt etwas Ungeheures, Barbarisches und Wildes« (R 373). Er fährt fort: »Alsdann, wenn die Wut des bürgerlichen Krieges oder des Fanatismus die Menschen mit Dolchen bewaffnet, und Blut in Strömen fließet, alsdann treibet und grünet der Lorbeer des Apollo. Mit Blut will er begossen sein. Er verwelkt in Zeiten des Friedens und der Muße.« Voilà, auch dies gehört zur Theorie des »genre serieux« und des bürgerlichen Trauerspiels. Ein größerer Kontrast zu der ebenfalls von Diderot formulierten Forderung, das Drama habe ein Spiegel des aufklärerischen Fortschritts (s. S. 241 f.) zu sein, ist nicht denkbar. Gibt es Wege, beide Pole miteinander in Beziehung zu setzen?

Die Diskrepanz ist zunächst im Begriff des Erhabenen selbst angelegt. Neben dem Erhabenen, das Sinne und Gefühl anspricht bzw. aufwühlt, kennt Diderot auch das Erhabene der (ethischen) Gesinnung, der »Tugend«. Viel Tugendproklamation ist in seiner Schrift enthalten. »Tugend« und »Wahrheit« seien die ewigen Fundamente der menschlichen Gesellschaft (R 133). Die Tugend hinterlasse die stärksten Eindrücke, für die Tugend solle der Dichter begeistern (passim).

Als Beispiel für eine erhabene Szene skizziert Diderot den Tod des Sokrates, des Philosophen, der die irdisch-sinnlichen Begierden überwunden hat (R 301 ff.). Ein »gutes Trauerspiel«, heißt es an anderer Stelle, lehre die Menschen, »sich vor den Leidenschaften« zu »hüten« (R 113). Unvereinbares scheint hier aufeinanderzuprallen. An manchen Stellen deutet Diderot die Möglichkeit einer Verbindung an, indem er die erhabene Leidenschaft, den Aufruhr und Schrecken der Seele, als eine Folge des Enthusiasmus für die Tugend versteht bzw. hinstellt und somit den tiefen Eindruck, die Erschütterung, und die Liebe zur Tugend in *einen* Begründungszusammenhang bringt (R 157; R 299). Wir zitterten, so das Argument, für die »Tugend«, die auf die Probe gestellt werde, um so heftiger, je mehr Teilnahme der Dichter erwecke (R 299). Doch ist die Symbiose brüchig. Eklatant tritt diese Brüchigkeit dann hervor, wenn Dorval – als Gedankenspiel – die eigene Geschichte (die Handlung im *Natürlichen Sohn*) zur Tragödie abwandelt. Mit dem Selbstmord des Protagonisten ist die höchste tragische Wirkungsintensität erreicht, aber nun steht am Ende nicht mehr die bewährte Tugend, sondern »ihre Verzweiflung« (R 152). Erst im Scheitern des Tugendkonzepts entfaltet sich die Macht des Erhabenen.

Bei Diderot stehen das sinnliche Element des Erhabenen und das Erhabene des Gedankens, an das sich Vorstellungen von Tugend und Seelengröße knüpfen, quer zueinander, es gibt keine Lösung des Problems. Dies charakterisiert ihn jedoch als einen Denker, der sich ganz auf die Umbrüche und Neuansätze der eigenen Zeit einlässt. An manchen Stellen gibt die Schrift Einblicke in seine Philosophie frei, die deutlich machen, warum die Spannung ungelöst bleiben muss. Diderot stellt (zuweilen) Religion und Vernunft in Frage. »Leidenschaft« meint für ihn ein Gefühl, das tiefer wurzelt als die religiöse Empfindung, das von dieser überlagert und verzerrt wird. Religion und Natur geraten in Gegensatz zueinander, Diderot sieht die Wahrheit auf Seiten der Natur (R 122): »Eine Seele, in welcher die Religion die Regungen der Natur beherrscht, bedarf einer stärkeren Erschütterung, um ihr die wahre Stimme auszupressen.« Zur sinnlichen Konkretion zurückzufinden, bezeichnet er als das Ziel philosophischer Reflexion. Ohne die Mitwirkung der Einbildungskraft bleibe das Denken tot (R

324): »O wie sehr ist auch der Mensch, der am meisten denket, noch Maschine!« Nicht die Vernunft gibt für ihn die ersten Impulse bei der Erschließung der Umwelt, sondern das Gefühl, »das Gefühl ist es, durch welches er [der Mensch] die Eindrücke empfängt, die sich in seinen Organen erhalten« (R 325). So gilt ihm auch im intellektuellen Bereich, d. h. beim Kunsturteil, die rational nicht mehr erklärbare Intuition mehr als die Vernunft. Dichter, Künstler und Liebende würden »nicht durch Regeln, sondern durch etwas ganz anders, das weit unmittelbarer, weit inniger, weit dunkler und weit gewisser ist, geführet und erleuchtet« (R 112). Die Beispiele verweisen darauf, welche Umorientierungen auf der Ebene der »Letztbegründungen« stattfinden, wie das Hinhorchen auf die Sinnlichkeit dem Vertrauen in die Vernunft die argumentative Basis entzieht. Die Widersprüchlichkeit des Erhabenen, wo ebenfalls die Vernunftorientierung unsicher wird, bildet hierzu eine Parallele.

Auch in Diderots Figurenkonzeption macht sich die Brüchigkeit des Erhabenen bemerkbar. Dorval, der »natürliche Sohn«, besitzt Seelengröße, er opfert alles für die »Tugend« auf. Er ist aber nicht nur der Tugendhafteste unter allen Charakteren, sondern auch der unglücklichste. Das Bewusstsein, tugendhaft zu handeln, macht ihn *nicht* glücklich, er bleibt melancholisch, als wild, düster und innerlich vereinsamt wird er wiederholt beschrieben (R 117, 124, 331). Der Beginn der zweiten Unterredung zeigt ihn einer erhabenen Naturszenerie gegenüber, die wohl als Spiegel seines Gemüts angesehen werden darf; das Moment der Einsamkeit, des Ungeselligen, ist bestimmend (R 104 f.). Beides zusammen, die Tugendhaftigkeit und die Leidenschaftlichkeit, die sich nicht beschwichtigen lässt, machen Dorvals erhabene Physiognomie aus.

Erneuerung der Schauspielkunst.
Begriff des »tableau«

Die wenigen konkreten Angaben zum Inhalt der Übersetzung, die Lessing in der Vorrede (1760) macht, beziehen sich fast sämtlich auf Schauspiel- und Bühnentechnisches. Seine zwei Stücke, so die Übersicht, habe Diderot »mit seinen Gedanken sowohl über diese neue Gattung als über andere wichtige Punkte der dramatischen Poesie und aller ihr untergeordneten Künste, der Dekla-

mation, der Pantomime, des Tanzes, begleitet« (R 5). Das *Theater des Herrn Diderot* gehört zu den Texten, die Lessings Praxisbezug, sein Interesse an der Vorstellung auf der Bühne und sein Bemühen um die Körpersprache der Schauspieler (»Pantomime«) belegen (vgl. Kap.: Bühnenpraxis und Schauspielkunst). Immer wieder kommt Diderot auf technische Details zu sprechen, immer wieder fragt er nach der Wirkung auf die Zuschauer. Besondere Bedeutung gewinnt in diesem Zusammenhang der Begriff des »Gemäldes« (»tableau«). Er versteht darunter »eine farbige oder pathetische Gruppierung seiner Personen« (Mortier 1967, 74), effektvolle Szenenbilder will er auf der Bühne sehen. Das Schlussbild des Nathan-Dramas, wenn, nach Lessings Regieanweisung, der Vorhang unter »allseitigen Umarmungen« fällt, ist ein Beispiel für ein solches »Gemälde«. Dabei bedeutet die Anwendung bildkünstlerischer Prinzipien auf Gebärden und Stellungen der Schauspieler nicht, dass Diderot eine statische Auffassung vom Drama hätte. Zwar lehnt er »Theaterstreiche« (R 99) und komplizierte Intrigen zugunsten einer einfachen, leicht nachvollziehbaren Handlung ab. Diese jedoch muss sich für ihn auf der Bühne mit anwachsender Dynamik entfalten. Die Handlung, schreibt er (R 306), »gehet« »immer fort. [...] Sie ist ein Bruchstück, das sich von dem Gipfel eines Felsen losreißet: je weiter es fällt, desto geschwinder fällt es, und die Hindernisse, auf die es von Zeit zu Zeit aufschlägt, vermehren seine Gewalt.« Die »Gewalt« der Handlung hervorzutreiben, dazu dienen die »Gemälde«. Nicht lediglich »rührende« Szenen aus bürgerlichen Wohnzimmern, wie sie im *Hausvater* zu finden sind, sind damit gemeint. Diderot schildert auch, wie die Auftritte des von den Furien verfolgten Orest als »Gemälde« zu inszenieren wären. Erneut zeigt sich, dass die intendierte Erschütterung die Umfriedungen der Gesellschaft durchbricht (R 120): »Hier wendet sich Orest mit seinen Klagen an die Göttin. Dort toben die Furien; sie gehen, sie kommen, sie laufen. [...] Sie umringen ihn und schreien und knirschen vor Wut und schütteln ihre Fackeln. Welcher Augenblick des Schreckens und Mitleids, die Bitten und das Winseln des Unglückseligen zugleich mit dem Geschrei und dem fürchterlichsten Toben grausamer Wesen, die ihn aufsuchen, zu vernehmen! Wenn werden wir jemals auf unsern Theatern so etwas ausführen können?« (Zum Zusammenhang zwischen dem *tableau* und der Intensität des Ausdrucks aus einer poststrukturalistisch inspirierten Sicht s. Heeg 2000, 64–82).

Lessings Auseinandersetzung mit Diderot

In der Vorrede zur zweiten Auflage seiner Übersetzung (1781) schreibt Lessing, dass ohne die Beschäftigung mit Diderot sein Geschmack eine ganz andere Richtung genommen haben würde (R 6). Über diese generelle Behauptung hinaus verraten die Vorreden jedoch wenig Konkretes. 1781 geht Lessing vor allem auf die Wirkungsgeschichte des *Hausvaters* ein, des Stücks, das eine Entwicklung auslöste, an der er selbst gerade nicht mehr teilnahm (Tendenz zum bürgerlichen Rührstück, s. S. 248 und S. 358). 1760 rückt er theaterpolitische und bühnenpraktische Aspekte in den Vordergrund, die Erneuerung der Schauspielkunst ist ihm wichtig. Eine detaillierte Auseinandersetzung mit Diderots Dramenkonzeption erfolgt in der *Hamburgischen Dramaturgie*, der Anlass ist eine Inszenierung des *Hausvaters* (84. St.). Gegenstände der Diskussion sind das Ständetheater, das Lessing als untheatralisch verwirft, und die Charakterzeichnung, wo er Diderot der »Klippe der vollkommnen Charaktere« gefährlich nahekommen sieht (86. St., B 6, 611). Zuletzt thematisiert er die »Allgemeinheit« der Charaktere und korrigiert Diderots Auffassung, in der Tragödie beträten »Individuen« (die Heroen der Geschichte) die Bühne (87.–95. Stück; dazu Saße 1993, Valentin 2010, CI–CVII). All dies sind Einzelheiten, die mit den rationalen Aspekten von Diderots Dramentheorie, mit der Proklamation von Aufklärung, Nützlichkeit und »Tugend« zusammenhängen. Sie berühren nicht das Wesentliche, die Frage, wie das Publikum emotional gepackt werden kann. Das grundsätzliche Problem, das sich auf dieser Ebene ergibt, lautet: Was bleibt von der Ästhetik des Erhabenen in der Dramaturgie des Mitleids übrig?

Nicht viel: das ist der eine Teil der Antwort. Die zentralen dramaturgischen Vorstellungen Lessings brechen dem »Erhabenen« die Spitze ab. »Mitleid« steht gegen »Entsetzen«, »Schrecken« und »Staunen«, der »gemischte Charakter« gegen den erhabenen, das »Gräßliche« wird aus der Tragödie verbannt. Symptomatisch sind die Reflexionen über Dorval. Lessing glaubt dieser

Figur die seelische Vereinsamung nicht und beruft sich auf den Trieb zur Geselligkeit als den stärkeren, siegenden Lebenstrieb. Man schleudere den Menschen, wohin man will, so seine Überzeugung, »wenn er noch unter Menschen fällt, so fällt er unter Wesen, die [...] auf allen Seiten bereit stehen, sich an ihn anzuketten. Sind es nicht vornehme, so sind es geringe! Sind es nicht glückliche, so sind es unglückliche Menschen! Menschen sind es doch immer« (88. St., B 6, 621 f.). Auf der anderen Seite ist das Bewusstsein dafür wach zu halten, wie weit er Diderot bei der »Erregung der Leidenschaften« zu folgen bereit ist. Die Vorrede von 1760 enthält eine einzige Wendung, die jedoch umfassend die neue Geschmacksrichtung beschreibt: »weit stärkerer Eindrücke« als die französische Bühne sei das Theater fähig (R 5). Dies deutet auf Intensivierung des Gefühls, nicht auf Harmonisierung. Ganz ähnlich wie Diderot schildert Lessing die Gewalt, die das Bühnengeschehen aufgrund der Affektdarstellung auf die Zuschauer ausübt (*Hamburgische Dramaturgie*). Vergleichbar ist auch beider Verhältnis zur antiken Tragödie. Wie Lessing zieht Diderot immer wieder die Werke der Alten als Muster heran, »musterhaft« sind sie für beide aufgrund des naturwahren Ausdrucks der Gefühle. Diderot spricht über Philoktets Schmerzausbrüche nicht viel anders als Lessing im *Laokoon* (R 98). Diderot verwirft Corneille und Racine nicht, sondern will deren Theater unter geänderten Bedingungen weiterentwickeln. Lessing möchte zwar den Einfluss der *Tragédie classique* zurückdrängen, doch impliziert dies keineswegs den Abschied von der europäischen Tragödientradition. Wenn Lessing das »Erhabene« vermeidet, so scheut er doch nicht den Blick in psychische Abgründe. Wenn er in seinen Figuren heroische bzw. tragische »Vorbilder« zitiert (Tellheim bezieht sich auf Othello, Marwood auf Medea, Emilia auf Virginia), so nicht nur aus Gründen des Kontrasts. Die Namen, so will es scheinen, dienen auch als Chiffren für das Potential an Leidenschaft und Erlebnisfähigkeit, das in den Protagonisten steckt. Es steht noch aus, die Mitleidstheorie Lessings als eine Antwort auf die Aporien des Erhabenen, die Brüche zwischen »Sinnlichkeit« und »Vernunft«, zu analysieren.

Aufnahme und Wirkung

Die Wirkungsgeschichte von Lessings Diderot-Übersetzung ist im Wesentlichen eine Wirkungsgeschichte des Hausvater-Dramas. Daneben findet *Der natürliche Sohn* kaum Beachtung. Die beigefügten Abhandlungen werden zumeist aus der Perspektive heraus gelesen, die *Der Hausvater* einnehmen lässt, die Aspekte des »Erhabenen«, die »andere« Ästhetik Diderots (Zelle 1995), bleiben ausgeblendet. Ausnahmen sind hier lediglich Hamann und Herder. Hamann nimmt die irrationalen Ansätze in Diderots Literaturtheorie wahr (Mortier 1967, 54 ff., B 5/1, 590 ff., Nr. 3), Herder ist aufmerksam auf die Passagen, in denen Diderot das »Poetische« mit dem »Barbarischen« in Beziehung setzt. Ohne seine Quelle zu nennen, zitiert er im 4. *Kritischen Wäldchen* (1769) die entsprechenden Stellen, um die Relativität des »kultivierten« Geschmacks zu zeigen (Suphan 4, 39–40; Mortier 1967, 86 f.). Ähnlich wie Lessing distanziert er sich von der Idee eines Ständetheaters, insofern die Charakterzeichnung der Darstellung des »Standes« aufgeopfert werden soll (*Ueber Thomas Abbts Schriften* [1768] St. 2, Nr. 3, Suphan 2, 315 f. Vgl. Mortier 1967, 83–85).

Um die Nachhaltigkeit der Wirkung zu beschreiben, die *Der Hausvater* in Deutschland ausübt, greift man gerne auf das Forschungsergebnis Pinatels (1938) zurück, dass »zwischen 1767 und 1774 kein einziges bedeutendes Theaterstück [...] seinem Einfluß [sich] zu entziehen« vermochte (Mortier 1967, 71; vgl. Barner in B 5/1, 579). Man hat dabei den Typus des »bürgerlichen Dramas« vor Augen mit den vorstechenden Charakteristika: Realismus in der Abschilderung der bürgerlichen Wirklichkeit, Thematisierung der Sorgen und Nöte des Mittelstandes, Erweckung empfindsamer Rührung, Vermeidung unlösbarer Konflikte, d.i. Vermeidung der tragischen Katastrophe. Nun hat sich in jüngerer Zeit der Blick auf Theater und Drama der zweiten Jahrhunderthälfte wesentlich differenziert. Vielfältige, auch divergierende Strömungen treffen aufeinander, so der Befund, keinem einzelnen Faktor (wie z.B. dem ernsthaften Drama Diderots) kann der dominierende, alles prägende Einfluss zugesprochen werden. Nie wird die heroische Tragödie ganz verdrängt – Goethe und vor allem Schiller können in ihren »klassischen« Dramen an eine Tradition anknüpfen, die niemals völlig abgerissen ist (vgl. Lukas 2005). Im »bürgerlichen Trauerspiel« ist die Mitleidserregung mit der »Abschreckung« vom Laster verbunden (Mönch 1993; s. dazu jedoch S. 160–162), es handelt sich um einen Typus, der sich unabhängig von Diderot ausgeprägt hat. Ebenfalls selbständig entwickelt sich zunächst das »rührende Lustspiel« (Gellert). Lessing schlägt mit *Minna von Barnhelm* und *Emilia Galotti* eigene Wege ein, wobei vor allem seine Komödie selbst wieder als Muster wirkt. Ab den 70er Jahren setzt die Dramatik des Sturm und Drang ein. 1773 erscheint Louis Sébastien Merciers Programmschrift *Du théâtre ou nouvel essai sur l'art dramatique*, auf die sich die junge Generation mit Vorliebe beruft, 1774 veröffentlicht Jakob Michael Reinhold Lenz die *Anmerkungen übers Theater*, in denen er gegen die aristotelischen Richtlinien polemisiert. Hinsichtlich der Dramatik des Sturm und Drang wäre allerdings nach der Wirkungsgeschichte des »Erhabenen« zu fragen, nach der eventuell unterschwelligen Rezeption der »anderen« Seite von Diderots Theorie. – In diesem Kontext sind die Daten zur Wirkungsgeschichte Diderots, insbesondere des Hausvater-Dramas, einzuordnen (Sammlung von Dokumenten in B 5/1, 588 ff.; grundlegend Mortier 1967):

Bereits bevor Lessings Übersetzung erscheint, wird *Le Père de famille* in das Repertoire der Theater aufgenommen (Aufführungen 1759 von der Ackermannschen Truppe, Mortier 1967, 49 f.), neben der Lessingschen zirkulieren weiterhin auch andere Übersetzungen (vgl. B 5/1, 592 f., Nr. 5). Lessings und Diderots Intentionen werden als gleichartig wahrgenommen, oftmals werden beide Autoren in einem Atemzug genannt (z.B. Schink, B 5/1, 604 ff., Nr. 21), man ordnet in den Spielplänen den *Hausvater* und Lessings Stücke zusammen, manchmal hält man den Übersetzer für den Verfasser (B 5/1, 594, Nr. 7). Dabei hat, wie Immer/Müller (2008, 151 f.) nachweisen, Lessings Übertragung entscheidenden Anteil an einem Meinungsumschwung Diderot gegenüber, der aufgrund der Anfeindungen in Frankreich (s. S. 238) auch in Deutschland mit Kritik bedacht worden war. Der *Hausvater* scheint ein sehr beliebtes Stück unter den Schauspielern gewesen zu sein, Konrad Ekhofs Verkörperung der Titelrolle erlangte Berühmtheit (B 5/1, 580; Mortier 1967, 72 f.). Zeugnisse über die Wirkung des Dramas (u.a. von dem Schauspieler Brandes und dem Theaterdichter Schink, B 5/1, 592, Nr. 4, 597f., Nr. 12, vgl. auch 595f., Nr. 8 und 9) erwähnen die Macht der Illusion und immer wieder: die Rührung zu Tränen. Einen Triumph des bürgerlichen Theaters markieren die Wiener Aufführungen. *Der Hausvater* ist das erste Stück, das die Kaiserin Maria Theresia nach dem Tod ihres Gemahls sich ansieht (1771, vgl. Eva König an Lessing, 26.1.1771, B 5/1, 594, Nr. 7), wenn Lessing 1775 in Wien weilt, werden ihm zu Ehren *Der Hausvater* und *Emilia Galotti* gegeben (Barner in B 5/1, 581 und 598, Nr. 13). Auffallend ist, dass es zu dem eigentlichen Höhepunkt des »bürgerlichen Dramas« (des ernsthaften Dramas mit versöhnlichem Ausgang) in der *Hausvater*-Nachfolge erst nach 1780 kommt. 1780 ist das Erscheinungsjahr zweier Stücke, die Eloesser als »Eindeutschungen Diderots« charakterisiert (Eloesser 1898/1970, 137ff., 141). Gemeint sind Gustav Friedrich Wilhelm Großmanns *Nicht mehr als sechs Schüsseln* und des Reichsfreiherrn Otto Heinrich von Gemmingen *Der deutsche Hausvater* (B 5/1, 600f., Nr. 17). Die Serienproduktion der Schröder (Hamburg), Iffland und Kotzebue schließt sich an, die Produktion von Dramen, die unter dem quasi-Gattungsnamen »bürgerliches Rührstück« (Glaser 1969) firmieren. Von nachhaltiger Wirkung sind Diderots bühnen- und schauspieltechnische Reflexionen. Der generellen Tendenz der Zeit entsprechen die Bemühungen um einen natürlichen Darstellungsstil, um Eindringlichkeit des »stummen Spiels« (Pantomime; vgl. Johann Jakob Engels *Ideen zu einer Mimik* von 1786, B 5/1, 607, Nr. 23). Insbesondere das Konzept der »Theatergemälde« macht dabei Schule. Als Familienszenen, Familiengemälde werden viele Stücke bezeichnet. Noch Schiller nennt *Don Carlos* während der ersten Planungsphase ein »Familiengemählde in einem fürstlichen Hauße« (an Dalberg, 7.6.1784; NA 7/2, 16), Paul Böckmann erkennt als Aufbauprinzip die Struktur des »tableau« (NA 7/2, 79–82). Hier könnte ein Anknüpfungspunkt liegen, um den Einfluss Diderots auf die Dramatik des Sturm und Drang zu beschreiben. Denn, wie oben gezeigt wurde, die Wirkung, die Diderot mittels der Gruppenbilder auf der Bühne erzielen will, geht nach zwei Richtungen. Zum einen sollen die »tableaus« eine milde Rührung erwecken, zum anderen jedoch heftig erschüttern; sie sollen dazu

dienen, das »Erhabene« bzw. den Sinn für die große Leidenschaft wiederzugewinnen.

Quellen: Diderot, hg. Chouillet 1980 [*Le drame bourgeois*]; Dubos 1719/1993 [nach der Ausgabe 1755]; Pseudo-Longinos, hg. Brandt 1983. – *zum Kontext:* Karl Lessing an den Bruder, 21.10.1773 [Bericht über Diderot in Leipzig].
Lessings Übersetzungen: Seifert Nr. 1181, Nr. 1220, Nr. 1223, Nr. 1224; Nr. 1229, Nr. 1238; Nr. 1694–1787; Kuhles Nr. 216–230; Erich Schmidt 1892, Neudruck 1980 [Übersetzung von Schriften Voltaires und Friedrichs d. Gr.]; http://lessing-portal.hab.de/index.php?id=142 [elektronische Edition sämtlicher Übersetzungen Lessings].

Literatur

zu Entstehung und Kontext: Barner in B 5/1, 541–565; K.-D. Müller in R, 425–431.
zu Übersetzung im 18. Jahrhundert: Barner in B 5/1, 566–573; Bender 1972, 483–494, bes. 487ff. [Nachwort zu den »Literaturbriefen«]; Franzbach 1965 [Lessings Huarte-Übersetzung]; Golawski-Braungart 2005, 7–32; Huber 1968; Reichmann in Gardt/Mattheier/Reichmann (Hgg.) 1995, 169–197 [»Deutlichkeit« und »Eindeutigkeit« in der rationalistischen Sprachtheorie]; Tgahrt 1982.
zu Lessings Übersetzungen: Baumgarten in Berthold (Hg.) 2008, 47–58 [Lessings Übersetzungkonzept]; Berthold in Berthold (Hg.) 2008, 129–146 [Riccoboni, Sainte-Albine und Lessings Illusionsbegriff]; Berthold 2010; Catani in Berthold (Hg.) 2008, 29–45 [Lessings Huarte-Übersetzung im Kontext der materialistischen Anthropologie der Aufklärung]; Franzbach 1965 [Huarte-Übersetzung]; Fratzke/Albrecht (Hgg.) 2002 [Beiträge von Barner, Krebs, Nisbet, Seidl zu Lessing und Europa]; Golawski-Braungart 1995; Golawski-Braungart 2005 [Übersetzung französischer dramen- und schauspieltheoretischer Schriften], Golawski-Braungart in Berthold (Hg.) 2008, 115–127 [Voltaire-Übersetzung in den *Beyträgen*]; Golawski-Braungart 2010 [Lessing und Frankreich]; Hamilton 2004/2005 (2006) [Übersetzungs- und Sprachkonzeption in den »Literaturbriefen«]; Korzeniewski 2003 [Übersetzung antiker Autoren]; Nilges in Berthold (Hg.) 2008, 81–94 [Übersetzung von Thomsons *Agamemnon*].
zu Lessing und Diderot: Abrahams 1937; Immer/Müller in Berthold (Hg.) 2008, 147–163; Mortier 1967; K.-D. Müller in R, 425–456 [Nachwort]; Nisbet 2008, 357–364; Saße in Gutjahr/Kühlmann/Wucherpfennig (Hgg.) 1993, 263–276; Valentin 2010, CI–CVII; Worvill 2005, 117–217; Wuthenow 2000, 70–82 [»Leidenschaften« im philosophischen Werk Diderots].
zu Diderots Theaterkonzeption: Golawski-Braungart 2005, 152–167 [Diderot intendiere eine ›ästhetische

Erziehung‹ durch Rührung, die den ›ganzen Menschen‹ involviere; Ausgangspunkt sei eine ›rousseauistische‹ Kultur- und Zivilisationskritik. Die Sprache der Natur und des Herzens, Pantomime, das *tableau* und ein ›natürlicher‹ Schauspielstil seien die vornehmsten Elemente des neuen, antiklassizistischen Theaters. Im Gegensatz zu Lehmann sieht Golawski-Braungart Diderot stärker als Lessing der rationalistischen Nachahmungstheorie verhaftet (162). Während Lessing die synergetischen Effekte von Sprache, Stimme, Gebärde und Szenen-Bild im Auge habe (die Theateraufführung als »Gesamtkunstwerk«), akzentuiere Diderot das visuelle Bild (*tableau*), das den sprachlichen Ausdruck bestimme]; Heeg 2000, 64–82 [Modell des Diderotschen Theaters ist für Heeg das Zusammenspiel von Greuzes Gemälden mit Diderots Bildbeschreibung: das Zusammenspiel der entblößten Unschuld mit dem Blick und der Narration des Voyeurs. Die neue Intensität des schauspielerischen Verkörperung, die Diderot fordere, diene der Überspielung der Täuschung und Spaltung. Die Mittel zur Erzeugung von Intensität – Pantomime, natürliche Sprache, Körperausdruck – zielten auf die Gestaltwerdung des ›Natürlichen‹ in der Form des *tableaus*, in dem der natürliche Körperausdruck mit einer kompositionellen Ordnung und Sinngebung verschmelzen solle, welche Verschmelzung jedoch sowohl von Seiten der Körpersprache, die sich der Kontrolle entziehen, als auch von seiten des Sinns, der zu leerer Deklamation verflachen könne, bedroht sei. In den auf der Bühne tableauartig inszenierten Tugendproben kehre somit die Konstellation der Bilder von Greuze wieder: Die Gestalt der Unschuld enthülle dem Blick des Voyeurs ihren erotischen Körper – das »Phantasma der natürlichen Gestalt«]; Heeg in Fischer-Lichte/Horn/Umathum/Warstat (Hgg.) 2001, 51–66 [das *tableau* im französischen Theater des 18. Jahrhunderts]; Lehmann 2000, 57–152 [Lehmann rekonstruiert das Modell der ›vierten Wand‹ als eine Beobachtersituation, die sich auf der Bühne wiederholt; die Fremdheit zwischen dem ›Raum‹ des Zuschauers und der Bühne sowie diejenige zwischen den sich wechselweise beobachtenden Figuren sei das konstitutive Moment von Diderots Theater. Lehmann zeigt, wie die Theoreme, die die anscheinend Natürlichkeit und Unmittelbarkeit beschreiben – Illusion, Interesse, Imagination, – von Motiven der Fremdheit – Differenz, Distanz, Reflexion – bestimmt sind. Diese Situation der Fremdheit sei der ›Ursprung‹ für die moderne Auffassung des poetischen Ausdrucks und der theatralen Körpersprache (Abwendung von Rhetorik und Repräsentation, Dichtung als Wiederholung der ›ursprünglichen‹ Sprachfindung, als Sprachschöpfung für neue Erfahrung, Autonomie der Imagination und Produktion)]; Worvill 2005, 29–115 [Worvill betont die Bedeutung der zeitgenössischen Kunsttheorie für Diderot: Die Debatte über die Malerei und ihre Zeichen habe auch die Auffassung der theatralen Zeichen revolutioniert].

zum »genre serieux« [bürgerliches Drama]: Eloesser 1898/1970; Flaischlen 1890; Glaser 1969; Kettner 1904, 45 ff.; Mönch 1993; Pinatel 1938.

zur neuen Konzeption des Erhabenen: R. Meyer-Kalkus in Raulet (Hg.) 1995, 67–110; Pries (Hg.) 1989; Strube in Kreimendahl (Hg.) 1995, 272–302; Zelle 1991; Zelle 1995.

zu Aufnahme und Wirkung: zeitgenössische Rezeption: B 1, 588–610 [Dokumentsammlung]; Herder 1768 (Suphan 2, 311–320); Herder 1769 (Suphan 4, 1–198); Schiller NA 7/2, 79–82 [Kommentar], 16 [an Dalberg, 7. Juni 1784; vgl. NA 23, 143–144]. – *Literatur:* Barner in B 5/1, 573–587; Immer/Müller in Berthold (Hg.) 2008, 147–163; Lukas 2005; Mortier 1967; Nisbet 2008, 362 f.; 363 f. [Diderots Interesse an Lessing].

Sophokles. Erstes Buch. Von dem Leben des Dichters

Entstehung und Kontext

1760 werden bei Voß in Berlin sieben Bögen des Werks ausgedruckt, aber nicht ausgeliefert; das Buch bleibt als Fragment liegen. Das Titelblatt lautet: Gotth. Ephr. Lessings *Sophokles. Erstes Buch. Von dem Leben des Dichters.* Mitten innerhalb eines Absatzes bricht der Druck am Ende des 7. Bogens ab. Die erste Ausgabe erscheint posthum 1790, sie wird von Eschenburg besorgt. Johann Joachim Eschenburg fügt den bereits ausgedruckten Bögen Notizen aus dem Nachlass hinzu, die den Anmerkungsapparat bis zur Anmerkung QQ fortsetzen (zum Aufbau vgl. Analyse). Außerdem hängt er das *Fragment einer Uebersetzung vom Ajax des Sophokles* an. In einem Vorbericht erläutert er Lessings Plan. Aus vier Büchern sollte das Ganze bestehen, der Biographie sollte eine »kritische Zergliederung« und eine Prosaübersetzung der sophokleischen Tragödien folgen (B 5/1, 671 f.). Eschenburgs Ausgabe stellt eine stark korrigierte Fassung des Handschriftenmaterials dar. Barner bringt neben dem vollständigen Abdruck dieser Publikation das Handschriftenmaterial selbst, so dass Eschenburgs redaktionelle Arbeit erkennbar wird. Die Nachlass-Handschriften gliedern sich in Notizen zum ausgearbeiteten Text, der 1760 druckgelegt wurde, und in Entwürfe zur Fortsetzung (Barner in 5/1, 674 f.). – Text: B 5/1, 231–373.

Lessing arbeitet am Sophokles-Projekt parallel zu seinem Diderot-Buch. Dabei ist ihm Sophokles von Anfang an eine Autorität, die Erschließung des Werks der drei großen griechischen Tragiker, des Aischylos, Sophokles, Euripides, gehört zum Programm der ersten Theaterzeitschrift (vgl. *Vorrede*, B 1, 728). Später wird Sophokles zum Bundesgenossen, wenn es um die Kritik an der klassizistischen Tragödie geht (17. »Literaturbrief«, 16.2.1759). Auf eine vertiefte Auseinandersetzung mit *König Ödipus* verweist ein Brief an Nicolai (2.4.1757, Kontext ist der *Briefwechsel über das Trauerspiel*), in dem Lessing ganz eigene Gedanken über den »Fehler« des Ödipus ankündigt. Von Februar bis Mai 1760 korrespondiert er mit Gleim über einschlägige Quellenwerke, am

3.4.1760 bittet er den Vater um die Übersendung einer Ausgabe der sophokleischen Tragödien (Zusammenstellung der Dokumente vgl. Barner in 5/1, 680–686). Das Bemühen, das antike Theater für die zeitgenössische Dramatik fruchtbar zu machen und die »Mustergültigkeit« der Alten neu zu definieren, dokumentieren bereits die Abhandlungen über Plautus und Seneca (vgl. Kap.: Jugendkomödien und Frühe Literaturkritik). Das Interesse Lessings gilt dabei in besonderem Maße auch der Schauspielkunst, wie die Übersetzung von Dubos' *Ausschweifung von den theatralischen Vorstellungen der Alten* (1755 im 3. Stück der *Theatralischen Bibliothek*; PO 11 [Teil 13]) und die Vorstudien zu einer *Abhandlung von den Pantomimen der Alten* (ca. 1747–1750; B 1) zeigen. – Lessing bricht die Arbeit am Sophokles-Projekt mit dem fluchtartigen Wechsel von Berlin nach Breslau (November 1760) ab. Viele Erkenntnisse fließen in den *Laokoon* ein.

Das antike Drama und Theater in der Literaturkritik des 18. Jahrhunderts

Wenn Lessing sich mit der griechischen Antike beschäftigt, kann er zum einen auf eine Jahrhunderte alte Tradition gelehrter Forschung zurückgreifen (näheres bei Barner in B 5/1, 683–686, 698 f.); zum anderen ist die Problematisierung von deren Vorbildfunktion seit der *Querelle des Anciens et des Modernes* fester Bestandteil der (französischen) Literaturkritik. Als drittes entscheidendes Ferment kommt das Griechenbild Winckelmanns hinzu, d.i. die Sichtweise, dass das Ideal der Einfachheit, Natürlichkeit und Freiheit bei den alten Griechen verwirklicht gewesen sei; Winckelmann und der Lessing des *Laokoon* sind Teil einer ideengeschichtlichen Strömung, die man als ›Neuhellenismus‹, ›zweiten Humanismus‹ oder ›Neuheidentum‹ bezeichnet hat (Hatfield 1964: »aesthetic paganism«).

Lange Zeit hat man, an Walther Rehm (1951b und 1951c) anknüpfend, den ›Neuhellenismus‹ mit einem Wandel der Leitbilder in Zusammenhang gebracht: Griechenland habe Rom abgelöst, die Orientierung an ›Rom‹ stehe für Klassizismus, heroischen Republikanismus, Stoizismus und bezeichne den französischen Geschmack, während die Orientierung an ›Athen‹, konträr dazu, mit den Werten der Empfindsamkeit, dem Rousseauismus und mit der Besinnung auf einen ›deutschen‹ Nationalcharakter verbunden sei. Sogar Lessing konnte man für diesen Wandel in Anspruch nehmen, hatte er doch in der *Theatralischen Bibliothek* Seneca noch verteidigt, während er im *Laokoon* den römischen Tragiker weit niedriger als Sophokles einschätzt; es fällt das bekannte Wort von den »Klopffechtern«, zu denen die Figuren des römischen Theaters – unter dem Einfluss der Gladiatorenspiele – degeneriert seien (zu den notwendigen Differenzierungen vgl. Barner 1973, 86 ff.).

An dieser historischen Darstellung stimmt die Profilierung der Emotionalisierung; nicht halten lassen sich jedoch die polarisierenden Zuordnungen: Rom-Frankreich-höfische Kultur-Stoizismus *versus* Griechenland-Deutschland-empfindsam bürgerliche ›Menschlichkeit‹. Vielmehr sind, wie Korzeniewski (2003) gezeigt hat, zum einen der Geschmacks- und Wertewandel und die daraus resultierenden Spannungen ein gesamteuropäisches Phänomen, zum anderen entspricht diesem Wandel in keiner Weise ein Wechsel des Leitbildes von der römischen zur griechischen Antike. Sowohl in den gelehrten Studien, so Korzeniewski, als auch in der (vornehmlich französischen) Literaturkritik seien griechische wie römische Dramatiker gleicherweise präsent gewesen, die Tragödien des Sophokles, insbesondere der *Ödipus*, hätten schon immer als Meisterwerke und Muster gegolten; geändert habe sich im Lauf des 18. Jahrhunderts die Interpretation der antiken (griechischen und römischen) Literatur, die man im Sinn des neuen Ideals vom ›ganzen Menschen‹ neu gedeutet habe. An dieser Entwicklung habe Lessing einen entscheidenden Anteil. (Unsere Darstellung folgt der maßgeblichen Studie Korzeniewskis).

Zwar spielte in der ersten Hälfte des 18. Jahrhunderts an Schulen und Universitäten Latein – als die Sprache der Gelehrten – eine größere Rolle als Griechisch, so dass die Lektüre der griechischen Dramatiker im Original vor allem auf Sprachbarrieren stieß; auch Lessing, der vergleichsweise gut Griechisch konnte, hatte (beim Übersetzen) zunächst mit sprachlichen Schwierigkeiten zu kämpfen. Auf der anderen Seite zeugen (u. a.) gelehrte Werke wie die vielbändige,

auch von Lessing benutzte *Bibliotheca Graeca* (1705–28) von Johann Albert Fabricius (1668–1736), die zur Grundlage für die Geschichtsschreibung der griechischen Literatur diente, oder Johann Matthias Gesners (1691–1761) *Chrestomathia Graeca* (1731), welche die Klassikerlektüre im Schulunterricht fördern sollte, von der Präsenz der antiken griechischen Literatur in der gelehrten Welt. Den *Aias* von Sophokles las Lessing bereits während seiner Schulzeit in St. Afra, in einer von dem Lehrer Höre besorgten lateinisch-griechischen Ausgabe (Korzeniewski 2003, 34, 95). Allerdings war das Interesse der Gelehrten an den griechischen (und lateinischen) Texten kein genuin ästhetisches oder literarisches, vielmehr dienten sie als Material für ein enzyklopädisches Wissen und als Quellen für antiquarische Kenntnisse (Sandys Bd. 3, ³1967, 6 f.). Zugleich entwickelten sich die Konjekturalkritik und damit der wissenschaftliche Umgang mit sprachlich-formalen, auch metrischen Eigenschaften der Texte. Darüber hinaus ist die antike Literatur immer in der klassischen humanistischen Gelehrsamkeit lebendig, werden die altgriechischen Dramen ediert, übersetzt, zitiert (etwa in Poetiken und Poetikkommentaren) und kommentiert; so zieht z. B. Gottsched in der *Critischen Dichtkunst* zur Erläuterung seiner Konzeption der tragischen Fabel wie selbstverständlich den *König Ödipus* heran. Freilich kommt es dabei wiederum nicht auf die ästhetischen, literarischen oder auch philosophischen Qualitäten der Werke an, die zu bemerken einen individualisierenden Blick voraussetzte; vielmehr werden in den Urteilen über die klassischen Texte und ihre Autoren Klischees und Stereotypen weitergereicht, die dann natürlich auch in die Literaturkritik wandern (dazu Korzeniewski 133–219; zum Bild des Sophokles in Gelehrsamkeit, Literaturkritik und bei Lessing: 150–159).

Die zweite große Tradition, von der Lessing in seiner Beschäftigung mit ›den Alten‹ profitiert und an die er anknüpft, ist die französische Literaturkritik, speziell die *Querelle des Anciens et des Modernes*, als deren Erben noch Voltaire, Rousseau und Diderot gelten können (Korzeniewski 39). Hier vor allem zeigt sich, dass der Geschmacks- und Weltbildwandel, die Favorisierung von *simplicité* bzw. ›edler Einfalt und stiller Größe‹ (Winckelmann), keine Opposition Rom-französischer Klassizismus *contra* Athen-deutscher Antiklassizismus begründet. Mit der *Querelle* kommt in Frankreich die *Tragédie à la Grecque* in Mode, eine entscheidende Rolle spielt dabei Pierre Brumoys dreibändige Ausgabe *Le Théâtre des Grecs* (1. Aufl. 1730): eine Sammlung der Werke der griechischen Tragiker (Aischylos, Sophokles, Euripides), die Brumoy zum Teil ins Französische übersetzt, zum Teil zumindest paraphrasiert und kommentiert; ein Schlüsselwerk hinsichtlich der Versuche Lessings, das Theater der Griechen für die Gegenwart fruchtbar zu machen.

In Frankreich, so Korzeniewskis Auswertung ihrer Befunde, hätten die Literaturkritiker, die sich auf das antike Theater beriefen und, im Gegensatz zu den Gelehrten traditionellen Stils, die antiken Dramen als Theaterstücke zu betrachten lehrten, zumeist keine fundierten gelehrten Kenntnisse besessen – insbesondere konnten die meisten von ihnen kein Griechisch –, weshalb sie auch keine originäre Anschauung ihrer klassischen Beispiele gewinnen konnten, sondern auf die Sekundärliteratur angewiesen blieben. Etwas anders lagen die Verhältnisse in Deutschland. Dort begann die Literaturkritik erst eigentlich mit Gottsched und Lessing; die Anregungen von Johann Elias Schlegel, der mit Nachdruck auf die griechischen Tragiker hinwies, blieben ohne größeres Echo. Die namhaften Gelehrten wiederum betrachteten die antiken Werke nicht unter dem Aspekt einer zu aktualisierenden, bühnentauglichen Literatur.

So entwickelte sich (vor Lessing) das Wissen über die Antike weitgehend getrennt vom ›literarischen Leben‹ und erst recht ohne Bezug zur Theaterpraxis; Gottsched zum Beispiel, der durchaus beide Welten, die Gelehrsamkeit und eine populäre, für das Theater geeignete Literatur, vereinigen möchte, beruft sich zwar ständig auf ›die Alten‹, nimmt aber in die *Deutsche Schaubühne* keine einzige Übersetzung eines antiken Stücks auf, und zwar mit der Begründung, dass die Werke der antiken Dramatiker beim Publikum nicht bekannt seien (Vorrede zum 2. Teil [1741/1972, 4]; auch fehlten ihm, wie Korzeniewski meint, die nötigen Sprach- und historischen Grundlagenkenntnisse). An diesem Punkt setzt Lessing ein. Bereits mit dem Programm seiner ersten Theaterzeitschrift, der *Beyträge zur Historie und Aufnahme des Theaters* (1750), arbeitet er darauf hin, das griechische Theater für das deut-

sche Publikum und die deutsche Bühne zu erschließen, sozusagen ein ›deutscher Brumoy‹ zu werden. In der Überwindung der Kluft zwischen Gelehrsamkeit auf der einen, Literaturkritik und Theaterpraxis auf der anderen Seite, sieht Korzeniewski die besondere Leistung Lessings. Kaum ein anderer Zeitgenosse (höchstens noch Winckelmann) habe so wie er die ästhetisch-literarische Analyse mit der Beherrschung des gelehrten Handwerks und mit einer auf Breitenwirkung berechneten essayistischen Darstellung verbinden können; eine geniale Symbiose von Gelehrsamkeit, Literaturkritik, Theatererfahrung und Journalismus. Von Lessing seien dann auch die Impulse für den Einbezug der antiken Theaterverhältnisse in die Kritik der dramatischen Literatur ausgegangen (Korzeniewski 35).

Dabei sind Lessings Auslegung und Funktionalisierung der griechischen Tragiker (er konzentriert sich auf Sophokles und, in der *Hamburgischen Dramaturgie*, Euripides) ein integraler Bestandteil der an die *Querelle* anknüpfenden Literaturdebatte und Diskussion über das antike (griechische) Theater in seiner Bedeutung für die Gegenwart. Neben der Verbindung von Gelehrsamkeit, (essayistischer) Literaturkritik und Theaterpraxis stellt Korzeniewski Lessings Art der Modernisierung als dessen eigenständigen Beitrag heraus. Während die *Querelle*, verallgemeinernd gesprochen, das Bewusstsein für die historische Bedingtheit der griechischen Tragödien, insbesondere was die Bindung an Mythos, Religion und an die gesellschaftlich-politische Verfassung der *polis* anbelangt, geschärft habe, habe Lessing zwischen einem überzeitlichen ›Wesen‹ und den zufälligen historischen Formen der griechischen Tragödie unterschieden (die Lessingsche Differenzierung zwischen dem ›Geist‹ und dem ›Buchstaben‹). Zu den entbehrlichen historischen Formen rechne er vor allem die religiösen bzw. mythischen Vorstellungen, die er entweder psychologisiert (›verinnerlicht‹) oder übergangen habe, während er das ›Wesen‹ der griechischen Tragödie darin sehe, dass sie zur Erkenntnis der menschlichen Natur führe, wobei er unter der menschlichen Natur die Werte der Empfindsamkeit verstehe (Mitgefühl, Menschlichkeit über die Standesgrenzen hinweg, Natürlichkeit etc.).

Strittig ist an dieser Sichtweise allenfalls die Auffassung von der Rolle des Mythos. Während für Korzeniewski Lessing den Götterglauben der Griechen als ›historische Zutat‹, die das Wesen der Tragödie nicht berühre, betrachtet und der Charakterdarstellung unterordnet (›Verinnerlichung‹, Psychologisierung), bildet für Ter-Nedden die Auseinandersetzung mit dem Mythos und der Religion das Kernstück von Lessings Modernisierung, wobei er sehr wohl zum Zentrum der griechischen Tragödie vordringe, wie Ter-Nedden (2007) am Beispiel von *Aias* und *Philotas* zeigt. Dementsprechend fokussiert er nicht die psychologische Ausleuchtung der Charaktere oder die Hervorkehrung der menschlichen Natur, sondern beleuchtet die Reflexion auf die religiöse Tradition. Lessing decouvriere den Mythos als Mythologie und verankere die ›Theodizee‹ im ›natürlichen‹ Lauf der Welt. Auf diese Weise erschließe der Bezug zu den antiken Dramen Lessings Trauerspiele als ›Lehrstücke‹.

Analyse

Von dem Leben des Dichters

Das Buch über Sophokles ist, wie bereits die Plautus-Abhandlung (s. S. 72 f.), ein Baustein in Lessings ›Projekt‹ einer Modernisierung der antiken Stoffe und Überlieferung; und es bezeugt – beides gehört engstens zusammen – sein Bestreben, die Gelehrsamkeit für das literarische Leben der Gegenwart fruchtbar zu machen; gelehrt und angenehm, bekennt er in der Vorrede, wolle er schreiben (B 5/1, 234). Allerdings dominiert in dem, was Lessing ausgearbeitet hat, der gelehrte Stil und Habitus. Er bietet keine biographische, individualisierende Erzählung – das dürfte schon die spärliche Quellenlage verboten haben. Für die Präsentation seiner Forschungsergebnisse adaptiert er das Schema des Bayleschen Lexikons (*Dictionnaire historique et critique*, ¹1697). Der erste Satz ist programmatisch: »Vor allen Dingen muß ich von meinen Quellen Rechenschaft geben« (B 5/1, 235). In einem knappen Vorabriss (235–237) werden die in den Quellen überlieferten Daten zur Biographie gesammelt, strittige Punkte und divergierende Meinungen werden mit Anmerkungen versehen, es sind im ganzen 39. In der Ausführung geht Lessing dann diese Anmerkungen Punkt für Punkt durch, er vergleicht die Quellen, um Widersprüche zu klären

und zu gesicherten Tatsachen zu gelangen. Die Anmerkungen haben dann wieder Anmerkungen. Kein übergreifender Leitgedanke wird formuliert, sondern jede Anmerkung bildet einen Abschnitt für sich, der ein einzelnes Moment der Biographie im Spiegel der Quellen behandelt. Oft verselbständigt sich die Quellenkritik, zuweilen geht Lessing Einzelfragen nach, die mit Sophokles nur wenig mehr zu tun haben. In der Vorrede berührt er selbst den antiquarischen Charakter seines Unternehmens. Viel »Unnützes«, schreibt er, habe er gelesen; wenn er es dennoch referiere und diskutiere, so deshalb, damit es ein für allemal ad acta gelegt werden könne, damit es »dieser oder jener nicht weiter lesen darf« (B 5/1, 234). Doch ist Lessing zugleich bestrebt, das bisherige Wissen zu erweitern, was ihm durchaus gelingt. Zu nennen sind die Fixierung des Geburtsjahrs auf 497/496 v. Chr., die Bestimmung des *Triptolemos* als eines Teils der Tetralogie, mit der Sophokles zum erstenmal auftrat, die Identifizierung der *Nausikaa* mit dem Satyrspiel *Plyntriai*, die »Rekonstruktion« der Maske des Thamyris, der auf offener Bühne erblindet, schließlich die Antwort auf die Frage, in welchem Krieg die Athener den Sophokles zum Strategen gewählt hätten (vgl. Barner in B 5/1, 696 f.; Korzeniewski 152–154). Erwähnenswert ist des Weiteren die Verteidigung des Sophokles gegen moralische Vorwürfe, z. B. gegen den Verdacht erotischer »Ausschweifungen«, wobei Lessing das gleiche Argument, mit dem er bereits Horaz »rettete«, anführt, nämlich die überdurchschnittliche Empfänglichkeit des Dichters für das Schöne (B 5/1, 237).

Der mäandrische Weg von Lessings Untersuchung lässt *ein* konstantes Interesse erkennen, das Interesse am antiken Theater. Wie ein roter Faden ziehen sich Beobachtungen zur antiken Bühne durch die Abhandlung, das Ziel, eine lebendig-konkrete Anschauung zu gewinnen und zu vermitteln, wird deutlich. Das orientierende Prinzip ist die große gesellschaftliche Bedeutung, die dem Theater in Athen zukam. Von hierher gewinnen die Erörterung der vornehmen Herkunft des Sophokles, seiner politischen Aufgaben, seines öffentlichen Auftretens als Schauspieler und Tänzer, seines gesellschaftlichen Ranges, sowie die Mutmaßungen über die Institution des Wettkampfes unter den Tragikern ihre Funktion. Eng mit dem kulturpolitischen Aspekt ist der stilkritische verknüpft. Die Entwicklung von Aischylos zu Sophokles gemahnt an die Theaterreform des eigenen Jahrhunderts. In den Bühnenwerken des Aischylos entdeckt Lessing eine Tendenz zum Sensationstheater, spektakuläre Effekte habe es zu sehen gegeben, entsprechend sei die rhetorische Ausformung der Dialoge nicht frei von »Schwulst« gewesen (unter das »Schwulst«-Verdikt fallen zur Zeit Lessings die Barockautoren, allen voran Daniel Caspar Lohenstein). Er habe das »Schreckliche« übertrieben, durch seine »ungeheuren« Verkleidungen habe er eher Abscheu als Schrecken erregt (B 5/1, 264 f.). Sophokles' Erneuerungen stellen so das Beispiel einer gelungenen Bühnenreform dar. Die sinnlichen und emotiven Aspekte des Schauspiels habe er voll zur Geltung gebracht, er habe lediglich das Übertriebene vermieden und so das wahrhaft Erhabene erreicht, den tragischen »Schrecken« bewirkt.

Geschichtliche Forschung tritt hier völlig in den Dienst der Konstruktion eines Modells für das Theater der Gegenwart. Wo Lessing sich im ersten Buch bereits auf die Werke des Sophokles einlässt, unterlegt er das eigene Menschenbild und die eigene Tragödienkonzeption – wie es auch in der französischen Literaturkritik üblich war. Wie so oft, argumentiert er gegen die moralpädagogische Vereinnahmung des Theaters und nutzt die Gelegenheit für einen Seitenhieb auf Gottsched. Sophokles habe seine Figuren nicht möglichst »sittlich und moralisch gut« sprechen lassen (B 5/1, 267): »Dazu war er zu viel Poet, und verstand seine Kunst viel zu gut! Der wahre Tragicus lässt seine Personen ihrem Affecte, ihrer Situation gemäß sprechen, und bekümmert sich nicht im geringsten darum, ob sie lehrreich und erbaulich sprechen.« Der Wille zur Modernisierung erhellt schlaglichtartig aus der Bemerkung über die verlorenen Trauerspiele. Gerade das Verlorene soll die produktiven Kräfte wecken. Lessing wendet sich an die Dichterkollegen: »Doch auch diese Titel werden diejenigen nicht ohne Nutzen studieren, welche Stoffe zu Trauerspielen suchen« (B 5/1, 236). In der Anmerkung R (B 5/1, 312–314 bzw. 344–346) rekonstruiert er die Handlung einiger dieser Bruchstücke. In Umrissen zeichnet sich ab, wie die Auseinandersetzung mit dem sophokleischen Werk in den anderen geplanten Büchern ausgesehen hätte. Die »Auszüge« sind geeignet, das Bild des Dramatikers Lessing, wie es sich in den nachgelassenen Fragmenten zeigt, zu bestärken. Viele Züge, die namentlich die heroischen Fragmente (*Kleonnis, Der Horoscop, Alcibiades*) kennzeichnen, kehren wieder. Lessing ist fasziniert von psychischen Extremen, vor allem die Genese des Wahnsinns zieht ihn an (Raserei des Athamas, der Ino, des Aias; die *Aias*-Tragödie beginnt er zu übersetzen). Er schwelgt geradezu in der Vorstellung entsetzlicher Anagnorisis, die stufenweise das größte Pathos erregt: »Die Verzweiflung einer geschändeten Prinzessin! Von einem Unbekannten! In welchem sie endlich den Vater erkennt! Eine von ihrem Vater entehrte Tochter! Und aus Rache entehrt! Geschändet, einen Mörder zu gebären! – Welche Situationen! Welche Scenen!« (314). Das Thema des Orakels gibt Anlass, den produktiven Umgang mit den antiken religiösen Vorstellungen zu zeigen. Lessing dichtet die Geschichten um. Er erzählt (B 5/1, 313) die Opferung des Phrixus »nicht völlig so, wie sie sich zugetragen haben soll, […] sondern so, wie ich sie zu brauchen gedächte.« In seinem Entwurf sind die Menschen nicht dem Groll der Götter ausgeliefert, sondern überwinden die Wirkungen des Hasses aufgrund ihrer edlen Gesinnungen. Oder aber der Glaube an das Orakel erscheint als fromme Schwärmerei, die zur Mitleid erheischenden, einen verwaisten Vater zurücklassenden Katastrophe führt.

Wie sich gelehrtes Studium, Dramen- und Theatertheorie und Religionsphilosophie bei der Darstellung von Leben und Werk des Sophokles durchdrungen hätten, lässt sich am Vorhandenen noch nicht erkennen. Anhand der Sophokles-Tragödien klärt Lessing den standesübergreifenden Begriff von Menschlichkeit ab, zugleich möchte er den Blick auf das genuin Theatralische lenken, Fingerzeige für pathetische Situationen geben, in denen das Menschliche sozusagen an den »Grenzen der Menschheit« aufscheint. In den Worten Nisbets: Lessing hatte vor, Sophokles »mit jenen griechischen Tugenden – Einfachheit, natürliche Empfindung und wahre Menschlichkeit – auszustatten, die Winckelmann bereits zu den höchsten Werten des Hellenismus des achtzehnten Jahrhunderts erhoben hatte« (2008, 366). Die interpretierenden Passagen des Sophokles-Konvoluts weisen auf die Philoktet-Analyse in *Laokoon* voraus. Obgleich Lessing den antiken Tragiker, was den Gehalt der Werke angeht, ganz für das Theater der Gegenwart funktionalisiert, bildet die Auseinandersetzung mit ihm eine antipodische Ergänzung zu der Diderot-Übersetzung. Einmal mehr wird deutlich, dass Lessing für die Darstellung des Menschen auf der Bühne neben dem »bürgerlichen Trauerspiel« die »hohe« Tragödie als gleichermaßen gültiges Modell ansieht (zu den Anregungen Diderots für Lessings Antiken-Rezeption s. Korzeniewski, passim).

Projekte der Modernisierung: Aias, Ödipus, Philoktet

In der intendierten Synthese von gelehrter Forschung und Modernisierung für die Bühne greifen Werk-Kommentar, Übersetzung und Umarbeitung zu neuen Stücken ineinander. Die wichtigsten bzw. unmittelbar greifbaren Ergebnisse von Lessings Sophokles-Studium sind der Plan einer *Aias*-Übersetzung (Text: B 5/1, 327–329 und 686–690; dazu Korzeniewski 220–229), die Anknüpfung an den *Aias* in dem Einakter *Philotas* (dazu Ter-Nedden 2007), die *Philoktet*-Analyse in *Laokoon*, die Korzeniewski als Lessings gehaltvollsten Sophokles-Kommentar bezeichnet, und das Fragment *Der Horoscop*, eine Modernisierung des *Ödipus* (Text: B 4, 50–58; zum Bezug zu Senecas *Ödipus*-Drama s. Korzeniewski, 214).

Vor allem *König Ödipus*, von jeher als ein Höhepunkt des griechischen Theaters gerühmt, stand im Kreuzfeuer der aufgeklärten Literaturkritik, da, nachdem man die moralisierende Auslegung (Ödipus werde für seine Neugierde oder seine Unbeherrschtheit bestraft) als unzulänglich empfand, die anscheinende Ungerechtigkeit der Götter und die Herrschaft eines grausamen Schicksals Anstoß erregten (Korzeniewski 476–505). Dabei verdient Lessings Auseinandersetzung mit dem Ödipus-Stoff besondere Aufmerksamkeit, weil hier die Verflechtung seiner Dramatik mit seiner Religionskritik in herausragender Weise greifbar wird. Korzeniewski (499–504) rückt nämlich das *Horoscop*-Fragment in zeitliche und thematische Nachbarschaft zu einem theologischen Fragment, in dem Lessing, den Bezug zu Ödipus explizit herstellend, die theologischen Aussagen über das Jenseits mit dem Vorgriff auf die Zukunft parallelisiert, wie ihn Orakel und astrologische Weissagungen ermöglichen sollen, und beides als lebensfeindlich zurückweist: »Über die Bekümmerungen um ein künftiges Leben

verlieren Toren das gegenwärtige. Warum kann man ein künftiges Leben nicht eben so ruhig abwarten, als einen künftigen Tag?« (B 8, 664) Auf diese Erkenntnis bildet er die ›innere Organisation‹ des Ödipus-Stoffs ab: Wie »die Alten« die unheilvollen Folgen der »Begierde«, die Zukunft voraus zu wissen, dargestellt hätten, so sollte auch die »Begierde, das Nähere von unserm Schicksal in jenem Leben zu wissen«, verdächtig und lächerlich gemacht werden (B 8, 663 f.).

Ganz offensichtlich ist damit der Plan der *Horoscop*-Tragödie – als einer Modernisierung des Ödipus-Stoffs – umrissen (nach Korzeniewski kein Anti-Ödipus, sondern eine neue Dramatisierung dessen, was Lessing als den Sinnzusammenhang des *Ödipus* verstanden hat). Die Handlung spielt im Polen des 15. Jahrhunderts, das von Überfällen der Tataren heimgesucht wird. Ein Horoskop sagt voraus, dass Lucas Opalinski, der Sohn des Petrus (Peter) Opalinski, Palatins (»Pfalzgrafen«) von Podolien, zuerst bei der Verteidigung des Vaterlandes sich großen Ruhm erwerben, danach aber den Vater ermorden werde. Der Vater benutzt den ersten Teil der Prophezeiung als pädagogisches Mittel, um dem Sohn Selbstvertrauen einzuflößen. Den zweiten Teil verschweigt er, wobei er allerdings unklugerweise nicht mit verschweigt, dass überhaupt ein zweiter Teil existiert. Dadurch weckt er die Neugierde von Lucas. Soweit sie ihm bekannt ist, hat sich die Weissagung erfüllt, ruhmbedeckt ist er aus dem Krieg heimgekehrt, nun möchte er die Fortsetzung erfahren, womit der Unheilsmechanismus in Gang gesetzt ist. Alle Maßnahmen, die Katastrophe abzuwenden, führen sie nunmehr herbei. Dabei ist das zentrale Motiv (auch) psychologischer Natur. Lucas wird als schwermütig gezeichnet; dass er dem prophetischen Spruch keinen Widerstand entgegensetzt, sondern sich in finstere Grübeleien verliert, kann man als Folge seines Hangs zur Melancholie verstehen. Er unternimmt einen Selbstmordversuch. Während der Vater diesen verhindern will, wird er von einer Kugel getroffen, die sich versehentlich aus dem Gewehr löst. Peter Opalinski stirbt an seiner Verletzung, nicht ohne seinen Sohn von jeglicher Schuld freizusprechen und zum Weiterleben aufzufordern. Lucas aber unterwirft sich dem Diktat des Orakels (bzw. Horoskops) und macht seinem Leben ein Ende.

Dieser Haupthandlung läuft eine Liebesgeschichte um Anna Massalska, einer vornehmen Polin, und Zuzi, den gefangenen Fürsten der Tataren, parallel. Dass Lessing häufig gegen die Verflechtung der Haupthandlung mit einer Liebesintrige polemisiert, ist kein Widerspruch, setzt doch die Verwicklung um Anna ein wesentliches Sinnelement des Gesamtplans in Handlung und ›anschauende Erkenntnis‹ um: Während die Opalinskis sich von den schattenhaften Wahnvorstellungen des Horoskops beherrschen und lähmen lassen und dadurch einen Mechanismus der *self-fulfilling prophecy* auslösen, entgleitet ihnen die Gegenwart, verliert Lucas seine Geliebte an den Rivalen, in dessen Schwert er sich am Ende stürzt.

Fragt man nach Lessings Verhältnis zum Mythos und den (antiken wie christlichen) religiösen Vorstellungen, fällt natürlich die ›anthropozentrische Wende‹ auf, die seine Auffassungsweise von den voraufklärerischen bzw. vormodernen trennt. Im Zentrum steht bei Lessing die Vervollkommnung, die dem Menschen aus eigener Kraft möglich ist und die als erfüllend genug angenommen wird; jeglicher Gedanke an eine erst in einer anderen Welt zu erreichende Umpolung des Menschen auf die göttliche Seinsweise hin ist aus dem Begriff des Jenseits eliminiert. Verblüffend ist die Eindimensionalität, mit der das Jenseits als Fortsetzung der diesseitigen menschlichen Bestrebungen nach Vollkommenheit gedacht und, sei es nun kritisch oder affirmativ, auf die Belohnung der Tugend und Bestrafung des Lasters reduziert wird. Ein solches Jenseits ist für die Vollendung des Menschen tatsächlich überflüssig oder, wie Lessing meint, gar hinderlich, da der Gedanke daran die Gegenwart nicht bereichert bzw., wie er vermutet, von ihr ablenkt.

Mit dem Verzicht auf den Blick ins Jenseits sind das Pathos der Gegenwart – das gegenwärtige Leben, nicht das zukünftige, gilt es zu gewinnen – und das optimistische Menschenbild ursächlich verbunden. Es ist sicher kein Zufall, dass Lessing diesem Menschenbild den nachdrücklichsten Ausdruck im Rahmen eines Sophokles-Kommentars, nämlich der *Philoktet*-Analyse aus dem

Laokoon (B 5/2, 35–48), verleiht. Korzeniewski zeigt, wie er in seiner (als Anregung für eine Theaterbearbeitung gedachten) Vergegenwärtigung des Stücks wiederum alle mythischen und politischen Elemente (z.B. die Bindung der Konfliktparteien an den Ehrbegriff [513]) übergeht und sich auf die Konturierung der Menschennatur konzentriert, was keine Verfälschung sei, sondern die selektive Verabsolutierung *eines* Moments der Tragödie (525f.). Selten wählt der zur Nüchternheit neigende Lessing so emphatische Formulierungen wie hier: Der »menschliche«, im Tiefsten vom Mitleid berührte, deshalb den Versuchungen des pragmatisch-politischen Handelns widerstehende und zu seiner wahren Natur zurückfindende »Held« sei »das Höchste«, das die »Weisheit« hervorbringen und die Kunst nachahmen könne (vgl. B 5/2, 45. – Das Orakel-Thema ist vielfach präsent in Lessings Entwürfen, zum Beispiel in *Kleonnis* oder einem *Codrus*-Plan; vgl. die Briefe an Mendelssohn, 22.10.1757 und 18.2.1758; dazu V. Riedel 1996c, 138–140 und Ranke 2009, 453–461).

Quellen: Bayle, übers. Gottsched [nach der 5. Aufl. 1740], Leipzig 1741–44/1974–78; Gottsched 1741/1972 [*Deutsche Schaubühne*, Th. 2, Vorrede].

Literatur

zu Entstehung: Barner in B 5/1, 670–699 [Druckgeschichte und Lessings Umgang mit Quellen]; Korzeniewski 2003.
zu Das antike Drama und Theater im 18. Jahrhundert: Hatfield 1964; Korzeniewski 2003; Norden 1966, 621–638 (zuerst: 1929) [Lessing]; Pfeiffer 1982; Rehm 1951b und c; Sandys Bd. 3, ³1967, 1–46; Tgahrt 1982.
zu Lessing und die Antike: Barner 1973; Barner in Flashar (Hg.) 1997, 161–198 [Schwerpunkt: Lessings Auseinandersetzung mit Euripides in der *Hamburgischen Dramaturgie*]; Hatfield 1964; Jens 1983c; Korzeniewski 2003; Nisbet 2008, 364–367 [Charakteristik der Sophokles-Abhandlung]; Ranke 2009, 453–461 [Lessings *Codrus*-Plan; seine Kritik an der heroischen Tragödie]; V. Riedel 1996a, 1996b, 1996c; Ter-Nedden 2007 [*Aias* und *Philotas*].

Laokoon: oder über die Grenzen der Malerei und Poesie

Entstehung, Quellen und Kontext

Erstdruck: Berlin 1766 (bei Christian Friedrich Voß). Der vollständige Titel lautet: *Laokoon: oder über die Grenzen der Mahlerey und Poesie. Mit beyläufigen Erläuterungen verschiedener Punkte der alten Kunstgeschichte*. Erster Theil. Der Bruder Karl besorgt 1788 eine erweiterte Neuauflage, eine Neuausgabe erscheint in den *Vermischten Schriften* (Teil 9, 1792). – Text: B 5/2, 11–206.

Zwei Linien sind in der Entstehungsgeschichte zu verfolgen: Lessings Auseinandersetzung mit Winckelmann, besonders mit dessen Laokoon-Deutung, und seine Beschäftigung mit der theoretischen Frage nach der Vergleichbarkeit von Dichtung und bildender Kunst. Der prägnante Moment für die Konzeption der Schrift ist der Hinweis auf Winckelmanns Erstlingswerk *Gedancken über die Nachahmung der Griechischen Wercke in der Mahlerey und Bildhauer-Kunst* (1755), den Mendelssohn in einem Brief an Lessing (Dezember 1756; Trauerspiel-Briefwechsel; B 11/1, 141) gibt. Dieser Hinweis fasst all das zusammen, wogegen Lessings Argumentation sich richten wird, und umreißt zugleich den dramentheoretischen Bezugspunkt der Reflexionen. Mendelssohn plädiert für die »Bewunderung«, erhebt die Skulptur über die Laokoon-Episode bei Vergil und schließt sich Winckelmanns Auffassung an, die griechischen Künstler hätten die Bezwingung des Schmerzes durch die Kraft der Seele dargestellt. Lessing geht noch nicht auf Mendelssohns Anregung ein, während der nächsten Jahre steht die Frage nach dem Verhältnis von Malerei und Poesie im Vordergrund. Deutlich rückt Lessing in den *Briefen, die neueste Litteratur betreffend* (5. und 41. Brief, 1759) von dem Konzept der »malenden Poesie« ab, in den *Abhandlungen* zur Fabellehre führt er den Handlungsbegriff zur Unterscheidung von poetischer Erzählung und gemaltem Bild ein. Die eigentliche Arbeit am Laokoon-Projekt fällt in die Breslauer Jahre (1760–65). Samuel Benjamin Klose, Gymnasiallehrer in Breslau und mit Lessing befreundet, berichtet über »kritische und antiquari-

sche Aufsätze«, die dieser »hier in Breslau niedergeschrieben« und zunächst unter dem Titel »Hermäa« (»unverhoffte Funde«) habe veröffentlichen wollen (Daunicht 1971, 170, Nr. 277). Einerseits betreibt Lessing historisch-philologische und antiquarische Studien, andererseits vertieft er sich in die allgemein-systematische Fragestellung nach dem »Wesen« der Künste. Er liest – bzw. liest wieder – die wichtigsten zeitgenössischen Werke zur Kunsttheorie und Ästhetik (vgl. Alt 1996, 104 ff.) und macht sich zugleich mit den Neuerscheinungen auf dem Gebiet der Altertumskunde vertraut (Caylus und Spence). Die erhaltenen Entwürfe (Paralipomena [= P]; B 5/2, 207 ff.) beginnen mit der Grenzziehung zwischen Malerei (bzw. bildender Kunst) und Dichtung und deren zeichentheoretischer Begründung. Es entspinnt sich ein Dreiergespräch mit den Freunden Nicolai und Mendelssohn, denen er seine Notizen zusendet (vgl. B 5/2, 217 ff.). Lessing argumentiert hier gegen Caylus; noch spielt Winckelmann keine Rolle. Dies ändert sich mit dem Erscheinen von dessen *Geschichte der Kunst des Alterthums* (Ende 1763, vordatiert auf 1764), welches Werk bei Lessing eine erhebliche Irritation ausgelöst haben dürfte. Denn während er auf der Ebene des Gedankens mit bildender Kunst umgeht, insistiert Winckelmann auf der Notwendigkeit der Anschauung (vgl. Vorrede, Auszug in B 5/1, 882– 889). Paralipomenon 7 (B 5/2, 253 ff.) zeigt dann die Spuren der Beschäftigung mit Winckelmanns *Gedancken* und der *Geschichte* (3. Abschnitt; im fertigen Text fingiert Lessing eine viel spätere Lektüre des Werks [Nr. 26]). Die Gesamtkonzeption kristallisiert sich heraus. Nun greift er auf das Laokoon-Beispiel als den Ausgangs- und Angelpunkt seiner Argumentation zurück. – Die letzte Ausarbeitung und Herstellung der Druckfassung fallen wohl in das Jahr 1765 und evt. in den Beginn des Jahres 1766. Das Buch erscheint zur Ostermesse 1766 bei Voß in Berlin. Es handelt sich allerdings nur um den ersten Teil des Gesamtprojekts. Drei Teile waren ursprünglich geplant, die Paralipomena geben Auskunft über das weitere Vorhaben. Notizen zum zweiten Teil thematisieren die körperliche Schönheit und die Bedingungen der Malerei, wiederum in Abgrenzung zum Gebiet der Poesie, wobei nunmehr Milton größere Aufmerksamkeit erhält; im dritten Teil sollten Musik, Tanzkunst und Pantomime einbezogen werden. Noch zu Anfang des Jahres 1770 gibt Lessing hoffnungsvolle Signale, was die Vollendung des *Laokoon* anbelangt (Brief an Christian Friedrich Voß vom 5.1.1770). Doch das Engagement am Hamburger Nationaltheater, die »Klotzischen Händel« und die Aufgaben als Bibliothekar in Wolffenbüttel haben ihn wohl immer wieder von der Verwirklichung des Plans abgelenkt (Hinweis auf den Plan einer französischen Ausgabe: B 5/2, 650; zur Konzeptgenese und Datierung der Paralipomena: Barner in B 5/2, 631–650; Blakert 1999; Nisbet 2008, 401–405; zur geplanten Fortsetzung s. Nisbet 2006).

Laokoon eröffnet eine Reihe von Schriften, in denen sich Lessing der Altertumskunde zuwendet. Die Erarbeitung dieser Disziplin hat auch mit seiner Stellensuche nach der Rückkehr aus Breslau (1765) und dann nach dem Scheitern der Hamburgischen »Entreprise« (1768/69) zu tun. Er muss sich nach einem neuen Betätigungsfeld umsehen, die Altertumskunde ist in Mode, so sucht er sich in diesem Fach zu profilieren. Als die Nachricht von Winckelmanns Ermordung in Triest (am 8.6.1768) sich verbreitet, überrascht – und vexiert – er die Freunde mit Rom-Plänen. Auch für die Bibliothekarsstelle in Wolfenbüttel empfiehlt er sich mit einer Schrift antiquarischen Inhalts (*Wie die Alten den Tod gebildet*). Im Folgenden stellen wir die drei wichtigsten Kontexte von *Laokoon* dar: Winckelmann und die Altertumskunde im 18. Jahrhundert, die Ut-pictura-poesis-Doktrin, schließlich die philosophische Ästhetik. Dabei werden die beiden bedeutenderen antiquarischen Werke Lessings mit einbezogen, die *Antiquarischen Briefe* und die Abhandlung *Wie die Alten den Tod gebildet*. Die wichtigsten Informationen zu diesen Texten:

– *Briefe, antiquarischen Inhalts. Erster Teil.* Berlin 1768. 2. Auflage 1778. – *Briefe, antiquarischen Inhalts. Zweiter Teil.* Berlin 1769. Text: B 5/2, 351 ff. – Die *Antiquarischen Briefe* sind Streitschriften gegen Christian Adolf Klotz (1738–1771). Es handelt sich um Lessings zweite große Fehde nach der Polemik gegen den Horaz-Übersetzer Samuel Gotthold Lange und vor dem Fragmentenstreit. Das Werk wirft ein Licht auf den damaligen wissenschaftlichen bzw. gelehrten Alltagsbetrieb. Um Einfluss und Macht wird gerungen, gegen »Medienimperien« wird angegangen, nicht zuletzt stehen handfeste Berufsaussichten auf dem Spiel, Autoritäten werden aufgebaut und demaskiert, jede der streitenden Parteien wittert »Despotismus« hinter der Verfahrensweise der anderen (Barner 1993). Klotz hat zu der Zeit, als der Streit entbrennt, einen renommierten Posten inne, er ist Professor der Philosophie und Beredsamkeit in Halle, dazu Hofrat und preußischer Geheimrat. Großen Einfluss übt er als Herausgeber mehrerer Zeitschriften aus (der *Acta litteraria*, der *Neuen Hallischen gelehrten Zeitungen*, der *Deutschen Bibliothek der schönen Wissenschaften*). Er ist ein »Überflieger« und »Aufsteiger«, schnell begreift er die Attraktivität der Altertumswissenschaft. Er knüpft Kontakte zu Winckelmann und Lessing und tritt mit Veröffentlichungen zur Altertumskunde hervor, die diese populär machen sollen. Eine dieser Schriften, das Buch über die Gemmen (*Ueber den Nutzen und Gebrauch der alten geschnittenen Steine und ihrer Abdrücke*, 1768), fordert Lessing zu seiner polemischen Reaktion heraus. Der genaue Hergang, die Verzahnung mit der *Laokoon*-Rezeption und die Eskalation des Streits werden von Barner aufgezeigt und dokumentiert (Kommentarteil in B 5/2). – Die *Antiquarischen Briefe* gehören nicht nur in die Geschichte der Altertumswissenschaft, sondern auch in die Geschichte der polemischen Literatur. Bereits den Zeitgenossen fallen die Schärfe von Lessings »Ton« und die Diskrepanz zwischen dieser Schärfe und der Geringfügigkeit der Gegenstände auf, zum Teil haben auch die Freunde kein Verständnis mehr für die Vehemenz, mit der Lessing streitet. Die Materie der *Briefe, antiquarischen Inhalts* ist heute vergessen, dagegen enthalten sie einige Äußerungen Lessings zum Thema »Polemik«, die zu »Merkworten« geworden sind und immer wieder zitiert werden. Wir stellen die wichtigsten zusammen: Im 51. Brief fällt die Formel vom »Publikum als Richter« (B 5/2, 552 f.), im 54. Brief begegnet das eindrucksvolle »Mühlengleichnis«, mittels dessen Lessing seine Position als Polemiker veranschaulicht (572), im 57. Brief (581) findet sich die bekannte »Tonleiter« des »Kunstrichters«: »Gelinde und schmeichelnd gegen den Anfänger« usw. (zur Klotz-Kontroverse neuerdings: Zarychta 2007). – Auch die andere

Schrift ist aus dem Streit mit Klotz hervorgegangen:

– *Wie die Alten den Tod gebildet.* Berlin 1769 (bei Voß). Neudruck 1792 (im 10. Teil der *Vermischten Schriften*, die Johann Joachim Eschenburg herausgibt). 1800 erscheint bei Voß eine weitere Einzelausgabe – Text: B 6, 715–778. – Lessing verficht die These, in der Antike sei der Tod als Bruder des Schlafes vorgestellt worden (Genius mit gesenkter Fackel), antike Bilder, die den Tod in schrecklicher Gestalt zeigten, gebe es allerdings, diese bezögen sich jedoch nur auf Einzelschicksale und stellten das individuelle Leiden *vor* dem Eintritt des Todes dar. Am Schluss der Schrift spielt Lessing die ästhetische Anschauungsweise gegen die christlich-religiöse aus. Die heidnische Auffassung vom Tod als Bruder des Schlafes besitzt für ihn eine größere Wahrheit als die christliche Ikonographie des Totengerippes, in der sich die Lehre vom Tod als Strafe für die Sünde niederschlage. Für Lessing ist der Tod ein Teil der großen Ordnung der Natur; Tod, Bewegung und Leben bilden einen Zusammenhang. Die schönen Darstellungen der Griechen nimmt er als dessen sichtbares Äquivalent wahr. Mit dieser Interpretation antizipiert Lessing Goethes Versuch, in den antiken Grabplastiken eine Überwindung des Todes, die Bewahrung der Abgeschiedenen »im Bilde«, zu erkennen (*Italienische Reise*, Museum Maffeianum, Verona, 16. September 1786; HA 11, 41–43).

Winckelmann

Lessing eröffnet seine Schrift mit der Kritik an Winckelmanns Interpretation der Laokoon-Gruppe aus den *Gedancken über die Nachahmung der Griechischen Wercke in der Mahlerey und Bildhauer-Kunst* (1755) und der »Rettung« (P 7; B 5/2, 254) des Vergil (und Sophokles). Am Ende geht er auf die 1763 publizierte *Geschichte der Kunst des Alterthums* (vordatiert auf 1764) ein, wobei er anhand von zwei wichtigen antiquarischen Fragen (der Datierung der Laokoon-Gruppe und der Identifikation des Borghesischen Fechters) seine philologische Methode als gleichberechtigte Alternative zu Winckelmanns kunstgeschichtlichem Ansatz vorführt. Dass er sich der Bedeutung des Werks bewusst ist, zeigt das Gewicht, das er auf die Fiktion einer parallelen (und damit unabhängigen) Entstehung bei-

der Schriften legt (Nr. 19 und 26; B 5/2, 144 und 183f.).

Johann Joachim Winckelmann (1717–1768) gibt der Altertumsforschung ein neues Profil. Er gilt als Begründer der Kunstgeschichtsschreibung. Er leitet zum Studium der Originale an und weckt den Sinn für das »Selbersehen«. Lessings Angriffe quittiert er mit den Worten: »Er komme nach Rom, um auf dem Ort mit ihm zu sprechen« (an Johann Michael Francke, 10.9.1766; B 5/2, 681). Er ist zur Zeit, da dieser den *Laokoon* schreibt, ein Gelehrter von internationalem Ansehen (während er den Namen Lessing noch nie gehört hat). Seit 1755 lebt er in Rom. Er ist dort mit hochstehenden Persönlichkeiten befreundet, denen er die Kunstsammlungen zeigt. Er findet mit seiner neuen Art der Kunstbetrachtung, mit der Erziehung zu einer rückhaltlosen Begegnung mit den Werken, großen Anklang. Winckelmann hat sich aus kümmerlichen Verhältnissen emporgearbeitet. Der diesseitsfreudige Geist, der seinen gesamten Lebensentwurf durchdringt, findet in den Worten Ausdruck, mit denen er auf seinen Weg zurückblickt: »Superavi te, fortuna« (nach Rehm 1951c, 184).

Mit Winckelmann erreicht die Aufwertung der sinnlichen Erfahrung, die für die Geschichte der Ästhetik insgesamt konstitutiv ist, eine neue Qualität. Er steht hier mit Lessing auf einer Ebene. Im *Laokoon* erkennt Lessing, dass für die einzelnen Künste jeweils spezifische Gesetze gelten; in der *Geschichte der Kunst des Alterthums* erforscht Winckelmann die Gesetze des Stilwandels. In beiden Fällen erhält Kunst einen Eigenwert. Dabei sieht Winckelmann Kunst, Natur und (menschliches) Leben eng miteinander verflochten. Er entwirft ein Idealbild vom Leben der Griechen, an dem der Einfluss Rousseaus leicht auszumachen ist. »Zurück zur Natur« scheint auch Winckelmanns Devise. Politische Freiheit und freizügige Entfaltung des Sinnenlebens gehen in seiner Schilderung eine harmonische Symbiose ein. Zugleich integriert er empiristische Theoreme, wenn er z. B. vom Einfluss des Klimas, der Bodenbeschaffenheit u. ä. auf die innere und äußere Bildung der Menschen spricht (z. B. *Gedanken über die Nachahmung*, ²1756/ 1962, 4ff.). Als Produkt dieser natürlichen Gegebenheiten begreift Winckelmann die Kunstwerke der Griechen. Als Produkt, in dem allerdings die Natur auf ein »Ideal« hin überschritten ist.

Zur ›Anschauung‹ des »Ideals« zu führen, ist das Ziel von Winckelmanns Beschreibungen griechischer Plastik. Zwei nur scheinbar gegenläufige Tendenzen verschränken sich in ihnen. Zum einen sieht er die Bildwerke ganz realistisch. Fast minutiös zeichnet er Details der Körperbildung nach (v. a. in der Beschreibung der Laokoon-Gruppe: 1764/1966, 348 f.). Er tastet die Statuen regelrecht wie lebende Leiber ab, appelliert dabei auch an eigene Körperempfindungen. Zum anderen gipfeln seine Schilderungen in der Beschwörung der idealen Schönheit. Winckelmann umschreibt sie emphatisch: Sie ist göttlich, mehr als menschlich, jenseits der menschlichen »Dürftigkeit«; sie ist übersinnlich und himmlischer Natur, sie gehört dem Reich »unkörperlicher Schönheiten« an. Die Anknüpfung an die neuplatonische Tradition liegt deutlich zutage. Man hat hierin eine sinnenfeindliche Wendung gesehen. Damit ist Winckelmanns Schönheitskult jedoch nicht zureichend erfasst. Winckelmann erhebt die Kunstwerke, die ausschließlich durch die sinnliche Wahrnehmung zum Menschen sprechen, in den Rang einer göttlichen Offenbarung. Er bindet die Empfindung des Göttlichen an das Kunsterlebnis. Immer wieder lenkt er den Blick des Betrachters auf Einzelheiten der Statuen zurück. Der Betrachter soll erkennen, d. h. wahrnehmen und empfinden, dass die ›geistige Schönheit‹, »die sich über die Natur erhebt«, in den Plastiken sichtbar geworden ist. Das Überwältigende des Kunsteindrucks liegt für ihn darin, dass das ›Übersinnliche‹, das Ideal, als unablösbar von einem sinnlichen Gegenstand erfahren wird (vgl. dazu Inka Mülder-Bach 1992 und 1998). Zugleich ist Winckelmanns Verhältnis zu seinen Gegenständen nicht objektivierend, sondern identifikatorisch. Er betrachtet die Statuen wie ein Physiognomiker, der im Körper den Ausdruck der lebendigen Seele erblickt (vgl. Nisbet 1979), um dann in einem Akt ekstatischer Einfühlung jede Distanz aufzuheben. »[…] denn mein Bild scheint Leben und Bewegung zu bekommen, wie des Pygmalion Schönheit« (*Geschichte der Kunst des Alterthums*, 1764/1966, 393), schreibt er über seine Lieblingsstatue, den Apollo von Belvedere. Heinrich Detering (1995) hat aufgedeckt, wie stark Winckelmanns Kunstrezeption von seinen homoerotischen Neigungen bestimmt ist und wie unverhohlen sich diese Neigungen in seinen Beschreibungen aussprechen. Erneut zeigt sich, dass

die Idealisierung eine Erhöhung des sinnlichen Lebens impliziert; nicht zu Unrecht weist Inka Mülder-Bach (1998, 25) auf die »Aufwertung der Physis« hin, die in Winckelmanns Betrachtungsweise liegt (zu Winckelmanns *Gedancken* mit weiterführenden Literaturangaben: Schrader 2005, 19–35).

Man hat in der Forschung von der ausgebliebenen Kontroverse zwischen Winckelmann und Lessing gesprochen, an deren Stelle die weitaus weniger spannende Polemik gegen Klotz (*Antiquarische Briefe*) getreten sei. In der Tat hat Lessing den kritischen Bezug zu Winckelmann in *Laokoon* hineinkomponiert, und wahrscheinlich ist die Verflechtung noch enger als bislang wahrgenommen. Sowohl die neuplatonische Idealisierung als auch die erotisierende Beseelung der Statuen, ihre Betrachtung unter dem Aspekt der leib-seelischen Einheit, sind Lessing suspekt, beides weist er mit der Bestimmung der Schönheit nach ihren formalen Merkmalen – Maß, Proportion, Mannigfaltigkeit, Übereinstimmung – zurück. Der Kunstbegeisterung Winckelmanns begegnet er mit einem ernüchterndem *understatement*; vielfach sind die entsprechenden Nadelstiche. Die Beschreibung des Apollo von Belvedere, die aus einem Hogarth-Zitat besteht (*Laokoon*, Nr. 22; B 5/2, 163), ist zum Beispiel lesbar als eine Replik auf Winckelmanns Schilderung (1764/1966; s. o.): Wo Winckelmann in Ekstase gerät, analysiert Lessing einen technischen Kunstgriff, mittels dessen der Bildhauer den erhabenen Eindruck erzielt habe (vgl. Bedenk 2004, 84). Ebenso pointiert ist die Berufung auf Anton Raphael Mengs, den Maler, Kunsttheoretiker und Freund Winckelmanns. In dem Essay *Gedanken über die Schönheit und über den Geschmack in der Malerei* (1762), den Lessing anführt (Nr. 18; B 5/2, 131), skizziert Mengs als Grundlage seiner Reflexionen ein neuplatonisches Konzept von Schönheit, Lessing jedoch greift ausschließlich die technischen Beobachtungen zu Raphaels Behandlung der Gewänder heraus. Einer der rhetorischen Glanzpunkte von Lessings *Philoktet*-Auslegung ist die lakonische Feststellung, der menschliche Held sei »das Höchste, was die Weisheit hervorbringen, und die Kunst nachahmen kann« (Nr. 4; B 5/2, 45). Lessing korrigiert damit Winckelmanns Bemerkung, auch »den Philoctetes« werden die Künstler »mehr nach den Grundsätzen der Weisheit, als nach dem Bilde der Dichter, vorgestellet haben« (*Geschichte*, 1764/1966, 170; vgl. P 7, 6. Abschnitt; B 5/2, 256; auch *Laokoon* Nr. 5; B 5/2, 58). In dem Paralipomenon 3 (B 5/2, 242 f.) schließlich experimentiert Lessing mit dem Gedanken von der Relativität der Schönheitsideale – den er in der Druckfassung fallenlässt – anhand der gleichen Anekdote, mit der Winckelmann die absolute Geltung des griechischen Schönheitsideals demonstriert (*Gedanken über die Nachahmung*, ²1756/ 1962, 3), und nach Fridrich (2003, 159 f.) dient das Hottentottenpaar (*Laokoon*, Nr. 25; B 5/2, 175 f.) Lessing als – allerdings sehr befremdliches und ambivalentes – Gegenbeispiel zu Winckelmanns universalistischer Schönheitsauffassung. – (An den gemeinsamen Boden, auf dem Lessing und Winckelmann gleichwohl stehen, erinnert Nisbet 1979; zu Lessings Winckelmann-Kritik s. auch Nisbet 2008, 405–418; zur Kunstliteratur des Frühklassizismus vgl. Pfotenhauer u. a. [Hgg.] 1995; zu den verschiedenen Stadien von Winckelmanns Auseinandersetzung mit der Laokoon-Gruppe, die zunächst von literarischen Quellen, dann, nach der Übersiedlung nach Rom, von der visuellen Anschauung geprägt gewesen ist, s. Bäbler 2009).

Altertumskunde

Bereits die Zeitgenossen haben Winckelmanns Ansatz als einen Einschnitt und Neubeginn in der Altertumskunde wahrgenommen. 10 Jahre (1778) nach dem Tod des deutschen Archäologen schreibt die Kasseler »Gesellschaft der Altertümer« eine Lobschrift auf ihn aus, deren Thema lautet, den wissenschaftsgeschichtlichen Umbruch zu bestimmen, den dessen Forschungen herbeiführten. Christian Gottlob Heyne, der namhafte Göttinger Archäologe, beschreibt in seiner preisgekrönten Schrift diesen Umbruch so: Nur Kompilation »ohne Gelehrsamkeit, ohne Geschmack und Beurteilung« mache den Inhalt der meisten antiquarischen Bücher vor Winckelmann aus. Erst durch dessen Blick auf das Ganze werde »ein unbedeutendes geschnittenes Steinchen, eine Meerkatze von einer Bronze, ein alter Schlüssel nun nicht mehr die ganze Aufmerksamkeit eines Gelehrten auf sich ziehen, und ihn zu allerlei falschen oder grundlosen Voraussetzungen verleiten, um ihm eine Wichtigkeit beizulegen, die es nicht hat« (zitiert nach Schiering 1969, 11). Heyne grenzt Winckelmanns Leistung von

den großen Sammelwerken ab, die am Beginn des 18. Jahrhunderts das Wissen über die Antike zusammenfassen. Eines der bekanntesten und einflussreichsten ist das zehnbändige Werk von Montfaucon *L'antiquité expliquée et représentée en figures* (1719; 2. Aufl. 1722; 1724 erscheinen fünf Supplementbände). Noch weit ins 18. Jahrhundert hinein prägt es das Bildungswissen über die Antike. Wenn Wilhelm Meister im Schloss des Grafen nach dem mythologisch »richtigen« Kostüm der Athene sucht, schlägt er in den Folianten Montfaucons nach, die der Schlossherr selbstverständlich in seiner Bibliothek hat (*Wilhelm Meisters Lehrjahre*, 3. Buch, 7. Kapitel). Schierings Charakteristik (1969, 12) gibt einen Einblick in die Anlage der Bücher: »Die vielen Abbildungen (etwa 40.000) sind von überallher beigebracht: Es sind Kupfer von Apianus, Bellori, Bonanni, Beger, Fauvel, Foucault, Boissard, de la Chausse, Charlet, du Choul Lebrun, Spon und Fabretti. Die gezeigten Gegenstände kommen aus allen Zweigen antiker Kunstübung von den kleinsten bis zu den größten Denkmälern, und sie kommen aus allen Teilen der antiken Welt. Alles Bekannte und Erreichbare ist liebevoll zusammengetragen und auf die einzelnen Bände bzw. Bücher übersichtlich verteilt. So sind die beiden ersten Bände den nach Klassen geschiedenen Göttern der Griechen und Römer gewidmet, während sich der folgende Band mit den Priestern, den Tempeln, Altären, Opfergeräten, den Festen der Griechen und Römer und den Religionen außerhalb Griechenlands und Roms beschäftigt usw.« Montfaucons Werk kann stellvertretend für vergleichbare Unternehmen aus dieser Zeit stehen. Es geht um das »Sammeln und Ordnen des durch den Fleiß der Philologen einerseits, der Antiquare und der Reisenden andererseits gewonnenen Wissens von der antiken Welt« (Schiering 1969, 13). Nicht aber geht es um die Kunstwerke selbst, das Wissen wird nicht angewendet, um den sinnlichen Eindruck, den die antiken Werke machen, zu »verstehen«, sie besitzen keinen Eigenwert. Symptomatisch ist die Ausrichtung an der sprachlichen Überlieferung. Montfaucon ist von Haus aus Philologe, generell benutzen die »Antiquare« (Alterumskundler) ein philologisches Instrumentarium bei der Erschließung antiker Dokumente. Die sichtbaren Monumente dienen dazu, um die schriftlichen zu erläutern. Ein Wandel kündigt sich an in den archäolo-

gischen Arbeiten des Grafen Caylus – des gleichen Caylus, gegen dessen Vorschläge zur
malerischen »Umsetzung« von Szenen aus dem
Homer Lessing sich wendet. Caylus rückt das
einzelne (bildnerische) Werk in den Mittelpunkt.
Die Frage nach der Geschichte wird virulent. »In
den Beschreibungen wird, wo es sich anbietet,
der Versuch gemacht, das örtliche wie das zeitliche Verhältnis der einzelnen Werke untereinander zu klären« (Schiering 1969, 15). Caylus
möchte eine Erkenntnis vermitteln, die sich aus
dem ergibt, was jeder mit Augen sehen kann und
für die keine gelehrten Hilfskenntnisse benötigt
werden (ebd.). – In Deutschland werden archäologische Studien vor Winckelmann kaum getrieben. Johann Friedrich Christ, Lessings Lehrer in
Leipzig, Professor für Poesie und Geschichte, gehört zu den wenigen Ausnahmen. Er hält Vorlesungen (u. a.) über Inschriften und Architektur
»der Alten«, über ihre Gefäße und Geräte, über
antike Münzen und Gemmen, Plastik und Malerei (nach Danzel/Guhrauer Bd. 1, 1850, 70). Sein
Blick, so Waetzolds Urteil (1921, 45), haftet dabei
noch am Einzelnen, dem Interesse an der antiken
Welt liegt noch kein Begriff von der Eigenart antiker Kunst und Kultur zugrunde. Mit Winckelmanns Schrift *Gedancken über die Nachahmung
der Griechischen Wercke in der Mahlerey und Bildhauer-Kunst* (1755, erw. Aufl. 1756) sind dann
Wende und Wandel, die sich unterschwellig angebahnt haben, mit einem mal manifest. Das
Werk löst sofort ein großes Echo aus. Seine revo-
lutionierende Wirkung beruht darauf, dass an die
Stelle umfassender Gelehrtheit das Prinzip des
»Geschmacks« tritt. Gleich der erste Satz der *Gedanken* liest sich wie als Fanal: »Der gute Geschmack, welcher sich mehr und mehr durch die
Welt ausbreitet, hat sich angefangen zuerst unter
dem griechischen Himmel zu bilden« (²1756/1962,
1). Enzyklopädisches Wissen und systematische
Ordnung, die bisherigen leitenden Kategorien in
der Altertumskunde, werden durch »Anschauung« ersetzt. Nicht mehr die Kommentierung
schriftlicher Quellen, wozu die Bilddokumente
als Beleg dienen, ist das Ziel, sondern die Begegnung mit dem Original, dem Bildwerk, das
»stumme« Betrachtung verlangt. – Die neue Ge-
schmacksorientierung schlägt sich auch in Winckelmanns Unterscheidung zwischen römischer
und griechischer Antike und in der Erhebung der
griechischen Kunst zum Leitbild nieder. Nie zu-

vor in der Altertumskunde hat diese Differenzierung eine konstitutive Rolle gespielt (vgl. ergänzend Kap.: Sophokles).

Wissen über die antike Welt als Schule des Geschmacks, Kunstgeschichte als Anschauung des
Geschmackswandels, Kunstbetrachtung als Geschmacksbildung an einem übersichtlich-fassli-
chen Beispiel: Auf dieser Basis übt Winckelmann
seine relativ große Breitenwirkung aus. Die Altertumskunde wird zu einem Modefach, Zeitgenossen nehmen dies so wahr. Vom Modischen
der antiquarischen Studien spricht ein Rezensent
von Lessings *Antiquarischen Briefen* (abgedruckt
in B 5/2, 1069 ff.). Besonderer Beliebtheit erfreuen sich die Daktyliotheken, die Sammlungen
geschnittener Steine (Gemmen und Cameen).
Diese gravierten Steine, so glaubt man, eröffnen
einen besonders unmittelbaren Zugang zur Antike, da sie aufgrund der Detailfreudigkeit der
dargestellten Szenen einen differenzierteren Einblick in die alltägliche Lebenswelt gewähren als
die großen Denkmäler (Christ; nach Justi Bd. 1,
²1898, 334). Daneben liegen die praktischen Vorteile auf der Hand. Die Daktyliotheken werden
oft in Abbildungswerken dokumentiert und dem
Publikum bekannt gemacht. Das wichtigste Unternehmen dieser Art ist das Lippertsche. Philipp
Daniel Lippert ist Besitzer einer umfangreichen
Sammlung geschnittener Steine, die er katalogi-
siert und beschreibt (Titel in deutscher Übersetzung: »Aus der gesamten Lippertschen Daktyliothek stammen tausend Stücke, mit feinen Abbildungen illustriert«, 1755–62). Bekannt ist er
darüber hinaus durch ein besonderes Verfahren,
das er zum Abdruck und zur Vervielfältigung von
Gemmen (Faksimiles) entwickelt hat (Leppmann
1986, 102 f.). Lessing bezieht sein Anschauungs-
material fast ausschließlich aus Lipperts und ähnlichen Abbildungswerken. – Der Aufstieg der Altertumskunde zu einem »Modestudium« ist ein
Symptom für tiefgreifende Umbruchsprozesse.
Die bislang gültige Orientierung an den reden-
den Künsten wird abgelöst durch diejenige an
der bildenden Kunst. Nicht Rhetorik und Poetik
leiten mehr primär zum »guten Geschmack«,
sondern die »stummen« Werke der Malerei und
Plastik. »Anschauung«, sinnliche Gegenwart wird
zum Paradigma des Schönen. Wie attraktiv die
Umschmelzung von »Wissen« in »Anschauung«
und die Symbiose von Geschmacksbildung und
konkreter visueller Erfahrung gewesen ist, zeigen

die altertumskundlichen Schriften von Christian Adolf Klotz und Lipperts Daktyliothek. Klotz setzt sich für die Einführung des Kunstunterrichts in den Schulen ein. Er plädiert für eine ästhetische Erziehung, in deren Zentrum das Anschauen von Werken der bildenden Kunst steht. Verbreitung des guten Geschmacks, Empfänglichkeit für das Schöne, Gewinn einer »anschauenden Erkenntnis« sind seine Leitgedanken, wobei er »Geschmack« und Erlebnis des Schönen dezidiert an die visuelle Wahrnehmung und Erfahrung bindet. Vergleichbar ist die Intention, die Lippert mit seiner Daktyliothek verfolgt; Klotz denkt sich den schulischen Anschauungsunterricht mit Hilfe vor allem solcher Daktyliotheken. Für Lippert sollen die zusammengetragenen Bilder dazu helfen, die schwierigsten Stellen der antiken Dichter und Geschichtsschreiber zu verstehen. Auch bei ihm spielt die Anschauung eine neuartige Rolle, auch ihm ist es um Geschmacksbildung zu tun. Dunkle Begriffe möchte er durch »anschauende Kenntnisse« aufhellen. Das »Schöne« der alten Schriftsteller, die Harmonie der Worte, wird ihm erst aufgrund der Bilder völlig sinnfällig. Er bemängelt an den Gelehrten, dass sie an das »Bild« nicht dächten, dass sie keine von den Schönheiten *sähen*, die durch die Worte der Schriftsteller beschrieben würden. Lippert will nicht nur hören, er will vor allem sehen (nach Justi Bd. 1, ²1898, 336 und 340).

Die Laokoon-Gruppe. Die Kehrseite zu dem antiquarisch-philologischen Interesse an der Antike bildet die Erhebung antiker Kunstwerke zu zeitlos gültigen, normsetzenden Mustern. Im Jahr 1506 (genau: am 14. Januar) wird die Laokoon-Gruppe in einem Weinberg in der Nähe von San Pietro in Vincoli (Rom) gefunden, am 1. Juni 1506 wird sie im Statuenhof des Belvedere im Vatikan aufgestellt. Die Entdeckung wird enthusiastisch gefeiert, sofort identifiziert man die Skulptur mit der von Plinius im 36. Buch der *Historia naturalis* beschriebenen Laokoon-Gruppe, welche dieser als das Kunstwerk bezeichnet, das allen anderen vorzuziehen sei. Man sieht in der Skulpturengruppe einen Gipfel nicht lediglich der antiken Kunst, sondern der Kunst überhaupt. Ihr Ruhm bleibt über die Jahrhunderte unangefochten, noch bei Winckelmann heißt es (*Gedanken über die Nachahmung*, ²1756/1962, 3): »Laocoon war den Künstlern im alten Rom eben das, was er uns

ist; des Polyclets Regel; eine vollkommene Regel der Kunst.« Lessings Wahl des Titels für seine Schrift, in der er die Kunstgesetze neu bestimmt, trägt der exzeptionellen Bedeutung dieser Skulptur Rechnung. Was immer über das Wesen der bildenden Kunst ausgesagt wird, an Laokoon muss es sich bewähren, auf Laokoon muss es anwendbar sein.

Wenn solchermaßen die antike Gruppe zum zeitentrücktem »Lehrstück« der Kunst schlechthin gemacht wird, so ist sie zugleich ein Demonstrationsbeispiel für die Zeitgebundenheit der Wahrnehmung. Diametral Entgegengesetztes hat man in ihr gesehen. Im Frühbarock und Barockzeitalter nimmt man vor allem die leidenschaftliche Bewegtheit der Figuren wahr, wobei die von Montorsoli 1532 vorgenommene Rekonstruktion des fehlenden rechten Armes des Vaters die pathetische Wirkung unterstreicht. Laokoon streckt ihn in ausdrucksvoller Gebärde nach oben, es handelt sich um ein Pathosmotiv. Der Körper wird beschrieben als Ausdrucksmedium für den bloßen Affekt, der Gegensatz zur Seele soll deutlich werden (Meyer-Kalkus 1995). – Ganz anderes sehen Winckelmann und Lessing: Sie sehen den gedämpften, ausbalancierten, in Schönheit verwandelten Affekt, für Winckelmann trägt der Körper bereits den Ausdruck der disziplinierenden Seele, für Lessing wird der höchste Affekt des Schmerzes in der Plastik gar nicht dargestellt, so dass die Schönheit, die für ihn an unverzerrte Züge gebunden ist, nicht verletzt wird. Es ist heute kaum noch nachvollziehbar, wie man in der dramatisch bewegten Gruppe solcher Beherrschung und Ausgewogenheit ansichtig werden konnte.

In der zweiten Hälfte des 19. Jahrhunderts ist man dann nicht mehr bereit, Laokoon als Verkörperung des »Schönen« bzw. als Muster der Darstellung des Menschen zu sehen. Der Sinn für die geschichtliche Entwicklung hat sich geschärft. Während Winckelmann das Werk noch ganz selbstverständlich der »klassischen« Periode zuordnet (für ihn die Zeit Alexanders des Großen, heute die Zeit des Perikles [5. Jh.v.Chr.]), erkennt man jetzt den Zusammenhang mit dem hellenistischen Barock, die stilistische Ähnlichkeit mit dem Gigantenfries von Pergamon fällt ins Auge (Datierung: zweites vorchristliches Jahrhundert). Gleichzeitig lehnt man (vor allem in Deutschland und England, weniger in Frankreich und Italien) diese Kunst als manieristisch ab, man erkennt eine Symbiose von übersteigerter Dramatik, künstlerischem Raffinement und technischem Virtuosentum, die den eigenen Vorstellungen vom lebenvollen »Organismus« des (»wahren«) Kunstwerks widerspricht. Man vermisst das »Schaffen aus der Tiefe der Empfindung« (H. Bulle, 1912, zitiert nach Sichtermann 1964, 31, weitere Beispiele bei Bieber 1967, 30 ff.). – Der heutige Betrachter sieht auch faktisch eine »andere« Laokoon-Gruppe als Win-kelmann und Lessing. Im Jahr 1905 wird der (vermutlich) originale antike Arm des Vaters entdeckt und 1957 an die Figur angefügt. Laokoon biegt seinen rechten Arm nunmehr zum Kopf zurück, die Gebärde zeigt nicht mehr den Kampf gegen das Schicksal, sondern das Unterliegen, das Pathos ist zurückgenommen. Die Funde von Sperlonga aus dem Jahr 1957 (Reste einer Odysseus-Figurengruppe von den gleichen Künstlern) haben die Frage der Datierung erneut in Fluss gebracht. Den Bezugspunkt bildet der Zeusalter von Pergamon, die Frage ist, ob die Laokoon-Gruppe ungefähr zeitgleich mit diesem anzusetzen sei (ca. 150 v. Chr.) oder ob sie, als ein Spätwerk, am Ausklang des hellenistischen Barock stehe (Datierung auf ca. 50–20 v. Chr.). Für letztere Alternative herrscht ein größerer Konsens. Zum Vergleich: Lessing verlegt die Entstehung in die Regierungszeit des Kaisers Titus (79–81 n. Chr.), wobei auch er nicht in Zweifel zieht, dass das Werk stilistisch »die« klassische griechische Kunst repräsentiert (Nr. 26 ff.).

Kein Ausspruch Lessings ist überliefert, ob er je einen Abguss der Laokoon-Gruppe gesehen hat und welchen Eindruck die Skulptur auf ihn machte (eine Bemerkung über den Vorzug der gipsernen Kopien, die er beim Besuch des Mannheimer Antikensaals gemacht haben soll, gibt Schiller wieder [NA 20, 102]). Auch als er 1775 nach Rom kommt – er ist der Reisebegleiter des Prinzen Leopold von Braunschweig –, scheint ihn die Möglichkeit, das Werk, das ihn so lange beschäftigte, nun im Original kennenzulernen, nicht näher zu berühren, jedenfalls enthalten die im sogenannten »Tagebuch« gesammelten antiquarischen Notizen keinen Hinweis auf eine Besichtigung (eine Anekdote, man habe Lessing nach stundenlangem ängstlichen Suchen endlich »neben der herrlichen Gruppe des Laokoon einsam und emsig beschäftigt« gefunden, hält W.

Albrecht für wenig glaubwürdig; vgl. Albrecht 2005, Bd. 1, Nr. 852 und Kommentar: Bd. 2, 650). Umso überraschender (und bezeichnender) ist die Intensität, mit der er in der Laokoon-Schrift die »Schönheit« der antiken Plastiken, das heißt die Bild gewordene Schönheit des menschlichen Körpers, beschwört. So mag denn abschließend dem bekannten Faktum gegenüber, dass sein Zugang zur Antike ein gedanklicher und literarisch-philologischer ist, an eine Briefäußerung erinnert werden, die Lessing aus Italien an den Bruder richtet. Er schreibt am 7.5.1775 (B 11/2, 715): »Dieser Vorschmack – will ich Dir nur mit wenigem sagen, hat meinen alten Gedanken, in Italien zu leben und zu sterben, auch schon wieder ganz erneuert: so sehr gefällt mir noch alles, was ich in dieser Gegend höre und sehe.«

Collectaneen. Die gleichen Umbrüche, die sich in der Entwicklung der Altertumskunde abzeichnen, spiegeln sich auch in Lessings Laokoon-Projekt wider. Besonders deutlich zeigt sich das, wenn der vollendete erste Teil im Gesamtzusammenhang nicht nur der Paralipomena (B 5/2, 209–321), sondern auch der *Collectaneen* gesehen wird (»Collectaneen« sind »Sammlungen von Auszügen aus literarischen oder wissenschaftlichen Werken« [Axel Schmitt in B 10, 1127], ein Collectaneen-Heft Lessings hat sich erhalten [LM 15, ; B 10, 461–659]). In der Vorrede zu *Laokoon* stellt Lessing den Zusammenhang selbst her, wenn er seine Schrift so charakterisiert (B 5/2, 15): Sie sei »zufälliger Weise entstanden, und mehr nach der Folge meiner Lectüre, als durch die methodische Entwickelung allgemeiner Grundsätze angewachsen. Es sind also mehr unordentliche Collectanea zu einem Buche, als ein Buch.« Im Kommentar zu den *Collectaneen* zeigt Axel Schmitt an etlichen Beispielen den Weg von den Lektürenotizen und Exzerpten zu den entsprechenden Werkpassagen (besonders der *Antiquarischen Briefe*); eine vergleichbare Genese darf für *Laokoon* vermutet werden (zur Datierung vgl. B 10, 1131 f.; Blakert 1999).

In den *Collectaneen* scheint sich Lessing eines polyhistorischen Verfahrens der Wissensorganisation zu bedienen, und doch ist die polyhistorische Philologie nur mehr die Kontrastfolie für seinen Ansatz, seine Fragerichtung. Der Geltungsanspruch des (frühneuzeitlichen) Polyhistorismus ist umfassend, universell und statisch, denn »Wissensfortschritt bedeutet in dieser Perspektive die möglichst umfassende Rekonstruktion gelehrter Überlieferung« (Schmitt, B 10, 1138). Man geht von einer ursprünglichen Vollkommenheit, Ordnung und Wahrheit aus, in deren Horizont jedes Detail seinen angestammten Platz hat. Umfängliches Wissen sammelt auch Lessing, »zurück zu den Quellen« ist auch seine Devise. Aber nicht nur ist das Ordnungssystem des Polyhistorismus längst durch die Wolffsche Philosophie abgelöst worden – Lessing setzt prinzipiell kein abgeschlossenes System bei seinen Forschungen voraus. »An systematischen Büchern«, so fährt er in der Vorrede zu *Laokoon* fort (B 5/2, 15), »haben wir Deutschen überhaupt keinen Mangel«, und er verweist gegenüber dem ›bündigen‹ philosophischen Raisonnement eines Baumgarten auf den Erkenntniswert der Quellen: »so werden doch meine Beispiele mehr nach der Quelle schmecken.« Lessing versteht das Detail als individuellen Einzelfall. In den *Collectaneen* sammelt er nicht vornehmlich fertiges Wissen, sondern notiert Fragen, Irrtümer, Korrekturvorschläge und immer wieder: Ausnahmen. Dem »Polyhistor als Inkarnation bloßer Wissensanhäufung«, schreibt Axel Schmitt, tritt »der selbstdenkende und urteilende Gelehrte der Aufklärung« entgegen (B 10, 1147). Dabei ist nicht nur die Infragestellung der »gewohnten Diskursnorm« (ebd.) zentral, sondern auch die Suche nach dem – neu zu findenden – Zusammenhang, in dem der Einzelfall sprechend würde, nach der Ordnung, welche die Ausnahme integrierte, ohne ihre Individualität zu beschädigen. Im fünfzehnten antiquarischen Brief stellt Lessing dem »Compilator«, der keine *eigenen* Gedanken habe und den Details keine *allgemein* einleuchtende Ordnung zu geben wüsste, den »Autor« gegenüber. Im 39. Brief findet sich die erstaunliche Bemerkung, dass im antiquarischen Studium es manchmal mehr Ehre bringe, das Wahrscheinliche gefunden zu haben als das Wahre, da bei der »Ausbildung« des Wahrscheinlichen »unsere ganze Seele geschäftig« (B 5/2, 484) sei. Keinen Widerspruch dazu bedeutet es, wenn er dem Vorwurf, er habe den Borghesischen Fechter nicht selbst gesehen, mit der Antwort begegnet: »Was tut das? Was kömmt hier auf das *selbst Sehen* an?« (14. Brief; B 5/2, 398) Denn: »Ich spreche ja nicht von der Kunst« (ebd.), er spricht – an dieser Stelle – von

literarischen Quellen, den klassischen Schriftstellern.

Für den von Lessing beschrittenen Weg, vom konkreten Einzelfall aus neu nach dem Ganzen zu fragen (und nicht umgekehrt), gibt der Eintrag »Wunderbare Menschen« (Nr. 489; B 10, 645–647) ein eindrucksvolles Beispiel. Er steht im Zusammenhang mit dem »Litterator«-Projekt, einer der vielen Pläne Lessings, die, wie *Hermäa* oder *Laokoon*, aus seinen gelehrten Studien erwachsen (datierbar auf 1768/69; vgl. B 10, 1236, Anm. zu 595, 29). »Auf solche« wunderbare Menschen, so beginnt die Notiz, »in Ansehung ihres Körpers oder ihres Geistes, würde ich in meinem Litterator vorzüglich mit sehen« (B 10, 645) – das anthropologische Interesse wird leitend. Lessing verweist auf die Artikel zu den fünf Sinnen in seinem Collectaneen-Heft und stellt eine Liste von pathologischen Fälle zusammen, die er dem *Journal des Savants* (aus den Jahren 1677 bis 1684) entnimmt – monströse Abweichungen von der normalen Organisation. Mit ihnen verbindet er die folgende Überlegung (B 10, 645f.): »Wir kennen den Umfang der menschlichen Kräfte ohne Zweifel noch lange nicht. Wir wissen noch lange nicht, wozu ein Mensch durch Fleiß und Übung gelangen kann, und was für Ausnahmen auch in s. Organismus sich äußern können, ohne seiner Erhaltung und Gesundheit hinderlich zu sein.« Von der Ausnahme her und im Blick auf die produktiv-schöpferische Kraft der Natur ein neues Ordnungsmodell suchen – so könnte der Wegweiser aussehen, dem Lessing, der »Spaziergänger« durch die Wissensgebiete, auch in *Laokoon* zum Beispiel bei der Analyse der Empfindungen folgt. Dort konstatiert er (Nr. 4; B 5/2, 43): »Nichts ist betrüglicher als allgemeine Gesetze für unsere Empfindungen.« Er lenkt die Aufmerksamkeit auf die »dunklen Sinne«, auf die Empfindung des Ekels, und fragt nach deren Beitrag für das ästhetische Vergnügen. Wir geben die Frage nach dem anthropologischen Hintergrund des *Laokoon* an die Forschung weiter (vgl. Binczek 2004 und 2007, 227–245) und beschränken uns in unserer Analyse auf Lessings ästhetisches Konzept einer Modellierung der Empfindungen durch die dramatische Handlung (s. S. 281–283).

Lessing ist sich nicht sicher gewesen, ob die antiquarischen Studien für ihn das geeignete Feld waren, als *Autor* und »Litterator« Erkenntnisse zu gewinnen. Er werde, verspricht er im 38. Antiquarischen Brief (B 5/2, 484), in einer zweiten Auflage des *Laokoon* »mehrere antiquarische Auswüchse« streichen, »weil sie so mancher tief gelehrte Kunstrichter für das Hauptwerk des Buches gehalten hat«, und in einem Urteil über die Altertumskunde, das von Nicolai (an den Freiherrn von Gebler, 10.10.1779) überliefert wird, bezeichnet er den ›größten Teil‹ derselben gar als »Charlatanerie« (zitiert nach B 5/2, 1080). Ausgerechnet in den Passagen des *Laokoon*, in denen Lessing direkt auf die *Geschichte der Kunst des Alterthums* eingeht, scheinen sich Detailfragen zu verselbständigen – nach der fulminanten, gegen Winckelmann gerichteten »Rettung« des Vergil zu Beginn eine deutliche Antiklimax.

Die Auswertung der *Collectaneen* für *Laokoon* ist noch ein Forschungsdesiderat. Neben LM 15 kann man nun auf die kommentierte (Teil-)Edition in B 10 zurückgreifen. Zu denken ist zunächst an eine auf Themen und Inhalte gerichtete Fragestellung: Welche Auskunft geben die *Collectaneen* über weitere Quellen und Anregungen, die Lessing in *Laokoon* verarbeitet hat? Auf einen möglichen Fund verweisen wir in der Analyse: Seine Kenntnisse über die Malerei bezog Lessing nicht nur aus zeitgenössischen ästhetischen und kunsttheoretischen Schriften, sondern auch aus den Malerbüchern (seit) der Renaissance. Wichtiger ist sodann die strukturelle Ebene: Welche Sichtweise auf *Laokoon* als ein *work in progress* eröffnet sich, wenn man den genetischen Bezug zu den *Collectaneen* ernst nimmt? Welche Auffassung von Anordnung, Zusammenhang, Entwicklung und Verflechtung der Themen ergäbe sich daraus? Diese Untersuchung setzte eine gesonderte Analyse der *Collectaneen* als Lessings Schreib- und Lesewerkstatt voraus.

Ut-pictura-poesis-Tradition und Beschreibungsliteratur

Die bildhafte Qualität dichterischer Sprache führt bereits in der Antike zum Vergleich mit der Malerei. Lessing zitiert in der Vorrede den von Plutarch überlieferten Ausspruch des Simonides (von Keos): die Malerei sei stumme Poesie, die Poesie eine redende Malerei (B 5/2, 14). Berühmter ist die – allerdings missverstandene – Zeile (V. 361) aus Horazens *De arte poetica*: ut pictura poesis (erit …). Im Kontext meint der Vers nichts anderes, als dass es sowohl in der Poesie als auch in der Malerei den Unterschied zwischen Effekthascherei und wahrer Schönheit gebe. Die Wendung wird jedoch isoliert und als Kurzformel für die Verwandtschaft, Vergleichbarkeit und Ähnlichkeit der Malerei und Poesie aufgefasst. Im 18. Jahrhundert gewinnt die »ut-pictura-poesis«-Tradition besonders große Breitenwirkung. Für Autoren wie Bodmer und Breitinger wird die Metapher vom »poetischen Gemälde« geradezu zur Grundlage der Dichtungstheorie. Aber auch in England wird die Behauptung, dass die Poesie wie eine Malerei sein solle, vielfach zustimmend diskutiert und zur Lehre erhoben. Obgleich das Diktum bereits in der Renaissance-Poetik präsent ist, gilt John Drydens Essay *A Parallel betwixt Painting and Poetry* (1695) als Fixdatum, da hier das Konzept der Schwester-Künste einer ausführlichen Reflexion unterworfen wird. Zahlreiche Autoren folgen. Die Schriften häufen sich, in denen die Künste mit der Zielsetzung verglichen werden, die malerischen Qualitäten der Poesie hervorzuheben (z. B. Sir Richard Blackmore, John Hughes und viele andere, heute vergessene Autoren). Lessings Kritik richtet sich dabei besonders gegen die Versuche, die dichterische Phantasie an die Bildschöpfungen der Malerei und Plastik zu binden. Der Vergleich erstarrt hier zur konkreten praktischen Anweisung. Repräsentativ für ein solches Vorgehen sind ihm die Werke von Joseph Spence (*Polymetis: or, An Enquiry concerning the Agreement Between the Works of the Roman Poets, And the Remains of the Antient [!] Artists*, 1747) und von dem (französischen) Grafen Caylus (*Tableaux tirés de l'Iliade, de l'Odyssée d'Homere et de l'Eneide de Virgile, avec des observations generales sur le Costume*, 1757). Es handelt sich um zwei Werke aus dem Bereich der Altertumskunde, in denen immer wieder die Prämisse durchscheint, dass der Dichter sich am Maler orientieren solle (und orientiert habe). Spence dechiffriert antike Texte von antiken Bildprogrammen her. Caylus liest die homerischen Epen als eine Reihe »poetischer Gemälde«, aus denen sich Bildkompositionen gewinnen lassen (dazu differenzierend Hausmann 1979, Siebert 1971).

Die Betonung des Visuellen in der Poesie hängt mit der empiristischen Hinwendung zur Wirklichkeit zusammen. So fordert z. B. John Locke den Gebrauch einer Sprache, die klar und prägnant die Dinge selbst abbilde, statt sich in nichtssagenden rhetorischen Figuren zu ergehen. Das Auge avanciert zum »vornehmsten Sinn«, da es das unbestechlichste und umfassendste Bild der Realität gebe. Greifbar liegt der Zusammenhang in Joseph Addisons bekanntem Essay über die »Pleasures of the Imagination«, einer Beitragsserie zum *Spectator* (Nr. 411–421; hg. Bond 1965, Vol. 3, 535–582), zutage. Addison stellt die Phantasie unter sensualistische Vorzeichen. Ihre Reize sind für ihn sinnlicher Art; denn sie fußen auf Sinnenerlebnissen. Locke wird das Verdienst eingeräumt, die Bedeutung der Sinne für die Erfassung von Wirklichkeit erschlossen zu haben. Die wichtigste Rolle wird dem Auge zuerteilt. Das größte Vergnügen erzeugten schöne Bilder, sichtbare oder imaginierte. Der Schritt zur Bevorzugung einer beschreibenden Poesie liegt nahe. Addison tut ihn, indem er den beschreibenden Passagen einer Dichtung besondere Wirkungskraft zuspricht, ja, in ihnen den Endzweck der Poesie, nachdrücklich auf die Sinne zu wirken, erfüllt sieht (der Essay stand auf Lessings Leseliste: vgl. P 11; B 5/2, 265).

Im deutschsprachigen Raum sind Bodmer und Breitinger die eifrigsten Verfechter der ut-pictura-poesis-Doktrin. Sie sind wichtige Vermittler englischer Literatur, für ihren eigenen Ansatz spielt jedoch Wolffs Philosophie eine zentrale Rolle (vgl. S. 123 f.). Kunst soll die Natur nachahmen: Wie selbstverständlich lassen die Schweizer Literaturtheoretiker das aristotelische Mimesis-Gebot auf die ut-pictura-poesis-Lehre zulaufen, reduzieren sie die »Nachahmung« auf die visuelle Komponente der Einbildungskraft. Im *Laokoon* zitiert Lessing Christian Ludwig von Hagedorns *Betrachtungen über die Malerei* (1762) als ein Beispiel für die Anziehungskraft, die die Konzeption der ›malenden Poesie‹ immer noch ausübt (Nr. 6, B 5/2, 60, Anm. 1. – Sammlung von Beispielen für die theoretische Ineinsblendung der »Schwesterkünste« s. Blümner ²1880).

Der theoretischen Reflexion geht die dichterische Praxis parallel. Bis zur Mitte des 18. Jahrhunderts entstehen immer neue Werke der »Beschreibungsliteratur«. Gemeint ist eine Poesie, deren Themen vornehmlich Naturschilderungen sind. James Thomsons *Jahreszeiten* (*The Seasons*, 1726–1730) ist das viel bewunderte englische Beispiel, die bekannteste deutsche Nachahmung Ewald von Kleists *Der Frühling* (1749; vgl. *Laokoon* Nr. 17; B 5/2, 129). Zu denken ist des Weite-

ren an die Naturlyrik von Brockes und Albrecht von Haller. Hallers Dichtung ist für die Schweizer Literaturkritiker ein Muster bildhafter Poesie (vgl. *Laokoon* Nr. 17; B 5/2, 124–126). Auch Geßners vielgelesene *Idyllen* (1756) zeigen die große Beliebtheit der beschreibenden Dichtung. In den »Literaturbriefen« polemisiert Lessing gegen Duschs *Schilderungen aus dem Reiche der Natur und der Sittenlehre* (1757/58; vgl. S. 205 f.).

Gegenreaktion gegen die Ut-pictura-poesis-Tradition. Unterscheidung der Medien (Zeichen). Lessings Quellen

Lessing wendet sich, wie bereits der Untertitel sagt, gegen die Vermischung der Künste. »Schilderungssucht« macht er der beschreibenden Poesie zum Vorwurf. Umgekehrt habe die Überfrachtung der Malerei mit Bedeutung zur »Allegoristerei« geführt. In der Zurückweisung der ut pictura poesis-Doktrin ist Lessing nun keineswegs originell; fast alle seine Einzel-Argumente werden vor ihm formuliert. Wir erläutern nur die wichtigsten, ohne das Netz der Abhängigkeiten auch nur annähernd durchleuchten zu können.

Die Lehre von der »malenden Poesie« wächst auf dem Boden von Empirismus und Sensualismus (s. S. 22 ff.). Damit trägt sie den Keim ihrer Aushöhlung bereits in sich. Denn die empiristische Orientierung führt fast zwangsläufig zum Zweifel an der Vereinheitlichung der Künste. Die Überlegungen gehen von der einfachen Tatsache aus, dass Malerei und Poesie sich an zwei grundverschiedene Sinnesorgane, Gesicht und Gehör, wenden (u. a. Diderot). Daraus folgt die Differenzierung der Medien, der Zeichen, die die Künste gebrauchen. Farben und Figuren stehen den artikulierten Tönen (Worten) gegenüber.

Mit Dubos' Standardwerk *Réflexions critiques sur la poésie et sur la peinture* (1719) bürgerten sich die Termini »natürliche« und »willkürliche Zeichen« ein (vgl. *Laokoon*, Nr. 16 und 17), um die Darstellungsweisen der Künste zu differenzieren. »Natürlich« werden die Zeichen genannt, wenn, wie Mendelssohn definiert (*Ueber die Hauptgrundsätze der schönen Künste und Wissenschaften*, 1757/1761 u. ö.), die »Verbindung des Zeichens mit der bezeichneten Sache in den Eigenschaften des Bezeichneten selbst gegründet ist« (JubA 1, 437). Dies ist dann der Fall, wenn Relationen der »Ähnlichkeit« (Bildzeichen) oder der Kausalität

(Mienenspiel als Zeichen der Leidenschaft) bestehen. Willkürlich werden »diejenigen Zeichen« »genannt, die vermöge ihrer Natur mit der bezeichneten Sache nichts gemein haben, aber doch willkührlich dafür angenommen worden sind. Von dieser Art sind die […] Töne aller Sprachen, die Buchstaben, die […] Hieroglyphen« (JubA 1, 437). Die Reflexion auf die Gegenstände, die mit diesen Zeichen dargestellt werden können, schließt sich an. Fast stereotyp wird angeführt, dass der Bereich der bildenden Kunst weit eingeschränkter als derjenige der Dichtung ist. Die Dichtung drücke Gedanken und Gefühle aus (u. a. Bodmer, Breitinger, Edmund Burke, Mendelssohn), sie vergegenwärtige ganze Geschehensfolgen (u. a. Dubos, James Harris), ja, sie könne unkörperlichen Wesen, Engeln, Teufeln und Dämonen, Gestalt geben (Bodmer, Breitinger, Mendelssohn). Enge Grenzen seien dagegen der Malerei gezogen. Sie sei auf die Darstellung eines Augenblicks beschränkt. Die Überlegungen konzentrieren sich darauf, wie der Maler mehrere Stadien einer Handlung in einem Augenblick sichtbar machen könne. Shaftesbury entwickelt eine Theorie des ›fruchtbaren Moments‹. Der Künstler müsse den Zeitpunkt der Handlung so auswählen, dass an den Gesten und Mienen der Figuren Vergangenes und Zukünftiges sich ablesen lasse. Anders als Lessing, der im *Laokoon* ebenfalls den prägnanten Moment für den Maler bestimmt (Nr. 3), schließt Shaftesbury jedoch hieraus, dass bildende Kunst und Poesie den gleichen Kompositions-Gesetzen gehorchen. – Die Differenzierung der Medien lässt die Theoretiker schließlich auch auf die Raum-Zeit-Dichotomie stoßen. Es ist James Harris, der Lessings Gedanken am nächsten kommt (s. Nisbet 2008, 400). In dem Essay *A Discourse On Music, Painting and Poetry*, dem zweiten einer »Three Treatises« betitelten Sammlung (1744; hier: ²1765/1970), koppelt er den Ausdruck von Gefühlen an die Darstellung von Handlungen (»actions«). Die Überlegenheit der Poesie über die Malerei beruhe darin, dass sie, indem sie fortschreitende Handlungen nachahme, die zwischenmenschlichen Beziehungen von innen her verständlich mache. In der vorangehenden Abhandlung *A Dialogue Concerning Art* unterscheidet Harris die Künste mittels der »energy/work«-Dichotomie. ›Energetische‹ Künste vollziehen sich in der Zeit (wie Musik und Tanz); die anderen haben das ›Werk‹ zum Endzweck (wie alle bildenden Künste). Parallel zu dieser Unterscheidung führt Harris das Gegensatzpaar »co-existent« – »successive« (32 ff.) ein. Die Teile oder Zeichen der energetischen Künste folgen einander in der Zeit; die Zeichen der bildenden Künste stehen nebeneinander im Raum. Lessing wird die Gedanken bündeln und dezidiert die Sukzession der Zeichen (der Worte) mit dem Fortschreiten der Handlungen, die Gegenstand der Poesie seien, verbinden (zu Harris s. Raabe/Strutz 2007, Nr. 88).

Der Versuch, Kunst möglichst nahe an die Sinnenwelt heranzurücken, führte (zunächst) dazu, das bildhafte Moment der Dichtung überzubetonen. Die Reflexion auf die Unterschiedlichkeit der Medien lässt die Frage vordringlich werden, welche Möglichkeiten sinnlicher Darstellung Dichtung eigentlich habe. Diderot zeigt in seinem (von Lessing viel beachteten) Essay *Lettre sur les Sourds et Muets* (*Brief über die Taubstummen*, 1751) die Kluft zwischen der Sprache und dem unmittelbaren Erleben auf. Der Mensch habe die Sprache zu einem Instrument geformt, um eine abstrakte Gedankenordnung wiederzugeben. Dem stünden die Ordnung der Natur, der Reichtum und die Intensität der Sinneseindrücke und Empfindungen gegenüber. Diderot möchte der poetischen Rede Quellen der Unmittelbarkeit zurückgewinnen. Dabei stößt er an die Grenze sprachlicher Ausdrucksmöglichkeiten. Die poetischen Zeichen werden zu Chiffren für das, was jenseits der Sprache liegt. Solche Zeichen sind ihm die dunkle »Hieroglyphe«, die eine Fülle von Assoziationen erweckt (wir würden »Symbol« sagen), und die expressive Gebärde. So könne die Poesie die Vereinzelung der Sprachzeichen in der Sukzession der Worte kompensieren. Sie evoziere simultan wirkende Ideen und Empfindungen. In späteren Schriften wird Diderot von dieser Prämisse aus die ausufernde ›Beschreibung‹ in der Literatur ablehnen (E. Schmidt Bd. 1, ⁴1923, 511 ff.). Für Lessing ist der Gedanke wesentlich, dass die Poesie der ›natürlichen Ordnung‹ sich annähern und die Fülle des Lebendigen bewahren müsse. – Zu Lessings Quellen: Bartsch 1984 (Kunsttheorie der Akademien; Christian Ludwig von Hagedorn); Stierle 1984 (Mediendebatte); Barner in B 5/2, 631 ff.; Wasson 1999 (Burke); Bedenk 2004 (William Hogarth); Schrader 2005 (Mendelssohn; Übersicht: 52, Anm. 5); zu Diderots *Brief*, dem »Wettstreit«

(*Paragone*) der Künste und der Differenzierung der Medien im 18. Jahrhundert s. Joachim Jacob 2007, 211–240.

Der Kontext der zeitgenössischen Ästhetik

Mit seinen zeichentheoretischen Thesen und seiner Terminologie knüpft Lessing in *Laokoon* an die zeitgenössische Ästhetik (vgl. S. 28–30) an. Man hat (vor allem im Anschluss an Foucaults *Die Ordnung der Dinge*) diese Ästhetik »Repräsentationsästhetik« genannt. In der Vorrede erinnert Lessing an ihren Begründer in Deutschland, Alexander Gottlieb Baumgarten; er übernimmt ihre zentrale Denkfigur, wenn er gleich im zweiten Satz (B 5/2, 13) über Malerei und Poesie schreibt: »Beide […] stellen uns abwesende Dinge als gegenwärtig« vor. Künstlerische Darstellung wird gedacht als »Vorstellung« (»Repräsentation«) einer Sache, eines Gegenstandes, und in ein Vorstellungsbild mündet ihre Rezeption, wenn der Betrachter (oder Leser) die dargestellte Sache selbst zu sehen glaubt. Die Zeichen, deren sich die Künstler bedienen, sind Zeichen für Vorstellungen, und ihre besondere Kraft liegt darin, dass sie, im Unterschied zu den im prosaischen Alltag verwendeten Zeichen, hinter den erweckten Vorstellungen verschwinden. So fasst z. B. der Baumgarten-Schüler Georg Friedrich Meier die Funktionsweise der Zeichen wie folgt zusammen: Sie müssten so »beschaffen seyn, daß aus ihnen und durch sie die ganze Schönheit der Gedanken […] könne erkant werden. Sie sind als Canäle zu betrachten, durch welche die schönen Gedanken aus einem schönen Geiste in den andern fliessen« (*Anfangsgründe aller schönen Wissenschaften*, T. 3, ²1759/1976, 337, § 711). Bodmer fordert, der Poet müsse sich »befleissen«, durch seine »Vorstellungen« »eben solche Eindrücke in der Phantasie der Menschen zu erwecken, als die würcklichen Gegenstände durch ihre eingepflanzte natürliche Kraft erwecken würden« (*Critische Betrachtungen über die Poetischen Gemählde der Dichter*, 1741/1971, 31). Ähnlich heißt es in Breitingers *Critischer Dichtkunst* (Bd. 1, 1740/1966, 80): Die Künste »bestreben« sich danach, »die Sachen so lebendig nachzubilden, daß ihre Gemählde eben dieselben Eindrücke auf die Phantasie und das menschliche Gemüthe machen, als die natürlichen Gegenstände durch die Kraft ihrer würcklichen Gegenwart thun würden.« So auch Lessing: Der Künstler, Dichter oder Maler, habe dann seinen Zweck erreicht, wenn wir angesichts seines Werks der Zeichen vergäßen (z. B. 5/2, 61, 113, 114), der Poet wolle »die Ideen« – Lessing gebraucht das Wort synonym für »Vorstellungen« – »die er in uns erwecket, so lebhaft machen, daß wir in der Geschwindigkeit die wahren sinnlichen Eindrücke ihrer Gegenstände zu empfinden glauben« (Nr. 17; B 5/2, 124). Zunächst scheint hier der Maler (und Bildhauer) im Vorteil zu sein, da seine Zeichen (Farben und Formen) von Natur dem Bezeichneten ähnlich sind, er also »natürliche Zeichen« verwendet. Dem Dichter hingegen stehen nur »willkürliche Zeichen«, die Worte, zu Gebote. Doch auch er arbeite darauf hin, dass wir uns der bezeichnenden Worte bewusst zu sein aufhören und unmittelbar in der imaginierten Welt mitzuleben glauben. Um dies zu erreichen, müsse er darauf achten, dass seine Zeichen ein »bequemes Verhältnis« (B 5/2, 116) zum Bezeichneten hätten. Dann könnten wir leicht ihren Zeichencharakter vergessen und uns den bezeichneten Vorstellungen hingeben. In einem berühmten Brief an Nicolai vom 26. Mai 1769 bringt Lessing dies auf den Begriff: Aufgabe des Dichters sei es, die willkürlichen Zeichen der Sprache in natürliche Zeichen zu verwandeln. Die Schlussfolgerung aus dem *Laokoon* ist bekannt. Zum *tertium comparationis* erhebt Lessing die Zeit. Aufgrund ihres sukzessiven Charakters stünden die Zeichen der Sprache in einem bequemen, quasi »natürlichen« Verhältnis zur zeitlich fortschreitenden Handlung. Nur wenn der Dichter das Fortschreitende einer Handlung ›nachahme‹, würden sich seine Zeichen dem Gegenstand so anpassen, dass wir ihn wahrzunehmen glauben (vgl. Wellbery 1984; zum Erkenntnismodell der theoretischen Ästhetik vgl. auch Graf 1994, bes. 18 ff.).

Der Logik der Repräsentationsästhetik folgt Lessing auch, wenn er die Künste hinsichtlich ihrer Wirkung nicht unterscheidet. Gedichte und Gemälde, die den gleichen Gegenstand ausdrücken, entwerfen für Lessing das »nemliche Bild« in der Phantasie des Aufnehmenden (Nr. 6; B 5/2, 61). So überrascht es nicht, dass er – allerdings mit Bauchschmerzen, wie die Fußnote in Abschnitt 14 (B 5/2, 113 f.) zeigt – das Wort »Gemälde« für die Poesie beibehält.

Die entscheidende Frage lautet, ob Lessing mit dem Vokabular und den Termini der Repräsentationsästhetik auch die systematischen Vorgaben der Vorstellungsphilosophie übernimmt, aus der sie hervorgegangen ist – ob er dem Programm einer rationalistischen Kunsttheorie folgt. Diese Vorgaben sind zum Beispiel Breitingers Konzept der Naturnachahmung und der »malenden Poesie« eingeschrieben. Breitinger setzt als Referenzebene die Ordnung der göttlichen Schöpfung voraus, die der Dichter anschaulich machen könne. Der Zweck der Nachahmung erfüllt sich für den Schweizer Theoretiker in der Erkenntnis des Urbilds, auf welches das (künstlerische) Abbild verweise und dessen Struktur es verdeutliche. So tritt neben die Gemütsbewegung als das Ziel der Kunst die intellektuelle Tätigkeit des Vergleichens und Urteilens. Die Suche nach »Übereinstimmung und Ähnlichkeit«, so Breitinger, vermehre die »Begriffe von den Dingen der Natur, und der Vollkommenheit der Kunst« (*Critische Dichtkunst*, Bd. 1, 1740/1966, 72 f.). Mit der gleichen Voraussetzung einer vorgegebenen und anschaulich zu machenden Vollkommenheit hängt Breitingers allegorisches Dichtungsverständnis zusammen. Mit Vorliebe gebraucht er die Wendung von der poetischen »Einkleidung«. Der Poet müsse abstrakte Wahrheiten sinnlich einkleiden, und für die unsichtbaren Geistwesen finde er Körper, die ihrer Natur fremd seien (ebd. 55 f.; vgl. *Laokoon* Nr. 17, 124–126).

Der gesamte Duktus des *Laokoon* steht quer zu dieser Voraussetzung: dass die Vorstellungen der Menschen und damit auch der Kunst eindeutig und ohne Rest auf die Ordnung und Vollkommenheit der Schöpfung zu beziehen seien. In der Vorrede ironisiert Lessing den systematischen Anspruch der theoretischen Ästhetik und betont den nur lockeren Zusammenhang der einzelnen Abschnitte seines Essays. Er durchkreuzt die Einheit des Schönen, Guten und Wahren, wenn er die Amoralität der Schönheit verteidigt und einen Zusammenhang zwischen ehebrecherischer Phantasie und der Zeugung schöner Menschen suggeriert (Nr. 2; B 5/2, 25 f.; vgl. S. 277). Die Ordnung der Natur zieht sich für ihn ins Unerkennbare zurück: Das Gewebe der Empfindungen, auf das der »Kunstrichter« Gesetze gründen zu können meint, ist in Wahrheit unentwirrbar (Nr. 4; B 5/2, 45), und die »natürliche Ordnung«, die der Dichter schaffen soll, ist nur eine Insel in dem »unendlichen Raume« der Schöpfung (Nr. 17; B 5/2, 129). So streicht Lessing die Ähnlich-

keits-Relation als Quelle des ästhetischen Vergnügens durch (Nr. 2, B 5/2, 22). Nicht bei dem »kalten« Vergleich zwischen Urbild und Abbild, Kopie und Original solle die Seele des Rezipienten festgehalten werden (vgl. Nr. 2; B 5/2, 22). Das Bild des Künstlers zeigt für Lessing nicht auf den nachgeahmten Gegenstand, sondern prägt sich selbst dem Vorstellungsleben des Betrachters ein; in der Formung der Wahrnehmung durch den dargestellten Gegenstand haben die Künste ihr Telos.

Täuschung, Illusion – auch dies gängige Termini der zeitgenössischen Kunsttheorie – erhalten in Lessings Argumentation einen forcierten Klang. Während er den Bezug des Abbilds auf das Original zwecks deutlicher Erkenntnis auflöst, stellt er die versinnlichende Kraft der Kunst in den Zusammenhang von »Leben«, ja, Lebenssteigerung. Zur Schönheit gehört für Lessing die sinnliche Erregung (Nr. 22; B 5/2, 151). Er pocht auf die sinnliche Evidenz der poetischen Vorstellungen, ›sehen‹ wolle der Leser mit seinem inneren Auge (Nr. 6; B 5/2, 61; Nr. 17; B 5/2, 124), »sinnliche Klarheit« müsse der Dichter seinen »Ideen« geben, Vergil z. B. ›versinnlichte‹ die Größe von Laokoons Leiden mittels der Vorstellung vom lauten Schreien (B 5/2, 36). Wenn Homer den Schild des Achilles vor unseren geistigen Augen aus der Schmiede des Vulkan hervorgehen, uns also am Prozess der Entstehung, an der Handlung teilnehmen lasse, so »erstaunen« wir am Ende über das Werk (B 5/2, 134), »aber mit dem gläubigen Erstaunen eines Augenzeugen, der es machen sehen.« Sicherlich: Lessing hebt das Postulat der »Nachahmung«, in der die Ebene der Zeichen verschwindet, nicht auf, und dieses Konzept darf heute als obsolet gelten. Doch unabhängig davon, dass die Diskussion über das Verhältnis von Bild, Fiktion und Wirklichkeit, über den Referenzcharakter und die Selbstreferentialität von Kunst so unerledigt ist wie je, stellt sich uns die Frage, ob Lessing, dem Vokabular der Nachahmung zum Trotz, in der versinnlichenden Kraft der Kunst, ihrer Lebendigkeit, eine Wirklichkeitsdimension eigener Art entdeckt, die weder mit einer philosophisch-systematischen noch mit einer naturwissenschaftlich-anthropologischen Methode zu fassen ist (vgl. Fick 2006/07 [2008]). Wir stellen dabei eine Lösung zur Debatte, die wir von einem konkreten Detail her, nämlich Lessings Auffassung der Zentralperspektive, entwickeln.

Forschung

Polyhistorismus (als Negativ-Folie), Altertumskunde (als Indikator eines Geschmackswandels), die Rivalität mit Winckelmann, die Kritik an der Beschreibungsliteratur, die terminologischen Vorgaben der Ästhetik und deren Zeichentheorie, die Differenzierung der Medien – so vielschichtig wie ihr Kontext, so vielschichtig ist die *Laokoon*-Schrift selbst. In der Forschung sind unterschiedliche Antworten auf die Frage nach der dominierenden Linie bzw. nach der Aussagekraft von deren Fehlen formuliert worden. Wir geben einen – notwendig selektiven – Überblick und verweisen zur Ergänzung (z. B. kunstwissenschaftliche Perspektive, Ekphrasis, Schrift-Bild und Raum-Zeit-Dichotomie) auf die kritische Sichtung von Beate Allert: *Lessing im Kontext kunsttheoretischer Debatten* (2000); weiterführende Literaturhinweise gibt ebenfalls Jacob 2007, 185, Anm. 1 und 240 ff.

Gegenläufige Zeichenlektüren: »Laokoon« und die »episteme« der Aufklärung

Die wichtigste *Laokoon*-Deutung jüngerer Zeit ist David Wellberys 1984 erschienenes Standardwerk *Lessing's Laocoon. Semiotics and Aesthetics in the Age of Reason.* Seine These: Lessing lasse die rationalistische Ästhetik nicht hinter sich, sondern vollende sie. Wellbery erläutert die Aufklärungsästhetik nach ihren geistesgeschichtlichen (Säkularisation), ihren erkenntnistheoretischen und zeichentheoretischen Prämissen und Implikationen. Sie erscheint als utopischer Entwurf, mittels natürlicher Zeichen und intuitiver Erkenntnis die Defizite der Abstraktion zu überwinden und sich einer göttlichen Erkenntnisweise anzunähern. *Laokoon* wird in Wellberys Lektüre zu einem epistemologischen Grundtext der Epoche, der Struktur und Zielrichtung des zeitgenössischen Denkens auf höchstem Niveau enthüllt:

Lessing teile mit den Zeitgenossen die ästhetischen Hauptbegriffe: Nachahmung, Illusion, Erweckung sinnlicher Vorstellungen, intuitive Erkenntnis, natürliche vs. willkürliche Zeichen. Er unterscheide sich jedoch darin, dass er die Höherwertigkeit der Dichtkunst mittels einer ausgefeilten Zeichentheorie begründe. Er entferne sich von dem allzu simplen Modell, dem zufolge die poetische Rede ihre Gegenstände unmittelbar sinnlich darstelle. Dies Modell habe zu dem verfehlten Vergleich mit der Malerei geführt. Dagegen betone Lessing zunächst die Abstraktheit der willkürlichen sprachlichen Zeichen. Poesie beschreite einen Weg der Entsinnlichung. Sie sei frei von den Beschränkungen der materiellen Welt, denen die Malerei mit ihren natürlichen Zeichen unterworfen sei. Indem sie ihre Vorstellungen mittels der abstrakten Zeichen der Sprache artikuliere, partizipiere sie an der fortgeschrittenen, ausdifferenzierten Erkenntnis. Im Prozess der Entsinnlichung werde jedoch zugleich die Einbildungskraft aktiviert. Sie werde von der Bindung an die Körperwelt befreit, werde zu komplexen Operationen motiviert. Die Emanzipation der Einbildungskraft von der Materialität der Sinnenwelt werde insbesondere dadurch erreicht, dass in der Sprache die Vorstellungen frei kombinierbar seien, dass Andeutungen zum Verständnis genügten, dass Unsichtbares ausgedrückt werden könne. Bei der Anordnung seiner Zeichen zu einem (schönen) Bild sei der Künstler (mehr oder weniger) gefesselt an die sichtbare Natur. Anders der Dichter. Er könne sich auf keine greifbar vor Augen liegende Ordnung stützen. Die Verknüpfung der Vorstellungen zu einem »Werk« verdanke sich erst seiner schöpferischen Tat. Er schaffe einen Zusammenhang. Der Zusammenhang werde gestiftet durch die »Handlung«. Der Dichter kombiniere die einzelnen Zeichen und Vorstellungen so, dass sie als integrale Bestandteile der Handlung durchsichtig würden. Dies geschehe durch die Motivation, die jedes Teil funktional in den Handlungsgang einbinde. In dem Nachweis der »Handlung« als dem Gegenstand der Dichtung finde Lessings Argumentation ihr Ziel. Lessing halte an der Prämisse fest, dass in der Poesie nicht die abstrakte Erkenntnis, sondern die intuitive (sinnliche) Erkenntnis herrsche. Er fordere, dass der Poet die abstrakten Zeichen zu natürlichen Zeichen erhebe bzw. in solche verwandle. Eben in der Vorstellung einer Handlung würden die Sprachzeichen zu natürlichen Zeichen. Die Bewegung der Handlung korreliere der Sukzession der sprachlichen Zeichen und kompensiere zugleich deren Abstraktheit und Vereinzelung. In der fortschreitenden psychologischen Motivation realisiere sich durch die Teile das übergreifende Ganze. Die Teile träten hinter der intuitiven Erfassung des Ganzen zurück. Die poetische Vergegenwärtigung von

Handlung gleiche somit der Struktur der Wahrnehmung. Mit »Struktur« der Wahrnehmung
meint Wellbery die dynamische Synthetisierung
verschiedener (sukzessiver und simultaner) Vorstellungen. (Zum Handlungsbegriff vgl. auch Peter-André Alt [1995, 455–467], der ihn vor den
Hintergrund der zeitgenössischen immanenten
Naturauffassung rückt und von dem »Gesetz der
Kausalität« her erschließt, ohne dabei allerdings
die für Lessing wesentliche Differenz zwischen
Naturkausalität und menschlicher Motivation zu
berücksichtigen).

Wellbery gibt der Forschungstradition, die in
Lessings Ästhetik die konservativen, dem Rationalismus verpflichteten Aspekte betont (z. B. Tumarkin 1930), ihre kanonische, buchstäblich abschließende Formulierung. Er selbst hat seine
Lektüre zehn Jahre später durch eine diskursanalytische Gegenlektüre ergänzt (1993 und 1994).
Laokoon, museal stillgelegt in der historischen
Rekonstruktion, gewinnt neues Interesse durch
die Entdeckung dessen, was in der »Vorstellung«
ausgeklammert, nicht repräsentiert sei, sie aber
im Gestus der Ausgrenzung unterschwellig steuere. Wie Foucault (*Die Ordnung der Dinge*) Ve-
lazquez' Gemälde *Las Meninas* als Inszenierung
der klassischen Episteme der Repräsentation analysiert, so analysiert Wellbery Lessings Ästhetik
der Repräsentation als ein »Drama, dessen Prozeß die Sicherung der Vorstellungsstruktur«
(1994, 200) bewerkstellige. In diesem Prozess
würden Materialität und Sinnlichkeit eliminiert,
der Gegenstand werde zugerichtet nach den »allgemeinen Gesetzen der Schönheit« und somit
transparent gemacht für das – paternale – Subjekt. Die Sicherung der Vorstellungsstruktur produziere somit zugleich das »Andere«, das beständig verdrängt werden müsse. Diese Verdrängung
manifestiere sich als Abwehr des Ekels und der
(weiblichen, maternalen) Sexualität. Wo im Text
die Fülle und Vollendung der Schönheit beschworen wird, deckt Wellbery die Konstruktionprinzi-
pien auf, die hinter dieser Anschauung von Gegenwart und Präsenz stehen; es sind Strategien
der Unterdrückung und Bemächtigung. Das um-
greifende Reale, das der Subjekt-Objekt-Spaltung
vorausliege – er nennt es das Reale der Geburt
(1994, 198) – werde durch die repräsentierende
Vor-stellung ausgegrenzt, entmächtigt.

Archäologie der Schönheit

Wellbery (1993 und 1994) hat das archäologische
Argumentationsschema installiert, das vor allem
in Nordamerika dominierend geworden ist, wo-
bei diskursanalytische, dekonstruktivistische und
Gender-Theorien adaptiert werden; Susan E.
Gustafson (1993 und 1995) reformuliert Lessings
Ästhetik mittels Julia Kristevas Denkfigur des
»Abjekten«. *Laocoon's Body and the Aesthetics of
Pain* (Richter 1992), *The Powers of Horror and the
Magic of Euphemism in Lessing's* Laokoon (Dorothea von Mücke 1994), *Sadomasochism, Mutilation, and Men: Lessing's* Laokoon (Gustafson
1999), *Ekel* (Menninghaus 1999): Gegen den
Strich des Lessingschen Textes soll dasjenige
sichtbar gemacht werden, was er zum Verschwinden gebracht habe, das blutige Innere, die Eingeweide, der Schmerz und das Grauen des an den
Tod ausgelieferten Körpers. Menninghaus hat in
seiner »Theorie und Geschichte« des Ekels diese
Blickrichtung in den deutschsprachigen Raum
verpflanzt, wobei es ihm gelingt, den performativen Widerspruch zwischen dem Plädoyer für die
unterdrückte Sinnlichkeit und einem theoretisch
aufgeladenen akademischen Diskurs zu vermeiden – mit Esprit und erheblichem ästhetischem
appeal bringt er das Ausgegrenzte zur Sprache.
Laokoon figuriert zusammen mit Johann Adolf
und Johann Elias Schlegels, Mendelssohns, Herders, Winckelmanns und Kants Schriften als
Gründungstext der klassischen Ästhetik, deren
Formation und Ausdifferenzierung er »archäologisch« rekonstruiert. Nicht mit sich selbst sei das
klassische Schöne identisch, sondern es werde
definiert und konstituiert durch die Abwehr des
Ekelhaften, das man aus ihm verbanne – Menninghaus macht eine regelrechte »Ekeldebatte«
dingfest –; nicht integrativ und inklusiv sei dieses
Schöne auf die Wirklichkeit bezogen, sondern
exklusiv und damit repressiv. Was die frühklassizistischen Kunstschriftsteller und -theoretiker an
den schönen Statuen der Griechen beschrieben,
sei das Unsichtbarwerden des kreatürlichen und
geschlechtlichen Körpers, des Körpers als »Ma-
densack« und verwesender Leichnam. Erst im
Akt dieses (imaginären) ›Ausweidens‹ dessen,
was unter der Haut sei, qualifiziere sich die ma-
kellose geschlossene Oberfläche zum Träger des
seelischen Ausdrucks. Als Ikone des ausgegrenz-
ten »Ekelkörpers« dechiffriert er schließlich die

vetula, die »häßliche Alte«. Menninghaus zieht in seiner Studie eine Parallele zwischen dem Schönheitskult der klassischen Ästhetik und der gegenwärtigen Kosmetikindustrie und Fitness-Reklame mit ihrer inhärenten Disziplinierung des Körpers. Schließlich arbeitet er die *gendered nature* der Opposition zum »Ekelkörper« heraus: Die Ausdifferenzierung der Ästhetik wird konturiert als männliche Strategie, die Hierarchie der Geschlechter in dem Bereich des Schönen, das den männlichen Herrschaftsanspruch destabilisiert habe, wieder herzustellen.

Diskursgeschichte des Zeichens. In dem Band *Das Laokoon-Paradigma* (hg. von Baxmann, Franz, Schäffner, 2000) wird Lessings Essay in den Kontext einer »Diskursgeschichte des Zeichens im 18. Jahrhundert« gestellt, für die er »paradigmatischen Status« (X) gewinnt. Die zentralen ästhetischen Begriffe wie Intuition, Illusion, Evidenz oder die Korrelation von Zeichen und Bezeichnetem seien »Effekte«, die im 18. Jahrhundert auch von »Wissenschaften und sozialen Praktiken« angestrebt würden (X); desgleichen seien an *Laokoon* Strategien zur Steuerung und Optimierung von Zeichenprozessen ablesbar, die ebenso Indiziencharakter hätten. Analysiert werden »Wissensfelder« (wie Mathematik, Medizin, Recht, Ökonomie), Künste, soziale und wissenschaftliche Praktiken (wie Bibliothekswesen, technische Erfindungen), »in denen der Frage nach den Zeichen ein konstitutiver Charakter« zukommt (X). In den Blick geraten sollen die »semiotischen Repräsentationsoperationen«, die »Zeichenregime« und »Dispositive« der Macht, als deren »Effekte« dann die Zeichenordnungen der Disziplinen und kulturellen Praktiken erscheinen (X-XI). Lessings Schrift dient, namentlich in den überleitenden Kapiteln, als Stichwortgeber; in keinem einzigen Beitrag des über 600 Seiten starken Bandes spielt sie, wenn sie überhaupt erwähnt wird, eine mehr als höchstens marginale Rolle. Gleichwohl dekretieren die Herausgeber, dass aufgrund des durch die Regulierung und Prozessierung von Zeichenoperationen hergestellten »verbindliche[n]« (?) Zusammenhangs der Kultur des 18. Jahrhunderts »der Gang der einzelnen Analysen durch die Zeichenregime zugleich als Gang durch Lessings *Laokoon* zu verstehen ist« (XI). Dies gilt jedoch nur für eine Lektüre, die, wie die Herausgeber in Anschluss an Foucault formulieren,

»in dem, was gesagt worden ist, keinen Rest und keinen Überschuß, sondern nur das Faktum seines historischen Erscheinens voraussetzt« (X), also nicht(s) ›verstehen‹ will. Wer dagegen in einem hermeneutischen Sinn zu verstehen sucht, wird in dem Band zwar Interessantes zu unterschiedlichen Disziplinen und Texten des 18. Jahrhunderts, so gut wie nichts aber über *Laokoon* erfahren.

Problemgeschichtliche Perspektiven:
Autonomie der Einbildungskraft, Rehabilitation der Sinnlichkeit

Die doppelte *Laokoon*-Lektüre Wellberys macht deutlich, dass der Gegenstand diskursanalytischer Rekonstruktion nicht die ästhetische Theorie des 18. Jahrhunderts ist, sondern auch nur das, was der Archäologe dafür hält, also das Ergebnis einer vorgängigen Interpretation; in unserem Fall: diejenige Semiotik und Ästhetik, die Wellbery 1984 aus Lessings Text herauspräpariert hat. Das Bild der rationalistischen Ästhetik bleibt in der Studie von 1994 das Gleiche, und es wäre eine Untersuchung wert, auf welche traditionellen Sichtweisen von Aufklärung die Vertreter antihermeneutischer Ansätze ihre Methoden applizieren. Nun aber stellt sich die Kunsttheorie der Aufklärung keinesfalls als monolithischer Block dar (wie auch Menninghaus' Rede von *dem* idealschönen Kunst-Körper der frühklassizistischen Ästhetik problematisch sein dürfte). Neben der Mimesis gerät zum Beispiel mehr und mehr die Ausdruckskomponente der Dichtung in den Blick. J.A. Schlegel z.B. unterscheidet (in der Abhandlung *Von dem höchsten und allgemeinsten Grundsatze der Poesie*, Batteux/Schlegel, T. 2, ⁵1770/ 1976, 185–248) zwischen einer »malenden Poesie« und einer Poesie der Empfindung. Sie appeliere nicht, wie die Erstere, an die Erkenntnis, sondern an das Herz, an die Gefühle. Sie führe zu keiner »Vorstellung«, sondern sie bewege das Gemüt. Das expressive Moment sei mit dem kognitiven Moment, der »Nachahmung«, nicht zu vergleichen (bes. 214 ff.). Auf solchen Beobachtungen baut ein theoriegeschichtlicher Beitrag von Leonard P. Wessell (1983) auf. Er beleuchtet die Gleichzeitigkeit zweier Theorie-Typen, der rationalistischen (deutschen) Ästhetik und der sensualistischen und empiristischen (englischen) Tradition. Auf den Grundlagen des

Empirismus habe man eine ästhetische Theorie entwickelt, die sich am psychischen Leben der Menschen orientiere. Sympathie, Imagination und Vergnügen seien die Leitbegriffe. Wessel verweist darauf, dass die deutschen Ästhetiker die neuen psychologischen Erkenntnisse ihrem System einzuverleiben suchten. In einem zweiten, noch nicht veröffentlichten Teil seiner Studie wollte er zeigen, wie die unterschiedlichen Ansprüche, die mit beiden Theorie-Typen verbunden sind, in Lessings Text aufeinanderprallen. Das systematische Raisonnement scheitere. Rationale und irrationale Elemente träten unversöhnt nebeneinander. Ein ausgleichendes Paradigma werde von Lessing noch nicht gefunden.

Eva M. Knodt (1988) arbeitet mit der Dichotomie von »Nachahmung« und »Einbildungskraft«; auch für sie ist der fortschrittliche Impetus Lessings an der Inhomogenität des *Laokoon* ablesbar. Ihre Argumentation ist gegen Wellberys Analyse von 1984 gerichtet. Dabei bestätigt sie zunächst durchaus den Befund, dass Lessing in vollem Umfang die Terminologie der Aufklärungsästhetik übernehme. Er übernehme sie jedoch ohne den erkenntnistheoretischen Unterbau (Verdoppelung der Welt in der »Vorstellung« zum Zweck der Erkenntnis, Reduktion der Kunst auf die Nachahmung einer bereits vorhandenen Welt, Dominanz des Auges, Distanz zwischen Subjekt und Objekt). Wellbery habe diesen suppliert. Knodt dagegen sieht in dem Fehlen eine signifikante Lücke. Sie zeichnet Brüche und Widersprüche in Lessings Gedankengang nach und arbeitet das Fragmentarische des Textes heraus. All das indiziere den Konflikt, in den Lessing mit dem rationalistischen Ansatz geraten sei. Ein subversives Element mache sich geltend, das unterschwellig das System sprenge. Das subversive Element ist für Knodt die »Einbildungskraft«, durch die die »Welt« erst geschaffen wird (im Unterschied zu der »Einbildungskraft«, die »Vorstellungen« frei kombiniert). Sie spricht auch von »Kreativität«; Herder habe das Prinzip in seiner *Laokoon*-Kritik »Kraft« und »Energie« genannt. Die Einbildungskraft lösche die Trennungen von Kunst – Natur, Abbild – Gegenstand, Subjekt – Objekt aus und hebe das »Zeichen«, den Referenzcharakter von Kunst, auf. Die Einbildungskraft liege der sinnlichen Wahrnehmung voraus, gebe dieser ihre Prägung. Lessing komme dem Prinzip schöpferischer Imagination in seiner Fassung des fruchtbaren Augenblicks nahe. Denn hier zerstöre er den »Mythos« vom natürlichen Zeichen. Dennoch verdränge er das subversive Element aus seiner Definition der poetischen Zeichen, die dem Grundsatz der Nachahmung folge. Dass es dennoch virulent sei, dafür sprächen die logischen Defizite seiner Deduktion.

Inka Mülder-Bach (1992 und 1998) begründet den Neuansatz Lessings mittels einer Revision seines Illusionsbegriffs. Auch sie geht von der Aufklärungsästhetik aus. Dabei deckt sie eine Aporie in der Lehre vom natürlichen Zeichen auf. Dem Anspruch, dass in der ästhetischen Illusion der »Zeichencharakter« des Mediums vergessen werde, stehe die Materialität des Mediums entgegen. So habe z. B. Garve (in seiner *Laokoon*-Rezension) die Fähigkeit der bildenden Kunst, den Betrachter zu täuschen, negiert. Die stoffliche ›Dichte‹ des verwendeten Materials – beim Bildhauer etwa der leblose Marmor – verhindere die Illusion von Wirklichkeit. Lessing jedoch verlasse das System der rationalistischen Ästhetik. Wenn er der bildenden Kunst die Fähigkeit der »Täuschung« zugesteht, so zeige das, dass er die ästhetische Illusion nicht mehr im Rahmen des Repräsentationsdenkens begreift. Das künstlerische Gebilde werde nicht mehr als durch »Zeichen« vermittelte »Repräsentation« eines Urbildes verstanden. Mülder-Bach spricht von der »Suspension des Zeichens«. Dabei habe Lessing nicht die Fiktionalität im Sinn (1998, 116 f.; gegen z. B. Hasselbeck 1979, Rudowski 1971). Vielmehr gehe es ihm darum, das Kunstwerk mit Leben zu erfüllen. Der Betrachter müsse den dargestellten Moment zur lebendigen Handlung ergänzen. Aber die belebende Einbildungskraft bleibe bei Lessing ganz auf das Werk bezogen, kehre immer wieder zu ihm zurück, empfange allein von ihm ihre Impulse. Werk und Imagination des Betrachters bildeten eine Einheit, die ihren ›Grund‹ nicht in einer Wirklichkeit außerhalb des Werks habe. Analoges gelte für die Dichtungstheorie. Für Lessing erreiche die Poesie dann ihren Zweck, wenn die Worte »durchscheinend« würden für die »Vorstellungen«, wenn die »Vorstellungen« die Worte buchstäblich überstrahlten (1998, 122; zur Zeichentheorie bes. 103–148).

Auch Joachim Jacob (2007, 185–274) legt Einspruch ein gegen Wellberys Auffassung, Lessings Konzeptualisierung der poetischen Einbildungskraft klammere die Sinnlichkeit aus. Indem Lessing das Schöne konsequent in die Sichtbarkeit verlege und von daher aus dem Gegenstandsbereich der Poesie ausschließe, mache er deren Darstellungsproblem und -defizit transparent; dies wiederum zeige, dass er der Materialität und Sinnlichkeit nicht nur der Kunst, sondern eben auch der Dichtung und Literatur sehr wohl Rechnung getragen habe. Zugleich habe er in dem »Reiz« ein Äquivalent für die Darstellung visibler Schönheit gefunden, welches der Sukzession sprachlicher Zeichen, dem Medium der Poesie, homogen sei. Als in »Bewegung« verwandelte Schönheit diene der Reiz dazu, das Schöne zu »verlebendigen« (267), wobei das »bequeme« Verhältnis, das er zur poetischen Sprache habe, bewirke, dass seine energetische Kraft dieser sich mitteile. Sowohl in der bildenden Kunst als auch in der Poesie, so lässt sich Jacobs Interpretation des Darstellungsproblems auswerten, ist es Lessing um die materiale *Herstellung* eines Schönen bzw. Lebendigen zu tun.

Wir folgen in unserer Analyse Mülder-Bach, wenn sie in Lessings Zusammenschau von Belebung und »Illusion« die Aufhebung der repräsentationsästhetischen Relation von Gegenstand, Zeichen und Vorstellung sieht (z. B. 1992, 27). Allerdings gibt Lessing den Referenzgehalt künstlerischer Darstellung nicht auf. Für das Problem, wie dieser Referenzgehalt mit der *eigenen* Wirklichkeit der Kunst zu vermitteln ist, hat er terminologisch keine Lösung gefunden, das Vokabular der »Nachahmung« bleibt äquivok (wie zum Beispiel in der Wendung: »Die Vollkommenheit des Gegenstandes selbst mußte in seinem [des Bildhauers] Werke entzücken« [Nr. 2; B 5/2, 22]).

Menninghaus (1999, 144) hält Mülder-Bachs These, Winckelmanns und Lessings Rekurs auf die Schönheit indiziere eine Aufwertung des Körpers und der Sinnlichkeit, durch die archäologische Rekonstruktion für widerlegt. Damit übersieht er jedoch die systematische Geschlossenheit des eigenen Ansatzes: Prinzipiell ist *jede* Aussage diskursanalytisch decouvrierbar, aber auch nur dann, wenn man die methodische Prämisse, die Verwandlung der Oppositionen in das Wechselspiel von Ausgrenzungen, übernimmt – wofür es kein Argument gibt, das sich aus dem Gegenstand selbst ableiten ließe. Letztlich spiegelt sich in der Debatte über *Laokoon*, in der sich hermeneutische und antihermeneutische Positionen

überkreuzen, sogar überlagern, die grundsätzliche Differenz in der Sichtweise auf die Aufklärung wider, die mit den Werken von Foucault und Kondylis bezeichnet ist (vgl. S. 9 f.).

Wiederentdeckung der griechischen Antike. Lessings *Laokoon* gehört – zusammen mit Winkelmanns Schriften – zu den Texten, in denen im Rückgriff auf die griechische Antike ein Ideal vom Menschen entworfen wird, das der christlichen Tradition widerspricht. Mehrere Studien widmen sich der geistesgeschichtlichen Bedeutung und Funktion von Lessings Griechenbild. Bekannt ist Henry Hatfields *Aesthetic Paganism in German Literature* (1964). *Laokoon* wird im Kontext der »Kunstreligion« der Klassik untersucht. Thomas Dreßler (1996, 165–241) macht Lessing gar zu einem Vorläufer Nietzsches. Er interpretiert Lessings Kunsttheorie nicht, wie Wellbery, vom Modell der »anschauenden Erkenntnis« her, sondern vom Modell »Erregung der Leidenschaften«. Es gehe Lessing darum, die Fähigkeit zum intensiven Gefühlserlebnis dem Menschen zurückzugewinnen. Dem bürgerlichen und christlichen Zeitgenossen halte er den Spiegel des antiken Menschen vor, der sich durch die Kraft des natürlichen Gefühls auszeichne. Er weise der Kunst die Aufgabe zu, diesen »ursprünglichen« Menschen wieder herzustellen und die christliche Abwertung von Leidenschaftlichkeit und Lebensintensität zu überwinden. Obgleich Dreßler letztlich keine schlüssige Antwort auf die Frage findet, wie Lessing sich die Synthese von Vernunft und Gefühl denkt, hat seine Studie doch das Verdienst, die Dimension des Nicht-Rationalen auf ungewohnte (zivilisationskritische) Weise zu konturieren.

Semiotische Ansätze

Neben den historisch orientierten Analysen und Rekonstruktionen stehen Versuche, Lessings Ästhetik für die moderne Semiotik fruchtbar zu machen (z. B. Gebauer 1984). Kein historisches, sondern ein systematisches Erkenntnisinteresse ist bestimmend. Indem man Lessings medien- und zeichentheoretische Reflexionen mit heute diskutierten Zeichen- und Symboltheorien (z. B. M. Bense, N. Goodman, Ch. S. Peirce) in Beziehung setzt, deckt man einerseits das bloß »Vorläufige« in seinem Gedankengang auf, zeigt andererseits die Aktualität seiner Beobachtungen. Lessings *Laokoon* wird zum integrierten Bestandteil einer modernen Wissenschaft, deren Epistemologie und Terminologie einer eigenen Klärung bedürften.

Ausblick: Neue Erkenntnisse zu *Laokoon* können heute nur durch die Erschließung neuer Materialien, neuer Quellen gewonnen werden. Eine Tür öffnet hier Dieter Borchmeyers Studie *Aufstieg und Fall der Zentralperspektive* (2004). Borchmeyer beleuchtet Lessings Thesen zur Malerei nicht von den abstrakten Positionen der Ästhetik und allgemeinen Kunsttheorie her, sondern zieht Konkreteres heran: die Malerbücher der Renaissance, eine Debatte der Académie Royale de Peinture et de Sculpture, die Entwicklung des Bühnenbildes. Im Zentrum seiner Argumentation steht die Rolle, welche die Zentralperspektive für Lessings Auslegung der »Einheit« in Malerei (»Systemraum«) und Dichtung (»Systemzeit«) spielt. Auch wenn wir, anders als Borchmeyer, für Lessings Blick eine Dezentralisierung in Anschlag bringen wollen (s. Analyse, S. 280 ff.) – das Neuland ist mit dem Bezug zu dieser Ebene spezifischer, ja handwerklicher Probleme der Malerei betreten. Lessing wollte für den zweiten Teil des *Laokoon* die Malerei gründlicher studieren (Blakert 1999, 89), in *Laokoon* spricht er von »Lehrbüchern« der Malerei (B 5/2, 99; vgl. *Collectaneen* Nr. 264, Eintrag »Malerei«; B 10, 591–595), er legt Exzerpte aus Jonathan Richardsons, des englischen Malers und Kunstschriftstellers, *Essay on the theory of painting* (1715, frz. Übersetzung 1728) an (P 13; B 5/2, 271 ff.; vgl. B 5/1, 470 f.); vielleicht verbirgt sich hinter seiner Beschäftigung mit Christian Ludwig von Hagedorns *Betrachtungen über die Malerei* (1762) eine kritische Auseinandersetzung mit dem Kunstkonzept der preußischen Akademie (vgl. Bartsch 1984); er benutzt zahlreiche fachspezifische Termini (z.B. P 13; B 5/2, 276; P 19; B 5/2, 291) – und in den *Collectaneen* finden sich Gemäldebeschreibungen, in denen er sich an die eigenen Grenzbestimmungen für die Wirkung der Malerei nicht hält (Nr. 175; B 10, 561–563). Nicht zuletzt das kunstwissenschaftliche Urteil über Lessing (prominent: Gombrich; vgl. Mülder-Bach 1992, 18, Anm. 58 und 23 f.) könnte von daher neue Impulse empfangen.

Analyse

Weltbildwandel

Dass Wellbery (s. S. 271 f.) Lessings ästhetischen Entwurf epistemologisch lesen kann, hat seinen Grund auch darin, dass Lessing selbst die »materiellen Gemälde«, die Werke der bildenden Kunst, epistemologisch liest, dass er das Sichtbare, das sie zeigen, auf die Wirklichkeitsauffassung der Aufklärung verpflichtet. Mit anderen Worten: Seine metaphysischen und erkenntniskritischen Vorbehalte gegenüber der christlichen Religion formuliert Lessing nirgendwo deutlicher als gegenüber der Visualisierung ihrer Inhalte, gegenüber den christlichen Bildprogrammen. Provozierend ist die Absage an die christliche Auferstehungsbotschaft – Jesu Überwindung des Todes und Erlösung von der Sünde – am Schluss der Schrift *Wie die Alten den Tod gebildet*. Ein spiegelbildlicher Kommentar zu einem Weihnachtsbild Rembrandts findet sich in den *Collectaneen*, wo Lessing von der »Geburt eines Gottes in einem Stalle« (B 10, 625 f.) spricht: Die Menschwerdung Christi ist für ihn ein Mythologem wie die heidnischen auch, zwischen den heidnischen und christlichen Vorstellungen vom irdischen Wandeln Gottes – der Götter – in Menschengestalt besteht in seinen Augen kein prinzipieller Unterschied, Erstere nennt er »Aberglauben«. Wenn er das Gebiet der Kunst von der Tradition religiöser Darstellungen abgrenzt und die mythologischen Attribute als (nunmehr) leere Allegorien abwertet (Nr. 9; B 5/2, 84 ff.), kann deshalb die Kritik an der christlichen Ikonographie mitgedacht werden. Das Problem ist das Eingreifen Gottes in die raum-zeitliche Naturwirklichkeit, die übernatürliche Offenbarung, sofern diese den leiblichen Augen gezeigt, also den Bedingungen des Diesseits unterworfen wird. Um die Figuren auf den Bildtafeln schließt sich für Lessing ein Raum, der, analog zum wirklichen Raum, den physikalischen Gesetzen gehorcht (bzw. so erscheinen sollte, als ob er dies tue). In diesem Raum gibt es keine Fenster ins Jenseits. Alle malerischen Zeichen für das Transzendente – Wolken, in denen Götter erscheinen und Menschen entrückt werden – liest er naturalistisch und macht sie somit als ungeschickte allegorische Mittel ästhetisch unmöglich (Nr. 12; B 5/2, 106–109).

Wenn somit die Malerei bzw. Lessings Sicht auf die bildende Kunst zum Indikator der neuen Diesseitigkeit und Aufwertung der Sinnlichkeit wird, so scheint auf gleicher Linie zu liegen, dass die (bild-)künstlerische Darstellung denjenigen Mechanismen der Ausschließung folgt, mit denen eine aufgeklärte, rationale Vernunft ihre Wirklichkeit konstituiert. Wellbery decouvriert in der »Nachahmung«, der Repräsentation von Wirklichkeit, auf die Lessing die Künste festlegt (bzw. festzulegen scheint), eben diesen Gestus der Ausschließung und Repression. Mit seiner Auffassung der Schönheit als höchster Bestimmung der bildenden Kunst befreie Lessing nicht die künstlerische Darstellung zu der ihr eigenen (ästhetischen) Sinnlichkeit, vielmehr fungiere »Schönheit« als Regulativ und Korrektiv, als »Gesetz«, um den Andrang der Realität zu bannen.

Auf der Ebene, auf der Weltanschauliches transportiert wird, lassen sich leicht Indizien finden, die auf Gegenteiliges verweisen. Schönheit ist für Lessing mit Lebenssteigerung und deshalb vor allem mit der Liebe verbunden, er spricht von dem Entzücken, der Bezauberung, die sie auslöst, von der »sanften Wallung des Geblüts« (Nr. 20; B 5/2, 151), die ihr Anblick begleitet; die neue Diesseitsfreudigkeit artikuliert sich in der Feier der nackten Schönheit. Erstaunlich ist die Vorurteilslosigkeit, mit der Lessing der sexuellen Begierde begegnet. Dafür zeugt in *Laokoon* die Auslegung, die er den antiken Erzählungen von der übernatürlichen Geburt gottähnlicher Herrscherpersönlichkeiten gibt. Dass den Müttern während der Schwangerschaft eine Schlange, das Attribut vieler Götter(statuen), im Traum erschienen sei, deuteten ihre Söhne als Zeichen ihrer göttlichen Abkunft. Lessing deutet diese Interpretation des Traums als Zeichen für den »Stolz« der Söhne und die »Unverschämtheit« ihrer Schmeichler, den Traum selbst aber als ehebrecherische Phantasie der Frauen, die ihre Augen tagsüber an den schönen Götterstatuen geweidet hätten. »Denn eine Ursache mußte es wohl haben, warum die ehebrecherische Phantasie nur immer eine Schlange war« (B 5/2, 26). Er tadelt die Erhebung der Herrscher zu göttlichen Ehren, nicht aber die unwillkürlichen sexuellen Regungen der weiblichen Imagination. Im Zeichen der Schlange, dem christlichen Inbild des sündigen Begehrens, demonstriert er einen unbelasteten Umgang mit Schönheit und Sexualität. In den *Collectaneen* notiert er folgende Bemerkung zu einem Gemälde von Rubens, das die Entdeckung der schwangeren Nymphe aus dem Gefolge der Diana darstellt: »aber das gefällt mir sehr wohl, dass die schönste zärtlichste Bildung von allen die schuldige Nymphe hat.« (B 10, 563).

Es stellt sich jedoch die Frage, ob Lessing auch theoretisch zu einem Konzept von Kunst gelangt, das deren Autonomie begründet, und ob er ihre Fähigkeit, eine Wirklichkeit eigener Art zu erschließen (oder zu schaffen), diskursiv verdeutlicht. Lässt sich zeigen, dass das Vokabular und die Denkfigur der Repräsentationsästhetik – »Nachahmung«, die Referenz auf den ›wirklichen‹ Gegenstand – nicht die Grenzen von Lessings Reflexionen bezeichnen?

Kunsttheorie: Schönheit ohne Raum

»I. Das erste Gesetz der bildenden Künste war, nach Winkelmann, bey den Alten edle Einfalt und stille Größe so wohl in der Stellung als im Ausdruck / II. Nach Lessing aber ist es die Schönheit« (B 5/2, 672). Karl Lessing, aus dessen Inhaltsangabe zu *Laokoon* wir zitierten, bringt den Gegensatz zu Winckelmann auf den Punkt: Lessings Schönheitskonzept ist gegen Winckelmanns neuplatonische Auffassung gerichtet. Zu Recht betont Sørensen (2004/05[2006]) diese Frontstellung. »Als Neuplatoniker«, so Sørensen (71 f.), »setzte Winckelmann jenseits aller mimetischen Nachahmung der Natur das Vorhandensein einer ›Idee‹ sowohl in der Schönheit als auch in der Kunst voraus.« Die innere formende Kraft sei über alles Materielle erhaben. Winckelmann über die ›Idee‹ der Künstler: »Nach solchen über die gewöhnliche Form der Materie erhabenen Begriffen bildeten die Griechen Götter und Menschen.« (zit. nach Sørensen, 72). Seine kunsttheoretische Folgerung: »Die Malerei erstreckt sich auf Dinge, die nicht sinnlich sind; diese sind ihr höchstes Ziel.« (ebd., 72) Lessings Diktum dagegen lautet: »Der Ausdruck körperlicher Schönheit ist die Bestimmung der Mahlerei./ Die höchste körperliche Schönheit also, ihre höchste Bestimmung.« (B 5/2, 296; vgl. *Laokoon* Nr. 2). Nicht die neuplatonische Orientierung, sondern die Proportionenlehre übernimmt Lessing von den Malern der Renaissance, die höchste körperliche Schönheit manifestiert sich ihm zufolge in räumlichen, also anschaulichen Verhältnissen (und nicht als Ausdruck einer erhabenen Seele). Lessing: »Körperliche Schönheit entspringt aus der übereinstimmenden Wirkung mannigfaltiger Teile, die sich auf einmal übersehen lassen.« (Nr. 20; B 5/2, 144) Dieter Borchmeyer (2004) zitiert die Definitionen von Leon Battista Alberti und vor allem Leonardo da Vinci, die überraschende Parallelen zu Lessings Formulierung aufweisen: die Übereinstimmung der Teile zu einem Ganzen (Alberti) und, bei Leonardo: die Notwendigkeit des räumlichen Nebeneinanders, damit die Schönheit realisiert werden könne; der Dichtung sei dieses wegen ihres zeitlichen Verlaufs versagt (Borchmeyer 2004, 297). Dass Lessing die theoretischen Werke der beiden Renaissancekünstler (und, wie zu ergänzen wäre, Albrecht Dürers), Hauptwerke der Kunstliteratur, gekannt hat, lässt sich aus den *Collectaneen* belegen (B 10, 471 f. [Alberti]; 585, Z. 24 [Dürer]; 591–595 [Malerbücher]). Hier findet sich zudem ein Exzerpt aus einem Werk des italienischen Jesuiten Francesco Lana (B 10, 584–588), das nicht nur die antiplatonische Stoßrichtung von Lessings Schönheitsideal unterstreicht, sondern auch einen Grund für seine Abwertung der Landschaftsmalerei erkennen lässt. Lessing notiert Lanas Auffassung von Mimesis: »Doch will Lana auch nur, daß sie [die Künstler] die einzeln Teile von der Natur, nicht aber alle Teile von einem und ebendemselben Menschen nehmen, sondern an verschiednen die schönsten Teile aussuchen sollen«, um zu kommentieren: »Und weiter versteht man auch itzt nichts unter dem Ideale« (Nr. 244; B 10, 585). Das ist zwar nicht sensualistisch gedacht, da der synthetische Akt nicht aus der sinnlichen Wahrnehmung abgeleitet werden kann, aber Lessing rekurriert eben auch nicht auf das neuplatonische Vokabular von der göttlichen, die Materie übersteigenden inneren Form. Des Weiteren hält Lessing Lanas Bemerkung fest, dass »alle Körper um so viel vollkommner wären, jemehr sie sich in ihren Verhältnissen den Verhältnissen des menschlichen Körpers näherten« (B 10, 585). In den Paralipomena zu *Laokoon* begründet Lessing den (traditionell) geringeren Wert der Landschaftsmalerei damit, dass es kein Ideal in der Schönheit der Landschaft gebe (B 5/2, 260, Nr. 9) – eine Schlussfolgerung, die aus Lanas Prämisse, die Proportionen des menschlichen Körpers seien der Maßstab jeder Schönheit, gewonnen scheint.

Damit haben wir jedoch ein frappierendes Paradoxon der Laokoon-Schrift berührt. Lessing, der die Malerei und Plastik als räumliche Kunst bestimmt und aufgrund ihrer Räumlichkeit von der Dichtkunst abgrenzt, hält die Darstellung des Raumes (zum Beispiel in der Landschaftsmalerei, aber auch in der Historienmalerei [B 5/2, 295 f., Nr. 20]) für etwas Nebensächliches und nicht wesentlich mit ihrer zentralen Aufgabe, der Darstellung schöner Körper, verbunden; ein Kritiker (Bedenk 2004, 84, Anm. 294) bemerkt verwundert das Fehlen jeglicher Reflexion auf die Dreidimensionalität. Für uns gibt jedoch gerade dieser Widerspruch Aufschluss über die Funktion und Bedeutung, die Lessing der körperlichen Schönheit zuweist.

Noch offensichtlicher werden Lessings Schwierigkeiten mit dem Raum bei seinem Verständnis der Zentralperspektive. Lessing tut sich Klotz gegenüber viel darauf zugute, sie richtig zu erklären; noch Panofsky wird in seinem berühmten Aufsatz über die Zentralperspektive als symbolische Form an diese Erklärung anknüpfen (nach Borchmeyer 2004, 292 f.). Lessing schreibt: »Die Künstler aber verstehen darunter die Wissenschaft, mehrere Gegenstände mit einem Teile des Raums, in welchem sie sich befinden, so vorzustellen, wie die Gegenstände, auf verschiedne Plane des Raums verstreuet, mit samt dem Raume, dem Auge aus einem und eben demselben Standorte erscheinen würden.« (9. Antiquarischer Brief; B 5/2, 381). Borchmeyer, der das Thema der Zentralperspektive in *Laokoon* entdeckte (vgl. Nr. 19; B 5/2, 143), hat herausgearbeitet, dass Lessing den Zusammenhang nicht gesehen hat, der zwischen der zentralperspektivischen Konstruktion des Raumes von einem Augenpunkt aus und der Einheit des dargestellten Augenblicks besteht; denn er habe für die antike Malerei die Einheit des dargestellten Augenblicks postuliert, auch wenn die Künstler die Zentralperspektive noch nicht gekannt hätten. Das heißt aber, so schließen wir weiter, dass Lessing die raumgestaltende Kraft der Zentralperspektive ignoriert. Nicht überraschen kann, dass ihm ihre für die Renaissance- und Barockkunst zentrale Funktion entgeht, mit der Objektivierung des sichtbaren Raumes zugleich dessen Transzendierung im visionären Blick darstellbar zu machen (Panofsky 1927/1964, 126). Doch Lessings Abwertung der Landschaftsmalerei und sein Verständnis der Historienmalerei ausschließlich von den einzelnen Figurengruppen her (z. B. Nr. 16; B 5/2, 118, Z. 1 ff.; 295 f., Nr. 20) machen deutlich, dass er darüber hinaus auch den von der Zentralperspektive gestifteten Zusammenhang von Figur und Raum, als Unterordnung der Figurengruppen unter ein zentralisierendes Raumschema, nicht wahrnimmt – oder in kritischer Absicht ausblendet. Anders herum ausgedrückt: Er löst die Körper aus ihrem Raumzusammenhang heraus. Das Nebeneinander der Teile, die schöne Proportion in der bildenden Kunst ist ihm kein räumliches Thema, sondern – letztlich – ein zeitliches, es realisiert sich für ihn in der Gleichzeitigkeit, mit der wir die einzelnen Gegenstände erblicken, in der Geschwindigkeit, mit der wir sie zugleich erfassen. Schönheit ohne Raum – wie also lässt sich das widersprüchliche Phänomen deuten?

Die künstlerische »Nachahmung«, schreibt Lessing zu Beginn des dritten Abschnitts (B 5/2, 31), »sagt man, erstrecke sich auf die ganze sichtbare Natur, von welcher das Schöne nur ein kleiner Teil ist. Wahrheit und Ausdruck sei ihr erstes Gesetz; und wie die Natur selbst die Schönheit höhern Absichten jederzeit aufopfere, so müsse sie auch der Künstler seiner allgemeinen Bestimmung unterordnen, und ihr nicht weiter nachgehen, als es Wahrheit und Ausdruck erlauben. Genug, daß durch Wahrheit und Ausdruck das Hässlichste der Natur in ein Schönes der Kunst verwandelt werde.« Wer sagt das, wen meint Lessing mit »man«? Die Kommentare geben hier keine Auskunft. Eine extreme Position, was die Unterordnung der Schönheit unter die Wahrheit anbelangt, vertritt Diderot in dem Essay *Versuch über die Malerei* (1765); bei der Bedeutung, die Diderot für Lessing hat, durchaus eine mögliche Quelle. Für Diderot ist das Schöne der Kunst eine Verlegenheitslösung angesichts der unüberschaubaren, im Verborgenen und mit unerhörter Konsequenz wirkenden Organisationskraft der Natur. Nur ein schwacher Ersatz seien die konventionellen Regeln der Schönheit, die ausgleichen müssten, dass wir die wahren Wirkungen und Ursachen des organischen Baues nicht einsehen könnten (*Ästhetische Schriften*, übers. Bassenge 1967, 635–641). Für Lessing jedoch sind die schönen Proportionen kein schlechter Kompromiss, sondern etwas Sichtbares, dessen Evidenz sich gegen die naturwissenschaftliche Auffassung behauptet. Dass er der körperlichen Schönheit eine »Wahrheit« sui generis zugesteht, dass er in ihr etwas

sieht, was die Kunst nicht abbildet, sondern sichtbar macht, eine *eigene* Dimension der Wirklichkeit, zeigt sich, so lautet unsere These, daran, dass für ihn die schönen Körper (der Kunst) den Gesetzen der Zentralperspektive nicht unterworfen sind.

In dem frühen Gedicht *Über die Mehrheit der Welten* (B 1, 26–28) bringt Lessing die perspektivische Malerei in Verbindung mit dem kopernikanischen Weltbild, und zwar unter dem Aspekt der Täuschung. Wie im perspektivischen Sehen sich nur der Schein der Dinge zeige (in der Luftperspektive erscheine der Wald blau statt grün), so sähen wir, für die die Sonne auf- und untergehe, nur ein Scheinbild des kosmischen Raumes (3. Gesang). Hans Blumenberg hat für das 18. Jahrhundert eine Korrespondenz festgestellt zwischen der Diskussion des kopernikanischen Weltbilds und der Diskussion der Perspektive, der Reflexion auf den immer nur begrenzten eigenen Standort. Unser perspektivisches Sehen zeige uns die Dinge verjüngt, verkürzt, verzerrt; die Zentralperspektive wird zum Mittel, diesen Schein technisch herzustellen. Sie »läßt die wahre Gestalt zurück und bemüht sich bloß, die scheinbare Gestalt zu entwerfen« (Lambert; zit. nach Blumenberg 1981 [1975], 621. Lambert war gut bekannt mit Gotthold Abraham Kästner, dem mathematisch-philosophischen Lehrer und Freund Lessings). Der (zentralperspektivisch konstruierte) Raum zehrt an den Dingen, ordnet sie dem *einen* subjektiven Standort unter, beraubt sie ihres Eigenseins. Zugleich jedoch ist die Zentralperspektive eine Wissenschaft vom Sehen, sie objektiviert den Raum als Phänomen der Wahrnehmung. In *Laokoon* und den *Antiquarischen Briefen* nun differenziert Lessing genau zwischen dem lebendigen Sehvorgang und der mathematischen Konstruktion der Zentralperspektive: Selbstverständlich hätten die antiken Maler einzelne Gegenstände perspektivisch gezeichnet und die Phänomene der Luftperspektive beobachtet; aber die Zentralperspektive und die mit ihr verbundene Unterwerfung unter die wissenschaftlichen Gesetze der Raumkonstruktion, wo alles mit allem zusammenhängt (vgl. 10. Brief, B 5/2, 387), hätten sie nicht gekannt (9. Brief). Doch die Schönheit ist für Lessing unabhängig von der Wahrheit auch dieser Wissenschaft.

Die Zentralperspektive ist für Lessing eine bloße Technik, die gar nichts mit dem Genie zu tun hat (z. B. 9. Brief; B 5/2, 383); ja, sie ist für ihn eher ein Verlust als ein Gewinn (P 8, Nr. 9; B 5/2, 263). Wenn er die Gemälde des Polygnot (Nr. 19; B 5/2, 142–144 oder 9. Brief, 387) beschreibt, erläutert er das Phänomen eines multifokalen, dezentralisierten Sehens, nämlich die Darstellung der Figurengruppen aus »vielfachen« Gesichtspunkten, aus unterschiedlichen Perspektiven. Dabei plädiert er für eine Befreiung von der zentralperspektivischen Sehgewohnheit – für die Auflösung der zentralperspektivischen Konstruktion des Raumes zugunsten des Hervortretens der wesentlichen körperlichen Schönheit, der schönen Proportion der menschlichen Gestalt. Dieses (künstlerische) Sehen ist schöpferisch, es macht die schöne Proportion sichtbar und evident, bildet sie nicht lediglich ab nach Maßgabe ihrer räumlichen Erscheinung von *einem* Augenpunkt aus. In der solchermaßen gestalteten körperlichen Schönheit sind die bloße Subjektivität und systemkonforme Konstruiertheit des Raumes suspendiert. »Nach ihrem Ursprunge« schreibt Lessing über die »schönen Künste«, waren sie bestimmt, »den Schönheiten der körperlichen und geistigen Natur eine neue Schöpfung zu geben« (P 3, Nr. 7; B 5/2, 227).

Poetik: Von der Perspektive zum pluralistischen Perspektivismus

Die Grenzziehung zwischen Malerei und Poesie dient Lessing dazu, seine eigenen dramentheoretischen Positionen weiterzuentwickeln. Wie er die meisten Bildgattungen ausklammert, so denkt er auf dem Gebiet der Poesie fast ausschließlich vom Drama her. Er differenziert nicht zwischen einer epischen und einer dramatischen Handlungsstruktur, und die spezifischen Aussageweisen der Lyrik geraten schon gar nicht in seinen Blick (zur Diskussion der einzelnen Dichtungsarten in *Laokoon* s. jedoch Nisbet 2006 und 2008, 424 ff.). Auch interessiert Lessing nicht die Sprache als solche mit ihren klanglichen, rhythmischen, syntaktischen Mitteln, sondern ihm geht es vornehmlich um die imaginative Ebene, die (inneren) Vorstellungen, die »poetischen Phantasieen« voll Energie, wie er in einer Fußnote in Anlehnung an die antike Rhetorik formuliert (Nr. 14; B 5/2, 113 f.). Zwei Aspekte stehen dabei im Vordergrund: die Erregung des Mitleids und die Konstruktion der Handlung.

Die Funktion des Mitleids.

Lessings Differenzierung zwischen den materiellen und den poetischen »Gemälden« hängt mit seiner Ablehnung des stoischen, moralisch vollkommenen Helden zusammen, der seine natürlichen Regungen unterdrückt. Die Sichtweise Winckelmanns, den schönen Körper als Träger einer erhabenen Seele zu begreifen, steht für Lessing unter Stoizismus-Verdacht. In einem Paralipomenon (B 5/2, 231) spricht er die Vermutung aus, die »rohe unverständige Übertragung« des malerischen Grundsatzes, dass das Schöne sich nicht mit einem gewaltsamen, leidenschaftlichen Ausdruck vertrage, »in die Dichtkunst« habe »die falsche Regel von den *vollkommnen moralischen* Charakteren wo nicht veranlasset, doch bestärkt.« Indem Lessing den malerischen Grundsatz aus den – formalen – Gesetzen der bildenden Kunst herleitet und nicht vom Gegenstand her bestimmt, gewinnt er den Freiraum, über die Darstellung des Menschen in der Poesie neu nachzudenken. Die ersten Abschnitte des *Laokoon* sind denn auch der Verteidigung der griechischen Helden gewidmet, die Lessing als »gemischte Charaktere« in dem Sinn interpretiert, dass sie sich der kreatürlichen Bedingtheit ihres Menschseins, ihrer Menschennatur, nicht geschämt hätten. Der »leidenden Natur« habe der (antike) Dichter »ihr Recht« gegeben (Nr. 1; B 5/2, 19). Homer habe in der *Ilias*, Vergil in der *Aeneis* Helden gestaltet, die bei all ihren hohen Zielen und ihrer Prinzipientreue menschliche Rührung zugelassen, ihre Gefühle und damit ihre Verletzbarkeit gezeigt hätten; ja, laut schreiend und wehklagend hätten diese empfindenden Helden auf physischen und seelischen Schmerz reagiert. Zugleich argumentiert Lessing wirkungsästhetisch: Durch den Ausdruck der leidenden Natur erreiche der Dichter seinen höchsten Zweck, die Erregung des Mitleids. Nur der Held, der schwach genug ist, seinen Schmerz zu äußern, könne das Interesse der Zuschauer (bzw. Leser) gewinnen. »Alles Stoische«, schreibt er im ersten Stück (B 5/2, 21), »ist untheatralisch; und unser Mitleiden ist allezeit dem Leiden gleichmäßig, welches der interessierende Gegenstand äußert. Sieht man ihn sein Elend mit großer Seele ertragen, so wird diese große Seele zwar unsere Bewunderung erwecken, aber die Bewunderung ist ein kalter Affekt, dessen untätiges Staunen jede andere wärmere Leidenschaft […] ausschließet.« So rechtfertigt (und deutet) er den schreienden Laokoon Vergils und den Philoktet des Sophokles, der auf offener Bühne ›winsele und weine, schreie und brülle‹ (Nr. 4; B 5/2, 37).

Wie Lessings Konzept der Schönheit gegen die Spaltung zwischen der Anschauung und einem seelisch-geistigen Ideal gerichtet ist – das ›Geistige‹ der sichtbaren Formen, ihre ›Bedeutung‹, liegt für Lessing einzig und allein in der äußeren Schönheit, die sich indifferent zur inneren verhalte –, so richtet sich sein Begriff des Mitleids gegen die Abspaltung des Moralischen von der Menschennatur. Beidemale geht es also darum, den Riss zwischen Sinnlichkeit und Jenseitsorientierung zu unterlaufen. Über die Laokoon-Gruppe mit ihren nackten Figuren heißt es: »Hat ein Gewand, das Werk sklavischer Hände, eben so viel Schönheit als das Werk der ewigen Weisheit, ein organisierter Körper?« (Nr. 5; B 5/2, 58). Ähnlich bezeichnet Lessing den »menschlichen Helden« als »das Höchste«, »was die Weisheit hervorbringen, und die Kunst nachahmen kann« (Nr. 4; B 5/2, 45).

Der Handlungsbegriff. Wir hatten gesehen, wie die Aufwertung von Sinnlichkeit und Diesseitigkeit Lessing dazu führt, den Gegenstandsbereich der bildenden Kunst auf das Sichtbare einzugrenzen, und wir hatten gesehen, wie Lessings Bestimmung der Schönheit über das Konzept der »Nachahmung« hinausgeht. Er stößt zu der Erkenntnis vor, dass in der Darstellung des schönen Körpers Kunst nicht abbilde, sondern etwas sichtbar mache und somit eine nur ihr eigene Wirklichkeit schaffe. Nur in der Einheit von Medium (dem Material der bildenden Künste und ihren »natürlichen Zeichen«) und den Prinzipien der Gestaltung (den schönen Proportionen, der Ordnung im Nebeneinander) wird die zweite Wirklichkeit, die »neue Schöpfung« der Kunst hervorgebracht, nur so erreichen die Werke Evidenz, Präsenz und die Eindrucksmächtigkeit des Lebens selbst. In ihrer versinnlichenden Kraft bleibt die bildende Kunst das Modell für die Poesie, weist Lessing doch den weit verbreiteten, u. a. von Dubos, Breitinger, James Harris erwähnten und wiederholten Gedanken zurück, dass die Dichtkunst den Zugewinn an Gegenständen und Themen mit einem Verlust an sinnlicher Wirkung bezahle und die Phantasie weniger fessle. Auch in der Poesie sieht er die lebendige Wirkung dadurch gewährleistet, dass Medium und Material (die willkürlichen Zeichen der Sprache und die mit ihnen verbundenen »Vorstellungen«), der Gegenstand (menschliche Interaktionen) und die Gestaltungsprinzipien eine Einheit bilden (welche Einheit die »neue Schöpfung« ist). Diese Integration leistet für Lessing die Handlung.

»Handlung« wird von Lessing als in der Zeit fortschreitende Sukzession definiert (Nr. 16). Sukzession ist Wandel, Veränderung, die nach dem Gesetz von Grund und Folge geschieht. Der Dichter, so Lessing, führe die Handlung auf einen »Ursprung« zurück, entwickle sie durch zahlreiche Veränderungen hindurch, um sie schließlich auf ihre »Endschaft« zulaufen zu lassen (Nr. 4; B 5/2, 35); sie hat Anfang, Mitte und Ziel. Diese Folgerichtigkeit erhält die Handlung jedoch nur deshalb, weil sie psychisch motiviert ist; ohne die »Folge der Empfindungen« (Nr. 17; B 5/2, 129), die psychologische Motivation, wäre sie nichts als eine bloße Reihe unverbundener Aktionen, wohingegen aus den Gefühlen, Willensstrebungen, Zielsetzungen der Menschen ihre Handlungen entspringen. Dass für Lessing das Psychische die Wurzel der (poetischen) Handlungskausalität ist, kommt deutlich in seinen Notizen zum Ausdruck (P 8, Nr. 8; B 5/2, 260): »Das Ideal der Handlungen bestehet 1) in der Verkürzung der Zeit 2) in der Erhöhung der Triebfedern, und Ausschließung des Zufalls. 3) in der Erregung der Leidenschaften.«

So wie »Schönheit« in der bildenden Kunst die Einheit stiftet, fungiert die »Folge der Empfindungen« als Ordnungsbegriff in der Poesie; in dem unermesslichen und unüberschaubaren Raum der Natur bringt die »neue Schöpfung« der Dichtung einen eigenen, spezifischen Zusammenhang hervor. In seiner Analyse der ›Plotkonstruktion‹ des *Philoktet* stellt Lessing der poetischen *Folge* das unentwirrbare *Gewebe* der Empfindungen gegenüber, wie es der Naturwirklichkeit entspricht: »Ihr Gewebe ist so fein und verwickelt, daß es auch der behutsamsten Speculation kaum möglich ist, einen einzeln Faden rein aufzufassen und durch alle Kreuzfäden zu verfolgen. Gelingt es ihr aber auch schon, was für Nutzen hat es? Es giebt in der Natur keine einzele reine Empfindung; mit einer jeden entstehen tausend andere zugleich, deren geringste die Grundempfindung gänzlich verändert, so daß Ausnahmen über Ausnahmen erwachsen, die das vermeintlich allgemeine Gesetz endlich selbst auf eine bloße Erfahrung in wenig einzeln Fällen einschränken.« (Nr. 4; B 5/2, 43; vgl. dazu Binczek 2004 und 2007, 227–245). Auf eine – ohnehin unerreichbare – Verdoppelung solch verborgener Komplexität kommt es jedoch in der Dichtung nicht an, sondern auf die Konstruktion der »Folge von Empfindungen«. »Erhöhung der Triebfedern« bestimmt Lessing als »Ideal der Handlung«, und er präzisiert in einer weiteren Notiz (231): »Handlungen sind um so viel vollkommner, je mehrere, je verschiednere, und wider einander selbst streitende Triebfedern darin wirksam sind.« Die »Folge der Empfindungen«, die der Dichter modelliert, macht dabei die Struktur des Widerstreits transparent, macht die Umschläge nachvollziehbar, zeigt, durch welche motivierten Veränderungen hindurch das eine ins andere sich verkehrt. Wie nahe das Gute an das Böse, Tugend an Laster grenzt, wie oft das eine im anderen wirkt, führen viele Lessingsche Figuren vor; wir werden dem Prinzip in *Minna von Barnhelm* wieder begegnen. Die Schöpfung der Dichtung ist diese Organisation der Vorstellungen, in welcher solchermaßen das sittliche Wesen der Menschennatur, ihre Gefährdung und ihre Chance, sich realisiert.

Wie Lessing sich die Modellierung des schönen Körpers mit einer Gleichgültigkeit gegenüber der Zentralperspektive verbunden denkt, so führt auch die Organisation einer »Folge« von Empfindungen ein dezentralisierendes Moment in den Handlungsbegriff ein. Dieter Borchmeyer hat das Thema der Zentralperspektive nicht nur in Lessings Kunsttheorie, sondern auch in seiner Poetik entdeckt. Wir entwickeln diese Anregungen weiter.

In den Paralipomena zu *Laokoon* überträgt Lessing den Begriff der Perspektive auf die Dichtkunst; Borchmeyer nennt die Passage den frühesten Beleg einer *point of view*-Theorie. »Was ist also«, fragt Lessing, »die *Perspectiv des Dichters*? Sie besteht darin, daß er die Zeitfolge, in welcher seine Nachahmung fortschreitet dann und wann unterbricht, und in andere Zeitfolgen übergehet, in welchen sich die Gegenstände, die er schildern will, ehedem befunden, bis er den Faden seiner eignen Zeitfolge wieder ergreift.« (B 5/2, 230; an anderer Stelle spricht Lessing von Homers »perspektivischen Gleichnissen«: B 5/2, 246). Zwar lässt Lessing den Begriff der Perspektive wieder fallen; was er meint, erläutert er in *Laokoon* als den Kunstgriff Homers, die Schilderung von Gegenständen in die Geschichte ihrer Entstehung, in Handlungen (»Zeitfolgen«) zu verwandeln. Dass er den Terminus »Perspektive« gewählt hat, bleibt dennoch bemerkenswert. Wir sehen darin ein Signal, dass er die »Zeitfolge«, als »Folge von Empfindungen«, sich aus dem Blickpunkt der Handelnden erzählt denkt. Von hierher ist es nur noch ein kleiner Schritt zu einem mehr-perspektivischen Dramenmodell, der Konstruktion eines dramatischen Ganzen aus unterschiedlichen Figurenperspektiven. In *Laokoon* deutet sich ein derartiges Modell in der *Philoktet*-Analyse an. Lessing zeichnet zwei unterschiedliche »Folgen von Empfindungen«, zwei unterschiedliche Perspektiven nach: Er versetzt sich in den jeweiligen Standpunkt Philoktets und Neoptolemos'. Beide »Folgen« haben ihre Konsistenz, entwickeln sich durch »wider einander streitende« Triebfedern; am Höhepunkt, der Peripetie, bringt der Anblick des leidenden Philoktet den Neoptolemos »zu seiner Natur« »zurück« (Nr. 4; B 5/2, 47). Das heißt: Er reagiert nicht reflexhaft auf einen äußeren Eindruck, sondern dieser Eindruck wird zu einem integrierten Teil der eigenen Wahrnehmungs-, Empfindungs- und Handlungsweise. So ist die Verknüpfung der Handlung kein einliniges und monokausales Ursache-Wirkungs-Verhältnis, sondern konstituiert sich aus der je verschiedenen inneren Tätigkeit der Figuren. Im Konflikt von Tellheims und Minnas Sichtweisen, die die Handlung motivieren und in ihrer Gegensätzlichkeit *unaufgelöst* nebeneinander bestehen bleiben, werden wir ein eindringliches Beispiel für einen solchermaßen dezentralisierten oder multifokalen Perspektivismus kennenlernen (s. S. 309).

Der Nerv der ›zweiten Schöpfung‹ der Dichtung liegt darin, die Handlungen der Figuren als Resultate dieses ›innen‹ entspringenden, von innen nach außen wirkenden psychischen Lebens glaubhaft und nachvollziehbar zu machen; so wird die Gestaltung der Menschennatur zum poetischen Äquivalent für die Hervorbringung der Schönheit (gegenüber der bloßen »Wahrheit« des natürlichen Ausdrucks; s. o. S. 279). Die Folge der Empfindungen gewährleistet die Fülle des Lebendigen – in den Übergängen wirken die widerstreitenden Triebfedern weiter –, und sie gewährleistet die lebendige Wirkung auf den Zuschauer, den Rezipienten, der, die jeweilige Perspektive der Figuren sich aneignend, miterlebt und mitempfindet. Stoßen – im dramatischen Konflikt – zwei Perspektiven aufeinander, so manifestieren sich die Kraft, Energie und Konsequenz unterschiedlicher, ja, konträrer Vorstellungs- und Empfindungsweisen, die nicht ohne weiteres einem einzigen Blickpunkt untergeordnet werden können. Kraft, Energie und Konsequenz wiederum, die den Empfindungen der Figuren ihren Zusammenhang und ihre Folgerichtigkeit verleihen, sind bei Lessing niemals neutral, sondern bleiben, wie verborgen, verworren und bedroht auch immer, auf das Gute als ihr Ziel hin ausgerichtet – die ›wahre‹ Natur des Neoptolemos ist zugleich seine ›gute‹, mitleidige Natur; insofern macht die schöpferische Organisation des psychischen Lebens zugleich eine göttliche Ordnung transparent (vgl. die Kapitel: Hamburgische Dramaturgie, S. 342 ff. und Bühnenpraxis, S. 324–326. – Lehmann [2000] erblickt in dem Theorem der »vierten Wand«, das Lessing von Diderot übernimmt, das Ende der zentralperspektivischen Ausrichtung des Bühnenraums; auch diesen Befund möchten wir im Sinn unserer These auswerten).

»unordentliche Collectanea«? Der performative Aspekt der Laokoon-Schrift

Wie Lessing die Wirklichkeit der Kunst in der Einheit von Gegenstand und dem Prinzip seiner Gestaltung sieht, so besitzt auch sein kunsttheoretischer Essay ein performatives Element, wird das »Was« zum »Wie« des Gesagten. Dies gilt zunächst für die Makrostruktur des Textes. Bereits Wilhelm Dilthey hebt als ein Charakteristikum die transparente Verbindung von Methode, Gegenstand und Erkenntnis hervor (1957 [1906], 34), und zu Recht profiliert Nisbet (2008, 416–425) die Stringenz, mit der Lessing den systematischen Kern seiner Reflexion (Unterscheidung der Künste mittels der Zeichentheorie) und die veranschaulichenden Beispiele aufeinander bezieht, induktives und deduktives Verfahren verbindend. Auch auf der Mikroebene lassen sich viele Beispiele für die Inhalt-Form-Korrelation finden: Die Bewegung, die Lessing als Ingredienz der poetischen Darstellung von Handlungen aufdeckt, bestimmt auch den Gang der Argumentation. Gleich zu Beginn stellt er die *ut pictura poesis*-Doktrin in den Zusammenhang einer dy-

namischen Entwicklung, *erzählt* ihre Herkunft. Überall finden sich Erzählungen, das Verhältnis der Künste wird zum Wettstreit der Künstler, und über die Entstehung der Malerei heißt es (Nr. 2; B 5/2, 22): »Es sei Fabel oder Geschichte, daß die Liebe den ersten Versuch in den bildenden Künsten gemacht habe: so viel ist gewiß, daß sie den großen alten Meistern die Hand zu führen nicht müde geworden.« Wenn Lessing Dichtungen erläutert, erzählt er die Mythen, zeichnet die ›Plotkonstruktionen‹ nach. Im Zusammenhang mit der Analyse des Hässlichen, wo es um den Einbezug des Ekels in die »Folge der Empfindungen« geht, verdichtet sich die Nacherzählung zum Zitat, Lessing fügt (in einer Anmerkung) einen längeren, *sehr* ekligen Szenenausschnitt aus einem englischen Drama ein (Nr. 25, Anm. 12; B 5/2, 180–182).

Doch steht diese Einheit von Gegenstand und Argumentationsweise nicht in Widerspruch dazu, dass *Laokoon* die epochalen Spannungen und Brüche spiegelt, die mit der Aufwertung der sinnlichen Natur und psychischen Sinnlichkeit bei gleichzeitigem Festhalten an einer metaphysischen Orientierung gegeben sind. Insbesondere die Thematisierung der bildenden Kunst macht die Spannungen deutlich. Lessings Bestimmung der Grenzen der Malerei ist eine eigenartige Mischung aus Kunstverständnis, Philologie, Altertumskunde und Philosophie (ästhetischer Theorie). Der Rückgriff auf die »Lehrbücher der Malerei« (Nr. 11; B 5/2, 99), auf Kunstbeschreibungen und Kunstliteratur (Hagedorn, Richardson; s. Paralipomena, B 5/2, 265 ff.) führt Lessing dazu, gegenüber dem emphatischen, neuplatonischen Kunstbegriff Winckelmanns die Bedeutung des Sichtbaren zu betonen – aber diese produktive Begrenzung auf die sichtbare Oberfläche der Kunst wird durch Texte vermittelt (wie Lessing sich auch mit schlechten Reproduktionen begnügte). Er wertet die manuelle Ausführung, die Zusammenarbeit von Auge und Hand im Schaffensprozess, höher als die Erfindung (Nr. 11; B 5/2, 98 f.) – aber er hängt der eigenartigen Auffassung an, dass die Beobachtungsgabe eines Künstlers auf poetische Bilder angewiesen sei (Nr. 22; B 5/2, 162; vgl. auch P 3, Nr. 13; B 5/2, 244 f., 271). Im Hinblick auf die Schönheit der menschlichen Gestalt lässt er die Ästhetik der Repräsentation hinter sich und dringt zu der Erkenntnis vor, dass Kunst nicht nachahme, sondern sichtbar mache – aber er opfert diesem Aspekt fast die ganze Welt des Malerischen auf (Landschaften, Dimension des Raumes, Darstellung von Visionen). Nur Ausblicke in einzelne Gegenden kann der Spaziergänger gewinnen, so will es die Metapher, mit der er die Anordnung seiner »Aufsätze« (Vorrede) zu verdeutlichen sucht (Nr. 20; B 5/2, 144; breit ausgeführt ist die Metapher vom Wanderer in der Vorrede zu *Hermäa*: B 5/1, 449), und solche neuen Ausblicke und Ausschnitte, kein umfassendes ästhetisches System, stellen die einzelnen Reflexionen in *Laokoon* dar – ein *opus opertum* (Schmitt in B 10, 1135), ein offenes Werk, in dem Inhalt, Form und Struktur einander genau entsprechen.

Aufnahme und Wirkung

Laokoon erfährt sofort große Aufmerksamkeit. Drei Jahre nach dem Erscheinen des Buchs beschreibt Christian Garve (in seiner großen Rezension, s. S. 286) die Resonanz, die es gefunden hat: »Das Buch ist so längst bekannt, gelobt, bewundert, beurtheilt, getadelt worden, daß eine Kritik, die blos bekannt machen sollte, viel zu spät käme, und die Stimme einer einzelnen Person bey einem Werk, daß [!] schon das Urtheil der Nation ausgehalten hat, in keine Betrachtung mehr kommt« (Braun 1, 260 f.). Lessings Schrift wird zum einen als ein wesentlicher Beitrag zur Kunsttheorie und Ästhetik gewertet, zum anderen liest man sie als einen Beitrag zur Altertumskunde, das Augenmerk richtet sich auf die Auseinandersetzung mit Winckelmann über fachbezogene Einzelfragen. Winckelmann selbst allerdings, dessen Reaktion Lessing wohl mit Spannung erwartet haben dürfte, äußert sich nur in Privatbriefen. Von dem zunächst gefassten Vorsatz, ihm »auf die würdigste Art« zu antworten (Brief an den Kommerzienrat und Hofbuchhändler Georg Conrad Walther, 16.8.1766, zit. nach B 5/2, 680, Nr. 9), scheint er alsbald Abstand genommen zu haben. Die folgenden Briefzeugnisse lassen erkennen, dass Winckelmann die Kluft zwischen seinem und Lessings Vorgehen für unüberbrückbar hält. Allein ein Gespräch in Rom im Angesicht der Kunstwerke könne Aufklärung bringen (an Johann Michael Francke, 10.9.1766, B 5/2, 681, Nr. 11), ansonsten sieht er in der Schrift nur den »Universitätswitz, welcher mit Paradoxen

sich hervorthun will«, und »schenkt« Lessing »die Antwort« (an Philipp Baron von Stosch, 15.11.1766, B 5/2, 684, Nr. 15. Vgl. auch ebd. Nr. 20).

Eine frühe Rezension, die in der *Berlinischen privilegirten Zeitung* (3.5.1766, zit. nach B 5/2, 674 f., Nr. 1) erscheint, ist symptomatisch für einen Großteil der Stellungnahmen. Der Rezensent streicht den philosophischen Zugriff, die Gelehrsamkeit, Kennerschaft und den Geschmack des Verfassers heraus und listet die Gegenstände bzw. die Themen des Werks der Reihe nach auf, ohne den Blick auf einen möglichen inneren Zusammenhang und damit das zentrale Anliegen zu richten. Er nennt die »Vergleichung der Künste«, bei der die Poesie gewinne, die Exkurse zur alten Kunstgeschichte, in denen »Unrichtigkeiten« in Winckelmanns »Geschichte der Kunst« »angezeigt« würden; am Schluss verlegt er den Hauptakzent auf die antiquarischen Entdeckungen, speziell auf die Identifikation des Borghesischen Fechters (sie wird sich als schwerer Irrtum Lessings erweisen). Kennzeichen der Rezeption unter dem Gesichtspunkt »Theoriedebatte« bzw. »Ästhetik« ist, dass man bei dem hohen Lob, das man dem Autor spendet, doch über eine floskelhafte Allgemeinheit der Wendungen nicht hinauskommt und beim Referat inhaltlicher Einzelheiten den Nerv von Lessings Argumentation nicht transparent zu machen versteht. In vielen Rezensionen folgen der Inhaltsangabe Lobsprüche, die ebenso schmeichelhaft wie unverbindlich sind. Lessing habe ein »Meisterstück« geschrieben (*Staats- und Gelehrte Zeitung des Hamburgischen unpartheyischen Correspondenten*, Hamburg, 5.7.1766, zit. nach B 5/2, 679, Nr. 7), die Schrift zeuge von ungemeiner Gelehrsamkeit und seltener Bekanntschaft mit allen Künsten, der feinste Geschmack und originelle Begriffe herrschten in ihr, sie biete neue Aufklärungen der Künste und des Altertums (*Neue Zeitungen von Gelehrten Sachen*, Leipzig, 4.12.1766, zit. nach B 5/2, 684 f., Nr. 16), wenige neuere kunsttheoretische Abhandlungen könnten sich mit *Laokoon* messen, »worinnen so vernünftig und tief über die schönen Künste nachgedacht« werde und längst Überfälliges, nämlich die Grenzziehung zwischen Malerei und Poesie, geleistet wäre (*Jenaische Zeitungen von Gelehrten Sachen*, Jena, 22.8.1767, zit. nach Braun 1, 186–188. Auszug in B 5/2, 688 f., Nr. 21) – usw., die Beispiele ließen sich vermehren (vgl. B 5/2, 674 ff.) Ein ähnliches

Bild ergeben die Erwähnungen in Lehrbüchern und Kompendien zur Theorie der Künste. Man nimmt *Laokoon* als wesentlichen Klärungsversuch wahr, die Schrift gewinnt den Rang eines Standardwerks, gleichwohl bewegen sich die Bestimmungen von Lessings Erkenntnis innerhalb vorgefertigter, geläufiger Muster und haben den Klang des Routinierten. Die Trennlinie zwischen Malerei und Poesie gezogen zu haben, wird unisono als Verdienst gewürdigt, die Begründungen, warum dies ein so großer Fortschritt sei, fallen oberflächlich aus. Friedrich Justus Riedel z. B. bemüht die Wolffschen Differenzierungen zwischen »Witz« und »Scharfsinn«, »Scharfsinn« sei nötig gewesen, um die Unterschiede zwischen den Künsten zu finden (*Theorie der schönen Künste und Wissenschaften*, Jena 1767, zit. nach B 5/2, 692 f., Nr. 25), Christian Heinrich Schmid schließlich beschränkt sich aus dem Rückblick auf knappe Angaben zum Verlauf der Klotz-Fehde, denen er allgemeine Bemerkungen zu Thema und Anlage von *Laokoon* sowie zu Lessings philosophischem Scharfsinn voranstellt (*Litteratur der Poesie*, Theil 1, Leipzig 1775, B 5/2, 727 f., Nr. 51. Vgl. Nr. 26, auch Nr. 24: Auszug aus Johann Gotthelf Lindners *Lehrbuch der schönen Wissenschaften, insonderheit der Prose und Poesie*, Theil 1, Königsberg/Leipzig 1767). Lessing ist denn auch trotz der vielfach geäußerten Anerkennung unzufrieden mit der Resonanz auf seine Schrift. Er schreibt an Nicolai, noch habe sich keiner träumen lassen, wo er hinauswolle (Brief vom 13.4.1769, zit. nach B 5/2, 722, Nr. 42).

Die (spiegelbildliche) Kehrseite zur philosophisch-ästhetischen bildet die kunstgeschichtlich-archäologische Rezeption. Hier, auf dem Gebiet der Altertumskunde, wird Lessing häufig angegriffen, ohne dass man auf die Fundamente seiner Argumentation eingehe. Es entspinnt sich der Streit über Detailfragen, deren Geringfügigkeit man später beklagt (Herder, Goethe). Signifikant ist Christian Adolf Klotzens Auseinandersetzung mit *Laokoon* in den beiden Schriften *Beytrag zur Geschichte des Geschmacks und der Kunst aus Münzen* (1767, B 5/2, 691, Nr. 23) und *Ueber den Nutzen und Gebrauch der alten geschnittenen Steine und ihrer Abdrücke* (1768, B 5/2, 987 ff., Nr. 3 a). Klotz geht mit der Mode. Er beschwört die »Schönheit« als neue Leitkategorie und fordert Geschmacksbildung, an Kenntnis der Künste habe es den Gelehrten bislang ge-

mangelt (B 5/2, 992). Er gibt sich die Miene wahrer Kennerschaft in Sachen künstlerischer Anschauung, um dann Lessings Schlussfolgerungen zurückzuweisen. Wo Lessing grundsätzliche Fragen stellt und an den Fundamenten der Kunsttheorie rüttelt, bleibt Klotz auf der Ebene von Einzelfällen stehen; als ob Lessing nie über die unterschiedliche Methode der Künste reflektiert hätte, breitet Klotz das bekannte Material neu aus: es gebe doch die Gemälde der Griechen, die nach homerischen Szenen entworfen seien. Klotz fällt damit hinter den von *Laokoon* vorgegebenen Standard zurück, zu Recht wirft Lessing ihm vor, er habe ihn kritisiert, ohne ihn zu verstehen (1. antiquarischer Brief, B 5/2, 357). – Das Buch über die geschnittenen Steine ist, zusammen mit einer im *Reichspostreuter* erschienenen Rezension, in der Lessing »unverzeihliche Fehler« vorgeworfen werden, die Provokation, die ihn zu den *Briefen, antiquarischen Inhalts* herausfordert (vgl. 1. Brief). Seitdem ist die Laokoon-Rezeption nicht mehr von der Klotz-Fehde zu trennen, in der es um »antiquarische« Fachfragen geht. Auf den Wechselbezug zwischen floskelhafter Bestätigung der ästhetischen Theorie einerseits und Detailkritik ohne theoretische Fundierung andererseits deutet dabei der Umstand, dass die gleichen Autoren, die an *Laokoon* den philosophischen Tiefsinn loben, ohne Revision ihrer Meinungen Partei für Klotz (und Winckelmann) ergreifen und Lessing in den strittigen Einzelpunkten angreifen. Riedel listet in einer umfangreichen Abhandlung *Ueber den Laokoon des Herrn Leßings* (*Philosophische Bibliothek*, 2. St., Halle 1769, zit. nach B 5/2, 715 ff., Nr. 39) seine Monita auf, nachdem er zunächst dafür plädiert, Winckelmanns und Lessings Schönheitsbegriff als gleichartig anzunehmen. Wenn er aber solchermaßen das »physische Ideal« mit dem »sittlichen« zusammenfließen lässt (ebd. 717), verfehlt er genau die Unterscheidung, auf der Lessing seinen Gedankengang aufbaut. Schmid, der 1767 den Autor des *Laokoon* als denjenigen begrüßt, der Klarheit in die Utpictura-poesis-Doktrin gebracht habe (B 5/2, 693, Nr. 26), freut sich 1769 darüber, dass Herder »diesem Dictator die Unzuverläßigkeit seiner Machtsprüche gezeigt« habe (ebd. 725, Nr. 46. Vgl. dagegen wiederum Nr. 51).

Zwei Stellungnahmen allerdings heben sich von dem durchschnittlichen Niveau ab und stoßen, jenseits von allgemeinem Lob und diffundierender Detailkritik, zu dem Kern der Laokoon-Schrift vor: Garves umfängliche, 1769 in der *Allgemeinen deutschen Bibliothek* (9. Bd., 1. St.) erschienene Rezension (Braun 1, 260–284, Auszug in B 5/2, 701–703, Nr. 33) und Herders *Erstes Kritisches Wäldchen*, ebenfalls aus dem Jahr 1769. Beide Autoren rücken als das eigentliche Verdienst Lessings ins Licht, dem Denken neue Impulse gegeben zu haben, beide entwickeln von hierher ihre Argumentation. Sie sind an den psychologischen Implikationen interessiert, spüren denjenigen Gedankengängen nach, in denen es um Stärkung der »Seelenkräfte«, um die Intensität der künstlerischen Wirkung und die Steigerung der imaginativen Kompetenz geht.

Garve baut seine Rezension auf der Erkenntnis auf, dass Denkstil und Ergebnisse bei Lessing eine Einheit bilden. Er beginnt mit einer bis heute unübertroffenen Charakterisierung dieses Denkstils. Lessing lasse den Leser teilnehmen an der Hervorbringung der »Ideen«, deshalb kläre sein Werk über die »Operationen der menschlichen Seele« auf (Braun 1, 261) und versetze den Geist in die »Disposition zu denken« (ebd. 263). Garve referiert den Inhalt der Laokoon-Schrift, »entwickelt« in einem wörtlichen Sinn die verschlungenen Fäden der Argumentation. Dann aber führt er vor, wie es Lessing gelungen sei, »die trägere Vernunft seiner Leser aufzuwecken und ihre Kraft zu denken in eine Bewegung zu bringen« (283 f.), er denkt auf den neu eingeschlagenen Wegen weiter und nimmt Korrekturen an der Grenzziehung zwischen den Künsten vor. Dabei legt er die psychischen Reaktionsweisen der Rezipienten zugrunde. Er akzentuiert die »Activität« (282), die Imaginationskraft des Lesers, auf ihr allein beruhe die Wirkung der Dichtkunst. Der Bildhauerkunst dagegen spricht er die Fähigkeit ab, zu illudieren und die Einbildungskraft anzuregen, gelangt hier jedoch zu dem Begriff einer Kunst, die nicht (mehr) »nachahmt«. Die Skulpturen des Bildhauers »täuschten« den Betrachter nicht, es seien Marmorgestalten, die auf keine andere »Wirklichkeit« verwiesen (zu Garve vgl. Inka Mülder-Bach 1992).

Herders *Erstes Kritisches Wäldchen* (1769), das Lessings *Laokoon* gewidmet ist (Auszug in B 5/2, 703–711, Nr. 34), ist eine einzige Exploration der dichterischen Phantasie, der schöpferischen sowohl als auch der rezipierenden. In Einzelfragen

steht Herder auf Seiten Winckelmanns, vor allem verteidigt er dessen Beschreibung der griechischen Skulpturengruppe (Nr. 8; Suphan 3, 73 f.). Auch kritisiert er Lessings Unterscheidungen und Begründungen an vielen Punkten, vor allem was die Homer-Deutung anbelangt (Nr. 11–14, Nr. 17). Er unterlegt der Grenzziehung zwischen den Künsten ein neues Fundament, indem er den Werkbegriff für Malerei und Plastik einführt. Das Wesen der Dichtkunst sucht er abwechselnd mit den Begriffen »Energie« und »Kraft« zu fassen, womit er Lessings Begriff der Sukzession ersetzen will (Nr. 16., Nr. 17. und Nr. 19). Im Einzelnen bleibt bei Herder von Lessings Gedankengebäude wenig mehr übrig. Dennoch ist sein Raisonnement im ganzen durchaus auf der Fluchtlinie von Lessings Ansatz anzusiedeln. Das verbindende Moment liegt in der Anerkennung der Macht der Phantasie, wobei Herder nicht anders als Lessing mit dem Baumgartenschen Konzept der anschauenden Erkenntnis operiert (Nr. 16; Suphan 3, 137 f.). Herder geht lediglich viel weiter, was die Herausarbeitung der sinnlichen Komponente in der Phantasietätigkeit und die Integration der sogenannten »niederen« und »höheren« Seelenkräfte betrifft. Diese Differenz macht sich schließlich in der unterschiedlichen Argumentationsweise gegen Klotz bemerkbar. Lessing wirft seinem Kontrahenten die Unschärfe in der gedanklichen Organisation des kunstgeschichtlichen Materials vor (14. und 15. antiquarischer Brief), woraus die Fehler im Umgang mit den Quellen entsprängen. Herder moniert das Vage und Verwaschene in der Beschwörung der Schönheit (Nr. 6; Suphan 3, 55). Gegen Klotz richtet er dann das zweite und dritte seiner *Kritischen Wälder* (1769).

Neben der kunsttheoretischen und »antiquarischen« Rezeption ist ein dritter Rezeptionsstrang auszumachen: der Einfluss der Lessingschen Schrift auf die Laokoon-Deutung, genauer, auf die Wahrnehmung der Skulpturengruppe. Nichts zeigt die nachhaltige Präsenz der Abhandlung deutlicher als der Umstand, dass man auch vor die Plastik gleichsam nur mit Lessing in der Hand hintritt. Den Blick auf die Statue schärft dabei die Frage, die Lessing aufwirft: Warum schreit Laokoon nicht? Sie impliziert die andere Frage: Was lässt sich aufgrund »reiner« Anschauung erkennen? In seiner Abhandlung *Ueber den Laokoon*

(s. S. 285) eröffnet Riedel eine neue Möglichkeit der Antwort, indem er die These aufstellt: Laokoon schreie aus physischen Ursachen nicht, er könne aufgrund seiner Körperhaltung nicht schreien. Doch wiederholt Riedel die zeitübliche Wahrnehmungsweise, dass der Ausdruck des Leidens der »Schönheit« untergeordnet sei (B 5/2, 716f., Nr. 39). Der junge Goethe dagegen – 1769 sieht er im Mannheimer Antikensaal einen Gipsabguss der Gruppe – begreift den Ausdruck des Schmerzes selbst als das »Thema« der griechischen Künstler. In seinem Tagebuch (*Epheremides, September 1768 bis März 1770*) artikuliert er die Unzufriedenheit mit dem Lessingschen Grundsatz, »Schönheit« und »Verzerrung« der Gesichtszüge seien unvereinbar. Der junge Goethe nimmt »Verzerrung« an griechischen Plastiken wahr, wer sie ansieht, meint er, »wird gern mit mir einig sein, daß es würkliche Verzerrung ist.« Seine Lösung ist, dass die »Alten«, die »nicht so sehr das häßliche als das falsche« scheuten, die »schröcklichsten Verzerrungen, in schönen Gesichtern« nicht vermieden, sondern »zur Schönheit« gemacht hätten (zit. nach MA 4/2, 976). – Schiller wiederum orientiert sich eher an Winckelmann als an Lessing. In seiner Beschreibung der Laokoon-Gruppe zwingt er Extreme zusammen. Dem Künstler sei es gelungen, einen Augenblick, »wo die Natur« »ins gräßliche« ›ausarte‹, »bei aller Wahrheit« »angenehm« und »delikat« zu behandeln und dem Ganzen »Harmonie« zu verleihen (*Brief eines reisenden Dänen*, 1785 und 1787; NA 20, 103). Wenn hier die Dichtomie von »Stoff« und »Form« antizipiert erscheint, so fungiert in den späteren Schriften zur Theorie des Tragischen die Laokoon-Gruppe als Anschauungsbeispiel für die Konzeption des Erhabenen (*Ueber das Pathetische*, 1793; NA 20, bes. 205–210).

»Und warum soll Laokoon nur seufzen?« fragt erneut der Archäologe und Kunsthistoriker Aloys Ludwig Hirt (*Laokoon*, in: *Die Horen* 1797, 3. St.), seine Antwort stellt einen Höhepunkt in der naturalistischen Sehweise dar. Nicht »Schönheit«, sondern »Ausdruck« sei das leitende Prinzip der griechischen Künstler gewesen, ausgedrückt werde das physische Leiden, nichts werde verschleiert, nichts herabgemildert, die Gesichtszüge des Laokoon zeigten das Ende des Kampfes, die restlose Erschöpfung, die beginnende Todesstarre (Hirts Aufsatz ist gekürzt abgedruckt in MA 4/2,

977–979 und in G 6, 872). Darauf »antwortet« Goethe mit seinem Laokoon-Aufsatz (1798 im 1. Stück der *Propyläen* veröffentlicht; HA 12, 56–66). Der Weg scheint zu Lessing zurückzuführen, indem Goethe dem Naturalismus in der Kunstbetrachtung nunmehr Kunstgesetze, Gesetze der Form, der sichtbaren Schönheit entgegenhält. Allerdings radikalisiert Goethe das Prinzip »Sichtbarkeit« auf eine Weise, die Lessing fremd geblieben ist. Er lehnt einerseits jegliche »sittliche« Ausdeutung der Skulptur als Projektion ab, andererseits ist ihm das allein, was sich den Augen darstellt, die nach Formgesetzen aufgebaute Gestalt, ein Bild des Menschen schlechthin. Gleichwohl scheint es kein Zufall, dass Goethe den Weltbildwandel, der hinter solcher Überhöhung der »Anschauung« steht, mit Lessings kunsttheoretischem Werk in Beziehung setzt. In *Dichtung und Wahrheit* (1812; 8. Buch) schildert er die Wirkung der Laokoon-Schrift als eine geistige Erweckung und assoziiert diese mit der neuen Todesauffassung, die Lessing in der Abhandlung *Wie die Alten den Tod gebildet* propagiere. In *Laokoon* befreie Lessing von einem »kümmerlichen Anschauen« und reiße den Leser hinein in die freie Region des Gedankens, in *Wie die Alten den Tod gebildet* lasse er die »Schönheit« über den Tod (bzw. das christliche Todesverständnis) triumphieren (HA 9, 316f.; vgl. B 5/2, 733, Nr. 59). – (Ein grundsätzlich andersartiges Paradigma der Deutung vertritt Wilhelm Heinse, wenn er in Laokoon den erhabenen »Verbrecher« sieht, der als »mächtiger Feind und Rebell der Gesellschaft und der Götter« leide: *Ardinghello und die glückseeligen Inseln*, 1787, 2. Bd., 4. Teil; hg. Baeumer 1975, 240.)

Quellen: Addison 1712, hg. Bond 1965, Vol. 3 [*The Spectator* Nr. 411–421]; W. Albrecht 2005, Bd. 1/2; Batteux/Schlegel T. 2, ³1770/ 1976 [Schlegels *Abhandlungen*]; Bodmer 1741/1971 [*Critische Betrachtungen*]; Breitinger 1740/1966 [*Critische Dichtkunst*]; Daunicht 1971; Diderot 1751, übers. von Bassenge Bd. 1, 1967, 27–99 [*Brief über die Taubstummen*]; Diderot 1765, übers. von Bassenge Bd. 1, 1967, 635–694 [*Versuch über die Malerei*]; Frühklassizismus, hg. Pfotenhauer u. a. 1995; Goethe 1786/1816 (HA 11 [*Italienische Reise*], hier 41–43); Harris ²1765/1970 [*Three Treatises*]; G.F. Meier T. 3, ²1759/1976 [*Ästhetik*]; Mendelssohn JubA 1; Mengs 1762, hg. Fueßlin ³1771; Winckelmann ²1756/1962; Winckelmann 1764/ 1966.

Literatur

zu Entstehung, Quellen und Kontext: Barner in B 5/2, 631–650; Bartsch 1984 [Kunsttheorie der Akademien; Christian Ludwig von Hagedorn]; Bedenk 2004 [William Hogarth]; Blakert 1999 [Konzeptgenese; Paralipomena]; Blümner ²1880 [reichhaltiges Quellenmaterial]; Franz in Baxmann/Franz/Schäffner (Hgg.) 2000, 387–403 [Shaftesbury und James Harris]; Jacob 2007 [Diderot; Wettstreit der Künste]; Nisbet in Feilchenfeldt/Hudson/Mix/Saul (Hgg.) 2006, 371–385 [Probleme der geplanten Fortsetzung]; Schrader 2005 [Mendelssohn; Übersicht zu den Quellen: 52, Anm. 5]; Stierle in Gebauer (Hg.) 1984, 23–58 [Mediendebatte]; Wasson 1999 [Burke].

zu Winckelmann: Bäbler in Gall/Wolkenhauer (Hgg.) 2009, 228–241; Detering 1995; Fridrich 2003; Hatfield 1943; Justi Bd. 1–3, ²1898; Leppmann 1986; Mülder-Bach 1992 und 1998; Nisbet 1979; Pfotenhauer u. a. (Hgg.) 1995 [Textsammlung und Kommentar]; Rehm 1951c; Schrader 2005.

zu Altertumskunde im 18. Jahrhundert: Barner in Mauser/Saße (Hgg.) 1993, 15–37; Danzel/Guhrauer Bd. 1, 1850, 68–79 [Christ]; Hausmann 1979 [Caylus]; Justi Bd. 1–3, ²1898; Schiering 1969; Schilson in B 8, 1121–1134 [Notizbuch der italienischen Reise]; Siebert 1971 [Spence]; Waetzold 1921; Zarychta 2007 [rhetorische Strategien im antiquarischen Streit].

zur Laokoon-Gruppe: Bieber 1967; Gall/Wolkenhauer (Hgg.) 2009 [Beiträge zum künstlerischen Umfeld der Gruppe (Ch. Kunze, S. Muth), vor allem jedoch zur literarischen Rezeption von der Antike bis zu Berlioz]; Meyer-Kalkus in Raulet (Hg.) 1995, 67–110; Osterkamp 1998; Sichtermann 1964.

zu den Collectaneen: Axel Schmitt in B 10, 1125–1148.

zur ut-pictura-poesis-Tradition und Gegenreaktion: Buch 1972; Markiewicz 1986–1987; Raabe/Strutz 2007, Nr. 88 [Lessings Bücherbesitz: James Harris]; E. Schmidt Bd. 1, ⁴1923, 511–516 [Diderot]; N.R. Schweizer 1972.

zum Kontext »Ästhetik«: Graf in Gruddeck/Stadler (Hgg.) 1994, 16–33; Wellbery 1984.

zu Forschung/Analyse: Allert 2000; Alt 1995, 455–467; Alt 1996, 102–115; Baxmann/Franz/Schäffner (Hgg.) 2000; Bedenk 2004; Binczek 2004; Binczek 2007, 227–245 [Gewebemetaphorik]; Blumenberg 1981, 5. u. 6. Teil (zuerst 1975); Borchmeyer in Brandstetter/Neumann (Hgg.) 2004, 287–310; Dilthey 1957 (1. Aufl. 1906); Th. Dreßler 1996, 165–241; Fick 2006/07 (2008); Gebauer (Hg.) 1984; Gustafson 1993, 1995 und 1999; Hasselbeck 1979; Hatfield 1964; Jacob 2007, 185–274; Knodt 1988; Korzeniewski 2003, 506–539 [Lessings Philoktet-Analyse]; Lehmann 2000; von Mücke in Kelly/von Mücke (Hgg.) 1994, 163–180; Menninghaus 1999; Mülder-Bach 1992 und 1998; Nisbet in Feilchenfeldt/Hudson/Mix/Saul (Hgg.) 2006, 371–385; Nisbet 2008, 399–434; Panofsky 1927/1964; Primavesi in Schwindt (Hg.) 2002, 187–208 [Lessings Poetik des natürlichen Zeichens und die Homerische Ekphrasis]; S. Richter 1992, bes. 62–89; Rudowski 1971; Sørensen 2004(2005); Sternberg 1999 [Diskussion der Forschung]; Tumarkin 1930; Wellbery 1984; Wellbery in Hoesterey/Weisstein 1993, 47–63; Wellbery in Hart Nibbrig (Hg.) 1994, 175–204; Wessell 1983.

zu Aufnahme und Wirkung: zeitgenössische Rezeption: B 5/2, 674–734 [Dokumentsammlung]; Braun 1, 260–284 [Garve]; G 6, 872 [Hirt]; MA 4/2, 977–979 [Hirt]; Goethe 1768–1770 (MA 4/2, 976–977 [*Ephemerides*]); Goethe 1798 (HA 12, 56–66 [*Über Laokoon*]); Goethe 1812 (HA 9, bes. 316 f. [*Dichtung und Wahrheit*, 8. Buch]); Heinse 1787, hg. Baeumer 1975, 236–242; Herder 1769 (Suphan 3, 1–188); Schiller 1785/87 (NA 20, 101–106 [*Brief eines reisenden Dänen*]) und 1793 (NA 20, 196–221 [*Ueber das Pathetische*]). – *Literatur:* Barner in B 5/2, 650–661; Düsing in Alt u. a. (Hgg.) 2002, 63–78 [Literaturbegriff Lessings im Kontrast zu demjenigen Herders]; Jacob 2007, 274–286 [Herder, Moritz] und 371–376 [Theodor A. Meyer]; Knodt 1988 [Herder]; Mülder-Bach 1992 [Garve] und Mülder-Bach in Baxmann/Franz/Schäffner (Hgg.) 2000, 465–479 [Goethes Laokoon-Essay]; Nisbet 2008, 431–434; Osterkamp 1998 [Goethe].

Minna von Barnhelm

Entstehung, Quellen und Kontext

Erstdruck: Das Stück erscheint (bei Christian Friedrich Voß in Berlin) zur Ostermesse 1767 unter dem Titel: *Minna von Barnhelm, oder das Soldatenglück. Ein Lustspiel in fünf Aufzügen*, und zwar in drei Drucken: als letzter Text im zweiten Teil der *Lustspiele* (Erstdruck) und in zwei Einzelausgaben. Die Handschrift, die dem Erstdruck zugrundeliegt, ist erhalten (näheres zur Druckgeschichte mit Literaturhinweisen: B 6, 801–802). Lessing fügt die Angabe hinzu: »Verfertigt im Jahre 1763.« – Text: B 6, 9–110 (nach dem Erstdruck).

Die erste Erwähnung der Komödie *Minna von Barnhelm* findet sich in einem Brief Lessings an Ramler vom 20. August 1764. Er schreibt (B 11/1, 417): »Ich habe Ihnen von diesem Lustspiele nichts sagen können, weil es wirklich eines von meinen letzten Projekten ist. Wenn es nicht besser, als alle meine bisherigen dramatischen Stücke wird, so bin ich fest entschlossen, mich mit dem Theater gar nicht mehr abzugeben.« Der Qualitätssprung, auf den er hier anspielt, wird schon von den Zeitgenossen wahrgenommen und zumeist mit dem Zugewinn an Realitätshaltigkeit in Verbindung gebracht. Die Realitätsnähe unterstreicht Lessing bereits auf dem Titelblatt, indem er den Vermerk hinzufügt: »Verfertigt im Jahre 1763«. 1763 ist das Jahr des Hubertusburger Friedens (geschlossen am 15. Februar), der zeitgeschichtliche Hintergrund des Stücks ist der Siebenjährige Krieg, der 1756 mit dem Einmarsch preußischer Truppen in Sachsen begann, der biographische der Breslauer Lebensabschnitt: Lessing hat von 1760 bis 1764 das Amt eines Gouvernementsekretärs beim preußischen General von Tauentzien inne, er beobachtet die Kriegsereignisse und die »Politik der Großen« aus der Nähe, ist zum Beispiel Augenzeuge der Belagerung von Schweidnitz, hat geselligen Umgang mit Offizieren. Karl Lessing schließt die Schilderung dieser Lebensphase seines Bruders mit der Bemerkung (Lessings Leben, hg. Lachmann 1887, 136): »Es ist zu zweifeln, ob wir eine Minna von Barnhelm von ihm hätten, wenn er nicht diesen Posten angenommen.«

Die endgültige Ausarbeitung des Stücks steht im Zeichen des Hamburgischen Theaterunternehmens. Wenn Lessing im Mai 1765 nach Berlin zurückkehrt, haben zunächst im Rahmen seiner Stellensuche die antiquarischen Studien Vorrang (*Laokoon*), als sich dann seine Hoffnungen zerschlagen und die Angebote aus Hamburg kommen, vollendet er die bereits begonnene Komödie. Er ist, wie so oft, in Geldnot, außerdem möchte er dem Hamburger Theater ein Stück anbieten. Karl Lessing hierzu (Lessings Leben, hg. Lachmann 1887, 146): »Gott weiß, ob wir ohne diesen äußeren Drang noch so zeitig den Laokoon und die Minna von Barnhelm erhalten hätten.« Zur Ostermesse 1767 kommt das Werk im Druck heraus, die Uraufführung findet am Hamburger Nationaltheater am 30.9.1767 statt. Zunächst hatte der preußische Regierungsvertreter in Hamburg, Johann Julius von Hecht, beim Senat ein Spielverbot erlangt, das nach einigem Hin und Her jedoch aufgehoben wurde. Dass man von Seiten Preußens an Zensur denkt und unsicher auf das Stück reagiert, liegt wiederum an dessen offenkundiger Nähe zu den hochpolitischen Zeitereignissen und an dem Realismus der Darstellung. Der Einbezug des Königs in die Handlung mag vollends als Respektlosigkeit und Anmaßung erschienen sein. Karl Lessing fasst die Gründe für die behördlichen »Einwendungen« bündig zusammen. Sie liefen alle »dahin aus: man könne zwar über Gott räsonnieren und dramatisieren, aber nicht über Regierung und Polizei« (Lessings Leben, hg. Lachmann 1887, 139; zur Zensur: Griebel 1978, 277 ff.; Dyck 1981, 213 ff.).

Die Neuartigkeit des Realitätsbezugs hat schließlich zur Folge, dass die Bedeutung literarischer Traditionen sich ebenfalls einschneidend ändert. Zutreffend charakterisiert Walter Hinck (1965, 289) Lessings Umgang mit der Tradition: »Kaum sind in der Geschichte des deutschen Lustspiels Überlieferungsgebundenheit und ›realistische‹ Wirklichkeitserfassung so sehr ins Gleichgewicht gebracht wie hier.« Auf der einen Seite sind in Lessings Charakterzeichnung die überlieferten Typen der europäischen Komödie noch erkennbar, so hinter der Riccaut-Figur der

Capitano und der »Deutschfranzose« (welcher
ein Kind der Aufklärungs-Satire ist), hinter den
Dienerfiguren die alten Dienerrollen. Richard
Schade (1994) verweist auf den *miles gloriosus*,
Ter-Nedden (2011) auf Molières Misanthropen.
Darüber hinaus zeichnen sich im Grundriss des
Stücks die Umrisse der sächsischen Typenkomödie ab (s. u.). Auch für die zentralen Motive der
Handlung, für die Prüfung der Treue, für den Ehrenstandpunkt und für die Ringintrige, sogar für
den Untertitel lassen sich Parallelen in damals bekannten Komödien finden (genaueres dazu in
B 6, 807; Hein 1977, 40–46; Schönborn 2003, 41–
43; Reininger 2004, 102–107 [Komödien Vol-
taires]; Lach 2004, 175 [Marivauxs »Liebespro-
benkomödie«]; Nisbet 2008, 461–463). Auf der
anderen Seite wird die Konturierung der Figuren
und der Handlung durch traditionelle Muster
ganz der Individualisierung untergeordnet. Als
Individuen, nicht als Typen, entwirft Lessing
seine Charaktere. Symptomatisch ist, dass schon
die Zeitgenossen die Vorbilder unter lebenden
Personen, unter Lessings Bekannten und Freunden suchen. Die wichtigste Identifikation: Als
»Vorbild« für Tellheim erkennt man Ewald von
Kleist (der zugleich der fiktive Adressat der »Literaturbriefe« ist). Paul Werner, der Wachtmeister,
teilt seinen Namen mit einem historischen Paul
Werner, dem ein legendärer Aufstieg in der preußischen Armee gelang (nach Bohnen in B 6, 809).
Dabei dürfen die Loslösung von der Tradition
und der »Realismus« des Stücks nicht dazu verleiten, die philosophische und ästhetische Reflek-
tiertheit von Lessings Mimesis zu verkennen. Als
wesentlicher Anstoß gilt denn auch ein theoretischer Ansatz, nämlich Diderots Dramenkonzeption, die Lessing in seiner Übersetzung *Das Theater des Herrn Diderot* vorstellt (vgl. Bohnen in B 6,
806 f., der zudem auf die Diskussion über die
»rührende Komödie« verweist; Reininger 2004,
114–128; Nisbet 2006 und 2008, 463f. u. 468). Für
Diderot jedoch ist der Begriff der »Wirklichkeit«
nicht zu trennen von den aufklärerischen Entwürfen zu ihrer Gestaltung und hat die »psychologische Wahrscheinlichkeit« mit der »Rührung«
zu tun, die gesellschaftliche Konventionen sprengt
(vgl. Kap.: Diderot).

Der »temporäre Gehalt« des Stücks – zeit- und kulturgeschichtlicher Kontext

*Berlin, 22. August 1763. Kriegswirtschaft und
Wirtschaftskrise.* Auf den Tag genau hat Lessing
den historischen Zeitpunkt der Komödienhand-
lung fixiert. Sie spielt, so können wir aus dem
Verhör, dem der Wirt Minna unterzieht, schlie-
ßen, in Berlin am 23. August; dass es das Jahr des
Hubertusburger Friedensschlusses ist, weiß der
Leser aus der Angabe auf dem Titelblatt (»verfertiget« im Jahre 1763) und der Zuschauer aus den
Gesprächen der Figuren über die Schwierigkeiten der neu eingekehrten Friedenszeiten. Am 22.
August 1763 (dem Tag von Minnas Ankunft in
Berlin) erreichten die katastrophalen wirtschaftlichen Folgen der Münzentwertung, mittels derer
Friedrich II. den Krieg zum Teil finanzierte, einen
Höhepunkt. Die Zahlungsunfähigkeit vieler Kaufleute im Wechselgeschäft hatte eine Bankrottwelle ausgelöst, weshalb der König eine Kommission (die sog. immediate Wechselkommision)
einsetzte, die Vergleiche aushandeln sollte. Vor
allem wollte er den Berliner Kaufmann Gotzkowski unterstützen, der in besonderer Weise involviert war. Denn Gotzkowski hatte mehrmals die
Sachsen auferlegten Kontributionsleistungen vorgestreckt, dabei aufgrund der Geldentwertung
ordentlichen Gewinn gemacht (zurückbezahlt
werden musste in guter Münze), zugleich jedoch
auf den Handel mit Wechseln gesetzt, so dass die
mangelnde Liquidität der Schuldner ihn nunmehr an den Rand des Ruins brachte (ausführliche Erläuterungen: Griebel 1978, 264f.; Dyck
1981, Saße 1993, 87–91). Gotzkowski treffen nicht
nur die Konsequenzen des wirtschaftlichen
Schwindels – im Sinn von Turbulenz und Betrug,
der die Münzentwertung bedeutet hat –, sondern
er gerät auch moralisch ins Zwielicht. Während
des Kriegs priesen die Vertreter der sächsischen
Stände ihn als Wohltäter und Retter, später werfen sie ihm sein Gewinnstreben vor. Seine für ihn
so lukrativen Vorschüsse hätten die hohen Kontributionen erst ermöglicht und Sachsen immer
mehr in nicht einzulösende Schuldforderungen
verstrickt (Dokumente: Hildebrandt 1969; Schönborn 2003, 50–61).

Unsicherheit und existentielle Entwurzelung
sind die Erfahrungen, die in der Komödie ständig
präsent sind: »bei dem oder jenem Banquier werden einige Kapitale jetzt mit schwinden; Sie wer-

den diesen und jenen Vorschuß, den Sie im Dienste getan, keine Hoffnung haben, wiederzuerhalten [...]«, so Minna zu Tellheim (IV, 6; B 6, 82) – die zeitgenössischen Zuschauer werden die Anspielung verstanden haben. Am tiefsten ist der gesellschaftliche Absturz für Tellheim. Während er im Krieg als ranghoher und zudem ambitionierter Offizier voller »Verdienste« ein bedeutendes Sozialprestige genoss, droht mit dem gegen ihn erhobenen Bestechungsvorwurf die Vernichtung seiner bürgerlichen Existenz in materieller und ideeller Hinsicht. Unabhängig von dieser Zuspitzung thematisiert Lessing das Schicksal der Freibataillone, zu denen Tellheim als Balte (Kurländer: II, 6; B 6, 40) gehörte. »Freibataillone« sind Regimenter mit Freiwilligen aus nichtpreußischen Staaten, Friedrich II. hatte sie zur Ergänzung der regulären Truppen bilden lassen, nach dem Frieden werden die Soldaten entweder auf andere Regimenter verteilt oder ohne Abfindung entlassen. Auch Tellheims Regiment wurde bei Kriegsende aufgehoben (»zerrissen«, wie es im Text heißt [II, 1; B 6, 30]). Die materielle Not der verabschiedeten Soldaten konnte Lessing auf seiner Reise nach Potsdam, die er im Dienst Tauentziens unternahm (Juli-Oktober 1763), kennenlernen. Besonders schlimm war das Schicksal der Invaliden – auch ihrer gedenkt Lessing in seiner Komödie, wenn er Minnas Mildtätigkeit auf den ersten »blessierten Soldaten« lenkt, der ihr begegnen mag (II, 3; B 6, 38). In der Forschung wird die Invalidenversorgung Friedrichs II. als insgesamt unzureichend eingeschätzt (Griebel 1978, 183 ff.).

Der gegen Tellheim erhobene Bestechungsvorwurf. Erst spät (im vierten Akt) erfahren Minna und mit ihr die Zuschauer das volle Ausmaß von Tellheims Unglück. Seine Lage ist kompliziert; die entscheidende Passage seiner Erklärung lautet: »Die Stände gaben mir ihren Wechsel, und diesen wollte ich, bei Zeichnung des Friedens, unter die zu ratihabierende Schulden eintragen lassen. Der Wechsel ward für gültig erkannt, aber mir ward das Eigentum desselben streitig gemacht. Man zog spöttisch das Maul, als ich versicherte, die Valute bar hergegeben zu haben. Man erklärte ihn für eine Bestechung, für das Gratial der Stände, weil ich sobald mit ihnen auf die niedrigste Summe einig geworden war, mit der ich mich nur im äußersten Notfall zu begnügen, Voll-

macht hatte. So kam der Wechsel aus meinen Händen, und wenn er bezahlt wird, wird er sicherlich nicht an mich bezahlt. – Hierdurch, mein Fräulein, halte ich meine Ehre für gekränkt [...]« (B 4, 83).

Folgender Sachverhalt liegt vor. Tellheim, der als Offizier im Majorsrang in der preußischen Armee diente, war damit beauftragt, Kontributionen aus dem besetzten Sachsen einzutreiben. Mit wenigen Strichen, aber prägnant, wird das Prekäre der Aufgabe umrissen. Nur im äußersten Notfall, so Tellheim, habe er es bei der niedrigsten Summe belassen dürfen. Friedrich II. legte den besetzten Staaten hohe Kontributionszahlungen auf, die besonders Sachsen aufs äußerste belasteten, und er verlangte von seinen Offizieren, die Summen mit unnachgiebiger Härte einzutreiben. In deutlicher Opposition zu seiner Ordre hat Tellheim – es gibt für seine Verhaltensweise historische Vorbilder – sich nicht nur tatsächlich mit der »niedrigsten Summe« begnügt, sondern einen immer noch fehlenden Betrag selbst vorgeschossen (2000 Pistolen; schätzungsweise eine viertel Million Euro; vgl. Saße 1993, 73, Anm. 151. Saßes Lesart [67]: Tellheim habe den Differenzbetrag zwischen der Minimalforderung und der erhobenen Summe vorgestreckt). Er erhielt dafür einen Wechsel, d.h. einen Schuldschein, auf dem er als Gläubiger vermerkt steht und der den Tag der Rückzahlung bestimmt ist. Im Friedensvertrag von Hubertusburg wurde auch die Rückzahlung von Privatschulden geregelt. Wenn Tellheim den Wechsel unter die »zu ratihabierende Schulden« eintragen lässt, nimmt er diese Regelung für sich in Anspruch. Die Absicht ist, dass er von der staatlichen Behörde sein Geld zurückerhält, während diese wieder zum Gläubiger der sächsischen Stände wird. Nun ist von »Verleumdern«, wie Tellheim sagt, der Verdacht gegen ihn geäußert worden, er habe die Summe gar nicht vorgeschossen, sondern den Wechsel als Bestechung erhalten, damit er sich mit der niedrigen Kontributionsleistung abfinde. Dieser Verdacht ist angesichts der realen Verhältnisse nicht aus der Luft gegriffen; Bestechlichkeit kam bei der preußischen Besatzung vor. In Tellheims Fall handelt es sich um Bestechung in Tateinheit mit Unterschlagung und Betrug. Besonders schwerwiegend ist der Umstand, dass die kriminelle Handlung den Feind begünstigte. Im Blick auf die damalige Rechtsprechung hält Saße fest, dass, wenn

Tellheim verurteilt würde, er mindestens mit einer mehrjährigen Zuchthausstrafe zu rechnen hätte. Die Konsequenzen für seine Gattin wären »gesellschaftliche Ächtung [...], unter Umständen sogar die Konfiszierung ihres Vermögens« (78). Dass er unter diesen Bedingungen von einer Heirat mit Minna vorerst absieht, ist geradezu selbstverständlich. Demnach ist Tellheims Heiratsverweigerung nach Lage der Dinge zu Beginn der Komödie keineswegs Ausdruck eines übertriebenen ständischen (adligen) Ehrgefühls, sondern die geradezu unumgängliche Konsequenz daraus, dass ihm die allgemeine (staats-)bürgerliche Ehre aberkannt zu werden droht.

Den Figurendialog jedoch beherrscht eine andere Perspektive. Minna spricht nicht von der Unbescholtenheit des Namens als einem allgemeinen Rechtsanspruch, sondern von dem »Gespenst der Ehre«, das Tellheim verblende und für jedes andere Gefühl verhärte (IV, 6; B 6, 84). Damit kommt ein zweiter Ehrbegriff ins Spiel: Die Ehre, die das gesellschaftliche Zusammenleben außerhalb der Zuständigkeit der Gesetze reguliert.

»*Die Ehre ist – die Ehre*«. Indem Lessing die zeitgeschichtlichen Anspielungen um das Problem der Ehre zentriert und Tellheims Übergang vom Soldatenstand – dem »Stand der Ehre« schlechthin, in dem sich der »Geist der Monarchie« (Montesquieu) besonders deutlich ausprägt – zurück ins zivile Leben in den Mittelpunkt rückt, gelingt es ihm, über die punktuellen Reminiszenzen an die Kriegserfahrung und Kriegsmisere hinaus gesellschaftliche Umbrüche zu erfassen und zu reflektieren, dadurch dem Einzelfall eine allgemeine Bedeutung verleihend.

Im 18. Jahrhundert hatte neben der ständisch gebundenen Ehre die höfische Ehre (als allgemeine öffentliche Reputation) eine große Bedeutung. Den verschiedenen Ständen kamen verschiedene Rechte und Pflichten zu, deren Wahrung ihre Ehre ausmachte. So war z.B. die Ehre der Handwerker an die Einhaltung der Zunftbestimmungen gebunden. Die »höfische Ehre« dagegen unterscheidet sich von der Standesehre dadurch, dass sie an das persönliche Geltungsstreben des Einzelnen appelliert. Sie ist ein wichtiges Instrument innerhalb der absolutistischen Staatsordnung. Sie beschränkt sich in der Praxis weitgehend auf die Aristokratie, ist aber der Ten-

denz nach überständisch und konfligiert geradezu mit dem ständischen Ehrprinzip. Entscheidend ist der Bezug des Einzelnen zum Fürsten; der »Hofmann suchte seine Ehre in seines Fürsten Gnade und Gewogenheit« (Zunkel 1975, 20). Die »Ehre« bekundet sich nicht allein in der Befolgung des aristokratischen Standeskodex, sondern mehr noch in dem Streben nach Titeln und Ämtern, nach persönlicher Auszeichnung im ›Dienst der Großen‹, wie Tellheim sagt (V, 9; B 6, 99). An die Hierarchie der Ämter und Ränge, Ausdruck der staatlichen Funktionalisierung der Untertanen, werden die Stufen der »Ehre« geknüpft. Auch liegt dem Prinzip der höfischen Ehre ein wechselseitiges, nicht anonymes, sondern persönliches Verhältnis zugrunde; noch der Vater Friedrichs II. hat zum Beispiel die Briefe an seine Offiziere eigenhändig unterschrieben. Insbesondere dem Adel gegenüber, der im Krieg sein Leben für ihn aufopfert, ist der König zur Anerkennung verpflichtet. Dabei eignet der Ehrauffassung des Adels ein beträchtliches Widerstandspotential, denn Gehorsam und Selbstachtung gehörten unabdingbar zusammen, die persönliche Ehre darf vom Herrscher nicht verletzt werden. Um für den Fürstendienst tauglich zu bleiben, müssten sich die Vertreter des Adels unehrenhaften Befehlen widersetzen, so Montesquieu in seinem Essay *Vom Geist der Gesetze* (*De l'esprit des lois*, 1748): »Für solchen großen und hochherzigen Mut bedeutete eine Niedertracht ein Unding« (S. 133). In der Forschung (Griebel 1978, Dyck 1981, Dombrowski 1997) werden Beispiele preußischer Offiziere angeführt, deren Ehrauffassung sie zum hartnäckigen Einspruch gegen die Rücksichtslosigkeit motivierte, mit welcher der König die Eintreibung der Kontributionen forderte. Dass Lessing in dem königlichen Brief, der Tellheim rehabilitiert, den Prinzen Heinrich, den Bruder Friedrichs, ins Spiel bringt, verstärkt den kritischen Unterton des zeitgeschichtlichen Bezugs. Denn Heinrich von Preußen machte sich zum Anwalt der bedrängten sächsischen Bevölkerung und suchte bei seinem Bruder – nicht nur im Namen der Ehre, sondern auch der politischen Klugheit – Milderungen durchzusetzen, was zu Spannungen führte. Er bildete den Mittelpunkt einer Opposition im Heer, die sich gegen die Besatzungspolitik richtete.

Entscheidend ist aber nun der Wandel von der höfischen zur bürgerlichen Ehre bzw. Ehrauffassung. Er knüpft sich an die Staatsauffassung des aufgeklärten Absolutismus und die Umformung der (ständisch gegliederten) Monarchie zu einer modernen Gesellschaft. Der König wird nunmehr als Vertreter und Diener des Staats angesehen, an die Stelle des persönlichen Verhältnisses zu ihm tritt das abstrakte Verhältnis zum Staat, der Dienst für das allgemeine Beste, und für diesen Dienst sind Bürgerliche und Adlige je nach ihren individuellen Fähigkeiten und ihrer Ausbildung, jedoch unabhängig von ihrer Herkunft, geeignet. ›Ehre‹ beruht nicht mehr auf der Zugehörigkeit zu einer illustren Familie, nicht mehr auf (höfischer) Repräsentation, sondern auf Leistung und Tugend, und als ›Tugend‹ gilt selbstverständlich die patriotische Tugend, der Einsatz für das Gemeinwesen in Beruf und Amt. So fordert es Thomas Abbt in seinem Essay *Vom Tode für das Vaterland* (1761): Das Ehrenprivileg des Adels müsse aufgehoben werden – auf den Patriotismus *aller* Bürger komme es an, der entsprechend honoriert werden müsse; gleichzeitig verpflichtet Abbt den König darauf, der erste Diener des Staats zu sein, sich dessen Gesetzen zu unterwerfen und so seinen Untertanen einen Patriotismus für die Gesetze und, davon erst abgeleitet, für den König zu ermöglichen. Hand in Hand damit geht die Unterordnung der Ehrbegierde unter das Streben nach Tugend. Abbt widerspricht Montesquieu, dass in der Monarchie die Motivation, sich am öffentlichen Leben (›Hof‹) zu beteiligen, das Streben nach Ehre sei. Vielmehr müsse (und könne) auch eine Monarchie von den staatsbürgerlichen Tugenden *aller* beseelt werden, von »Vaterlandsliebe, echte[r] Ruhmesbegier, Selbstüberwindung, Opferung der Lieblingsinteressen und alle[n] jene[n] heroischen Tugenden, denen wir bei den Alten begegnen« und die Montesquieu nur in der Demokratie wirksam sieht (*Vom Geist der Gesetze* [*De l'esprit des lois*, 1748], übers. K. Weigand 1965, 122; vgl. Abbt [hg. Kunisch 1996], 597–606; zu Abbt s. Kunisch 1996, 971–989; Ott 2001, 161–164; seine Beziehungen zu Mendelssohn und Lessing: Kagel 2003 [2004], 11 f.).

Obwohl Friedrich II. von einer Teilhabe der Bürger an den Ehrenstellen des Adels, den Offiziersstellen in der Armee, wenig wissen wollte, machte sich jedoch auch in der Organisation des Heeres die Verbürgerlichung der Ehrauffassung bemerkbar. Zwar fördert er die gesellschaftliche Privilegierung des Offiziers und appelliert an das von der Herkunft bestimmte Ehrgefühl des Adeligen, unterwirft ihn aber zugleich den neuen Maßstäben. Friedrich II. beginnt damit, Beförderungen nach Leistung vorzunehmen. Er ermahnt die Offiziere, sie müssten »Ambition« zeigen, worunter er neben dem Diensteifer auch intellektuelle Anstrengungen, die wissenschaftliche und technische Weiterbildung versteht. Vor allem verbindet der preußische König – wie Thomas Abbt – die Ehre mit der am allgemeinen Besten ausgerichteten, patriotischen »Tugend«, die angehenden Offiziere müssten zu der »Uneigennützigkeit« erzogen werden, die »das allgemeine Beste« dem eigenen Vorteil und »die Wohlfahrt des Vaterlandes« dem eigenen Leben vorziehen lasse (1769; zit. nach Griebel 1978, S. 131). In dem *Dialog über die Moral* expliziert er, das »Ehrgefühl« bestehe in der Vermeidung alles dessen, was den Menschen »verächtlich« machen könne, also »Genußsucht, Müßiggang, Albernheit, Unwissenheit, schlechte Aufführung, Feigheit und alle Laster«, wohingehend »Unbescholtenheit, redliches Betragen, Kenntnisse, Fleiß, Wachsamkeit, Tapferkeit, schöne Taten im Kriege und im bürgerlichen Leben«, kurz alles, was den Menschen »über die menschlichen Schwächen« erhebe, einen guten Ruf bzw. Ehre verschaffen könne (zit. nach Griebel 1978, S. 127 f.). Zugleich nimmt Friedrich II. die Auszeichnung durch das persönliche Verhältnis mehr und mehr zurück, er unterstellt das Offizierskorps besonderen Behörden (Inspekteuren), der Dienst wird – langfristig – anonym und zur staatlichen Funktionsausübung. Ein Indikator dafür ist die Tatsache, dass Friedrich II. die (militärische) Subordination höher wertet als die Ehre. Während für Montesquieu oder für Friedrich Wilhelm I. (den Vater Friedrichs II.) in Konfliktfällen das Gebot der Ehre die Gehorsamspflicht außer Kraft setzt, kehrt Friedrich II. die Priorität um. Die Irritationen, die dieser Wandel bei den Offizieren auslöste, vermag folgender Ausspruch (von Berenhorst) zu illustrieren: »Was die Offiziere anbelangt, so merkten die einsehendern endlich wohl, daß ihr philosophischer Kriegsherr, sie als bloße Werkzeuge betrachte, die der Künstler bey Seite wirft, wenn sie stumpf werden, und daß da persönlich nicht viel Dankbarkeit zu erwarten sey« (zit. nach Griebel 1978, 133).

Während Thomas Abbt die Symbiose von (patriotischer) Tugend und (öffentlicher) Anerkennung, also ›Ehre‹, noch als Aufgabe für die Zukunft formuliert und einfordert, stellt Gellert in seinen berühmten moralphilosophischen Vorlesungen die Harmonie von Tugend und Ehre als ein gesellschaftliches Faktum hin. Gellerts Vorlesungen sind sozusagen in nächster Nähe zu Lessing gehalten worden, der von September 1756 bis Mai 1758 in Leipzig wohnt; allerdings ist nichts darüber bekannt, ob er sie besucht hat. (Von Lessings distanziert-ironischem Verhältnis zu Gellert zeugen der Brief an Ramler, 11.12.1755 [B 11/1, 77] sowie eine von Karl Lessing überlieferte Anekdote, die den Bruder am Krankenbett Gellerts zeigt: Lessings Leben, hg. Lachmann 1887, 35).

Gellerts Reflexionen (in der 14. und 15. der *Moralischen Vorlesungen*) kreisen um die Unterscheidung zwischen der »wahren« und der »falschen« Ehre und indizieren so gleichfalls die gesellschaftlichen Veränderungen. Der Ehrenanspruch, der sich auf Stand und Geburt gründet, wird ebenso kritisiert wie das Streben nach Titeln, Distinktion und Repräsentation (Ehre um der Ehre willen). Zur wahren Ehre führen einzig und allein die »Verdienste« um das »gemeine Wesen«, die nützliche Tätigkeit in einem Beruf oder Amt. Gellerts erste Regel lautet (GS 6, 163): »*Der sicherste und vornehmste Weg zu einem guten Namen, ist, daß man ein rechtschaffner und nützlicher Mann zu seyn sich bestrebe.* Der Beyfall der Vernünftigen wird durch nichts Geringers gewonnen; und so wenig ihrer auch seyn mögen: so sind sie doch, nächst dem innern Zeugnisse des Gewissens, die einzigen und zuverlässigen Richter unter den Menschen. So wenig ihrer sind; so wiegt doch die gute Meynung Eines Rechtschaffenen in der Waagschale der Vernunft mehr, als der Beyfall ganzer Millionen Thoren, oder Lasterhaften.« Verdienst schafft Ehre, und Ehre spornt zu neuen Verdiensten an: Deshalb ist der »rechtschaffene und nützliche Mann« geradezu verpflichtet, nach einem »guten Namen«, nach Beifall und gesellschaftlicher Anerkennung zu streben: »Den guten Namen und die Ehre als ein Mittel betrachten und begehren, um desto mehr Gutes zu stiften, […] dieses ist eine pflichtmäßige Ehrbegierde« (GS 6, 162); und: »Der gute Name, in so fern er die Rechtschaffenheit des Herzens, die alle Menschen besitzen sollen, voraussetzet, bleibt allezeit Pflicht; und wir können nicht gut seyn, wenn wir ihn nicht wünschen und

eifrig suchen« (GS, 159). Tut Tellheim, wenn er, statt mit der bloßen Begnadigung sich zufrieden zu geben, auf die Wiederherstellung seines guten Namens pocht, nicht genau dies?

Dabei wirft Gellert die Frage nach der Motivation auf: Man müsse sich nicht nur für die Allgemeinheit einsetzen, sondern man müsse es aus Pflicht und Liebe zur Tugend tun (und nicht um der Ehre willen); wenn man sich dagegen für das Gemeinwohl nur deshalb engagiere, um Ehre zu erlangen (statt umgekehrt die Ehre zu suchen, um wiederum Gutes stiften zu können), so zeuge auch dies von einer falschen Ehrbegierde. In diesem Misstrauen gegenüber dem Motiv der Ehre ist noch etwas von dem alten Konfliktpotential spürbar, das dem Ehrbegriff anhaftet. Jedes Streben nach Anerkennung, Ruhm und Ehre steht in Konkurrenz zu den christlichen Umwertungen, dem christlichen Gegensatz zur ›Welt‹. Lebendige Tradition ist im 18. Jahrhundert noch der Grundsatz: Du sollst Gott die Ehre geben. Dass Gott allein die »Ehre« gebührt, halten die großen zeitgenössischen Lexika, der Zedler und der Walch, unter dem Stichwort »Ehre« fest. »Wir müssen nie vergessen, daß unser höchster Ruhm dieser ist, alles zur Ehre dessen zu thun, von dem wir sind«, schreibt auch Gellert (GS, 169). Diese innere Verankerung lässt dann gesellschaftliche Ungerechtigkeit, das Ausbleiben der verdienten Ehre, besser ertragen: »Aber oft müssen doch große Verdienste im Staube bleiben; oft müssen sie statt der Stimme öffentlicher Glückwünschungen die Stimme der bösen Nachrede und des Neides hören. – Alsdann besteht unsre Größe darinnen, uns über Niedrigkeit und Verachtung hinweg zu setzen, und das zu bleiben, was wir sind, wenn uns auch die ganze Welt verkennte« (GS 6, 176).

Gleichwohl treibt die Religion bei Gellert keinen Keil zwischen die Symbiose von Tugend und Ehre, sondern sanktioniert das Streben nach der wahren Ehre, bestätigt die bürgerliche Lebensform. Gellerts »nützlicher« und integerer Mann hat auch den »Beifall« des Himmels, und die religiöse Orientierung verschafft einen »guten Namen« in der Welt. Letztlich propagiert Gellert die Gewissheit, dass der bürgerlichen Tugend (Beförderung des allgemeinen Besten durch nützliche Tätigkeit) nahezu immer die Anerkennung der Rechtschaffenen folgen – der »Beyfall der Rechtschaffnen entgeht den Verdiensten nie« (GS

6, 175 f.) – und den entsprechenden Prestigegewinn nach sich ziehen werde, denn in der vernünftigen Gesellschaft sind die Rechtschaffenen wiederum diejenigen, die Ehre besitzen – ein geschlossener Kreis. »Schande vor der Welt, die wir nicht verdienen, ist freylich ein Unglück, aber doch ein Unglück, dafür uns unser Gewissen, der Beyfall der Edlen, und mehr als alles, der Beyfall des Himmels, reichlich entschädigt« (GS 6, 163 f.); ein Unglück jedoch, »das sich oft, gleich als in dem Trauerspiele, in ein ruhmwürdiges Glück für uns auflöset« (164). Gellert modelliert ein Bild der Gesellschaft, in der die (wahre) Ehre die Tugend begleitet wie der Schatten den Körper; falsche Ehre spenden die »Lasterhaften« und »Toren«, deren Beifall letztlich nicht rechnet. (Zu den unterschiedlichen Bedeutungen und Kontexten des Ehrbegriffs im 18. Jahrhundert vgl. Ott 2001, Burkhart 2006, bes. 75–88 [Verinnerlichung und Verbürgerlichung]).

Diesen Anschein eines geradezu notwendig sich einstellenden Zusammenhangs von Tugend (gemeinnützigem Handeln) und Ehre hebt Lessing auf, indem er mit seiner Komödie quasi einen ›Realitätstest‹ arrangiert. Tellheims gute Tat hat nicht zu der Ehre geführt, die ihr (und ihm) gebührt, sondern seinen guten Namen in Verruf gebracht; Schuld daran tragen die Kriegswirren. Zu den (greifbaren) Erfahrungen des Siebenjährigen Kriegs gehört die Dissoziation von gesellschaftlichem Erfolg, ›Tugend‹ und Ehre. Die Möglichkeit, Tellheim zu verleumden, beruht (auch) auf dem königlichen Geschäft mit der Münzentwertung (s. S. 290); man streckte mit schlechter Münze vor, um mit guter Münze zurückgezahlt zu bekommen; der Kaufmann Gotzkowski, zunächst hoch geehrt, dann gescholten, war darüber gestrauchelt. Die Verhältnisse und Motive werden undurchsichtig – selbst die Praxis der Kontributionen hat noch ein zweites Gesicht: Sie ersparen der preußischen Bevölkerung die Last der Kriegssteuern.

Solche Erfahrungen machen sensibel für die Kontingenz des Ehrprinzips und der unterschiedlichen Ehrauffassungen. In Tellheims Verständnis seiner Ehre scheinen sich denn auch verschiedene Facetten zu überlagern. Das Prinzip der patriotischen Tugend formuliert er in seiner an Werner gerichteten Mahnung (III, 7; B 6, S. 62): »Man muß Soldat sein, für sein Land; oder aus Liebe zu der Sache, für die gefochten wird. Ohne

Absicht heute hier, morgen da dienen: heißt wie ein Fleischerknecht reisen, weiter nichts.« Kompatibel mit der ständeübergreifenden bürgerlichen Auffassung ist es, wenn er es für seine Ehrenpflicht hält, die (vermeintlich) enterbte und verlassene Minna nicht sitzenzulassen (er spricht von ihrem diesbezüglichen »Mißtrauen« in seine »Ehre«; V, 4; B 6, 93). Die höfische Ehre scheint ihn zu Beginn seiner militärischen Laufbahn beflügelt zu haben, wie aus seiner rückblickenden Selbstcharakteristik hervorgeht: »der blühende Mann, voller Ansprüche, voller Ruhmbegierde; [...] vor dem die Schranken der Ehre und des Glückes eröffnet standen« (II, 9; B 6, 45). Die Enttäuschung über die Anonymisierung des Verhältnisses zum König fasst er in die bittern Worte (IV, 6; B 6, 81): »Die Großen haben sich überzeugt, daß ein Soldat aus Neigung für sie ganz wenig; aus Pflicht nicht vielmehr: aber alles seiner eignen Ehre wegen tut. Was können sie ihm also schuldig zu sein glauben? Der Friede hat ihnen mehrere meines gleichen entbehrlich gemacht; und am Ende ist ihnen niemand unentbehrlich.« Das Widerstandspotential der adlighöfischen Ehre wiederum manifestiert sich in seiner Handlungsweise den sächsischen Ständen gegenüber, und am Ende der Komödie scheint mit dem königlichen Handschreiben nicht nur Tellheims Ehre, sondern auch die persönliche Beziehung zum Fürsten wieder hergestellt, die sich in der Wirklichkeit aufzulösen begann.

»Die Ehre ist nicht die Stimme unsers Gewissen [!], nicht das Zeugnis weniger Rechtschaffnen – –« (IV, 6; B 6, 86): Tellheims Einwurf Minna gegenüber liest sich wie ein Dementi von Gellerts Versicherung, dass der »Beyfall der Rechtschaffnen« die vernünftige Ehre ausmache. Tellheim spricht (auch) die ernüchternde Einsicht aus, dass die Ehre eben nicht konform geht mit der Tugend und dem Gewissen, dass sogar die Erhaltung des guten Namens, der Unbescholtenheit, anderen Gesetzen folgt (bzw. folgen muss) als das unbedingt selbstlose Handeln. Das tautologische Ineinanderfließen von Liebe zur Tugend und (vernünftiger) Ehrbegierde ist hier durchbrochen, das Bewusstsein für die Kontingenz und die bloße Äußerlichkeit jedweder Ehre (die grundsätzlich nur von der Gesellschaft gewährt werden kann) in voller Schärfe formuliert.

Mit dieser Dissoziation von Tugend und Ehre aber wird in Lessings Komödie die Frage nach den Quellen der Motivation für ein gemeinnütziges, altruistisches Handeln mit weit größerer Dringlichkeit gestellt als etwa bei Gellert. Die Frage nach den Motiven und Triebfedern gewinnt ein desto stärkeres Gewicht, als in *Minna von Barnhelm* die Institutionen der Monarchie durchaus nicht angetastet werden. Denn Lessing schwächt die politische Brisanz von Tellheims Fall signifikant dadurch ab, dass er die Anklage zu einer Verleumdung macht und ins Kriminalisierende umbiegt. Nicht aus seinem humanen Verhalten wird Tellheim der Strick gedreht, sondern aus dem Rechtsbruch, den er begangen haben soll. So wird die Frage seiner Rehabilitation zu einer Frage der richtigen Information des Königs und der Anwendung geltenden Rechts. Der König wird am Ende bestätigt als die Instanz, welche die Einhaltung der Gesetze gewährleistet, also die Grundlagen der Monarchie sichert (zur Diskussion über die Realitätsnähe bzw. den utopischen Charakter des königlichen Briefs: Weber 1970, 54–56; Nisbet 2006, 42 f. und 2008, 448 f. und 466). Ebenso wird die gegenwärtige Notwendigkeit des Soldatenstands und des Heeres nicht angezweifelt; Tellheims an Werner gerichtete Mahnung ist nicht unbedingt pazifistisch (III, 7; B 6, 62).

Innerhalb dieser Rahmenbedingungen aber wird Ehre *als Motivation* fragwürdig und bedarf eines von ihr unabhängigen Korrektivs. Dieses Korrektiv sehen wir, Anregungen Ter-Neddens (2011; s. S. 300 f.) aufgreifend, in Lessings Auffassung der Menschennatur; die Frage nach dem ›Menschen‹ rückt an die Stelle der Orientierung an den grundsätzlich ›gegen-weltlichen‹ Forderungen Gottes. Analytisch deckt Lessing in *Minna von Barnhelm* ein ›rein Menschliches‹ als Quelle der Motivation auf. Dieses Menschsein konstituiert keinen Fluchtraum vor der Gesellschaft, sondern ist, als Gegengewicht mit subversivem Potential, notwendig auf sie bezogen. Zum Beispiel steht fast jeder Einzelzug von Tellheims gesellschaftlicher Existenz – Staatsangehörigkeit (Kurländer; II, 6; B 6, 40), Eintritt in das preußische Heer als freier Entschluss (zum Kontext: Whiton 1985), Heiratsabsicht, der Wunsch, den Militärdienst zu verlassen, seine Duellbereitschaft (s. S. 307), sein hitziger Stolz, seine Begriffe von der Ehre – in Spannung zu der Subordination, die der preußische Militärdienst verlangt, bis sich sein Menschsein als Grund dieser Widerständigkeit enthüllt. Rückwirkend, sobald er zu sich selbst als *Menschen* zurückgefunden hat, erscheint die Motivation zu seiner edlen Tat in diesem Licht: Er folgte nicht primär dem Ehrenstandpunkt, sondern der Stimme des Gewissens und der Menschlichkeit. Er deutet sein Mitleid an (V, 9; B 6, 99 f.): Die »Strenge« wollte er sich ersparen. So formuliert er am Schluss seine Selbsterkenntnis: »Die Dienste der Großen sind gefährlich, und lohnen der Mühe, des Zwanges, der Erniedrigung nicht, die sie kosten. [...] Aber nun, da mich nichts mehr zwingt, nun ist mein ganzer Ehrgeiz wiederum einzig und allein, ein ruhiger und zufriedener Mensch zu sein.«

Wie aber wird all das in der fiktiven Welt der Komödie konkretisiert? Wie verbinden sich die kritischen Anspielungen auf den Siebenjährigen Krieg, die gesellschaftliche Diagnose und die Konturierung der Menschennatur mit der Struktur der Handlung, dem Konflikt zwischen Ehre und Liebe, der Kollision der Charaktere und der Figurenzeichnung, Lessings Kunst der Individualisierung? Diese Fragen wollen wir in der Analyse verfolgen.

Forschung

Sozialgeschichtliche Deutung – Zeitkritik in »Minna von Barnhelm«

Die sozialgeschichtlichen Analysen nehmen naturgemäß von Tellheims Berufung auf seine Ehre ihren Ausgang. Dabei darf nicht hinter die bahnbrechende Studie von Peter Michelsen *Die Verbergung der Kunst* (1990g; zuerst 1973) zurückgegangen werden; auch unsere Darstellung der Notsituation, in der Tellheim sich befindet (S. 291 f.), fußt auf seinen Ergebnissen. Michael Ott (2001, 168) fasst sie bündig wie folgt zusammen: »Bestätigte sich dieser Verdacht, so wäre Tellheim tatsächlich straffällig und eines [...] eklatanten Verbrechens schuldig; er ginge nicht irgendeiner eingebildeten *ständischen*, sondern seiner *bürgerlichen* Ehre verlustig und wäre insofern tatsächlich schon *juristisch* außerstande, Minna zu heiraten.« Wenn damit die in der älteren sozialhistorischen Deutungstradition dominierende Sichtweise, Tellheim halte krampfhaft an einem chimärisch gewordenen adlig-ständischen Ehrenkodex fest und werde durch Minna den bürgerlichen Werten von Tugend und Liebe geöffnet, unhaltbar geworden ist, so hat Michelsen der Forschung ein neues Problem hinterlassen: die (scheinbare?) Dissoziation zwischen der Handlungsebene, auf welcher der Konflikt der Figuren nur »von außen« (durch den Brief des Königs) gelöst werden kann, und dem Psychodrama, das sich zwischen den Figuren abspielt. Minnas Optik, so Michelsen, rücke Tellheim fälschlich in das Licht der Übertreibung; und fälschlich sei die Suggestion, ihre Intrige bewirke seinen not-wendigen Gesinnungswandel. Das Prinzip der Ehre, dem Tellheim *immer* und auch gerade dann folge, wenn er neu um Minna werbe, stehe nie zur Disposition. Der Ernst seiner Lage bleibe mit Hilfe der verspäteten Exposition weitgehend im Dunkeln, der Eindruck des Zuschauers, Minna erteile ihrem Geliebten eine Lektion, beruhe auf dem gelungenen Täuschungsmanöver des Dramaturgen. In dieser Diskrepanz zwischen Figurenspiel und eigentlicher Konfliktlösung, so resümiert Horst Steinmetz (1979, XXIII), »liegt das […] Kernproblem des Werkes, das der Interpretation bedarf. […] Denn das Nebeneinander der zwei divergierenden Gegebenheiten fundiert das Ganze der Komödie; in diesem Nebeneinander muß man darum die Bedeutung der Komödie zu fassen suchen.«

Der letzte größere Versuch, die vielschichtigen Aspekte der Komödie in ein sozialhistorisches Konzept zu integrieren, ist von Günter Saße (1993) vorgelegt worden. Seine Antwort auf das »Kernproblem« der Komödie: Nicht Tellheims Heiratsverweigerung, deren Gründe vom zeitgenössischen Publikum sehr wohl hätten durchschaut werden können, sondern Minnas Reaktion sei das zu entschlüsselnde Rätsel. Saße bildet Tellheims und Minnas Verhaltensweisen auf die sozialhistorisch bedingten Rollen ab, die Mann und Frau zugewiesen wurden. Die entscheidende Voraussetzung des Stücks sieht er in der Zweiteilung des Lebensbereichs in Berufswelt und Familiensphäre, wie sie sich im 18. Jahrhundert herauskristallisiert. Der Frau ordnet man die Familiensphäre zu, sie wird zur Wahrerin der emotionalen Ansprüche und hat die Bedürfnisse des Gefühls zu befriedigen, die der Mann im Berufsleben aufopfern muss. Tellheim und Minna sieht Saße so einander gegenüber stehen: Er definiere sich von der Gesellschaft her, in der er seine Familie zu vertreten habe. Wegen der öffentlich-rechtlichen Konsequenzen könne er die Ehe mit der Geliebten nicht schließen. Sie definiere sich von der Liebe her, die sie für ihn empfindet; sie gehe ganz in der Rolle der Liebenden auf. Er habe die juristisch geregelte gesellschaftliche Seite der Ehe im Auge. Für sie jedoch existierten seine Gründe nicht, da sie den innerlichen Bereich des Herzens bedrohten. Sie verteidige ihre emotionale Existenz als Liebende, seine Argumente gingen ihr nicht in den Kopf. Lasse sie hier das nötige Verständnis für Tellheim vermissen, so mangele ihm das Einfühlungsvermögen für ihren Anspruch an ihn. Wenn Minna den Geliebten scheinbar über Gebühr vexiert, werde diese Seite des Konflikts hervorgetrieben. Sie müsse sich als Objekt patriarchaler Fürsorge erleben, die ihr keine Möglichkeit lasse, sich als Subjekt der Liebe zur Geltung zu bringen. – So scharfsichtig Tellheims Konflikt und Motivation in dieser Studie erfasst und mit reichem historischen Material belegt sind – der schwache Punkt der Analyse ist die Fixierung Minnas auf die Rolle der emotional Liebenden. Minna entwickelt in Saßes Augen keine alternative Seh- und Bewertungsweise von Tellheims Dilemma. Sie sieht überhaupt nichts, sie ist blind für ihn und seine Lage, sie begreift seine Argumente nicht. Ihre Liebe wird in dieser Interpretation seltsam inhalts- und gedankenleer; sie wird zur bloßen Emotionalität. Minna, ganz Gefühl, erscheint auf fatale Weise als geistig beschränkt. Sicherlich hatte Lessing kein im heutigen Sinn emanzipiertes Frauenbild. Die Frau sei von der Natur zur Liebe bestimmt, heißt es in der *Hamburgischen Dramaturgie* (30. St.; B 6, 330). Darin sieht er aber kein Hindernis, dass Frauen nicht hervorragende Regentinnen werden könnten. Liebe schließt für Lessing besonnenes Denken in sich. Widersprüchlich erscheint es denn auch, dass diejenige Person des Stücks um ihre Emotionalität kämpfen soll, die im Dialog der hitzigen und eruptiven Art Tellheims immer wieder mit ironischer Abwehr begegnet (zu Minna als Philosophin mit adliger Lebensform vgl. Michael Schmidt 2005, der eine Shaftesbury-Allusion auswertet). Einerseits umfasst also ihre Liebe weit mehr als den emotionalen Bereich. Andererseits hinwiederum ist ihre Liebe lange nicht so ›emanzipiert‹, wie Saße es darstellt. Denn nirgendwo wird ersichtlich, dass Minna Mitleid und Hilfsbereitschaft Tellheims innerlich ablehnt und als degradierend empfindet. Im Gegenteil.

Sie selbst ist es ja, die von vornherein mit dieser Reaktion rechnet und sie akzeptiert (IV, 1; B 6, 69): »Der Mann, der mich jetzt mit allen Reichtümern verweigert, wird mich der ganzen Welt streitig machen, sobald er hört, daß ich unglücklich und verlassen bin.« –

Zeitkritik. Obgleich die Stoßrichtung von Michelsens Beitrag (1990g) nicht sozialkritisch ist, sondern letztlich auf literarische Strukturen zielt, macht er auf die Notwendigkeit von Quellenforschung und historischer Differenzierung aufmerksam, um fundierte Aussagen über soziale und gesellschaftliche Symptome in *Minna von Barnhelm* treffen zu können – ein Nahblick ist gefordert, dem die einfache Opposition »ständische Ehrauffassung vs. bürgerliche Ideale« nicht gerecht wird. Einen Zugang jenseits ideologischer Modellierung suchen diejenigen Analysen, die den kritischen Impetus von Lessings Komödie über eine Erschließung ihrer zeitgeschichtlichen Anspielungen zu erfassen suchen. Ein sehr konkreter historischer Ausschnitt rückt ins Blickfeld: die preußischen Soldaten und die sächsische Bevölkerung im Siebenjährigen Krieg, welche die Folgen der Politik Friedrichs II. zu tragen haben. Hugh Barr Nisbet hat diesem Ansatz neue Aktualität verliehen. Seine Studien zu *Minna von Barnhelm* greifen auf die Quellenforschung insbesondere von Griebel (1978) zurück, die bislang beste und umfassendste Darstellung des zeitgeschichtlichen Kontextes (vgl. auch Hildebrandt 1979, Dyck 1981), nicht ohne einen neuen Fund hinzuzufügen, nämlich Friedrichs II. auf die (einfachen) Soldaten seiner Armee ausgeübten Druck, zwecks Wiederbevölkerung der verwüsteten preußischen Provinzen sächsische Bräute heimzuführen (2006, 52f.; Quelle: Archenholz 1793/ 1996, 496; mit friderizianischer Wertung bereits Geest [1899, 14f.], der aus unveröffentlichten Briefen des Königs zitiert). Die Konkretion, mit der das Elend des Krieges bewusst gemacht werde, garantiere die kritische Kraft der Komödie; in ihr sieht Nisbet die zeitgemäße Erneuerung des subversiven Potentials der Gattung (2006, 37ff.). Demgegenüber verlasse der Komödienschluss, die Rehabilitation Tellheims, den Boden der Realität, die Fürstenkritik verwandle sich, ganz im Sinne der Reformbestrebungen des aufgeklärten Bürgertums, in den Entwurf eines Ideals, das dem König als Spiegel vorgehalten

werde. Mit dieser Perspektive findet Nisbet zugleich eine Erklärung für die problematische Verdoppelung der Konfliktlösung (durch den königlichen Brief – durch Minnas Intrige): Indem Tellheims Krise durch seine oppositionelle Haltung während des Krieges ausgelöst werde, habe Lessing die Komödienhandlung zu einem effektiven Vehikel seiner politischen Kritik machen können. Tellheims Rechtschaffenheit impliziere ein vernichtendes Urteil über den preußischen Despotismus und Militarismus. Darüber hinaus jedoch folge Lessing seiner Figur in die psychischen Abgründe der (berechtigten) Erbitterung, Melancholie und Verzweiflung (2008, 453f., 456). Auf dieser Ebene entfalte Minnas Intrige ihre Wirkung.

In Nisbets Ansatz wird ein Grundriss sichtbar, den Jürgen Schröder 1977 skizzierte: der Grundriss von Lessings in *Ernst und Falk* entworfenem Gesellschaftsmodell. Die notwendigen »Trennungen« der bürgerlichen Gesellschaft – Trennungen in Stände, Nationen und Religionen – müssten durch den »natürlichen Menschen« ausbalanciert werden, der auf Mitmenschlichkeit angewiesen und zu ihr geneigt sei. Darauf bezieht Schröder das Psychodrama zwischen Tellheim und Minna. Am Ende der Komödie stehe die Möglichkeit einer neuartigen gesellschaftlichen Synthese, in welcher die Oppositionen unterlaufen seien (s. dazu auch Ter-Nedden 2011. Geklärt werden müsste hier freilich noch das Verhältnis des ›Menschlichen‹ zum ›Individuellen‹).

Neue Aktualität erhält der Rekurs auf die zeitgeschichtlichen Bezüge zudem durch das gegenwärtige kulturwissenschaftliche und historiographische Interesse am Siebenjährigen Krieg und Friedrich II. (Blitz 2000; Adam/Dainat [Hgg.] 2007; Clark 2007 usw.). Hieraus ergibt sich zugleich die Aufgabe, die Komödie immer dichter an ihren zeitgeschichtlichen Kontext heranzurücken, um so die Art der poetischen Transformation desto präziser zu erkennen.

Feministischer Ansatz

Minna sieht in dem Prinzip der Ehre ein männliches Prinzip. Sie beklagt sich über die »wilden, unbeugsamen Männer«, die ihr »starres Auge« immer nur auf das »Gespenst der Ehre« heften (IV, 6; B 6, 84). Am Ende bewundert sie (auch) den männlichen Charakter des Majors: »Ah, was sind Sie für ein Mann!« (V, 12; B 6, 106). Ein männlicher Stolz scheint im Spiel, wenn Tellheim seiner Geliebten, seiner Frau sein Glück nicht danken will. Der sei ein nichtswürdiger Mann, der sich nicht »schämet«, »sein ganzes Glück einem Frauenzimmer zu verdanken, dessen blinde Zärtlichkeit« die Umstände nicht wahrhaben möchte (IV, 6; B 6, 86). Minna hat das Stichwort bereits gegeben: Auch seiner Geliebten das Glück nicht danken wollen, sei unverzeihlicher Stolz. Ein Kampf der Geschlechter ist da leicht aus dem Drama herauszulesen. Dabei gehört seit Ingrid Strohschneider-Kohrs Studie *Die überwundene Komödiantin* (1999; zuerst 1975) die Einsicht zum Repertoire der Forschung (oder sollte dazu gehören), dass nur dann die Verdoppelung der Konfliktlösung (durch den Brief des Königs und durch Minnas Intrige) ein interpretatorisches Problem darstellt, wenn man lediglich Tellheims Notsituation im Auge hat. Minna verfolge mit ihrer Intrige ein eigenes, ebenfalls berechtigtes Anliegen, müsse sie sich doch der Liebe Tellheims neu versichern. In seiner überschwenglichen Freude über seine Rehabilitation liege geradezu das Motiv dafür, dass sie die Intrige weiterspiele, wolle sie doch erfahren, worin der wahre Grund seines Glücks für ihn liege. (Zu Strohschneider-Kohrs vgl. Michelsens Erwiderung 1990g, 270, Anm. 80; zur Gleichrangigkeit der Partner zuletzt Nisbet 2008, 459). Günter Saße überführt diese Modellierung der Auseinandersetzung in das sozialhistorische Bezugsfeld, in der feministischen Literaturkritik wird Minnas Initiative mittels der entsprechenden Theoreme der Dekonstruktion, der poststrukturalistischen Psychoanalyse oder der Gender Studies gedeutet, die nach der gesellschaftlichen Konstruktion der Geschlechter fragen. Als Beispiel greifen wir Pruttis (1996) Analyse der Geschlechterbeziehung in *Minna von Barnhelm* heraus. Prutti profiliert Minna als weibliches Subjekt, das die eigenen Liebesansprüche zu formulieren, zu verteidigen und durchzusetzen suche. Von dem weiblichen Begehren werde die Handlung gelenkt, es stehe im – thematischen und dramaturgischen – Zentrum des Stücks. Tellheim dagegen befinde sich in einer männlichen Identitätskrise. Seine Verzweiflung sei ein indirekter Akt der Unterwerfung unter die gesellschaftlichen Autoritäten, die das männliche Selbstbild definierten. Der König als internalisierte Vaterfigur, die den geliebten Mann

beherrsche, sei Minnas eigentlicher Gegenspieler. Mittels der Ringintrige erfahre und erlebe Tellheim, dass auch er abhängig von der Geliebten sei. Zunächst (V, 10) müsse er befürchten, sie habe einen anderen gewählt; in der erlösenden Schlusswendung (V, 12) müsse er dann ihre vorgängige Initiative, die ihrem (ihn fordernden) Begehren entsprungen sei, als Geschenk annehmen.

Prutti spielt die individualpsychologische Betrachtungsweise gegen eine Analyse aus, welche von dem Konflikt zwischen »Liebe« und »Ehre« ausgeht (163–172). Hierbei würden die problematischen Charaktere auf ein Prinzip reduziert, Minna auf das der Liebe, Tellheim auf das der Ehre, ohne dass die »intersubjektive« Interaktion angemessen beleuchtet würde. Dabei wird jedoch verkannt, dass auch die psychologische Interpretation in Schablonen verfallen kann. Es wäre noch zu fragen, ob die Festlegung Tellheims auf einen pubertären ›Männlichkeits-Wahn‹ nicht ebenfalls eine Reduktion impliziert, ob hier nicht eine schleichende Infantilisierung der Kontrahenten und damit eine Verkürzung, Entschärfung des Konflikts stattfindet (zum *gender*-Aspekt in *Minna von Barnhelm* vgl. Wurst 2005, 242 f.; zum ›Kampf der Geschlechter‹ auch Wosgien 1999, 107–131; dort weitere Literaturangaben).

Literarische Traditionen – Produktive Rezeption

Eine der überraschendsten und fruchtbarsten Antworten auf das »Kernproblem« der Komödie ist in jüngster Zeit denjenigen Analysen gelungen, die den Schlüssel zu *Minna von Barnhelm* in ihrem Verhältnis zu literarischen Traditionen sehen, den Analysen von Kornbacher-Meyer und vor allem Gisbert Ter-Nedden.

Kornbacher-Meyer (2003, 268–302: mit sehr detaillierter Forschungsübersicht) untersucht, wie Lessing die satirische Verlachkomödie transzendiert. Der Leitfaden ihrer gattungstheoretischen Studie ist die Verbindung von Lachen und Weinen, sie profiliert Tellheim als einen Charakter, der bis zum Schluss rührend und komisch zugleich ist. Der Clou jedoch liegt in der Auswertung von Lessings in der *Hamburgischen Dramaturgie* entwickelten Komödientheorie. In einer gelungenen Komödie, so Lessing in seinem Terenz-Kommentar (99. St.; B 6, 670), treibe die Handlung die »Collision der Charaktere« hervor, nicht umgekehrt die Kollision der Charaktere (etwa der Zusammenstoß von »Tugend« und »Laster«) die Handlung (also die Intrige zum Zweck der Fehlerkorrektur). Mit dieser Handlungsstruktur wolle Lessing die Unterwerfung der Charaktere unter eine didaktische Absicht, das Erniedrigende und zugleich psychologisch Unmögliche einer schlagartigen ›Umkehr‹ als Resultat einer erzieherischen Intrige, vermeiden. Auf die Handlung der *Minna* übertragen heißt das nicht mehr und nicht weniger: Die (bislang) vexierende Tatsache, dass der Höhepunkt von Minnas Intrige dem königlichen Handschreiben, also der äußeren Konfliktlösung, erst folgt, ist kein »Kernproblem« (Steinmetz 1979, XXIII), sondern ist funktional in der Struktur der Lessingschen Komödie begründet. Die Handlung, das Eintreffen des königlichen Handschreibens, treibe die »Collision der Charaktere«, das Hin und Her im Finale, hervor, nicht umgekehrt die Kollision der Charaktere (Tellheims Ehrenhaftigkeit und Minnas Heiterkeit) die Handlung. Minna wolle eben nicht »bessern« und erziehen, sie wolle ihren Tellheim wie er ist – wohl aber ihn »mit ähnlichem Stolze ein wenig *martern*« (Hervorhebung von M.F.). Kollision der Charaktere: Minna fehle das Mitleid mit Tellheim, so trage sie das Ihre zur Fortsetzung der Verwirrungen bei.

Damit ist ein entscheidender Perspektivenwechsel auf das Intrigenmodell vollzogen. Nicht nur durch die Individualisierung der Charaktere wird das Schema der Typenkomödie transzendiert, sondern eben auch durch die Handlungsstruktur. In den meisten Analysen – und besonders in den feministischen Ansätzen –, die *Minna* weit von der Sächsischen Typenkomödie abrücken, bleibt jedoch das didaktische Vokabular erhalten: ›Tellheim muß lernen, Minna erteilt ihre Lektion, sie erzieht ihn dazu‹ etc. Kornbacher-Meyers Studie macht verständlich, dass die Figuren sich bis zum Schluss gar nicht ändern (»Collision der Charaktere«). Dies wird von dem – bislang rätselhaften – Finale bestätigt, wenn Tellheim wieder erbittert und misanthropisch reagiert und Minna nichts bereuen kann.

Kornbacher-Meyer begrenzt den Radius ihrer Untersuchung auf den Aspekt der gattungsmäßigen Wirkung. Die Kombinatorik von Lachen und Weinen erhellt jedoch noch nicht die ›innere Geschichte‹ der Figuren, den personalen Aspekt der Interaktion, die Anthropologie, die zur Wirkungsästhetik gehört. Dies leistet Ter-Nedden (2011), der *Minna von Barnhelm* in Beziehung zur Komödie Molières und zu Shakespeares *Othello* setzt.

Produktive Rezeption. Ter-Neddens *Minna*-Interpretation dürfte für die Lessing-Philologie ähnlich bedeutsam werden wie seinerzeits Michelsens Beitrag (1973). Ter-Nedden decouvriert das »Kernproblem« nunmehr auf handlungsstruktureller und thematischer Ebene als ein Scheinproblem. Nicht um Tellheims Prozess und dessen Konsequenzen für die Hochzeit kreise das Stück, vielmehr mache die Lösung des Knotens, die – vorhersehbare – Rehabilitation Tellheims, offenkundig, dass nicht in den äußeren Umständen die Quelle von Glück und Unglück der Figuren zu suchen sei, sondern allein in der ›inneren Geschichte‹, der personalen Interaktion und Motivation. Die *Pointe* des königlichen Schreibens und damit des Ehren-Konflikts liege darin, *keine problemlösende* Funktion zu haben. Keine Schwäche der Handlungskonstruktion werde durch eine verspätete Exposition *verborgen* (Michelsen), sondern eine analytische Dramenstruktur *enthülle* die Genese und Dimensionen eines spannungsgeladenen zwischenmenschlichen Geschehens.

Die Konturen der Komödienhandlung erhellt Ter-Nedden als ›produktive Rezeption‹, als Modernisierung großer Plotkonstruktionen des europäischen Theaters. Lessing knüpfe nicht an die Sächsische Typenkomödie, die Dutzendware der Komödienproduktion und deren Schemata an, sondern beziehe sich auf relevante, substantielle Beispiele: auf den *Misanthropen* Molières und auf Shakespeares *Othello*.

Seiner Tellheim-Figur habe Lessing prominente Züge Alcestes, des Misanthropen Molières, eingezeichnet (Hinweis auch bei Nisbet 2008, 453): nicht nur den Menschenhass, die verbissene Wut und den finsteren Blick des Melancholikers, sondern auch die stolze Eigenliebe, die sich in dem Wunsch offenbare, die ins Unglück geratene Geliebte aus der Erniedrigung zu erheben. In beiden Komödien bedrohe zunächst ein ehrenrühriger Prozess die bürgerliche Existenz des Protagonisten, um dann vor dem entscheidenden Finale niedergeschlagen zu werden und so den Blick auf die Disposition der Figuren als den wahren Grund ihres Geschicks freizugeben. Anders als Alceste jedoch, der, ein reines Stereotyp, in immer neuen Situationen zur Belustigung einer »Lachgemeinschaft« den gleichen Hass an den Tag lege, sei Tellheim eine vielschichtige, die Mitempfindung des Publikums weckende Figur. So gehe es in Lessings Komödie darum, in Tellheim nicht nur den Menschenhass im Werden zu zeigen, sondern ihn so zu zeigen, dass er Mitleid errege. Er erscheine zum einen als eine Konsequenz von Tellheims Menschlichkeit und Ehrlichkeit, zum anderen als Resultat eines Wahns, einer Verblendung (der »Sündenfall« Tellheims: die Beschuldigung Minnas in V, 10; B 6, 104). So bestehe die Modernisierung Lessings darin, dass er dem Menschenhass eine Geschichte, eine personale Innenseite, verleihe.

Hier bringt Ter-Nedden die *Othello*-Rezeption ins Spiel. Die Parallelen: Das Bündnis von Liebe und Mitleid sowie die finale Verdächtigung der Geliebten, die Liebe verraten zu haben. Die Bezüge zu Othello verliehen der Tellheim-Figur die personale Innenseite: zum einen die Mitleidwürdigkeit, zum anderen die tragische Fehlbarkeit. Denn mit seiner wahnhaften Bezichtigung füge Tellheim der Geliebten die gleiche Verletzung zu, die er selbst habe erdulden müssen.

Die große Bedeutung der Studie liegt nunmehr darin, wie Ter-Nedden diese »Plotkonstruktion« durchsichtig macht für die sozialphilosophische, anthropologische und metaphysische Thematik der Komödie – denn keinesfalls meint »innere Geschichte« bloße Psychologisierung. Er legt das interpretatorische Potential frei, welches Schröders (1977) Hinweis auf den Grundriss von *Ernst und Falk* implizierte. Die sozialphilosophische Leitfrage lautet: Wie können die im Ausnahmezustand des Krieges eingegangenen zwischenmenschlichen Bindungen unter den Bedingungen des Friedens, wenn die Trennungen der bürgerlichen Gesellschaft wieder in Kraft treten, fortgesetzt werden? Die dramatische Analyse, die fast jeder Szene ihre spezifische monadologische Struktur verleihe, verfolge diese Frage in unterschiedlichen Variationen und Schattierungen, nicht nur am Faden der Liebesgeschichte zwischen Minna und Tellheim. Das ganze Spektrum der Gesellschaft, von der untersten Stufe der sozialen Hierarchie (Just) bis zur Spitze der Pyramide (König), gerate in den Blick.

In metaphysischer Hinsicht gehe es um eine neue Justierung des Theodizeeproblems, die der neuen, aufklärerischen Auffassung der Menschennatur (die anthropologische Dimension) Rechnung trage. Wenn die Genese des Menschenhasses aus der Menschenliebe den jederzeit möglichen Umschlag unserer »Tugenden« in unsere »Fehler« zeige, so zeige die Verschränkung von Leid, Mitleid und Liebe den gegenläufigen Zusammenhang, die Möglichkeit des Glücks, das mit dem Unglück verbunden sei. Dies zu erkennen, bedürfe es allerdings der »leisen Stimme der Vernunft«, die auf die Wechselzusammenhänge zu achten lehre. »Vorsehung« bzw. »Vorsicht« meine nichts anderes: die Anschauung der Verflechtungen in der Ordnung der Natur, welche Anschauung zugleich die Wahrnehmung einer elementaren Hilfsbedürftigkeit *und* Hilfsbereitschaft des Menschen impliziere. Lessings »Antwort« auf das »Murren wider die Vorsicht« »beruft sich auf das Natürlichste, was es geben kann – die gemeinsame Menschen-Natur, die macht, dass sich die Menschen aneinander ketten und ihr Glück darin finden können, die Wunden zu heilen, die durch die Trennungen der bürgerlichen Gesellschaft in die Welt kommen.« Minnas Dankgebet an den Himmel (II, 7; B 6, 41) kommentiert Ter-Nedden: »Der ›Himmel‹ dieses Gebets ist keine benevolente Gottheit, die Dank erwartet, sondern der Grund der Schöpfung, deren Wesen sich darin erfüllt, dass in der Liebe des Menschen zum anderen Menschen die Differenz zwischen Selbstliebe und Liebe aufgehoben ist.«

Theodizee-Probleme

Mit dieser ›Theodizee von unten‹ wendet sich Ter-Nedden gegen eine Alternative, die bislang die Forschung gespalten hat. *Minna von Barnhelm*, so die eine Sichtweise, affirmiere noch einmal den Glauben an eine göttliche Weltregierung, die sich in der Belohnung der Tugendhaften manifestiere (z. B. Staiger 1977 [zuvor 1955], Michelsen 1990g, Wittkowski 1991). Die Gegenthese: Die Komödie zeige den Zerfall dieses Glaubens, statt des Zusammenhangs aller Dinge die Kontingenz, die Herrschaft des Zufalls, den Nihilismus (z. B. Kaminski 2005; vgl. dazu jedoch den Kommentar von Nisbet 2008, 466–68). Diese Alternative, so Ter-Nedden, beruhe auf einer trivialen Vorstellung von »Theodizee«, die Lessing hinter sich gelassen habe, nämlich der Vorstellung,

Gott greife zugunsten einzelner Individuen in die Ordnung der Natur ein. Stattdessen müsse man Lessings Entpersönlichung des Gottesbegriffes berücksichtigen.

Es war überfällig, auf die Trivialität der Theodizeevorstellungen zu verweisen, die von den Lessing-Interpreten bemüht werden (auch wenn ein persönlicher Gottesbegriff natürlich nicht notwendig mit einem trivialen Vorsehungsglauben oder einem trivialen Gottesbild zusammenhängt). Gleichwohl stellt sich die Frage, ob die so skizzierte »Menschennatur« die gedanklichen Schwierigkeiten tatsächlich lösen kann, die dem Theodizeekonzept anhaften, oder sie nicht auf neuer Ebene und in anderem Gewand weitertransportiert – kein Opfer der Geschichte jedenfalls wird sich damit beschwichtigen lassen. Im Blick auf *Minna von Barnhelm* (und Lessings Standpunkt) wollen wir die These formulieren, dass die Verquickung von egoistischen und altruistischen Motiven, die Ter-Nedden so ingeniös aufzeigt, nicht die Lösung des Theodizeeproblems darstellt, sondern das Problem ist, das der Mensch nicht mit der Berufung auf die eigene Natur lösen kann. So gesehen, bezeichnen Minnas und Tellheims Stolz und Eigenliebe, die immer eine potentielle Quelle für die Verletzung des anderen bleiben und wovor auch die innigste Liebe nicht feit, die Grenzen der *conditio humana*. Analoges gilt für die Ähnlichkeit von Gut und Böse, da sie aus *einer* Wurzel, der menschlichen Leidenschaft, entspringen: Der uneigennützige Einsatz für den Nebenmenschen bleibt durch die Eigenliebe korrumpierbar. In Minnas Liebe steckt auch die Gefahr der Anmaßung, wenn sie *sich* mit der Absicht der Vorsehung identifiziert: »Vielleicht, daß ihm der Himmel alles nahm, um ihm in mir alles wieder zu geben!« (II, 7; B 6, 41). Dies soll kein Plädoyer für die Erbsünde sein, die Lessing kategorisch abgelehnt hat; denn natürlich gilt auch das Umgekehrte: Auch in der Eigenliebe können Keime der Nächstenliebe liegen. Aber ständig droht das eine in das andere umzuschlagen, immer verbergen sich im Altruismus *auch* die Antriebe eines verfeinerten Egoismus. Hier ordnet Lessing den Menschen – seine Figuren – auf eine Instanz hin, die (sittlich) größer ist als sie selbst. Eine wesentliche Rolle, die Grenzen der Selbstliebe zu überwinden, spielt dabei die Dankbarkeit als existentielle Verfassheit, die sich nicht nur an den Nebenmenschen wendet,

sondern, wie in Minnas Fall, an den »Himmel«. Diese Dankbarkeit ist ein Überschuss, der über die bloße Wechselseitigkeit hinausgeht, und richtet sich an eine Instanz, die Uneigennützigkeit und Wohlwollen nicht auf egoistische Antriebe reduzierbar sein lässt und zugleich die Selbstvergottung des Menschen verhindert. Dem entspräche nicht nur Nathans Berufung auf die »Ergebenheit in Gott«, sondern auch Lessings Überzeugung, dass Gott einerseits alle menschlichen Begriffe übersteigt, andererseits das Ziel der menschlichen Gottesvorstellungen die unbedingte Uneigennützigkeit sein müsse.

In diesem Zusammenhang ist an Wittkowskis (1991) Perspektivenwechsel zu erinnern, aus dem heraus er die Theodizee-Struktur des Stücks beleuchtet: Er macht sie als eine genuin analytische Struktur transparent. Nicht dies, wie menschliche Güte ihre Belohnung sich erringt, sieht er als den bestimmenden Faktor der Handlung. Vielmehr gehe es darum, die Glückswürdigkeit Tellheims aufzudecken; aufzudecken, wie Tellheim das Glück, das von vornherein für ihn bestimmt ist, auch verdient. Dies aber könne nur dadurch geschehen, dass er in eine ausweglose Situation gestellt werde. Nur dann, wenn die Gerechtigkeit Gottes zweifelhaft werde, könne das Vertrauen zu ihm sich bewähren. In diesem Sinn die sittliche Autonomie des Menschen zu wecken, sei der Kern des Theodizeegedankens bei Lessing.

Analyse

Von den zeitgeschichtlichen Referenzen zum Zusammenhang der Ereignisse: Die Struktur der Handlung

Lessing hat die Handlung analytisch und nicht progredierend angelegt. Es geschieht (fast) nichts Neues, alles wird nur aufgedeckt. Vor Beginn des Stücks sind die Würfel schon gefallen. Eigentlich müsste Tellheim den Brief des Königs erhalten haben, bevor er Minna wiedersieht. Auch innerhalb des Stücks spart Lessing nicht mit Hinweisen darauf, dass der Ausgang von Tellheims Prozess feststeht, dass die Entscheidung getroffen ist. »Heut oder morgen muß Ihre Sache aus sein. Sie müssen Geld die Menge bekommen«, sucht Werner ihn zu ermutigen (III, 7; B 6, 62). Riccaut deutet eine glückliche Wende an, die das Verfahren genommen habe (IV, 2); der Kriegszahlmeister bringt die Nachricht, dass es niedergeschlagen ist (IV, 6; B 6, 85). Genau so jedoch funktioniert die Vorsehung: Die Ereignisse sind vorherbestimmt, aber wir kennen den Ausgang (noch) nicht.

Allerdings wird in *Minna von Barnhelm* das Modell ›Vorsehung‹ nicht einfach bestätigt, sondern vielmehr auf den Prüfstand gestellt. Dies geschieht nicht dadurch, dass die Ereignisfolge eine einzige Kette von Zufällen bildet, ist doch die retrospektive Auslegung eines vermeintlichen Zufalls als sinnvolle Fügung nachgerade das Wesen der providentiellen Zuversicht. Vielmehr wird das Vorsehungsmodell durch den Zuschnitt der Ereignisse selbst sowie, auf semantischer Ebene, durch das Vokabular der Figuren konterkariert.

Das Vertrauen in die Vorsehung muss sich in dem Stück in einem Moment behaupten, der von einer großen Unsicherheit, einer erdrutschartigen Verschiebung aller Verhältnisse gekennzeichnet ist. Das Datum vom 22. August 1763 birgt für den zeitgenössischen Zuschauer ein deutliches Signal. Wir haben den ökonomischen Hintergrund, die Bankrottwelle, und die damit verbundenen »politischen Greuel« (von Archenholz 1793/1996, 369) der Münzentwertung erläutert und auf die moralische Zweideutigkeit eines Kaufmanns wie Gotzkowski hingewiesen, der als Wohltäter und Kriegsgewinnler zugleich erscheinen konnte (s. S. 290). Vor allem jedoch hat die Grundlage des Zusammenlebens, nämlich die ›Menschlichkeit‹, der selbstlose Einsatz für den Nebenmenschen, ihre Unschuld verloren. Wir blicken in eine verkehrte Welt. Im Krieg konnte eine bedingungslose Selbstaufopferung bewiesen werden, die Preisgabe des eigenen Lebens für den Nebenmenschen ungeachtet seines Ranges und Standes – so zeigen es die Erinnerungen Werners. Sie zeigen gleichzeitig den Kontext, die Barbarei der Schlacht: »Oder sind Sie dem Manne nichts schuldig, der […] den Arm vom Rumpfe hieb, der eben losdrücken und Ihnen die Kugel durch die Brust jagen wollte?« (III, 7; B 6, 60). Zudem spart das Stück nicht mit Hinweisen auf die Kehrseite von Tellheims humanem Verhalten, die preußische Disziplin (vgl. Dyck 1981). Wie lässt sich das in der Grenzerfahrung, dem Ausnahmezustand des Krieges freigesetzte Potential in der Normalität des zivilen Lebens bewahren? Im

Frieden, so schreibt Gisbert Ter-Nedden (2011), wird »wieder gerechnet«: »Jetzt […] treten die ›Trennungen‹ der ›bürgerlichen Gesellschaft‹ wieder in Kraft, und drohen die Bindungen, die sich in der Notgemeinschaft des Krieges gebildet hatten, wieder zu zerstören.« Franziskas Klage zielt auf die verkehrte Welt: »Wunderbar! der Friede sollte nur das Böse wieder gut machen, das der Krieg gestiftet, und er zerrüttet auch das Gute, was dieser sein Gegenpart etwa noch veranlasset hat. Der Friede sollte so eigensinnig nicht sein! –« (II, 1; B 6, 30). Der Weg vom Krieg zum Frieden erweist sich als Übergang, in dem der innere Zusammenhalt der bürgerlichen Gesellschaft auf dem Spiel steht und die Waagschalen für Gedeih oder Verderb noch in der Schwebe sind.

Des Weiteren unterzieht die Konstruktion von Tellheims Konflikt den Glauben an die Vorsehung einer Prüfung, spitzt Lessing ihn doch so zu, dass das Bündnis von Glück, Tugend und Ehre, wie es im moralphilosophischen Schrifttum der Zeit oftmals hergeleitet wird, auseinanderbricht. In Gellerts beliebten moralphilosophischen Vorlesungen (s. S. 294 f.) beispielsweise fußt die wahre Ehre auf der Tugend, die wiederum mit Ehre bedacht werde – ein geschlossener Kreis. Es ist, als wolle Lessing mit Tellheims Geschichte das tautologische Gerede von Tugend, Ehre und der göttlichen Weltregierung durchkreuzen und den Ernstfall konkretisieren. Solange Tellheim der Militärprozess droht, kann er Minna nicht heiraten, gibt es keine Lösung, die die Figuren durch ihre Rechtschaffenheit herbeizuführen vermöchten. Seine edle Tat hat Tellheim um alles gebracht, was in Gellerts Augen einer solchen Handlungsweise fast zwangsläufig folgen müsste, um den guten Namen und die bürgerliche Existenz an erster Stelle – so sieht es jedenfalls zu Beginn des Stücks für ihn aus.

Die Verunsicherung und das Schwanken der Verhältnisse spiegeln sich im Vokabular der Figuren; die Komödie hat eine semantische Schicht, die durchaus als Gegengewicht zu den Hinweisen auf die Vorsehung gelten könnte: die Glücks- und Spielmetaphorik. Fortuna ist traditionell die Göttin des Krieges; das Glück ließ Friedrich II. als Sieger aus dem Siebenjährigen Krieg hervorgehen (Lessing hat das so gesehen: Griebel 1978, 328); der Untertitel der *Minna von Barnhelm* rückt nun auch die Friedenszeit unter den Aspekt des Glücks: »oder das Soldatenglück«. Der Spielmetaphorik bedient sich Tellheim: »Wenn nicht noch ein glücklicher Wurf für mich im Spiele ist, wenn sich das Blatt nicht völlig wendet« (IV, 6; B 6, 85). Von jeher wurde auf die symbolische Bedeutung des Spielers Riccaut aufmerksam gemacht (Martini 1968; Kaminski 2005); und auch Minna kleidet ihre Sicht der Ereignisse in die Bildlichkeit des Glücksspiels: »Bilden Sie Sich ein, Tellheim, Sie hätten die zweitausend Pistolen an einem wilden Abende verloren. Der König war eine unglückliche Karte für Sie: die Dame *auf sich weisend* wird Ihnen desto günstiger sein. –« (IV, 6; B 6, 84).

Minna allerdings verschränkt an dieser Stelle die Aufforderung, sich um die zwielichtig gewordenen Zusammenhänge gar nicht mehr zu kümmern und sie lediglich als Glücksspiel zu betrachten, mit dem Vertrauen in die Vorsehung. Es ist der Moment, in dem sie den Ernst von Tellheims Lage völlig begreift. Sie ist verstummt (Tellheim: »Sie sind ernsthaft, mein Fräulein? Warum lachen Sie nicht?« [IV, 6; B 6, 83]), sie sieht die »üblen Folgen« der guten Tat; sie verkennt die Situation überhaupt nicht, wenn sie auf die Pflicht der Stände und des Oheims verweist, für Tellheim zu zeugen. Sie ergreift diesen Moment, um zur Mitspielerin der Vorsehung in einem Akt sehr individueller, sehr persönlicher Sinnstiftung zu werden. Sie verfolgt die Ereignisse bis in die Tiefen der Vergangenheit zurück und gibt ihnen einen Zusammenhang, der den im Krieg möglich gewordenen unbedingten menschlichen Bindungen parallelläuft, den Zusammenhang der Freundschaft und Liebe über das politische Freund-Feind-Schema hinweg. Die edle Handlung, aus der man dem Major jetzt ein Verbrechen macht, hat zugleich die Liebe zwischen ihnen angebahnt. Hier sieht sie den Anker, der noch hält, den Fingerzeig und ›Lohn‹ der Vorsehung. Sie mahnt Tellheim, in ihrer Begegnung die Güte der Vorsicht nicht zu verkennen: »Die Vorsicht, glauben Sie mir, hält den ehrlichen Mann immer schadlos; und öfters schon im Voraus. Die Tat, die Sie einmal um zweitausend Pistolen bringen sollte, erwarb mich Ihnen.« (IV, 6; B 6, S. 84).

Minna ›konstruiert‹ oder, näher am Stück, entdeckt einen Sinnzusammenhang genau in dem Augenblick, in dem die Zukunft ungewiss und die ehedem verlässlichen gesellschaftlichen Regulative nicht mehr wirksam zu sein scheinen. Nur in der Krise, wenn das Schiff gefährlich auf den Wogen schwankt, kann sich das Lebensvertrauen bewähren und seine Tragfähigkeit erweisen. Zugleich gewinnt der Glaube an die Vorsehung einen persönlichen, individuellen Entscheidungscharakter. Einen gleichen Akt der Sinnstiftung von der persönlichen Liebeserfahrung her erwartet Minna von Tellheim, wenn sie ihn auffordert, sogar das hinter sich zu lassen, worauf sich allenfalls noch bauen ließe, das Zeugnis der Stände (IV, 6; B 6, 83). Damit aber drängt sich die Frage auf, ob Minna nicht doch leichtfertig und naiv mit Tellheims Situation und gesellschaftlicher Existenz umgeht, für sich selbst zu viel verlangt und seine Lebenssphäre nicht angemessen berücksichtigt. Diese Frage leitet über zu Tellheims Charakter und dem zentralen Konflikt zwischen Ehre und Liebe. Wir entwickeln unsere Analyse in drei Argumentationsschritten:

Erstens: Das Schema der Typenkomödie ist in *Minna von Barnhelm* nachgerade umgekehrt. Kein Außenseiter (›der Ehrgeizige‹) wird in das gesellschaftliche Kollektiv mittels Korrektur (Minnas Intrige) zurückgeholt, sondern ein vielschichtiger Charakter wirft auf das zeitgenössische Umfeld ein kritisches Licht (Nisbet 2006). Dabei ergreift die allgemeine Verunsicherung auch das Regulativ der Ehre bzw. die Art, wie ›Ehre‹ vertreten, verwirklicht oder verraten wird (s. S. 292–296). Das heißt, dass Tellheim aufgefordert ist, sich als Individuum neu zu definieren und sein Verhältnis zur Ehre neu zu bestimmen. Es geht um die Konturierung einer Menschlichkeit, die sich nicht aus dem gesellschaftlichen Prinzip der Ehre speist, sondern umgekehrt diesem erst seinen Sinn gibt.

Der zweite Schritt unserer Argumentation: Die Kollision zwischen Tellheim und Minna motiviert Lessing von dieser Ebene eines von der Ehre unabhängigen Menschseins her. Tellheims ›Fehler‹ ist nicht das Streben nach Wiederherstellung seiner Ehre, sondern sein Stolz, der sich in den Beziehungen zu den anderen Figuren, insbesondere Minna gegenüber, zeigt. Insofern Stolz Einsamkeit und Menschlichkeit Mit-Menschlichkeit bedeuten, ist drittens die Tellheim-Figur auf die Ergänzung durch Minna hin angelegt, wodurch aus der Typenkomödie die Komödie einer Paarbeziehung wird.

*»Die Ehre ist – die Ehre«. Perspektiven
der Komödie*

Mit der gegen ihn erhobenen Anklage befindet
sich Tellheim tatsächlich in einer ausweglosen
Situation. Solange ihm aufgrund der schweren
Anschuldigungen eine mehrjährige Festungshaft
droht, muss er notgedrungen auf Minna verzichten, muss er aus Liebe das tun, was die Ehre befiehlt (s. S. 291 f.).

Die Handlungsführung verharrt jedoch nicht
auf diesem toten Punkt, sondern nach und nach
laufen die positiven Nachrichten über Tellheims
Prozess ein, was den Effekt einer schrittweisen
Rehabilitation ergibt. Dieses analytische Verfahren dient dazu, die Bedeutung der Ehre aus
wechselnden Perspektiven zu beleuchten.

Bewegung kommt in Tellheims Sache in dem
Augenblick, in dem das Verfahren gegen ihn niedergeschlagen ist und er wieder frei über sich
selbst bestimmen kann (IV, 6; B 6, 85, Z. 32–36).
Immer noch bezeichnet er sich als ›bescholtenen
Mann‹, der »in den Augen der Welt« seine Gemahlin der »Verachtung« aussetzen würde, solange der König als oberste Rechtsinstanz ihm
nicht Gerechtigkeit hat widerfahren lassen (B 6,
86). Jetzt stellen sich die Fragen, die auf das gesellschaftliche Gefüge zielen. Ist der König für ihn
wirklich die oberste Instanz? Er ist kein preußischer Untertan, Friedrich II. ist nicht der König
der Sachsen, und in Sachsen können die Stände
als Vertreter der Öffentlichkeit für Tellheim zeugen. Außerdem: Was ist eine Ehrbezeugung wert,
die von einer öffentlichen Instanz vorenthalten
würde, die sich eben dadurch als korrupt erwiese? Auf die Möglichkeit der Entwertung der
Ehre verweist Riccaut. Er sagt die vollkommene
Rehabilitation Tellheims voraus und insinuiert
dabei, dass diese erschlichen sei, die bloße Fortsetzung der allgegenwärtigen Korruption (IV, 2;
B 6, 72, Z. 1–10). Das heißt: Wenn es Tellheim
nicht gelingt, einen Standpunkt außerhalb der
»Ehre« zu gewinnen, sich seiner selbst auf einer
Ebene der Menschlichkeit zu vergewissern, von
der aus die Ehre Sinn erhält und nicht umgekehrt, wird er sich dem Strudel des Verdachts nie
entziehen und die Fixierung auf ein »Gespenst«
nie auflösen können.

Am Ende hat Tellheim diese Unabhängigkeit
erreicht. Um ihrer selbst willen liebe er Minna,
um seiner selbst willen, so hofft er, werde sie ihn

lieben (V, 9; B 6, 99). Vor der Krisenerfahrung
präsentierte er sich der Geliebten als ein Mann
»voller Ansprüche, voller Ruhmbegierde«, vor
dem die »Schranken der Ehre und des Glückes
eröffnet standen« (II, 9; B 6, 45). Dadurch hielt er
sich ihrer Liebe für würdig. Auf nichts von alledem gründet sich jetzt sein Selbstwertgefühl. Er
möchte sich mit Minna aus der großen Welt zu-
rückziehen: »Die Dienste der Großen sind gefährlich, und lohnen der Mühe, des Zwanges,
der Erniedrigung nicht, die sie kosten« (V, 9; B 6,
99). Titel und Ehrenstellen wiegen den »Menschen« nicht auf: »nun ist mein ganzer Ehrgeiz
wiederum einzig und allein, ein ruhiger und zufriedener Mensch zu sein« (V, 9; B 6, 100). Minnas boshafte Frage: »Wie [...]? Konnte nur sein
wiederkehrendes Glück ihn in dieses Feuer setzen?« (V, 9; B 6, 100) macht deutlich, dass er,
nachdem seine Ehre wiederhergestellt ist und er
sein Recht erlangt hat, sich dennoch nicht damit
in einer fragwürdig, zweideutig gewordenen Welt
identifiziert. Das eigene Leid und das Mitleid mit
der Geliebten führen Tellheim dazu, sich auf sein
Menschsein zu besinnen und von daher die Anforderungen der Ehre zu gewichten.

Tellheims Stolz

»Denn auch seiner Geliebten sein Glück nicht
wollen zu danken haben, ist Stolz, unverzeihlicher Stolz« (III, 12; B 6, 68), so charakterisiert
Minna Tellheims Verhalten ihr gegenüber. Die
gleiche Wendung in seinem Mund gibt das Signal zur Realisierung des Intrigenplans: »[...] der
sich nicht schämet, sein ganzes Glück einem
Frauenzimmer zu verdanken, dessen blinde Zärtlichkeit – « (IV, 6; B 6, 86). Stolz bedeutet in diesem Stück den Abbruch der Beziehung zum Gegenüber. Umgekehrt heißt das, dass das ›Menschsein‹ als tätige Mitmenschlichkeit konkretisiert
wird. Wie so häufig bei Lessing, zeigt die Verflechtung der Figuren in *Minna von Barnhelm*
den Menschen als ein dialogisches Wesen in einem sehr elementaren Sinn, sie zeigt Tellheim in
seiner Abhängigkeit von denjenigen, die zu seinem Gegenüber werden, dem Diener (Just),
dem Freund (Werner), der Geliebten. Werner
kann nicht begreifen, dass der rückhaltlose Einsatz des Lebens füreinander, wie er ihn in den
Grenzsituationen des Krieges erfahren hat, sich
nicht unmittelbar in den Formen des zivilen Zu-

sammenlebens fortsetzen lässt. Doch auf ›Geben und Nehmen‹, wenn es zum Ernstfall kommt, bleibt sein Verhältnis zu Tellheim gegründet. Sein Vorwurf, wer in der Not seine Hilfe nicht annehmen wolle, werde ihm im umgekehrten Fall die Hilfeleistung versagen, bringt Tellheim dazu, die Wechselseitigkeit erneut zu bekräftigen (III, 7; B 6, 62 f.). Im Mittelpunkt von Minnas individuellem Sinnentwurf stehen die Begegnung mit Tellheim und die Bewunderung für seine gute Tat, voraus (oder zugrunde) liegt ihr Dankgebet an den Himmel (II, 7; B 6, 41), wiederum eine essentiell dialogische Geste. Dass Tellheim die Augen für sein Gegenüber aufgehen, ist die wesentliche Wirkung von Minnas Intrige. Eine zentrale Rolle spielt das Mitleid, in dem der Du-Bezug vor aller Reflexion realisiert ist. Als »Tochter« der Liebe apostrophiert er es, »alle Zugänge« seiner Seele seien den »Eindrücken der Zärtlichkeit« wieder geöffnet (V, 5; B 6, 95), die Triebfedern der Seele sind erwacht, der Welt erneut zugewendet, seine Existenz ist zurechtgerückt, nämlich auf den geliebten Menschen ausgerichtet. In der letzten Komplikation vor dem glücklichen Ende, wenn Tellheim Minna der Treulosigkeit verdächtigt, ist es ebenfalls das Mitleid, das die Brücke zur Versöhnung schlägt. Tellheim will Minna vor dem »grausamen Oheim« beschützen und selbstlos ihre Ehre verteidigen: »Er soll Sie mit keinem Blicke beleidigen dürfen! [...] Zwar verdienen Sie es um mich nicht –« (V, 12; B 6, 106).

Dieses grundlegende Miteinander ist in der Art, wie Tellheim auf sein Unglück reagiert, gestört. Auch wenn sein Streben nach Gerechtigkeit und die (vorläufige) Weigerung, Minna zu heiraten, vollkommen berechtigt und nicht Ausdruck einer übertriebenen Ehrbegierde sind, können die Bedürfnisse und Ansprüche der Menschlichkeit nicht ungestraft ignoriert oder unterdrückt werden – die Konsequenz daraus, dass das Menschsein nicht (mehr) restlos in der gesellschaftlichen Existenz aufgeht (s. S. 296 und S. 37). Zugleich gewinnt die psychologische Motivation an Gewicht. Handlung und Bühnengeschehen führen vor, wie Tellheims Bestreben, den Kontakt zu Minna abzubrechen und sich in sich selbst zu verschließen – was als Ausdruck seines Stolzes erscheint –, zum Selbstverlust führt. Da ist zunächst das Schweigen gegenüber Minna. Dass er ihr so lange keine Nachricht von

sich gibt (II, 1; B 6, 30), fordert die Ehre nicht; es entlockt ihr »auch einen Seufzer wider den Frieden«. Später, auf dem Höhepunkt der Auseinandersetzung, weist er ihre Liebe als »blinde Zärtlichkeit« (B 6, 86) zurück und beharrt auf seinen einsamen Entscheidungen: »was ich fest beschlossen habe; wovon mich nichts in der Welt abbringen soll. – « (B 6, 85) Er verwehrt ihr den Anteil an seinem Schicksal, das ja auch das ihre ist, und nimmt sie damit nicht als Subjekt wahr. Denn ihre Tugend könnte ihr gebieten, was sein Stolz ihr verweigert, nämlich ihn in der Not nicht im Stich zu lassen.

Wenn Tellheim jedoch solchermaßen sich von Minna loslösen zu müssen glaubt, zerreißt er damit den Zusammenhang seines eigenen Lebens. Wenn er sie, wie er ihr anfangs sagt, zu »vergessen« sucht (II, 9; B 6, 44), tut er so, als ließen sich die Eindrücke der Liebe rückgängig machen und die Spuren, die sich am tiefsten seinem Leben eingegraben haben, vertilgen. Während Minna in dem großen Streitgespräch (IV, 6) die edle Tat und ihre durch sie motivierte Liebe in einen Sinnzusammenhang bringt, entgleitet ihm, solange er, ohne auf Minna zu achten, um seine Ehre kämpft, seine wahre Identität. Man könnte sagen: Er räumt den menschlichen Motiven, die zu seiner edlen Tat und ihren Folgen führten, keinen Einfluss mehr auf seine Lebensbahn ein. Die Stimme des Gewissens und des Mitleids ist ihm in seinem Unglück keine lebendige, ermutigende Kraft mehr. Minnas Mahnung deckt eine mögliche Implikation seines Blicks in das Sinnvakuum auf: »Nein, Sie sind der Mann nicht, den eine gute Tat reuen kann, weil sie üble Folgen für ihn hat« (B 6, 83). Die Dimension ihrer Mahnung wird deutlich, wenn man an Nathans angesichts großer Gefahr geäußerte Gewissheit erinnert, nie werde ihn die Adoption Rechas reuen (V, 4; B 9, 606). Tellheims Reaktion auf Minnas Appelle lässt auf erschreckende Weise erkennen, wie ihm, fixiert auf die üblen Folgen seiner Tat, das Leben in Bruchstücke zerfällt und ihm die eigene Geschichte zu einem Rätsel wird: »Warum vermietete er [d.i. Othello, der »Mohr« in venetianischen Diensten] seinen Arm und sein Blut einem fremden Staate?« (B 6, 84).

Mit dem Lebenszusammenhang zerbricht auch das Vertrauen in eine übergreifende Ordnung. Die dramatische Analyse macht es zweifelhaft, ob es die aussichtslose Situation ist, die ihn in die

Verzweiflung treibt – oder ob es nicht vielmehr sein Stolz ist, der ihm die Situation erst recht aussichtslos zeigt. Tellheim igelt sich förmlich in seinem Unglück ein und wehrt jeden Hoffnungsschimmer von sich ab. »Schweig davon!«, fährt er Werner an, der an ein gutes Ende glaubt (III, 7; B 6, 62). Als könne er den tragischen Ausgang nicht abwarten, greift er der Entwicklung der Dinge vor. Er stellt sich Minna gegenüber, als sei ihr Verlust sicher. Indem er ihren Ring versetzt und sie zu »vergessen« sucht (II, 9), verwirklicht er bereits die Trennung. Die partiell guten Nachrichten von Riccaut und dem Kriegszahlmeister nimmt er so auf, als wüsste er alles weitere schon genau: »man wird mich wollen laufen lassen« (IV, 6; B 6, 85 f.; dazu Schröder 1969). So aber steigern sich seine Sorge und Ungewissheit zur Verzweiflung (II, 9; B 6, 46). Er versagt sich die Tränen des Mitleids (I, 6; B 6, 19) – bei Lessing immer ein Warnsignal. Er fühlt sich versucht, wider die Vorsehung zu »murren« (ebd.) – nach damaligem Verständnis eine der gefährlichsten Verirrungen des menschlichen Stolzes. Das Leben geht für ihn nicht weiter, er denkt an Selbstmord oder an die Verteidigung der Ehre im Duell: Er mahnt Just, die Pistolen nicht zu vergessen, die hinter seinem Bett hängen (I, 10; B 6, 24; Hinweis von Ter-Nedden). Er bricht in das schreckliche Lachen des Menschenhasses aus (IV, 6). Minna: »Wenn Sie an Tugend und Vorsicht glauben, […] so lachen Sie so nicht!« (B 6, 83 f.).

Die Symptomatik des Stolzes ist jedoch keineswegs aus einer moralisierenden Perspektive entwickelt. Vielmehr zeigt Lessing, ganz im Sinne der im 28. und 29. Stück der *Hamburgischen Dramaturgie* angedeuteten Komödientheorie, die Vermischung von ›positiven‹ und ›negativen‹ Eigenschaften. *Weil* Tellheim ehrlich und uneigennützig ist und sich objektiv nichts vorzuwerfen hat, wird sein Stolz ihm zur Gefahr – darin liegt die Pointe der Charakterzeichnung. Darüber hinaus führt Lessing rationale Einstellungen auch auf ihren emotionalen Grund zurück. Im Rückblick zeichnet Tellheim seinen Zustand als eine affektive Störung, als melancholische Verstörung. Er spricht von seiner Niedergeschlagenheit, Kurzsichtigkeit, Schüchternheit (V, 2; B 6, S. 91), von dem »Ärgernis«, der »verbissene[n] Wut« und dem »finstern Schmerze«, die seine Seele »umnebelt« hatten (V, 5; B 6, S. 95). Schließlich führt die Körpersprache nicht nur Tellheims Einsam-

keit und Isolation eindrucksvoll vor Augen, sondern wird auch zum Zeichen für den emotionalen Untergrund, den zurückgestauten Strom der Gefühle, die verschlossene Liebe und den Schmerz darüber. Heftig, eruptiv, »*hitzig*« (IV, 6, B 6, 86) zeichnen ihn die Regieanweisungen: »*auffahrend und wild um sich sehend*« (V, 9; B 6, 101). In der Gewaltsamkeit, mit der er sich zuerst von Minna trennt (II, 9), drückt sich die Stärke seiner Sehnsucht nach ihr aus. In dem Moment, in dem sie seine Hand berühren will, schlägt er den Hut vor die Augen und reißt sich von ihr los (dazu Schröder 1969). Der Widerstreit treibt ihn an den Rand des Wahnsinns (IV, 6), sein Verhalten trägt pathologische Züge. Öfter wird sein stieres Auge erwähnt, das ins Leere blickt: »*der indes vertieft, und unbeweglich, mit starren Augen immer auf eine Stelle gesehen*« (IV, 6; B 6, 84). Er ist in sich versunken, er sieht nicht und hört nicht. Vergeblich versucht Minna, ihn wachzurütteln: »Hierher Ihr Auge! auf mich, Tellheim!« (IV, 6; B 6, 84) Noch am Ende wiederholt sich der isolierende Gestus, wenn Tellheim sich Minnas Untreue ausmalt: Er wendet sein Gesicht weg, er hört Minna nicht, er nagt vor Wut an den Fingern (V, 11). –

Als Folie für Tellheims Stolz wären die zeitgenössischen moralphilosophischen Vorstellungen (und die beliebten »moralischen Charaktere«) in der Forschung noch zu erschließen, auch die Verbindung von Stolz und Melancholie bedürfte der Klärung (Ter-Nedden [2011] konturiert den Zusammenhang von Molières *Misanthropen* her; Nisbet [2008, 468] verweist auf Diderots Dorval; Stefan Busch [2001/2002] legt Tellheim auf den Typus des Melancholikers fest). Hinter dem Stolz lauert im christlichen Kontext immer die Sünde der *superbia*, des Hochmuts, der auf der Ichsucht basiert. Christliche »Demuth«, so Gellert in den *Moralischen Vorlesungen*, müsse das Streben nach Ehre begleiten, damit es nicht der Selbsterhöhung diene und wir uns »zu unserm Gott« machten (Nr. 14; GS 6, 169). Vor diesem Hintergrund nähme sich Tellheims Stolz, der intrikat mit der eigenen Leiderfahrung, dem Beharren auf Gerechtigkeit und der Liebe zu Minna verbunden ist, als ein Säkularisationsphänomen und nachgerade als eine Rettung dieser Eigenschaft aus.

Minnas Stolz oder die Komödie der Paarbeziehung

Selbstbezüglichkeit (»Stolz«) und Altruismus, Vernunft und ›Temperament‹ können in Tellheims Charakter nicht auseinander dividiert werden. Das Gleiche gilt für Minna. Auch sie hat ihren Stolz, er ist in ihrer Intrige, wenn sie Tellheim »mit ähnlichem Stolze ein wenig […] martern« will (III, 12; B 6, 68), nicht nur fingiert. Auch bei ihr entdeckt die dramatische Analyse einen emotionalen Grund ihrer Handlungsweise, der nicht vernünftig aufzulösen ist.

Wenn Minna um und für Tellheim kämpft und sie ihn aus seiner melancholischen Verstörung befreit, scheint der Bezug zum Gegenüber offen zutage zu liegen. Während Tellheim im ersten Akt nichts von Minna erwähnt und den Ring versetzt, sprechen im zweiten Akt Minna und Franciska fast ausschließlich über den verschwundenen Verlobten. Doch wie Tellheim, wenn er sich in sich selbst verschließt, dies (auch) um Minnas willen tun zu müssen glaubt, so ist umgekehrt in ihrer Handlungsweise ein selbstbezüglicher Kern verborgen. Anders herum: Tellheims Verhalten bedeutet für sie eine Missachtung ihrer Person, eine Kränkung, die dem Verdacht Raum gibt, er liebe sie nicht genug. Es ist ihr eigenes Bild als Geliebte, das sie in ihm freilegen, in dem sie sich wieder spiegeln will. Es gelingt ihr über Erwarten gut, wenn sie ihr Täuschungsmanöver, ohne es noch rational begründen zu können und gegen Franziskas Einspruch, weiterspielt. In ihrem Spott vibriert ihre Befürchtung: »Wie […]? Konnte nur sein wiederkehrendes Glück ihn in dieses Feuer setzen?« (V, 9; B 6, 100); und ihre Liebe triumphiert, wenn Tellheim den Brief des Königs zerreißen will, um sie zu »besitzen«. Hier handelt Tellheim nicht mehr vernünftig, sondern in »blinder Zärtlichkeit«; die Liebenden sind nicht nur von der ›reinen Menschlichkeit‹ motiviert, sondern die Macht des Begehrens bricht sich Bahn. In Minnas Initiative hat die Genderforschung denn auch die Artikulation des Begehrens und damit die Genese des weiblichen Subjekts gesehen.

Franciska benennt den selbstbezüglichen Kern der »Lektion«, die Minna dem Geliebten erteilen möchte, genau: »Und so was muß die feinste Ei-[...]be unendlich kützeln.« (IV, 1; B 6, 69). Die [...]enliebe« gehört in Lessings Komödie

zur Behauptung der Liebe. Dies verleiht auch Minnas Glauben an die »Vorsicht« den modernen, von der eigenen Person ausgehenden Zug. Minnas Sinnentwurf ist ganz von der »feinsten Eigenliebe« durchwebt. Einerseits koppelt sie die Liebe zu Tellheim an die Zustimmung zu der edlen Tat und gibt damit dem Wink der Vorsehung eine ethische Bedeutung. Doch andererseits verlangt sie ›alles‹ von Tellheim, nämlich die Einzigen-Liebe, die nicht nur der irdischen Ehre, sondern sogar dem Himmel Konkurrenz zu machen vermag. Wenn sie den Angelpunkt von Tellheims Schicksal in die Erfüllung ihres Liebeswunsches legt (IV, 6; B 6, 84), so sind das Vertrauen in die Vorsehung, das Vertrauen in die Kraft der eigenen Liebe und das Vertrauen in das eigene Selbst nicht mehr voneinander zu unterscheiden. Dass darin auch eine Gefahr der Anmaßung verborgen liegt, hat die Forschung wiederholt herausgestellt (z. B. Kornbacher-Meyer 2003, 298).

Die »feinste Eigenliebe« ist das Äquivalent zu Tellheims Stolz. Wie Lessing den Stolz nicht moralisierend entfaltet, sondern psychologisch differenziert, so wird auch gegen Minnas »Eigenliebe« kein moralischer Zeigefinger erhoben. Vielmehr ist sie, wie bei Tellheim der Stolz, in komplexer Weise mit ihren anderen Eigenschaften verbunden. Wie Minna ihren Zustand, an Franciska gewendet, charakterisiert, geradezu provozierend Tugenden mit Lastern koppelnd (vgl. Ter-Nedden 2011): »Zärtlich und stolz, tugendhaft und eitel, wollüstig und fromm –« und schwer verständlich: »Du wirst mich nicht verstehen.« (II, 7; B 6, 42).

Es gehört zu den Rätseln der Komödie, die sowohl ihre Anmut als auch ihre Unerschöpflichkeit ausmachen, dass am Ende, nach einer Auseinandersetzung, deren Dramatik die Grenze zum Tragischen streift, sich gleichwohl nichts Greifbares ändert, die Figuren nicht didaktisch belehrt oder moralisch gebessert aus den Verwirrungen auftauchen. Tellheim hört nicht auf, von der Ehre zu sprechen, und die Menschlichkeit, von der er sich ›in Wahrheit‹ leiten lässt, war tief in ihm verschüttet. Er gibt Minna nicht recht, sein letzter Widerspruch bleibt unerwidert: »So entehrt sich das schwächere Geschlecht durch alles, was dem stärkern nicht ansteht? So soll sich der Mann alles erlauben, was dem Weibe geziemet? Welches bestimmte die Natur zur Stütze des andern?« (V, 9; B 6, 102) Ebenso wenig bereut

Minna irgend etwas, sie nimmt nichts zurück: »Nein, Tellheim, ich kann es nicht bereuen, mir den Anblick Ihres ganzen Herzens verschafft zu haben!« (V, 12; B 6, 106) – und droht sofort mit dem nächsten Streich. Wie für die Handlung, so gilt für die Entfaltung der Charaktere: Es geschieht nichts Neues, alles wird nur aufgedeckt. Kurz vor Komödienende wiederholt Tellheim noch einmal sein gesamtes Verhaltensrepertoire, fällt in den Menschenhass zurück – »alle Güte ist Verstellung; alle Dienstfertigkeit Betrug« (V, 11; B 6, S. 104) –, wird vom Mitleid berührt und verteidigt die Ehre seiner Geliebten. Dabei bindet Lessing just den Antagonismus seiner Figuren in das Modell der Wechselbezüglichkeit ein. Ebenbürtig, aber gegensätzlich stehen sie sich bis zum Schluss einander gegenüber, ihre Gegensätzlichkeit – Tellheims Ernst und Minnas Heiterkeit – perpetuiert die Verwicklungen der Intrige. Die Kontrastierung darf jedoch als Garantie der *vis attrativa* der Liebe gelten, da sie, wie in der Liebe über Kreuz im *Freigeist* durchgespielt, die Notwendigkeit der Ergänzung impliziert. So wird die Komödie mit ihren symmetrisch-antithetischen Charakteren und den Spiegeleffekten der Intrige thematisch und strukturell von dem Aufeinander-Bezogensein der Liebenden bestimmt. –

Ter-Nedden, der Lessings dramatische Analyse bislang am eindringlichsten offenlegte, spricht von der monadologischen Anlage der funktional miteinander verknüpften Akte und Szenen. Ergänzend könnte man von einer monadologischen Konzeption der Figuren sprechen, deren dunkle, verworrene Perzeptionen als Triebfedern sich enthüllen. Nicht nur der Übergang zu einer modernen Psychologie könnte mit diesem Konzept begründet werden (vgl. Kondylis 1986 [1981]), sondern auch der Perspektivismus (Leibniz: *Monadologie* § 57; s. S. 41 f.), der den Konflikt zwischen Tellheim und Minna generiert und bestimmt. Beide Figuren entwickeln ihre spezifische Wahrnehmungsweise aus ihrer spezifischen Motivation heraus, behaupten ihre Sichtweise bis zum Ende, zeigen Erkenntnis nicht infolge eines ›Belehrtwerdens‹ von außen, sondern als innere Tätigkeit. Die Harmonie zwischen den Liebenden realisiert sich durch ihren jeweiligen Eigen-Sinn hindurch, ist die wechselseitige Ergänzung der konträren Partner – auch dies lässt sich als Neuinterpretation der Leibnizschen prästabilierten Harmonie zwischen den Monaden konturieren.

Individuum und Gesellschaft

Wir haben die Analyse mit der Entschlüsselung der zahlreichen politischen und gesellschaftskritischen Anspielungen begonnen (s. S. 290 ff.) und endeten sie mit der Profilierung der Charaktere, der Ausdifferenzierung der ›rein menschlichen‹ Ebene. Dabei sollte deutlich werden, dass der existentielle Du-Bezug und die Mit-Menschlichkeit, die wir herausgearbeitet haben, nur innerhalb der Gesellschaft zur Wirkung gelangen (vgl. Kap.: Hamburgische Dramaturgie, bes. S. 345 f.). Die projektierte Ehe der beiden Hauptfiguren bedeutet eine Keimzelle des Wirkens in die Gesellschaft hinein, so jedenfalls scheint es ihr uneigennütziger Einsatz für ihre Untergebenen zu versprechen. Die mögliche Verwandlung der gesellschaftlichen Grenzziehungen macht Lessing nicht zuletzt durch die Sprache seiner Figuren deutlich. In den Wortwechseln Tellheims mit Werner etwa sind die Standesunterschiede der Form nach bewahrt und dem Sinn nach aufgehoben, Tellheim und Werner verkehren als Freunde miteinander. Das Gleiche gilt natürlich für Franciska und Minna. Wie sehr in dem Stück die ›rein‹ menschlichen Beziehungen sich innerhalb des gesellschaftlichen *decorums* ausprägen, kommt in Tellheims letzter Replik auf Minnas »Eigensinn« besonders deutlich zum Ausdruck, in der er das auf wechselseitiger Ergänzung beruhende Verhältnis der Geschlechter zusammenfasst: »So *entehrt* sich das schwächere Geschlecht durch alles, was dem stärkern nicht *ansteht*? So soll sich der Mann alles erlauben, was dem Weibe *geziemet*?« (V, 9; B 6, 102. Hervorhebung M. F.). –

Als ein Werk des Übergangs, als »a brilliant but unstable synthesis«, bezeichnet Nisbet (2006, 50) die Komödie. Wir haben einige Aspekte dieses schwebenden Ausgleichs näher beleuchtet, andere kurz angerissen: den Ausgleich zwischen Gattungskonvention und (kritischem) Realismus, Typisierung und Individualisierung der Figuren, dem Komischen und dem Rührenden (Ter-Nedden), gesellschaftlicher Bindung und der Menschlichkeit, die diese Bindung transzendiert, zwischen der Heiterkeit der Vernunft und dem Unterstrom der Gefühle und Leidenschaften. Dieser Schwebezustand erzeugt die fortwährende Spannung zwischen der vermeintlichen Klarheit der Linienführung und der Komplexität ihrer Konkretisierung, die zu der ungebrochenen Lebendigkeit der *Minna von Barnhelm* beiträgt.

Aufnahme und Wirkung

Minna von Barnhelm ist ein großer Theatererfolg. Das Stück erobert schnell die deutschen Bühnen, nach der Hamburger Uraufführung am 30. September 1767 wird es in Frankfurt (17. Oktober 1767), Wien (14. November 1767), Leipzig (18. November 1767), Berlin (21. März 1768 [Döbbelin]; 3. August 1771 [Koch]) gegeben, es wird ins Französische, Englische, Italienische übersetzt und löst eine Flut von Nachahmungen (»Soldatenstücke«; Barner u. a. ⁵1987, 274–276; Werner 1984, 67–68) aus. Anna Luise Karsch berichtet (in einem Brief vom 29. März 1768) Gleim von der Berliner Vorstellung (B 6, Nr. 17, 847): »Die Gallerie, die Logen, das Parterre, alles wird voll [...]; denn vor ihm hat's noch keinen deutschen Dichter gelungen, daß er den Edlen und dem Volk, den Gelehrten und den Laien zugleich eine Art von Begeisterung eingeflößt und so durchgängig gefallen hätte.« Bis etwa 1777 hält sich das Lustspiel auf dem Theater, dann scheint man es als veraltet zu empfinden. Neue Richtungen und Moden (bürgerliches Rührstück, Ritterschauspiel, Dramatik des Sturm-und-Drang) kommen auf, auch versteht man die Bezüge auf den Siebenjährigen Krieg nicht mehr. Lessing selbst sieht das so. In einem Schreiben an Nicolai (vom 25. Mai 1777; B 12, 78) erklärt er, dass nur seine Unparteilichkeit ein Werk wie die *Minna von Barnhelm* möglich gemacht habe, um dann fortzufahren: »Das Ding war zu seinen Zeiten recht gut. Was geht es mich an, wodurch es jetzt von dem Theater verdrängt wird.« Christian Felix Weiße schreibt in der Vorrede zur Ausgabe seiner Lustspiele (Leipzig 1783): »Um wieviel verliert selbst die vortreffliche Minna, wenn man nicht mit den Umständen des damaligen Krieges bekannt ist« (zit. nach Hein 1977, 39). Goethe, der selbst die Erstaufführung von *Minna von Barnhelm* in Leipzig miterlebt und an Liebhaberaufführungen teilnimmt, urteilt in *Dichtung und Wahrheit* (7. Buch, 1812) aus historischer Distanz (HA 9, 280–282; vgl. B 6, Nr. 8, 827–830). Für ihn verbürgen Zeitbezug und Zeitgebundenheit die Qualität des Lustspiels: Weil Lessing in seinem Stück bedeutende Zeitereignisse verarbeitet habe, habe er ihm Substanz verliehen. Von Goethe stammt das Deutungsmuster vom Nationalgehalt der *Minna von Barnhelm*, die Inkunabel gleichsam der politischen Auslegungstradition.

Vier leitende Gesichtspunkte zeichnen sich in der zeitgenössischen Rezeption ab: Die Gesetze der Gattung, das Prinzip der Wahrscheinlichkeit und Natürlichkeit, die Psychologie der Charaktere, schließlich die rührende und »bessernde« Wirkung. *Minna von Barnhelm* wird als vollkommene Komödie wahrgenommen, wobei die Rezensenten diejenigen Kategorien anwenden, die Lessing selbst erst propagierte (in der *Theatralischen Bibliothek*): Oftmals streife das Stück das Tragische, gleichwohl behalte es völlig seinen komödiantisch-heiteren Grundcharakter (*Deutsche Bibliothek der schönen Wissenschaften*, 1767, 2. St.; B 6, Nr. 3, 816), der Ernst und die Rührung schwächten nicht die komische Kraft. Man merke es dem Stück an, dass es nicht auf der Studierstube, sondern mit Kenntnis der Welt geschrieben sei (*Berlinische privilegirte Zeitung*, 9. April 1767; B 6, Nr. 1, 813). Wahrscheinlichkeit, Natürlichkeit spricht man dem Stück zu; man sucht Beschreibungskriterien für den Qualitätssprung, die neuartige Realitätshaltigkeit. Einerseits bietet sich der Begriff des Nationalen an: Lessing habe ein »Originalwerk« geschaffen mit Figuren, in denen sich der deutsche Zuschauer wiedererkennen könne (J.J. Eschenburg in den Hamburgischen *Unterhaltungen*, September 1767, 3. St.; B 6, Nr. 4, 820). Zum anderen rekurriert man auf die Theorie des bürgerlichen Dramas, die von Diderot formuliert und von Lessing bekannt gemacht wurde; Diderot wird genannt, vor allem wird der Terminus *par excellence* für den geforderten Wirklichkeitsbezug auf *Minna von Barnhelm* angewendet: »Gemälde« (z.B. *Neue Critische Nachrichten* [Greifswald], 4.7.1767; hier fällt auch die Wendung von »Diderots Geschmack«: B 6, Nr. 2, 814). »Natürlichkeit« ist zugleich das Leitwort für die psychologische Analyse der Charaktere, in der Figurenzeichnung beweise Lessing eine große »Kenntnis der menschlichen Seele« (*Unterhaltungen*, September 1767, 3. St.; B 6, Nr. 4, 821). Man schildert die Rechtschaffenheit und den Edelmut der Figuren, allerdings hat man häufig mit Minna Schwierigkeiten. Ihre Reaktion wird als übertrieben, spitzfindig, unweiblich empfunden (*Unterhaltungen*; B 6, 822; Herder an Caroline Flachsland, 20.9.1770; B 6, Nr. 7, 826). Nur Herder schlägt in seiner Charakteristik Tellheims neue Töne an und zeigt ein Gespür für die Gefährdungen dieser Figur: »In allem, was er sagt, würde ich kein Wort ändern, selbst bis auf die Stelle, wo er mit dem bittern ruhigen Lachen den härtesten Fluch gegen die Vorsehung redet – denn ach! auch dazu gehört, wenn man in die Situation kommt, Stärke und Mannheit, die freilich unsre gemeine Christliche, feige, heuchlerische Seelen nicht haben. Die Pistolen hangen nicht vergebens hinter seinem Bett« (Brief an Caroline Flachsland, 20.9.1770; B 6, Nr. 7, 826). Schließlich wird anhand einiger Aufführungsberichte deutlich, wie man »Theatervergnügen« mit der Erwartung in Verbindung bringt, dass großmütige »Empfindungen« geweckt werden. Die Reaktion des idealen Zuschauers stellt sich Matthias Claudius so vor: »Mir war den ganzen Abend das Herz so groß und so warm – ich hatte einen so heißen Durst nach edlen Thaten – ja ich glaube wahrhaftig, wenn man solche Leute oft sähe, man könnte endlich selbst rechtschaffen und großmüthig mit ihnen werden« (*Hamburgische Addreß-Comptoir-Nachrichten*, 11.11.1769; B 6, Nr. 11, 837).

Alle vier Gesichtspunkte zeigen, dass man das Stück affirmativ rezipiert, dass man in ihm diejenige Weltordnung bestätigt findet, die man als verbindlich voraussetzt. Natur und Gesetzlichkeit, Psychologie und Moralität bilden fraglos eine Einheit, diese Einheit ist die Prämisse, die den Beobachtungen ihren Sinn verleiht.

Quellen: Abbt 1761 in Kunisch (Hg.) 1996, 589–650 (auch in Brüggemann [Hg.] 1935/1966, 47 ff.); Archenholz 1793 in J. Kunisch (Hg.) 1996, 9–513; Gellert 1770 (GS 6 [*Moralische Vorlesungen*]); K. Lessing, hg. Lachmann 1887; Montesquieu 1748, übers. K. Weigand 1965; Walch Bd. 1, ⁴1775/1968, 893–906 [Art. »Ehre«]; Zedler Bd. 8, 1734/1961, 416–428 [Art. »Ehre«].

Literatur

zu Entstehung und Kontext: Bohnen in B 6, 803 f.; Adam/Dainat (Hgg.) 2007; Blitz 2000; Clark 2007; Dombrowski 1997; Dyck 1981; Griebel 1978; Hein 1977; Hildebrandt (Hg.) 1969 [Dokumente]; Hinck 1965, 287–301 [Komödien-Tradition]; Kagel 2003 (2004) und Kagel in Adam/Dainat (Hgg.) 2007, 296–316; W. Kröger ²1995; J. Kunisch 1996, 971–989 [Einleitung zu Abbts *Vom Tode für das Vaterland*]; Lach 2004; Nisbet in Hutchinson (Hg.) 2006, 37–53; Nisbet 2008, 441 ff.; Reininger 2004; Saße 1993; Schade 1994; Schönborn (Hg.) 2003 [Erläuterungen und Dokumente]; Weber in Thalheim/Wertheim (Hgg.) 1970, 10–57; Whiton 1985; Worvill 2005 [Diderot].

zum Ehrbegriff: Burkhart 2006; Ott 2001; Zunkel in Brunner/Conze/Koselleck (Hgg.) Bd. 2, 1975, 1–63.

zu Forschung/Analyse: Adam/Dainat (Hgg.) 2007; Barner u.a. ⁵1987, 248–281; Blitz 2000; Brenner 2000, 109–133; Busch 2001 (2002) [Tellheim als Melancholiker]; Dyck 1981; Eibl 1995, 87–97 [ständische Ehre und Individualität]; Geest 1899; Graham 1973, 167–176; 336–339 [Wechselseitigkeit der Liebe im Geben und Nehmen]; Griebel 1978; Hildebrandt 1969; Kaminski in Stenzel/Lach (Hgg.) 2005, 161–178; Kornbacher-Meyer 2003, 268–302; Martini in G. und S. Bauer (Hgg.) 1968, 376–426 (zuerst 1964); Michelsen 1990g, 221–280 (zuerst 1973); Nisbet in Hutchinson (Hg.) 2006, 37–53; Nisbet 2008, 441–471; Ott 2001; Prutti 1996, 146–330; Saße 1993; M. Schmidt in Schlosser (Hg.) 2005, 35–51; J. Schröder 1969; J. Schröder 1971; J. Schröder in Hinck (Hg.) 1977, 49–65, 368–370; Staiger ⁴1977, 63–82 (zuvor 1955); Steinmetz (Hg.) 1979; Strohschneider-Kohrs 1999b (zuerst 1975); Ter-Nedden 2011; Weber in Thalheim/Wertheim (Hgg.) 1970, 10–57; Wittkowski 1991; Wosgien 1999, 107–131; Wurst in Fischer/Fox (Hgg.) 2005, 231–257.

zu Aufnahme und Wirkung: zeitgenössische Rezeption: Braun 1; B 6, 812 ff.; Hein 1977; Hildebrandt (Hg.) 1969; Schönborn (Hg.) 2003 [Dokumentsammlungen]; Goethe 1812 (HA 9, bes. 280–282 [*Dichtung und Wahrheit*, 7. Buch]). – *Literatur:* Barner u.a. ⁵1987, 271–281; Eloesser 1898/1970, 85–111; Hünig in Detken u.a. (Hgg.) 1998, 97–121 [Soldatenstücke]; W. Kröger ²1995, 52 ff.; Nisbet 2008, 449 und 468–471 [Erfolg auf der Bühne] ; H. Ritter in Werner (Hg.) 1984, 95–109 und 456–460; Schade 1997 [James Johnstones *The Disbanded Officer*]; Stockmayer 1898 [Soldatenstücke]; H.-G. Werner in Werner (Hg.) 1984, 50–94 und 452–456.

Bühnenpraxis und Schauspielkunst

Vorbemerkung

Eine grundsätzliche Problematik liegt im Methodischen. Die Geschichte von Theater und Schauspiel ist die *eine* Geschichte, die Geschichte der Schauspieltheorien die andere. Gottsched und Lessing finden ein Theater vor, das sie interpretieren. Wir sind gewohnt, mit unterschiedlichen Auslegungen bzw. theoretischen Konzeptionen unterschiedliche Darstellungsstile auf der Bühne zu verbinden, diese Konvergenz muss aber nicht zutreffen. Schwierig jedoch ist es, beide »Geschichten« zu trennen und die Entwicklung der Schauspielkunst in ihrer Eigengesetzlichkeit zu fassen. Im Folgenden liegt der Schwerpunkt auf der Geschichte der Konzeptionen.

Lessing hat seine Stücke aus intimer Kenntnis der zeitgenössischen Bühne heraus geschrieben. Von Anfang an, seit er in Leipzig das Theater der Neuberin besucht, ist ihm die Praxis wichtig. Er lässt sich von den Schauspielern über die technisch-handwerkliche Seite ihrer Kunst belehren. Offenkundig versteht er sich als Fortsetzer des Gottschedschen Reformwerks. Seine Bemühungen zielen auf dessen zwei Pfeiler: die Schaffung eines neuen Spielplans und die Entwicklung eines neuen Darstellungsstils. Die vielen »Auszüge« (= Inhaltsangaben) aus ausländischen Dramen, die er in seinen Theaterzeitschriften bringt, sind als stoffliche Anregungen gedacht und fordern zur Bearbeitung auf, fehlte es doch den Schauspieltruppen an Stücken, die den neuen Anforderungen entsprochen hätten. Parallel dazu macht Lessing mit theoretischen Abhandlungen zur Schauspielkunst bekannt, in der *Hamburgischen Dramaturgie* gibt er wichtige Winke zur Rollenverkörperung. Dabei steht für ihn das deutschsprachige Theater noch ganz am Anfang. Im 81. »Literaturbrief« (B 4, 700) beklagt er die Misere: »Wir haben kein Theater. Wir haben keine Schauspieler. Wir haben keine Zuhörer.« Nun handelt es sich hierbei um perspektivisch gebundene Sätze, Lessing interpretiert eine Situation, die er vorfindet. Seine Konzeption von Theater und Schauspielkunst ist nur vor dem Hintergrund von Gottscheds Reformprogramm zu verstehen, gegen das er sich wendet. Das Verständnis dieser Reform wiederum setzt die Kenntnis der Ausgangssituation, der Situation des Theaters im 18. Jahrhundert, voraus.

Gottscheds Theaterreform

Das Theater der Wanderbühnen

Es gibt im 18. Jahrhundert zwei Formen des Berufstheaters: die Hoftheater und das Theater der Wandertruppen. Ersteres ist Bestandteil der höfischen Repräsentation und ist einem bürgerlichen Publikum nur bedingt zugänglich. Seine Finanzierung wird mit großem Aufwand betrieben. Es ist ein stehendes Theater, häufig werden prunkvolle Häuser errichtet. Doch engagiert man zumeist keine deutsche Truppen. Der Geschmack am Hof ist französisch und italienisch, französische Theaterstücke und italienische Opern werden aufgeführt, und zwar durch französische und italienische Schauspieler und Sänger (Maurer-Schmoock 1982, 1 ff.; Barner u. a. ⁵1987, 78 ff., Relativierung und Differenzierung allerdings bei Ute Daniel 1995). Ohne gesichertes Einkommen sind dagegen die Wandertruppen. Ihr Theater ist Volksbelustigung. Ihnen stehen keine festen Häuser, »Theater«, wie wir sie heute kennen, zur Verfügung. Sie ziehen von Ort zu Ort; wo sie spielen, müssen sie sich um (mehr oder weniger) geeignete Räumlichkeiten selbst kümmern. Dekorationen, Kulissen, Kostüme führen sie teils mit sich, teils finden sie einen angesammelten Dekorationsfundus an den Spielorten vor (Maurer-Schmoock 1982, 5). Die Schauspielertruppen leitet ein »Prinzipal«, der, selbst Schauspieler, zugleich das Theater wie ein Unternehmen organisiert; das andere Wort für »Prinzipal« ist »Entrepreneur«, ›Unternehmer‹. Der Prinzipal ist Eigentümer der materiellen Ausstattung, er finanziert die Truppe, schließt die Kontakte mit den Schauspielern, führt die Verhandlungen mit den öffentlichen Stellen, zeichnet verantwortlich für das Repertoire – er betreibt »das Theater als Geschäft« (Barner u. a. ⁵1987, 81). Eine große Rolle spielt der Erwerb eines »Privilegs«, der

Spielerlaubnis, die vom Landesherrn oder den Städten ausgestellt wird. Wollte zum Beispiel die Neuberin mit ihrer Truppe in Leipzig spielen, musste sie sich zuerst bei der Stadtverwaltung um die Spielerlaubnis kümmern. Die Spielzeiten sind geregelt; so darf an kirchlichen Feiertagen, während der Advents- und Fastenzeit, im Falle, dass öffentliche Trauer ausgerufen wird (z.B. beim Tod des Landesherrn), nicht gespielt werden. Sehr wichtig ist es, ein Privileg für die Messezeiten zu erhalten, da dann mit einer hohen Besucherzahl zu rechnen ist (Maurer-Schmoock 1982, 146). Wird das Privileg vom Landesherrn ausgestellt, darf sich die Truppe »Hof-Comödianten« nennen, obwohl sie nur selten Gelegenheit hat, am Hof aufzutreten.

Die Situation des Wanderns spiegelt den sozialen Status der Schauspieler im 18. Jahrhundert: Sie stehen außerhalb der bürgerlichen Gesellschaft, der Gemeinschaft der »Seßhaften«; sie gehören dem Volk der »Fahrenden« an. Sie werden mit »Marktschreiern, Quacksalbern, Spielleuten, Bärenführern, Gauklern und Schlimmerem gleichgesetzt und gleich behandelt« (Maurer-Schmoock 1982, 104). Sie sind ihrem rechtlichen Status nach »ehrlos« (dazu Schubart-Fikentscher 1963).

Die gesellschaftliche Verachtung, unter der die Schauspieler leiden, wird von dem Vorwurf des ungezügelten Lebenswandels genährt; insbesondere die Schauspielerin trifft der Verdacht der Sittenlosigkeit. In der Tat mag es so gewesen sein, dass die soziale Randstellung auch eine Verletzung der bürgerlichen Normen provozierte. In dem Moment, in dem die Schauspieler um gesellschaftliche Anerkennung kämpfen, betonen sie die Respektabilität ihrer Lebensführung und ihre menschliche Würde. Beispielhaft sind wiederum die Bemühungen der Neuberin. Sie organisiert den lockeren Truppenverband zu einer engen Gemeinschaft, achtet auf die gute Aufführung der Mitglieder, beteiligt alle an der Arbeit, gibt den unverheirateten Frauen Kost und Wohnung, drängt bei Liebesverhältnissen auf Heirat oder Trennung. In vielen ihrer Eingaben und Vorreden verweist sie darauf, dass sie ihr »Leben ordentlich und redlich« erhalte (Daunicht o.J., 44). Die Lebensrealität der Schauspieler ist insgesamt dürftig. »Die Berufskrankheit der *Schauspieler* ist die Schwindsucht: Folge von Entbehrungen und Strapazen, von Hunger und Kälte.

Dazu kommen Erfrierungen, die zu einem ›entengleichen Watschelgang‹ führen. Die Schauspieler übernachten im Freien, in unzureichend geschützten Zimmern, in Scheunen – mit oder ohne Erlaubnis des Bauern. Sie versetzen ihre geringe Habe, wenn der Prinzipal bankrott macht, müssen bei Juden um Zinssätze feilschen, bekommen oft monatelang keine Gage, wenn die Zuschauerzahlen sinken oder das Publikum überhaupt fernbleibt. Ihr Alter ist arm, die Neuberin und viele nach ihr sterben unendlich enttäuscht, von den Schauspielern selbst vergessen: Der Kampf um die bloße Existenz läßt keinen Raum für milde Erinnerungen« (R. Meyer 1980, 193).

Den Ausschluss aus der bürgerlichen Gesellschaft besiegelt das Verdammungsurteil der Kirche. Vor allem in den protestantischen Gebieten Deutschlands nimmt die Theaterfeindlichkeit der Geistlichkeit im Laufe des späten 17. und frühen 18. Jahrhunderts zu, so dass schließlich sogar das Schultheater verboten wird. Der volle Bannstrahl kirchlicher Ächtung aber trifft das Berufsschauspielertum. Schauspieler werden vom Empfang des Abendmahls ausgeschlossen (Maurer-Schmoock 1982, 107, bes. Anm. 10). Oftmals wird ihnen ein christliches Begräbnis verweigert. (Die Neuberin wurde im Friedhof von Leuben verscharrt. Den Sarg hievte man über die Kirchhofmauer, nachdem der Pastor die Pforte nicht öffnen wollte, wahrscheinlich weil es sich um eine Komödiantin handelte [Reden-Esbeck 1881, 342f.].) – Das kirchliche Vorurteil gegen den Schauspielerstand ist tief verwurzelt und hat eine lange Tradition. Man stützt sich auf die Kirchenväter, insbesondere Augustinus, die bereits die antiken Schauspiele verurteilt hatten (vgl. Haider-Pregler 1980, 69ff.). Verdächtig ist der Schauspieler aufgrund seiner Verstellungskunst bzw. aufgrund der Tatsache, dass er sein Leben, seine Existenz auf den Rollentausch aufbaut. Rolle und Person werden nicht auseinandergehalten (Schubart-Fikentscher 1963, 36). Der Vorwurf der lasterhaften Lebensführung wird oftmals mit dem Argument erhoben, dass, wer die sündhaften Leidenschaften so täuschend echt vorstellen könne, sie in seiner Seele hegen müsse (z.B. Goeze [2]1770, 39). Der Hauptgrund aber für die Ablehnung des Berufstheaters ist für die Kirchenmänner die Faszination, die von ihm ausgeht. Sie wittern ein Vergnügen der Sinne, das sich nicht in bürgerlich-zweckhafte oder religiöse Bahnen lenken lässt. Aus dieser Angst heraus haben sie tiefere Blicke in das Wesen und die Möglichkeiten des Theaters getan, als es die bürgerlichen Literaten in ihrem Reformoptimismus zunächst vermochten. Eine ›fleischliche Augenlust‹ sei das Schauspiel, fasst Johann Melchior Goeze, Lessings späterer Gegner, in einer 1770 (1. und 2. Auflage) erschienenen Streitschrift gegen das Theater die Anschuldigungen nochmals zusammen (^{2}1770, 44). Niemals seien die Affekte, die durch die körperliche Präsenz der Schauspieler erweckt würden, restlos zu kanalisieren; man könne sie moralisch nicht in den Griff bekommen. Der reine Sinnengenuss jedoch, die Lust um der Lust willen, das ist für den orthodoxen Theologen die »sündliche Begierde«. Der Lebensnerv des Theaters sei der Hunger nach Sensationen; kein Weg führe von hierher zu irgendeinem Erziehungsprogramm. Die Schauspieler nährten vielmehr die verderbten Neigungen des menschlichen Herzens und dienten der »üppigen Eitelkeit der Welt« (71). »Die Schaubühne giebt den menschlichen Lüsten und Leidenschaften mannigfaltige Nahrung, das ist ihre wahre und eigentliche Wirkung, das ist die Ursach, warum sie so viele Freunde und Verehrer findet« (77). »Die Sinlichkeiten [!] zu reizen, Empfindungen, und oft verdamliche [!] Empfindungen, vor welchen ein, für das ewige Heil seiner unsterblichen Sele besorgter Christ, sich nicht sorgfältig genung bewahren kan, hervorzubringen, und bis auf den höchsten Grad der Stärke zu treiben, sündliche Leidenschaften in völlige Wallung zu sezzen, Vorwitz und Neubegierde zu reizen und zu vergnügen, […] dazu ist er [gemeint: der »Schauplatz«] ein sehr kräftiges Mittel« (84). »Hören, sehen, und empfinden, das ist es alles, wozu sie [die Schaubühne] ihre Liebhaber reizet und anführet« (89). Dass es bei der reinen Schaulust immer auch um das Ausagieren von Verbotenem geht, formuliert ein heutiger Theaterkritiker wie folgt – mit einem moralischen Werturteil versehen, könnten seine Ausführungen in Goezes Anklageschrift stehen: »Nur das Böse macht Spaß im Theater. Wir lieben Gift, Dolch, Pech, Schwefel, Hölle und Verdammnis, gefälschte Briefe, tückische Blicke, blutige Intrigen, verdorbene Lüste, falsche Eide, schlimmes Betragen. Wie aufregend: Wurm, Marinelli, Mephisto, Jago, Don Juan, Richard, Lady Macbeth, Franz Moor, die Fürsten, Hexen und Königinnen der Nacht – nie

gerettet, immer gerichtet. Wie langweilig und einsam die Könige, Heiligen und Fräulein der Sonne, des Gutseins und der Vernunft […]. Die Guten sorgen für die blassen Gedanken in unseren Köpfen. […] Die Bösewichte aber entzünden das Drama schaurig in unseren Herzen. Dort lodert es weiter« (Gerhard Stadelmaier 1995. – Goezes Schrift gehört zu dem sog. Hamburger Theaterstreit und nimmt Bezug auf das Hamburger Nationaltheater; vgl. Roland Krebs 2005).

Was gibt es nun auf diesem Wandertheater zu sehen, welcher Art ist das Repertoire? Wir haben es nicht mit dem literarisierten Theater zu tun, wie wir es heute kennen: einem Theater, das der interpretierenden Aufführung schriftlich fixierter Texte verpflichtet ist. Die Barockdramen eines Gryphius oder Lohenstein werden nicht gegeben; man spricht von der »Kluft«, die damals zwischen Literatur und Bühnenkunst geherrscht habe. Die Darbietungen der Wanderbühnen leben vom Stegreifspiel, die Textvorlagen sind auf das Improvisationsspiel zugeschnitten.

Ein Theaterabend besteht noch zu Gottscheds (und Lessings) Zeiten in der Regel aus mehreren Teilen. Die sogenannte Haupt- und Staatsaktion und das lustige Nachspiel bilden die ›Eckpfeiler‹, ein (allegorisches) Vorspiel bzw. ein Prolog, eine Pantomime, ein Ballett können hinzutreten. Häufig werden die verschiedenen Teile, sogar die Akte eines Dramas, durch musikalische Intermezzi verbunden, wie generell Opernelemente das Sprechtheater durchdringen (R. Meyer 1990). Die Haupt- und Staatsaktion ist, wie der Name besagt, das Hauptstück des Abends mit ernster, der politischen Sphäre entnommener Handlung. Man schöpft aus dem Fundus der Barocktragödie. Auch Shakespeares Werke, ursprünglich von englischen Komödianten nach Deutschland gebracht, leben, natürlich in völlig gewandelter Gestalt, in dem Repertoire der Wandertruppen fort. Ein großes Konvolut von Spieltexten ist in der Österreichischen Nationalbibliothek erhalten; ein Katalog des Bestands an Manuskripten (Asper 1975) sowie eine Buchausgabe mit vierzehn Beispielen (Payer von Thurn 1908/1910) liegen vor; darüber hinaus macht eine neuere Edition gedruckte Sammlungen des 17. Jahrhunderts wieder zugänglich (Braunecks Reihe *Spieltexte der Wanderbühne*). Die Sprechrollen sind durchgetextet; in diesem Rahmen entfaltet Hanswurst seine Improvisationen. Die Stücke sind nicht zum Lesen, sondern zur Aufführung bestimmt. Stereotyp verlaufen Handlung und Dialog; lebendig wird das Ganze einzig und allein durch die theatralische Aktion. Das herausragende Charakteristikum der Haupt- und Staatsaktion ist die Koppelung bzw. Konfrontation der ernsten Handlung mit dem Auftreten Hanswursts, des »Lustigmachers« (Asper 1980; R. Meyer 1990). In den Titeln bereits wird er angepriesen: »Eine sehenswürdige Action, genannt: Das große Ungeheuer der Welt, Oder: Das Leben und Todt des ehmals gewesenen Kayserlichen Generals WALLENSTEIN, Hertzog von Friedland, Mit Hans Wursten 1. einen lächerlichen und poßirlichen Ober-Ausseher [!] junger Herrschaft. 2. einen ins Feld sich lustig und wohlhaltender Soldat. 3. Und endlich einen bis zum Todt getreuliebender Tobacks-Bruder. Diese Action wird von Hanswursten mit lauter Intruigen vorgestellet werden« (Asper 1980, 65). Meyer (1990) hat die Kontrastierung von ernster Handlung und Hanswurstiade als *das* Strukturelement der Haupt- und Staatsaktion herausgearbeitet. Der Narr karikiert das heroische Pathos – wie umgekehrt das ›Erhabene‹ von vornherein nur im Hinblick auf seine Kontrafaktur und ironische Brechung ausgespielt wird. – Den Theaterabend beschließt meist das »komische Nachspiel«, manchmal als »extra lustige Nach-Komödie« angekündigt. Man darf es sich in Anlage und Durchführung ähnlich wie die komischen Einlagen der Haupt- und Staatsaktion vorstellen: Als eine schwankhafte Stegreifposse, vom Improvisationsspiel Hanswursts beherrscht (Steinmetz ³1978, 7f.).

Bei den Aufführungen handelt es sich um Spektakel mit zum Teil grellen Effekten. Alles ist auf die großartige Sensation ausgerichtet, sie kündigen die Theaterzettel werbewirksam an: »Eine admirable sehenswürdige und gelante [!] Tragödie« (Asper 1980, 63). Mit Pauken und Trompeten ziehen die kostümierten Schauspieler zuweilen durch die Stadt, um die Vorstellungen auszurufen. Man will tatsächlich ›sehen und hören‹, wie Goeze kritisiert. Die Pracht des Schauplatzes spielt eine herausragende Rolle. Auf Theaterzetteln finden sich öfter Verweise auf neue Dekorationen: »Es werden heute auf unseren [!] Theatro allerhand curiöse Auszierungen gesehen werden« (Asper 1980, 65). Musik, Tanz, Ballett und Pantomime tragen das Ihrige zur Ver-

vielfältigung und Intensivierung des Sinneneindrucks bei, die Haupt- und Staatsaktion ist als totales Theater zugleich eine Art Gesamtkunstwerk. Auch mit der Lust am Grauen wird gerechnet. So streicht man z.B. Nachstellungen von Hinrichtungs- oder Kriegsszenen heraus (Asper 1980, 69): »Dabey wird die oeffentliche Belagerung vor Friedrichshall vorgestellet werden, wobey ordentlich Salve gegeben wird.«

Umstritten ist in der Forschung der Einfluss der *Commedia dell'arte* auf das deutsche Stegreiftheater (vgl. die Forschungen von Hinck, Asper, Hansen, Meyer). Improvisationsspiel ist auch die italienische Komödie. Die Namen ihrer Figuren – Arlecchino, Pantalone, Truffaldino, Scaramuccio u. a. – tauchen in deutschen Stücken auf, wie generell die (herrschende) Typisierung einer Austauschbarkeit der Figuren entgegenkommt. Theatergeschichtliche Untersuchungen zeigen jedoch die Komplexität der Entwicklung. Die Haupt- und Staatsaktion, so der Befund, habe die Ausbreitung der italienischen Burleske fürs erste verhindert (Asper 1975). Es gebe zunächst keine Verbindungslinien zwischen dem komischen Spiel auf der deutschen und auf der italienischen Bühne. Denn der Hanswurst der deutschen Bühne dürfe nicht mit dem italienischen Arlecchino (franz. Harlekin) verwechselt werden, dessen komische Aktivitäten in den Handlungszusammenhang integriert gewesen seien; Hanswurst aber sei ein Einzelgänger gewesen. Somit wiesen die Harlekins-Possen der Haupt- und Staatsaktionen und des komischen Nachspiels keine Strukturähnlichkeit mit der *Commedia dell'arte* auf. Es sei vielmehr das Modell der Oper, an dem das ›Sprechtheater‹ sich orientiert habe (Meyer 1990). Erst ab den späten 20er Jahren werde der Einfluss der *Commedia dell'arte* greifbar. Denn ab dann könne man Texte einer französischen Sammlung von Spielvorlagen, des *Théâtre italien* von Evaristo Gherardi (1694–1700), im Repertoire der Wandertruppen in größerem Umfang nachweisen. Mit den 30er Jahren habe dann die italienische Burleske, deren Handlung in der Liebesintrige besteht, ihren Siegeszug angetreten und die Haupt- und Staatsaktion an Beliebtheit überflügelt.

Für lange Zeit hat man in der Beschreibung und Bewertung des Theaters der Wanderbühnen Gottscheds Perspektive eingenommen (vgl. Maurer-Schmoock 1982, 168). Gottsched, der mit didaktischen Intentionen an das Theater herantritt und das neue Ideal der Naturnähe propagiert, kann in der zeitgenössischen Praxis nur eine moralische und ästhetische Verwilderung sehen. Häufig zitiert wird der Bericht aus der Vorrede zum *Sterbenden Cato* (1732; BA 2, 5): »allein ich ward auch die große Verwirrung bald gewahr, darinn diese Schaubühne steckete. Lauter schwülstige und mit Harlekins Lustbarkeiten untermengte Haupt- und Staatsactionen, lauter unnatürliche Romanstreiche und Liebesverwirrungen, lauter pöbelhafte Fratzen und Zoten waren dasjenige, was man daselbst zu sehen bekam.« Dagegen entfernt man sich in der neueren Forschung, wahrscheinlich auch im Zuge der neuen Schätzung und Rezeption der Barockoper, zunehmend davon, hier nur die primitiven (reformbedürftigen) Vorläufer des heutigen Bildungstheaters zu erblicken (Asper 1975, Meyer 1990). Nicht von ungefähr wird die Haupt- und Staatsaktion ihre Faszinationskraft für so lange Zeit ausgeübt haben. Erst die Gottsched-Generation kann mit den extremen Spannungen, die in ihr vereinigt sind, nichts mehr anfangen. Ernste und komische Handlung fallen aus ihrer Sicht auseinander. Ersteres erscheint als die reine Unnatur, die »Hanswurstiade« wird auf die derben Späße, die »Unflätereien« und Zoten reduziert.

Gottscheds Begegnung mit der Neuberin. Der neue Spielplan

Bereits bevor Gottsched Kontakt mit der Neuberschen Truppe aufnimmt, gibt es Indizien, die auf eine sich anbahnende Geschmacksänderung, was die Theaterpraxis anbelangt, schließen lassen. Ab den späten 20er Jahren kommt die Burleske in Mode; das heißt aber, dass Spielvorlagen der *Commedia dell'arte* und des *Théâtre italien* in das Repertoire der Wandertruppen eindringen (zum umstrittenen Einfluss der *Commedia dell'arte*, der traditionell viel früher angesetzt wird, vgl. Hansen 1984). Hier schon wird das Ensemblespiel gefördert; Rollen und Figuren der italienischen Komödie sind aufeinander bezogen, keine kann sich in dem Maß verselbständigen, wie das etwa bei dem Hanswurst der Haupt- und Staatsaktionen der Fall ist. Meyer (1990) verweist darauf, dass gerade die Stücke, die auf dem *Théâtre italien* basierten, keine Improvisationsstücke mehr gewesen sind. Vereinzelt werden

Versuche mit regelmäßigen, aus dem Französischen übersetzten Tragödien gemacht. So führt die Gesellschaft, der die Neubers angehören, bevor sie ein eigenes Theaterunternehmen gründen, deutsche Bearbeitungen von Stücken Pradons, Racines und Corneilles im Repertoire. Wenn Gottsched Friederike Caroline Neuber zum ersten Mal sieht (1724 in Leipzig), wird ein gemischtes Programm geboten. Zum einen spielt man italienische Burlesken und Haupt- und Staatsaktionen, über deren schwülstigen, unnatürlichen Stil Gottsched sich mokiert: »Alle Gespräche und Redensarten sind so hochtrabend, dass sie alle gesunde Vernunft übersteigen. Man sagt da nicht, daß der Mittag vorüber sey; sondern *daß der Monarch der Gestirne den Mittagswirbel schon überstiegen habe.* Ein Ritter liebet eine Prinzeßin nicht, sondern *die Pflanze ihrer Annehmlichkeiten schlägt in dem Erdreiche seines Hertzens tieffe Wurtzeln,* u.d.m.« (aus dem 44. Stück der *Vernünftigen Tadlerinnen* [1725], zit. nach Reden-Esbeck 1881, 48). Zum anderen werden aber auch Komödien aufgeführt, die seinem Ideal entsprechen. Eine von ihnen ist *Das Gespräch im Reich der Toten,* ein damals häufig gegebenes Stück (vgl. Asper 1980, 70ff.). Er rühmt die natürliche Spielweise der Neuberin, die die Studentenrollen übernommen hat: »und daß diese vier verschiedene Leute, nemlich ein Schläger, ein Freund der morgenländischen Sprachen, ein Zänker, und ein *galant homme* von einem viermal verkleideten Frauenzimmer so herrlich vorgestellt worden, daß ihnen nichts als eine männliche gröbere Stimme gefehlet« (Reden-Esbeck 1881, 49). Namentlich auf dem Gebiet der Komödie ist eine heimische Produktion von Lustspielen zu verzeichnen, die Bühnenstücke sind und die Gottsched in seinem Sinn auslegen kann. Dass in manchen dieser Komödien der Einfluss der *Commedia dell'arte* weiterlebt (Steinmetz ⁵1978 17f.; Hinck 1965, 142ff., 180), entgeht seinem Verständnis. – Im Jahr 1727 machen sich die Neubers selbständig. Als sie zur Ostermesse in Leipzig spielen, sucht Gottsched sie für seine Reformpläne zu gewinnen (Reden-Esbeck 1881, 60ff.). Im Jahr 1737 vertreibt die Neuberin Harlekin öffentlich von der Bühne.

Gottscheds Vision des »gereinigten Theaters« ist unabdingbar an die Aufführung des literarischen Textes gebunden. Seine Reform ist deshalb vor allem auch eine Spielplanreform. Zunächst orientiert er sich an der französischen Bühne, die ein hochqualifiziertes »regelmäßiges Theater« aufzuweisen hat. Die Orientierung betrifft die Komödie und Tragödie, wobei auf dem Gebiet der Komödie bald ein eigener Typus entwickelt wird, die sog. sächsische Typenkomödie. Eine eifrige Übersetzertätigkeit wird geübt. Sie dient der praktischen Unterstützung der Truppen, die sich für die Reform einsetzen. Häufig beklagt sich Johann Neuber bei Gottsched über Stückemangel und mahnt die Textlieferanten zur Eile (Maurer-Schmoock 1982, 11). Daunicht (o. J., 95–131) hat Spielplan (für die Jahre 1747/48) und Repertoire (für den Zeitraum von 1728 bis 1748) der Neuberschen Gesellschaft rekonstruiert; Maurer-Schmoock fasst zusammen (127): »Aus der Repertoireliste der Neuberschen Gesellschaft geht hervor, welche Trauerspiele vor allem der Spielplan-Reform Bahn brechen sollten: Racines ›Iphigenia‹, ›Cinna‹ und ›Cid‹ von Corneille, nicht zuletzt das Musterdrama des Meisters ›Der sterbende Cato‹. Den Ausgleich zu diesen schwerblütigen Trauerspielen bildete neben den Nachstücken die beliebte Gattung des graziös-anakreontischen Schäferspiels. Aber auch die jüngeren sächsischen Stückeschreiber fanden beim Neuberschen Theater ihr Forum: Werke J.E. Schlegels, von Krüger, Martini und Uhlich wurden in Leipzig auf die Bühne gebracht. Im Januar 1748 fand die Uraufführung des ›Jungen Gelehrten‹ statt, dem [!] Erstlingswerk des neunzehnjährigen Theologiestudenten G.E. Lessing.« Zu ergänzen wäre, dass die Neuberin progressive Tendenzen unterstützt; so führt sie Gellerts »rührende Lustspiele« auf (1745 und 1747; vgl. Daunicht o. J., 99). – Ein literarhistorisch bedeutsames Dokument dieses Ringens um ein erweitertes Repertoire sind die sechs von Gottsched herausgegebenen Bände der *Deutschen Schaubühne* (1. Aufl. 1740–1745). Sie enthalten Übersetzungen aus dem Französischen und deutsche »Original«-Werke.

Gottsched scheitert mit seinem Projekt des pädagogisch-didaktischen Theaters (s. S. 317f.), das Modell des literarischen Theaters jedoch setzt sich durch. Nachdem der Reiz des Ungewohnten sich abgenutzt hat, laufen der Neuberschen Truppe die Zuschauer davon, sie strömen in Leipzig dem Konkurrenten, dem Harlekin-Müller, zu (Reden-Esbeck 1881, 118ff.). Es folgt der Bruch mit Gottsched (nach der Rückkehr aus

Rußland 1741), das Repertoire wird durch extempore-Stücke erweitert. Verfehlt Gottscheds Programm die Quellen des Theatralischen? Kann Lessing, der auf dem Boden des reformierten literarischen Theaters steht, diese Quellen neu erschließen?

Gottscheds Intentionen. Konsequenzen für die »Schauspielkunst«

Nicht nur als Dichtungstheoretiker, sondern auch als Theaterpraktiker ist Gottsched Wolffianer, sein Reformprogramm ist inspiriert durch die Wolffsche Philosophie. Im Mittelpunkt steht das Konzept der »sinnlichen Erkenntnis«. Er rekurriert auf einen Gedankengang, den Wolff in der sog. *Deutschen Politik* (1. Aufl. 1721; GW I/5) ausführt. Es geht um den »Nutzen« des Theaters für das Gemeinwesen. Wolff sieht ihn darin, dass auf der Bühne die Erfindungen der Dichter vor Augen gestellt würden, ihre Phantasien gleichsam Fleisch und Blut annähmen. Den poetischen Werken eigne der Status von »Exempeln«, die rationale Ordnung der Welt, der wahre Zusammenhang der Dinge würden in ihnen gezeigt. Der Dichter abstrahiere von dem oft verworrenen Zustand der Wirklichkeit. Auf der Bühne gewinne seine solchermaßen geläuterte »Nachahmung« die Präsenz des wirklichen Lebens. Erst durch die leibhafte Vergegenwärtigung erhalte das »Exempel« seine volle Überzeugungskraft. Denn, wie Wolff schreibt (GW I/5, §328, 276): »Es haben aber Comödien und Tragödien darinnen einen Vorzug für geschriebenen Historien, daß sie einen grössern Eindruck in das Gemüthe des Menschen machen. Denn was man selber mit Augen siehet und mit Ohren höret, beweget einen mehr und bleibet besser, als was man bloß erzehlen höret.« Hieraus erwächst die Forderung nach »naturgetreuem« Spiel. Den Schauspielern, so Wolff, müsse »alles natürlich, das ist, gantz ungezwungen lassen, wenn es einen Eindruck in die Gemüther machen soll. Denn wiedrigen [!] Falles siehet es der Wahrheit nicht ähnlich, und kan dadurch niemand überredet werden, daß die Sachen so aus einander erfolget, wie man in der Comödie und Tragödie siehet« (GW I/5, §328, 278). Aus dem Begriff und Programm der »sinnlichen Erkenntnis« lassen sich die wichtigsten Zielvorstellungen Gottscheds zur Schauspielkunst herleiten. Diese Zielvorstellungen sind Natürlichkeit, Wahrscheinlichkeit, Illudierung des Zuschauers. Nur wenn das Geschehen auf der Bühne die gleiche »Natur« nachahmt, der jeder Einzelne in der Realität unterworfen ist, nur dann ist die dramatisierte Lehre glaubwürdig und kann ihre Darbietung die Zuschauer involvieren, »erbauen«, wie es im damaligen Sprachgebrauch heißt. Auch Gottsched streicht (in der Rede *Die Schauspiele, und besonders die Tragödien sind aus einer wohlbestellten Republik nicht zu verbannen* [1736]) den Aspekt der Verlebendigung heraus. Sinnliche Nähe schaffe das Theater, darin liege seine besondere Leistung. »Man liest, man höret sie [die Rede ist von der dramatischen Fabel] nicht nur, in einer matten Erzählung des Poeten; sondern man sieht sie gleichsam mit lebendigen Farben vor Augen. Man sieht sie aber auch, nicht in todten Bildern auf dem Papiere; sondern in lebendigen Vorstellungen auf der Schaubühne. Alle ihre Helden leben. Ihre Personen denken, reden und handeln wahrhaftig. Es ist, so zu reden, kein Bild, keine Abschilderung, keine Nachahmung mehr: es ist die Wahrheit, es ist die Natur selbst, was man sieht und höret« (BA 9/2, 496). Ähnlich argumentiert Mylius in seinem Aufsatz *Von der nöthigen Wahrscheinlichkeit bey Vorstellungen der Schauspiele* (1742/1970). Wie durch die »innere Wahrscheinlichkeit« das Drama »einer wahren Geschichte so nahe kömmt, als es bey Erdichtungen möglich ist« (301), so sollten auch die Schauspieler »ihre Rolle so spielen, daß es die Zuschauer dünket, als ob sie nicht Schauspieler, sondern Leute vor sich sähen, welche ihre Reden und Handlungen in unverstelltem Ernste vornähmen« (302). – Wie sieht nun die schauspielerische Verwirklichung dieses Programms aus? Welche konkreten Erwartungen haben Gottsched und seine »Schüler« bzw. Nachfolger? Wie verhalten sich die Reformvorstellungen zur Theaterrealität?

Die Vermittlung von »sinnlicher Erkenntnis«, die Gottsched sich vom Theater erhofft, hat zwei Seiten. Die illusionserzeugende Inszenierung eines geschlossenen Handlungszusammenhangs steigert einerseits den sinnlichen Eindruck, das Interesse des Zuschauers wird kontinuierlich gefesselt. Andererseits ist damit zugleich die Beschneidung, Kontrollierung, Regulierung des Sinnenerlebnisses gegeben. Eine gesetzmäßige »Natur« soll zur Anschauung gelangen. Zweck und Gegenstand der »Erkenntnis« ist die Erset-

zung der sinnlichen (triebhaften) Neigungen durch ein vernünftiges Wollen. Daraus leiten sich die neuen Anforderungen an die Schauspielkunst ab. Auch sie sind doppelgesichtig. Zum einen wird die Schauspielkunst als Vollenderin der Poesie gefeiert, ja, zur höchsten Kunst überhaupt erhoben, weil ihr die Kraft zur Versinnlichung eigne, weil sie, wie Lessing in der *Hamburgischen Dramaturgie* betont, die »innersten Empfindungen« in »sichtbare Gegenstände« verwandle (17. St., B 6, 266). In einem Aufsatz, der in der Zeitschrift *Beyträge zur Historie und Aufnahme des Theaters* (1750) erscheint, stellt Mylius den Schauspieler an die Seite des Dichters (dazu Bender 1992, 22f.), und auch Lessing verlangt, der Schauspieler müsse »nicht bloß ausführen, er muß selbst schaffen« (Auszug aus dem *Schauspieler* des Rémond de Sainte-Albine, LM 6, 123). Zum anderen bedeutet das Prinzip der Werktreue, auf das die Schauspieler nunmehr verpflichtet werden, auch einen Verlust. Verloren gehen die Spontaneität und Kreativität, wie sie durch das Spiel *ex tempore* gefördert wurden. Weniger die Handlung und ihre innere Verkettung, als vielmehr die Rolle (bzw. der Typus, die Schauspielerfigur) mit ihren vielfältigen Funktionen und Schattierungen bildete vor Gottsched den Lebensnerv des Theaterspielens. Theater war Schau-Stellung, auf Prachtentfaltung und Situationskomik beruhendes Spektakel, es war nichts ohne die Präsenz des Mimen. Im ›literarischen‹ Theater dagegen geht es um die Repräsentation des Werks, das Einheit und Geschlossenheit besitzt. In der ›Nachahmung der Nachahmung‹ wird der Schauspieler zum reproduzierenden Künstler. Ein neues Verständnis von Ensemblespiel wird im Laufe des 18. Jahrhunderts erarbeitet. Theatralisches Agieren wird zu einem vor- und einstudierten Zusammenspiel, das der Vergegenwärtigung der (äußeren und inneren) Handlung dient und an den übergreifenden Sinneinheiten der literarischen Vorlage orientiert ist (Maurer-Schmoock 1982, 179ff.). Der »Gesamteindruck« wird zum entscheidenden Maßstab, Ein- und Unterordnung der Einzelleistung wird verlangt. Leseproben werden veranstaltet, um die Intentionen des Autors zu erfassen (Maurer-Schmoock 1982, 175; Bender 1992, 15). Symptomatisch sind die Initiativen von Konrad Ekhof (1720–1778), dem Starschauspieler am Hamburgischen Nationaltheater, der sich die Reformbestrebungen zu eigen gemacht hat. Er ruft eine Schauspieler-Akademie ins Leben (Schwerin, 1753–1754), in der die neuen Standards eingeübt werden. Maurer-Schmoock gibt einen Einblick in die Schwierigkeiten, die die Schauspieler damit hatten, sich an die Wiedergabe und ›Interpretation‹ einer Rolle zu gewöhnen, die nur von einem Text-Ganzen her definiert ist. Immer wieder wird von zeitgenössischen Kritikern das isolierte Spiel der Darsteller bei der Aufführung literarischer Dramen gerügt: Jeder sei nur auf eine wirkungsvolle Inszenierung der eigenen Auftritte bedacht (Maurer-Schmoock 1982, 179, 181, 185, 190). Nur allmählich kristallisiert sich der Aufgabenbereich des Regisseurs heraus, der das Zusammenspiel der Kräfte koordiniert (Passow 1992).

Von der Konzeption der »sinnlichen Erkenntnis« her sind schließlich Gottscheds Vorstellungen von der schauspielerischen Rollenverkörperung im Einzelnen deutbar. Deklamation, Gestik und Mimik dienen der Versinnlichung und zeigen zugleich die Vernunftorientierung an. Gottsched und die Neuberin nehmen sich die Aufführungspraxis französischer Truppen zum Vorbild. Es handelt sich um den sog. Deklamationsstil. Der Alexandrinervers wird mit pathetischer Betonung skandiert. Dementsprechend abgezirkelt ist die Gebärdensprache. Sie steht in der Tradition der Rhetorik, die eine elaborierte Lehre von der eloquentia corporis, der »körperlichen Beredsamkeit«, entwickelte. Dene Barnett hat diese »körperliche Beredsamkeit« auf dem Theater des 18. Jahrhunderts rekonstruiert, indem er Rhetoriken, Poetiken, Anleitungen zur Schauspielkunst, Text- und Soufflierbücher, Memoiren und Schauspielerbiographien auswertet (Barnett 1987 und 1992). Seine Dokumentation lässt sich wie folgt interpretieren und auf den Darstellungsstil der Neuberschen Truppe applizieren: Auch beim »regelmäßigen Theater« haben wir es mit einem Theater zu tun, bei dem eine Textlektüre seitens der Zuschauer weder vor noch nach der Aufführung vorauszusetzen war, bei dem daher alles auf die Aufführung und das momentane Verstehen ankam. Ein komplexes System von Gesten hat sich herausgebildet, das dazu dient, den Inhalt der Worte in die Sichtbarkeit zu heben. Zeigegesten, die die Anrede begleiten, verdeutlichen die Dialogführung, Gegenstände, über die gesprochen wird, werden mit den Gesten nachgemalt;

andere Gesten sollen den Gesprächsverlauf gliedern. Vor allem fungieren Gebärden, Gestik und Mimik als Pathosformeln, die die Affekte veranschaulichen. Für die verschiedenen Leidenschaften wie Zorn, Hass, Liebe, Eifersucht, Freude, Verzweiflung, und für momentane Gemütsbewegungen, wie Überraschung, Erschrecken u. ä., stehen bestimmte Körperhaltungen zur Verfügung, die den Affekt darstellen. Sie sind genauestens festgelegt. Die Ausdrucksgeste für tiefe Trauer etwa ist das Ringen der Hände vor der Brust; herabfallende Hände markieren den Übergang zur Verzweiflung; die Überraschung durch eine traurige Botschaft wird durch das Bedecken der Augen mit der rechten Hand ausgedrückt (Barnett 1987, 40, 43, 44). Schon der Zeigecharakter verbietet es, bei dieser Schauspielkunst an die Modellierung eines psychologisch ausdifferenzierten Charakters, an die Darstellung von Subjektivität zu denken. Die Gesten sind pathetisch und großartig; aber sie artikulieren keine individuelle Befindlichkeit, sondern verweisen auf die großen Themen, die auf der Bühne verhandelt werden (z. B. den Kampf zwischen Leidenschaft und Pflicht). So steht es auch nicht in Widerspruch zu der Funktion, die Macht der Affekte zu demonstrieren, dass die Gebärdensprache zugleich den Regeln des *decorum* gehorcht und festgelegte Schönheitsnormen nicht verletzt.

Forschung

Die Theaterreform des 18. Jahrhunderts wird in der Forschungsliteratur unterschiedlich bewertet. Traditionell sieht man in Gottscheds Eingreifen den entscheidenden Schritt zum Theater in seiner heutigen Form. »Literarisierung« ist das Stichwort, das den Fortschritt benennt. Gottsched habe die Kluft zwischen »Literatur« und »Theater« überwunden, darin beruhe seine bleibende Leistung. »Disziplinierung« ist das Stichwort, das auf der anderen Seite die Verluste bezeichnet. Vor allem in der jüngeren Forschung (Graf 1992) wird diese Sichtweise vertreten. Die Entwicklung hin zum Literaturtheater habe auch eine Verarmung mit sich gebracht. Ursache der Reduktion sei die pädagogische Zielsetzung der Aufklärer. Sie rückten an die Stelle der Lust am Spiel die Erziehung und wollten dementsprechend das sinnliche Erlebnis von der »höheren« Absicht überformt sehen. Das aber heißt Disziplinierung: Der sinnliche Eindruck wird kontrolliert, die Befriedigung sinnlicher Wünsche hintangestellt. Die Disziplinierungsthese erstreckt sich auf den Darstellungsstil, auf die Lebensführung der Schauspieler – im Verlauf des 18. Jahrhunderts würden sie den bürgerlichen Moralvorstellungen unterworfen, der Preis, den sie für ihre zunehmende soziale Anerkennung zu zahlen hätten –, schließlich sogar auf das Publikum. Die Darbietung des »Werks« erfordere die aufmerksame, doch passive und vor allem »regungslos dasitzende« Zuschauerschaft, während zuvor die Theaterbesucher sich viele Freiheiten herausgenommen hätten (R. Dreßler 1993). Peter Heßelmann orientiert sich in seiner Studie zum ›gereinigten Theater‹ der Spätaufklärung (2002) an Norbert Elias' Modell vom Zivilisationsprozess und beschreibt sowohl Disziplinierungs- als auch Entlastungsfunktionen der sich neu etablierenden Bühnenkunst. Seine Auswertung der Theaterjournale (1750–1800) gibt ein reichhaltiges Material an die Hand, um Lessings theaterpolitische und -ästhetische Vorstellungen zu kontextualisieren und ihre Wirkung abzuschätzen.

Gegenläufig zur Disziplinierungsthese ist die Stoßrichtung der Argumentation in ideengeschichtlichen Forschungen. So rekonstruiert Alexander Košenina in einer wegweisenden Studie (1995) zum Verhältnis von Anthropologie und Schauspielkunst im 18. Jahrhundert die Entstehung eines neuen, »natürlichen« Darstellungsstils. Er geht den Verflechtungen zwischen der Schauspielkunst und dem zeitgenössischen Leitbild des ›ganzen Menschen‹ nach. Den Leidenschaften einen möglichst natürlichen körpersprachlichen Ausdruck zu geben, werde zum Hauptproblem der Rollenverkörperung. Zu seiner Lösung habe man auf Theorien zur psychophysischen Wechselwirkung zurückgegriffen. Gottsched wird mit seinen (an Redner und Schauspieler gerichteten) Empfehlungen zur »Natürlichkeit«, Ungezwungenheit in Mienen und Gebärden den Vorläufern dieses Stils zugerechnet.

Kontrovers wird ebenfalls die sozialhistorische Zuordnung der Theaterreform diskutiert. Die traditionelle Auffassung, das (gereinigte) Theater sei eine Schöpfung des sich formierenden Bürgertums gewesen, wird von der neueren Forschung infrage gestellt. Ute Daniel (1995) vertritt im Blick auf die Theaterpraxis die Gegenthese zu derjenigen der »Disziplinierung«. Sie betont den Unterhaltungswert, den das Theater auch im 18. Jahrhundert immer und vorrangig besessen habe, der zu beobachtende Geschmackswandel habe nichts mit der Durchsetzung pädagogischer Interessen zu tun. Sie verweist darauf, dass die »Klassiker« (Lessing, Goethe, Schiller) vergleichsweise selten aufgeführt wurden. Insbesondere polemisiert sie gegen die (übliche) Sichtweise, die Entwicklung könne als »Verbürgerlichung« beschrieben werden. Sie stellt den Trend zur Psychologisierung und Emotionalisierung im 18. Jahrhundert fest, plädiert aber dafür, die Beseelung der theatralischen Darbietung von der Ständeproblematik zu trennen. Vor allem jedoch kann sie ins Feld führen, dass die Schauspieler selbst in ihrer Gebärdensprache sich am höfischen »Anstand« und nicht am bürgerlichen »Air« orientierten; das Theater habe die Möglichkeit der Imitation adliger Lebensformen geboten. Auch Heßelmann (2002) verweist neben der Rolle des Bürgertums auf den Anteil des Adels und der Fürsten bei der Institutionalisierung des öffentlichen Theaters.

Seit 2000 sind einige wichtige Beiträge speziell zu ›Lessings Theater‹ erschienen. Auch hier stehen sich hermeneutisch-semiotische (Golawski-Braungart 2005) und diskursanalytische (dekonstruktivistische) Lektüren mit den entsprechend konträren Ergebnissen gegenüber. In der *Hamburgischen Dramaturgie* knüpft Lessing an die Mediendifferenzierung aus dem *Laokoon* an; die Wiederholung von Wellberys archäologischer Rekonstruktion des ›Gesetzes der Schönheit‹ (s. S. 272) liegt da nahe. So verfolgen etliche Studien die Strategien der Disziplinierung: Christopher Wild (2003, 274 ff.) beschreibt das Theater Lessings als ›Dispositiv des Bürgertums‹; Günther Heeg (2000) entdeckt in der Vereinigung von Sinn und Sinnlichkeit (»Negation von Differenz«), welche die neue Schauspielkunst leisten solle, die Vernichtung der Materialität und Vergewaltigung des Weiblichen (»Hingabeopfer des Weiblichen«); wichtige Indizien dafür sind die Privilegierung der Stimme und die Kolonialisierung des Körpers durch den seelischen Ausdruck. Dabei zeichne sich Lessing aus durch sein Gespür für die Gewaltsamkeit der Einschreibung, für den Bruch im »stummen Spiel« des Schauspielers; zudem machten seine Ausführungen den psychologisierten ›Charakter‹ als Maske transparent, hinter der man vergeblich die Seele als den Ursprung und die Quelle des körpersprachlichen Ausdrucks suche. Deshalb habe er auch in *Emilia Galotti* der Sprache des Textes ihr eigenes Gewicht gegenüber dem Charakter, dem »Fetisch des Lebendigen«, zurückgegeben (244). – Lehmann (2000) geht von einem Vergleich zwischen Diderot und Lessing aus (wobei der Hauptakzent seines Buchs auf Diderot liegt). Die ›Dramaturgie des Mitleids‹ bedeute zwar einen Bruch mit dem Repräsentationsdenken des klassischen Zeitalters; zugleich suche Lessing jedoch, die Rezeption des Bühnenstücks zu kontrollieren und die »Bedrohlichkeit« der natürlichen Zeichen zu bannen. Um die dafür nötige Übereinstimmung von Medium und Dargestelltem zu erreichen, habe er den körpersprachlichen Ausdruck dem Text untergeordnet – das »stumme Spiel« des Schauspielers diene ausschließlich der Verdeutlichung des Textes –; letztlich habe er eine eigenständige *Opsis*, die Inszenierung auf der Bühne, gegenüber der Organisation der Handlung, auf der die Wirkung beruhen müsse, nicht anerkannt. Wo er von »gegenwärtiger Anschauung« spreche, meine er die Gegenwärtigkeit der dramatischen Form, des (gelesenen oder gehörten) Dialogs (296f.). – Sofern diese Ansätze auf den Theoremen der Diskursanalyse (und Dekonstruktion) aufbauen, sind sie nicht falsifizierbar; sie stehen und fallen mit der Akzeptanz eben dieser theoretischen Vorgaben.

Golawski-Braungart (2005) argumentiert dagegen hermeneutisch. Sie erarbeitet ein neues Text-Ensemble, indem sie insbesondere Lessings Übersetzung von Dubos' Abhandlung zur antiken Schauspielkunst berücksichtigt. ›Lessings Theater‹ wird nunmehr von den Aspekten der Körpersprache (Riccoboni, Sainte-Albine), der Affektdramaturgie (Corneilles *Trois Discours*), der Zeichentheorie (Dubos) und der Charakterdarstellung (Lessings Auseinandersetzung mit Diderot) her erschlossen. Sie fokussiert zum einen die psychologisierende Individualisierung der Charaktere, die zur Transformation der überlieferten ›körperlichen Beredsamkeit‹ gezwungen habe, zum anderen die Differenzierung und Koordination der Zeichensysteme, zu der Lessing, geschult durch die Beschäftigung mit Dubos, in der *Hamburgischen Dramaturgie* gefunden habe (s. dazu S. 326).

Lessings Bemühungen um Theater und Schauspielkunst

Der Beginn des 17. »Literaturbriefs« ist berühmt. Lessing streitet »dem Herrn Professor Gottsched« jegliches Verdienst um die »Verbesserung« der deutschen Schaubühne ab. Er wirft ihm die einseitige Orientierung an einem veralteten Modell, am Theaterstil des französischen Klassizismus, vor. Dabei ist allerdings nicht zu verkennen, dass Lessing auf dem Reformwerk Gottscheds aufbaut, auch wenn er sich als Antipode und Gegner fühlt. So fällt er über die Praxis der Wanderbühnen das gleiche Urteil, verwirft die Haupt- und Staatsaktionen, den »Unsinn, Bombast, Schmutz und Pöbelwitz« (B 4, 499). Auch sein Ideal ist das Literaturtheater, wie Gottsched vertritt er das Prinzip der Werktreue, mit allen Konsequenzen, die sich für die Schauspieler daraus ergeben. Was Gottsched über die Suggestion von Wirklichkeit sagt, wodurch das Theater die Zuschauer in Bann schlage, entspricht Lessings eigenen Überzeugungen. Beide führen die gleichen ›Codeworte‹ im Mund: »Wahrheit«, »Wahrscheinlichkeit«, »Natürlichkeit«. Unterschiedlich allerdings sind die Vorstellungen, die beide mit diesen Begriffen verbinden. Lessing lehnt das Konzept der »sinnlichen Erkenntnis« einer moralischen Wahrheit als Leitkategorie für das Theater ab (B 4, 367). Erregung von Leidenschaften, Bewegung zum Mitleid, Rührung und Erschütterung rückt er an dessen Stelle. Distanz soll abgebaut werden. Nicht die Beherrschung der Leidenschaft solle der Schauspieler zeigen, sondern er solle die Leidenschaft zum Ausdruck bringen, sie nicht kontrollieren, sondern fühlbar machen. Gleichwohl geht es nicht um Gefühlsintensität ›an sich‹. Lessings Dramentheorie setzt die Verbindung von Leidenschaft, Absicht und Sinnstiftung voraus, wobei der »Sinn« ein moralischer ist, die »Besserung« der Menschen ist intendiert. Insbesondere die Forschungen von Heßelmann (2002) zum Theater der Spätaufklärung lassen dabei den Schluss zu, dass Lessing den Umbruch von der Gottsched-Ära zu einem Theater der psychologisierenden Charakterstudien entscheidend angestoßen hat, dass seine Dramaturgie ein Teil dieses Umbruchs gewesen ist. Wir konzentrieren uns auf Lessings Ideen zur schauspielerischen Verwirklichung seines eigenen dramatischen Modells.

Die »Schule der Franzosen« (Golawski-Braungart): Riccoboni, Rémond de Sainte-Albine, Dubos und Diderot

In seinem Kampf gegen das klassizistische Theater sucht Lessing Bundesgenossen im feindlichen Lager: Er macht das Publikum mit französischen Schriftstellern bekannt, die ebenfalls eine Modernisierung ihrer Bühne anstreben. Es handelt sich um vier Texte oder Textgruppen: Antoine-François Riccobonis *L'Art du Théâtre. A Madame**** (1750); Lessings Übersetzung erscheint in den *Beyträgen zur Historie und Aufnahme des Theaters* (4. St., 1750) unter dem Titel *Die Schauspielkunst, an die Madame**** (B 1, 884–934); Pierre Rémond de Sainte-Albines *Le Comédien. Ouvrage divisé en deux parties* (1747); Lessing veröffentlicht einen »Auszug« daraus im ersten Stück der *Theatralischen Bibliothek* (1754) (LM 6, 120–152; Teildruck B 3, 304–311. – François Riccoboni war wie sein Vater Lodovico Schauspieler am »Théâtre italien« in Paris. Pierre Rémond de Sainte-Albine war Literat und Journalist). Der dritte Text ist des Abbé Dubos *Dissertation sur les Représentations Théâtrales des Anciens* (1733); Lessing gibt seine Übersetzung unter dem Titel *Des Abts du Bos Ausschweifung von den theatralischen Vorstellungen der Alten* als drittes Stück der *Theatralischen Bibliothek* (1755) heraus. Während die Essays von Riccoboni und Sainte-Albine die »körperliche Beredsamkeit« thematisieren, untersucht Dubos das Zusammenwirken von Musik, Tanz und Pantomime im antiken Theater; Lessing sei, so Golawski-Braungart (2005), von ihm auf die Differenzierung der Zeichensysteme aufmerksam gemacht worden.

Am bedeutsamsten ist schließlich die vierte Textgruppe: *Das Theater des Herrn Diderot* (1760). Lessing übersetzt zwei Dramen Diderots und gibt sie zusammen mit zwei schauspieltheoretischen Essays heraus (vgl. Kap.: Diderot). Die wichtigsten Theoreme Diderots zu Rollenverkörperung, Schauspielstil und Inszenierung sind diejenigen der »vierten Wand«, des »tableaus«, der Pantomime und der nichtdiskursiven gestischen und stimmlichen Zeichen.

Seine eigenen Ideen zur Bühnen- und Schauspielkunst hat Lessing in seinen Theaterzeitschriften, in den beiden Entwürfen *Abhandlung von den Pantomimen der Alten* (ca. 1747/1750) und *Der Schauspieler* (ca. 1754/55), dem Sophokles-Fragment, in den »Literaturbriefen« (17. und 81. Brief), im *Laokoon* (besonders: *Philoktet*-Analyse) und in der *Hamburgischen Dramaturgie* (St. 1–25) entwickelt.

Ausdruck der Leidenschaften – Grammatik der Schauspielkunst

Die Kritik am »Deklamationsstil« und die Forderung nach einer natürlichen Spielweise werden während der zweiten Jahrhunderthälfte zu einem gesamteuropäischen Phänomen (Košenina 1995). Wovon man sich abgrenzen will, beschreibt Lessing in der *Hamburgischen Dramaturgie* so: Er empfindet den herrschenden Schauspielstil (der Gottsched-Ära) als übertrieben, er polemisiert gegen die Heftigkeit der Stimme und der Bewegung, gegen »Geschrei und Kontorsionen«, gegen die »Überladung« der Aktion und alles »Lärmende« und »Tobende« (5. St.; B 6, 210f.); zugleich wendet er sich gegen die »Tanzmeistergrazie«, gegen die nichts bedeutenden, aber als »schön« angesehenen Handbewegungen, z.B. die Beschreibung einer halben Acht entlang des Körpers, die Hogarth empfohlen habe (4. St.; B 6, 203).

Konventionen und hohles Pathos, so lässt sich die Kritik zusammenfassen, überdeckten den naturwahren Ausdruck. Unter naturwahrem Ausdruck aber, darin stimmen die schauspieltheoretischen Texte der Lessing-Zeit überein, versteht man den körpersprachlichen Ausdruck von Leidenschaften. Ob es sich um Schauspieler- oder Rollenportraits, um Aufführungsberichte oder »Regeln für Schauspieler« handelt, immer ist davon die Rede, dass die Bewegungen der Seele gleichsam nach außen treten müssten, dass die Leidenschaften gleichsam den Körperausdruck formen müssten. »Natürlichkeit«, das scheint gleichbedeutend mit ›überzeugender Veranschaulichung seelischer Bewegung und emotionaler Erregtheit‹ gewesen zu sein. Die entscheidende Frage lautet aber nun: Wie kann der Schauspieler diesen naturwahren Ausdruck erreichen, welche Anleitung kann der Kritiker und Kunstrichter ihm an die Hand geben? In den Antworten darauf hat man zwei Schauspielertypen konturiert, den ›Gefühlsschauspieler‹ und den ›Reflexionsschauspieler‹. Lessings Übersetzungen und Übertragungen stellen die beiden Alternativen vor: Pierre Rémond de Sainte-Albine vertritt im *Comé-*

dien den Gefühlsschauspieler, während Antoine-François Riccobonis in dem Essay *L'Art du Théâtre* den Reflexionsschauspieler fordert (vgl. Heßelmann 2002, 350–363).

›Gefühlsschauspieler‹ meint: Der Schauspieler müsse die Leidenschaften, die er lebensecht ausdrücken wolle, selbst empfinden. Er müsse, so Rémond de Sainte-Albine, mit »Witz«, »Feuer«, »Empfindung« begabt sein, ein edler Enthusiasmus und erhabene Gesinnungen müssten seine Seele erfüllen, nur Liebesfähige könnten Liebende spielen, wenn der Schauspieler »richtig« empfinde, würden sich der angemessene Tonfall der Stimme, die angemessene Stellung des Körpers von selbst ergeben.

Demgegenüber legt Riccoboni Wert auf die Besonnenheit. Der Schauspieler dürfe nicht selbst empfinden, wenn er die Seelenregungen gut ausdrücken wolle. Die Empfindung würde ihn der notwendigen Geistesgegenwart berauben. »Man muß die Bewegungen der Natur bei andern vollkommen wissen, und von seiner Seele allezeit Meister bleiben, damit man sie, nach Belieben, der Seele eines andern ähnlich machen kann. Das ist das Hauptwerk der Kunst. Daraus entspringt die so vollkomme Vorstellung, welcher sich die Zuschauer notwendig überlassen müssen, und die sie wider Willen mit sich fortreißt« (B 1, 906). Bei Riccoboni wird die Analyse der Empfindungen zur Grundlage der Schauspielkunst; er baut in sein Traktat nachgerade eine Seelenlehre ein. Zwei Hauptempfindungen setzt er an, die Liebe und den Zorn, aus denen er die anderen Seelenregungen abgeleitet wissen will. Daneben unterscheidet er »überlegende Leidenschaften« und »einfache Eindrücke« (B 1, 908). Aus den psychologischen Beobachtungen entwickelt er Winke für die Schauspieler, worauf sie zu achten hätten. So durchdenkt er z. B. die Reaktionsweise eines Zornigen und gründet darauf die Anweisung an den Schauspieler, in den Gebärden Ruhe zu zeigen. Die Regeln, die aus den psychologischen Beobachtungen entspringen, werden durch solche ergänzt, die den gesellschaftlichen Konventionen Rechnung tragen. Maß, Anstand, Schicklichkeit sind Leitworte.

Im sechszehnten Stück der *Hamburgischen Dramaturgie* rühmt Lessing am Beispiel der Rolle des Orosman (aus Voltaires Tragödie *Zaïre*) Konrad Ekhofs psychologisierende Darstellungskunst und unterstreicht sein Lob, indem er

Sainte-Albines feurig-empfindsamen »Schauspieler« zitiert: »Alles was Remond de Saint Albine, in seinem Schauspieler, hierbei beobachtet wissen will, leistet Hr. Eckhof auf eine so vollkommene Art, daß man glauben sollte, er allein könne das Vorbild des Kunstrichters gewesen sein« (B 6, 265). Gleichwohl schließt er den Auszug aus *Le Comédien* in der *Theatralischen Bibliothek* mit einer scharfen Kritik. Remond de Sainte-Albine biete nur eine »schöne Metaphysik« der Schauspielkunst. Lessing vermisst die konkreten Anweisungen, die praktischen Hilfestellungen. Sainte-Albine setze voraus, dass »die äußerlichen Modificationen des Körpers natürliche Folgen von der innern Beschaffenheit der Seele sind, die sich von selbst ohne Mühe ergeben« (LM 6, 151). Doch für Lessing ist dies keineswegs der Fall. Wird denn, so fragt er, einem Menschen, der »Witz, Feuer und Empfindung hat«, »deswegen sogleich sein Körper überall zu Diensten seyn?« (ebd.). Und weiter: Welche Vorstellungen solle man denn überhaupt mit den Begriffen »*Feuer, Empfindung, Eingeweide, Wahrheit, Natur, Anmuth*« (152) verbinden? Er fragt also, ob der Weg zu dem Resultat, das Sainte-Albine vorschwebt, nicht genauer gefasst und als ein Weg der Übung beschrieben werden müsste.

So schließt sich Lessing entschieden der Position des ›Reflexionsschauspielers‹ an. Er betont die Wichtigkeit von »Regeln«, ja, er zeigt sich sogar von einer auffallenden Regelversessenheit. Den Abschluss seiner Kritik an Sainte-Albine bildet die Ankündigung eines eigenen Werks »*über die körperliche Beredsamkeit*« (152), das »die Erlernung derselben eben so sicher, als leicht« machen soll (152). Immer wieder beklagt er das Fehlen von Regeln. Die Suggestion von »Empfindung« sei zwar das Wichtigste in der Schauspielkunst, aber die »Empfindung« sei auch »immer das streitigste unter den Talenten eines Schauspielers« (*Hamburgische Dramaturgie*, 3. St.; B 6, 197). Nur Übung nach Regeln könne da aushelfen. Die Regeln, »welche die Alten den Bewegungen der Hände vorgeschrieben hatten«, seien zum großen Schaden der Schauspielkunst verloren gegangen (*Hamburgische Dramaturgie*, 4. St.; B 6, 202). Was er nun in den Fragment gebliebenen Skizzen *Der Schauspieler* vorbringt (ca. 1754/55; B 3, 320–329), überrascht allerdings durch seine Konventionalität. Deutlich ist die Anlehnung an die *actio*-Lehre der Rhetorik (dazu

Bender 1992). Lessing beachtet die Stilebenen (das Tragische, das hohe Komische, das Niedrigkomische), die Anweisungen zur Gebärdensprache zeigen die Orientierung an geltenden Vorschriften wie derjenigen, dass die von den Händen gezeichneten Linien schön sein und dass die Proportionen gewahrt bleiben müssen. Auch die Bedeutung der Handbewegungen erscheint standardisiert. Selbstverständlich nimmt Lessing an, dass bei den Worten »erniedrige dich« die Hand des Schauspielers nach unten weist und dass die Wendung »ich will als Sieger sprechen« von der Erhebung der Hand begleitet wird (vgl. B 3, 326: Beispiele aus Schlegels _Canut_).

In der Forschung (Golawski-Braungart, Lehmann, Martinec) setzt man einen entscheidenden Einschnitt mit dem Trauerspiel-Briefwechsel (1756/57) an. Lessing löse sich da von der rhetorischen Vorstellung der unmittelbaren Affektübertragung, unterscheide zwischen primären und sekundären Leidenschaften, und lasse als ursprünglich im Zuschauer entstehenden Affekt nur noch das Mitleid gelten. Als Aufgabe und Gegenstand der Schauspielkunst begreife er nunmehr die Korrelation von Handlung, Leidenschaft(en) und Charakter.

Gesetz der psychophysischen Wechselwirkung. In seiner Suche nach Regeln der Schauspielkunst greift Lessing auf die neuesten Erkenntnisse der zeitgenössischen Anthropologie zum leib-seelischen Zusammenhang zurück. Am Ende seiner Kritik an Sainte-Albine fasst er die Rückwirkung des körpersprachlichen Ausdrucks auf die Seele ins Auge (LM 6, 152). Bislang habe man den Schauspielern nur auseinandergesetzt, welche Empfindungen sie darzustellen hätten, man habe nur die psychische Seite, die Innenseite gleichsam, beleuchtet. Dabei sei man davon ausgegangen, dass die starke seelische Bewegung sich dem Körper mitteilen werde. Er meine jedoch, dieser »Grundsatz« sei umzukehren. Der Schauspieler müsse die äußeren Merkmale einer Leidenschaft beherrschen, sie müsse er nachahmen, erlernen, einüben, wenn sein Körper die richtigen Bewegungen mache, dann werde etwas von der entsprechenden Erregung sich der Seele mitteilen, so dass der Schein wahrer Empfindung entstehe. In der _Hamburgischen Dramaturgie_ erläutert er den Mechanismus am Beispiel des Zorns. Unter die »allergröbsten Äußerungen« des Zorns, die

zunächst »nachgeahmt« werden müssen, rechnet er »den hastigen Gang, den stampfenden Fuß, den rauhen bald kreischenden bald verbissenen Ton, das Spiel der Augenbrauen, die zitternde Lippe, das Knirschen der Zähne u.s.w. – « (3. St.; B 6, 199). Zugleich entwickelt er das Argument weiter und verleiht ihm eine originale Sinnspitze: Die induzierte seelische Bewegung werde wieder auf den Körper zurückwirken und diejenigen Merkmale erzeugen, die hervorzubringen nicht in der Macht des bewussten Willens liege: den Blitz der Augen, das Erröten usw. (3. St.; B 6, 199). Auf _diese_ Nuancierung, auf das Unwillkürliche, Unreflektierte der Körpersprache, auf einen Ausdruck, der nicht mehr in Worte rückübersetzbar ist, kommt es Lessing nun an.

Gradation der Leidenschaften und Psychologisierung

In der _Hamburgischen Dramaturgie_ sieht Lessing den körpersprachlichen Ausdruck von Affekten als »sinnliches« Äquivalent für den eigenen dramatischen Kosmos an. Die Vollendung der Schauspielkunst ist für ihn dann erreicht, wenn die Körpersprache von der gleichen Kausalität kündet, die die psychischen Bewegungen regiert (zur Rolle der »Kausalität« vgl. Kap.: Hamburgische Dramaturgie). Wie im dramatischen Plan die Motivationskette lückenlos ist, so soll das »stumme Spiel« den fortschreitenden Zusammenhang, den Spannungsbogen der Leidenschaft, sichtbar machen. Lessing analysiert zum Beispiel das Wechselbad der Gefühle, das Orosman (aus Voltaires _Zaïre_) vor der Katastrophe durchläuft – »von dem Stolze zur Zärtlichkeit, und von der Zärtlichkeit zur Erbitterung« (16. St.; B , 264 f.) – und fordert vom Schauspieler, genau diesen Zusammenhang zur Anschauung zu bringen. Er müsse »aus einer Gemütsbewegung in die andere übergehen, und diesen Übergang durch das stumme Spiel so natürlich zu machen wissen, daß der Zuschauer durchaus durch keinen Sprung, sondern durch eine zwar schnelle, aber doch dabei merkliche Gradation mit fortgerissen wird« (16. St.; B 6, 264). Mittels der Kunst des Übergangs und der Gradation gelangt zur Darstellung, wie entgegengesetzte Erregungszustände und Leidenschaften auseinander hervorgehen. So gewährleistet die Gebärdensprache des Schauspielers, dass in jedem Moment des

Bühnengeschehens sozusagen der Bauplan des Stücks sinnlich präsent und evident wird, jene psychologische Motivation, welche die Extreme verstehbar macht (und damit entschärft; s. S. 345–347); auch lässt sich das kontinuierliche »stumme Spiel« als körpersprachlicher Ausdruck des »gemischten Charakters« begreifen.

Die Korrelation von Charakter und Handlung, die für Lessing den moralischen Sinn eines Stücks ausmacht, führt zur Individualisierung; als schauspielerische Aufgabe wird die Individualisierung in der psychologisierenden Nuancierung des Ausdrucks der Leidenschaften manifest. Besonders aufschlussreich für die individualisierende Tendenz und den Anteil der schauspielerischen Rollenverkörperung daran ist das Detailproblem, wie Lessing den Vortrag von »moralischen Betrachtungen« beschreibt (3. St.; B 6, 199 f.). Keine ›allgemeinen Sätze‹ werden mehr (wie noch von Gottsched) als die ›Botschaft‹ eines Dramas abstrahiert. Wenn der Dichter den Figuren eine allgemeine Moral in den Mund gelegt habe, müsse sie der Schauspieler, so Lessing, ihrer Allgemeinheit entkleiden und der Perspektive der Figur unterordnen. Er gibt Hinweise, wie der Schauspieler die Sentenz, die er hersagen soll, wieder auf das Individuelle der Situation zurückführen, wie er sie als eine spontane Eingebung, dem augenblicklichen Bedürfnis entsprungen, erscheinen lassen kann, wobei wiederum die Übergänge zwischen Kontrasten – hier zwischen Affekt und Raisonnement – eine besondere Rolle spielen. Diese Übergänge müsse der Schauspieler durch Gestik und Mimik weniger unterstreichen als vielmehr erst sichtbar und fühlbar machen.

›Gradation‹ und ›Übergang‹ sind gleichsam die Bauelemente von Lessings Theodizeemodell. Ausserhalb dieses Modells bedeutet die Kunst, die Leidenschaften nuancenreich und vielschichtig auszudrücken, vor allem Psychologisierung; zunehmend erwarteten Theaterkritiker und Publikum von den Bühnenkünstlern die überzeugende, rührende und erschütternde Gestaltung von Charakterportraits (zahlreiche Beispiele bei Heßelmann 2002, 373–390). Eklatant tritt diese Tendenz in den Aufführungsbesprechungen zu *Emilia Galotti* hervor. Die Rezensenten entwerfen regelrechte psychologische Studien zu den einzelnen Figuren, insbesondere zu Emilia, der Gräfin Orsina und Odoardo (Beispiele in E. M. Bauer 2004, 429 ff.); legendär wird das »stumme

Spiel« von Konrad Ekhof, mittels dessen er die abrupte Handlungsweise von Odoardo, eine seiner Glanzrollen, plausibel *erscheinen* ließ (dazu besonders Košenina 1995, 214–216).

Das »Gesetz der Schönheit«

In jedem Moment seiner Aktion versinnlicht (für Lessing) der Schauspieler den Übergang und hält dadurch das ›Ganze‹ präsent. Zugleich macht die Schauspielkunst (und nur sie) etwas sichtbar; sie hebt das Menschenbild, das Lessings Dramaturgie verteidigt, in die Sichtbarkeit; sie ist das sinnliche Äquivalent zu der Wiederherstellung der Gottesebenbildlichkeit des Menschen im Bereich der sinnlichen Natur, die das entscheidende Motiv von Lessings Auffassung der psychologischen Kausalität ist. Denn: Die Schauspielkunst verleiht den Menschen sinnliche Schönheit, stellt sie schön dar, macht sie schön. Lessings oft zitierte Positionierung der Schauspielkunst zwischen bildender Kunst und Poesie (*Laokoon*, Nr. 4, B 5/2, 36 ff.; *Hamburgische Dramaturgie*, 5. St., B 6, 210 f.) ist nicht nur aus semiotischer Sicht interessant. Die Schauspielkunst koordiniert nicht lediglich die willkürlichen Zeichen der Poesie mit der »gegenwärtigen Anschauung« des (szenischen) Gemäldes (dazu Golawski-Braungart 2005, 114 ff.), sondern fügt zur Realisierung des Sinns der Handlung die sichtbare Schönheit hinzu – mit all der ihr eigenen Wirkungsintensität, die Lessing in *Laokoon* der schönen Gestalt zuerkennt. Dabei überträgt er regelrecht Baumgartens Bestimmung der Schönheit – sie sei die »Vollkommenheit der sinnlichen Erscheinung« (s. S. 28 f.) – auf den Ausdruck der Leidenschaften, womit er diesen eine spezifische Vollkommenheit zugesteht, ja, jede Leidenschaft scheint ein ihr eigenes Ideal zu besitzen. So schreibt er in seiner Kritik an dem ›Gefühlsschauspieler‹: »Allein auf dem Theater will man Gesinnungen und Leidenschaften nicht nur einigermaassen ausgedrückt sehen; nicht nur auf die unvollkommene Weise, wie sie ein einzelner Mensch […] vor [= für] sich ausdrücken würde; sondern man will sie auf die allervollkommenste Art ausgedrückt sehen, so wie sie nicht besser und nicht vollständiger ausgedrückt werden können« (LM 6, 152). Und am Spiel der Madame Hensel hebt er hervor, sie habe die Liebe so ausgedrückt, wie sie sich ausdrücken sollte (5. St.; B 6, 206 f.).

Freilich schließt das Schöne das Hässliche aus, das heißt die allzu kreatürlichen Äußerungen des Schmerzes und des Ekels (vgl. allerdings die Philoktet-Passagen aus dem *Laokoon*). Die »Schönheit« wird so zum »Gesetz« für die »Kunst des Schauspielers«, sogar zu ihrem »höchsten« (5. St.; B 6, 210). Dementsprechend fordert Lessing »Mäßigung« noch »in dem Strome, in dem Sturme, in dem Wirbelwinde der Leidenschaft« (B 6, 210), selbst die Hogarthsche Schlangenlinie sei übungsweise durchaus beizubehalten, um, wie er sagt, »den Armen die Biegungen des Reizes geläufig zu machen« (4. St.; B 6, 203). Er warnt davor, die »Sinne« zu beleidigen, spricht vom »allgemeinen Ton der Wohlanständigkeit« und von der Notwendigkeit, dem Auge zu schmeicheln, wenn man ihm unmittelbar verständlich sein wolle (5. St.; B 6, 211). Doch auch die Opposition zum Hässlichen, die das »Gesetz der Schönheit« mit sich bringt, wird durch die Figur der »Gradation« verwandelt. Da die Schauspielkunst eine transitorische Kunst sei, seien Abweichungen vom ›Wohlanständigen‹ (zum Beispiel hin zum »Wilden« oder »Frechen«) erlaubt, wenn nur gleitende Übergänge den Zusammenhang dieser Ausschweifungen mit der allgemeinen Menschennatur zugleich sinnfällig machten (B 6, 210f.).

Koordination der Zeichensysteme

Jeder Sinn, schreibt Lessing, wolle bei der Vorführung eines Bühnenstücks »geschmeichelt« (5. St.; B 6, 211) sein. Zu Recht betont Golawski-Braungart, dass Lessing in seinen Reflexionen zur Schauspielkunst die unterschiedlichen Zeichensysteme berücksichtigt habe. Er suche die sprachlichen und stimmlichen Zeichen, Artikulation, Deklamation und Tonfall, auf die »natürlichen Zeichen« der Körpersprache, die »bedeutenden«, »malerischen« und »pantomimischen« Gesten (4. St.; B 6, 203), zu beziehen; Hören und Sehen sollten dabei koordiniert werden, die Wirkungen auf den Gehör- und den Gesichtssinn sich ergänzen und steigern; die spezifische Sinnlichkeit jedes dieser Zeichensysteme solle zum Gesamteindruck beitragen; Lessing erstrebe eine »Rückgewinnung der Bilder für die Sprache durch das Szenisch-Anschauliche der Bühne« (144), er intendiere das »Gesamtkunstwerk«. Sie tritt damit der in der Forschung (Heeg 2000, Leh-

mann 2000) immer wieder geäußerten Ansicht, für Lessing spiele die Sinnlichkeit der Zeichen gegenüber der sprachlich-diskursiven Konstitution von Bedeutung letztlich keine (bzw. nur eine bedrohliche und mit »Gewalt« zu unterdrückende) Rolle, entgegen. Wir schließen uns der Position von Golawski-Braungart an und verweisen abschließend nochmals darauf, welch eminenten Raum Lessing insbesondere den »natürlichen Zeichen« gibt:

Die körpersprachlichen Mittel, welche die Artikulation einer moralischen Wahrheit begleiten, leisten für Lessing die Individualisierung und Versinnlichung *nur* kraft ihrer Sichtbarkeit. Der Schauspieler müsse diejenigen Gesten finden, welche »die Beziehung auf das Gegenwärtige [...] sinnlich zu machen, das Symbolische der Moral wiederum auf das Anschauende zurückzubringen« (4. St.; B 6, 204) geeignet seien. An dem Schauspieler Ekhof rühmt er: »Welcher Reichtum von malenden Gesten, durch die er allgemeinen Betrachtungen gleichsam Figur und Körper giebt, und seine innersten Empfindungen in sichtbare Gegenstände verwandelt!« (17. St.; B 6, 266). Dabei komme es ausschließlich auf den äußeren körpersprachlichen Ausdruck an, ganz gleich, ob der Schauspieler selbst sich in die Empfindung versetzen könne oder nicht (3. St.; B 6, 198). Lessing spricht von der »gegenwärtigen Anschauung«, welche nachgerade das Wesen der Bühnenkunst ausmache (77. St.; B 6, 568); *auf der Bühne* wollten wir die charakterisierenden Taten der Figuren sehen und begnügten uns nicht mit der bloßen Erzählung (10. St.; B 6, 227; vgl. auch 13. St.; B 6, 250: Madame Hensels Verkörperung der sterbenden Sara); und die überwältigende Evidenz eines szenischen Gemäldes widerlege alle Einwände einer nachlesenden psychologisierenden Kritik (10. St.; B 6, 230). »Wahrheit und Leben« sollen die »malenden Gesten« den »Zeichen der Stimme« (4. St.; B 6, 202) verschaffen – die höchste denkbare Qualifikation.

Lessing hat seine eigenen Stücke für die Aufführung auf der Bühne geschrieben. In die Figurenrede hat er oftmals Signale zu Gestik und Mimik eingeflochten (vor allem: *Miß Sara Sampson*), dadurch das Wechselspiel von Leidenschaft und Ausdruck wenigstens im Ansatz dirigierend. Zum Bezug seiner Dramen auf seine Konzeptualisierung der Schauspielkunst verweisen wir auf die einschlägige Literatur (Golawski-Braungart 1995 und 2005, 40–62 [*Miß Sara Sampson*], Heeg 2000, 263–299 [*Emilia Galotti*]; Košenina 1995 [*Miß Sara Sampson*; *Emilia Galotti*]; Ziolkowski 1965).

Quellen: Schriften Lessings: Riccoboni-Übersetzung (B 1, 884–934); Auszug aus Sainte-Albines *Der Schauspieler* (LM 6, 120–152); Fragmente *Der Schauspieler* (B 3, 320–329); »Literaturbriefe«; Vorrede zum *Theater des Herrn Diderot; Laokoon; Hamburgische Dramaturgie. – Kontext:* Brauneck 1970 ff. [Spieltexte der Wanderbühnen]; Daunicht o.J. [Neuberin]; Goeze ²1770; Gottsched 1732 (BA 2, 3–18) und 1736 (*Die Schauspiele [...] sind aus einer wohlbestellten Republik nicht zu verbannen;* BA 9/2, 492–500); Mylius 1742/1970 [Aufsatz über die Schauspielkunst]; Payer von Thurn 1908/1910 [Haupt- und Staatsaktionen]; Wolff GW I/5 [»Deutsche Politik«, ⁴1736].

Literatur

Asper 1975, 3–96; Asper 1980; Barner u. a. ⁵1987; Barnett 1987; Barnett in Bender (Hg.) 1992, 113–132; Bender in Bender (Hg.) 1992, 11–50; Bender in Bender/Bushuven/Huesmann 1994, Bd. 1, XI–XXVIII; Brauneck 1996; Daniel 1995; Danzel 1848 [Gottsched und die Neuberin]; R. Dreßler 1993; Fetting 1954 [Ekhof]; Fischer-Lichte ²1989; Fischer-Lichte in Bender (Hg.) 1992, 51–70; Fischer-Lichte/Schönert (Hgg.) 1999; Golawski-Braungart 2005; Graf 1992; Graf in Groddeck/Stadler (Hgg.) 1994, 16–33; Haider-Pregler 1980; Hansen 1984; Heeg 2000; Heßelmann 2002; Hinck 1965; Höyng in Haefs/Mix (Hgg.) 2007, 99–119 [Theaterzensur im 18. Jahrhundert und bei Lessing]; Košenina 1995; Krebs in Martin/Roßbach (Hgg.) 2005, 43–52; Lehmann 2000; Maurer-Schmoock 1982; R. Meyer in Grimminger (Hg.) 3/1, 1980, 186–216; R. Meyer in Krebs/Valentin (Hgg.) 1990, 13–39; Passow in Bender (Hg.) 1992, 133–145; Reden-Esbeck 1881; Schubart-Fikentscher 1963; Stackelberg 1996 [Harlekin]; Stadelmaier 1995; Steinmetz ⁵1978; Wiedemann in B 3, 1094–1099 und 1107–1110; Wild 2002 (2003) [Gottscheds theaterfeindliche Theaterreform]; Wild 2003, 263 ff. [Hamburger Theaterstreit, Nationaltheater und Lessings Dramaturgie]; Wustmann 1878 [Vertreibung Harlekins].
zu Miß Sara Sampson: Golawski-Braungart 1995 und 2005; Košenina 1995; Ziolkowski 1965.

Fragmente: Tragische Süjets

»Sie haben es erraten: Herr Rammler und ich, machen Projecte über Projecte. Warten Sie nur noch ein Vierteljahrhundert, und Sie sollen erstaunen, was wir alles werden geschrieben haben. Besonders ich! Ich schreibe Tag und Nacht und mein kleinster Vorsatz ist jetzo, wenigstens noch dreimal so viele Schauspiele zu machen, als Lope de Vega« (Lessing an Gleim, 8. Juli 1758; B 11/1, 293). Lessing macht sein Leben lang Projekte für das Theater. Allein an den *Nathan* schließen sich noch zwei weitere Entwürfe an. Er plant ein »Nachspiel« mit dem Titel *Der Derwisch*, das Al Hafi zur Hauptfigur haben sollte, und er beschäftigt sich mit einem biblischen »Trauerspiel in 5 Aufzügen«, *Der fromme Samariter*. Er versieht es mit dem geradezu unwahrscheinlich provokativen Untertitel: »nach der Erfindung des Herrn Jesu Christi« (LM 3, 495; PO 8 [=Teil 10], 320. Hier finden sich die Briefzeugnisse zu diesem Plan). – Lessings *theoretisches* Interesse an der Tragödie, das zeigen seine sämtlichen Theaterzeitschriften einschließlich der *Hamburgischen Dramaturgie*, ist nicht auf das »bürgerliche Trauerspiel« beschränkt. Er beruft sich zwar auf Diderot als Bundesgenossen im Kampf gegen die klassizistischen französischen Muster, die er als unzeitgemäß empfindet. Seneca jedoch, der die Tradition der heroischen Tragödie prägt, wird nicht verworfen, sondern modernisiert (vgl. Kap.: Frühe Literaturkritik). Vorbildcharakter gewinnen für Lessing die Griechen. Die Sophokles-Studien, insbesondere die *Philoktet*-Analyse aus dem *Laokoon*, zeigen, was er am griechischen Theater bewundert: Die Demonstration bzw. Ausübung von »Tugend« geschieht nicht auf Kosten der Artikulation von Gefühlen, die heroische Handlung verbindet sich mit der Darstellung kreatürlichen Leidens und gewinnt so ihre Überzeugungskraft. Allerdings verbietet sich für Lessing auch in diesem Fall eine historisierende Adaptation. Was die alten Griechen dem »Schicksal« angelastet hätten, die furchtbaren Verbrechen der Menschen, das müsse der Dramatiker des 18. Jahrhunderts von den Prämissen seines modernen Weltbilds her motivieren. Es scheint eine Diskrepanz zu bestehen zwischen dem weit gespannten theoretischen Interesse und

der Dramenpraxis, sofern man nur die vollendeten Stücke berücksichtigt. Alles scheint hier auf das »bürgerliche Trauerspiel« zuzulaufen. Symptomatisch scheint die Entstehungsgeschichte der *Emilia Galotti*. Lessing experimentiert zunächst mit dem Stoffkreis unter Beibehaltung der politischen Dimension, Volksszenen sind geplant. Später jedoch schränkt er den Blickwinkel auf den privaten Konflikt ein, eine »bürgerliche Virginia« sei am geeignetsten, um die tragische Rührung zu erwecken. Das Bild von Lessing als Bühnenpraktiker gewinnt aber andere Konturen, sobald man die Dramenentwürfe mit einbezieht. Diese stellen ein genaues Pendant zu den theoretischen Reflexionen dar. Drei Fragmenten ist im vorliegenden Band ein eigenes Kapitel eingeräumt worden. Es handelt sich um solche, die entweder besonders weit ausgeführt sind (*Die Matrone von Ephesus*) oder deren Sujet besondere Bedeutung hat (*Samuel Henzi, D. Faust*), so dass sich bereits eine Auslegungs-Tradition an sie knüpft. In allen dreien zeigt sich Lessings Bestreben, Horizonte zu erweitern. Er bearbeitet Stoffe, die den Ideen der Aufklärung die größten Widerstände entgegensetzen (*D. Faust*), er überschreitet Konventionen (Dramatisierung von politischen Tagesereignissen in *Samuel Henzi*) und unterläuft moralische Normen (*Die Matrone von Ephesus*). Die volle Bandbreite von Lessings Experimentierlust enthüllt sich jedoch erst, wenn man die anderen Pläne, Bearbeitungen und Übersetzungen mit einbezieht. Was die »tragischen Süjets« angeht: Nur ein weiteres »bürgerliches Trauerspiel« findet sich unter den Skizzen (*Tonsine*). Alle anderen Entwürfe behandeln heroische Stoffe, Stoffe aus der griechischen, römischen, orientalischen oder christlich-europäischen Geschichte, die keinen häuslich-bürgerlichen Zuschnitt haben. Warum sind sie Fragmente geblieben? Man könnte darauf natürlich antworten, dass Lessing letztlich den Bezug zur Gegenwart, zum zeitgenössischen Publikum vermisste. Doch warum wagt er sich immer neu an heroische Entwürfe? Butzmann (1966) bezeichnet *Tonsine* als »lessingischer« (109) denn die übrigen Projektskizzen. Offenkundig urteilt der Interpret von den vollendeten Dramen her, nimmt das »bürgerliche Trauerspiel« zum

Maßstab. Es gilt jedoch, die Perspektive zu erweitern, wenn nicht sogar umzukehren. Auch in den vollendeten Dramen arbeitet Lessing mit Anspielungen auf die heroische Tradition bzw. die antike Tragödie. Hier öffnet sich eine Dimension, die die »bürgerlichen Trauerspiele« mit den »heroischen Entwürfen« verbindet. In seinen Entwürfen ist Lessing extremer, radikaler als in den vollendeten Stücken, die tragischen Situationen sind sensationeller und provozieren die Figuren zu stärkeren Reaktionen. Sollte diese Dramatik aber nicht in den abgeschlossenen Bühnenwerken ebenfalls virulent sein?

Die Einbettung von Lessings Theater in die europäische Tradition ist bereits in vielen Spezialuntersuchungen und Quellenstudien beleuchtet worden (aus neuerer Zeit z.B. Golawski-Braungart 2005, Korzeniewski 2003, Nisbet 2008, Valentin 2010); wünschenswert wäre nunmehr eine umfassende Monographie, welche die Ergebnisse zusammenführte und neben Lessings Dramen und dramatischen Entwürfen auch seine Analysen und »Auszüge« (ausführliche Inhaltsangaben) aus seinen Theaterzeitschriften, insbesondere jedoch die Übersetzungen berücksichtigte. – Wir wählen aus dem Gesamtspektrum des »Theatralischen Nachlasses« nur wenige Tragödienpläne aus, die Auswahl entspricht in etwa derjenigen der wichtigsten neueren Ausgaben:

– *Mas(s)aniello*. Das einzige Zeugnis ist Lessings Brief an den Bruder vom 14. Juli 1773, in dem er den Plan einer Dramatisierung des Stoffes erläutert. Wegen der Parallele zur Analyse des *Rasenden Herkules* von Seneca in der *Theatralischen Bibliothek* datiert Waldemar Oehlke das Vorhaben auf das Jahr 1754 (PO 8 [=Teil 10], 161). Er sieht in ihm eine »Zwischenstufe in der Entwicklungslinie, die vom Heroischen zum Bürgerlichen geht.« Doch warum ist Lessings Interesse neunzehn Jahre später keineswegs erloschen? Die dramatischen Fragmente lassen keine »Entwicklungslinie« hin zum bürgerlichen Trauerspiel erkennen, sondern das Bemühen, den Blick für die ganze Bandbreite der europäischen Überlieferung offen zu halten.

– *Kleonnis*. Die Entstehung ist parallel zu *Philotas* anzusetzen. Einen Hinweis enthält der Brief Gleims an Lessing vom 16.4.1758. Gleim spricht von einer »Tragedie in jambischen Versen«, nach der er ungeduldig sei (B 11/1, 290). Zum ersten Mal verwendet Lessing hier den Blankvers. –

Erstdruck: *G.E. Leßings Theatralischer Nachlaß*, T. 2, 1786. – Text: B 4, 39–49.

– *Der Horoscop. Tragödie.* Grimm (B 4, 819) setzt die Entstehungszeit Ende 1758 an, Korzeniewski (2003, 500 und 502) rückt das Fragment in die Nähe zur *Hamburgischen Dramaturgie*. – Erstdruck: *G.E. Leßings Theatralischer Nachlaß*, T. 2, 1786. – Text: B 4, 50–58.

– *Fatime (Phatime). Ein Trauerspiel.* Lessing gibt den Tag an, an dem er mit der Ausführung des vorher skizzierten Entwurfs beginnt: 5. August 1759. Rätselraten herrscht über die zeitliche Einordnung der in Blankversen ausgearbeiteten Partien. Aus stilistischen Gründen, die jedoch unsicher sind, rückt Oehlke (PO 8 [=10. Teil], 13) die Verse in die Nähe zum *Nathan*. – Erstdruck: *G.E. Leßings Theatralischer Nachlaß*, T. 2, 1786. – Text: B 4, 70–79.

– *Alcibiades. Alcibiades in Persien.* Den wichtigsten Hinweis zur Datierung enthält der Bericht Samuel Benjamin Kloses über Lessings Breslauer Jahre. Lessing habe sich Notizen zu mehreren Stücken gemacht, worunter ein Alcibiades-Plan gewesen sei (Karl Lessing: *Lessings Leben*, hg. Lachmann 1887, 140). Barner (B 5/1, 778) setzt eine Entstehungszeit beider Entwürfe um 1763 an. – Erstdruck: *G.E. Leßings Theatralischer Nachlaß*, T. 2, 1786 (*Alcibiades*) und Lachmann (Seifert Nr. 7), Bd. 2, 1838 (*Alcibiades in Persien*). – Text: B 5/1, 385–394.

– *Spartacus*. Gerd Hillen führt zur Datierung zwei Briefe Lessings an, in denen sich dieser über seine Arbeit an einem Spartacus-Drama äußert: an Ramler, 16.12.1770, und an Nicolai, 16.2.1771 (G 2, 788. – Ausführlicher: B 7, 959–962). – Erstdruck: *G.E. Leßings Theatralischer Nachlaß*, T. 2, 1786. – Text: B 7, 373–376.

– *Tonsine. Ein bürgerliches Trauerspiel in fünf Aufzügen.* Die Datierung ist ungewiss. Stenzel (in B 3, 1294 f.) rückt das Fragment aufgrund seiner Gattungsbezeichnung in die Nähe zu *Miß Sara Sampson*; zugleich konturiert er den »exotischen« Hintergrund, Lessings Interesse an Japan (vgl. S. 332). – Erstdruck: Hans Butzmann: *Lessings Bürgerliches Trauerspiel »Tonsine«*, Jahrbuch des Freien Deutschen Hochstifts 1966, 109–118. – Text: B 3, 527 f.

– *Tragische Süjets: Der Brüdermord. Die feindlichen Brüder.* Die Titel stammen nicht von Lessing (sondern von Boxberger). Es handelt sich um Quellen-Exzerpte, die einen prägnanten Moment für eine Tragödie festhalten. Lessing sammelte solche Notizen seit der Breslauer Zeit und stellte sie in den *Collectaneen* (= Notizheften) unter dem Stichwort »Tragische Süjets« rsp. »komische Süjets« zusammen. – Erstdruck: J.J. Eschenburg, *Gotthold Ephraim Lessings Kollektaneen zur Literatur*, 1790. – Text: B 10, 641 f. (Nr. 444). Übersetzung der lateinischen Passagen im Kommentarteil der Göpfertschen Ausgabe: G 2, 759 f.

Welche dramaturgischen Interessen lassen sich an diesen Fragmenten, Entwürfen und Plänen ablesen? Drei Aspekte sind zu erwähnen: erstens der geradezu raffinierte Sinn für psychische Extremsituationen, zweitens die Verbindung mit einer religionsphilosophischen Thematik (*Der Horoscop*, *Alcibiades*, *Tonsine*) und drittens die politische Akzentuierung (*Spartacus*). Ein vierter Aspekt wäre formaler Art. In *Kleonnis*, dem *Horoscop*, in *Fatime* und *Spartacus* verwendet Lessing den fünffüßigen Jambus. Auch hierin zeigt sich der progressive Charakter dieser Stücke. Ihm gelingen Verse voll passionierter Ausdruckskraft, die immer wieder Bewunderung und Bedauern über das Nicht-Vollendete erregten (Schmidt ⁴1923, Bd. 1, 335: »Gern gäben wir den Philotas hin für einen fertigen [...] Kleonnis«).

(1) Herleitung psychischer Extreme. Mit Vorliebe greift Lessing die »Urkonstellation« der griechischen Tragödie, den Verwandtenmord, auf. Er geschieht unwissentlich und gibt zu effektvollen Anagnorisis-Szenen Anlass. Lessing kombiniert ihn entweder mit dem Motiv des Orakelspruchs (*Der Horoscop*, tragisches Sujet des »Brudermords«) oder mit der Situation des Bürgerkriegs (tragisches Sujet der »feindlichen Brüder«) oder mit beiden Momenten, der Kriegssituation und dem Orakel (*Kleonnis*). Soweit der Krieg die Erschlagung des Bruders verursacht, der unerkannt auf der gegnerischen Seite kämpft, tritt die pazifistische Tendenz der Konstruktion deutlich hervor. Der Sieger im Zweikampf verflucht sich und sein Schicksal und begeht an der Leiche des Bruders Selbstmord. Komplexer ist die Verwicklung in *Kleonnis*. Das Motto aus Ovid, das Lessing in den *Collectaneen* notiert, gibt als Thema das Überwältigtwerden durch die Emotionen an. Hier die deutsche Übersetzung: »Den Helden, der das Schwert, das Feuer und den Gewittersturm/ So

oft ertrug, den jähen Zorn allein erträgt er nicht,/ Den Unbesiegbaren besiegt der Schmerz« (zit. nach B 4, 811 f.). Lessing führt seine Figuren in eine Situation von beklemmender Ausweglosigkeit. Den Hintergrund bildet der sog. Erste Messenische Krieg (740–720 v. Chr.), in dessen Verlauf die Messenier von den Spartanern besiegt und versklavt werden. Doch hat das von Lessing dramatisierte Ereignis keine historische Basis. Dem messenischen König Euphaes ist sein ältester Sohn Kleonnis im Kleinkindalter geraubt worden, er wächst unter den Lacedämoniern (Spartanern) auf. Die Handlung setzt viele Jahre später ein. Der verwundete Euphaes klagt um den verbliebenen Sohn Demarat, den er allein in die Schlacht ziehen lassen musste. In einer Fiebervision sieht er ihn fallen, er vermeint die Züge des Mörders zu erkennen. Seine Leute kommen von ihrem Streifzug als Sieger zurück, doch ist Demarat wirklich unter den Toten. Allerdings konnten die Messenier denjenigen, dem er unterlag, gefangen nehmen. Überwältigt von Zorn und Schmerz ersticht ihn Euphaes. Zu spät erkennt er, dass es sich um Kleonnis, den verloren Geglaubten, handelte. Unwissentlich hatte dieser in der Schlacht den Bruder getötet (nach E. Schmidt ⁴1923, Bd. 1, 334). Die (scheinbare) Ausweglosigkeit des Geschehens wird dadurch gesteigert, dass die Affekthandlung der Ausdruck der Liebe zum Sohn ist. Sorgfältig wird die liebevolle Disposition des Euphaes exponiert, er wird als »Mensch« gezeigt, der sich erschüttern lässt. Dem kontrastiert das kalte Heldentum des Aristodem, des für Euphaes kämpfenden Feldherrn. Dieser hatte aufgrund eines Orakelspruchs die Tochter geopfert. Euphaes revoltiert als Vater: Kein anscheinendes Gebot der Götter dürfe das Gebot der Natur, das »älter« sei, außer Kraft setzen. Der ›prägnante‹, auf die Erregung von Mitleid berechnete Moment der Handlungskonstruktion beruht darauf, dass Euphaes aufgrund seiner väterlichen Zärtlichkeit, aufgrund seiner menschlichen Natur, zum Mörder am eigenen Sohn wird. Der tragische Irrtum (»hamartia«), so würden wir heute (im Anschluss an Ter-Neddens Ansatz) argumentieren, liegt wohl darin, dass Euphaes im entscheidenden Moment im Gegner nicht den Sohn anderer Eltern sehen kann, die ebenso wie er selbst leiden. Auch fehlt die Erkenntnis, dass dieser Gegner nichts anderes tat, als was Demarat hätte tun sollen – den Feind töten.

Lessing interessiert sich für extreme psychische Zustände, deren ›natürliche‹ Genese durch die Organisation der Handlung anschaulich wird (bzw. werden soll), dadurch den Radius des ›Menschlichen‹, das Mitleid erweckt, erweiternd. Er bedient sich dabei greller Tragödienstoffe, die zum Teil abseits der Tradition liegen. (Eine unmittelbare Quelle z. B. für die im *Horoscop*-Fragment dramatisierte polnische Geschichte konnte nicht ermittelt werden.) Das Grässlichste erhält noch psychologische Plausibilität. Darin liegt zum einen eine Entschärfung des Schreckens, zum anderen eine Intensivierung des Leidens. Auch die Modernisierung von Senecas Tragödie *Der Rasende Herkules* (vgl. Kap.: Frühe Literaturkritik) weist in diese Richtung; eine Parallele stellt der Plan zu einem Masaniello-Drama dar, den Lessing in einem Brief an den Bruder Karl skizziert (14. Juli 1773). Der Hinweis auf Christian Weises Bearbeitung des Stoffes (1683), die an manchen Stellen einen Shakespearischen Geist verrate, zeigt die Intention, den klassizistischen Formenkanon zu sprengen. Der Stoff selbst ist hochpolitisch, es geht um den Aufstand der Neapolitaner unter Führung des Fischers Thomas Aniello (gen. Masaniello) gegen die spanische Herrschaft (1647). Masaniello kann die Befreiung von den drückendsten Steuern erzwingen, verfällt dann aber einem Blutrausch und wird von den Spaniern hingerichtet. Die Auslegung des Stoffes, die Lessing vorfindet, ist konservativ: Masaniello dient als warnendes, abschreckendes Beispiel, er wird für die Störung der Gesellschaftsordnung bestraft (Frenzel ³1970, 470). Daneben lässt sich eine revolutionäre Deutung denken. Lessing wählt einen dritten Weg, indem er die Genese des Wahnsinns zum Thema macht. Masaniello, der Verzweifelte aus dem Volk, wird durch die Gegenwehr innerlich zerrüttet. Das Projekt mutet fast unwahrscheinlich modern an, indem nicht ein Heros wie Herakles im Mittelpunkt steht, sondern der Repräsentant niederer Volksschichten – die Versuchung liegt nahe, hier von einer Vorwegnahme des ›Antihelden‹ zu sprechen.

Psychologische ›Highlights‹, ausgeklügelte psychische Stresssituationen, enthält auch der Entwurf aus dem orientalischen Stoffkreis mit einer Frauengestalt im Zentrum, *Fatime*. Zugrunde liegt eine Konstruktion, die Hebbel in *Herodes und Mariamne* (1849/ 1850) erneut aufgreift. Der eifersüchtige Abdallah gibt den Befehl, die Ge-

liebte (Fatime) umzubringen, sollte er in der Schlacht fallen. Fatime, die davon erfährt, vermag den zurückgekehrten Abdallah nicht mehr zu ertragen und begeht Selbstmord. Man kann das Fragment als tragische Analyse der Geschlechterbeziehung auffassen; näher jedoch liegt der Vergleich mit dem *Horoscop*: Die tragische *hamartia* müsste dann in dem Zugriff auf die Zukunft gesehen werden, durch den das gegenwärtige Leben vernichtet wird (zum *Horoskop* s. S. 255 f.).

(2) Philosophische Orientierung, theologische Provokation. In vielen Fragmenten (*Kleonnis, Der Horoscop, Alcibiades, Tonsine*) ist die psychologische Motivation deutlich mit der Theodizeefrage bzw. mit einer religionskritischen Thematik verknüpft. Euphaes (aus *Kleonnis*) zweifelt an der Gerechtigkeit der Götter, und im *Horoscop* setzt sich Lessing mit dem Bestreben, Gewissheit über das zukünftige Schicksal (im Diesseits und Jenseits) zu erlangen, auseinander. Daneben finden sich Tragödienentwürfe, deren Hauptfiguren nicht Opfer ihrer Affekte werden, sondern ein philosophisches Weltverhalten demonstrieren. Besonderes Interesse dürfen die beiden Skizzen beanspruchen, in denen das Verhältnis von Religion und Moral auf dem Prüfstand steht, *Alcibiades* und *Tonsine*.

Das Alcibiades-Projekt lässt eine Nemesis-Struktur erkennen. Alcibiades befindet sich im persischen Exil. Doch kann er die Brücken zur Vergangenheit nicht abreißen, er kann den Folgen seines früheren Lebenswandels nicht entfliehen. Als Machtpolitiker hat er gewirkt, seinen »Begierden«, der Herrschsucht und Wollust, hat er gefrönt. Die Vergangenheit holt ihn ein: eine Gesandtschaft aus Athen will ihn für den vaterländischen Krieg zurückgewinnen. Er gerät zwischen die politischen Fronten (Griechenland vs. Persien) und fällt als ein Opfer der Eifersucht und des Ehrgeizes des persischen Satrapen (Pharnabaz). Er fällt als ein Opfer, aber er scheint nicht mehr das Opfer der eigenen Leidenschaften zu sein, die ihn verstricken und in das Geschehen involvieren würden. Vielmehr scheint die gegenwärtige Disposition des Alcibiades kontrapunktisch zu der Handlung, die Ehrgeiz, Machtstreben und beleidigte Liebe vorantreiben, angelegt zu sein. Alcibiades in Persien ist der Weise, der sich aus dem Treiben der Welt zurückzieht. Vermutlich hätte er dem tragischen Geschehen eine

Deutung im Sinn der Theodizee gegeben; er hätte, seinen Tod akzeptierend, einen gerechten Plan weniger erkannt als durch seine Einsicht erst gestiftet – eine Modernisierung, wenn man so will, der göttlichen Nemesis. Besondere Brisanz gewinnt das Fragment wegen seiner religionsphilosophischen Implikationen. Die persischen Sonnenanbeter werden als im Besitz der »natürlichen Religion« gezeigt, ihre religiösen Vorstellungen scheinen denen der Griechen, die Sokrates töteten, überlegen. Die (neologische) Auffassung, dass außerhalb der christlichen Lehre die »natürliche Religion« zum Aberglauben degeneriere, wird mit den Mitteln des Dramas widerlegt.

Eine vergleichbare Herausforderung scheint in dem Fragment *Tonsine* vorzuliegen. Es trägt die Gattungsbezeichnung »bürgerliches Trauerspiel«. Wie radikal sprengt Lessing jedoch den auf »Häuslichkeit« eingegrenzten Horizont! Die Handlung ist der Geschichte des Grafen von Gleichen nachgebildet. Der Marquis von Basadonna kommt nach Europa zu seiner Frau zurück, er bringt die Japanerin Tonsine mit, die ihn errettete und der er die Ehe versprochen hat. Das Stück ist als Trauerspiel angelegt, die bürgerlichen Verhältnisse lassen die ›Ehe zu dritt‹ nicht zu. Butzmann zeigt in seiner Analyse des Fragments, dass Lessing offenkundig eine Konfrontation der Europäer mit den hohen moralischen und religiösen Standards der Japanerin plante, wobei er sein Wissen vermutlich aus Bayles Lexikon gezogen habe (*Dictionnaire historique et critique*, [1]1697). Dort werde die Weisheit der Japaner so beschrieben, dass sich ein der spinozistischen Philosophie nicht unähnliches Gedankengebäude ergebe (Butzmann 1966, 116). »Tonsine sagt«, mit diesem Satz bricht das Fragment ab (B 3, 528), »daß sie nach ihren Lehrsätzen zu sterben wisse« (zu Lessings Quellen ergänzend B 3, 1294f.). Guthke (2009) ordnet *Tonsine* einer Reihe von (später entstandenen) bürgerlichen Trauerspielen zu, in denen, so seine These, die empfindsame Menschenliebe zu einem religionsphilosophisch konnotierten Ideal werde, das den kritischen Blick auf die Vorurteile der christlichen Europäer ebenso erlaube wie die Öffnung zu außereuropäischen Religionen und fremden Ethnien, wobei er neben den Beispielen für die aufklärerisch-tolerante Tendenz auch eine intolerante Variante des ›Exotismus‹ (*Der Renegat* [1759] von Karl Theodor Breithaupt) vorstellt.

Guthkes Studie vermag mithin einen Horizont philologisch zu konkretisieren, der *Tonsine* mit *Nathan dem Weisen* verbindet.

(3) Das politische Stück: Spartacus. Bevor er *Emilia Galotti* ausarbeitet, beschäftigt sich Lessing mit einem Stoff, der eine Privatisierung nicht erlaubt: dem Spartacus-Stoff. Der Name »Spartacus« hat durch die spätere Rezeption einen revolutionären Klang erhalten, den nicht mitzuhören schwer geworden ist. In einem Brief an Ramler (16.12.1770) spricht Lessing von seiner »antityrannischen« Tragödie. Bereits in der Tragödie von Bernard Joseph Saurin (1760), der frühesten Dramatisierung des Stoffes (Frenzel [5]1970, 699), tritt Spartacus als Freiheitsheld auf. Lessings Notizen lassen erkennen, dass er den Begriff des »Menschen« in den Mittelpunkt rücken und die politischen Implikationen herausarbeiten wollte. »Sollte sich der Mensch nicht einer Freiheit schämen, die es verlangt, daß er Menschen zu Sklaven habe?« (B 7, 376). In diesem Ausspruch des Spartacus, der sicherlich zentrale Geltung für das Stück beanspruchen darf, wird mit der »Freiheit« der »Freien« zugleich die antike Gesellschaftsordnung in Frage gestellt. Alle skizzierten Szenen laufen auf die Entlarvung des Widerspruchs zwischen »Mensch« und »Sklave« bzw. »Mensch« und »Herr über Sklaven« hinaus. Offen muss allerdings bleiben, inwiefern bzw. in welchem Sinn Lessing damit eine Deutung der gesellschaftlichen Situation seiner Zeit intendierte, wo er da den Konflikt zwischen »Herren« und »Sklaven« sah.

Wichtige Gesamtausgaben: K. Lessing 1784 und 1786 [*Theatralischer Nachlaß*]; Boxberger 1876; LM 3 und 15 [*Kollektaneen*]; PO 8 [=Teil 10].

Literatur

Barner 1973, 53–72; Barner in Borchmeyer (Hg.) 1989, 22–36 [*Alcibiades*]; Bohnen in B 7, 959–965 [*Spartacus*]; Boxberger 1876 [Einleitungen]; Butzmann 1966 [*Tonsine*]; Catani 2010, 34–58 [Lessing und das spanische Theater]; Enders 1956 [*Der Horoskop*]; Frenzel [5]1970; Golawski-Braungart 2005 [Lessing und das französische Theater]; Guthke 2009 [*Tonsine*]; Korzeniewski 2003 [antikes Theater in der *Querelle* und bei Lessing]; Nisbet 2008; PO 8 [=Teil 10], 9–19; E. Schmidt [4]1923, Bd. 1, 331 ff.; Stenzel in B 3, 1294 f. [*Tonsine*]; Ter-Nedden 1986, 114 ff. [Sophokles; *Kleonnis*]; Valentin 2010 [*Hamburgische Dramaturgie* und das europäische Theater].

Hamburgische Dramaturgie

Entstehung und Kontext

Erstdruck: Die *Hamburgische Dramaturgie* erscheint als zweibändige Buchausgabe Ostern 1769 (in Kommission bei J.H. Cramer in Bremen; der Drucksatz wird in Bodes und Lessings Hamburger Druckerei erstellt). Voraus liegt die periodische Erscheinungsweise in »Stücken« (im heutigen Sprachgebrauch: »Nummern«), die zweimal wöchentlich, dienstags und freitags, herauskommen. Am 22.4.1767 veröffentlicht Lessing die *Ankündigung*, am 8. Mai folgen die ersten drei Stücke. Zweimal sieht sich Lessing aufgrund von Raubdrucken (in Leipzig und Hamburg) zur Unterbrechung gezwungen. Die erste Pause liegt zwischen dem 31. Stück (dem 14.8.1767) und dem 32. Stück, das erst am 8.12.1767 erscheint, die zweite leitet zugleich das Ende des Theaterblatts ein. Mitte April 1768 liegen 82 Stücke vor, die Stücke 83–104 veröffentlicht Lessing dann nicht mehr einzeln, sondern erst ein Jahr später zusammen mit dem zweiten Band der *Hamburgischen Dramaturgie*, die mit ihnen schließt. In der Datierung hält er jedoch die Fiktion des regelmäßig erscheinenden Periodikums aufrecht, so dass das Schlussstück (101.–104. Stück) das Datum des 19.4.1768 trägt. – Die Zeugnisse zu Lessings Gegenwehr gegen die Raubdrucke stellen Bohnen (B 6, 877–880 und 927–929) und Berghahn (1981, 527–529) zusammen. – Text: B 6, 181–694.

Das Hamburger Nationaltheater

»Es wird sich leicht erraten lassen, daß die neue Verwaltung des hiesigen Theaters die Veranlassung des gegenwärtigen Blattes ist« (B 6, 183). So beginnt die *Ankündigung*, in der Lessing das Hamburger Modell vorstellt. Was war geschehen? – 1765 unternimmt der Wanderbühnen-Prinzipal Konrad Ackermann den Versuch, in Hamburg mit seiner Truppe sesshaft zu werden und ein stehendes Theater zu etablieren. Er baut am Gänsemarkt ein Schauspielhaus. Sein Repertoire umfasst annähernd 200 Stücke. Seine Truppe, zu der seit 1764 Konrad Ekhof gehört, ist eine der besten Deutschlands. Trotzdem gelingt Ackermann der Durchbruch nicht. Das Publikum

verliert das Interesse. Finanzielle, organisatorische Schwierigkeiten und private Intrigen nötigen ihn bereits im darauffolgenden Jahr, das Haus am Gänsemarkt neu zu vermieten.

So führt die Notlage des Prinzipals zur Gründung des ersten »deutschen Nationaltheaters«. Johann Friedrich Löwen, ein Theatertheoretiker und Schriftsteller, dem Ackermann bereits eine beratende Funktion eingeräumt hatte, wittert in dessen Schwierigkeiten die Chance, eine lang gehegte Idee durchzusetzen: Die Organisation des Theaters ohne den Prinzipal, die Errichtung einer ›Nationalbühne‹, deren Träger die Bürgerschaft ist. Er gewinnt eine Gruppe von Hamburger Kaufleuten, die das Gebäude am Gänsemarkt pachten und in deren Hand die Verwaltung des Theaters übergeht. Fast alle Schauspieler des Ackermannschen Ensembles werden übernommen. Als Direktor wird Löwen engagiert. Dieser wiederum interessiert Lessing für das Unternehmen, die sogenannte Hamburger Entreprise. Es gelingt ihm, ihn als hauseigenen Kritiker zu verpflichten, der die Aufführungen mit beratender Stimme begleitet und zugleich Publikumsarbeit leistet. So entsteht die »Hamburgische Dramaturgie«. Im Stil einer Theaterzeitschrift veröffentlicht Lessing zunächst zweimal pro Woche seine Kommentare.

Beide, Lessing und Löwen, formulieren in ihren Ankündigungen die hohen Erwartungen, die sie an das Unternehmen knüpfen. Programmatisch ist es, wenn Lessing J.E. Schlegel als Vorstreiter anführt (B 6, 183). In mehreren Schriften hatte dieser bereits Vorschläge zur Realisierung der Idee vom »Nationaltheater« gemacht (*Gedanken über das Theater*; *Gedanken zur Aufnahme des dänischen Theaters*; vgl. *Werke* Bd. 3 [1764/ 1971], 241–298). Löwen fasst die Argumente zusammen (*Vorläufige Nachricht* 1766; B 6, 906– 911). Als Schlüsselfigur erscheint immer wieder der Prinzipal, der von der Gunst des zahlenden Publikums abhängig ist. Die neue Verwaltung durch ein Konsortium von Kaufleuten und Bürgern der Stadt soll dem Theater finanziellen Rückhalt und Spielraum sichern. Darüber hinaus geht es Löwen um die soziale Verbesserung des Schauspielerstandes und die Entwicklung einer gehobenen Schauspielkunst; die Gründung einer »theatralischen Akademie« ist geplant. Der dritte Schwerpunkt ist die Spielplangestaltung. Ballette, Opern, Hanswurstiaden und das Stegreifspiel werden verbannt. Löwen akzentuiert den moralischen Anspruch des Theaters: Es sollen nur Stücke geboten werden, die zur Bildung des Herzens, der Sitten und des Geschmacks beitragen (B 5, 907). Um eine moderne deutsche Dramenliteratur zu fördern, wird ein jährliches Preisausschreiben in Aussicht gestellt. – Löwens moralisches Programm, seine Auffassung vom Theater als einer »Tugendschule«, kommt recht gut im Prolog zur Eröffnung des Nationaltheaters zum Ausdruck (6. St.; B 6, 214. Der Verfasser ist anonym; zumeist wird der Prolog Löwen zugeschrieben); das Tugend-Laster-Schema steht dabei in deutlichem Widerspruch zu Lessings Konzeption:

> Wenn der, den kein Gesetz straft, oder strafen kann,
> Der schlaue Bösewicht, der blutige Tyrann,
> Wenn der die Unschuld drückt, wer wagt es, sie zu decken?
> Den sichert tiefe List, und diesen waffnet Schrecken.
> Wer ist ihr Genius, der sich entgegen legt? –
> Wer? Sie, die itzt den Dolch, und itzt die Geißel trägt,
> Die unerschrockne Kunst, die allen Mißgestalten
> Strafloser Torheit wagt den Spiegel vorzuhalten;
> Die das Geweb' enthüllt, worin sich List verspinnt,
> Und den Tyrannen sagt, daß sie Tyrannen sind
> [...].

Das Schicksal der Hamburgischen Entreprise ist bekannt. Am 22. April 1767 wird das Theater eröffnet, im November 1768 werden die letzten Vorstellungen in Hamburg gegeben. Keine zwei Jahre währt der Versuch. Dabei gastiert die Truppe bereits im Winter 1767/68 in Hannover, um Verluste wieder einzuspielen. Das Publikum bleibt weg; das Theater kann sich finanziell nicht halten. Ackermann wird wieder Prinzipal. Er zieht mit der Truppe nach Braunschweig weiter (März 1769).

Die Gründe für das Scheitern sind vielfältiger Natur. Zwei ›Kernprobleme‹ jedoch zeichnen sich relativ deutlich ab: Die mangelnde Verankerung der Trägerschaft in der hamburgischen Gesellschaft und die Dilemmata der Spielplangestaltung. Die Finanziers kommen »nicht aus den einflußreichen, angesehenen Hamburger Kaufmannskreisen, und in dem leitenden Ausschuß des Unternehmens« besitzt »nur ein einziges Mitglied das Hamburger Bürgerrecht« (Brauneck u. a. 1989, 39. Vgl. Kopitzsch 1975, 59 f.). Die führenden Familien der Stadt haben mit der »Entreprise« nichts zu schaffen. Der Senat kümmert sich kaum um das Theater. Es bleibt bei einer Privatinitiative ohne die Unterstützung der »öffentlichen Hand«. Zu Recht stellt Steinmetz (1979) fest, dass sich damit die neue Verwaltung im Wesen nicht von der alten Prinzipal-Wirtschaft unterscheidet. Ohne über genügend finanzielle Ressourcen zu verfügen, ist man nach wie vor ganz auf das Publikum angewiesen. Das Publikum jedoch gibt der französischen Konkurrenzbühne, die gleichzeitig die Spielerlaubnis für Hamburg erhält (Herbst 1767), den Vorzug (Slessarev 1981, 13; Steinmetz 1979, 29). Viele Intellektuelle – z. B. Lessings Freund Johann Albert Hinrich Reimarus, der Sohn des »Ungenannten« im Fragmentenstreit – gehen überhaupt nicht ins Theater. Die Bürger haben, wie aus mancher Lebensbeschreibung hervorgeht, neben ihrer beruflichen Beschäftigung einfach keine Zeit. Bei all dem auf ein fehlendes ›bürgerliches‹ Bewusstsein zu schließen, wäre jedoch verfrüht (Slessarev 1981, 12 ff.). Fast könnte man die Argumentation umkehren: Weil die Bewohner der Stadtrepublik die bürgerliche Aufklärung auf praktischem Gebiet tatkräftig vorantreiben – es gibt hierfür zahlreiche Beispiele (vgl. Slessarev 1981) –, finden sie keine Muße mehr für den Theaterbesuch. Lessing selbst sieht in seiner berühmten Schelte am Ende der *Hamburgischen Dramaturgie* von einer gesellschaftspolitischen Auslegung des Publikumsverhaltens ab (101.–104. St.; B 6, 684): »Über den gutherzigen Einfall, den Deutschen ein Nationaltheater zu verschaffen, da wir Deutsche noch keine Nation sind! Ich rede nicht von der politischen Verfassung, sondern bloß von dem sittlichen Charakter.« Was er unter dem »sittlichen (National-)Charakter« versteht, machen die folgenden Ausführungen deutlich. Er moniert den ›französischen Geschmack‹, die kulturelle Orientierung an Frankreich (s. dazu S. 353 ff.).

Dilemmata der Spielplangestaltung: Bereits zu Lessings Zeiten wollte ein Theaterpublikum vor allem gut unterhalten sein. Sehr bald z. B. werden Ballette auf der Hamburger Bühne wieder eingeführt; die komischen »Nachspiele« (z. B.

Lessings einaktige Komödie *Der Schatz*) gehören sowieso zum Kernbestand eines Theaterabends. Abträglich für die Zugkraft war sicherlich, dass viele Stücke bereits bekannt waren; man »hat errechnet, daß dreiundvierzig Prozent der Stücke Lieblingsnummern aus der Neuber-Zeit und weitere zweiunddreißig Prozent direkt aus Ackermanns Repertoire übernommen waren; uraufgeführt wurden in Hamburg nur eine Handvoll Stücke« (Nisbet 2008, 486). Darüber hinaus stellt sich das grundsätzlichere Problem: Sind die Zuschauer dem neuen Anspruch nicht gewachsen oder verfehlt das Bildungs-Programm Löwens den Nerv des Theaters, die sinnliche und emotionale Wirkung? Durch die neue Einschätzung der Wanderbühnen und Operntradition sind auch hinsichtlich dieser Fragestellung die Wertungen ins Wanken geraten. Hamburg ist im 18. Jahrhundert eine ausgesprochene Opern-Stadt (R. Meyer 1990), Telemann hatte hier seine vorzügliche Wirkungsstätte. Noch jedes reine Sprechtheater, so Meyer (22), scheiterte in Hamburg, wo eben die Traditionen eines »musikalisierten Theaters« gepflegt wurden. Nicht die Borniertheit des Publikums, sondern die Blindheit der Veranstalter für kulturelle Voraussetzungen seien für das fehlende Glück des Unternehmens verantwortlich zu machen. Dagegen ist allerdings mit Nisbet (2008, 478f.) wiederum daran zu erinnern, dass das alte Opernhaus 1765 abgerissen wurde, woraufhin Ackermann auf dem Grundstück sein Theatergebäude errichten ließ; schon seit geraumer Zeit konnte die Hamburger Mittelklasse sich offenbar nicht mehr für die Oper begeistern. – Werfen wir nun, um Lessings Kritik und Konzeption schärfer profilieren zu können, einen genaueren Blick auf den Spielplan des ersten »Nationaltheaters«.

Der Spielplan des Hamburger Nationaltheaters

Am Spielplan fällt – in den Worten Nisbets (2008, 485f.) – »am meisten auf, daß nur ein Drittel der 120 aufgeführten Stücke ursprünglich auf deutsch verfaßt war. Bei den meisten Übrigen handelt es sich um Übersetzungen aus dem Französischen (70); die restlichen zehn sind Übersetzungen aus dem Englischen, Italienischen und Niederländischen [...]. Der mit Abstand am häufigsten aufgeführte Dramatiker war Voltaire (10 Stücke, 43 Aufführungen) [...]. Komödien übertreffen – wie

auf den meisten Spielplänen der Zeit – zahlenmäßig bei Weitem die Tragödien [...]. / [...] Das bürgerliche Trauerspiel ist auch vertreten, nämlich mit Moores *The Gamester*, Lillos *The London Merchant* und natürlich *Miss Sara Sampson*, wie auch Diderot mit seinen zwei Stücken im neuen *genre sérieux*.« Schwierig allerdings ist es, die Daten zu deuten und Lessings Einschätzung des Spielplans abzuwägen. Die meisten Forscher betonen die Orientierung am klassizistischen Theater Frankreichs, die sich nicht nur in der Dominanz der Übersetzungen aus dem Französischen, sondern auch daran zeige, dass viele der deutschen Stücke (von J.E. Schlegel, Luise Gottsched, Cronegk, Ayrenhoff) nach dem französischen Vorbild gemacht seien; dementsprechend beurteilen sie den Spielplan als »ausgesprochen traditionell« (Nisbet 2008, 486). Dazu kommen die – oben erwähnten – theatergeschichtlichen Befunde; die Schauspieler griffen mit Vorliebe auf bewährte Erfolgsstücke zurück, in denen sie glänzen konnten und überdies der Mühe einer Neueinstudierung überhoben waren.

Bereits Robertson (1939/1965, z.B. 49f.) jedoch lenkt die Aufmerksamkeit darauf, dass der Spielplan des Hamburger Nationaltheaters schlichtweg ein Spiegel des *Status quo* der deutschen Theaterlandschaft ist, es wurde geboten, was vorhanden war, nicht jedoch eine rückwärts gewandte Auswahl getroffen. Das bürgerliche Trauerspiel und die heroisch-klassizistische Tragödie koexistierten – Löwen liegt sozusagen im Trend, wenn er bei der Ankündigung des Preisausschreibens beide Formen gleichrangig behandelt: Es werde »das beste Trauerspiel« ausgezeichnet, »es sey heroisch oder bürgerlich« (*Vorläufige Nachricht*; B 6, 910) – ; und die Shakespeareschen Stücke setzten sich auf der Bühne erst mit Friedrich Ludwig Schröders Bearbeitungen (seit 1776; s. Häublein 2005, 56ff.) durch. Weiter verweist Robertson darauf (49), dass in der zweiten Spielzeit, was die Tragödien anbelangt, sich das Gewicht deutlich zugunsten der deutschen Originalstücke verschob. Mit Weißens und Sturzens *Julie*-Dramen, beides freie Bearbeitungen von Shakespeares *Romeo und Julia*, wurden zudem äußerst ›moderne‹ bürgerliche Trauerspiele in den Spielplan aufgenommen (Weißes Stück war mit neun Aufführungen sehr erfolgreich, Sturzens *Julie und Belmont* wurde vier mal gegeben [vgl. Robertson, 44]), und Weißes *Richard III.* gehört ebenfalls in den Kontext der Shakespeare-Rezeption. Und schließlich ist bemerkenswert, dass Lessing nicht nur die Dominanz der Komödien, wo der französische Einfluss noch deutlicher ist als bei den Tragödien, nicht kritisiert, sondern viele der französischen Stücke ausdrücklich lobt (vgl. Nisbet 2008, 528); auch sind alle Formen (von der satirischen Komödie bis zum rührenden Lustspiel) vertreten. Lessing selbst ist neben Voltaire, Marivaux und Weiße einer der meistgespielten Autoren; *Minna von Barnhelm* wird von allen Stücken am häufigsten gegeben (16 Aufführungen; *Der Freigeist*: 6; *Miß Sara Sampson*: 5; *Der Misogyn*: 5; *Der Schatz*: 2); auch seine Diderot-Übersetzungen haben Erfolg (*Der natürliche Sohn* wird zwar nur einmal aufgeführt, *Der Hausvater* jedoch 12 mal; vgl. Robertson, 44, 46).

Neue Anstöße für die Deutung und Auswertung des Spielplans gibt vor allem Wolfgang Lukas' monumentale Studie zum Drama der Aufklärung (2005). Anhand eines umfassenden Materials zeigt Lukas, dass *alle* Dramenformen, -modelle und -typen im 18. Jahrhundert an den mentalitätsgeschichtlichen und diskursiven Wandlungsprozessen der Epoche teilhaben; umgekehrt formuliert: Er zeigt, dass die diskursiven Wandlungsprozesse alle Formen ergreifen, dass weder die heroische Tragödie noch die satirische Komödie auf den Einfluss Gottscheds und des französischen Klassizismus festgelegt werden können, dass sie die gleichen neuen Spannungen (zwischen Natur und Norm), Phantasmata, Verdrängungen und imaginären Kompensationen symptomatisch oder interpretierend zum Ausdruck bringen wie die anderen Formen, wie das rührende Lustspiel, das Familiengemälde und das bürgerliche Trauerspiel. Er kann die Kontinuität der heroischen Tragödie bis zum Sturm und Drang nachweisen – ein Ergebnis, das durch Heßelmanns (2002, 105 f.) Auswertung der Theaterjournale und Berücksichtigung der Bühnenpraxis bestätigt wird. Damit aber erfährt der Spielplan eine neue Kontextualisierung. Erst die Berücksichtigung des von Lukas gezeichneten ›Gesamtbildes‹ könnte die Frage, inwiefern die Darbietungen des Hamburger Nationaltheaters veraltet, traditionell, repräsentativ oder zukunftsweisend waren, fundiert beantworten (zu Kontinuität und ›Metamorphosen‹ der heroischen Tragödie vgl. auch Hollmer/ Meyer [Hgg.] 2001; A. Meier 1993; Niefanger

2005; Rochow 1994; G.-M. Schulz 1988). Wir geben einige Hinweise.

Im Drama ›hohen Stils‹ schlägt sich die zeit- und epochentypische Emotionalisierung ebenso nieder wie im bürgerlichen Trauerspiel, und im bürgerlichen Trauerspiel können die gleichen von Lessing perhorreszierten Vertreter eines ›grundlos‹ Bösen auftreten wie in jenem (z.B. Henley in Brawes bürgerlichem Trauerspiel *Der Freygeist* [1758]). Vor allem Weißes Trauerspiele – bürgerliche wie heroische – erscheinen dabei als Bindeglieder zum Sturm und Drang. Was die Beachtung der Einheiten, das Versmaß (Alexandriner) und höfisches Kostüm anbelangt, folgen seine – in Hamburg aufgeführten – Tragödien *Rosemunde* und *Richard III.* z.B. zwar (im Wesentlichen) dem klassizistischen Muster. Doch gehen Entpolitisierung und Emotionalisierung Hand in Hand. Im Mittelpunkt dieser Stücke steht der Mechanismus des Lasters, das die göttliche Rache auf den Plan ruft; die ›Vorsicht‹ bedient sich der entfesselten Leidenschaften, um das Gericht an den Frevlern zu vollstrecken und sie der ewigen Verdammnis anheimfallen zu lassen. Unter dem ideologischen Schutz des lutherischen Menschenbildes (›Verstockung des Sünders‹ als Strafe Gottes), so scheint es, geschieht eine psychologische Erkundung des Gewaltpotentials der menschlichen Seele sowie des sexuellen Begehrens, und dies in voyeuristischer, sensationshungriger Absicht. Sowohl Richard III. als auch Rosemunde schwelgen in blutrünstigen, sadistischen und wollüstigen Phantasien (Lukas [202–204] spricht von einer »Ästhetisierung« des Verbrechens); am Ende tut sich in ihnen der Abgrund der Hölle auf, sie sterben in Verzweiflung. Die Faszinationskraft der Freigeister und überdimensionierten Bösewichter, die ihr Ich zu ihrem Gott erheben, der Kitzel der psychologisch ausgeleuchteten Todsünden, ist für Lukas die – epochentypische – Kehrseite zu der empfindsamen Moral mit ihrer Verdrängung der leidenschaftlichen Liebe und Ächtung der Rache. Im Märtyrerdrama (z.B. Cronegks *Olint und Sophronia*), dem Gegenstück zur Tragödie der ungeheuren Verbrecher, aber auch in vielen Konfliktmodellen des bürgerlichen Trauerspiels, in denen das Liebespaar scheitert, sieht er Ausdruck und Symptom dieser Verdrängung. So werde zum Beispiel in Weißes *Romeo und Julie* und in Sturzens *Julie und Belmont* die Liebe der Kinder, die sich gegen die patriarchalische Ordnung auflehnen, patholo-gisiert; zudem werde die Schuld am tragischen Untergang dem Unbezwingbaren der Leiden-schaft und dem Wunsch, sie auszuleben, zuge-schoben; der Mensch werde Gott gegenüber »ideologisch belastet« (324–334; vgl. auch 255–261. – Zu Weiße s. auch Pape 1990, zu *Richard III.* vgl. Alt 2010, der eine politische Deutung vorlegt, und Durchholz 2008/09 [2010]). Und schließlich ein letztes, wirkungsästhetisches Argument: Die Verfasser heroisch-politischer Tragödien rechtfer-tigen sich mit der Begründung, dass ihre Stücke die neuartige »Rührung« genauso gut oder gar besser erzielten als das bürgerliche Trauerspiel. So schreibt z. B. Cornelius von Ayrenhoff im Vor-wort zu seiner Tragödie *Hermanns Tod* (1768): »Der Zuschauer will gerührt, er will von Furcht oder Mitleid hingerissen werden, er will Thrä-nen vergießen« (1768/1803, 99), und versichert, dass er trotz der patriotischen Moral seines Trau-erspiels diese Erwartung zu erfüllen gesucht habe.

Solchermaßen in den Kontext eines übergrei-fenden Wandlungszusammenhangs gerückt, könnte sich zum einen der Hamburger Spielplan als repräsentativ für die damaligen diskursiven Strömungen und formalen Entwicklungen erwei-sen, wobei die Frage nach den Übersetzungen aus dem Französischen neu aufzuwerfen ist. Zum anderen zeichnet sich ab, dass Lessings Tragödi-enkonzeption (der Tragödie schenkt er mehr theoretische Aufmerksamkeit als der Komödie) ein individuelles Sondermodell darstellt, von dem her er die aufgeführten Stücke bewertet. Je-denfalls hält er den Gemälden einer sündhaft-bösen Egozentrik ein solidarisches, Du-bezoge-nes Menschenbild entgegen und kennt im Ge-genzug keine Diffamierung der erotischen Liebe. In seiner Kritik an *Olint und Sophronia* (1. St.; B 6, 188f.) ordnet er sie im Hinblick auf Theater-wirksamkeit der christlichen Religion unmissver-ständlich vor. Provozierend vergleicht er Cro-negks Stück mit seiner italienischen Vorlage, ei-ner Episode aus Tassos Epos *Das befreite Jerusa-lem* (*La Gerusalemme Liberata*, 1580/81). Statt (wie Cronegk) die Liebesleidenschaft in religiö-ser Schwärmerei verdampfen zu lassen, habe Tasso die Religion der Liebe dienstbar gemacht. Er habe die irdische Leidenschaft hinter der reli-giösen Empfindung ›entdeckt‹ und so einen na-türlichen Kausalnexus für alle Ereignisse gefun-den. »Aber die Religion, welche bei dem Tasso nur das Mittel ist, wodurch er die Liebe so wirk-sam zeiget, ist in Cronegks Bearbeitung das Hauptwerk geworden. […] Gewiß, eine fromme Verbesserung – weiter aber auch nichts, als fromm! Denn sie hat ihn verleitet, was bei dem Tasso so simpel und natürlich, so wahr und menschlich ist, so verwickelt und romanenhaft, so wunderbar und himmlisch zu machen, daß nichts darüber!« (1. St.; B 6, 188). Schließlich dient Lessings Auffassung vom immanenten Ganzen der dramatischen Handlung nicht der Belastung, sondern der Emanzipation des Men-schen. Dies Emanzipatorische, das sich bei ihm mit der Emotionalisierung verbindet, werden wir in unserer Analyse herauszuarbeiten suchen.

Widersprüche bleiben dessen ungeachtet be-stehen. So beklagen die zeitgenössischen Thea-terkritiker den Mangel an deutschen Original-dramen und halten die Autoren dazu an, bühnen-taugliche Stücke zu schreiben (Häublein 2005, 32) – das geplante Preisausschreiben dient genau diesem Zweck, und auch Lessing spielt in seiner *Ankündigung* auf das Fehlen von »Meisterstü-cken« in deutscher Sprache an (B 6, 185) –; auf der anderen Seite fördern die literatur- und thea-tergeschichtlichen, bibliographischen Recherchen seit den 70er Jahren (Hollmer/Meier [Hgg.] 2001; R. Meyer 1977, 1986 und 1993ff.) deutsch-sprachige Bühnenwerke, Tragödien und Komö-dien, in Fülle zutage; Lukas' Studie benutzt und erweitert dieses Material. Das (bloße?) Gefühl eines Mangels an deutschsprachigen Dramen er-klärt man in der Forschung wiederum mit dem Qualitätsargument: Die Literatur- und Theater-kritiker hätten sich an der Seichtigkeit der Stücke gestoßen und die Autoren zu einer substantielle-ren Produktion anzuregen gesucht; insbesondere die Propagierung Shakespeares als eines neuen Vorbilds und Impulsgebers erfülle hier ihre Funk-tion (Häublein 2005, 21). Den Vorwurf der Seich-tigkeit und Mittelmäßigkeit will dagegen Lukas gerade entkräften; umgekehrt scheint das litera-risch-ästhetische Qualitätskriterium für die Bühne nicht oder nur modifiziert zu gelten: Im letzten Drittel des 18. Jahrhunderts werden die Theater von Familienrührstücken und »Spekta-keldramen« überschwemmt (Heßelmann 2002, 428f.; 107f.), und auch Shakespeare findet nur in Bearbeitungen den Weg auf die Bühne, deren Legitimation eben die Anpassung an Publikums-

geschmack und -interesse ist (Häublein 2005; s.
S. 347).

Scheiterte also das Hamburger Nationaltheater
an einem – eigentlich gar nicht vorhandenen –
Mangel an Originalstücken? Folgte es mit der
französischen Ausrichtung einem veralteten Geschmack, dem aber das Publikum – so jedenfalls
Lessings Vorwurf (B 6, 684 f.) – immer noch an-
hing? Oder ist der Spielplan ein repräsentativer
Spiegel der deutschen Theaterlandschaft, der die
diskursiven Umbrüche genau reflektiert?

Forschung

Es gibt (nach Robertsons Pionierleistung aus dem
Jahr 1939) noch keine neuere Untersuchung der
Hamburgischen Dramaturgie, die von Lessings
gegenständlichem Zugriff ausgeht und konsequent den Bezug zu den rezensierten Stücken
herstellt, um so Aufschlüsse über Lessings Stellung zur zeitgenössischen Dramatik und über die
Eigenart seines psychologischen Interesses zu erhalten. Dabei sind nunmehr in der Forschung die
Voraussetzungen für ein solches Unternehmen
geschaffen: Mit den Arbeiten z. B. von Heßelmann oder Lukas (s. o.) ist der Kontext des
deutschsprachigen Theaters ausreichend beleuchtet; Ähnliches leistet Jean-Marie Valentin
für das französische Theater: Er konfrontiert in
seiner Einführung zur französischen Übertragung
der *Hamburgischen Dramaturgie* (2010, IX–
CXXVI) Lessings argumentative Strategien zur
Durchsetzung eines neuen Geschmacks und Modells mit den theoretischen Programmen und
Stücken seiner (vornehmlich französischen) Antipoden, Gegner und Bündnisgenossen; Destouches, Corneilles, Voltaire und Diderot bilden die
Schwerpunkte. Die Einleitung wird ergänzt durch
einen reichhaltigen Kommentar, der Lessings
Bezugnahmen auf das europäische Theater mit-
tels zahlreicher Quellenbelege erhellt (zu dem
Vergleich zwischen Voltaires und Maffeis Merope-
Tragödien s. auch Mugnolo 1992, Chiarini 1997,
Zeller 1997; zur französischen Komödie vgl. Va-
lentin 1985).

Im Zentrum des Forschungsinteresses standen
bislang die Aristoteles-Auslegung, die Affektpsychologie und die gesellschaftliche Programmatik
der *Hamburgischen Dramaturgie*, häufig bildet
dabei der *Briefwechsel über das Trauerspiel* den

Ausgangspunkt bzw. gibt die Perspektive vor.
Darüber hinaus spielt der ›Theodizee-Satz‹ (»das
Ganze dieses sterblichen Schöpfers sollte ein
Schattenriß von dem Ganzen des ewigen Schöpfers sein« [79. St.; B 6, 577 f.]) eine herausragende
Rolle (vgl. Nisbet 2008, 519). Auch für unsere
Analyse ist die Frage nach dem Zusammenhang
von Tragödie und Theodizee zentral; wir knüpfen dabei an die Studie von Anke-Marie Lohmeier (2000) an (s. S. 342 f.; zum Kontext ›Theater‹ s. S. 319–321).

Vergleich mit der aristotelischen
Tragödienkonzeption

Lessings Aristoteles-Auslegung gerät in dem Augenblick in den Mittelpunkt des Interesses, in
dem ein Bild von der griechischen Tragödie sich
durchsetzt, das von der humanitär-philanthropi-
schen Deutungstradition abweicht. Die Lessing-
Interpretation verknüpft sich hier mit der Geschichte der Altphilologie. Eine Summe der Argumente, welche die Schere zwischen Lessing
und Aristoteles betonen, bietet der bekannte Aufsatz von Schadewaldt (*Furcht und Mitleid? Zur
Deutung des Aristotelischen Tragödiensatzes*,
1955). Schadewaldt rückt den Lessingschen Mit-
leidbegriff in die christliche Tradition. Von ihr
habe das »Mitleid« seine moralische Einfärbung
erhalten. Im »humanitären 18. Jahrhundert erweitert sich das Wort von seiner christlichen
Grundlage in Richtung auf das damals neu bewußt werdende Allgemein-Menschliche, und
›Mitleid‹ wird so zu jenem Universalsinn der
Menschenliebe, in der [sic] das Wort auch uns
ein unverlierbarer Besitz unserer Kultur ist« (134).
Aristoteles' *eleos* habe mit diesem Mitleid kaum
etwas gemeinsam. Wie *phobos* sei *eleos* ein »naturhaft ungebrochener Elementaraffekt« (137).
Als solcher gehöre er für den Griechen in den Bereich des Triebhaften, das als Gefährdung empfunden werde. Die antike Tragödie ziele also zunächst auf eine elementare Erschütterung, die
mit moralisierenden Kriterien nicht zu fassen sei.
Die Konsequenzen für die Katharsis-Deutung liegen auf der Hand. Lessing, so Schadewaldt (148),
habe Aristoteles die Meinung unterlegt, die Tragödie sei »eine Art moralischer Kuranstalt«, durch
die »der ganze seelische Habitus des Menschen
eine nachhaltige Besserung erfahre.« Fast das Gegenteil davon sei richtig. Der Katharsis-Begriff

bei Aristoteles sei doppelt konnotiert. Zum einen sei er nicht loszulösen von seiner wörtlichen medizinischen Bedeutung und meine eine »Entladung« von den störenden Gemütsbewegungen. Zum anderen wolle Aristoteles mit der »Katharsis« auf das spezifische Vergnügen verweisen, das die Tragödie durch die Erregung und Befreiung von Leidenschaften bewirke. Schadewaldt gebraucht die Wendung »kathartische Lüste« (158 f.). Als einen Vorgang, der primär unreflektierte Gefühle involviere und daher affektgebunden sei, habe Aristoteles die Katharsis jedoch aus dem Bereich der Erziehung und ›moralischen‹ Charakterbildung ausgegrenzt.

Gegen Schadewaldts Deutung hat vor allem Wolf-Hartmut Friedrich (1963) Einspruch erhoben. Dabei vertieft er zunächst die Kluft, die zwischen der Tragödienformel des Aristoteles und Lessings Auslegung besteht, indem er der Katharsis eine bestimmbare ›geistige‹ Dimension aberkennt. Durch den Begriff werde die Tragödie auf eine Stufe mit musikalisch-magischer Therapie gestellt (20). Ihre Wirkung werde auf die Sensation, den Angriff auf die Nerven, reduziert. Aristoteles messe in seiner Definition – anders als in der anschließenden Beschreibung – der tragischen Dichtkunst nur einen geringen Wert zu. Unzulänglich, ja »schnöde« sei sein Satz ausgefallen (22). In Schadewaldts Augen greift Lessings christlich-moralisierende Auffassung Aristoteles gegenüber zu kurz. Die Dimension des Großartigen gehe verloren. Ganz anders zeigt sich das Verhältnis Lessing – Aristoteles für Friedrich. Lessing überinterpretiere den Tragödiensatz der *Poetik*, jedoch so, dass er an Aristoteles vorbei »ins Schwarze« treffe und ein wesentliches, wenn nicht gar konstitutives Merkmal der griechischen Tragödie in den Blick bekomme (22). Friedrich zeigt, wie in der griechischen Tragödie selbst Mitleid und Furcht immer wieder thematisiert und dem Zuschauer als spezifisch menschliche Reaktionsweisen auf die Schicksale der Helden nahegelegt werden. Bedenkenswert ist der wissenschaftsgeschichtliche Hinweis, mit dem Friedrich seine Widerlegung beschließt. Schadewaldts Polarisierung der christlich-humanitär-philantropischen und der antiken Tragödien-Tradition habe seine Wurzeln in Nietzsches Griechenbild und Diffamierung des Mitleids (neuere Diskussion der Begriffe *eleos* und *phobos* im Kontext des 18. Jahrhunderts: K. Hamburger 1989).

Aus altphilologischer Sicht wird meist die moralisierende Komponente von Lessings Mitleidsbegriff betont, um ihn dadurch von der Affekterregung und -reinigung, wie sie Aristoteles im Sinn habe, abzugrenzen (M. Fuhrmann 1973, 268 ff.). Es ist (u. a.) das Verdienst Max Kommerells (1940; ⁵1984), die Bedeutung, die das unmittelbar Affektive und Leidenschaftliche auch für Lessing besitzt, herausgestellt zu haben. Kommerell beleuchtet Lessings Theorie im Zusammenhang mit seiner Polemik gegen Corneille. Lessing habe die mit der Tragödie verbundene Wirkungsabsicht neu profiliert. Er habe die Identität von »Wesen« und »Wirkung« der Tragödie wiederentdeckt und die tragische Erschütterung als ein aufwühlendes Gefühlserlebnis ernst genommen. Auf sie ziele die Dramaturgie der Identifikation ab. Auf dieser Grundlage stellt Kommerell den antiken und modernen Schriftsteller einander gegenüber. In groß angelegten Analysen arbeitet er die unterschiedlichen Fassungen der zentralen Begriffe (Katharsis, Charakter, Sitten, Fehler, Notwendigkeit, Mythos) heraus.

An Kommerell anknüpfend, holt Thomas Dreßler (1996) zu einer General-Revision der ›altphilologischen Lessing-Kritik‹ aus. Scharf wendet er sich gegen die Übersetzung der zentralen Termini *eleos* und *phobos* mit »Jammer« und »Schauder«. Schadewaldt und, im Anschluss an ihn, Manfred Fuhrmann reduzierten die Tragödie auf ein Jahrmarktspektakel. Er plädiert für die ›Rekultivierung‹ der *Poetik*. »Mitleid« und »Furcht«, psychisch distinkte Reaktionen, seien unter *eleos* und *phobos* zu verstehen. Trotz dieser Polemik ist Dreßler im Endeffekt von Schadewaldts Tragödienauffassung gar nicht so weit entfernt. Nur dass er Lessings Konzept mit ihr harmonisiert und nicht von ihr unterscheidet. Denn zugleich mit dem Nachweis, dass Lessing den Aristoteles richtig übersetzt und verstanden habe, führt Dreßler den Nachweis, dass Lessings Mitleidsbegriff nicht christlich-humanitär konnotiert sei. Lessing wolle die elementare Erschütterung, wolle die Erregung der Leidenschaften. Sein tragisches Mitleid hebe auf die unverfälschte Kraft einer Naturempfindung ab. Wovon aber spricht Schadewaldt, wenn er den »Jammer« erläutert? Von naturhaft ungebrochenen emotionalen Erschütterungen. Großartige Gefühle reklamiert Dreßler auch für Lessing. Von der Blässe, dem Pflichtsauren des Christentums muss dessen Tragödienkonzeption deshalb befreit werden. Dies gelingt mittels der Polarisierung von »Philanthropie« und »Mitleid«. Mit dem Terminus »Philanthropie« bezeichne Lessing das christliche Mitleid. Es sei eine normative Forderung, mit Pflichtcharakter verbunden, undifferenziert beziehe es sich auf die leidende Kreatur schlechthin. Entsprechend sei dieses Mitgefühl ohne wahres elementares Gefühl, eine antrainierte religiöse »Standardempfindung«. Von solcher Pflichtenschwere befreie Lessing das tragische Mitleid. Der Mensch, der »natürliche Mensch«, solle in ihm zum Vorschein kommen, sich ausleben dürfen. Dreßler baut das »Mitleid« als Gegenbegriff zum christlichen Mitleid auf. Lessings tragisches Mitleid *frage* danach, ob der Leidende es auch verdiene (Postulat der »Ähnlichkeit« mit dem Zuschauer). Dann aber stelle es sich als unentrinnbare Naturempfindung ein, als ein überwältigender Affekt.

Diese Polarisierung ist jedoch mehr als fragwürdig. Durch die Abtrennung von der »Philanthropie«, der christlichen Ethik, verliert das Mitleid die inhaltliche Qualifikation. Zurück bleibt ein bloßes Gefühl, Gefühl »pur«. Beiläufig gesteht Dreßler zu: Für Lessing hat die Tragödie einen moralischen Zweck, sie soll bessern. Aber er verfolgt den Gedanken nicht weiter, kann ihn nicht weiterverfolgen. Denn nun würden sich die entscheidenden Fragen anschließen: *Wie* kann das Mitleid bessern? Auf Dreßlers Interpretation angewendet: Wie kann die Naturempfindung bessern, die den Menschen notwendig und elementar hinreißt? Worin liegt »das Gute«? Welches Telos hat die Besserung, zu welchem Ziel dient der Affekt des Mitleids? Zieht man die Konsequenz aus Dreßlers Argumentation, müsste die Antwort lauten: Das tragische Mitleid fegt die religiöse Kulturempfindung hinweg, jene unnatürliche Philanthropie. Es restituiert den ursprünglichen, von der christlichen Pflichtethik unverbogenen Menschen. Ist das Lessings Intention? Wie steht es mit der Logik des Bildes aus der *Hamburgischen Dramaturgie* (76. Stück, B 6, 563): Die Philanthropie sei der Funke, der durch die Tragödie zur Flamme des Mitleids entfacht werde? Bedeutet das Bild nicht, dass das Mitleid die Philanthropie immer noch in sich enthält, dass die Philanthropie der Nährboden des Mitleids ist, ja, durch das Mitleid zur Wirkung gelangen soll? Indem Dreßler die Verbindung des Mit-

leids mit dem ›Christlichen‹ durchtrennt, negiert er zugleich die Verbindung zur Moralität (zur Kritik an Dreßler vgl. auch Golawski-Braungart 1999, 420. – Golawski-Braungart, die die Konstellation ›Aristoteles-Corneille-Lessing‹ untersucht, konturiert den Wechselbezug von Mitleid und Furcht als konstitutiv für Lessings Modell; s. S. 348 f.).

Affektpsychologie. Fast zwangsläufig führt die Aristoteles-Auslegung zur Analyse der Empfindungen. Die ›Leidenschaften‹ stehen im Mittelpunkt der Definition aus der *Poetik.* Lessings Mitleidsbegriff berührt zentrale Probleme der zeitgenössischen Affektenlehre. Peter-André Alt, der Lessings Tragödientheorie in den Kontext der Aristoteles-Rezeption im 18. Jahrhundert stellt (*Tragödie der Aufklärung*, 1994), macht diesen Zusammenhang sichtbar. Er hebt das Originelle und Scharfsinnige in der Deutung der tragischen Affekte und ihres Zusammenwirkens hervor. Die in der *Hamburgischen Dramaturgie* entfaltete Wirkungslehre wird zum Dokument für das psychologische Interesse an komplexen Gemütszuständen. Alt zeichnet Lessings neue Auffassungsweisen nach: die Beziehung von Mitleid und Furcht aufeinander und die Angleichung des Helden an das Publikum. Es gehe Lessing dabei weniger um terminologische Probleme als vielmehr um die Erkundung der »tragischen Wirkungsmechanik«. Deren Kern sehe er in der Einfühlung und Sensibilisierung. Unter der Katharsis verstehe Lessing eine Selbstreinigung (›Läuterung‹) der Affekte durch wechselseitige Beeinflussung. Ein »emotionales Gleichgewichtsniveau« solle erlangt werden (zur Affektpsychologie vgl. auch G.-M. Schulz, 1988).

Gesellschaftliche Programmatik:
Literatursoziologische Deutungen

Auch für den sozialgeschichtlichen Deutungsansatz spielt die Funktionalisierung des Gefühls in Lessings Tragödientheorie eine wichtige Rolle. Die Debatte schließt unmittelbar an die Diskussion über das bürgerliche Trauerspiel und den Trauerspiel-Briefwechsel an. Zwei Typen der Beurteilung haben sich herausgebildet, für die hier die Beiträge von Mattenklott/Peitsch und Schulte-Sasse stehen sollen.

Kritisch werten Mattenklott/Peitsch (1974; sie

stehen in der Szondi-Tradition). Zwar sei die *Hamburgische Dramaturgie* ein Meilenstein in der Entwicklung des bürgerlichen Selbstbewusstseins. Doch die Konfrontation mit dem Feudalabsolutismus werde durch die Mitleidsästhetik entschärft. Die Kultivierung des Gefühls gehe zu lasten der Einsicht in die realen gesellschaftlichen Verhältnisse. So sei der »beste Mensch« das »Produkt von Abstraktionen«. Die emanzipatorische Stoßrichtung verkehre sich in eine resignativ-quietistische Haltung. Die resignative Komponente enthülle sich in Lessings Auffassung vom »Zusammenhang«, der im Drama herrschen müsse. Um Identifikation und Mitempfindung zu sichern, werde die Schuld für den tragischen Ausgang in das Innere des Helden verlegt. Das Verständnis für die gesellschaftlichen Mechanismen, die die Katastrophe verursachen, gehe verloren.

Dem gegenüber sucht Schulte-Sasse (1980), Lessings Dramaturgie des Mitleids vor dem Vorwurf gesellschaftlicher Blindheit abzusichern. Sein Argument ist hierbei die Vereinnahmung von Vernunft und »ratio« durch die herrschenden Schichten: Von Wolff über Gottsched bis hin zu Mendelssohn habe man im Bereich des Ästhetischen das Gefühl der Vernunft untergeordnet. Man habe die emotionale Wirkung insbesondere des Theaters nur insoweit zugelassen, als sie der Einprägung von Exempeln diente. Die fraglose Ausrichtung an der Vernunft wird von Schulte-Sasse mit der Stabilisierung der bestehenden hierarchischen Gesellschaftsordnung identifiziert (318 f.). Keine die Gesellschaft verändernden Impulse seien von Literatur und Kunst erwartet worden. Es zeichnet sich die Leistung ab, die der Mitleidspoetik Lessings zugewiesen wird. Die empfindsame Aufklärung habe die natürliche Moralität des Gefühls verteidigt. Damit sei das repressive Normensystem der Vernunft in Frage gestellt worden. Theorie und Praxis seien neu zu vermitteln gewesen. Hier habe Lessings tragisches Mitleid seinen Platz. Es solle die Gefühlsdisposition erzeugen, die notwendig für ein gesellschaftspolitisch relevantes Handeln sei. Hierbei bringt Schulte-Sasse allerdings die Vernunft wieder zu Ehren. Denn keineswegs erkläre Lessing undifferenziert alle Gefühle für gut. Die Vernunft des Dramatikers müsse vielmehr die mögliche gesellschaftliche Pervertierung der Gefühle durchschauen. Das Resultat dieses Erkenntnisprozesses sieht Schulte-Sasse in der Konfronta-

tion bürgerlicher Tugend mit höfischem Laster. Den ›bürgerlichen‹ Gefühlen der Menschlichkeit würden in der *Hamburgischen Dramaturgie* die egoistischen Begierden (wie Herrschsucht, Ehrgeiz etc.), die das adlige Wertesystem fördere, entgegengehalten.

Die Crux dieser Auslegung beruht darin, dass auf der Dichotomie von Gefühl und Vernunft eine gesellschaftspolitische Konfrontation von Adel und Bürgertum schlechterdings nicht aufzubauen ist. Prompt wird denn auch von Schulte-Sasse der Tugend-Laster-Schematismus wieder eingeführt, wenn er adlige Laster- und bürgerliche Tugendsphäre miteinander kontrastiert. Tatsächlich ist Lessings Gefühlsdramaturgie in einem weit radikaleren Sinn ständeübergreifend. Königen wird ihr Menschsein wiedergegeben, indem sie als mitleidwürdig aufgefasst werden, und die groß dimensionierten aggressiven Gefühle werden als Gefahren in jedes Menschen Innerem entdeckt. In solcher ›Vermenschlichung‹ steckt zugleich eine versöhnende Kraft (die wiederum für die Klassenkampf-Theoretiker irritierend ist).

Die vereinfachenden Zuordnungen – Bürgertum, Emanzipation des Gefühls, Fortschritt hier, Adel bzw. Feudalordnung, Repression, Rationalismus dort – werden von Susanne Eigenmann (1994) unterlaufen. Sie beleuchtet zunächst den Wandel vom Schauspiel der Wandertruppen zum stehenden ›bürgerlichen‹ Theater und deutet diesen Wandel als Zivilisationsprozess (im Sinn von Norbert Elias). Die Wanderbühnen hätten unmittelbare Lustbefriedigung geboten. Mit der Entdeckung des Theaters als eines Volksbildungsinstruments habe der Kampf vor allem gegen die lustvolle Unterhaltung begonnen. Die von den Aufklärern initiierte Bühnenreform macht Eigenmann als einen Prozess der Disziplinierung transparent. Auf diese Weise gerät die ›Dialektik der Aufklärung‹ in den Blick. Moralisierung und Disziplinierung hätten die Triebunterdrückung eingefordert. Von der Repression durch die ›Vernunft‹ zeugten die bürgerlichen Trauerspiele mit ihrem Tugendrigorismus. Lessings dramaturgisches Programm hinwiederum ziele auf eine Wiederherstellung des emotionalen Gleichgewichts. Eigenmann führt hierfür den Begriff der Ästhetisierung ein. Ästhetisierung stehe der Moralisierung entgegen. Ästhetisierung impliziere Sensibilisierung und die Emanzipation des Gefühls von den vorgegebenen Normen. Der

Pflichtcharakter der »Moral« werde aufgehoben. Der positive Gegenbegriff zur »Moral«, die sie mit Repression und Konvention gleichsetzt, ist bei Eigenmann das ›Ethische‹. Durch die Ästhetisierung solle die situationsbezogene ethische Kompetenz gefördert werden. Lessings Dilemma habe darin bestanden, dass seine Dramenkunst das Publikum, das durch sie geformt werden sollte, bereits voraussetzte. Das Publikum jedoch habe sich den Maßnahmen zur Disziplinierung widersetzt und habe auch die Ästhetisierung als Disziplinierung verstanden. Darin liege der wesentliche Grund für das Scheitern des Hamburger Projekts (zu einem neueren sozialhistorischen Ansatz s. S. 355f.).

Analyse

»Diese Dramaturgie soll ein kritisches Register von allen aufzuführenden Stücken halten, und jeden Schritt begleiten, den die Kunst, sowohl des Dichters, als des Schauspielers, hier tun wird« (B 6, 185), so beschreibt Lessing das ursprüngliche Konzept in der *Ankündigung*. Charakteristisch ist die Verbindung von Dramenanalyse und Aufführungskritik, von psychologischer Ausleuchtung zentraler Auftritte und Szenen und theoretischer Reflexion; hätte Lessing den Plan eines laufenden kritischen Kommentars zum Repertoire und den Inszenierungen durchgehalten, hätten wir heute einen literatur- und theaterhistorisch äußerst aufschlussreichen Schauspielführer zum Nationaltheater. Doch schon bald verselbständigt sich der Gang der *Dramaturgie*. Lessing rezensiert insgesamt nur die während der ersten vierzehn Wochen gegebenen Stücke (Robertson 1939/65, 51, 126 ff.), und zunehmend dienen ihm die Aufführungen als Vorwand »für die Entwicklung seiner Gedanken zur Theorie und Praxis der dramatischen Weltliteratur« (Nisbet 2008, 512) – zum »Vorteil der Sache«, wie Nisbet meint (ebd.). Lessing verweist nicht nur auf Shakespeare, sondern auch auf Euripides und das antike Theater (vgl. Barner 1997), polemisiert nicht nur gegen Voltaire und gegen den französischen Klassizismus, sondern erinnert auch an die neuen Entwicklungen auf der französischen Bühne (Diderot, Marmontel). Dabei bleibt der Wechselbezug von Theorie und konkretisierender Dramenanalyse erhalten, Lessing weitet seine Kommentare

zu regelrechten komparatistischen Studien aus. Spannend und amüsant, mit ausgesprochenem erzählerischem Talent, vergegenwärtigt er z.B. (anlässlich der Aufführung von Thomas Corneilles *Der Graf von Essex* [1678]) den Plot einer englischen und einer spanischen *Essex*-Tragödie (St. 54–59 und 60–69); in seinem Vergleich der Merope-Dramen von Maffei, Voltaire und Euripides (*Kresphontes*; nur bruchstückhaft überliefert) sondiert er unterschiedliche Typen der Plotkonstruktion und ist der Konstitution von Bedeutung durch den Plan der Handlung auf der Spur (St. 36–50). So erscheinen zum einen Gegenstandsbezug und induktive Verfahrensweise als ausschlaggebend für Lessings Dramentheorie, zum anderen wird deutlich, dass seine eigene Tragödien- (und Komödien-)Konzeption an die gesamteuropäische Überlieferung anknüpft.

Psychologische Motivation und Theodizee

Lessing möchte angesichts einer (in seinen Augen) an den ›kalten‹, förmlichen französischen Trauerspielen orientierten Dramenproduktion die Wucht des Tragischen wiedergewinnen und schwört gleichzeitig die Autoren auf ein Weltmodell ein, in dem alles sich zum Guten auflöse. Die Sätze, mit denen er das ›Gräßliche‹ zurückweist, gehören zu den meistzitierten des Lessingschen Oeuvres: Der Dramatiker solle »ein Ganzes machen, das völlig sich rundet, wo eines aus dem andern sich völlig erkläret [...]; das Ganze dieses sterblichen Schöpfers sollte ein Schattenriß von dem Ganzen des ewigen Schöpfers sein; sollte uns an den Gedanken gewöhnen, wie sich in ihm alles zum Besten auflöse, werde es auch in jenem geschehen« (79. St.; B 6, 577f.). Weit davon entfernt, eine solche Auflösung und ›Rundung‹ als untragisch zu empfinden, macht Lessing sie vielmehr zur Voraussetzung für die tragische Erschütterung der Zuschauer, die Erregung von Furcht und Mitleid; nur die natürliche Verkettung von Fehler und Glückswechsel garantiere, dass die Handlung auch wirklich ans Herz greife. Anke-Marie Lohmeier (2000) hat den scheinbaren Widerspruch erklärt, indem sie den Bezug zu Leibnizens Metaphysik herauspräparierte. Lessing verpflichte den Tragiker darauf, ein menschlich begreifbares Analogon zum unüberschaubaren göttlichen Weltganzen zu entwerfen. Das Prinzip der Analogie sei dabei kein Inhaltliches, sondern ein strukturelles, nämlich die Herstellung von Immanenz durch Kausalität. Die dramatische Handlung müsse dem Gesetz von Ursache und Wirkung folgen und einen natürlichen, in sich geschlossenen, autonomen Zusammenhang ergeben, der sich durch sich selbst erkläre und *dadurch* – in verkleinertem Maßstab (»Schattenriß«) – zu einem Modell des göttlichen Bauplans werde. Dazu komme, ebenfalls vom Leibnizschen Optimismus inspiriert, die Umdeutung des Bösen in das Unvollkommene, das heißt Lessings apodiktische Abwehr des Gedankens, dass die Grundneigungen der Menschen auf das Böse als solches gehen könnten (vgl. 2. St.; B 6, 196; 30. St.; 332). An die Stelle der Rachetragödien, die durch die ungeheure, alle Nebenmenschen vernichtende Selbstbehauptung der großen Bösewichte ausgelöst werden und eine göttliche Nemesis inszenieren, rücke Lessing die Tragödien der unvollkommenen Menschen und gemischten Charaktere, in deren fatalen Affekthandlungen immer noch ein – wenn auch verworrener – Wille zum Guten erkennbar sei. Das Mitleid trete so an die Stelle der Rache- und Bestrafungsphantasien (wie Lohmeier im Anschluss an Ter-Nedden ausführt) und erfülle eine entscheidende Funktion in der Realisierung einer Welt, in der letztlich alles zum »Besten« ausschlage. An diese beiden Argumentationsstützen – Welthaltigkeit durch Kausalität und Negation des radikal Bösen – knüpft unsere Untersuchung des für Lessings Dramenverständnis zentralen Verhältnisses von »Anthropologie und Theodizee« an. Darüber hinaus machen wir Thomas Martinec' (2003) Nachweis fruchtbar, dass die bewusstseinsphilosophische Wende die prägende Voraussetzung von Lessings Tragödientheorie ist und insbesondere das Insistieren auf dem »selbst Fühlen« hervortreibt.

Für Lessing sind der Zusammenhang, der ein »Ganzes« konstituiert, ein emanzipatorisches Menschenbild, das auf Energie und Selbsttätigkeit setzt, und die Emotionalisierung, die Steigerung der Leidenschaften als Wirkungsziel der Tragödie, nicht voneinander zu trennen. Nur dann sei dem Dichter die Organisation seines Stoffes zu einem Ganzen, zu einer »Welt« im Kleinen, gelungen, wenn sein Stück ins Bewusstsein des Zuschauers (oder Lesers) zu dringen, ihn emotional zu ergreifen und Teil seiner seelischen Bewegung zu werden vermag. Der Ausschnitt aus dem unübersichtlich komplexen Reich der Natur,

den der Dichter durch seine gestaltende Auswahl schaffe, müsse der Natur der Seelenkräfte entsprechen, genauer: In dem vereinfachenden, ordnenden und steigernden Zugriff des Dichters manifestiere und realisiere sich diese regsame Natur der Seelenkräfte selbst (70. St.; B 6, 533 f.); Objektivierung (der Entwurf eines verallgemeinerbaren Modells der Wirklichkeit) und Subjektivierung (die perspektivische Herleitung dieses Entwurfs von den »Seelenkräften«) sind genauso aufeinander bezogen wie Emotionalisierung und rationale Erhellung. Das Genie, so Lessing, ahme die »Natur der Erscheinungen« nach, indem es die Natur unserer Empfindungen und Seelenkräfte berücksichtige und in seiner Dichtung zur Ausübung bringe (70. St.; B 6, 533 f.). Leben und lebendige Wirkung sind für Lessing nur dann gewährleistet, wenn Eindrücke den Menschen nicht lediglich ungefiltert überfluten – »es würde für uns gar kein Leben geben; wir würden vor allzu verschiedenen Empfindungen nichts empfinden; wir würden ein beständiger Raub des gegenwärtigen Eindruckes sein« (70. St.; B 6, 534) – , sondern wenn er sie auswählend und ordnend zu Teilen seiner Welt macht; die Kunst komme dieser Aktivität der Seele entgegen, erleichtere sie (ebd.).

Immer wieder fordert Lessing die intensive emotionale Wirkung der Tragödie. Zu beachten ist dabei, dass, wenn von dem mitreißenden Strom der Leidenschaften die Rede ist, nicht die passive Hingabe an beliebige Gefühle gemeint ist, sondern ganz im Gegenteil die zielgerichtete Aktivierung der Zuschauer auf dem Spiel steht; Aktivierung ist der Sinn der (emotionalen) Identifikation. So fokussiert Lessings Kritik an *Olint und Sophronia*, der Märtyrertragödie des Freiherrn Friedrich von Cronegk, mit der das Hamburger Nationaltheater die Saison eröffnete, den Wechsel von der Sphäre der natürlichen Empfindungen der Menschen zu den übernatürlichen Wirkungen der Gnade, die der Verfasser bei seinen Figuren ständig voraussetze, handele es sich nun um die Überwindung der Todesfurcht aus Liebe zu Jesus Christus oder die plötzliche Bekehrung zum christlichen Glauben. Solche Wendungen seien Brüche in der Motivation, seien psychische »Wunder«, die ein stetiges Mitfühlen der Zuschauer vereitelten und somit die Eigenbewegung der Seele blockierten; die Einwirkungen der göttlichen Gnade könne der Zuschauer nicht selbst mitvollziehen (2. St.; B 6, 191 f.). Dagegen setzt Lessing auf das ›Selbstfühlen‹, das durch die Identifikaton gewährleistet werde. Der Tragiker dürfe die Leidenschaften nicht lediglich beschreiben, sondern müsse sie »vor den Augen des Zuschauers entstehen, und [...] in einer so illusorischen Stetigkeit wachsen [...] lassen, daß dieser sympathisieren muß, er mag wollen oder nicht« (1. St.; B 6, 187 f.). Oder wie es in den berühmten Sätzen der Kritik von Corneilles *Rodogune* (1647) heißt: Das Genie, so Lessing, wird »suchen«, die Leidenschaften, welche die Figuren zu ihren Taten treiben, »durch so allmähliche Stufen durchzuführen: daß wir überall nichts als den natürlichsten, ordentlichsten Verlauf wahrnehmen; [...] daß uns nichts dabei befremdet, als die unmerkliche Annäherung eines Zieles, von dem unsere Vorstellungen zurückbeben, und an dem wir uns endlich, voll des innigsten Mitleids gegen die, welche ein so fataler Strom dahin reißt, und voll Schrecken über das Bewußtsein befinden, auch uns könne ein ähnlicher Strom dahin reißen, Dinge zu begehen, die wir bei kaltem Geblüte noch so weit von uns entfernt zu sein glauben. – « (32. St.; B 6, 338 f. – Dabei muss man von einer Mitempfindung der dargestellten Leidenschaften unter dem Vorzeichen von Mitleid und Furcht sprechen. Zur Differenzierung zwischen dem ›selbst Fühlen‹ des Mitleids und dem Nach-Vollzug der Leidenschaften der Figuren vgl. Martinec 2003).

Halten wir fest: Die Organisation der Bühnenhandlung als einer lückenlosen »Kette[.] von Ursachen und Wirkungen« (30. St.; B 6, 329) und das heißt als einer »Welt«, die dem Leibnizschen Satz vom zureichenden Grund gehorcht, geschieht *durch* die Darstellung der Leidenschaften, deren affektiver Wirkung die Zuschauer sich nicht entziehen können; das Kausalitätsprinzip, das Fundament der rationalen Ordnung, wirkt *im* emotionalen Bereich, wo es dazu dient, die Seelenkräfte an- und einzuspannen. In der schlüssig motivierten Leidenschaft wird ein Ausschnitt der Weltordnung nicht repräsentiert, sondern seelisch erlebbar gemacht. Lessing: »Wer mit unserm Herzen sprechen, und sympathetische Regungen in ihm erwecken will, muß eben sowohl Zusammenhang beobachten, als wer unsern Verstand zu unterhalten und zu belehren denkt.« (27. St.; B 6, 316). Die Handlung wird zum einen zu einer Funktion der Affekte. Der Gang der Hand-

lung müsse so eingerichtet sein, dass ihre Leidenschaften die Figuren zu den entscheidenden Taten treiben, so verdeutlichen es Lessings Dramenanalysen immer wieder. Er konstruiert z. B. aus der historischen Überlieferung, die Corneilles *Rodogune* zugrundeliegt, eine Handlung, deren treibender Motor die Eifersucht der Königin (der Cleopatra von Syrien) ist, und resümiert (30. St.; B 6, 329): »Dieser dreifache Mord würde nur eine Handlung ausmachen, die ihren Anfang, ihr Mittel und ihr Ende in der nemlichen Leidenschaft der nemlichen Person hätte.« Alle Figuren eines Dramas, heißt es an anderer Stelle, seien »in die Handlung wirklich mit verwickelt«, seien also »selbst im Affekt« und müssten deshalb die natürliche Sprache der Leidenschaften sprechen (59. St.; B 6, 476). Zum anderen enthalten die Affekte jedoch einen ›Grund‹, eine Ratio(nalität). Die kontinuierliche Steigerung der Leidenschaft wird zu einer Kunst der Übergänge, wobei die Kunst darin besteht, dass in jedem Moment des Spannungsbogens das »Warum« erkennbar bleibt: »Die Poesie hingegen läßt uns den Faden unserer Empfindungen nie verlieren; hier wissen wir nicht allein, was wir empfinden sollen, sondern auch, warum wir es empfinden sollen; und nur dieses Warum macht die plötzlichsten Übergänge [...] angenehm« (27. St.; B 6, 315).

Noch aber fehlt in unserer Argumentation das Bindeglied, das garantieren würde, dass sich im Miterleben des ›Warum‹ tatsächlich ein Sinnzusammenhang erschließt und die Wucht des tragischen Ausgangs zugleich die Wende zum Guten und »Besten« impliziert. Denn diese Klammer, dieses Verbindungsglied ist mit dem Kausalitätsprinzip allein noch nicht ausreichend benannt, geht es doch nicht um Kausalität in der physikalischen Welt (Naturdetermination), sondern in der psychisch-moralischen Welt. Dort aber bedeutet Kausalität nichts anderes als psychologische Motivation, die ›Ursache‹ wird zum ›Beweggrund‹. Das heißt: Lessing denkt sich die Entfaltung der Leidenschaften als Ineinandergreifen von *appetitus* und *perceptio*, von Begehren bzw. Trieb und (Ziel-)Vorstellung, dem ›Motiv‹ der Handlungen; gefühlmäßige Neigungen, »Leidenschaften«, Taten, bewusste Absichten und Ziele der Menschen werden in ihrer Wechselabhängigkeit gesehen. Damit orientiert er sich an dem damals gängigen psychologischen Modell (das wiederum auf Leibnizens Monadenkonzeption zurückgeht), ›Vorstellungen‹ entfachen Triebe, Gefühle, Affekte. Diese Konzeptualisierung der psychologischen Motivation führt nicht nur dazu, dass im tragischen Untergang der Bühnenfiguren das ›Gute‹ der Weltordnung sich manifestiert, sondern sie macht zugleich den fühlenden Menschen, den leidenden Protagonisten wie den sympathisierenden Zuschauer, zum aktiven Mitspieler in dieser Weltordnung; solchermaßen wird der dramatische Plan zum Träger eines energetischen, emanzipatorischen Menschenbildes.

Appetitus, das Begehren, und *perceptio*, die Zielvorstellung, das Motiv, gehören zusammen – die Leidenschaften, welche die Figuren vorantreiben, sind nicht blind, sondern werden durch Bewegungsgründe ausgelöst; sie sind auf das Ziel gerichtet, das erstrebt wird. Psychisches und Moralisches bilden dabei eine untrennbare Einheit. Dass das Ziel Leidenschaften erregen kann und Emotionen mobilisiert, liegt daran, dass es moralisch nicht neutral ist, sondern als ein »Gut« wahrgenommen wird, als etwas, das Neigungen befriedigt, Wünsche stillt, gefühlsmäßigen Wertschätzungen unterliegt. Psychologische Motivation ist somit für Lessing ohne die Urteile von ›gut‹ und ›böse‹ nicht denkbar. Sie bestimmen die »Grundneigungen« der Menschen, lenken ihr »Begehren« und »Verabscheuen«. Wenn sich die Vorstellungen von ›gut‹ und ›böse‹ an irdische Güter (wie Reichtum, Macht, Ehre, Liebe, Ruhm etc.) knüpfen, entflammen sie die Leidenschaften. Lessing zeichnet nicht lediglich die psychischen Verstrickungen nach, sondern er wertet sie auch. Was sind schließlich die großen Leidenschaften, die den tragischen Figuren zum Verhängnis werden? Es sind Stolz, Zorn, Ehrgeiz (Essex), Herrschsucht, Eifersucht, Rachsucht (Cleopatra), gekränkte Liebe, dem Schmerz entspringender Hass (Merope) – aggressive Gefühle, die traditionell als »Sünde« und »Laster« galten. Lessing sieht sie durchaus als solche. Shakespeares *Othello* (1622) sei das vollständigste »Lehrbuch über diese traurige Raserei«, nämlich die Eifersucht (15. St.; B 6, 257); »da können wir alles lernen, was sie angeht, sie erwecken und sie vermeiden.« Damit sein Werk keine blinde Naturnachahmung werde, habe der Dichter es einer »Absicht« gemäß zu strukturieren und zu gestalten; diese Absicht sei: »uns zu unterrichten, was wir zu tun oder zu lassen haben; die Absicht uns mit den eigentlichen Merkmalen des Guten und

Bösen […] bekannt zu machen« (34. St.; B 6, 351). Lessing fordert eine Sympathielenkung im Sinn der poetischen Gerechtigkeit. Er fährt fort: »die Absicht uns jenes in allen seinen Verbindungen und Folgen als schön und als glücklich selbst im Unglücke, dieses hingegen als häßlich und unglücklich selbst im Glücke, zu zeigen«. Affektregie und Sympathielenkung haben für ihn den Zweck, das Gefühl für ›gut‹ und ›böse‹ auszubilden. Die Schlusspassage des Zitats lautet: »die Absicht, […] unsere Begehrungs- und Verabscheuungskräfte mit solchen Gegenständen zu beschäftigen, die es zu sein verdienen, und diese Gegenstände jederzeit in ihr wahres Licht zu stellen, damit uns kein falscher Tag verführt, was wir begehren sollten zu verabscheuen, und was wir verabscheuen sollten zu begehren.« Anders als im Trauerspiel-Briefwechsel bindet er jetzt das »Mitleid« an die Mitleid-Würdigkeit der Charaktere. Gegen Corneille gerichtet ist die Kritik am Typus des erhabenen Verbrechers. Corneille habe dem Laster den Glanz des Großartigen verliehen und somit dessen »innere Häßlichkeit« verborgen – ein trügerischer Glanz und eine »falsche Folie«, die »macht, daß ich Vollkommenheiten erkenne, wo keine sind; macht, daß ich Mitleiden habe, wo ich keines haben sollte. – « (83. St.; B 6, 596).

Der entscheidende gedankliche Schritt ist nun die Leugnung der Möglichkeit eines absolut lasterhaften Menschen, der das Böse um seiner selbst willen tun möchte, dessen »Grundneigungen« auf das Böse als solches gehen; ein solcher Charakter ist für Lessing eine gänzlich unnatürliche Figur (vgl. 2. St.; B 6, 196; 30. St.; 332). Er denkt sich den Menschen wesenhaft solidarisch, als ein soziales Lebewesen. Gegen die Einsamkeit von Diderots Dramenfigur Dorval wendet er ein (88. St.; B 6, 621 f.): »Nein, kein Mensch kann unter Menschen so lange verlassen sein! Man schleidere ihn hin, wohin man will: wenn er noch unter Menschen fällt, so fällt er unter Wesen, die, ehe er sich umgesehen, wo er ist, auf allen Seiten bereit stehen, sich an ihn anzuketten. Sind es nicht vornehme, so sind es geringe! Sind es nicht glückliche, so sind es unglückliche Menschen! Menschen sind es doch immer.« In solchen Verflechtungen können die Wünsche, Bestrebungen, Motive der Menschen niemals ausschließlich selbstsüchtig und zerstörerisch sein (das ›radikal Böse‹), sondern müssen Sympathie und Empathie mit dem Nebenmenschen enthalten (Altruismus, *moral sense*; zur Komplementarität von Fremd- und Selbstliebe und der resultierenden Dialogizität als ästhetischer Struktur von Lessings Dramen vgl. Golawski-Braungart 1999 und 2005, 63–91; s. S. 349). Umgekehrt: Die Notwendigkeit, die im Drama herrscht bzw. in Lessings Augen herrschen sollte, wird nicht durch einen ursprünglich und ausschließlich bösen Willen der Figuren bestimmt – das nur Böse wäre das Unmotivierte schlechthin.

Auf dieser zwischen Metaphysik und Psychologie angesiedelten Figurenkonzeption beruht Lessings Vision vom Werk des Genies als einer »Welt«, »in welcher Ursachen und Wirkungen zwar in einer andern Reihe folgen [als in der Wirklichkeit], aber doch zu eben der allgemeinen Wirkung des Guten abzwecken« (B 6, 348). Analyse des dramatischen Plans bedeutet so Analyse der psychologischen Motivation, um in den Affekten und Bestrebungen der Charaktere das – wie verworren auch immer wirkende – Gute zu entdecken. So kritisiert Lessing zum Beispiel an Voltaires Merope, dass sie den Versuch, den Fremden zu ermorden, nicht im Affekt (dem Schmerz über den vermeintlichen Tod des eigenen Sohnes) unternehme, sondern mit kaltblütiger Planung, wodurch die Mutter zur »blutdürstige[n] Bestie« sich wandele (47. St.; B 6, 415). Mit ihrer richtigen Intuition in das Wesen des Tragischen hätten die antiken Autoren die Schuld an den ungeheuren Freveltaten eher den Göttern angelastet, als dass sie die Menschen »von Natur einer solchen Verderbnis« für fähig hielten (74. St.; B 6, 552) – ein Ausweg, der dem modernen Dichter nicht mehr zu Gebote steht, dessen Aufgabe es vielmehr ist, dem Sinn der extremen Situationen bis zu dem Punkt nachzuspüren, an dem sich das wahre und wesentliche »Müssen« der Charaktere enthüllt, der Mitleid erregende Zusammenhang von (Beweg-)Grund und Folge. Dagegen hat aus Lessings Sicht Voltaire wiederum in der *Semiramis* verstoßen, wo in dem Moment, in dem der (reuevollen) Königin ihr eigener Sohn den Mord an seinem Vater (ihrem Gemahl) zu vergeben bereit ist, sie durch das (übernatürliche) Eingreifen der Götter bestraft wird (12. St.; B 6, 241 f.). So ist für Lessing der Charakter letztlich der Handlung übergeordnet – die Charaktere der Personen machten die Fakta »wirklich«, nicht umgekehrt (23. St.; B 6, 298) – und ist die Einheit des Charakters oberstes

Gebot. Dessen »innere Wahrscheinlichkeit« (34. St.; B 6, 347) müsse der Dichter beobachten, Fehler »in den Charakteren« (46. St.; B 6, 411) unbedingt vermeiden. Aus dem gleichen Grund sind die Perspektive der Figuren und die Einfühlung in ihren jeweiligen »Standort« (1. St.; B 6, 187) von größerer Bedeutung als der Gesamt-Überblick über den Gang der Handlung. Lessing verteidigt die Prologe des Euripides mit dem Argument, dass das Vorauswissen des Ausgangs dem Stück nichts von seiner Spannung habe nehmen können, da doch sowieso alles auf das »Wie«, die Sichtweise und Motivation der Charaktere, ankomme (48. St.; B 6, 422). Die Wirkung der Tragödie schließlich korrespondiert auf das genaueste dieser psychologischen, im emotionalen Bereich sich auswirkenden Notwendigkeit. Im Mitleid der Zuschauer, das durch das Sympathisieren mit den Figuren erregt wird, in dieser aus »Liebe« (zu ihren »Vollkommenheiten«) und Trauer (über ihre Fehler und ihr Unglück) gemischten Empfindung, ist das Vertrauen in die Kraft zum ›Guten‹ gerettet. Denn im Mitleid ist die Erkenntnis enthalten, dass nicht der schlechte Wille die Menschen regiert; auch da nicht, wo die Leidenschaften aufschäumen und tödliche Folgen haben. So entlässt die Tragödie die Zuschauer mit der Empfindung, durch die Lessing eine Besserung im Umgang der Menschen miteinander erhofft. Deshalb aber genügt dem Anspruch der Tragödie nicht die Erregung irgendwelcher Gefühle (im Zuschauer), sondern nur die Erregung der tragischen Leidenschaften, des Mitleids, welches die adäquate Reaktion auf das »Müssen« der Charaktere ist.

Kausalität als psychologische Motivation: Die Durchdringung von Emotionalität und rationaler Erhellung, die Lessing mit seinem Tragödienmodell intendiert, führt schließlich (auch) dazu, dass er avancierte psychologische und anthropologische Theoreme funktionalisiert, wenn er Bühnenfiguren deutet. Mit den »Wirkungen der Leidenschaften« müsse der dramatische Dichter bekannt sein, das »Innerste des Herzens« müsse er offenlegen (57. St.; B 6, 465). Er kennt und benutzt die Lehre von den unbewussten Eindrücken, die unmerklich in der Seele wirken und deshalb von unabsehbarem Einfluss sind. So versteht er Shakespeares *Romeo und Julia* (*Romeo and Juliet*, 1597) als ein lebendiges »Gemälde aller der kleinsten geheimsten Ränke, durch die sich die Liebe in unsere Seele einschleicht, aller der unmerklichen Vorteile, die sie darin gewinnet, aller der Kunstgriffe, mit denen sie jede andere Leidenschaft unter sich bringt, bis sie der einzige Tyrann aller unserer Begierden und Verabscheuungen wird« (15. St.; B 6, 256). Seltene emotionale Erschütterungen dauern fort, ohne dass der Betroffene es selbst weiß, und haben »auf sein nächstfolgendes Betragen einen gewissen Einfluß« (72. St.; B 6, 543). All diese verschlungenen Wege der Motivation habe der Bühnenautor zu berücksichtigen. Die Kunst des Dichters findet ihre Fortsetzung in der Kunst des Schauspielers. In den ersten Nummern der *Hamburgischen Dramaturgie* gibt er einige Hinweise, wie der Schauspieler zu einer überzeugenden Darstellung gelangen könne; diese Richtlinien zur Körpersprache basieren auf den Gesetzen der psychophysischen Wechselwirkung (vgl. Kap.: Bühnenpraxis und Schauspielkunst).

Ziehen wir ein Resümee: Emanzipatorisch ist das Menschenbild, das Lessing mit seinem Tragödienmodell verteidigt, weil Kausalität und Zusammenhang sich nicht über die Köpfe der Bühnenfiguren hinweg realisieren, sondern durch die Charaktere selbst konstituiert werden, sie also nicht Spielball einer übermenschlichen Macht (der Vorsehung, des Schicksals, des Verhängnisses) sind, und energetisch-aktivierend ist Lessings Konzeption, weil zum einen im Strom der Leidenschaften die Motivation des Guten, das entscheidende »Müssen«, mitgefühlt, erkannt und mitvollzogen wird, zum anderen das (Lessingsche) Mitleid die Disposition zu »tugendhaften Fertigkeiten« (vgl. 78. St.; B 6, 574) ist. Mit Nachdruck und Verve entwickelt er denn auch sein Tragödienmodell, mitunter emphatisch die Darstellung des »Menschen«, des Menschlichen, der Menschennatur, fordernd und als ein noch zu erringendes Ziel beschwörend.

Shakespeare. Dass auf dem Hamburger Nationaltheater keine Stücke Shakespeares zur Aufführung kamen und Lessings Hinweise auf Wielands Übersetzung (15. St.; B 6, 257) keine Wirkung bei der Spielplangestaltung zeitigten, hat man in der literaturwissenschaftlichen Forschung als vergebene Chance beklagt. Gleichzeitig erstaunte man über die Diskrepanz zwischen Lessings geradezu enthusiastischer ›Anpreisung‹ Shakespeares und der Magerkeit seiner inhaltlichen Aussagen über

ihn; Shakespeare sei nur der »Stock«, mittels dessen er auf »die Franzosen« einschlage (Nisbet 2008, 516). Frappierend sei vor allem der Widerspruch, der dabei zwischen dem Theater Shakespeares und Lessings Tragödienmodell bestehe. Denn weder passten Plan und Anlage der Stücke des englischen Dramatikers zu Lessings Konzept von Wahrscheinlichkeit und Kausalität, noch seien des Ersteren ungeheure Verbrecher (wie Richard III. oder Lady Macbeth) mit des Letzteren Vorstellungen vom »gemischten Charakter« vereinbar. Licht in diese Widersprüche bringt die Studie von Renata Häublein zur Entdeckung Shakespeares auf den deutschen Bühnen (2005). Lessing teile mit den zeitgenössischen Literatur- und Theaterkritikern, auch mit Wieland, ein ambivalentes Shakespeare-Bild; trotz aller Bewunderung empfehle er ihn, wie damals üblich, von vornherein nur als einen *zu bearbeitenden* Autor. Häublein weist anhand der Bühneneinrichtungen und Spieltexte nach, wie die Werke des Renaissancedichters zu Stücken des ausgehenden 18. Jahrhunderts umgeformt werden, wie sie vor allem dem gleichen psychologischen Interesse dienstbar gemacht werden, das die Dramenproduktion der Aufklärung insgesamt kennzeichnet. Was Lessing in der *Hamburgischen Dramaturgie* zu Shakespeare zu sagen hat (und womit er dessen Eigenart so wenig gerecht wird), bekundet exakt diese psychologisierende Sicht; die heimlichen Wege des menschlichen Herzens mache, so Lessing, Shakespeares dramatische Kunst offenbar. Aus dieser Perspektive rühmt und bewertet er den Engländer; vom eigenen Dramenmodell her und für die zeitgenössische Gegenwart bemisst er die Bühnentauglichkeit und Aufführbarkeit von dessen Stücken (zu den gleichzeitigen Spannungen zwischen der Shakespeare-Rezeption als Übersetzung in das herrschende Paradigma und als Wahrnehmung des Fremden s. Häublein; zum Zusammenhang zwischen Shakespeare-Rezeption und bürgerlichem Trauerspiel s. Guthke [6]2006, 74 u. 86; dort weiterführende Literaturangaben).

Furcht und Mitleid. Die Aristoteles-Rezeption (St. 74–83)

Lessings Auseinandersetzung mit Aristoteles fußt auf der eigenen Dramenkonzeption, nicht umgekehrt. Für die eigenen Theoreme, wie sie im Gedanken der Kausalität und psychologischen Vertiefung fundiert sind, findet er in der *Poetik* die bestätigenden Begriffe. Es sind dies vor allem: Der »Held aus der mittlern Gattung« (82. St.; B 6, 594), d. h. der »gemischte Charakter«, die Vermeidung des Grässlichen, der »Fehler« (*hamartia*) des Helden, die Erregung von Furcht und Mitleid, die Reinigung der Leidenschaften (*katharsis*).

Aristoteles hat seine Lehre als Wirkungslehre konzipiert. Die Tragödie erregt Mitleid und Schrecken, Jammer und Schauder (Arbogast Schmitt: »Mitleid und Furcht« [2008, 9]). Aristoteles fragt: Wie erreicht sie das am besten? Am Leitgedanken dieser Frage kommt er zu seinen Bestimmungen: Nur der Held, der dem Zuschauer ähnlich sei, der weder ganz gut noch ganz schlecht sei, werde ihn emotional beschäftigen. Treffe den völlig Unschuldigen das Leiden, so sei dies »gräßlich« (Lessings Übersetzung von gr. *miarón*; Fuhrmann [1982] übersetzt »abscheulich« [vgl. Anm. 3 zu Kap. 13 der *Poetik*]; Arbogast Schmitt: »eine Zumutung für jedes menschliche Empfinden« [2008, 17]); das Grässliche verhindere die tragische Erschütterung. Auch der ganz Schlechte sei untragisch. Sein Unglück jammere die Menschen nicht; sein Glück sei empörend. Den Aufbau der dramatischen Handlung beleuchtet Aristoteles ebenfalls von der Wirkungsabsicht her. Er arbeitet verschiedene Handlungstypen heraus, die das Ziel, die Affekterregung, unterschiedlich erfüllen.

Bis zu Lessing ist es die Crux der Aristoteles-Interpretation gewesen, die (jeweils) zeitgenössische Dramatik auf theoretischer Ebene mit der Wirkungslehre der *Poetik* zu vereinbaren. Corneille sieht sich vor die Aufgabe gestellt, den Märtyrer und den großen Verbrecher als Helden zu rechtfertigen: Figuren, die die unmittelbare Identifikation verweigern. Gottscheds Theorie durchzieht der Widerspruch zwischen der didaktischen Intention und dem Wirkungspostulat. Für ihn soll die dramatische Handlung einen moralischen Satz anschaulich machen und nachdrücklich einprägen. Wenn dabei die Emotionen der Zuschauer involviert werden, so ist dies für Gottsched nur ein Mittel, den moralischen Zweck zu erreichen; ein Mittel, das mit der gewonnenen Einsicht überflüssig, ja, störend wird. Wo immer Leidenschaften als »Laster« definiert werden, die den selbstsüchtigen Begierden der Menschen

entspringen, dominiert in der theoretischen Reflexion über den Wirkungszweck der Tragödie der »Schrecken«, d. h. die Abschreckung; die emotionale Teilnahme soll abgeblockt werden. Lessing hingegen sucht ein theoretisches Fundament für die Verbindung von dramatischem Sinnzusammenhang, affektiver Wirkung und moralischer Besserung. Das Bühnengeschehen erfüllt sich sozusagen im Gefühlserlebnis der Zuschauer. Keine »deutliche Erkenntnis« irgendeiner abstrakten Lehre kann die »Rührung«, wie Lessing sagt, ersetzen. Sie ist auf die konkrete Fülle der tragischen Ereignisse bezogen.

Insofern er vom Trauerspiel ungebrochene Intensität der Wirkung verlangt und diese Wirkung in die Gefühlserregung verlegt, darf sich Lessing zurecht als Erneuerer der aristotelischen Tradition sehen (Kommerell ⁵1984). Zugleich stellt auch er die *Poetik* in den Dienst der eigenen Tragödienauffassung, deutet auch er Aristoteles so, dass dessen Begriffe seine, Lessings, Konzeption bedeuten (zur Interpretation der zentralen Begriffe *eleos*, *phobos* und zum Verständnis der Katharsis vgl. M. Fuhrmann 1973, Th. Dreßler 1996; A. Schmitt 2008).

Die Voraussetzung für Lessings Wirkungslehre ist die spezifische Konzeption des Mitleids als einer per se moralischen Empfindung. Er knüpft hier nahtlos an die im *Briefwechsel über das Trauerspiel* entwickelte Argumentation an. Auch Mendelssohns Theorie der gemischten Empfindungen wird wieder zitiert (74. St., 76. St.). Neu gilt es das zweite Element der Wirkungsformel, *phobos*, zu integrieren bzw. die Zweigliedrigkeit zu begründen. Während bislang *phobos* meistens sowohl mit »Schrecken« als auch mit »Furcht« wiedergegeben wurde, übersetzt Lessing konsequent mit »Furcht«. Er bringt die Furcht mit dem Selbsterhaltungstrieb in Zusammenhang (Golawski-Braungart 1999, 423) und macht sie, mit dieser existentiellen Dimension ausgestattet, zur Voraussetzung für Identifikation und Mitleid. Das Mitleid, so Lessing, sei auf die Dramenfiguren gerichtet. Anders die Furcht. In ihr beziehe der Zuschauer die Schicksale der Helden auf sich selbst, erlebe sich an deren Stelle (75. St.). Diese selbstbezügliche Furcht sei die Bedingung für das Mitleiden, durch sie werde das Mitleid »zur Reife« gebracht (75. St.; B 6, 559). Nur wo die Furcht bestehe, auch uns könne das Unglück der

Helden treffen, werde das allgemeine Mitgefühl die Stärke des Affekts erlangen, zum »Mitleid« sich steigern (76. und 75. St.). Das heißt: Konträr zur larmoyanten Gefühlsseligkeit mit ihrer Tendenz, den Willen zur Selbstbehauptung zu leugnen oder zu ächten, aber auch konträr zum anthropologischen Pessimismus jeglicher couleur, dem zufolge das menschliche Herz nur egoistisch und deshalb ›grundböse‹ ist, bindet Lessing Mitleid und die »Begierde« nach Selbsterhaltung, Fremdliebe und Selbstliebe, aneinander, wobei die Wechselwirkung zwischen beiden konstitutiv ist. Golawski-Braungart (1999), die dieses reziproke Verhältnis überzeugend herausgearbeitet und seine Genese in Lessings theoretischen Äußerungen verfolgt hat, entdeckt darin zugleich einen »dialogischen, kommunikativen Zug« (425), führe es doch, »rezeptionsästhetisch gesehen«, zu einer Beziehung zwischen dem Subjekt und den Anderen (ebd.). Diese »Dialogizität der Tragödientheorie« bringt Golawski-Braungart mit der Vielschichtigkeit von Lessings Charakteren, in denen egoistische und altruistische Impulse sich überlagern, in Zusammenhang (426).

Als ›moralisches Gefühl‹ ist das Mitleid der ›Vervollkommnung‹ fähig. Problemlos kann deshalb Lessing der aristotelischen Katharsis einen moralischen Sinn verleihen, ohne die affektive Komponente aufzugeben. Er bezieht in der Wirkungsformel des Tragödiensatzes das Demonstrativpronomen »*ton toioúton (pathématon)*« – (Reinigung) »von diesen (Leidenschaften)« – auf *eleos* und *phobos* (77. St.; B 6, 569 ff.). Damit sieht er sich in der Lage, die ›Abschreckungstheorie‹ von Aristoteles her zu widerlegen. Deren Vertreter hatten »*ton toioúton*« auf die Leidenschaften der Dramenfiguren bezogen; von den dargestellten Leidenschaften sollten die Zuschauer ›gereinigt‹ werden. Nach Th. Dreßler schöpft Lessing dabei den gesamten Bedeutungsspielraum des Genitivs – »Reinigung der Leidenschaften« – aus: Genitivus subjectivus, separativus und objectivus kämen in seinen Bestimmungen zum Zuge. Um den Genitivus objectivus handele es sich, wenn Lessing die Kombinationsmöglichkeiten aufzeige, wie Mitleid und Furcht sich wechselweise »reinigen« könnten. Den Genitivus subjectivus, Reinigung vermittels der Leidenschaften, verwende Lessing, wenn er von der Verwandlung der Leidenschaften in tugendhafte Fertigkeiten spreche. Durch das tragische Mitleid werde der Zuschauer

zur Tugend motiviert. Der Genitivus separativus regiere die Forderung nach Reinigung von den Extremen des Mitleids und der Furcht. Sinngemäß liegt den Differenzierungen jedoch immer ein Genitivus objectivus zugrunde. Immer sind Mitleid und Furcht der Gegenstand (das Objekt) einer Reinigung, gar Verwandlung, einer Korrektur und Läuterung.

Im »Briefwechsel« heißt es noch: »Der mitleidigste Mensch ist der beste Mensch«. Jetzt formuliert Lessing das Ideal eines mittleren Zustandes zwischen den Extremen (78. St.), der durch die Affektregie der Tragödie herbeigeführt werden solle. Aus der Gefühlsstarre müssten die Zuschauer herausgerissen werden; unkontrolliertes Mitleid hingegen müsse zurückgedämmt werden. Das Gleiche gelte für die Furcht (78. St., B 6, 574). Lessing schwebt eine Gemütsverfassung vor, in der das Mitleid stark genug ist, um eine Triebkraft zum Handeln zu werden, und zugleich mit Vernunftklarheit verbunden ist, kurz: in der die »Leidenschaften in tugendhafte Fertigkeiten« sich verwandeln (ebd.). Man hat gefragt, wie er sich die »Selbstreinigung« der Affekte denke. Führt er mit dem Ideal der Mäßigung nicht ein rationales Element ein, das im Widerspruch zur Mitleidserregung steht (Alt 1994, 246)? Die Antwort ist in dem Gegenstandsbezug des Mitleids enthalten, den Lessing nie preisgibt, in der *Hamburgischen Dramaturgie* aber besonders betont. Nur für würdige Charaktere dürfe das Mitleid erweckt werden; keine ›Scheinvollkommenheiten‹ dürften den Zuschauer täuschen. Im Akt der Identifikation ist deshalb zugleich die Läuterung des Gefühls garantiert. Auch ist daran zu erinnern, dass die Erregung des Mitleids im Kontext des Theodizee-Gedankens angesiedelt ist (s. S. 342 ff.) – mit dem Mitleid ist eben die Erkenntnis des ›Guten‹ gegeben, es enthält die »Vorstellung« der »Vollkommenheiten« und der »Unvollkommenheit« (76. St.; B 6, 562). Damit enthält es aber auch in sich selbst ein Regulativ, das es vor dem Abgleiten in die bloße Gefühlsintensität ohne Realitätsbezug bewahrt. (Weiterführende Literatur zur Rezeption und Interpretation der Aristotelischen Konzepte s. Golawski-Braungart 1999, bes. Anm 1 und 16. Widersprüche in Lessings Auslegung von Furcht und Mitleid entdeckt Martinec 2005).

Die Komödie

Noch enger als die Entfaltung der Tragödientheorie verflicht Lessing die Konturierung einer Komödientheorie mit der Besprechung der aufgeführten Stücke; seine Bemerkungen zur Komödie sind über die ganze *Hamburgische Dramaturgie* verstreute »Fermenta cognitionis«, wie er selbst sagt (95. St.; B 6, 655). Dass sie sich gleichwohl als Bausteine eines konsistenten Argumentationsgefüges verstehen lassen, hat Agnes Kornbacher-Meyer (2003, 77–121) gezeigt. Wir fassen ihre Ergebnisse zusammen.

Wie für Lessings Tragödienmodell ist für sein Komödienmodell die Verankerung in einem metaphysischen Welt- und Menschenbild konstitutiv, und wie in der Tragödie führt diese Verankerung zur Auflösung der eindeutigen Tugend-Laster-Opposition. Mit der berühmten Differenzierung zwischen »Lachen« und »Verlachen« (29. St.; B 6, 323) bringt Lessing die – früh sich anbahnende (s. S. 71 ff.) – Absage an die satirische Typenkomödie auf den terminologischen Begriff. An die Stelle der (inhaltlich orientierten) Demonstration eines Einzelfalls, eines »Fehlers« und einer Untugend, tritt nunmehr, ähnlich wie in der Tragödientheorie, die Entdeckung einer prinzipiellen Verfasstheit des Seins, die wiederum die Seelenkräfte involviert und aktiviert. Ausschlaggebend ist das Konzept des »Lächerlichen«, das Lessing vom ›Lasterhaften‹ trennt und zum alleinigen Gegenstand der Komödie erhebt. Das Lächerliche bestimmt er als den »Kontrast von Mangel und Realität« (28. St.; B 6, 322), wobei, so Kornbacher-Meyer, »Realität« nach den Vorgaben der Leibnizschen Metaphysik als das »Wesen«, als vollkommene Entfaltung der inhärierenden Möglichkeiten zu verstehen sei (und nicht, naturalistisch, als Alltagswirklichkeit). Der »Kontrast von Mangel und Realität«, den die Komödie enthülle, bedeutet dann die Diskrepanz zwischen einem unvollständigen, unvollkommenen Zustand und dem im Menschen angelegten Potential; gleichzeitig schließt die Erkenntnis des Mangels die Erkenntnis der ursprünglichen Möglichkeit des Menschen in sich, erregt also den Trieb nach Vervollkommnung bzw. ist auf diesen bezogen. Lessings Definition des Zwecks der Komödie, ihr »wahrer allgemeiner Nutzen liegt in dem Lachen selbst; in der Übung unserer Fähigkeit das Lächerliche zu bemerken; es unter allen Be-

mäntelungen der Leidenschaft und der Mode, es in allen Vermischungen mit noch schlimmern oder mit guten Eigenschaften, sogar in den Runzeln des feierlichen Ernstes, leicht und geschwind zu bemerken« (29. St.; B 6, 323), legt Kornbacher-Meyer wie folgt aus: »Jedes Bemerken einer Inkongruenz, d. h. menschlicher und somit lächerlicher Unzulänglichkeit birgt in sich gleichzeitig das Wissen um ein besseres Menschsein, das wiederum Lust und damit Lachen inauguriert« (89). Statt, wie die sächsische Typenkomödie, einzelne Fehler dem Gelächter preiszugeben, zeigt das wahre Komische, das Lessing im Auge hat, die prinzipielle Entfernung des Menschen von seiner eigentlichen und gedachten Seinsweise (Kornbacher-Meyer, 93).

Dieser Neufassung des ›hohen‹ Komischen (das Lächerliche als *conditio humana*) und des Zwecks der Komödie (Übung der Fähigkeit, das Lächerliche überall zu bemerken) korrespondieren Lessings Anmerkungen zu den Charakteren und zur Struktur der Handlung.

Wie das Lächerliche auch dem Ernsthaften anhängen und mit guten Eigenschaften verbunden sein kann (29. St.), so bestimmt Lessing die Komödienfiguren als ›gemischte Charaktere‹, die Lachen und Weinen auslösen (können). Indem er die übliche Differenzierung nach Gattungen – die Komödienfiguren seien (allgemeine) Typen, während der tragische Held ein Individuum darstelle – aufhebt, ebnet er zugleich die Hierarchie zwischen Komödien- und Tragödienfiguren ein. Die »Allgemeinheit«, die er für die Charaktere sowohl in der Tragödie als auch in der Komödie postuliert, meint zum einen das Gewöhnliche und damit Lebensnähe (95. St.; B 6, 654) – im Gegensatz zu den »überladenen Charakteren« (ebd), die nur »hagere Gerippe von Lastern und Tugenden« seien (83. St.; B 6, 597) –, impliziert zum anderen aber doch den individuellen Fall transzendierende Bedeutsamkeit – der Zuschauer soll sich nicht nur mit den Bühnenfiguren identifizieren können, sondern zu einer Selbsterkenntnis im Hinblick auf seine menschliche Bestimmung gelangen. (Zu der notwendigen Balance zwischen Individualität und Allgemeinheit der Charaktere vgl. auch Saße 1993; Lach 2004; Profitlich 2008/2009 [2010] diskutiert Lessings Auseinandersetzung mit Hurds Theorie der Komödie und der Komödiencharaktere im 95. Stück).

Unlöslich verbunden mit der Kritik an dem

»überladenen Charakter«, der satirisch überzeichneten Typenfigur, ist die Kritik an dem Handlungsschema der Aufklärungskomödie: der Intrige, die der Korrektur, Besserung oder Bestrafung des Lasterhaften dient. Lessing: »Ich weiß überhaupt nicht, woher so viele komische Dichter die Regel genommen haben, daß der Böse notwendig am Ende des Stücks entweder bestraft werden, oder sich bessern müsse. […] Aber in der Komödie, denke ich, hilft sie nicht allein nichts, sondern sie verdirbt vielmehr vieles. Wenigstens macht sie immer den Ausgang schielend, und kalt, und einförmig. Wenn die verschiednen Charaktere, welche ich in eine Handlung verbinde, nur diese Handlung zu Ende bringen, warum sollen sie nicht bleiben, wie sie waren?« (99. St.; B 6, 670). Die plötzliche, erzwungene Änderung der lasterhaften Person am Schluss der Komödie sei, so Kornbacher-Meyer, für Lessing psychologisch so unwahrscheinlich wie menschlich beschämend. Diesem Modell (Korrektur der einen Partei durch die andere) stellt er eine andere Art der Verbindung von Charakter und Handlung entgegen: Die Lösung des Konflikts, bei der die »Collision der Charaktere« fortbestehen kann (B 6, 670). Solche fortdauernde »Collision der Charaktere« besagt, dass keiner sich grundlegend ändern muss, dass es weder Bestrafung noch Korrektur noch unmotivierte Besserung gibt, sondern dass, während der Handlungsknoten sich entwirrt, nur immer wieder das Lächerliche als Kontrast zwischen Mangel und Realität sich enthüllt. Solche »Collision der Charaktere« entdeckt Kornbacher-Meyer insbesondere als Strukturprinzip des Finales der *Minna von Barnhelm* (s. S. 299 f.).

Obgleich die Kategorie des Lächerlichen eine verfeinerte Art der Komik begründen soll, die an die kognitiven Fähigkeiten appelliert und den Verstand erheitert, lässt Lessing, darin Ansätze seiner Jugend weiterführend (s. S. 74 f.), auch das ›niedrig Komische‹ gelten, das außermoralische, zweckfreie Lachen. Kornbacher-Meyer (114–121) verweist auf die Rehabilitation des Harlekins im 18. Stück der *Dramaturgie* (B 6, 270 f.) und auf das Fragment einer Studie *Nachspiele mit Hanswurst* (zwischen 1771 und 1773); beide male zeige Lessing ein genaues Verständnis für die spezifischen Qualitäten dieser Figur, die »dramaturgische Sonderstellung des Spaßmachers« (118).

Genie und Regel

Wenn Lessing die psychologische Motivation zum Organisationsprinzip der Handlung erhebt, ist darin zwangsläufig die Verabschiedung der Regelpoetik enthalten. ›Psychologische Motivation‹ bzw. Kausalität ist ein Modell, in dem das ›Äußere‹, der Gang der Handlung, aus dem ›Inneren‹ der Figuren entwickelt wird. Die ›innere‹ Notwendigkeit muss Überzeugungskraft gewinnen. Dass sie es tut, dass die Entfaltung der Leidenschaften zwingenden Charakter annimmt, ist für Lessing die Leistung des Genies. Nur indem es seinen Stoff ›von innen‹ heraus ergreift, vermag es in seinen Augen der Aufgabe gerecht zu werden. Dem gegenüber sieht er in den Normierungen der französischen Klassik, insbesondere den »drei Einheiten«, nichts als Äußerlichkeiten (101.-104. St.; B 6, 687). Es gelte nur *eine* Regel, die von der Wahrscheinlichkeit (»Einheit«) der Handlung, die in der ›Einheit des Charakters‹ gegründet sein müsse. Auf dem griechischen Theater sei die Beobachtung der beiden anderen »Einheiten«, derjenigen des Ortes und der Zeit, wegen des Chores sinnvoll gewesen. Für die moderne Bühne bedeuteten sie mechanische, einschnürende Regelungen (46. St.). Auch in der Konstruktion der (politischen) Intrige vermisst Lessing die Substanz (30. St.). Die komplizierten Handlungspläne Corneilles sind ihm Ausgeburten des witzigen Kopfes, der, weil er unfähig sei, in das Innere der (menschlichen) Natur einzudringen, das Entlegene kombiniere und die Handlung auf monströsen »Einfällen« aufbaue. Der Witz, für Gottsched *die* Begabung des Genies, ist für Lessing die Krücke desjenigen, der an der Oberfläche der Dinge haften bleibt.

Allenthalben stellt Lessing die innere Notwendigkeit der äußeren Regelmäßigkeit entgegen. Lebendige Kenntnis der Menschen müsse der Dichter besitzen (49. St.; B 6, 426 f.). Das lebendige Wissen garantiere die Wahrheit der Charaktere, nicht die Schulgelehrsamkeit, die nur historische Korrektheit verbürge (34. St., B 6, 347 f.) Die höheren »Absichten« des Genies rechtfertigten die Verstöße gegen das »Lehrbuch« (48. St., B 6, 423). Gleich im ersten Stück hält Lessing apodiktisch fest: Intuitiv erfasse das Genie die Gesetze der Psyche; ohne sich an Regeln zu kehren, »ohne es zu wissen, ohne es sich langweilig zu erklären« (1. St., B 6, 188), finde es den fesselnden Ausdruck der Leidenschaften.

Auf der anderen Seite schließt Lessings Genie-begriff subjektivistische Willkür aus. Nachdrück-lich grenzt er sich von der jungen Generation der Stürmer und Dränger ab (96. St., B 6, 657): »Ge-nie! Genie!‹ schreien sie. ›Das Genie setzt sich über alle Regeln hinweg! Was das Genie macht, ist Regel!‹ So schmeicheln sie dem Genie: ich glaube, damit wir sie auch für Genies halten sol-len.« Die Bestimmungen des Aristoteles besitzen für ihn unbedingte Gültigkeit. Er hält die *Poetik* für »ein eben so unfehlbares Werk […], als die Elemente des Euklides nur immer sind« (101.–104. St., B 6, 686), und traut sich zu, »unwider-sprechlich zu beweisen«, dass die Tragödie »sich von der Richtschnur des Aristoteles keinen Schritt entfernen kann, ohne sich eben so weit von ihrer Vollkommenheit zu entfernen« (ebd.). Wie Gott-sched begründet er diesen Machtspruch damit, dass die aristotelischen Regeln mit der Natur der Dinge übereinstimmen.

Beide Positionen ergänzen einander. Wie für Lessings Tragödienmodell die Durchdringung von Subjektivität (Gestaltung des Stoffes gemäß der »Natur der Seelenkräfte«) und Objektivität (Analogie zwischen der Tragödie und den Bau-prinzipen der göttlichen Schöpfung), von Emoti-onalität und Rationalität (Strom der Leidenschaf-ten als Motivationszusammenhang; moralische Kraft des Mitleids) konstitutiv ist, so auch für seine Konzeption des Genies: Individuelle An-schauung, Intuition und das Erfassen der Gesetz-mäßigkeit, der Regeln, sind nicht voneinander zu trennen. Das Genie hat, wie Lessing schreibt, die »Probe aller Regel in sich« (96. St.; B 6, 657 f.); die Regel besitzt kein abstraktes Sein, sondern ist nur im und mit dem konkreten Einzelfall gege-ben. Deshalb begreift sie das Genie nicht mittels der deduktiv zergliedernden Vernunfterkenntnis, sondern mittels derjenigen »Seelenkräfte«, die der Sinnlichkeit zugerechnet werden, der »Emp-findung« und der »anschauenden Erkenntnis«. Lessing: »Es begreift und behält und befolgt nur die [Regel], die ihm seine Empfindung in Wor-ten ausdrückt. Und diese seine in Worten aus-gedrückte Empfindung sollte seine Tätigkeit ver-ringern können? Vernünftelt darüber mit ihm, so viel ihr wollt; es versteht euch nur, in so fern es eure allgemeinen Sätze den Augenblick in einem einzeln Falle anschauend erkennet; und nur von diesem einzeln Falle bleibt Erinnerung in ihm zu-rück« (96. St.; B 6, 657 f.).

Die Konsequenz für den Kritiker und Rezipien-ten ist die Aufgabe, den Gegenstandsbezug der Theorie auf Schritt und Tritt zu erinnern oder wieder herzustellen – wie es Lessing in den Kom-mentaren der *Hamburgischen Dramaturgie* vor-führt: Er entwickelt seine Anschauungen über Tragödie und Komödie nur in der Auseinander-setzung mit den einzelnen Dramen, formuliert oder überprüft Regeln im Hinblick auf das indivi-duelle Werk oder entdeckt anhand einer genauen Analyse des betreffenden Stücks in einem an-scheinenden Regelverstoß eine wesentlichere Regelmäßigkeit (z. B. 49. St.; B 6, 425).

Des Weiteren hat die Verschmelzung des Be-sonderen und Individuellen mit dem Allgemei-nen die Betonung des Schöpferischen, des Ent-wurfcharakters der künstlerischen Mimesis zur Folge; Lessing begreift »Mimesis« als Darstel-lung, nicht (verdoppelnde) Nachahmung der Wirklichkeit. »Wer richtig raisonniert«, so Les-sing, »erfindet auch: und wer erfinden will, muß raisonnieren können« (96. St.; B 6, 659); die re-gelverletzende Neuerung des Genies gilt ihm als neue Regel. Das Bild für das Drama, es solle ein »Schattenriß« der unendlichen Welt sein, zielt ebenfalls auf Erfindung und Schöpfung, wird doch der Dichter darauf verpflichtet, eine Silhou-ette dessen zu konturieren, was als solches der menschlichen Fassungskraft sich entzieht. Dabei liegt der Akzent bei Lessing auf der Gestaltung im Bereich von Empfindung und Anschauung. Die Fähigkeit des Genies zur ›anschauenden Er-kenntnis‹ bedeutet, im Sinnlichen die Evidenz ei-nes Sinns, einer ›Notwendigkeit‹, hervortreten zu lassen.

So können wir zusammenfassen: Wie der bil-dende Künstler die Schönheit der menschlichen Gestalt sichtbar macht (*Laokoon*), so macht der Dichter in dem »Schattenriß« des Dramas die Moralität der Menschennatur erfahrbar und ver-leiht dem notwendigen »Müssen« der Charak-tere, ihrem ›Ideal‹, in einem schöpferischen Akt sinnliche Präsenz. Wie sehr Lessing dabei die Profilierung der (psychologischen) Notwendig-keit als Erzeugung einer sinnlichen Gegenwart versteht, erhellt schlaglichtartig aus der Wendung im 27. Stück, wenn er schreibt, dass auch der Mu-siker nur mittels der Motivierung der Übergänge die flüchtigen Empfindungen in einen »festen Marmor« verwanden könne, der beim Publikum einen bleibenden Eindruck hinterlasse (B 6,

316 f.). – Mit seinem psychologischen Interesse gehört Lessing der ›Aufklärung‹ an. Das Sprunghafte, Unmotivierte, Extreme, das die junge Generation (der Stürmer und Dränger) faszinieren wird, lehnt er ab. Zugleich deutet die Art, wie er die Erkenntnis allgemeiner Gesetzmäßigkeiten an die sinnliche Anschauung bindet, auf die Kunstauffassung der Weimarer Klassik, insbesondere auf Goethes Symbolbegriff, voraus (vgl. Kap.: Laokoon).

Der gesellschaftliche Bezug

Wie lässt sich, so lautet die Frage, Lessings Tragödienmodell mit seiner psychologischen Orientierung und Zentrierung auf ›den Menschen‹ auf die gesellschaftliche Situation des ›Bürgertums‹ beziehen? In welchem Verhältnis steht dieses Modell zum bürgerlichen Trauerspiel? Ist Lessings Abwehr des französischen Klassizismus als Ausdruck eines neuen bürgerlichen Selbstbewusstseins interpretierbar?

Lessing grenzt seine Kunst- und Theaterauffassung nicht nur vom adlig-höfischen Geschmack ab, sondern bringt sie auch in einen kritischen Gegensatz zu bürgerlichen Wertvorstellungen (und, nicht zu vergessen, zum intellektuellen Habitus des Gelehrten; vgl. 42. St.; B 6, 389). Das klassizistische Stilideal versteht er als Manifestation einer adligen Kultur, die er ablehnt, wobei sich seine Kritik gegen das Interesse an Rangabstufungen und Hierarchien richtet. Er sieht in dem *decorum* einer standesbewussten Gesellschaft nurmehr Hohlheit und leeren Schein; er schreibt (68. St.; B 6, 526): »Aber […] diese ungeheure Verbindung der pöbelhaftesten Possen mit dem feierlichsten Ernste […] wenn sie weiter keinen Fehler hätte, als dass sie die Ehrfurcht beleidigte, welche die Großen verlangen, dass sie der Lebensart, der Etikette, dem Ceremoniel, und allen den Gaukeleien zuwiderlief, durch die man den größern Teil der Menschen bereden will, dass es einen kleinern gäbe, der von weit besserm Stoffe sei als er: so würde mir die unsinnigste Abwechslung von niedrig auf Groß, von Aberwitz auf Ernst, von Schwarz auf Weiß, willkommner sein, als die kalte Einförmigkeit, durch die mich der gute Ton, die feine Welt, die Hofmanier und wie dergleichen Armseligkeiten mehr heißen, unfehlbar einschläfert.« Dass er mit seiner antiklassizistischen (und antifranzösischen)

Dauer-Polemik die Überzeugung von der Überlegenheit oder Vorbildhaftigkeit eines höfischen Geschmacks in Frage stellt, hat man in Berlin genau registriert, wie aus einem Brief des Bruders Karl hervorgeht: »Von Deiner Dramaturgie sagen die Verehrer des Französischen Theaters, daß Du Dich an den größten Genies ihrer Nation versündigest. […] Frage ich in meiner Einfalt, warum ein Deutscher einen Corneille oder Voltaire nicht tadeln darf; so antworten sie mir: es wären die größten Genies; denn ganz Frankreich erkenne sie dafür […]. Die Großen täten es auch; nur der Mittelmann und der Pöbel blieben halsstarrig, und wollten selbst urteilen.« (11.4.1768; B 11/1, 512 f.). Sogar in der freien Reichsstadt Hamburg, die eben keine Monarchie war, sondern eine bürgerliche Regierung hatte, erwies man den höfischen Traditionen ihre Reverenz; jedenfalls setzte die Direktion des Nationaltheaters Signale, die in diese Richtung deuten: Voltaire war der Lieblingsdichter Friedrichs II. und *Mérope* eines seiner Lieblingsstücke (vgl. Nisbet 2008, 514); Corneilles *Rodogune* wurde anlässlich des Besuchs des dänischen Königs aufgeführt, wie Lessing selbst nicht unterlässt zu erwähnen (29. St.; B 6, 325), um dann desto wirkungsvoller seine brillante Demontage dieser Tragödie zu lancieren, womit er auch die fürstlich-höfische Kulturhoheit angreift (vgl. B 6, 477; 684 ff. Eine eigene Untersuchung bedürfte vor diesem Hintergrund die Kritik an Voltaire, die sich wie ein roter Faden durch die *Hamburgische Dramaturgie* zieht, vertritt doch Voltaire in weltanschaulicher und philosophischer Hinsicht ähnliche Ansichten wie Lessing; vgl. Nisbet 2008, 513–515; Rochow 1994, 71 f.).

Dabei ist zugleich offenkundig, dass die antihöfische Stoßrichtung von Lessings Tragödienmodell nicht automatisch die Affirmation eines sozial begründeten Selbstwertgefühls der mittleren Stände bedeutet, sondern dass er es ständeübergreifend konzipiert; dass er das ergreifend Menschliche als unabhängig von *jeder* ständischen Zuordnung denkt. Wiederum ist die Destabilisierung von Hierarchien virulent. So bricht er zwar im vierzehnten Stück, anlässlich der Aufführung von *Miß Sara Sampson*, eine Lanze für die (schon nicht mehr ganz neue) Form des bürgerlichen Trauerspiels mit dem sozialen Argument: »Das Unglück derjenigen, deren Umstände den unsrigen am nächsten kommen, muß natürlicher Weise am tiefsten in unsere Seele dringen« (14. St.; B 6, 251). Und doch bezieht er sofort Fürsten und Könige mit ein – pikanter weise mit einem versteckten Zitat aus den *Trois discours* Corneilles, wie Braungart-Golawski nachgewiesen hat (1999, 427–431). Er fährt fort: »[…] und wenn wir mit Königen Mitleiden haben, so haben wir es mit ihnen als mit Menschen, und nicht als mit Königen«; ihr hoher Stand mache ihre »Unfälle« nicht »interessanter« (14. St.; B 6, 251); genauso fungieren für ihn auch die Vertreter der mittleren Stände als Repräsentanten des ›Allgemein-Menschlichen‹. In der Wahrnehmung der Könige und Fürsten *als Menschen* schwingt eine elementare Respektlosigkeit gegenüber der gesellschaftlichen Rangordnung mit; und solche Wahrnehmung ist, so sieht es aus, im mittleren Spektrum der Gesellschaft, im ›Bürgertum‹ und niederen Adel, nicht selbstverständlicher als im höfischen Bereich.

Dementsprechend nimmt Lessing selbst keine eindeutige gattungsmäßige Zuordnung seines Tragödienmodells vor; die Polemik gegen die klassizistische Tragödie und das französische Theater bedeutet nicht die ausschließliche, alternativlose Fixierung auf das »bürgerliche Trauerspiel«. Er verliert (die wenigen Bemerkungen über *Miß Sara Sampson* ausgenommen) über die aufgeführten bürgerlichen Trauerspiele kein Wort, obwohl mit Weißes *Romeo und Julie* und Sturzens *Julie und Belmont* avancierte Beispiele auf den Spielplan gesetzt wurden. An Diderots Entwurf eines Ständetheaters übt er Kritik wegen der »Klippe der »vollkommnen Charaktere« (86. St.; B 6, 611) und wegen der mangelnden Möglichkeit zur Individualisierung der Figuren (vgl. Saße 1993). Er verweist auf das antike Theater und auf Shakespeare als Vorbilder, empfiehlt die Fabeln des Hyginus als Stoffreservoir für Trauerspiele und erwähnt Weißes (Blankvers-)Tragödie *Atreus und Thyest* (1766) als Beispiel (39. St.; B 6, 377); kein bürgerliches Trauerspiel, sondern eine spanische Essex-Tragödie vergegenwärtigt er in einer genüsslichen Nacherzählung der Handlung (St. 60–69). Wenn er die hohen Tragödien des Klassizismus kritisch und polemisch auseinandernimmt, so zeigt er zugleich deren Potential auf, zu einer ›wahren‹ Tragödie umgeschaffen zu werden. Worauf es ihm ankommt, nämlich die lebendige Charakterzeichnung und Darstellung des ›Allgemein-Menschlichen‹, lässt sich in jeder – überlieferten oder neu entwickelten – Tragödienform verwirklichen, genauer: Es wird die bestehenden Formkonventionen verwandeln und gegenüber dem wesentlichen Ausdruck irrelevant machen. Nun könnte man allerdings diese auf psychologische Motivation, Empathie und Erregung von Mitleid setzende Dramaturgie, die, wie Lessing vorführt, alle tragischen Konfliktsituationen zu durchformen vermag, als ›bürgerlich‹ bezeichnen; doch handelt man sich mit solcher Verallgemeinerung das Problem ein, dass der Terminus seine Trennschärfe verliert.

Lessing wendet sich nicht nur gegen die an höfischen Maßstäben und Kriterien orientierten Hierarchisierungen, die ihm als obsolet und nichtig erscheinen, sondern bringt die menschliche Ebene, die durch die Kunst berührt werde bzw. werden soll, auch in Spannung zu der Arbeitsmoral, dem Erwerbsstreben und dem Nützlichkeitsdenken der bürgerlichen Schichten, also zu zentralen Tugenden des sich formierenden Bürgertums (vgl. Michael Maurer 1996, 352–435), die er somit problematisiert; er setzt dem ›Bürger‹ den Künstler bzw. Dichter entgegen. Er wirft dem Hamburger Publikum vor, alles nur nach ökonomischen Werten zu bemessen und nichts schätzen zu können, als was geradezu »den Beutel füllet« (18. St.; B 6, 273), namentlich nicht die »Werke des Genies« (ebd.). Entscheidend ist dabei, dass er in der Ausrichtung der Bürger auf die »Studia« und Geschäfte, »zu welchen sie die Kirche oder der Staat auffodert« (96. St.; B 6, 656), in dem Einsatz also für das Gemeinwesen im Rahmen eines nützlichen Amtes, eine Verarmung und ein Defizit ausmacht. So mokiert er sich über die Fixierung auf die ›ernsthaften‹ Betätigungen des bürgerlichen Lebens (96. St.; B 6, 656): »Verse und Komödien heißen Spielwerke; […] Sobald wir uns dem männlichen Alter nähern, sollen wir fein alle unsere Kräfte einem nützlichen Amte widmen; und läßt uns dieses Amt einige Zeit, etwas zu schreiben, so soll man ja nichts anders schreiben, als was mit der Gravität und dem bürgerlichen Range desselben bestehen kann; ein hübsches Compendium aus den höhern Facultäten, eine gute Chronike von der lieben Vaterstadt, eine erbauliche Predigt und dergleichen.« Ohne die Ergänzung, die Theater und Kunst zu bieten haben, lauert hier die Gefahr, in einem »einförmigen ekeln Zirkel« der »alltäglichen Beschäftigungen« (ebd.) eingeschlossen zu bleiben. Deshalb jedoch sprengt Lessings Kunstauffassung zugleich deren Beschränkung auf eine ›Erholung für die Nebenstunden‹. Vielmehr bilden die Werke des »Genies« ein gleichberechtigtes Gegengewicht zu den bürgerlichen Geschäften; die »Erholung«, die sie ermöglichen, ist der Tätigkeit für Staat und Kirche nicht untergeordnet, sondern macht die Quellen des Menschlichen, die in dieser Tätigkeit zu versiegen drohen, wieder lebendig. Damit korrespondiert ein erhöhter Anspruch an die (Theater-)Dichter: Ihre Werke müssen die Aufmerksamkeit des »denkenden Mannes«, der über die Enge seines täglichen Kreises hinausgeführt sein möchte, auch verdienen (ebd.). Lessings Charakterisierung seiner eigenen ›Dichtkunst‹ changiert zwischen dem Bekenntnis des Mangels an poetischer Kraft und der Demonstration dessen, welche Anspannung aller Seelenkräfte die Verfassung eines Dramas, die schriftstellerische *Arbeit*, erfordert (101.-104. St.; B 6, 681): »so kostet es mich so viel Zeit, ich muß von andern Geschäften so frei, von unwillkürlichen Zerstreuungen so ununterbrochen sein, ich muß meine ganze Belesenheit so gegenwärtig haben, ich muß bei jedem Schritte alle Bemerkungen, die ich jemals über Sitten und Leidenschaften gemacht, so ruhig durchlaufen können; daß zu einem Arbeiter, der ein Theater mit Neuigkeiten unterhalten soll, niemand in der Welt ungeschickter sein kann, als ich.«

Mit dieser doppelten Frontstellung – gegen die ständische Rangabstufung *und* gegen die Selbstaufgabe in bürgerlichen »Geschäften« und Ämtern – scheint Lessings Auffassung, die (theatralische) Kunst müsse den Menschen in seinem Wesen treffen, gut mittels des neueren, systemtheoretisch fundierten sozialhistorischen Ansatzes beschreibbar, der die ältere, von Koselleck geprägte Sichtweise, ein aufstrebendes Bürgertum habe seine Wertvorstellungen zum Allgemein-Menschlichen erhoben und damit politische Ansprüche gegenüber dem Adel geltend gemacht, abgelöst hat. Die Argumentation lautet nun: Die entscheidende gesellschaftliche Transformation im 18. Jahrhundert sei die Bildung von Funktionseliten gewesen, für deren Rekrutierung nicht mehr das Herkunfts-, sondern das Leistungsprinzip gegolten habe; Fürst und Beamtenschaft seien gleicherweise zu Staatsdienern und das Gemeinwohl zum Bezugspunkt ihres Handelns geworden. Mit der Ausdifferenzierung unterschiedli-

cher Funktionen im Staat bei einhergehender ›Entpersönlichung‹, Erodierung der Standeszugehörigkeit und Vervielfältigung der Rollen habe sich ein doppelter Problemdruck erzeugt: Ein Kontingenzproblem – die ständische Ordnung verlor ihre Bindungskraft, es zeigte sich die Möglichkeit anderer Wege – und ein Identitätsproblem – der Rollenwechsel in der Ausübung mehrerer Funktionen brachte die Frage und Suche nach dem ›wahren‹ Ich hervor. Dies sei die Stunde der Schriftsteller, ›Dichter und Denker‹ gewesen. Die neu entstandenen überregionalen, kommunikativen Möglichkeiten des literarischen Marktes nutzend und die semantischen Traditionen von Religion und Philosophie weiterentwickelnd, hätten sie das ›Menschliche‹, das nur jenseits von Berufswelt und Erwerbsleben realisierbar ist, als umfassendes Identitätsangebot entworfen und damit die ›bürgerliche‹ Gesellschaft und Mentalität erst eigentlich erfunden. An die Stelle der Identitätsstiftung durch Inklusion (Ständegesellschaft) sei diejenige durch Exklusion getreten (bürgerliche Gesellschaft: Selbstbezug auf das verbindend Menschliche außerhalb oder jenseits der gesellschaftlichen Rollen; vgl. Eibl 1995; Marianne Willems 2006).

Zweifach ist der Vorteil dieses Erklärungsmodells gegenüber dem älteren. Erstens muss man nicht mehr mit der Fiktion ›des‹ Bürgertums, das ›sich‹ emanzipieren wollte, operieren, denn dieses homogene Bürgertum hat es nie gegeben, sondern nur Gelehrte, Professoren, Pastoren, Handwerker, Kaufleute, Juristen … mit je eigenem Gruppen- bzw. Standesbewusstsein; das Modell ›Ausdifferenzierung von Funktionen‹ scheint insofern die ›realen‹ gesellschaftlichen Vorgänge besser abzubilden. Zweitens ist man der unlösbaren Schwierigkeit enthoben, die literatur- und ideengeschichtlichen Zusammenhänge als ›Überbauphänomene‹ kenntlich machen und mit bestimmten sozialen Verhältnissen in eine bestimmte Relation bringen zu müssen (Widerspiegelung, Artikulation von Interessen u.ä.); stattdessen ist mit dem Konzept ›Identität (bzw. Individualität) durch Exklusion‹ der Eigengesetzlichkeit kultureller Konstruktionen Raum gegeben. Der Preis dafür: Der für die Aufklärung zentrale Begriff der Kritik, des von menschlichen Subjekten getragenen Veränderungswillens, wird durch denjenigen der Anpassung (auch: des kommunikativen Konsenses) ersetzt; ein Problemdruck erzeugt entsprechende Reaktionen, die passendsten setzen sich durch bzw. werden ›selektiert‹; die Ideen des autonomen Menschen, des moralischen Gefühls etc. dienen – in diesem Modell – letztlich dem besseren Funktionieren im gesamtgesellschaftlichen Zusammenhang (vgl. z.B. Eibl 1995, 232. – Zu den vielfältigen Faktoren, die bei der Formierung der ›bürgerlichen Gesellschaft‹ zu berücksichtigen sind, und der Rolle der Literatur in diesem Beziehungsgeflecht vgl. die mentalitätsgeschichtliche Studie von M. Maurer: *Die Biographie des Bürgers*, 1996).

Was sich, ohne systemtheoretische Vorgaben, für Lessing festhalten lässt (wobei die Frage offen bleiben muss, wo seine Position sich individuell abhebt und wo sie Zeitströmungen repräsentiert): Drama und Theater ›bessern‹ die Zuschauer (durch die Erregung von Furcht und Mitleid), indem das Gefühl der eigenen Menschheit als Korrektiv zum alltäglichen Erwerbsleben fungiert. Wie Lessing den Menschen als intrinsisch gesellig es Wesen denkt, so stehen für ihn ›Menschsein‹ und bürgerliche Betätigung in Wechselwirkung zueinander (Verwandlung des Mitleids in »tugendhafte Fertigkeiten«); eines muss das andere durchdringen. Das ›Menschsein‹ selbst ist voll antihierarchischer Stoßkraft konzipiert, wobei sich das Antihierarchische vor allem als Loslösung von vorgegebenen Ordnungsmustern sowie als Wegfall der Tugend-Laster-Opposition und »zweiwertigen Ethik« (A. Meier 1993) zeigt. So wendet sich Lessing zum Beispiel auch gegen diejenigen Reformer und Verteidiger des Theaters, die aus ihm eine »Tugendschule« zu machen und seine moralische Wirkung auf die Demonstration von Sittenlehren (z.B. 12. St.; B 6, 241) zu reduzieren suchten; sie schadeten, wie er an Friedrich Nicolai schreibt (11.10.1769; B 11/1, 629), dem Theater mehr als alle Angriffe der Geistlichkeit (vgl. Heßelmann 2002, 433). An die Stelle der Exemplifikation herausragender Tugenden (wie Keuschheit, Besonnenheit, Aufopferung für das Staatswohl etc.) und Laster tritt bei Lessing die Modellierung komplexer moralischer Haltungen, die den Tugenden und Fehlern zugrunde liegen und diese ihrer Eindeutigkeit berauben (vgl. dazu auch Eibl 1995, 69–74. – Die einzige Vorgabe, die er nicht antastet, ist die Subsummierung aller Moralität unter die Menschen- und Nächstenliebe). Die Konzen-

tration auf den Menschen führt zwar zur Subjektivierung und Individualisierung. Doch entfaltet diese Subjektivierung deshalb eine gesellschaftsbezogene Kraft, weil sie für Lessing wiederum objektiv verankert ist und somit nicht in die Vereinzelung führt, sondern Aufbruchsstimmung freisetzt: »Vertrauen« und »fröhlichen Mut« (79. St.; B 6, 578), wie er im Zusammenhang des Theodizee-Satzes sagt. Wie der Dramatiker, frei von den Vorurteilen der (alten wie neuen) Gesellschaft, mit dem ›Ganzen‹ seines Werks poietisch den Bauplan einer eigenen Welt transparent macht, der zu demjenigen der göttlichen Schöpfung analog ist, so vollziehen es die Zuschauer ›mit Kopf und Herz‹ nach. Das Mitleid mit den scheiternden Helden wird erlebt als Teil einer notwendigen Welt und dadurch legitimiert als Handlungsregulativ in der wirklichen. Die Durchdringung des Subjektiven mit dem Objektiven, die wir auf den unterschiedlichsten Ebenen verfolgten, erweist sich somit als entscheidende Voraussetzung für den gesellschaftlichen Bezug des ›Allgemein-Menschlichen‹.

Aufnahme und Wirkung

Die ersten Zeitschriften-Rezensionen lassen eine große Skepsis erkennen, was die Möglichkeit anbelangt, dass die *Hamburgische Dramaturgie* die Entwicklung des deutschen Theaters entscheidend fördern werde. Zum einen wird Lessing auf die Rolle des Polemikers festgelegt, zum anderen wird ihm vorgeworfen, die künstlerische Praxis aufgrund seiner theoretisch-philosophischen Orientierung zu verfehlen, und drittens schließlich wird die Emanzipation vom französischen Klassizismus als ein längst beschrittener Weg, als ein von vielen herbeigesehntes Ziel dargestellt, das heißt, Lessings theaterpolitische Initiative wird als Teil einer allgemeinen Bewegung bewertet. – Die Reaktionen auf die *Dramaturgie* stehen im Schatten der Klotz-Fehde, wichtige Rezensionen erscheinen in der von Klotz herausgegebenen *Deutschen Bibliothek der schönen Wissenschaften*. Als den »Streiter«, wie er sich in den »Literaturbriefen« und in den *Briefen, antiquarischen Inhalts* in Szene setzt, nimmt der Kritiker der *Bibliothek* den Verfasser der *Dramaturgie* wahr. Der erste Satz seiner Rezension entwirft das Gegenbild zu Lessings Selbstbild: »Nichts ist gefährlicher, als den Zorn eines Schriftstellers zu provociren, *den die kleinste Kritick, die man sich gegen ihn entfahren läßt, Anlaß und Stof* [!] *zu einem Buche giebt.* (Litteraturbriefe Th.V. p. 4.)« (*Deutsche Bibliothek der schönen Wissenschaften*, 1769, 9. St.; Braun 1, 290). Lessing gebärde sich als neuer Aristoteles (292), er »martert den Leser mit einem unerträglichen Egoismus, reißt eigenmächtig ein, anstatt sich hineinzudenken, philosophirt, aber nicht mit wenigen, giebt alten Wahrheiten ein neues Ansehen, und führt *Systemchen* auf, die er für unumstößlich ausgiebt, und die seinen Nachbetern Orakelsprüche scheinen« (293). Insbesondere die Kritik am französischen Geschmack, die als Verspottung und Verhöhnung empfunden wird, wird zum Vorwurf gemacht, wobei auch wohlwollende Rezensenten den scharfen Ton bedauern, mit dem Lessing gegen die französischen Dramatiker vorgeht (so Garve in der Leipziger *Neuen Bibliothek der schönen Wissenschaften und der freyen Künste*, 1770, 10. Bd., 1. St.; Braun 1, 333). – Die Wahrnehmung Lessings als Polemikers verbindet sich mit dem Vorwurf, seine Kritik sei nicht konstruktiv, er formuliere theoretische Ansprüche, zeige anhand dieser, was der deutschen Dramenliteratur fehle, gebe aber den Autoren keine praktischen Hinweise. Auch der Rezensent der Klotzschen *Deutschen Bibliothek der schönen Wissenschaften* gesteht es zu: Zur Theorie des Dramas habe Lessing zweifelsfrei viel zu sagen: »Die Summa der ganzen Dramaturgie ist die ästhetische Untersuchung: Was ist die Tragödie und was sollte sie seyn?« (Braun 1, 295). Doch die Untersuchungen zu Aristoteles erscheinen ihm voll von unlebendiger Gelehrsamkeit, er vermisst den Bezug zur Gegenwart (Braun 1, 294): »aber lange Dissertationen über ein und eben dasselbe Stück ermüden doch endlich, und ausführliche Erklärungen des Aristoteles gehörten doch gewiß eher in einen antiquarischen Brief, als in die Dramaturgie.« Später heißt es in der gleichen Rezension (ebd. 303): »Aber was wird unsern Acteurs alle die Philosophie nutzen, die bey der Gelegenheit verschwendet wird? Wenn sie […] von der symbolischen und anschauenden Recitation, von den individualisirenden, und generalisirenden Gestibus von Wellenlinien, Mouvements und Chironomie hören, so werden sie mehr zurückbeben als sich daraus bessern.« Das Rezeptionsmuster »Rechthaberei des ästhetischen Diktators« verschmilzt

mit der Wahrnehmung des Fragmentarischen, Vielseitigen und deshalb Bruchstückhaften, das die *Hamburgische Dramaturgie* charakterisiert. Der gleiche Kritiker schreibt in einer zweiten Rezension (*Deutsche Bibliothek der schönen Wissenschaften*, 1769, 13. St., Braun 1, 309): Die Blätter der *Hamburgischen Dramaturgie* »sind kein System einer Theaterphilosophie, aber schätzbare Fragmente davon, oft mühsame Determinationen von Kleinigkeiten, oft grübelnde Zweifel, aber meistens abstracte Betrachtungen über das Wesen des Trauerspiels, voll von durchdringendem Scharfsinn.« Garve entwickelt von der gleichen Beobachtung ausgehend, ähnlich wie er es anlässlich des *Laokoon* versucht, eine Analyse von Lessings Denkstil (*Neue Bibliothek der schönen Wissenschaften und der freyen Künste*, 1770, 10. Bd., 1. St.; Braun 1, 330 ff.). – Dass Lessings Literatur- und Theaterkritik Teil einer umfassenderen literarischen bzw. kulturellen Strömung ist, können auch die Erwartungen zeigen, die sich an die *Hamburgische Dramaturgie* knüpfen. In einer in einem Leipziger Blatt erschienenen Rezension der ersten 31 Stücke erhofft man sich genau das, was tatsächlich Lessings Programm ausmacht, ein Indiz für gemeinsame kulturelle Interessen. Die Gottschedsche Vergangenheit, gegen die Lessing anschreibt, wird auch von dem Kritiker ad acta gelegt: »Ehemals hatten wir nur eine kalte, unsern Nachbarn abgeborgte Theorie von der theatralischen Dichtkunst […]. Nach und nach, da wir auch Muster in diesem Theil der schönen Wissenschaften bekamen, lernten wir auch selbst über denselben denken, die dramatischen Schönheiten, und die Bedürfnisse unsers Schauplatzes empfinden. Fängt nun ein großer dramatischer Schriftsteller an, die ganze Kunst des Theaters, und den Werth der berühmtesten und beliebtesten Stücke, die für dasselbe geschrieben worden sind, nicht nach abstrahirten Regeln, sondern nach den feinsten Vorschriften, die er selbst glüklich ausgeübt hat, zu beurtheilen: so glaubt man den *Horaz* unter uns auftreten zu sehen« (*Neue Zeitungen von Gelehrten Sachen*, 24. September 1767, Braun 1, 189).

»Dramaturgie« als neue Gattung; Theaterzeitschriften. Am 30. Mai 1772 erscheint im *Wandsbecker Boten* die folgende Notiz (zit. nach Braun 1, 385): »Seitdem Hr. Leßing seine Dramaturgie geschrieben schießen allenthalben Dramaturgen

auf, wie Erdschwämme, kleiner und größer, auch ganz klein, ganz groß freilich seit Leßing keiner.« Das Material ist bibliographisch erfasst und inhaltlich erschlossen in dem achtbändigen Werk (in drei Teilen) *Theaterperiodika des 18. Jahrhunderts* (W. Bender, S. Bushuven, M. Huesmann, 1994–2005). Einerseits muss von einer überwältigenden Wirkung der *Hamburgischen Dramaturgie* ausgegangen werden. Die Verfasser der zahllosen Theaterzeitschriften, die seit dem Ende der 60er Jahre erscheinen – nach Nisbet (2008, 530) sind es am Ausgang des Jahrhunderts fast 120 –, orientieren sich häufig nicht nur in Aufbau und Struktur der einzelnen Rezensionen an Lessings Kritiken (Angaben zu dem Stück, der Inszenierung, den Schauspielern, dem Autor etc.), sondern imitieren auch Tonfall und Stil. Man preist die *Hamburgische Dramaturgie* als unerreichtes Vorbild und beruft sich auf deren ästhetische Prinzipien, ohne sie jedoch weiter zu diskutieren oder auf sie einzugehen (nach Bender 2001 [2002]; Bender bringt zahlreiche Beispiele). Dieser Befund – Erhebung Lessings zur Autorität ohne inhaltliche Auseinandersetzung – zeigt somit andererseits die Ambivalenz und Problematik der Wirkungsgeschichte, denn solche Kanonisierung ist dem kritischen und dialogischen Gestus der Lessingschen Essays diametral entgegengesetzt; wie auch nach Bender die Besprechungen der meisten Theaterkritiker und -reformer eine ›monologische‹ Struktur aufweisen. Heßelmanns groß angelegte Studie (2002) zu den Theaterperiodika von 1750 bis 1800 rückt die Diskrepanz in helles Licht. Lessing, so Heßelmann, werde zwar enthusiastisch genannt, eine inhaltliche Beschäftigung mit seiner komplizierten Mitleidsästhetik oder seinen diffizilen, zum Teil sehr gelehrten Dramenanalysen finde aber nicht statt (420 f.). – Der zentrale Gegenstand von Heßelmanns Studie ist dabei nicht die Textsorte ›Dramaturgie‹, sondern die Schaubühne und Theaterpraxis im Spiegel der einschlägigen Zeitschriften. Seine Untersuchungen leisten deshalb einen wesentlichen Beitrag zur Erforschung der Frage, welche Wirkung die *Hamburgische Dramaturgie* auf das Theater im 18. Jahrhundert ausübte.

Literaturgeschichtliche Wirkung. In eklatantem Widerspruch zu den oben angeführten Reaktionen in der zeitgenössischen Presse steht die im 19. und frühen 20. Jahrhundert etablierte Sicht-

weise, Lessing habe mit der *Hamburgischen Dramaturgie* auf die Geschichte der deutschen Literatur eine nicht zu überschätzende Wirkung ausgeübt. Die Dramaturgie des 19. und 20. Jahrhunderts und die Entwicklung des deutschen Dramas ruhten auf den von Lessing gelegten Fundamenten (PO 5 [=Teil 5], 5), Lessing habe den französischen Klassizismus zerstört, die Shakespeare-Welle inauguriert, das deutsche Theater auf den ihm gemäßen Weg gebracht (Beispiele bei Heitner 1956, 23 f.). Vorsichtiger resümiert Nisbet (2008, 530): Lessing habe das »Ende der Helden- und Märtyrertragödie französischer Provenienz« beschleunigt, die zwei Haupttendenzen des Sturm und Drang, nämlich die »Verherrlichung Shakespeares« und die »Weiterentwicklung des realistischen Familiendramas«, verstärkt und »den deutschen Autoren zu größerem Selbstvertrauen verholfen«; darüber hinaus lasse sich allerdings keine ›Entwicklungslinie‹ des deutschsprachigen Dramas, die ihren Ausgang in der *Hamburgischen Dramaturgie* nähme, feststellen. – Wie bereits für die Beurteilung des Spielplans der Hamburger Bühne gilt auch für diejenige von Lessings Wirkung auf die deutschsprachige Dramatik und Theaterentwicklung, dass sie sowohl von der Interpretation des gesamten Kontexts als auch von genauen semantischen Einzelanalysen abhängig ist (z. B. könnte sich eine neue Sichtweise durch Lukas' [2005] Neubewertung der Dramenliteratur des 18. Jahrhunderts ergeben). Die Sonderstellung von Lessings Konzeption bestätigen einmal mehr Heßelmanns Befunde. Er konstatiert für den Ausgang des 18. Jahrhunderts eine »gespaltene[ ] Geschmacksneigung«: »Dem Bedürfnis nach Larmoyanz, zarter Rührung, Dezenz und Innerlichkeit«, das sich in tränenseligen Familienrührstücken konkretisiert habe, »stand der Hang zu abwechslungsreicher Handlung, nervenaufregender Spannung, Schockwirkung und energischer Erschütterung der Gefühle«, kurz: zu »kraftstrotzenden Spektakeldramen« gegenüber (428 f.).

Ein Beispiel dafür, wie komplex die Zusammenhänge sind, können die frühen Schriften Schillers zu Drama und Theater geben. Dem jungen Schiller gilt Lessing als kunstrichterliche Autorität. Jakob Friedrich Abel, der Lehrer an der Karlsschule, berichtet, Schiller habe unbedingt das Urteil Lessings über den *Fiesco* vor der Drucklegung einholen wollen (Steinmetz 1969,

16). Schiller lässt sich von der *Hamburgischen Dramaturgie* zu einem vergleichbaren Projekt inspirieren, er plant eine Theaterzeitschrift mit dem Titel »Mannheimer Dramaturgie« (NA 22, 313–319). In dem Aufsatz *Ueber das gegenwärtige Teutsche Theater* (1782) und in der Mannheimer Schaubühnenrede (*Was kann eine gute stehende Schaubühne eigentlich wirken?* [26. Juni 1784]) stellt er seine Theaterkonzeption vor, wobei er wie selbstverständlich an das Reformprogramm Lessings anknüpft. Zentrale Bausteine der Lessingschen Theorie kehren bei Schiller wieder: die Forderung nach psychologischer Durchdringung, die Rückführung des »Lasters« auf menschliche Schwachheit, die Empathie als Wirkungsziel, schließlich der Theodizeegedanke. In deutlicher Anlehnung an den Lessingschen Vergleich des Dramas mit einem »Schattenriß« vom »Ganzen« der Schöpfung heißt es bei Schiller (*Ueber das gegenwärtige Teutsche Theater*, NA 20, 82 f.): »Wir Menschen stehen vor dem Universum, wie die Ameise vor einem grossen majestätischen Palaste. Es ist ein ungeheures Gebäude, unser Insektenblick verweilet auf *diesem* Flügel, und findet vielleicht *diese* Säulen, *diese* Statuen übel angebracht; das Auge eines bessern Wesens umfasst auch den gegenüberstehenden Flügel, und nimmt dort Statuen, und Säulen gewahr, die ihren Kamerädinnen hier symmetrisch entsprechen. Aber der Dichter male für Ameisenaugen, und bringe auch die andere Hälfte in unsern Gesichtskreis verkleinert herüber; er bereite uns von der Harmonie des Kleinen auf die Harmonie des Grossen; von der Symmetrie des Theils auf die Symmetrie des Ganzen, und lasse uns leztere in der erstern bewundern. Ein Versehen in diesem Punkt ist eine Ungerechtigkeit gegen das ewige Wesen, das nach dem unendlichen Umriß der *Welt*, nicht nach einzelnen herausgehobenen Fragmenten beurtheilt seyn will.« Gleichwohl integriert Schiller diese Bausteine in einen Gesamtentwurf, der sich grundlegend von der Dramentheorie Lessings unterscheidet. Das aufschlussreichste Indiz für seine neuartige Orientierung ist die Abkehr vom »gemischten Charakter«. Schiller feiert die Extreme, das »göttliche Ideal« des Opfermutes oder den erhabenen Verbrecher. Wo er sich auf die »Vorsehung« beruft, scheint diese weniger ein Bild der Gerechtigkeit als vielmehr ein Bild für die Unendlichkeit, die erhabene Größe und damit für den Rätselcharakter

der Welt. Schiller favorisiert nicht die mitleidige, sondern die erhabene »Rührung«. Das Drama solle die »große Kunst« lehren, »Schicksale« »zu ertragen« (Schaubühnenrede, NA 20, 96). Überall machen sich eine Freisetzung von Gefühlsenergie und Steigerung ins Überdimensionale bemerkbar, die mit den Lessingschen Kategorien nicht mehr zu fassen sind. Schiller wird erst in der Kantschen Philosophie eine Antwort darauf finden, wie die Stärkung der Subjektposition mit der Verpflichtung auf das »moralische Gesetz« zu vereinbaren sei. Einerseits also führt Schiller die Lessingschen Ansätze weiter, andererseits denkt er in völlig anderen Zusammenhängen (zu den Gattungskonventionen der hohen Tragödie in *Kabale und Liebe* s. Schön 2006).

Aristoteles-Rezeption. Lessings ästhetisches Modell ist am Ende des 18. Jahrhunderts insofern ein »auslaufendes Modell«, als die wirkungsorientierte Betrachtung der Tragödie (»Erregung von Leidenschaften«) von der Autonomie-Ästhetik abgelöst wird. Gleichwohl knüpft Schiller noch an die aristotelische Bestimmung der tragischen Leidenschaften an. Deshalb kommt er auch nicht an Lessing vorbei. In der Schrift *Ueber die tragische Kunst* (1792) geht er Punkt für Punkt den aristotelischen Tragödiensatz durch und erläutert ihn mittels Lessingscher Begriffe. Er gebraucht den Terminus von der »Gradation« der Leidenschaften, sogar der »gemischte Charakter« taucht auf, von der mitleidwürdigen Handlung ist die Rede (NA 20, 165 f., 168, 166). Allerdings ordnet er diese Konzeptionen der eigenen (dualistischen) Anthropologie unter, die ihn grundlegend von Lessing trennt. – Auch Goethe schreibt einen Beitrag zur Tragödiendefinition des Aristoteles. Vage erinnert er sich in einem Brief an Riemer, dass sich Lessing zu »Mitleiden und Schrecken« geäußert habe (März 1827[?]; HA Briefe 4, 226). In der *Nachlese zu Aristoteles' Poetik* (1827) denkt er den Prinzipien nach, die das Kunstwerk als in sich abgeschlossen erscheinen lassen. Das wirkungsästhetische Paradigma spielt für ihn keine Rolle mehr.

Quellen: Aristoteles, hg. Fuhrmann 1982; Aristoteles, übers. A. Schmitt 2008; Ayrenhoff 1768/1803; B 6, 906–911 [Löwen]; Cronegk 1760 [*Codrus; Olint und Sophronia*]; Löwen 1766–1767/1905; R. Meyer 1977, 1986 und 1993 ff. [kommentierte Bibliographien der im dten Reich gespielten und gedruckten Dramen des

18. Jahrhunderts]; J.E. Schlegel Bd. 3, 1764/1971; Ch.F. Weiße Th. 2, ²1767, 141–252 [*Rosemunde*].

Literatur

zu Entstehung: B 6, 877–926; Berghahn 1981, 623 ff. [Dokumentation] und 653–696 [Nachwort].

zum Kontext »Nationaltheater« in Hamburg: Brauneck/ Müller/Müller-Wesemann (Hgg.) 1989; Devrient 1967 (¹1848–1874 [Geschichte der Schauspielkunst]) Bd. 1, bes. 361–375; Eigenmann in Stellmacher (Hg.) 1998, 145–172 [kulturelles Leben in Hamburg]; Hohendahl (Hg.) 2003 [Hamburg]; Kopitzsch 1975, 47–120; Krebs 1985; McCarthy in Hohendahl (Hg.) 2003, 71–90; Maurer 1996 [Bürgertum]; Meyer in Krebs/Valentin (Hgg.) 1990, 13–39; Niefanger 2005 [Kontext Geschichtsdrama]; Nisbet 2008, 475–492; G.-M. Schulz 1988; Slessarev 1981; Steinmetz 1979 a.

zum Spielplan und seinem Kontext: B 6, 911–926 [Lessings Verzeichnis]; Alt 2010 [Weißes Richard III.: »Dekonstruktion« der politischen Theologie und Verabschiedung der Theodizee]; Cosack 1891; Durchholz 2008/09 (2010) [Ch.F. Weiße und Shakespeare]; Häublein 2005 [Shakespeare auf der Bühne des 18. Jahrhunderts]; Heitner 1963; Heßelmann 2002; Hollmer/A. Meier (Hgg.) 2001 [Lexikon zur Dramenproduktion im 18. Jahrhundert]; Lukas 2005; E. Mayer 2009 [Züge der Empfindsamkeit in Voltaires Drama]; McCarthy in Hohendahl (Hg.) 2003, 71–90; A. Meier 1993 [Dramaturgie der Bewunderung]; Meyer in Sauder/Schlobach (Hgg.) 1986, 145–165; Pape in Martens (Hg.) 1990, 267–295 [Christian Felix Weiße]; Rehm 1951b [»Barockheroismus« in der klassizistischen Tragödie]; Ritchie in Barner/Reh (Hgg.) 1984, 120–137; Robertson 1939/65; Rochow 1994 [Drama hohen Stils]; van Runset in Barner/Reh (Hgg.) 1984, 257–269 [Lessing und Voltaire]; Schlösser 1895; Valentin 1985; de Wild 1986.

zu Forschung/Analyse: Alt 1994; Barner in Flashar (Hg.) 1997, 161–198 [Lessing und die griechische Tragödie]; Berghahn in Fischer/Fox (Hgg.) 2005, 67–87 [Lessings induktive und polemische Vorgehensweise als aufklärerische Strategie]; Chiarini 1997 [Maffeis *Merope* in der *Hamburgischen Dra-*

maturgie]; Th. Dreßler 1996; Eibl 1995; Eigenmann 1994; Friedrich 1963; M. Fuhrmann 1973, 251 ff., bes. 268 ff.; Golawski-Braungart 1999 [Lessing, Corneille, Aristoteles]; Golawski-Braungart 2005, 63–91; Guthke ⁶2006; Häublein 2005 [Shakespeare auf der Bühne des 18. Jahrhunderts]; Hamburger in Dethier/Willems (Hgg.) 1989, 245–259; Kim 2002 [Lessing und Aristoteles]; Kommerell ⁵1984 (¹1940); Kornbacher-Meyer 2003; Krebs 2002 [Auseinandersetzung mit Frankreich: Lessings Kulturpolitik]; Lach 2004; Lohmeier in Doering/Maierhofer/Riedl (Hgg.) 2000, 83–98 [Tragödie und Theodizee]; Martinec 2003; Martinec in Zeuch (Hg.) 2005, 81–100 [Widersprüche in Lessings Aristoteles-Auslegung]; Mattenklott/Peitsch in Mattenklott/Scherpe (Hgg.) 1974, 147–188; Metscher 1998, 85–102 [Shakespeare-Rezeption]; Mugnolo in Battafarano (Hgg.) 1992, 165–189 [Maffei und Voltaire in der *Hamburgischen Dramaturgie*]; Nisbet 2008, 511–530; Profitlich 2008/2009 (2010) [Lessing, Hurd und die Komödiencharaktere]; Saße in Gutjahr/Kühlmann/Wucherpfennig (Hgg.) 1993, 263–276; Schadewaldt 1955; Schulte-Sasse in Grimminger (Hg.) 3, 1980, 304–326; G.-M. Schulz 1988; Valentin 2010; Willems in Friedrich/Jannidis/Willems (Hgg.) 2006, 171–200; Zeller in Flashar (Hg.) 1997, 142–160 [Lessings Auseinandersetzung mit Maffeis und Voltaires *Merope*].

zu Aufnahme und Wirkung: zeitgenössische Rezeption: B 6, 930–945; Braun 1; Steinmetz 1969 [Dokumentsammlungen]; Bender/Bushuven/Huesmann, 1994–2005 [Bibliographie: Theaterperiodika des 18. Jahrhunderts]; Goethe 1827 (HA 12, 342–345 [*Nachlese zu Aristoteles' Poetik*]; HA Briefe 4, 226); Schiller 1782 (NA 20, 79–86 [*Ueber das gegenwärtige Teutsche Theater*]), 1784 (NA 20, 87–100 [Schaubühnenrede]), 1784 (NA 22, 313–319 [*Mannheimer Dramaturgie*]), 1792 (NA 20, 148–170 [*Ueber die tragische Kunst*]). – Literatur: PO 5 [=Teil 5], 5–7 und 18–20; Bender u. a. Bd. 1/2, 1994/1997; Bender 2001 (2002) [Rezeption in der Theaterpublizistik]; Berghahn in Bahr/Harris/Lyon (Hgg.) 1982, 155–164; A. Fischer 1997, 3–56; Heitner 1956; Heßelmann 2002; Lukas 2005; McInnes 1973 [19. Jahrhundert]; Nisbet 2008, 530; V. Riedel 1990; Rüskamp 1984; Schön in Friedrich/Jannidis/Willems [Hgg.] 2006, 377–403.

Zerstreute Anmerkungen über das Epigramm. Sinngedichte

Entstehung, Quellen und Kontext

Erstdruck: Zuerst veröffentlicht Lessing seine theoretischen und historischen Abhandlungen zum Epigramm im ersten Teil der *Vermischten Schriften*, der 1771 bei Christian Friedrich Voß (Berlin) erscheint (zur Textkritik G 5, 909 und B 7, 735). Der vollständige Titel lautet: *Zerstreute Anmerkungen über das Epigramm, und einige der vornehmsten Epigrammatisten*; dem ersten, gattungstheoretischen Essay (»Über das Epigramm«) folgen gelehrte Untersuchungen zu Catull, Martial (welche Studie eine von Lessings »Rettungen« ist [Nisbet 2008, 633 f.]), den Priapeia (eine Sammlung von obszönen Gedichten auf den Fruchtbarkeitsgott Priapos) und zu der sog. Griechische Anthologie (s. u.). Der gleiche Band enthält Lessings *Sinngedichte* (das sind Epigramme) und *Lateinische Epigramme*. Ähnlich wie beim Fabelbuch verdeutlicht diese Zusammenordnung den engen Bezug zwischen Theorie und Praxis. – »Sinngedichte« bzw. »Epigramme« verfasst und publiziert schon der junge Lessing. Die erste Sammlung der bereits (in Zeitschriften und den *Kleinigkeiten* von 1751) erschienenen Sinngedichte bringt der erste Band der *Schrifften* (1753). Zwei Momente sind für die neue Zusammenstellung und begleitende theoretische Reflexion ausschlaggebend: das Bestreben, die »Kleingattung« (Bohnen) ästhetisch aufzuwerten, und die Möglichkeit historischer Quellenstudien, die ihm das Wolfenbütteler Bibliotheksamt, das er seit Ende 1769 innehat, verschafft. – Wir gehen im Folgenden nur auf den ersten Aufsatz ein; den Gedichtanalysen legen wir, um dem Zusammenhang mit den Abhandlungen Rechnung zu tragen, die Göpfertsche Ausgabe (G 1) zugrunde, die sich auf den ersten Band der *Sämtlichen Schriften* (»1771b«) stützt; in Einzelfällen ziehen wir Beispiele aus der Ausgabe von 1753 oder Epigramme heran, die erst nach 1771 entstanden (»Anhang« in G 1). – Texte: B 7, 179–290 (*Zerstreute Anmerkungen*) und G 1, 7–55 (*Sinngedichte*).

Epigramme dichtet fast jeder Autor im 18. Jahrhundert, zu den geschätztesten Epigrammatikern der Zeit gehört Abraham Gotthelf Kästner, der Mathematiker, dessen Disputationsseminare über aktuelle philosophische Themen Lessing als Student in Leipzig besucht. In der Vorrede zum ersten und zweiten Band der *Schrifften* (1753), der die erste Sammlung seiner Sinngedichte enthält, reiht er sich in die von Martial geprägte Tradition (s. S. 362) ein. Er habe »keinen andern Lehrmeister als den *Martial* gehabt«, schreibt er, »und erkenne auch keinen andern« (B 2, 604). Die Orientierung an Martial wird nie revidiert, auch in den *Zerstreuten Anmerkungen* haben für Lessing die Epigramme des Römers idealtypischen Charakter. Zugleich tritt der normative Aspekt, unter dem die Auseinandersetzung mit der Vergangenheit steht, in Spannung zu dem gelehrten Interesse, der philologischen Neugierde. Die Beschäftigung mit der Epigramm-Dichtung gehört (auch) zu Lessings gelehrten Studien. In seinen eigenen »Sinngedichten« entwickelt er die Tradition weiter, indem er Vorbilder variiert, die *Zerstreuten Anmerkungen* enthalten Vorschläge zur Emendation von antiken Texten. Den Rückgriff auf die Antike ergänzt die Wiederentdeckung der jüngeren »nationalen« Vergangenheit. 1759 gibt Lessing zusammen mit Karl Wilhelm Ramler Friedrich von Logaus Sinngedichte heraus. Auswahl und Bearbeitung stammen von Ramler, Lessing steuert die Vorrede und das Wörterbuch bei (dazu B 4, 917–929). Im 36., 43. und 44. »Literaturbrief« weist er auf diese Ausgabe hin bzw. wirbt für sie. Die Herausgeber werden als »Gelehrte« bezeichnet (36. Brief, B 4, 540). Lessing sagt wenig über die Prinzipien und Kriterien der Auswahl. Zur Beschreibung von Logaus Sprache verwendet er die Termini der Rhetorik. Seine Worte seien »der Sache angemessen: nachdrücklich und körnicht, wenn er lehrt; pathetisch und vollklingend, wenn er straft« usw. (44. Brief, B 4, 592). Die präsentierten Beispiele erfüllen keineswegs alle die Bedingung der Zweiteiligkeit und Pointe, für Lessing wesentliche Gattungsmerkmale. Am wichtigsten scheint ihm das Moment der Prägnanz und Kürze. Er streicht heraus, dass Logaus Sinngedichte den Vorwurf widerlegten, die deutsche Sprache eigne sich »ihrer vielen Umstände wegen« nicht für das Epigramm (43. Brief, B 4, 582; *Vorrede*, B 4, 288).

Von gelehrtem Zuschnitt sind ebenfalls die handschriftlichen *Anmerkungen über das Epigramm*, die vermutlich während der ersten Breslauer Jahre niedergeschrieben wurden (ca. 1761–63). Die Aufzeichnungen dokumentieren die Kontinuität von Lessings Beschäftigung mit dieser Gattung, da sie einen Nachtrag aus der Wolfenbütteler Zeit enthalten (B 5/1, 375–381). – Bis an sein Lebensende schreibt Lessing Epigramme, die letzte Sammlung ist die Ausgabe von 1771. Dabei schickt er alle Gedichte Ramler zur Überarbeitung und lässt sie ohne weitere Prüfung drucken – »authentisch« ist diese Ausgabe also nicht, das Ausmass und die Art der Revision sind nicht mehr bestimmbar. Auf der anderen Seite stellt Lessings Praxis auch eine Form der Willensbekundung und Autorisierung dar. Er, der es bedauert, dass Logau sich »auf die kleinste Dichtungsart eingeschränkt hat« und »wenig mehr als Epigrammatist« geworden ist (36. Brief, B 4, 541), weiß auch die eigenen Epigramme mit gebührender Leichtigkeit zu behandeln.

Zur Geschichte des Epigramms

> Bald Pfeil, nicht immer ohne Gift;
> Bald Schwert, das mit der Schärfe trifft;
> Bald kleines Bild von Meisterhand;
> Bald kleiner Wetterstrahl, gesandt
> Nur zu erleuchten, nicht zu brennen;
> Wie, Epigramm! Soll man dich nennen?

Dies Epigramm, das einer anonym (1779) erschienenen Sammlung entnommen ist (zit. nach Beutler 1909, 121), illustriert die Definitionsprobleme, vor die den Gattungstheoretiker die Geschichte des Epigramms stellt. Neben dem Epigramm, das auf eine Pointe (»epigrammatische Zuspitzung«) zuläuft, existieren andere Typen, denen die Pointierung fehlt. Die Variationsbreite prägt sich bereits in der Antike aus. In Griechenland ist »Epigramm« ursprünglich die Bezeichnung für eine Inschrift (»Aufschrift«), meist auf Grabmälern, Weihe- und Gastgeschenken. Charakteristisch sind Kürze und (seit dem 8. Jh.v.Chr.) metrische Form (vorwiegend elegische Distichen). Das literarische Epigramm hat zwei Wurzeln, neben der Inschrift die beim Symposion vorgetragenen Sprüche. Die Gegenstände, auf die Epigramme verfasst werden, sind fast unbegrenzt. Es gibt fingierte Grab- oder Weihepigramme, Grabepigramme auf Dichter können dem Vortrag

literarischer Urteile dienen, die Totenklage um Tiere wird ein beliebtes Thema. Vollends für das von der Form der Aufschrift gelöste Epigramm existiert praktisch keine thematische Beschränkung, es vermag alles auszudrücken, was den Dichter bewegt, Empfindungen, Natureindrücke, Zeitkritik, Erotisches, Obszönes. Die Kürze, nicht aber Zuspitzung und Überraschung sind konstitutiv. – Die Literarisierung des Epigramms beginnt mit dem 4. Jahrhundert v. Chr., als man anfängt, die besten Aufschriften zu sammeln. Das wichtigste Sammelwerk ist eine Anthologie, die wohl kurz vor 900 in Konstantinopel entsteht; sie liegt den beiden für die Wirkungsgeschichte maßgeblichen Codices zugrunde, der *Anthologia Palatina* (um 980) und der *Anthologia Planudea* (1299). Das Corpus der hier versammelten Texte hat man »Anthologia Graeca« genannt.

Der bedeutendste römische Epigrammatiker ist Martial (1. Jh. n. Chr.). Er pflegt vor allem das Spottepigramm, wobei er ihm eine neuartige Präzision und Ausdruckskraft verleiht. Bei Martial wird die pointierte Zuspitzung zum Regelfall. Diese Richtung ist für die Folgezeit dominierend. Scaliger legt in seiner für Renaissance und Barock normbildenden Gattungslehre das Epigramm auf die Martial-Tradition fest, wenn er Kürze und »Schärfe« (»Bissigkeit«) als dessen Wesenszüge bestimmt (zur Theorie s. S. 364ff.). Die Autoren, mit denen Lessing sich auseinandersetzt – der neulateinische Dichter John Owen, Logau, Wernicke, Kästner –, gehören Literaturepochen an, deren Geschmacksideal eine Affinität zur epigrammatischen »Spitze« besitzt. Das Barockzeitalter mit dem »argutia«-Ideal (»Scharfsinnigkeit«) und die Aufklärung mit dem Stilprinzip des Witzes sind jeweils Hochphasen der Epigrammdichtung. Ab der Mitte des 17. Jahrhunderts bürgert sich die (auch von Lessing verwendete) Bezeichnung »Sinngedicht« ein. Neben der von Martial geprägten Tradition wird die *Anthologia Graeca* kaum rezipiert. Dies ändert sich jedoch mit der Spätaufklärung (selbst Lessing schöpft aus der Griechischen Sammlung), vielleicht im Zusammenhang mit den »empfindsamen« Strömungen. Jetzt rückt der andere Pol der Epigrammdichtung, der Aspekt der »Konzentration« (statt »Zuspitzung«) ins Blickfeld. Bevor Herder die Lessingsche Gattungsdefinition mit dem Hinweis auf die ursprünglichere griechische Epigrammatik korrigiert, korrigiert Klopstock das Bild des Pfeils, mit dem Lessing (im Sinngedicht Nr. 88, G 1, 28; s. S. 371) das Epigramm vergleicht. Er dichtet ein Gegenepigramm (1771), welches wiederum dem eingangs zitierten Anonymus zur Anregung diente. Wir stellen es an den Schluss, da es wichtige Merkmale der Tradition verdeutlichen kann: die griechischen und römischen (»martialischen«) Wurzeln, die Variationsmöglichkeiten, schließlich das literarische Spiel, den Bezug auf Vorlagen (AW, hg. Schleiden 1962, 180):

> Bald ist das Epigramm ein Pfeil,
> Trifft mit der Spitze;
> Ist bald ein Schwert,
> Trifft mit der Schärfe;
> Ist manchmal auch – die Griechen liebten's so –
> Ein klein Gemäld', ein Strahl, gesandt
> Zum Brennen nicht, nur zum Erleuchten.

Da die Auseinandersetzung mit der Gattungstheorie einen integralen Bestandteil von Lessings Argumentation bildet, werden die relevanten Positionen im Analyseteil vorgestellt.

Forschung

Was das Interesse der Forschung anbelangt, steht Lessings Epigramm-Werk im Schatten des Fabelbuchs. Die bedeutsamsten Beiträge stammen von Woessner (der auch die Entwicklung der Theorie brauchbar darstellt) und Barner. Dabei zeichnen sich gegensätzliche Positionen ab, was die Auffassung der »Pointe«, der epigrammatischen »Zuspitzung«, betrifft. Woessner (1978) vertritt die These von der Verabschiedung der Pointe. In der Theorie verlege Lessing den Hauptakzent auf die »Belehrung«, die auf Kosten der epigrammatischen Zuspitzung gehe. Der gedankliche Aufschluss müsse, Lessing zufolge, aus der Exposition »hervorwachsen«. Korrelation der Teile, nicht das pointierende, polarisierende Ende, sei gefordert. Barner (1985) dagegen sieht die »Pointe« durch Lessings dramatisierenden Zugriff ›gerettet‹ (365). Ein dynamisches Moment organisiere (in Theorie und Praxis) das Lessingsche Epigramm, wodurch der »Aufschluß« die Qualität des Schlaglichtartigen erhalte. Barner stellt zugleich einen Zusammenhang mit der Barock-Tradition her. Lessings Theorie zeuge von der ungebrochenen Faszination der Rhetorik. Nicht anders als den Poetologen des Barock gehe es Lessing um die Wirkung, die Motivierung des

Effekts, hier um die nachdrückliche Überraschung. – An Barner anknüpfend, konturiert Bohnen (B 7, 741–748 [2000]) den spezifischen Zusammenhang von ›Erkenntnis‹ und literarischer Form (Pointen-Struktur), durch den Lessing der »Kleingattung« eine neue ästhetische Dignität verliehen habe. Dabei rückt Bohnen neben der kognitiven auch die affektive Funktion der epigrammatischen Zuspitzung ins Licht, ihre vergnügliche, zum Lachen befreiende Wirkung; wie Lessings Komödientheorie zeuge seine Bestimmung des Epigramms von der »Aufwertung des Lachens« (747). – Nisbet (2008, 630–635) wiederum fokussiert das Interesse Lessings an der historischen Forschung, das mit seiner Amtsübernahme als Bibliothekar verstärkt hervortrete und das den dogmatischen Implikationen einer Poetik, die das ›Wesen‹ einer Dichtungsart zu fassen suche, entgegen gerichtet sei.

Analyse

Probleme der Gattungsdefinition

Lessings Ausführungen zum ›Wesen‹ des Epigramms zeigen in systematischer Hinsicht die Schwierigkeiten, die der Gattungstheorie als solcher innewohnen, unabhängig davon, um welche Dichtungsart (»Gattung«) es sich im Einzelnen handelt; sie stehen mit ihrer Orientierung an dem satirischen Epigramm Martials in Gefahr, anderen geschichtlichen Formen nicht gerecht zu werden (obwohl sich Lessing um eine Ableitung der ›Variationen‹ bemüht; vgl. Nisbet 2008, 632 f.). Historisch gesehen, lassen sich an Lessings Text wichtige Impulse der (Spät-)Aufklärung ablesen.

Zwei gegenläufige Tendenzen verbinden sich in dem gattungstheoretischen Entwurf. Zum einen stellen, ähnlich wie bereits die *Abhandlungen* zur Fabellehre, die *Zerstreuten Anmerkungen über das Epigramm* einen Höhepunkt normativer Poetik dar. Lessing formuliert Regeln für die Verfassung von Epigrammen. Diese Regeln werden dabei nicht länger aus der Tradition einfach übernommen. Vielmehr werden sie vom »Wesen« der Gattung her (neu) begründet. Lessing entwirft einen Idealtypus des »Epigramms«, von dem her er die einzelnen konkreten Forderungen ableitet und den Spielraum zulässiger Variationen absteckt. Diese Idealform soll jedoch kein abstraktes Gedanken-Konstrukt sein. Lessing sucht die Vermittlung des Normativen (der »Gattung«) mit der (literatur-)geschichtlichen Realität. Damit sind wir bei der zweiten Tendenz seiner Theoriebildung angelangt. Er sucht nach einem Begriff des »Wesens«, der dem historisch Gewordenen Rechnung trägt. Die Geschichte des Epigramms wird mit einbezogen. Das konstitutive Merkmal, die Zweiteilung (s. S. 364f.), präpariert Lessing im Blick auf den historischen Ursprung der Gattung heraus. Eine Theorie ist gefragt, die die gegebenen Ausformungen schärfer konturiert, in ein helleres Licht rückt, ohne dass das Konkrete dem Abstrakten aufgeopfert würde. Der abstrahierende Zugriff und die Richtung auf das Individuelle überschneiden sich. Hierin dokumentiert die Epigramm-Theorie die gleichen Synthese-Bestrebungen, wie sie für die Spätaufklärung insgesamt charakteristisch sind (vgl. Kap.: Kontext: Aufklärung). Gleichzeitig dokumentiert sie die wachsende Bedeutung des einzelnen Werks, einen Prozess, innerhalb dessen die normative Poetik ihre Gültigkeit verliert.

Der Ausgleich zwischen Wesensbestimmung und Berücksichtigung der Einzelformen gelingt Lessing letztlich nicht. Seine Methode, nie die historischen Quellen aus den Augen zu verlieren, arbeitet seinen Ergebnissen, seiner Theorie entgegen und treibt den Widerspruch hervor. Viele Ausprägungen des Epigramms, namentlich die ursprünglicheren der *Anthologia Graeca*, werden von Lessings Definition nicht erfasst. Lessing erhebt *eine* Form unter vielen zu der gültigen. Herder bereits macht auf dies Dilemma aufmerksam (vgl. Aufnahme und Wirkung). Die ausgliedernde, mit normativem Anspruch verbundene Gattungsdefinition, so fasst G. Neumann (1969) die Entwicklung der Theorie nach Lessing zusammen, weicht mehr und mehr einer vergleichenden Darstellung von Gattungstendenzen, wobei auch Kuriosa und Randerscheinungen berücksichtigt und beschrieben werden. Die Spannung zwischen der »Wesens-Definition«, die selbst wieder historisch bedingt ist, und der Formenvielfalt, die den Begriff einer Gattung zu sprengen droht, ist das Problem, das in jeder Gattungstheorie reflektiert und beantwortet werden muss.

Worin kann das Erkenntnisinteresse einer Analyse von Lessings Theorie des Epigramms heute noch liegen? Trotz seiner Kritik an der Einseitig-

keit der eingenommenen Perspektive kommt Herder dennoch zu einer anerkennenden Würdigung von Lessings Leistung. In der Einseitigkeit liege auch wieder die Stärke des Entwurfs. Herder rühmt die energische Konsequenz und Konsistenz des Gedankengangs. Diese Konsequenz wollen wir verdeutlichen. Dazu tritt das historische Interesse. Der Theorie-Entwurf beleuchtet Tendenzen der Spätaufklärung, wie er umgekehrt von diesen Tendenzen beleuchtet wird. Wir funktionalisieren die historische Erkenntnis für das Verständnis der spannungsreichen Synthese, die Lessings Auffassung von der Zweigliedrigkeit und Pointe des Epigramms impliziert. Schließlich sind die *Zerstreuten Anmerkungen* repräsentativ für Lessings »Denkstil«, für seinen »geistigen Habitus«. Nicht umsonst hat man immer wieder auf Affinitäten zwischen dem »Epigrammatischen«, wie Lessing es skizziert, und dem »Dramatischen« hingewiesen. Er verleihe dem Epigramm eine dramatische Dynamik, wie umgekehrt die Dialoge in den Dramen häufig auf eine epigrammatische Spitze zuliefen (Barner u. a. [5]1987, 161).

Die Zweiteiligkeit des Epigramms. Tradition der Gattungstheorie

Im Zentrum von Lessings Theorie steht die These von der notwendigen Zweigliedrigkeit des Epigramms. Die Zweiteilung sei das konstitutive Merkmal der Gattung und mache das »Wesen« des Epigramms aus. Die zwei Teile nennt Lessing »Erwartung« und »Aufschluß«. Eine Erwartung werde aufgebaut, die dann eine überraschende Lösung finde.

Lessing entwickelt seine These in Auseinandersetzung mit der vorangegangenen Gattungstheorie. Er reklamiert für sich, als erster die essentielle Bedeutung der Zweiteilung erkannt und zur Grundlage der Definition gemacht zu haben. Er referiert und diskutiert Julius Caesar Scaliger, dessen *Poetices libri septem* (*Sieben Bücher über die Dichtkunst*, 1561) das Vorbild für die Barock-Poetiken in Deutschland abgeben, sowie drei französische Autoren: Den Neulateiner François Vavasseur, Boileau und Batteux. Seine Kritik an deren Bestimmungen des Epigramms läuft immer wieder auf den Punkt hinaus, dass nur die Kürze zum Kriterium gemacht worden sei, dass man somit das Entscheidende versäumt habe: die Zweiteilung im Aufbau als das form- und sinnstiftende epigrammatische Prinzip herauszustellen und an ihm die Praxis zu messen.

Lessings Entdecker-Stolz kann auf den ersten Blick befremden. Denn die Gattungsdefinitionen, auf die er sich beruft, enthalten sehr wohl ein Äquivalent zu der »Zweiteilung«. Gemeint ist die »argutia«, die Scharfsinnigkeit, die man vornehmlich im Epigramm verwirklicht sieht. Fast alle Barockpoetiken stellen den Zusammenhang her. Scharfsinnigkeit sieht man dabei realisiert durch eine geistreiche Wende in der Argumentation, eine Pointe, eine überraschende Antithese, einen Einfall, der einen unvorhergesehenen Aspekt sichtbar macht, das Spiel mit Sinn und Gegensinn – die »argutia« führt als Form- und Stilprinzip zur Zweigliedrigkeit. Wir lassen die wichtigsten Formulierungen Revue passieren (nach G. Neumann 1969 und Woessner 1978, 72 f.):

Scaliger nennt die »argutia« (Schärfe) die Seele (»anima«) des Epigramms, die ihm zugleich seine Gestalt (»forma«) gebe (1561/1964, 170, C l). Er unterscheidet den einfachen und zusammengesetzten Typus. Die zwei Teile des »zusammengesetzten« Epigramms bezeichnet er als »Vorausschickung« und »Folgerung« (»[…] quae deducunt ex propositis aliud quiddam«, 170, B l). Vavasseur reflektiert das Verhältnis der zwei Teile, die bei ihm »Exposition der Sache« und »Schlußfolgerung« (conclusio) heißen, ausführlicher. Er erkennt die Bedeutung des Schlusses, der das Ziel und gleichsam die ratio (»Daseinsgrund«) des Epigramms darstellt. Die »expositio« müsse streng auf den Schluss hin ausgerichtet sein. Auf diesem Weg gelangt er zu dem Begriff des »acumen«, des Höhepunkts und der Pointe (Woessner 1978, 75 f.).

In den Barockpoetiken spielen argutia und acumen (die »Schärfe« und die »Spitze«) die Hauptrolle. Martin Opitz (*Buch von der Deutschen Poeterey*, 1624) legt das Epigramm auf seinen satirischen Charakter fest, indem er es als eine »kurtze Satyra« bezeichnet. Damit ist die Martial-Tradition in den Vordergrund gerückt. Auch Opitz akzentuiert das Ende, »an dem« die »spitzfindigkeit« »sonderlich« erscheine. Es »solle« »allezeit anders als wir verhoffet hetten gefallen« (hg. Schulz-Behrend 1978, 366). In anderen Poetiken und theoretischen Reflexionen ist von der »Verwirrung« die Rede, die am Schluss ihre Auflösung finde, von dem Kitzel der Erwartung, der im ersten Teil erregt werde (Christian Wernicke; s.

Woessner 1978, 79 f.) usw.. Im Stil der Toposlehre werden »Quellen« für scharfsinnige Argumente bzw. Schlusswendungen zusammengestellt. Solche Quellen (»fontes«) sind: das Kunstmittel des Gegensatzes, des Widerspruchs, des Vergleichs, des Wortspiels und der Allegorie. Jacob Masen (*Ars nova argutiarum epigrammatica*, 1649) führt das System der fontes in die Überlegungen zur Epigrammkunst ein, Daniel Georg Morhof, Magnus Daniel Omeis und vor allem Johann Gottlieb Meister, der dem Epigramm die erste deutschsprachige Einzelabhandlung widmet (*Unvorgreiffliche Gedancken Von Teutschen Epigrammatibus*, 1698), detaillieren und präzisieren die fontes-Lehre. Möglichst viele Denkformen mit den zugehörigen sprachlichen Figuren sollen erschlossen und verfügbar gemacht werden (G. Neumann 1969, 295 und 296 f.).

Die »fontes« als ›Denk-Anweisungen‹, wie geistreiche Argumente zu finden sind, verdeutlichen den Zusammenhang, der zwischen dem argutia-Prinzip und dem Erkenntnisinteresse, der Episteme des (Barock-)Zeitalters besteht. Die »Scharfsinnigkeit« hat ihre Funktion im Kontext der »ars combinatoria«. Mit Hilfe des Scharfsinns werden die Bezüge ›erkannt‹, die zwischen der sichtbaren und der unsichtbaren Welt bestehen. Die Zeichenhaftigkeit der Dinge wird aufgedeckt. Das Epigramm, dessen Seele die »argutia« ist, erscheint als eine Kunstform, die in äußerster Konzentration diesem Erkenntnisinteresse genügt (dazu Barner 1985; dort weitere Literaturhinweise).

An die Stelle der »argutia« tritt in der Aufklärung das Prinzip des »Witzes« (Böckmann 1932–33). Den Begriff der »Scharfsinnigkeit« verwendet Gottsched zwar noch in seiner Epigramm-Definition, doch macht der Gebrauch lediglich transparent, wie sich die (buchstäblich zu nehmenden) »weltanschaulichen« Voraussetzungen der Kunsttheorie gewandelt haben. Für die Barockdichtung ist ein dualistisches Weltbild konstitutiv, für die Epoche der Aufklärung ist die Begrenzung des Blicks auf das Diesseits wesentlich. »Scharfsinnigkeit« bezeichnet bei Gottsched nicht das Vermögen zu geistreicher Kombinatorik, sondern die Gabe genauer Beobachtung: »Ich nehme das Wort scharfsinnig im ordentlichen Verstande, für die Wahrnehmung eines Umstandes an einer Sache, den nicht ein jeder würde gesehen haben« (*Critische Dichtkunst* Bd. 2, ³1742; BA 6/2, 208).

Der besondere Umstand gehört zur Sache selbst und deckt keinen Hinter-Sinn mehr auf. Was wird dabei aber aus der »Pointe«? Gottsched lässt, ohne genaue definitorische Klärung, für die Pointe den Witz sorgen, wobei auffällt, dass er die Wolffschen Bestimmungen übernimmt und auf mechanisch anmutende Weise seiner Erläuterung hinzufügt (Wolff definiert den »Witz« als das Vermögen, zwischen Unähnlichem Ähnlichkeiten wahrzunehmen [»*Deutsche Metaphysik*«, GW I/2, §§ 858 ff.]). Gottsched setzt die oben angeführte Beschreibung des Epigramms wie folgt fort (ebd. 208): »Zu dieser Scharfsinnigkeit kömmt vielmals auch der Witz, der zwischen einem solchen Umstande und etwas anderm, eine Aehnlichkeit findet, selbiges entweder zu erheben oder zu verkleinern.« Böckmann zufolge liegt dem aufklärerischen »Witz« die Überzeugung von der rational zu begreifenden Harmonie der Welt zugrunde – Bezüge der Ähnlichkeit, der Zusammenhang der Dinge sind aufzudecken. Welchen Sinn gewinnt da die Zweiteilung und antithetische Zuspitzung des Epigramms? Die Frage stellt sich ähnlich bei Batteux, auf den Lessing etwas näher eingeht (B 7, 186 f.).

Batteux (*Cours de belles-lettres ou principes de la littérature*, 1747–50; Ramlers Übersetzung: *Einleitung in die Schönen Wissenschaften [...]*, 1756–58) spricht bereits davon, dass das Epigramm notwendig aus zwei Teilen bestehe, nämlich dem »Vortrag« der »Sache« (»l'exposition du sujet«) und dem Gedanken (»la pensée«), der sich daran knüpfe. Wie aber wird ein Gedanke, der aus einer Sache resultiert, zu einer Pointe mit Überraschungseffekt? Batteux reflektiert das Problem nicht. Die Bestimmung der Pointe bleibt abgekoppelt von dem Prinzip der Zweigliedrigkeit. Die »Pointe« (»Spitze«; vgl. »aiguiser la pointe«) wird als »interessanter Gedanke« umschrieben – »qui pique et amuse l'esprit« –, diese Bezeichnung geht dann allein in die Definition des Epigramms ein. Es sei ein interessanter Gedanke, glücklich und in wenig Worten vorgetragen (⁵1775/1967, bes. 312–317).

Der Blick auf die Gattungstheorie macht die Aufgabe, die Lessing sich offenkundig stellte, deutlich. In den Barockpoetiken, in der »argutia«-Lehre, bilden Zweigliedrigkeit, Pointierung, Stilprinzip des Epigramms eine Einheit. Diese Einheit besteht in der Epoche der Aufklärung nicht mehr, da die weltanschauliche Verankerung der

»Scharfsinnigkeit« verlorengegangen ist. Lessing versucht sich an einer Theorie des Epigramms, in der auf der Grundlage des aufklärerischen »Weltbilds« die Einheit bzw. der Zusammenhang der Komponenten (Zweiteilung, Pointe, Darbietungsform) neu gewonnen wird.

»Quellen des Sinnreichen«. Die Pointe bei Lessing

Lessing bezieht sich explizit auf die »argutia«-Lehre, wenn er von den »Quellen des Sinnreichen« spricht. Für die Kunst der Kombinatorik, die sich in dieser Lehre artikuliert, fehlt ihm – natürlich, möchten wir sagen – das Verständnis. Er sieht darin eine Wort- und Gedankenspielerei ohne geistige Substanz und nennt solcherlei Einfälle ein bloßes »Werk des Witzes«. Die Terminologie zeigt darüber hinaus, dass Lessing auch das »Witzprinzip« suspendiert. Er reflektiert darüber: »Einige Leser dürften bei allem, was ich bisher von dem Sinngedichte gesagt habe, noch immer das Beste vermissen. Sie kennen es als das sinnreichste von allen kleinen Gedichten; als eine witzige Schnurre wohl nur: und doch ist des Witzes von mir noch kaum gedacht worden« (B 7, 212). »Witz« erscheint im Folgenden vornehmlich als falscher Witz, der sich im Wortspiel erschöpft. Wo in der Theorie bislang von dem Scharfsinn, dem »acumen« (der »Spitze« und »Pointe«) und dem Witz die Rede war, sucht Lessing das Verhältnis der zwei Teile zueinander, der »Erwartung« zum »Aufschluß«, genauer zu bestimmen. Seine Argumentation scheint dabei nicht ganz widerspruchsfrei zu sein. Auch bei ihm scheint (wie bei Gottsched und Batteux) der Pointencharakter des Epigramms grundsätzlich in Frage gestellt, wenn er darauf insistiert, dass die Teile eine organische Einheit bilden müssen (vgl. B 7, 213). Auf »natürliche« Weise müsse sich der Aufschluss aus der Erwartung ergeben, eine Beziehung zwischen beiden müsse erkennbar sein, der Aufschluss dürfe die Erwartung eben nicht enttäuschen. Dann jedoch wieder verweist er auf das Überraschende, Unvorhergesehene der Schlusswendung. Etwas völlig Neues blitze im Idealfall in der Pointe des Epigramms auf. Lässt sich der Widerspruch lösen? Die Antwort enthält zugleich den Aufschluss darüber, wie Lessing Zweigliedrigkeit, Pointe und Stilprinzip des Epigramms neu, d. h. im Rahmen der aufklärerischen Weltsicht, bestimmt. Um das Problem zu beantworten, wenden wir uns nunmehr der Lessingschen Ursprungshypothese zu.

Denkmal und Inschrift. Die »sinnliche Erkenntnis«

Lessing begründet seinen Entdeckerstolz, das Entscheidende zum Wesen des Epigramms gesagt zu haben, insbesondere dadurch, dass er als erster die Zweiteilung mit der Herkunft, dem Inschrift-Charakter des Epigramms, in Verbindung gebracht habe. So fragwürdig die Herleitung auch ist – sie ist der Schlüssel zum historischen Sinn von Lessings Entwurf. Wie die Inschrift zum Denkmal, erläutert er, so verhalte sich der »Aufschluß« (zweiter Teil des Epigramms) zur »Erwartung« (dem ersten Teil). Welches Licht wirft diese Analogie auf das Verständnis der Zweigliedrigkeit?

Ein Moment drängt sich vor allem auf: Die Bindung der Pointe an eine sinnliche Vorstellung. Lessings Epigramm-Theorie steht im Kontext der »Aufwertung der Sinnlichkeit«, sie gehört in den Bereich der Ästhetik und der Analyse der sinnlichen Erkenntnis. Das Lebendige der Konkretion müsse in der »Erwartung« erreicht werden – um dies zu verdeutlichen, zieht Lessing beharrlich den Vergleich mit dem Denkmal heran, auf dem die »Aufschrift« erscheine. Das »Leben« des Epigramms hänge davon ab, dass der »Sinn« aus einer »Anschauung« hervorspringe, sozusagen ins Auge springe, dass kein »allgemeiner Sittenspruch« abstrakt im Raum stehe, sondern dass die Wirklichkeit, auf die er sich beziehe, gleichsam mitgeliefert, mitgestaltet werde. Nur so entstehe »ein Bild voller Leben und Seele«, ein »wahres Sinngedicht« (B 7, 189). »Erfahrungen« statt »Maximen« fordert Lessing, in die »Handlung« müsse die »Moral« verwebt sein, in ein »individuelles Bild« müsse der Leser das Epigramm verwandeln können (B 7, 190). Die Innigkeit der Beziehung zwischen dem sinnlichen »Bild« und der gedanklichen Bedeutung ersetzt in Lessings Argumentation das Prinzip der »argutia« und des »Witzes«. Die Korrelation zwischen »Denkmal« und »Aufschrift« veranschaulicht und verdeutlicht diese Innigkeit des Bezugs. Unmittelbar, nicht als Resultat einer anzuwendenden Denkform (eben der argutia und des Witzes), müsse sich der »Aufschluß« aus dem konkreten Bild, dem konkreten Wirklichkeitsausschnitt ergeben.

Dass seine Theorie auf dem Modell der »sinnlichen Erkenntnis« fußt, erhellt nur zu deutlich aus der Tatsache, dass Lessing in Abgrenzungsnöte zu seiner Fabellehre gerät. Er muss der Verwechslung zwischen der epigrammatischen Pointe und dem »moralischen Satz« der Fabel vorbeugen. In der Fabel sei die Moral ganz in der »Handlung« (dem sinnlichen Bild) enthalten, wo sie »anschauend« erkannt werde. Im Epigramm dagegen laufe die sinnliche Vorstellung auf einen unerwarteten Gedankenblitz, eine *neue* Erkenntnis (B 7, 197 f.) zu.

Damit haben wir ein zweites Moment berührt. Durch die enge Bindung des zweiten Teils an den ersten Teil, des gedanklichen Resultats an die sinnenhafte Exposition, erhält die Schlusswendung eine spezifische Qualität: die Qualität des »wirklich« Neuen (B 7, 214). Nicht in der Entdeckung verborgener und doch bereits vorhandener Bezüge erfüllt sich die Pointe – das war die Aufgabe der »argutia«. Der epigrammatische »Aufschluß« dagegen ist mehr als nur eine überraschende Kombination von Bekanntem. In der »Erwartung« wird ein Realitätsausschnitt ent-worfen, der unhintergehbar ist. Daraus wird das »Neue« als ein noch Unbekanntes entwickelt.

Das organisierende Prinzip der epigrammatischen Zweigliedrigkeit ist, so lässt sich resümieren, bei Lessing die »sinnliche Erkenntnis«. Sie stiftet die Beziehung zwischen den Teilen und gibt der Pointe einen neuen Sinn – den Sinn des »Neuen«. So wird das Epigramm zu einer Kunstform, in der sich die diesseitsorientierte Entdeckerfreude der Aufklärung niederschlägt.

Das Epigrammatische und Lessings »Denkstil«

Der Nachvollzug des epigrammatischen Aufbaus ist für Lessing nicht allein eine Sache des Intellekts, sondern auch eine der »Empfindungen«. Ja, er leitet das »Gesetz« der Gattung von der »Reihe der Empfindungen« ab, die das »Sinngedicht« zu erregen bestimmt sei: Reiz des Schönen, Neugierde, Erwartung, Verwirrung, schließlich das »Vergnügen« der »befriedigten Wißbegierde« (B 7, 187). Diese Verankerung im Emotionalen verleiht zum einen der »sinnlichen Erkenntnis« ein dramatisches Element. Sie ist das Resultat einer psychischen Bewegung. Lessing, so Neumann, suche über das »psychische Phänomen der dramatischen Wirkung«, über »Spannung und Entspannung« gedanklich ins Reine zu kommen (1969, 297), ihn interessierten »die innere Form dieses Gefühlsablaufs und seine Umsetzung in eine Erkenntnis, der Übergang von einem zum anderen, die Reihe heterogener Empfindungen, die sich zu einem Wirkungszusammenhang zusammenschließen« (298) – Lessing sagt: »zusammenschmelzen« (B 7, 187). – Doch nicht allein als Indiz dafür, wie Lessing mit dem Blick des Dramatikers analysiert und Worte als Auslöser psychischer Spannungen betrachtet, ist die Verquickung des Gedanklichen mit dem Emotionalen aufschlussreich. Die Herleitung des »Epigrammatischen« aus einer »Reihe von Empfindungen« gibt auch einen Blick frei auf die Eigenart von Lessings Intellektualität.

Intellektualität: Lessing bezeichnet das Epigramm als eine »Gattung intellektueller Schönheit« (B 7, 275). In der Forschung setzt man zumeist den Akzent auf die »Belehrung«. Lessing lege Wert auf ein gedankliches Gewicht, einen »Nutzen« (B 7, 194) müsse das Epigramm haben, es gebe den Anstoß zu kritischem Denken (z.B. Barner u.a. [5]1987, 160–162). Damit belastet man jedoch die Gattung mit einem Ernst, den Lessing immer wieder von ihr abwehrt. Ausdrücklich bezeichnet er die »Sinngedichte« als »Kleinigkeiten«, die man nicht allzu ernst nehmen dürfe. Er warnt den Leser vor der »Überschätzung« (B 7, 233). In einer »kleinen Dichtungsart« sei Martial Meister gewesen (B 7, 232). Das Epigramm sei »das sinnreichste von allen kleinen Gedichten«, eine »witzige Schnurre wohl nur« (B 7, 212) etc.. Der Hauch des Flüchtigen hafte ihm an (B 7, 206).

Gleichwohl ist es richtig, dass Lessing vom Sinngedicht den »Sinn« (B 7, 195) verlangt, den der Leser zu seinem »Nutzen verwenden« (B 7, 194) können müsse: »Aber auch alsdenn, wenn das Gedicht nur eine einzige völlig zugerundete Handlung enthält, ist es noch kein Sinngedicht, falls man uns nicht etwas daraus schließen, oder durch irgend eine feine Bemerkung in das Innere derselben tiefer eindringen läßt« (B 7, 192). Doch ist der Zweck der geistreichen Wendung nicht die Didaxe, die moralische Erziehung oder die Denkübung. Umgekehrt liegen die Verhältnisse: Das Epigramm soll gedanklich interessant und spannend sein, damit das Vergnügen an ihm sich erhöhe. Der Einsatz des Intellekts dient dem sinnlichen Reiz. Lustgewinn ist das Ziel. Ihm

dient der zynische Anstrich, den Lessings eigene Epigramme oftmals haben. Lessing funktionalisiert die Erfahrung, dass die sinnliche Empfindung lebendiger wird, wenn sie in Spannung zu einem Gedanken tritt, ja, dass ohne die gedankliche Komponente die sinnliche Vorstellung stumpf, langweilig zu bleiben droht. Wenn solchermaßen der Gedanke der Empfindung Nachdruck verleihen soll, so offenbart sich in dieser Zielsetzung wiederum die (häufig beschworene) Besonderheit von Lessings »Geistigkeit« oder »Intellektualität«: Die Tendenz, unter dem »Denken« nicht nur das mühsame Voranschreiten von Inhalt zu Inhalt zu verstehen, sondern es zunächst als schwungvolle geistige Bewegung zu begreifen.

Die Epigramme

Lessings Epigramm-Dichtung ist insofern »gelehrte« Dichtung, als sie ganz im Kontext der Tradition angesiedelt ist, diese voraussetzt und weiterführt. Fast in allen Epigrammen »bearbeitet« Lessing ein bekanntes Thema bzw. Motiv, wobei die Vorlagen zumeist von Martial stammen, die andere Hauptquelle ist die *Griechische Anthologie*. Doch sind die Bearbeitungen (häufig) »Verbesserungen« in Lessings Sinn. Die vorgegebenen Konturen werden nicht einfach nachgezogen, sondern vom Weltbild der Aufklärung her neu gezeichnet. Wie einem traditionellen Motiv mittels aufklärerischen Denkens eine neue Pointe abgewonnen wird, vermögen exemplarisch die Epigramme Nr. 43 und 44 zu zeigen, die einander wie Satz und Gegensatz folgen. Nr. 43 basiert auf Martial (I, 32):

> *Trux an den Sabin*
> Ich hasse dich, Sabin! doch weiß ich nicht, weswegen:
> Genug, ich hasse dich. Am Grund ist nichts gelegen.

Die *Antwort des Sabin* (Nr. 44) skizziert eine Gesprächsstrategie, die noch Nathan zur Konfliktlösung einschlagen wird. Ausgangspunkt ist die Voraussetzung, dass alles, so auch der Hass, seinen zureichenden Grund hat. Der »Grund« des Hasses wird sich finden, aufklären und schließlich aus der Welt schaffen lassen, so, dass mit ihm auch der Hass verschwindet. An die Stelle der irrationalen Aggression tritt das gelassene Vertrauen in die ›Kausalität‹ zum Guten – in zwei (bzw. vier) Zeilen zusammengedrängt, wird das Fundament aufklärerischer Menschenführung sichtbar:

> Haß' mich, so viel du willst! doch wüßt' ich gern, weswegen:
> Denn nicht an deinem Haß, am Grund' ist mir gelegen.

Wir geben einen Überblick über die wichtigsten Themen. Abschließend wollen wir uns die Frage stellen, ob bzw. in welchem Sinn Lessings Epigramme die später erhobene theoretische Forderung nach Lebendigkeit und prägnanter Anschaulichkeit erfüllen.

Eine Reihe von Epigrammen kreist um den Gegensatz zwischen dem »Menschen« und seinem (gesellschaftlichen) »Stand«. Hinter der traditionellen Ständekritik tritt die Idee des »Menschlichen«, die für das »bürgerliche Trauerspiel« bestimmend wird, hervor. Epigramm Nr. 23 spielt mit dem Kontrast »adliger Stammvater« und »Stammvater *aller* Menschen«, der Stolz auf den Stammbaum wird ad absurdum geführt:

> *Auf einen adeligen Dummkopf*
> Das nenn' ich einen Edelmann!
> Sein Ur–Ur–Ur–Ur– Älterahn
> War älter Einen Tag, als unser aller Ahn.

Nr. 36 (*Auf Stipsen*) karikiert das Streben der Bürger nach dem Lebensstil des Adels, wobei das Sinngedicht zugleich die bitterste Satire auf diesen Lebensstil enthält. Das positive menschliche Ideal wird in dem – oft zitierten – Epigramm Nr. 24 entworfen, das als Gegenstück auf Nr. 23 (*Auf einen adeligen Dummkopf*) folgt. Es ist *An eine würdige Privatperson* gerichtet. Von jeher hat man in ihm ein Bekenntnis Lessings zu Selbständigkeit und Unabhängigkeit gesehen, einen Versuch der Selbstorientierung. Entsprechend hat es das Lessing-Bild geprägt:

> *An eine würdige Privatperson*
> Gibt einst der Leichenstein von dem, was du gewesen,
> Dem Enkel, der dich schätzt, so viel er braucht, zu lesen,
> So sei die Summe dies: »Er lebte schlecht und recht,
> Ohn' Amt und Gnadengeld, und niemands Herr noch Knecht.«

Das Epigramm verbalisiert die Konzentration auf das Wesentliche, es zeichnet die stufenweise Aus-

wahl (»so viel er braucht«) nach, bis die Quintessenz, die »Summe«, als Resultat dasteht. Tiefenschärfe gewinnt das vertretene Menschenbild im 32. Sinngedicht:

> *Die Wohltaten*
> Wär' auch ein böser Mensch gleich einer lecken Bütte,
> Die keine Wohltat hält: dem ungeachtet schütte –
> Sind beides, Bütt' und Mensch nicht allzu morsch und alt, –
> Nur deine Wohltat ein. Wie leicht verquillt ein Spalt!

Seine besondere Intensität erhält das Epigramm dadurch, dass bei der Ausführung des Vergleichs »Mensch« – »lecke Bütte« (hohles Fass) die Sach- und Bildebene ineinander verschränkt werden. Die Wendung »Wohltaten in einen Menschen schütten wie in ein leckes Faß« bringt das Verschwenderische des Wohltuns, das immer Gefahr läuft, vergeblich zu sein, nachdrücklich zum Ausdruck. – In den zuletzt besprochenen Stücken weicht die Ständekritik der Erkenntnis des »Menschlichen«. Fürstenkritik üben die Epigramme Nr. 106 (auf den »Tyrannen« und den »Schmeichler«) und Nr. 34:

> *Hinz und Kunz*
> Hinz. Was doch die Großen alles essen!
> Gar Vogelnester; eins, zehn Taler wert.
> Kunz. Was? Nester? Hab ich doch gehört,
> Daß manche Land und Leute fressen.
> Hinz. Kann sein! kann sein, Gevattersmann!
> Bei Nestern fingen die denn an.

Misswirtschaft, Ausbeutung, Unterdrückung werden angeprangert. Die Pointe wird aus der durchgehaltenen Ess-Metaphorik gewonnen, die Eigendynamik der Gier (»Bei Nestern fingen die [!] denn an«) wird transparent.

Zur Ständekritik tritt die Entlarvung von Lastern. »Menschliches« erscheint hier als »Allzu-Menschliches«. Psychologische Differenzierung verbindet sich mit einem überaus skeptischen Blick auf den Menschen. »Psychologische Differenzierung« heißt zumeist: Ein Schlaglicht auf die Ränke der Seele werfen, die Raffinesse der Bosheit aufblitzen lassen. Wir bringen einige markante Beispiele:

> 123. *Auf Muffeln*
> Freund Muffel schwört bei Gott und Ehre,
> Ich kost' ihn schon so manche Zähre. –
> Nun? frommer Mann, wenn das auch wäre;
> Was kostet dich denn deine Zähre?

Der Adressat des Epigramms ist der scheinheilige Frömmler (»Muffel«), der offenbar dem Sprecher Freigeisterei vorwirft und vorgibt, um dessen Seelenheil zu bangen. Der Epigrammatist fragt nach den »Kosten« des Gefühlsaufwandes. Das Selbstbezogene hinter der altruistischen Attitüde kommt zum Vorschein, die Heuchelei, die darin liegt, ein Verdienst um den Mitmenschen ohne persönlichen Einsatz erwerben zu wollen. Der Gegensatz zwischen »Empfindung« und »tätiger Nächstenliebe«, ein Leitgedanke im Werk Lessings, klingt an. – Schillernd ist die Psychologie des Bösen in dem an Turan gerichteten Epigramm (*Schrifften* 1, 1753). Es lautet (G 1, 42):

> *Turan*
> Die Knabenliebe log dem redlichen Turan
> Der ungerechte Pöbel an.
> Die Lügen zu bestrafen,
> Was könnt er anders tun, als bei der Schwester schlafen?

Woessner, der das neulateinische Original zum Vergleich heranzieht (1978, 53), spricht davon, dass bei Lessing Turan buchstäblich in die »Unschuld gestürzt« werde. Wörtlich genommen, bescheinigt das Sinngedicht tatsächlich die Unschuld des Adressaten. Die Knabenliebe ist »vom ungerechten Pöbel« »angelogen«, der Inzest wird als ein Akt der Notwehr, eine verzweifelte Rettungstat, hingestellt, die »Lügen« machen erst den Wüstling. Der Sinn des Ganzen steht dem diametral entgegen. Das schockierende Faktum des Inzests lässt rückwirkend auch das Laster der Knabenliebe als wahrscheinlich erscheinen. Die Sympathielenkung in der Exposition – Turan wird »redlich«, der Pöbel »ungerecht« genannt – ist von irritierender Ironie. – Den »Schmeichler« entlarvt Epigramm Nr. 51. Schmähung und Lob vertauschen die beabsichtigte Wirkung. Die Entlarvung liegt in der unbedingten Verachtung, die in dieser Verkehrung sich ausspricht:

> *An Einen*
> Du schmähst mich hinterrücks? das soll mich wenig kränken.
> Du lobst mich ins Gesicht? das will ich dir gedenken!

Die Verachtung der Schmeichelei zieht sich als Leitmotiv durch Lessings Polemik (Klotz-Fehde), auch in den Fabeln kehrt das Thema wieder (*Der Rabe und der Fuchs*). – Vereinzelt führt die psychologische Differenzierung dazu, dass ein neues, milderndes Licht auf den Angegriffenen fällt. So in Epigramm Nr. 62:

> *Auf den Mison*
> Ich warf dem Mison vor, daß ihn so viele hassen.
> Je nun! wen lieb' ich denn? sprach Mison ganz gelassen.

Hier wird nicht der moralische Zeigefinger gegen den Menschenhasser erhoben. Vielmehr scheint dieser eine gewisse Größe zu besitzen. Er trägt die Konsequenzen seiner Haltung, er akzeptiert den Mechanismus der Vergeltung. »Gelassenheit« zeichnet diesen Misanthropen aus. – Eine Untergruppe der Epigramme, die menschliches Laster decouvrieren, bilden diejenigen mit misogyner Tendenz. Misogyne Motive gehören zum Kernbestand der Tradition. Erwähnenswert sind diese Stücke wegen der Reaktion, die sie bei Eva König auslösten. Sie nimmt absichtlich die ›Literarizität‹ nicht wahr und artikuliert ihr Befremden über den mangelnden menschlichen Gehalt dieser Stücke (Brief an Lessing vom 10. Aug. 1771).

Unter den Epigrammen, die fiktive Grabinschriften sind (und somit den Tod thematisieren), sticht die *Grabschrift der Tochter eines Freundes, die vor der Taufe starb* (Nr. 138), durch ihren abgründigen Lakonismus hervor:

> Hier lieget, die Beate heißen sollte,
> Und lieber sein, als heißen wollte.

Nur vier Epigramme, die sich auf die zeitgenössische Literaturszene beziehen, nimmt Lessing in die *Schriften* von 1771 auf. Zwei davon sind auf Klopstocks empfindsame Dichtung gemünzt: Nr. 1 – darauf werden wir zurückkommen – und Nr. 91. Nr. 91 schließt mit einer höchst merkwürdigen Pointe, die Klopstocks »Gesang« auf eine Stufe mit dem »Quaken« seiner Nachahmer stellt. Nr. 28 verhöhnt Gottscheds Geltungssucht, Nr. 9 den Geiz Voltaires (vgl. Kommentar in B 2, 768). Zahlreiche weitere »Sinngedichte« mit aktuellem Hintergrund erscheinen in den *Schrifften* von 1753 sowie in Zeitschriften: Spottverse (u.a.) auf Voltaires Geldgeschäfte, auf Gottsched und seine Schüler, auf die Schweizer. Ein Meisterstück indirekter Aussage ist die *Grabschrift auf Voltairen 1779* (in der *Hamburgischen Neuen Zeitung*, 26.2.1779; G 1, 54):

> Hier liegt – wenn man euch glauben wollte,
> Ihr frommen Herr'n! – der längst hier liegen sollte.

Der liebe Gott verzeih aus Gnade
Ihm seine Henriade,
Und seine Trauerspiele,
Und seiner Verschen viele:
Denn was er sonst ans Licht gebracht,
Das hat er ziemlich gut gemacht.

Woessner deutet die Verse als Selbstreflexion Lessings, die das distanzierte, ironisch gebrochene Verhältnis des Alternden zu seinem eigenen Werk bekunde. – Wichtiger sind die »Epigramme auf das Epigramm«, die poetologischen Epigramme (Nr. 1–6, 88, 143–144). Auch mit ihnen folgt Lessing der Tradition. Vornehmlich zu nennen sind die Beispiele Nr. 1 und 88. Das Sinngedicht *An den Leser* (Nr. 88) veranschaulicht das Wesen der epigrammatischen »Kürze«. In variierter Form verwendet Lessing das Bild vom Pfeil, der von der Sehne schnellt, auch für die Fabel. Das berühmteste Epigramm ist Nr. 1, *Die Sinngedichte an den Leser*, vielleicht das am häufigsten zitierte Gedicht Lessings überhaupt:

Die Sinngedichte an den Leser
Wer wird nicht einen Klopstock loben?
Doch wird ihn jeder lesen? – Nein.
Wir wollen weniger erhoben,
Und fleißiger gelesen sein.

Dabei beruht die Berühmtheit der Verse auf einem Missverständnis. Denn es geht nicht, wie üblicherweise angenommen, um die Kluft zwischen Autor und Leserschaft. »Wir wollen gelesen sein«: das sagen nicht die Autoren (wie Klopstock), sondern »wir Sinngedichte«, die sich »an den Leser« wenden. In der Klarstellung von Walter Jens (1983d, 158): Es geht »um die Gegenüberstellung von zwei Arten der Schriftstellerei. Die eine ist erhaben, pathetisch und raunend, die andere witzig und amüsant. Die eine hat ihre Bewunderer, die andere ihre Benutzer.« Jens weist die Martial-Parallele nach. Martial kontrastiert den Epen, die ungelesen gelobt werden, seine Epigramme, die gelesen werden. Jens schließt (159): »Man mag bei Klopstock feierlich gähnen, bei mir, läßt Lessing, in geheimem Verweis auf zwei Martial-Verse, seine Epigramme sagen – bei mir, Leser, kommt ihr auf eure Kosten.« – Lessing, der immer wieder vor der Überschätzung der kleinen lyrischen Gattungen warnt, will auch die eigene Epigrammkunst nicht überbewertet wissen – »Kleinigkeiten« sind seine Sinngedichte für ihn. In diesem Sinn verabschiedet er sich vom Leser mit dem 144. Gedicht:

Abschied an den Leser
Wenn du von allem dem, was diese Blätter füllt,
Mein Leser, nichts des Dankes wert gefunden:
So sei mir wenigstens für das verbunden,
Was ich zurück behielt.

Unnachahmlich, wie hier die Pointe ins Offene ausschwingt. Wird der Leser oder wird der Epigrammatist ironisiert? Ist es nicht immer das »Beste«, was dem undankbaren Publikum vorenthalten wird?

Lessings Epigramme sind Glanzstücke der lakonischen Antithese, des gezielt kalkulierten Umschlags. Dabei handhabt Lessing die Technik virtuos, diesen Umschlag als Telos einer Handlung, eines dramatischen Vorgangs erscheinen zu lassen. Der Epigrammatist belebt seine Figuren, zeigt sie tätig und in Bewegung, er spricht sie an und lässt sie sprechen, emotionale Reaktionen werden durch Ausrufe und rhetorische Fragen indiziert, mit wenig Strichen wird auf knappstem Raum eine Szene hingeworfen (Nr. 142: »Der gute Mann, den Ley bei Seite dort gezogen!« u. ä.), »Zuständliches« wird möglichst dynamisiert. So versucht »Schuster Franz« sich nicht als Dichter, sondern »Es hat der Schuster Franz zum Dichter sich entzückt« (Nr. 81). Auf die eindringliche Derbheit der sinnlichen Vorstellung setzt Epigramm Nr. 27 *Auf Lukrins Grab* (»Lukrin«: Profitler, Gewinnsüchtiger, Wucherer), in dem die Fäulnis des Körpers das Verderben der Seele ausdrückt. Doch auch hier wird der statische Vergleich in einen Vorgang aufgelöst. Die Pointe beruht in der Vorstellung, dass die immaterielle Seele den üblen Geruch verursacht. In dem Sinngedicht *Nikander* (Nr. 5) ergänzt Lessing den traditionellen Vergleich des Epigramms mit dem Bienenstachel mit geradezu »naturwissenschaftlicher« Phantasie. Der Topos erscheint rückübersetzt in lebendige Anschauung, wobei wieder das Bild sich in eine Handlung verwandelt:

Nikander
Nikandern glückte jüngst ein trefflich Epigramm,
So fein, so scharf, als je von Kästnern eines kam.
Nun schwitzt er Tag und Nacht, ein zweites auszuhecken.
Vergebens; was er macht, verdirbt.
So sticht ein Bienchen uns, und läßt den Stachel stecken,
Und martert sich, und stirbt.

Gedankliche Bewegung und sinnliche Konkretion gehen, so lässt sich resümieren, in den *Sinngedichten* eine für Lessing charakteristische Symbiose ein. Lakonismus und gedankliche Schärfe führen nicht zur Abstraktion, sondern verleihen der Anschauung, dem Bild oder der Handlung, Profil und Nachdruck. Umgekehrt lebt die Pointe gleichsam von der Anschaulichkeit, der Eindrücklichkeit der Exposition. Wenn die Epigramme somit selten das Schema von »Erwartung« und »Aufschluß« erfüllen, so sind sie doch ganz von dem Prinzip der lebendigen bzw. sinnlichen Erkenntnis geprägt, das auch das Fundament der theoretischen Forderungen Lessings bildet.

Aufnahme und Wirkung

Braun stellt vier Anzeigen und Rezensionen aus den folgenden Zeitschriften zusammen: *Staats- und Gelehrte Zeitung des Hamburgischen unpartheyischen Correspondenten*, 31. Januar 1772 (Braun 1, 350 f.); *Neue Hallische Gelehrte Zeitungen*, 9. April 1772 (Braun 1, 371 f.); *Magazin der deutschen Critik*, 1. Bd., 1. Teil, Halle 1772 (Braun 1, 416–425); *Allgemeine deutsche Bibliothek*, 17. Bd., 2. St., Berlin 1772 (Rezensent: Herder; Braun 1, 442–450). Der Tenor dieser Besprechungen (mit Ausnahme der Herderschen) ist: Der Ruhm des etablierten Autors erübrigt eine detaillierte Präsentation des Werks. Die Epigramme werden als gelungen gelobt, an den theoretischen Abhandlungen streicht man die Verbindung von philosophischem Denken, Scharfsinn und Gelehrtheit heraus, die man an Lessing ebenfalls schon gewohnt sei (so der Rezensent des *Magazins der deutschen Critik*; Braun 1, 419).

Abgesehen von solchen stereotypen Urteilen, die dem Rezensionsbetrieb Genüge tun, ist die Wirkung von Lessings Epigramm-Buch von der Tatsache bestimmt, dass die *Anthologia Graeca* immer intensiver rezipiert wird. Sehr viele Beispiele dieser Sammlung aber sind mittels der Pointen-Theorie nicht zu fassen. Lessing sucht den Einfluss der *Griechischen Anthologie* zu kanalisieren, indem er sie rigoros dem eigenen Blickwinkel unterwirft und alles Divergierende ausblendet (vgl. B 7, 272 ff.). Doch kann er sich mit diesem Standpunkt nicht durchsetzen. Zwar gilt seine Gattungsbestimmung, die den Eindruck zwingender Konsequenz erweckt, als die maßge-

bende (Beispiele s. B 7, 759–762, Nr. 3 und 4), allein in der Dichtungspraxis experimentiert man mit den neuen Möglichkeiten (Beutler 1909). Beutler führt als Beispiel eine anonyme Epigramm-Sammlung an, deren Verfasser sich offenkundig durch Lessings Definition eingeengt fühlt (120 f.). Er wählt für sein Buch denn auch den Titel: »Gedichte von epigrammatischer Art«, die direkte Konfrontation mit Lessing vermeidend. »Wie, Epigramm! soll man dich nennen?« – die Schlusszeile des eingangs zitierten Epigramms aus dieser Sammlung verweist auf das ungelöste gattungstheoretische Problem. Herder sucht dann erneut, die verworrene Lage zu klären und eine umfassendere Typologie zu entwerfen. Seine beiden in den *Zerstreuten Blättern* erschienenen Abhandlungen über das Epigramm (*Anmerkungen über die Anthologie der Griechen, besonders über das griechische Epigramm*, 1785, und *Anmerkungen über das griechische Epigramm. Zweiter Theil der Abhandlung*, 1786) sind eine genaue Kontrafaktur zu Lessings Entwurf, von ebenderselben Geschlossenheit und Stringenz, methodisch abhängig von ihm. Auch Herder leitet von der ursprünglichen »Inschrift« die Grundform des Epigramms ab, auch er nimmt diese Grundform zum Ausgangspunkt, um die verschiedenen Formvarianten festzusetzen. Anders als Lessing jedoch orientiert er sich nun an den Beispielen der *Anthologia Graeca* und rückt damit diejenige Tradition ins Licht, für die die satirische Zuspitzung (Martial) noch nicht maßgebend ist. Dadurch bleibt die Argumentation strenger auf das empirische Material, auf die tatsächliche Entwicklung des Epigramms bezogen. Auf diesem Weg gelangt Herder denn auch dazu, sieben Formtypen des Epigramms zu unterscheiden. Lessings normativer Bestimmung setzt er demnach die historische Beschreibung entgegen. Doch legt auch Herder seinen Ableitungen ein Leitbild, ein Idealbild vom »Wesen« des Epigramms zugrunde. Hier wird der spannungsvolle Bezug zu Lessing am deutlichsten fassbar. Einerseits errichtet Herder ein Gegenbild zu Lessings Idealtypus. Nicht die überraschende Wendung, die antithetische Fügung, deren Struktur Lessings Schema ja beibehält, machen für Herder das »Wesen« des Epigramms aus, sondern die Einheit, die Intensität in der Durchdringung von Gegenstand und »Empfindung«, die »Rûnde«, wie er sagt (Suphan 15, 218). Andererseits liegt Herders Wesensbestimmung immer noch auf der Fluchtlinie von Lessings Theorie. Herder zieht die letzte Konsequenz aus dem Prinzip der »anschauenden Erkenntnis«, wenn er das »Wesen« des Epigramms als die »interessante« Perspektivierung eines »Gegenstandes« begreift und den Bildbegriff auf das Epigramm anwendet (ebd. 211). Eine Schlusswendung, die vom »anzuschauenden« Gegenstand wegführt und damit »überrascht«, hat für ihn vollends keine ästhetische Beglaubigung mehr.

Quellen: Batteux ⁵1775/1967 [*Principes de la littérature*]; Gottsched ⁵1742 (BA 6/2 [*Critische Dichtkunst,* Bd. 2]); Klopstock 1771 (AW, hg. Schleiden 1962, 180 [Epigramme]); Opitz 1624, hg. Schulz-Behrend 1978; Scaliger 1561/1964; Wolff GW I/2 [»*Deutsche Metaphysik*«].

Literatur

zu Entstehung und Kontext: B 7, 736–740; G 5, 909–915.
zur Geschichte des Epigramms und seiner Theorie: Beckby ²1965; Beutler 1909; Böckmann 1932–33 [Prinzip des »Witzes«]; Dietze 1972, 247–391; 525–588; Erb 1929 [Barock und Aufklärung im Vergleich]; Hess 1989; Heuschkel 1901 [zur Logau-Ausgabe von Lessing und Ramler]; Keydell in Reallexikon für Antike und Christentum Bd. 5, 1962, Sp. 539–577 [Art.: Epigramm]; G. Neumann 1969, 285–355; Verweyen/Witting in Lamping/Weber (Hgg.) 1990, 259–295 [Gattungs-Definition]; J. Wiegand in Reallexikon Bd. 1, ²1958, 374–379 [Art. Epigramm].
zu Forschung: Barner 1985; Barner u. a ⁵1987, 158–162; Bohnen in B 7, 741–748; Jens 1983d [Epigramm Nr. 1]; Nisbet 2008, 630–635; V. Riedel 1976, 180–207 [Vergleich mit Martial]; Woessner 1978.
zu Aufnahme und Wirkung: zeitgenössische Rezeption: Braun 1; B 7, 755–772 [Dokumente]; Herder 1785/1786 (Suphan 15, 205–221; 337–392). – *Literatur:* Beutler 1909; Bohnen in B 7, 748–755; Nisbet 2008, 634–635.

Die Matrone von Ephesus

Entstehung, Quellen und Kontext

Erstdruck: Das Fragment gebliebene einaktige Lustspiel wird zuerst von Karl Lessing im *Theatralischen Nachlaß*, Teil 1 (1784) veröffentlicht. Muncker greift in seinem Abdruck (LM 3) auf die zwei erhaltenen Handschriften zurück. – Text: B 6, 147–177.

Christian Felix Weiße berichtet, dass Lessing bereits während der Leipziger Studienzeit einen Plan zu einem Lustspiel *Die Matrone von Ephesus* entwirft, wohl in Wettstreit mit dem Freund, der den Stoff selbst dramatisiert hat und sein Stück mit Lessing bespricht (Selbstbiographie 1806, 14). Die erhaltenen Entwürfe und ausgearbeiteten Szenen (das Lustspiel ist fast vollendet) stammen aus der Hamburger Zeit. Im 36. Stück der *Hamburgischen Dramaturgie* erläutert Lessing die Prinzipien einer erfolgreichen Bearbeitung für das Theater (s. S. 375). Die Nummer ist auf den 1.9.1767 datiert, als Entstehungszeit für das Fragment nimmt Bohnen deshalb den Sommer/Herbst 1767 an (B 6, 873). Doch auch nach dem Weggang aus Hamburg beschäftigt er sich wahrscheinlich noch mit dem Plan, am 28.5.1771 schreibt Heinrich Christian Boie an Karl Ludwig von Knebel über ein Zusammensein mit Lessing: »Er hat ein neues Lustspiel, die Matrone von Ephesus, fertig, das er im vollen Unwillen über einige mißlungene Versuche, das Süjet zu behandeln, verfertigt hat. Zeigen wollt' er mir's nicht […]« (zitiert nach B 6, 873). Im Dezember 1769 stirbt Engelbert König, der Mann von Lessings zukünftiger Frau, überraschend in Venedig, Eva König bleibt als Witwe zurück, bald ist Lessing Tröstender und Werbender zugleich. Nisbet (1989, 25–28) sieht die Gründe für das Abbrechen der Arbeit an dem Stück in dieser biographischen Situation. Das Leben habe die Kunst eingeholt; Lessing sei es wohl unmöglich gewesen, mit den misogynen Tendenzen der Tradition weiter zu spielen, ohne die eigene Lage zu reflektieren (ausführliche Darstellung der Entstehungsgeschichte: Kornbacher-Meyer 2003, 260–264).

Der Stoff

Dem auf indische und chinesische Quellen zurückgehenden Stoff gibt Gaius Petronius Arbiter (1. Jh.n.Chr.) die für die europäische Tradition maßgebliche Form. Seine Version findet sich im »Gastmahl des Trimalchio« aus den *Satiren*. Er lässt die Geschichte in Ephesus spielen, das Thema der »weiblichen Treulosigkeit« wird humoristisch behandelt. Eine junge Witwe, die im Grabgewölbe ihres verstorbenen Mannes den eigenen Tod erwarten will, liebt bald darauf nicht nur einen anderen Mann (einen vorbeikommenden Soldaten), sondern ist auch bereit, um das Leben ihres neuen Geliebten zu retten, den Leichnam des Gatten für den gestohlenen Körper eines gekreuzigten Verbrechers herzugeben. In zahllosen Variationen wird die Episode durch die Jahrhunderte hindurch wiedererzählt, wobei im Zeitalter der Aufklärung die misogyne Tendenz umgebogen wird. Der Entschluss der Witwe, den Toten um des Lebenden willen zu schänden, wird augenzwinkernd als natürliche Reaktion und vernünftige Lösung gutgeheißen, so vor allem von La Fontaine in seiner Verserzählung (*La Matrone d'Ephèse* von 1682). Lessing bezieht sich auf zwei dramatische Bearbeitungen: auf diejenige von Houdar de La Motte (*La Matrone d'Ephèse*, aufgeführt in Paris 1702, veröffentlicht 1754) und diejenige Weißes (nach mehreren Aufführungen 1764 im Druck erschienen, 1767 nimmt er sie in den zweiten Teil des *Beytrags zum deutschen Theater* auf. Nähere Charakteristik der beiden Stücke bei Nisbet 1989, 15 f.).

Forschung

Die maßgebliche Studie zur *Matrone von Ephesus* ist Nisbets Aufsatz: *Lessing and Misogyny: Die Matrone von Ephesus* (1989; vgl. auch Nisbet 2008, 536–540). Nisbet analysiert Lessings Kunstgriffe der Motivation. Zur ›Urszene‹ wird dabei der Treueschwur selbst. Lessing deute ihn bereits als Symptom des emotionalen Ungleichgewichts, in das die Witwe gefallen sei, und nicht als den ethischen Akt, an dem ihr weiteres Handeln gemessen werden müsste. Die psychologische Motivierung diene der Entlastung der Matrone. Dennoch habe Lessing die frauenfeindliche Tendenz des Stoffes nicht völlig ausmerzen können (oder wollen). Satire und verständnisvolle Psychologisierung stünden im Widerstreit; dies mache die Crux des Stücks aus.

Eine wichtige Rolle spielt das Dramenfragment für die Erforschung der Rolle, die Sinnlichkeit, erotisches Begehren und die psychischen »Empfindungen« im 18. Jahrhundert spielen. So rückt Dieter Borchmeyer (1997) das Stück in den Kontext der Empfindsamkeit und zieht die Linie bis hin zu Goethes *Stella* aus. Gezeigt werde die Untreue des Sinnlichen, gegen die kein Kraut, schon gar kein moralisches, gewachsen sei. Mit der Aufwertung der Empfindungen gehe die Aufweichung der moralischen Grundsätze Hand in Hand, da die Empfindungen, schwankend wie sie seien, ihre jeweils eigene Wahrheit mit sich führten. Borchmeyers These schärft die Aufmerksamkeit für manche Züge im Verhalten der Witwe, die die kommende Emanzipation der Leidenschaft erahnen lassen, man denke nur an ihre »rasende« Verzweiflung, die sie dem Wahnsinn nahebringt. Jedoch dürfen die Unterschiede nicht nivelliert werden. Lessing kritisiert bereits den Treueschwur als überzogen und unnatürlich, als verabsolutierte Empfindung. Der Bruch des ›wahnsinnigen‹ Eides bedeutet daher gerade die Wiederherstellung der von den »Göttern« gewollten Ordnung.

Analyse

Lessings Analyse des Stoffs in der Hamburgischen Dramaturgie

Wie in den früheren Fragmenten erweist Lessing sich auch in diesem Entwurf als Experimentator. Er dringt weit in die Bereiche und Schichten der Seele vor, die sich der Lenkung durch Moralvorstellungen entziehen. Das Thema der Handlung ist Verführung, demonstriert wird, wie Verführung die »wahre Gewalt« ist. Das Fragment stellt ein wichtiges Seitenstück zu der Tragödie *Emilia Galotti* dar. Es zeigt, welch große Macht Lessing den sinnlichen Neigungen zugesteht. Es ist eine Fallstudie über die geheimen Triebfedern und verborgenen Wünsche der Seele.

In der *Hamburgischen Dramaturgie* (36. St.) umreißt Lessing genau das Experiment, um das es geht. Die Matrone von Ephesus – das ist ein Stoff, der sich quasi von Haus aus der Moralisierung verweigert. Gottsched disqualifiziert ihn in der *Critischen Dichtkunst* (Bd. 2, ⁴1751; BA 6/2, 427 f.) als einen solchen. Er rechnet ihn den »sybaritischen Fabeln« zu, den Erzählungen oft erotischen Inhalts, die der bloßen Unterhaltung dienen und zu diesem Zweck über moralische Bedenklichkeiten sich hinwegsetzen. Wo Gottsched die Grenze der Kunst sieht, sieht Lessing die eigentliche Herausforderung. Eine ›an sich‹ empörende Tat so zu motivieren, dass die moralischen Einwände vergessen würden, daran zeige sich der wahre Künstler. Die Aufgabe sei für den Dramatiker noch intrikater als für den Erzähler, da er nicht auf (epische) Distanz, sondern auf Identifikation mit den Bühnenfiguren hinarbeite. Er müsse seine ganze Kunst der Psychologisierung aufbieten, um die Zuschauer über das Verwerfliche der Tat hinwegsehen zu lassen. Lessing nennt die Gelenkstellen der psychologischen Motivation: Die »Vermessenheit der ehelichen Liebe«, die »Werbung« des Soldaten, die »fein und dringend und siegend« sein müsse, schließlich die »Empfindlichkeit« und das »Temperament« der Witwe. Zuletzt verrückt Lessing das Ziel der Handlung. Auf der Bühne solle es bei dem »Einfall« der Leichenschändung bleiben, ohne dass dieser »Einfall« in die Tat umgesetzt würde (B 6, 359): »Kurz, die petronische Fabel glücklich auf das Theater zu bringen, müßte sie den nemlichen Ausgang behalten, und auch nicht behalten; müßte die Matrone so weit gehen, und auch nicht so weit gehen. – Die Erklärung hierüber anderwärts!«

Die »Erklärung hierüber« ist das – Fragment gebliebene – Lustspiel *Die Matrone von Ephesus*. Fassen wir die Aufgabe, wie Lessing sie in der *Hamburgischen Dramaturgie* stellt, zusammen: An einem extremen Beispiel ›unmoralischen‹ Handelns soll der Dramatiker mittels der Kunst der Motivation das Menschliche und Verzeihliche herausarbeiten. Nicht die Tat selbst, sondern das psychische Geschehen, das zu ihr führt, soll er zu seinem Thema machen. Auch das Fragwürdige des psychischen Geschehens soll noch als integrierter Teil einer im ›Guten‹ gründenden Ordnung erkennbar sein.

Der Rahmen: ein lustspielhafter ›Schattenriß‹ der Weltordnung

Lessing ist sichtlich bemüht, im Stück selbst den Blick auf die ›göttliche Ordnung‹ zu lenken. Antiphila, die Witwe, zweifelt angesichts des Todes ihres Gatten an der Güte der Götter. In ihrem Treuegelübde bzw. in dem Entschluss, dem Geliebten nachzusterben, schwingt die Auflehnung wider die Vorsehung mit. Mylis, die Sklavin, hat die bessere Einsicht. Sie bittet die Göttin (Diana), sie möge dem »Schmerz« ihrer Herrin verzeihen (B 6, 162). So gesehen, impliziert der Ausgang der Handlung die Wiederherstellung der natürlichen Ordnung. Das tragische Ende, der (frühzeitige) Tod der Witwe, wird abgewendet, das Leben setzt sich durch und behauptet sein Recht. Dabei ist die Handlung so »gefügt« – ein Bild der Vorsehung – dass der unnatürliche Schwur selbst die Rückkehr ins Leben einleitet, indem Antiphila am Grab des Gatten mit Philokrates, dem neuen Geliebten, zusammentrifft. Die Dienerfiguren formulieren die praktische Lebensweisheit, die auf der natürlichen Ordnung basiert und dieser entspricht. Auf die Auskunft, die junge Witwe habe den Ehemann verloren, antwortet Dromo (B 6, 158): »So muß sie sich einen andern nehmen. Aber hier wird sie ihn schwerlich finden.« Nichts Anstößiges sieht Dromo in der Wiederverheiratung, es ist der Lauf der Welt, nüchtern betrachtet.

Das Verwirrspiel um Gefühl und Leidenschaft verhilft somit dem Leben und der ›Natur‹ zum Sieg. Das Telos der Handlung ist die Liebeserklärung der jungen Witwe. Um ein Geständnis zu provozieren, erfindet Dromo die Geschichte vom Leichenraub. Dass kein gestohlener Leichnam ersetzt zu werden braucht, ist der einschneidendste Eingriff Lessings in die stoffliche Vorlage. Die Sinnesänderung der Matrone, das Aufkeimen neuer Liebe, ist wichtig, darin und nicht in der Pietätlosigkeit, die sich in der Leichenschändung äußert, ist die Triebfeder für das psychische Geschehen zu suchen. Wie sieht nun das psychische Geschehen aus, durch das die natürliche, gottgewollte Ordnung sich realisiert?

Die geheimen »Ränke, durch die sich die Liebe in unsere Seele einschleicht« (HD, 15. St.)

Der Treueschwur, den die Witwe dem verstorbenen Gemahl leistet, ist nicht Ausdruck ihrer Moralität, sondern ihrer Emotionalität. Das Ausschweifende ihres Schmerzes artikuliert sich in ihm. Antiphila, die gegen die Götter rebelliert, verabsolutiert ihre Liebe ganz ähnlich, wie Lessing es später an Werther kritisieren wird (vgl. Brief an Eschenburg, 26.10.1774). Die Liebesleidenschaft wird zum Lebensinhalt und -zweck erhoben, sie tritt an die Stelle der Religion. Lessing diagnostiziert darin die Hemmungslosigkeit der Gefühlshingabe. Insofern ist im Treueschwur selbst bereits die Wende vorbereitet. Die reine Emotionalität, die Besonnenheit und Einsicht außer Kraft setzt, ist nicht auf Dauer angelegt.

Die dramatische Analyse deckt im Folgenden die Schleichwege der Liebe ins Herz der empfindsamen Schwärmerin auf. Dass die Witwe sich auch in ihrer Trauer ihrer Schönheit bewusst ist, verrät die Regieanweisung: »*sie wirft sich auf den Sarg; in einer nachlässigen, aber vorteilhaften Stellung*« (B 6, 164). Schönheit wird hier so in Szene gesetzt, wie sie in *Laokoon* beschrieben und gefeiert wird. Sie nimmt die Sinne gefangen und setzt die ›Moral‹ außer Kraft. – Die weiteren »Ränke« der Seele, in denen sich der Wunsch nach Leben und Liebe Luft schafft, deckt Mysis auf. Sie interpretiert allenthalben die Abwehr, mit der ihre Herrin auf Philokrates reagiert, als Eingeständnis des tiefen Eindrucks, den dieser bereits auf sie gemacht habe. Von dem Moment an, in dem die Witwe dem Betrachter gegenüber eine »vorteilhafte Stellung« einnimmt, gibt es kein Entrinnen mehr. Mit ihrem Erwachen antwortet sie dem neuen »Anbeter« schon ›entgegenkommend‹. Vollends verstrickt wird die Witwe, wenn der Offizier die Saite der Seelenliebe anschlägt. Er gibt sich als Freund des Verstorbenen aus. Auf einen Schlag ist eine intensive seelische Gemeinschaft mit der Trauernden hergestellt, durch die die erotisch-sinnliche Anziehung unwiderstehlich wird. Freundschaft und Liebe, sagt die Witwe selbst, fließen ineinander über ... (B 6, 174).

»Die Motivation der Witwe ist bis hierher«, so erschließt Nisbet die geplante Fortsetzung (2008, 538), »schon lückenlos ausgestaltet. Was noch zu schreiben war, war eine kurze Szene mit dem unzutreffenden Bericht über die gestohlene Leiche, worauf unmittelbar die selbstmörderische Verzweiflung des Offiziers gefolgt wäre und die Bereitschaft der Witwe, ihn zu retten. Da die Witwe jetzt eine neue Katastrophe im Anzug sieht, die sie eng mit der ersten verbinden muss – nämlich den Verlust des Mannes, der der Freund ihres Gatten war und ihre Trauer teilt –, ist es nicht allzu unglaubwürdig, dass sie bald genug ihrer Dienerin nachgibt, die darauf besteht, dass es um Leben und Tod gehe und der Offizier nur durch die Herausgabe der Leiche ihres Mannes zu retten sei. Diese grausige Wendung wäre dann sofort durch das Geständnis des Dieners vermieden worden, dass er die Geschichte von dem Diebstahl erfunden habe, um der Sache seines Herrn zu dienen [...].« Ein großer emotionaler Druck und eine Erschütterung, in der auch die alte Liebe noch gegenwärtig ist, bewirken also, dass die Witwe ihre Zustimmung zur frevelhaften Leichenschändung gibt – sie gibt sie sozusagen ›aus Empfindung‹ und nicht aufgrund von Herzenskälte und sexueller Gier; und es bleibt bei diesem Moment der Verwirrung und Turbulenz, ohne dass es zur Tat kommt. Damit gelingt Lessing das – in der *Hamburgischen Dramaturgie* geforderte – Geniestück, das Verbrechen so zu motivieren, dass ein menschlicher ›Grund‹ hervorleuchtet; er schafft die Matrone von Ephesus auch ihrem Gemüt nach zu einer »schönen« Gestalt um (s. S. 325 f.).

Als Erklärung dafür, dass Lessing die Komödie unvollendet liegenließ, wird immer wieder angeführt, dass selbst seine geniale Psychologisierung den frauenfeindlichen Gehalt der Geschichte nicht ganz zum Verschwinden bringen konnte, da die Witwe in dem Maße, in dem sie moralisch entlastet werde, nicht nur als empfindsam Liebende, sondern zugleich als passives Opfer männlicher Herrschsucht erscheine (Nisbet 2008, 540; vgl. auch Kornbacher-Meyer 2003, 266). Doch auch die Zeichnung der männlichen Hauptfigur birgt ein Problem, das die Theodizeestruktur gefährdet. Denn zuerst zeigt sich der Offizier als kalter Voyeur, dann als raffinierter Lügner. Philokrates erschleicht sich die Liebe der Witwe. Die Fundamente der ›Seelenliebe‹, mit der Antiphila sich dem Freund des Gatten verbunden fühlt, sind von vornherein untergraben. Wie wird sie reagieren, wenn sie den Betrug des Hauptmanns entdeckt? Wenn das Stück eine frauenfeindliche Tendenz nicht verbergen kann, indem es »weibliche Schwäche« vorführt, so bestätigen die männlichen Figuren auch nur den Satz der Mylis: »Was es für Männer giebt! Die meisten sind keine Träne wert; geschweige, daß man mit ihnen sterben wollte. – « (B 6, 160).

Aufnahme und Wirkung

Nach seiner Veröffentlichung (1784) hat das Fragment einige Fortsetzungen und Bearbeitungen angeregt; die wichtigsten sind in B 6 (874) verzeichnet. Theodor van Stockum bespricht eine moderne Fassung des englischen Dramatikers Christopher Fry (*A Phoenix too frequent*, 1946, deutsch 1951; van Stockum 1962, 131–133).

Quellen: Gottsched ⁴1751 (BA 6/2 [*Critische Dichtkunst*, Bd. 2]); Weiße 1806.

Literatur

zu Entstehung, Kontext, Stoff: Bohnen in B 6, 872 f.; Grisebach 1889 [Stofftradition]; Runte 1977 [franz. Bearbeitungen im 18. Jahrhundert];
zu Forschung: Borchmeyer in Hinderer (Hg.) 1997, 63–84; Kornbacher-Meyer 2003, 260–267; Nisbet in Hibberd/Nisbet (Hgg.) 1989, 13–31; Nisbet 2008, 536–540; van Stockum 1962.
zu Aufnahme und Wirkung: B 6, 874.

Emilia Galotti

Entstehung, Quellen und Kontext

Erstdruck: *Emilia Galotti. Ein Trauerspiel in fünf Aufzügen*, in: *Trauerspiele von Gotthold Ephraim Lessing*. Berlin 1772, Verleger ist Christian Friedrich Voß. Im gleichen Jahr erscheinen bei Voß drei Einzeldrucke, deren dritter, obwohl auf 1772 datiert, erst später (vor 1779) ausgeliefert wird (vgl. B 7, 828 f.). Sowohl eine Reinschrift von Lessings Hand als auch eine Abschrift derselben, die, mit Lessings Korrekturen versehen, als Druckvorlage diente, sind erhalten (Beschreibung der Handschriften und bibliogenetische Darstellung der Druckgeschichte in der historisch-kritischen Ausgabe von E.M. Bauer 2004, VII f. und 82 ff.). – Die Uraufführung findet in Braunschweig durch die Döbbelinsche Truppe am 13. März 1772 statt, Anlass sind die Feiern zum Geburtstag der Herzogin (vgl. Lessings Schreiben an Herzog Karl, Anfang März 1772). – Text: B 7, 291–371.

Bereits in den 50er Jahren befasst sich Lessing mit dem Virginia-Stoff. Im ersten Stück der *Theatralischen Bibliothek* (1754) übersetzt er Hermillys detaillierte Inhaltsangabe der Virginia-Tragödie (1750) des Spaniers Agustín Montiano y Luyando (LM 6, 70–120), am 23. August 1755 erscheint im 101. Stück der *Berlinischen Privilegirten Zeitung* eine Rezension von Johann Samuel Patzkes Trauerspiel *Virginia*, die vermutlich von Lessing stammt (zu Patzkes Stück vgl. Woesler 2001). Er beginnt mit der Übersetzung eines englischen Virginia-Stücks (1754 in London aufgeführt; Verfasser ist Henry Samuel Crisp; vgl. G 2, 708). Schließlich entwirft er den Plan einer Tragödie *Das befreite Rom* (wahrscheinliche Datierung: 1756), dem der nahe verwandte Lukrezia-Stoff zugrunde liegt. Am Anfang steht demnach die intensive Beschäftigung mit Virginia-Bearbeitungen, die der Tradition der heroisch-politischen Tragödie zugehören. In die zweite Konzeptionsphase fällt dann die Neuorientierung, die Abtrennung der Virginia-Handlung von der politischen Intrige und dem Volksaufstand gegen den Tyrannen. Im Jahr 1757 setzt Nicolai einen Preis für eine deutschsprachige Tragödie aus (*Vorläufige*

Nachricht zum ersten Stück der *Bibliothek der schönen Wissenschaften und der freyen Künste*). Lessing plant, sich an dem Wettbewerb mit einer Virginia-Tragödie zu beteiligen. Die früheste Erwähnung des Vorhabens findet sich in einem Brief an Mendelssohn vom 22.10.1757. Seinen Entwurf erläutert Lessing in einem Schreiben an Nicolai (21.1.1758), wobei nunmehr der Titel »Emilia Galotti« genannt wird. Hier deutet er die Privatisierung des Konflikts an. Er habe »geglaubt, daß das Schicksal einer Tochter, die von ihrem Vater umgebracht wird, dem ihre Tugend werter ist, als ihr Leben, für sich schon tragisch genug, und fähig genug sei, die ganze Seele zu erschüttern«, auch wenn kein Staatsumsturz darauf folge (B 11/1, 267). Lessing bricht die Arbeit jedoch ab, erst die Tätigkeit als »Dramaturg« am Hamburger Nationaltheater gibt einen neuen Anstoß, den alten Plan wieder vorzunehmen. Jetzt will er einen Spieltext verfertigen, der nicht für den Druck bestimmt ist (an den Bruder Karl, 10.2.1772; B 11/2, 352). Endgültige Gestalt nimmt das Trauerspiel seit dem Spätherbst 1771 an. Lessing ist inzwischen (seit Mai 1770) Bibliothekar an der herzoglichen Bibliothek in Wolfenbüttel. Im Dezember (Brief vom 24.12.1771) spricht er seinem Verleger Voß gegenüber vom 10. März 1772 als geplantem Aufführungstermin, welcher Tag der Geburtstag der Herzogin ist, die ihn, so oft sie ihn »noch gesehen, um eine neue Tragödie gequält« habe (B 11/2, 305). Es entspinnt sich ein brieflicher Dialog mit Karl, dem er die fertigen Teile zur Korrektur mit der Bitte um Kritik übersendet, denn: »gleichwohl muß man wenigstens über seine Arbeit mit jemand sprechen können, wenn man nicht selbst darüber einschlafen soll« (25.1.1772, B 11/2, 333). Erneut betont er die Konzentration auf die individuellen Schicksale. »Du siehst wohl«, schreibt er dem Bruder (am 1.3.1772, B 11/2, 362), »daß es weiter nichts, als eine modernisierte, von allem Staatsinteresse befreiete Virginia sein soll.« Anfang März 1772 sendet Lessing das Manuskript – ohne den Schluss, der noch nicht fertig ist – an den Herzog Karl, um die Aufführungs- und Druckerlaubnis zu erhalten; wieder fällt die Wendung, es sei eine »von allem Staatsinteresse befreite« Virginia (zur Schlussphase der Drucklegung vgl. Bohnen in B 7, 835 f.). Hat Lessing damit eine unpolitische und ›rein menschliche‹ Deutung seines Stücks favorisiert?

»Von allem Staatsinteresse befreit«: Die Formel verweist zunächst auf einen ästhetischen Kontext. Lessing zitiert seine Kritik an der klassizistischen Tragödie aus der *Hamburgischen Dramaturgie* (14. St.; B 6, 251, Z. 13 f.). »Staatsinteresse« meint, so gesehen, die ›Haupt- und Staatsaktionen‹, in denen es dem Dramatiker nicht gelungen ist, das abstrakte Thema so zu individualisieren, dass die Figuren als Menschen Teilnahme erwecken (Hempel 2006, 84). In fast allen seinen Stücken nimmt Lessing aktuelle Debatten (*Der Freigeist, Nathan*), skandalöse gesellschaftliche Verhältnisse (*Die Juden*), die Gemüter aufwühlende Zeitereignisse (Krieg und Frieden: *Philotas* und *Minna von Barnhelm*) zum Anlass, um daran seine Version vom Wesen des Menschen zu entwickeln – und ›bei Hofe‹, bei Gelegenheit eines öffentlichen Ereignisses, sollte er auf einen eminent politischen Stoff zurückgegriffen haben, nur um gänzlich von dem konkreten gesellschaftlichen Umfeld zu abstrahieren? Das leuchtet nicht ein; vielmehr wird es auch hier darauf ankommen, die Verflechtung von philosophisch-anthropologischem, religiösem und gesellschaftlich-politischem Interesse zu erkennen.

Obwohl *Emilia Galotti* keinesfalls mimetisch auf die Verhältnisse am Braunschweiger Hof abgebildet werden kann, haben zeitgenössische Leser (und Zuschauer) darin sofort eine kritische Spiegelung des Hoflebens (und, damit unlöslich verknüpft, der absolutistischen Regierungsform) erkannt (s. Wirkung, S. 405 f.), auch gab es ein (freilich unzutreffendes) Gerücht, das Vorbild für die Gräfin Orsina sei die Maitresse des Erbprinzen, die (sehr beliebte) Marchesa Branconi (Nisbet 2008, 658; vgl. Bauer 2004, 178 f.). In einer von Pockels (1809, 108 f.) überlieferten Anekdote spricht Karl Wilhelm Ferdinand geradezu wie Hettore Gonzaga: Fürsten könnten keine Freunde haben, und sie dürften nicht nach den Neigungen ihres Herzens heiraten (vgl. I, 6; B 7, 301 und 303 f.) – ein weiteres Indiz für Lessings Intention, die Hofatmosphäre möglichst dicht und suggestiv einzufangen. Die Richtung von Lessings Aufmerksamkeit für zeitgenössisches politisches Geschehen wiederum vermag die Struensee-Affäre zu verdeutlichen, die sich (in Dänemark, am Ko-

penhagener Hof) während der Monate ereignete, in denen er die *Emilia Galotti* vollendete. Johann Friedrich Struensee (1737–1772) war aus bürgerlichen Kreisen zum *de facto*-Regenten eines Landes aufgestiegen, suchte dabei jedoch die anstehenden Reformen despotisch, die Gesetze missachtend und willkürlich mit den Beamten schaltend, durchzusetzen. Er hatte ein Liebesverhältnis mit der Königin und pflegte freigeistige religiöse Ansichten; nach seinem Sturz wurde er im Kerker, seine Hinrichtung vor Augen, von einem Geistlichen unter Androhung ewiger Höllenstrafen ›bekehrt‹. Lessings Reaktion, wie sie aus seinem Briefwechsel mit Eva König ersichtlich wird: Er lehnt die despotische Verfahrensweise Struensees ab und missbilligt seine Bekehrung, aber er nimmt Partei für ihn in dem Moment, in dem Zweifel daran aufkommen, dass ihm ein faires Gerichtsverfahren bewilligt wird. Struensees Verteidigungsschrift wird unterdrückt, Lessing greift zur Feder: In der Vorrede zur *Nachtigall* (B 7, 447–452) formuliert er seine Kritik an dem Publikationsverbot, wie Klaus Bohnen (2006), der den Spuren der hochpolitischen Episode nachgegangen ist, herausgefunden hat. Zwar lassen sich schon aus chronologischen Gründen keine direkten Verbindungslinien zu *Emilia Galotti* ziehen; doch scheint es signifikant, dass der Umsturz in Dänemark die beiden epochalen Probleme grell beleuchtet, die Lessing in seinem »Hoftrauerspiel« (Herder) ebenfalls thematisiert: die fehlende Kontrolle politischer Macht, wodurch das Rechtswesen korrumpiert wird, und die unglückliche Rolle der Religion, sofern sie als ›Drohbotschaft‹ missbraucht wird. (Zum Thema ›Gewaltenteilung‹ vgl. auch Lessings *Collectaneen*-Notiz *Deutsche Freiheit*, [B 10, 531–533]; zu Struensee: Keitsch 2000; zum liberalen Klima am Braunschweigischen Hof: Nisbet 2008, 558 ff., der zudem viele Missverständnisse, Lessings politische Haltung betreffend, korrigiert).

Der Stoff

Die zwei maßgeblichen Quellen sind Titus Livius: *Ab urbe condita* III, 44 ff. und Dionysios von Halikarnass: *Antiquitates Romanae* XI, 28 f. (vgl. B 7, 837 f. und J.-D. Müller ²1993, 27–34). Beide Versionen der Virginia-Geschichte stammen vom Ende des ersten Jahrhunderts v. Chr. Charakteristisch ist der durch und durch politische Zuschnitt der antiken Erzählungen. Die Geschichte spielt in Rom zur Zeit der Ständekämpfe zwischen Patriziern und Plebejern (5. Jahrhundert v. Chr.). Die Decemvirn (»zehn Männer«), an ihrer Spitze Appius Claudius, haben die wichtigsten politischen Instrumente der Plebejer abgeschafft und die Regierungsmacht usurpiert. In dieser Krise, so die Virginia-Sage, geben die Liebesraserei und das Verbrechen des Appius Claudius den Anstoß zur Rebellion und Vertreibung der Decemvirn. Gleich zu Beginn ordnet Livius das tragische Geschick der Tochter der politischen Geschichte unter, das Verbrechen des Appius wird im Hinblick auf den Ausgang erzählt (zit. nach Müller [2]1993, 28): »So nahmen die Decemvirn nicht nur dasselbe Ende wie die Könige, sondern verloren auch aus denselben Gründen ihre Herrschaft.« Um der Freiheit willen tötet Virginius die Tochter, die Rettung der »Keuschheit« ist nicht das dominierende Motiv. Seine Worte bei Livius (ebd. 32): »Mit diesem letzten Mittel, was ich noch habe, meine Tochter, rette ich deine Freiheit!« – Der Stoff gehört nach Elisabeth Frenzel zu den beliebtesten aus der römischen Geschichte, wobei er vor allem den Bedingungen der klassizistischen Tragödie entgegenkomme (Beispiele solcher Bearbeitungen bei Müller [2]1993, 34–41; vgl. S. 378). Zu dem Motiv der Freiheit tritt nun das der weiblichen Ehre, der Keuschheit und »Reinheit«, womit die Handlung einen zweiten Brennpunkt bekommt. Die Virginia-Handlung verselbständigt sich nunmehr gegenüber der politischen Geschichte, ja, die Verteidigung der Ehre und (weiblichen) Unschuld sammelt das Interesse auf sich. Appius fungiert in der Rolle des Herrschers, der seine Leidenschaften nicht zu zügeln weiß und somit das warnende Beispiel eines Tyrannen abgibt (Jean Galbert de Campistron und Don Agustín Montiano y Luyando). – Lessing überträgt in *Emilia Galotti* die Geschichte in das Milieu eines italienischen Duodezstaates. Die Figuren sind frei erfunden, doch bestehen einige lockere Parallelen zu dem historischen Hintergrund, was das Geschlecht der Gonzaga und den Rechtsstreit um das Gut Sabionetta (17. Jahrhundert) anbelangt (Müller [2]1993, 27; zum Lokalkolorit s. Bergamaschi 2004; Bauer 2004, 177 f.; Durzak 1992).

Forschung

Emilia Galotti gehört zu den meistinterpretierten Werken der deutschsprachigen Literatur. Der Stoßseufzer der Interpreten, die bereits unübersichtliche Fülle der Analysen durch eine weitere zu vermehren, ist zum Topos geworden. 1956 betitelt Hatfield einen Aufsatz: »Emilia's guilt once more«; 1975 fordert Guthke eine Interpretationspause für das vielstrapazierte Drama (33). Dass die Einzelforschung nicht mehr zu bewältigen sei, konstatiert Alt in der 1994 erschienenen Einführung zur Tragödie der Aufklärung (254, Anm. 48). Am Beispiel der Interpretationsgeschichte von *Emilia Galotti* demonstriert Horst Steinmetz (1987) die Fragwürdigkeit des Anspruchs, die ursprüngliche Intention des Autors zu rekonstruieren, sich einem endgültig ›richtigen‹ Verstehen zu nähern. Jeder Satz des Dramas ist hundertfach um- und umgewendet worden; jede These hat die Antithese herausgefordert, jede Argumentationskette hat ihre Widerlegung durch einen gegensinnigen Begründungszusammenhang gefunden, und zwar auch dann, wenn das gleiche methodische und theoretische Instrumentarium angewendet wurde. Dabei scheint der Grundriss des Werks klar und einfach: Zwei Parteien, der Prinz und die Familie Galotti, stehen einander gegenüber, das ungezügelte Begehren des Prinzen setzt die Katastrophe in Gang, aus dem Debakel scheinen die Vertreter der »Tugend« als moralische Sieger hervorzugehen. Doch erweist sich dieser Grundriss als doppelbödig – bereits Friedrich Schlegel konstatierte (freilich in kritischer Absicht), dass unter der Oberfläche des Werks nichts mehr zusammenhänge (*Über Lessing* [1797]; B 7, Nr. 31, 924), und Nisbet (2008, 660 f.) charakterisiert das Stück als »ein Drama der Vieldeutigkeiten, offenen Fragen und Widersprüche«, das das Verfahren des späteren Lessing vorwegnehme, Gewissheiten zu postulieren und zugleich in Frage zu stellen. Widersprüche aber provozieren Lösungsvorschläge: In endlosen Variationen und jede neue Methode als Schlüssel zu den (vermeintlichen) Leerstellen nutzend, sucht man bis heute weiter nach der offenkundigen oder verborgenen Logik, nach dem sinnerschließenden Code der *Emilia Galotti*:

Die politische Deutung – und ihre Schwierigkeiten

Aufgabe einer politischen Interpretation der Tragödie ist es, in dem moralischen Konflikt, auf den Lessing die Handlung reduziert zu haben scheint, eine gesellschafts- oder systemkritische Diagnose mit entsprechender politischer Wirkungsabsicht transparent zu machen. Drei grundsätzliche Möglichkeiten zeichnen sich ab: die Abbildung des Gegensatzes zwischen dem Prinzen bzw. dem Hof und der Galotti-Familie auf die Opposition von Adel (mit dem Prinzen an der Spitze) und Bürgertum (1) oder auf die Stellung des Herrschers zum Untertan (2), schließlich die Analyse der Interaktionsmuster, die allererst zu der ausweglosen Konfrontation führen, also die Analyse der Konstitutionsbedingungen der politischen Welt (3).

Opposition von Adel und Bürgertum. Das Profil eines Stände- bzw. Klassengegensatzes haben vor allem die Vertreter der älteren marxistischen Literaturforschung (Mehring [1893; hier: 1963] und Rilla [²1968, 263–293] in dem tragischen Konflikt erkannt. Das Argumentationsraster ist denkbar einfach. Man identifiziert die Familie Galotti mit dem aufstrebenden Bürgertum und verbindet den Klassengegensatz mit der schematischen Konfrontation von Tugend und Laster. In der Tat des Fürsten, dem Angriff auf die jungfräuliche »Ehre«, sieht Mehring *das* Paradebeispiel fürstlicher Willkürherrschaft. Das Stück, das in krasser Weise das Unrecht des Absolutismus enthülle, ende mit dem impliziten Aufruf zur Revolution. Auch wenn er den Umsturz nicht zum Bühnenereignis mache, habe Lessing Empörung über das Unrecht säen, das deutsche Publikum politisch aufrütteln wollen (zur marxistischen Deutungsrichtung vgl. Lützeler 1971 und 1976).

Die entscheidende Perspektive, die das Moralische, die Rettung von Emilias Tugend, mit dem Politischen, der Transformation der Gesellschaftsordnung, zu verbinden erlaubte, ist sodann von Reinhart Koselleck (vgl. Kap.: Ernst und Falk, S. 453f.) vorgegeben worden. Koselleck suchte die politische Stoßrichtung freizulegen, die (im 18. Jahrhundert) dem Rückzug ins scheinbar nur Private und Allgemein-Menschliche innewohnte. Bürgerliche Werte und Normen seien zur Signatur des Menschlichen schlechthin erhoben worden. Man habe den Adel an den eigenen, bürgerlichen moralischen Ansprüchen gemessen. Die Standesgrenzen sollten im ideellen Bereich unterlaufen werden. Man habe geglaubt, dass im Zuge der fortschreitenden Verwirklichung von Vernunft und Menschlichkeit auch in der politischen Realität die Standesgrenzen funktionslos würden.

Die Übertragung dieses Ansatzes auf *Emilia Galotti* hat freilich zu konträren Ergebnissen geführt. Die meisten Forscher vertreten die Ansicht, Lessing habe das Illusionäre der Hoffnung auf die politische Kraft der Moral enthüllt, könne und wolle doch der Prinz, obwohl er durchaus mit den bürgerlichen Werten der Galottis sympathisiere und von einer empfindsamen Liebe träume, die Zwänge des Systems nicht aufheben; vielmehr nutze er die Machtstrukturen des Absolutismus, um seinen Traum zu verwirklichen, während sich zugleich die politische Ohnmacht der bürgerlichen Moral erweise (vgl. z.B. die Analyse der Szene I, 7 in Jochen Schulte-Sasses materialreicher Studie *Literarische Struktur und historisch-sozialer Kontext* [1975]). So sieht man die Kritik an dem absolutistischen Herrschaftssystem nicht nur gegen den Fürsten, sondern vor allem gegen ein Bürgertum gerichtet, das sich lieber moralisch selbst zerfleische als seine Waffen gegen den Despoten einzusetzen. Zwei Beispiele: Mattenklott (1980, 295): »Heftig ist in diesem Stück die Aggressivität gegen den Despotismus. [...] Doch diese Aggressivität ist blockiert, und so schlägt sie selbstzerstörerisch nach innen. Die bürgerliche Moral kann sich dem Despotismus gegenüber nur als körperloses Ideal behaupten, die sinnliche Welt muß diesem überlassen bleiben.« Und Simonetta Sanna (1988, 83): »Das Feld der Moral ist für die Galotti [!] wie für Appiani überdeterminiert durch Normen, Verbote, Vorbilder, Beispiele, Tabus, Rigorismen. [...] Die anti-höfische Opposition speist sich aus der Fülle der Moral und wandelt sich zur Starrheit, die sich jedoch gegen sie selbst wendet und zur Selbstaufgabe führt. Von daher die Mitschuld der Privatpersonen an Emilias Tod. Unfähig, den Prinzen zu bekämpfen, und erdrückt von dem Verdikt ihrer Moral, bleibt ihnen kein anderer Ausweg als das Unmenschliche des Selbstmordes. Für Lessing entspricht das Fehlen einer politischen Dimension bei den Privatpersonen einem politischen Verhalten, das dem Prinzen die Initiative überläßt.« Dagegen vermisst Christine Jung-Hofmann (1987) eine solche Kritik am Bürgertum; Lessing erkenne und decouvriere die politischen Defizite der Hoffnung auf Moral gerade nicht. Odoardos (selbst-)zerstörerische Tat, mit der er die Integrität seiner Familie wahre, werde im Rahmen des Stücks nicht problematisiert, und der Fürst werde am Schluss als läuterungsfähig gezeigt. Die Ebene individueller Besserung werde nirgends verlassen, eine Systemkritik könne so nicht aufkommen. Statt das passive Verhalten des Bürgertums desillusionierend auszustellen, sei die Tragödie selbst ein Dokument für dieses Verhalten. Zugleich entlarve sich die Moralisierung insofern als Fluchtbewegung, als sie nur um den Preis der Abstraktion von den realen politisch-sozialen Verhältnissen vorgestellt werden könne. Die Figuren in dem Stück definierten sich ausschließlich über ihr moralisches Verhalten, das soziale Milieu, dem sie angehörten, bleibe durchaus unbestimmt. Die wirklichen Konflikte würden nicht beim Namen genannt.

Im Licht der neueren sozialhistorischen und mentalitätsgeschichtlichen Forschungen betrachtet (z. B. Maurer 1996, Friedrich/Jannidis/Willems 2006, auch Nisbet 2008, 653 f.), müssen jedoch alle Versuche, eine ständische (gar, wie Frömmer 2005, binäre) Opposition zu konstruieren, die Ausdruck einer – wie auch immer ge-oder misslingenden – Emanzipation ›des‹ Bürgertums sein soll, als gescheitert oder zumindest erheblich revisionsbedürftig angesehen werden (s. S. 31 ff.). Denn den Antagonismus der vielfältigen bürgerlichen Gruppierungen (der Gelehrten, Juristen, Professoren, Kaufleute und Hoflieferanten, Verleger, Beamten...) zum Staat hat es in den deutschen Territorien nicht gegeben, weshalb die Abgrenzung vom Hof (dem ›Regierungssitz‹) auch nicht das Definitionskriterium des sich formierenden Bürgertums sein kann. Vielmehr wird, in den Worten Maurers (1996, 17 f.), der »absolutistische Fürstenstaat [...] (sozial) als zugängliche Hierarchie der Beamten in der Verwaltungslaufbahn und der Vermittler des Wortes auf Kanzel und Katheder, der Prediger und Professoren«, aufgefasst.

So erweist es sich denn auch bei genauerem Hinsehen als unmöglich, den Galottis und ihrem Kreis eine eindeutig bürgerliche Wertewelt zuzuordnen; vielmehr sind sie in ihrem Lebensstil als Adlige charakterisiert. Odoardo Galotti, das

»Muster aller männlichen Tugend« (II, 7; B 7, 319), bekleidet als Oberst einen hohen militärischen Rang – die Offizierslaufbahn ist die Laufbahn für den Adel par excellence; Emilia wächst in der Stadt, in der Nähe des Hofes auf, damit sie eine »anständige« – standesgemäße – Erziehung erhalte. Der geplante Rückzug des Paares auf die Güter Appianis bedeutet keine Flucht aus der Gesellschaft ins rein Private, sondern die Realisierung einer genuin adligen Lebensform, des adligen Landlebens, die viele Möglichkeiten sozialer Betätigung und Reformen bot (z. B. Vierhaus 1984, 208–216). Darüber hinaus denkt Appiani, der ideale Schwiegersohn Odoardos, durchaus in den Kategorien höfischer Ehre (II, 10): Das Angebot des Prinzen, als Gesandter am Hofe der Herzogin von Massa zu wirken, ist für ihn attraktiv; und mit Marinelli ficht er einen Ehrenhandel aus, wie er im Buche steht: Der Höfling verletzt mit zweideutigen Anspielungen die Ehre von Braut und Schwiegereltern, und Appiani besteht auf der Duellforderung. (Zu dem Natürlichkeitsideal und den empfindsamen Zügen, die Appiani ebenfalls charakterisieren, vgl. Hempel 2006, 72). Von daher kann auch von dem Nachweis einzelner Topoi der traditionellen Hofkritik, die in dem Stück zu finden sind – Lessing legt sie vor allem dem Prinzen selbst in den Mund (vgl. Kiesel 1979, 220–233; danach Bauer 2004, 174–177) – nicht die antagonistische Konfrontation von ›Hofleben‹ und (bürgerlicher?) Selbstbestimmung als politischer Sinn des Stücks abgeleitet werden (dazu auch Neuß 1989, 220 ff.).

Bleibt die Orientierung der Galottis an der Tugend in Sachen Sexualmoral, welche Tugend tatsächlich eine wichtige Rolle in der allmählichen Ausprägung einer bürgerlichen Wertehegemonie gegenüber dem als erotisch freizügig wahrgenommenen Adel spielte (vgl. Maurer 1996, 246–252 u. pass.). Doch muss man im Auge behalten, dass der Ehebruch (»freizügige Sexualmoral«) die Übertretung eines christlichen und kirchlichen Gebotes bedeutete, das für jedermann bindend war; spätestens wenn der Adlige (oder der König) zur Beichte ging, brach der Konflikt mit diesem ständeübergreifenden Wertsystem auf (vgl. Maurer 1996, 247). So waren Religiosität und strenge Moralität selbstredend auch im Adel verbreitet; gerade der Pietismus fand in adligen Kreisen großen Anklang (vgl. Maurer 1996, 131–135; 226, Pkt. 4 und 227, Pkt. 8), und die ›Mätressenwirtschaft‹ löste auch innerhalb der adligen Kultur Konflikte aus (vgl. für den Hof von Versailles: Hanken 1996, 55 ff.). Am Hof bedeutete sie eine Demütigung für die Regentin; der Gatte der Mätresse konnte sich sehr wohl in seiner Ehre beleidigt finden – offenkundig fürchten Marinelli und der Prinz eine solche Reaktion Appianis, da sie ihn vorsorglich entfernen wollen –; die Front verlief in erster Linie zur Kirche, die gegen die Libertinage, die Übertretung des sechsten Gebotes, ankämpfte und die ›Umkehr‹ des Monarchen anstrebte. Dabei konnten auch bürgerliche Frauen Mätressen werden (sie wurden dann in den Adelsstand erhoben). Aufsehen erregten die Verhältnisse in Dänemark, deren Zeitzeuge Lessing gewesen ist. Struensee, der (bürgerliche) Arzt aus Hamburg, der am dänischen Hof in die Schlüsselpositionen der Macht aufgestiegen war, ging ein Liebesverhältnis mit Caroline Mathilde, der Gemahlin Christians VII., ein, während der Hofprediger Cramer die Sittenverderbnis von der Kanzel aus anprangerte (Maurer 1996, 247). – Summa summarum: Auch von dem unterschiedlichen Verhältnis der Konfliktparteien zur Sexualmoral her lässt sich kein Antagonismus zwischen ›Hof‹ und ›Bürgertum‹, der die politische Bedeutung des Dramas ausmachte, begründen. Statt die Parteien klar voneinander abzugrenzen, lässt Lessing alle Figuren (außer den Dienstboten natürlich) dem gleichen Stand angehören (dem Adel) und stattet beide Seiten mit ähnlichen (empfindsamen) Zügen aus, die mit der Neubestimmung des Menschen (Individualisierung und persönliche Glücksansprüche, Aufwertung der Sinnlichkeit, neue Stellung zu Religion und Kirche) zu tun haben und deren soziale Zuordnung zum Bürgertum auf einem Zirkelschluss beruht. (Zur Diskussion der politischen Deutungsrichtung vgl. auch Reinhart Meyer 1973, bes. 243–249; Martin Stern 1990).

Herrscher und Untertan. Die Schwierigkeiten, in welche die These vom Ständegegensatz mit Revolutionstendenz verwickelt, verschwinden, wenn man die politische Dimension des Stücks als kritische Konturierung des Verhältnisses von Herrscher und Untertan begreift (vgl. Nisbet 2008, 653). Wiederum sind zwei unterschiedliche Perspektivierungen zu verzeichnen:

Für viele Forscher (Bengt Algot Sørensen 1984; Alt 1994, 251–270; Nisbet 2008, 653 ff.) übt Lessing insofern eine ›Fundamentalkritik‹ an dem absolutistischen System, als er auf dessen Konstruktionsfehler verweise, nämlich die Machtkonzentration in der Hand eines Einzelnen. Nur aufgrund der Machtfülle des Prinzen, den Lessing nicht umsonst seine Position als oberster Gerichtsherr ausspielen lasse, komme es zu der Katastrophe, wobei die Tatsache, dass Hettore Gonzaga keinesfalls als Ungeheuer gezeichnet sei, sondern lediglich als menschlich fehlbar – »Ist es, zum Unglücke so mancher, nicht genug, daß Fürsten Menschen sind« (V 8; B 7, 371), heißt es programmatisch am Schluss –, zur Schärfe der politischen Diagnose beitrage. Das prinzipiell Gefährliche der unumschränkten politischen Gewalt werde deutlich; das Stück enthalte ein Plädoyer für die (auch in einer Monarchie mögliche) Gewaltenteilung und insofern für eine Systemänderung. Wir werden diese Position zu stärken und zu präzisieren suchen, indem wir einen bislang übersehenen Anspielungshorizont berücksichtigen, nämlich Montesquieus Essay *Vom Geist der Gesetze* (1748), der eine Analyse der Virginia-Episode enthält (zu Lessings Bekanntschaft mit Montesquieu vgl. Kap.: Samuel Henzi).

Dem gleichen Befund des Machtmissbrauchs gibt Raimund Neuß (1989) eine gegensätzliche Bewertung. Die Hofkritik sei im 18. Jahrhundert ein integraler Bestandteil der Selbstwahrnehmung des Hofes gewesen. Neuß erinnert an die Traditionen des Fürstenspiegels, der Satire und an die politische Dimension des Märtyrerdramas. Nirgends stelle Lessing das ›System‹ in Frage, nirgends sprenge die in *Emilia Galotti* vorgetragene Kritik die moralischen Normen, denen der Hof selbst sich damals – zumindest ideell – unterworfen habe; Lessing verhandle in *Emilia Galotti* Probleme, Konfliktstoffe des Lebens am Hofe. Für ein höfisches Ereignis, die Geburtstagsfeier der Herzogin, sei das Stück schließlich fertiggestellt worden. Neuß charakterisiert das Drama, eine Formulierung Herders aufgreifend, als »Hoftrauerspiel im Konversationstone« (220).

Interaktionsmuster. Analyse der Konstitutionsbedingungen des Politischen. Interaktion statt Konfrontation ist das Schlagwort, mittels dessen Gisbert Ter-Nedden (1986, 164–237) eine Deutung entwickelt, die die übliche, eingefahrene Sehweise buchstäblich auf den Kopf stellt. Die Pointe der Modernisierung des Virginia-Stoffs liege darin, dass Lessing Kritik an der Gewalttätigkeit (der »Kampfhandlung«) übe, dass er die Prämissen, die zu der tödlichen Konfrontation führten, in Frage stelle. Nicht die Notwendigkeit, sondern das Unnötige der Tragödie werde gezeigt. Als Maßstab, an dem die Verfehlungen der Figuren gemessen werden, zieht Ter-Nedden die soziale Utopie aus *Ernst und Falk* heran. Dort setze Lessing auf die Fähigkeit des Menschen, soziale Grenzen zu überschreiten und so ein humanes ›Miteinander‹ zu verwirklichen. Genau diese Grenzüberschreitung gelinge den Figuren in *Emilia Galotti* nicht. Ter-Nedden spricht (mit Ausnahme Emilias) keinen der Handelnden von Mitschuld frei. Alle begingen den »Sündenfall« der Egozentrik. Die unüberwindliche Kluft zwischen den Beteiligten sei jedoch nicht (als Klassengegensatz oder als Gegensatz von Herrscher und Untertan) die Bedingung, sondern erst das Resultat der Verhaltensweise der Figuren. Über deren Köpfe hinweg zeige Lessing an jeder Wendung Möglichkeiten der Verständigung, die verfehlt würden – verpasste Chancen einer untragischen Lösung. Die Pfeiler der Interpretation sind dabei zum einen die These von der Anti-Hofkritik (bzw. Kritik der Hofkritik), zum anderen die Demontage Odoardos als ›Tugendhelden‹. Lessing konstruiere keinen Gegensatz von Hof- und Landleben im Sinne des Laster-Tugend-Schemas, er inszeniere nicht die Topoi der Hofkritik. Vielmehr zeige er, wie Tugend *und* Laster gleichermaßen überall herrschten, am Hofe und fern von ihm. Vor allem zeige er, wie vom Prinzen selbst die Impulse zur Versöhnung ausgingen, wie dieser förmlich den Kontakt mit Odoardo suche. Hettore Gonzaga achte ihn, er biete ihm das Gespräch an, frage ihn indirekt um Rat, er gestehe Emilia seine Verwirrung und räume ihr »Gewalt« über sich ein (III, 5). Der Aufwertung des Prinzen läuft die Abwertung Odoardos parallel. Reden und Handeln stünden bei ihm in eklatantem Widerspruch. Vorurteile blockierten ihn. Er unterstelle dem Prinzen einen »Haß«, den dieser nicht habe, er baue die Konfrontation auf, anstatt sie zu überwinden. Seine »Wut« mache ihn zur Einsicht unfähig, eine Wut, die im Übrigen egozentrisch sei. Ehrsucht, Selbstliebe träten an die Stelle der Sorge für Emilia. So werde er zum Werkzeug der Orsina, der Figur aus der ›alten‹ Tragödie, die von Rache und Eifersucht motiviert werde.

Ter-Neddens Deutung ist nicht unpolitisch, wie ihm vorgeworfen wurde, sondern die politische Zielprojektion hat sich verschoben. Nicht »Emanzipation des Bürgertums«, sondern »Friedenserziehung« ist das Politikum, auf das das Drama bezogen wird (vgl. dazu Ter-Neddens Philotas-Interpretation, ebd., 114ff.). Dabei aktualisiert Ter-Nedden die Fragestellung, die seit Friedrich Schillers Antwort auf die Französische Revolution virulent ist, die Frage nämlich, ob die Veränderung (oder Abschaffung) des Systems oder die Veränderung (Erziehung, »Besserung«) des Menschen das Gebot der Stunde sei? Ter-Nedden liest aus Lessings Stück das Plädoyer für »Erziehung« heraus. Ohne die Änderung der Interaktionsweise, ohne die Überwindung der Egozentrik, ohne die (Risiko-)Bereitschaft zur Grenzüberschreitung werde jedes »System« Konfrontation, Kampf und Niederlagen produzieren. Ter-Nedden (196): »der Sieg des Freiheitshelden über den Despoten ist für sich ein bloßer Rollen-Tausch, solange nicht sinnfällig wird, dass damit ein neues Interaktions-Muster etabliert wird. Das Ethos des alten aristokratischen Republikanismus, das in den Figuren und Geschichten des Cato, Virginius, Brutus etc. Gestalt gewonnen hat, ist für Lessing allenfalls als Demonstrationsmaterial für einen Macht-Wechsel, der auf Wiederkehr des Gleichen hinausläuft, brauchbar, aber gewiß nicht für eine neue Qualität der Interaktion.« –

Schließlich ist auf zwei jüngere Studien zu verweisen, die das kritische Potential von Lessings Stück nicht an der Darstellung konkreter politischer Konstellationen festmachen, sondern in ihm eine Analyse der Wirkungsweise politischer Macht überhaupt erkennen, es als »Lehrstück« oder Archäologie des Politischen lesen. Wilfried Wilms (2002) arbeitet mit Theoremen Carl Schmitts, um das Verhältnis von Politik und Moral in *Emilia Galotti* zu klären. Mit seiner ungeheuerlichen Tat beweise Odoardo als Souverän der Familie die Konfliktfähigkeit, Gewalt- und Opferbereitschaft, die das Politische konstituierten. Judith Frömmer (2005) dagegen arbeitet mit Theoremen Foucaults (*Geschichte der Sexualität*) und entdeckt in Emilias Tod die Infragestellung der politischen Ordnung als solcher (194), wobei Politik als männlich diskursivierte Geschlechterpolitik, als »Technologie des Sexes« (193) erscheint. *Emilia Galotti* bezeuge die »Vergewaltigung des Weiblichen durch den männlichen Diskurs« (195).

Literatursoziologische Deutungsrichtung

Der politischen ist die literatursoziologische Deutungsrichtung verwandt. Beidemale sucht man nach überindividuellen Faktoren, die für die Katastrophe verantwortlich zu machen sind, und lokalisiert sie im gesellschaftlichen Umfeld. Während aber die politische Deutung im Ansatz normativ ist (und polemisch), verfährt die literatursoziologische deskriptiv (und analytisch). Erstere misst die Taten der Figuren an einem Ideal politischen, gesellschaftsverändernden Handelns, Letztere beschreibt, wie das Handeln durch den sozialen Kontext bedingt ist. Aus soziologischer Perspektive nehmen die Figuren eine passive Rolle ein, sie erscheinen als Geprägte, Gesteuerte. So steht trotz der prinzipiellen Vergleichbarkeit der Methode die soziologische *Emilia-Galotti*-Interpretation in einer Spannung zu der politischen (wobei es im Einzelfall zu Überschneidungen beider Betrachtungsweisen kommen kann; vgl. Britta Hempels [2006, 68–85] – von Sørensen und Saße abhängige – Untersuchung der ›sozialpolitischen‹ Dimensionen des Stücks).

In den Studien von Eibl (1977 und 1995, 97–111) und Saße (1988, 174–215), die wir als Beispiele heranziehen, tritt an die Stelle der Opposition von Prinz/Adel vs. Bürgertum/Untertan diejenige von Hof und Familie (wobei Eibl 1977 und Saße in der Galotti-»Familie« die bürgerliche Familienauffassung repräsentiert sehen); und das Problem, das verhandelt wird, ist nicht die politische und gesellschaftliche Emanzipation, sondern die Identitätsfindung bzw. Identitätskrise angesichts sozialer Verschiebungen und Umbrüche. Konfligierende Rollenmuster und soziale Desorientiertheit werden sowohl in der Handlungsweise des Prinzen als auch in derjenigen von Odoardo und Emilia ausgemacht. Hettore Gonzaga erfahre den Herrschaftsapparat als Zwangssystem, er finde im höfischen Reglement keinen befriedigenden Sinn mehr und erlaube sich, wider die Anforderungen der Staatsraison, ein ›Mensch‹ zu sein. Dadurch falle er aus der ihm zugewiesenen sozialen Rolle. Eibl: »Hier verstößt nicht etwa ein fürstlicher Wüstling gegen ›bürgerliche‹ Normen, sondern der asketische Herrschaftsautomat, als den die Lehre von der Staats-

räson den Fürsten in der Konsequenz fordern muss, erlaubt es sich, ›Mensch‹ zu sein, und zwar in einem Sinne, der positiv wäre, wenn es sich eben nicht um einen Fürsten, sondern um einen beliebigen Untertanen handelte. Der Fürst erlaubt sich ›bürgerliche‹ Gefühle und fällt damit aus der ihm zugewiesenen sozialen Rolle, gerät in ›Unruhe‹; entschließt er sich in solcher Situation der sozialen Desorientiertheit zum Handeln, dann *muss* das zu Fehlhandlungen führen, weil fürstliche und bürgerliche Handlungspartitur miteinander interferieren, die fremden Sphären von Macht und Empfindung vermischt werden« (1977, 147 f.). Ähnlich Saße: »Der rational kalkulierende Intrigant [gemeint ist Marinelli] dominiert den durch seine Leidenschaften orientierungslos gewordenen Prinzen und treibt ihn zur Billigung von Verbrechen, die die von Gonzaga selbst als tugendhaft empfundene Liebe zu Emilia desavouieren« (185). (Britta Hempel [2006, 69–71] dagegen, die den sozialpolitischen Aspekt betont, charakterisiert den Prinzen als den »Landesvater«, der aufgrund seiner Empfindelei, einer Camouflage wahrer Empfindsamkeit, seinen Aufgaben nicht gerecht wird).

Doch zeige Lessing nicht nur die Erosion der fürstlichen, sondern auch diejenige der väterlichen Autorität. Sowohl für Eibl (1977) als auch für Saße verkörpert die Odoardo-Figur den Widerspruch von Herrschaft und empfindsamer Zärtlichkeit (vgl. Sørensen 1984), und für beide ist Emilias überraschende Selbstwahrnehmung als sinnliche, sexuell verführbare Frau darauf zurückzuführen, dass sich ihr Vater dem Prinzen gegenüber als ohnmächtig erweist und somit seine Orientierungsfunktion verliert. Saße bringt darüber hinaus die Erziehung Emilias ins Spiel. Emilia sei durch ihre Rolle als Tochter definiert. Eine doppelte Botschaft habe ihr ihre Erziehung vermittelt: Zum einen, dass die Welt außerhalb der Familie lasterhaft sei, zum anderen, dass sie selbst als Frau des Schutzes der Familie bedürfe, um ihre Unschuld zu bewahren, dass sie *allein* dazu nicht fähig sein werde. Emilia habe nicht gelernt, sich außerhalb des Familienverbandes zu behaupten. Ausweglos werde ihre Situation dadurch, dass der Vater seine Rolle als Familienoberhaupt nicht mehr erfülle, dass er sie nicht mehr vor dem Prinzen beschütze. Indem Emilia ihn dazu aufstachele, sie zu töten, überwinde sie dessen Handlungsohnmacht und bringe ihn dazu, seiner Rolle als Beschützer ihrer Tugend erneut gerecht zu werden (ähnlich argumentiert Hempel 2006, 71 ff.; zur Thematisierung der Familie vgl. auch Kittler 1977).

Während Eibl in der früheren Studie (1977) noch von der komplementären Insuffizienz zweier konfligierender Normensysteme, nämlich der bürgerlichen (familiären) und höfischen Lebensform, ausgeht, ist in der Analyse aus dem Jahr 1995 das Schema ›bürgerlich vs. höfisch‹ endgültig verlassen und durch das systemtheoretisch begründete Denkmodell der Identitätsstiftung durch Exklusion (Identitätsfindung als ›Mensch‹ und Individuum außerhalb der gesellschaftlichen Rollen und Funktionen) ersetzt. Nicht mehr vornehmlich aus dem Ständegegensatz, sondern vielmehr aus der Auflösung der ständischen Ordnung sieht Eibl den Konflikt resultieren (1995, 108), die Welt sei in Lessings Tragödie unberechenbar geworden. Durch die Interferenz bzw. Interaktion dreier »Lebens- und Weltkonzeptionen«, die nicht mehr autark seien, würden die Orientierungskrisen und Fehlhandlungen der Figuren ausgelöst: Odoardo repräsentiere das »ganze Haus« (den vormodernen Familienverband), der Prinz die »funktionale Rationalität des Hofes«, Emilia und Appiani verkörperten das empfindsame Liebesideal (105). Dass Emilia dabei nicht nur empfindsam Liebende, sondern zugleich »fromme und gehorsame« Tochter sei, werde ihr zum Verhängnis. Denn angesichts der verwirrenden Interferenz der gesellschaftlichen Bereiche und des Verlusts bislang verlässlicher Handlungsmuster bleibe ihr notwendig nur noch die nackte sinnliche Natur, verstanden als unbegrenzte Determinierbarkeit. In der sozialen Ortlosigkeit nehme für den »frommen und gehorsamen« Menschen kein individuelles Ich Gestalt an, sondern werde die eigene Natur als bloße Verführbarkeit erlebt, was den Wunsch nach Selbstvernichtung auslösen müsse. Mit der Notwendigkeit einer Naturkatastrophe sieht Eibl Lessings »soziologisches Experiment« (104 f.) ablaufen – die Verschiebung von der *Kritik* am Handeln der Figuren zur *Analyse* gesellschaftlicher Mechanismen, in denen jede Eigenverantwortlichkeit verschwindet, tritt hier besonders deutlich hervor.

Geistesgeschichtliche Hermeneutik und philologischer Kommentar

Im Mittelpunkt der geistesgeschichtlich orientierten Einzelforschung zu *Emilia Galotti* steht der Widerspruch zwischen der »Tugend« der Titelheldin und der von ihr beschworenen Sinnlichkeit und Verführbarkeit. Bereits von den zeitgenössischen Rezipienten wird in Emilias Angst vor dem eigenen Wankelmut das Rätsel des Schlusses (und damit des ganzen Stücks) gesehen. Matthias Claudius findet es unbegreiflich, dass Emilia sich dem Mörder ihres Bräutigams gegenüber ihrer Gefühle nicht sicherer ist (Braun 1, 374 f.). Ähnlich irritiert äußert sich Johann Jakob Engel, auch ihn stört Emilias Verhalten (Braun 2, 56 f.): »[…] wie kann sich *Emilia*, in ihrer jetzigen Lage, vor Verführung fürchten? Und vor Verführung vom Prinzen? Sie weiß, wie sie selbst gesteht, warum *Appiani* todt ist, dieser ihr theurer, geliebter *Appiani*, dessen Tod ihr, wo sie nicht das nichtswürdigste Mägdchen ist, an die innerste Seele gehen muss; sie sieht gleichsam sein Blut noch an den Händen des Prinzen kleben: und wäre nun dieser Prinz […] der Liebenswürdigste aller Sterblichen; so müßt er ihr doch um dieses Blutes willen, in diesem ersten Augenblicke der empörten Leidenschaft, das gräßlichste, verabscheuungswürdigste Ungeheuer dünken, das je die Erde getragen.« Wie lässt sich Emilias Reaktionsweise erklären, sofern man nicht die soziale (Ein-)Bindung als den bestimmenden Faktor ansieht? Welche innere Motivation zeichnet sich ab? Welches Menschenbild soll die Tragödie vermitteln? Der Begriff der »inneren Motivation«, der in diesem Zusammenhang immer wieder fällt, deutet dabei die Verschmelzung von werkimmanenter, geistesgeschichtlicher und psychologischer (bzw. psychologisierender) Betrachtung an. Werkimmanent: Aus den Zusammenhängen der Tragödie, des ›Textes‹ also, soll die Plausibilität von Emilias Verhalten erschlossen werden. Geistesgeschichtlich: Die Kriterien für Plausibilität und »Notwendigkeit« gewinnt man aus dem (supponierten) zeitgenössischen Menschenbild. Psychologisierend: Lessing selbst bezeichnet die schlüssige psychologische Motivation als die Hauptaufgabe des Dramatikers. Dass Emilias Todeswunsch psychologisch nachvollziehbar wird, wollen fast alle Interpreten dieser Forschungsrichtung erreichen. Dabei wird das Moment

»Psychologie« unterschiedlich reflektiert. Meistens bleibt es bei der nicht weiter diskutierten psychologischen Einfühlung des Interpreten, der über die psychischen Auswirkungen des ethischen Konflikts, in dem Emilia sich befindet, zu berichten weiß. Von der Stresssituation, der Schockwirkung, der Gefühlsverwirrung ist die Rede (Beispiele bei Labroisse 1972, 316). Davon unterscheiden sich zwei Möglichkeiten, die psychologische Motivation genauer zu fassen. Der eine Weg geht über die Analyse der Affektpsychologie im 18. Jahrhundert, der andere über die Anwendung psychoanalytischer Deutungsmuster. Das erstere Verfahren lässt sich als ›historische Anthropologie‹ noch unter der geistesgeschichtlichen Deutungsrichtung subsumieren, während das Letztere zu Theoriemodellen der Gegenwart hinüberleitet.

Emilia Galotti als Drama sittlicher Autonomie. Übernimmt man die Perspektive der Figuren, stellt sich die »Lösung« am Ende als Sieg der Tugend über das Laster dar. Man hat diese Sicht geistesgeschichtlich untermauert, indem man die Tragödie vor den Hintergrund der Weimarer Klassik rückte. In *Emilia Galotti* sieht man die Forderung nach Autonomie und sittlicher Selbstbestimmung antizipiert. Im Zentrum stehen die Worte, mit denen Emilia ihren »Willen« demjenigen des Prinzen entgegenstellt: »Reißt mich? bringt mich? – Will mich reißen; will mich bringen: will! will! – Als ob wir, wir keinen Willen hätten, mein Vater!« (V, 7; B 7, 368). Für Wilhelm Dilthey (1906; [15]1957, 52f.) artikuliert sich hier das neue Bewusstsein von der Würde des Menschen, die auf sittlicher Selbstbestimmung beruhe. Dieser Würde gegenüber entlarve sich die Herrschaft des Prinzen als gesetzlos, das Gesetzlose widerstreite der zu erringenden Autonomie. Ganz ähnlich argumentiert Benno von Wiese (1948, [6]1964), wobei er die sittliche Autonomie in den Horizont schwindender religiöser Gewissheit stellt. Er operiert mit einem ontologischen Begriff des Tragischen. Echte Tragik sei nur da möglich, wo der Zwiespalt (die ›Tragik‹) des Seins berührt werde bzw. aufbreche. Einer solchen Tragik nähere sich Lessing in *Emilia Galotti*. Von Wiese nennt das Stück die »*Tragödie der sittlichen Innerlichkeit*« (38). Indem die Figuren ihre innere Freiheit, ihre Gewissensfreiheit, verteidigten, näherten sie sich der Grenze, an der

die Versöhnung mit der irdischen Ordnung nicht mehr möglich sei. Odoardo sei der eigentliche Held der Tragödie, er lade tragische Schuld auf sich.

Während für Benno von Wiese der dramatische Plan nicht mehr ohne weiteres auf die Transzendenz verweist, versteht Wolfgang Wittkowski (1985) Lessings Tragödie geradezu als eine Demonstration christlicher Weltauffassung. Wittkowskis Interpretation setzt die Tendenzen der Deutung voraus, die seit den 70er Jahren verstärkt hervortreten: die Kritik an Odoardo und die Demontage von dessen Tugendideal (vgl. den folgenden Abschnitt). Diesen Tendenzen gegenüber sieht sich Wittkowski als Anwalt der historischen ›Wahrheit‹. Für die fraglose Gültigkeit der christlichen Sexualmoral im 18. Jahrhundert fehle es den heutigen Interpreten an Verständnis. Den Angelpunkt des Dramas bildet für Wittkowski der weltanschauliche Dualismus des Christentums. Alle Figuren hätten zwischen zeitlichen und ewigen Gütern zu wählen. Die Tugendprobe bestehe in der Aufopferung sinnlichen Genusses zugunsten moralischer Werte. Mit großer Energie setze Emilia ihre Entscheidung für das Sittliche, das Überzeitliche durch. Sie überwinde dabei die eigene Schwäche und Anfechtbarkeit. Ihre Selbsterkenntnis – »Ich habe Blut, mein Vater« (V, 7; B 7, 369) – zeige im Sinne einer realistischen Psychologie die Gefahren, die der Tugend drohten. Die höchste Moralität wird Odoardo zugesprochen, der mit dem Tochtermord die göttliche Nemesis, nämlich die Bestrafung des Prinzen, vollstrecke. Voll Zuversicht könne sich der Vater am Schluss dem göttlichen Gericht überantworten.

»Autonomie« ist auch für Dreßler (1996, 245–321) das Stichwort, mittels dessen er Emilias Haltung dem Prinzen gegenüber erklärt. Auch Dreßler siedelt das Drama in nächster Nähe zur Klassik an, wenn er es mit Hilfe Schillerscher Termini zu erschließen sucht. Jedoch nicht von einem christlichen, sondern viel eher von einem atheistischen Weltbild zeuge die Tragödie. Lessing stelle in ihr sein Menschenideal auf die Bühne, welches antikischer Prägung sei. Unschuld, Schönheit und ästhetische Freiheit sind die tragenden Begriffe von Dreßlers Interpretation. Er sucht das Ethische in den Bereich des Ästhetischen hinüberzuspielen. Jeglicher Dualismus zwischen Sinnlichkeit und Tugend muss geleugnet werden, wenn Emilia am Ende den ästhetischen Zustand erreicht haben soll. Indem Emilia im Tod ihre Unschuld, ihre sittliche Integrität bewahre, entziehe sie vor allem ihre Schönheit der Zerstörung. Schönheit beruhe auf der Einheit mit sich selbst, der Harmonie zwischen Innen und Außen. Diese Einheit sei durch das Begehren des Prinzen gefährdet. Das Gleichgewicht zwischen sinnlicher und sittlicher Natur sei konstitutiv für Emilias Existenz, sie stelle es durch ihren Tod wieder her. Ihre Verführbarkeit mache sie zum sinnlichen Menschen, ihr Wunsch, zu sterben, mache sie zum vernunftbestimmten Wesen, wobei das Regulativ ihrer Entscheidung eine ästhetische Idee, eben ihre Schönheit, sei. Im Tod erlebe Emilia ihre (ästhetische) Apotheose, da das Verschwinden ihrer irdischen Gestalt die Voraussetzung für ihr Weiterleben im Bild und als Ideal sei.

Odoardo und die »Halsstarrigkeit der Tugend«. Die ›idealistische‹ Deutung, für die die sittliche Selbstbehauptung die Sinnspitze des Dramas ist, gerät in dem Moment ins Wanken, in dem das Tugendideal, das das Opfer des Lebens rechtfertigen soll, angezweifelt wird. Lessing zitiert die heroische Tragödie, Emilia beruft sich auf deren stoische Helden (Virginius). Als Folie erscheint somit eine Tradition, von der Lessing sich seit dem *Briefwechsel über das Trauerspiel* unbeirrt distanziert. Hat er in seiner letzten Tragödie seine Vorbehalte gegenüber stoischer Unempfindlichkeit aufgegeben? Oder zeigt er nicht vielmehr die monströsen Folgen, zu denen die ›erhabene‹ Überordnung der Tugend über das Leben führt? Letzteres ist die These von Gerd Hillens bahnbrechendem Aufsatz *Die Halsstarrigkeit der Tugend* (1970). Odoardo verlange eine Tugend, die wider das Leben gerichtet sei, weil sie auf völliger Repression der Sinne beruhe. Die menschliche Natur sei seiner Tugendnorm nicht gewachsen.

Nicht mehr der Prinz, sondern Odoardo erscheint als der Hauptverantwortliche für die Katastrophe. Emilia erscheint nicht mehr als Opfer fürstlicher Willkür, sondern als Opfer einer Erziehung, in der jede sinnliche Regung als ›Sünde‹ gilt. Die Religion öffnet nicht mehr den Ausblick auf eine ausgleichende Gerechtigkeit, sondern bewirkt die verfehlte Haltung dem Leben gegenüber. In einer Studie, die den Umschwung in der

Bewertung Odoardos mit herbeiführte, legt Wierlacher (1973) die religiösen Wurzeln der Tragödie frei. Eine religiös begründete Weltverachtung sei Emilia von ihrem Vater eingeimpft worden. Vor allem die Angst vor Verführung beruhe auf einer pessimistischen Anthropologie biblischer Provenienz. Lessing unterwerfe den christlichen Dualismus einer fundamentalen Kritik. Emilia repräsentiere in ihrer ursprünglichen Lebensfreude durchaus die neue Diesseitigkeit der Aufklärung. Erzogen worden sei sie allerdings dazu, in jeder Form von Lebensgenuss die Lockung des Lasters zu fürchten. Hilflos sei sie so dem Eindruck ausgeliefert, den der Prinz auf sie mache, sie habe keine Kriterien, ihre Erfahrungen zu verarbeiten. Nicht Tugendhaftigkeit beweise sie am Ende, sondern die völlige Unfähigkeit, den Anforderungen der sozialen Welt gerecht zu werden.

Das Sündenregister Odoardos stellt am vollständigsten Ter-Nedden (1986) zusammen. Die gegen ihn erhobenen Vorwürfe sind: Sein Misstrauen Frau und Tochter gegenüber, die er entmündigt, seine Egozentrik (er denkt mehr an seine Ehre als an das Wohl der Tochter), seine Unbesonnenheit, sein Jähzorn (Alt [1994] sieht ihn als Opfer seines cholerischen Temperaments), und immer wieder: sein Tugendrigorismus, dem er das ›Leben‹ opfert, sein weltanschaulicher Stoizismus, der auf Ausmerzung der Gefühle dringt.

Emilias Verführbarkeit. Psychologie im 18. Jahrhundert. »Emilia: […] Ich habe Blut, mein Vater; so jugendliches, so warmes Blut, als eine. Auch meine Sinne, sind Sinne. Ich stehe für nichts. Ich bin für nichts gut« (V, 7; B 7, 369). Diejenigen Interpreten, die in Emilias Tod einen Sieg des sittlichen Willens und einen Akt der Freiheit sehen (Dilthey 1906, von Wiese 1948, Labroisse 1972, Dreßler 1996), negieren – mehr oder weniger explizit – die Angst vor Verführung als ausschlaggebendes Motiv für den Wunsch, zu sterben. Deutlich wird diese Tendenz bei Labroisse, der feststellt: Was Emilia in den Tod treibe, sei die Freiheitsberaubung, nur verstärkend trete das Argument, sie möchte dem Ansturm der Sinne unterliegen, hinzu (315 f.). Solche interpretatorische Abschwächung des Zwangs, der von der sinnlichen Natur ausgeht, ist notwendig, da zwischen »Verführbarkeit« und ›intelligibler Freiheit‹ ein nicht aufzulösender Widerspruch besteht. Wenn Emilias Freitod als höchster Sieg des moralischen Willens zu werten ist, als Opfer des Lebens zugunsten der Idee, wenn Emilia also eine Willensstärke zugesprochen wird, die den stärksten Trieb, den Trieb nach Selbsterhaltung, besiegt, dann ist nicht einzusehen, dass ihr die Standhaftigkeit, sich des verhassten Mörders ihres Bräutigams zu erwehren, ermangeln sollte. – Aus umgekehrter Perspektive verweist ein Rezipient wie Friedrich Hebbel auf den gleichen Widerspruch. Er nimmt die Verführbarkeit ernst und kann sie mit der sittlichen Freiheit nicht zusammenreimen. Wenn, so lautet sein Argument, Emilias Selbstcharakteristik zuträfe, so wäre sie eine »gemeine Seele«, der der heroische Tod nicht zuzutrauen sei – »wird eine gemeine Seele sterben, um das zu retten, was sie nie besaß?« (*Tagebücher*, 16.2.1839, zit. nach Steinmetz 1969, 287).

Wenn aber nicht »sittliche Freiheit« hinter dem Todeswunsch und Selbstmord steht, wie lässt sich der Schluss dann deuten? Einen Fingerzeig auf die Alternative geben zeitgenössische Rezensionen. Nicht der Sieg über die Leidenschaft, sondern die Warnung vor ihr sei das Thema der Tragödie. Moses Wessely (Braun 1, 408 resp. 407) sieht in dem Stück eine »Menschenhetze«; das Spiel wolle uns sagen: »Seht wohin unsre Seelenkräfte uns verleiten können, wenn wir nicht dafür sorgen, daß wir unter allen Zufällen kalt bleiben, und unser Herz von unserm Verstande regieren; und letztern nicht durch eine jede Aufwallung davon wallen lassen.« Löst man sich von Wesselys moralisierender Perspektive – Warnung vor den Leidenschaften –, so bleibt das psychologische Thema: der mitreißende, den Verstand fortreißende Strom der Leidenschaften. Vor allem mit Blick auf Emilia hat man das Stück schon früh als psychologische Studie, als Lessings weitesten Vorstoß in den dunklen Bereich der Seele, gelesen. Nahrung erhielten (und erhalten) die Spekulationen über Emilias Psyche durch Goethes Deutung ihrer Worte. Sie enthielten das Eingeständnis ihrer Liebe zu dem Prinzen, diese Liebe erkläre ihre panische Reaktion in der Kirche und mache ihre Angst vor Verführung verständlich (G 2, 714). In der Figurenpsychologie sieht Lamport (1981, 158–192) die Modernität des Stücks. Lessing zeige die Fragilität, die Schwäche der Menschen, ihr Getriebensein. Ins Zentrum rückt er Emilias Beschwörung der Macht der Sinne. Die Erkenntnis der Titelheldin sei im Zu-

sammenhang mit der erotischen Revolution der Goethezeit und der Romantik zu sehen. Ohne die moralische Aufwertung der sinnlich-leidenschaftlichen Liebe zu teilen, mache Lessing sich das psychologische Wissen von deren Unwiderstehlichkeit zu eigen. – Durzak (1969) spricht von dem Verfallensein Emilias an den Prinzen. Ihm hat die Forschung das Aufmerken auf »das Gequicke, das Gekreusche« zu danken, das Orsina aus dem Kabinett hört (IV, 3; B 7, 345) und das Durzak als die Laute identifiziert, mit denen die Frau das »Liebesspiel« begleite (82).

Emilia selbst redet nicht von einer Liebe zu dem Prinzen, die eine Neigung zur Person mit einschlösse, sie redet von ihren Sinnen und ihrem Blut, d. h. von ihrem sexuellen Begehren. Der Prinz als Person ist für sie der »Lasterhafte«. Triebgebundenheit hat man vor allem im späten 19. und frühen 20. Jahrhundert als das psychische Faktum gesehen, vor dem Emilia sich ›zu Tode‹ entsetze. Triebgebundenheit verbindet sich mit der Idee des Unbewussten. Der Brückenschlag zur Psychologie des 18. Jahrhunderts liegt nahe. Man greift auf die *Nouveaux essais sur l'entendement humain* (*Neue Abhandlungen über den menschlichen Verstand*, 1765) zurück, in denen Leibniz die Bedeutung der »unbewußten Perceptionen« exploriert. Leibniz spricht von unbewussten Bewusstseinsinhalten, die die bewussten Vorstellungen beeinflussten. Es geht (u. a.) um die Schleichwege sinnlicher Neigungen, um deren verborgene Wirkungsweise und unmerkliche Bemächtigung der Seele. Gustav Kettner, der insgesamt die ›idealistische‹ Interpretationsrichtung vertritt (Freiheit vs. innere Gebundenheit), macht als einer der ersten (1904, 220–225) auf die Bedeutung der *Nouveaux essais* aufmerksam. Hinter Emilias Selbstaussagen, gleichsam durch sie hindurch, werde das Fortwirken unbewusster und (deshalb) übermächtiger Eindrücke transparent. Eine – radikale – Gegenposition zu der Freiheitsthese formuliert Erich Schmidt. Den Einfluss der *Nouveaux essais* sieht er wie folgt: »Was Lessing in dem eifrig studierten und exzerpierten Werke las von Charakter und Naturanlage, von der Macht unbewußter Vorstellungen und dunkler Triebe, von unwillkürlichen ›fliegenden‹ Gedanken, der dadurch erzeugten mitten in scheinbarer Stille geschäftigen Unruhe samt ihren zudringenden Erinnerungen, ihren Phantasiespielen, ihren jähen Entschlüssen, das kam seiner dramatischen Psychologie entgegen, verfeinerte sie noch und half auch die Emilia Galotti innerlich fortbilden« (Bd. 2, ⁴1923, 12). *Emilia Galotti* ist für Schmidt die Tragödie der Determiniertheit des menschlichen Willens, wobei der determinierende Faktor nicht die Erkenntnis des Guten, sondern die Macht des »Triebes« ist. Auf der »Unfreiheit des menschlichen Willens gegenüber dem Drang gewisser Voraussetzungen« beruhe »diese schwüle, peinliche Szene [gemeint ist V, 7]« (36). Schwül und peinlich ist ihm die Szene deshalb, weil Emilia ihre sexuelle Erregbarkeit klar und deutlich formuliere. Er versteht ihr Geständnis als »Beichte des Weibes gegenüber [dem] Manne« (37). Ein »strenger Determinismus« herrsche in dem Stück, der nur ganz zuletzt »endlich dem Menschen einen letzten Befreiungsschritt aus den Fallen des unabwendbaren Schicksals« vergönne (38). Ausdrücklich lehnt Schmidt eine moralisierende Betrachtungsweise ab, Pflicht und Tugend könnten vor der Verführungsgewalt der »Sinne« nicht schützen. Der Freitod ist aus dieser Perspektive nicht Sieg – welche Idee sollte siegen? –, sondern Kapitulation. Emilia stirbt, so gesehen, weil ein Sieg der Tugend nicht mehr möglich ist.

Triumphiert also in Lessings Tragödie die »Sinnlichkeit« auf Kosten der »Sittlichkeit«? Die Konzentration auf die Rolle der Affekte erlebt seit den 90er Jahren eine Renaissance (Fick 1993, Alt 1994, Košenina 1995, 201–219, Bell 1996, Zeuch 1999; R. Robertson 2009: Emilias haltlose Sinnlichkeit sei die Kehrseite zu ihrer religiösen Schwärmerei, wie überhaupt Lessing die Mitglieder der Galotti-Familie als emotional anfällig bis hin zum Pathologischen gezeichnet habe). Als das eigentliche Problem zeichnet sich dabei die Frage ab, wie bei Lessing sich die Darstellung der Gefühle mit der Deutung der »Welt« bzw. der Weltordnung und des Menschen in ihr verbinde? In welchen gedanklichen Horizonten die Erkenntnis von der Gewalt der Affekte anzusiedeln sei? Der Theodizee-Gedanke steht auf dem Spiel: Denn wie lässt sich ein rationales Telos des Ganzen behaupten (z. B. Alt 1994, 260 f.), wenn sich zeigt, dass die Figuren ihre Vernunft in den Dienst ihrer Leidenschaften stellen, ihre Ziele sich von ihren Neigungen diktieren lassen und unergründliche Impulse die Quelle ihrer Taten sind?

Religionsphilosophie und Religionskritik. Eine Antwort auf diese Fragen gibt der Beitrag von Gisbert Ter-Nedden (2010), eine der wenigen Untersuchungen aus dem letzten Jahrzehnt, die neue Tore aufstoßen. Ter-Nedden rückt das Stück in eine völlig neue Konstellation – in den Horizont von Lessings Religionsphilosophie. Der Grundgedanke beruht auf einer frappierend naheliegenden und dennoch bislang nicht vollzogenen Kombination: Ter-Nedden stellt eine Verbindung her zwischen dem psychologischen Dilemma der Figuren – sie lassen sich wider ihre bessere Einsicht von ihren Affekten überwältigen – und ihrer Religiosität – sie führen fast ständig die Rede vom verdammenden Gott im Munde. Indem er den Sieg der Leidenschaft über die Vernunft als »Sündenfall« versteht und mit Lessings Auslegung der biblischen Erzählung in der Erziehungsschrift (§ 74) in Beziehung bringt, kann er das religionsphilosophische Thema wie folgt formulieren: Lessing veranschauliche zum einen die naturgegebene Egozentrik als die »aufklärungsresistente« Wahrheit des Mythos von der Erbsünde. Darauf aufbauend, betreibe er jedoch zum anderen eine fundamentale Religionskritik und Entmythologisierung der Religion. Denn er zeige, wie die religiösen Vorstellungen, denen die Figuren anhängen, als *self-fulfilling prophecy* den tragischen Ausgang bewirken, während zugleich der Zuschauer bzw. Leser, der die natürliche Verkettung von Ursache und Folge durchschaue(n solle), von diesem übergeordneten Standpunkt aus die Bedingungen und Möglichkeiten einer gegenläufigen Wendung zum Guten erkenne (Ter-Nedden spricht von einer »doppelten Adressierung« als dem ästhetischen Prinzip von Lessings Dramen, dem »Lessing-Code«; s. S. 12). Den Mechanismus der *self-fulfilling prophecy* sieht Ter-Nedden durch die Jenseitsorientierung der Figuren bei gleichzeitiger Fixierung auf einen verdammenden Gott verursacht. Gefangen in ihren egoistischen Impulsen, schrieben sie sich wechselweise immer nur böse Absichten zu; ihr eigenes Rachebedürfnis dichteten sie dann dem göttlichen Wesen an, und dieser strafende Rachedämon, der Sündenangst und Hass auf die Sünder auslöse, diene wiederum der Legitimation der eigenen furchtbaren Handlungen (Odoardo: »er will meine Hand« [V, 6; B 7, 367]) – ein *circulus vitiosus*. Der aufmerksame Zuschauer hingegen erkenne den natürlichen ›Grund‹ von alledem: die *conditio humana.* Anders als den Figuren aber zeige sich ihm die »Menschennatur« nicht als das subjektiv Trennende, sondern als das intersubjektiv Verbindende. Die Fixierung auf jenseitiges Heil oder Unheil als Quelle von Fanatismus und Aberglauben durchschauend (Entmythologisierung), lenke sich der Blick auf das, was im Hier und Jetzt not tue und die ›Wahrheit‹ der verheißenen Fülle des Lebens sei, nämlich das Glück im Tun des Guten um des Guten willen zu finden.

Wir folgen in unserer Analyse Ter-Neddens Profilierung der *self-fulfilling prophecy*; sie ist der Schlüssel, der es erlaubt, die Parallele zwischen dem ›psychologischen Dilemma‹ und der lutherischen Anthropologie (vgl. M. Altbrecht 2000, 15 f.) für die Interpretation des Stücks fruchtbar zu machen und die Tragweite des Bezugs zu Augustinus zu erkennen: Man muss vom ersten Buch des *Gottesstaats*, das die Kritik an Lucretia enthält, zum vierzehnten Buch blättern, in dem Augustinus die Geschichte vom Sündenfall deutet. Dabei nehmen wir jedoch zwei Akzentverschiebungen vor:

Erstens vertreten wir die These, dass die religionsphilosophische und politische Thematik sich nicht ausschließen, sondern auf das genaueste miteinander verbunden sind, und zwar über das Motiv der richterlichen Gewalt.

Zweitens: So plausibel Ter-Nedden die Tragödie als einen Gegenentwurf zur Vorstellung von der rächenden Nemesis konturiert – die Konsequenz, Lessing übe in *Emilia Galotti* eine radikal entmythologisierende Religionskritik und setze der Gottesvorstellung als solcher den natürlichen Zusammenhang der Dinge entgegen, in dem die Folgen der guten und bösen Taten sich als deren natürlicher Lohn und Strafe erwiesen (*Leibnitz von den ewigen Strafen*), ist ein Gedankensprung und logischer Bruch. Abgesehen davon, dass ein wahrhaft mythischer Naturbegriff dazu gehört, um an ein solches (immer noch strafendes?) Gesetz der Wirklichkeit zu glauben – was Ter-Nedden als Religion der Figuren sichtbar macht, ist – er selbst verweist darauf, wenn er sie Blasphemie, Aberglaube und Fanatismus nennt – ein Popanz und Missbrauch von Religion; Kritik daran ist aber keine fundamentale Religionskritik und berührt das Spezifische der Religion, ihren Transzendenzgehalt, nicht. Auch die Lust an der Verdammung, die Ter-Nedden unlöslich mit der

Hoffnung auf die ewige Seligkeit verbunden sieht, mag zwar ein psychisches Phänomen sein, ist aber nach christlicher Lehre, die das Gebet für die Umkehr des Sünders fordert, ein höchst lasterhaftes Vergnügen; hier müsste man deutlicher zwischen psychologischer Entlarvung und Religionskritik differenzieren. Deshalb beschränken wir uns auf die These, Lessing habe in *Emilia Galotti* lediglich die fatalen Folgen der Ambivalenz des christlich-lutherischen Gottesbildes, das wie ein Vexierbild den liebenden mit dem rächenden und zornigen Gott verschmolz, beleuchtet und alle weiteren Fragen nach der Begründung eines Gottesglaubens und Transzendenzbezugs auf sich beruhen lassen.

Schließlich die Korrektur eines weit verbreiteten Missverständnisses. Für Ter-Nedden gehört die Motivation zum Guten um der jenseitigen Belohnungen willen zum (mythologischen) Kernbestand der (christlichen) Religion, und Lessing habe darin, gut aufklärerisch, die egoistische Wunschprojektion decouvriert. Es verhält sich jedoch genau umgekehrt: Die Verurteilung dieser Motivation als ›antichristlich‹ entspricht der lutherischen Auffassung, während Lessing ihre Rechtfertigung unternimmt. Wer das Gute nicht ›umsonst‹ tue, sondern um das ewige Leben zu erlangen, ist für den lutherischen Prediger und Christen der eigensüchtige ›Mietling‹, den die göttliche Gnade noch nicht erreicht habe; wer in Jesus den Beschützer vor der Strafe sehe und nicht den Erlöser von der Sünde (dem boshaften Eigenwillen), verharre im Zustand des Egoismus und der Selbstbezüglichkeit. Lessings Position ist weit weniger radikal und rigoros, dabei provokativ gegenüber der lutherischen Lehre. Für ihn ist, wie er in der Erziehungsschrift begründet (§§ 61 ff.), die Verheißung jenseitiger Belohnungen ein durchaus notwendiger, legitimer, wenn auch langfristig zu überwindender Kompromiss mit dem Eigennutz des Herzens, den er eben nicht für ›radikal böse‹ hält – kein Gegensatz zur Wahrheit, sondern eine graduelle Annäherung an sie.

Psychoanalytische und feministische Interpretationsansätze; Ausblick auf aktuelle Tendenzen

Es kann nicht überraschen, dass bei der Deutlichkeit, mit der Emilia sich über ihre Sexualität äußert, psychoanalytische Theoriemodelle auf das Drama angewendet werden. An den Begriff der »Triebgebundenheit« anknüpfend, spricht Weigand von Emilias Todestrieb, der ein zensierter Liebestrieb sei; die verbotene Liebe schlage um in Abscheu und Lebensekel (1929/1967). – Für Albert Reh (1985) reagiert Emilia auf den Annäherungsversuch des Prinzen in der Kirche mit einer Amnesie (53 f.). Sie erwehre sich des übermächtigen Eindrucks, indem sie ihn ins Unbewusste verdränge (sie kann sich, wie sie der Mutter gesteht, an nichts mehr erinnern – II, 6). – Peter Horst Neumann (1977, 37–50) operiert mit den Begriffen »Es« und »Über-Ich«. Der Vater repräsentiere das »Über-Ich«, in der Kirchgangsszene werde Emilia mit ihrem »Es« konfrontiert. Neumann bringt des Weiteren (49) die – für die Inszenierungsgeschichte einflussreiche – Inzestdiagnose ins Spiel, er deutet den Schluss als Deflorationsszene (Emilia/Odoardo: »Eine Rose gebrochen, ehe der Sturm sie entblättert« – V, 7 und V, 8; B 7, 370). – Für Iris Denneler (1987) erweist sich die rational durchstrukturierte ›Oberfläche‹ des Stücks als Fassade, die durch das Unbewusste, das »Begehren« der Figuren, zerstört werde. Die »Aufklärung« scheitere an der psychischen Struktur (50). Im Übrigen belehrt die Interpretation über Lacans psychologische Theorien. Denneler (50): »Weigands These eines elementar-triebhaften Substrats des Dramas, das die logische Konstruktion des Stückes unterwandert, wurde mit unsrer Analyse auf eine sprachanalytisch-psychologische Theorie gestellt, die mit den Schriften Lacans und dem Raummodell Lotmanns bezeichnet ist.«

Prutti (1994) baut die Inzest-These zu einer groß angelegten Interpretation der Tragödie aus. Für Prutti ist die Beziehung zwischen Emilia und ihrem Vater eine inzestuöse Beziehung. Odoardos Hass auf den Prinzen sei von Eifersucht diktiert, die Vorstellung, dass seine Tochter Gonzaga körperlich begehre, mache ihn wütend und vor Wut blind. In der Schlussszene verführe die Tochter den Vater in einem wörtlichen Sinn. Auch ihre Liebe zum Vater sei inzestuös, wie ihr Werben um dessen unbedingt-ungeteilte Zuneigung zeige. Der Preis für die narzisstische Umarmung sei die Zerstörung des Körpers. Einerseits stelle Emilia, wenn sie auf ihre Sexualität anspiele, sich als begehrenswertere Rivalin ihrer Mutter dar. Andererseits grenze sie sich von der Mutter ab,

um die geistige Vereinigung mit dem Vater zu erreichen: »For rejecting the mother's desire she is offering to compensate her father by providing him with the chance to truly create the only one like him: the daughter as her father's ›first born son‹, i.e. a paradigm of resistance to the (m) other's sensuality« (11). Ihr Todeswunsch resultiere aus der Weigerung, sich als ›Mutter‹, d.h. als sinnliche Frau zu sehen. Sie suche ihre Identität als idealer Sohn, wobei sie wiederum eine weibliche Rolle erfülle, indem sie dem Vater zur Restitution von dessen männlichem Selbstverständnis (»male subjectivity« – 20) verhelfe. Das Resultat (18): »As should be clear by now, the threat that the daughter herself tries to escape by the extreme means of provoking her own death is the anticipated return to the mother.« In dem Glauben, den Körper zerstören zu müssen, um die väterliche Liebe zu erhalten, sei die Tragödie der Emilia Galotti zu sehen (17. – Vgl. ergänzend Prutti 1996, 10–145; abhängig von Prutti und Wellbery [1994]: Bonn 2008, 44–92).

Der psychoanalytischen Richtung ist die feministische Literaturinterpretation insofern vergleichbar, als erstens Sexualität und Geschlechtlichkeit eine wesentliche Rolle spielen und zweitens der feministische Blick, will er die patriarchalischen Denkmuster sprengen, ein Unbewusstes zu den Reden, der Sprache, dem Text, die diese Denkmuster reproduzieren, konstruieren muss. (Bekanntlich stützen sich feministische Theoriemodelle u. a. auf Erkenntnisse der französischen Psychoanalyse, z. B. Lacans.) Hat, so lautet die Frage, Emilia eine Stimme, in der weibliches Subjekt-Sein vernehmbar wird? Wie muss man den Text lesen, um dieses Subjekt-Sein zu bemerken?

Maria Kublitz (1989) sieht in Emilias Heraufrufen ihres »warmen Blutes« das Bekenntnis zu ihrer Sinnlichkeit und ›Sündenbekenntnis‹ zugleich. Emilia enthülle am Ende ihr Begehren, sie erkenne, »daß sie mit der Selbstbehauptung ihrer Sinne die Grenzen des Gesetzes (des Vaters) für einen Moment zu überschreiten vermag« (16). Gleichzeitig artikuliere sie ihr Begehren in der Sprache des Vaters, das heißt, sie unterstelle sich dessen Gesetz. Ihre Worte spiegelten ihre Objekt- und Opferrolle, sie zeichneten symbolisch ihr Verschwinden vor. Die völlige Passivität und Subjektlosigkeit komme in der Schlussphrase, dem ›Zitat‹, zum Ausdruck: »Eine Rose gebrochen, ehe der Sturm sie entblättert« (B 7, 370). Hier zeige sich die Einsicht des Autors Lessing (17): »Für das Ich der Frau gibt es keinen Ort, nur für das Nicht-Ich, und das muß wählen zwischen gebrochen und/oder entblättert werden; es hat also keine Wahl.«

Zu einem ähnlich gelagerten (allerdings aus kultursoziologischer Perspektive entwickelten) Ergebnis kommt Karin A. Wurst (1990). Auch in Wursts Augen ist Lessings Haltung dem patriarchalischen Frauenbild gegenüber nicht affirmativ, sondern kritisch. Wurst rekapituliert zunächst den Prozess, in dem die Rolle der Frau den ideologischen Bedürfnissen des (männlichen) Bürgertums gemäß definiert und festgelegt wurde: »Festzuhalten bleibt, daß das ideologische Konstrukt Frau, nachdem es von den unerwünschten Aspekten, wie Naturnähe, Sexualität und Wissen losgelöst wurde, zur Repräsentation der relational und altruistisch ausgerichteten idealen Zwischenmenschlichkeit einerseits (konkreten Utopie) und zur Verkörperung des gegen die Sphäre der Öffentlichkeit gerichteten bürgerlichen Tugendbegriff [sic] als ganzem (abstrakte Utopie) wird« (115). In Lessings Dramen verfolgt Wurst die kritische Hinterfragung des Rollenklischées. Lessing arbeite den Widerspruch zwischen dem Tugendideal und den Ansprüchen der Realität heraus. Das Schweigen Emilias, mit dem sie sich den gesellschaftlichen Konventionen unterwerfe, sei mitverantwortlich für die Katastrophe. Nur kurzfristig, mit dem Bekenntnis (zu) ihrer Sinnlichkeit, gelinge es ihr, ihre Natur und ihren Konflikt authentisch zu artikulieren, das Schweigen zu durchbrechen. Doch: »Kurz darauf bringt sie sich durch ihr Sprechen, das nun dieselbe Funktion erfüllt wie vormals das Schweigen, nämlich durch ihr Pathos von sittlicher Freiheit, um die Erkenntnis ihrer eigenen Natur und zieht sich erneut auf das gängige Tugend-Laster-Schema zurück« (123). Die Unmündigkeit Emilias desavouiere das Tugendideal.

Als Beispiel für die neuere feministische und *gender*-orientierte Lessing-Forschung, deren Gegenstand nicht mehr die patriarchale Repression, sondern die kulturellen bzw. ästhetischen Konstruktionsprinzipien von Weiblichkeit sind, kann Judith Frömmers Beitrag (2005) dienen. Frömmer sieht in dem Text eine dreifache Bewegung. Zum einen hysterisiere der männliche Diskurs Emilias Körper und mache ihre Sexualität zum Objekt männlichen Wissens, zum anderen bezeuge der Text die Vergewaltigung des Weiblichen durch den männlichen Diskurs, und drittens hypostasiere die Bühnenleiche die Spuren männlicher Macht als sinnlose Gewalt. Der Fokus liegt dabei nicht auf historischer Rekonstruktion, sondern auf der Anwendung eines aktuellen Theoriedesigns (Diskursanalyse und Dekonstruktion; s. auch S. 10f., 320f. sowie die Literaturangaben S. 407).

Literarische Traditionen. Zur Form des Dramas

Ist es Lessing gelungen, den Tochtermord zureichend zu motivieren, ihn psychologisch glaubwürdig zu machen und somit die Handlung zu einem sinnvollen Ganzen zu formen? Den Versuchen, die Logik und Kausalität des Geschehens herauszuarbeiten – wobei man die unterschiedlichsten Gesetzmäßigkeiten (politische, soziale, psychologische, psychoanalytische) unterlegt –, stehen ebenso viele Analysen gegenüber, in denen die Frage verneint wird. Von den Brüchen des dramatischen Plans, den Grenzen der Kunst der Motivation ist die Rede. Um das »Scheitern« zu begründen, macht man auf die literarischen Traditionen aufmerksam, die in Lessings Konzeption hineinwirkten. Es ist ein nicht geringes Verdienst dieser Ansätze, gegenüber der psychologisierenden Betrachtungsweise die Differenz zwischen »Wirklichkeit« und Kunstwelt (Kunstfiguren) ins Bewusstsein zu heben.

Klaus-Detlef Müller (1972) analysiert das Drama unter gattungstheoretischem Gesichtspunkt. Er entdeckt das »Erbe der Komödie im bürgerlichen Trauerspiel«. Er zeigt, dass dem Handlungsplan und der Figurenkonstellation von *Emilia Galotti* das Strukturmodell der Komödie, der *Commedia dell'arte*, zugrunde liegt. Allerdings müsse man von einem umgekehrten Komödienschema sprechen. Die konkurrierenden Liebhaber (Appiani – Prinz), der eigensinnige Vater, Diener, Intriganten (Marinelli), Störenfriede (Orsina) – sie alle hätten gleichsam die Seiten gewechselt. Die Zweideutigkeit in Emilias Haltung, die die Frage nach ihrer »Schuld« provoziert habe, finde dadurch eine Erklärung, dass die Rollenprofile der männlichen Bewerber sich überschnitten, der Prinz die Rollen »lästiger Konkurrent« *und* feuriger Liebhaber erfülle, Appiani, der Geliebte, dagegen mit dem »eigensinnigen Vater«

im Bunde stehe. Müller unterscheidet dabei sorgfältig zwischen der strukturellen Analogie zur Komödie und dem tragischen Inhalt, der die Komö-
dienelemente verändere. Dennoch sucht er auch
dem formalen Moment als solchem, der Komö-
dienstruktur der Tragödie, eine inhaltliche Bedeutung abzugewinnen – ohne eine solche wäre
die Erkenntnis des Formalen allenfalls interessant. Er findet diese Bedeutung in der politischen
Dimension. Der Verzicht auf ein tragisches Weltbild (Komödien-Erbe) impliziere die Anklage
politischer Missstände (Fortschrittsoptimismus
der Aufklärung). Sein (politischer) Realismus
wiederum habe Lessing auf die Darstellung des
Fürstenmordes verzichten lassen.

Reinhart Meyer (1973) macht die Überlagerung
zweier Tragödienmodelle für die Brüchigkeit des
Schlusses verantwortlich. Bis zu IV, 7 sei das
Stück als Charaktertragödie konzipiert. »Charaktertragödie« heißt für Meyer, dass der tragische
Untergang aus dem Charakter der Protagonisten
folgt. Die Charaktere in *Emilia Galotti* habe Lessing jedoch so angelegt, dass sie zur Begründung
einer tragischen Entwicklung nicht taugten. Sie
seien völlig unschuldig. Ab IV, 8 folge der dramatische Plan den Gesetzen der Handlungstragödie.
Von den Bedingungen der Handlung, d.h. des
vorgegebenen Schlusses, her motiviere Lessing
das Geschehen neu. Er zeichne die Figuren um.
Emilia verleihe er Energie, Entschlossenheit und
Leidenschaftlichkeit, während er den prinzipien-
strengen Odoardo in den unbeherrschten ›puer
senex‹ verwandle, der sich von allen manipulieren lasse.

Auch für J. Schröder (1972) weisen die »Schwierigkeiten« der Figuren auf »ästhetische, gattungs-
poetische Fragen weiter« (208). Er führt das Un-
befriedigende des Schlusses auf den ›Zwang der
Stoffvorlage‹ zurück. Lessing habe den antik-he-
roischen Stoff modernisiert und psychologisiert,
die Figuren individualisiert. Dies Moment der
Individualisierung enthalte jedoch einen inneren
Widerspruch zu der – von der Tradition geforderten – Orientierung an dem antiken Handlungs-
Muster. Emilia sterbe, weil es das »römische Geschehen« so vorzeichne: »Der *Stoff* des Dramatikers wird seinen Figuren zuletzt zum *Motiv*: für
beide besitzt er noch den Wert des Musterhaften
und Vorbildlichen! [...] In dem Augenblick, wo
die innere Entscheidung fällig wird, enthüllt sich
die Abhängigkeit der Figuren von einer poetolo-

gischen Vorentscheidung des Dichters [...]. Noch
ist es der Psychologie nicht gelungen, die Nachahmung gänzlich abzulösen« (208. – Gegensinnig
interpretiert Ter-Nedden [1986] den Bezug zur
Vorlage: Lessings modernisierte Version sei in
Wahrheit eine Anti-Virginiatragödie. Zu Ter-
Nedden s. S. 390f.).

Gerade da, wo man die psychologische Überzeugungskraft von *Emilia Galotti* bezweifelt, stellt
man das rationale Kalkül heraus, mit dem die
Handlung dramaturgisch aufgebaut sei. Berühmt
ist Friedrich Schlegels Wort von der »dramatischen Algebra« (KA 2, 116). *Emilia Galotti* wird
zum bevorzugten Beispiel für Lessings kritisches
Genie: Emotionen und Leidenschaften habe er
nicht vergegenwärtigen können, seine Figuren
ließen die ›Unmittelbarkeit‹ vermissen, die fehlende Gestaltungskraft habe Lessing jedoch durch
planende Rationalität ›ersetzt‹, die Tragödie sei
perfekt organisiert. Vorzug und Mangel seien dabei identisch. Meisterhaft habe Lessing die Handlung so konstruiert, dass die Einheit des Ortes
und der Zeit gewahrt blieben, und doch hafte gerade dieser Konstruktion das allzu Künstliche an.
Erich Schmidt ([4]1923) resümiert die Deutungstradition des 19. Jahrhunderts, die (u.a.) Goethe, Fr.
Schlegel, Hebbel und Otto Ludwig repräsentieren, wenn er schreibt (Bd. 2, 21): »gerad an diesem Tage muß der Prinz wieder an Emilia erinnert werden, muß unmittelbar darauf Conti ihr
Bild und wieder unmittelbar darauf Marinelli die
Nachricht ihrer gerad auf diesen Tag anberaum-
ten Vermählung bringen, gerad an diesem Tag
muß Orsina ihren Brief schreiben; und so fort,
nichts früher, nichts später, damit jeder Zufall
planmäßig in dem aufgezogenen Räderwerk arbeite.« Rühmend wird immer wieder hervorgehoben, wie geschickt Lessing es verstanden habe,
Informationen über die Vorgeschichte in Handlung umzusetzen: so in der Conti-Szene, in der
der Prinz zwischen Orsina und Emilia gezeigt
werde. Als Produkt des planenden (Kunst-)Ver-
standes erscheint *Emilia Galotti* ebenfalls in zwei
oftmals zitierten Studien des 20. Jahrhunderts,
den Beiträgen von Fred Otto Nolte (1938/1968)
und J. Schröder (1972). Nolte geht von der Beobachtung aus, dass in dem Stück die Wende-
punkte der Handlung zumeist nicht auf der
Bühne gezeigt werden, sondern dass die Figuren
über das Geschehene berichten. Er folgert: Lessing weiche der Repräsentation von Taten, die

den Leidenschaften entspringen, aus, er verfüge nicht über die dichterische Energie, die zur mitreißenden Gestaltung eines Konflikts notwendig sei. Stattdessen zeige er, wie die Figuren über das Geschehen reflektierten, das Räsonnement breche von vornherein die Emotionen. Schröders Analyse steht diesem Ergebnis nicht fern. Schröder verficht die These von der Dominanz der Sprache über die Figuren. Die Sprache manipuliere die Affekte. Die Figuren reagierten von Dialog zu Dialog auf die Macht der Worte, sie planten nicht in die Zukunft, sondern gehorchten der jeweiligen Gesprächssituation, der Dialog handele für sie. Gleichzeitig attestiert Schröder den Figuren ein »irrationales Gefühl«, das sie auf diese Weise nicht artikulieren könnten. Gefühl und Vorsatz drifteten auseinander. Daraus resultiere die Problematik des Schlusses, der Konfrontation des Vaters mit der Tochter. Zwischen dem Inhalt des Dialogs, Emilias irrationalem Gefühl, und der verbalen Rhetorik bestehe eine unüberbrückbare Diskrepanz.

Wie aber gelangt man dazu, eine Diskrepanz zwischen Sprache und Gefühl in Lessings Drama zu bemerken, aus den Worten ein Unausgesprochenes herauszuhören? Hat Lessing die Schicht des »Irrationalen«, so lässt sich fragen, nicht doch mitgestaltet? Gegen Nolte kann man einwenden, dass es Lessing eben auf die Reaktion der Figuren, auf die psychische Spiegelung der Handlung ankomme, dass seine Technik ein Instrument sei, die Handlung in ein psychisches Geschehen aufzulösen. In den neueren Analysen, in denen Lessings psychologische Errungenschaften nicht an der Forderung nach ›emotionaler Wucht‹ oder Unmittelbarkeit gemessen, sondern von der zeitgenössischen »Seelenlehre« her erschlossen werden, erscheinen auch seine sprachlichen Errungenschaften in einem anderen Licht. Für Alt (1994) zum Beispiel verdeckt Lessings Sprachgebung die Leidenschaftlichkeit der Figuren nicht, sondern enthüllt vielmehr, wie sich das Gefühl der rationalen Kontrolle entzieht.

Analyse

Das psychologische Dilemma

Unbewusste Perzeptionen und der Widerstreit zwischen Vernunft und Leidenschaft. Zunächst lässt

sich *Emilia Galotti* als Beispiel dafür lesen, wie Lessing die extremen Situationen der antiken Mythen und Sagen so motiviert, dass die ungeheuren Taten – in der Virginia-Fabel die Ermordung der Tochter durch den eigenen Vater – als Affekthandlungen erscheinen, in denen Vernunft und bessere Einsicht von den Leidenschaften verdunkelt und überwältigt werden. Nicht nur der Prinz, den die Liebe zu Emilia verblendet, oder Orsina, die sich hemmungslos ihren Rachephantasien hingibt, sondern gerade auch die Figuren auf der ›anderen‹ Seite, die tugendhaft sein wollen, unterliegen dem Ansturm der Sinne und lassen sich von ihren Gefühlen hinreißen. So ist Odoardo als »Choleriker« (Alt) gezeichnet, der in den entscheidenden Momenten seine Wut nicht bemeistern kann und sich immer wieder vergeblich zur Ruhe zu zwingen sucht. Dabei steigert er sich in Rachedelirien hinein, die denen der Gräfin in nichts nachstehen. Ihm selbst fällt auf, wie sehr die eigene Raserei derjenigen Orsinas gleicht (V, 2; B 7, 359): »Und doch ließ ich mich fortreißen: und von wem? Von einer Eifersüchtigen; von einer für Eifersucht Wahnwitzigen.« Sein Tugendrigorismus beruht nicht auf Einsicht oder gar Weisheit und Gottvertrauen. Vielmehr verschmilzt seine Liebe zur Tugend fast ununterscheidbar mit egozentrischen Impulsen: Sein Ehrgefühl vor allem wird wach, wenn er an die Annäherungsversuche des Prinzen Emilia gegenüber denkt (II, 4). Sorgfältig hat Lessing die Tötung der Tochter als ›reine‹ Affekthandlung motiviert, als eine momentane Überwältigung der Vernunft, ausgelöst durch das Temperament, vorbereitet durch unterschwellig weiterwirkende Eindrücke, durch ›unbewußte Perceptionen‹. Odoardos Vision vom Prinzen, der sich auf ewig nach der unerreichbaren Geliebten in Höllenqualen verzehrt (V, 2; B 7, 360), bildet den Tod Emilias als intensivste Form der Rache vor; nachdem er von der neuerlichen Intrige Marinellis erfahren hat, durch die Emilia seiner Kontrolle entzogen werden soll, blitzt in ihm zum ersten mal der bewusste Gedanke daran auf, seine Tochter zu töten, was er jedoch sofort als ›gräßlich‹ verwirft: »Da denk' ich so was: So was, was sich nur denken läßt. – Gräßlich! Fort, fort!« (V, 6; B 7, 367). Solange er Emilias Insistieren auf ihrem eigenen Willen als Bekundung moralischer Widerstandskraft missversteht, gewinnt er seine Ruhe und sein Vertrauen in ihre Tugend wieder zurück:

»Ha! Wenn du so denkest! – Laß dich umarmen, meine Tochter! –« (V, 7; B 7, 368). Auch versucht er, sobald sie ihn mit ihrem Todeswunsch konfrontiert, ihr diesen zunächst auszureden. Alle davor empfangenen Suggestionen jedoch, seine Wut auf den Prinzen und sein Generalverdacht gegen die Sinnlichkeit und weibliche Natur, wirken dann in dem einen Moment zusammen, in dem Emilia an sein Ehrgefühl appelliert und an römischen Heroismus erinnert. Unmittelbar nachdem er seine Tochter durchbohrt hat, bereut er jedoch seine Tat: »Gott, was hab' ich getan!« (V, 7; B 7, 370).

Der Sog der Leidenschaft und das Streben nach Tugend im Widerstreit – die Schlüsselfigur für die Deutung des Antagonismus ist natürlich Emilia Galotti. Das Liebesgeständnis des Prinzen in der Kirche ruft, seltsamerweise, nicht in erster Linie moralische Entrüstung in ihr wach, sondern lässt sie die Erfahrung machen, wider Willen mitschuldig an fremdem Laster zu werden; dieses Gefühl bestimmt ihre heftige emotionale Reaktion, bewirkt den seelischen Tumult, der sie fast um Sinne und Bewusstsein bringt: »Er sprach; und ich hab' ihm geantwortet. Aber was er sprach, was ich ihm geantwortet; – fällt mir es noch bei, so ist es gut [...]. Itzt weiß ich von dem allen nichts. Meine Sinne hatten mich verlassen. –« (II, 6; B 7; 316). Am Schluss, in ihrem letzten Gespräch mit dem Vater, spricht sie dann das Dilemma, in dem alle Figuren gefangen sind, offen aus: Sie liebt die Tugend und weiß doch, dass sie der Verführung erliegen wird, dass ihre »Sinne« sie den Weg des Lasters führen werden. Die zentrale Passage lautet: »Verführung ist die wahre Gewalt. – Ich habe Blut, mein Vater; so jugendliches, so warmes Blut, als eine. Auch meine Sinne, sind Sinne. Ich stehe für nichts. Ich bin für nichts gut« (V, 7; B 7, 369). Die Ironie dabei ist: Der vermeintliche Triumph des sittlichen Willens, den Emilia nur mit ihrem Freitod bewahren zu können glaubt, ist in Wahrheit dessen endgültige Niederlage. Der Selbstmord ist nach christlichem Verständnis eine weit größere Sünde als Ehebruch oder ›Wollust‹; er besiegelt die Willensschwäche und Herrschaft der Affekte, statt davor zu retten.

Der Kontext der zeitgenössischen Psychologie. Die Figurenkonzeption in *Emilia Galotti* verweist auf ein psychologisches Problem, von dessen Lösung in der Tat der Prozess der Aufklärung abzuhängen scheint. Das Problem findet sich in dem altbekannten Satz der Medea zusammengefasst: »video meliora proboque/ Deteriora sequor« (»Ich sehe das Bessere und heiße es gut und folge dennoch dem Schlechteren«; Ovid, *Metamorphosen* VII, 20 f.) – die Situation fast aller Figuren in Lessings Tragödie, wie wir gesehen haben. Zahlreiche zeitgenössische psychologische Analysen, in denen das Ovid-Zitat die Rolle eines Topos spielt (Sulzer 1773/1974, 106; Mendelssohn, JubA 2, 150; zum philosophischen Kontext vgl. M. Albrecht 2000), suchen das Rätsel zu erhellen und zeigen dabei dessen Tragweite. Auf dem Spiel steht die hoffnungsfrohe Prämisse der Aufklärung, dass die Erkenntnis des Rechten den Willen, die Neigungen, Wünsche und Eindrücke beeinflussen, durchdringen und lenken wird. Die Vertreter der zeitgenössischen philosophischen Psychologie stellen denn auch den skandalösen Erfahrungs-Satz in den Mittelpunkt ihrer Reflexionen und suchen nach einer Erklärung für den Zwiespalt, ohne das natürliche Verderbnis der menschlichen Natur (s. u.) postulieren zu müssen. Diese Erklärungen bilden den theoretischen Hintergrund für Lessings Drama.

Zwei alternative Möglichkeiten, den »Widerspruch« zu deuten, zeichnen sich ab. Die eine wird z. B. von Mendelssohn formuliert. Er denkt in den Bahnen der Leibnizschen Philosophie. Die Neigung des Menschen, wider die bessere Einsicht den Leidenschaften zu folgen, wird mittels der Lehre von den »kleinen Perzeptionen« erläutert. In den Leidenschaften bestürmten den Menschen eine Vielzahl von Vorstellungen, die er einzeln gar nicht unterscheiden könne, er verspüre nur ihre unwiderstehliche Gesamt-Wirkung. So konstruiert Mendelssohn das psychologische Paradox (*Von der Herrschaft über die Neigungen*, JubA 2, 150): »Die Seele kann durch einen richtigen Vernunftschluß einsehen, A. sey gut, und sich dennoch zu B. entschließen, wenn ihr die untern Seelenkräfte in B. zwar dunkel, aber doch eine größere Menge des Guten, und in einer geringern Zeit vorstellen, wie solches in einer Leidenschaft, – als von welcher der Dichter redet, – jederzeit wirklich geschieht« (JubA 2, 150). In den *Briefen über die Empfindungen* wirft er die Frage auf: »Warum sind die dunkelen Vorstellungen« – gemeint sind die Leidenschaften – »thätiger als die deutlichen?« (JubA 1, 81). Warum? Statt einer

Antwort setzt Mendelssohn den triumphalen Glauben an das Streben nach Vervollkommnung entgegen, das für ihn die Realität der Seele ausmacht.

Die zweite Deutungsmöglichkeit mündet im Skeptizismus. Als Vertreter dieser empiristisch geprägten Richtung kann der (mit Lessing bekannte) Psychologe, Popularphilosoph und Ästhetiker Johann Georg Sulzer gelten (vgl. W. Riedel 1994, 410–439). Bei Sulzer gewinnen die »dunkeln Vorstellungen« ein nur als bedrohlich zu bezeichnendes Eigenleben. Er spricht (in dem Aufsatz: *Erklärung eines psychologischen paradoxen Satzes [...]*) von den »zwo Seelen«, die in der menschlichen Brust »wohneten« (1773/1974, 104). Er findet ein erregendes Gleichnis, um die Macht der dunklen Antriebe darzustellen. Die Seele sei wie der von der Schlange gebannte Vogel, der sich sehenden Auges in deren aufgesperrten Rachen stürze (101 f.). Eine »verborgene« (106) Kraft wirke in der Seele, die »allen möglichen [bewussten] Bestrebungen« ›überlegen‹ sei (107) und »immer die Oberhand über die Wirkungen des Willens« behalte (107); eine Kraft, die buchstäblich ›im Finstern schleicht‹: »Wir empfinden das Verlangen, oder den Abscheu, ohne zu wissen, warum; wir werden von Kräften in Bewegung gesetzt, die wir nicht kennen« (*Anmerkungen über den verschiedenen Zustand [...]*, ebd. 241). »Verlangen« und »Abscheu«, Lust und Unlust, Liebe und Hass erscheinen hier nicht länger mit einer ins Vernünftige übertragbaren Idee des Guten verknüpft. Eine Psychologie kündigt sich an, die nicht länger mit dem Vertrauen in das rationale Telos der Natur vereinbar ist.

Ist *Emilia Galotti* das Drama zu dieser Psychologie? Welche Auswege führen aus dem psychologischen Dilemma?

Religionskritik

Lessing thematisiert, wie Ter-Nedden zu Recht betont (s. S. 390 f.), in seinen Dramen Psychologie und Anthropologie nicht um ihrer selbst willen und arbeitet in *Emilia Galotti* das psychologische Dilemma nicht deshalb heraus, um es als ausweglos zu zeigen; vielmehr beleuchtet er den Widerstreit zwischen Sinnlichkeit und Vernunft, der die Figuren zu ihren fatalen Reaktionen hinreißt, von seinem Theodizeemodell her. Er entwirft einen Gesamtzusammenhang, der eine kritische und dabei sinnstiftende Perspektive auf die Verfehlungen der Figuren erlaubt.

Den Blick auf das ›Ganze‹ richten zunächst die Figuren selbst: Orsina und Odoardo berufen sich auf Gott und die Vorsehung, deren »Absicht« sie zu erkennen glauben und auszuführen suchen, während Emilia um ihr Seelenheil als den wahren Sinn und das Ziel ihres Lebens kämpft. Damit ist, wie Ter-Nedden ebenfalls gezeigt hat, die Analyse der *conditio humana* in einen religionsphilosophischen bzw. religionskritischen Kontext gerückt. Es gilt aufzudecken, wie Lessing das Düstere und scheinbar Grässliche der Handlung konsequent als die Folge eines Gottesbildes erkennbar macht, in dem die unendliche Liebe Gottes als Kehrseite seines unendlichen Zorns wider die Sünder erscheint. Gottesbild und Menschenbild sind aufeinander bezogen: So wollen wir zunächst die Verschiebungen beleuchten, die das psychologische Dilemma erfährt, wenn es mit religiösen Vorzeichen versehen wird, um uns dann dem Pendant und Korrelat, dem Bild vom rächenden und verdammenden Gott, von dem die Figuren sich bestimmen lassen, zuzuwenden.

Die Sündenlehre des Augustinus. Emilia rechtfertigt ihren Todeswunsch mit dem Hinweis auf die Jungfrauen, die, um der Vergewaltigung zu entgehen, den Märtyrer-Tod wählten: »Nichts Schlimmers zu vermeiden, sprangen Tausende in die Fluten, und sind Heilige!« (V, 7; B 7, 369). Dieser Satz enthält eine Anspielung auf eine Passage aus dem *Gottesstaat* (Buch I, Kap. 26; hg. Andresen 2007, 45) des Augustinus, wobei Emilia den Kirchenvater sinnentstellend zitiert. Beachtet man den Kontext, in dem Augustinus die wenigen (!) Jungfrauen erwähnt, die sich vor der Verfolgung durch Selbstmord entzogen und *trotzdem* als Heilige verehrt werden, dann verdeutlicht der Bezug nur den Widersinn von Emilias Räsonnement und verleiht ihrem Tod die Konturen einer Anti-Märtyrertragödie. Augustinus ›entzaubert‹ den Ruhm Lucretias (I, Kap. 19) und widerlegt das Argument, in einer Zwangslage sei der Freitod erlaubt, da er vor Verführung und sündiger Lust bewahre (I, Kap. 18, 20, 27) – das Argument Emilias. Legt man den Maßstab des Augustinus an, setzt Emilia in ihrem Verlangen nach dem Tod ihren eigenen Willen gegen den göttlichen durch und stirbt so von Gott und der Gnade verlassen (dazu Nagel 1987; Fick 1993, 141 f.; Ter-Nedden 2010).

Lessing legt in seinem Stück jedoch nicht den Maßstab des Augustinus an. Vielmehr deckt das Bedingungsverhältnis von Menschenbild und Gottesbild, das er in *Emilia Galotti* vorführt, die potentiell verheerenden Konsequenzen der Augustinischen Lehre auf.

Im *Gottesstaat* entwickelt Augustinus eine religiöse Anthropologie, die für das lutherische Menschenbild prägend geworden ist (Buch 14). Seit dem Sündenfall, der in der Behauptung des eigenen (selbstsüchtigen) Willens gegen den göttlichen bestanden habe, sei die *conditio humana* von dem Widerstreit zwischen »Fleisch« und »Geist« (vgl. Röm. 7), zwischen den sinnlichen Begierden und der vernünftigen Einsicht gekennzeichnet – unser Wille liege in den Fesseln der Begehrlichkeit und bösen Neigungen; wir könnten nicht mehr, was wir wollen. Eine Folge und Zeichen des Sündenfalls sei die Unkontrollierbarkeit des Geschlechtstriebs, der *libido*. Mit anderen Worten: Das psychologische Dilemma erscheint als die Signatur des sündigen Menschen. So wurde es im 18. Jahrhundert durchaus gesehen. In einem der bekanntesten ästhetischen Texte der Zeit, in den Abhandlungen zu seiner Batteux-Übersetzung (*Einschränkung der Schönen Künste*), ruft Johann Adolf Schlegel die theologische Begründung des Zwiespalts zwischen Einsicht und Leidenschaft in Erinnerung. Mit dem Sündenfall hätten sich Herz und Verstand »veruneinigt« (T. 2, ³1770/1976, 212). Der Mensch sei »sein eigner Widerspruch« (60). Das »Herz« behaupte »für sich besonders seine Rechte« (212). Es behaupte sie häufig »dem Verstande zum Nachtheile und Hohne« (212). Schlegel wendet sich gegen den Optimismus der Aufklärung. Er gesteht, dass er sich niemals »in die bequeme Methode der wolfischen Philosophie, nach welcher man den Willen mit seinen Neigungen, Wünschen, Eindrücken ganz und durchgängig vom Verstande abhängen lässt«, »habe schicken können« (201, Anm.).

Der Ausweg, den diese religiöse Sichtweise anbietet, um den Zwiespalt zu überwinden, ist das Vertrauen in die göttliche Gnade, und die Voraussetzung für die Gnadenwirkung ist die Erkenntnis der eigenen Unfähigkeit zum Guten, die Erkenntnis von der Sündhaftigkeit und dem Verderbnis der menschlichen Natur. Emilia hat of-fenkundig diese Lehre internalisiert. Einerseits klagt sie sich ihrer Mutter gegenüber an, allein durch das Anhören der verführerischen Worte des Prinzen quasi seelisch infiziert, mitschuldig an »fremdem Laster« geworden zu sein (II, 6; B 7, 315); andererseits fühlt sie sich (noch) sicher: Davor, sündigen zu wollen, habe sie »die Gnade« bewahrt: »so tief ließ mich die Gnade nicht sinken. –« (II, 6; B 7, 315). Was jedoch bei Augustinus als Voraussetzung für das Einwirken der übernatürlichen Gnade fungiert, nämlich die Überzeugung von der für den Menschen unüberwindlichen Macht der Sünde, fungiert bei Lessing als die natürliche Ursache für die Lähmung der moralischen Widerstandskraft. Er entwirft einen völlig natürlichen Motivationszusammenhang, in dem Emilia als Opfer der Diffamierung von Sinnlichkeit und Sexualität erscheint. Sie hat die Suggestion verinnerlicht, dass sie unfähig zur Selbstbestimmung und prinzipiell dem Begehren des Mannes ausgeliefert ist, auch da, wo sich Wille und sittliches Empfinden sträuben. Sie sieht sich als Schwester der Matrone von Ephesus, eine zweite (und schlimmere!) Antiphila, die an der Leiche ihres Bräutigams den Verführungskünsten des Mörders erliegen wird. Problematisiert werden hier nicht die sittlichen Normen, sondern Emilias Selbstwahrnehmung, der Mangel an Zuversicht, sie befolgen zu können. Verantwortlich ist wohl die Erziehung des Vaters zu machen. Sein Grundsatz, ein Schritt sei »genug zu einem Fehltritt« (II, 2; B 7, 309), zeugt von einer fatalen Mischung aus Repression der Sinnlichkeit und dem lüsternen Aufspüren jeder sexuellen Regung, um sie als ›Sünde‹ zu brandmarken.

Der verdammende Gott. Die Kontrafaktur zur Rachetragödie. Zum pessimistischen Blick auf die menschliche Natur gehört die Vorstellung von Gott, der die große Masse der (gottfernen) sündigen Menschen gerechterweise verdammt – das Gottesbild des Augustinus –; wie umgekehrt im 18. Jahrhundert die Vertreter der Auffassung, dass die Grundneigungen des Menschen nicht auf das Böse als solches gehen, gegen dieses Gottesbild ankämpfen. Nicht nur auf die Märtyrertragödie spielt Lessing in *Emilia Galotti* an, sondern auch auf die Tragödien der großen Bösewichter, an denen sich das göttliche Gericht vollstreckt (vgl. S. 336 f.). Die Regieanweisung: DER PRINZ *nach ei-*

nigem *Stillschweigen, unter welchem er den Körper mit Entsetzen und Verzweiflung betrachtet* (V, 8; B 7, 371), enthält eine deutliche Referenz auf das Bühnen-Ende der Freigeister und Verbrecher, deren ewige Verdammnis durch die Verzweiflung besiegelt und bestätigt wird, in der sie sterben. Emilia sieht die Höllenfahrt ihres Verführers voraus: »Dieses Leben ist alles, was die Lasterhaften haben. –« (V, 7; B 7, 369). Vor allem Odoardo möchte den Prinzen den ewigen Strafen überantwortet wissen. Er antizipiert die seelischen Qualen des physisch und psychisch zerrütteten ›Wollüstlings‹ und beruft sich dabei auf Gott als Richter, der sich der Sache Appianis annehmen werde: »Deine Sache wird ein ganz Anderer zu seiner machen! […] In jedem Traume führe der blutige Bräutigam ihm [dem Prinzen] die Braut vor das Bette; und wann er dennoch den wollüstigen Arm nach ihr ausstreckt: so höre er plötzlich das Hohngelächter der Hölle, und erwache! « (V, 2; B 7, 359 f.).

Wie Lessing jedoch Emilias Angst vor dem männlichen Begehren als Folge der Sexualisierung der Sünde und Stigmatisierung der Sinnlichkeit decouvriert und sie somit als ›rein menschliches‹, innerweltliches Problem kenntlich macht, das man nicht mit Gott in Verbindung bringen sollte, so entlarvt er die Vorstellung vom verdammenden Gott als Projektion des Rachebedürfnisses, das fast alle Figuren hegen und pflegen (vgl. Ter-Nedden 2010). Den eigenen Wunsch nach Rache dichtet Odoardo dem göttlichen Richter an. Dass er Gott und Vorsehung für die eigene Leidenschaft in Dienst nimmt, dass seine Visionen von Vergeltung nur der Ausdruck seiner »Wut« sind, wird vor allem durch seine Ähnlichkeit mit Orsina deutlich – indem Lessing den Mechanismus der göttlichen Nemesis konterkariert, hebt er zugleich die glatte Tugend-Laster-Opposition auf. Völlig durchsichtig ist die Anmaßung in Orsinas Identifikation des eigenen Plans, den Prinzen zu ermorden, mit der »Absicht« der Vorsehung (IV, 3; B 7, 347) – die Anmaßung einer »für Eifersucht Wahnwitzigen« (V, 2; B 7, 359), wie Odoardo erkennt. Doch agiert er ähnlich blind, lässt auch er sich von den Bildern steuern, die sein Rachebedürfnis ausmalt, wie er selbst in den wenigen lichten Momenten durchschaut, in denen er zur Ruhe kommt. Was hat, fragt er sich dann, die »gekränkte Tugend mit der Rache des Lasters zu schaffen?« (V, 2; B 7, 359).

Das Theodizeemodell

Mit dieser Psychologisierung der Vorstellung vom verdammenden Gott scheint jedoch das Dilemma, der Widerstreit zwischen Vernunft und Leidenschaft und der Sieg der (selbstsüchtigen) Affekte, weniger gelöst als vielmehr reproduziert. Denn wenn die Perspektive auf das Ganze, welche die Figuren entwickeln, als eine Funktion ihrer Leidenschaften sich enthüllt, dann wiederholt sich eben die Frage: Deckt Lessing in *Emilia Galotti* einen dunklen, irrationalen ›Grund‹ im Menschen auf, der die Möglichkeit der Aufklärung, der Orientierung an dem, was man für gut erkennt, prinzipiell gefährdet?

Die Antwort muss in Lessings Theodizeemodell gesucht werden, das heißt zum einen in dem Konzept der ›verworrenen Perzeptionen‹, zum anderen in der Kategorie eines allumgreifenden Ganzen (Gott, Vorsehung), und zum dritten in der sinnstiftenden Bedeutung des Mitleids (vgl. Kap.: Hamburgische Dramaturgie).

Zum ersten: In dem Stück, das die fatalen Folgen der ambivalenten Gottesvorstellung vor Augen führt, werden die Verdammenden nicht wiederum verdammt. Vielmehr modelliert Lessing die Wunschbilder der Figuren, von denen sie sich (an-)treiben lassen, als ›verworrene Perzeptionen‹: als undeutliche, affektgetrübte Vorstellungen vom Sinn des Ganzen, denen nicht der Wille zum Bösen, sondern das unvollkommene Streben nach dem Guten zugrunde liegt. Die Impulse aller Figuren lassen sich auf ein Liebesverlangen zurückführen; sie alle handeln aus enttäuschter oder missverstandener Liebe heraus (mit Ausnahme Marinellis, der jedoch keine ›personale‹, sondern eine rein funktionale Rolle spielt) – ihr Egoismus ist mit der Anlage zum Altruismus verbunden. Es besteht kein Grund, an Odoardos Beteuerung, dass er Claudia und Emilia »herzlich liebet« (II, 4; B 7, 312), zu zweifeln; in seinem Zorn und seiner Wut manifestiert sich, wenngleich in pervertierter Form, sein Gerechtigkeitsgefühl; Orsinas Eifersucht ist die Kehrseite einer großen Liebe; und eine moralische Qualität wird sogar der Leidenschaft des Prinzen zugestanden: Die Gefühle für Emilia machen ihn »besser« (I, 3; B 7, 295). Zudem ist Lessing darauf bedacht, die Figuren mittels Psychologisierung zu entlasten. Orsinas Rachedelirien erscheinen nicht als Ausdruck ihrer Lasterhaftigkeit, sondern als Ausbruch ihrer Krankheit, ihres Wahnsinns, und Odoardos Tat ist als eine Affekthandlung motiviert, die er unmittelbar danach ungeschehen machen möchte (s. o. S. 395 f.). Trotzdem bleibt die Frage virulent: Warum gelingt es den Figuren nicht, aus ihrer Selbstbezüglichkeit herauszutreten, wenn ihnen doch das Potential der Liebe mitgegeben ist?

Stellt man die Frage so, von den Figuren her, muss sie unbeantwortet bleiben. Hier jedoch kommt der zweite Aspekt ins Spiel, die Konstruktion des Gesamtzusammenhangs und die Kategorie des ›Ganzen‹. Lessing analysiert, so haben wir gesehen, den Wechselbezug zwischen Gottes- und Menschenbild. Indem die Figuren an einen verdammenden Gott glauben, sehen sie sich von ihrer schwärzesten Seite und schreiben sich gegenseitig böse Absichten zu – und umgekehrt (Claudia über ihren Mann: »O, der rauhen Tugend! – […] Alles scheint ihr verdächtig, alles strafbar!« [II, 5; B 7, 314]). Lessing geht noch einen Schritt weiter und macht deutlich, wie die Vorstellung vom Rachegott die eigenen Rachewünsche sublimiert und dadurch die schlimmen Taten der Figuren provoziert (Ter-Nedden spricht vom Mechanismus der *self-fulfilling prophecy*). Darin liegt die Aufforderung an das Publikum, solche Projektionen und Anthropomorphismen zu durchschauen und vom Gottesbild zu trennen. So zeichnen sich hinter der Vorstellung vom verdammenden Gott, dem ›Grund‹ aller tragischen Verkettungen, die Konturen eines gegenläufigen Zusammenhangs durch. Gott oder Vorsehung als Chiffre für das ›Ganze‹ bleibt dabei bei Lessing eine überindividuelle, die menschliche Natur transzendierende Setzung, von der her allein das anthropologisch-psychologische Dilemma zugunsten der Stimme der Vernunft und Menschenliebe entschieden werden kann. Zugleich ist es jedoch die Aufgabe der Menschen, die Entscheidung zugunsten der Vorstellung von der unendlichen Liebe Gottes zu treffen. In der halb bildhaften, halb philosophischen Sprache der Erziehungsschrift deutet Lessing, über die Rechtfertigungslehre spekulierend, einen solchen Blick auf das Ganze, der aus der ›Herrschaft der Neigungen‹ herausführt, wie folgt an: »daß Gott, ungeachtet jener ursprünglichen Unvermögenheit des Menschen, […] in Rücksicht auf den selbstständigen Umfang aller seiner Vollkommenheiten, gegen den und in dem jede Unvollkommen-

heit des Einzeln verschwindet, lieber verzeihen wollen« (§ 75; B 10, 94). Die Auflösung des ambivalenten Gottesbilds zugunsten der Liebe werden wir in unserer Analyse von *Nathan dem Weisen* verfolgen.

In *Emilia Galotti* baut Lessing eine Diskrepanz auf zwischen dem ›wahren‹ Sinn des religiösen Vokabulars und der ichbezogenen Perspektive der Figuren; dabei ist die gegenläufige Ergänzung des Motivationszusammenhangs eine Sache der nachdenkenden Spekulation. Indem Lessing jedoch die Tugend-Laster-Opposition aufhebt und die Figuren nicht als böse, sondern als leidenschaftlich, unbeherrscht oder schwach zeichnet, zielt er auf die Erregung von Mitleid. Damit haben wir den dritten Aspekt seines Theodizeemodells berührt. Das Mitleid ist das affektive Äquivalent zu der geforderten Erkenntnis. Es ist das Gefühl, welches die Figuren gleichsam von ihrer guten Seite nimmt, sie bejaht und vor allem die Vorstellung vom verdammenden Gott unmöglich macht.

Vom ›Gottesstaat‹ zum irdischen Rechtsstaat. Die politische Dimension des Stücks

Mit dem religiösen Anspielungshorizont ist der politische verschränkt: Emilia verbindet die Erinnerung an die ›heiligen Jungfrauen‹ mit derjenigen an Virginius, der seine Tochter vor der Versklavung rettet, indem er sie tötet, und dadurch den Volksaufstand auslöst. Von der Forschung wurde bislang übersehen, dass die Erzählung des Livius im 18. Jahrhundert nicht nur als politisches »Greuelmärchen« figurierte, mittels dessen sich – in der fiktionalen Literatur – triviale Tugend-Laster-Oppositionen begründen ließen (vgl. Petriconi 1953, 14–31; Ter-Nedden 2010), sondern dass sie auch eine Rolle in der staatstheoretischen Reflexion spielte. So analysiert Montesquieu zum Beispiel die Episode als ein Exempel, das die Mechanismen des Despotismus veranschaulicht: An dem Machtmissbrauch, zu dem die Machtkonzentration die Dezemvirn verleitet habe, seien sie schließlich gescheitert (*Vom Geist der Gesetze*, XI. Buch, 15. Kap.). Als Despoten im Sinn Montesquieus charakterisiert Lessing in seinem *Auszug aus dem Trauerspiele Virginia* (s. S. 378) den Appius: Er bedroht Freiheit, Ehre und Eigentum der Römer, indem er die Unabhängigkeit der richterlichen Gewalt aufhebt und die Gesetze, die er selbst erlassen hat, manipuliert bzw. als Richter nicht zur Ausübung bringt; den »offenbaren Mißbrauch der obersten Gewalt« klagt Virginius an (LM 6, 118). Die Vergnügungen des Fürsten bezeichnet Montesquieu als das Ziel der despotischen Staatsverfassung (XI. Buch, 5. Kap.) – auch in dieses Schema fügt sich die Handlungsweise des Dezemvirn bestens ein.

Vom Despotismus unterscheidet Montesquieu die Monarchie, die »gemäßigte« Regierungsform des aufgeklärten Absolutismus. Das ausschlaggebende Kriterium der Differenz ist die Unabhängigkeit der richterlichen Gewalt, die unbedingte Geltung der Gesetze und die Unbestechlichkeit der Richter; darin beruhe die Freiheit und Sicherheit der Bürger in einem monarchischen Staat (XI. Buch, 6. und 7. Kap.; XII. Buch, 2. Kap.). Vor dieser Folie lässt sich die politische Brisanz von *Emilia Galotti* scharf konturieren: Sie beruht darin, dass Lessing den Übergang von der Monarchie zum Despotismus zeigt, dass er die Gefahr des Umschlags in der monarchischen Regierung angelegt findet – nicht umsonst interessiert er sich für einen Stoff, in dem es um Gesetzgebung und Richteramt geht, und nicht umsonst spielen Gerichtsprozesse in die Handlung seiner Tragödie bedeutsam hinein.

Hettore Gonzaga ist Gesetzgeber und zugleich oberster Richter in seinem Land. Solange garantiert ist, dass er sich den Gesetzen unterwirft und seine Beamten sie unbestechlich anwenden, ist er das legitime Oberhaupt eines monarchischen Staats. So scheint die Rechtspflege unter seiner Herrschaft auch zu funktionieren: Camillo Rota erweist sich als ein Beamter, der auf die Ausschöpfung aller rechtlichen Möglichkeiten achtet (und deshalb den Souverän das Todesurteil nicht in einem Augenblick der Zerstreuung unterschreiben lässt: I, 8), und in dem Streit um Sabionetta hat der Prinz sich offenkundig dem juristischen Urteil unterworfen (I, 4; B 7, 297, Z. 30 f.). Im Verlauf der Handlung jedoch verliert er seine Legitimität als monarchischer Herrscher. Die dramatische Analyse dieses Verlusts tritt an die Stelle von Volksaufstand und Revolution, die einerseits für Lessing nicht im Rahmen politischer Möglichkeiten lagen, andererseits auch nicht als Alternative zum Despotismus gesehen wurden, sondern viel eher als dessen Wegbereiter – nicht um Volkssouveränität geht es, sondern um Gewaltenteilung. Spätestens nach der Ermordung

Appianis hat sich der Prinz als Staatsoberhaupt diskreditiert; er muss fortan die Öffentlichkeit, das Prinzip des Hofes, fürchten bzw. seine Taten verbergen (zum Aspekt der höfischen Öffentlichkeit vgl. Eyck/Arens 2004). Das macht die Antwort Marinellis auf Orsinas Drohung, sie wolle das Verbrechen auf dem Markte ausrufen, deutlich: »Gräfin, Sie würden sich um den Hals reden « (IV, 5; B 7, 351) – der Rechtsbruch darf nicht publik werden. Odoardos Schlusswort pointiert das Unhaltbare der Position des Prinzen in einer Monarchie, die nicht zur Despotie verkommen soll. Er ist Richter und Täter zugleich – eine Situation, in der ihm nach den Maßstäben der eigenen Regierung nur die Abdankung übrigbleibt. Die politische Kritik an der Machtfülle des Souveräns liefe somit auf ein Plädoyer für ein System der Gewaltenteilung und -kontrolle hinaus. Dass sie in einer Handlung zum Tragen kommt, die nicht auf der Ebene des ›Staatsinteresses‹, sondern auf derjenigen der privaten Interessen angesiedelt ist, entspricht vollkommen der Stoßrichtung dieser Kritik, stehen doch Freiheit, Sicherheit und Persönlichkeitsrechte jedes einzelnen Individuums auf dem Spiel.

Doch Lessings Kritik an der monarchischen Konstellation trifft nicht nur den Herrscher, sondern auch den Untertan. Man fragt sich doch: Warum versäumt es Odoardo, der im Streit um Sabionetta die Zivilcourage hatte, sich dem Prinzen heftig zu widersetzen und dafür von diesem hochgeachtet wird (vgl. I, 4; B 7, 297, Z. 29–32), ihn mit seinem Unrecht zu konfrontieren? Odoardo Galottis Verweis auf das jenseitige Gericht am Ende gibt wiederum den entscheidenden Fingerzeig: Der Grund ist in seinem Gottes- und Menschenbild zu suchen; der Motivstrang der ›Gerechtigkeit‹ verbindet die religionskritische mit der politischen Thematik. Während der Prinz eben nicht als sinnlicher Despot gezeichnet ist, vermag ihn Odoardo nur als solchen zu sehen: als einen von Gott verlassenen ›Wollüstling‹, den die Strafe der Verdammung treffen wird. Von seiner Wut geblendet und der Fähigkeit zum Nachdenken beraubt (vgl. V, 4), ist er auf das jenseitige Gericht fixiert, statt irdische Gerechtigkeit, die die Gesetze gewähren, einzufordern. Eine solche Konfrontation des Prinzen mit dem begangenen Unrecht jedoch setzte die Bereitschaft voraus, ihn als Verführten wahrzunehmen, dessen eigener besserer Wille auf Gerechtigkeit (und Legitimität) aus ist. Als eine letzte verpasste Gelegenheit ist insbesondere die Szene arrangiert, in der Hettore Gonzaga und Marinelli mit dem Komplott der angeblich notwendig gewordenen gerichtlichen Untersuchung aufwarten. Der Prinz verabschiedet sich von Odoardo mit einer Bitte, die sein Bedürfnis nach Orientierung zum Ausdruck bringt: »wenn Sie mein Freund, mein Führer, mein Vater sein wollten!« (V, 5; B 7, 366). Indem Odoardo aus diesen Worten nur die Teufelei heraushört, wie sein anschließender Monolog verrät (V, 6), und deshalb weiter schweigt, steuert er auf den Tochtermord zu.

Aufnahme und Wirkung

Vorbemerkung: Eine neue, an den mit der Bibliographie *Theaterperiodika des 18. Jahrhunderts* (hg. von Wolfgang F. Bender u. a.) vorgegebenen Forschungsstand anknüpfende Grundlage für die Bewertung der zeitgenössischen Rezeption und Wirkung der *Emilia Galotti* hat Elke Monika Bauer (2004) mit ihrer monumentalen Dokumentation geschaffen, die neben Brief- und gedruckten Zeugnissen (insgesamt 510) sowie kontextualisierenden Kommentaren ein – die Arbeit von U. Schulz (1977) komplettierendes – Verzeichnis der Theateraufführungen enthält (bis 1781); insbesondere hat Bauer auch die Sammlung von Rezeptionszeugnissen der Lessing-Akademie in Wolfenbüttel ausgewertet. Der Band ergänzt Heßelmanns Studie zu den Theaterperiodika des 18. Jahrhunderts (2002) insofern auf geradezu ideale Weise, als er zahlreiche Anschauungsbeispiele für die dort skizzierten Tendenzen liefert (z. B. psychologisierende Rollenportraits zu Odoardo, Orsina, Emilia, oder Kritiken zum Darstellungsstil der Schauspieler). Wir haben den einmal gewählten Grundriss der Wirkungsgeschichte beibehalten und nur punktuell Ergänzungen aus Bauers Dokumentation hinzugefügt.

Dem Stück wird große Aufmerksamkeit geschenkt, es wird mit »großem Beyfall«, wie die Zeitungen melden, in Braunschweig (Braun 1, 352), Berlin (Braun 1, 368), Hamburg (Braun 1, 381), Wien (vgl. Eva König an Lessing, 15.7.1772) aufgeführt, es wird im Jahr 1772 noch in Graz, Schleswig, Hannover, Göttingen, Preßburg, Leipzig, Danzig und Weimar gegeben (U. Schulz 1977,

43–51), das »Parterre« verlangt Wiederholungen (Braun 1, 368 und 391), stereotyp fällt das Stichwort vom neuen »Meisterwerk« des berühmten Autors. Dennoch mischen sich von Anfang an in die Zustimmung Zweifel. Ein Rezensent (*Beytrag zum Reichs-Postreuter*, Altona, 23.7.1772) stellt fest, dass *Emilia Galotti* nicht den gleichen Erfolg wie *Minna von Barnhelm* habe, und fügt die Frage nach dem »Warum« hinzu (Braun 1, 413). Lessings letzte Tragödie verunsichert das Publikum. Dabei bezieht sich die Irritation auf das gleiche Phänomen, das noch heute die Flut von Interpretationen auslöst: auf die scheinbare Diskrepanz zwischen der kristallinen klaren Handlungskonstruktion und den Abgründen der psychologischen Motivation. Das Stück scheint eine starke Gefühlsbewegung im Zuschauer auslösen zu sollen, zugleich werden die Gefühle in Frage gestellt, schließlich tritt der dramatische Plan in den Vordergrund, der als ein »Ganzes« gewürdigt sein will, ohne dass er auf ein erkennbares moralisches (oder politisches) Telos abzielt. Die Ambivalenz, die der dargestellten psychischen Verstrickung eignet, schlägt sich in der Tatsache nieder, dass man das Stück an drei unterschiedlichen Gattungsmodellen misst: der klassizistischen Tragödie, dem bürgerlichen Rührstück und dem Drama Shakespeares (dazu auch Bohnen in B 7, 857–871).

Für Moses Wessely (*Briefe über Emilia Galotti* in der *Kayserlich privilegierten Neuen Hamburgischen Zeitung* 1772 und im *Beytrag zum Reichs-Postreuter*, 20.7.1772; Braun 1, 391–412) ist der Schlüssel zum Verständnis der Affektregie in Lessings Drama das Abschreckungsmodell. Die unwiderstehliche Sogkraft und das Zerstörungspotential der Leidenschaft würden gezeigt, um zur Warnung zu dienen. Odoardo wird zum soldatischen Heros stilisiert, der die (männliche) Tugend erfolgreich verteidige. Mit dieser Auslegung, die mit den Wirkungskategorien der klassizistischen Tragödie (Bewunderung – Schrecken) operiert, steht Wessely allerdings weitgehend isoliert da. Seiner Auffassung, eine Tragödie könne nur eine negative Moral veranschaulichen (Braun 1, 407), wird in einer Kritik seiner Kritik denn auch sogleich widersprochen (*Beytrag zum Reichs-Postreuter*, 23.7.1772; Braun 1, 412f.). Lessing selbst hat das alternative Muster geschaffen, das mitleidige Rührung erweckt: *Miß Sara Sampson*. Die Rezensionen lassen erkennen, dass man im Publikum oftmals eine Reprise des ersten »bürgerlichen Trauerspiels« erwartet und dann von *Emilia* enttäuscht ist. Jacob Mauvillon macht sich zum Anwalt dieser Stimmen, er spielt Diderot gegen Lessing aus (Rezension der Ausgabe der Trauerspiele [1772] in der *Auserlesenen Bibliothek der neuesten deutschen Litteratur*; Braun 1, 425–442; Bezug auf Diderot: 430). In einer detaillierten Analyse zeigt er, wie das Stück eingerichtet werden müsse, damit die entsprechende Wirkung erzielt werde, die Wirkung des bürgerlichen Rührstücks. Ex negativo wird die Eigenart von Lessings Tragödie deutlich. Mauvillon vermisst Eindeutigkeit der Sympathielenkung und rührende Szenen mit den Sympathieträgern. – Anton von Klein wiederum, der Verteidiger der klassizistischen Tragödie, sieht Lessings »bürgerliches Trauerspiel« weit hinter die Möglichkeiten, die er in dem heroischen Stoff angelegt findet, zurückfallen (*Rheinische Beiträge zur Gelehrsamkeit*, 1.2.1781; Bauer 2004, 707–714, R 375); doch sei das Stück auch nach den Maßstäben seiner eigenen Gattung beurteilt fehlerhaft: Brüche in der Figurenkonzeption und Handlungskonstruktion (s. u.) verhinderten die Identifikation und Rührung seitens der Zuschauer. Dabei vertritt Anton von Klein gleichfalls eine emotionalistische Tragödienauffassung, glaubt jedoch, dass die Erregung starker Leidenschaften eine eindeutige Charakterzeichnung und klare Gut-Böse-Orientierung voraussetzt.

Emilia Galotti verweigert sich der tränenseligen affirmativen Identifikation, die Handlungsführung fordert den Intellekt, und dennoch ist nicht Distanz, sondern »Mitleid« das Wirkungsziel. Die Mehrzahl der Rezensenten sucht diese neue Konzeption mittels der Chiffre »Shakespeare« zu fassen. »O Shakespear-Lessing!« ruft Johann Arnold Ebert in einem Brief (14.3.1772) aus (B 11/2, 377), und Gleim lobt mit den Worten: »Welch ein deutsch-schakespearisches Meisterstück! Ich umarme Sie dafür [...]« (an Lessing, 24.3.1772; B 11/2, 383f.). Der »deutsche Shakespeare« bzw. »unser Shakespeare« wird Lessing genannt (von Christian Heinrich Schmid, *Ueber einige Schönheiten der Emilia Galotti* [...], Leipzig 1773; Henning 1981, 357–393, hier 361), ja, Albrecht Wittenberg meint sogar (im *Beytrag zum Reichs-Postreuter*, Altona, 23.4.1772), in *Emilia Galotti* finde man Shakespeares Schönheiten ohne dessen Fehler (Braun 1, 376). Für Johann

Friedrich Heynatz (*Briefe die Deutsche Sprache betreffend*, 3. Theil, Berlin 1772) hat Lessing »den Shakespeare« nicht »nachgeahmt«, »sondern vielmehr mit ihm gewetteifert« (Henning 1981, 316). Johann Erich Biester schreibt, Lessing habe sich der dramatischen Methode vergewissert, mittels derer Shakespeare den höchsten Zweck der Tragödie erlangt habe: »In dem Verstande können wir die Nachahmung *Shak.* nicht nur zugeben, sondern er [!] ist das wahre Lob *Lessings*« (*Allgemeine deutsche Bibliothek* 1777, 2. Anhang, 2. Abt.; zit. nach Braun 2, 90; vgl. B 7, Nr. 29, 919–921). Den Geist Shakespeares erkennt man dabei vor allem im Dialog und in der straffen Handlungsführung, man erkennt, wie der Lessingsche Lakonismus die Wirkung steigert. Lessings Sprache habe, indem jegliche wortreiche und sentimentale Rhetorik zurückgedämmt sei, eine neue Qualität des Natürlichen erreicht, wobei man unter »Natürlichkeit« zugleich die individualisierende Kraft dieser Sprache versteht. »Was seine Sprache anbetrifft«, schreibt Ramler in der Rezension für die *Berlinische Privilegirte Zeitung* (28.3.1772), »so ist sie die Sprache der mannigfaltigen Natur, aber die lebhafte und kurze, die nachdrückliche und dennoch leichte Sprache der Natur« (nach Braun 1, 367); Gegenbegriff ist die »künstliche, übertriebene, declamatorische Sprache« (ebd.). Jede Figur sei als vollkommen bestimmter Charakter gezeichnet, die unterschiedlichen Schattierungen seien genau getroffen (z.B. Ramler, ebd. 367; ähnlich Eschenburg in der *Neuen Braunschweigischen Zeitung*, 24.3. bis 2.4.1772; Braun 1, 354–366). Vor allem jedoch sucht man mittels der Kategorie »Annäherung an die Natur im Geiste Shakespeares« die »Oekonomie« des dramatischen Plans zu beschreiben. Ramler rühmt die Umsetzung aller epischen Elemente (z.B. Aufrollen der Vorgeschichte) in vorwärtsschreitende Handlung (Braun 1, 367) und die lückenlose Motivation (vgl. Eschenburg; Braun 1, 355). Die »geringsten Umstände« hätten »einen Einfluß in die Folge des Stücks« und dienten entweder der Charakterzeichnung, der Profilierung der »Leidenschaften« oder der spannungsvollen Präzipitation der Katastrophe (Braun 1, 367): »Die letzte Entwicklung ist mit ungemeiner Kunst vorbereitet, und wird unsern Augen bis ans Ende glücklich entzogen.« Ähnlich ist der Tenor in Christian Heinrich Schmids Kritik: »Ohne labyrinthische Verwirrungen, ohne abstechende

Situationen, ohne unnatürliche Theaterstreiche hat die ganze Oekonomie des Stücks die größte Einfalt und den beneidungswürdigsten Reichthum. Alles hängt vortreflich zusammen [...]« (*Ueber einige Schönheiten der Emilia Galotti* [...], Leipzig 1773; zit. nach Henning 1981, 368). Biester (s. S. 403) wendet die Metapher von dem poetisch-dramatischen Kosmos auf *Emilia Galotti* an. Sein Vergleich Lessing – Shakespeare gipfelt in den Worten (Braun 2, 90f.): »*Shakespears* Stücke stellen uns gleichsam ein eigenes für sich bestehendes Universum, eine ganze Welt mit allem Zubehör dar; in Em. Gal. haben wir auch diese eigne Welt, nichts fehlt uns, um die Motiven einer handelnden Person, um das Besondere irgend eines Charakters zu erklären; nichts fehlt uns um nicht den Ort, wo wir wären, den Hof des Prinzen, ganz bis auf Räthe und Maitressen und Mahler zu kennen: – aber diese eigne Welt ist freylich nur im *verjüngten Maaßstaabe*, nur durch einzelne kleine Züge angegeben.« Der anonyme Rezensent des *Berlinischen Litterarischen Wochenblatts* (4.5.1776) schließlich rechtfertigt mit dem Hinweis auf Shakespeare die Mischung von tragischen und komischen Elementen in Lessings Stück. Das »wahre Trauerspiel« sei eine »Abbildung des menschlichen Lebens«, in dem wir ständig »aus lustigen in tragische Scenen übergehen. Der Dichter, der in einem Trauerspiel launische Züge einwebt, kopirt nichts als die Natur, und *Shakespear* und *Leßing* haben nie was anders gewollt« (Braun 2, 64f.).

Letzteres Argument deutet auf die Schwierigkeit, die die Zeitgenossen mit der komplexen Wirkungsintention Lessings haben. Zunächst scheint sich eine einheitliche Linie abzuzeichnen, die die Kritiker mit der Berufung auf Shakespeare verfolgen. Einem Publikum gegenüber, das sich Tränenseligkeit erwartet und sich darin von *Emilia Galotti* enttäuscht sieht, wird gezeigt, wie gerade der nüchtern-spröde Stil und die anscheinende Verbergung der Emotionen eine viel tiefere Erschütterung erzielen, für die der Name Shakespeares, gekoppelt mit dem Naturbegriff, einsteht. Ramler beginnt seine Besprechung mit der Kontrastierung von oberflächlicher Rührung und »tiefer« Ergriffenheit (Braun 1, 366). Im Vergleich zur *Miß Sara Sampson* errege *Emilia Galotti* nur »Keime von Tränen«, präge sich gleichwohl weit nachhaltiger dem Gemüt ein (vgl. dazu auch Eberts Brief an Lessing, 14.3.1772; B 11/2,

377f.). Er entwirft eine breite Palette der seelischen Verstörungen, die das Stück nachzeichne und die geeignet seien, »einen heilsamen Schauer von Schrecken« zu erregen: »das Lachen der Bosheit, des Hohnes, der Bitterkeit, und das schreckliche Lachen des Trübsinns und einer halben Raserey« (Braun 1, 366). Der Rezensent des *Berlinischen Litterarischen Wochenblatts* hebt ebenfalls auf das Kraftvolle ab, das der »Philosophie« des Stücks ebenso eigne wie den dargestellten und erregten Leidenschaften (Braun 2, 65): »Dieses Gewühl von Philosophie – diese tiefe Blicke ins menschliche Herz, dieses Studium der Natur, dieser Strom von Leidenschaften, dieser Dialog voll Geist und Leben sind uns nebst *Shakespeares* Werken eine unerschöpfliche Quelle dramatischer Theorie und Erschütterung der menschlichen Seele.« Christian Heinrich Schmid fasst seine Verteidigung des Stücks gegen den Vorwurf, es locke zu wenig Tränen ab, mit der nun schon fast klischéehaft anmutenden Wendung zusammen: Wo wären wohl »außer Shakespears Stücken, Schauspiele, die das Gewebe der menschlichen Leidenschaften und alle Wirkungen der Seele so herrlich entwickelten, und folglich so viel Stof [!] zu Betrachtungen gäben, als Emilia Galotti?« (Selbstrezension im *Almanach der deutschen Musen*, Leipzig 1774; zit. nach Braun 2, 37).

An Schmids Analyse zeigt sich jedoch auch die Unsicherheit und Gespaltenheit, in der sich die Kritiker selbst gegenüber Lessings neuer Tragödie befinden. Der Lakonismus, der in ihr herrscht, erhöht nicht allein die emotionale Wirkung, sondern fordert zugleich zu psychologisierender Ergänzung auf. Wo immer jedoch die Rezensenten die Psychologie der Figuren nachzeichnen, entwerfen sie Charakterbilder, die vor allem dem bürgerlichen Rührstück entsprechen. Dies gilt in erster Linie für Emilia Galotti, auf die diejenigen Vorstellungen von »Weiblichkeit« und »Unschuld« projiziert werden, wie sie in der patriarchalischen Familie herrschen. So rühmt Schmid an Lessings Emilia, dass sie keine heroische Aktivität an den Tag lege. Der Heldenmut einer Virginia passe nicht zu den »heutigen Sitten« (Henning 1981, 362). Mit der Psychologisierung beginnt darüber hinaus das Rätselraten über das Motiv, das hinter Emilias Todeswunsch stehe. Schmid gibt als Antwort: die Einsicht in menschliche Schwäche und Verführbarkeit. Häufiger jedoch hält man Emilias Angst, dem Mörder des Bräutigams zu verfallen, trotz der supponierten weiblichen Passivität für unglaubwürdig (z. B. Matthias Claudius: *Der Wandsbecker Bothe*, 14.–15. April 1772; Braun 1, 374 f.). Ergänzend tritt die Kritik an Odoardos Tat hinzu, die man nicht für ausreichend motiviert ansieht. Anton von Klein resümiert (in der oben angeführten Rezension): »Es ist fast allgemeine Stimme geworden; – wider Odoardo's Handlung empört sich die Natur« (Bauer 2004, 709), die Konfliktsituation sei von Lessing nicht so zugespitzt worden, dass der Tochtermord als *ultima ratio*, die Tugend zu retten, erscheine. Johann Jakob Engel entwickelt zwei Lösungsvorschläge. Entweder müsse die Lage aufgrund der Gewaltandrohung des Prinzen, also von außen her, ausweglos gemacht werden, was Eingriffe in die Handlungsführung erforderte (*Briefe über Emilia Galotti*, in: *Der Philosoph für die Welt* [1775], 3. Brief; Braun 2, 55–58). Oder man müsse die uneingestandene Liebe Emilias zum Prinzen voraussetzen (*Zusatz* zum *Philosophen für die Welt*, 1. Theil [1775]; Braun 2, 59–61). Letztere Sichtweise nimmt später erneut Goethe ein, dessen von Riemer überlieferte Worte (4. März 1812) die Spekulationen über die weibliche Psyche knapp zusammenfassen (G 2, 714): »Das *proton pseudos* in diesem Stück sei, daß es nirgends ausgesprochen ist, daß das Mädchen den Prinzen liebe, sondern nur subintelligiert wird. Wenn jenes wäre, so wüßte man, warum der Vater das Mädchen umbringt. Die Liebe ist zwar angedeutet, […] zuletzt sogar ausgesprochen, aber ungeschickt, in ihrer Furcht vor des Kanzlers Hause: denn entweder sei sie eine *Gans*, sich davor zu fürchten, oder ein *Luderchen*. So aber, wenn sie ihn liebe, müsse sie sogar zuletzt lieber fordern zu sterben, um jenes Haus zu vermeiden.«

Soweit also die zeitgenössische Wahrnehmung noch von der Rezeption der *Miß Sara Sampson* geprägt ist, passt auf *Emilia Galotti* das von Nicolai mitgeteilte Wort des »Predigers Eberhard«, das Stück sei wie ein Rock »auf den Zuwachs gemacht, in den das Publicum noch hinein wachsen« müsse (an Lessing, 7.4.1772; B 11/2, 389). Auf der anderen Seite jedoch weist der Vergleich mit Shakespeare voraus auf die zukünftige Entwicklung des deutschsprachigen Dramas, deren Träger, die »Genies« des Sturm-und-Drang, nun

ihrerseits sich dem Lessingschen Maß entwachsen fühlen. Nunmehr bildet sich der Topos aus, Emilia Galotti sei das Werk des kontrollierenden Verstandes, dem es an poetischer Zauberkraft fehle. Das Urteil, das der junge Goethe Herder gegenüber äußert, wird zu einem Leitwort der Kritik: Alles an dem Stück sei »nur gedacht« (etwa 10. Juli 1772; HA Briefe 1, 133). Am wirkungsvollsten formuliert Friedrich Schlegel diesen Vorbehalt. Er verleiht ihm die sprachliche Form, die dann für Generationen das Bild vom Dichter des reinen Verstandes prägen wird: »Und was ist denn nun diese bewunderte und gewiß bewundrungswürdige *Emilia Galotti*? Unstreitig ein großes Exempel der dramatischen Algebra. Man muß es bewundern dieses in Schweiß und Pein produzierte Meisterstück des reinen Verstandes; man muß es frierend bewundern, und bewundernd frieren; denn ins Gemüt dringts nicht und kanns nicht dringen […]. Es ist in der Tat unendlich viel Verstand darin, […] ja sogar Geist und Witz. Gräbt man aber tiefer, so zerreißt und streitet alles, was auf der Oberfläche so vernünftig zusammenzuhängen schien. Es fehlt doch an jenem *poetischen* Verstande […]« (*Über Lessing*, 1797; KA 2, 116 f.).

Das Verhältnis von *Emilia Galotti* zur Dramatik des Sturm-und-Drang (vgl. Alt 1994, 258) lässt sich am Beispiel der Tragödien des jungen Schiller beleuchten. E. Schmidt zeigt ([4]1923, Bd. 2, 45 ff.) zahlreiche sprachliche Echos auf, Schiller »ahmt« das Gedrängte und Geschliffene des Dialogs nach, auch das Personal seiner frühen Stücke scheint zum Teil nach Lessings Figuren modelliert (vor allem in *Kabale und Liebe*, 1784). Umso mehr stechen die Unterschiede ins Auge. Wo Lessing auf die suggestive Kraft des understatement baut, arbeitet Schiller mit allen Mitteln der Übersteigerung. Dementsprechend ist die Motivation seiner Figuren mittels des psychologischen Modells, dem Lessing folgt, nicht mehr zu fassen (zur Tradition der hohen Tragödie in *Kabale und Liebe* vgl. Schön 2006; die Nähe zu Lessings Modell betont dagegen Košenina 1995).

Politische Rezeption. Die politische Problematik wird in dem breiten Strom der Rezensionen zumeist nicht eigens thematisiert (dazu Stern 1990, Bohnen in B 7, 868–871). Es scheint ein Konsens darüber geherrscht zu haben, dass Lessings Prinz seiner politischen Rolle nicht gerecht wird, weil er seine Leidenschaft zu Emilia nicht unter Kontrolle bringen kann (vgl. Moses Wessely; Braun 1, 391 ff.). Schwer zu entscheiden ist, wann die moralische Perspektive, aus der heraus man den Prinzen betrachtet, umschlägt in eine politische Interpretation, wann man also nicht mehr den »Menschen« Hettore Gonzaga, sondern das politische System, die absolutistische Regierungsform und die Rechtshoheit des Fürsten als Gegenstand der Anklage sieht, wobei prinzipiell zu beachten ist, dass auch Lessing den aufgeklärten Absolutismus für reformierbar hielt (im Sinn von Rechtssicherheit, Gewaltenteilung etc.). In einer bemerkenswerten »Anekdote« (von August Gottlob Meißner; *Deutsches Museum*, 2. Bd., 7. St., Juli 1777; Bauer 2004, 619 f.), die als Dialog zwischen einem »dramatischen Dichter« und einem kunstliebenden Herzog arrangiert ist, wird die doppelte »Erbitterung« gegen die »Wollust« der Fürsten (wegen ihrer Folgen) und gegen die intriganten »Schmeichler«, die ihre Herren zu Verbrechen verleiten, als der »Endzweck« des Stücks angegeben. Einerseits klingen geradezu revolutionäre Töne an, wenn der Dichter den Herzog warnt, Lessing habe zeigen wollen, wie schädlich es den Fürsten sein könne, ein Hettore Gonzaga zu werden, »wie fruchtlos all ihre gedungnen Leibwachen beym Zorn eines unschuldig beleidigten Odoardo wären« (620). Andererseits bestätigt die »Anekdote« den aufgeklärten Absolutismus, indem der fiktive Herzog die Drohung des politischen Dichters billigt und ihn an seinen Hof zu binden sucht. Ebenso ambivalent ist eines der seltenen Zeugnisse, das die Rezeption des Stücks durch einen Vertreter des Hochadels dokumentiert, nämlich die Anmerkungen des Prinzen August von Sachsen-Gotha und Altenburg in seinem Leseexemplar, die Unger (1999/2000) analysiert hat. Unger charakterisiert den Prinzen als einen liberalen Vertreter des aufgeklärten Absolutismus, der die Ideen der französischen Revolution befürwortete. Gerade weil er, so Unger, an der Möglichkeit einer systemimmanenten Beseitigung der Missstände festgehalten habe, habe er Lessings Kritik zurückgewiesen und zum Beispiel in dem Bösewicht Marinelli nicht einen Teil des Problems gesehen, sondern lediglich eine unglaubwürdige, ästhetisch misslungene Figur.

Ein politisches Verständnis bezeugen insbesondere auch private Äußerungen in Briefen. Mit »antidespotischem Groll« liest Nicolai das Drama und legt es als grimmige Satire gegen Fürstenwillkür aus (an Lessing, 7.4.1772; B 11/2, 390). Man bescheinigt dem Dichter »Kühnheit«, dieses Stück am Hof aufführen zu lassen, sei es ablehnend wie Reiske (an Ebert, 19.2.1773; Bauer 2004, 416, B 103) oder zustimmend und bewundernd wie Herder (an Heyne, 3.4.1772; Bauer 2004, 388 f., B 41). Herder gibt die politische Mahnung, die er in *Emilia Galotti* erkennt, brieflich sogar an die Fürsten weiter (an Prinz Peter Friedrich Wilhelm von Holstein-Gottorp, 4.4.1772; Bauer 2004, B 42; an Graf Friedrich Ernst Wilhelm zu Schaumburg-Lippe, 7.4.1772; Bauer 2004, B 43. – Zur politischen Rezeption vgl. Nisbet 2008, 657 f.).

Im Siebenunddreißigsten der *Briefe zu Beförderung der Humanität* (1794) veröffentlicht Herder dann seine hofkritische Lektüre des Stücks und verurteilt mit scharfen Worten das Verbrechen des Fürsten, das für ihn, den Täter, keine Folgen haben werde (37. Brief; Suphan 17, 183 f.). Goethe schließlich bringt aus dem Rückblick *Emilia Galotti* mit dem Zeitgeist in Zusammenhang, der die Französische Revolution heraufbeschwor. Er spricht (im 13. Buch von *Dichtung und Wahrheit* [1814]) zunächst davon, wie man im Drama dazu gelangt sei, die »höheren Stände herabzusetzen und sie mehr oder weniger anzutasten«, um dann fortzufahren: »Den entschiedensten Schritt jedoch tat Lessing in der ›Emilia Galotti‹, wo die Leidenschaften und ränkevollen Verhältnisse der höheren Regionen schneidend und bitter geschildert sind. Alle diese Dinge sagten dem aufgeregten Zeitsinne vollkommen zu« (HA 9, 569).

Quellen: Augustinus, hg. Andresen 2007; Batteux/J. A. Schlegel, T. 2, ⁵1770/1976; Leibniz 1765, übers. E. Cassirer 1915/1971 [*Nouveaux essais*]; Mendelssohn 1755 (JubA 1 [*Briefe über die Empfindungen*]) und 1756 (JubA 2, 147–155 [*Von der Herrschaft über die Neigungen*]); Montesquieu 1748, übers. K. Weigand 1965; Sulzer 1773/1974.

Literatur

zu Entstehung, Quellen und Kontext: Bohnen in B 7, 837–857; G 2, 700–708; E.M. Bauer (Hg.) 2004; Bergamaschi 2004; Bohnen in Bohnen 2006, 197–207 [Struensee]; Durzak in Battafarano (Hg.) 1992, 191–204 [Italien; Hinweis auf Lessings Machiavelli-Lektüre]; Frenzel ⁵1970, 762–765 [Virginia-Stoff]; Holenstein Weidmann 1994 [Struktur des Lukrezia-

und Virginia-Motivs]; Keitsch 2000; Maurer 1996; J.-D. Müller ²1993, 27–43; Nisbet 2008, 558 ff.; Nolte 1933 [Voltaires *Mahomet* als Quelle]; Petriconi 1953, 14–31 [Lucretia/Virginia: Motiv der verführten Unschuld]; Pockels 1809; Vail 1935 [Montianos *Virginia* als Quelle]; Woesler in Grucza (Hg.) 2001, 594–604 [Vergleich mit Patzkes *Virginia*].

zu Forschung: Alt 1994, 251–270; Guthke in G. Schulz (Hg.) 1975, 10–46 [Forschungsbericht]; Hatfield 1956; Nisbet 2008, 637–663; Sanna 1988; Steinmetz 1987.

politische Deutung: Barner u. a. ⁵1987, 200–220; E. M. Bauer 2004, 174–177; Durzak 1969; Eyck/Arens 2004 [›Öffentlichkeit‹ als Prinzip des Hofes]; Friedrich/Jannidis/Willems (Hgg.) 2006; Frömmer 2005; Grimm 1977, 162–183; Hanken 1996 [Maitressen am französischen Hof]; Hempel 2006, 68–85; Jung-Hofmann 1987; Kiesel 1979, 220–233; Lützeler 1971; Lützeler 1976 [zur marxistischen Lessing-Interpretation]; Mattenklott in Wuthenow (Hg.) 1980, 277–298; Maurer 1996; Mehring 1893/1963; R. Meyer 1973; Neuß 1989; Rilla ²1968, 263–293; Rüskamp 1984; Sanna 1988; Schulte-Sasse 1975; Sørensen 1984; M. Stern in Krebs/Valentin (Hgg.) 1990, 91–106; Ter-Nedden 1986, 164–237; Vierhaus 1984; Wilms 2002.

literatursoziologische Deutung: Eibl 1977; Eibl 1995, 97–111; Hempel 2006, 68–85; Kittler 1977; Saße 1988.

Geistesgeschichtliche Hermeneutik und philologischer Kommentar: Dilthey 1906/ ¹⁵1957; Th. Dreßler 1996, 245–321; Hillen 1970 [Demontage Odoardos]; Labroisse 1972; Stauf 2002; Steinmetz 1972 [Theodizee]; Ter-Nedden 1986 [Demontage Odoardos]; Ter-Nedden in Bultmann/Vollhardt (Hgg.) 2010 (im Druck) [Religionsphilosophie und –kritik]; Wierlacher 1973; von Wiese 1948/⁶1964; Wittkowski 1985.

zur »Schuld« Emilias: Th. Dreßler 1996, 259 ff.; Hatfield 1956; Lamport 1990; Nagel 1987 [Lessing vs. Augustinus].

Emilias »Verführbarkeit«. Psychologie im 18. Jahrhundert: M. Albrecht in M. Albrecht/Engel (Hgg.) 2000, 13–35 [das moralische Paradox des »Handelns wider besseres Wissen«]; Alt 1994, 251–270; Bell 1996; Fick 1993; Kettner 1904, 220–225 [Leibniz]; Košenina 1995, 201–219; Lamport 1981, 158–192; Riedel in Schings (Hg.) 1994, 410–439 [Sulzer]; R. Robertson 2009; E. Schmidt Bd. 2, ⁴1923, 1–48; Zeuch in Fischer-Lichte/Schönert (Hgg.) 1999, 69–89.

psychoanalytische und feministische Ansätze: Bonn 2008, 44–92; Denneler 1987; Frömmer 2005; Gustafson 1995 [Anwendung von Kristevas Theoriemodell]; Kublitz 1989; P.H. Neumann 1977, 37–50; Reh 1985; Prutti 1994; Prutti 1996; Weigand 1967, 39–50 (zuerst 1929); Wosgien 1999, 194–240 [Frauenbild, Unschuldsdiskurs]; Wurst 1988; Wurst 1990.

diskursanalytische und dekonstruktivistische Ansätze: Bonn 2008, 44–92; Heeg 2000, 263–299; Wild 2000; Wild 2003, 263–356.

zur Form des Dramas: R. Meyer 1973; K.-D. Müller 1972; Nolte in G. und S. Bauer (Hgg.) 1968, 214–244; J. Schröder 1972, 189–222; 385–389.

zu Aufnahme und Wirkung: zeitgenössische Rezeption: E.M. Bauer 2004; Braun 1 und 2; B 7, 871–926; G 2, 709–714; Henning 1981; J.-D. Müller ²1993; Steinmetz 1969 [Dokumentsammlungen]; U. Schulz 1977, 43–51 [Theateraufführungen]; Goethe 1772 (HA Briefe 1); Goethe 1814 (HA 9 [*Dichtung und Wahrheit*, 13. Buch]); Herder 1794 (Suphan 17, 182–188; vgl. auch B 7, Nr. 30, 921–923 und Nr. 32, 925 f.); Fr. Schlegel 1797 (KA 2, 100–125). – *Literatur:* Barner 1983; Barner 2001, bes. 26–32 [Goethe]; Bohnen in B 7, 857–871; Fick 1996a [Rezension zu Košenina]; Fries in Lütteken/Mahlmann-Bauer (Hgg.) 2009, 429–456 [Bodmers Lessingparodien]; Grimm 1977, 162–183; Grimm in Barner u. a. ⁵1987, 355–381; Košenina 1995; Niefanger in Lütteken/Mahlmann-Bauer (Hgg.) 2009, 410–428 [Bodmers *Odoardo Galotti*]; Nisbet 2008, 661–663 [Bühnenerfolg; literaturgeschichtliche Wirkung]; Rüskamp 1984; Schön in Friedrich/Jannidis/Willems [Hgg.] 2006, 377–403; Unger 1999 (2000).

Fragmente eines Ungenannten und Fragmentenstreit

Entstehung und Kontext

Erstdruck: 1774 veröffentlicht Lessing das erste *Fragment eines Ungenannten*, das er »Von Duldung der Deisten« nennt. Publikationsrahmen sind die Beiträge *Zur Geschichte und Litteratur. Aus den Schätzen der Herzoglichen Bibliothek zu Wolfenbüttel*, eine Schriftenreihe, die zu seinen Bibliotheksprojekten gehört. Zusammen mit der »Rettung« des Adam Neuser bildet *Von Duldung der Deisten* den dritten »Beitrag«. 1777 folgen als vierter »Beitrag« weitere fünf »Fragmente«: *Ein Mehreres aus den Papieren des Ungenannten, die Offenbarung betreffend*. Die Fragmente beantwortet Lessing Punkt für Punkt in den (im Inhaltsverzeichnis zum vierten »Beitrag« so genannten) *Gegensätzen des Herausgebers*. Das letzte Fragment *Von dem Zwecke Jesu und seiner Jünger* veröffentlicht er als selbständige Publikation im Jahr 1778. Alle Fragmente erscheinen im Verlag der »Buchhandlung des Fürstlichen Waysenhauses« in Braunschweig, das letzte jedoch ohne diesbezügliche Abgaben. Auch die Streitschriften gegen Goeze, *Eine Parabel* (März 1778), die *Axiomata* (März 1778), die elf *Anti-Goeze* (April 1778 bis Juli 1778), erscheinen in diesem Verlag, wobei hier regelmäßig der Name des Verfassers und des Verlags auf dem Titelblatt fehlen. Die *Nötige Antwort auf eine sehr unnötige Frage* (August 1778), ebenfalls gegen Goeze gerichtet, veröffentlicht Lessing in Hamburg, um das inzwischen von der Braunschweiger Regierung ausgesprochene Publikationsverbot zu umgehen, gibt jedoch als Verlagsort Wolfenbüttel an. Die *Erste Folge* der *Nötigen Antwort* (Sept. oder Okt. 1778), mit der die Reihe der Streitschriften gegen Goeze endet, erscheint in Hamburg, nunmehr ohne Nennung von Verlag und Druckort. – Zugrunde gelegt werden die Texte in B 8 und B 9; der dortige Kommentar (von Arno Schilson) bietet detaillierte Angaben zur Textüberlieferung und Druckgeschichte.

Die »Fragmente« sind Bruchstücke aus einem umfangreichen Werk von Hermann Samuel Reimarus (1694–1768), der *Apologie oder Schutzschrift für die vernünftigen Verehrer Gottes*. Rei-

marus hat dieses Werk nie veröffentlicht, in Lessings Besitz ist eine Handschrift, die jedoch nicht die endgültige Fassung festhält. – Reimarus ist ein angesehener Hamburger Bürger, er ist Gelehrter, Orientalist und bekleidet eine Professur (für Hebräisch und orientalische Sprachen) am Akademischen Gymnasium. In der *Apologie*, die er zunächst »Gedancken von der Freyheit eines vernünftigen Gottesdienstes« nennt, betreibt er eine radikale Bibel- und Kirchenkritik (s. S. 415 ff.). An eine Publikation denkt er nicht, in dem »Vorbericht« sagt er den Grund: Noch kann er nicht auf Toleranz hoffen (B 8, Nr. 1, 852 f.). Sowohl Reimarus als auch Lessing haben mehrere Fälle vor Augen, wo die freimütige Äußerung offenbarungskritischer Positionen zu Verfolgung und Verbannung führte (z. B. Johann Lorenz Schmidt, der Übersetzer der sog. Wertheimer Bibel [1735], den Lessing als vermeintlichen Verfasser der Fragmente vorschützt [B 8, 116 und Erläuterung ebd., 861] und Carl Friedrich Bahrdt, der gleichfalls radikal deistische Anschauungen vertritt. Seine Übersetzung des Neuen Testaments, *Die neusten Offenbarungen Gottes in Briefen und Erzählungen*, wird am 26.2.1778 durch einen Reichshofratsbeschluss verboten. Er findet mit seiner Familie im preußischen Halle Asyl. Goeze droht Lessing mit dessen Schicksal: vgl. B 9, 867 f. sowie den ersten *Anti-Goeze*, B 9, 95 und Erläuterung, 878 [zu 95, 25]). Lessing trägt dieser Situation Rechnung, durchweg erhält er die Fiktion aufrecht, er habe das Manuskript, aus dem er die einzelnen Passagen mitteilt, in der Wolfenbütteler Bibliothek gefunden, niemals gibt er den Namen des Verfassers preis. Erst 1814 klärt der Sohn Johann Albert Hinrich Reimarus das Rätsel der Autorschaft endgültig auf, als er der Hamburger Stadtbibliothek eine Handschrift der *Apologie* vermacht. Das Manuskript, aus dem Lessing die »Fragmente« nimmt, ist nach der Konfiskation im Zusammenhang mit dem Publikationsverbot verschollen. Die erste Gesamtausgabe der *Apologie* erscheint 1972 (Herausgeber: Gerhard Alexander). – Vermutlich kommt Lessing 1769/1770 in den Besitz der früheren, wahrscheinlich um 1750 entstandenen Fassung (Reimarus hat bis zu seinem Tod im Jahr 1768 an dem Werk gearbeitet).

Er ist »Dramaturg« am Hamburger Nationaltheater und verkehrt in den Hamburger gelehrten Kreisen, Johann Albert Hinrich ist sein Arzt, er benutzt dessen Bibliothek, mit der Schwester Elise Reimarus wird ihn vor allem in seinen letzten Lebensjahren eine Freundschaft verbinden. Man vermutet, dass die Geschwister, die der Vater außer einigen sehr nahestehenden Freunden als einzige in sein Geheimnis eingeweiht hat, Lessing das Manuskript überließen. Bereits 1771 tritt er mit Voß in Verhandlung wegen der Drucklegung des ungekürzten Textes, doch da er keine eindeutige Zustimmung der Zensurbehörde erhalten kann, sieht er von dem Vorhaben ab. 1773 finden Beratungen mit den Geschwistern statt, die ebenfalls gegen eine Veröffentlichung des gesamten Werks sind (vgl. die Briefzeugnisse bei Alexander 1972 a, 162 f.), im Lauf des Jahres 1776 scheint dann der Plan, Fragmente daraus zum Druck zu bringen, Konturen angenommen zu haben. Die Publikation in dieser Form wird auch von den Geschwister gutgeheißen, wie einem Schreiben der Elise Reimarus an ihren Schwager August von Hennings (20. August 1776) zu entnehmen ist, die Lessings Vorgehen als sehr geschickt lobt. Er nutzt dabei die Befreiung von der Zensur, die ihm generell für die »Beiträge« gewährt wurde. Umgehung der Zensur bestimmt auch die Veröffentlichungstaktik im anschließenden Fragmentenstreit, in dem Lessing seine Gegenschriften im »hauseigenen« Verlag herausbringt.

Im Lauf des Fragmentenstreits gibt Lessing selbst an, was ihn zur Veröffentlichung bewogen hat. Es ist die Diskrepanz zwischen der weiten Verbreitung, die die Ideen des Reimarus in den Köpfen der Leute inzwischen gefunden haben, und dem von der offiziellen Kirche aufrecht erhaltenen Verbot, diese Ideen zu artikulieren und über sie zu diskutieren. Es existieren Abschriften der *Apologie*, man rät auf den Namen des Reimarus (Elise Reimarus an Lessing, 13. März 1779; Hamann an Herder, 13. Okt. 1777; vgl. Alexander 1972 a, 163), das deistische Gedankengut dringt allenthalben in die Religions- und Gottesvorstellungen ein, längst wirken die Thesen im Verborgenen. Lessing spricht vom Gift, das im Finstern schleiche (1. *Anti-Goeze*, B 9, 94), er weist darauf hin, dass Abschriften zirkulieren (6. *Anti-Goeze*, B 9, 211). In dieser Lage bedeutet für ihn die weitere Verheimlichung des Werks Heuchelei. Nunmehr sei die Zeit reif geworden für »Duldung«, für Toleranz, alles andere bezeuge die Unfähigkeit, die Entwicklung, die stattfindet, wahrzunehmen und angemessen auf sie zu reagieren (vor allem: 7. *Anti-Goeze*, B 9, 345–347). Doch gelingt es Lessing nicht, den Zwiespalt mittels der Veröffentlichung zu lösen, vielmehr erfährt er ihn jetzt am eigenen Leibe. Die besten Freunde, Nicolai und Mendelssohn, hatten dringend von der Publikation abgeraten (1776; vgl. B 8, 888 und 855 f., Nr. 6). Es beginnt das Rätselraten um den Verfasser, den Geschwistern Reimarus ist es sehr ernst damit, dass der Name nicht bekannt wird, nach wie vor müssen sie eine Rufschädigung befürchten. Ein Leitmotiv des Fragmentenstreits ist die Irreführung des Publikums in der Verfasserfrage und die Zerstreuung von Gerüchten, in denen Reimarus genannt wird. Vor allem der Sohn Johann Albert Hinrich verschont Lessing nicht mit Vorwürfen (an Lessing, 19. März 1778 und 16. Juni 1778). Das Ende ist bekannt: Am 6. Juli 1778 ergeht der Kabinettsbefehl des Herzogs Karl an den Direktor der Waisenhausbuchhandlung, der weitere Publikationen über die »Fragmente« untersagt (Dokumente: Lessings Briefwechsel mit dem Herzog B 12, Nr. 1365, 1368, 1371, 1383, 1387, 1390 und Kommentar, 493 f.). Dass es zu dieser Eskalation kommt und die Regierung sich einschaltet, daran trägt Goeze, der orthodoxe Theologe und Hauptgegner Lessings, einen großen Teil der Schuld. Von Anfang an setzt er auf das Argument, dass Lessings Veröffentlichungen gefährlich für das Gemeinwesen seien, dass die Angriffe auf die Religion dem Frieden schadeten (vgl. Schilson in B 9, 789 ff. und 866–868; s. S. 434). Allerdings zeigt Nisbet in seiner Lessing-Biographie (2008, 735–737), dass das Publikationsverbot nicht von dem – kränklichen – Herzog, sondern von Mitgliedern des Geheimen Rats ausgegangen war; obwohl Lessing sich nicht an die Vorschriften hielt, wurden keine weiteren Schritte mehr gegen ihn unternommen, vielmehr wurden die beschlagnahmten Exemplare von *Zur Geschichte und Litteratur* bald wieder zum Verkauf freigegeben – kurz: »Das Verhalten des Herrscherhauses entsprach seiner besten Tradition«; bereits während des Streits um die Wertheimer Bibel hatte es dem verfolgten Übersetzer, Johann Lorenz Schmidt, Zuflucht gewährt (ebd., 736).

Johann Melchior Goeze (1717–1786) gilt als Vertreter der Spätorthodoxie (s. S. 415). Seit 1755 ist er Hauptpastor an der Katharinenkriche in Hamburg, daneben ist er (von 1760 bis zur Amtsniederlegung 1770) Senior des Ministeriums und so der Wortführer der lutherischen Stadtgeistlichkeit. Lessing pflegt in Hamburg geselligen Umgang mit ihm. Er schätzt ihn als Gelehrten, Goeze hat z. B. ausgezeichnete Kenntnisse früher Bibeldrucke und eine bedeutende Bibelsammlung. Bereits vor dem Fragmentenstreit ist er in manche Auseinandersetzung verstrickt, in der er vehement für die Reinhaltung der Lehre eintritt, ohne sich immer durchsetzen zu können (vgl. den Streit mit dem liberalen Theologen Julius Gustav Alberti über das Bußgebet: B 9, 774–776 und B 11/1, 958–968). Dies trägt ihm den Ruf des »eifernden« Theologen ein, der sich dem neuen, modernen Denken verschließt.

Als zweites Motiv für die Reimarus-Publikation gilt Lessings Unzufriedenheit mit den Neologen, die vor allem er provozieren und quasi wachrütteln wolle (zur theologischen Strömung der »Neologie« s. S. 418–420). Schon früh erhebt Lessing Einspruch gegen die Art, wie man in der Neologie »Vernunft« und »Offenbarung« zu versöhnen suche (Cramer-Kontroverse; vgl. Kap.: »Literaturbriefe«). Als markantes Zeugnis gilt sodann der Brief an Mendelssohn vom 9. Januar 1771, in dem Lessing von einem Wandel in seiner Einstellung zu Religionsfragen spricht (B 11/2, 144 f.): »Doch ich besorge es nicht erst seit gestern, daß, indem ich gewisse Vorurteile weggeworfen, ich ein wenig zu viel mit weggeworfen habe, was ich werde wiederholen müssen. Daß ich es zum Teil nicht schon getan, daran hat mich nur die Furcht verhindert, nach und nach den ganzen Unrat wieder in das Haus zu schleppen.« Immer wieder prangert er die »Halbheit« im Denken der Neologen an, sie seien schlechte Philosophen und nur halbherzige Christen, sie seien weder vernünftig noch fromm. Mit ihrem Anspruch auf ein »vernünftiges Christentum« stünden sie in Gefahr, das philosophische Denken in die Grenzen *ihrer* Glaubenslehre einzuschränken (vgl. Schilson in B 8, 849–52; die wichtigsten Zeugnisse sind die folgenden Briefe Lessings an den Bruder Karl: 8. April 1773, B 11/2, 540; 2. Februar 1774, B 11/2, 614–616; 20. März 1777, B 12, 51 f.). – Die Vertreter der Neologie haben sich im Fragmentenstreit kaum zu Wort gemeldet, erst

ganz spät greift Johann Salomo Semler ein (vgl. B 9, 719 und Kommentar, 1342 ff.).

Ein drittes Motiv hängt mit einem in Vergessenheit geratenen Kontext zusammen, den Friedrich Vollhardt (2002; vgl. auch Pons 1980) wieder zugänglich macht, nämlich mit der antideistischen Apologetik und den offenkundigen Mängeln ihrer Beweisstrategie, aufgrund derer sie geradezu kontraproduktiv wirkte (Apologetik: theologische Verteidigungsschriften). In einem *Bibliolatrie* überschriebenen Entwurf aus dem Nachlass (1779) berichtet Lessing von seinem langjährigen Interesse, mit dem er das Hin und Her der Schriften *für* und *wider* die Religion verfolgt habe, und deutet seine Enttäuschung über die Unzulänglichkeit der jeweiligen Argumente an (B 10, 171 f.; vgl. Vollhardt 2002, 30–32). Eben diese Enttäuschung, so Lessing in den »Gegensätzen des Herausgebers«, sei ein Grund für die Veröffentlichung der »Fragmente« gewesen: »Wahrlich, er soll noch erscheinen, der Mann, welcher die Religion so bestreitet, und der, welcher die Religion so verteidigt, als es die Wichtigkeit und Würde des Gegenstandes erfodert.« (B 8, 314). Diesen Kontext und seine Quellen, deren Erschließung von Vollhardt begonnen wurde, haben wir hier nicht mehr berücksichtigt.

Übersicht über die wichtigsten Texte

Mit der ersten Reaktion auf die »Fragmente« und die *Gegensätze* beginnt der »Fragmentenstreit«. Goeze greift nicht sofort in die Debatte ein, der großen Kontroverse mit ihm liegen die Streitgänge mit den sog. kleineren Respondenten voraus. Den Verlauf des Fragmentenstreits zeichnet Schilson umfassend und übersichtlich nach (B 8 und B 9). Wir beschränken uns auf die Auseinandersetzung mit Goeze, geben hier jedoch eine Kurzcharakteristik derjenigen Antworten auf die anderen Gegner, die für das Lessing-Bild konstitutiv geworden sind.

– *Über den Beweis des Geistes und der Kraft.* Lessing antwortet mit dieser Schrift auf den Einwurf von Johann Daniel Schumann, der den Fragmentenstreit eröffnet: *Über die Evidenz der Beweise für die Wahrheit der christlichen Religion* (B 8, 355–435). Schumanns Widerlegung des zweiten Fragments erscheint (vermutlich) im September 1777 (B 8, 966), Lessings Antwort folgt wenige Wochen später. – Der zentrale Satz der kurzen, thesenartigen Schrift lautet: »*zufällige Geschichtswahrheiten können der Beweis von notwendigen Vernunftwahrheiten nie werden*« (B 8, 441). Lessing wendet sich gegen die gängige, auch von Schumann vertretene Auffassung, »Glaube« bedeute das simple Für-Wahr-Halten dessen, was in der Bibel berichtet wird. Diese Identifikation von Glaubensinhalt und biblischer Erzählung streicht er durch. Für ihn sind alle geschichtlichen Ereignisse nichtssagend, wenn ihnen der Geist des Menschen nicht eine Bedeutung verleiht. Diese Bedeutung ist (für ihn) unabhängig von der Faktizität des Ereignisses. Deshalb kann auch kein historischer Offenbarungs-Beweis irgendeine Überzeugungskraft mit sich führen. Überzeugung beruht für ihn allein auf Gründen der Sinngebung. Dieses »Plus« an Bedeutung, Sinn, »innerer Wahrheit«, auf das hin die biblische Geschichte transparent werden muss, bezeichnet Lessing mit dem Terminus »notwendige Vernunftwahrheiten«. Die Inhalte der Religion haben verbindlichen Charakter, sie sind nicht subjektiv beliebig. Über das Verbindliche entscheidet die Vernunft. Lessing erläutert die Kluft zwischen »Geschichtswahrheit« und »Vernunftwahrheit« am Beispiel der Auferstehung Jesu. Selbstverständlich gilt für den orthodoxen Theologen: Das Faktum der Auferstehung beweist die Gottgleichheit Jesu. Lessing aber fragt: warum? Die Auferstehung ist »Geschichte«, durch historische Zeugnisse belegt. Auf der anderen Seite steht die Vernunfterkenntnis, stehen die metaphysischen und moralischen Begriffe, die »Grundideen« vom »Wesen der Gottheit« (B 8, 443), die notwendigen Charakter besitzen. Sie schließen für Lessing die Vorstellung, ein Mensch sei Gott gleich gewesen, aus. Er sieht keine Vermittlung zwischen dem »Glauben« von einst, für ihn auch nicht mehr als ein »Für-Wahr-Halten« von Wundern, und der vernünftigen Gotteserkenntnis.

– *Das Testament Johannis. […] Ein Gespräch.* Lessing veröffentlicht den Dialog kurz nach der Beweisschrift (1777). Den Zusammenhang beider Texte markiert er durch Querverweise. Im Mittelpunkt steht das christliche Liebesgebot (genauere Analyse bzw. Einordnung vgl. Kap.: Spinoza-Gespräche, S. 524).

– *Eine Duplik.* Die Schrift ist Lessings Antwort auf die Gegenschrift von Johann Heinrich Reß *Die Auferstehungsgeschichte Jesu Christi* (Novem-

ber oder Dezember 1777); sie erscheint im Januar 1778. – Die *Duplik* enthält das vielleicht am häufigsten zitierte Wort Lessings, das ihn als »Wahrheitssucher« charakterisiert: »Wenn Gott in seiner Rechten alle Wahrheit, und in seiner Linken den einzigen immer regen Trieb nach Wahrheit, obschon mit dem Zusatze, mich immer und ewig zu irren, verschlossen hielte, und späche zu mir: wähle! Ich fiele ihm mit Demut in seine Linke, und sagte: Vater gieb! die reine Wahrheit ist ja doch nur für dich allein!« (B 8, 510). Lessing hält dem orthodoxen Wissen um die Wahrheit das unorthodoxe Suchen nach der Wahrheit entgegen. Seine Sätze formulieren auf geradezu klassische Weise den Neuansatz des modernen Denkens. Sie heben Macht und Ohnmacht der menschlichen Vernunft zugleich ans Licht. Ohnmacht: Lessing rügt die Sicherheit des ›Rechtgläubigen‹. Er mahnt Bescheidenheit an. Er zieht der Vernunft Grenzen: Kein Mensch dürfe sich im Besitz der Wahrheit dünken. Die Vernunftkritik setzt jedoch die Emanzipation der Vernunft voraus, wie umgekehrt die Glaubensgewissheit eines Reß auf der Überzeugung von der Schwäche der menschlichen Vernunft beruht. Diese Schwäche, deren Gegenstück der »Glaube« ist, erkennt Lessing nicht mehr an. Im unermüdlichen Streben eines Menschen nach der Wahrheit sieht er dessen Stärke. Die »reine Wahrheit« ist zwar nicht für den Menschen (B 8, 510), aber die Vernunft kann doch »Wahres« und Wesentliches erkennen, sie kann sich der »Wahrheit« nähern. (Anders akzentuiert Wieckenberg 2010: s. S. 426).

Bei der Analyse der Kontroverse mit Goeze konzentrieren wir uns auf die folgenden Lessingschen Schriften (kompletter Überblick über den Verlauf des Streits: B 9, 760–767; Nisbet 2008, 714–733):

– *Eine Parabel.* Mit diesem in drei Teile gegliederten Text (der eigentlichen »Parabel« folgen *Die Bitte* und *Das Absagungsschreiben*; veröffentlicht März 1778) eröffnet Lessing die Polemik gegen Goeze, wobei er erst im *Absagungsschreiben* den maßlos scharfen Ton anschlägt, der fortan den Stil der Debatte bestimmt. Er reagiert damit auf die Brandmarkung als potentieller Aufrührer, die in Goezes Angriffen enthalten ist (*Etwas Vorläufiges gegen des Herrn Hofrats Leßings mittelbare und unmittelbare feindselige Angriffe auf unsre allerheiligste Religion, und auf den einigen*

Lehrgrund derselben, die heilige Schrift, Nr. 1 und 2; Dezember 1777 und Januar 1778). – Die »Parabel« ist die poetischste von Lessings Äußerungen im Fragmentenstreit. Das geschichtlich gewachsene Christentum wird mit einem Palast verglichen, an dem Jahrhunderte lang gebaut wurde. Die Analogie zwischen »Gedankengebäude, Lehrgebäude« und realer Architektur wird im 18. Jahrhundert oft gezogen; jüngst hat man einen intertextuellen Bezug von Lessings »Parabel« zu einer Diderot-Passage entdeckt (Matuschek 1997).

– *Axiomata, wenn es deren in dergleichen Dingen giebt*. Goeze wirft in *Etwas Vorläufiges* (I) Lessing vor, er habe seine Thesen »alle als lauter Axiomen dahin gepflanzet« (B 9, 13), dieser antwortet mit den »Axiomata«. Die Gegenschrift ist zusammen mit der »Parabel« entstanden (Januar 1778), sie erscheint ebenfalls im März 1778. Lessing fasst hier seine Argumente sachlich zusammen. (Zum Beziehungsreichtum des Titels und des Mottos aus Wolffs lateinischer Logik s. Scattola 2010).

– *Nötige Antwort auf eine sehr unnötige Frage*, veröffentlicht August 1778. Im zweiten Stück von *Leßings Schwächen* (erschienen Juni 1778) richtet Goeze an Lessing die Frage, was er unter der christlichen Religion verstehe und zu welchen Glaubensartikeln er sich bekenne (B 9, 370 ff.). Mit seiner Antwort führt Lessing die in den *Axiomata* begonnene Sach-Diskussion weiter, die in den *Anti-Goeze* (Nr. 1 bis 11) weitgehend der Polemik gewichen war. Eine Fortsetzung erscheint im September oder Oktober 1778 als *Der nötigen Antwort [...] Erste Folge*; Goeze hatte im dritten Stück von *Leßings Schwächen* (August 1778) die *Nötige Antwort* als unzureichend zurückgewiesen. Mit dieser Gegenschrift endet die Kontroverse.

Die lutherische Orthodoxie – Das Begriffsgerüst der theologischen Diskussion

Die lutherische (altprotestantische) Orthodoxie bildet die Folie für Lessings Religionskritik. Manche seiner Vorstellungsmuster sind nicht verständlich ohne diesen Hintergrund. Unter altprostestantischer Orthodoxie versteht man die nachreformatorische evangelische Theologie (RGG). Als »Anfangsjahr« der orthodoxen Zeit gilt das Jahr des Augsburger Religionsfriedens (1555). Die ›Blütezeit‹ der Orthodoxie ist das 17. Jahrhundert. Im 17. Jahrhundert entstehen, nach der Trennung der Konfessionen (Trennung in Lutheraner und Reformierte), die großen theologischen Lehrbücher, in denen die Inhalte des evangelischen Glaubens systematisiert werden. Im Blick auf das 18. Jahrhundert spricht man von »Spätorthodoxie«. Die Orthodoxie als Bewahrerin der ›reinen Lehre‹ gerät unter den Druck konkurrierender theologischer Strömungen, z. B. der Neologie oder des Pietismus.

In den Compendien der altprotestantischen Theologie wird die christliche Religion als ein Lehrgebäude vorgetragen. Zwischen Theologie und Religion wird nicht unterschieden. Lessing hat wohl noch aus einem solchen theologischen Werk gelernt. Leonhart Hutters *Compendium Locorum Theologicorum* von 1610 (mit »loci« sind die »Glaubensartikel« gemeint) war ein ›Grundbuch‹ der sächsischen Fürstenschulen; auch in St. Afra wurde danach unterrichtet. Aus dem bekannten Lob, das er der Orthodoxie spendet, geht hervor, dass es diese Systembildung, die Errichtung eines theologischen Gedankengebäudes ist, die er bewundert. Er schreibt an seinen Bruder Karl über das »alte Religionssystem« (2. Februar 1774; B 11/2, 615): »Ich weiß kein Ding in der Welt, an welchem sich der menschliche Scharfsinn mehr gezeigt und geübt hätte, als an ihm.«

Theologie (und Religion) als Zusammenhang von Glaubenslehren: Die wichtigsten Themen sind die Lehre von Gott und von der Welt als Schöpfung Gottes, vom Menschen, von der natürlichen Erkenntnis Gottes und der Offenbarung, vom Sündenfall; sodann die Christologie und Soteriologie: die Lehre von Jesus als dem Sohn Gottes und die Lehre von der Erlösung. Es schließt sich die Lehre von der Kirche (Ekklesiologie) an. Besondere Bedeutung kommt der Rechtfertigungslehre (Satisfaktionslehre) zu. Sie steht im Zusammenhang mit der Lehre von der natürlichen Gottesfeindschaft des Menschen. Mit dem Sündenfall habe der Mensch das Vermögen verloren, von sich aus die Gebote Gottes zu erfüllen (Dogma der Erbsünde). Die Rede ist vom »Verderbnis« der menschlichen Natur (und Vernunft) und von der Knechtschaft des Willens. Nach lutherischer Lehre ist der Mensch Sklave seiner »Begierden«, d. h. egoistischen Neigungen. Er wäre unrettbar dem gerechten Zorn Gottes und damit der Verdammung ausgeliefert, wenn Gott nicht in seinem Sohn die Strafe für die Sünde auf sich genommen hätte. Im Glauben an den Gekreuzigten, so besagt es die Rechtfertigungslehre, eignet sich der Mensch das Verdienst Christi zu. Er ist gerechtfertigt allein durch den Glauben, nicht durch irgendwelche Taten und gute Werke. Nicht durch sich selbst kann der Mensch zu Gott gelangen. Auch der Glaube ist, wie die Heilstat Gottes, ein Erweis der »Gnade«. Die menschliche Natur ist machtlos in »göttlichen Dingen«. Der Glaube ist eine Wirkung des Hl. Geistes, er ist eine übernatürliche seelische Bewegung. In ihm ist das natürliche Böse überwunden. Die Entgegensetzung von menschlicher Natur und Gottesliebe, von Natur und Gnade, ist ein Hauptmotiv der lutherischen Orthodoxie, das viele Lehren miteinander verbindet (die Lehren von Schöpfung, Sündenfall und Erbsünde, Erlösung, Offenbarung, vom Glauben an sie als Gnadenwirkung, die Christologie und Trinitätslehre). Lessing, so deuten es seine Äußerungen an, sieht in dieser Entgegensetzung den Grundgedanken, der dem »alten Religionssystem« Einheit und innere Konsequenz verleiht. Immer wieder hebt er ins Bewusstsein, dass die Kluft zwischen der ›Natur‹ (incl. der menschlichen Vernunft) und der Sphäre Gottes (resp. des Glaubens) den ›Angelpunkt‹ lutherischer Lehre bildet. In den »Literaturbriefen« (49. Brief) formuliert er die Rechtfertigungslehre: »daß alle Rechtschaffenheit, deren ein natürlicher Mensch fähig ist, ohne Glauben vor Gott nichts gelte« (B 4, 606). Stelle man sich auf den Standpunkt der orthodoxen Religionslehre, so sei zwischen menschlicher »Tugend« und dem, was vor »Gott angenehm machen könne«, zu unterscheiden. Durch die Kluft sieht Lessing den Geheimnischarakter der (christlichen) Religion begründet. Die ›Offenbarung‹ Gottes übersteige den Erkenntnishorizont des (›gefallenen‹) Menschen. Der Glaube an sie – d.h.: der Glaube an die Erlösung von der Sünde durch Jesus – sei Wirkung der »Gnade«, er sei der »Natur« entgegen. Lessing mokiert sich über das Bestreben der theologischen Neuerer, den Glauben durch »Beweise« abzusichern und dadurch ›vernünftig‹ zu machen. Die Dimension des Übernatürlichen gehe verloren: »Sie haben so viel dringende Gründe des Glaubens, so viel unumstößliche Beweise für die Wahrheit der christlichen Religion an der Hand, daß ich mich

nicht genug wundern kann, wie man jemals so kurzsichtig sein können, den Glauben an diese Wahrheit für eine übernatürliche Gnadenwirkung zu halten« (*Des Andreas Wissowatius Einwürfe wider die Dreieinigkeit*, B 7, 578). – Goeze, der Vertreter der Spätorthodoxie, fasst die wesentlichen Glaubenslehren, die den Inhalt der lutherischen Religion ausmachen, wie folgt zusammen (nach Schultze 1962, 204f.): »Die Lehre von der Trinität; […]/ von der Kraft des Wortes Gottes;/ von der Kraft der Sakramente […];/ von der Bekehrung eines Sünders zu Gott;/ von der Rechtfertigung sola gratia et sola fide [allein durch die Gnade und den Glauben], ohne daß die besten Werke der Menschen dazu helfen könnten;/ von der Genugtuung Christi für uns und der Erfüllung des Gesetzes durch ihn;/ von der Allgemeinheit der Gnade Gottes.«

Dass die Darstellung der christlichen (und jeder anderen) Religion ein in sich stimmiges System von ›Lehren‹ ergibt bzw. ergeben muss, darin sind sich Lessing und seine Gegner einig. Lessing spricht von dem »Lehrbegriff« der Religion, der aus der Bibel zu ziehen ist, Johann Daniel Schumann, einer der Kontrahenten im »Fragmentenstreit«, spricht gleichfalls von dem »zusammenstimmenden Lehrbegriff« (B 8, 386). Die christliche Religion liefere »ein System von göttlichen Wahrheiten« (B 8, 384), die er wie folgt bestimmt (B 8, 385): »die Unsterblichkeit der Seele, die besondere Vorsorge Gottes, das Verderben der menschlichen Natur, die Strafbarkeit der Sünde, ein solches Mittel der Begnadigung, welches weit außerhalb der Sphär [!] menschlicher Begriffe liegt, die Nichtigkeit der Welt, die Auferstehung nebst dem allgemeinen Weltgericht, die Vergeltungen der Zukunft.« Jesu Tod steht im Mittelpunkt. Schumann fährt fort: Jesus »machte sein Leiden und seinen Tod zur Hauptabsicht seiner göttlichen Sendung, und zum Mittelpunkt, worin sich alle seine Lehren und Vorschriften vereinigen müßten« (B 8, 385).

Zwei eng miteinander verknüpfte Probleme sind in der altprotestantischen Theologie virulent: das Verhältnis von Vernunft und Offenbarung und das Verhältnis von Dogma und Hl. Schrift. In der Orthodoxie wird die Offenbarung Gottes mit der Hl. Schrift identifiziert (die Hl. Schrift umfasst das AT und die Schriften des NT: die vier Evangelien, die Offenbarung des Johannes, die Apostelgeschichte, die Apostelbriefe). Die Hl. Schrift »enthält« aus dieser Sicht nicht das Wort Gottes, sondern sie *ist* es. Die Bibel ›offenbart‹ unmittelbar Gottes Handeln. Das Dogma von der Verbalinspiration bildet sich aus. Es besagt, dass der Hl. Geist nicht nur allgemein die menschlichen Verfasser der Bibel erleuchtete (»inspirierte«), sondern jedes Wort ihnen einzeln eingegeben hat. Das Dogma stellt den übernatürlichen Charakter der Hl. Schrift sicher. Sie ist nicht Menschenwerk. Sie trägt nicht die Spuren der menschlichen Schwäche und Bosheit. Von der Offenbarung der Schrift wird des Weiteren eine natürliche (allgemeine) Offenbarung unterschieden. Sie erging an die ersten Menschen im Paradies, die durch das Licht der Vernunft zur rechten Gotteserkenntnis gelangen konnten. Mit dem Begriff der »natürlichen Offenbarung« wird der Bezug zur Philosophie hergestellt. Die »allgemeine (natürliche) Offenbarung« ist Thema der »natürlichen Theologie«. Das Faktum wird reflektiert, dass Grundbegriffe der Offenbarung auch außerhalb der biblischen Überlieferung auftreten (Gott, Seele, Unsterblichkeit, Gewissen, Jenseits etc.). Man sieht darin den Beweis für die ursprüngliche, gleichsam angeborene Gottbezogenheit der Vernunft. Das Vermögen der Vernunft, die Offenbarung zu vermitteln, wird bestätigt. Dabei wird die Vernunft der Offenbarung strikt untergeordnet. Die philosophische Gotteserkenntnis wird von vornherein im Licht der Offenbarung gedeutet. Sie ist, sofern sie sich verselbständigt, unzureichend und mit dem Makel der menschlichen Natur behaftet. Sie verfehlt das Wesen Gottes. Sie führt, setzt sie sich absolut, nicht zu vorläufigen Wahrheiten über Gott, sondern immer zu Unwahrheiten. Zur Wahrheit führt allein die Hl. Schrift. So bleibt die »natürliche Theologie« eingebunden in die Offenbarungstheologie.

Im Verlauf des 18. Jahrhunderts ändert sich die Priorität im Verhältnis von Vernunft und Offenbarung. Die Vernunfteinsichten werden nicht mehr im Licht der Offenbarung gedeutet, sondern umgekehrt werden die geoffenbarten Wahrheiten von der Vernunft geprüft. Sie werden auf einen vernünftigen Gehalt hin befragt. Die »natürliche Theologie« verselbständigt sich und erhebt den Anspruch, eine gegründete Erkenntnis Gottes und seiner Gebote zu vermitteln (z.B. Christian Wolff). Die ›Offenbarung‹ wird zum Problem. Es entsteht das Konstrukt der »natürlichen Reli-

gion«. Sie ist nicht die defizitäre Vorstufe, sondern die Quintessenz der geoffenbarten Religion(en), deren vernünftiger Kern. »Natürliche (resp. »vernünftige«) Religion« heißt: Erkenntnis Gottes und seiner Gebote durch die Vernunft und Natur (s. S. 418 ff.). »Entscheidend wurde freilich, daß die natürliche Religion, von Wolff vornehmlich noch als wissenschaftliche Disziplin der theologia naturalis betrieben, sich zunehmend als autarke, selbstgenügsame Weltanschauung freisetzte« (Freund 1989, 118).

Das zweite ungelöste Problem der altprotestantischen Orthodoxie ist das Verhältnis von Dogmatik (›Glaubenslehre‹) und Hl. Schrift. Die Bibel ist für den Lutheraner die Grundlage des Glaubens schlechthin, die Schrift ist die Norm theologischer Erkenntnis. Alle Glaubensaussagen müssen sich aus der Bibel als dem geoffenbarten Wort Gottes herleiten lassen. »Die heilige Schrift oder Bibel ist ein solch Buch, daraus alles, so zur Seligkeit, Widerlegung aller Ketzereien, zum Gottesdienst, zum gottseligen Leben und zu allerlei Trost notwendig ist, mag genommen werden« (Nikolaus Hunnius: *Epitome credendorum* 1625; zit. Hirsch ⁴1964, 309). Dies sog. Schriftprinzip verdeckt jedoch, dass viele Glaubenslehren im zeitgenössischen Denken (und dessen Traditionen) gründen und sich keinesfalls unmittelbar auf den Wortlaut der Bibel stützen können. Es besteht eine Schere zwischen der biblischen Verkündigung und den abstrahierten »Lehren«. Das Problem wird in der Orthodoxie nicht reflektiert. Dies führt dazu, dass die Ausdifferenzierung des Lehrgebäudes das Bemühen um die Schrift geradezu verdrängt. Reimarus durchschaut diesen Sachverhalt genau, wenn er sagt: Die im christlichen Glauben Erzogenen lesen die Bibel nicht voraussetzungslos, sondern tragen den Lehrbegriff hinein, der ihnen vorher beigebracht wurde (B 8, 222 f.). Lessing wiederholt diesen Einwand Goeze gegenüber: Jemand, der die Bibel lese, ohne Religionsunterricht gehabt zu haben, werde die orthodoxen Glaubenslehren in ihr nicht finden (B 9, 82). Es ist signifikant, dass Lessing darin keinen Mangel sieht. Er votiert nicht für eine abermalige Rückkehr zu den Quellen, zu der Hl. Schrift. Er bejaht im Gegenteil die Abstraktion einer ›Lehre‹ aus der Schrift. Er plädiert für die Weiterbildung der Lehre. Treibende Kraft hierfür ist die Vernunft. – Die ›Vernunft‹ sieht Lessing bereits im ›alten Religionssystem‹ wirksam, ist es ihm doch ein staunenswertes Beispiel menschlichen »Scharfsinns«, ein Entwurf aus einem Guss, kein »Flickwerk von Stümpern und Halbphilosophen« (B 11/2, 615). Die Abwertung der Vernunft seitens der Orthodoxie ist kein Gegenargument, denn gerade darin bezeugt sich die gedankliche Konsequenz des »Systems«. ›Glaubenslehre‹ wird bei Lessing dann ›aufgehoben‹ in der philosophischen Spekulation.

In der Spätzeit der Orthodoxie machen sich Einflüsse der Aufklärung geltend. Freund (1989) hat dies für Goeze detailliert nachgewiesen. Er spricht denn auch im Hinblick auf Goeze nicht von »Spätorthodoxie«, sondern von der »Theologie der Übergangszeit«. Goeze orientiert sich an dem Wolffschen Modell der Versöhnung von Vernunft und Glauben (Glaubenswahrheiten sind zwar übernatürlich, dürfen aber der Vernunft nicht widersprechen). Der Glaube wird zudem mit Vernunftgründen abgesichert. Wie die Neologen behauptet Goeze, um die im Namen der Vernunft vorgebrachte Religionskritik abzuwehren, die ›Vernünftigkeit‹ des Glaubens. Allerdings führt dies bei ihm nicht zur Aufweichung der Dogmen. Zum vornehmsten Mittel, die Vernunft in Dienst des Glaubens zu nehmen, wird der historische Beweis. Er verbindet sich mit dem Dogma der Verbalinspiration. Die Geschehnisse, von denen die Bibel erzählt, werden in ihrer Historizität ernst genommen. Die biblischen Geschichten werden (auch) als historische Berichte verstanden, nämlich als historische Berichte von den Wundertaten Gottes. Wenn aber an der Faktizität dessen, wovon die Bibel berichtet, nicht zu zweifeln ist, so lautet die Schlussfolgerung, dann sei es unvernünftig, den Glauben zu verweigern (s. S. 430f.; ein ausgewogenes Portrait Goezes entwirft Wieckenberg 2004 und 2007; Wieckenberg differenziert zwischen der historisch bedingten und beschränkten Perspektive des Pastors und dem Bild vom verfolgungswütigen ›Patriarchen‹, das die Vertreter der Aufklärung im Kampf um die öffentliche Meinung von ihm entworfen haben).

Zum Wahrheitsbegriff

In der anschließenden Darstellung des Fragmentenstreits werden die folgenden Begriffe als Synonyme verwendet: Religionslehren, Wahrheiten der Religion, Glaubenslehren, Dogmen, Lehrsätze, Lehrbegriffe. – Die »Wahrheit« der Religion ist zum einen inhaltlich definiert (›Wahrheit‹ ohne etwas, das ›wahr‹ ist, gibt es nicht) und meint für den Lutheraner die Aussagen der Bibel, insbesondere des NT. Die ›Lehren‹ Jesu sind für ihn wahr und machen den Inhalt der christlichen Religion aus. Zum anderen ist ›Wahrheit‹ keine Eigenschaft, die den Inhalten greifbar anhaftet. Vielmehr muss die Frage beantwortet werden: Was darf als ›wahr‹ angesehen werden und warum? Es geht um Wahrheitskriterien, die unabhängig von einzelnen Inhalten sind. Für den lutherischen Christen gilt, dass die Wahrheit der Religion sich erst im subjektiven Vollzug, d.h. im Glauben, realisiert. Das Kriterium für die Wahrheit ist das »Zeugnis des Hl. Geistes«. Die Lektüre der Bibel löst kraft übernatürlichen Beistands im Menschen eine seelische Bewegtheit aus, die als »Seligkeit« umschrieben wird. In ihr wird die Religion als ›wahr‹ erfahren. Lessing setzt hierfür den Begriff des »Gefühls« ein. Für ihn ist die Instanz, die über die »Wahrheit« entscheidet, die Vernunft. »Vernunft« wiederum ist die Fähigkeit, Gesetze und Regeln zu formulieren, Zusammenhänge herzustellen, die »Notwendigkeit« zu erkennen, Begründungsverhältnisse einzusehen und ethische Urteile zu fällen. Während für den lutherischen Christen das »Zeugnis des Hl. Geistes« an die Bibel (und ihre Inhalte) gebunden bleibt, ist Lessings Wahrheitsbegriff der Bibel vorgeordnet: »*Die Religion ist nicht wahr, weil die Evangelisten und Apostel sie lehrten: sondern sie lehrten sie, weil sie wahr ist*« (9. »Axiom«; B 9, 77).

Die Provokation: Reimarus und der Deismus. Die »Fragmente« aus der Apologie

Lessing gibt dem ersten »Fragment«, das er 1774 veröffentlicht, die Überschrift »Von Duldung der Deisten«, er nimmt Reimarus als Vertreter des Deismus wahr. Reimarus selbst nennt sein religionsphilosophisches Hauptwerk »Apologie oder Schutzschrift für die vernünftigen Verehrer Gottes«. Der Titel verweist sowohl auf den gedanklichen Kern des Deismus, die Begründung einer »vernünftigen« Religion, als auch auf die resultierende Frontstellung zur offiziellen kirchlichen Lehre. Die Deisten bedürfen der Verteidigung (»Apologie«), des »Schutzes«. Mit dem Begriff »Duldung« spricht Lessing die Toleranzforderung aus.

Der »Deismus« ist die einflussreichste religionsphilosophische Strömung der Aufklärung. Die Wurzeln lassen sich bis ins 16. Jahrhundert zurückverfolgen, das älteste Zeugnis stammt aus dem Jahr 1563 (Gawlick 1973, 19). Allerdings handelt es sich keineswegs um eine homogene Bewegung. Die »Deisten« tragen recht unterschiedliche Religionsanschauungen vor. Der Name wird dabei von Anhängern und von den Gegnern verwendet. Aus gegnerischer Perspektive wird die Affinität zum Atheismus betont. »Deist« zu heißen, ist deshalb gefährlich. Dies ist mit ein Grund dafür, dass sich eine klar zu definierende Gruppierung nie gebildet hat. – Das stärkste Profil gewinnt der Deismus in England um die Jahrhundertwende (1700). Bereits die Titel der wichtigsten Schriften deuten die zentralen Inhalte an. Lord Herbert von Cherbury (1583–1648), der als Initiator der deistischen Bewegung in England gilt, begründet in seinen beiden Werken *De veritate* (1624) und *De religione gentilium* (»Über die Religion der Völker«; 1645/1663) die Autonomie der Vernunft in Religionsdingen. Anthony Collins (1676–1729) fordert in dem Essay *A Discourse on Freethinking* (1713) »Gedankenfreiheit«; nur wo die Vernunft frei und unbehindert von kirchlichen Lehrmeinungen ihren Gang gehen dürfe, könne eine wahre Erkenntnis Gottes erlangt werden. John Toland (1670–1722) zeigt in der Abhandlung *Christianity Not Mysterious* (1696), dass die Lehren und Dogmen des Christentums, recht verstanden, nicht vernunftwidrig (»not mysterious«) seien. Matthew Tindal (um 1653–1733) schließlich identifiziert in der Schrift *Christianity as Old as the Creation* (1730) das Christentum mit der natürlichen Religion, die dem Menschen quasi angeboren und seiner Natur gemäß sei (»as old as the creation«) und deshalb kraft seiner Vernunft vollkommen erkannt werden könne. Es kristallisiert sich der doppelpolige Grundgedanke des Deismus heraus, die Absolutsetzung der Vernunft und der »natürlichen Religion«. Es wird ein Religions-System konstruiert, das der Vernunft entspricht. Im Wesentlichen umfasst es fünf Grundaussagen: Existenz Gottes, Schöpfung der Welt, Verpflichtung des Menschen zu einer natürlichen Gottesverehrung, Unsterblichkeit der Seele und jenseitige Belohnung und Bestrafung. Bibel- und Kirchenkritik ist die Folge. Die geoffenbarten Religionen werden als ein »Abfall« von der reinen Ver-

nunftreligion interpretiert. Zwar habe Christus die natürliche Religion wieder hergestellt; in der Kirche ging sie jedoch erneut verloren. Die These vom »Priesterbetrug« wird formuliert, der zufolge die Hinweisung auf das Supranaturale (Offenbarung, Gnade, Glaube, Wunder, Ritus) Blendwerk ist. (In einer wissenssoziologisch orientierten Untersuchung kommt U. Barth [2004, 201–213] zu dem Ergebnis, dass die deistische Bewegung in erster Linie die Stimme der Laien stärken und größere Gedankenfreiheit durchsetzen wollte; von diesem Zentrum her müssten die Aussagen zu religiösen bzw. theologischen Themen verstanden werden.)

Reimarus hat den Deismus während seines Aufenthalts in England kennengelernt. Vernunftanspruch, Verabsolutierung der natürlichen Religion und Bibel- und Kirchenkritik bestimmen auch sein Denken, wobei er zugleich Ansätze der zeitgenössischen Philosophie integriert. Reimarus ist Wolffianer, er orientiert sich methodisch an Wolffschen Prinzipien. 1756 erscheint seine *Vernunftlehre*, eine auf Wolffschem Fundament errichtete Logik. Der vollständige Titel umreißt das Programm: *Die Vernunftlehre, als eine Anweisung zum richtigen Gebrauche der Vernunft in der Erkenntniß der Wahrheit, aus zwoen ganz natürlichen Regeln der Einstimmung und des Widerspruchs [!] hergeleitet.* Dieser »Logik« unterwirft Reimarus das Lehrgebäude der Orthodoxie und dessen Basis, die biblische Offenbarung. Er fordert, dass für die Glaubensaussagen die in der Logik entwickelten Regeln des Denkens gelten müssen, vor allem Widerspruchsfreiheit erwartet er von den biblischen Texten. Er schreibt (im Fragment *Von Verschreiung der Vernunft auf den Kanzeln*, §8; B 8, 187): »Sind denn etwa die Regeln, welche die Vernunft wesentlich bestimmen, falsch und unrichtig? [...] Diese Regeln gelten nicht allein in der Weltweisheit und Mathematik, sondern in allen und jeden Wahrheiten, selbst in der Schrift und Theologie.« – Sein eigenes System entwickelt er in der damals viel gelesenen, umfangreichen Schrift *Die vornehmsten Wahrheiten der natürlichen Religion* (zuerst 1754; 3. Aufl. 1766; hg. von Gawlick 1985). Seine dort gegebene Definition der »natürlichen Religion« fasst zusammen, was viele Deisten sich unter der »vernünftigen Erkenntnis Gottes« vorstellen (§1): »Wer ein lebendiges Erkenntniß von Gott hat, dem eignet man billig eine *Religion* zu: und soferne dieses Erkenntniß durch die natürliche Kraft der Vernunft zu erhalten ist, nennet man es eine *natürliche Religion*. Man gedenket sich aber *Gott*, nach dieser natürlichen Religion, als das erste, selbständige, nothwendige und ewige Wesen, welches die Welt, nebst allem, was darinn ist, durch seine Weisheit, Güte und Macht geschaffen hat, und beständig erhält und regieret; uns Menschen aber besonders, in gewisser Ordnung, nicht nur in diesem Leben, sondern auch vornehmlich in einem darauf Folgenden, zu einer höheren und unaufhörlich wachsenden Vollkommenheit und Glückseligkeit bestimmt hat.« Charakteristisch für Reimarus ist des Weiteren die Verschmelzung von Religionslehre und Naturlehre. Sein Entwurf einer »vernünftigen« bzw. »natürlichen Religion« ist zugleich ein physikotheologischer Entwurf. Die Physikotheologie ist eine im 18. Jahrhundert zumal in Deutschland weit verbreitete Richtung der Naturforschung und Naturphilosophie, in welcher die rationale Ordnung, die man in der Natur erblickt, als Beweis für die Existenz eines göttlichen Schöpfers gilt. Die Übergänge zur »natürlichen Theologie« und zum Deismus sind fließend. Die Natur wird gleichsam vom Makel des Sündenfalls befreit, nicht den Seufzer der nach Erlösung sich sehnenden Kreatur hört man aus ihr (Paulus), sondern man bestaunt die Zweckmäßigkeit, die man allenthalben wirken sieht. Die teleologische Naturbetrachtung wird zu einer Art Steckenpferd, Frösche, Bienen, Seidenwürmer, die kleinsten Insekten werden zum Gegenstand einer solchen »Theologie« gemacht (Alt 1996, 34–36). Reimarus verfasst eine Schrift über die »Kunsttriebe« der Tiere (1760, ⁵1790), die Moses Mendelssohn in den »Literaturbriefen« bespricht (130.–131. Brief; 242. Brief), es handelt sich um eine frühe Beschreibung der tierischen Instinkte (*Allgemeine Betrachtungen über die Triebe der Thiere, hauptsächlich über ihre Kunsttriebe: Zum Erkenntniß des Zusammenhanges der Welt, des Schöpfers und unser selbst*).

Vernunftorientierung und »natürliche Religion« führen in den Augen des Reimarus zur Demontage der Orthodoxie und der Offenbarungsreligion (der »positiven« Religion, die sich auf eine Offenbarungsurkunde und kirchliche Zeremonien gründet). Das Arsenal der Bibelkritik, das Reimarus in der *Apologie oder Schutzschrift für*

die vernünftigen Verehrer Gottes anwendet, schöpft er aus dem deistischen Schrifttum (Reventlow 1973). Widersprüchlichkeit, geschichtliche Bedingtheit und nationale Individualität der biblischen Texte stünden im Gegensatz zur Allgemeingültigkeit, die der wahren Religion eigne bzw. eignen müsse. Vor allem werde der Anspruch, dass die Bibel diese wahre Religion »offenbare«, durch die Tatsache widerlegt, dass im AT die Lehre von der Unsterblichkeit der Seele fehle, eine Lehre, die für Reimarus zum Kernbestand der »vernünftigen Religion« gehört. Stein des Anstoßes ist schließlich die moralische »Unzulänglichkeit« vor allem der großen Gestalten der hebräischen Bibel. Am radikalsten zeigt sich die Bibelkritik des Reimarus in dem von Lessing zuletzt (1778) veröffentlichten »Fragment« *Von dem Zwecke Jesu und seiner Jünger*. Die Zurückweisung des Wunderglaubens, ebenfalls ein gängiges deistisches Argument, wird hier auf die Zentralaussage des Christentums, die Auferstehung Jesu, angewendet. Reimarus vertritt die These vom Betrug der Jünger. Nach dem Tod Jesu hätten die Jünger die Botschaft ihres Lehrers umgedeutet, die Auferstehung erdichtet und eine geistliche Erlösungsreligion gestiftet. Auf diese Weise habe sich ihnen ein Weg eröffnet, nach dem Scheitern ihrer Hoffnungen dennoch bei ihren Anhängern in Macht und Ansehen zu bleiben (die deistische These vom Priesterbetrug. – Zu Reimarus' theologischer Bildung und Gelehrsamkeit s. D. Klein 2010 und U. Groetsch 2010). –

Symptomatisch für das religiöse Klima im 18. Jahrhundert ist der Umstand, dass Reimarus für die *Vornehmsten Wahrheiten der natürlichen Religion* höchstes Lob erntet, die *Apologie* jedoch nicht zu veröffentlichen wagt, da er schlimme Repressalien befürchtet (s. S. 408). Die physikotheologischen Grundsätze versteht man als »Unterbau«, als Hinleitung zu der christlichen Religion. Man versteht die Selbstgenügsamkeit von Reimarus' Lehrsystem nicht, versteht nicht, dass Mensch und Natur, so wie sie hier entworfen werden, die christliche »Offenbarung« nicht mehr brauchen. Das Bild, das Reimarus von der Natur und der menschlichen Gesellschaft zeichnet, läuft auf eine Bestätigung des *status quo* hinaus. Unter der »Tugend« versteht er vornehmlich bürgerliche Tugenden wie Mäßigung, Bescheidenheit, Fleiß und Ordnungsliebe. Dass sie zu Wohlstand und Erfolg im irdischen Leben führen, interpretiert er als göttliche Einrichtung, Gott habe den rechten Gebrauch der Seelenkräfte mit »Glück« verbunden. Umstandslos wird die »Obrigkeit« mit der guten Weltordnung gleichgesetzt, es entfällt der lutherische Vorbehalt, die weltliche Herrschaft sei Auswirkung des Bösen und der Sünde. Dass die »natürliche Religion« die Konzeption einer sehr bürgerlichen Vernunft ist, zeigt sich vor allem in der Konstruktion des Jenseitsglaubens. Im Jenseits setzt sich bei Reimarus das diesseitige Leben, wenngleich in gesteigerter Form, fort; die gleichen Triebfedern sind wirksam: Erfolgsstreben, Glücksstreben, Erwerbssinn usw. Die hauptsächliche Funktion Gottes besteht aus dieser Sicht darin, das Glücksbedürfnis des Menschen zufriedenzustellen. Reimarus denkt dualistisch, er trennt Sinne und Vernunft, Materie und Geist, Diesseits und Jenseits scharf voneinander. Doch der Bereich der Transzendenz, den er logisch so einwandfrei beweist, ist inhaltsleer geworden. Die Unfähigkeit, dies wahrzunehmen, und die Bereitschaft, des Reimarus Konzeption der »natürlichen Religion« in die eigene Religionsauffassung zu integrieren, indizieren, dass auch der Orthodoxie die Sprache für die Wirklichkeitsdimension des Religiösen verloren gegangen ist.

Das Problem: »Vernunft« und »Offenbarung« in der Neologie

Der Begriff »Neologie« (»neue Lehre«) dringt im letzten Drittel des 18. Jahrhunderts in die theologische Fachsprache ein. Man bezeichnet damit eine Richtung (Zeitgrenzen: ca. 1740 bis 1790) innerhalb der protestantischen Theologie, in der man sich um eine Verbindung zwischen protestantischer Überlieferung und dem modernen Denken bemüht. Die kirchlichen Dogmen werden einer Revision unterworfen. Ziel ist eine Erneuerung und Verlebendigung des Glaubens, die Glaubenslehren sollen dem Geist der »Aufklärung« angepasst werden. Die bekanntesten Neologen sind August Friedrich Wilhelm Sack (1703–1786), Johann Joachim Spalding (1714–1804), Johann Gottlieb Töllner (1724–1774), Wilhelm Abraham Teller (1734–1804), Johann Friedrich Wilhelm Jerusalem (1709–1789) und Johann Salomo Semler (1725–1791), Letzterer der Einzige unter den Neologen, der sich im Fragmentenstreit zu Wort meldet, auch dann nur am Ende (vgl. B 9, 1342–1352). Berlin ist ein Zentrum der

Neologie, viele von Lessings dortigen Freunden (z. B. Nicolai) setzen sich mit der neuen Strömung auseinander. Jerusalem ist Hofprediger in Braunschweig, Lessing verkehrt gesellschaftlich mit ihm, mit dessen Sohn Karl Wilhelm (1747–1772) ist er befreundet. – Inhaltlich unterscheidet sich der Religionsbegriff der Neologen oft kaum von dem deistischen Konzept der »natürlichen Religion«, gleichwohl halten sie am Offenbarungscharakter des Christentums fest. Dies ist die Aporie, auf die Lessing den Finger legt. Wir verdeutlichen das Dilemma, indem wir das ›Lehrgebäude‹ Jerusalems näher beleuchten. Wir ziehen dazu das vierbändige Werk *Betrachtungen über die vornehmsten Wahrheiten der Religion* (1768, 1774, 1779, 1792; hg. von W.E. Müller 1991) heran, das zum Kontext von Lessings Schrift *Die Erziehung des Menschengeschlechts* gehört. Nicht zuletzt geht es darum, Affinitäten zu Lessings Denken aufzudecken und damit die Problemlage zu konturieren.

Jerusalem stellt an den Beginn der *Betrachtungen über die vornehmsten Wahrheiten der Religion* eine philosophische Gotteslehre. Sein Argumentationsgang unterscheidet sich kaum von demjenigen des Reimarus. Jerusalem entwirft ein Lehrgebäude der »natürlichen Religion«; wie Reimarus arbeitet er mit Leibnizschen und Wolffschen Theoremen. Gott wird auf physiko-theologische Weise bewiesen: Angesichts der Ordnung, des lückenlosen Zusammenhangs, der Übereinstimmung und Zweckmäßigkeit in der Natur ›müsse‹ die Vernunft auf einen Schöpfer und Urheber derselben schließen. So fasst Jerusalem die drei »Grundwahrheiten« der Religion zusammen: Sie lasse Gott als den Schöpfer und moralischen Regenten der Welt erkennen, sie belehre über die Bestimmung des Menschen, Gott in der (Nächsten-)Liebe ähnlich zu werden, und sie gebe in der Unsterblichkeitshoffnung die stärksten Beweggründe, diesem Ziel zuliebe eigene Vorteile aufzuopfern, die ›Sinnlichkeit‹ zu überwinden. Dies sei die vollkommenste Religion, denn es sei eine »vernünftige Religion«. Wozu dann aber die »Offenbarung«, wenn Vernunft und Philosophie die wesentlichen Inhalte der Religion bestimmen und formulieren?

Jerusalems Umgang mit der Bibel macht die Frage noch dringlicher. Nach protestantischem Verständnis ist die Offenbarung Gottes mit der Hl. Schrift geradezu identisch. Die Neologen jedoch entdecken die Bibel als historisches Dokument. Viele der biblischen Vorstellungen und Geschichten sind für den aufgeklärten Menschen des 18. Jahrhunderts nicht mehr nachvollziehbar. Deshalb unterscheidet Jerusalem zwischen dem historisch bedingten Kostüm und der überzeitlichen Aussage der Bibel. Das Wichtige müsse von seiner Einkleidung unterschieden werden. Es kommt zu einer Revision der Glaubenslehren, zur Bibelkritik und Kanonkritik. Den Massstab für die Trennung des Wesentlichen vom Unwesentlichen und für die Neuformulierung der Dogmen bildet das ›Vernunftgemäße‹. Der Gehalt der Bibel wird an den Lehrsätzen der »natürlichen Religion« überprüft. Am Beispiel der Interpretation des Sündenfalls und der Lehre von Jesus Christus (Christologie) soll die Problematik verdeutlicht werden.

In der Quintessenz unterscheidet sich Jerusalems Auslegung der Geschichte vom Fall Adams und Evas im Paradies nicht von derjenigen des Reimarus (vgl. B 8, 184–187). Die Auffassung, es werde die Zerrüttung der ursprünglich vollkommenen menschlichen Natur durch die Sünde gezeigt, lehnt Jerusalem ebenso ab wie das Dogma der Erbschuld und Strafe Gottes. Vielmehr passt er die biblische Erzählung der philosophischen Vorstellung von der kontinuierlichen Vervollkommnung des Menschen an. Gott habe den Menschen als begrenztes Wesen geschaffen. Deshalb sei er verführbar, verführbar durch seine sinnlichen Neigungen, die die Vernunfterkenntnis zuweilen verdunkelten. Die Geschichte vom Sündenfall stelle bildhaft vor Augen, wie verderblich die Sinnlichkeit dem Menschen werden könne. Sie warne davor, unkontrolliert den Begierden nachzugeben. Sie warne vor dem Zorn Gottes, falls der Mensch seine Leidenschaften nicht beherrsche. Sie zeige Gott als den »moralischen Regenten der Welt«. Weit davon entfernt, die natürliche Unfähigkeit des Menschen zum Guten zu demonstrieren, halte sie dazu an, immer mehr der Vernunft zu folgen.

In der Interpretation des Sündenfalls artikuliert sich das Bild vom Menschen, auf den die »Religion« zugeschnitten ist. Diesem ›Menschenbild‹ entspricht Jerusalems Deutung der Person und Funktion Jesu. Er hebt das Trinitätsdogma auf. Jesus ist ihm nicht »eines Wesens mit dem Vater«. Er ist ihm Mensch; der Gesandte Gottes, der die natürliche Religion in ihrer Reinheit wie-

derhergestellt habe. Die Satisfaktionslehre hat keine Bedeutung mehr. ›Erlösung‹ meint für Jerusalem: Jesus habe ein vollkommenes Beispiel der Erfüllung des göttlichen Willens bis hin zur Aufopferung des eigenen Lebens gegeben. Er habe die Wahrheiten der natürlichen Religion mittels göttlicher Autorität bekräftigt. Er habe die Vergebung Gottes verkündet und so die Menschen ermutigt, trotz ihrer natürlichen Schwäche nicht nachzulassen im Streben nach Vervollkommnung. Jesus als Lehrer der natürlichen Religion und Tugend, der Kreuzestod als rein historisches Ereignis: Jerusalem kommt darin mit Reimarus durchaus überein.

Wie begründet Jerusalem die Notwendigkeit einer »Offenbarung«? Er begründet sie nicht von den Inhalten her: Diese sind für ihn allemal die Wahrheiten der natürlichen Religion, der »Vernunft« einleuchtend und gemäß. Er begründet sie geschichtlich. Ein Blick in die (Religions-)Geschichte zeige, dass die monotheistische natürliche Religion sehr bald dem Polytheismus gewichen sei. Die Sinnlichkeit habe die ursprüngliche Gotteserkenntnis getrübt. Bei der Schwäche seiner sinnlichen Natur habe der Mensch die Offenbarung Gottes nötig. Nur mit Hilfe der Offenbarung habe die Vernunft die Religionswahrheiten gefunden, wiederholt habe Gott die Richtung weisen müssen (AT, NT). Die Völker, die ohne die biblische Offenbarung auskommen mussten, hätten denn auch nur ein unvollkommenes, sinnliches Gottesbild. Dabei enthalte die Bibel neben dem göttlichen ›Unterricht‹ zugleich dessen Geschichte. In der Offenbarung seiner Lehren habe sich Gott der Entwicklungsstufe, dem historisch bedingten Verstehenshorizont seines Volkes angepasst (»Akkommodationslehre«). Solchermaßen bestätige die ›Vorläufigkeit‹, ja, teilweise Unzulänglichkeit des AT seine Authentizität und dokumentiere die Weisheit im Heilsplan Gottes.

Das Konstrukt der »natürlichen Religion« führt zu einem Dilemma, das Jerusalem nicht durchschaut. Einerseits ist es die Vernunft, die bestimmt, wie die Bibel zu interpretieren ist und welche Aussagen als ›Offenbarung‹ gelten dürfen. Der Vorzug des Christentums besteht (für Jerusalem) darin, die allgemeinste, die ›vernünftige‹ Religion schlechthin zu sein. Auch die Dogmen werden von ihm so erklärt, dass sie mit den Wahrheiten der natürlichen Religion übereinstimmen (Erbsünde; göttliche Natur Jesu; stellvertretendes Leiden und Erlösung durch den Glauben etc.). Andererseits ist für ihn die Vernunft ganz auf die Offenbarung angewiesen. Obgleich die Wahrheiten der natürlichen Religion als Denknotwendigkeiten (»Beweise« durch »Vernunftschlüsse«) demonstriert werden, wird der Vernunft die Fähigkeit aberkannt, ›von selbst‹ auf sie zu stoßen. Jerusalem sieht die Vernunft nie in einer schöpferischen Rolle. Sie finde (z. B. Naturgesetze, ästhetische Regeln etc.), erfinde aber nicht. Einerseits hat also die Bibel nur die Funktion, das, was die Vernunft erkennt, also die natürliche Religion, zu bestätigen, sozusagen mit göttlicher Autorität auszustatten. Andererseits wird die gleiche Vernunft ganz und gar abhängig von der göttlichen Autorität gemacht, ohne die sie die ihr gemäßen Erkenntnisse weder finden noch bewahren könne. Jerusalem reduziert das Christentum (und jede Religion) auf das, was auch der Deist zugeben kann. Zugleich verlangt er vom Deisten die Anerkennung der in der Bibel enthaltenen ›Offenbarung‹. Denn ohne diese werde die Vernunft schwankend; ihre ›Wahrheiten‹ würden sich bald verlieren. Für die sich selbst gelassene Vernunft habe am Ende nur das Geltung, was die Sinnlichkeit befriedige. Der Deismus führe ohne den Glauben an eine Offenbarung zu Skeptizismus, Atheismus und Materialismus. (Der andere, bedeutende neologische Theologe, dessen Kritik des Kanons derjenigen Lessings sehr ähnlich zu sein scheint, ist Johann Salomo Semler; vgl. dazu Schultze: *Lessing und Semler im Streit* [2001]; Nisbet 2008, 731 f. sowie Vollhardt 2006, der bei Semler und Lessing eine neuartige Sensibilität für die Medialität der biblischen Erzählungen feststellt).

Nicht gegen die Orthodoxie, sondern gegen die Neologie richtet sich Lessings Kritik. Dabei teilt Lessing wesentliche Prämissen der »natürlichen Religion« (Gott als Postulat der Vernunft, Identifikation von Religion und ›Tugend‹). Was wirft er der Neologie vor? Vermag er deren Aporien zu umgehen? Was bedeuten ihm ›Vernunft‹ und ›Offenbarung‹? Welche Rolle spielt die Geschichte?

Forschung

Lessings inhaltliche Position

Die Fragen, die Goeze an Lessing richtet, sind bis heute die Fragen der Forschung geblieben. Goeze fragt Lessing nach seiner Haltung den Inhalten der christlichen Religion gegenüber; er fragt danach, welche Bedeutung die zentralen Glaubensüberzeugungen (Tod und Auferstehung Jesu) für ihn noch haben. Lessing dagegen beharrt darauf, die »innere Wahrheit« gerade der christlichen Religion zu verteidigen. Die »innere Wahrheit« erscheint dabei losgelöst von allen konkreten Bestimmungen. Lessing äußert sich nicht darüber, worin für ihn die innere Wahrheit des Christentums besteht. Damit ist der Grundriss der Kontroverse in der Sekundärliteratur angedeutet. Auf der einen Seite wird Lessings Theologiekritik als Meilenstein im Säkularisationsprozess gewertet, Goezes ›Verdacht‹ wird bestätigt. Auf der anderen Seite forscht man aus theologischer Sicht nach der Relevanz von Lessings Wahrheitsbegriff. Man sucht nach einem theologischen Gehalt von Lessings Aussagen, nach einem Erkenntnisgewinn, der unabhängig von der Frage nach den Inhalten des Glaubens ist. – Im Folgenden wird das Pro und Contra der Forschung in den Hauptzügen nachgezeichnet.

Lessing als Theologe. Wer Lessing theologisch bedeutsame Erkenntnisse zuschreibt, muss diejenigen Impulse in seinem Denken aufdecken, die über das Konzept der »vernünftigen Religion« und des Deismus hinausführen. Die Fragen lauten: Inwiefern reflektiert Lessing auf die Grenzen der Vernunft, wo es um die Erkenntnis Gottes geht? Wie beschreibt er das Verhältnis von Vernunft und Glaube? Welche Rolle spielt die Offenbarung? Folgende Argumentationsmuster haben sich ausgebildet:

– Einbruchstellen des Irrationalen. Thielicke ([3]1957), der Pionier der theologischen Lessing-Interpretation, macht darauf aufmerksam, dass die von Lessing anvisierte Entfaltung der Vernunft auf einer Voraussetzung beruht, die von der Vernunft nicht eingeholt werden kann. Es ist dies der Gottesbezug überhaupt. Bevor man von der vernünftigen Erkenntnis Gottes sprechen dürfe, müsse man eine religiöse Disposition und Informiertheit der Vernunft postulieren, die aus dem

Begriff der Vernunft selbst nicht herzuleiten seien. Sodann nimmt Thielicke Lessing beim Wort, was die Faktizität der Offenbarung angeht. Lessing stelle einen Erziehungsprozess vor, in dem mit dem Eingreifen und Handeln Gottes gerechnet sei. Zwar verwandle die Vernunft die Inhalte der Offenbarung in vernünftige Einsicht. Aber das »Daß«, das Faktum der Offenbarung, sei ihr vorgegeben; es könne von ihr weder gesetzt noch ersetzt werden. Schließlich werde bei Lessing die ›Geschichte‹ selbst zu einem Argument für den transzendenten Charakter der Offenbarung. Denn er sehe weder sich noch sein Zeitalter am Ziel des historischen Prozesses. Deshalb könne über den Vernunftkern der Offenbarung noch nicht entschieden werden; es könne noch nicht entschieden werden, ob die Autorität der Offenbarung weiterhin nötig sei oder nicht. So aber dürfe die »Offenbarung« der Vernunft nicht untergeordnet werden.

– Die Unabgeschlossenheit des Prozesses der Aufklärung und die »Geschichte« als die Vermittlung von Vernunft und Offenbarung in der Zeit. Grundlegend ist hier das Werk von Arno Schilson (1974). Schilson ergänzt den Begriff der Geschichte durch den der Vorsehung. Die »Vernunft« befinde sich in Lessings Modell an einem ihr unbekannten, von ihr nicht restlos zu durchdringenden Ort der Geschichte. Die geschichtliche Deutung des Verhältnisses von Vernunft und Offenbarung drohe in eine Aporie zu führen; der Weg der Geschichte laufe Gefahr, in einer Sackgasse zu enden. Denn aus sich heraus könne die Vernunft angesichts der Geschichte den Fortschritt nicht begründen. Vielmehr erfahre sie sich selbst als geschichtlich bedingt. Die im Entwicklungsgedanken erzielte Synthese (von Vernunft und geschichtlicher Offenbarung) breche wieder auseinander. Das ›Vernunftziel‹ stehe der Geschichte unvermittelt gegenüber. Hier weist Schilson dem Vorsehungsgedanken seinen Ort und seine Funktion zu. In ihm seien die Aporien aufgehoben. Die »Vorsehung« gebe dem Fortschritt Orientierung und begründe das Vertrauen in ein Ziel. Dabei handelt es sich für Schilson um einen *Glauben*. Die zukünftige Vollendung werde von Lessing erhofft und beschworen, aber nicht als Tatsache behauptet. Das »Heil« werde als ein Zustand vorgestellt, der qualitativ vom bisher Erreichten unterschieden sei. Schilson betont die theistische Struktur der Vorsehung bei Lessing. In der »Vor-

sehung« werde Gott zum Herrn der Geschichte. Die Personalität bekunde sich vor allem im göttlichen Erziehungsplan. Ihr entspreche auf der anderen Seite eine starke Anthropozentrik in Lessings Denken. Es kreise um Möglichkeiten des Heils für den Menschen und um menschliches Handeln im Plan der Vorsehung (zum Geschichtsbegriff Lessings vgl. auch Oelmüller 1969).

– Eigenart und Eigenwert des »Glaubens«. In neuerer Zeit sieht man die Trennung von »Glauben« und Vernunftwissen als die maßgebliche Leistung Lessings an (Kröger 1979, Freund 1989, von Lüpke 1989). Lessing wird ein an Kierkegaard geschultes Glaubensverständnis geliehen (Freund), ein sakralisierter Naturbegriff wird ihm untergeschoben (v. Lüpke). Es wird vorausgesetzt, was erst bewiesen werden müsste, dass nämlich Lessing unter »Wahrheit« und »innerer Wahrheit« eine religiöse Wahrheit versteht. Auf diesem Weg kann man ihm eine religiöse Haltung attestieren und zugleich von allen Inhalten abstrahieren. Die Frage nach dem Glauben an Christus wird nebensächlich, vielmehr geht es um Struktur und Wesen des Glaubens »an sich«.

Die Selbstgewissheit des ›Glaubens‹ gegenüber der Vernunft (Freund), das religiöse A priori der Vernunft (Thielicke), die Vermittlung von Vernunft und Geschichte durch die Offenbarung (Schilson), die Offenbarung als unableitbare Vorgabe für die Vernunft: Zu allen Argumenten der theologischen Lessing-Forschung hat die philologische, ideengeschichtlich orientierte Lessing-Forschung ihre Gegensätze formuliert.

Ideengeschichtliche Gegenpositionen. Im Anschluss an Thielicke zeichnet Manfred Durzak (1970c) die unterschiedliche Bedeutung nach, die Lessing jeweils der »Vernunft« und der »Offenbarung« gibt. In der Polemik gegen die Neologen poche Lessing auf den übervernünftigen Gehalt der »Offenbarung«. In der Auseinandersetzung mit der Orthodoxie reduziere er die »Offenbarung« auf die »Geschichte«, die Verbindlichkeit für die Vernunft nicht beanspruchen dürfe. In der Erziehungsschrift vermittle der Entwicklungsgedanke zwischen Vernunft und Offenbarung. Im Unterschied zu Thielicke vertritt Durzak die These, dass Lessing mit der »Erziehung« des Menschengeschlechts einen immanenten Prozess meint. Indem die Vernunft die Offenbarung auslege und ihre Inhalte formuliere, komme ihr die (logische) Priorität zu. Zugleich bestimme die Vernunft das Ziel: Durch ihre Entfaltung werde die Offenbarung überflüssig. Durzak konkretisiert dies anhand Lessings Haltung zu Christus. Er trenne zwischen dem menschlichen Lehrer und der religiösen Überhöhung im Neuen Testament (Religion Christi – christliche Religion). Die Gott-Sohn-Lehre löse er in metaphysische Spekulationen auf.

Eher beiläufig artikuliert Durzak die Voraussetzung, aufgrund derer er zu der Interpretation gelangt, die von Lessing intendierte ›Aufklärung‹ verwandle die Transzendenz in Immanenz. Anders als Thielicke sieht er in dem ursprünglichen Gottesbezug der Vernunft nicht die Vorgabe der Offenbarung, sondern eine Setzung der Vernunft. Er schreibt: »Lessing spricht der Vernunft in apodiktischer Weise das Vermögen zu, Gott zu erkennen und sich die würdigsten Begriffe von ihm zu machen« (118). Damit ist die Wurzel des Problems offengelegt. Dem Argument der theologischen Forschung, Lessing gehe von einer Uroffenbarung aus, die die Vernunft allererst religiös informiere, steht das Gegenargument entgegen, dass für Lessing der Bezug zu Gott in der Struktur der Vernunft verankert sei.

»Natur« und »Geschichte« werden von Bohnen (1974) und Bollacher (1978) als zwei dezidiert antitheologische Konzeptionen verstanden; mit ihnen habe Lessing nicht die Rettung, sondern die Destruktion der Theologie unternommen. Bohnen spielt ›Religion‹ und ›Natur‹ regelrecht gegeneinander aus. Lessing komme es auf den gesetzhaft geordneten Naturzusammenhang und auf die Autonomie der Vernunft an. Der Mensch lege sich »von der Immanenz eines unendlichen Naturzusammenhangs her« aus (166). Die »Wahrheit« werde der »menschlichen Vernunft übergeben« (168). Das Kriterium der »inneren Wahrheit« sei die Übereinstimmung der individuellen Vernunft mit der Kausalität, der »verbindliche[n] Wahrheit« des Naturganzen (174f.). Im Blick auf das Ziel werde der (positiven) Religion die Berechtigung bestritten, etwas Wesentliches über den Menschen auszusagen. – Während Bohnen die unhistorische Sichtweise des Deismus zu wiederholen scheint, thematisiert Bollacher das Moment der Geschichte bei Lessing. Mit Hilfe seines Geschichtsbegriffs grenze sich Lessing von Deis-

mus, Orthodoxie und Neologie ab. Er interpretiere die »Offenbarung« als eine Phase in der geschichtlichen Entwicklung. Im Gegensatz zu Schilson sieht Bollacher diese ›Geschichte‹ bei Lessing nicht von einer transzendenten ›Vorsehung‹ überwölbt. Nicht die ›Offenbarung‹ bestimme die Geschichte und lenke die Entfaltung der Vernunft, sondern Lessing deute die Offenbarung zur Geschichte um. Lessings Geschichtsbegriff hebe denjenigen der Offenbarung auf. Er betreibe keine Geschichtstheologie, sondern Geschichtsphilosophie. Nicht die Erkenntnis des »Handelns Gottes am Menschen«, sondern die Selbsterkenntnis der Vernunft (Vernunftautonomie) sei das Ziel. – Die Folie für Bollachers Lessing-Deutung ist die Identifikation des Offenbarungsglaubens mit dem Autoritäts- und Machtanspruch der lutherischen Kirche. Indem Lessing sich gegen die ›Offenbarung‹ wende, wende er sich gegen angemaßte kirchliche Autorität und umgekehrt; Bollacher trennt das eine nicht vom anderen. Lessings Religionskritik erscheint als Befreiung der Vernunft von Fremdbestimmung.

Nicht Freiheit, sondern Subjektivität ist für Volker Nölle (1977, 214ff.) der Schlüsselbegriff, mit Hilfe dessen er Lessings Religionsphilosophie charakterisiert. Auch für Nölle liegt die Stoßrichtung von Lessings Denken in der Aufhebung des Offenbarungsgehalts der Religion. Er messe der biblischen Geschichte keine Bedeutung bei der Formulierung religiöser »Wahrheiten« zu. Nölle gelangt zu dieser Einsicht durch eine Analyse der Bilder, mittels derer Lessing seine Thesen erläutert (vor allem: »Beweisschrift«, _Duplik_). Er stellt eine Sinnverschiebung zwischen begrifflicher und bildlicher Rede fest. Auf bildhafte Weise drücke Lessing aus, was er im begrifflichen Diskurs verschweige. Im Bild werde die ›Auferstehung‹ Jesu zur sagenhaften Legende (»Beweisschrift«), ja, die Auferstehungsberichte würden zur »Seifenblase«, auf der die christliche Religion beruhe (_Duplik_). Lessing nutze die Macht des Bildes aus, um dem Rezipienten die neuen, provozierenden Anschauungen suggestiv mitzuteilen und unter der Hand einzuprägen. Nölles Wertung fällt wesentlich skeptischer aus als diejenige Bollachers. Lessings Religionsphilosophie dokumentiere die monologische Struktur der neuzeitlichen Vernunft. Gott werde nicht als Gegenüber des Menschen gedacht, sondern er werde zum Inbegriff, gleichsam zum Substrat der Vernunftgesetze.

»Gott« werde zu einem Konstrukt der Vernunft. Nölle zeigt anhand von Lessings Interpretation der christlichen Dogmen (Sündenlehre, Rechtfertigungslehre, Heilsgeschichte), wie die Dimension des Gegenübers, das dem Menschen nicht verfügbar sei (Offenbarung), im Zugriff der Vernunft verschwinde.

Während man schließlich aus theologischer Sicht (zumeist) nach Erkenntnissen und Formulierungen Lessings fragt, die noch für heutige Problemstellungen klärende Funktion besitzen (sollen), sieht man dagegen aus ideengeschichtlicher Perspektive vorrangig die Verankerung seines Denkens im 18. Jahrhundert. So erkennt zum Beispiel Wessell (1977) Widersprüche in Lessings Religionsphilosophie, die für ihn die epistemologische Krise der Spätaufklärung spiegeln; sie seien Reflexe eines Paradigmenwechsels. Der Rationalismus gerate in der zweiten Hälfte des 18. Jahrhunderts mehr und mehr unter den Druck des Empirismus. Der Empirismus untergrabe den Anspruch der Vernunft, a priori die Rationalität des Seins zu erkennen. Die Faktizität des Wirklichen rücke in den Vordergrund. Das empirisch erfahrbare Sein entziehe sich den Vernunftgesetzen. Es zeige sich als zufällig, unbegründbar, rätselhaft. Die sinnliche Erfahrung konfrontiere mit dem unerklärlichen »Daß« der Existenz. Lessings Denken, so Wessells Argument, reproduziere den Konflikt zwischen Rationalismus und Empirismus. Einerseits halte Lessing am Rationalismus fest. Er verteidige die »natürliche Religion«, jenes Konstrukt des Rationalismus par excellence. Er begreife den Menschen immer noch als ein rationales Wesen, das an der Vollkommenheit Gottes teilhabe. Lessings Begriff der »inneren Wahrheit« sei rationalistisch, sie sei zeitlos, notwendig, allgemeingültig, unabhängig von der empirischen Erfahrung. Kein geschichtliches Faktum könne über die »Wahrheit« der Religion etwas aussagen oder entscheiden. Andererseits teile Lessing den Zweifel des Empirismus. Er mache bewusst, dass der Mensch noch nie die natürliche Religion verwirklicht habe. Der empirische, wirkliche Mensch sei schwach, unfähig zum Vernunftgebrauch, von der Sinnlichkeit beherrscht. Er habe sinnliche Vorstellungen von der Gottheit. Die tatsächliche Geschichte erscheine als Kette von Zufälligkeiten. Ein sinnstiftendes Telos lasse sich in ihr nicht erkennen. Eine unüberbrückbare Kluft zwischen der ›reinen‹ Faktizität des Wirklichen und der Norm der ›reinen‹ Vernunft tue sich auf.

Hier siedelt Wessell Lessings Deutung der »Offenbarung« an. Lessing suche nach einer Vermittlung zwischen empirischer Erfahrung und rationalem Telos und finde sie in dem Offenbarungsglauben. Zunächst entspreche die biblische Offenbarung der sinnlichen Natur des Menschen. Sie sei voll sinnlicher Bilder und erzähle von Wundern, von großartigen Begebenheiten und Leidenschaften. Sodann diene sie aber dazu, ›Geschichte‹ von der bloßen Faktizität zu befreien und auf ein Ziel hin zu orientieren. Denn die Offenbarung motiviere den Menschen, nicht auf der sinnlichen Stufe zu verharren, sondern den Weg zur Vervollkommnung einzuschlagen. Dies werde dadurch möglich, dass sie ein sinnliches Gefühl der Vollkommenheit vermittle, nämlich das Gefühl der Seligkeit. Wessell zieht das zeitgenössische psychologische Modell heran, demzufolge ›Erkennen‹ und ›sinnliches Begehren‹ ineinanderwirken. Das Gefühl der Seligkeit sei die sinnliche Vorstellung des Guten. Diese wirke als Motiv auf die Erkenntniskräfte; das »Gefühl der Seligkeit« stimuliere zu deutlicher Erkenntnis des Guten. So könne Lessing aus der Offenbarungsgeschichte das vernunftgemäße Telos ableiten, das die Verwirklichung der ›natürlichen Religion‹ sei.

Lessing, lautet Wessells Hauptgedanke, spiegele die Krise der Spätaufklärung, ohne jedoch die Fragen lösen zu können. Zwei Konzeptionen von Wahrheit seien ineinander verschränkt: die »ewige« Wahrheit des Rationalismus und die »Wahrheit« des Empirismus, deren Kriterium die ›Nützlichkeit‹ sei (»wahr« ist, was das Leben fördert). Das ›Gefühl der Seligkeit‹ sei (z.T.) ein empiristisches Wahrheitskriterium. Daraus resultierten die Widersprüche in Lessings Denken, die nicht aufzuheben seien. So bleibe der Status der Offenbarung ungeklärt, sie erscheine vom Ziel her als ein immanenter Prozess, den jedoch zugleich ein transzendenter Gott von außen lenke. Die Transzendenz müsse just von dem angenommen werden, der den Menschen als begrenztes Wesen im Kontext des Empirismus begreife (Scheitern der Vernunft). Die Entwicklung zur Vollkommenheit werde von Lessing behauptet, nicht zureichend begründet.

Streitkultur. Löst Lessing die christlichen Glaubensinhalte auf oder erschließt er mit dem Angriff auf das historische »Beweisen« dem »Glauben« neue Dimensionen? Die Frage, die sich mit der Goeze-Kontroverse stellte, ist heute so unentschieden wie je. Nach wie vor prallen die Standpunkte unvermittelt aufeinander. Wie eine Reprise der ursprünglichen Auseinandersetzung muten zwei Diskussionsbeiträge jüngeren Datums an, die im Lessing-Band *Streitkultur* (1993) erschienen sind. Michelsen betrachtet Lessing »mit den Augen Goezes« und richtet die Frage an ihn, auf welche Gegenstände er denn seinen Begriff der religiösen (christlichen) Wahrheit beziehe. Michelsen gibt Goeze darin Recht, dass Lessing ein Vertreter des Deismus, ein Anhänger der »natürlichen Religion«, gewesen sei. Dagegen plädiert Schilson dafür, den Wahrheitsbegriff von den Inhalten zu trennen. Das theologische Verdienst Lessings sei es, eine solche Trennung ermöglicht und den Wahrheitsanspruch zur Diskussion freigegeben zu haben. Er habe der Erkenntnis Bahn gebrochen, dass Religions*inhalte* keine fest definierten Gegenstände sind. Um den Freiraum der Interpretation habe Lessing mit Goeze gestritten – nicht um einzelne Inhalte, sondern um die Berechtigung, darüber überhaupt streiten zu dürfen.

Auch Nisbet (2008, 703–714) betont die Offenheit, die Lessings Geist-Begriff (als Gegenbegriff zum »Buchstaben«) und seinem Konzept der »inneren Wahrheit« anhafteten. Gegen jeden Versuch, Einsichten und Auslegungen zum Dogma zu erheben – eine Hypostasierung, die er insbesondere den Neologen zum Vorwurf gemacht habe –, sei Lessing für eine ›Wahrheit im Werden‹ eingetreten; in diesem Zusammenhang sei auch die undurchdringliche Zurückhaltung zu sehen, die Lessing bei der Artikulation der eigenen religiösen Überzeugungen bewahrt habe (738–740). Im Gegensatz zu Schilson jedoch, der für solche Offenheit eine religiös motivierte Begrenzung der Vernunft verantwortlich macht, schreibt Nisbet der von Lessing intendierten, unabschließbaren gedanklichen Durchdringung der Glaubensinhalte eine rationalisierende Tendenz zu.

Vergleichbar kontrovers sind die Positionen in dem Tagungsband *Hamburger »Fragmente« und Wolfenbütteler »Axiomata«* (hg. Bultmann/Vollhardt, 2010), wobei hier die Dichte der historischen Kontextualisierung einen neuen For-

schungsstand markiert (vgl. auch S. 11 [Mulsow], S. 426 [Wieckenberg] und S. 469 f. [Schmidt-Biggemann, Vollhardt]). Bultmann liest die *Axiomata* als Beitrag zu einer theologischen Hermeneutik, als eine »hermeneutische Programmschrift«, deren Zielpunkt der bekannte Satz sei: Aus der »innern Wahrheit« der Religion »müssen die schriftlichen Überlieferungen erkläret werden, und alle schriftliche Überlieferungen können ihr keine innere Wahrheit geben, wenn sie keine hat.« (B 8, 313). Das Problem der Korrelation von Vernunft und Offenbarung formuliert Bultmann so: Wie verknüpfte Lessing diese »innere Wahrheit« mit dem Spezifikum der christlichen Religion, der Christologie, wenn er zum einen den historischen Berichten über die Passion und Auferstehung Jesu keinerlei bindende, sinntragende Kraft zumessen wollte und konnte, zum anderen aber die ›Deutungshoheit‹ einer vernunftgemäßen Religionsphilosophie ebenfalls nicht anerkannte? Lessing, so Bultmann, habe einen dritten Weg beschritten. Er habe den Sinngehalt der Christologie in die Erkenntnis des Wesens Gottes verlegt: In seinen Augen habe die Lehre vom Sühnopfer Jesu insofern bessere, würdigere Begriffe von Gott vermittelt, als sie dessen bedingungslose Barmherzigkeit gegenüber den sündigen Menschen zur Geltung gebracht habe; die Erkenntnis der Barmherzigkeit als eine der wesentlichen Eigenschaften Gottes führe denn auch, als innere Wahrheit der christlichen Religion, über die natürliche Religion mit ihrem Lohn-Strafe-Denken hinaus (s. auch S. 427).

Ausgehend von dem Terminus ›Axiom‹ und dessen beziehungsreicher Verbindung mit dem (von Lessing vorangestellten) Wolffschen Motto, kommt Scattola (im gleichen Band) zu einem ganz anderen Ergebnis, nämlich dem der Selbstevidenz der »inneren Wahrheit«, die als voraussetzungslos einsichtige Vernunftwahrheit unabhängig von der biblischen Überlieferung, den biblischen Figuren (einschließlich Christi) sei und in letzter Konsequenz sogar Gott überflüssig mache. Allerdings sei auch eine Alternative denkbar, nämlich die, dass den religiösen Lehren ein überrationaler, inspirierter Gehalt innewohne (wie der Dreifaltigkeits- oder der Erlösungslehre); dann müsste man gemäß dem Modell der »Axiomata« mit fortlaufenden Offenbarungen und Eingebungen Gottes rechnen; die Welt wäre nicht leer, sondern voll von Gott. Während in den *Axiomata* beide Alternativen offenblieben, nähere sich Lessing in der Erziehungsschrift der spiritualistischen Variante.

Forschung zu Lessings Rhetorik

Kontrovers wie die Analysen zu Lessings gedanklicher Position sind diejenigen zu seinen rhetorischen Mitteln. Übereinkunft herrscht nur darin, dass Lessing sich eine bis dato unerhört treffsichere, geschmeidige Sprache geschaffen hat, dass er Sprache als Waffe benutzt. Doch während für die einen diese Sprache der wirkungsvollen Präsentation von Inhalten dient (z. B. W. Jens 1983b [zuerst 1969], bes. 17f., Werner Gaede 1955), dient sie für die anderen der wirkungsvollen Verschleierung, ja, geradezu der Lesertäuschung (Volker Nölle, Specht).

Die systematische Erforschung von Lessings sprachlichen Mitteln (z. B. Gaede 1955) wird von Feinäugle in einem bahnbrechenden Aufsatz (1969) insofern auf eine neue Stufe gehoben, als er nicht lediglich diese Mittel beschreibt, sondern vor dem Hintergrund der Tradition profiliert, der sie entstammen. Gemeint ist die Tradition des Streitgesprächs, der Disputation, und der Polemik. Feinäugle orientiert sich an den einschlägigen Artikeln aus Zedlers Universal-Lexikon. Die polemische Methode wird dort genau festgelegt. Gefordert wird die Präsentation der gegnerischen Argumente von ihrer stärksten Seite zwecks glanzvoller Widerlegung. Lessing, so Feinäugle, steigere dies Verfahren. Er gestalte die Streitsituation zur Szene aus und verleihe dem Gegner oft eine ›leibhafte‹ Präsenz. Lessings Leistung liege in der Neubelebung der Tradition, in der Verlebendigung traditioneller Formen (vgl. Kap.: »Literaturbriefe«).

Hier hakt Specht (1986) mit seiner Untersuchung zur Rhetorik in Lessings »Anti-Goeze« ein. Nicht mit der Weiterentwicklung der Tradition hätten wir es bei Lessings Polemik zu tun, sondern mit einem Neuansatz, einer Gegenwendung gegen die Tradition, in der Goeze steht. Die Kunst des Disputierens werde im *Zedler* als ein Streiten im Dienst der Wahrheit beschrieben, aus dem die Sprache der Affekte zu verbannen sei. So habe es auch Goeze verstanden und von Lessing erwartet. Dem Rationalismus der (Wolffschen) Aufklärung sei die Rhetorik, die mit Emotionen

rechne, suspekt. Rhetorizität aber sei die Signatur von Lessings Streitschriften.

Lessings Streit mit Goeze sei ein Kampf nicht um die Wahrheit, sondern um die Glaubwürdigkeit, lautet Spechts zentrale These. Goeze habe Lessing gegenüber Startvorteile. Er wende die Regeln der Disputation an, orientiere sich an den akzeptierten akademischen Normen, verfechte allgemein anerkannte Standpunkte. Er werfe Lessing die Verletzung des Konsensus vor. Diesen Vorwurf suche Lessing mit rhetorischen Mitteln zu parieren. Er suche sich und seiner Sache Überzeugungskraft zu verschaffen. ›Rhetorische Mittel‹ sind für Specht technische Strategien, die unabhängig vom Inhalt wirken. An die Stelle der Wahrheit tritt in Spechts Analyse der Schein der Wahrheit (»Wahrscheinlichkeit«). Einem Publikum gegenüber, das erwartungsgemäß Goezes Horizont teile, suche Lessing die eigene Sache in ein neues Licht zu rücken. Spechts Blick konzentriert sich auf das ›neue Licht‹, das er gänzlich von der Sache isoliert.

Specht interpretiert die Sachargumente, die Lessing den Angriffen Goezes entgegengesetzt – Angriffen auf die Sprache, die Herausgabe und die »Advocatur« der Fragmente – als Argumentations-Strategien, die in der Rhetorik formalisiert wurden. Lessing ziehe Goezes definitives Urteil in Zweifel, führe neue Kriterien der Bewertung ein, baue ›Normenkonflikte‹ auf; vor allem stilisiere er den vorliegenden Fall zu einem Präzedenzfall in einer noch unentschiedenen Frage von allgemeiner öffentlicher Bedeutung. Diese Vorgehensweisen seien sämtlich in der Statuslehre der antiken Rhetorik erfasst, wie Specht nachweist.

Neben der Formung entsprechend der Statuslehre ist für Specht die verborgene Portraitierung des Gegners das zweite hervorstechende Strukturelement der Argumentation und zugleich das wichtigste Mittel Lessings, sich Glaubwürdigkeit zu verschaffen. Lessing realisiere die in der Rhetorik festgehaltene Lehre, dass nur dem guten Mann (vir bonus) die Güte seiner Sache geglaubt werde. Die Konsequenz: Wo es um die eigene Sache schlecht stehe, müsse der Redner zum Angriff auf die Person des Gegners übergehen. Die Rede werde zur Polemik, als deren gattungskonstituierendes Merkmal Specht die Vermischung von Sachargument und Verunglimpfung des Gegners bestimmt. Specht untersucht eindringlich die subtilen Mittel, mit welchen Lessing Goeze ab- und im Gegenzug sich selbst aufwertet. Es sind das entstellende Zitat, die Ironie, die Metapher. Vor allem durch seine bilderreiche Sprache beeinflusse Lessing den Leser und nehme ihn für sich ein; dadurch lenke er die Urteilsfindung. Die Erkenntnis werde durch das Interesse gefärbt, oft auf Kosten der Wahrhaftigkeit.

Worin Specht die höchste Entfaltung von Lessings Rhetorizität sieht, in dem Einsatz wirkungsvoller Metaphern, darin sieht Helmut Schmiedt (1991) die Tendenz zur Poetisierung, wo jener den Rhetoriker bewundert, nimmt dieser den Poeten wahr. Auch für Schmiedt ist der Ausgangspunkt für die Untersuchung von Lessings Sprache die Irritation, die sie bei Goeze hervorgerufen hat. Notorisch ist dessen Vorwurf, Lessing verwische die begriffliche Beweisführung durch (sinnliche) Bilder, Anspielungen, zweideutige Metaphern und Gleichnisse. Als Hintergrundmodell für die neue Tendenz zieht Schmiedt nicht die Rhetorik, sondern die Ästhetik heran. Bei Lessing dienten die Bilder nicht lediglich der Illustration von Gedanken, sondern der Gedankenvermittlung selbst. Die Schicht des Sinnlichen und Affektiven werde aufgewertet. Bild und Inhalt verschmölzen zu einer Einheit, Gefühl und Verstand würden gleichzeitig angesprochen. Die bildhaften Elemente seien der begrifflichen Sprache nicht länger untergeordnet. Vielmehr verselbständigten sich die Bilder bei Lessing. Sie entwickelten ein Eigenleben. Darin zeige sich die eminent poetische Qualität von Lessings Sprache.

In enger Abhängigkeit von Feinäugle und Specht argumentiert Evelyn Moore (1993). Lessings Polemik müsse vor dem Hintergrund des zeitgenössischen Rhetorik-Modells beurteilt werden. Moore konstruiert allerdings keinen Gegensatz zwischen ›akademischer Disputation‹ und (klassischer) ›Rhetorik‹, sondern sie deutet Lessings Verteidigung als einen Versuch, der traditionellen Forderung nach dem *ethos* des Redners gerecht zu werden. Bis zu einem gewissen Grad erfülle Lessing die in Zedlers Lexikon festgehaltenen Normen, orientiere sich an dem dort fixierten Bild vom ›guten‹ Redner. Gleichzeitig binde er das *ethos*, die Glaubwürdigkeit, an neue Inhalte. Der wichtigste sei die neue Konzeption von Wahrheit, die nach einer neuen Sprache verlange. Lessings anspielungsreiche Metaphernsprache ›ersetze‹ die begrifflich-abstrakte Schulsprache

mit ihren Syllogismen (logischen Schlussfolgerungen). Tradition und Innovation griffen so in Lessings Polemik ineinander.

Rhetorik oder Auseinandersetzung um die Wahrheit? Moore verfolgt die Wurzeln dieser Fragestellung bis zu der ursprünglichen Konkurrenz von Rhetorik und Philosophie in der Antike zurück. Zugleich zeigt sie, wie in der Epoche der Aufklärung der Anspruch der Rhetorik auf Wahrheitsvermittlung sich mit der Aufwertung der Empfindungen verbindet. In der ideengeschichtlichen Herleitung und Verortung des Problems liegt ein besonderes Verdienst ihrer Studie.

Ernst-Peter Wieckenberg (2010) hebt die Diskussion über Lessings Rhetorik und Polemik im theologischen Streit insofern auf eine neue Ebene, als er zum einen – am Beispiel der *Duplik* – den situativen Kontext bzw. Anlass weit genauer berücksichtigt als bisher geschehen, zum anderen Lessings argumentatives Verfahren auf seine Umbesetzung und Neudeutung zentraler theologischer Termini bezieht, mithin in der polemischen Form selbst eine sachlich begründete Notwendigkeit entdeckt. In der *Duplik*, deren ›Format‹ die Verteidigungsrede im Rahmen eines Elenchus (Kirchenstreits) sei, artikuliere Lessing den eigenen Wahrheitsbegriff so, dass er damit zugleich den Anspruch einer ›vernünftigen‹ Orthodoxie auf Beweisbarkeit ihrer Dogmen ablehne; Selbstmitteilung und Polemik gingen also eine Symbiose ein. Dabei brächten es Lessings grundsätzliche kritische Intentionen, die vor allem in der Begrenzung der Vernunft, der Grenzziehung zwischen Theologie und Religion, der Historisierung der Glaubensbekenntnisse und in einer Umdeutung des Offenbarungsbegriffs zugunsten der Entdogmatisierung der Theologie bestanden hätten, mit sich, dass er seine eigenen »Vorstellungen von Religion« nur in der Form des Streits, als Polemik, habe ausdrücken können: »Eine Theologie, die sich positive, überprüfbare Aussagen über Glaubensinhalte versagen muß, braucht die Redefigur der Zurückweisung oder auch nur der Verneinung, um zu sagen, worum es ihr geht.«

Analyse I: Die Gegensätze des Herausgebers

Vorbemerkung: Bultmanns (2010) Auffassung, das hermeneutische und praxisbezogene Prinzip von Lessings Bibellektüre sei die Erkenntnis der Barmherzigkeit Gottes als dessen wesentlicher Eigenschaft, passt insofern gut zu dem Duktus unserer Dramendeutungen, als es dort um das Bild des liebenden Gottes und die Entscheidung dafür als Antwort auf die zwischenmenschlichen Verfehlungen geht. Wenn wir hier dennoch die rationalisierenden Tendenzen in Lessings Verständnis der Religionen betonen, so aufgrund eines Arguments, das die ›anthropozentrische Wende‹ berührt. Zwar lässt sich, wenn man die natürliche Religion mit ihrem Gerechtigkeits- und Lohn-Strafe-Denken zur Folie nimmt, die »unüberschwengliche« Barmherzigkeit Gottes (Waitwell zu Sara; vgl. S. 156–159) tatsächlich als ein irreduzibler Offenbarungsgehalt davon abgrenzen, zumal da ein entsprechendes Gottesbild in allen drei Buchreligionen greifbar ist (Hinweis von Bultmann; vgl. die Bemerkungen zu *Nathan* in Bultmann 2010). Andererseits jedoch macht die »Erziehung des Menschengeschlechts«, die für Lessing sich darin vollenden soll, dass der Mensch das Gute tut, weil es das Gute ist, letztlich die Barmherzigkeit Gottes den Sündern gegenüber unnötig. Mit anderen Worten: Bei Lessing scheinen uns diejenigen Motive virulent, die zur Aufhebung der pessimistischen, auf (z. B.) Röm. 7 fußenden lutherischen Anthropologie führen; auch ließe sich von daher die Frage aufwerfen, ob in Lessings Augen Denker wie Spinoza die ›geoffenbarte Wahrheit‹ von der vergebenden Barmherzigkeit Gottes philosophisch reformuliert und in eine ›Vernunftwahrheit‹ überführt haben.

Lessings Einspruch gegen Deismus und Neologie

In den *Gegensätzen des Herausgebers* (B 8, 312–350) artikuliert sich eine im Vergleich zu Reimarus und Jerusalem völlig andere Art des Denkens. An die Stelle der systematischen Abhandlung rücken Thesen und Hypothesen. Reimarus und Jerusalem sind sich ihrer Sache sicher; die Sicherheit spiegelt sich in ihren umfänglichen Entwürfen. Lessing wirft knappe Behauptungen in den Raum. Seine Aussagen scheinen präzise formu-liert und lassen dennoch einen breiten Auslegungsspielraum offen. Der Lakonismus ist Ausdruck für den spekulativen Charakter von Lessings Raisonnement. Lessing tastet und sucht nach der ›Wahrheit‹. Er zieht dabei das scheinbar Selbstverständliche in Zweifel und durchkreuzt gängige Zuordnungen.

Bevor Lessing die »Fragmente« des Ungenannten (Reimarus) einzeln widerlegt, nimmt er zu dessen Bibel- und Offenbarungskritik insgesamt Stellung. Er skizziert den Rahmen, innerhalb dessen sich seine Argumentation bewegen wird. Er differenziert zwischen der Bibel und der christlichen Religion. Der Ungenannte habe die christliche Religion mit dem Wortlaut der Bibel identifiziert. Die Absurditäten, zu denen ein wörtliches Verständnis der Bibel führe, habe er dann der Religion angelastet. Man müsse jedoch Geist und Buchstaben, Bibel und Christentum voneinander unterscheiden. Lessing verfolgt den frappierenden Gedanken, dass, wie der christliche Glaube sich (zeitlich) vor der Niederschrift der Evangelien ausgebreitet habe, er auch bestehen könne, wenn das NT wieder verloren gehe. Wenn die christliche Religion ›wahr‹ sei, so müsse ihre Wahrheit eine eigene Gültigkeit haben und selbstevident sein. Sie müsse unabhängig sein von den biblischen Erzählungen. Denn die »Religion ist nicht wahr, weil die Evangelisten und Apostel sie lehrten: sondern sie lehrten sie, weil sie wahr ist« (B 8, 313). Lessing spricht von der »innern Wahrheit« des Christentums, die allein den schriftlichen Überlieferungen einen Gehalt verleihen könne. (Zu den Akzenten, die Lessing mit seiner Auswahl aus der *Apologie* setzt, s. D. Klein 2010).

Lessing wird den Standpunkt, den er hier andeutet, in immer neuen Überlegungen umkreisen und ausfalten: Die Frage nach der Relation von Glaubenslehren (›Religion‹) und Bibel ist einer der Hauptstreitpunkte der Goeze-Kontroverse. Mit den Neologen teilt Lessing die Überzeugung von der Interpretationsbedürftigkeit der Bibel. In wessen Geist aber wird sie ausgelegt? Wenn er die ›Wahrheit‹ den Hl. Schriften vorordnet und in letzter Konsequenz unabhängig von ihnen macht, kündigt sich seine Antwort in aller Radikalität an: Die Vernunft ist für Lessing die höchste Instanz auch (oder gerade) in Glaubensfragen. Die Inhalte des Glaubens müssen einen vernünftigen Kern haben. Aus Vernunftgründen muss ihre Wahrheit evident werden; diese Evidenz macht ihre ›innere Wahrheit‹ aus.

Es möchte scheinen, dass Lessing in dieser Einleitung mit der Zweideutigkeit des Religionsbegriffs spielt und die natürliche Religion als jenen vernünftigen Kernbestand im Auge hat, der durch keine Bibelkritik angegriffen werden kann. Goeze wirft ihm dies permanent vor (unter den neueren Interpreten: Michelsen). Und doch liegt die Pointe von Lessings Argumentation darin, dass er die christliche Religion mit ihren spezifisch christlichen Glaubensinhalten meint. Um deren vernünftigen Gehalt und innere Wahrheit ist es ihm zu tun. Weshalb, so fragt er, sind sie wahr? Weil es so in der Bibel steht? Weshalb aber sind die Sätze dort wahr?

Im ersten »Gegensatz« kritisiert Lessing denn auch die Verschmelzung der christlichen mit der »natürlichen« Religion. Die Folie ist das erste »Fragment«, in dem Reimarus gegen die orthodoxe Lehre, dass die menschliche Vernunft keine rechte Gotteserkenntnis habe und deshalb auf eine übernatürliche Offenbarung angewiesen sei, polemisiert. Lessing wendet sich nicht direkt gegen Reimarus, sondern gegen die Neologie. Diese hatte die Vernunft inzwischen rehabilitiert. Lessing bringt das Problem der Neologie auf den Begriff (B 8, 316): Für sie sei die »ganze geoffenbarte Religion [...] nichts, als eine erneuerte Sanction der Religion der Vernunft. Geheimnisse giebt es entweder darin gar nicht; oder wenn es welche giebt, so ist es doch gleichviel, ob der Christ diesen oder jenen oder gar keinen Begriff damit verbindet.« Auf diese Weise gehe jedoch der wesentliche Begriff der Offenbarung verloren. »Denn was ist eine Offenbarung, die nichts offenbaret?« (B 8, 316). Wer den Standpunkt der Offenbarung einnehme, müsse daran festhalten, dass sie Inhalte vermittelt, die die Fassungskraft der Vernunft übersteigen (für das Christentum sind diese Inhalte insbesondere an Tod und Auferstehung Jesu geknüpft). Lessing attestiert der Offenbarung einen ›Mehrwert‹ vor der Vernunfterkenntnis. Sobald die Vernunft von der Wirklichkeit der Offenbarung überzeugt sei, bekenne sie zugleich ihre Grenzen und lasse sich durch den Glauben (weiter-)leiten (B 8, 318). Es gehe deshalb nicht an, die christlichen Glaubenssätze, die auf den im NT berichteten Ereignissen (›Of-

fenbarung‹) beruhen, schlankweg als Vernunftsätze auszugeben bzw. auf die »Wahrheiten« der natürlichen Religion zu reduzieren.

Lessing bleibt jedoch bei dieser Trennung von Vernunft und Offenbarung nicht stehen. Es geht ihm um die »Wahrheit« der (christlichen) Religion; »Wahrheit« aber kann sich für ihn nur vor der Vernunft ausweisen. So bezieht er »Vernunft« und »Offenbarung« aufeinander. Er sucht, wie er selbst sagt, seinen Standpunkt zwischen den »Extremen« (B 8, 316). Er findet zu der Formel (B 8, 319): »Die geoffenbarte Religion setzt im geringsten nicht eine vernünftige Religion voraus: sondern schließt sie in sich.« Zum einen ist damit der Ansatz des Reimarus zurückgewiesen, der an den (Vernunft-)Konstrukten der »natürlichen Religion« die Lehren und Inhalte der geoffenbarten Religion misst. Die Offenbarung sei das Primäre – zunächst eine voraussetzungslose Setzung. Was aber heißt: die Offenbarung »schließt die Vernunft in sich«? Lessing gibt einige Erläuterungen, welche die Richtung seiner Argumentation sowohl im Fragmentenstreit (vor allem: Schumann-Kontroverse) als auch in der *Erziehung des Menschengeschlechts* andeuten. Die geoffenbarte Religion enthalte alle die Wahrheiten, die auch die vernünftige Religion lehre, nur enthalte sie diese auf eine andere Art und Weise (B 8, 319). Die geoffenbarte Religion, so Lessings Antwort auf Reimarus, ›lehre‹ deswegen, weil sie nichts aus Vernunftgründen beweise, noch lange nichts Falsches. Ihre Lehren seien nicht in der Form der vernünftigen Demonstration entwickelt, sondern in der Form von Bildern und Geschichten, von Erlebniserzählungen und Wunderberichten sinnfällig gemacht. »Zeugnisse und Erfahrungssätze« seien die »Beweise«, deren sich die geoffenbarte Religion bediene (B 8, 320). Die Analogie zum Aesthetischen liegt nahe. Für Lessing spricht die Bibel die »sinnliche Erkenntnis« und die Bedürfnisse des sinnlichen Menschen an. Auf dieser Ebene hat sie ihre durch nichts zu ersetzende Wahrheit. Es ist zugleich die Ebene des »Gefühls« (B 8, 312), das die Wahrheiten intuitiv erfasst.

Die »Offenbarung schließt die Vernunft in sich«: kann sich Lessing mit dieser Formel unzweideutig von der Neologie abgrenzen? Was bleibt bei Lessing von der »Offenbarung« übrig, wenn einmal die Vernunft sich der Glaubensüberzeugungen bemächtigt und sie aus ihren eigenen Gründen, aus Vernunftgründen, bewiesen hat? Auch Lessing gibt eine Deutung der Geschichte vom Sündenfall, um so das »Märchen Mosis« vor dem Spott der Deisten zu retten. Kaum unterscheidet sich seine Auslegung von derjenigen Jerusalems (s. S. 419): Die Erzählung ermahne zum rechten Vernunftgebrauch und bringe zugleich »die Macht unsrer sinnlichen Begierden, unsrer dunkeln Vorstellungen über alle noch so deutliche Erkenntnis« »zur kräftigsten Anschauung« (B 8, 317). Einer »lehrreichen Auslegung« sei die biblische Geschichte fähig; die Prinzipien der Auslegung findet Lessing in der zeitgenössischen Psychologie. Welche Bedeutung hat die »Offenbarung«? (Fast ausschließlich neologischer Argumente bedient sich Lessing im zweiten »Gegensatz«. Man müsse die für das Christentum zentralen Aussagen von den zeitbedingten Lehrsätzen unterscheiden. Zu Letzteren zählt er die Lehren vom Verderbnis der menschlichen Vernunft, von der Verdammung der Heiden, von der Verbalinspiration – Glaubensartikel, die auch die Neologen verwarfen).

Im vierten »Gegensatz« entwirft Lessing eine geschichtliche Konzeption der »Offenbarung«. Er entkräftet den Einwand des Reimarus, eine »Offenbarung« könne da nicht vorliegen, wo wesentliche Wahrheiten der natürlichen Religion unbekannt seien. Nur allmählich, so Lessing, hätten sich Gottesbilder und Religionsvorstellungen entwickelt. Gott habe sich in seiner Verkündigung dem Verstehenshorizont der Menschen angepasst, anpassen müssen. Lessing fügt den ersten Teil der *Erziehung des Menschengeschlechts* ein (§§ 1–53). Wiederum drängt sich der Vergleich mit der Neologie auf. Der Terminus »Geschichte« fällt bei Jerusalem: Die Bibel enthalte (auch) die Geschichte der Religion. Identisch ist für beide der Ausgangspunkt. Die »sich selbst überlassene menschliche Vernunft« habe den mitgeteilten Begriff des »Einigen Gottes« nicht festhalten können. Sie »zerlegte« »den Einzigen Unermeßlichen« in »mehrere Ermeßlichere«; sie verfiel dem Polytheismus (§ 6; B 8, 334). Welche Rolle spielen »Vernunft« und »Offenbarung« im historischen Prozess? Wie interpretiert Lessing die Historizität der in der Bibel festgehaltenen Offenbarung?

Jerusalem bezieht das Moment der historischen Bedingtheit auf die ›Einkleidung‹ der göttlichen Wahrheiten. Gott habe sich sinnlicher Vorstellungsweisen bedient, um seine ewig gültigen ›Lehren‹ verdeutlichen zu können. Lessing bezieht das Moment des Historischen auf die mitgeteilten Wahrheiten selbst. Nur langsam habe z.B. das Volk der Bibel sich den Ein-Gott-Glauben errungen. Der Offenbarungs*inhalt* sei zunächst seinen beschränkten Verstandeskräften angepasst gewesen: Gott habe sich ihm zuerst als Nationalgott, als der Mächtigste aller Götter genähert. Mittels dieses Unterschieds lässt sich Lessings Standpunkt gegenüber der Neologie profilieren. Einerseits sichert die Vorläufigkeit der Offenbarungsinhalte ihnen Eigenart und Eigenwert gegenüber den gleichzeitig kursierenden Vernunftwahrheiten. Dies kann anhand von Lessings Umgang mit der Lehre von der göttlichen Natur Jesu und von Christus als dem »Wort Gottes« erläutert werden. Wir greifen hierzu auf den zweiten Teil der Erziehungsschrift vor (§§ 54 ff.). Jerusalem legt beide Lehren ad acta, um den Konsens der christlichen mit der vernünftigen Religion zu retten. Lessing will das Dogma bewahrt wissen. Denn es könnten vernunftgemäße Inhalte in ihm verborgen sein, die erst noch der Entdeckung harren. In diesem Sinn versucht er sich selbst an einer spekulativen Auslegung der Trinitätslehre (§ 73). – Andererseits ist der ›Mehrwert‹ der geoffenbarten Erkenntnis gegenüber der Vernunfterkenntnis eben nur ein vorläufiger. Entschieden formuliert Lessing das Ziel, die ›Ausbildung‹ der Glaubenswahrheiten in Vernunftwahrheiten. Sie sei notwendig, »wenn dem menschlichen Geschlechte damit geholfen sein soll« (§ 76). Obgleich den Anstoß zur Entfaltung der Vernunft die Offenbarung gibt – das Telos der Offenbarung ist für Lessing die Vernunfterkenntnis. In drei Punkten lässt sich diese Vernunftorientierung veranschaulichen.

1. Die ›Offenbarung‹ wird immer auf das Denken bezogen, nirgends auf den ›Glauben‹. Die »Schriften des A.T.« sind für ein »im Denken« ungeübtes Volk (§ 27). Erziehung durch Offenbarung zielt auf den »Fortgang [=Fortschritt] des gemeinen [=allgemeinen] Verstandes« (§ 31 und passim). Glaubenslehren werden nach Lessing durch (Vernunft-)»Schlüsse« und »Beweise« befestigt (z. B. § 28, § 46). Nirgends berührt Lessing mit dem Begriff der ›Offenbarung‹ die Erfahrung der *anderen* Wirklichkeit Gottes, die von der Vernunft prinzipiell nicht eingeholt werden kann. Niemals berührt er die Spannung zwischen der (notwendigen) Rationalisierung der »Offenba-

rung« und dem unverfügbaren Rest, der sich menschlichem Zugriff entzieht.

2. Die ›Offenbarung schließt die Vernunft in sich‹: Die Formel besagt, dass zwar die »Offenbarung« (die Bibel) vernunftgemäß gedeutet werden kann und muss, dass aber die einmal als vernünftig begriffene Wahrheit auf ewig unabhängig von aller Offenbarung bleibt. Die Vernunft wird autonom. Sie hat nur ihre Gesetze und kennt nur ihre eigenen Gründe; Wunder, Weissagungen und Zeugnisse helfen ihr bei ihrer Selbstvergewisserung nichts. Was für die Vernunft »stimmt«, braucht die göttliche Sanktion nicht. Hier ist Lessing, im Unterschied zu den Neologen, Deist. Parallel zur biblischen Offenbarung verläuft die Geschichte der Vernunft. Auch ohne die Hilfe einer »Offenbarung« gelangte man zum Glauben an den Einen Gott und ›bewies‹ die Unsterblichkeit der Seele (§ 4; §§ 20/21; § 35; § 42). Mehr noch: Der Vernunftbegriff erweist sich gegenüber den geoffenbarten Inhalten als im Wesen überlegen: »Aber wie weit war dieser [gemeint: der geoffenbarte] Begriff des Einigen, noch unter dem wahren transcendentalen Begriffe des Einigen, welchen die Vernunft so spät erst aus dem Begriffe des Unendlichen mit Sicherheit schließen lernen!« (§ 14).

3. Die ›Offenbarung‹ der Bibel kompensiert bei Lessing die Mängel und Beschränkungen der »sinnlichen« Erkenntnis, der noch ungeübten Vernunft. Sie ist notwendig, solange der Mensch sich von seinen sinnlichen Bedürfnissen bestimmen lässt. Weit entfernt von dem Vernunftoptimismus eines Reimarus, hält Lessing die Vernunft geradezu für ›schwach‹ und deshalb auch in der Gegenwart noch auf den Offenbarungsmodus der Religion angewiesen. ›Neologiekritisch‹ grenzt er das Christentum in seiner damaligen Gestalt (Katechismus, Dogmen etc.) von der Transparenz einer ›Vernunftreligion‹ ab: Der verborgene Gehalt der christlichen Religion ist für ihn durch die Vernunft noch nicht erschöpft, seine »innere Wahrheit« noch nicht vollständig formuliert. Doch dieser begrenzte Zustand ist für Lessing nur ein temporärer, und seine Aufhebung erfolgt nicht durch eine radikale, nur von Gott zu bewirkende Umwandlung, sondern durch die kontinuierliche, ›natürliche‹ Entwicklung, an deren Ende die Einsicht in »Vernunftwahrheiten« steht und die Geltung der Offenbarung als ein geschichtlich bedingtes Phänomen erscheint. Auf dieser Ebene lässt sich auch gegen Lessings Modell die Frage richten: »[…] was ist eine Offenbarung, die nichts offenbaret?«

Analyse II: Die Kontroverse mit Goeze

Die inhaltliche Auseinandersetzung umfasst im Wesentlichen Anfang und Schluss der Kontroverse (Anfang: *Eine Parabel*, *Axiomata*; Schluss: *Nötige Antwort auf eine sehr unnötige Frage* und deren *Erste Folge*). Dazwischen liegt das, was Lessing selbst die »Katzbalgerei« (*Nötige Antwort auf eine sehr unnötige Frage*, B 9, 434) nennt. Die Sachfragen scheinen aus dem Blick zu geraten; wechselseitige Anschuldigungen rücken in den Vordergrund; der Streit eskaliert. Nicht Diskussion, sondern Polemik ist angesagt. Dabei steht die moralische Diffamierung der Gegner in engem Zusammenhang mit dem zentralen Gegenstand des Streits. In den Angriffen auf den Kontrahenten artikulieren sich unterschiedliche Menschenbilder, denen wiederum die unterschiedlichen Interpretationen des »Glaubens« zugrunde liegen.

Die Sachfragen

Goezes Argumentation ist in sich widersprüchlich. Einerseits entzieht er Religion, Bibel und Glaube dem Zugriff der menschlichen Vernunft. Glaubenswahrheiten seien keine Vernunftwahrheiten (z. B. B 9, 19, B 9, 377; auch B 9, 129 und B 9, 375 [Schumann-Zitat]). Er instrumentalisiert die Unterscheidung zwischen ›Schrift‹ und ›Wort Gottes‹. Lebendig werde die Bibel erst durch den inneren Mitvollzug (z. B. B 9, 120). Doch nicht die Vernunft führe zum rechten Verständnis, sondern dieses werde allein durch den Hl. Geist bewirkt. Die »Natur« des Menschen widerstrebe der Botschaft des Evangeliums (vgl. B 9, 182, B 9, 458). Bibellektüre ist für Goeze immer betende Lektüre.

Andererseits hat Goeze keine Sprache für die Sphäre des Glaubens. Ihm stehen nur Formeln zur Verfügung, Formeln wie das »Zeugnis des Hl. Geistes« (B 9, 120), das Evangelium als die »einzige Kraft Gottes, selig zu machen« (B 9, 383 u.ö.), die »verderbten und verdorbenen heftigen Begierden« (B 9, 458). Was der ›Glaube‹ vermittelt, wird nicht erkennbar. Hieraus scheinen die Verengungen zu fließen, die für die Orthodoxie zur Zeit der Aufklärung insgesamt charakteristisch sind: Das ängstliche Festhalten am Dogma der Verbalinspiration und die nicht weniger ängstliche Berufung auf die historischen Beweise. Da der menschlichen Vernunft (in Religionsdingen) nichts zugestanden wird, muss die Bibel unantastbar sein, sie muss Wort für Wort ›stimmen‹. Durch das wörtliche Verständnis werden der Glaube auf das ›Für-Wahr-Halten‹ und die Bibel auf ein historisches Dokument reduziert. Mit dem ›Für-Wahr-Halten‹ kommt das – dem Glauben so fremde – »Beweisen« ins Spiel. Die ›Geschichte‹, die die Bibel berichtet, ist für Goeze der Beweis für die Wahrheit der Glaubenslehren. Zum Beispiel führt er die »Wunder« Jesu als »Beweise« für dessen Auferstehung an; die Auferstehung wiederum ist ihm das ›Faktum‹, das die Unsterblichkeit »beweist« (B 9, 379). Nicht das Inkommensurable, Andersartige der ›Offenbarung‹ ist für ihn wichtig, sondern das ›Wirkliche‹. – Nicht den geringsten Auslegungsspielraum lässt Goeze zu. Wort Gottes, Hl. Schrift und deren ›glaubender‹ Nachvollzug sind ihm ein für allemal identisch und fixiert. Genauso wenig erkennt Goeze an, dass auch in der Dogmatik Interpretationsarbeit steckt und die Dogmen nicht unmittelbar und fraglos von der Bibel hergeleitet werden können.

Trotz – oder auch wegen – der Beschränktheit seines Glaubensbegriffs vermag Goeze *eine* Frage ganz klar zu konturieren: die Frage danach, ob Lessings Standpunkt noch mit dem Inhalt der christlichen Religion zu vereinbaren ist. Zwei Lessingsche Dikta sind es, die ihn vor allem provozieren: die Behauptung aus den *Gegensätzen*, dass die christliche Religion unabhängig von der Bibel sei, und der Satz aus der *Beweis*-Schrift, dass kein historisch erwiesenes Faktum (wie die Auferstehung) zu einer Revision des metaphysischen Gottesbegriffs »verbinden« könne und dürfe. Wieso, fragt Goeze, spricht Lessing noch von der »christlichen« Religion, wenn er deren wichtigste Glaubensaussage verwirft? Er nagelt Lessing fest: entweder er müsse offen zugeben, nur die »Vernunftwahrheiten« der natürlichen Religion anzuerkennen, oder er müsse sich über die einzelnen »Glaubensartikel«, die Inhalte der christlichen Religion, erklären (*Leßings Schwächen* II; B 9, 370 ff.). Wie zieht Lessing sich aus der Affäre?

Auf die Frage nach dem Verhältnis von Religion und Bibel antwortet Lessing in den *Axiomata*, auf die Frage nach seinem ›Glaubensbekenntnis‹ geht er in der Schrift *Nötige Antwort auf eine sehr unnötige Frage* ein (der er noch eine Fortsetzung folgen lässt; s. S. 412). Er führt darin den in den *Gegensätzen*, der *Beweis*-Schrift und der *Duplik* angedeuteten Ansatz weiter aus. Wir fassen den Ertrag zusammen:

1. Unermüdlich weist Lessing auf die Defizite des »historischen Beweises« hin, des Beweises durch die Berufung auf die ›Geschichte‹. Die Tatsache, *dass* etwas geschehen ist, kann für Lessing ein für allemal keinen ›Sinn‹ konstituieren, keine religiöse Überzeugung begründen. Vielmehr müsse erkannt werden, *was* geschehen sei und warum es für die Religion relevant sei. Dieses *was* und *warum* aber müsse die Vernunft herausarbeiten. Der Prüfstein für die Erkenntnis ist für Lessing der (philosophische) Gottesbegriff. Mit den Eigenschaften, dem Willen und dem Wesen Gottes müssten die religiösen Lehren übereinstimmen. Kein Geschichtsbeweis könne hier irgendetwas festsetzen. Die »innere Wahrheit«, die auf Vernunftgründen beruhe, sei unabhängig von der äußeren Beglaubigung, von der Geschichte, auch von der biblischen (B 9, 79). Aus sich selbst müsse eine Religionslehre ihre »Glaubwürdigkeit« nehmen (B 8, 622). »Warum soll ich Dinge, die ich deswegen für *wahr halten muß*, weil sie mit den Eigenschaften und dem Willen Gottes übereinstimmen, *nur* deswegen *glauben*, weil andre Dinge, die irgend einmal in Zeit und Raum mit ihnen verbunden gewesen, historisch erwiesen sind?« (*Axiomata*, B 9, 69). Lessings Aussagen über die »Wahrheit« der Religion rücken ihn in die Nähe des Deismus. ›Religion‹ ist ihm ein System von ineinandergreifenden Wahrheiten (B 9, 82). Auf die »Lehren« komme es an, die aus der Bibel »gezogen« werden können (und deren »Wahrheit« dann auch ohne diese Bestand habe). Wiederholt spricht Lessing vom »zuverlässigen Lehrbegriff« (B 9, 73, 80, bes. 83). Um die Unbedingtheit des Vernunftanspruchs in Religionssachen zu verdeutlichen, zieht er den Vergleich mit mathematischen Axiomen, deren Wahrheit auch nicht auf Geschichte und Autorität beruhe (B 9, 79). Hat Goeze nicht Recht, wenn er Lessing vorwirft, nur die natürliche Religion im Auge zu haben? »Und wer ist uns Bürge, daß Herr Leßing nicht […] zuletzt […] sagen werde: ich rede von

der Religion, welche nicht durch Tatsachen, nicht mit historischen Beweisen, sondern allein aus den Eigenschaften und Willen Gottes, und aus ihrer innern Wahrheit, bewiesen werden kann. Diese Religion kann bestehen, wenn auch die Bibel verloren gienge. [...] Ich kenne keine andere Religion, als diese. Und da mich nichts verbindet, eine andere Sprache als die meinige zu reden; so muß es mir frei stehen, ob ich diese Religion die natürliche oder die christliche oder die lutherische nennen will« (B 9, 371).

2. Lessings Auffassung von der Bibel als dem schriftlichen Zeugnis der »Offenbarung« Gottes unterscheidet sich insofern gar nicht wesentlich von derjenigen Goezes, als für beide das NT *nur* das historische Dokument von Jesu Leben auf Erden ist (vgl. das Ende 1777 entstandene Nachlassfragment *Neue Hypothese über die Evangelisten als bloß menschliche Geschichtsschreiber betrachtet*, B 8, 629ff., §§5ff., bes. §7, auch §55). Nur zieht Lessing daraus den entgegengesetzten Schluss. Weil die Evangelien historische Überlieferung seien und zur Geschichte der Religion gehörten, besäßen sie für deren Inhalte keine Beweiskraft.

3. Dennoch bezeichnet sich Lessing immer wieder als einen Freund der christlichen Religion. Er möchte sie gegen die deistischen Angriffe verteidigen, ja, »retten«. Zwei ›Entdeckungen‹ kommen ihm dabei zu Hilfe: Er stößt zu der mündlichen Glaubensüberlieferung vor, die der Niederschrift der Evangelien vorausgeht (*Nötige Antwort*), und er erkennt die Historizität, der die Ausprägung auch der Vernunftwahrheiten unterliegt. Das Christentum wird zur notwendigen Phase in der Entfaltung der Vernunft (vgl. *Die Erziehung des Menschengeschlechts*; zur Differenzierung zwischen der Religion Christi und der christlichen Religion vgl. Landmesser 2010).

4. Goeze identifiziert die Glaubensinhalte mit den historischen Ereignissen, von denen die Bibel berichtet, Lessing koppelt sie von ihnen ab. Dahinter steht der Wandel zu einem Immanenzdenken. Goezes Religionsauffassung ist von dem Gegensatz zwischen menschlicher und göttlicher Sphäre geprägt, jedoch bringt er den Bereich der Transzendenz nur in abgegriffenen Formeln zur Sprache. Lessing dagegen ist es nicht mehr um das Jenseits zu tun, sondern um die Verwirklichung der religiösen Verheißungen im Diesseits. In einem Nachlassfragment (*Womit sich die geof-*

fenbarte Religion am meisten weiß, macht mir sie gerade am verdächtigsten, vermutlich Ende 1777/Anfang 1778; B 8, 663f.) weist er sogar die Reflexion über die Unsterblichkeit zurück, da sie über Gebühr vom Diesseits ablenke. Vielleicht wird ihm deshalb die Auferstehung Jesu bedeutungslos. Der Einbruch der *anderen* Wirklichkeit Gottes liegt außerhalb seines Denkens. Lessing formuliert ein neues Modell für das Weiterleben Jesu. Notwendig habe dessen einprägsames Wirken Spuren hinterlassen. Auch wo die Spuren unmerklich seien, seien sie unauslöschlich (B 9, 69f. [Nr. 7 der *Axiomata*]). Nicht der Übergang in eine ›andere‹ Seinsweise (christliche Lehre), sondern das Fortwirken nach dem Gesetz von Ursache und Wirkung ist für Lessing entscheidend. In die gleiche Richtung weist seine Auslegung der Lehre von Christus als dem Sohn Gottes. In dem Nachlassfragment *Der Philosoph auf der Kirchenversammlung* (vermutlich Juli/August 1778; B 9, 694f.) stellt er eine ›vernunftfähige‹ Interpretation des Dogmas vor (695): »Es ist nur ein Gott, der Himmel und Erde und alles was darin ist erschaffen hat, den Menschen aus Staub gebildet, und alles durch sein Wort und seinen heiligen Geist erhält. Dieses Wort [...] ist der Sohn Gottes.« Signifikant sind die Durchtrennung des Bezugs zum historischen Jesus und die Annäherung von ›Gott‹ und ›Welt‹.

Der ›Kampf‹ um das Bild vom Menschen. Emotionalisierung und Moralisierung des Streits

Goeze und vor allem Lessing streiten von Anfang an mit großer Emotionalität. Im 2. *Anti-Goeze* fordert Lessing sich selbst auf, in Zorn zu »entbrennen« (B 9, 152). In einem Nachlassfragment (*Unterbrechung im theologischen Kampf*) spricht er von seiner »Irascibilität« (B 9, 692). In Beschimpfungen und Unterstellungen machen die Gegner ihrer Erbitterung Luft. Dabei verdecken die persönlichen Angriffe nicht, wie meistens in der Forschung behauptet wird, die Sachfragen – im Gegenteil. Nicht nur, dass die affektgeladene Rhetorik die Kontroverse auch da noch fesselnd macht, wo die Inhalte lediglich ein historisches Interesse beanspruchen (dies gilt sowohl vom Dogma der Verbalinspiration als auch von den Prämissen der natürlichen bzw. vernünftigen Religion). Sondern die Emotionalisierung entspringt unmittelbar den unterschiedlichen Religionsauffassungen. Denkvoraussetzungen der Gegner werden in den Vorwürfen deutlich, zwei verschiedene Vorstellungen vom Menschen prallen aufeinander. In der Rhetorik des Goeze-Streits wird die Dramatik des Wandels zur ›Moderne‹ fassbar.

Goezes Wertungen. Bevor Lessing in der *Duplik* den Verzicht auf die reine Wahrheit ausspricht, deren Erkenntnis dem Menschen nicht gegeben sei, formuliert er die anthropologischen Voraussetzungen dieses Verzichts: Niemals habe ein Mensch sich je wissentlich und vorsätzlich verblendet. Auch dem Irrenden müsse man die gute Absicht zubilligen (B 9, 509 f.). Deshalb ist für Lessing das Streben nach Wahrheit nicht wertlos, auch wenn die Erkenntnis noch so vorläufig und unvollkommen ist. Sie trägt doch zur Wahrheitsfindung bei (s. S. 411, *Duplik*). Hinter der erkenntnistheoretischen Bescheidung steht das Zutrauen in den guten Willen des Menschen. Goeze ist hellhörig dafür, dass sich hier eine Provokation verbirgt. Aus seiner Sicht erscheint Lessings Bescheidung als Anmaßung. Mehrfach greift er die Passage aus der *Duplik* auf und sucht sie zu widerlegen (B 9, 135, 142 f., 170 ff.). Die Kehrseite zu dem unbedingten Wahrheitsanspruch, den er vertritt, ist das pessimistische Menschenbild der lutherischen Orthodoxie. Weil der Mensch, so die Prämisse, die Kraft zum Guten verloren habe, sei er auf die göttliche Offenbarung angewiesen. Deshalb dürfe er an der Bibel nicht rütteln und deuteln. Für Goeze ist es die Bosheit des Menschen, die die Erkenntnis blockiert. Der Wille widerstrebe nur allzu oft der (besseren) Einsicht, hält er Lessing entgegen (B 9, 143). Gerade in Glaubensfragen werde die Erkenntnis von den Leidenschaften gesteuert (und verfälscht), da hier »Erkenntnis« zugleich eine ethische, existentielle Entscheidung bedeute. Der natürliche Mensch wehre sich gegen die Zumutung des Evangeliums. Er lehne die (christliche) Religion ab, um seine angeborenen Neigungen ohne Gewissensbisse befriedigen zu können. Mangelnde Einsicht in Religionsdingen fließt für Goeze immer aus fehlgeleiteten »Begierden« (B 9, 143). Die intellektuelle Annahme der religiösen Wahrheit impliziert dagegen die ›Umkehr‹ des Herzens.

Die Verquickung von kognitivem und ethischem Aspekt in der Religionsfrage ist die Quelle für die Emotionalisierung des Streits. Von seinen Voraussetzungen aus *kann* Goeze die Sachfragen nicht losgelöst von der moralischen Bewertung sehen; er kann nicht »sine ira et studio« argumentieren. Von Anfang an diskutiert er mit Lessing nicht über Meinungen, sondern wirft ihm seine Gesinnung und Handlungsweise vor. Er unterstellt ihm *feindselige* Angriffe auf die Religion. Lessing wolle das Christentum *verhasst* und die Bibel *verächtlich* machen (pass.). Schwächen in der Beweisführung offenbaren ihm (Goeze) die *Tücke* des Gegners (B 9, 378; vgl. auch 166). *Betrüglich* nennt er dessen kritisches Verfahren (B 9, 380). Mit »Unwillen seines Herzens« habe Lessing auf die Frage nach seinem Glaubensbekenntnis reagiert; das moralische Widerstreben gegen die Religion sei deutlich geworden (B 9, 454). Schließlich sieht Goeze in Lessings Kritik die menschliche Ursünde, den Stolz, am Werk. Wiederholt beklagt er sich über Lessings stolzen Ton und die »verachtende Art«, »wie er seine Gegner behandelt« (B 9, 123). »Frech und stolz« sei die Gesinnung, die er an den Tag gelegt habe (B 9, 362). Freventlich und *»mit dem äußersten Stolze«* verwerfe er die göttliche Wahrheit (B 9, 380). Goeze kann in Lessings Fragen und Zweifeln nur das Bestreben, »klüger als Gott sein zu wollen« (B 9, 142), erkennen. Konsequent nimmt er ihn als den Sünder wahr, der in Gefahr steht, sein ewiges Seelenheil zu verspielen. Häufig ermahnt er Lessing, an das göttliche Gericht zu denken (zur inneren Logik von Goezes Argumentation vgl. Harald Schultze 1962).

Eine besonders raffinierte Art, Lessing abzuwerten, verbirgt sich in dessen Anerkennung als Theaterautor (z. B. B 9, 132, 366). Man kennt Goezes Einstellung zum Theater: Es ist ihm der Ort der »Weltlust«. »Theater« bedeutet für ihn Verführung zum sinnlichen Vergnügen, Anreiz zur Ausschweifung. Es ist eine Gegenwelt zu allem sittlichen Ernst. Daran kann für ihn auch die Theaterreform der Aufklärung nichts ändern (vgl. B 9, 366). Auf diesem Terrain, so die Insinuation, mag Lessing Erfolg haben. Die Stunde der Wahrheit schlage jedoch auf religiösem Gebiet. Und da würden Lessings Argumente als zu leicht befunden. Permanent wirft Goeze ihm seine »Theaterlogik« vor. Er verunkläre Gedanken, Begriffe und Beweise durch Bilder und Anspielungen. Wie ein Theaterautor bemächtige er sich der Phantasie und Einbildungskraft seiner Leser (z. B. B 9, 119). Dahinter steckt die moralische Beschuldigung:

Lessing betreibe ein Spiel, das von der wahren Erkenntnis ablenke, das zwar seine Parteigänger vergnüge, aber den unbefangenen Leser verblende.

Für Goeze geht es in dem Fragmentenstreit um nichts Geringeres als um ewiges Heil und Verdammung. Er sieht sich in der Verantwortung des Pastors, des ›Seelenhirten‹ (vgl. Lessings *Bitte*). Um des Seelenheils der Gläubigen willen dürften die religiösen Überzeugungen nicht verunsichert werden. Vor allem im Blick auf die Gemeinde macht er Lessing die Fragmentenpublikation zum Vorwurf. An diesem Punkt nun werden die religionspolitischen Implikationen des theologischen Streits, den Lessing bewusst in die Öffentlichkeit getragen hat, manifest (zum Folgenden s. Wieckenberg 2007, 195–198). Von seiner ersten Schrift an ist es Goezes Ziel, ein Publikationsverbot zu erreichen und ein Eingreifen des Reichshofrats herbeizuführen. Dabei kann er sich auf seinen Amtseid und das Kirchenrecht berufen; denn seiner Überzeugung nach ist die »hamburgische Verfassung […] bedroht, wenn man dem Luthertum seine Autorität nimmt«, wie es der »Herausgeber […] des Ungenannten« tue (Wieckenberg 2007, 196). Formal bewegt er sich mithin ganz im Rahmen der Legitimität; umso mehr stört aus theologischer Sicht die Verteidigung der »evangelischen Wahrheit« mit kirchenpolitischen Machtmitteln (ebd., 197). Dass Goeze dabei, um die Behörden zu mobilisieren, die Gefahr von Rebellion und Umsturz heraufbeschwört, wenn die Glaubensnormen aufgelöst würden, und sich in »Chaosphantasien« (ebd., 197) ergeht, zeigt, wie angstbesetzt seine Reaktion ist: In den Zeichen und Tendenzen der heraufkommenden neuen Zeit kann er nur drohende Sittenverderbnis und den Verlust ethischer Bindungen erkennen (zu Goezes Ängsten s. Wieckenberg 2004; zu den Rechtsverhältnissen: Schultze 1962; Kritik an Goeze: Boehart 1988).

Lessings Umwertungen. Lessing steckt in seinen Repliken in nichts zurück, was die Moralisierung des Streits und die Diffamierung des Gegners angeht. Dabei ist für ihn die Verquickung von religiösem und ethischem Aspekt, wie Goeze sie vornimmt, der Stein des Anstoßes. Lessings Ausgangspunkt ist das ›moderne‹, emanzipatorische Bild vom Menschen. Der Mensch müsse dazu fähig werden, von sich aus das Gute zu finden.

Herausfordernd ist die Charakteristik, die er von dem Verfasser der Fragmente (Reimarus) gibt. Sie impliziert, dass die natürliche Religion ausreiche, um ein gottgefälliges Leben zu führen. Lessing schreibt hier (wie so oft) gegen das Dogma vom »Verderbnis« des menschlichen Herzens an (B 9, 403 f.): »Nemlich; obschon mein Ungenannter freilich alle *geoffenbarte* Religion in den Winkel stellet: so ist er doch darum so wenig ein Mann ohne alle Religion, daß ich schlechterdings niemanden weiß, bei dem ich von der bloß *vernünftigen* Religion so wahre […] Begriffe gefunden hätte, als bei ihm. […] Alles, was er von diesem […] Einflusse […] sagt [gemeint ist der Einfluss der Wahrheiten der »natürlichen Religion« auf die Lebensführung], trägt das unverkennlichste Merkmal, daß es aus einem eben so erleuchteten Kopfe, als reinem Herzen geflossen; und ich kann mir unmöglich einbilden, daß in eben diesen Kopfe bei eben diesen erhabenen Einsichten, in eben diesen Herzen […] tolle vorsätzliche Irrtümer, kleine eigennützige Affecten hausen und herrschen können.« Goeze möchte um der »Schwachen« in der Gemeinde willen die Religion nicht zu einem Streitgegenstand gemacht sehen. Lessing dagegen kämpft um das Recht, Zweifel artikulieren zu dürfen (zum ›Kampf‹ um die ›Wahrheit‹ als einer Meta-Ebene des Streits vgl. Schilson 1993). Die neue Auffassung vom Menschen spiegelt sich in dem völlig anderen Verhältnis zum Publikum. Lessing will es nicht vor schädlichen Einflüssen bewahren; er ruft es zur (selbst-)verantwortlichen Teilnahme an der Auseinandersetzung auf, er bestellt es zum Richter (B 9, 418, 344). Die Veröffentlichung in deutscher Sprache ist Strategie. Ein möglichst großes Publikum soll erreicht werden. Die Zurückweisung der mehrfach geäußerten Forderung, lateinisch zu schreiben und damit die Diskussion auf den Zirkel der ›Gelehrten‹ zu beschränken, ist Lessing wichtig. Er widmet ihr eine eigene Streitschrift (4. *Anti-Goeze*). Lessing wagt sich sogar soweit vor, den »Pöbel« am Prozess der Aufklärung zu beteiligen (B 9, 207; das Wort »Pöbel« – von frz. »peuble«, »Volk« – meint hier: ungebildete Unterschicht). Er prophezeit Goeze, dass auch der »Pöbel« sich über die veralteten Religionsvorstellungen hinwegsetzen und von der Bevormundung durch die Geistlichen befreien werde: »Sie reißen sich nicht von dem Pöbel, – aber der Pöbel reißt sich endlich von ihnen [den altmodischen Predigern] los.« Dabei verbindet Lessing mit solcher Emanzipation keine politischen Ideen. Er denkt im Rahmen des ›aufgeklärten Absolutismus‹: »Denn auch der geringste Pöbel, wenn er nur von seiner Obrigkeit gut gelenkt wird, wird von Zeit zu Zeit erleuchteter, gesitteter, besser« (ebd. 207. Vgl. auch B 9, 347).

Am eindrucksvollsten treten die Konturen des neuen Menschenbildes da hervor, wo Lessing nicht für andere, sondern für sich selber spricht. Ein elitärer Grundzug macht sich geltend. Wo Goeze um die »Schwachgläubigen« besorgt ist, nimmt Lessing in Anspruch, dass der eigene Fortschritt auf Kosten der Schwächeren gehen darf: »Was vor Gott und dem Menschen kann mich verbinden, lieber von quälenden Zweifeln mich nicht befreien zu wollen, als durch ihre Bekanntmachung Schwachgläubige zu ärgern? –« (B 9, 344). Lessings Formulierungen sind geradezu rücksichtslos, wo es um die Durchsetzung dieses Anspruchs geht – dass das Scheitern der Schwächeren kein Argument gegen das Fortschreiten der Besseren ist: »Immer müssen diese *Wenige*, die [...] bloß unter dem Namen der Christen ihr undenkendes Leben so hinträumen; immer muß dieser *verächtliche* Teil der Christen vor das Loch geschoben werden, durch welches der bessere Teil zu dem Lichte hindurch will. Oder ist dieser verächtlichste Teil nicht der wenigste? Muß er wegen seiner *Vielheit* geschont werden?« (B 9, 196). Für Schonung ist Lessing in diesem Streit nicht zu haben. Mit dem Verlust gesicherter Orientierungen werden die zwischenmenschlichen Beziehungen auf neue Grundlagen gestellt, Individualisierung und Parzellierung kündigen sich an. Der Preis, der für die Emanzipation zu zahlen ist, kommt in dem Naturgleichnis, mit dem Lessing seinen Standpunkt erläutert, einprägsam zum Ausdruck (B 9, 197): »Jede Bewegung im Physischen entwickelt und zerstöret, bringt Leben und Tod; bringt diesem Geschöpfe Tod, *indem* sie jenem Leben bringt: soll lieber kein Tod sein, und keine Bewegung? oder lieber, Tod und Bewegung?« (Allerdings ist die Tradition des Arguments vom ›Recht auf das Ärgernis‹ zu berücksichtigen: Lessing kann sich auf Autoritäten wie Tertullian und Luther berufen; vgl. auch Specht 1986, 83 ff.).

Das geänderte Verständnis vom Menschen bildet den Hintergrund der Empörung, mit der Les-

sing auf Goeze reagiert. Er beschränkt sich nicht darauf, die moralische Verdächtigung seiner Motive durch Goeze abzuwehren. Sondern er geht von der Verteidigung zum Angriff über. Er verdächtigt Goezes Motive von den eigenen anthropologischen Prämissen aus. Er betreibt eine psychologische Entlarvung des religiösen Eiferers. Auch er wirft Goeze falschen Stolz vor: »Sondern nur eines werde ich nicht aushalten können: Ihren Stolz nicht [...]« (B 9, 51). Lessing sieht in Goezes Anspruch die Vermessenheit des Rechtgläubigen, die Anmaßung, die eigene Dogmatik an die Stelle der göttlichen Wahrheit zu setzen (vgl. B 9, 63 u.ö.). Er nimmt gerade-zu Nietzsches Psychologie der Entlarvung vorweg, wenn er das Zweideutige in Goezes pastoralem Mitleid decouvriert. Goeze bittet öfter bei Gott für Lessing um Gnade. Für Lessing bedeutet dies die Abstempelung als Sünder. Mehr noch: er wittert eine Lust am Verdammen. Wenn Goeze ihn nicht verdammte, brauchte er auch nicht für ihn zu beten – das eine setzt das andere voraus: »Ich bilde mir ein, daß er selbst *durch* dieses Verdammen selig zu werden hoffet« (B 9, 185). »Und wie säuberlich, wie sanft, wie einschmeichelnd er [...] zu Werke geht! [...] Er zittert so mitleidig vor meiner Todesstunde! Er sagt mir so gar hier und da recht artige Dinge, – nur damit es mich nicht allzusehr schmerze, daß er mich *aus dem Hause meines Vaters wirft*« (B 9, 186). Goeze wird für ihn zum »intoleranten Heuchler« (ebd.), der unter der Maske religiöser Vergebungsbereitschaft seine Macht zu behaupten sucht.

Seine Machtposition lässt den Geistlichen für denjenigen, der die religiösen Motive nicht mehr nachvollziehen kann, moralisch angreifbar werden. Goeze hat faktischen Einfluss; seine Drohungen können etwas bewirken (und haben es auch getan). In Lessings Augen ist dessen Vorgehen deshalb der tätliche Verstoß gegen das christliche Liebesgebot. Er nennt Goezes Anklagen »unmoralisch«. Er selbst dagegen kann den Kontrahenten nur verbal treffen. Lessing differenziert: *Seine* Beschimpfungen seien höchstens »ungesittet«, niemals »unmoralisch« (B 9, 154).

Verbal allerdings sucht Lessing den Unterschied nach Kräften zu kompensieren. Wie er hinter Goezes Anfeindungen das Bestreben erkennt, ihm zu schaden und seine bürgerliche Stellung zu untergraben, so beschuldigt er Goeze, sich in seinen religiösen Überzeugungen nach dem gesellschaftlich Opportunen zu richten. Er führt dessen geistliches Engagement auf die Sorge um die eigenen Pfründe, mithin auf die banalsten materiellen Motive zurück (B 9, 49): »Denn ich bin mir bewußt, daß ich es weit besser mit ihr [der Lutherischen Kirche] meine, als der, welcher uns jede zärtliche Empfindung für sein einträgliches Pastorat, oder dergleichen, lieber für heiligen Eifer um die Sache Gottes einschwatzen möchte.«

»Ein Dialog und kein Dialog« (B 9, 79) – die Überschrift zu Lessings berühmtem »Kanzeldialog« (aus den *Axiomata*), in dem er Goezes Unbeweglichkeit verhöhnt, charakterisiert die Grundsituation der Kontroverse. Die Gegner *können* miteinander nicht ins Gespräch kommen, weil ihre Prämissen unvereinbar sind. Lessing wirft Goeze vor, gegen ihn zu polemisieren, ohne die *Axiomata*, die sachliche Antwort auf *Etwas Vorläufiges*, gelesen zu haben bzw. ohne auf sie einzugehen (B 9, 152f.; 352f.). Doch reden die Gegner nicht deshalb aneinander vorbei, weil sie ihre Schriften nicht zur Kenntnis nehmen. Der Fall liegt umgekehrt: Die Ignorierung bringt die Unversöhnlichkeit der Standpunkte zum Ausdruck. An Goezes Argumenten ändert sich aufgrund der (späteren) Lektüre der *Axiomata* nichts; er braucht sie tatsächlich nicht zu lesen. Auch Lessing setzt sich, wie wir gesehen haben, in der sachlich entscheidenden Frage, der Frage nach der Christlichkeit seines Standorts, nicht mit Goeze auseinander, sondern weicht ihm aus. Diesen Sachverhalt spiegelt der Verlauf des Streits wider. Die inhaltlichen Fragen werden hauptsächlich am Anfang und am Schluss diskutiert. Dazwischen entfaltet sich die Polemik, in der die Triebfedern der Auseinandersetzung – das, was sie unterhält und vorantreibt – fassbar werden.

Lessings Rhetorik

Viel von ihrer Spannung verdankt die Kontroverse Lessings sprachlicher Virtuosität. Er bedient sich traditioneller rhetorischer Mittel, verleiht ihnen aber eine neue Qualität. Goeze hat die Eigenart von Lessings Argumentationsweise genau erkannt. Er wirft ihm »Theaterlogik« vor. Goeze ist, was die Auffassung der Regeln des Disputierens angeht, von Wolff geprägt. Er teilt mit ihm die Überzeugung, dass die ›Wahrheit‹ nur mittels be-

grifflicher Demonstration vorgestellt werden könne. Bildhaft-anschauliche Erläuterungen seien der begrifflichen Verdeutlichung unterzuordnen. Sie seien zulässig als Konzession an die Schwäche der Vernunft. Lessing dagegen kehre das Verhältnis von Bild und Begriff um. Die bildhafte Ausdrucksweise überdecke, verdränge die begriffliche Explikation (B 9, 119): »Er bestimmet daher nichts durch richtige Erklärungen, er führet nie einen gründlichen und einleuchtenden Beweis, sondern er spielt beständig mit Gleichnissen, Instanzen und Antithesen.« Lessing spreche nicht den »Verstand« an, sondern ›bemächtige sich‹ der Phantasie seiner Zuhörer. Wie Wolff trennt Goeze zwischen den unteren, sinnlichen, und den oberen, geistigen Seelenkräften. Wer nur an Sinnlichkeit, Phantasie und Einbildungskraft appelliere, der könne nicht die Sache der ›Wahrheit‹ vertreten. Die Häufung von »Parabeln, Bilderchen und Gleichnisse[n]« (B 9, 167) erscheint Goeze als Täuschungsmanöver: »Gleich anfangs [d.i. zu Beginn der *Duplik*] übertrifft Herr L. sich selbst, in der Kunst, schwachen Lesern durch Bilder über Bilder einen blauen Dunst vorzumachen […]« (B 9, 133).

Lessing bringt zur Verteidigung seines Stils die Argumente vor, mit denen seit der Jahrhundertmitte für die Stärkung der affektiv-sinnlichen Komponente in der Rhetorik (und Poesie) geworben wird. Er gibt Goeze zu, dass er auf Phantasie und Einbildungskraft der Leser wirken wolle. Was für den Gegner ein Defizit ist, ist für Lessing jedoch eine Auszeichnung (vgl. B 9, 151). Für Goeze ist der metaphern- und bilderreiche Stil als solcher bereits der Beweis für mangelhaftes Raisonnement. In Lessings Augen verleihen Metaphern und Bilder der Argumentation erst Leben und Nachdruck (B 9, 150). Die Schwierigkeit für Goeze besteht darin, dass er bei Lessing die Formulierung der »Wahrheit«, die die »Gleichnisse und Parabeln« veranschaulichen sollen, vermisst. Ihn irritiert, wie die bildhafte Darstellung sich verselbständigt. Lessing antwortet hierauf, dass Gedanke und Begriff, die Goeze sucht, nicht vom Bild getrennt werden können, sondern in ihm zu finden sind. Das Bild enthalte zudem einen Reichtum von Assoziationen, wodurch es der begrifflichen Sprache partiell überlegen sei (B 9, 350f.). Indem er Bilder als ›Argumente‹ einsetzt, seine »Gründe« in »Bilder« kleidet (ebd.), erzielt Lessing einen Schwebezustand zwischen Lakonismus und Beziehungsvielfalt, der seine Sprache so elegant und federnd macht (und sie von Goezes Umständlichkeit abhebt). Schließlich dringt er zu der Erkenntnis vor, dass in der Sprache Bild und Begriff zu einer Einheit verschmolzen sind, die gar nicht aufgelöst werden kann. Sinnigerweise entwickelt er diese Erkenntnis in einem Bild: »Der Begriff ist der Mann; das sinnliche Bild des Begriffes ist das Weib; und die Worte sind die Kinder, welche beide hervorbringen. [...]« (B 9, 352f. – Eine hervorragende Analyse dieses ›Gleichnisses‹ findet sich bei Jürgen Schröder 1972, 80ff. Schröder zeigt den theologischen Hintergrund und stellt die Verbindung zu dem Vergleich mit der »Erbsünde« [B 9, 151] her).

Lessing betont, dass seinen Bildern und Bilderketten, Parabeln und Gleichnissen immer ein »guter triftiger Sinn zum Grunde liegt« (B 9, 353). Das Neue ist, dass dieser Sinn an die Bilder gebunden bleibt, dass er nicht extrapoliert wird, dass die Bilder gegenüber ihrem begrifflichen Kontext Eigenwert und Eigenbedeutung gewinnen (Schmiedt 1991). Das bekannteste Beispiel aus dem Fragmentenstreit ist die *Parabel*, die zwar einen ›guten triftigen Sinn‹, aber auch eine Vielfalt von Deutungsmöglichkeiten besitzt (vgl. Goezes Beschwerde, B 9, 167f.). Wir geben ein Beispiel für die Art, wie gekonnt Lessing mit dem Anspielungsreichtum eines Vergleichs arbeitet. Er nennt die Eigenart seines Stils seine »Erbsünde« (B 9, 151). Damit bringt er zum Ausdruck, dass der Stil eines Menschen zu seiner Natur gehört und nicht beliebig ausgewechselt werden kann. Die Anerkennung der Individualität, die sich in der Abweichung von der Norm (Makellosigkeit) verwirklicht, ist impliziert. Zugleich enthält der Begriff »Erbsünde« eine gegen Goeze gerichtete Pointe. Die Rede ist ja davon, dass die ausschweifende Verwendung von Bildern den Leser auf der Ebene der ›Sinnlichkeit‹ fessele und ihn ›verblende‹. Lessings Verfahren trägt für Goeze tatsächlich die Signatur der Erbsünde. Wenn Lessing sich frei hierzu bekennt, setzt er den Vorwurf augenzwinkernd außer Kraft und deutet die Umwertungen im Bild des Menschen an (weitere Beispiele für selbständige Bilder: Geschichte vom Feldprediger aus den *Axiomata*, B 9, 73f.; Exempel aus der antiken Historie: B 9, 415; »Phantasie« der Geistererscheinung: B 9, 414f. – Eine systematische Untersuchung zu den Bildern, die Lessing im Fragmentenstreit ver-

wendet, steht noch aus. Goeze hat sein diesbezügliches Versprechen [vgl. B 9, 119f.] nicht eingelöst. Schmiedt [1991] gibt wesentliche Hinweise. Zu den Quellen von Lessings Metaphorik vgl. Specht 1986).

Lessing rechtfertigt den metaphernreichen Stil als »Erbsünde« des Dramatikers, dessen Metier der leidenschaftlich geführte Dialog sei (B 9, 151). Von jeher hat man in Lessings Polemik gegen Goeze die Kunst des Dramatikers bewundert. Lessing inszeniere den Streit, veranschauliche die Gesprächssituation und mache den Partner als Figur lebendig (vgl. Feinäugle 1969). Die Bilder, in denen Lessing die inhaltlichen Themen, vor allem das Wesen der Religion, veranschaulicht, richten sich über die Einbildungskraft an die Erkenntnis. Sie wollen entschlüsselt werden. Zugleich tragen sie der Verborgenheit der (religiösen) Wahrheit Rechnung bzw. bringen das Verhältnis des (suchenden) Menschen zu ihr genau zum Ausdruck. Wo Lessing jedoch den Dialog als solchen plastisch in Szene setzt, dient seine Strategie der affektiven Beeinflussung des Lesers. Goeze wird als unsympathisch oder lächerlich gezeichnet. Sprache wird zum geschliffenen Werkzeug, das auf kunstvolle Weise die Emotionalität selbst beredt macht. Berühmtheit hat der »Kanzeldialog« (B 9, 79ff.) erlangt (*Axiomata*). Lessing entwirft eine fiktive Gesprächssituation: Goeze predigt von der Kanzel, Lessing kommentiert und kritisiert vom Kirchenraum aus. Er legt Goeze Zitate aus der Schrift *Etwas Vorläufiges* in den Mund. Goeze hält einen Monolog. Er wiederholt das bereits Fixierte, ohne auf die Einwände des Gegners zu achten. Er wird wie in einer Komödienszene als Typus charakterisiert. – Ein weiteres herausragendes Beispiel für Lessings brillante Technik, die Streitsituation zu verlebendigen, ist der 8. *Anti-Goeze* (B 9, 349ff.): Lessing entwickelt aus dem Namen der von ihm attackierten Zeitschrift *Beytrag zum Reichs-Postreuter* die Szene, macht Pferd (Ross) und Schwager (d.i. den Postkutscher) zu Adressaten; er steigert die Ironie durch die Anspielung auf die Houyhnhnms, Swifts vernünftige und den Menschen überlegene Pferde (B 9, 352f.).

Lessing verwendet in den Streitschriften gegen Goeze eine Fülle von Redehaltungen: Brief, Gespräch, Anrede an Dritte, Wendung zum Leser, Erzählung von Geschichten und Anekdoten wechseln einander ab. Dazwischen schiebt er

Passagen ein, in denen er, nach Paragraphen geordnet, seine Gedanken als systematische Thesenabfolge vorträgt – sich »sorgfältig« »aller Gleichnisse, aller Bilder, aller Anspielungen« enthaltend, wie er, ironisch zu Goeze gewendet, betont (B 9, 434).

Aufnahme und Wirkung

Das publizistische Echo auf die Fragmentenpublikation (mit der Ausnahme des ersten Fragments, *Von Duldung der Deisten*) und auf den anschließenden Fragmentenstreit ist groß, Lessing erreicht die Absicht, Aufsehen zu erregen. Die Absicht, das Denken in Bewegung zu bringen, erreicht er freilich zunächst nicht. Vielmehr spiegelt sich in den zeitgenössischen Reaktionen auf vergröberte Weise die Konstellation wider, die auch dem Fragmentenstreit zugrunde liegt, die gleichen Motive und Antriebe sprechen sich aus. Es wiederholt sich der Zusammenprall unversöhnlicher Standpunkte, wobei die Unversöhnbarkeit noch deutlicher aufbricht und die Emotionalisierung sich steigert; die Heftigkeit der Angriffe nimmt zu. Der Großteil der Rezensenten unterstützt die Orthodoxie, die meisten Rezensionen erscheinen in den zwei Hamburger Zeitschriften, deren Herausgeber die Linie Goezes vertreten: in den *Freywilligen Beyträgen zu den Hamburgischen Nachrichten aus dem Reiche der Gelehrsamkeit* und in dem *Beytrag zum Reichs-Postreuter* (Altona). Zumeist handelt es sich um Sammelrezensionen, die einen Überblick über den bisherigen Verlauf des Streits und die Verklammerung der Gegenschriften geben. Die meiste Empörung ruft das Fragment *Von dem Zwecke Jesu und seiner Jünger* hervor; dieses Fragment hat denn auch zahlreiche Einzelbesprechungen bekommen. Lessing findet dagegen kaum einen Verteidiger.

Die vielen Angriffe auf ihn und den Ungenannten lassen trotz der großen Emotionalität eine konsistente gedankliche Struktur erkennen. Dreh- und Angelpunkt ist die Identifikation von Glaube bzw. christlicher Religion, Seelenfrieden und Moralität. (Religiöse) »Erkenntnis« ist hier immer moralisch bzw. ethisch konnotiert. So ergibt sich das folgende Argumentationsgefüge: Mit »Begierde« würden die Fragmente in weiten Kreisen der Bevölkerung gelesen, sie trügen dazu bei, den Glauben zu schwächen und die lasterhaften, zügellosen Regungen im menschlichen Herzen zu stärken. So beginnt der Rezensent in den *Freywilligen Beyträgen* (12. Februar 1779) seine Anklage gegen Lessing mit folgenden Invektiven: »Seitdem Wohllust und Uebermuth, bey Großen und Kleinen, schon so manchen Versuch gemacht haben, durch Abschaffung der einem [!] jeden in seine Gränzen weisenden christlichen Religion, der Welt eine ungebundene Willkühr zu verschaffen, und uns […] fleischliche Gottheiten zu errichten […]« (Braun 2, 180 f.). Selbst in Nicolais *Allgemeiner deutschen Bibliothek* klingt dieser Standpunkt an (1780, 40. Bd., 2. St.; Braun 2, 362 f.): »Man darf nur dreust und unverschämt gegen heilig gehaltene Dinge heut zu Tage auftreten, sie grade zu läugnen, und das Gegentheil von dem, was vielen Menschen glaubwürdig scheinet, behaupten; so kann man schon auf den lauten Beyfall und Triumph eines Haufens, und auf die geheime Einwilligung des andern, gewisse Rechnung machen. Ein Theil Menschen hat das Joch der Religion bereits abgeschüttelt; ein Theil des heranwachsenden Geschlechts möchte es gern abschütteln, um seinen Trieben ungestört zu folgen; […] Da muß freylich eine solche Schrift, als des *Ungenannten* seine, viel Besorgnisse, Bangigkeit, lautes Klagen und Angstgeschrey über die dem Christenthum drohende Gefahr nach sich ziehen.« Häufig wird der Vorwurf erhoben, dass Lessing den theologischen Streit in deutscher Sprache begonnen und ihm somit zur Publizität verholfen habe. Es macht sich die Angst vor der neuen, emanzipatorischen Auffassung des Menschen Luft, die Veröffentlichung der Fragmente wird mit dem Einreißen sittlicher Grenzen, der Befreiung und »Entfesselung« der Leidenschaften in Verbindung gebracht. Das Gezänk – als solches stellt es sich dem heutigen Leser dar – um den Namen des Ungenannten schließt sich an. Wo Lessing »Religion« und »Moral« trennen will, beharren die Gegner auf der Einheit beider, die Frage nach dem Namen wird zur Frage nach dem Charakter des Verfassers (und Herausgebers), die Antwort lautet: er ist ein Lästerer und Bösewicht. Den Höhepunkt bildet die Konfrontation von Kanzel und Theater. Der Rezensent der *Freywilligen Beyträge* (12. Februar 1779) wütet gegen Lessing: »Sollte wohl ein elender Dramatiste, die hierzu« – gemeint ist die sittliche Bildung des Menschen – »nöthige Erfordernisse, eben so gut, wie der im Christenthume erfahrene, in allen Stücken und auf allen Seiten geübte, von Gott selbst gelehrte und in seiner Schule erzogene Priester und Prophet Gottes kennen? Glaubt er, […] dieses Geschäft lasse sich […] auch vom Acteur auf der Schaubühne […] ausrichten?« (Braun 2, 182). Der Jurist Wittenberg, den Lessing im 8. *Anti-Goeze* lächerlich macht, überbietet den Hauptpastor noch im Ruf nach rechtlichen Sanktionen gegen Lessing (*Sendschreiben an den Herrn Hofrath Lessing* [1778]; vgl. Braun 2, 142 f. und v. a. 239 f.). Schließlich wünscht er, Lessing möchte den Tod gefunden haben, bevor er die Fragmente veröffentlichen konnte (*Sendschreiben an den Herrn Hofrath Lessing*, Hamburg 1778; B 9, Nr. 1, 1024). Die Bewunderung für Lessings Disputierkunst ist selten zu unterscheiden von dem Vorwurf, die rhetorische Überlegenheit »unchristlich« zu genießen; der Mangel an christlicher Liebe wird gerügt, häufig werden der harte scharfe »Ton« und der »Witz« Lessings angeprangert, hinter der Rhetorik und Affektgeladenheit sieht man den »bösen« Willen. Das Menschenbild der Orthodoxie, das diesem Argumentationsstrang zugrunde liegt und dessen Auflösung man fürchtet, wird in der bereits herangezogenen Rezension aus den *Freywilligen Nachrichten* (12. Februar 1779) wie folgt zusammengefasst: Der Mensch sei zur Tugend zwar geneigt, aber von Natur aus nicht fähig, allein das Christentum vermittle ihm die höhere Kraft, aufgrund derer er den natürlichen »Leib der Sünden« abtöten könne (Braun 2, 181 f.). Dem gegenüber ist die oft wiederholte Mahnung, doch *sine ira et studio* die christliche Religion zu verteidigen und dem Gegner Gerechtigkeit widerfahren zu lassen (z. B.: Rezension in den *Halleschen Neuen gelehrten Zeitungen*, 14.12.1778; Braun 2, 177), ein Scheingefecht, setzt man doch den Irrtum des Kontrahenten als Selbstverständlichkeit voraus, ohne die eigenen Dogmen zu überprüfen.

Obgleich die Parteigänger Goezes immer wieder den reißenden Absatz und die breite Zustimmung erwähnen, die die Fragmentenpublikation gefunden habe bzw. noch finde, melden sich nur wenige Verteidiger Lessings zu Wort. Einzig Wieland bringt im *Teutschen Merkur* ein zwar knappes, jedoch eindeutiges Bekenntnis zu dessen Religionsauffassung (Mai 1778; Braun 2, 136 f.). Es ist schon viel, wenn Widerspruch und »Widerlegung« ohne Schuldspruch geschehen. In diesem Sinn ragt die Stellungnahme von Gottfried Leß hervor, der ausdrücklich das Recht einräumt, religionskritische Schriften zu veröffentlichen (*Göttingische Anzeigen von gelehrten Sachen*, 26.10.1778; Braun 2, 156–165, hier 156 f.). Friedrich Germanus Lüdke (s. u.) sucht die »Irrtümer« des Ungenannten (*Von dem Zwecke Jesu und seiner Jünger*) als Reaktion auf kirchliche Fehlentwicklungen zu verstehen (*Allgemeine deutsche Bibliothek*, 1780, 40. Bd., 2. St.; Braun 2, 350 f.). Selten genug wirft man die Feindseligkeit des Tonfalls *beiden* Kontrahenten vor. So schreibt der Rezensent der *Hallischen Gelehrten Zeitungen*: »Es mag auch seyn, daß die Streitenden glauben, dadurch auf und wider einander den meisten Eindruck zu machen, und daß viele Leser sich kizzeln, wenn sie sehn, daß der eine durch den bittersten Hohn, der andre durch ungestümen Trutz, seinen Gegner zu demüthigen sucht« (9.11.1778; Braun 2, 170. Vgl. auch Braun 2, 366). Von dem Gros der Besprechungen heben sich – neben Wielands bündiger Stellungnahme – zwei Äußerungen ab. In einer früheren Sammelrezension dringt Lüdke (Vertreter der Neologie und theologischer Rezensent an Nicolais *Bibliothek*) insofern zum »Kern« der Kontroverse vor, als er die Notwendigkeit bzw. Zwangsläufigkeit der Polemik andeutet. Er nimmt Lessing gegen Goeze in Schutz und rechtfertigt seine Leidenschaftlichkeit als Notwehr. Bis zu einem gewissen Grad erkennt er dem rhetorischen Glanz von Lessings Sprache Eigenwert zu. Er gesteht ein, dass ihn die *Anti-Goeze* auch »vergnügt« hätten, und spricht von ›launigen‹ »Possen« (*Allgemeine deutsche Bibliothek*, 1779, 39. Bd., 1. St.; Braun 2, 224–245, hier 239). – In der anderen Stellungnahme (*Schreiben an Herrn O. Pfarrer zu L. über das Werk vom Zweck Jesu*. In: *Deutsches Museum* [Leipzig], Januar 1780, 1. Bd.; Braun 3, 90–107) kündigt sich der Gewinn eines neuartigen Standpunkts an. Der Verfasser entwickelt das Argument Lessings weiter, dass der Christ, der gefühlsmäßig von seiner Religion überzeugt sei, durch keine theoretischen Einwürfe, durch keine Vernunftgründe ins Wanken gebracht werden könne. Auch verweist er darauf, dass die gegenwärtige Sprache der Theologie die Quellen des Glaubens nicht mehr berühre. Im Unterschied zu Lessing jedoch begnügt sich der Verfasser mit der Gefühlsreligion, die er nicht in ein diskursives

»Lehrsystem«, nicht in »Vernunftwahrheiten« transformiert wissen will (vgl. dazu das Beispiel einer Rezeption in pietistischen Kreisen, das Breymayer [1982, 127 ff.] vorstellt).

Abschließend soll ein Briefzeugnis zitiert werden, das ein Licht auf die Konsequenzen des Fragmentenstreits für das Privatleben Lessings wirft. Es deutet sich an, wie das, was in den Streitschriften trotz aller leidenschaftlichen Anteilnahme der Kontrahenten im Bereich des Spekulativen verbleibt, in das wirkliche Leben eingreifen und Realität werden kann. Johann Joachim Eschenburg gibt Gleim auf dessen besorgte Frage hin, ob Lessing am Ende seines Lebens wegen seiner theologischen Händel in Braunschweig tatsächlich gesellschaftlich isoliert gewesen sei, die folgende Antwort (Brief vom 2. März 1781; Daunicht 1971, 570 f.): »Nein, nein, mein verehrungswürdigster bester Gleim, so verkannt war unser Lessing hier doch nicht [...]. Sie begreifen leicht, daß es auch bei uns der theologischen Dunse und der blinden Namenchristen nicht wenige geben mußte, die seine letzten Schriften theologischen Inhalts verwerflich fanden, seine Absicht verkannten, seinen Sinn oft muthwillig verdrehten, ihn für einen offenbaren Religionsfeind, Spötter und Gott weiß für was alles hielten. [...] Aber in persönliche Kränkungen ist dieser böse Leumund nie ausgebrochen, vielmehr genoß er überall der seinen Verdiensten gebührenden Achtung [...]. Ich muß das Alles [...] Ihnen zum Beweise anführen, daß er nicht von Hohen und Niedern gehaßt ist. Unter der Masse der Letztern liebten und schätzten und bedauerten ihn manche, die Gelegenheit gehabt haben, seine edle Art zu denken und zu handeln, in der Nähe kennen zu lernen.«

(Zu markanten Momenten der Rezeption im 19. Jahrhundert – Kierkegaard, David Friedrich Strauß, Albert Schweitzer – vgl. Michalson 1985; Schilson in B 9, 975; Vollhardt 2006).

Quellen: Hirsch ⁴1964 [Quellen zur Dogmatik]; Jerusalem 1768 ff., hg. von W.E. Müller 1991; H.S. Reimarus, hg. von Alexander 1972 [Apologie]; H.S. Reimarus ⁵1766, hg. von Gawlick 1985 [Natürliche Religion].

Literatur

zu Entstehung und Kontext: B 8 und B 9; Alexander 1972; Pons 1980 [Apologetik]; Scattola in Bultmann/Vollhardt (Hgg.) 2010 (im Druck) [»Axiomata« und

innere Wahrheit der Religion]; Vollhardt in Alt u. a. (Hgg.) 2002, 29–47 [Kontext der Apologetik].

zu Orthodoxie, Reimarus und der Deismus, Neologie [theologiegeschichtlicher Hintergrund]: Alt 1996, 34–36 [Physikotheologie]; Aner 1929/1964; U. Barth 2004 [Deismus und Neologie; Semler]; Bollacher in Bödeker/Herrmann (Hgg.) 1987, 39–52 [Teller]; Feiereis 1965 [natürliche Theologie]; Gawlick in H.S. Reimarus 1973, 15–43 [Deismus]; Gawlick in Greschat (Hg.) 1983, 299–311 [Reimarus]; Groetsch in Bultmann/Vollhardt (Hgg.) 2010 (im Druck) [Reimarus]; Kantzenbach 1965 [Protestantismus im 18. Jh.]; Kempski in H.S. Reimarus 1973, 96–112 [Bibelkritik]; Kempski 1982, 21–56 [Reimarus: Kunsttriebe der Tiere]; Klein in Bultmann/Vollhardt (Hgg.) 2010 (im Druck) [Reimarus]; Lau in RGG Bd. 4, ⁵1960, Sp. 1719–1730 [Art.: Orthodoxie]; Lütkehaus in Gutjahr/Kühlmann/Wucherpfennig (Hgg.) 1993, 159–171 [C.F. Bahrdt]; W.E. Müller 1984 [Jerusalem]; Pons 1980 [Apologetik]; Reventlow in H.S. Reimarus 1973, 44–65 [deistische Bibelkritik]; A. Schubert 2002 [Deutung der Erbsünde zwischen Reformation und Aufklärung]; Schultze 1962 [Orthodoxie]; Schultze 2001 [Lessing contra Semler]; Staats 1973 [Begriff »Tatsache«; Schumann, Goeze]; Vollhardt in Frank/Hallacker/Lalla (Hgg.) 2006, 329–340 [Semlers Antwort auf das Fragment *Von dem Zwecke Jesu*]; Walter (Hg.) 1998 [Hermann Samuel Reimarus].

zu Goeze: Reinitzer (Hg.) 1986; Reinitzer/Sparn (Hgg.) 1989; Wieckenberg in Schmidt-Glintzer 2004, 107–153; Wieckenberg 2007.

zu Forschung/Analyse: Allison 1966 [Leibniz]; Boehart 1988 [politischer Aspekt]; Bohnen 1974; Bollacher 1978; Bultmann/Vollhardt (Hgg.) 2010 [Beiträge zum Fragmentenstreit, seinen Kontexten und seinen Akteuren; überraschende Verflechtungen werden deutlich, z.B. diejenigen von Reimarus mit der gelehrten Tradition der Orthodoxie (Klein, Groetsch)]; Bultmann in Bultmann/Vollhardt (Hgg.) 2010 (im Druck); Desch in H.S. Reimarus 1973, 75–95; Durzak 1970c, 105–139; Feinäugle 1969; Freund 1989; Gaede 1955; Jens 1983b [zuerst 1969]; Kröger 1979; Landmesser in Bultmann/Vollhardt (Hgg.) 2010 (im Druck) [natürliche Religion, Religion Christi und christliche Religion]; von Lüpke 1989; Matuschek 1997 [Diderot; Palast-Parabel]; Michelsen 1992; Michelsen in Mauser/Saße (Hgg.) 1993, 379–391; Moore 1993; Nisbet 2008, 703–714 [»Fragmente des Ungenannten« und »Gegensätze des Herausgebers« und 714–733 [Fragmentenstreit]; Nölle 1977, 214 ff.; Oelmüller 1969; Scattola in Bultmann/Vollhardt (Hgg.) 2010 (im Druck) [»Axiomata« und innere Wahrheit der Religion]; Schilson 1972 [Forschungsbericht]; Schilson 1974; Schilson in Mauser/Saße (Hgg.) 1993, 56–77; Schmiedt 1991; Specht 1986; Strohschneider-Kohrs 1999d [Sprachgestus, »sokratische Ironie«]; Thielicke ⁵1957; Vollhardt 1991 [Forschungsübersicht]; Wessell 1977;

Wieckenberg in Bultmann/Vollhardt (Hgg.) 2010 (im Druck); Yasukata 2002, 41–71 [Übersicht zu Lessings religionsphilosophischen Positionen].

zu Aufnahme und Wirkung: zeitgenössische Rezeption: B 8 und B 9; Braun 2 und 3; W. Albrecht 1991; Daunicht 1971 [Dokumentsammlungen]. – *Literatur:* W. Albrecht 1991; Breymayer 1982, 109–145, bes. 127 ff. [Pietist Johann Daniel Müller]; Michalson 1985 [Kierkegaard; 20. Jahrhundert]; Nisbet 2008, 733–744; Vollhardt in Frank/Hallacker/Lalla (Hgg.) 2006, 329–340.

Ernst und Falk

Entstehung, Quellen und Kontext

Erstdruck: *Ernst und Falk. Gespräche für Freymäurer.* Die *Gespräche* 1–3 veröffentlicht Lessing anonym 1778 in Göttingen (J.C. Dieterich), allerdings mit der Ortsangabe Wolfenbüttel auf dem Titelblatt, was einen Hinweis auf ihn als Verfasser bedeutet. Die (gleichzeitig entstandenen) *Gespräche* 4–5 erscheinen 1780 in Frankfurt: *Ernst und Falk. Gespräche für Freymäurer. Fortsetzung.* Die Drucklegung ist höchstwahrscheinlich ohne Wissen Lessings besorgt worden. 1787 kommt dann in Göttingen die erste vollständige Ausgabe aller fünf Gespräche heraus (G 8, 693–698; B 10, 700–703). – Text: B 10, 11–66.

Die Entstehung der *Gespräche* ist eng mit Lessings freimaurerischer Biographie verknüpft, wobei zwei Leitmotive zu verfolgen sind: Lessing insistiert auf der Frage nach dem Ursprung der Freimaurerei, und er ist, nachdem er selbst in eine Loge aufgenommen wurde, von der freimaurerischen Praxis zutiefst enttäuscht. Beide Motive, die Erforschung des Ursprungs und die Kritik am gegenwärtigen Zustand der Freimaurerei, strukturieren dann auch *Ernst und Falk.* – Den Kern der ersten Konzeption bildet der Versuch, mittels etymologischer Erwägungen die Frage nach den Wurzeln der Freimaurerei zu klären, die Arbeit an seiner Schrift wird für Lessing zum auslösenden Moment, selbst Mitglied zu werden, um dadurch mehr über das Geheimnis der Entstehung der Freimaurerei zu erfahren (nicht umgekehrt). Die frühesten Spuren seiner Beschäftigung mit dem Thema reichen in das Jahr 1766 zurück. Lessing trifft sich im Juli 1766 im Kurort Pyrmont mit Justus Möser. Die Vermutung, ein Gesprächsgegenstand sei die Herleitung des Wortes »Freimaurer« gewesen, liegt deshalb nahe, weil Möser in einem Brief an Thomas Abbt kurz nach der Begegnung von etymologischen Nachforschungen berichtet, die er hierzu auf Lessings Bitte hin unternommen habe (nach Dziergwa 1992, 127). Wohl im Frühsommer 1767 (Rekonstruktion des Datums: Schneider 1951c, 168) richtet Lessing ein Aufnahmegesuch an den Freund Johann Joachim Bode, der einer Hamburger Loge vorsteht (er ist »Meister vom Stuhl« der Loge »Absalom«, das heißt: er ist der Vorsitzende der Loge, der ihre Zusammenkünfte leitet). Bodes Schilderung des Vorgangs lässt die zentralen Motive deutlich hervortreten. Er erwähnt Lessings Plan, eine Schrift über das Geheimnis der Freimaurerei zu verfassen, womit die Ursprungslegende gemeint ist; die Debatte über dies Vorhaben scheint dann den Anstoß gegeben zu haben, den Beitrittswunsch zu äußern. Bode erinnert sich (Danzel/Guhrauer Bd. 2/2, 1854, 224): »Lessing sagte zu einem Meister vom Stuhl der strikten Observanz [d.i. zu ihm, Bode; Erläuterung zur »strikten Observanz« s. S. 447f.]: er wisse das Geheimniß der Freimaurerei, ohne eingeweiht zu sein, und wolle darüber schreiben. ›Lessing, (antwortete jener) ich möchte nicht gern in irgend einer Wissenschaft Ihr Gegner sein: aber hier wissen Sie so wenig, daß ich es leicht haben würde, meinen Speer gegen Sie aufzunehmen.‹ Lessing meinte freilich, das sei nur die Sprache eines Meisters vom Stuhl; indeß brachte ihn doch der ernsthafte Ton dieses seines Freundes dahin, um die Aufnahme zu ersuchen.« Bode schlägt Lessings Bitte ab, indem er auf die Diskrepanz zwischen dem Ethos des Freundes und der gegenwärtigen Verfassung der Freimaurerei hindeutet, ohne die konkreten Gründe explizit zu nennen. Aufgrund innerer Richtungskämpfe unter den verschiedenen Systemen ist er nämlich faktisch gar nicht in der Lage, Neuaufnahmen vorzunehmen (»Brüder« zu »recipiren«, wie es in der Fachsprache heißt), seit der Mitte des Jahres 1767 ruht in Hamburg die Logentätigkeit (= »Arbeit«. – Schneider 1951c, 167f.). In Braunschweig kommt Lessing insofern immer intensiver mit der Freimaurerei in Berührung, als sie in diesem Fürstentum eine herausragende Rolle spielt. Der regierende Herzog Karl I. ist Protektor der Braunschweiger Logen, sein Bruder, Herzog Ferdinand, wird nach seinem Übertritt vom englischen System zum System der »Strikten Observanz« Großmeister von dessen »Hochgradlogen« (1772). Auch stehen Lessing in der Wolfenbütteler Bibliothek wichtige Quellenwerke zur Freimaurerei zur Verfügung. Gleichwohl bemüht er sich im Jahr 1771 nicht in Braunschweig, sondern erneut bei dem Hamburger Freund Bode abermals um die Aufnahme. Im September verlobt er sich in Hamburg mit Eva König, auf dieser Reise erreicht er auch das Ziel, Freimaurer zu werden. Aus den gleichen Gründen wie zuvor im Jahr 1767, die er jedoch aufgrund der Schweigepflicht nicht nennen darf, weist Bode ihn ab, worauf Lessing einer sog. »Winkelloge« beitritt (d.i. einer Loge, die zunächst kein Patent eines anerkannten Großlogensystems aufzuweisen hat). Vielleicht ohne es im Voraus wissen zu können, stellt er sich damit in Gegensatz zum Braunschweigischen Herrscherhaus, da er nunmehr Mitglied einer Loge ist, die zum gegnerischen Lager gehört. Beidemale handelt es sich jedoch um Hochgradsysteme mit mystischer Orientierung (s. S. 447 f.), in denen die Ursprungssage eine dominierende Rolle spielt. – Am Abend des 14. Oktober 1771 wird Lessing in Hamburg in die Loge »Zu den drei (goldenen) Rosen« aufgenommen. Die Zeugnisse, vornehmlich der Briefwechsel zwischen den beiden unmittelbar beteiligten Freimaurern, Georg Johann Freiherr von Rosenberg und Johann Wilhelm Ellenberger, genannt von Zinnendorf, dokumentieren wiederum den dominierenden Stellenwert, den die eigene Schrift bei dem Bestreben, Insider-Wissen zu erlangen, besitzt. Lessing bringt ein ausgearbeitetes Manuskript nach Hamburg mit. »Eben vernehme ich«, schreibt v. Rosenberg an Zinnendorf (8.9.1771; Daunicht 1971, Nr. 517), »daß Hr. Lessing ein Manuskript [...] will drucken lassen. Es betitelt sich: der wahre Orden der Freimaurer aus den ältesten Urkunden hergeleitet und mit Gründen bewiesen.« Dieses Manuskript zeigt Lessing auch seinen Freunden, vermutlich handelt es sich um die Nachlassnotizen, die als *Papiere zu Ernst und Falk gehörig* (Nr. 1–5) in den Lessing-Ausgaben dem Haupttext angefügt werden (G 8, 534–537; B 10, 67–72). Die Identifikation stützt sich auf Wendungen, die darauf deuten, dass Lessing noch nicht »Eingeweihter« ist (Schneider 1951c, 170; Guthke 1975c, 319. – Zeugnisse zu Lessings Aufnahme in die Loge: Daunicht 1971, Nr. 517, 531–535; vgl. Schneider 1951c, 170–181). Die späteste Notiz, die das bohrende Fragen Lessings nach der »Ursprungsgeschichte« bezeugt, stammt aus dem Jahr 1782. In seiner Schrift über die Tempelherren (*Versuch über die Beschuldigungen*, 1782/1988) erzählt Nicolai von einem »vor sechs Jahren«

(1776 nach der Italienreise) mit Lessing geführten Gespräch, in dem der Freund die These von der »Tafelrunde« als freimaurerischer »Urform« entwickelt und die entsprechende Etymologie (»Massoney«) dargelegt habe (Daunicht 1971, Nr. 653).

Mit Lessings Aufnahme in den Freimaurer-»Orden« tritt allerdings das Motiv der Kritik in den Vordergrund. Sowohl der Bruder Karl als auch Bode berichten von enttäuschten Reaktionen, Lessing, den Rosenberg bei der Einweihung bevorzugt behandelt, nimmt wahrscheinlich bis zu seinem Tod an keiner Logensitzung mehr teil (vgl. Daunicht, Nr. 531, 532, 558). Seine kritische Haltung scheint dabei jedoch mit einem fortwährenden Interesse an der Reform der Freimaurerbewegung verbunden gewesen zu sein. So steht er weiterhin mit einflussreichen Freimaurern wie z.B. Ignaz von Born in Kontakt, dem er auch eine Abschrift des vierten und fünften Gesprächs schickt (Nisbet 2008, 777 f.) Dieses kritische Interesse wird, wie Nisbet (766 ff., 777 f.) verdeutlicht, insbesondere anhand der Umstände greifbar, unter denen die Veröffentlichung von *Ernst und Falk* erfolgt. Obwohl das Manuskript spätestens Anfang November 1777 fertig vorliegt – Mendelssohn bestätigt in einem Schreiben vom 11. Nov. 1777 den Empfang der Handschrift –, erscheinen die ersten drei Gespräche erst im September 1778 im Druck; kurz zuvor, am 28. Juli 1778, hatte Lessing eine Abschrift des vollständigen Manuskripts an den Herzog Ferdinand übersendet. Zur gleichen Zeit, nämlich vom 15. Juli bis zum 27. August 1778, tagt in Wolfenbüttel die Nationalversammlung der Strikten Observanz, deren Großmeister Ferdinand ist, mit dem Ziel, die Flügelkämpfe der zerstrittenen Logen beizulegen. Lessing lässt seine Gespräche unter den Teilnehmern zirkulieren (und trifft sich mit einigen von ihnen), und auch Herzog Ferdinand, der eine Reform anstrebt, reicht das unveröffentlichte vierte und fünfte Gespräch an die Amtsträger des Ordens weiter (Nisbet 2008, 778). All das fügt sich zu dem Bild, dass Lessing, der von der Reformpartei (zu der Herzog Ferdinand gehörte) großen Zuspruch erfährt, deren Absichten mit der Publikation unterstützen möchte. So lässt sich auch der strategisch kühne und zugleich kluge Schritt erklären, dass er den Gesprächen, deren Veröffentlichung Ferdinand nicht zugestimmt hätte, eigenmächtig eine Widmung an ihn voranstellt, der ja eine Schrift, der er bereits hohes Lob zollte, öffentlich schlecht verleugnen kann (Nisbet 2008, 767 f.; vgl. auch S. 456 f.).

Herzog Ferdinand reagiert auf die Übersendung des Drucks (Begleitschreiben Lessings vom 19.10.1778) zwar wohlwollend, aber auch mit einem entsprechenden Tadel und bittet Lessing, von weiteren Veröffentlichungen, die das freimaurerische »Geheimnis« berühren, abzusehen (Antwortschreiben vom 21.10.1778). Lessing antwortet selbstbewusst: »[…] Werde ich *verstanden*: so bin ich gerechtfertigt. Werde ich nicht verstanden: so habe ich nicht geschrieben.« (An Herzog Ferdinand, 26.10.1778; B 12, 204. – Zur Reaktion des Herzogs vgl. Schneider 1951c, 189; Dziergwa 1992, 131–133; W. Albrecht 2003, Bd. 1, Nr. 940, 941, 943, 948). Er lässt auf den Wunsch Ferdinands hin die beiden letzten Freimaurer-*Gespräche* nurmehr in Abschriften zirkulieren, ohne verhindern zu können, dass 1780 ein Druck bei H.L. Brönner zu Frankfurt/ Main ohne Angabe des Autors, Verlegers und Ortes erscheint (Schneider 1951c, 194; B 10, 701 und 715 f.; G 8, 693; PO 21, 291). Herausgeber und vermutlich auch Verfasser der *Vorrede eines Dritten*, die das vierte Gespräch einleitet (B 10, 44), ist Adolph Freiherr von Knigge (Fenner 1994). Nach Lessings Tod besorgt Hamann einen zweiten Druck der beiden letzten Gespräche (1781 in den *Königsbergischen Gelehrten und Politischen Zeitungen*). Beiden Drucken, dem von 1780 und dem von 1781, liegen Abschriften von zwei verschiedenen Lessingschen Handschriften zugrunde (Schneider 1951c, 195). Des Weiteren hat Lessing noch ein Exemplar des Frankfurter Drucks korrigiert, seine Verbesserungen werden 1786 von Leopold Friedrich von Goeckingk mitgeteilt (Schneider 1951c, 195). Ein offenes Rätsel bildet nach wie vor das sechste Freimaurergespräch, das in der »Nachricht« am Ende von *Ernst und Falk* angekündigt wird. Diese »Nachricht« verspricht als Fortsetzung »critische Anmerkungen über das fünfte Gespräch« (B 10, 66). Hamann trägt in seine Abschrift Ziffern (von a bis k) ein, die sich wohl auf geplante Anmerkungen beziehen, auch hat Lessing vielleicht in dem von ihm korrigierten Druckexemplar Ähnliches angedeutet (Schneider 1951c, 195). Unter den *Paralipomena zu Ernst und Falk* finden sich auf verschiedene Zettel geschriebene Notate im Anmerkungsstil, die von dem restlichen Manuskript ab-

stechen (B 10, 71 f.). Guthke (1975c und 1981a) identifiziert diese Notizen mit den geplanten Anmerkungen (und rekonstruiert so die angekündigte Fortsetzung). Er fordert damit den Widerspruch von Voges (1981) heraus, der die Textfragmente als späte, nach 1771 entstandene Vorarbeiten für die veröffentlichten Gespräche einstuft (also an ein projektiertes sechstes Gespräch glaubt, das neue Gedanken zur Freimaurerei enthalten sollte; nach Nisbet [2008, 779] gibt es dafür jedoch keinen Anhaltspunkt).

Ursprung und Ausbreitung der Freimaurerei

Wenn Ernst und Falk den Ursprung der Freimaurerei diskutieren, rückt die folgende Frage in den Vordergrund: Wie »käme der Orden sonst dazu, die Symbole eben dieses Handwerks zu entlehnen?« (B 10, 60). Hier, im Übergang von der handwerklichen (Maurer-)Zunft (»operative Maurerei«) zu einer Art Ideenschmiede mit rituellen Formen (»symbolische Maurerei«) liegt tatsächlich der prägnante Moment in der Geschichte der Freimaurerei. – Entstanden ist die Freimaurerei aus den Maurerzünften des Mittelalters, für die bereits das »Werkgeheimnis« konstitutiv ist. Ein genaues Datum für die Umwandlung der Bauhandwerkergilden in die spekulativen Bünde gibt es nicht, der Prozess wird in der modernen Forschung auf den Beginn des 18. Jahrhunderts verlegt, sogar bis zu dem Beginn des 17. Jahrhunderts zurückverfolgt (Möller 1974, 413 f.). Das Heimatland der Freimaurerei ist England. Die wichtigsten Stationen: 1717 wird in London die Großloge gegründet, die die Dachorganisation für mehrere bestehende Logen ist, 1723 erscheint James Andersons Konstitutionen-Buch, das die Regeln und Rituale der Symbolischen Maurerei erstmals niederlegt. Wesentlich sind der geheime Charakter – die Freimaurer-Bünde sind Geheimgesellschaften – und die Aufnahme-Zeremonien bzw. Einweihungsrituale, wobei jedoch eine große Variationsbreite herrscht (Neugebauer-Wölk 1995, 10 ff.). Der neue »Bruder« hat drei (Anderson: zwei) Grade der Initiation zu durchlaufen, die sogenannten »Johannisgrade«, er wird »Lehrling«, »Geselle«, »Meister«. Bei den Zeremonien spielt eine ausgefeilte Symbolsprache eine wichtige Rolle. Die Zeichen des Maurerhandwerks (z.B. Winkel, Kelle, Zirkel) werden übernommen und in andere symbolische Kontexte (z. B. Lichtsymbolik) eingefügt, Tod und Wiedergeburt werden symbolisch vollzogen (Neugebauer-Wölk 1995, 11 f.). Geheime Erkennungszeichen stiften die Kommunikation unter den »Brüdern«, das »Anklopfen«, worauf Ernst zu Beginn des fünften »Gesprächs« anspielt, ist ein solches (B 10, 55). Schließlich ist die ethische Zielsetzung des Konstitutionen-Buchs zu erwähnen, es fasst die Hauptpflichten der Freimaurer zusammen. Diese Zusammenstellung geht unter dem Titel »Alte Pflichten« in die Literatur ein.

Schon vor 1730 fasst die Freimaurerei auch auf dem Kontinent Fuß (Hammermayer 1979, 10), wo sie einen beispiellosen Siegeszug antritt. Die erste deutsche Loge wird am 6.12.1737 in der »Englischen Taverne«, einem Gasthaus in Hamburg, eröffnet. Es handelt sich um die Loge »Absalom«, deren amtierender »Meister« zur Zeit von Lessings Aufnahmegesuchen Bode ist. Gründungen in Dresden (1737), Berlin (1740) und Wien (1742) folgen. Lessings Freunde Nicolai und Voß sind Freimaurer, kaum eine bedeutende Persönlichkeit des 18. und frühen 19. Jahrhunderts, die nicht der Bewegung zumindest zeitweise nahesteht. Der Erfolg der Freimaurerei lässt sich auch daran abmessen, dass regierende Fürsten dem Bund beitreten. Das prominenteste Beispiel ist Friedrich II. von Preußen (1738), von dem Braunschweiger Herrscherhaus war bereits die Rede. Zur sozialen Schichtung schreibt Agethen (1984), »daß Maurerei und geheime Gesellschaften das Feld ›esoterischer Eliten‹ geblieben sind und die vielfach bekundete enorme Verbreitung solcher Assoziationen eben nur im Rahmen der gebildeten bürgerlich-adligen Mittel- und Oberschichten gilt« (57). – Lessing bemüht sich zunächst um Aufnahme in eine Loge, die ursprünglich dem alten englischen System angehört, er tritt dann einer Loge bei, in der man mystische Traditionen pflegt, diese Loge bzw. deren Dachverband wiederum konkurriert mit dem System der »Strikten Observanz«, dessen Großmeister Herzog Ferdinand ist. Um diese Spaltungen zu verstehen, müssen nunmehr die Inhalte der Freimaurerei erläutert werden.

Gedankengut der Aufklärung in der Freimaurerei: Toleranz, Gleichheit, Freundschaft

Anfänglich besteht eine Affinität zwischen den Bestrebungen der Freimaurer und den Zielen der Aufklärung. Aufklärerisches Gedankengut wird in maurerischen Schriften propagiert. Fast alle Themen, über die Ernst und Falk diskutieren, konnte Lessing dem einschlägigen Schrifttum entnehmen. Bürgerliche Tugenden werden empfohlen: Allgemeine Menschenliebe und tätige Nächstenliebe, »Gutherzigkeit«, Geselligkeit; dem Laster, besonders der Ausschweifung und Maßlosigkeit, schwört man ab. Wie Ernst sagt: »Sie sind so freundschaftlich, so guttätig, so gehorsam, so voller VaterlandsLiebe! [sic]« (B 10, 18). Einen besonderen Akzent setzen die Forderungen nach Gleichheit und religiöser Toleranz; auch die Idee der »Freundschaft«, der zentrale Punkt in *Ernst und Falk*, findet sich in freimaurerischen Programmtexten vorformuliert.

Mit der Aufnahme in eine Loge werden die Mitglieder »Brüder«, nur der menschliche Wert soll zählen. Allerdings wird bereits in Andersons Konstitutionenbuch betont, dass mit der Suspendierung der Standesunterschiede innerhalb des Bruderbundes keineswegs die bürgerliche Ordnung außer Kraft gesetzt werde, vielmehr solle man im Umgang miteinander die gesellschaftlichen (Spiel-)Regeln beachten und jedem die gebührende »Ehre« erweisen.

So ist von Beginn an die Art, wie die Gleichheitsidee verwirklicht wird, ein strittiger Punkt. Einerseits wird das Fortschrittspotential erkannt (und begrüßt), das darin liegt, dass die Standeszugehörigkeit für die Mitgliedschaft keine Rolle spielt. Die Hoffnung knüpft sich an die Freimaurerei, dass die ursprüngliche Gleichheit der Menschen eine Gemeinschaft auf Dauer prägen könne und dass die Geheimgesellschaft zum Modell der bürgerlichen Gesellschaft werde. Eine zeitgenössische Stimme (1786) bringt dies so zum Ausdruck: Die Loge sei der Ort, »wo kein einziges profanes Verhältnis mehr statt findet, der Fürst selbst nur Bruder, der unbedeutendste Staatsbürger ihm gleich, der Mensch jedes Standes und jeder Religion nur Mensch und Bruder ist« (zit. nach Agethen 1984, 58).

Andererseits beschränkt man sich bewusst auf den Innenraum der Loge und sieht fast ängstlich von der Wahrnehmung politischer Konsequenzen ab. Die gesellschaftlich-politischen Funktionen der Stände und der Status des Fürsten werden nicht angetastet. Den geringeren Mitgliedern wird die Liebe zur »Obrigkeit« ans Herz gelegt. Gleichheitspostulat und Unterwerfung durchdringen sich: »Maurer sind Brüder, und unter Brüdern darf kein verhaßter Unterschied herrschen. Ein König wird erinnert, daß [...] das Blut in seinen Adern von dem allgemeinen Vater des Menschengeschlechts abstamme [...]. Personen niedrigen Standes wird gelehret, ihre Obern zu lieben [...].« So formuliert in einer Rede *Die vertheidigte Freymäurerey*, die mit großer Wahrscheinlichkeit zum Quellenfundus von Lessings Schrift gehört (Preston/Meyer 1776, 69). Zugleich wirkt sich die Anerkennung der bestehenden Gesellschaftsordnung zum Teil so aus, dass die freimaurerische Praxis hinter die propagierte Menschlichkeit zurückfällt. Das Prestige- und Hierarchie-Denken pflanzt sich innerhalb der Logen fort. Bürger suchen sich durch die Bekanntschaft mit dem Adel aufzuwerten, Adelige werden bevorzugt behandelt und erhalten z. B. gleich bei ihrer Aufnahme den Meistergrad. »Die Freimaurerei zeigt [...] in ihrer Ämter- und Funktionenhierarchie die Tendenz, die in der bürgerlichen Gesellschaft vorherrschenden geburtsständischen oder bildungsmäßigen Rang- und Privilegienstrukturen in den Logen zu kopieren« (Agethen 1984, 60). Ernsts und Falks Diskussion über den Anspruch der »Gleichheit«, seine Verwirklichung durch die Freimaurer und die Relevanz für die bürgerliche Gesellschaft ist genau in dem skizzierten Spannungsfeld angesiedelt (bes. B 10, 40 vs. B 10, 52). Lessing gibt dabei dem utopischen Moment, das er beibehält, eine neue Stoßrichtung: Keine die bürgerliche Ordnung stabilisierende, sondern sie verändernde Impulse werden von der ›reinen Menschlichkeit‹ der Freimaurer ausgehen.

Religiöse Toleranz gehört zu den auffallendsten Merkmalen der Freimaurerei in ihrer Frühphase. Die erste der sogenannten »alten Pflichten« aus Andersons Konstitutionenbuch sichert die friedliche Koexistenz von Angehörigen unterschiedlicher Konfessionen. Es fällt der Ausdruck von der allen Menschen gemeinsamen Religion – eine Formel, die auf die »natürliche Religion« verweist. Wir geben die massgebliche Passage im Wortlaut wieder (*Neues Constitutionen=Buch* [2]1743, 298): »I. Pflicht. *In Ansehung Gottes und der Religion*. Ein *Frey=Maurer* ist hierdurch verbunden, das *Moral=Gesetz*, als ein wahrer *Noachite*, zu beobachten, und wenn er die Kunst recht verstehet, so wird er niemahls einen thörichten Atheisten [...] abgeben [...]. Da aber die Maure-

rey unter allen Völckern, auch von andern Religionen [als der christlichen], angetroffen wird; so lieget ihnen anjetzo nur ob, derjenigen Religion beyzupflichten, worin alle Menschen überein kommen [...]. Es ist also die Maurerey der Mittel=Punct ihrer Vereinigung, und das glückliche Mittel, zwischen solchen Personen, die sonst in einer stetigen Entfernung von einander hätten bleiben müssen, treue Freundschafft zu stifften.« Allerdings erstreckt sich die Toleranzforderung in der Praxis nur auf die christlichen Konfessionen. Neben den »Atheisten« und »Freigeistern« sind auch die Juden (mit wenigen Ausnahmen) aus den ›Bruderschaften‹ ausgeschlossen (s. dazu S. 456 f.).

In den Schlusssätzen der »Ersten Hauptpflicht« klingt der für Lessing zentrale Gedanke der Überwindung der bürgerlichen »Trennungen«, wie es in *Ernst und Falk* heißt, durch die »Freundschaft« an. Die »Freundschaft« steht im Mittelpunkt einer Rede, die in Prestons *Erläuterung der Freymäurerey* abgedruckt ist, einem Buch, auf dessen deutschen Übersetzer (J.H.C. Meyer) Lessings *Gespräche* eine (indirekte) Anspielung enthalten (B 10, 20 und Kommentar, 763 [zu 20, 10]). In dieser Rede wird die »Freundschaft« als Garant für die Harmonie der Schöpfung gefeiert. Von dem ›angebornen‹ »Trieb zur Freundschaft« wird gesprochen (63), der alle Lebewesen zur Vereinigung mit ihresgleichen drängt. »Ameise« und »Biene« werden als Beispiele für »Societäten« im Tierreich erwähnt – am Beispiel des Ameisenstaats entwickeln Ernst und Falk ihre ›Gesellschaftstheorie‹ (B 10, 23; zur enthaltenen biblischen Anspielung vgl. Michelsen 1990f, 143 f.). Freundschaft – sie wird von dem Redner »göttlich« und »heilig« genannt – und »gesellige Zuneigungen« seien die Geschenke der »weisen Natur« an die Menschen (64). »Freundschaft« strahle von der Privatsphäre auf »alle Zweige der menschlichen Gesellschaft« aus (64). Sie erhöhe »den Geschmack an Tugend« (65); hieraus »entspringen Verbindungen, Gesellschaften werden gestiftet, und die müssigen Stunden des Lebens werden in angenehmer Gesellschaft, und in aufmunternden Gesprächen freundschaftlich genutzet« (65 f.). Die Freimaurerei erscheint so als ›Urzelle‹ der menschlichen Gesellschaft, zugleich als Hüterin ihres kostbarsten ›natürlichen‹ Potentials. Anders als Lessing trifft dabei der Redner keine qualitative Unterscheidung zwischen Geheimbund und ›Öffentlichkeit‹. Der Einfluss der Freundschaft sei »unbegränzt« (64), aus der Freundschaft entspringe die Vaterlandsliebe, sie sporne zur Verteidigung der Freiheit an (65). Aber wie bei Lessing wird die vereinigende Kraft der Freundschaft, wird das weltbürgliche Moment der Freimaurerei betont. Der Redner bezeichnet die Symbole der Freimaurer als eine »allgemeine Sprache«: »Menschen von allen Religionen und Nationen werden dadurch vereiniget. Der entfernte Chineser, der wilde Araber, oder der americanische Wilde, werden ihre europäische Brüder umarmen« (67).

Geheimgesellschaft und Geheimwissenschaft:
Der Doppelaspekt der Maurerei

Im zweiten Teil von Lessings Text (4./5. Gespräch), in dem es um die freimaurerische Praxis geht, ist von Tempelrittern und »Strikter Observanz«, von Geisterbeschwörern und Goldmachern, vom »Stein des Weisen« und damit von Alchemie die Rede. Hier zeigt sich ein Gesicht der Freimaurerei, das mit dem aufklärerischen Gedankengut wenig zu tun zu haben scheint. Auf welche Fakten spielt Lessing an, und wie kommt es zu der Verbindung von Freimaurerei und Okkultismus?

Ein wesentlicher Aspekt des Geheimnisses ist, neben den Zeichen und Symbolen, die Frage nach dem Ursprung der Freimaurerei. Auch Lessing versteht dies so, wenn er im fünften Gespräch einen neuen Lösungsvorschlag entwickelt. Andersons Konstitutionenbuch beginnt mit einer Geschichte der Freimaurerei, die bis zum Anfang der Welt zurückverfolgt wird. Die ersten Sätze lauten: »Nachdem der *allmächtige* Baumeister und Groß=Meister der gantzen Welt alle Dinge sehr gut, und der *Geometrie* gemäß, erschaffen hatte; so machte er gantz zuletzt den *Adam* nach seinem Ebenbilde, und grub dessen Hertzen besagte edle Wissenschafft ein« (1 f.). Weitere wichtige Stationen in der Entfaltung der Maurerei sind für Anderson der Bau der Arche Noah und, vor allem, der Bau des Salomonischen Tempels.

Andersons Verquickung der Freimaurer-Historie mit der biblischen Geschichte hat offenkundig den Spekulationen über die Herkunft des Ordens Tür und Tor geöffnet. Während Anderson noch an der Tradition der Maurerzünfte festhält, verbreitet sich ab der Mitte des 18. Jahrhunderts eine

andere Sage. Die Freimaurerei wird jetzt von dem mittelalterlichen Ritterorden der Tempelherren hergeleitet. 1120 in Jerusalem gegründet, spielt dieser Orden eine wichtige Rolle während der Kreuzzüge. 1307 wird er von König Philipp IV. von Frankreich aufgelöst, die Mitglieder werden u. a. der Ketzerei bezichtigt, gefangengenommen und zum Teil hingerichtet, das große Ordensvermögen wird eingezogen (Templerprozess 1307–1310; 1314). In freimaurerischen Kreisen bildet sich die Legende, dass in Schottland der Orden im geheimen weiterexistiert habe und dass die Freimaurer die Nachfahren der Templer seien. Wichtiger ›historischer‹ Bezugspunkt für das Selbstverständnis wird die ›Wiedererrichtung‹ des Tempels in Jerusalem durch die Kreuzritter, d. h. die Restitution des Christentums und bürgliche Vereinigung der Christen in Feindesland.

Mit dieser Anknüpfung an eine andere, ritterliche und nicht mehr handwerkliche, Tradition ändert sich zugleich die Organisationsform der Freimaurerei. Die Zahl der Grade wird erweitert. Es entstehen die sog. »Hochgradsysteme«. Das wichtigste »Hochgradsystem« in Deutschland ist dasjenige der »Strikten Observanz«. Hier gilt als Ursprungslegende, dass die Freimaurerei von dem Orden der Tempelherren herstamme. Lessing gehört einem konkurrierenden Hochgradsystem (das Verbindungslinien nach Schweden besitzt) an, in dem man eine parallele Entwicklung von Templerorden und Freimaurerbund behauptet. In diesen Systemen erfindet man neue Aufnahme-Rituale, die Symbole vervielfältigen sich. Der Geheimnis- und Exklusivitätscharakter wird intensiviert, die »Oberen« werden den Mitbrüdern, von denen sie mehrere Stufen trennen, gleichsam entrückt. Die neue Form dient neuen Inhalten. Die Templer- und Hochgrad-Maurerei wird zum Sammelbecken für okkulte Strömungen unterschiedlicher Provenienz, alchemistische Experimente werden betrieben, geheime naturphilosophische Kenntnisse weitergegeben. Scharlatane aller Art finden hier ein Operationsfeld – Cagliostro (Guiseppe Balsamo) etwa gehört zu denen, die sich das Fieber nach Geheimnissen zunutze machen –, die Geschichte der Freimaurerei kennt mehrere Betrugsskandale. – So zeigt die Freimaurerei in der zweiten Jahrhunderthälfte ein Doppelgesicht. Charakteristisch ist der Kontrast zwischen zwei Geheimgesellschaften, die am Rand der Freimaurerei anzusiedeln sind. Gemeint sind die Illuminaten und die Rosenkreuzer. Die Illuminaten adaptieren und verbreiten ein radikalaufklärerisches Programm (Schings 1996), die Rosenkreuzer verschreiben sich naturmystischer Spekulation und werden zum Inbegriff reaktionärer Tendenzen. Es gibt die überraschendsten Querverbindungen. So wechselt Bode, der zu der Zeit, als Lessing sich um die Aufnahme in dessen Loge bewirbt, der Strikten Observanz angehört, später zu dem Illuminaten-Bund über (dazu Neugebauer-Wölk 1995).

Die Frage nach den Ursachen für eine Entwicklung, die den ursprünglichen Intentionen der Freimaurerei entgegengesetzt zu sein scheint, ist noch ungeklärt. In Anschlag zu bringen sind die Säkularisation und die einhergehende Auflösung traditioneller Bindungen. Freimaurer-Bünde nehmen Züge einer Ersatzreligion an. So ist die Tracht der neuen »Templer« der mittelalterlichen Ordenstracht nachempfunden, man trägt in den Logenversammlungen den weißen Mantel mit rotem Kreuz (Contiades 1968, 105, Anm. 49). Ein »Tempelritter-Klerikat« wird gegründet (von Johann August von Starck). Die fließenden Übergänge zwischen der »alten«, »englischen« Maurerei und den Hochgradsystemen mit ihrem ›Esoterik-Kult‹ werden durch das Ethos ermöglicht, das beide Richtungen vertreten. Andersons Ursprungsgeschichte impliziert die Aufgabe, an die unverdorbene Schöpfung anzuknüpfen und das Ebenbild Gottes in Adam wieder herzustellen. Dem gleichen Ziel streben von alters her die Adepten der Alchemie nach. Friedrich Nicolai formuliert es so (*Versuch über die Beschuldigungen* T. 1, 1782/1988, 190 f.): Die »Bedeutung [ihrer Allegorien] ist der Gedanke, daß Gott diese Welt nach weisen und bestimmten Regeln erschaffen habe und erhalte. Wer diese Regeln wornach Gott seine Schöpfung geordnet hat, d. h. das Innere der Natur, kennen lerne, der nähere sich Gott, so wie auch umgekehrt, wer Gott, durch innige Vereinigung mit ihm, sich nähere, erlange Gewalt über die Natur.« Dazu tritt die offene Struktur der freimaurerischen Geheimnisse und Symbole (Neugebauer-Wölk 1995). Sie können rationalistisch aufgelöst und interpretiert bzw. auf »vernünftige« Ziele bezogen werden oder aber ontologisch überhöht werden, sie fungieren dann als sinnliche Zeichen für die Erfahrung von Irrationalem. Eine integrierende Rolle als zentrales

Symbol spielt der Tempel Salomonis. Lessing zitiert den freimaurerischen Ausdruck »im Tempel arbeiten« (B 10, 50), der auf die biblische Geschichte zurückgeht. In der Templerlegende wird der Anschluss an die christliche Geschichte (Kampf um Jerusalem) gefunden. Für die alchemistisch-okkulte Tradition ist Salomo von jeher eine zentrale Figur, um die sich ein Netzwerk von Bedeutungen rankt. – Lessing stellt das humane Ethos als das Wesentliche heraus, das die Freimaurer unabhängig von ihrem jeweiligen Tun verbindet und verpflichtet. Er rechtfertigt die esoterischen Experimente, indem er sie relativiert. Nur »in Rücksicht auf Freimäurerei«, würden »vernünftige Menschen« Gold »machen zu können wünschen«, meint Falk, nur auf die »Stimme« »eines Freimäurers« könnten Geister hören (B 10, 48).

Aufklärung und Geheimnis. Die politische Relevanz der Freimaurerei

Das konstitutive und unterscheidende Merkmal der Freimaurerei ist das »Geheimnis«. In einem frühen Gedicht (1751) macht Lessing sich über es lustig: »Ich kenn ein drolligt Volk, mit mir kennt es die Welt,/ Das schon seit manchen Jahren/ Die Neugier auf der Folter hält,/ Und dennoch kann sie nichts erfahren. […]« (B 2, 122). Das Geheimnis als solches und seine Funktion ist das Thema von *Ernst und Falk*, wie Lessing dem Herzog Ferdinand gegenüber erläutert. Er schreibt (am 26.10.1778), er habe keine Geheimnisse verraten, sondern das Geheimnis, die »Hülle«, dem freimaurerischen System genauer anzupassen gesucht, d. h. er will den Sinn des Geheimnisses neu bestimmen. Aufgrund des Geheimnisses gerät die Freimaurerei in Konflikt mit dem Öffentlichkeitspostulat der Aufklärung. Es gibt Anlass zu Spekulationen und Verdächtigungen und provoziert eine Fülle von Enthüllungs-, Anklage- und Verteidigungsschriften. Die Angriffe konzentrieren sich auf den separatistischen Charakter, der mit dem Geheimnis gegeben ist. Die Geheimbünde bilden, weil sie sich absondern, eine Gesellschaft in der Gesellschaft. Herder spricht vom Staat im Staate. Damit ist, unabhängig von allen Inhalten, eine politische Relevanz und Brisanz gegeben. So sehen es bereits die konservativen Kritiker. Während die Freimaurer selbst immer wieder ihre Loyalität zu

Staat und Kirche betonen und auf dem unpolitischen Charakter ihrer ›Brüderlichkeit‹ insistieren, enthüllt sich im Spiegel der Kritik, dass die Praxis, Standesgrenzen zu überschreiten, als politischer Affront registriert wird. Die Idee der Gleichheit und die religiöse Toleranz sind z.B. die Angriffspunkte in einer (anonymen) Schrift *Die entdeckte Heimlichkeit der Freymäurer* (1779). Der Verfasser wittert eine weit um sich greifende Verschwörung (47): »Sind aber ihre Geheimnisse keine Kleinigkeiten, sondern weitaussehende Projeckte [!], zielet ihre Verbrüderung oder Freymäurerey in der That auf eine *gänzliche* Freyheit und Unabhängigkeit sowohl in Betref der *Religion*, als des *Politischen* und *Zeitlichen* ab, so ist diese Verbrüderung nicht nur unvernünftig, sondern gottlos; inmassen sie den Umsturz der *Staaten* und der Religion, und die Aufhebung aller Subordination, und eine gänzliche Zügellosigkeit zum Endzwecke hat.« Der Zwiespalt kommt besonders gut in der Tatsache zum Ausdruck, dass zur gleichen Zeit, zu der regierende Häupter der Freimaurerei beitreten, die geheimen Gesellschaften von anderen Regierungen verboten werden (Hammermayer 1979, 10).

Verschwörungstheorien werden von allen Parteien in dem Moment gepflegt, in dem die Freimaurerei in divergierende Richtungen zersplittert. Revolutionäre und reaktionäre Umtriebe wirft man sich wechselseitig vor. Die Angst vor einer jesuitischen Verschwörung tut ihr übriges. (Im Jahr 1773 wird der Orden der Jesuiten von der römischen Kurie verboten. Lessing parallelisiert dies Ereignis mit der Aufhebung des Templerordens: *Collectaneen*, Stichwort »Tempelherren«, B 10, 639.) Zusätzliche Aktualität gewinnt die Angst vor einer geheimen Unterminier-Arbeit mit dem Aufkommen der Illuminaten, die tatsächlich politische Schlüsselpositionen mit ihren Leuten besetzen wollen (vgl. Neugebauer-Wölk 1995, Schings 1996). Schließlich werden die Freimaurer verantwortlich für die Französische Revolution gemacht. Die Verschwörungstheorien finden ihr Echo in *Ernst und Falk*, wenn der Gast die amerikanische Unabhängigkeitserklärung als Tat der Freimaurer versteht. Charakteristisch ist zugleich die Reaktion der Freunde, die dies als »Grille« von »*Träumer[n]*« ablehnen (B 10, 55).

Begriffe aus der Staatsphilosophie

Neben dem Geheimnis der Freimaurer ist die »bürgerliche Gesellschaft« der zweite thematische Schwerpunkt von *Ernst und Falk*. Lessing knüpft an das staatsphilosophische Denken des 17. und 18. Jahrhunderts an bzw. setzt Theoreme voraus, die zum damaligen Allgemeingut gehören. Dabei verwendet er – dem damaligen Sprachgebrauch folgend – den Begriff »bürgerliche Gesellschaft« gleichbedeutend mit »Staat« und »Staatsverfassung«. »Bürgerliche Gesellschaft« meint im 17. und weitgehend noch im 18. Jahrhundert die »politische Gemeinschaft der freien, verantwortlichen Männer (Hausherren oder Bürger) des Landes oder einer Stadt. Eine Scheidung zwischen dem ›Staat‹ als Institution (rationale Herrschafts- und Verwaltungsorganisation [...]) und der ›Gesellschaft‹ als Untertanenverband findet nicht statt« (M. Riedel 1975, 739). Plastisch bringt diesen Begriffsinhalt eine Definition aus dem Jahr 1711 zum Ausdruck. Der Übersetzer von Pufendorfs *De jure naturae et gentium* (1672) stellt fest, »daß mit dem [...] Worte Bürgerliche Gesellschaft nicht anders zu verstehen gegeben und gemeinet seie/ als die zusammen verbundene Obrigkeiten und Untertanen/ welche ein gewisses Reich Republic u. dgl. ausmachen« (zit. nach M. Riedel 1975, 739).

Naturzustand, Naturrecht und Staatsverfassung. Die naturrechtliche Begründung (und Begrenzung) der staatlichen Herrschaft reicht bis in die Antike zurück. Im 18. Jahrhundert kommt zum einen der Naturrechts-Lehre von Christian Wolff große Bedeutung zu, der wiederum in einer von Hugo Grotius und vor allem Samuel Pufendorf geprägten Traditionslinie steht; zum anderen gewinnt die englische Tradition, vornehmlich in den Formulierungen von John Locke und David Hume, an Einfluss. Stark vereinfacht lässt sich das Modell des Naturrechts so darstellen: Im ›Stand der Natur‹ haben alle Menschen aufgrund ihrer gleichen Natur auch ein gleiches Recht auf alles, was jedoch in der Praxis zu einem Chaos führen würde, in dem keiner mehr seine Ziele erreichen könnte; deshalb seien die Menschen darin übereingekommen, mittels eines Vertrags (Staats-, Gesellschafts- bzw. Unterwerfungsvertrag) die Macht, Gesetze zu erlassen und durchzusetzen (»oberste Gewalt«), an eine Regierung abzutreten und sich eine Staatsverfassung zu geben. Diese kann unterschiedliche Formen annehmen; für Falk stellt sich die Frage nach der »besten« Staatsverfassung (B 10, 26 f.). Im Allgemeinen führt man die auf Aristoteles zurückgehende Einteilung in Monarchie, Aristokratie und Demokratie an; so stellt beispielsweise Johann Georg Heinrich Feder, Philosoph an der Göttinger Universität und Handbuchautor des 18. Jahrhunderts, der Monarchie mit der Machtkonzentration in *einer* Person die republikanische Verfassung gegenüber, bei der die »oberste Gewalt« mehreren Personen »überlassen« ist. Der Begriff »Republik« umfasst bei Feder die demokratische *und* die aristokratische Regierungsform. Eine »Republik ist *demokratisch*, wenn das ganze Volk, oder wenigstens alle Häupter der Familien zusammen die oberste Gewalt in Händen haben; wenn hingegen nur die Vornehmern sie besitzen, so ist sie *aristokratisch*« (*Grundlehren zur Kenntniß des Menschlichen Willens und der natürlichen Gesetze des Rechtverhaltens* [1]1769, hier: Neubearb. 1782; 2. Buch, 63, §40). Jede Staatsverfassung aber ist nur dadurch legitimiert, dass durch sie die Menschen, die sie sich ja gegeben haben, ihre Absichten besser erreichen und ihre naturgegebene Bestimmung besser verwirklichen können, als wenn sie in der Vereinzelung des Naturzustands geblieben wären. Als Ziel und Zweck des Staates wird deshalb generell die »Glückseligkeit« aller bestimmt. So heißt es bei Wolff (sog. *Deutsche Politik* [[1]1721]): Das Gemeinwesen werde deswegen eingeführt, »damit der Mensch desto bequemer denen natürlichen Pflichten ein Gnügen thun kan, [...] folgends diejenige Glückseligkeit erreichet, deren er fähig ist« (GW I/5, §227, 171). Und Falk definiert: »Die Staaten vereinigen die Menschen, damit durch diese und in dieser Vereinigung jeder einzelne Mensch seinen Teil von Glückseligkeit desto besser und sicherer genießen könne. –« (B 10, 24).

Im Blick auf *Ernst und Falk* lassen sich nunmehr – wiederum in grober Vereinfachung – drei Problemkreise des naturrechtlichen Denkens unterscheiden: die Frage nach der menschlichen Natur, von der die Rechte und Pflichten abgeleitet werden; die Frage, inwieweit die staatliche Gewalt und die bürgerlichen Gesetze ebenfalls im Naturrecht gründen und dadurch sanktioniert sind; und schließlich die Frage, wie der Ausgleich zwischen individuellem Glücks- und Freiheitsan-

spruch und dem ›Gemeinwohl‹ zu erreichen ist. Alle drei Probleme hängen eng miteinander zusammen.

Thomas Hobbes hat derjenigen Auffassung vom Gesellschaftsvertrag, die auf einem pessimistischen Menschenbild beruht, die ›klassische‹ Formulierung gegeben (*Leviathan, or the Matter, Forme, and Power of a Commonwealth, Ecclesiasticall and Civill*, 1651, dt. 1794/95): Die dominierenden Triebe des Menschen seien der Machttrieb und die Furcht vor der Macht des anderen; im Naturzustand herrsche deshalb ein Krieg aller gegen alle (*homo homini lupus*); diesen zu beenden, hätten die Menschen ihre politischen Rechte dem Souverän übergeben und sich ihm unterworfen. Indem sie zu seinen Untertanen werden, tauschen sie im Gegenzug Sicherheit und Frieden ein und können so ihre Absichten besser verfolgen.

In der von dem bedeutenden Natur- und Staatsrechtslehrer Samuel Pufendorf (*De iure naturae et gentium libri octo*, 1672; dt. 1711) geprägten Tradition dagegen spielt die (angeborene) ›Soziabilität‹ eine wesentliche Rolle. Einerseits wird der Trieb zur Geselligkeit als eine Folge der menschlichen Schwäche und Hilflosigkeit gesehen: aus Gründen der Selbsterhaltung müssten sich die Menschen vereinigen. Andererseits wird er auf die »allgemeine Menschenliebe« zurückgeführt, die keinen anderen Grund fordere als den, »daß der andere auch ein Mensch, d. h. ein von Natur verwandtes Wesen« ist (Pufendorf; zit. nach Hügli 1984, 590). Christian Wolff rückt die Liebe (als Liebe zu sich selbst und zu den anderen) ganz in den Vordergrund. Die Menschen träten zu einer ›bürgerlichen Gesellschaft‹ zusammen, weil sie nur durch wechselseitige Unterstützung und Hilfeleistung die ihnen je eigene ›Vollkommenheit‹ erreichen könnten, wobei er unter ›Vollkommenheit‹ die Realisierung eben der natürlichen Liebes-Pflichten versteht. Die Menschen seien von Natur so beschaffen, schreibt er in der Vorrede (dat. 1749) zu den *Grundsätzen des Natur- und Völckerrechts* (1754; GW I/19, unpag. [S. 10 f.]), »daß sie bloß mit vereinigten Kräften und mit einer wechselsweise einander geleisteten Hülfe auf diese Vollkommenheit los gehen können [...]. Und derowegen hat die Natur selbst die Pflichten gegen uns mit den Pflichten gegen andere durch ein freundschaftliches Liebesband verknüpfet, daß zu beyden einerley nothwendige und an sich unveränderliche Verbindlichkeit ist.« Dabei allerdings geht die trennscharfe Unterscheidung zwischen dem Menschen, wie er seinem Wesen nach sein *sollte*, und wie er ›von Natur‹ aus ist, verloren. Einerseits gesteht Wolff zu, dass der Übergang von der »ersten Gemeinschaft«, wie er den Naturzustand nennt, zur bürgerlichen Gesellschaft mit ihren Eigentumsverhältnissen und hierarchischen Ordnungen nur deswegen notwendig sei, weil die Menschen den hohen Anforderungen einer gewaltlosen Liebesgemeinschaft nicht gewachsen seien (GW I/19, § 194); andererseits stellt er die Realisierung der idealen Natur des Menschen als die Absicht der Staatsverfassung hin (der Staat diene dazu, dass jeder seinen ›natürlichen‹ Rechten und Pflichten der wechselseitigen Hilfeleistung um so besser nachkommen könne). – In *Ernst und Falk* vertritt Lessing eine skeptische Auffassung: Die Einrichtungen der »bürgerlichen Gesellschaft« seien mindestens ebenso von dem Geltungsstreben der Menschen als von ihrem Gefühl wechselseitiger Verbundenheit geprägt (2. Gespräch). Die Verwirklichung der Verhältnisse, wie sie der idealen Natur des Menschen gemäß sein *sollten*, hüllt er dagegen in das freimaurerische Geheimnis.

Mit der (mangelnden) Unterscheidung zwischen einem normativen und einem deskriptiven Naturbegriff hängt das zweite Problem eng zusammen. Obwohl Wolff den Staat aus dem Verfall der »ersten Gemeinschaft« hervorgehen sieht, trennt er nicht prinzipiell zwischen dem Naturrecht und den bürgerlichen Gesetzen; diese partizipierten immer noch an jenem (§ 194) und garantierten seine Beachtung (§§ 1070, 1073 u.ö.). In der bürgerlichen Gesellschaft herrscht für ihn das gleiche Streben nach Vervollkommnung wie im Naturzustand. Die »bürgerlichen Gesellschaften« seien ein Mittel, die Absichten der ›ersten Gemeinschaft‹ doch noch zu erreichen, und als solche »dem Gesetz der Natur gemäß zuwege gebracht worden« (Vorrede, unpag. [15]); denn wenn das »Gesetze der Natur« uns »zu einem Zweck verbindet, so giebt es uns auch ein Recht zu den Mitteln« (§ 46). Genau gegen diese Art zu schließen wenden sich Ernst und Falk. »Weil [...] unsere Leidenschaften und unsere Bedürfnisse« auf die »bürgerliche Gesellschaft« führten, so Ernst, habe man irrtümlich geschlossen, sie sei »das Letzte, worauf die Natur gehe« (B 10, 25), und irrtümlich habe man die Staatsverfassungen

als ein zweckmäßiges, unfehlbares Mittel der Natur angesehen. Falk stimmt ihm zu: Die Staatsverfassungen seien nichts als ein »Mittel menschlicher Erfindung«, als solche fehlbar und veränderbar (B 10, 25 und 26). Auf seine eklektische Weise scheint Lessing hier an Thesen David Humes anzuknüpfen, der die Regeln der bürgerlichen Gesellschaft auf konventionelle Übereinkunft zurückführt (Hügli 1984, 588 f.), das Naturrecht als eine menschliche »Erfindung« bezeichnet und – wiederum ähnlich wie Ernst und Falk – die bürgerliche Rechtsordnung verteidigt, da man nun einmal »das Gute unmöglich von dem Übel trennen« könne (*A Treatise of Human Nature* [1739–40], übers. Th. Lipps 1904–06, hg. R. Brandt 1989, Bd. 2, 267 u. 241; vgl. B 10, 37: »Übel, ohne welche auch der glücklichste Bürger nicht sein kann«. Allerdings gehören diese Gedanken zu den Topoi der intellektuellen Avantgarde; dass Lessing Humes Schrift gelesen hat, lässt sich nicht belegen).

Die Anwendung eines normativen Naturbegriffs auf die Beschreibung bestehender Verhältnisse führt schließlich bei Wolff dazu, dass seine Naturrechtslehre zwischen einer hermeneutisch-affirmativen und einer kritisch-präskriptiven Haltung schwankt, womit wir den dritten Problemkreis berührt haben, die Frage nach dem Ausgleich zwischen dem Gemeinwohl und den Rechten der Individuen. Einerseits unterwirft Wolff den Regenten dem »Naturgesetz« und verpflichtet ihn auf die Wahrung sowohl des herkömmlichen Rechts (der »Grundgesetze«) als auch der natürlichen Rechte der Untertanen (mit sehr eingeschränkten Widerstands-Rechten der Letzteren); andererseits benimmt er, indem er die Beförderung des allgemeinen Besten zu dem »Hauptgesetz« des Staates erhebt, den einzelnen Menschen die Autonomie gegenüber dem Staat (GW I/19, §§ 976, 1019).

Das Rechtsproblem, dass (bzw. inwiefern) der Einzelne dem Gemeinwohl aufgeopfert werden dürfe, stellt sich dabei keinesfalls nur im aufgeklärten Absolutismus, sondern in gleicher Weise in der demokratischen Staatsverfassung. Ausgerechnet in Rousseaus *Du Contrat Social* (1762; dt. 1763) führt die Voraussetzung, dass der Gesamtwille die Summe der Einzelwillen ist, zu einer Identifikation des individuellen Interesses mit dem Gemeinwohl, die ihrerseits von einer radikalen Subordination des Einzelnen unter das

Ganze schwer zu unterscheiden ist. Zwar macht Rousseau immer wieder deutlich, dass die Privatsphäre nicht von dem Gesellschaftsvertrag betroffen ist. Nur auf das Allgemeine könne sich dieser beziehen, nur wo allgemeine Interessen im Spiel seien, dürften dem Bürger Verbindlichkeiten auferlegt werden. Doch beleuchtet Rousseau vornehmlich den Aspekt, dass Sonderinteressen dem Gesamtwillen gegenüber keine Geltung haben und dass jeder gleich zu belasten ist (35). Kaum dagegen wird die Grenze bestimmt, an der individuelle Interessen vor dem Anspruch der Allgemeinheit geschützt werden müssen. Stattdessen behauptet Rousseau apodiktisch, dass das Prinzip »Gesamtwille« per definitionem die »Grenzen der allgemeinen Übereinkünfte« nicht überschreitet und dass ihm zufolge notwendig »jeder voll und ganz über das verfügen kann, was ihm [...] von seinen Gütern und seiner Freiheit gelassen wurde« (*Du Contract Social*, übers. Brockard ²1986, 35). *Was* dem Einzelnen aber gelassen wird, darüber entscheidet der Gesamtwille. Der Einzelne veräußere »durch den Gesellschaftsvertrag« nur jeweils den Teil »von seiner Macht, seinen Gütern und seiner Freiheit«, »dessen Gebrauch für die Gemeinschaft von Bedeutung ist«; aber, fährt Rousseau fort, »allein der Souverän« »entscheidet« »über diese Bedeutung« (33). Schließlich fällt auch das Wort, dass der Einzelne, der den eigenen Vorteil im Gesamtwillen nicht erkennt, zur Übereinstimmung gezwungen werden dürfe (21). An anderer Stelle spricht Rousseau von dem »Joch des öffentlichen Glückes« (46).

Lessing widmet in *Ernst und Falk* der Stellung des Individuums gegenüber dem Staat besondere Aufmerksamkeit, was man als Indiz für die Auflösung der traditionellen Bindungen (Stände etc.) sehen kann (s. S. 31 ff.; Willems 1993). Einerseits lehnt er alle Versuche ab, die Aufopferung des Individuums zugunsten des ›gemeinen Besten‹ mit dem Grund zu legitimieren, das »Naturgesetz« (Wolff) oder der ›Gesamtwille‹ des Volks (Rousseau) fordere sie (B 10, 24, Z. 25 ff.); andererseits verneint er prinzipiell die Möglichkeit, dass sich die Ansprüche der Menschen auf Freiheit und Gleichheit in einer staatlichen Ordnung je realisieren lassen. Da, wo sich der Widerspruch zwischen beiden Grundsätzen auftut (der Staat *darf* keine Unterdrückung dulden; der Staat *muss* Unterdrückung in Kauf nehmen), siedelt er, wie wir

zeigen wollen, den Auftrag der Freimaurer und die Notwendigkeit ihres Geheimnisses an.

Forschung

Geistesgeschichtliche Deutung im Kontext des Spätwerks

Lessings *Gespräche für Freimäurer* werden von vielen Autoren im Rahmen des philosophisch-theologischen Spätwerks behandelt. *Nathan der Weise*, die Erziehungsschrift und *Ernst und Falk* erscheinen als Teile eines großen Gesamtkomplexes. Erich Schmidts Formulierung (vom Ende des 19. Jahrhunderts) antizipiert den Grundriss der Interpretationen bis weit ins 20. Jahrhundert hinein (⁴1923, Bd. 2, 387): »In demselben Jahre, da Lessing zum ›Nathan‹ zurückkehrte, trat lang vorbereitet die erste Reihe seiner Freimaurergespräche ans Licht, die nach dem gleichen Ziel eines großen Bundes der Humanität hinstrebt und ebenso eine Loge über den Logen sucht, wie die ›Erziehung‹ ein Evangelium über den Evangelien. Als drei Ringe greifen das Drama und die beiden letzten Prosaschriften ineinander, ein leuchtendes und mahnendes Vermächtnis.« – Die Zusammenschau mit den theologischen bzw. religionsphilosophischen Schriften wird von Lessing selbst nahegelegt. Er stellt eine Analogie her zwischen der Freimaurerei und der christlichen Glaubensgemeinschaft. Die Analogie betrifft das Verhältnis von äußerer Organisation (Kirche ~ Loge) und dem Wesen (Glaube ~ Freimaurerei; B 10, 53) bzw. von fixierter Lehre und innerer Wahrheit (*Vorrede*; B 10, 12 f.). Bei Letzterem ist zu beachten, dass Lessing die »systematischen Lehrbücher« des Christentums mit der von ihm ausgearbeiteten »*Ontologie* der Freimäurerei« vergleicht (ebd. 12).

Entsprechend der jeweiligen Auslegung von Lessings philosophischem und theologischem Standpunkt fällt die Deutung von *Ernst und Falk* aus. Für die interpretatorische Gesamtsicht der einzelnen Forscher verweisen wir auf die Kapitel zu dem Fragmentenstreit und der Erziehungsschrift. Die Freimaurer-Gespräche erfahren die folgenden Akzentuierungen:

Arno Schilson (1974, pass.) liest das Werk als utopischen Entwurf. Lessing projektiere in geschichtstheologischer Absicht eine Gesellschaft der Zukunft. Sie zeige die Umrisse des Heils, das den Inhalt seiner Hoffnung ausmache. Das Vage und Abstrakte der Vorstellungen diene dazu, den visionären Charakter hervortreten zu lassen. Lessing lasse ein Ziel ahnen, stelle nichts Erreichtes vor Augen. Der Hinweis auf die Vorsehung (»Vorsicht«), den er an zentraler Stelle gibt (B 10, 37, 54), ist für Schilson ein wichtiges Argument, um den theologischen Gehalt von Lessings Geschichtsschau abzusichern. – Ebenfalls aus theologischer Perspektive deutet Timm (1974) die Freimaurer-Gespräche. Zunächst entdeckt er das triadische Schema (die »trinitarische Struktur«) in der politischen Sphäre. Im Zentrum von Lessings Reflexion stehe die Überwindung des staatlichen und religiösen Partikularismus, die Wiedervereinigung des Getrennten. Er nehme kritisch auf Rousseaus »réligion civile« Bezug, welche die Grenzen des Patriotismus nicht transzendiere. Sodann zeichnet Timm die religiöse Thematik nach, indem er als Prinzip der Vereinigung einen religiös begründeten Altruismus herausstellt (133): »Sympathetisches Gefühl ist der Name für dieses konvergierende Streben der Individuen, für den Geist der Liebe in der statutarischen Verfassung des welthaften Außereinanders, für das Ἐν καὶ πᾶν [Hen kai pan] des praktisch-politischen Lebens.«

Paul Müller (1965) interpretiert *Ernst und Falk* als Paradigma für das philosophische Denken des späten Lessing. Die unmittelbaren Fragestellungen, Freimaurerei und Staatstheorie, seien nur Ausgangspunkte für die Entwicklung der »Weltanschauung« (33). Müller arbeitet drei gedankliche Hauptmotive heraus: Die Spannung zwischen absoluter und relativer Wahrheit, den Fortschrittsgedanken und die Heiligung der Zeit als Medium des Fortschritts. Die Motive liefen in *Ernst und Falk* auf die doppelte Mahnung zu, nicht in überlebten Formen (Templersage, Logenwesen) zu erstarren und die Wahrheit im Hier und Jetzt, in der Wirklichkeit zu suchen (Taten der Freimaurer). Schließlich erläutert Müller den theologischen Standpunkt und den Gottesbegriff Lessings, in dem die drei gedanklichen Pfeiler ihren Ursprung hätten. Spätestens hier geht der postulierte Bezug zu den Freimaurer-Gesprächen verloren, Müller stützt sich nur auf Passagen aus der *Erziehung des Menschengeschlechts*. Das Beiseiteschieben der konkreten Gegenstände des Textes rächt sich, dessen Konturen in allgemeinen For-

mulierungen zu Lessings Philosophie (»Weltanschauung«) verschwimmen. Zu vage ist das Resumée, das Müller zieht: Der »Freimaurer« sei der »Mensch von konsequenter Offenheit« (48).

Schließlich plädiert auch Klaus Bohnen (1974, 176–184) für die Einordnung von *Ernst und Falk* in den Kontext des Spätwerks, wobei er den Aspekt der Autonomie und Emanzipation betont (»Natur« *vs.* Glaube). In den Freimaurer-Dialogen errichte Lessing das anthropologische Fundament, auf dem die Erziehungsschrift und die Spinoza-Gespräche aufbauten. Das »Menschenbild« werde gerechtfertigt, der »Wirklichkeitszusammenhang« der Vernunft werde abgesteckt (177). Als Aufgabe werde dem Menschen gestellt, den Antagonismus zwischen Individualität und Gesellschaft zu überwinden. Orientierende Norm sei die »Natur« (183): »Auf diese Gesinnung des ›bloßen Menschen‹ gründet sich das Gefühl einer inneren Gemeinschaft mit der Menschheit, die als Idee der menschlichen Sozialstruktur zugrunde liegt.« Das »Geheimnis« der Freimaurer identifiziert Bohnen mit dieser humanitären Gemeinschaft. »Geheimnis« sei sie deshalb, weil die »Fäden« der »inneren Vereinigung der Menschen« »zerreißen müßten«, »wenn sie in die Entzweiung der Gesellschaft hineingenommen würden« (180). In der Freimaurerei sehe Lessing die Möglichkeit, die autonome Humanität vor »religiös-kirchlichen und politisch-staatlichen Bindungen oder Zwängen« (184) zu bewahren und zugleich an ihrer langfristigen Verwirklichung in der Gesellschaft zu arbeiten.

Politische und sozialhistorische Deutungsrichtung

Die politische Deutung von Lessings Freimaurergesprächen (vgl. z.B. Bahr 1977, Barner u.a. ⁵1987, 332–343, Contiades 1968, Durzak 1974) wurde maßgeblich von Reinhart Koselleck sozialhistorischer Untersuchung zur Aufklärung *Kritik und Krise. Eine Studie zur Pathogenese der bürgerlichen Welt* (8. Aufl. 1997) geprägt. Kosellecks ›Entdeckung‹ ist die politische Funktion, die die bürgerliche Moral gerade mittels ihres unpolitischen Charakters ausgeübt habe. Dabei legt er eine Sichtweise der absolutistischen Staatsordnung zugrunde, die von Hobbes' Modell abgeleitet ist: Das Wesensmerkmal des Absolutismus sei die strikte Trennung der Privatsphäre, in der Gedanken- und Religionsfreiheit geherrscht, von dem öffentlichen Bereich der Politik, in dem allein das Staatsgesetz gegolten habe (wozu auch der religiöse Kultus gehört); divergierende individuelle Überzeugungen seien solange erlaubt, als sie nicht publik gemacht, geschweige denn ausgeübt würden. So sei der private Innenraum entstanden; der Bürger habe sich gespalten in den »Menschen« und den »Untertan«. In der Epoche der Aufklärung nun werde dieser private Innenraum zur Quelle von Werten und Normen, an denen man auch die Politik messe. Die Moral der Bürger (als Privatpersonen) werde der Politik nicht mehr untergeordnet und aufgeopfert, sondern werde zu einem selbständigen Faktor neben der Politik, zu einer indirekten Gewalt im Staat, der gegenüber das ›Politische‹ als das Unmoralische verstanden und kritisiert worden sei. Die Freimaurerei ist für Koselleck die soziale Institution, die der moralischen Emanzipation des Bürgertums auf genaue Weise Rechnung trägt. Das »Geheimnis« rückt ins Zentrum. Einerseits entspreche es der Trennung von Politik und Moral, andererseits verberge das Geheimnis die politischen, d.h. antiabsolutistischen Konsequenzen der Moral, wie man sie in den Logen praktiziere. Es schütze vor dem Zugriff des Staates und ermögliche die Konsolidierung einer bürgerlich-oppositionellen Gesellschaft: »Direkt haben die Maurer mit der Politik nichts zu tun, aber sie leben nach einem Gesetz, das – wenn es herrscht – einen Umsturz überflüssig macht. Einerseits sparen sie sich aus dem Staate aus […]. Andererseits hört ihre Tugend erst dann auf, ein ›Verbrechen‹ zu sein, d.h. den Staat zu bedrohen, wenn sie selber und nicht der Souverän bestimmt, was Recht ist und was Unrecht« (68).

Die politische Funktion des Geheimnisses sei vielen Freimaurern verborgen geblieben. So erklärt Koselleck die Tatsache, dass regierende Fürsten und Staatsmänner den Logen angehörten. Zugleich profiliert er die Bedeutung von *Ernst und Falk* vor dieser Folie. Als einer der wenigen habe Lessing die politische Dimension des Geheimnisses durchschaut. In den Freimaurer-Dialogen deute er an, dass die moralische Zielsetzung auf eine Kollision mit dem Staat zulaufe, da sie gegen *die* Übel gerichtet sei, die den Staat notwendig machten. Die Annäherung an das moralische Ziel hebe demnach den Staat auf. Die politische Konsequenz, die sich aus den moralischen Plänen ergebe, spreche Lessing jedoch

nicht unmittelbar aus, sondern artikuliere sie als das Geheimnis der Freimaurer. So werde die hochpolitische Funktion des Geheimnisses durch das Verschweigen transparent. »Daß der Kampf gegen diese unvermeidlichen Übel der Welt, die Staaten, sich unbemerkt, unsichtbar und leise vollzieht, ist die Aufgabe nur ›würdiger Männer‹, ist das Geheimnis, die Esoterik der Freimaurerei« (74). Oder (72): »Die kritische Scheidung zwischen Moral und Politik tritt also auch bei Lessing auf, aber darüber hinaus macht er ihre Dialektik sichtbar: die moralische Tätigkeit der Maurer ist einerseits nur möglich aufgrund der ›unvermeidlichen Übel des Staates‹, richtet sich aber andererseits gegen diese. Das Wissen um diese Dialektik ist das politische *arcanum* der Maurer.«

Die kritischen Reaktionen auf Kosellecks Thesen entzünden sich zunächst an der Frage, ob und inwiefern der Konfrontation von »Mensch« bzw. »Freimaurer« und »Bürger« in *Ernst und Falk* ein klar zu benennender politischer Sinn zukommt. In einer breit angelegten Studie zu den Freimaurer-Gesprächen verneint Gonthier-Louis Fink (1980) eine solche politische Intention. Zurecht betont Fink, dass Falk durch die Taten der Freimaurer den Staat *nicht* abgeschafft wissen, ihn vielmehr unbedingt erhalten wolle. Die »Übel« der Gesellschaft sehe Lessing durch die unvollkommene Natur des Menschen und nicht durch die unvollkommene politische Verfassung bedingt. Wenn Fink somit eine politische Wirkungsabsicht der (Lessingschen) Freimaurerei negiert, so arbeitet er doch die politischen Themen, die staatstheoretische Reflexion heraus. *Ernst und Falk* enthalte (u.a.) Lessings kritische Auseinandersetzung mit Rousseaus *Contrat social*. Er wende sich gegen die Mythisierung des Staats, die bei Rousseau zu beobachten sei. Den Gedanken der (absoluten) Gleichheit lehne er ebenso ab wie den des Gesamtwillens. Er suche das Individuum zu stärken und spiele mit dem Gedanken einer Anarchie, einer Gesellschaft ohne Regierung, deren Grundlage allerdings die vollendete Moralität jedes Einzelnen sei. Die individuelle menschliche Bildung und persönliche Überwindung des Egoismus seien für Lessing (ähnlich wie später für Schiller) die Voraussetzung für die Vervollkommnung der Gesellschaft.

Fink votiert für die »Vielstimmigkeit« der Freimaurer-Gespräche. Die politische Fragestellung sei in ein größeres Themenspektrum integriert. Er verfolgt den Theodizee-Gedanken, der von Lessing anthropozentrisch ausgerichtet werde. Lessing rechtfertige das »Übel«, weil bzw. insofern es den Menschen zu guten Taten, zur Gegenreaktion motiviere. Schließlich verweist Fink auf die pädagogische Funktion von Lessings Rhetorik. Mit »Hilfe von gezielten Fragen und sibyllinischen oder lakonischen Antworten« (25), mit Hilfe von Doppelsinnigkeit und Verrätselung solle der Leser zum Mit- und Selbstdenken angeregt werden.

Auch für Peter Michelsen (1990f) sind die staatstheoretischen Reflexionen von Ernst und Falk die Folie, vor der erst der Begriff des ›Menschen‹ bzw. des Menschlichen Konturen gewinnt. Er macht dabei auf eine grundsätzliche Spannung in Lessings Text aufmerksam. Einerseits wende sich Lessing gegen die aristotelische Lehre, der zufolge der Mensch von Natur nur Teil des staatlichen Ganzen sei, der seine »Zweckvollendung« in der Polis finde (145). Für Lessing sei der Einzelne das Primäre, ihm eigne die »größere Seinsdichte« (145) gegenüber dem abstrakten Begriff des Staats. Die für die Aufklärung typische Bevorzugung des Empirischen, Konkreten, Besonderen komme hierin zum Ausdruck. Andererseits sei das Ideal des »natürlichen Menschen«, an dem die historischen Staatsverfassungen gemessen würden, ein Abstraktum, eine Konstruktion der Vernunft. Die »wirklichen« Menschen – in Lessings Text: »*solche* Menschen« – seien von den trennenden Differenzierungen der »bürgerlichen Gesellschaft« geprägt.

Michelsen löst diese Aporie nicht auf. Seine Argumentation hebt darauf ab, den Bezug der (Lessingschen) Freimaurer zum Staat auszuloten, ihre Wirkungssphäre zu bestimmen. Zunächst zeige Lessing, dass die Spannung zwischen »Vernunftwahrheit« und Wirklichkeit sich in der Maurerei wiederholt (153f.). Indem die Freimaurer sich über die Trennungen der bürgerlichen Gesellschaft hinwegsetzten, richteten sie nach außen und innen neue Schranken auf. Obgleich sie (153) »die Sache der Vernunft, des natürlichen Menschen auf ihr Panier schrieben, sind [sie] in dem Augenblick, in dem sie sich institutionalisieren, im Raume des Faktisch-Geschichtlichen den Trübungen, die dort unvermeidlich herrschen, ausgeliefert.« Den Ausweg aus diesem Dilemma finde Lessing in dem Gedanken der Freund-

schaft. Als das »gemeinschaftliche Gefühl sympathisierender Geister« werde das Wesen der Maurerei am Ende bestimmt. In der Freundschaft sei die Gefahr der Hierarchisierung und Herrschaft gebannt. Zugleich sei sie, als das Unverfügbare schlechthin, dasjenige, das sich der begrifflichen Explikation entziehe und somit dem »Geheimnis« entspreche. In der »Freundschaft« verwirkliche sich die Idee des »natürlichen Menschen«, allerdings so, dass der Bereich des gesellschaftlich-politischen Lebens ausgeklammert bleibe.

Michelsen stimmt mit Koselleck darin überein, dass für Lessing das »Menschliche« per definitionem eine Gegenkraft gegen die »Übel der Gesellschaft« bedeutet. Wie Fink jedoch bestreitet er, dass Lessing der Freimaurerei eine politische Wirkungsabsicht zuschreibt. Trotz des radikalen Zieles einer herrschaftsfreien Gesellschaft (Anarchie) komme es bei dem maurerischen Einsatz für dies Ziel »entscheidend« darauf an, dass die Grenzen zum Bereich der Politik »gewahrt« (und nicht, wie Koselleck behaupte, überschritten) würden (150f.). Der Staat dürfe keinen Nachteil von der »Arbeit« der Freimaurer haben, gerade darauf lege Falk großen Wert.

»Mensch« und »Bürger«, »Freimaurerei« und Staatstheorie bilden ebenfalls für Kronauer die Referenzpunkte der Interpretation (1995 und 2005). Wie Michelsen verweist er auf die Freundschaft als das konstitutive Element der Freimaurerei (1995, 43): »Von Natur aus möchten die Menschen aufeinander zugehen, sie möchten Freunde werden; die gesellschaftliche Entwicklung stellt sich dieser Grundtendenz entgegen, aber eine Geheimgesellschaft von Weisen unterläuft diese Entwicklung, indem sie durch ihr eigenes Verhalten verhindert, daß die Trennungen endgültig werden.« Was Lessings Gesellschaftskritik anbelangt, stellt er einen Bezug zu Rousseaus erstem und zweitem Diskurs her (2005). Die Notwendigkeit des Geheimnisses sieht er aufgrund des performativen Widerspruchs gegeben, den das Aussprechen der freimaurerischen Prinzipien bedeuten würde; darauf werden wir in unserer Analyse zurückkommen (s. S. 463).

Doch betrifft die Kritik an Kosellecks Studie nicht nur das spezifische Problem, ob und inwiefern Lessing den menschheitlichen Zielen der Freimaurerei eine politische Absicht zuschreibt (vgl. Nisbet 2008, 773 f.), sondern auch das grundlegende Konzept, nämlich die These, nur via un-

politischer Moralität habe ›das‹ Bürgertum (in
Deutschland) sich emanzipieren und politisch artikulieren können (dazu Goldenbaum 2004 a und
2004b). So ist zum Beispiel in Wolffs Naturrechts-
Lehre das ›Allgemein-Menschliche‹, an dem – so
Wolff – Fürst und Untertan in gleicher Weise par-
tizipieren, *das* zentrale Argument zur Begründung rechtsstaatlicher Verhältnisse, es fungiert
also von vornherein als eine politische Kategorie.
Im Zuge systemtheoretischer Ansätze (s. Vollhardt 2001, 14 ff.) schließlich deutet man die ›reine
Menschlichkeit‹ nicht mehr als emanzipatorischen (und kritischen) Ausdruck eines sich formierenden bürgerlichen Klassenbewusstseins,
sondern, fast im Gegenteil, als identitätsstiften-
des Konstrukt einer sich im Staatsdienst entfrem-
denden ›Funktionselite‹. So skizziert beispielsweise Marianne Willems (1993) eine Alternative
zu Kosellecks Ansatz, indem sie »das in den *Freimaurergesprächen* gezeichnete Ethos des ›bloß
Menschlichen‹« auf die »sozialstrukturelle Pro-
blemsituation« (541) bezieht und von daher seine
historische Bedingtheit und seine Funktion genauer zu bestimmen sucht. Im 18. Jahrhundert
mache sich ein tiefgreifender Wandel im Verhältnis des Einzelnen zum Staat bemerkbar. Ein
neues Bürgertum entstehe, das nicht mehr in
dem traditionellen gesellschaftlichen System anzusiedeln sei, da die »Bürger« »nicht mehr durch
ein ständisches Ethos integriert und nicht mehr
durch ein ständisches Ethos integrierbar« seien
(543). Vielmehr werde jeder durch unterschiedliche Rollen und Funktionen definiert. Nicht die
Trennungen der bürgerlichen Gesellschaft seien
das Problem in *Ernst und Falk*, sondern die Erfahrung, dass der bürgerlichen Gesellschaft keine
bindende Kraft mehr zukomme, die »Kontingen-
zerfahrung« (544). Orientierungs- und Identitäts-
verlust seien die Folge. In den Freimaurer-
Gesprächen antworte Lessing »auf diese Problemlage nicht direkt, sondern in der Auseinandersetzung mit den vorhergegangenen Lösungs-
versuchen« (546). Willems zieht Wolffs
naturrechtliche Konzeption als Folie heran, von
der Lessing sich kritisch abhebe. Wolff suche den
Ausgleich zwischen Individuum und Staat mittels
der »Tugendnormen« herbeizuführen, die für
den einzelnen Menschen ebenso wie für die Gattung gelten würden. Natur- und Gesellschaftszustand differierten nicht voneinander, es herrschten die gleichen moralischen Normen. Im Kon-

fliktfall müsse die »Glückseligkeit« des Einzelnen
derjenigen des Ganzen aufgeopfert werden. Lessings Bestimmung der »bürgerlichen Gesellschaft« sei dieser Konzeption diametral entgegengesetzt. Er durchkreuze die Identifikationsmög-
lichkeit des Einzelnen mit einem System, mit allgemeinen Normen und Wertvorstellungen. Der
einzelne müsse seine Identität in der Distanz zu
seinen gesellschaftlichen Funktionen und Rollen
finden. Lessings Freimaurerbund sei eine »Dis-
kursgemeinschaft« (550). An die Stelle starrer
Normen rücke der jeweils neu zu erringende »si-
tuative Konsens«. Das ›bloß Menschliche‹ fixiere
»nicht die natürliche Identität des Menschen,
sondern« bezeichne »ein Interaktionsethos«
(549). Für dieses Ethos sei nicht nur die »Rationalität« konstitutiv, »sondern ebensosehr das Sympathisieren«, das »Mitleiden« (551). Insgesamt
stelle Lessings Modell »eine Orientierung dar,
die dem Leben in pluralen, nicht integrierten
Kontexten angemessen« (551) sei.

Einen neuen Anstoß gibt Nisbet (2008, 763–
781) der Forschungsdiskussion, indem er die Einbettung der Gespräche in die Konstellation des
Wolfenbütteler Konvents (s. S. 443f.) verdeutlicht und von daher ihre politische Dimension profiliert; das Politische erscheint so (bis hin zur Namengebung) vom Diskursiven ins Performative
verschoben: Mit der Veröffentlichung der (ersten
drei) Dialoge und ihrer Widmung an Herzog Ferdinand habe Lessing auf die Reformbemühungen
der Nationalversammlung einwirken wollen; insbesondere habe er mit seiner neuen Genealogie
(im 5. Gespräch; die Gespräche 4–5 zirkulierten
in Abschriften) eine Alternative zu der – elitären
– Tempelritter-Legende geschaffen (778); in Wolfenbüttel habe deren Zurückdrängung und die
Suche nach einer tragfähigeren »geistigen Grundlage« auf der Agenda gestanden (777). Auch der
Erkenntnisrelativismus, der *Ernst und Falk* mit
der (früher entstandenen) Erziehungsschrift verbinde, sei Medium dieser seiner politischen Absicht: Wenn Lessing die ›wahre‹ Freimaurerei in
das »Geheimnis« hülle und ihr Verhältnis zu den
Logen analog zu demjenigen von »Geist« und
»Buchstabe« der Bibel fasse, zeige sich nicht nur
sein Misstrauen gegenüber jeder – schnell im
Dogma erstarrenden – Fixierung, sondern darin
konkretisiere sich zugleich sein Reformgedanke,
suche er doch »die Freimaurerei als Institution zu
unterminieren zugunsten des Geistes, der aller-

erst zu ihrer Gründung geführt hatte« (771). So auch in Lessings Staatsauffassung: Sein Individualismus, der aus seiner Auffassung von Erkenntnis resultiere (774), führe ihn zur Skepsis gegenüber allen Versuchen, ein abstraktes Gemeinwohl als Staatsziel zu definieren, und leite ihn zu dem politischen und zugleich freimaurerischen Grundsatz, dass der Mensch Selbstzweck sei und nicht zum Zweck des Staats gemacht werden dürfe. Schließlich lüftet Nisbet das Geheimnis von Falks Namen (779 f.). Falk sei ein in Insiderkreisen weithin bekannter jüdischer Kabbalist, Alchemist, Geisterbeschwörer und Freimaurer gewesen, von dem der Herzog, zumal er ebenfalls mystischen Tendenzen zuneigte, mit Sicherheit gehört habe. Zu diesem Falk habe Lessing eine positive Gegenfigur geschaffen; gleichzeitig verwirkliche die Namengebung einmal mehr das freimaurerische Geheimnis, das ja (u. a.) der Überwindung religiöser und konfessioneller Schranken dienen solle.

»Was Blut kostet ist gewiß kein Blut wert«. Wie unmittelbar und konkret Lessing auf die zeitgenössische politische Situation Bezug nimmt, zeigt sich besonders deutlich in der kurzen Diskussion Ernsts und Falks über die Rolle der Freimaurer in den amerikanischen Befreiungskriegen (Beginn des 5. Gesprächs); hier kulminiert die Konfrontation von utopischem Ziel und realer Staatsverfassung. Mit dem Satz »Was Blut kostet ist gewiß kein Blut wert« (B 10, 56) zitiert Ernst einen (angeblichen) Ausspruch von Benjamin Franklin, den Lessing wahrscheinlich durch Georg Forster kennenlernte. Über die Vermittlungswege und den Kontext informieren ausführlich H. Schneider (1951c, 189–191) und Hans-Georg Werner (1986 und 1987, 586–589); einige Spezialstudien widmen sich der Frage, welche Rolle die amerikanische Unabhängigkeitserklärung für Lessings Text hat (z. B. H.-G. Richert 1987).

Analyse

Im Zentrum der Dialoge steht das »Geheimnis« der Freimaurerei, das die beiden Freunde, obwohl Ernst es am Ende begreift, nicht preisgeben, zumindest nicht aussprechen. Gleichzeitig differenziert Falk zwischen der empirischen und der ›wahren‹ Freimaurerei, bestimmt die gesellschaftliche Funktion der Letzteren im Rahmen einer

staatstheoretischen Reflexion, erläutert diese Funktion von der Natur des Menschen her, entwickelt eine ›Ursprungsgeschichte‹ aufgrund einer neuen Etymologie und gelangt so fast zu einer ›Realdefinition‹ (Bestimmung einer Sache durch ihre Genese), nämlich der, dass die (wahre) Freimaurerei auf dem »gemeinschaftlichen Gefühl sympathisierender Geister«(B 10, 57) beruhe – kurz: Er scheint das Wesen der Freimaurerei sonnenklar zu verdeutlichen, so dass sich die Frage stellt, was es denn nun mit dem Geheimnis auf sich habe. Wir gehen zunächst auf die staatsphilosophische Reflexion und die geschichtlichen Hypothesen ein, um dann eine Antwort auf die Funktion des Geheimnisses zu suchen.

Mensch und Staat

Falk leitet das »Wesen« (Vorrede) und die Aufgaben der Freimaurerei von der Staatsverfassung, der »bürgerlichen Gesellschaft«, ab (Gespräche 2, 3 und 5). Mit seiner Bestimmung des Staatszwecks – die »Staaten vereinigen die Menschen, damit durch diese und in dieser Vereinigung jeder einzelne Mensch seinen Teil von Glückseligkeit desto besser und sicherer genießen könne« (B 10, 24) – knüpft er an die gängigen Formeln der Staatstheorie an (Wolff, Feder). Er berührt naturrechtliche Theoreme, wenn er von dem »natürlichen Menschen« (B 10, 29, Z. 28) spricht, der von keinen künstlichen Trennungen wisse, und von den »bloßen Menschen«, die sich aufgrund ihrer gleichen Natur voneinander angezogen fühlen (B 10, 28, 29); auch fällt der Begriff vom Menschen im »Stande der Natur« (B 10, 27). Den Prozess der Vergesellschaftung nun fasst Falk als eine Erfolgs- und Verlustgeschichte zugleich. Zum einen scheint er sich an das *Sendschreiben an den Herrn Magister Lessing in Leipzig* (1756) zu erinnern, in dem Mendelssohn die Passage vom Naturzustand zum »Stand der Geselligkeit« als einen notwendigen Fortschritt versteht, »entwickeln sich« doch in »dem gesitteten Leben« »bey uns neue Kräfte und erlangen ihre Würklichkeit, da sie in dem Stande der Wildheit nicht mehr, als möglich, gewesen sind« (JubA 2, 87). Falk resümiert: »Wenn die bürgerliche Gesellschaft auch nur das Gute hätte, daß allein in ihr die menschliche Vernunft angebaut werden kann: ich würde sie auch bei weit größeren Übeln noch segnen.« Zum anderen jedoch übernimmt er zivilisationskritische Argumente Rousseaus und, wie Kronauer (2005, 148; s. S. 455) gezeigt hat, Montesquieus, der lakonisch formuliert: »Sobald die Menschen vergesellschaftet sind, verlieren sie das Gefühl ihrer Schwäche. Die Gleichheit zwischen ihnen hört auf, und der Kriegszustand hebt an« (*De l'esprit des lois* [1748], I, 3; hg. Weigand, 100). Die Gesellschaft als Kriegszustand: Falk zufolge wird in der staatlichen Vereinigung der Menschen nicht nur die natürliche Gleichheit, sondern – vielleicht weit mehr – die natürliche Ungleichheit der Menschen offenbar. Selbst wenn anfangs »alle Besitzungen des Staats unter sie gleich verteilet worden«, so könne aufgrund der unterschiedlichen Geschicklichkeit und Begabung der Menschen diese Gleichheit keine zwei Generationen dauern: »Es wird also reichere und ärmere Glieder« und folglich hierarchisch gestufte Stände mit ihren antagonistischen Besitz- und Rechtsansprüchen geben (B 10, 31). Auch verweist Ernst auf den menschlichen Egoismus, der die Glückseligkeit aller Einzelnen genauso aufs Spiel setze wie der Despotismus des Staats, da jeder »nach seiner eignen Lage« beurteile, ob seine »Glückseligkeit« dem Wohl des Ganzen aufgeopfert werde (B 10, 24 f.). Zur sozialen Differenzierung kommt sodann die Trennung in Nationen (Falk: »Ein Staat: mehrere Staaten [...]: mehrere Staatsverfassungen«; ebd. 30) und Religionen hinzu; auch sie unvermeidlich, da, wie Falk als Schüler Montesquieus weiß, die unterschiedlichen Lebensweisen (die »Sitten«) der Völker durch empirische Faktoren wie Klima, Bodenbeschaffenheit, geographische Lage bedingt seien (B 10, 29). Nicht *bloße* Menschen begegneten nunmehr einander, sondern *solche* Menschen träten – misstrauisch – *solchen* Menschen gegenüber, Engländer den Franzosen, Christen den Juden etc. (B 10, 28). Vereinigung, so lautet das Resümee, sei nicht ohne Trennungen zu haben, die beste Staatsverfassung bringe Ungleichheiten und Benachteiligungen hervor und sei *notwendig* mit diesen Mängeln behaftet. In den Worten Ernsts: Auch der glücklichste Bürger muss mit Übeln leben, deren Ursache in *der* Staatsverfassung liegt, die eben sein ›Glück‹ sichert (ebd. 27 f.).

Die Wege der Menschen scheinen in eine Sackgasse zu münden. Einerseits, so steht es für Ernst und Falk fest, ist die bürgerliche Gesellschaft (Organisation in Staaten) notwendig, ja segensreich, da nur in der geselligen Vereinigung die Vernunft ›angebaut‹ werden könne. An eine Aufhebung des Staats wird nicht gedacht, nicht einmal an eine Aufhebung der ständischen Ordnung. Andererseits ist eben diese Vereinigung als solche, auch in ihrer bestmöglichen Form, unausweichlich Quelle der Uneinigkeit, der Schranken zwischen den Menschen, der Ungleichheit. Interessen stehen gegen Interessen, jeder beurteilt das Ganze nach seiner eigenen Lage. Und doch nennt Falk genau diese Erkenntnis eine »Erleuchtung«, die »ruhig und glücklich machen« könne (B 10, 37). Was hat es mit dieser Erleuchtung auf sich?

Die Erkenntnis, dass Staat und »bürgerliche Gesellschaft« das Glücksverlangen der Menschen nicht befriedigen können, impliziert für Falk zugleich die Entdeckung der Korrektur-Instanz: die ›wahren‹ Taten der Freimaurer. Falks Räsonnement, das sich in Abstraktionen zu verlieren scheint, zielt darauf, einerseits das verschüttete Gefühl für die Gleichheit aller Menschen als eine motivierende Gegenkraft zu den bürgerlichen Trennungen freizulegen und an seine Wirksamkeit sozusagen wieder glauben zu machen, andererseits aber die Gleichsetzung dieses Antriebs mit institutionalisierten Formen der Wohltätigkeit zu durchkreuzen. Gleichbedeutend damit ist der Nachweis, dass die ›wahren‹ Taten der Freimaurer nicht gegen *bestimmte* Mängel innerhalb verschiedener Staatsverfassungen gerichtet sind, sondern gegen die Wurzel des Übels, die bürgerliche Ordnung überhaupt; es sind Taten, die alle einzelnen guten Taten überflüssig machen würden. Keine punktuellen Missstände, sondern »Übel ganz andrer Art, ganz höherer Art« (B 10, 36 f.) hat Falk im Blick. Er will nicht behaupten, dass Mildtätigkeit oder Verfassungsreformen, die er den bürgerlichen Aktivitäten zurechnet, überflüssig sind. Doch wenn sich in diesen Taten nicht maßgeblich das Gefühl für die Gleichheit der Menschen verwirkliche, so die Stoßrichtung des Arguments, reproduzieren bürgerliche Reformen die Missstände, die sie heilen wollen. Wo Falk die diesem Gefühl entsprechenden Verhaltensweisen konkretisiert, greift er auf die Lieblingsvorstellungen der Aufklärung zurück: Weltbürgertum – der Weise wisse, wann Patriotismus Tugend zu sein aufhöre (B 10, 33), – religiöse Toleranz und Überwindung der Standesvorurteile bzw. -grenzen (Verwirklichung der »Gleichheit«).

Kritik an Wolffs Naturrecht und an Rousseaus ›Contrat social‹. Was die Bestimmung des Staatszwecks anbelangt, vertritt Lessing einen kompromisslosen Individualismus. Der konkrete Mensch sei der Zweck des Staates, nicht umgekehrt. Die »Glückseligkeit des Staats« erscheint Ernst als ein leeres Abstraktum, wenn man sie von dem Glück »jedes wirklichen einzeln [!] Wesens« (ebd. 26) loslöst. Und für Falk ist jede »Glückseligkeit des Staats«, wo »einzelne Glieder leiden, und leiden *müssen*«, nichts anderes als »Bemäntelung der Tyrannei« (24). Folgerichtig sympathisieren sie mit der demokratischen Gesellschaftsordnung, wo »alle an der Gesetzgebung Anteil haben« (B 10, 30). Das wird aus der Sehnsucht nach Gleichheit deutlich, auch wird die Unterstützung der Demokratie in Amerika als eine Aktivität des *Bürgers* durchaus begrüßt: Die Parteinahme für die amerikanische Freiheitsbewegung sei »nicht das Schlimmste« an dem Freimaurer-Bruder, meint Ernst (B 10, 55).

Wenn die Freunde solchermaßen den Vorrang des Individuums betonen, wenden sie sich gegen die Unterwerfung des Einzelnen unter das Gemeinwohl, wie sie zum einen im naturrechtlichen Denken Wolffscher Prägung zum Standard der Argumentation gehört, zum anderen jedoch auch in Rousseaus philosophischer Begründung der Volkssouveränität eine zentrale Rolle spielt (*Du Contrat Social* 1762, dt. 1763; hier: übers. Brockard ²1986. Dass Lessing auf den *Contrat social* Bezug nimmt, lässt sich mit seiner Sympathie für die demokratische Regierungsform und mit seinem anhaltenden Interesse an Rousseaus Zivilisationskritik begründen; es ist schwer vorstellbar, dass er von dessen aktueller Staatstheorie keine Notiz genommen hat). Vor dieser Folie zeigt sich der dialektische Bezug zwischen bürgerlicher Gesellschaft (Staat) und ›wahrer‹ Freimaurerei als Lessings Antwort auf das Problem, wie der Ausgleich zwischen dem individuellen Interesse und dem Staatsinteresse, dem Wohl des Einzelnen und dem ›Gemeinwohl‹, gedacht werden könne. In beiden Modellen, dem traditionellen des Naturrechts und dem revolutionären der Volkssouveränität, wird die Möglichkeit einer vollkommenen Staatsverfassung behauptet und deshalb der Einzelwille unmittelbar mit dem Gesamtwillen identifiziert – für Lessing der Sündenfall des Despotismus (»Tyrannei«).

Für Wolff unterscheiden sich die Prinzipien des Staates nicht wesentlich von denjenigen, die das Leben der Menschen ›von Natur aus‹ bestimmen; der Staat ermögliche vielmehr, dass *alle* ihren naturgegebenen Rechten und Pflichten desto ›bequemer‹ nachkommen könnten; deshalb genieße das Gemeinwohl auch Priorität. Gegen diese Vorstellungsweise, der zufolge im Gesellschaftszustand sich die höchste Absicht der Natur zu erfüllen scheint (vgl. B 10, 25), entwickelt Falk den Gedanken, dass die staatlichen Einrichtungen nur menschliche Mittel seien, kulturelle Erfindungen also, die nicht unfehlbar, sondern der Korrektur bedürftig seien (ebd., 26; s. S. 451).

Rousseau hinwiederum denkt im *Contrat social* (s. S. 451 f.) den Übergang vom Naturzustand zum Gesellschaftszustand als einen radikalen Einschnitt. Er spricht von der Veränderung der menschlichen Natur, die der Zusammenschluss der Individuen im Staatskörper voraussetze. Selbstgenügsamkeit und Selbständigkeit, eine weitgehende Autarkie, sind für Rousseau die Charakteristika des Naturzustands. An ihre Stelle tritt im Gesellschaftszustand das Prinzip der Abhängigkeit aller von allen, natürliche Stärke scheint in Schwäche verwandelt. Der Verlust wird kompensiert durch die Entfaltung vernunftbegründeter Verhältnisse. Erst der bürgerliche Stand, der auf dem Gesellschaftsvertrag beruht, mache »aus einem stumpfsinnigen und beschränkten Lebewesen ein intelligentes Wesen und einen Menschen« (22). Es gibt, was die ideale Gesellschaftsform angeht, keine Verbindung mit dem Naturzustand. Die natürlichen Kräfte, so Rousseau, müssen »absterben« und durch »erworbene« Fähigkeiten ersetzt werden, bis der Bürger nichts mehr durch sich, alles aber durch die andern ist und vermag (44). Das heißt jedoch, dass die Sphäre der sittlichen und rechtlichen Freiheit, die den Menschen zum Menschen macht, restlos mit der Sphäre der Gesellschaft, mit dem »Gesamtwillen« identifiziert wird. So kann Rousseau sagen, dass das Leben des Menschen »nicht mehr nur eine Gabe der Natur, sondern ein bedingtes Geschenk des Staates« ist (37). Diesem Staat gegenüber braucht man keine Korrekturinstanz mehr. Vielmehr ist er selbst die Quelle der Sittlichkeit und Vernunft, die den Einzelmenschen verpflichten.

Wie gesagt: Solchen idealtypischen Konstruktionen begegnet Lessing mit empiriegeleiteter Skepsis. Jede Staatsform vereinige und entzweie, jede trage den Stempel der Doppelnatur des Menschen, in jeder wirke das ›anziehende‹ Gefühl der Gleichheit ebenso wie der trennende Hang zur Distinktion, weshalb man akzeptieren müsse, dass jede Staatsform notwendig und prinzipiell unvollkommen sei. Mit dieser Erkenntnis aber werden dem Staat zugleich Grenzen gezogen: Weder kann er den Glücksanspruch des Einzelnen restlos erfüllen, noch braucht der Einzelne in ihm aufzugehen. So werden dem Individuum Freiräume gegenüber dem Staat zugestanden. Im Unterschied zu Rousseau entgeht Lessing der Gefahr, dass die Theorie, die das Glück aller begründen soll, totalitäre Züge annimmt.

Für Rousseau stellt sich das spezifische Problem, dass der ›Gesellschaftsvertrag‹ und das Prinzip der Volkssouveränität einen Gemeinsinn voraussetzen, der aus dem Naturzustand nicht abzuleiten ist (46). Die Menschen, die sich eine Verfassung geben sollen, müssten durch diese erst gebildet werden. Rousseau beantwortet das Problem mittels der Figur des »Gesetzgebers«. Der »Gesetzgeber« tritt von außen an die Gesellschaft heran, deren Gesetze er formuliert. Er ist unparteiisch und fungiert so als Schlichter bei Interessenkonflikten. Doch steht er nicht außerhalb der Vergesellschaftung, vielmehr inkarniert er deren Prinzip. Er hat sich vom Naturzustand, in dem der Mensch nur die eigenen Interessen sieht, losgerissen und sich auf den Standpunkt des Ganzen gestellt. So kann er die Gesetze entwerfen, die den Einzelmenschen zum gesellschaftlichen Wesen umschaffen sollen. Der Gesetzgeber ist für Rousseau die Instanz der »höheren Vernunft, die alle Leidenschaften der Menschen sieht und selbst keine hat, die keinerlei Ähnlichkeit mit unserer Natur hat und sie dabei von Grund auf kennt […]. Es bedürfte der Götter, um den Menschen Gesetze zu geben« (43). Der Überhöhung des Gesetzgebers entspricht die Idealisierung von Staat und Gesellschaft. Wo die Gesetzgebung auf den höchsten Grad der Vervollkommnung gelangt ist, ist Rousseau zufolge auch für den Einzelmenschen der vollkommenste Zustand erreicht (44). Erneut zeigt sich, dass das Individuum hier den Rückhalt gegenüber dem Gesamtwillen zu verlieren droht.

Vielleicht könnte man sagen, dass Lessings ›wahrer‹ Freimaurer als eine Gegenfigur zu Rousseaus »Gesetzgeber«, der die perfekte Gesellschaft hervorbringen soll, konzipiert ist. Auch

Falk kennt das Problem, dass das (freimaurerische) »Grundgesetz« der Gleichheit aller Menschen »dergleichen Männer, die über jene Trennungen hinweg sind, […] bereits voraus zu setzen« scheint, er verneint aber, dass es die dezidierte »Absicht« der Freimaurer sei, solche Männer zu »bilden« (B 10, 40), denn auch die gezielte Verwirklichung dieser Absicht ist nicht möglich, ohne das ›Grundübel‹ der bürgerlichen Gesellschaft zu wiederholen, zum Beispiel neue Eliten zu schaffen. Nur wenn der unpolitische Status der ›wahren‹ Freimaurerei erhalten bleibt und ihr kein gesetzgeberischer (oder gar revolutionärer) Auftrag zugewiesen wird, ist garantiert, dass sie nicht den trennenden Mechanismen der bürgerlichen Gesellschaft anheimfällt, sondern als Gegenkraft intakt bleibt. Nur so bleibt eine Dimension des Menschseins bewahrt, von der her Staat und Gesellschaft korrigiert werden können. Freilich: Wo Rousseau die Figur des »Gesetzgebers« emphatisch idealisiert, umgibt Lessing den ›wahren‹ Freimaurer mit der Aura eines nicht in Worte zu fassenden Geheimnisses.

Last not least: Für Rousseau ist der persönliche Einsatz im Kriegsfall zur Verteidigung des Staats selbstverständliche Pflicht, gibt der Einzelne doch nur »sein Leben und Dasein« an die Gesellschaft zurück, das er in »gewissem Sinn« zuvor von ihr empfangen hatte (vgl. 43 f.). Lessing reflektiert dagegen auch hier auf die Grenze – es müsse Menschen geben, die wissen, wann Patriotismus Tugend zu sein aufhöre.

Tempelritter und »Masoneien«. Die Geschichte der ›wahren‹ Freimaurerei

Die Kontrastierung der ›bürgerlichen Gesellschaft‹ mit dem »Geheimnis« der Freimaurerei führt zur Differenzierung zwischen der ›wahren‹ Freimaurerei und ihren zufälligen Erscheinungsformen, zwischen ihrem ›Wesen‹ und dem, was nur »Schema, Hülle, Einkleidung« sei (B 10, 54). Diese Unterscheidung ist für Falk zugleich der Schlüssel, mit dem er die Geschichte der Freimaurerei deutet. Es ist ein Schlüssel, der sowohl zur Kritik als auch zur Toleranz führt und eine ›politische‹ Stellungnahme zum gegenwärtigen Zustand der Freimaurerei erlaubt (s. S. 443 und S. 456 f.).

Zunächst macht Falk den Bezug zwischen der Idee und der historischen Wirklichkeit der Freimaurerei am Beispiel der Tempelritter transparent. Er lässt den (postulierten) Zusammenhang mit der Freimaurerei gelten, versteht ihn aber als eine Sache der Interpretation: »Lies« ihre Geschichte »mit Bedacht«, fordert er den Freund auf, und er werde den Punkt »gewiß erraten«, in welchem sie »die Freimäurer ihrer Zeit waren« (B 10, 50); näheres sagt er darüber nicht. Olshausen sieht den »Punkt« in der Solidargemeinschaft der Templer zum Schutz der Christenheit, einer Gemeinschaft über Staatsgrenzen hinweg (PO 21, 298, Anm. zu 49, 25). Dabei bleibt jedoch der Widerspruch unaufgelöst, dass das Freimaurerische sich mit dem hässlichen Gesicht des religiösen Fanatismus verbindet. Wir schlagen deshalb eine zweite, ergänzende Lesart vor. Folgen wir Nicolais Geschichte des Templerordens (*Versuch über die Beschuldigungen*, 1782/1988), so lässt sich das Merkmal der »Freimaurerei« in der Ketzerei ausmachen, deren die Ritter angeklagt wurden. Nicolai rekonstruiert aus den Anklageprotokollen eine Vorform der »natürlichen Religion«, der die Ordensmitglieder angehörten und die sie in geheimen Riten bekannten. Sie hätten im Verlauf der Kreuzzüge in den Mohammedanern entgegen ihrer Vorurteile ›Menschen‹ kennen- und schätzen gelernt. Neugierig geworden auf deren Religion, wären sie von dem unbedingten Ein-Gott-Glauben beeindruckt gewesen, so dass sie ihr Glaubensbekenntnis islamistisch überformten. Inmitten der Glaubenskriege wird so die geheime Religion der Templer zu einer Antizipation der Toleranz. (Für Nicolai ist der »Punkt«, den Lessing meint, so selbstverständlich, dass er ihn nicht expliziert [1. Teil, 154 f.]. Seine Darstellung lässt jedoch nur den religiösen Gesichtspunkt als Lösung zu. Man darf vermuten, dass Nicolai und Lessing sich über das Thema mündlich unterhielten.) Doch, so argumentiert Falk weiter, über die Kreuzzugs-Mentalität sei Europa »längst« hinaus, und insofern habe jener »große Punkt, in welchem die« Tempelritter »Freimäurer waren«, nicht mehr statt (B 10, 51). Wir ergänzen im Sinn unserer Rätsellösung: Im 18. Jahrhundert diskutiert man öffentlich über die Toleranz-Idee und die »natürliche Religion« als Inbegriff der Offenbarungsreligionen (zum Beispiel ist der Fragmentenstreit in vollem Gang…), die Auseinandersetzung darüber soll sich gerade nicht mehr ›im Geheimen‹ vollziehen. Die Idee der grenzüberschreitenden Menschlichkeit stößt im 18. Jahr-

hundert auf andersartige Hindernisse als im Mittelalter, weshalb die Freimaurerei ebenfalls andere Züge annehmen muss. Aus der Verwandtschaft mit dem Templerorden, so Falk, dürfe man kein Geheimnis machen, doch wieder herstellen lasse er sich nicht (B 10, 50 f.). So wird die Geschichte der Templer zum Beispielfall dafür, wie die (wahre) Freimaurerei sich parallel zur bürgerlichen Gesellschaft formiert, wie die konkreten Anliegen veralten und die prägenden Impulse wirksam bleiben.

Mit seiner Interpretation des Templerordens gerät Falk in Konflikt mit der zeitgenössischen maurerischen Theorie und Praxis. Für die Anknüpfung an den mittelalterlichen Ritterorden werden in der Forschung der Einfluss des Adels und die Sehnsucht nach geheimen Kenntnissen geltend gemacht (s. S. 447 f.). Ähnlich befürchtet Falk die Fixierung der realen Freimaurer auf die Geheimwissenschaften, auf Alchemie (»Goldmacherei«; B 10, 48) und Geisterbeschwörung, daneben ahnt er die Spekulation auf materielle und gesellschaftliche Vorteile (B 10, 50 f., 53 f.). Auch die religiöse Suche scheint stagniert. Falk vermutet, die neuen Tempelritter »haben […] sich nur in das Kreuz auf dem Mantel« vergafft (B 10, 51), ohne den inneren Antrieb zu »erkennen und zu fühlen«, der ihre ›Vorfahren‹ zu ihrem geheimen Bekenntnis leitete. Dem Blick auf die zeitgenössische Realität zeigt sich so vor allem die Diskrepanz zwischen der freimaurerischen Idee und der Wirklichkeit. Mit der Konstitution einer ›Loge‹ dringen die Defizite und Spaltungen der bürgerlichen Gesellschaft in die Freimaurerei ein. Indem die Freimaurer sich organisieren, werden sie selbst zu einer ›Gesellschaft‹ mit Regeln, mit Hierarchien, mit einem Gruppenbewusstsein. Ernst beklagt sich darüber, dass er das bürgerliche Geltungsstreben ungebrochen in der Loge angetroffen habe, dass dort nichts von der Anerkennung der Gleichheit zu spüren gewesen sei (B 10, 52). Falk sieht in dem gegenwärtigen Logen(un)wesen sogar Auflösungserscheinungen (B 10, 53 f.), ohne dass dies jedoch die ›wahre‹ Freimaurerei tangiere.

Falk löst das Dilemma, indem er im fünften Gespräch die Ursprungslegende der Freimaurer neu schreibt, ihnen eine neue Genealogie zuweist. Mit der Unterscheidung zwischen ›Wesen‹ und historischer Organisation gibt er auch den Namen als zufällig preis. ›Das Freimaurerische‹

braucht nicht immer an die ›Freimaurerei‹ gebunden gewesen zu sein. Bereits aus den »Papieren« zu *Ernst und Falk* erhellt, dass Lessing die propagierten Inhalte mit der maurerischen Organisation und Tradition nicht in Einklang bringen kann. Er sieht keinen Zusammenhang zwischen den »erhabensten« Gedanken und den Symbolen, die dem Maurerhandwerk entnommen sind (B 10, 68). Das Handwerk, dem der Name entstammt, scheint ihm etwas Äußerliches, Zufälliges zu sein. Es ist bekannt, dass die stattdessen vorgeschlagene Zurückführung von »Masonry« auf »Masony« (dt. »Massonei«), »Tischgesellschaft«, ein Irrtum ist. Doch spielt sie in *Ernst und Falk* eine wichtige Rolle. Immerhin gewährt sie Ernst eine Einsicht, die ihn wie die aufgehende Sonne blendet (B 10, 65).

Durch die Ableitung der Freimaurerei von den mittelalterlichen ›Tafelrunden‹ bzw. ›Tischgesellschaften‹ wird die Vermittlung von Idee und historischer Wirklichkeit ermöglicht. Man kann mit Hilfe dieser Erklärung auf die Logen verzichten, ohne der (wahren) freimaurerischen Tradition verlustig zu gehen. Die »Masoneien«, für Falk eine historische Realität, bilden »neben der großen bürgerlichen Gesellschaft, kleinere vertraute Gesellschaften« (B 10, 62). Bei Tische, schreibt Lessing in den *Paralipomena* (B 10, 71), »waren unsre Ureltern am gesellschaftlichsten, da überlegten sie mit einander, da machten sie gemeinschaftliche Anschläge.« Die ›Tafelrunden‹ bedeuten ein Stück ›Gesellligkeit‹ und geben der »Gemeinschaft sympathisierender Geister« Raum. So wird die Etymologie zu einem Signal der Hoffnung, bestätigt sie doch, dass das Gefühl der Gleichheit immer die korrigierende ›Parallelgesellschaft‹ zur bürgerlichen Gesellschaft stiften wird (vgl. B 10, 56 f.).

Das freimaurerische Geheimnis

Worin besteht aber nun das »Geheimnis«, wenn Wesen, Geschichte, Zweck und Grund der Freimaurerei so klar erläutert werden? Die »wahren Taten« der Freimaurer, sagt Falk, seien ihr »Geheimnis« (B 10, 21), und er erinnert fortwährend daran, dass diese Taten gar nicht fassbar seien und man das Geheimnis von den »Heimlichkeiten« der Freimaurer abgrenzen müsse. »Heimlichkeiten« seien »Dinge, die sich wohl sagen lassen« und nur vorübergehend verschwiegen werden (B 10, 50); das »Geheimnis« hingegen werde davon nicht berührt. Diejenigen, die um es wissen, könnten es nicht sagen, ja, die Sprache selbst stoße ihm gegenüber an ihre Grenze, in Worte sei es nicht zu fassen (B 10, 49 und 17). Entsprechend bedient sich Falk in seinen Antworten auf Ernsts Fragen der Taktik der Verrätselung. Jeden Fingerzeig, den er in Richtung auf das »Was« der Freimaurerei gibt, relativiert er sofort wieder. Sobald Ernst, Falks Andeutungen aufgreifend, ein freimaurerisches Programm formulieren möchte, macht der Freund einen Rückzug. Dies gilt für die guten Werke (1. Gespräch), für die Aufhebung der bürgerlichen »Trennungen« als Ziel freimaurerischer »Arbeit«, für die Verwirklichung der Gleichheit. Ernst meint, er kenne nun die Übel, gegen die die Freimaurer angingen – »Du kennest sie?« fragt Falk zurück (B 10, 38). Das Wort »entgegenarbeiten« sage »ein wenig viel« (37). Jahrhunderte könnten vergehen, »ohne daß sich sagen lasse: das haben sie getan.«

Der Geheimnischarakter der ›wahren‹ Freimaurerei ergibt sich aus dem hochgespannten menschheitlichen Anspruch, den Lessing an sie knüpft, anders ausgedrückt: zu diesem Anspruch ist die Skepsis, mit der er ihn vorträgt, die unumgängliche Kehrseite. Dabei lassen sich ein epistemologischer, ein ethischer und ein pädagogischer Aspekt des Geheimnisses unterscheiden.

Dass Lessing das Verhältnis von ›wahrer‹ und ›wirklicher‹ Freimaurerei analog zu demjenigen von »Glaube« und »Kirche« (B 10, 53), ›Geist‹ und ›Buchstabe‹ der Bibel fasst und seine »Ontologie« der Freimaurerei mit den »systematischen Lehrbüchern« des Christentums vergleicht (Vorrede; B 10, 12), deutet nicht allein auf eine Strukturparallele; vielmehr weist er damit der Freimaurerei die Funktion zu, den Liebesauftrag von den christlichen Kirchen zu übernehmen und weiterzuführen; Ernst apostrophiert Falk, wenn auch nur gleichnisweise, als »Mann Gottes«, der »dem Volke« vom gelobten Lande spricht (B 10, 45; als ein Phänomen der Säkularisation und eine Form der Kompensation für den Verlust kirchlich-religiöser Bindungen wird die Freimaurerwelle des 18. Jahrhunderts auch in der Forschung gesehen). Durch die Kirchen ist (bzw. scheint) die ›Gemeinschaft der Heiligen‹, das heißt: das vorbehaltlose Für- und Miteinander der Menschen, nicht wirklich geworden – sie ist eine »unsichtbare Kirche« (B 10, 34) geblieben, während die Religionen nur die Trennungen verschärften –; zugleich stellt sich angesichts des zunehmenden Individualismus in der Gesellschaft um so dringlicher die Frage, wie sich ein Zusammenleben realisieren lasse, in dem die »gleiche Natur« (B 10, 28) der Menschen zur Geltung komme. Indem jedoch die freimaurerische ›Wahrheit‹ eine derart hohe Bedeutung erlangt, unterliegt sie zugleich der Lessingschen Epistemologie, seinem Erkenntnisrelativismus. Einerseits zielen die »wahren Taten« der Freimaurer aufs Ganze: sie haben »alles Gute getan, was noch in der Welt ist, – merke wohl: in der *Welt*! – Und fahren fort, an alle dem Guten zu arbeiten, was noch in der Welt werden wird, – merke wohl, in der *Welt*.« (B 10, 21). Andererseits kann man das zukunftsträchtige »Gute« und die segensreiche Wirkung dieser Taten vielleicht spüren, jedoch nicht fixieren und benennen: Auch wenn die Freimaurer »schon immer tätig wären«, könnten »Jahrhunderte dennoch vergehen […], ohne daß sich sagen lasse: das haben sie getan« (B 10, 37).

Mit dem epistemologischen Aspekt des Geheimnisses ist der ethische eng verbunden (vgl. dazu Kronauer 2005). Ernst bringt das Problem auf den Punkt, wenn er darauf verweist, dass der Anspruch der Freimaurer, besonders menschenfreundlich zu sein, ein diesem Anspruch widerstreitendes Gefühl moralischer Überlegenheit fördert. Was die Freimaurer von sich ›rühmten‹, seien Dinge, die man von jedem »guten Menschen« erwarten dürfe, und folglich nichts, »um sich dadurch von andern Menschen auszusondern« (B 10, 18). Die Gefahr eines solchen ›performativen Widerspruchs‹ kehrt verschärft in Falks Wesensbestimmung der Freimaurerei wieder, der zufolge ihr Zweck die allmähliche Aufhebung der gesellschaftlichen »Trennungen« und ihr ›Grund‹ (das, worauf sie »beruht«) das »gemeinschaftliche Gefühl sympathisierender Geister« (B 10, 57) ist. In dem Moment, so Kronauer (2005, 148), in dem der Freimaurer von seinem Tun sprechen würde, würde er es zerstören, da er seine »positiven Eigenschaften« herausstellen müsste, die ihn von der Menge unterscheiden: »er müsste aus der Selbstverständlichkeit eines Verhaltens, bei dem Menschen miteinander umgehen, wie es ihnen von Natur aus zukommt, etwas Besonderes machen, indem er es benennt«.

Schließlich ist das »Geheimnis« eine pädagogische Notwendigkeit, die mit Lessings Insistieren

auf dem *Selbst*denken und *Selbst*fühlen zusammenhängt. Wiederholt weist Falk seinen Freund darauf hin, er könne – und solle – durch eigenes Nachdenken Aufschluss über das Geheimnis erlangen (B 10, 37, 50, 57), denn nur wenn er es von sich aus begreife, habe er des Rätsels Lösung gefunden. Der Leser wird in diesen Prozess einbezogen, indem die Dialoge einen offenen Schluss haben: Falks etymologische Erklärung von »Masonry« bewirkt, dass Ernst zu einer letzten Erkenntnis gelangt, einer Erleuchtung, die ihn ›blendet‹ (B 10, 65), die aber nicht mehr in Worten mitgeteilt wird: Der Leser muss erschließen, was Ernst so begeistert, er muss, wie Ernst, von selbst auf das Geheimnis kommen. Doch wenn über die ›wahren‹ freimaurerischen Taten nicht gesprochen werden kann, lässt sich doch die Empfindungs- und Gefühlsweise stärken, die zu ihnen führen würde. Diese Empfindungsweise nennt Falk im fünften Gespräch das »gemeinschaftliche[ ] Gefühl sympathisierender Geister« (B 10, 57), wobei die Überwindung der »Trennungen« und Hierarchien mitzudenken ist; es geht um die Restitution der ursprünglichen Anziehung (Liebe) der Menschen untereinander aufgrund ihrer gleichen Natur, welche durch den Selbstbehauptungswillen in der bürgerlichen Gesellschaft verschüttet wurde (Kronauer 2005). In diesem Sinn spricht Falk auch davon, dass im Menschen zunächst einmal die »Empfindung« für die (notwendigen) Defizite der bürgerlichen Gesellschaft geweckt werden müsse (B 10, 37). Indem sie das »Geheimnis« bewahren, werden die Dialoge somit selbst zu einer freimaurerischen Tat, da Falk (bzw. Lessing) eben diese Empfindungsweise in Ernst (bzw. in den Adressaten, den Teilnehmern an der Wolfenbütteler Versammlung, s. S. 443) ›veranlasst‹ und ihr »Aufkeimen« begünstigt (ebd.).

Sprachliche Struktur

Von jeher wurde der szenische und performative Charakter der Dialoge betont. Neben der mäeutischen Gesprächspraxis Falks und der szenischen Darstellung von Freundschaft ist ein drittes Moment strukturbildend: die Integration freimaurerischer Symbole und Ausdrücke. Zum einen betreibt Lessing ein offenes Rätselspiel mit dem – nicht eingeweihten – Leser, der die unverständlichen Wendungen entziffern muss. Hierunter fallen Anspielungen auf das maurerische Ritual wie »bei den Gräbern der Vorfahren arbeiten«, in »Flammen« stehen (beide Wendungen bezeichnen den Meistergrad), »anklopfen« oder die Aufforderung zum Handzeichen (4. Gespräch). Zum anderen bringt Lessing die Sprache der Freimaurer auf verdeckte Weise ins Spiel. Er greift an Gelenkstellen der Gespräche auf maurerische Formeln zurück, gibt ihnen jedoch einen allgemeinverständlichen Sinn, so dass der Uneingeweihte ihre Herkunft nicht bemerkt. Wenn Falk und Ernst davon reden, dass die Maurer den Übeln der Gesellschaft »entgegenarbeiten«, so liegt hierin eine Anspielung auf die »Arbeiten«, als welche die Zusammenkünfte der Logen bezeichnet werden. Wie für Ernst und Falk ist für die Freimaurer das »Licht« ein zentrales Bild (zur Sonnensymbolik vgl. Nisbet 2008, 769 f.), Kerzen spielen bei den Zeremonien eine bedeutsame Rolle. Das »Licht der Erkenntnis« soll symbolisiert werden (vgl. Gädickes Freimaurer-Lexikon 1818, 313). Schließlich konnte Lessing dem (biblischen) Ameisengleichnis in einem freimaurerischen Kontext begegnen. In der bei Preston abgedruckten Rede (s. S. 446) leitet der Sprecher den Hymnus auf die Freundschaft mit dem Hinweis auf die Bienen- und Ameisen-»Sozietäten« ein. Die maurerischen Ausdrücke, so lässt sich ihre Verwendung durch Lessing interpretieren, entfalten ihre allgemein-menschliche Bedeutung. Offenkundiges Rätsel und verborgene Allusion verhalten sich wie »Heimlichkeit« und »Geheimnis« der Freimaurer, die sprachliche Strukturierung ist dem Inhalt analog. Die Rätselausdrücke können entziffert werden. Das »Geheimnis« dagegen steckt in dem, was allen Menschen verständlich und zugänglich ist.

Aufnahme und Wirkung

Das publizistische Echo auf Lessings Freimaurer-Gespräche scheint relativ gering gewesen zu sein. Schilson verzeichnet (B 10, 731 rsp. 732) zwei Rezensionen: eine aus den *Gothaischen gelehrten Zeitungen* (30.9.1778) und eine aus der Berliner *Litteratur- und Theater-Zeitung* (1781). Der Kritiker des Gothaer Blattes hebt die »vortrefliche[n] Gedanken« hervor, »die in das allgemeine Staats- und Völkerrecht« einschlagen (Braun 2, 155), während der Rezensent der *Litteratur- und Thea-*

terzeitung auf die Geheimbund-Thematik eingeht und Lessings Auslegung des Geheimnisses als wahre Aufklärung über die »dunklen und allegorischen Begriffe« der Maurer lobt (B 10, 732). Kurioser Weise spricht dieser Rezensent, der die einschlägige Literatur zu kennen scheint, das vierte und fünfte Gespräch Lessing aufgrund mangelnder Originalität ab. – Allerdings deuten zahlreiche private Äußerungen in Briefen (vgl. B 10, Nr. 1, 3 und Dziergwa 1992, 152 ff.) darauf hin, dass trotz der geringen Resonanz in der Presse *Ernst und Falk* viel gelesen wird.

Während in den frühen Rezeptionszeugnissen noch genau auf die Gegenstände von Lessings Schrift reflektiert wird, löst man im 19. Jahrhundert den Humanitätsgedanken aus dem Kontext »Freimaurerei und bürgerliche Gesellschaft« heraus. So ist zum Beispiel *Ernst und Falk* für Franz Horn deshalb bedeutend, weil in dieser Schrift der Verfasser sich ganz ausspreche, »mit all seiner großartigen Unbefriedigtheit, und seinen schöneren Ahndungen [...]« (*Umrisse zur Geschichte und Kritik der schönen Literatur Deutschlands während der Jahre 1790–1818* [1819]; B 10, 736. – Zur Rezeption von *Ernst und Falk* als »humanistischer Schrift« vgl. Göbel in G 8, 697 f.).

Schriften zur Freimaurerei

Lessings Dialog *Ernst und Falk* wirkt vor allem durch die Unterscheidung zwischen »Wesen« und historischen Erscheinungsformen der Freimaurerei und durch die Bestimmung ihrer Funktion für »Gesellschaft« und »Staat«. Dabei lassen sich die Rezeptionszeugnisse in zwei Gruppen gliedern: Entweder liegt der Hauptakzent auf der Praxis der Freimaurerei, dann rücken die institutionellen Fragen in den Vordergrund (Weishaupt, v. Knigge). Oder der Hauptakzent liegt auf der Wesensbestimmung, dann steht die Dialektik von Idealität und Verwirklichung im Zentrum (Herder, Fichte, Fr. Schlegel). Manche Zeugnisse lassen sich keiner der beiden Gruppen ausschließlich zuordnen. Es sind solche Schriften, in denen zwar der Weg der gedanklichen Abstraktion beschritten wird, die aber zugleich als Argumentationsbasis für praktische Reformen gedacht sind (Fichte).

Rezeption innerhalb der Freimaurerei im Blick auf die Praxis. Nach Dziergwa setzt eine breite positive Rezeption von *Ernst und Falk* in Freimaurer-kreisen erst nach der Mitte des 19. Jahrhunderts ein, während Lessings Zeitgenossen dem Text aufgrund der Skepsis, mit der darin die Orden betrachtet würden, Widerstand entgegen gebracht hätten (Dziergwa 1992, 170 f.). Gut dokumentiert ist die Geschichte des Illuminaten-Bundes. Die Schriften seines Gründers Adam Weishaupt lassen erkennen, dass bei ihm Lessings Spekulationen den Impuls zum Handeln auslösen. Weishaupt bekennt im *Nachtrag zur Rechtfertigung meiner Absichten* (1787; B 10, 737), dass die Lektüre von *Ernst und Falk* »zum erstenmahl« die »kosmopolitischen« Ideen in ihm geweckt habe, die er mit seinem Orden in die Tat umzusetzen suchte. Wo allerdings bei Lessing die »Menschlichkeit« der Freimaurer und die »Notwendigkeit« der gesellschaftlichen Hierarchie in einen spannungsvollen und fruchtbaren Bezug gebracht sind, kann Weishaupt nach dem Verbot des Illuminaten-Ordens nur resigniert die Unüberwindlichkeit der Ständeordnung feststellen (ebd., 738): »Ich glaube nun nicht mehr, daß Fürsten und Nationen von der Erde dereinst verschwinden werden, ich glaube nicht mehr, daß aller Unterschied der Stände aufhören werde.«

Einer der rührigsten Mitglieder des Illuminaten-Ordens ist Adolph Freiherr von Knigge, der Herausgeber des 4. und 5. der Lessingschen *Gespräche* und mutmaßliche Verfasser der *Vorrede eines Dritten* (Fenner 1994). In seinen eigenen Schriften über geheime Gesellschaften kommt Knigge immer wieder auf die Unterscheidung zwischen dem »Wesen« und den historisch bedingten Formen (»System«) der Freimaurerei zu sprechen, immer wieder grenzt er die »wahre« Maurerei von ihren »zufälligen« Erscheinungsweisen ab. In seinen neun »Gesprächen«, in denen ähnlich wie in *Ernst und Falk* ein Eingeweihter und ein »Profaner« miteinander diskutieren, greift Knigge den Begriff der »Trennungen« auf, welche die bürgerliche Gesellschaft zerrissen (*Beytrag zur neuesten Geschichte des Freymaurerordens in neun Gesprächen* [1786/1978], 2. Gespräch, 27; 9. Gespräch, 164). Was jedoch die inhaltliche Konkretisierung des Argumentationsschemas anbelangt, tut sich eine große Kluft im Vergleich zu Lessing auf, wobei die Differenzen sich zum Teil darauf zurückführen lassen, dass Knigge eine empirische Blickrichtung verfolgt und fragt, was sich in der Gegenwart realiter tun

lässt. Die Orientierung an der Realität kommt bereits dadurch zum Ausdruck, dass in seinem *Beytrag* über weite Strecken hinweg die Geschichte der Freimaurerei erzählt wird (Gespräche 3–8). Vor allem jedoch entschärft er das gesellschaftskritische Potential und die utopische Dimension des »Geheimnisses«. Er warnt davor, dass die freimaurerischen Aktivitäten von den bürgerlichen und häuslichen Pflichten allzu sehr ablenken (9. Gespräch, bes. 170). Dem Geheimnis selbst gibt er einen klar begrenzten Inhalt. Er fixiert es auf die Symbole, die »Hieroglyphensprache«. In dem historischen Augenblick, in dem religiöse Bindungen sich lockern (vgl. 2. Gespräch, v. a. 21), übernehmen für ihn die freimaurerischen Symbole die Funktion, ewige »Wahrheiten« bildhaft zu übermitteln. Das »Wesen der Freymaurerey«, schreibt er in einer früheren Schrift (*Ein Brief über die Freymaurerey* [1781/1978], 86), sei »gar nicht, zu lehren, sondern nur durch Bilder die Gelegenheit zum Nachdenken zu erwecken.« Eklatant tritt hier der Unterschied zu Lessings Denkweise hervor. Knigge geht davon aus, dass der Mensch in den Besitz der wenigen »Grundwahrheiten«, die alle Zweifel lösten, gelangen könne (9. Gespräch, bes. 172 ff.).

Diskussion über die Ursprungsfrage. Zwischen Herder und Nicolai entspinnt sich ein Disput über die Geschichte der Geheimgesellschaften. Nicolai, der ein sehr guter Kenner der Materie ist, weist in seinem Werk *Versuch über die Beschuldigungen welche dem Tempelherrenorden gemacht worden, und über dessen Geheimniß; Nebst einem Anhange über das Entstehen der Freymaurergesellschaft* (1782/1988) Lessings Hypothesen zurück. Nicolai ist skeptisch, was den Zusammenhang mit den »Massoneien« (Tischgesellschaften) der Ritterorden anbelangt, und widerlegt die Behauptung, nicht vor dem Beginn des 18. Jahrhunderts seien die ersten Freimaurer-Gesellschaften gegründet worden. Er kommt aufgrund seiner Prüfung der Urkunden zu dem Ergebnis (153): »So sehr er sonst in historischen Behauptungen genau zu seyn pflegte, so unermeßlich seine Belesenheit war, und so treflich er sie anzuwenden wuste, so hat Er sich doch dießmahl geirret.« Herder verfasst zu diesem Buch eine Gegenschrift: *Historische Zweifel über das Buch: »Versuch über die Beschuldigungen, welche dem Tempelherrnorden gemacht worden, und*

*über deßen Geheimniß [...] von Friedrich Nicolai.
1782«* (März 1782), in welcher er die »Rettung«
Lessings zum Ausgangspunkt nimmt, Nicolais
historische Argumentation an vielen Punkten anzugreifen (zur Bezugnahme auf Lessing vgl. B 10,
734). Nicolai, an Wissen seinem Herausforderer
überlegen, antwortet hierauf mit einer Fortsetzung seines *Versuchs* (Zweiter Teil 1782), Herder
wiederum reagiert mit den *Briefen über Tempelherrn, Freimäurer und Rosenkreuzer [...]* (April
1782). Einen Fingerzeig auf die inhaltliche Auseinandersetzung mit *Ernst und Falk* enthält eine
von Herder zurückgezogene frühere Version des
Schlusses des vierten Briefs. Herder spekuliert
hier über die religiösen Vorstellungen der Tempelherren, über eine mögliche fruchtbare Berührung mit dem Gottesbild der Muslime: »Wie,
wenn sie, die von den Saracenen in Orient die
Einheit Gottes gelernt, jetzt in Occident von den
Albigensern Reinheit des Christenthums [...]
lernten« (Suphan 15, 626 [Anm. zu 107]. Vgl.
B 10, 734f.). Dieser Schritt zu einer »gereinigten«
Religion, verbunden mit der Tapferkeit der Tempelherren, ist ihm der »gehörige Punkt«, in dem
die Templer die »Freimäurer ihrer Zeit« waren
und den Lessing in seinem Dialog (B 10, 50) nur
erraten lässt: »Da sind wir auf dem glänzenden
Punkt, dem schönen Licht- und Luftbilde seiner
Gespräche; die schönste Schrift, die für beide Gesellschaften geschrieben worden und die der
noch lebenden Ideal und Gesetzbuch seyn sollte«
(ebd. 627. – Zur Auseinandersetzung zwischen
Herder und Nicolai vgl. Möller 1974, 394ff.).

Versuche zur Wesensbestimmung der Freimaurerei.
Konstitutiv für die Entwürfe, die in Auseinandersetzung mit Lessing entstanden sind, ist der Dop-
pelschritt: Abstraktion von allen konkreten freimaurerischen Tätigkeiten und Bestimmung des
maurerischen »Freiraums« als eines Korrektiv zu
den Entfremdungen, die in Staat und Gesellschaft
den Menschen schädigen. Die inhaltliche Füllung
dieser Argumentationsstruktur nimmt allerdings
ganz unterschiedliche Formen an. Herder, der
selbst von der maurerischen Praxis enttäuscht ist,
ersetzt in seinem Gespräch *Ueber eine unsichtbar-
sichtbare Gesellschaft* (26. Brief der *Briefe zu Beförderung der Humanität, Zweite Sammlung*
[1793]; Suphan 17, 123–132), in dem er das zweite
Lessingsche *Gespräch* fortführt, den Freimaurer-
Bund durch die Gelehrtenrepublik. Die »Gesell-

schaft in der Gesellschaft« wird hier einerseits
noch weiter ins Utopische entrückt, handelt es
sich doch ausschließlich um einen Verkehr der
»Geister«, in welchem die »Gleichheit« und »Humanität« realisiert sind: »Ueber Grundsätze können sich nur Geister einander erklären; die Zu-
sammenkunft der Körper ist sehr entbehrlich
[...]. Im Umgange mit Geistern [...] bleibt meine
Seele frei [...]«* (Suphan 17, 130). Andererseits
unterliegt die Gelehrtenrepublik nicht dem Prinzip der Geheimhaltung, sondern dem der Öffentlichkeit, worin Herder eine Voraussetzung für die
gesellschaftliche Wirkung sieht (ebd. 132): »Für
unsre Zeiten ist gerade das Gegentheil ihrer [der
Geheimbünde] Methode nötig, *reine, helle offenbare Wahrheit.*«* (Weitere Angaben zu Herders
freimaurerischen Schriften vgl. Contiades 1968,
115–117). – Die (anonymen) *Briefe an Konstant*
(in: *Eleusinien des neunzehnten Jahrhunderts*
[1802/1803]) gehen auf Sonntagsvorlesungen zurück, die Johann Gottlieb Fichte am 13. und 27.
April 1800 in Berlin vor Freimaurern gehalten
hat. Einer der verantwortlichen Herausgeber und
(Mit-)Verfasser der *Briefe*, Ignatius Aurelius Feß-
ler (1756–1839), mit dem Fichte seine Vorlesungen eingehend diskutiert, ist zugleich von der
Fruchtbarkeit der Lessingschen Ideen überzeugt
(Dziergwa 1992, 170f.). Der Freimaurer-Bund,
wie Fichte und die Mitautoren der *Briefe* ihn bestimmen, trägt nunmehr Züge des »ästhetischen
Staates«, den Schiller in den *Briefen über die ästhetische Erziehung des Menschen* als Zielvision
entwirft. Weniger die »Trennung« der Menschen
in unterschiedliche Stände als vielmehr die einseitige Ausbildung und damit die geistige und
seelische Verarmung jedes Einzelnen sieht das
Autoren-Kollektiv als den ›entfremdeten‹ Zustand
an, dem die Freimaurerei entgegenwirke. Den
»ganzen Menschen« wieder herzustellen, sei ihr
Ziel und Zweck (zum Hintergrund der Veröffentlichung und zur Verfasserfrage vgl. AK 8, 401ff.).
– Eine Fortsetzung von Lessings »Gesprächen«
skizziert Friedrich Schlegel: *Ernst und Falk.
Bruchstück eines dritten Gesprächs über Freimaurerei* und *Über die Form der Philosophie* (in: *Lessings Gedanken und Meinungen* [1804]). Er thematisiert den gesellschaftspolitischen Umbruch,
der seit 1778 stattgefunden hat: die Französische
Revolution. Dem Text Schlegels liegt die gleiche
Argumentationsstruktur wie Lessings »Gesprächen« und den *Briefen an Konstant* zugrunde:

Entkonkretisierung, »Rettung« des Humanen, Wirkung in die Gesellschaft. Für Schlegel sind die »Freimaurer« der Gegenwart die Vertreter der idealistischen Philosophie, sie bilden »einen unsichtbaren, aber fest geschlossenen Bund von Freunden, wie der große Bund der alten Pythagoräer« (KA 3, 102). Gleichwohl schlägt er in der inhaltlichen Explikation nunmehr eine andere Richtung ein. Wo Lessing das gesellschaftliche Ziel offenlässt, macht Schlegel eine Vorgabe: die Anknüpfung an die vorrevolutionäre Ordnung (KA 3, 95 f.). Wo bei Lessing und Fichte allein die Distanz zur Gesellschaft das »Geheimnis« der Maurerei ist, fordert Schlegel das Geheimnis als »Mysterium«, für ihn hat es, den eigenen religiösen Anschauungen entsprechend, eine ontische, substantielle Realität (weitere Dokumente vgl. B 10, 730–739. – Prinzipiell ist zu beachten, dass die gesellschaftspolitische Funktionalisierung einer staatsfreien Sphäre, in der das »Menschliche« kultiviert wird, gegen Ende des 18. Jahrhunderts zu einem geläufigen Denkschema geworden ist, das zum Beispiel auch in der Tradition der Staatsromane steht).

Quellen: W. Albrecht 2003, Bd. 1; [Anonym.] 1779 [Gegenschrift zur Freimaurerei]; Anderson [dt.] ²1743; Daunicht 1971; Feder ²1782 (¹1769); Gädicke 1818 [Lexikon]; Hume 1739–40, Bd. 2, hg. Brandt 1989; Mendelssohn 1756 (JubA 2, 81–109) [*Sendschreiben an … Lessing*]; Montesquieu 1748, übers. K. Weigand 1965, Buch 1; Buch 14 ff. [Klimatheorie]; Nicolai 1782/1988; Preston/Meyer 1776; Rousseau 1762, übers. Brockard ²1986; Wolff GW I/5 [»Deutsche Politik«, ⁴1736], GW I/19 [*Grundsätze des Natur- und Völckerrechts*].

Literatur

zu Entstehung und Druckgeschichte: B 10, 700–718; G 8, 693–698; PO 21, 281–284 und 290–297; Batley in Stenzel/Lach (Hgg.) 2005, 101–111 [das Abenteuer von Lessings freimaurerischer Biographie]; Danzel/Guhrauer Bd. 2/2, 1854, 222 ff.; Dziergwa 1992;

Fenner 1994; Guthke 1975c; Guthke 1981a [Antwort auf Voges]; E. Schmidt ⁴1923, Bd. 2, 387 ff.; H. Schneider 1951c; Voges 1981.

zu Ursprung und Ausbreitung der Freimaurerei, Gedankengut der Aufklärung, Doppelaspekt der Maurerei [ideengeschichtlicher Kontext]: Agethen 1984; Boos 1906; Hammermayer in Balázs (Hg.) 1979, 9–68; Lennhoff/Posner 1932/1975 [Lexikon]; Ludz 1979; Möller 1974, bes. 362 ff.; Neugebauer-Wölk 1995; Nisbet 2008, 763–781; Schings 1996; Simonis 2002 [Aufklärung und Esoterik].

zu politische Relevanz, Begriffe aus der Staatsphilosophie: Angermann (1963) in Böckenförde 1976, 109–130 [»Staat« vs. »Gesellschaft«]; Goldenbaum 2004a [Kritik an der Vorstellung vom unpolitischen Bürgertum im 18. Jahrhundert]; A. Hügli in HWdPh, Bd. 6 (1984), 582–594 [Naturrecht]; Koselleck ⁸1997 (¹1959); M. Riedel 1975, 719–800 [Stichwort »Gesellschaft«]; Valjavec 1951/1978; Vollhardt 2001 [Naturrecht].

zu Forschung/Analyse: Bahr in Harris/Schade (Hgg.) 1977, 299–306; Barner u.a. ⁵1987, 332–343; Barner in Gutjahr/Kühlmann/Wucherpfennig (Hgg.) 1993, 1–12 [Freundschafts-Thematik]; Batley 1999; Bohnen 1974, 176–184; Contiades 1968; Durzak 1974; Fink 1980; Gädicke 1818 [Lexikon]; Gustafson 1986 [Sprachskepsis]; Koselleck ⁸1997 (¹1959); Kronauer in Jaumann (Hg.) 1995, 23–45; Kronauer in Zeuch (Hg.) 2005, 143–160; Librett 2003; Michelsen 1990f (zuerst 1979); P. Müller 1965; Nisbet in Freimark/Kopitzsch/Slessarev (Hgg.) 1986, 291–309 [Geheimnis]; Nisbet 2008, 763–781; Richert in Faulhaber u.a. (Hgg.) 1987, 77–86 [Was Blut kostet …]; Schilson 1974; Timm 1974, 128–135; Vollhardt 2001; Werner 1986; Werner 1987; M. Willems in Mauser/Saße (Hgg.) 1993, 540–551.

zu Aufnahme und Wirkung: zeitgenössische Rezeption: B 10, 730–739; Braun 2 [Dokumentsammlungen]; van Dülmen 1975 [Dokumente zu Weishaupt und den Illuminaten]; Fichte [u.a.] 1802–1803 (AK 8, 407–462); Herder 1782 (Suphan 15, 57–121; 626–627); Herder 1793 (Suphan 17, 123–132); Knigge 1781 und 1786/1978; Nicolai 1782/1988; Schlegel 1804 (KA 3, 94–102). – *Literatur:* Contiades 1968; Dziergwa 1992; Möller 1974, 394 ff.; P. Müller 1965; Nisbet 2008, 780 f.; Schilson in B 10, 724–730.

Die Erziehung des Menschengeschlechts

Entstehung, Quellen und Kontext

Erstdruck: *Die Erziehung des Menschenge-schlechts.* Berlin, bei Christian Friedrich Voß (und Sohn) 1780 (ohne Angabe des Verfassers). – Text: B 10, 73–99.

Die Paragraphen 1–53 veröffentlicht Lessing bereits 1777 im vierten der *Gegensätze*, die er den Reimarus-Fragmenten hinzufügt. Göbel vermutet, dass zu diesem Zeitpunkt schon das vollständige Manuskript vorliegt (G 8, 707; vorsichtiger urteilt Schilson, B 10, 796). Friedrich Vollhardt (2010) verweist auf einen 1779 im *Teutschen Merkur* publizierten Aufsatz über Joachim von Fiore, der Lessing zu einer Aus- bzw. Einarbeitung seiner eigenen Erinnerung an die schwärmerische Antizipation des neuen, ewigen Evangeliums (§§ 87 ff.) veranlasst haben könnte. Neu kommen dann 1780 das Augustinus-Motto (aus: *Soliloquiorum libri duo*, Buch 2, Kap. 10) und der *Vorbericht des Herausgebers* hinzu. Die anonyme Publikationsweise führt Nisbet (2008, 763) nicht mehr, wie bislang üblich, auf die Furcht vor der braunschweigischen Zensur zurück (seit Juli 1778 ist Lessing wegen seiner theologiekritischen Schriften die Zensurfreiheit entzogen), sondern erklärt sie aus dem Wandel der persönlichen Lage und seelischen Stimmung; nach dem Tod seiner Frau und seines Kindes sei Lessing der emphatisch zuversichtliche Tenor des Textes fremd geworden. Übereinkunft herrscht heute darin, die Erziehungsschrift von der ›Dialogsituation‹ der *Gegensätze* her zu verstehen. Strohschneider-Kohrs (1991, 218–246) arbeitet aufgrund dieser Sachlage die besondere Bedeutung des *Vorberichts des Herausgebers* heraus, in dem Lessing nunmehr aus zeitlicher Distanz sein Verhältnis zu dem Argumentationsgang des Essays poetisch chiffriere. Was Lessing bewogen habe könnte, den kompletten Text zu veröffentlichen, weiß man (noch) nicht genau; jedenfalls vermutet man ein Bestreben, die verebbende Dynamik des Fragmentenstreits neu anzufachen (Schilson in B 10, 796 f.; ähnlich Goetschel 2004, 219; vgl. die von Böttiger überlieferte Anekdote: Albrecht 2005, Bd. 1, Nr. 1228 f.).

Mit der Zuordnung zu der Fragmentenpublikation ändert sich die Perspektive auf den Text in einschneidender Weise. Man sieht in ihm nicht länger ein abschließendes Bekenntnis und Vermächtnis Lessings, sondern einen bewusst offen gehaltenen Diskussionsbeitrag, in dem ein spezifisches Problem der Religionsdebatte durchgespielt wird. Die dialogische Anlage des Essays gerät in den Blick, und das heißt zunächst, dass man Lessings Auseinandersetzung mit aktuellen (zeitgenössischen und historischen) Positionen zu rekonstruieren sucht. Deshalb kann es nicht überraschen, dass die Dichte der aufgezeigten diachronen und synchronen intertextuellen Bezüge in der Erziehungsschrift ähnlich groß ist wie in *Laokoon*. Für fünf thematische Bereiche lassen sich dabei Anspielungshorizonte und Traditionslinien ausmachen: für (1) die – geschichtliche – Erzählung (Modellierung der Offenbarung als Erziehung), (2) die Zielvision, die Verheißung eines »dritten Zeitalters« der Vollendung, (3) die metaphysische Spekulation (Konturierung der Gottes- und Seinsvorstellung), (4) die erkenntnistheoretische Perspektivierung, die Profilierung der Vernunftkräfte und für (5) das in die Erziehungsschrift eingegangene religionsgeschichtliche Wissen.

(1) Die leitende Metapher der Erziehungsschrift, der Vergleich zwischen Offenbarung und Erziehung, sowie das Denkmodell der »Akkommodation«, d. h. die Anpassung der göttlichen Offenbarung an die Fassungskraft des Menschen, gehören sowohl der theologischen als auch der philosophischen Tradition an. Göttliche Erziehung, Vorsehung und Akkommodation spielen bereits in der Patristik eine wesentliche Rolle. Für Schilson (1974, 168 ff. und B 10, 800–803) besteht auch da eine Verwandtschaft zwischen der Erziehungsschrift und den theologischen Entwürfen der Kirchenväter, wo Lessing den christologischen Standpunkt verlässt. – Als Quellen für eine philosophische Auslegung der »Akkommodation« und eine gesellschaftstheoretische Sicht auf die Entwicklung der Menschheit werden (u. a.) Spinoza, John Locke, Leibniz und Adam Ferguson genannt. In dem *Tractatus Theologico-Politicus* (*Theologisch-Politischer Traktat*, 1670; übers.

Gebhardt/Gawlick ²1984) dient Spinoza das Modell der »Akkommodation« dazu, die Vorläufigkeit der biblischen Texte und ihre Entbehrlichkeit auf einer höheren Stufe der Erkenntnis anzudeuten. Locke formuliert den Gedanken, dass die Offenbarung ein volkstümliches Mittel Gottes sei, die Menschen zur »Sittlichkeit« zu erziehen (*The Reasonableness of Christianity*, 1695; nach Göbel in G 8, 708; zu Locke insbesondere Heidsieck 1986). Leibniz skizziert in der Vorrede zur *Theodizee* (1710) eine drei- (bzw. vier-)stufige religiöse Entwicklung der Menschheit (Heidentum – Judentum – Christentum – Islam; übers. Buchenau ²1968, 2 f.), wobei seine Beschreibung der wahren Frömmigkeit auch von Lessing stammen könnte (die Bestimmungen sind: Liebe zu Gott aufgrund von Erkenntnis, Ergebenheit in Gott jenseits des Lohn-Strafe-Denkens; ebd. 4). Dass allerdings eine weitreichende Analogie zwischen Fergusons Entwurf einer Gesellschaftsgeschichte (*An Essay on the History of Civil Society*, 1767, dt. 1768) und Lessings »Geschichte der positiven und der vernünftigen Religion« bestehe (Cyranka 2005, 303–312), ist zuletzt von Vollhardt (2010) mit guten Gründen bezweifelt worden, da in Lessings Fortschrittserzählung der soziale und politische Aspekt keine Rolle spiele und somit ein *tertium comparationis* fehle (zu Ferguson vgl. Lessings Briefe an Mendelssohn vom 11.11.1770 und 9.1.1771; den Bezug zu Ferguson diskutieren des Weiteren Flajole 1959; PO 20 [=Teil 24], bes. 44 ff.; Oz-Salzberger ²2002, 217–228). – Schließlich ist der Gedanke der Akkommodation und der stufenweisen Höherentwicklung der menschlichen Fassungskraft ein Standardargument neologischer Theologie; Schilson führt zahlreiche Beispiele an (B 10, 806 f.; zu Jerusalem vgl. Kap.: Fragmentenstreit, S. 418 ff.).

(2) Für den Entwurf des »dritten Zeitalters« und für die Verknüpfung der moralischen Vollendung mit der Metempsychose greift Lessing auf eschatologische Topoi zurück, die von Joachim von Fiore (um 1135–1202) und Origenes (um 185–253/54) geprägt wurden. Dabei kommt, wie Schmidt-Biggemann (2010) gezeigt hat, Origenes (auch) deshalb eine entscheidende Rolle zu, weil sich seine Vorstellungen sowohl in schwärmerisch-spiritualistische (z.B. Johann Wilhelm Petersen [1649–1727]; vgl. den 8. »Literaturbrief«) als auch rationalistisch-aufklärerische Denktraditionen übersetzen ließen (welcher Verbindung

Lessing in seiner Spätzeit bekanntlich besondere Aufmerksamkeit schenkte). Zentral sind die »Topoi« der Wiederbringung aller Dinge, der Endlichkeit der Höllenstrafen (deren Ort die Erde ist) und der Seelenwanderung, welche der Läuterung und Reinigung vom materiellen Stoff, dem Quell des Bösen, dient; sie bilden einen Fundus für die Argumente, die von Theologen und Philosophen gleichermaßen gegen die augustinisch-lutherische Lehre von der Gnadenwahl, dem unbegreiflichen göttlichen Gericht und der ewigen Verdammung der Sünder entwickelt wurden. Die Autoren, bei denen Schmidt-Biggemann origenistische Denkmotive aufdeckt, stehen in einem engen Bezug zu Lessing: Mendelssohn (*Phädon oder über die Unsterblichkeit der Seele* [1767]), der Theologe Johann August Eberhard (*Neue Apologie des Sokrates* [1772]) und Leibniz. Als zentral für das Verständnis der Erziehungsschrift erweist sich dabei Lessings Leibnizinterpretation in der ›Rettung‹ *Leibnitz von den ewigen Strafen* (1773). Hier werde, so Schmidt-Biggemann, die Naturalisierung religiöser Konzepte greifbar: Natürliche Kausalität (die ewigen Folgen der Sünde im Ursache-Wirkungszusammenhang der Welt) trete an die Stelle der göttlichen Strafe, und die verklärende Gemeinschaft des Menschen mit Gott (»Gott alles in allem«) werde ersetzt durch die fortschreitende moralische Verbesserung des Weltganzen. Auch wenn in den Schlussparagraphen der Erziehungsschrift Lessing das Leibnizsche Motiv von den unaustilgbaren Folgen des Bösen ausblende und den ›Fortschritt‹ des Individuums fokussiere, deute er doch die eschatologischen Topoi in einem Leibniz analogen Sinn um: In der Metempsychose, deren Zukunftsprojektion durchaus den »origenistischen Äonen« entspreche, werde der Vervollkommnung die ›natürliche‹ Kontinuität der individuellen Erfahrung und Aneignung von ›Erziehung‹ verliehen (zur Unsterblichkeitsvorstellung, der Idee der Seelenwanderung und ihren zeitgenössischen Kontexten vgl. auch Cyranka 2005, 253–405 sowie Nisbet 2008, 757–761; zu Origenes im 18. Jahrhundert s. Breuer 1999, zu Petersen s. Breuer 2006).

Was Lessings Anspielung auf die Weissagung des mittelalterlichen Abtes Joachim von Fiore anbelangt, ein drittes, vollkommeneres Evangelium werde das Neue Testament ablösen (dazu Schilson in B 10, 803), konnte Friedrich Vollhardt

(2010) mittels dreier Quellenfunde drei zeitgenössische »Kommunikationsräume« abstecken, innerhalb derer die Sinnspitze von Lessings scheinbarem Rückgriff nunmehr präzise verortet werden kann. Innerhalb des ersten Kontextes gibt sich die Anspielung als eine von Lessings »Rettungen« zu erkennen: Gottfried Wellers 1760 erschienene *Nachricht von des Abts Joachims, eines Weissagers und Prophetens in dem XIIten Jahrhunderte, gedruckten Schriften*, enthält nicht nur eine ausführliche Darstellung der »symbolischen Theologie« Joachims, sondern wirft ein Licht auf die Rolle, die seine Prophezeiung innerhalb der lutherischen Selbstvergewisserung spielte: Das *Evangelium aeternum* wurde, zusammen mit der Papstkritik des Abtes, entweder auf die Reformation bezogen oder aber es wurde als Häresie und ›Verklärung‹ des Mönchswesens abgetan; in beiden Fällen war die Reformation der maßgebliche, abschließende Deutungshorizont. Bei Weller, so Vollhardt, wandelt sich die »Dokumentation zur interkonfessionellen Streitschrift« mit einer bereits 1760 veraltet wirkenden Polemik, kurz: »Ein so verzeichnetes Bild des mittelalterlichen Theologen konnte Lessing allenfalls zu einer ›Rettung‹ provozieren.« Der zweite Kontext oder »Kommunikationsraum« ist die Enthusiasmus-Debatte, die Wieland mit seiner *Merkur*-Frage (1776) ausgelöst hatte. 1779 erschien im *Teutschen Merkur* ein Aufsatz Christian Joseph Jagemanns über den »berühmten Propheten Joachim«. Die Tendenz dieses Aufsatzes ist diejenige der rationalistischen Wunder- und Weissagungskritik, wobei der Abt als ein »frommer Schwärmer« portraitiert und vom Vorwurf des absichtlichen religiösen Betrugs freigesprochen wird. Die »Originalität« Lessings zeige sich darin, dass er gegenüber dem – theologischen wie aufklärerischen – Schwärmer- und Betrugsdiskurs eine neue »epistemische Theorie« verfolge. Diesen Neuansatz profiliert Vollhardt mittels eines dritten Kontextbelegs, indem er den geschichtstheologischen Entwurf der Erziehungsschrift mit Johann Georg Rosenmüllers apologetischer Kritik an Lessings positiv-produktiver Rezeption des *Evangelium aeternum* konfrontiert.

(3) Häufig hat man in Lessings Spekulationen über die Trinität und die Gott-Sohn-Vorstellung (§§ 73, 75) eine Aneignung spinozistischen Gedankenguts erkannt und mit der Auflösung eines persönlichen Gottesbildes in Verbindung gebracht (neuerdings: Goetschel 2004, 219–229, Stiening 2002; in § 75 sieht Nisbet [1999/2000, 75] jedoch auch die Prägung durch Leibniz). Ein von Spinoza inspiriertes Immanenzdenken zeichne sich ab, das im Einklang mit dem moralischen Ziel, der ethischen Autonomie und dem Verzicht auf die Gegenliebe Gottes (jenseitige Belohnungen), stehe. Die Transformation und ›Verweltlichung‹ der Gottesvorstellung liest man dabei auch an dem Wandel der Bezeichnungen ab: »Allgütiger« (§ 82), »ewige Vorsehung« (§ 91), »Natur« (§ 84), »Ewigkeit« (§ 100). Schilson allerdings, der in der Erziehungsschrift die Linien der Leibnizschen Philosophie und damit die Trennung von Gott und Welt stärker konturiert (B 10, 804 f.), führt Lessings Anrufung der »Natur« (§ 84) auf den englischen Religionsphilosophen Herbert von Cherbury zurück, der in der Vorrede zu *De veritate* (1624) die universelle, in der Natur wirkende Vorsehung der besonderen Gnadenwirkung entgegensetzt (1998 [1999], 103; 104; B 10, 877). Trifft dieser Bezug zu, so schlösse er gleichwohl den spinozistischen Horizont nicht aus; vielmehr beleuchtete die Überlagerung beider Quellen Lessings eklektisches und produktiv synkretistisches Verfahren: Lessing beschwört die »Natur« im Zusammenhang mit der Möglichkeit der moralischen Selbstvervollkommnung des Menschen, womit die lutherische Heilserzählung, die den ›von Natur‹ sündigen Menschen auf die Erlösungstat Christi und Gnade Gottes angewiesen sieht, konterkariert erscheint.

(4) Der vierte Bereich betrifft die Quellen für die erkenntnistheoretische Fundierung des Verhältnisses von Vernunft, Offenbarung, Geschichte. Konsensfähig ist die Auffassung, dass Lessing im Zuge des Vereinigungsdenkens der Spätaufklärung (Kondylis) die Prämisse angeborener Ideen (§ 4: ursprüngliche Gotteserkenntnis der Vernunft) mit empiristischen Ansätzen verbindet (der ursprünglich mitgeteilte Gottesbegriff kann erst durch Erfahrung sicher erworben werden). Leibnizens *Nouveaux essais sur l'entendement humain* (1704; posthum 1765), Bonnets *La palingénésie philosophique, ou idées sur l'état passé et sur l'état futur des êtres vivants* (1769; vgl. Schilson in B 10, 807 f. und 815, Nr. 11), Lockes *An Essay concerning Human Understanding* (1690) werden genannt (Cyranka 2005, 341; Strohschneider-Kohrs 2009, 34 f.), daneben auch Fergusons *An Essay on the History of Civil Society* (Cyranka

2007, 50). Wesentlich für die Strukturierung der erkennenden Vernunft ist des Weiteren der Bezug zu den *Soliloquien* des Augustinus, denen Lessing das Motto entnommen hat. Thema der *Soliloquien* ist die Frage, ob eine sichere Erkenntnis der Unsterblichkeit gewonnen werden kann, wobei die Enthüllung der Wahrheit Hand in Hand mit der Einsicht in das Wesen der Seele und ihre intellektuellen bzw. spirituellen Fähigkeiten geht (vgl. Altenhofer 1984 sowie S. 483 f.).

(5) Einen neuen Quellenfundus macht Stephan Eberle zugänglich (2006/07): Indem er Lessings Interesse an Zarathustra nachweist, vermag er das (zeitgenössische) Wissen über außereuropäische Religionen freizulegen und Lessings Diskurs über die »natürliche Religion« zu präzisieren; Herders und David Humes religionsgeschichtliche und -philosophische Beiträge geraten erstmals auf einer breiten Materialbasis in den Blick (Hume: Debatte über Monotheismus oder Polytheismus als der früheren Religionsform; vgl. §§ 6–8). Eine besondere Pointe der Studie liegt in dem Nachweis der Schlüsselrolle, die Lessing die persische Religion spielen lässt (113 ff.). Angeborener, mitgeteilter und selbst erworbener Gottesbegriff ergänzen sich auch in dieser Phase der Geschichte Israels (§§ 38–40): Erst im Rückgriff auf das eigene »Elementarbuch«, so Eberle, würden bei Lessing die Juden während und nach der Zeit des Exils zu ihrer geläuterten Gottesvorstellung gelangen; die persische Religion sei somit nur die Veranlassung für eine »dem Judentum *immanente* Entwicklung« (116). – Ergänzende Quellen- und Literaturangaben finden sich bei Helbig (1980) und Schilson (B 10, 800–816). –

Wenn wir hier die im Handbuch 2000 vorgelegte ›Engführung‹ der Erziehungsschrift mit Spinozas *Theologisch-Politischem Traktat* wiederholen, so heißt das, dass wir nur *einen* der vielen in den Text verwobenen Fäden verfolgen. Allerdings scheint uns aus ideengeschichtlicher Perspektive der Rückbezug zu Spinoza am deutlichsten das epochale Problem Lessings zu markieren: Unter der Voraussetzung einer neuen religiösen Daseinsauffassung und Diesseitszuwendung (Daseinsfrömmigkeit, die sich in der metaphysischen Spekulation über die Vereinigung von Gott und Universum artikuliert) einen Gegenentwurf zur lutherischen Heilserzählung (vgl. S. 21 f. und S. 412 f.) zu entwickeln, der es an motivierender Kraft mit deren ›Affektszenarium‹ (Reiter 2001; s.

S. 472) aufnehmen kann. Es ist das Problem eines funktionalistischen Verständnisses von Religion, in dem das Ziel der Tugend um der Tugend willen die Erlösung des sich als gottfern erfahrenden Menschen durch die Gnade und Gegenliebe Gottes ersetzen muss. Zudem lässt sich die Lektüre ›von Spinoza her‹ mit dem Hinweis auf die große, zum Teil unterschwellige Aktualität des Philosophen *auch* im engeren Kontext der Religionsdebatte begründen. Nicht nur Reimarus, sondern auch der (neologische) Theologe Johann Salomo Semler übernimmt das erkenntniskritische Argument Spinozas, dass Offenbarungen, das Hören der Stimme Gottes, Prophezeiungen und Weissagungen, der Glaube an Wunder, zunächst eine Bewegung der Einbildungskraft sind, das heißt Bewusstseinsinhalte ›im Kopf‹ des Menschen – die Konsequenz der mit Descartes konsolidierten modernen Wirklichkeitsauffassung (z. B. Reimarus: B 8, 192, Z. 41–193, Z. 1; 203, Z. 13; Semler: *Abhandlung von freier Untersuchung des Canon*, 1771–76, hg. Scheible ²1980, 38 f. [Abraham]). Ähnlich wie Spinoza bringt Semler die »sinnlichen« Vorstellungen von Gott mit den historischen Bedingungen des Staats und der Regierung des Volks Israel in Zusammenhang, allerdings nunmehr mit deutlich antijüdischem Akzent (z. B. 62–64. Zu Semlers Affinität zu Spinoza vgl. Reventlow 2001, 184, 188 f.; zur Frage: Leibniz- oder Spinoza-Rezeption? vgl. die S. 529 referierte Antwort von Kondylis).

Forschung

Die Diskussion über die Erziehungsschrift deckt sich in vielem mit derjenigen über Lessings Religionsauffassung und Theologiekritik und gehört zum Hintergrund des Fragmentenstreits (vgl. S. 420 ff.). Zur Ergänzung unserer Übersicht verweisen wir auf Schilsons Skizze in B 10, 844–864 und 875 (Anmerkung zu 95,7).

Theologische, religiöse oder säkulare Erkenntnis?

Timm (1974) fügt der theologischen Lessingdeutung einen neuen Aspekt hinzu. Er sieht das Entscheidende der Erziehungsschrift nicht in einzelnen inhaltlichen Momenten, sondern in Lessings Entdeckung der Symbolhaftigkeit aller Glaubensaussagen, diejenigen der Bibel eingeschlossen.

Immer handle es sich um Vorstellungsweisen und Denkmöglichkeiten, nie um feststehende »Wahrheiten«. Erziehung und Entwicklung seien ebenfalls als Metaphern zu verstehen. Lessing stelle Möglichkeiten der Auslegung vor, deren Erkenntniswert erst zu erproben sei. In der Behauptung, Bibel und orthodoxes Lehrgebäude seien Auslegungen von Wahrheit und nicht diese selbst, stecke ein revolutionärer und konservativer Impuls. Ein konservativer, da es bei Lessings Neuinterpretation um Bewahrung der christlichen Tradition gehe, ein revolutionärer, da der Neuansatz die bislang angenommene Geltungsweise der Tradition in Frage stelle. Die Prinzipien von Lessings Deutung jedoch sind für Timm theologische und religiöse. Er spricht – in einem späteren Aufsatz (1982) – vom »trinitarischen Symbolismus« der Erziehungsschrift (13 ff.). Lessings Spekulationen über das Wesen der Trinität durchformten seine Geschichtsdeutung. – Anders als der Untertitel von Timms Werk vermuten lässt, spielt die Spinoza-Rezeption für die Interpretation der *Erziehung des Menschengeschlechts* keine Rolle. – Gegen die theologische Deutung, für die er häufig stellvertretend Timm zitiert, ist Bollachers Studie (1978) zu Lessings Spätwerk gerichtet. Zug um Zug setzt er in der Analyse der Erziehungsschrift der theologischen ›Vereinnahmung‹ die Gegenargumente entgegen: Die Berufung auf die Vernunft sprenge das christliche Geist-, Religions- und Gottesverständnis. Lessing wende die Wolffsche Wissenschaftsmethode an, die den ›Glauben‹ aufhebe. In der Offenbarung erkenne die Vernunft ihre Geschichtlichkeit. Die ›theologia revelata‹ werde ad acta gelegt. Die »Vorsehung« verweise nicht auf eine Transzendenz, sondern markiere die Identität von Natur, Vernunft und Gott (gegen Schilson). Das Ziel der Erziehung sei die Verwandlung der Glaubenswahrheiten in Vernunftwahrheiten. Die zu erringende »Humanität« sei keine Sanktionierung, sondern Ersetzung des Evangeliums, ein Neubeginn im Zeichen der Autonomie. Dies mache insbesondere die Berufung auf die »Seelenwanderung« evident. Lessing zitiere einen Traditionsstrang, der außerhalb des christlichen Erbes liege und zugleich aufklärerisches Gedankengut transportiere. – Als Herausforderung dogmatischen theologischen Denkens und als Plädoyer für Toleranz liest Goetschel (2004, 219–229) die Erziehungsschrift, wobei er die produktive Rezeption

von Spinozas *Theologisch-Politischem Traktat* akzentuiert.

Michael Reiter (2001) konturiert die Stoßrichtung von Lessings Essay neu, indem er als Folie die protestantische Heilserzählung heranzieht. Nicht der kognitive Gehalt der christlichen Religion (die »Ausbildung geoffenbarter Wahrheiten in Vernunftswahrheiten« [§ 76]), sondern ihre ethische Funktion, ihre zum Guten motivierende Kraft, wird damit zur Leitfrage der *Erziehung des Menschengeschlechts*. In der lutherischen Lehre sei das heilsentscheidende Motiv für das gute Handeln *nicht* die Erwartung der (jenseitigen) Belohnung und der Erwerb eines Verdienstanspruchs, sondern die Liebe und Dankbarkeit für die Erlösungstat Christi – »umsonst« würden die (wahren) Werke christlicher Nächstenliebe getan. Verzweiflung über die Sünde, Glaube, Lust und Liebe zu Gott, Dankbarkeit als Motive für das moralische Handeln – Reiter spricht von einem »moralischen Affektscenario« (175), das die lutherische Heilserzählung entwickelt habe. Lessing radikalisiere dieses »umsonst«, indem er das tugendhafte Handeln von dem religiösen Affektscenario unabhängig zu machen suche (174) und von der Bindung an eine persönliche Gottesvorstellung befreie. Die Erziehungsschrift ziele auf eine »neue Verfassung des moralischen Subjekts, die an der christlichen Motivlage des moralischen Handelns«, dem »umsonst«, »festhält, aber unter einer neuen Bedingung: etsi deus non daretur« (175), auch wenn es keinen Gott gäbe. Mit dieser ›Reinigung‹ und ›Motiventleerung‹ der ethischen Haltung, mit ihrer Loslösung vom Bezug auf Jesu Opfer, handele sich Lessing die Begründungsprobleme ein, die in der Moderne da auftauchten, wo auf eine Entwicklung des moralischen Bewusstseins gesetzt werde (der Hinweis auf Habermas bleibt nicht aus [172]). Nur mit einem »Durchhalteappell« (174) könne sich Lessing vom Leser verabschieden, wobei Reiter an dieser Stelle den Sprung in eine (säkulare) Eschatologie, die »Verkündigung eines neuen Bundes«, ausmacht (175).

Den funktionalen Aspekt der Religion, nämlich ihre Fähigkeit, Zusammenhalt zu stiften und ethisches Handeln zu befördern, stellt ebenfalls Pawel Piszczatowski (2005) als den zentralen Gegenstand der Erziehungsschrift heraus, wobei er »Religion« und »Offenbarung« nunmehr als »Mythos« bezeichnet, Manfred Franks (*Der kom-

mende Gott) funktionalistisches Mythos-Verständnis als Schlüssel heranträgt (67) und, wiederum auf Franks Spuren, Lessings Text in eine Reihe mit den romantischen Entwürfen einer neuen Mythologie stellt.

Vernunft und Offenbarung: Paragraph 4 – Paragraph 77

§4: »Also giebt auch die Offenbarung dem Menschengeschlechte nichts, worauf die menschliche Vernunft, sich selbst überlassen, nicht auch kommen würde: sondern sie gab und giebt ihm die wichtigsten dieser Dinge nur früher.« – §77: »Und warum sollten wir nicht auch durch eine Religion […] auf nähere und bessere Begriffe vom göttlichen Wesen […] geleitet werden können, auf welche die menschliche Vernunft von selbst nimmermehr gekommen wäre?«

Der – vermeintliche oder wirkliche – Widerspruch steht insofern im Zentrum interpretatorischer Aufmerksamkeit, als an seiner Erklärung und Auflösung sich die Frage entscheidet, wem Lessing die Führungsrolle zuspricht, der »Offenbarung« oder der »Vernunft«? Thielicke (³1957) macht aus dem Widerspruch eine ›Schicksalsfrage‹ Lessings und einen Eckpfeiler der eigenen Deutung. Er unterscheidet einen doppelten Vernunftbegriff. Im Paragraphen 4 sei die Rede von einem Ideal der Vernunft, von einem »transzendental allgemeinen Vermögen«, im Paragraphen 77 von der empirisch-geschichtlichen Vernunft. Die Vernunft in ihrer Idealität und Reinheit existiere praktisch nicht. Paragraph 4 behaupte die (nur) theoretische Identität von Vernunft und Offenbarung, Paragraph 77 die praktische Angewiesenheit der geschichtlichen Vernunft auf die Offenbarung.

An Thielickes Lösung knüpft Wessell (1977) an. Er sieht in dem Widerspruch einen Reflex der epistemologischen Krise der Spätaufklärung. In Paragraph 4 folge Lessing dem rationalistischen Modell, das der Vernunft die Erkenntis ewiger Wahrheiten zutraue. In Paragraph 77 folge er dem empiristisch-skeptizistischen Modell, in dem der Vernunftglaube erschüttert sei (183 f. – Smith 1998 [1999] arbeitet mit dem Kuhnschen Modell des Paradigmenwechsels, um das Moment der geschichtlichen Krise bei Lessing zu präzisieren).

Aus Bollachers (philosophischer und säkularer) Perspektive lässt sich ein »doppelter Vernunftbegriff«, für Thielicke ein wichtiges Argument für den Transzendenz-Gehalt von Lessings Entwurf, nicht im Text verankern, der implizierte Dualismus sprenge das Sinngefüge der Erziehungsschrift (1978, 298–300). Bollacher löst den Widerspruch im Sinn von Lessings Formel auf, die Offenbarung setze die Vernunft nicht voraus, sondern schließe sie in sich. Telos und Initialmoment des geschichtlichen Weges, der »Selbstexplikation der Vernunft«, seien mit den Paragraphen 4 und 77 bezeichnet.

Von theologischer Seite wurde die Autonomie-These Bollachers von Freund revidiert. Freund (1989) unterscheidet zwischen dem Inhalt der Offenbarung, der diskursiv zu verstehen und insofern in Vernunfterkenntnis aufzulösen sei, und dem Akt der Offenbarung als einem unableitbaren Ereignis. Die Verwandlung in Vernunftwahrheiten geschehe erst *nach* der Erziehung durch Offenbarung. »Kommt die Vernunft wesentlich von selbst auf die Offenbarungs*wahrheiten*, […] so kommt sie doch ›von selbst nimmermehr‹ auf deren *Gekommensein*, auf das Unbegreifliche des geschichtlichen Daß, der Selbstsetzung der Offenbarung« (176). Die Positivität der Offenbarung sei der Grund für den logischen Widerspruch beider Paragraphen.

Volker Dörr (1994 und 2006) wiederum erkennt in der Transformation der Offenbarungs- in Vernunftwahrheiten den Primat der Vernunft (§4). Er arbeitet Lessings Funktionalisierung der Religion für die ethische Autonomie des Menschen heraus, wobei sich jedoch diese »Funktionalisierung der Offenbarung« »nicht zugleich als Fiktion« (1994, 41) erweise. Ein transzendentes Moment, das nur geglaubt werden könne (§77), bleibe erhalten, allerdings sei es aller Inhalte beraubt und reduziert auf ein bloß ordnendes und beschleunigendes »Einwirken auf den Vorgang des Zu-sich-selbst-Kommens der Vernunft« (ebd.). Dementsprechend entwickle Lessing eine wesenhaft säkulare Eschatologie, für deren immanentes Funktionieren die Vernunft allein zuständig sei. Lediglich die Frage, ob das Ziel jemals erreicht werden könne, sei Gegenstand des Glaubens (1994, 47 f.). Kein theoretischer Diskurs gerate hier in die Krise (gegen Altenhofer 1984; vgl. S. 478), sondern ein spekulativer Diskurs werde durch einen normativen ergänzt (1994,

41 ff. – Den z. B. von Reed 1998 [1999], 85 f. erhobenen Vorwurf, Lessing grenze – intolerant – den Islam und nichteuropäische Religionen aus, vermag Dörr überzeugend zu entkräften: Am Ende der Erziehungsschrift sei der Horizont *jeder* positiven Religion überschritten; in dem Verzicht auf den Islam präge sich der »historische Ort der Spekulation selbst aus« [45]. Zum Thema der außereuropäischen Religionen s. auch Eberle 2006/07). Einen neuen Akzent setzt Dörr in seinem Beitrag 2006, in dem er die hypothetische Analogisierung von Offenbarung und Erziehung auf ihre Folgerichtigkeit hin befragt. Im Erziehungsmodell selbst als einer (von der Vernunft formulierten) Metapher für die Offenbarung macht Dörr die Quelle für die Widersprüche, Argumentationsbrüche, Sinnverschiebungen und Tautologien des Textes aus. Solche Widersprüchlichkeit könne sowohl als Indiz für Lessings Vernunftskepsis und sein persönliches Festhalten am Glauben (gegen die »Konsequenzen des Modells«) als auch als Symptom des epochalen Widerstreits zwischen Rationalismus und Empirismus (Wessell) gedeutet werden (2006, 15 f.).

Schilson (1998 [1999]) dagegen, der das Erziehungsmodell von der patristischen Tradition her deutet, sieht keinen Anlass zur Feststellung eines Widerspruchs. Wie jeder Mensch ohne die Pflege und Erziehung der Eltern buchstäblich eingehe und sterben müsse, obwohl ihm das Vernunftpotential angeboren sei, so sei die ›ursprüngliche‹ Vernunft des Menschengeschlechts (§ 4) auf die Entfaltung durch die Offenbarung (§ 77) angewiesen.

In ähnlicher Weise differenzieren Allison (1966) und Cyranka (2005 und 2007) zwischen der ursprünglich (von Gott) mitgeteilten (also angeborenen) Vernünftigkeit und dem notwendigen, nur als Prozess denkbaren Erwerb rationaler Ideen, wobei die problemgeschichtliche Kontextualisierung für ihre Argumentation konstitutiv ist. Allison verfolgt Lessings Leibnizlektüre und analogisiert die Stufen der Erziehung mit den Stufen der Erkenntnis im Monadenmodell. Bei der »Erziehung des Menschengeschlechts« handle es sich um die Entfaltung angeborener (und dunkler, unbewusst wirkender) Ideen zur deutlichen Erkenntnis. Paragraph 4 sage aus, dass es *angeborene* Ideen seien, die durch die Offenbarung entwickelt würden. Paragraph 77 hingegen sei so zu lesen: Ohne die Begegnung mit der Of-

fenbarung, ohne die geschichtlichen Erfahrungen, könnten die angeborenen Ideen sich nicht entwickeln (158 f.).

Auch Cyranka (2005 und 2007) geht von der These einer angeborenen (›mitgeteilten‹) Gotteserkenntnis aus (§ 4; §§ 6–7: Ur-»Monotheismus«; 2007, 51), die dann durch den Gebrauch und die Übung der Vernunft allererst erworben und weiter entfaltet werden müsse; aus der Passivität der (Ur-)Offenbarung müsse die Menschheit heraustreten. Den Kontext bildet für Cyranka der Diskurs über natürliche, positive (geoffenbarte) und vernünftige Religion, in dem Lessing einen eigenen Akzent setze. Er verwende einen »dreifach gestuften« Religionsbegriff, der eine Höherentwicklung impliziere (2007, 47); anders als die Vertreter von Deismus und Neologie identifiziere er dabei *nicht* die natürliche mit der vernünftigen Religion. Unter »natürlicher Religion« sei vielmehr eine anthropologische Anlage (§ 4) zu verstehen (2007, 45), die durch die geschichtliche Erfahrung der geoffenbarten Religionen zur Entfaltung gebracht werde; Cyranka spricht auch von dem Zustand der natürlichen Religion als einer erkenntnistheoretischen Voraussetzung des Modells (Bedingung der Möglichkeit für das Verstehen von Offenbarung; z. B. 2007, 47). Schließlich sucht er das ›Plus‹ nachzuweisen, das die Offenbarung der Vernunftreligion des dritten Zeitalters mitgebe (§ 77); er demonstriert es anhand der christlichen Dogmen, deren Inhalte zwar in Vernunftwahrheiten zu übersetzen seien, die jedoch als solche nicht »notwendig aus logischer Ableitung entstehen« könnten (47. – Damit grenzt Cyranka jedoch den Umfang der Vernunft unzulässig ein, die bei Lessing das, wovon die Offenbarung predige, »aus ihren andern ausgemachten Wahrheiten herleiten und mit ihnen verbinden« gelernt habe – das heißt, die Vernunft ist metaphysisch vollgültiger Herleitungen der Glaubenslehren mächtig). An dem Thema der Unsterblichkeit spiegele Lessing noch einmal die Drei-Zeitalter-Lehre (2007, 55 f.). Die »älteste Vorstellung« der Menschheit, der Glaube an die Seelenwanderung, repräsentiere den Zustand der »natürlichen Religion« und die angeborene Erkenntnisfähigkeit, durch die christliche Predigt der Unsterblichkeit habe sich eine individualisierende Moral ausgebreitet, daraus gehe auf der dritten Stufe eine durch die Vernunft verwandelte Ewigkeitshoffnung, eben die neue Seelenwanderungslehre, hervor, welcher die moralische Autonomie entspreche.

Nisbet (2008, 745–764) gelingt, ausgehend vom Konzept der ›unbewußten Perceptionen‹ (Leibniz' *Nouveaux Essais*), eine neue Konturierung der Erziehungsschrift, indem er nicht nur den teleologischen Aspekt betont, das heißt die ›Aufklärung‹ der dunklen Empfindungen und ›Vorgefühle‹ Gottes in ›deutliche Vorstellungen‹ (Vernunftwahrheiten), sondern den relativistischen Perspektivismus herausstreicht, den Lessing vom Leibnizschen Monadenmodell übernommen habe. Eine wichtige Argumentationsstütze bietet dabei der Entwurf *Über eine zeitige Aufgabe* (um 1776; B 8, 667–675), in welchem Lessing – unter Berufung auf Leibniz – die schwärmerische, intuitive Antizipation von diskursiv begründbaren Einsichten verteidige (dazu bereits Cyranka 2005, 383 ff., bes. 385–387). Relativistischer Perspektivismus: Für Nisbet ist die Erzeugung von Doppel- und Mehrdeutigkeit das konstitutive Prinzip der Erziehungsschrift. Die Bewegung von der dunklen Empfindung zur Vernunfterkenntnis provoziere eine Gegenbewegung, in der sich die Vorläufigkeit jeglicher Erkenntnis bezeuge und das »Geheimnisvolle nach und nach wiedereingeführt« (749) werde. Insbesondere die sprachlichen Strategien (assoziationsreiche Bilder, Paradoxien, Ironie, rhetorische Fragen und Wechsel zur Ich-Perspektive) stellten das Offene, Unabgeschlossene der vorgetragenen philosophischen Spekulationen heraus, die so den Charakter aktivierender Denkanstöße (statt zusammenhängender Lehren) erhielten. Ein relativistischer Perspektivismus bestimme schließlich das Verhältnis von Vernunft und Offenbarung. Nicht nur werde die Relativierung der Spekulation von der (sprachlich-rhetorischen) Subjektivierung und Emotionalisierung begleitet (– und »Gefühl« ist, dem Modell zufolge, die Domäne der Offenbarung); vielmehr fasse Lessing den »wechselseitigen Dienst« von Vernunft und Offenbarung (§ 37) absichtlich paradox: Der berühmte Widerspruch zwischen Paragraph 4 und Paragraph 77 sei nicht aufzulösen, sondern als Pointe zu begreifen. Je nachdem, welche Perspektive man einnehme, habe die Offenbarung (Perspektive des unmittelbaren, intuitiven Gefühls) oder die Vernunft (die philosophische Perspektive, die ihren eigenen Prinzipien der Erkenntnis folge) Priorität. Hiermit berühre Nisbet eine ureigene Denkfigur Lessings (dazu bes. 670 ff.). »Ihr habt allebeide, allebeide habt ihr Recht« – der salomonische Schiedsspruch aus dem *Freigeist*, Adrast und Theophan zugerufen (V, 4; B 1, 438), scheint noch für das Verhältnis von Vernunft und Offenbarung im Spätwerk zu gelten. Nisbet bringt Lessings »Bekräftigung des talmudischen Axioms« in Anschlag, »daß unvereinbare Interpretationen derselben Schriftstelle gleich wahr sein können« (751).

Von den Grenzen, die Lessing der Vernunft gezogen habe, geht auch Strohschneider-Kohrs aus, die in mehreren Arbeiten (1991, 2005, 2009, 2010) die religionsphilosophische Bedeutung von Lessings Spätwerk zu profilieren sucht. Lessing habe, so Strohschneider-Kohrs in der Studie *Historische Wahrheit der Religion* (2009), den Wechselbezug von Vernunft und Offenbarung ins Licht gerückt, die Offenheit beider füreinander *und* ihre unaufhebbare Differenz; dass er dabei sowohl in systematischer als auch in geschichtlicher Hinsicht die »Relationalität« (51) der Vernunft aufgedeckt (und mit den Mitteln poetischer Sprache verwirklicht; s. S. 477) habe, mache seinen gewichtigsten Beitrag für ein modernes religionsphilosophisches Denken aus. Die »innere Wahrheit« der Religion, von der Lessing spricht, sei als die Wahrheit der geschichtlichen Erscheinungsformen der Religionen zu verstehen (44, 50), mithin nicht als Vernunftwahrheit, sondern als der Vernunft zum Gegenstand gegebener Offenbarungsgehalt (als das noch »Unabgegoltene« der Religion: Strohschneider-Kohrs bezieht sich auf die Formulierung von Habermas [44, 51]). So löse sich insbesondere der vermeintliche Widerspruch zwischen den Paragraphen 4 und 77 auf. Paragraph 4 thematisiere die Voraussetzung, den angeborenen Gottesbezug der Vernunft; in Paragraph 77 hingegen gehe es um den geschichtlichen Prozess. In ihm könne die Religion mit den »ihr inhärenten Offenbarungswahrheiten« (41) auf nähere und bessere Begriffe von den »drei metaphysischen Problemen: Gott – Menschennatur – Verhältnis zu Gott« (41) leiten, als es der Vernunft von sich aus möglich gewesen wäre.

Den Versuchen inhaltlicher Klärung stehen solche sprachlicher Klärung gegenüber. Die Vokabel »nimmermehr« wird unter die Lupe genommen und nach ihrer Bedeutung befragt. Eibl (1984) konsultiert das Grimmsche Wörterbuch und stößt auf die Variante: »nimmermehr« als »bloße nachdrückliche Verneinung« (464). Sein Lese-Vorschlag von Paragraph 77 (ebd.): Begriffe, »auf welche die menschliche Vernunft von selbst *bisher* gewiß noch nicht gekommen wäre«. Dörr (1994) versteht »nimmermehr« als rhetorische Figur, als eine Hyperbel für »sehr lange nicht« (40). Beidemale wird der Widerspruch im Sinn von Paragraph 4 aufgelöst.

Geschichte und Geschichtsphilosophie

Die *Erziehung des Menschengeschlechts* gilt als »Inkunabel« der geschichtsphilosophischen Entwürfe der Klassik bis hin zu Hegel. Für Thielicke (³1957) und Schilson (1974) erfüllt die ›Geschichte‹ die Funktion, zwischen Vernunft und Offenbarung zu vermitteln. Das Ziel sehen beide noch theologisch bestimmt, Schilson spricht von Lessings Geschichtstheologie. Schilson (237): »Allen voreiligen Einebnungen von Lessings Geschichtsschau in eine flache Horizontalität ohne echtes Eschaton muß begegnet werden.« Als genuin geschichtsphilosophischer Entwurf erscheint die Schrift in dem Moment, in dem man das Ziel in den Raum der Geschichte verlegt, es nicht transzendent (als Jüngstes Gericht, Jenseits, religiöses Heil, etc.), sondern immanent bestimmt (z. B. als Humanitätsreligion, Verwirklichung der Universalvernunft). Dieser Schritt wird von Wilm Pelters (1972) vollzogen. Lessing verwandle Heilsgeschichte in Weltgeschichte, »indem er deren Eschatologie« säkularisiere (51). Kondylis (1986) versteht Lessings Konzeption von Geschichte als Konsequenz der monistischen Tendenzen der Spätaufklärung, eine Sichtweise, die auch unsere Interpretation prägt. Er zeigt den Zusammenhang zwischen der Geschichtsphilosophie und der Ontologie Lessings, die er als »freien Spinozismus« definiert. Von hierher macht er die Motive von Lessings doppelter polemischer Frontstellung gegen Orthodoxie und Neologie transparent. Gegenüber der Orthodoxie halte Lessing an dem Vernunftideal fest, gegenüber der Neologie führe er die »kulturelle Funktion« der Orthodoxie ins Feld, »die eben durch Versinnlichung bzw. Verunreinigung von Vernunftbegriffen zwecks Beeinflussung der psychischen Sinnlichkeit (noch) nicht vernünftiger Menschen erfüllt wird« (606).

Uneigentliches Sprechen: Zur Form der Erziehungsschrift

Timm (1982) versteht die *Erziehung des Menschengeschlechts* als einen Text, dem die »Entdeckung des Symboldenkens« zugrunde liege (13). Eine ungeahnte Bestätigung erfährt diese Sichtweise von philologischer Seite: Karl Eibl (1985) plädiert dafür, die Erziehungsschrift als fiktionalen Text und als poetisches Gleichnis zu lesen. Freilich expliziert Eibl den Poesiebegriff und das Verhältnis von (poetischem) Gleichnis und ›Wahrheit‹ so, dass wiederum eine Gegenposition zur theologischen Interpretation entsteht. Eibl sieht den bilderreichen Stil, über den sich Goeze so vehement beklagt, als Konsequenz von Lessings religionsphilosophischem Denken. Er weist die »religionsphilosophische Begründung« der Poesie nach. Für Lessing – wie für die Aufklärung insgesamt – werde die Auffassung bestimmend, dass »Wahrheit« im Bereich des Irdischen und Endlichen nur vorläufig formuliert werden könne, dass keine Religion die »Wahrheit« vollgültig besitze, sondern immer nur vermischt mit menschlich-allzumenschlichen (»falschen«) Zusätzen. Gleichzeitig halte Lessing an der »Wahrheit« als der Voraussetzung für das Streben nach Erkenntnis fest. Eibl bestimmt diesen Wahrheitsbegriff rein formal. »Wahrheit« liege für Lessing in der Notwendigkeit, um der Intersubjektivität willen Erkenntnisse mitzuteilen, so unvollkommen diese auch ausfallen mögen. Das *Sprechen von der Wahrheit* [ist] ›unentbehrlich‹, *das Gesagte aber immer wahrheitsfern*« (236). Die Poesie sei adäquater sprachlicher Ausdruck für diese Situation. Die Uneigentlichkeit ihrer Rede – Poesie qualifiziere sich durch Fiktionalität und Bildhaftigkeit – trage der Verborgenheit der Wahrheit Rechnung. Dennoch bleibe die Poesie auf die »Wahrheit« bezogen, indem sie (die Wahrheit) in ihr »*zur Geltung gebracht*« werde (239). Eibl unterscheidet diese Konzeption von der (im 18. Jahrhundert) geläufigen Bestimmung der poetisch-bildlichen Rede als »sinnlicher« Erkenntnis. Einzelne Inhalte, die als »wahr« gelten können, gibt es aus seiner Sicht ja nicht mehr. Poesie diene »nicht mehr der ›sinnlichen‹ Unterstützung von Wahrheiten [...], sondern« werde »zu einem selbständigen Raum der ›Dauerreflexion‹, in dem die ›positiven‹ Formulierungen [...] ›gleich wahr und gleich falsch‹ sind« (252). Als eminentes Beispiel solcher Poesie ›aus dem Geist der Religionsphilosophie‹ interpretiert Eibl die *Erziehung des Menschengeschlechts*. Er arbeitet vier Elemente heraus, die die Poetizität des Textes begründeten. Das Augustinus-Motto stelle den Gesamttext unter das Vorzeichen der Uneigentlichkeit, die Analogie zwischen Erziehung und Offenbarung sei ein poetisches Gleichnis, die Organisation in Paragraphen sei ein Form-Zitat, das Spiel mit Verfasser und Herausgeber verleihe der Schrift einen fiktiven Rollencharakter. Gegenüber der theologischen Interpretation fordert Eibl die Loslösung von inhaltlichen Fragen – für Lessing sei die Wahrheit eben unerkennbar, alles Inhaltliche sei gleich wahr und gleich falsch, gedanklicher Fortschritt könne nicht mehr nachgewiesen werden. Statt nach religiösen oder philosophischen Erkenntnissen solle man nach der »poetischen Verwendung dogmatisch-religiöser Topoi« fragen (251).

Diese Frage danach, welche Funktion die poetische Form für die Sinnkonstitution der Erziehungsschrift hat, gehört – neben der Konkretisierung ihrer Themen durch Kontextualisierung (s. S. 468 ff.) – gegenwärtig zu den am intensivsten diskutierten Problemstellungen. Dabei rücken vor allem der *Vorbericht des Herausgebers* mit dem Augustinus-Motto und die Rhetorik der Schlussparagraphen (§§ 81–100) ins Zentrum der Aufmerksamkeit. Nicht überraschen kann, dass die Forschungsbeiträge zur Rolle der Bild- und Zeichenebene die ganze Bandbreite des Deutungsspektrums wiederholen, was die Bestimmung des Verhältnisses von Vernunft und Offenbarung anbelangt.

Weitgehender Konsens besteht darüber, dass mit dem Motto (B 10, 73 und Kommentar: 809 und 864 f.; s. S. 483) und der Vorrede der hypothetische und experimentelle Charakter des gesamten Essays betont werden soll. Dissens besteht darüber, ob die Bilder, Gleichnisse, Allegorien (§§ 44–52), Rollenspiele und Fingerzeige (*Vorbericht*), die Lessing verwendet und von denen er spricht, die Grenzen der Vernunft gegenüber der Offenbarung – einem unverfügbaren göttlichen Sein und Gegebensein – indizieren, oder ob die Zeichenverwendung in der Erziehungsschrift die Emanzipation der Vernunft von der Offenbarung nicht nur transparent macht, sondern verwirklicht. Repräsentativ für die erste Auffassung sind die Studien von Schilson und vor allem Ingrid Strohschneider-Kohrs (1991, 2005, 2010).

Strohschneider-Kohrs sieht in Lessings sprachlichen und poetischen Formen zunächst präzise Äquivalente für das »Doppel-Signum« der Religionen, in ihrer historischen Bedingtheit zugleich an der Wahrheit teilzuhaben. Dabei bezieht sie nicht, wie die meisten Interpreten (z. B. Bollacher 1978, 246 f.), das Wort ›Irrtum‹ aus dem Schlusssatz des Vorberichts (B 10, 74) auf die Offenbarungs-Schicht der Religionen (ihre sinnliche Ausprägung, ihre Spiegelung durch die Einbildungskraft, ihre Weissagungen, Zeichen und Wunder, ihre mythischen Elemente), sondern auf die Vernunft-Komponente; die Bezeichnung »Irrtum« signalisiere die Grenzen der – eben immer dem Irrtum ausgesetzten – menschlichen Vernunft. Mit dieser Lektüre ist dann der Weg dafür frei, dem begrenzten Erkenntnisvermögen, dem die ebenso begrenzten, historisch bedingten »positiven« (geoffenbarten) Religionen zuzuordnen seien, das »Ganze«, die »volle Wahrheit« der Religionen gegenüber zu stellen (2005, 251); sie spricht von dem über die »Grenzen« der Vernunft »hinausliegende[n] und unerkennbar Gegebene[n]« (1991, 234) und von der »Einordnung in eine als undurchdringlich und umgreifend erkannte Daseins- und Gotteswirklichkeit« (1991, 243). Dieser ›andere, unzugängliche Bereich‹ (1991, 234) verbürge, dass die positiven Religionen als geschichtliche Erscheinungen mehr als »nur dunkles, kontingentes Dasein oder etwas nur pragmatisch Verfügbares« (1991, 242) seien. Hier nun kommt eine zweite, performative Funktion von Lessings poetischer Formgebung zum Zuge. Strohschneider-Kohrs versteht das Rollenspiel, die Sprachbilder, die Wanderer-Topographie und die textinternen Bezüge des Vorberichts als Ausdruck einer personalen Wahrheitserfahrung. Das noetische Problem, die Grenzziehung der Vernunft und ihre gleichzeitige Beziehung auf die Fülle der Wahrheit, nehme eine individualisierte Gestalt an, der »Sprachgestus personaler Erfahrung« zeichne sich ab (1991, 236; 2009: Lessings Zeichensprache sei einem essentiell religiösen Wahrheits-Sinn zuzuordnen [49–51]; zum *Vorbericht* s. auch 2010). Zugleich modelliere Lessing mit dem besonderen »Stilgestus« die Haltung eines vorurteilsfreien und selbstkritischen Nachdenkens, in welcher der nachfolgende Text zu lesen sei.

Zum entgegengesetzten Ergebnis – das semiotische Verfahren der Erziehungsschrift diene der

Freisetzung der Vernunft von der Offenbarung (zweite Deutungsvariante) – kommt Altenhofer (1984), der ebenfalls vom Vorbericht und dem Motto ausgeht. Lessing beziehe in seiner Exegese der jüdisch-christlichen Tradition die Zeichen nicht mehr, wie Augustinus, auf die Heilswahrheit des Glaubens, vielmehr mache er dessen zentrale Gehalte (Erbsünde, Genugtuung, Dreieinigkeit) erneut zu Zeichen, die er auf metaphysisch-ethische Konzepte hin entziffere. Im Übergang zum dritten Zeitalter werde dann der Horizont der christlichen Tradition verlassen, das Bewusstsein habe die Offenbarung ›aufgezehrt‹ (34), Gott gehe nunmehr als »selbstschöpferisches Prinzip« ein in die »sich selbst unaufhörlich vervollkommnende menschliche Seele« (33). Dabei führe die Auflösung des geschichtstheologischen Paradigmas – ein »qualitativer Sprung« – in die aktuelle Gegenwart des Sprecher-Ichs, dessen individuelle Erfahrung noch nicht begrifflich objektivierbar und generalisierbar sei. Mit diesem »Schritt ins Ungewisse« gerate zugleich der »theoretische Diskurs als Form in die Krise« (32). Eine emotional eingefärbte, tastende, metaphernreiche Sprache nehme am Schluss die »hypothetisch-perspektivische Präsentationsform« des Vorberichts wieder auf (34). So werde die Erfahrung der Unsicherheit nicht verdeckt, sondern ans Licht gestellt, das Bewusstsein von der Relativität aller Zeichen werde wachgehalten (35). Das heißt aber, dass, nach der Aufhebung des geschichtstheologischen Paradigmas, die »Inszenierung des eigenen Denkens« (35) nicht auf die Grenzen der Erkenntnis verweist, sondern die überhaupt noch mögliche Wahrheit der Vernunft rettet. (Eine verblüffende, jedoch abwegige Neubewertung des dritten Abschnitts der Erziehungsschrift, der Beschwörung des ewigen Evangeliums, nimmt Brokoff [2004] vor: Kein vorsichtig fragendes, sondern ein apokalyptisches Sprechen präge die letzten Passagen, das Ende der Aufklärungsbewegung nehme rhetorische Form an, die emphatischen Ausrufe markierten den Zugriff auf die absolute Wahrheit unter Zurückweisung des Zweifels: »Lästerung! Lästerung!« [§ 84; B 10, 96]).

Nicht die Zeichentheorie des Augustinus, sondern die auf Wolffs Semiotik aufbauende Ästhetik der Aufklärung ist für Hayden-Roy (2003) der Schlüssel zu Lessings Bibelauslegung und Religionsphilosophie, wobei ihr Wellberys *Laokoon*-Lektüre (s. S. 271 f.) als Modell dient. Lessing, so ihre These, lese die Bibel als poetischen Text; die Begründung dafür liefert vor allem Paragraph 48, wo er von den biblischen Allegorien, Fabeln und Märchen spricht und sich dabei sogar (weitgehend) an die eigene Fabeldefinition hält (»Einkleidung der [...] abstrakten Wahrheiten in [...] lehrreiche einzelne Fälle, die als wirklich geschehen erzählet werden«; B 10, 87). Mit der damit gegebenen Verschiebung von der logischen Wahrheit zur poetischen Wahrscheinlichkeit, die nur die Übereinstimmung mit der historischen Denkungsart erfordere (Lessings Fabeltheorie), sei der Freiraum nicht nur für ein historisches Verständnis der biblischen Erzählungen geschaffen, sondern auch für ihre Neuinterpretation im Kontext der Gegenwart. Dieser Weiterentwicklung der metaphorischen Bedeutung der Bibel unterlegt Hayden-Roy nunmehr das teleologische Modell der Wolffschen Semiotik: Die sinnliche Erkenntnis, welche das wörtliche Verständnis der biblischen Geschichten vermittle, kläre sich im Prozess der Auslegung zu immer deutlicherer Erkenntnis (so allerdings bereits Allison 1966, der an das Leibnizsche Monadenmodell anknüpft, und Verf. in der ersten Auflage des Handbuchs; vgl. S. 428 ff. und S. 481). Hayden-Roy geht auf Lessings Spekulationen über die christlichen Glaubenswahrheiten ein, wobei die Geschichte vom Sündenfall als Allegorie auf die Seelen- und Erkenntniskräfte eine besondere Rolle spielt. Dabei sei für den Erkenntnisprozess das doppelte Verhältnis der ästhetischen Erscheinung zur Wahrheit konstitutiv. Einerseits garantiere die sinnliche (ästhetische) Vorstellung den kognitiven Reichtum – die Unerschöpflichkeit und Vielfalt der Auslegungsmöglichkeiten. Andererseits führe eben deshalb die metaphorische Lektüre nie zur unmittelbaren (göttlichen) Erkenntnis der Wahrheit. Die Bibel werde zwar überflüssig, doch zeige der sprachlich-poetische Duktus der Erziehungsschrift, wie die Vernunfterkenntnis weiterhin auf Metaphern und Allegorien angewiesen bleibe, die ihrerseits neue Auslegungen erzeugten.

Alle diese Deutungen sind gegen die – von Eibl (1985) postulierte – Durchtrennung der Beziehung von poetischem Bild und »Wahrheit« gerichtet (vgl. auch Nisbets [2008, 753 f.] Votum für den substantiell philosophischen Charakter von Lessings Essay). Es mag ein Licht auf die Besonderheit ihrer Sprachgestalt werfen, dass die Erziehungsschrift inzwischen jedoch auch dekonstruktivistische Ansätze hervorgerufen hat, in denen die Poetologie des Textes als Widerstand und Widerspruch zu jeder Möglichkeit von Sinnkonstitution beschrieben wird (Müller Nielaba 2005).

Die *Erziehung des Menschengeschlechts* mache die Grenzen der Vernunft transparent und betone die Differenz zwischen Vernunftwahrheit und geoffenbarter Wahrheit, oder aber sie entfalte einen relativistischen, pluralistischen Wahrheitsbegriff; sie setze die religiöse Informiertheit der Vernunft voraus oder ziele auf Vernunftautonomie; sie dokumentiere ein Immanenzdenken oder ein Festhalten an der Transzendenz Gottes; sie realisiere ›anschauende Erkenntnis‹ oder betreibe ein selbstreferentielles poetisches Spiel – die Argumente werden auch in Zukunft weiterentwickelt, neu formuliert, kombiniert und perspektiviert oder in die Terminologie neuer Methoden gekleidet werden. Konsens dagegen herrscht über den situationsgebundenen Charakter von Lessings Gedankengang (auch) in der Erziehungsschrift; und nur durch quellenorientierte Kontextualisierungen, so scheint es, können derzeit wirklich neue (Teil-)Profilierungen wie diejenige Vollhardts (2010) gelingen, der die Anspielung auf Joachim von Fiore als eine ›Rettung‹ ausweist.

Wer in der Erziehungsschrift allerdings religionsphilosophische und theologische Einsichten, getragen von einer religiös motivierten Vernunftskepsis, erblickt, muss eine Antwort für das Problem entwickeln können, dass die Vernunft immerhin die Stoßkraft hat, den religiösen Glauben an Jesus Christus als den Sohn Gottes und an sein erlösendes Opfer so zu transformieren, dass als rationale Äquivalente die spinozistisch-philosophischen Spekulationen über die Welt als »Vorstellung« Gottes vorgeschlagen werden können, Lessing also da, wo es um konkrete Beispiele ›geoffenbarter Wahrheiten‹ geht, die Differenz zwischen religiöser und metaphysischer Erkenntnis einebnet – nichts »als Ideenwanderung in neue Formeln u Wörter«, den alten »Sauerteig unserer Modephilosophie«, hatte denn auch Hamann in der Schrift gesehen (an Herder, 24.3.1780 bzw. 11.6.1780; Albrecht 2003, Bd. 1, Nr. 1032 bzw. 1038). Das Korrelat der religiösen Vernunftskepsis wäre der Glaube an die fortwährende Mitwir-

kung Gottes, an die Einwirkung des Hl. Geistes auf das Herz und die Vernunft des Menschen, die Überwindung seiner ›natürlichen‹ Gottesferne durch die Gnade – dies ist in der lutherischen Glaubenslehre letztlich mit dem alles entscheidenden »Wunder« gemeint. Lessings Vernunfterkenntnis dagegen aktiviert den ganzen Menschen, seine Verstandes-, Gefühls- und Willenskräfte, wobei ein Entgegenkommen Gottes, eine göttliche Eingebung, keine Rolle mehr spielt (oder identisch mit der seelisch-geistigen Bewegung wird, was auf Psychologisierung hinausläuft). Der Prüfstein für die Wahrheit der inneren Stimme der Schwärmer ist für Lessing die Vernunfterkenntnis, so dass Nisbet zu Recht als Resultat der Herleitung von ›Offenbarungen‹ aus den »noch dunklen Empfindungen außergewöhnlicher Menschen« (2008, 752) festhält: Die »Offenbarung als ganze, wie Lessing sie versteht«, sei »lediglich eine Metapher für die abstrakten Wahrheiten, die die Vernunft mit der Zeit völlig verständlich machen werde« (753).

Gleichwohl bleibt Lessings Vernunftbegriff auf einen Gottesbegriff bezogen, ist ›Gott‹ das ›Vor-Zeichen‹ für die Entwicklung der Vernunft; beim Wort genommen, spricht er nicht von dem »Selbstschöpfungsprozeß« (Altenhofer) der Vernunft, sondern davon, dass sie einen göttlichen Urheber hat (§ 37). Mit fast systematischer Konsequenz aber vermeidet Lessing auch nur die Andeutung davon, was denn nun die Offenbarung über die Möglichkeiten der philosophischen, metaphysischen und ethischen Erkenntnis hinaus »offenbaret« (B 8, 316), und nirgendwo wird erkenntlich, dass für ihn dieses ›Geoffenbarte‹ in den Religionen jenseits des Bezugsrahmens liegen sollte, der mit der »anthropozentrischen Wende« (Taylor; s. S. 21; vgl. auch Kurt Hübner ²2004) gegeben ist.

Analyse

Religion der Vernunft: Spinozas Tractatus Theologico-Politicus als Folie

In der *Erziehung des Menschengeschlechts* interpretiert Lessing die »Offenbarung« als Geschichte der Religionsvorstellungen und diese als eine stufenweise Entfaltung der Vernunft. Die einzelnen Stufen des Entwicklungsprozesses werden mit den drei Lebensaltern parallelisiert, die Geschichte des Individuums dient zum Modell für die Geschichte der Gattung. Der jüdischen Religion (der Offenbarung Gottes im AT) wird die »Kindheit« zugeordnet, das Volk der Bibel wird ein »kindisches« Volk genannt. Das Christentum repräsentiert das Knaben- bzw. Jünglingsalter. Damit ist bereits angedeutet, dass der Prozess der »Aufklärung« über das Christentum hinausgehen wird (und muss). Gottes Handeln am Menschen, von dem die Bibel berichtet, wird als »Erziehung« gedeutet. Wir geben diesem gedanklichen Gerüst Kontur, indem wir Lessings Schrift vor dem Hintergrund von Spinozas *Theologisch-Politischem Traktat* lesen.

Bei Spinoza dient die Akkommodationslehre dazu, Vernunft und Offenbarung zu trennen, wobei der Vernunft der höhere Rang zukommt. Seine Argumentation lautet: Die Wunderberichte, die rätselhaften Prophezeiungen, die bildhafte und oft dunkle Sprache der Bibel spiegelten den Bewusstseinszustand des hebräischen Volkes wider, die lebhafte Einbildungskraft und die phantasievolle Vorstellungsweise seiner religiösen Erzieher artikulierten sich darin. Die Sprache der Bibel sei die Sprache der Affekte und Leidenschaften. Spinoza vergleicht die Hebräer, die solcher Sprache bedurft hätten, mit Kindern (Kap. 12, 195). Von der Offenbarung sei die philosophische Erkenntnis Gottes geschieden, Theologie und Philosophie dürften einander nicht dienstbar machen. Die philosophische Gotteserkenntnis speise sich einzig und allein aus der Vernunft, sei Einsicht in deren Wahrheiten und führe schließlich zum Einklang mit der ewigen Notwendigkeit der »Natur« – Spinoza setzt hier das eigene System voraus (Kap. 6, »Von den Wundern«; passim). Diese Erkenntnis sei identisch mit der Liebe zum »Sein« (= Gott, die allumfassende Substanz, »Natur«), in ihr bestehe die »Glückseligkeit« des Weisen. Eines ihrer wesentlichen Merkmale ist ihre Unabhängigkeit, Ungetrübtheit vom bildlichen Denken und ihre Freiheit von sinnlichen Einflüssen und Leidenschaften. Anders die Offenbarung. Sie appelliere an die Einbildungskraft und an die Affekte, um sie zu beeinflussen. Die Offenbarung lenke den sinnlichen Menschen. Die Philosophie leite zur »Erkenntnis«, die Offenbarung dagegen zum Gehorsam. Dem Weisen sage die »Idee Gottes selber, daß Gott unser höchstes Gut ist oder daß die Erkennt-

nis und Liebe Gottes den letzten Zweck bilden, auf den alle unsere Handlungen gerichtet sein müssen. Der sinnliche Mensch jedoch kann das nicht verstehen und ihm erscheint es eitel, weil er eine allzu dürftige Erkenntnis Gottes hat und auch weil er in diesem höchsten Gut nichts findet, das er mit Händen greifen oder essen könnte oder das seine Sinnlichkeit, der er die meisten seiner Freuden verdankt, zu affizieren vermöchte, da dieses Gut ja allein in der Spekulation und im bloßen Geist besteht« (Kap. 4, »Vom göttlichen Gesetz«, 69). In der Affizierung der Sinnlichkeit durch Verheißung und Drohung bestehe die Funktion der Offenbarung. Dabei ist Spinoza weit davon entfernt, die Offenbarung gering zu schätzen, vielmehr nimmt er ihre Göttlichkeit ernst. Er zeigt, dass das Ziel der Offenbarung ein sinnliches Analogon zu dem Ziel der Philosophie darstellt. Der Glaube, zu dem die Offenbarung anhalte, manifestiere sich in einer Lebensführung, die ebenso Nachahmung des Göttlichen sei und ebenso den Keim der Glückseligkeit in sich trage wie die philosophische Erkenntnis. Es ist bekannt, dass Spinoza das biblische Liebesgebot ins Zentrum rückt. Unableitbar stehe die Offenbarung neben der Vernunfterkenntnis, ein gegebenes »Faktum«, die Vernunft könne hier nichts beweisen, sie könne nur das Wunder sehen und anerkennen, dass auch dem sinnlichen Menschen auf sinnliche Art der Zugang zum höchsten Gut erschlossen ist. Nicht die Vernunft, sondern nur die Offenbarung lehre, dass »es zum Heil oder zur Glückseligkeit genüge, die Ratschlüsse Gottes als Gesetze oder Gebote anzunehmen, und daß es nicht nötig sei, sie als ewige Wahrheiten zu begreifen« (Kap. 15, »Theologie und Vernunft«, 231, Anm. 2). So gewähre die Hl. Schrift den Sterblichen »einen sehr großen Trost« (231).

Zwei voneinander unabhängige Fundamente, die auf unterschiedliche Weise die höchste Seligkeit des Menschen begründen, einmal von der Schicht der Gefühle und Sinnlichkeit her, das andere mal von den Vernunftkräften her: So ordnet Spinoza Glauben und Offenbarung einerseits, Erkenntnis und Philosophie andererseits einander zu. Von hier gehen die Anstöße für Lessings Denken aus, Vernunft und Offenbarung zeigen in der Erziehungsschrift ein vergleichbares Profil. Wie Spinoza identifiziert Lessing Erkenntnis, Liebe zu Gott, Seligkeit und Tugend (§§79, 80, v. a. §85), wie bei Spinoza spielen bei Lessing auf dieser Stufe die Bibel und die Offenbarung keine Rolle mehr. Aus ihren eigenen Prinzipien, aus ihren eigenen »ausgemachten Wahrheiten« leite die Vernunft am Ende ihre Begriffe von Gott und Unsterblichkeit her (§ 72). Gleichwohl »rettet« Lessing die Offenbarung und schätzt sie wie Spinoza sehr hoch. Wie für Spinoza sind für ihn die biblischen Geschichten und Verheißungen an den sinnlichen Menschen als Adressaten gerichtet. Vom »sinnlichen Juden« ist in der Erziehungsschrift die Rede (§ 93). Gott wirkt durch »unmittelbare sinnliche Strafen und Belohnungen« (§ 16). Die Bedürfnisse des irdischen Lebens sind in dieser Frühzeit maßgeblich für das Gottesbild. Es korrespondiert den menschlichen Leidenschaften: Der Gott der Bibel ist ein »eifriger« Gott, der mehr gefürchtet als geliebt wird (§ 34). Er zeigt sich als der Mächtigste aller Götter. Es ist dies das sinnliche Bild, das den Gedanken des einigen Gottes veranschaulicht (§ 13). Wie für Spinoza ist für Lessing die Offenbarung in ihrem Gegebensein und ihrer Voraussetzungslosigkeit ein »Wunder«. Dass die Offenbarung die Vernunft nicht voraussetze, dass Vernunftbeweise in ihrem Bereich nichts gälten, ist das Hauptargument Lessings gegen Reimarus. Die Sinne sind in der Entwicklung des Menschen der Vernunft vorgeordnet. Die sinnliche Wahrnehmung ist »grundlos«, sie ist gegeben und kann nicht weiter abgeleitet werden. Ebenso die sinnliche Gotteserkenntnis: Sie ist ursprünglich, nicht hinterfragbar, eine anfängliche Setzung. So bewirkt die Offenbarung das Wunder, dass der Mensch bereits auf der Stufe der Sinnlichkeit und mittels sinnlicher Eindrücke zu »geistigen Gegenständen« (§ 80) hin gelenkt wird.

Die Offenbarung ist für Lessing die »sinnliche Erkenntnis« Gottes. Mit diesem Konzept der sinnlichen Erkenntnis scheidet sich jedoch der Denkweg Lessings von demjenigen Spinozas. Hinter Spinozas Trennung von Philosophie und Theologie, Glauben und Erkennen, steht die kompromisslose Trennung von Vernunft und Sinnlichkeit. Zwischen den Sinnenbildern und den Trugbildern der Leidenschaft auf der einen, der Erkenntnis des Geistes auf der anderen Seite gibt es bei Spinoza keine Verbindung, weswegen ja auch die Offenbarung, die dem sinnlichen Menschen das »Heil« zeigt, für ihn wahrhaft göttlichen Ur-

sprungs ist. Erkenntnis jedoch wird durch die Offenbarung nicht vermittelt, Erkenntnis ist bei Spinoza ausschließlich die Domäne der Vernunft. Lessing dagegen macht die Offenbarung zur Vorläuferin der Vernunfterkenntnis. Offenbarung und Vernunft verhalten sich wie die sinnliche zur deutlichen Erkenntnis. Nur aus der sinnlichen Erkenntnis kann sich die deutliche entfalten, lautet der Grundsatz der zeitgenössischen Ästhetik und Psychologie, den Lessing auf das Gebiet der Religionsphilosophie überträgt. Er verwendet für die »Offenbarung« die Metapher des Spiegelbildes: »Wahrheiten« würden in der Bibel »vorgespiegelt« (§ 72). Die sinnliche Gotteserkenntnis ist nicht ›falsch‹ – sie vermittelt die »Wahrheit« im »Bild«, als »Vor-Spiegelung« (vgl. auch § 73). Bereits auf der Stufe der Sinnlichkeit ist dem Menschen die Erkenntnis Gottes möglich. Diese ursprüngliche Informiertheit gibt die Basis ab für die spätere Vernunfterkenntnis. Eklatant tritt der Unterschied zu Spinoza da hervor, wo Lessing die Trinitätslehre als »Vor-Bild« einer vernünftigen Erkenntnis vom Wesen Gottes auslegt. Für Spinoza ist es undenkbar, dass eine theologische Bildersprache den Kern oder »Samen« einer philosophischen Einsicht in das »Sein« enthält. Zu Recht zieht Allison (1966) zur Erläuterung von Lessings Gedankengang Leibnizens Monadenmodell heran. Dunkel und unbewusst spiegelt die Monade (die Seele) das ganze Weltall. Sie strebt danach, die dunklen Empfindungen in deutliche Vorstellungen zu verwandeln. Ähnlich verhält es sich bei Lessing mit der Gotteserkenntnis. Die »Offenbarung« teilt dem Menschen eine umfassende Vorstellung von Gott mit, aber mehr als Ahnung und Gefühl denn als deutlichen Begriff. Die Aufklärung zum ›deutlichen Begriff‹ ist das Ziel. – Ähnliches wie für den Gewinn von Erkenntnis gilt bei Lessing für die moralische Erziehung: Die Sinnlichkeit wird funktionalisiert für das höhere Ziel. Darin liegen für ihn die Bedeutung und Notwendigkeit des Christentums. Auf der Stufe der Sinnlichkeit herrsche der Eigennutz. Noch das Christentum appelliere an den Eigennutz, wenn es die »innere Reinigkeit des Herzens in Hinsicht auf ein andres Leben« ›empfiehlt‹ (§ 61). Die »Eigennützigkeit« ist im Spiel, wo die Tugend »wegen ihrer ewigen glückseligen Folgen« geliebt wird (§ 79). Sofern für das Christentum die Aussicht auf die Belohnung im Jenseits wichtig ist, ist der Eigennutz in ihm nicht gänzlich überwunden. Doch liegen in der christlichen Religion die (notwendigen) Voraussetzungen zu dessen Überwindung. Uneigennützigkeit und völlige »Reinigkeit« des Herzens hat der Mensch dann erreicht, wenn er das Gute tut, weil es das Gute ist (§ 85). Lessing geht nicht davon aus, dass die reine Verstandeserkenntnis – »weil es das Gute ist« – den Menschen zum Handeln bewegt. Vielmehr spricht er von den »innern […] Belohnungen« der Tugend, die »besser« als die Belohnungen im Jenseits sind (§ 85). Zum Beweggrund soll die innere Glückseligkeit werden, womit die Tugend sich selbst belohnt. Zu solcher Unabhängigkeit von den äußeren Umständen aber, so der Gedankengang, musste der Mensch erst erzogen werden. Erst die Unsterblichkeitslehre hat ihn frei von äußeren Glückserwartungen gemacht. Erst durch die christliche Religion lernte er die »innere Reinigkeit des Herzens« kennen, die inkommensurabel mit irdischem Ansehen ist (§§ 60, 61, 83). Im Christentum wurde sie im Hinblick auf ein »anderes Leben« eingeübt. Der Eigennutz wurde in Dienst genommen und veredelt. Es gilt nun, die ›Reinheit‹ des Herzens als Selbstzweck und Wert in sich zu entdecken.

Die Offenbarung schließt die Vernunft in sich (vgl. *Gegensätze*, B 8, 319): Lessing führt zusammen, was Spinoza nur getrennt voneinander gelten lassen will. Dahinter steht das Bestreben, Sinnlichkeit und Vernunft nicht als unvereinbare Gegensätze zu begreifen, jenes für die Lessingzeit insgesamt charakteristische Bestreben, das in dem Begriff der »sinnlichen Erkenntnis« seinen prägnantesten Ausdruck findet. Das »Vereinigungsstreben« (Kondylis) bringt als Konsequenz den geschichtlichen Ansatz hervor. Kommt es doch darauf an, Wege zu denken, auf denen die philosophische Vernunft sich in der Gesellschaft realisieren kann, oder, anders gewendet, auf denen die noch »rohe«, ungeschliffene Menschheit die Stufe der Vollendung erreichen kann. In der Sinnlichkeit des Menschen müssen die Impulse verborgen liegen, die eine stufenweise, eben geschichtliche, Annäherung an das Vernunftziel erlauben. Diese Vorstufen, so die weitere Konsequenz des Gedankens, sind zunächst notwendig, dann entbehrlich. Ohne den vorhergehenden *Glauben* an eine Unsterblichkeit der Seele wird das menschliche Herz die »Bildung« nicht erlangen, die es zur völlig uneigennützigen Einsicht

und Tugend befähigt. – Wir zeigen abschließend, wie hinter dem geschichtlichen Dreistufenmodell bei Lessing das »Vereinigungsstreben« steht. Die Verklammerung mit dem Spinoza-Gespräch tritt hervor.

Das triadische Modell und die Vereinigung von Diesseits und Jenseits

Lessing adaptiert das Geschichtsmodell vom »*dreifache[n] Alter der Welt*« (§ 88). Judentum und Christentum werden von der »Zeit eines *neuen ewigen Evangeliums*« (§ 86) abgelöst. Das Gesetz der Höherentwicklung ist die Vergeistigung. Auf die »sinnliche« jüdische folgt die »geistige« christliche Religion (§ 93). Die Vergeistigung im Christentum ruht auf der Spaltung zwischen Diesseits und Jenseits. Die neue Religionsstufe ist nun dadurch charakterisiert, dass diese Spaltung überwunden wird. Das Jenseits soll sich bereits im Diesseits verwirklichen. Die Synthese ist das Prinzip, dem entsprechend Lessing zentrale Religionslehren neu formuliert. Dabei ist zu beobachten, dass Momente der ersten Religionen, des Judentums und des heidnischen Polytheismus, in geläuterter Form wiederkehren. Die sinnliche Weltsicht des Anfangs ist in der Hinwendung zum Diesseits am Ziel ›aufgehoben‹. Terminologisch wird die Synthese angedeutet, indem Lessing in den Schlussparagraphen Gott (§ 82: »Allgütiger«), Vorsehung (§ 91) und »Natur« (§§ 84, 90) als Synonyme verwendet.

Die ›Vereinigung‹ (nicht: Identifikation) von Gott und Welt steht hinter Lessings Fassung der Trinitätslehre (§ 73). In ihr werde die Erkenntnis anschaulich gemacht, dass Gottes Einheit eine andere sei als diejenige eines endlichen Dinges. Gottes »Einheit« schließe eine »Art von Mehrheit« in sich. So sei es im Bild der göttlichen Personen angedeutet. Die Vater-Sohn-Beziehung veranschauliche die Relation Gottes zur Welt. Die Dreieinigkeit antizipiere den Gedanken, dass der einige Gott die vielteilige Welt in sich fasse, das Bild vom Sohn Gottes verweise auf das Hervorgehen der Welt aus Gott und drücke sowohl die eigene Wirklichkeit der Welt als auch ihr Sein in Gott aus. Die philosophische Verdeutlichung der bildhaften »Lehre« lautet dann: Gott habe eine Vorstellung von sich, die notwendig auch seine Wirklichkeit besitze. Diese »Vorstellung« sei die Welt. Sie sei einem Spiegelbild vergleichbar, das am Leben des Urbildes partizipiere. – Die Erhöhung der Welt zu einer Seinsweise Gottes bedeutet ein »Wiederholen« der frühesten Religionsstufe des Polytheismus. Die von den Sinnen beherrschte Vernunft hatte den »Einzigen Unermeßlichen« in seine »Teile« zerlegt und aus den Dingen der Welt Götter geformt (§§ 6 und 7). Jetzt müssen Einheit und Vielheit zusammen gedacht, Gott und Welt integriert werden.

Realisierung dessen, was im Christentum ins Jenseits verlegt wird, bereits im Diesseits, ist der Leitgedanke insbesondere von Lessings Spekulationen zur Moralität. Kein Zustand im Jenseits, sondern das innere Glück, das hier und jetzt erfahren wird, soll zur guten Tat motivieren, die Glückseligkeit der »Tugend« soll das Ziel sein. Die entsprechende philosophische Einsicht in die Verfasstheit der Welt trägt Lessing als Neuformulierung der »Lehre von der Genugtuung des Sohnes« (§ 75) vor. Diese Lehre leite zu der »Vernunftwahrheit«, dass jede Unvollkommenheit (»Sünde«) des Einzelnen in der Vollkommenheit des Ganzen (der Welt, des »Sohnes Gottes«) »verschwinde«. Es ist eine gefährliche Erkenntnis, die der »Übertretung« ihr Gewicht nimmt, eine Erkenntnis, die als solche schon »Vergebung« ist. Weder Lohn noch Strafe haben auf der höchsten Stufe der »Aufklärung« Relevanz. Dabei ist impliziert, dass sich die buchstäblich umfassende Vollkommenheit der Welt nur dem erschließt, für den die »inneren Belohnungen« des Guten die entscheidende Realität sind. – Die »völlige Reinigkeit des Herzens« ist eine geläuterte Form des »heroischen Gehorsam(s)« (§ 32) der Juden, die die Unsterblichkeitslehre noch nicht kannten. Im Judentum war der Blick auf die sinnliche ›Oberfläche‹ der Welt eingegrenzt; die »Unvollmenheiten« sprangen ins Auge. Angesichts einer Welt, in der bei der »Austeilung der Güter dieses Lebens […] auf Tugend und Laster so wenig Rücksicht genommen zu sein scheinet« (§ 28), erfüllten die Juden die Gesetze Gottes, »bloß weil es Gottes Gesetze sind«, und nicht wegen der zeitlichen Belohnungen (§ 32).

Die Lehre von der Unsterblichkeit, gedacht als Fortleben der Seele nach dem Tod im Jenseits, ist in dem Moment »antiquieret« (§ 88), in dem die Grenze überwunden und das Jenseits gleichsam in das Diesseits hineingeholt werden soll. Lessing ersetzt den Gedanken der Unsterblichkeit durch den der Seelenwanderung (§ 93; s. S.

524 f.). Auch hier knüpft er an früheste Denkbilder an (§ 95). Er stellt sich eine Wiederkehr jedes Einzelnen auf allen Stufen der Höherentwicklung vor. In seinen verschiedenen Leben durchlaufe der Mensch die Erziehung als »sinnlicher Jude« und »geistiger Christ« (§ 93). Er komme so oft wieder, als er »neue Kenntnisse, neue Fertigkeiten zu erlangen geschickt« (§ 98) sei. So dient die Hypothese der Seelenwanderung dazu, die Vollendung der Menschheit und die Vervollkommnung des Individuums denkbar zu machen, ohne den Schritt in ein ›Jenseits‹ tun zu müssen. Die Dimension des Unendlichen und Ewigen wird mit dem konkreten Einzelmenschen verbunden. »Ist nicht die ganze Ewigkeit mein?«, lautet der letzte Satz (§ 100).

Das Motto und die offenen Grenzen der Vernunft

»Das alles ist aus denselben Gründen in gewisser Hinsicht wahr, aus denen es in gewisser Hinsicht falsch ist.« In den *Soliloquien* des Augustinus (2. Buch, 10. Kap.; B 10, 73; dazu Kommentar, 864 f.) bezieht sich dieser Satz auf den ästhetischen Bereich, auf die künstlerische Nachahmung; die Reflexion führt zu der Differenzierung zwischen ›Performanz‹ und ›Referenz‹. »Jetzt verstehe ich erst den großen Unterschied zwischen dem, was wir sagen, und dem, was wir über etwas sagen«, heißt es gegen Ende der *Alleingespräche* (übers. Perl 1955/1983, 94). Augustinus zieht die künstlerische Darstellung der alten Mythen als Beispiele heran – Dädalus, Medea –; »Wahrheit« sei in dem Akt der Vorführung; das »Falsche« rühre von dem Gegenstand der Nachahmung her, von dem, worüber gesprochen werde. Für Augustinus liegt die christliche Wahrheit, die mit Gottes Hilfe zu finden er sich gewiss ist, jenseits dieser Spaltung. Lessing dagegen stellt mit dem Motto eine umfassende Analogie zwischen ästhetischen und religiösen Vorstellungsweisen her. Die zentralen Aussagen der christlichen Religion – die persönliche Gottesbeziehung, die Inkarnation und Erlösung, die Jenseitshoffnung – erscheinen als sinnliche Erkenntnis, motiviert von sinnlichen Bedürfnissen, ausgebildet von der Einbildungskraft, »wahr«, insofern sie einem historisch bedingten Bewusstseinsinhalt authentisch Ausdruck geben, »falsch«, da sie den göttlichen Gegenstand, auf den sie referieren, nicht zu fassen vermögen. Völlig ausgeblendet bleibt dabei, in deutlichem Unterschied zu dem Verständnis eines (neologischen) Theologen wie z. B. Semler, die Vorstellungsweise, dass religiöse Erkenntnis, d. h. Gotteserkenntnis und die resultierende sittliche Haltung, auf der Eingebung und Mitwirkung des Hl. Geistes beruhe (vgl. Semler: *Abhandlung von freier Untersuchung des Canon*, 26, 38f., 84, 90 u. ö.). Selbstverständlich gilt der Vorbehalt des Mottos auch für den Gedankengang der Schrift selbst, angefangen von der Metapher der »Erziehung«. Die poetisch-bildhafte Qualität und stark subjektive Einfärbung der Sprache, insbesondere im *Vorbericht* und in der Entfaltung der Zukunftsperspektive (ab §81), ist denn auch von der Forschung zu Recht betont und herausgearbeitet worden (s. S. 477). Die Relativierung der menschlichen Erkenntnismöglichkeit, die sich darin zeigt, setzt jedoch eine fundamental zu nennende Befreiung der Vernunft voraus, da die Explikation des *Glaubens*inhalts ihres Wahrheitsanspruchs beraubt (oder: davon entlastet) und die Differenz zur metaphysischen Spekulation eingeebnet wird. Die unmittelbare Erkenntnis Gottes wird in weite, wenn nicht unendliche Ferne gerückt – die Bahn dahin wird jedoch frei gemacht für die Bewegung der Vernunft, der eine zwischen Hoffnung, Sehnsucht und Zweifel schwankende Gemütsbewegung entspricht (Emotionalisierung des Denkens in den Schlussparagraphen). Auch ist der Argumentationsweg in einer Hinsicht so unsystematisch nicht, wie immer wieder behauptet wird. Lessing sprengt nicht allein den neologischen Kompromiss, indem er die christliche Religion mit ihrem Bezug zum Auferstandenen als partikulare, nur in vorläufigen Bildern sich ausdrückende Religionsform begreift. Vielmehr erscheint das Ziel der Erziehung, die vollkommene Uneigennützigkeit und ›Reinheit‹ des Herzens, als konsequenter Gegenentwurf zur lutherischen Heilserzählung, in der die freie Liebe zu Gott und die Zurückweisung des Verdienst- und Belohnungsdenkens an die Verzweiflung über die Sünde (die verderbte menschliche Natur) und den Schrecken über die Verdammung des Sünders gekoppelt sind – nicht umsonst hatte Lessing ein tiefes Verständnis für die Konsequenz des lutherischen Lehrgebäudes (s. S. 412). Die Affektlenkung der Erziehungsschrift (zwischen Hoffnung, Vertrauen und Zweifel) dient eben dieser Kontrafaktur. Einer der emotionalen Höhepunkte des Essays, der doppelte Ausruf »Lästerung! Läs-

terung!« (§84), zeigt den Gegensinn besonders deutlich. Die Hoffnung gilt der künftigen moralischen Vollkommenheit des Menschen aus der Kraft seiner eigenen Natur (›das Gute um des Guten willen tun‹) – eine Hoffnung, die aus lutherischer Perspektive ebenso »Lästerung« wäre (angemaßte Gottgleichheit des Menschen), wie bei Lessing die Verzweiflung an dieser Hoffnung »Lästerung« ist. Zu dem Gegenentwurf gehören schließlich die Neujustierung und Anpassung des Welt- und Menschenbildes: Der personale Gott entschwindet dem Blick des Subjekts – die Schrift endet mit dem Wort »mein« (dazu Göbel 1998 [1999]) –, um ins allumfassende Sein einzugehen und dort den Zwiespalt der Natur aufzuheben (§§ 72–76). – Der problematische Zusammenhang von religiöser und philosophischer Erkenntnis, der einen Wahrheit und den vielfältigen Wahrheiten, motivierendem Gefühl und uneigennützigem Handeln lässt Lessing nicht los; er spielt ihn neu durch auf seiner »alten Kanzel, dem Theater« – in *Nathan dem Weisen*.

Aufnahme und Wirkung

Lessings Schrift ruft (neben Besprechungen in Zeitschriften) drei Buchpublikationen hervor, in denen auf seine Thesen explizit Bezug genommen wird: Christian Heinrich Schobelt: *Noten mit Text über die Erziehung des Menschengeschlechts*, Stendal 1780 (Textwiedergabe mit polemischen Bemerkungen); *Dialog über die von G. E. Leßing herausgegebene Erziehung des Menschengeschlechts*, Hamburg 1781 (weitgehend zustimmende Kommentierung mit einem Bekenntnis zu Lessing als Nachruf); *Skizze einer Geschichte der Menschenreligion, für denkende Christen – veranlaßt durch die von Lessing herausgegebene Erziehung des Menschengeschlechts*, Dessau 1783 (theologischer Entwurf im Anschluss an Lessing). Diese Bücher werden ihrerseits wieder Gegenstand von Rezensionen (Dokumentation: W. Albrecht 1991, 53 ff.).

Der Kontext für die Rezeption der Erziehungsschrift ist der Fragmentenstreit, man fragt danach, wie das Verhältnis von natürlicher Religion und »Offenbarung« gewichtet wird. Die kurze Anzeige in dem *Altonaischen gelehrten Mercurius* (13. Juli 1780; Braun 2, 263) schließt mit dem Satz: »Diejenigen, die ihren Naturalismus nicht blos mit Bonmots beweisen, wie Voltaire: sondern die wirklich philosophiren, müssen doch über den Endzweck der göttlichen Zulassung so mannigfaltiger positiven Religionen nachdenken, und dieser hat hier gezeigt werden sollen.« Im *Kielischen Litteratur-Journal* (Altona, Juli 1780) wird Lessing mit Jerusalem verglichen (Braun 2, 264). Theologischerseits werden die Vorwürfe, Lessing setze die menschliche Vernunft über die Offenbarung, wiederholt, die philosophischen Spekulationen werden als Vernünfteleien, als Sophistereien und Spielwerke des Witzes bezeichnet. »Aber an dergleichen paradoxen Sätzen, oder, wenn man lieber will, Widersprüchen und Sophistereyen hat unsere Schrift, so klein sie ist, dennoch einen ziemlichen Vorrath«, rügt der Rezensent der *Erfurtischen gelehrten Zeitung* (6. August 1780; Braun 2, 266). Ähnlich heißt es in den *Göttingischen Anzeigen von gelehrten Sachen* (30. November 1780): »Und dies Gewebe von Wahrheiten, Irrtümern, Vermuthungen und Hypothesen füret dahin, daß selbst das Neue Testament nichts anderes sey, als ein Wecker der Vernunft [...]« (Braun 2, 268). In einer Besprechung des *Dialogs über die von G.E. Leßing herausgegebene Erziehung des Menschengeschlechts* kommen die tieferen Motive zum Ausdruck, die hinter der Ablehnung von Lessings Geschichtsentwurf seitens der Orthodoxie stehen. Der Rezensent reibt sich an der Aufwertung der weltlichen Kultur, die im Fortschrittsgedanken sich ausspricht. Er hält Lessing entgegen, dass der »Glaube« sich mit Kategorien, die auf die kulturelle Entfaltung zutreffen, nicht messen lasse: »Kurz, das ganze Argument von der Aehnlichkeit zwischen Erziehung und Offenbahrung [!] ist ein bloßes Blendwerk und Spiel des Witzes« (*Die neusten Religionsbegebenheiten mit unpartheyischen Anmerkungen*, Jg. 4, St. 7, Juli 1781; zit. nach Albrecht 1991, 57). – Zustimmung zu Lessings Werk dagegen wagt man nur unter Umgehung der zentralen Fragen auszudrücken, wodurch sich ähnlich wie bei den *Nathan*-Rezensionen ein Moment des Lavierens in die Stellungnahmen einschleicht; gespendetes Lob wird gleich wieder relativiert. Der Kritiker des Greifswalder Blattes *Neueste Critische Nachrichten* (10. Juni 1780) schließt seine ausnehmend positive Besprechung mit der zweideutigen Bemerkung: »Sonst wünscht Recens. daß niemand aus dieser Schrift mehr Gift sauge, als der Verf. recht eigentlich darin hat legen wollen. Und wie

viele Arten Gifte giebts nicht?« (Braun 2, 260). Weder von »Christen noch Deisten« *scheine* jemals so unparteiisch über die Religion geurteilt worden zu sein: Hinter dem »es scheint« verschanzt sich der Rezensent der *Gothaischen gelehrten Zeitungen* (10. Juni 1780; Braun 2, 261).

Von deistischen Prämissen aus kritisiert Mendelssohn Lessings Modell einer Geschichte der Offenbarung (*Jerusalem oder über religiöse Macht und Judentum* [1783]). Zu allen Zeiten seien der menschlichen Vernunft die wesentlichen Wahrheiten über Gott zugänglich gewesen. Der Glaube an die »natürliche Religion« verbindet sich mit einem empiristischen Geschichtsbild. Der Blick auf den tatsächlichen Verlauf der Geschichte widerlege die Hypothese eines allmählichen Fortschritts. Mendelssohn schreibt (JubA 8, 162 und 163; vgl. Kommentar XLIX ff.): »Ich für meinen Theil habe keinen Begriff von der Erziehung des Menschengeschlechts, die sich mein verewigter Freund Lessing von, ich weis nicht, welchem Geschichtsforscher der Menschheit, hat einbilden lassen. [...] Ihr wollt errathen, was für Absichten die Vorsehung mit der Menschheit hat? Schmiedet keine Hypothesen; schauet nur umher auf das, was wirklich geschiehet [...]. Dieses ist Thatsache, dieses muß zur Absicht gehört haben [...]. Nun findet ihr, in Absicht auf das gesamte Menschengeschlecht, keinen beständigen Fortschritt in der Ausbildung, der sich der Vollkommenheit [!] immer näherte. Vielmehr sehen wir das Menschengeschlecht im Ganzen kleine Schwingungen machen, und es that nie einige Schritte vorwärts, ohne bald nachher, mit gedoppelter Geschwindigkeit, in seinen vorigen Stand zurück zu gleiten.«

Wirkung als geschichtsphilosophisches Werk

Im Rahmen der geistesgeschichtlichen Interpretation zieht man häufig eine Linie vom »Entwicklungsdenken« der *Erziehung des Menschengeschlechts* zur Geschichtsphilosophie des deutschen Idealismus (vgl. Göbel in G 8, 709 und Schilson in B 10, 824 f.). Wir konzentrieren uns auf drei Rezeptionsbeispiele, die die Integration in das jeweils eigene (Geschichts-)Modell dokumentieren: auf Schillers Spekulation über die »Sendung« Mosis, Herders Palingenesie-Aufsatz und auf Friedrich Schlegels »Ideen« zu einem »neuen Evangelium«.

– *Die Sendung Moses* (*Thalia* Heft 10, 1790). Schiller sucht mit seiner religionsgeschichtlichen Studie eine Antwort auf die Frage nach dem Fortschritt in den religiösen Anschauungen nicht nur eines Einzelnen, sondern eines ganzen Volkes zu geben. Wie Lessing baut er dabei auf dem Denkmodell auf, dass aus den sinnlichen Gottesbildern, dem Glauben an einen Nationalgott, sich schließlich der philosophische Gottesbegriff herauskristallisiert habe. Zitathafte Wendungen belegen das Studium von Lessings Spätwerk. Ohne die mosaische Religion hätte die »sich selbst überlassene Vernunft« erst viel später zu der Wahrheit von dem »Einigen Gott« gefunden (NA 17, 377); das wahre »Wunder«, in dem sich die »Hand der Vorsicht« zeige, sei die »Oeconomie der Natur«, wo »außerordentliche Dinge« auf dem »ruhigsten Weg« sich entwickelten (NA 17, 381; Anklang an *Nathan*). Allerdings hebt Schiller das Bild bzw. die Metapher von der göttlichen Erziehung auf. ›Pädagogik‹ ist für ihn ein gänzlich anthropomorphes Konzept. Als Erzieher fungiert deshalb einzig und allein Moses, der nach Wegen sucht, seine philosophisch geläuterte Gottesvorstellung einem unaufgeklärten Volk zu vermitteln. So wird Schillers Studie zu einer historischen Erzählung auf deistischer Grundlage. Die »Sinnlichkeit« der biblischen Gottesbilder wird an keiner Stelle mehr mit einem göttlichen Plan in Verbindung gebracht, sondern ausschließlich als Folge der Notlage, in der Moses sich seinem Volk gegenüber befindet, erklärt.

– *Palingenesie. Vom Wiederkommen menschlicher Seelen* (6. Sammlung der *Zerstreuten Blätter*, 1797). Herder stellt Lessings Geschichtskonstruktion von der Akzentuierung des »ganzen Menschen« her in Frage. Ausgangspunkt ist die Zurückweisung des Palingenesie-Gedankens, der den Fluchtpunkt und das Telos von Lessings Überlegungen bildet. Herder zufolge ist in der Vorstellung von der Seelenwanderung der gegenwärtige Augenblick entwertet (§36; Suphan 16, 351): »Wie? ihr wolltet euch ruhig die Leber fressen lassen, damit euren Geier *in seinem künftigen Zustande* das Schicksal röste und brate? Schämt euch einer niedrigen Trägheit, die sich mit kindischem Wahn tröstet. *Palingenesirt euch selbst* an euren leidenden und Leidbringenden Theilen; so darf euch das Schicksal nicht palingenesiren.« Dem Fortschrittsgedanken gegenüber mahnt er die Besinnung auf den Unterschied zwischen in-

tellektueller Verfeinerung und »Charakterbildung« an (§45). In Herders Menschenbild spielt das »Böse«, die »Tigernatur« des Menschen, eine weit größere Rolle als bei Lessing (§48, §28). Dem realen Bösen gegenüber jedoch, das er immer wieder hervorbrechen sieht, verblasst die Konstruktion eines stetigen Fortschritts zur Chimäre (er benutzt das Wort »Schwärmerei«: §57). Dem Bild einer linearen Entwicklung des Menschengeschlechts hält er das Bild eines Baumes entgegen, der Blätter, Blüten und Früchte zugleich trägt (§44). Jede Phase der Geschichte sei von *allen* menschlichen Kräften, den höchsten wie den niedrigsten, geprägt.

– *Ideen* (*Athenäum*, 3. Bd., 1. St., 1800). Ähnlich wie Novalis in dem Utopie-Entwurf *Die Christenheit oder Europa* (1799), so lässt sich auch Friedrich Schlegel von Lessings ›Weissagung‹ eines »neuen ewigen Evangeliums« anregen (Fragment Nr. 95; KA 2, 265). Man arbeitet an dem Projekt einer »neuen Religion«. Weiter reicht die Analogie jedoch nicht. Für die Romantiker ist die »Bibel«, das Buch der Bücher, eine poetologische Chiffre. Die Prinzipien und Leitgedanken der »neuen Religion« schreiben sich von den neuen Konzeptionen her: Romantisierung der Welt, »Transzendentalpoesie«, »Idealismus« etc. (zu Novalis vgl. zusätzlich Helbig 1980, 41 f., Franke 2000; zur Trinitätsspekulation in der idealistischen Philosophie: Nisbet 1999 [2000]).

Quellen: W. Albrecht 2003, Bd. 1 und 2005, Bd. 1; Augustinus, übers. Perl 1955 (Nd 1983); Ferguson 1767, hg. von Batscha/Medick 1986; Leibniz 1710, übers. Buchenau ²1968 [*Theodizee*]; Semler 1771–76, hg. Scheible ²1980; Spinoza 1670, übers. Gebhardt/Gawlick ²1984.

Literatur

zu Entstehung, Quellen und Kontext: B 10, 795–816; G 8, 706–709; PO 20 [=Teil 24], 7–84 [Einleitung zu den philosophischen Schriften]; Altenhofer in Barner/Reh (Hgg.) 1984, 25–36 [Augustinus]; Breuer 1999 [Origenes im 18. Jahrhundert]; Breuer in Laufhütte/Titzmann (Hgg.) 2006, 413–424 [Petersen]; Cyranka 2005, 253–405 [Ferguson, Warburton, Reimarus]; Cyranka in Kronauer/Kühlmann (Hgg.) 2007, 39–61; Eberle 2006/07 [Zarathustra; Herder; Hume]; Flajole 1959 [Ferguson]; Goetschel 2004, 219–229 [Spinoza]; Heidsieck in Freimark/Kopitzsch/Slessarev (Hgg.) 1986, 71–79 [Locke]; Helbig 1980, 54–57; Keßler 2009 [Marie Hubers *Lettres sur la Religion Essentielle a l'Homme*]; Nisbet 1999 (2000) [Leibniz; Tradition der Trinitätsspekulation];

Nisbet 2008, 757–761 [Seelenwanderung]; Reventlow 2001, 175–189 [Semler]; Schilson 1974, bes. 168 ff. [»Vätertheologie«]; Schilson 1998 (1999) [Herbert von Cherbury]; Schmidt-Biggemann in Bultmann/Vollhardt (Hgg.) 2010 (im Druck) [Origenes]; H. Schneider 1951d [Verfasserschaft von Albrecht Thaer]; Oz-Salzberger ²2002, 217–228 [Ferguson]; Stiening in Schürmann/Waszek/Weinrich (Hgg.) 2002, 193–220 [Spinoza]; Strohschneider-Kohrs 1991, 218–237; Vollhardt in Bultmann/Vollhardt (Hgg.) 2010 (im Druck) [Kontexte für die Anspielung auf Joachim von Fiore].

zu Forschung/Analyse: Allison 1966, 147–161; Altenhofer in Barner/Reh (Hgg.) 1984, 25–36; Beyschlag in Lessings Werke 3 (hg. Wölfel), 1967 [Kommentar]; Bohnen 1974; Bollacher 1978; Brokoff in Brokoff/Schipper (Hgg.) 2004, 147–170; Cyranka 2005, 253–405; Cyranka in Kronauer/Kühlmann (Hgg.) 2007, 39–61; Dörr 1994; Dörr 2006; Drescher-Ochoa 1998 [gnostisches Bezugssystem]; Eberle 2006/07; Eibl 1984; Eibl 1985; Freund 1989, 173 ff.; Göbel 1998 (1999); Habermas 2005; Hayden-Roy 2003; Hübner ²2004; Kondylis 1986, 595–615; Müller Nielaba in Zeuch (Hg.) 2005, 253–265; Nisbet 2008, 745–764; Pelters 1972; Piszczatowski in Wergin/Sauerland (Hgg.) 2005, 63–71; Reed 1998 (1999); Reiter in Faber/Goodman-Thau/Macho (Hgg.) 2001, 165–180; Schilson 1974; Schilson 1998 (1999); Schilson in B 10, 840–864; Smith 1998 (1999); Strohschneider-Kohrs 1991, 218–246; Strohschneider-Kohrs 1999a; Strohschneider-Kohrs in Zeuch (Hg.) 2005, 233–251; Strohschneider-Kohrs 2009; Strohschneider-Kohrs in Bultmann/Vollhardt (Hgg.) 2010 (im Druck); Thielicke ³1957; Timm 1974, bes. 82 ff.; Timm 1982; Wessell 1977; Yasukata 2002, 89–116 [Gesamtinterpretation mittels *close reading*; noch einmal: »Vernunft« und »Offenbarung«].

zu Aufnahme und Wirkung: zeitgenössische Rezeption: B 10, 826–840; Braun 2 [Dokumente]; Herder 1797 (Suphan 16, 341–367); Mendelssohn 1783 (JubA 8, 99–204); Schiller 1790 (NA 17, 377–397); Fr. Schlegel 1800 (KA 2, 256–272). – *Literatur:* W. Albrecht 1991; Franke 2000 [Novalis]; Helbig 1980, 35 ff.; Nisbet 1999 (2000), 77 ff. [Trinitätsspekulation in der idealistischen Philosophie]; Nisbet 2008, 761 f.; Schilson in B 10, 816–826; Vollhardt in Bultmann/Vollhardt (Hgg.) 2010 (im Druck) [Rosenmüllers Rezeption der Erziehungsschrift in der zweiten Auflage (1784) seiner *Abhandlung über die Stufenfolgen der göttlichen Offenbarungen*].

Nathan der Weise

Entstehung, Quellen und Kontext

Erstdruck: *Nathan der Weise. Ein Dramatisches Gedicht, in fünf Aufzügen*. Ostermesse (= Mai) 1779. Verleger ist Christian Friedrich Voß, doch erscheint die Erstausgabe ohne Verlags- und Ortsangabe. – Die Uraufführung (auf einem öffentlichen Theater) findet erst nach Lessings Tod am 14. April 1783 in Berlin durch die Döbbelinsche Truppe statt (B 9, 1184f.; vgl. aber U. Schulz 1977, Nr. 918). – Text: B 9, 483–627. Dort (1129–1131) nähere Angaben zur Textüberlieferung und Druckgeschichte; zu den editionsphilologischen Fragen und Problemen s. Neiteler/Woesler 1999 (2000).

Flankierende Texte:

– *Ankündigung des Nathan*. Lessing beabsichtigt, durch das Subskriptionsverfahren einen Gewinn aus seinem Werk zu erzielen. Am 11.8.1778 sendet er die *Ankündigung* seinem Bruder nach Berlin, in der er zur Subskription auffordert. Sie wird in Berliner, Hamburger, Gothaer und Leipziger Zeitschriften veröffentlicht (vgl. B 9, 1103 und G 2, 749). Als Erscheinungstermin seines Stücks setzt er in einer weiteren Mitteilung (die von ihm veranlasst ist, wenn vielleicht auch nicht von ihm selbst formuliert) die Ostermesse 1779 fest (abgedruckt ist diese Mitteilung in B 9, 1103f.; G 2, 750). Die Briefe, in denen Lessing über die Finanzierung seiner Arbeit spricht, geben einen Einblick in seine ständigen Geldsorgen. Ende Dezember 1778 erhält er einen Wechsel über 300 Taler von dem Berliner Freund Moses Wessely (vgl. Karls Brief an den Bruder vom 9.12.1778 und dessen Antwort vom 19.12.1778, die Empfangsbestätigung erfolgt am 30.12.1778; dazu auch den bedrückten Brief Lessings vom 16.3.1779). Er scheint an dem Stück so viel verdient zu haben, dass er das erhaltene Geld zurückzahlen kann. Heinrich Düntzer spricht in seiner Lessing-Biographie von mehr als 1.200 Subskribenten (Düntzer 1882, 601), Wessels (1979) errechnet ca. 3.000 Exemplare für die Subskriptionsauflage. – Text: B 9, 445–446.

– *Fragmente einer Vorrede*. Ursprünglich beabsichtigt Lessing, dem Stück nicht allein eine Vorrede, sondern auch ein Nachspiel *Der Derwisch* und eine Anleitung für Schauspieler zur Deklamation der Verse beizugeben. Da der endgültige Umfang des Dramas die dem Subskriptionspreis zugrunde gelegte Seitenzahl überschreitet, sieht er von diesem Vorhaben ab. Jetzt plant er, das Stück über den Derwisch, in dem die Figur Al Hafis weiter entwickelt werden sollte, und die »Abhandlung über die dramatische Interpunction« (B 12, 239) in einer selbständigen Publikation zu veröffentlichen (vgl. die Briefe an den Bruder, 16.3.1779 und 19.3.1779). Von all diesen Projekten ist nichts überliefert. Erhalten sind lediglich Bruchstücke einer Vorrede, die parallel zur Niederschrift des *Nathan*-Dramas entstanden sein dürften (vgl. B 9, 665f. und Kommentar, 1290ff.). Diese Bruchstücke pointieren die latente Spannung zwischen der »natürlichen Religion« und den Offenbarungsreligionen. Den Juden und »Mohammedanern« wird das Verdienst zugestanden, viel früher als die Christen den Schatz der »natürlichen Religion« in ihrem Glauben entdeckt zu haben. Das zweite Fragment schließt mit dem denkwürdigen Satz: »Noch kenne ich keinen Ort in Deutschland, wo dieses Stück schon jetzt aufgeführt werden könnte. Aber Heil und Glück dem, wo es zuerst aufgeführt wird. –« (B 9, 666).

– *Paralipomena* zu *Nathan der Weise*. Sie spiegeln Wandlungen in der Konzeption während der Ausarbeitungsphase wider. – Text: B 9, 629–664 (vgl. auch Kommentar, 1283–1289).

Die Briefe, in denen Lessing über den Plan zum *Nathan*-Drama spricht, zeigen zum einen den unmittelbaren Zusammenhang mit der Goeze-Kontroverse. Nachdem über ihn die Zensur verhängt ist, versteht er das Stück als Fortsetzung des Streits mit anderen Mitteln, wie man denn auch von jeher in dem Patriarchen eine Karikatur des Hamburger Hauptpastors erblickt hat. Am 8.8.1778 richtet Lessing an den Herzog die Anfrage, ob das Druckverbot auch für »auswärts publizierte« Schriften gelte, am 11.8. sendet er an seinen Bruder in Berlin die *Ankündigung* seines Stücks, in der er um Subskribenten wirbt. In dem begleitenden Brief gibt er die folgende Erklärung

(B 12, 186): »Noch weiß ich nicht, was für einen Ausgang mein Handel nehmen wird. Aber ich möchte gern auf einen jeden gefaßt sein. Du weißt wohl, daß man das nicht besser ist, als wenn man Geld hat, so viel man braucht; und da habe ich diese vergangene Nacht einen närrischen Einfall gehabt. Ich habe vor vielen Jahren einmal ein Schauspiel entworfen, dessen Inhalt eine Art von Analogie mit meinen gegenwärtigen Streitigkeiten hat, die ich mir damals wohl nicht träumen ließ.« Er wolle, heißt es in dem gleichen Brief, mit seinem Drama den Theologen einen ärgeren »Possen« spielen als mit zehn weiteren Fragmenten. In ähnlichem Ton schreibt er an Elise Reimarus (6.9.1778; B 12, 193): »Ich muß versuchen, ob man mich auf meiner alten Kanzel, auf dem Theater wenigstens, noch ungestört will predigen lassen.« Zum anderen verweist eine Bemerkung Lessings in einem Brief an seinen Bruder Karl (7.11.1778) auf den Kontext des christlichen Antisemitismus. Er schreibt, er habe sein Stück bereits vor drei Jahren, nach seiner »Zurückkunft« von der Italienreise, »aufs Reine bringen und drucken lassen wollen« (B 11/3, 207). Während dieser Reise aber war Lessing mit der Judenfeindschaft des Papstes Pius VI. konfrontiert worden (Auskunft darüber gibt z. B. Kuschel 2004, 44 ff.); man könne, so Mecklenburg (2008, 253), den *Nathan* »nicht nur als *Anti-Goeze* Nr. 12, sondern auch als Antwort auf das päpstliche Judenedikt, als dezidiert antikatholische Dichtung verstehen.« Drittens schließlich zwingt die Transponierung ins Medium der Poesie zur Distanzierung und Objektivierung. Auf die Befürchtung Mendelssohns, er wolle die Religion zum Stoff und Thema einer Satire machen, antwortet Lessing mit dem Hinweis auf die rührende Tendenz seines Stücks (an Karl Lessing, 20.10.1778; vgl. auch den Brief an Herder, 10.1.1778). Mit dem Begriff der »Rührung« ist die Ebene der »Menschlichkeit« angesprochen, die alle betrifft, jede situationsbedingte Bitterkeit (des Fragmentenstreits) ist zurückgedrängt. Zudem ist neben dem Bezug zur Goeze-Kontroverse derjenige zur – von ihr unabhängigen – Erziehungsschrift mitzudenken, die ja der neueren Forschung zufolge vor dem *Nathan*-Drama entstanden ist. – Zunächst schreibt Lessing das Stück in Prosa, dann wählt er den fünffüßigen Jambus, den Blankvers. Auch hierin zeigt sich das Bestreben, Distanz zu schaffen und einen ästhetischen Reflexionsraum

zu gewinnen. Der zeiträumlichen Entrücktheit und orientalischen Atmosphäre des Dramas, so begründet Lessing seine Entscheidung, entspreche die Versform eher als die Prosa (vgl. den Brief an Ramler, 18.12.1778. Lessing spricht zudem von dem »Absprung« [B 12, 215], der durch den Vers erleichtert werde). *Nathan der Weise* ist eines der frühesten Blankversdramen in deutscher Sprache. Immer wieder hat Lessing in seinen Tragödienfragmenten bereits mit diesem Versmaß experimentiert. Anhand der handschriftlichen Notizen lässt sich das Fortschreiten der Versifikation, bei der er erneut den Rat Ramlers einholt, verfolgen. So hält er den 14.11.1778 als Beginn dieses letzten Arbeitsvorgangs fest, das Anfangsdatum für die Versifizierung des letzten Aktes ist der 7.3.1779 (vgl. B 9, 1135). – Spontaneität des Einfalls und gleichzeitige poetische Verdichtung und Verwandlung sind nur möglich, weil Lessing sich seit Jahren, ja, fast sein ganzes Leben lang mit dem anstehenden Stoffkreis beschäftigt hat. In seiner *Ankündigung* und in zwei Briefen an den Bruder (vom 11.8. und 7.11.1778) deutet er eine lange Inkubationszeit des zentralen Motivs an. Belege für eine solche frühere Konzeptionsstufe gibt es nun freilich nicht. Doch von Anfang an ist die Toleranzforderung, die er erhebt (vgl. die Lustspiele *Der Freigeist* und *Die Juden* sowie die *Rettung des Hier. Cardanus*, in welcher der Rang- und Wettstreit der Religionen im Mittelpunkt steht), von dem Bemühen begleitet, sich ein konkretes Wissen über die anderen Religionen zu erwerben. Das Judentum lernt er nicht nur aus Büchern, sondern, aufgrund seiner Freundschaften mit Juden, nach dem Leben kennen; doch interessiert er sich auch für den Islam, über den man damals noch wenig weiß. Lessing übersetzt die Werke, die über die arabische Welt informieren: *Des Abts von Marigny Geschichte der Araber unter der Regierung der Califen* (1753; frz. 1750; vgl. B 2, 579 ff. und 1162 ff.) und Voltaires Aufsätze über Mohammed und die Geschichte der Kreuzzüge, welchen Letzteren er eigens aus dem *Mercure de France* heraussucht (vgl. Stenzel in B 2, 1163 und 930 f.; Hinweis auf Voltaires Dramen: Nisbet 2008, 785). Immer ist er der Tradition der Toleranzforderung in den drei Buchreligionen Judentum, Islam und Christentum als Forscher nachgegangen, mit geradezu terminologischer Exaktheit spiegeln sich seine Funde und Ergebnisse in dem *Nathan*-Drama.

Die Stoffkreise: Judentum, Islam, Christentum
und die »Natürliche Religion«

Judentum. Die Ringparabel verweist auf den jüdischen Kontext. Lessing gibt als Quelle (im Brief
an Karl Lessing, 11.8.1778) die dritte Erzählung
aus dem ersten Buch von Boccaccios Novellenzy-
klus *Il Decamerone* (entstanden zwischen 1348
und 1353; Erstdruck 1470) an. Dort erzählt der
Jude Melchisedech dem Sultan Saladin die Geschichte von den drei Ringen und pariert so die
Fangfrage des Herrschers (abgedruckt in B 9,
1153 ff., Nr. 3). Wahrscheinlich liegen die Wurzeln der Geschichte im Spanien des 11. Jahrhunderts, wahrscheinlich taucht sie zuerst in jüdischen Kreisen auf. Die Toleranzforderung wird
erhoben in einer Situation der Unterdrückung,
sie ist ein aus der Existenzangst geborenes Argument. Maßgeblich für diese Spurensicherung ist
eine Anekdote aus dem *Schevet Jehuda* (»Geißel
Jehudas«, ersch. 1551) des jüdischen Rabbi Salomo Ibn Verga (um 1500), in welcher der arago-
nische König Don Pedro I. (1094–1104) mittels
des Gleichnisses von den Ringen zur Duldung
der jüdischen Minderheit bewegt werden soll
(vgl. Niewöhner 1988, 48–50. In B 9, 1152 f., ist
unter dieser Überschrift [Nr. 2] eine Variante der
christlichen Version aus den *Gesta Romanorum*
abgedruckt). – In Lessings Parabel schleudert der
Richter den Söhnen das Wort von den »betroge-
nen Betrügern« entgegen. Damit ist auf eine
Überlieferung angespielt, die eng mit der Ringge-
schichte zusammenhängt: auf das sagenhafte
Buch »von den drei Betrügern«, *De tribus impostoribus*. Das Buch ist zunächst eine Fiktion,
ein Traktat dieses Titels taucht erst im 18. Jahrhundert in drei Drucken auf, fixiert wird der Text
wahrscheinlich im späten 17. Jahrhundert; seit
dem Mittelalter jedoch wird die Betrugshypo-
these überliefert (vgl. W. Schröder 1998, 424–
451). Um den Streit und Wettstreit der Religionen
geht es auch hier, wobei es eine tolerante und
eine intolerante Version gibt. Der intoleranten
Version zufolge sind die Stifter der *anderen* Religionen Betrüger, in der toleranten Version wird
auch die eigene Glaubensposition relativiert. Niewöhner (1988) nimmt als Entstehungskontext für
die Diskussion »de tribus impostoribus« ebenfalls
jüdische Kreise an; er möchte sowohl die Ringparabel als auch den Betrugsgedanken auf Maimonides (1135–1204) und dessen Schüler zurückfüh-

ren. Axel Schmitt entdeckt inhaltliche Übereinstimmungen zwischen dem rabbinischen Prinzip
der Schriftauslegung und Nathans Ringparabel,
wobei auch er vor allem Maimonides heranzieht.
Er arbeitet die folgenden Analogien heraus: Von
Maimonides werde die unterschiedliche Deutbarkeit der Schrift (= der hebräischen Bibel) zugestanden, er erwarte die endgültige Erleuchtung
in der Frage der Religionen erst vom »messia-
nischen Zeitalter«, er erkenne eine »vernünftige
Verehrung« Gottes außerhalb des religiösen Kultus als möglichen Weg zum Heil an, und er rücke
das Liebesgebot ins Zentrum. Weder Furcht noch
Hoffnung auf Lohn sei für Maimonides das angemessene Motiv für die Beschäftigung mit der
Tora, sondern allein die »Liebe zum Herrn der
Welt« (Schmitt 1998, 102).

Islam. Zentralfigur für den Stoffkreis »Islam« ist
zunächst Saladin. Lessing hat die zeitgenössischen geschichtlichen Quellen genutzt, die den
Sultan (1138–1193) als edlen Fürsten darstellen,
als einen Menschen auf dem Thron (Dokumente
in B 9, 1157 ff., Nr. 4 ff., vgl. Bohnens Auswertung
ebd., 1138 ff.). Hand in Hand mit der Vermenschlichung des orientalischen Fürsten geht die Aufwertung der Religion, die er vertritt. Bis weit ins
18. Jahrhundert hinein fungiert der Islam als
Feindbild. Er gilt als moralisch minderwertige
(wegen der Vielehe) und sinnliche (wegen der
Paradiesvorstellungen) Religion, ihr Stifter Mohammed gilt als Werkzeug des Teufels (wegen
der »Leugnung« der Trinität), bestenfalls als Betrüger. Noch für Voltaire ist Saladin, den er allerdings hochschätzt, nur eine Ausnahmeerschei-
nung unter den Mohammedanern. Jedoch bahnt
sich im Lauf des 18. Jahrhunderts im Zuge der
sich etablierenden Orientalistik ein Wandel an.
Vor allem beginnt man, den Koran als Religions-
urkunde ernst zu nehmen und zu achten. 1734
erscheint eine englische Übersetzung von George
Sale (um 1697–1736), der sich nicht nur auf die
lateinischen Ausgaben, sondern auf den arabi-
schen Text stützt. Im vorangestellten *Preliminary
Discourse* kristallisiert sich die Stoßrichtung der
Rehabilitation heraus: »Die große Lehre des Koran ist die Einheit Gottes [...]. Als eine Grund-
wahrheit wurde durch ihn [d.i. Mohammed]
wiederbelebt, daß es niemals mehr als eine wahre
Religion gegeben hat und niemals eine andere
geben wird« (zit. nach Kuschel 1998, 90. Dort Nä-

heres zum Orientbild im 18. Jahrhundert). Da Lessing neben anderen Orientalisten (Herbelot, Adrianus Reland) auch Sale anführt (B 3, 214), darf von seiner Kenntnis dieser Übersetzung ausgegangen werden. – Lessing selbst bringt den Islam bereits vor dem *Nathan*-Drama ins Spiel, wenn es um die Toleranzforderung geht. Die wichtigsten Schriften sind die *Rettung des Hier. Cardanus* (vgl. Kap.: Rettungen) und die »Rettung« des Adam Neuser (vgl. B 8, 57 ff. und den Kommentar, 789 ff.; Nisbet 2008, 625, 705, 794). Beide Male arbeitet er die Konsequenz heraus, mit der hier, im Islam, der Ein-Gott-Glaube formuliert ist. Kuschel, der Lessings Islam-Bild untersucht, entdeckt nun inhaltliche Parallelen zwischen der Ringparabel und Aussagen im Koran über die Vielfalt der Religionen. Für die gleichen Passagen aus dem *Nathan*-Drama erschließt sich demnach ein doppelter Bezug: derjenige auf die jüdische und derjenige auf die muslimische Tradition. In der 5. Sure des Korans werde das faktische Nebeneinander der Religionen gut geheißen: »Und insofern kann der Koran in der zitierten Sure 5 sagen, daß Juden und Christen (wenn sie nun einmal nicht Muslime werden können) sich an die Tora und das Evangelium zu halten haben. Gott wird sie im Endgericht nach ihrer Schrift beurteilen, und nicht danach, ob sie Muslime geworden sind« (Kuschel 1998, 320). Lessings Richter fordert die streitenden Brüder auf, durch Taten der Liebe die »Echtheit«, d.i. »Wahrheit«, ihrer Religion zu »beweisen«. Kuschel (321) zitiert als Parallele den folgenden Textabschnitt aus dem Koran (Sure 5, 48): »Und so Allah es wollte, wahrlich Er machte euch zu einer einzigen Gemeinde; doch will Er euch prüfen in dem, was er euch gegeben. Wetteifert darum im Guten. Zu Allah ist eure Heimkehr allzumal, und Er wird euch aufklären, worüber Ihr uneins seid.« Die These, Lessing lasse in seinem Toleranz-Drama vor allem den Islam zu Wort kommen, findet ihren Schlussstein in Kuschels Auslegung der Wendung »Ergebenheit in Gott«. »Ergebenheit in Gott« ist für Nathan das alle Religionen transzendierende Moment. Kuschel liest die Anerkennung des Islam heraus, da »Islam« auf Deutsch »Ergebenheit in Gott« heiße. In Sales Koran-Übersetzung werde diese Wort-Bedeutung eigens betont (Kuschel 1998, 328, Anm. 11). Unter Lessings Quellen-Exzerpten zu *Nathan dem Weisen* findet sich folgende Notiz: »*Islam* ein Ara-

bisches Wort, welches die Überlassung seiner in den Willen Gottes bedeut [sic]« (B 9, 660; Auswertung bei Kuschel 1998, 328 f. – Zu Lessings Auseinandersetzung mit dem Islam bes. Horsch 2004; zum Islam-Bild Voltaires und Lessings s. auch Cottone 2005).

Christentum. Arbeitet Lessing in sein Stück auch eine christliche Toleranz-Tradition ein? Es gibt christliche Varianten der Ring-Parabel, doch diese bekräftigen den Absolutheitsanspruch des Christentums (Kuschel 1998, 272 ff.; vgl. *Gesta Romanorum*, B 9, 1151 f., Nr. 1). Strohschneider-Kohrs (1991, 117) erwähnt Nikolaus von Kues' Schrift *De pace fidei*, die Lessing mit hoher Wahrscheinlichkeit gekannt habe. Diese Anregung aufgreifend, versucht Markus Schmitz (2005) das Religionsgespräch des Cusanus als einen ›Prätext‹ für Lessings Toleranzdrama zu lesen. Cusanus' gehe es um die Begründung einer »Meta-Basis«, von der aus das Gemeinsame der Religionen sichtbar werde, ohne dass sie ihr Spezifisches – die je eigenen Kulte und Riten – aufgeben müssten. Nicht die Anerkennung der Vielfalt, sondern die Erkenntnis des »Gleichen im […] Anderen« (187) erscheint hier als Schlüssel zum Religionsfrieden. – Auf eine ›okkulte‹ Vorgeschichte christlicher Toleranz könnte Lessing mit der Figur des Tempelherrn anspielen. Die Tempelritter gelten als Vorläufer der Freimaurer, sie seien, schreibt er in *Ernst und Falk*, die »Freimäurer« ihrer Zeit gewesen. Freimaurerei steht im 18. Jahrhundert für die Toleranzidee. Worin waren die Tempelritter tolerant? Nicolai gibt in dem *Versuch über die Beschuldigungen welche dem Tempelherrenorden gemacht worden* (1782/1988) einen Hinweis: Die Tempelritter hätten die zunächst verachteten Muslime als Leute kennengelernt, die einen würdigen Begriff von Gott, eine eindrucksvolle Gottesvorstellung gehabt hätten, auch hätten sie die Lehre von der Gottheit Jesu nur schlecht gegen den Vorwurf des Polytheismus verteidigen können, woraufhin sie einen Geheimkult mit einem neuen Gottesbild entwickelt hätten; ein gefangener Tempelritter habe dabei die entscheidende Vermittlerrolle gespielt (Auswertung von Nicolais Schrift: Horsch 2004, 91–93). Vielleicht hat Lessing an diese Theorie gedacht, wenn er seinen Tempelherrn in Glaubenszweifel stürzen lässt. Im Augenblick der höchsten Intoleranz, im Zeitalter der Kreuzzüge, so lautete dann die geschichtsphilosophische Botschaft, seien die Keime der Toleranz gesät worden, da sich die Gelegenheit zum Kennenlernen fremder Religionen ergab: in dem Orden gesät, dessen Mitglieder, voll fehlgeleiteter ritterlicher Ideale, am hitzigsten sich für das Christentum einsetzten.

Natürliche Religion. Der Nachweis der Parallelen zwischen der Ringparabel und der rabbinischen Tradition einerseits, der Ringparabel und der »Religionstheologie« (Kuschel) des Islam andererseits ist bereits Interpretation. Zugrunde liegt die These, dass Lessing zwar die Gleichwertigkeit der Religionen propagiere, dabei jedoch nicht den Standpunkt einer religionsfreien Humanität einnehme. Lessing zeige die gleiche Gültigkeit, nicht die gleiche Nichtigkeit der Religionen. In solcher Alternative ist jedoch gleichsam die Plattform außer Acht gelassen, von der aus Lessing die Offenbarungsreligionen anvisiert: die Argumentationsbasis der »natürlichen Religion«, der Religion der Vernunft. Nathan jedenfalls rückt die Natur an die Stelle der Bibel, seine Tochter Recha lehrt er, Gott aus der Natur zu erkennen, nicht aus der Schrift, nicht aus der Tora. Niewöhner, der sowohl die Traditionslinien der Ringparabel (1988) in breitem Umfang zurückverfolgt als auch die Rehabilitation des Islam (1996) zuerst thematisiert hat, rückt eben dies Konstrukt der »natürlichen Religion« ins Zentrum des Religionsvergleichs. Interessant sei der Islam im 18. Jahrhundert für die Vertreter der Aufklärung deshalb, weil man ihn als Paradigma einer bzw. der »natürlichen Religion« deuten konnte, wobei bzw. indem man den Offenbarungsanspruch, die Rolle des Propheten, Ritus und Kultus ignorierte (zur »natürlichen Religion« vgl. Kap.: Fragmentenstreit).

Forschung

Deutungsrahmen

Bevor die Postmoderne Eingang in die Forschungsgeschichte zu *Nathan dem Weisen* gefunden hat, bestand ein weitgehender Konsens hinsichtlich der prinzipiellen Anlage und Sinnrichtung von Lessings »dramatischem Gedicht«. Übereinstimmung herrscht – oder herrschte – darüber, dass in dem Stück die »Botschaft der To-

leranz« verkündet werde, »Toleranz« allerdings verstanden nicht im Sinn einer herablassenden Duldung, sondern der Anerkennung der nicht christlichen Religionen als ebenbürtig und gleichwertig. Die Ringparabel, so der etablierte Deutungsrahmen, sei das gedankliche Zentrum bzw. sie mache die gedanklichen Fundamente offenbar, auf denen die Handlungskonstruktion beruhe. Lessing fasse in der Ringparabel, so die communis opinio, seine Position im Fragmentenstreit zusammen, wobei die bildhafte Präsentation manche Akzentverschiebungen mit sich bringe. Nathans »Geschichtchen« stelle die Grenzen der menschlichen Erkenntnis in Religionsdingen dar. Der Besitz der »Wahrheit«, auf den Saladin mit seiner Frage poche, werde zurückgewiesen und durch das Streben nach Wahrheit ersetzt. Die Wirkungskraft des Ringes werde an die »Zuversicht« gebunden, mit der er getragen werde (Demetz 1966/1984, 206). Das persönliche Engagement werde gefordert, zugleich werde die Subjektivität des Glaubens bewusst gemacht. Das Argument aus der Beweisschrift werde aufgenommen, wenn Nathan die inhaltlichen Unterschiede zwischen den (positiven) Religionen auf ihre Stiftungs- und Überlieferungsgeschichte zurückführe und »Geschichte« als Begründung von »Wahrheit« nicht gelten lasse. Nathan erkenne die Historizität der Religionen. Für ihn gebe es keine Vernunftgründe, mittels derer eine von ihnen als *die* wahre bewiesen werden könne. Trotzdem – oder gerade deshalb – erscheine »Geschichte« als die einzig mögliche *vorläufige* Konkretisation von Wahrheit (Fuhrmann 1983, 68). Das Wahrheitsproblem bleibe erkenntnistheoretisch ungelöst. Die Lösung werde auf das Gebiet der Ethik verlagert. Das »Tun« werde über das »Vernünfteln« gestellt. Das Wissen um die Grenzen der Erkenntnis solle zum stärksten Motiv, gut zu handeln, werden (v. König 1976, 124–126). Voraussetzung für diese ethische Funktionalisierung der »Krise« sei, dass an der Existenz Gottes – bei allem Wandel des Gottesbildes – nicht gerüttelt werde (ebd. 115, pass.). Das »gute Handeln« geschehe immer noch im Dienst einer »göttlichen Wahrheit«. So chiffriere es die Figur des Richters. Mit der Historisierung und Subjektivierung der Glaubensinhalte sei aber eine anthropozentrische Wende eingetreten. »Humanität« lautet hier das Stichwort. »Gut« heiße so viel wie menschenfreundlich. Die ethischen Implikationen der

Ringparabel würden im Handlungszusammenhang des Stücks veranschaulicht, sozusagen exemplarisch durchgespielt. Die geschwisterliche Vereinigung der Menschen, die Restitution der Menschheitsfamilie, sei das Ziel. Dies Telos werde im Schlusstableau auf der Bühne realisiert. Der Vorhang fällt, wie es die berühmte Regieanweisung anordnet, unter »allseitigen Umarmungen«. Die Grenzen von Standes- und Religionszugehörigkeit seien überwunden. Motor der Handlung seien die drei guten Taten, die der Vorgeschichte angehören: Nathans Adoption Rechas, Saladins Begnadigung des Tempelherrn, die Rettung Rechas durch den Tempelherrn. Die Taten Saladins und des Tempelherrn seien dabei aus unbewussten Antrieben heraus geschehen. Zu der Tat müsse sich, damit die Versöhnung gelinge, die (bejahende) Erkenntnis des »Guten« gesellen (v. Lüpke 1989, 146). Lessing koppele Handlung und Erkenntnis mittels der analytischen Anlage des Stücks. Die guten Taten, die als »vollendete Tatsachen« die Weichen für das Spiel stellten, konfrontierten die Figuren mit dem Rätsel, das es zu lösen galt. Die voranschreitende Handlung sei zugleich ein Erkenntnisprozess. Die Verwandtschaftsverhältnisse würden entziffert und dadurch die Figuren über ihr Selbst und ihre Motive aufgeklärt. Schließlich wird die Verkettung der guten Taten bis hin zum glücklichen Ende generell mit der »Vorsehung« in Verbindung gebracht (v. König, 177 f.; Strohschneider-Kohrs 1991, 55 ff.). Ausgangspunkt ist das Diktum aus der geplanten Vorrede, dass es an der »Vorsehung« nicht allein liege, wenn die Welt des Dramas, obwohl sie eine natürliche Welt sei, dennoch nicht mit der Wirklichkeit übereinstimme. Lessing zeige in *Nathan der Weise* das Zusammenspiel zwischen »Vorsehung« und menschlichem Handeln. Die »Vorsehung« manifestiere sich im Gesamtzusammenhang, in der Verknüpfung aller Umstände zu einer Kausalität, die am Ende zum Glück führe. Sogar der Patriarch müsse in diesem Plan das gute Ende fördern, die Unzulänglichkeit des Einzelnen sei in der Vollkommenheit des Ganzen »aufgehoben« – ein Standardargument der »Theodizee« seit Leibniz. »Dank sei dem Patriarchen«, dürfe Nathan sagen. Zugleich mache Lessing an jedem Wendepunkt der Handlung deutlich, dass und wie der Ausschlag dem Menschen anvertraut sei. Wie der Mensch das Geschehen deute, um dementspre-

chend zu handeln, darauf komme es an (v. König, 74). Nathan vollziehe die entscheidende Deutungsleistung nach dem Massaker an seiner Familie, wenn er dennoch nicht am Ratschluss Gottes verzweifle. Unterschiedlich deuteten der Patriarch, Nathan und der Tempelherr die spontane Tat des Saladin. Die »Vorsehung« bewirke das gute Ende nicht über die Köpfe der Figuren hinweg. Im Gegenteil: Vom »Erkennen« und »Tun« der Figuren werde die Realisierung der göttlichen Absicht abhängig gemacht. In einem letzten Interpretationsschritt hat man die »Vorsehung« mit der »Natur« identifiziert. Die Blutsverwandtschaft sei ein Bild für die natürliche Zusammengehörigkeit der Menschen. »Natur« wird dabei immer in einem emphatischen, optimistischen Sinn verstanden (»göttliche Natur«) und mit dem »Guten« bzw. einer Vernunftnorm gleichgesetzt (Bohnen 1974 und B 9, 1147 ff.).

So weit der Rahmen. Dass er in der Forschungsgeschichte unterschiedliche Ausdifferenzierungen erfahren hat, liegt an der Offenheit der Frage, wie Gott und Vernunft – nicht nur im Stück, sondern prinzipiell – aufeinander zu beziehen sind. Wir verfolgen zunächst die divergierenden Akzentsetzungen, was die Rolle der Religion, religiöser Erfahrung und vernunftgemäßer Auslegung anbelangt, Akzentsetzungen, die alle innerhalb des skizzierten Deutungsrahmens angesiedelt sind. Am Ende des Abschnitts zur Poetizität des Dramas werden wir sodann anzudeuten suchen, wie eine an postmodernen Positionen orientierte Sichtweise die wichtigsten Prämissen des ›alten‹ Deutungsrahmens aushebelt. Weitere Problemkreise, die die Forschung diskutiert hat, sind das Bild vom Menschen, das dem Wandel des Gottesbildes entspricht, also Fragen der Anthropologie und Psychologie (psychologische Motivation), sowie die Frage nach dem im Stück entworfenen Bild der Gesellschaft.

Die religiöse Dimension

Die Deutung der Rolle, die das Religiöse und die Religionen in dem Stück spielen, setzt die Diskussion über den Fragmentenstreit voraus. Es wiederholen sich die skizzierten Fronten der Kontroverse: Nathans »Religion« wird einerseits als Vernunftreligion, als Ausdruck des aufklärerischen Rationalismus und als »deistisch« eingestuft und beschrieben, andererseits wird sie jenseits der Grenzen, die der menschlichen Vernunft gezogen seien, angesiedelt und als neuer »Glaube« verstanden (exemplarisch: der Dialog Jens vs. Küng 1985, 81 ff.). Bis in die jüngste Zeit werden beide Richtungen vertreten, die Alternative ist so unentschieden wie je. Die Konfrontation zeichnete sich bereits in der Darstellung der Stoffkreise ab. Würdigt Lessing den Islam als eine Offenbarungsreligion (Kuschel) oder als Paradigma der »natürlichen Religion« (Niewöhner 1996)?

In einer einflussreich gewordenen Deutung arbeitet Strohschneider-Kohrs (1991) die Dimension des Religiösen als zentrale Sinnschicht des Dramas heraus. Zum Schlüsselwort wird die Wendung »Ergebenheit in Gott«, zur Schlüsselszene Nathans Bericht davon, welche Taten der »gottergebene Mensch« sich abringen kann – der Bericht vom Pogrom der Christen und von der Adoption Rechas, des »Christenkindes«. Lessing verbalisiere und dramatisiere eine religio-Erfahrung, die über die Fassungskraft der Vernunft hinausgehe. Ihre Argumentation hat zwei Stützen. Zum einen die Hiob-Parallele. Strohschneider-Kohrs deutet die Begriffe »Vernunft« und »Ratschluß Gottes«, die Nathan in den Mund nimmt, mit Hilfe des biblischen Textes. Dort, in der Bibel, sei die Aufklärung über Nathans religiöses Erleben einzuholen. Hiob wird als »Chiffre« für eine Grenzerfahrung in der »dialogischen Gotteskonfrontation« gedeutet (100 f.). Die zweite Stütze ist der sprachliche Duktus dieser Szene. Strohschneider-Kohrs hört in der rhythmischen Dynamik von Nathans Rede die religio-Erfahrung gleichsam noch mitvibrieren (zur Bezugnahme auf Hiob vgl. auch Strohschneider-Kohrs 2002). – Saße (1988) formuliert die Gegenthese, er liest die Hiob-Anspielung als Kontrafaktur zur biblischen Erzählung. Strohschneider-Kohrs stellt das Vertrauen in den Ratschluss Gottes ins Licht, Saße die Stimme der »Vernunft«, die Nathan vernimmt. Saße behauptet die Priorität der Vernunft. Mittels der Vernunft erkenne Nathan das Gebot der Menschlichkeit. Danach erst erfolge die Berufung auf Gottes Willen. Der Wille Gottes werde nach menschlichen Kriterien ausgelegt. Nathans Tat zeuge nicht von der Ergebenheit in Gott, sondern von der Geschichtsmächtigkeit des Subjekts. Doch, so muss dann hier zurückgefragt werden, ist die im Drama geforderte »Ergebenheit in

Gott« eine bloße Phrase? Was steht hinter dieser Formel?

Anknüpfend an Strohschneider-Kohrs, machen Schilson (1995 und 1997) und Kuschel die Wendung von der Gott-Ergebenheit zum Grundstein der religiösen Deutung des Stücks. Kuschel konkretisiert: er stellt die Verbindung zum Islam und damit zur Toleranz-Idee her (s. S. 490 f.). Schilson dagegen entkonkretisiert. Das Christliche verschmilzt mit dem Religiösen überhaupt, das in dem Drama zur Anschauung gelange. Dem Geheimnis der Gottergebenheit (Nathans) gegenüber würden die einzelnen konkreten Religionen austauschbar (1995, 12). Ähnlich wie Niewöhner postuliert auch Schilson einen Standort jenseits der spezifischen Inhalte der »positiven« Religionen, von dem aus die Toleranz sich ergibt. Für Schilson ist dieser Standort die Unaussprechlichkeit der Gotteserfahrung. Seine Analyse baut auf der These auf, dass Sprachskepsis der grundlegende Zug des Dramas sei.

Gegen diese Deutungsrichtung bricht Guthke (2004/05 [2006]) noch einmal eine Lanze für die religionskritische Stoßrichtung des Dramas. Wie Kuschel die Bezüge zum Islam konkretisiert, so konkretisiert er diejenigen zum Deismus Reimarusscher Prägung. Die wichtigsten Parallelen sieht er im Religionsvergleich und dem resultierenden kulturellen Pluralismus, in der Offenbarungskritik und den ethischen Implikationen einer vernünftigen Verehrung Gottes; er kann auf wörtliche Entsprechungen zwischen der Ringparabel (bzw. den Tugenden des ›weisen Richters‹ und dem idealen Deisten verweisen, wie ihn Reimarus in der Vorrede zur *Apologie* (vgl. S. 417) zeichnet. Wenn er solchermaßen den Multikulturalismus herausstreicht (zum Kontext vgl. Guthke 2005), übersieht er freilich, dass die Religionskritik des Deismus nicht zugleich Metaphysikkritik ist, sondern mit einem metaphysischen Absolutheitsanspruch, der sich auf die Postulate der »natürlichen Religion« bezieht, einhergeht.

Mittels der Fokussierung von Nathans religiöser Erfahrung, die sich der Rationalisierung entziehe, verteidigen die Interpreten das Stück gegen den Vorwurf, es umgehe eine Auseinandersetzung mit den positiven Religionen und der tiefgreifenden Unterschiedlichkeit ihrer Lehren. Doch handelt man sich mit der Loslösung des subjektiven Glaubens von dem vernünftigen Urteil über seine Inhalte das Problem ein, dass kein

Kriterium mehr zur Verfügung steht, die unaussprechliche Gotteserfahrung von einem blinden oder diffusen religiösen Gefühl zu unterscheiden, das sich an alle möglichen (und unmöglichen) Inhalte heften kann. Differenziert man aber – wie es in Lessings Drama ja auch geschieht – qualitativ zwischen der Gottesbegegnung Nathans und der Schwärmerei Dajas oder der frommen Einfalt des Klosterbruders, so kommt man kaum umhin, entweder von der religiösen zur ethischen Ebene zu wechseln oder über die jeweiligen Gottesbilder und Religionsauffassungen der Figuren zu sprechen. Einen Weg, der sowohl der Subjektivität des Glaubens als auch der (kritischen) Frage nach seinem (objektiven) Gehalt gerecht wird, sucht Nisbet (2008, 782–810) einzuschlagen. Vergleichbar mit dem Befund Schilsons scheint zunächst sein Resümee: Die »religiöse Erfahrung«, die in *Nathan dem Weisen* begegne, sei »so geartet, daß sie nicht weniger mit dem Deismus als mit den Offenbarungsreligionen vereinbar« sei (798). Gleichwohl bleibt in Nisbets Interpretation der Zusammenhang von Glaube und Geglaubtem erhalten. Denn zum einen stellt Nisbet die Kritik an den einzelnen Lehren der Offenbarungsreligionen, die in dem Drama geübt werde, deutlich heraus. Skepsis und Zweifel machten dabei auch nicht vor den Positionen der »natürlichen Religion« halt, Lessing wehre eben auch den absoluten Geltungsanspruch dieser Postulate der Metaphysik und Philosophie ab. Zum anderen sieht Nisbet bei Lessing den relativistischen Perspektivismus und die Wahrheitssuche immer noch aufeinander bezogen. Die Frage nach der Wahrheit werde nicht suspendiert, sondern perspektivisch differenziert. Die dramatische Interaktion der Figuren zeige, wie zwar *die* Wahrheit sich dem Blick der Menschen entziehe, die Religionen jedoch, die natürliche wie die geoffenbarten, auf unterschiedliche Weise und in unterschiedlichen Graden Aspekte der Wahrheit realisierten. Nicht auf die Auflösung der (religiösen) Wahrheit ziele Lessings methodologische Skepsis, sondern auf eine Annäherung an sie, darauf, »möglicherweise zu immer angemesseneren Formulierungen zu gelangen« (800). An dieses Modell werden wir in den Vorschlägen zur Analyse anknüpfen, wenn wir die Transformation der Offenbarungs- in Vernunftwahrheiten verfolgen.

Nathan der Weise lässt sich, das macht die skizzierte Kontroverse deutlich, nicht darauf reduzieren, fest umrissene Erkenntnisse zu veranschaulichen. Damit ist die Frage nach der Poetizität des Dramas gestellt. Sie lässt sich auch fassen als Frage nach dem Verhältnis von Ringparabel und Dramenhandlung. Die These, dass Lessings »dramatisches Gedicht« mehr sei als ein Lehrgedicht, dass es um mehr als die anschaulich-lebendige Demonstration von Einsichten gehe, die ebenso in den theologiekritischen Schriften nachzulesen seien, gehört zum Grundbestand der Nathan-Forschung. Das Eigengewicht der Dramenhandlung und das »Eigenleben« der Figuren stehen zur Diskussion. Die Familiengeschichte sei nicht als »Zusatz« zur Ringparabel, als Wiederholung von deren Wahrheit »im Bilde«, zu verstehen. Vielmehr müsse die Wechselbezüglichkeit beider erkannt werden. Drama und Parabel verwiesen aufeinander, beide zusammen machten erst das »Ganze« aus. Die Stichworte der Deutung liefert Lessing selbst, wenn er Goeze gegenüber seinen bildhaft-dramatischen Stil verteidigt und von der neuen Symbiose von Begriff und Bild in der (poetischen) Rede spricht (B 9, 151 f.; 350–353). Am deutlichsten formuliert Pfaff die Interpretationsaufgabe: Unabhängig von der Sache, die die poetische Form repräsentiere, gelte es, diese Form selbst als Sinnträger zu begreifen (1983, 103).

Poetizität des Dramas

Als ein Stück Poesie wurde vor allem die Ringparabel selbst gedeutet (Politzer, Strohschneider-Kohrs). So weist Politzer (1958/1968) die Literarisierung nach, die die Gattung »Parabel« bzw. »Gleichnis« bei Lessing erfahre. Der Unbedingtheitsanspruch und der klare Bezug zur Transzendenz, die für die Gleichnisse Jesu charakteristisch seien, hätten in Nathans »Geschichtchen« keinen Platz mehr. An ihre Stelle rückten Ambiguität, ja Paradoxie der einzelnen Motive. Als Quelle der Paradoxien macht Politzer die Diskrepanz zwischen der religiösen Tradition der Parabel und der aufklärerischen Tendenz zur Rationalisierung und Psychologisierung aus. Das Resultat sei eine Ambivalenz, die die Ringparabel zum Vorläufer moderner Parabeldichtung werden lasse.

Eine Reihe von Untersuchungen wendet sich der Sprache (Schröder 1972, 247 ff.; Heller

1966/1984) und der Bildlichkeit des Dramas zu (Göbel 1971, 154 ff.). Das Vertrauen in die Macht der Sprache mache die ästhetische Eigenart des Stücks aus. Handlung erscheine in diesem Drama in besonderer Weise als Dialog. Alle bedeutsamen Stationen im Stück, die Ringparabel nicht ausgenommen, seien Redesituationen, in denen Nathan Vorurteile korrigiere und Hindernisse der Kommunikation überwinde. Nathans (rhetorische) Strategien der Überzeugung werden untersucht. Seine pädagogische Gesprächsführung beruhe darauf, die verborgenen Möglichkeiten der Partner ans Licht zu holen und so ihre Isolation aufzuheben (Schröder, v. König 1976, 87 ff.). Mittels der sprachlichen Verständigung gelinge die Klärung der Verwandtschaftsverhältnisse. Schröder identifiziert dabei in einem zweiten Schritt »Sprechen« mit »Erkennen«. Die verworrenen Bezüge der Handlung ordneten sich zu einem »Bild« (dem Familienbild), das dem Weisen einen Sinnzusammenhang zu erkennen gebe. Zuletzt bezieht Schröder das Geschehen auf die Sprache Gottes, die sich in der Natur artikuliere und die der Mensch zu vernehmen habe: »Nur wer den Geist dieser unaufhörlichen und einheitlichen Sprache vernimmt, vermag ihre Entsprechungen, Metaphern, Gleichnisse und Allegorien zu verstehen und in das universale Gespräch miteinzustimmen.« (266 f. – Schröder verweist in diesem Zusammenhang auf die Bedeutung der Namen, die von Birus 1977 und 1978 entschlüsselt wurden).

Schröder fasst Sprache als Erkenntnisinstrument, er bezieht Sprache und Gegenstand, Begriff und Bild aufeinander. Die Welt des Dramas wird zu dem sinnlichen Bild, dessen geistige Bedeutung die Figuren entzifferten. Dass Sprache, Erkenntnis und sinnliches Bild so restlos ineinander »aufgingen«, mache die Eigenart des Stückes aus. Dieser Ansatz deckt sich mit der Perspektive Helmut Göbels, nur dass Göbel die Bildlichkeit des Dramas zum Ausgangspunkt nimmt. Innere Handlung, Reflexion, Kommunikation und Vertrauen in die Sprache sind auch für ihn Leitbegriffe. Jedoch komme es in dem Stück auf die Versinnlichung der Erkenntnis an. Bildern und Gleichnissen werde die religiöse Aussage anvertraut. Überzeugend zeigt Göbel, wie Lessing an biblische Bilder anknüpft und deren Traditionswert funktionalisiert (z. B. Saladin als »Gärtner Gottes« u. a.). Zugleich führten die Bilder in

Nathan der Weise auch ein poetisches Eigenleben. In der Einzelanalyse geht Göbel den wichtigsten Bildbereichen nach: der Metaphorik von Feuer und Wasser (Herz/Tränen), der Pflanzenmetaphorik, der Geldmetaphorik, der Spielmetaphorik.

Wenn Schröder und Göbel die Einheit von Begriff und Bild in *Nathan der Weise* konstatieren, bleibt ihre Analyse dem Vorwurf ausgesetzt, letztlich nicht über das Modell: dramatische Versinnlichung eines (lehrhaften) Inhalts hinauszugelangen. Dagegen versuchen drei neuere Interpretationen, hinter die Ebene des Inhalts zu dringen und die poetologischen Bedingungen des Dramas zu fassen (Simon), die Leistung der poetischen Form als solcher zu begreifen (Pfaff) und den ›Mehrwert‹ des Ästhetischen über die diskursiven Inhalte hinaus zu bestimmen (Strohschneider-Kohrs).

Simon (1991) entwickelt Ter-Neddens (1986) Ergebnisse weiter. Ter-Nedden habe gezeigt, wie in Lessings Tragödien die Gattungsmuster reflektiert würden, wie der Mechanismus der Tragödie transparent gemacht werde. Mutatis mutandis lasse sich der Befund auf das *Nathan*-Drama übertragen. Versteckt »hinter der beeindruckenden Praxis seiner humanen Problemlösungen« vollziehe es die »Reflexion seiner poetologischen Voraussetzungen« (611). Reflektiert würden die Bedingungen, aufgrund derer es keine tragische Entwicklung gebe. Im Endeffekt analysiert Simon Nathans (rhetorische) Strategien der Konfliktvermeidung: Aus dem Wissen um die Relativität der Erkenntnis (Kontingenzbewusstsein) hebe er den Standpunkt des Gegenübers in der eigenen Perspektive auf, so dass eine tragische Kollision begrenzter Charaktere unmöglich gemacht werde. Den Redesituationen verleiht Simon eine poetologische bzw. gattungstheoretische Aussagekraft, indem er das Gegenteil von Kontingenzbewusstsein, nämlich Unbedingtheitsanspruch, Einseitigkeit und naive Handlungsbereitschaft, als konstitutiv für das tragische Genre begreift. Diese Gattungskonstituenten würden durch Nathans Rhetorik »ausgehebelt«.

In kühnen Kombinationen sucht Peter Pfaff (1983) der »Theaterlogik« Lessings auf die Spur zu kommen und zwischen der Weisheit Nathans und derjenigen des poetischen Werks zu differenzieren (»Begriff einer poetischen Weisheit«). Zunächst bewegt sich die Analyse ganz auf geistesgeschichtlichen Bahnen. Lessings »dramatisches Gedicht« sei ein Gegenmodell zur griechischen Tragödie, die tragische Anagnorisis werde durch das glückhafte Wiedererkennen der Familienmitglieder ersetzt. Dahinter stehe der optimistische Naturbegriff der Aufklärung. Doch sei der Naturmechanismus kein hinreichendes Modell, Zusammenhänge des menschlichen und kulturellen Lebens zu erklären. Nathan, der sich einerseits auf die Beobachtung der Natur stütze, schöpfe andererseits die Weisheit, sie zu deuten, aus der Bibel. Durch Nathans biblisch inspirierte Weisheit komme das Moment der Geschichte ins Spiel. Geschichtliche Faktoren seien die Kette der Generationen (Ringparabel) oder die Abfolge vom Judentum zum Christentum. Das sinnstiftende Grundmuster trete in des Tempelherrn Verweis auf den biblischen Stammbaum des Menschengeschlechts (von Abraham bis Adam; III, 9, V. 698–701) hervor (102): »Denn wer historisch Adam und Abraham oder den kreatürlichen und den spezifisch national-kulturellen Ahnherrn unterscheidet und zugleich kulturanthropologisch erkennt, daß die gemein-adamitische Natur jeglicher nationalen Besonderung zugrundeliegt, vermag schließlich auch in der Mannigfaltigkeit der historischen Erscheinungen immer das Natürlich-Identische zu sehen.« – Soweit Nathans Weisheit. Pfaff beschreibt in einem zweiten Anlauf die Form des Dramas als genaues Äquivalent zu dieser Weisheit, wobei allerdings die Argumentation sehr abstrakt und spekulativ wird.

Strohschneider-Kohrs (1991) identifiziert den ästhetischen »Mehrwert« mit der »religio«-Erfahrung Nathans (s. S. 494). Sie geht dem Wechselbezug zwischen Ringparabel und Dramenhandlung (»Fabel«) nach. Wie Nathan das Hiob-Schicksal spiegele, so spiegele die Ringparabel Nathans religio-Erfahrung. Wiederholte Spiegelungen ließen als Sinnmitte die »innere Wahrheit« hervortreten, die von »Lehrworten« nicht »erreichbar« sei. Die indirekte, bildhafte Vergegenwärtigung des geheimen Wissens mache die ästhetische Eigenart des Werks aus, die Strohschneider-Kohrs mit dem Wort »von der ›parabolischen Ästhetizität‹« »differenzierend« zu ›umschreiben‹ sucht (107).

»Parabolische Ästhetizität«: Der Begriff scheint auf Schröder zurückzuweisen, für den die Einheit von Bild, Wort, Begriff die ästhetische Eigenart des Dramas ausmacht. Doch ist für Schröder das wesentliche ästhetische Merkmal des Werks die vollkommene Deutbarkeit des ›Bilds‹. Im Wechselbezug von Bild und Sprache bleibe kein Geheimnis zurück. Dem entgegen dienen für Strohschneider-Kohrs die poetisch-bildhaften, »parabolischen« Verweisungszusammenhänge der Andeutung von Unaussprechlichem. Das Geheimnis (sie spricht vom »geheimen Wissen«) werde transparent. Die ästhetisch-sinnliche Vergegenwärtigung stehe für das ein, was nicht mehr sagbar sei. Die religiöse Deutung abgerechnet, stimmt Strohschneider-Kohrs mit dem Hinweis auf Außersprachliches mit neueren Tendenzen der Forschung überein. Während für Schröder die »Gedankenklarheit« des Stücks die »Körperlichkeit« aufzehrt, entdeckt man neuerdings diese seine »Körperlichkeit«. Man entdeckt, dass Schichten jenseits der Sprache in ihm zum Ausdruck kommen. So zeigt z. B. Susan E. Gustafson (1986), dass Momente der Sprachskepsis das Drama durchziehen. Sie erkennt Parallelen zu *Ernst und Falk*. Auch im *Nathan* gehe es um die Neubestimmung von Freimaurer-Symbolen (z. B. »Gräber der Vorfahren«, Ringsymbol). Wie in *Ernst und Falk* sei die Erkenntnis des »Wesens« vom Verstummen begleitet. Gustafson postuliert ein Geheimnis, das zu ständigen Neuformulierungen antreibe und das nicht in der Erkenntnis der Blutsverwandtschaft oder der Toleranzforderung aufgehe. Das »Geheimnis« sei der »natürliche Mensch«, die Figuren seien auf der Suche nach einer Sprache (Kommunikation), die ihm angemessen sei. Durch die emotionale Erschütterung und durch sprachlose Sympathie-Erfahrungen solle der Mensch zu dem Stand der Natur und der »Natursprache« zurückfinden, von der her die traditionellen (Sprach-)Zeichen beseelt werden könnten. Einerseits knüpft Gustafson an Dominik von Königs Kategorie der »Natürlichkeit« und an Bohnens (1974) Naturbegriff an. Andererseits setzt sie einen neuen Akzent, indem sie das Versagen der Sprache dem (utopischen) Ziel gegenüber als strukturbestimmend herausarbeitet.

Nicht als Medium einer religio-Erfahrung (wie Strohschneider-Kohrs), sondern als Medium der Auslegung und ›Aufklärung‹ der religiösen Bilderwelt versteht Ter-Nedden (2010) die poetische Sprache des Stücks: *Nathan der Weise* sei Lessings Modernisierung des »Hiob-Märchens«

(Adoption Rechas als not-wendende *menschliche* Tat) und die untragische Variante zu den tragischen »Plotkonstruktionen« der *Emilia Galotti* und des *Horoskop*-Fragments (s. S. 390f.), eine »untragische Ödipus-Fabel«: Die Ringparabel sei das Gegenstück zu dem Orakel, das den Geschlechterfluch (Analogie zur Erbsünde) über den Menschen verhänge. Hier wie dort greife der Mechanismus der *self-fulfilling prophecy*: Während der Anspruch der Religionen darauf, einen Transzendenzgehalt (»religiöse Wahrheit«) zu vermitteln, Hass und Fanatismus erzeugt habe (Bruderzwist und Glaubenskriege), erfülle sich das versöhnende »Heilsversprechen« des Ringes bzw. der Religion(en) erst und nur dann, wenn nicht mehr der »Geber«, sondern der »Empfänger« (ohne Transzendenzbezug) über ihre Wahrheit entscheide, das heißt, durch uneigennütziges Handeln die Verwandlung der Wirklichkeit in Gang bringe (*self-fulfilling prophecy*) – was dann, so ist hinzuzufügen, alle Religionen überflüssig macht (vgl. S. 12).

Postmoderne Perspektiven

Viele neuere Auslegungen von *Nathan dem Weisen* sind von einer postmodernen Auffassung der Religionen geprägt, die sich mit ebenso postmodernen Formen von Vernunftskepsis und Erkenntnisrelativismus verbinden. Weder auf eine Vernunftreligion (die ein metaphysisches Konstrukt des 18. Jahrhunderts ist) noch auf eine sittliche Autonomie, der die ›Wahrheiten‹ des Atheismus zugrunde liegen, sieht man die im Stück geübte Religions- und Offenbarungskritik hinauslaufen. Das Religiöse bleibt erhalten als ein vager, irrlichternder Impuls, der nicht länger auf eine Gottesbegegnung oder -erfahrung als seinen Gegenstand bezogen wird. Vielmehr nimmt die Stelle semantischer Gehalte, die kritisch den religiösen Bedeutungen (Erfahrungen, Lehren, Dogmen, Gottesbildern) entgegengesetzt werden könnten, nunmehr das Ästhetische selbst ein, die Strategien der Verbildlichung und Symbolisierung. Die Poetizität des Stücks sieht man nicht länger, wie zum Beispiel Strohschneider-Kohrs oder Schilson, als Medium einer zwar unaussprechlichen, gleichwohl aber unbedingt gültigen religio-Erfahrung, sondern man kehrt die Blickrichtung um: Die entscheidende Leistung Lessings liege darin, einen solchen Grund und jede

›substantielle‹ Wahrheit in der ästhetischen Fiktion und dem Prozess der Symbolisierung aufgehoben zu haben. Die spezifische Form des Ästhetischen verleihe in Lessings »dramatischem Gedicht« der religiösen Erfahrung ihren (aufklärerischen) Wert, nicht gewinne das Ästhetische seinen Gehalt durch die Gültigkeit einer religio-Erfahrung.

Die postmoderne Perspektive auf die Ringparabel fasst Peter Sloterdijk in seinem kulturphilosophischen Essay *Gottes Eifer. Vom Kampf der drei Monotheismen* (2007) zusammen. Er schreibt (170f.): »An diesem Gleichnis […] fällt aus heutiger Sicht seine vollendete Postmodernität auf: Es vereinigt in sich den primären Pluralismus, die Positivierung der Simulation, die praktische Suspension der Wahrheitsfrage, die zivilisierende Skepsis, die Umstellung von Gründen auf Wirkungen und den Vorrang des externen Beifalls vor den internen Ansprüchen.« Dazu gehört – auch hierin resümiert Sloterdijk die postmoderne *communis opinio* – die Gleichsetzung des Wahrheitsanspruchs der Buchreligionen mit Fundamentalismus, Terrorismus und Aggression gegen differierende religiöse Überzeugungen.

Nicht um einzelne konkurrierende Glaubensbekenntnisse und Gottesbilder, seien sie nun die ›Wahrheiten‹ der geoffenbarten oder der natürlichen Religion, gehe es also in Lessings Stück, folglich sei auch nicht die Botschaft der Toleranz sein zentrales Thema (Goetschel 2004, 232), sondern es realisiere die Erkenntnis, dass alle Religionen kulturelle Symbolisierungen derjenigen Überschusserfahrungen seien, deren naturwissenschaftliche bzw. biologische Erklärung (noch?) nicht restlos befriedige. Nathans »Gott« zum Beispiel wird für Helmut J. Schneider (2000, 307) zur Chiffre für das Unverfügbare der »physischen Existenz«, sofern sie als unvordenkliches Geschenk des Lebens angenommen werde. Aus dieser Akzentverschiebung folgt, so haben wir gesehen, die Thematisierung des Poetischen und Ästhetischen als Transformation und Ersetzung der religiösen Dimension: Eine neuartige Konzeptualisierung von Wahrheit sei der Nerv von Lessings Drama, so Goetschel (2004, 230–250); ›Wahrheit‹ werde prozesshaft, konstruktivistisch, pragmatisch und funktional gedacht (vgl. Sloterdijks »Umstellung von Gründen auf Wirkungen«; Goetschel beruft sich u.a. auf Richard Rorty [247f.]), ihre Konzeptualisierung sei nur in metaphorisch-poetischer Sprache möglich. Die Poetizität des Stücks mache den Empfänger seiner Metaphernsprache (das heißt die Religionen) vieldeutig und schillernd, wendet Barbara Fischer gegen Kuschels These vom Lessingschen »Trialog« ein (2006/07 [2008]); die Auffassung, im Stück werde das Verbindende zwischen den Offenbarungsreligionen *transparent*, sei ein Rückschritt hinter den ästhetischen Status des Textes (zur Poetizität vgl. auch B. Fischer 2000, 47–72). Für Ter-Nedden (2010) zeigt *Nathan der Weise* den Strukturwandel der Religion(en), der darin bestehe, dass ihre überlieferten Inhalte nicht mehr mythisch als Offenbarung Gottes, sondern symbolisch als Bilder und Zeichen für menschliche Erfahrungen verstanden würden, die der Deutung durch Philosophie, modernes Weltwissen und Kunst bedürften. Ähnlich spricht H.J. Schneider von dem »Ausweg« der Ringparabel, die »Substanz« (bzw. substantielle Wahrheit) als Zeichen zu begreifen (1997, 58f.), sowie von der Suspension der Wahrheitsfrage und der Inszenierung eines nicht mehr metaphysischen, sondern ästhetischen Denkens (2000, 325). Schmitz-Emans (2005, 198, 219f.) wiederum beschreibt die Ringparabel als ein performatives und selbstreflexives Sprachhandeln, das die Wirklichkeit, von der die Rede sei (z.B. das Gute), allererst hervorbringe – usw. usf.

Wo eine postmoderne Perspektive nicht nur auf die Religionsthematik, sondern auch auf den Gesamtzusammenhang des Dramas gerichtet wird, erfährt die Deutung seiner analytischen Struktur eine grundlegende Verschiebung: Zu der Umpolung des Verhältnisses von Religion und Ästhetik tritt der »Entzug des Ursprungs in die Fiktion« (H.J. Schneider 2000, 326). So reflektiert H.J. Schneider (2000) zunächst den traditionellen Deutungsrahmen – in der analytischen Handlung werde eine Mitmenschlichkeit, die sich in den spontan-leidenschaftlichen Rettungstaten äußere, reflexiv eingeholt und in bewusster Bejahung zur geistigen Verpflichtung gemacht –, um sodann den Aufklärungs- und Erziehungsprozess so zu lesen, dass seine substantielle Voraussetzung, die Annahme der ursprünglichen, angeborenen Güte des Menschen, verschwindet. Schneider konstruiert (mit einem diskurs- und psychoanalytischen Instrumentarium, Kittler [313, Anm. 14] und Wellbery [318, Anm. 19] werden zitiert) eine Analogie zwischen der Transfor-

mation des mythischen Glaubens in ein deutendes, ästhetisches Denken (Ringparabel) und der Transformation der biologischen in die symbolische Familie des Schlussbildes. Konstitutiv sei der »Entzug des Ursprungs«: In einem Akt der geistigen Schöpfung, wie sie der Tempelherr in der Erziehung Rechas durch Nathan erkenne, werde der natürliche Körper der Frau ausgelöscht und durch ihr vergeistigtes Bild ersetzt. Wenn der Tempelritter am Ende die solchermaßen zur Schwester gewordene Geliebte, hinter der das Bild der Mutter stehe, dankbar umarme, werde die Erinnerung an den Ursprung und Zufall der Geburt zwar wachgehalten, gleichzeitig jedoch die Ersetzung des weiblichen Körpers durch die (vom Mann entworfene) Idealgestalt realisiert. Es sei zudem (oder deshalb) ein rein »ästhetischer Gnadenakt« (329), der die (er-)lösende Erfahrung des Unverfügbaren im Leben gewähre, ein »Geschenk der Kunst« (328. – Ein Beispiel für einen dekonstruktivistischen Ansatz ist die *Nathan*-Lektüre Müller Nielabas [2000]; eine postmoderne Kontextualisierung nimmt Schmitz-Emans [2005] vor, wenn sie, allerdings anknüpfend an Jauß [1996], die Linie von der Ringparabel bis zu Milorad Pavičs Roman *Das chasarische Wörterbuch* [1984; dt. 1988] auszieht).

Psychologische Motivation, Anthropologie und Figurenkonzeption

Ein Zugang zu Lessings Figurenkonzeption ist die Rekonstruktion der philosophischen Psychologie des 18. Jahrhunderts. Dabei bringt man Erkennen und Wollen der Figuren abwechselnd mit Leibnizens oder Spinozas Modell der Erkenntnisstufen in Verbindung. So begreift Höltermann (1928) die fiktionale Welt des Dramas als Umsetzung der Leibnizschen Philosophie (ähnlich Will 1999). Die Dramenhandlung sei teleologisch strukturiert, die Kausalität sei auf ein Ziel hin orientiert. In diesem von der »Vorsehung« entworfenen Plan agierten die Figuren als »Monaden«. Leibniz' »Monaden« spiegelten das Universum in unterschiedlicher Deutlichkeit, die Figuren im *Nathan*-Drama würden in unterschiedlicher Vollkommenheit den Plan der Vorsehung erkennen. Der Grad der Bewusstheit bestimme den menschlichen Rang einer Figur. Mangelnde Erkenntnis gehe mit Leidenschaftlichkeit einher, während Nathan die Leidenschaft (Rache) durch die Vernunft besiege. Dahinter stehe das Leibniz-sche Konzept der verworrenen Perzeptionen, die der deutlichen Erkenntnis weichen müssten. Sanna (1999, 116 ff.) und Goetschel hingegen verweisen auf Spinoza. Nathans Lebensführung sei durch die höchste, quasi göttliche Erkenntnisweise, die intuitive Erkenntnis, geprägt, wobei Goetschel (2004, 246 ff.) die spinozistische Verbindung von Affekt, Erkenntnis und Eigeninteresse (funktionaler bzw. pragmatischer Wahrheitsbegriff) als für Lessing wegweisend betont.

Michael Böhler (1971), der wiederum den Leibnizschen Ansatz heranzieht, fokussiert das Prinzip der Handlungskonstruktion. Wie der Titel seines Aufsatzes markiert, fragt er nach den »Gründen«, aus denen heraus die Figuren redeten und handelten («... als Spiel vom Grunde«). Wenn Saladin die »Gründe« für den wahren Glauben wissen wolle, habe das Wort eine erkenntnistheoretische Bedeutung, Nathan beantworte die Frage, indem er auf das Ziel der Religionen, die Hervorbringung des Guten, verweise. In der Dramenhandlung werde die Frage nach dem »Grund« von der erkenntnistheoretischen auf eine metaphysische Ebene verschoben. Sie laute nunmehr: Worin gründen die Figuren? Nathans Entwurf auf das »Um zu« hin werde ergänzt durch die Integration des »Woher«. Diese Ergänzung sei der »Sinn« der Familiengeschichte, die eine Korrektur an der teleologischen Ausrichtung impliziere. Die dunklen Wurzeln begründeten das Wesen der Figuren ebenso wie das von der Vernunft beleuchtete Ziel. Indem durch beide Weisen des »Grundes«, den »Grund« als Ursprung und als Ziel, die Figuren definiert würden, erfüllten sie (die Figuren) den Begriff der »Monade« bzw. der Aristotelischen Entelechie. – Böhler verwendet, um die ontologische Dimension des »Grundes« zu explizieren, eine Heideggersche Terminologie und entfernt sich damit weit vom historischen Kontext des Dramas. Bereits im 18. Jahrhundert jedoch hat der Begriff »Grund« eine ontologische und eine erkenntnistheoretische Bedeutung. Offenkundig »braucht« Böhler Heidegger, um die Schicht des Nicht-Rationalen in den Figuren fassen zu können, die er in der Blutsverwandtschaft symbolisiert sieht. Böhler macht auf Zusammenhänge aufmerksam, für deren nähere Erschließung Modelle des 18. Jahrhunderts gesucht werden sollten.

Das monadologische Modell ist offen für eine psychologische Interpretation, es hat die Seelenlehre des 18. Jahrhunderts entscheidend beeinflusst. Da Höltermann und Will nur die Rolle der Vernunft beachten, schöpfen sie die Möglichkeiten ihres Ansatzes nicht aus. Die Erforschung der Anthropologie des 18. Jahrhunderts hat die Bedeutung des Leibnizschen Modells und der Stufenfolge von »Perzeptionen« für die Entdeckung unbewusster Antriebe herausgearbeitet. Häufig ist in *Nathan der Weise* von den Bildern der Jugend die Rede, die tief im Grund der Seele, im Unbewussten schlafen und gleichwohl, so wird es gezeigt, die Wahrnehmung der Figuren prägen. Diese Beobachtung bringt Fick (1995) mit dem Leib-Seele-Problem, der Frage nach der Determiniertheit des Menschen und mit Lessings Konzept der Seelenwanderung in Zusammenhang; daran knüpfen wir in unserer Analyse an.

Verstärkt wird in jüngster Zeit, wie als Kehrseite zu der Entleerung des Religiösen ins Symbolische, das Eindringen empirischer anthropologischer Befunde und naturwissenschaftlicher Vorstellungsweisen in Lessings Drama entdeckt bzw. verfolgt. So zeigt Niekerk (2004) in einer materialreichen Studie, wie die Klimatheorie, ein Produkt der Verbindung von Naturgeschichte und Anthropologie, Eingang in die Reflexionen der Figuren über die Genese religiöser Vorstellungen gefunden habe und den Toleranzdiskurs des Stücks profiliere. Recha kehre (in III, 1) ein klimatheoretisches Argument, das Lessing (u. a.) aus der Literatur über den Islam bekannt war, gegen christliche Glaubensvorstellungen. In Marignys *Geschichte der Araber* ist (in der Übersetzung Lessings) von der »wunderlichen Vermischung abgeschmackter Fabeln und großer Wahrheiten« die Rede, die der ausschweifenden Phantasie der Bewohner jener heißen Länder entgegenkomme; mit diesem »Mischmasch« konnte deshalb Mahomet ihre Einbildungskraft ›erschüttern‹ und ›einnehmen‹ (B 2, 587). Als fremdartige Erzeugnisse ihres europäischen Herkunftsmilieus nehme Recha dagegen Dajas Wundergeschichten wahr, wenn sie sie mit Blumen vergleicht, die nur in einem bestimmten Boden gedeihen könnten (V. 51 ff.; B 9, S. 542). – Christine Weder (2008) schließlich versucht, den Rat des Richters in der Ringparabel als eine Analogie zu dem naturwissenschaftlichen Experiment, das man als Modellfall ›anschauender Erkenntnis‹ verstanden habe, neu zu konturieren. – Diese Studien zum anthropologischen und naturwissenschaftlichen Kontext vermögen einmal mehr den Blick für die Genauigkeit und Konkretion zu schärfen, mit der Lessing sein Drama auf zeitgenössisches Denken und Wissen bezieht.

Nicht philosophisch, sondern psychologisch argumentiert Ruth Angress (1971). Sie geht textimmanent vor, ihr Verfahren ist das des *close reading*. Sie konzentriert sich auf die spannungsreichste Figur des Dramas, den Tempelherrn. Sie erschließt vom Wortlaut des Textes her, wie er vom Un- und Halbbewussten regiert wird. Halbbewusste Erinnerungen an die Herkunft, unverständliche Reaktionen seiner Umgebung (Saladin), unbegriffene eigene Gefühle stürzten den Tempelherrn in eine Identitätskrise, aus der er sich dadurch zu befreien suche, dass er sich von den Vernunftideen Nathans her definiere. Er suche sich als Mensch unabhängig von seiner Abstammung zu begreifen. Die radikale Negation der Herkunft stifte jedoch neue Verwirrung … Angress zeigt, welch nuancierte Darstellungen psychischer Prozesse sich in dem Drama finden. Auch sieht sie die Harmonie des Schlusses vor einen dunklen Hintergrund gerückt: der Krieg gehe weiter, Nathan bleibe einsam zurück. – Als zerrissenen und problematischen Charakter beschreibt den Tempelherrn bereits Fischer (⁵1905, 106 ff.); Koebner (1987, 181) sieht in ihm, nicht im Patriarchen, den »Antagonisten« Nathans – eine Akzentuierung, die den Blick für das Zwiespältige dieser Figur zurecht schärft.

Ein Sonderfall der Figurenbeziehung ist das Verhältnis Rechas zum Tempelherrn. Ortrud Gutjahr (1993) bringt das Problem auf den Begriff: Die Verwirklichung der Toleranz verhindere das Liebesglück des Paares, erotische Liebe müsse sich in geschwisterliche Liebe verwandeln. Peter Pütz (1986, 276 f.) erklärt dies mit dem zeitüblichen Misstrauen gegen die Leidenschaft. Wir müssten es hinnehmen, dass für Lessing die Geschwisterliebe das »Menschliche« in einer reineren Form zum Ausdruck bringe als die erotische Anziehung, wo immer Egoismus, Besitzstreben, Verwirrung lauerten. Gutjahr sucht die Inzestgefahr interpretatorisch zu nutzen. Die Figuren bewegten sich ständig am Rand des Tabubruchs. Versöhnung werde möglich durch das Spiel mit dem Tabu. Durch ein Höchstmaß an Erschütterung sollten die Liebenden in der Erkenntnis-

szene zu einer geläuterten Form des Miteinanders finden.

Sozialgeschichtlicher und politischer Deutungsansatz

Die sozialgeschichtliche Analyse hat vier Pfeiler: Erstens die Tatsache, dass der Kaufmannsberuf Nathans im Drama häufig thematisiert wird und sein Reichtum sowie sein Umgang mit Geld eine wichtige Rolle spielen (Ziegler ²1960, Hernadi 1971/1984, Pütz 1986, 267 ff., Weidmann 1994, Schönert 2008), zweitens die Parallele zu dem gesellschafts-politischen Werk *Ernst und Falk* (Bohnen 1979/ 1984), drittens die massive Kritik Al-Hafis, die auf die Fundamente des absolutistischen Systems zielt (v. König 1976, 50 ff.; Bark ⁴1989, 215), viertens die Anwendung des Wettbewerb-Gedankens auf die Religionen (ethischer Wettstreit). Das Religiöse, so das Argument, werde ökonomisch gedacht (Schlaffer 1973, 104–117, Hernadi, Bark, Pütz); Schönert (2008) zufolge verschwindet es hinter der Veranschaulichung der humanisierenden Kraft von ›Handel und Wandel‹ (112), begriffen als ertragreicher Waren- und Geldtausch unter gleichberechtigten Partnern (97). Im »Kontext des zeitgenössischen Kommerzialwissens« würden »Ideenhandel und Kapitalienhandel« einander nicht kontrastiert; und auch in Lessings Stück ließen sich »Warenverkehr« und ein »säkulares Toleranzgebot« aufeinander beziehen (91. Literatur zum Thema ›Ökonomie in *Nathan dem Weisen*‹ s. Goetschel 2004, 313, Anm. 14, sowie bes. Schönert 2008). – Einen eigenen Weg sozialgeschichtlicher Analyse schlägt schließlich Günter Saße (1988, 216 ff.) ein, der die Familie zum Ausgangspunkt der Untersuchung nimmt.

Last not least ist auf den *politischen Aspekt* des Dramas zu verweisen, der in jüngeren Forschungsbeiträgen hervorgehoben wird: Mit dem Pluralismus, den Lessing gegenüber dem exklusiven Wahrheitsanspruch der Religionen vertrete bzw. einfordere, das heißt mit der Anerkennung der wesentlichen Gleichrangigkeit der Religionen, sei die Forderung nach staatsbürgerlicher Gleichberechtigung der Juden unlöslich verbunden gewesen (vgl. Goetschel 2005, bes. 200–204; die historische Verflechtung von Perspektivismus, Pluralismus und politischer Toleranzforderung konkretisiert Nisbet 2010). Die These Mecklenburgs (2008), dass Lessing in *Nathan dem Weisen* den Judenhass als *notwendiges* Ingredienz der christlichen Religion (eine »historisch haltlose Erfindung des Paulus«: 255) enthülle und in der Erziehungsschrift folgerichtig mit dem Gedanken von deren Selbstaufhebung spiele (ebd.), geht jedoch am Denkhorizont Lessings, der sich oft als einen Freund des Christentums bezeichnete, vorbei. Sie widerspricht sowohl seinem skeptischen, antidogmatischen Habitus als auch seiner providentiellen Sichtweise der historischen Religionen und ihrer Dogmen, die für ihn eben geschichtlich bedingte, unterschiedliche Einkleidungen der Wahrheit (über Gott und die Stellung der Menschen zu ihm) sind. So gewinnt er z. B. in der Erziehungsschrift, in der er (anders als im *Nathan*) die christliche Religion als eine Weiterentwicklung gegenüber dem Judentum darstellt, ihren Dogmen (»Lehren«) einen spekulativ-philosophischen Wahrheitssinn ab. Vollends sein Interesse an dem Kusaner zeigt, dass er auch dem Christentum eine Toleranz-Tradition vindiziert (s. S. 491; auch Nisbet 2010; weiterführende Literaturangaben in den genannten Beiträgen).

Analyse

Monadologische Figurenkonzeption und prästabilierte Harmonie

Wenn das Stück beginnt, gibt es für die Figuren auf der Bühne im wahrsten Sinne des Wortes nur noch wenig zu tun. Das Wesentliche ist bereits geschehen. Der Tempelherr hat Recha aus dem Feuer gerettet, so erfährt es der heimgekehrte Nathan von Daja, Saladin hat den jungen Ritter begnadigt. Je weiter die Dramenhandlung fortschreitet, desto mehr Ereignisse aus der Vorgeschichte werden bekannt – ja, das Fortschreiten der Handlung scheint geradezu in der Enthüllung der Vergangenheit zu bestehen. Nathan erzählt, wie er Recha adoptierte. Die Herkunft des Tempelherrn, das Liebesgeheimnis der Eltern, wird aufgedeckt. Die Verwandtschaftsverhältnisse klären sich, der Tempelherr muss in der Geliebten die Schwester erkennen. Scheinbar Disparates wird miteinander verknüpft. Am Ende zeigt sich dem (Rück-)Blick eine Ereigniskette, in der das, was isoliert betrachtet bloßer Zufall ist, zu Ursache und Folge sich verwandelt. Von dem Moment von Assads »Verschwinden« an wirkt jedes Detail der Handlung an dem Sich-Wiederfinden der muslimischen Familie mit. Das Konstruktionsgesetz lässt sich mit Hilfe der Konjunktion »weil« wiedergeben: Weil Nathan Recha adoptiert, weil Saladin die Züge des Bruders in dem Gesicht des Feindes erkennt und der impulsiven Regung nachgibt, weil der Tempelherr Recha aus den Flammen holt, weil … weil … weil …, deshalb können sich am Ende die Verwandten glücklich umarmen. Die Kausalität nimmt die Gestalt eines Naturmechanismus an. Nathan stellt Recha das schier Unglaubliche ihrer Rettung vor Augen. Aus den Flammen wird sie nur deshalb gerettet, weil eine ganz bestimmte Gesichtsbildung einen ganz bestimmten Reiz auf den Sultan ausübt. Wenn man so will, reicht der Leitfaden der Kausalität bis zur Geburt des jungen Mannes zurück, alles ist integriert, was ein solches Gesicht und, beim Sultan, eine solche Empfänglichkeit hervorbrachte:

> Sieh! Eine Stirn, so oder so gewölbt;
> […]
> Ein Bug, ein Winkel, eine Falt', ein Mal,
> Ein Nichts, auf eines wilden Europäers
> Gesicht: – und du entkömmst dem Feur, in Asien!
> (I, 2, V. 278 ff.; B 9, 494).

Schließlich trägt auch das Widrige zum guten Ende bei. Weil der Tempelherr in leidenschaftlicher Verwirrung Nathan beinahe an den Patriarchen verrät und dieser auf seine Weise Licht in die Sache zu bringen sucht, gelangen Nathan und der Klosterbruder zum Einverständnis und klären sich die Zusammenhänge auf. »Dank sei dem Patriarchen« (V, 5, V. 298; B 9, 611) – der Stoßseufzer Nathans bringt das Gesetz der Kausalität genau zum Ausdruck.

Die Kausalität, die den Ereignisgang beherrscht, lässt sich dabei noch präziser fassen: Kausalität ist in dem Stück gleichbedeutend mit Bestimmtheit und Vorherbestimmtheit. Auf die »Bestimmtheit« der Gesichtszüge des Tempelritters, auf die Saladin wiederum in bestimmter Weise reagiert, haben wir bereits verwiesen. Die Handlungskonstruktion selbst lässt sich als Bild der Determiniertheit verstehen. Die entscheidenden Taten, durch die die Weichen gestellt sind, sind bereits geschehen; sie bedingen nunmehr den weiteren Ablauf. Das zentrale Mittel, das Determinierte des Geschehens zum Vorschein zu bringen, ist jedoch die den Figuren verborgene Verwandtschaft. Sie ist das Faktum, das von vorneherein feststeht, das den Ausgang prägt, auf das die Figuren nur antworten, reagierend sich verhalten können. Die Determination durchdringt dabei das Innere der Figuren, sie handeln als von innen Determinierte. Wiederum gibt die Familienzugehörigkeit, geben die Familien-»Bande«, den Ausschlag. Der Tempelritter, Saladin und Recha sind durch die unbewusst gewordenen Eindrücke ihrer Kindheit und Jugend konditioniert. Weil das Bild Assads in seiner Seele »schläft« (IV, 3, V. 272; B 9, 582), weil der Anblick des Ritters das ›Verdrängte‹ wachruft, wird Saladin gerührt und begnadigt den Gegner. Ausdrücklich wird die Tat als eine spontane Handlung charakterisiert, die notwendig, ohne Überlegung und Wahl, geschieht. Desgleichen der Tempelherr. Bilder und Träume der Jugend, so deuten es die letzten Worte des Stücks an, haben ihn nach Palästina gezogen – die tiefere »Absicht« unter dem Vorwand des Kreuzzugs. Wenn Recha und der Tempelherr einander wiedersehen, verlieren sie sich, wie die Regieanweisung lautet, in wechselseitigem Anschauen. Unbewusst erkennt sie in ihm bereits den Bruder, die leidenschaftliche Aufregung macht der beruhigten Zuneigung Platz: »Ich sehe wahrlich/ nicht minder gern, was ich mit Ruhe sehe«, meint sie, und: »Nun werd ich auch die Palmen wieder sehn:/ Nicht ihn bloß untern Palmen« (III, 3, V. 211 ff.; B 9, 548). Die Stimme der Natur äußert sich in ihr als intuitives Wissen, das ihre Reaktionsweise prägt. In einem frühen Szenenentwurf sollte sich der Tempelherr durch Recha an die Mutter erinnert fühlen (B 9, 649 f.). Erneut wäre damit ein Blick in den »Grund« der Seele freigegeben. Die Liebesempfindung wäre zurückgekoppelt an früheste Kindheitseindrücke, die ihre Spur in der Seele zurücklassen. Im vollendeten Text gelangt der Tempelritter zu solcher Klarheit nicht. In seinem Monolog ist nur von der Unentrinnbarkeit der Bindung an Recha und von der unbezwinglichen Gewalt der Leidenschaft die Rede:

> Sie sehn, und der Entschluß, sie wieder aus
> Den Augen nie zu lassen – Was Entschluß?
> [...] – Sie sehn, und das Gefühl,
> An sie verstrickt, in sie verwebt zu sein,
> War eins. – Bleibt eins. – [...]
> (III, 8, V. 605 ff.; B 9, 562).

Immer wieder wird auf die »schlafenden« Bilder der Seele verwiesen, die unbewusst die Vorstellungen beeinflussen und bei geeigneter Berührung wieder »erwachen« (I, 2, V. 263 f.; II,7, V. 609 ff.; IV, 3, V. 271 f.; V, 8, 694 ff.). ›Dunkle‹ Perzeptionen klären sich zu immer deutlicherer Erkenntnis des Gesamtzusammenhangs auf – mit phantasievoller, poetischer Präzision übersetzt und transformiert Lessing das Leibnizsche Monadenmodell in Figurenentwürfe, in die zugleich zeitgenössisches psychologisches Wissen über die leib-seelische Wechselbeziehung integriert ist.

Nun ist es Konsens der Forschung, dass die solchermaßen »prästabilierte Harmonie« der Dramenwelt keinen Automatismus bedeutet. Die Verwandtschaftsverhältnisse wirkten als verborgene Verheißung, die sich erst durch die bewussten Entscheidungen der Figuren für Mitmenschlichkeit realisiere, und wenn sich einerseits in der analytischen Aufdeckung der Familienbeziehungen der göttliche »Ratschluß«, der Plan der Vorsehung, enthülle, so hänge der glückliche Ausgang doch vom Einsatz der Figuren, ihrer Einsicht und ihren Taten ab. Die Crux insbesondere der neueren Forschung besteht nun allerdings darin, dass mit der – postulierten – Auflösung eines essentialistischen Religions- und Gottesbegriffs gleichwohl das Problem eines ›essentialistischen‹ Menschenbildes erhalten bleibt. Wo man nicht mit antihermeneutischen oder psychoanalytischen Theoremen operiert (s. S. 499), kann die Betonung der Ästhetisierung nicht darüber hinwegtäuschen, dass die Interpretationen gleichwohl die Annahme der natürlichen Güte des Menschen voraussetzen. Fraglos sieht man (in Lessings Stück) mit der Pluralisierung der Wahrheit und der symbolischen Kulturalisierung der Religionen die Kommunikationsbereitschaft und Menschenfreundlichkeit hervortreten, wobei die Beschwörung dieser gegen den Religionseifer freizusetzenden Menschenliebe in die Nähe der glättenden Phrase zu geraten droht. Um dieser Gefahr zu entgehen, wollen wir zunächst einen zweiten Blick auf die Figurenkonzeption werfen, sodann die »Ausbildung« von Offenbarungs- in Vernunftwahrheiten skizzieren, drittens die Rolle der Liebe erläutern, viertens schließlich konturieren wir die Funktion des Gottesbegriffs. Die Deutungshypothese lautet dabei: Lessings Vernunftskepsis und Erkenntnisrelativismus sind nicht mit dem postmodernen »primären Pluralismus« (Sloterdijk) zu parallelisieren, da das Bestreben, sich der Wahrheit im Wissen um die Grenzen der Erkenntnis zu nähern und dabei immer höhere Grade und Stufen zu erreichen, etwas anderes ist als die Behauptung, es gebe die *eine* Wahrheit nicht; anders ausgedrückt: da Lessing nicht von der Unmöglichkeit, die (göttliche) Wahrheit ganz zu erfassen, auf deren Nicht-Existenz schließt.

Gemischte Charaktere

Die Analyse der dramatischen Handlung deckt nicht nur die Vergangenheit auf, sondern geht auch den Charakteren auf den Grund. Das Erwachen der alten Erinnerungen, die tief in der Seele schlummern und den Blick in die Gegenwart bestimmen, macht dabei deutlich: Was die Figuren an menschenfreundlichem oder -feindlichem Potential entfalten, ist in ihnen selbst angelegt, gehört zu ihrem eigenen facettenreichen Wesen. »Alles, was/ Von dir mir kommt, – sei was es will – das lag/ Als Wunsch in meiner Seele« (IV, 4, V. 302 ff.; B 9, 583), so der Tempelherr zu Saladin. Dass sie sich durch Kommunikation, durch Nathans Einfluss und Beispiel ändern würden, ist eine optische Täuschung – sie ändern sich sowenig wie die Liebespaare in *Minna von Barnhelm*. Auch ihnen bleibt die Demütigung einer Umerziehung erspart, die Begegnung mit Nathan bringt das in Bewegung und zum Vorschein, was in ihnen verborgen ist. Das heißt aber zunächst einmal, dass das Stück von einer großen anthropologischen Skepsis geprägt ist. Konstant wiederholen die Figuren ihre Fehler. Zeichnete sich nicht das Komödienschema durch (dazu Schlossbauer 1998, 161–282; auch H.J. Schneider 2000, pass.), wäre es geradezu herzzerreißend, wie Saladin und Sittah, kaum haben sie der Ringparabel ihren Beifall gegeben, die nächste Intrige gegen Nathan anzetteln und im Begriff stehen, ihm seine Tochter zu rauben, ihn von ihr zu trennen – aus »Neubegier«, wie Sittah sagt (IV, 5, V. 470; B 9, 589). Daja verharrt trotz ihres täglichen Umgangs mit Nathan in ihrer bigotten Haltung, und auch der Tempelherr ist am Ende so edel und unedel wie zu Beginn, er bleibt das ganze Stück hindurch der, als den er sich selbst charakterisiert:

[...] Ich bin ein junger Laffe,
Der immer nur an beiden Enden schwärmt;
Bald viel zu viel, bald viel zu wenig tut –
(V, 5, V. 250 ff.; B 9, 610).

Aus den gleichen Gründen, aus denen er am Anfang Nathan zurückweist, weist er am Schluss den (angekündigten) Bruder zurück: deswegen, weil er ein Christ ist und, wie der Tempelritter vor-verurteilend antizipiert, das Erziehungswerk Nathans (das er selbst permanent missversteht) zerstören wird; er hasst ihn dafür im Voraus (V, 5); Nathan gegenüber bleibt er (fast) bis zuletzt misstrauisch. Inmitten der allgegenwärtigen Bedrohung – der Religionskrieg flammt wieder auf, Nathans Familie ist ermordet, neue Gefahr geht vom Patriarchen aus, und Al-Hafi zeichnet ein düsteres Bild, wie Saladins Herrschaft *auch* ausgelegt werden könnte (I, 3, V. 480 ff.; B 9, 501 f.) – gibt die Sonde der dramatischen Analyse einen Ausschnitt vergrößert wieder, und was er zeigt, ist eine unentwirrbare Verschränkung von Fehlern und Tugenden – ja, Saladin weiß sogar, dass der Nährboden für Tugenden oftmals nur unsere Fehler sind (IV, 4, V. 434). »Daß doch in der Welt/ Ein jedes Ding so manche Seite hat! –/ Von denen oft sich gar nicht denken läßt,/ Wie sie zusammenpassen!« (IV, 4, V. 325 ff.; B 9, 584), ist eine Erkenntnis des Tempelherrn, die durchaus ins Schwarze der Figurenkonzeption trifft, dabei jedoch selbst wiederum zwei Seiten hat: Sie kann zum Argwohn führen – wie bei ihm selbst, wenn er beinahe Nathan dem Patriarchen ausliefert, – oder ein produktives Vertrauen erzeugen, wozu Saladin auffordert: »Halte dich/ Nur immer an die best', und preise Gott!« (IV, 4, V. 328 f.; B 9, 584). Auch Dajas Verrat an Nathan entspringt dem Ineinander von altruistischen und egoistischen Antrieben. Die »gute böse Daja« nennt Recha ihre Amme (V, 6, V. 421 und V. 423; B 9, 616), wie eine Mutter sei sie zu ihr gewesen, aus Liebe nur verfolge sie sie mit ihrem Bekehrungswahn (»muß aus Liebe quälen«; ebd. V. 435; B 9, 617).

Wenn die Verschränkung von Fehlern und Tugenden in den Winkeln und Falten der menschlichen Seele demnach eine Wende zum Schlechten als jederzeit möglich erscheinen lässt – noch im dissonanten Schlusswort vom »Mörder«-Schicksal hält Saladin die Erinnerung daran wach (V, 8, V. 696 ff.; B 9, 626) –, so lässt das Stück freilich keinen Zweifel daran, dass es gilt, die Chance zur Stärkung des Guten zu ergreifen. Fragen wir nunmehr, wie in dem »dramatischen Gedicht« der glückliche Ausgang begründet wird und welche Art Aufklärung er bedeutet.

Von Offenbarungswahrheiten zu Vernunft-wahrheiten

Das spezifische Arrangement des Stücks beruht darin, dass die – je nachdem – verworrene oder ausgeglichen-großherzige Gemütslage der Figuren mit ihrer Einsicht in die Bedeutung der Religionen verbunden ist (Verschränkung von Kognition und Emotion). Dabei wiederholt sich auch im kognitiven Bereich, dass ›ein jedes Ding so manche Seite hat‹, dass Irrtum und Erkenntnis sich miteinander vermischen. Lessing hat einige Beispiele für die Verwandlung von Offenbarungs- in Vernunftwahrheiten in sein Stück integriert, wobei es zum einen um die Rolle der »Wunder« in der Beziehung zwischen Mensch und Gott geht (Nathan – Recha), zum anderen um Jenseits- und Gerichtsvorstellungen (Recha – Daja).

Dass Nathan zu Beginn des Dramas seine Tochter in einem Glanzstück aufgeklärter Erziehung von ihrer Engelschwärmerei heilt und auf den Boden der Tatsachen zurückholt, wurde oft kommentiert. Meistens wurde allerdings übersehen, dass es ihm dabei keineswegs darum zu tun ist, die Dimension zu leugnen bzw. zu negieren, auf welche die religiösen Vorstellungen verweisen. Recha, die durch das Verhalten des Tempelherrn ihr Verlangen nach Gegenliebe enttäuscht sieht, imaginiert sich einen überschwenglichen Liebesbeweis Gottes (I, 2, V. 186 ff.; B 9, 491). Nathan dagegen bringt sie dazu, das Wirken Gottes im natürlichen Zusammenhang der Dinge zu erkennen. Immerhin hat er sie aber zunächst in dem Glauben an Engel erzogen (vgl. I, 2, V. 206 ff.; B 9, 492) – anscheinend ein Propädeutikum dafür, den Nebenmenschen als einen »Engel« wahrnehmen zu können. Das Gespräch endet mit Nathans Versicherung: »Denn Gott lohnt Gutes, hier/ Getan, auch hier noch« (I, 2, 358 f.; B 9, 497), welche Zuversicht er offenkundig als eine Vorbereitung auf die innere Haltung der »Ergebenheit in Gott« ansieht. Auch zielt seine Wunderkritik nicht darauf ab, das Staunen über Wunder auszutreiben – fast im Gegenteil, möchte man sagen, lehrt er das ›wahre‹ Staunen, nämlich die Fähigkeit, das Dasein selbst, die natürliche Ver-flechtung der Ereignisse, als ein Wunder zu begreifen. An das »Wunder« muss glauben, wer in den tausend Zufällen des Weltlaufs und in der Naturkausalität die Vorsehung Gottes erkennt (bzw. erkennen will):

> [...] Der Wunder höchstes ist,
> Daß uns die wahren, echten Wunder so
> Alltäglich werden können, werden sollen.
> (I, 2, V. 217 ff.; B 9, 492).

> Auch so noch, Recha, bleibet deine Rettung
> Ein Wunder [...]
> (I, 2, V. 263 f.; B 9, 494).

> Sieh! Eine Stirn, so oder so gewölbt;
> [...]
> Ein Bug, ein Winkel, eine Falt', ein Mal,
> Ein Nichts, auf eines wilden Europäers
> Gesicht: – und du entkömmst dem Feur, in Asien!
> Das wär' kein Wunder, wundersücht'ges Volk?
> (I, 2, V. 278 ff.; B 9, 494).

Die Bekehrungsversuche, mit denen Daja Recha bedrängt, entspringen nicht allein dem Wunsch, in die Heimat zurückzukehren, sondern haben auch mit ihrer Liebe zu ihrer Pflegetochter zu tun. Sie kämpft für deren Seelenheil, hält sie doch diejenigen für ewig verloren, die nicht an Christus glauben. Recha entdeckt auch in dieser Verzerrung noch' einen vernunftfähigen Sinn, die dunkle Andeutung eines Problems, auf das die religiösen wie philosophischen Jenseitsvorstellungen verweisen. Dajas Sorge um die Rettung von Rechas Seele ist ein Reflex auf das Unerhörte, das die Trennung von einem geliebten Menschen durch den Tod bedeutet, und drückt die Wertschätzung der Individualität aus, die unersetzbar ist. Freilich macht Rechas wohlwollende Auslegung auch das Kontraproduktive und Verfehlte der Verdammungsangst deutlich:

> Wie sollen sie gelassen ihre Freunde
> Auf einem andern [Weg] wandeln sehn, – der ins
> Verderben stürzt, ins ewige Verderben?
> Es müßte möglich sein, denselben Menschen
> Zur selben Zeit zu lieben und zu hassen. –
> [...]
> [...] Und wem schmeichelts doch
> Im Grunde nicht, sich gar so wert und teuer,
> Von wems auch sei, gehalten fühlen, daß
> Er den Gedanken nicht ertragen kann,
> Er müß' einmal auf ewig uns entbehren!
> (V, 6, V. 443 ff.; B 9, 617),

so resümiert Recha die fruchtbaren Gedanken (vgl. ebd., V. 452f.), auf die Dajas Buchstabenglaube sie gebracht habe.

Es kristallisiert sich heraus: Dass in *Nathan dem Weisen* nicht Misstrauen und Argwohn, sondern das Vertrauen in die guten Absichten sich durchsetzt, hat damit zu tun, dass die Mischung von Fehlern und Tugenden und alle Verworrenheit des Denkens und Fühlens, der Glaubensansichten und Handlungsmotive, auf ein unabweisbares Liebesverlangen zurückführen. Bevor wir die Funktion und Leistung des Gottesbegriffs im Drama klären können, gilt es deshalb zunächst die Entfaltung der Liebesthematik zu verfolgen und ihren Bezug zum Gottesbild genauer zu konturieren.

Liebesweisen

Die treibende Kraft in *Nathan dem Weisen* sei die Liebe, bemerkt Heinrich Detering in einem Beitrag zu Goethes *Stella*, dem »Schauspiel für Liebende« (2002, 52), und er hat recht: Auf sämtlichen Ebenen spielt die Liebe eine zentrale Rolle, als väterliche, mütterliche, geschwisterliche Liebe, als heiße erotische Leidenschaft, als Nächstenliebe und allgemeine Menschenliebe, und schließlich als Liebe zwischen Mensch und Gott. In Nathans Auslegung der Ringparabel ist es die familiäre Liebe, die allein der Überlieferung der Buchreligionen Glaubwürdigkeit verleihe –

> Geschichte muß doch wohl allein auf Treu
> Und Glauben angenommen werden? – Nicht?
> Nun wessen Treu und Glauben zieht man denn
> Am wenigsten in Zweifel? Doch der Seinen?
> [...] doch deren, die
> Von Kindheit an uns Proben ihrer Liebe
> Gegeben? [...]
> (III, 7, V. 461 ff. B 9, 557 f.) –,

und in der Auslegung, die er dem Richter in den Mund legt, wird die Motivation der Söhne zum guten Handeln an das Vertrauen in die Liebe des Vaters, der die Ringe verschenkte, zurückgebunden (dazu Schneider 1997).

Die Entfaltung der Liebesthematik hat in dem Stück zwei Stoßrichtungen. Zum einen wird die menschliche Liebesfähigkeit vom Stigma der Erbsünde befreit, zum anderen wird ihr Angewiesensein auf einen vertikalen Bezug herausgestellt. Ersteres geschieht vor allem in der Ab-

wehr des Sünde-Gnade-Erlösungszusammenhangs, den die christliche Religion postuliert, Letzteres in der Zurückweisung der besitzergreifenden Leidenschaft, mit der der Tempelherr Recha zu lieben glaubt.

Dass die verderbte menschliche Natur der Erlösung durch Christi Kreuzestod bedürfe und nur der Glaube daran zur ewigen Seligkeit verhelfe, ist die (orthodox-lutherische) Lehre, der Daja und der Patriarch buchstabengetreu folgen, weshalb sie insbesondere in Nathans Erziehung Rechas nur die Versündigung an deren Seelenheil sehen können. Gezielt setzt Lessing das Konzept der natürlichen, zwischenmenschlichen Liebe dagegen. So formuliert der Klosterbruder die ›Gegenthese‹ zur Anklage des Patriarchen:

> [...] Und Kinder brauchen Liebe,
> Wärs eines wilden Tieres Lieb' auch nur,
> In solchen Jahren mehr, als Christentum.
> Zum Christentume hats noch immer Zeit.
> (IV, 7, V. 635ff.; B 9, 595).

Für Sittah ist die Liebe zwischen Mann und Frau das Geschenk des Schöpfers und somit Unterpfand der Gottesebenbildlichkeit, weshalb sie der Trennung in Konfessionen vorzuordnen sei. Den Christen, die die Heirat zwischen Vertretern unterschiedlicher Religionen prinzipiell nicht gestatten wollen, wirft sie den »Aberglauben« vor:

> [...] Als wär' von Christen nur, als Christen,
> Die Liebe zu gewärtigen, womit
> Der Schöpfer Mann und Männin ausgestattet!
> (II, 1, V 97ff.; B 9, 517).

In Jesus hinwiederum sieht sie, ihrer »natürlichen Religion« entsprechend, lediglich den guten, auf Gott bezogenen Menschen: »Wohl ihnen, daß er ein so guter Mensch/ Noch war!« (II, 1, V. 86f.; B 9, 517).

Auch in der Ringparabel ist die Toleranzforderung mit einer polemischen Spitze gegen den Sünde-Gnade-Zusammenhang und mit der Aufwertung der menschlichen Kraft verbunden. Signifikant ist die Bestimmung des Edelsteins: ein Opal. Nirenberg (1970) konnte nachweisen, dass der Opal in der alchemistisch-naturphilosophischen Tradition die göttliche Gnade symbolisiert. In Lessings Adaption besitzt der Ring die Kraft, »vor Gott und Menschen [denjenigen] angenehm zu machen«, der in »dieser Zuversicht« (III, 7, V. 399ff.; B 9, 556) ihn trägt. Das Zusammenspiel von Gnade und Glaube wird am Ende durch menschliches Streben und menschliche Liebe ersetzt. Die Liebe sei ausschlaggebend für den Bezug zu Gott, sie genüge aber auch, um Gott wohlgefällig zu sein. Die Worte sind berühmt:

> Es eifre jeder seiner unbestochnen
> Von Vorurteilen freien Liebe nach!
> Es strebe von euch jeder um die Wette,
> Die Kraft des Steins in seinem Ring' an Tag
> Zu legen! Komme dieser Kraft mit Sanftmut,
> Mit herzlicher Verträglichkeit, mit Wohltun,
> Mit innigster Ergebenheit in Gott,
> Zu Hülf'! [...]
> (III, 7, 525 ff.; B 9, 559). –

Die Liebe des Tempelherrn zu Recha hingegen ist eine Sturm-und-Drang-Leidenschaft reinsten Wassers: Sie ist radikal und unbedingt; sie ist ›himmelstürmend‹, denn sie tritt in Konkurrenz zur religiösen Liebe und stellt sie in den Schatten. Vom Jenseits will der Tempelritter nichts wissen, sollte es ihn von Recha trennen. Die verheißene Seligkeit ist nichts im Vergleich zur »irdischen« Liebe, der Mensch erfüllt alle Sehnsucht und gibt der Ewigkeit Sinn.

> [...] Von ihr getrennt
> Zu leben, ist mir ganz undenkbar; wär'
> Mein Tod, – und wo wir immer nach dem Tode
> Noch sind, auch da mein Tod [...]
> (III, 8, V 610 ff.; B 9, 562)

– das sind Worte, die den Tempelritter als einen Bruder Ferdinand von Walters (aus Schillers *Kabale und Liebe*) und all derjenigen Helden ausweisen, die an der Grenze des Todes gegen die Endlichkeit rebellieren und auf die Erfüllung der irdischen Liebe pochen. Welcher Besitzanspruch sich in dieser Haltung verbirgt, zeigen die Reaktionen des Tempelherrn auf Nathans Zögern, der Heirat sofort zuzustimmen. Er denkt sich den Mann als den Schöpfer und Gott der Geliebten, der ihre Seele formt und regiert. Zunächst den Vater: Mit dem Pygmalion-Gleichnis, mit dem er, seine Eifersucht auf den Juden bekämpfend, dessen Erziehungsleistung anzuerkennen sucht, weist er ihm die Schöpferrolle zu, das Hervorbringen der »göttlichen Gestalt« und die Beseelung der Materie:

> [...] Geschöpf?
> Und wessen? [...]
> [...]
> [...] Des Künstlers doch

Wohl mehr, der in dem hingeworfnen Blocke
Die göttliche Gestalt sich dachte, die
Er dargestellt? [...]
[...] Wenn ich mir
Sie [Recha] lediglich als Christendirne denke,
[...]
Sprich, Herz, – was wär' an ihr, das dir gefiel?
Nichts! Wenig! Selbst ihr Lächeln, wär' es nichts
Als sanfte schöne Zuckung ihrer Muskeln;
[...]
(V, 4, V. 92 ff.; B 9, 604 f.).

Nathan setzt den Akzent anders. Er sagt über seine Adoptivtochter: »Sie,/ Die jedes Hauses, jedes Glaubens Zierde/ Zu sein erschaffen und erzogen ward. –« (IV, 7, V. 711 ff.; B 9, 598): Zuerst ist sie ihm das Geschöpf Gottes; darauf richtet er die Erziehung aus. Bis in ihren Wesenskern hinein sieht der Tempelherr dagegen Recha abhängig von dem Mann, dem sie gehört, der sie ›erschafft‹. Er, der in Jerusalem neu geborene Tempelritter, werde das Erziehungswerk Nathans vollenden, der christliche Bruder und künftige christliche Ehegemahl jedoch würden den »Engel«, den Nathan gebildet habe, »verhunzen« (V, 5, V. 342; B 9, 613). Wenn Nathan auf das Unabirrbare von Rechas Persönlichkeit verweist: »Hat keine Not! Er [der »Engel« Recha] wird sich unsrer Liebe/ Noch immer wert genug behaupten!« (V, 5, V. 343 f.), kontert der Tempelherr:

> [...] Sagt
> Das nicht! Von *meiner* Liebe sagt das nicht!
> Denn die läßt nichts sich unterschlagen; nichts.
> Es sei auch noch so klein! Auch keinen Namen!
> (V, 5, V. 344 ff.; B 9, 613)

Der Schlagabtausch mündet in die Androhung des Bruchs mit der Vaterordnung: Recha solle »Manns genug« sein für den Entschluss, nach Vater und Bruder nicht weiter zu fragen und ihm zu folgen (ebd., V. 356 ff.) – wiederum zeichnet sich hinter dem Komödienschema der Sturm-und-Drang-Gestus ab.

Mit der Attribuierung der Rolle Gottes an den Menschen, die der Tempelherr vornimmt, wird indirekt deutlich, was der umgekehrte, die Distanz wahrende Verweis des Menschen an Gott, seine Betrachtung als dessen Geschöpf, impliziert: In der zwischenmenschlichen Interaktion wird durch diesen vertikalen Bezug der Einzelne einem restlos vereinnahmenden und beeinflussenden Zugriff des Nebenmenschen entzogen. So lässt sich (auch) das monadologische Prinzip der Figurenkonzeption zusammenfassen: Ein Schutzkreis der Einsamkeit wird um jede Figur gelegt, in dem sie sich unabänderlich nur ihrer eigenen Erkenntnis- und Liebesfähigkeit entsprechend entfalten darf. Wenn Recha und der Tempelherr als Bild für Nathans Erziehung dasselbe biblische Gleichnis verwenden, tritt die Differenz hervor. Der Tempelherr drückt mit dem Gleichnis vom Sämann seine Gewissheit aus, dass »den lautern Weizen« Nathans das »Unkraut« der Christen »endlich« ersticken werde (V, 5, V. 324 f.). Damit greift er ungeduldig der seelischen Entwicklung vor und maßt sich selbst das Amt des Richters an, der Unkraut und Weizen zu trennen vermag. Rechas Abwehr der Bekehrungsversuche Dajas dagegen lautet:

> [...] Wenn mein Vater dich so hörte! –
> [...]
> Was tat er dir, den Samen der Vernunft,
> Den er so rein in meine Seele streute,
> Mit deines Landes Unkraut oder Blumen
> So gern zu mischen? – [...]
> [...]
> [...] Und ich muß dir sagen,
> Ich selber fühle meinen Boden, wenn
> Sie noch so schön ihn kleiden, so entkräftet,
> So ausgezehrt durch deine Blumen [...]
> (III, 1, V. 45 ff.; B 9, 542).

Erstens ist sie liebenswürdig genug, um nicht lediglich vom Unkraut, sondern auch von den Blumen Dajas zu sprechen, und zweitens veranschaulicht ihr Vergleich, dass sie den Samen der Vernunft wird wachsen lassen, allerdings nur so, wie es ihre Eigenart, der Nährboden ihrer Seele, gestattet; damit widerlegt sie von vornherein die Befürchtung des Tempelritters, die engherzig genug und eigentlich eine Beleidigung ist. (In den gleichen Zusammenhang eigengesetzlichen Wachsens gehören die zahlreichen Bilder aus dem Pflanzenreich: Saladin verlangt nicht, dass »allen Bäumen Eine Rinde wachse« [IV, 4, V. 310; B 9, 583]; er wäre am liebsten »Gottes Gärtner« [ebd., V. 312]; auch Nathan verwendet das Bild von unterschiedlich gewachsenen Bäumen [II, 6, V. 492 ff.; B 9, 532]).

Sowenig wie das schlichte ›Menschsein‹ in Lessings Stück die glückliche Lösung herbeiführt – denn als *conditio humana* zeichnet sich nicht die reine Menschenfreundlichkeit, sondern das prekäre Ineinander von Fehlern und Tugenden ab –, sowenig ist das Liebesverlangen als solches ein Wegweiser zum glücklichen Ende; es ist dies

nur insofern, als es Raum lässt für eine vertikale Dimension, den Bezug zu Gott. So führt die Konzeptualisierung der Liebe zur Frage nach der Funktion des Gottesbegriffs zurück. Damit gerät nun auch Nathan selbst, die Zentralfigur des Stücks, ins Blickfeld.

Nathan der Weise: Ergebenheit in Gott

»Ich Staub? Ich Nichts? O Gott!« (III, 7, V. 540; B 9, 560). Sloterdijk (2007, 122 f.) markiert an der Antwort des Sultans auf die Frage Nathans, ob er den Platz des Richters einnehmen wolle, einen Grundzug monotheistischen »Eiferns« (wie er es nennt), nämlich die Bereitschaft, das eigne Ich einer höheren Instanz zu unterwerfen, in einem größeren und vor allem besseren Ganzen aufgehen zu lassen, womit er genauer auf die Unter- und Nebentöne des Dramas achtet als die meisten der Interpreten aus postmodernem (Zeit-)Geist, die ausschließlich das Credo eines »primären Pluralismus« in dem Stück erkennen. Er hätte hinzufügen können: Die Bereitschaft, den eigenen Willen dem Willen Gottes unterzuordnen, zeichnet insbesondere den Erzähler der Ringparabel, Nathan selbst, aus, was in der mehrfach wiederholten Wendung von der »Ergebenheit« (III, 1, V. 74 f.; B 9, 543; IV, 7, V. 656; B 9, 596), ja, der »innigsten Ergebenheit in Gott« (III, 7, V. 531; B 9, 559), prägnant zum Ausdruck kommt.

Die Schlüsselszene des Dramas ist, wie in der Forschung zu Recht betont wurde, IV, 7, in der Nathan von dem Pogrom der Christen und der Adoption Rechas berichtet. Er gewährt Einblick in das, was seiner Lebensführung zugrunde liegt, und artikuliert zugleich das Geheimnis seiner Einsamkeit. Niemandem noch hat er in diesem angeblichen Drama der Kommunikation von dem wichtigsten Einschnitt in seinem Leben erzählt, nur der Klosterbruder wird je von seiner »Tat« erfahren: »Nur Ihr, Ihr sollt/ Sie wissen! – Nehmt sie aber mit ins Grab!« (IV, 7, V. 650 f.; B 9, 596). Mit dem Hinweis auf den Vorrang des ›gut Handelns‹ vor dem ›richtig Glauben‹ ist dabei der Sinn von Nathans Erinnerung keineswegs erfasst. Zweimal macht er die Haltung der »Ergebenheit in Gott« als die Voraussetzung oder Quelle seiner guten Tat deutlich. Er leitet seinen Bericht mit den Worten ein: Nur die »fromme Einfalt« verstehe, »was sich der gottergebne Mensch/ Für Taten abgewinnen kann« (IV, 7, V.

656 f.; B 9, 596). Noch bevor der Klosterbruder ihm Recha überbringt, gelingt ihm die Umkehr seines Willens vom »unversöhnlichsten/ Haß« (ebd., V. 672 f.), den er den Christen zugeschworen hat, zu neuerlichem Vertrauen in den »Ratschluß Gottes«:

> Doch nun kam die Vernunft allmählig wieder.
> Sie sprach mit leiser Stimm': »und doch ist Gott!
> Doch war auch Gottes Ratschluß das! Wohlan!
> Komm! Übe, was du längst begriffen hast;
> Was sicherlich zu üben schwerer nicht,
> Als zu begreifen ist, wenn du nur willst.
> Steh auf!« – Ich stand! Und rief zu Gott: ich will!
> Willst du nur, daß ich will!
> (IV, 7, 674 ff.; B 9, 596 f.).

Die ›Übung‹, von der Nathan hier spricht, ist das Festhalten an der Erkenntnis der Liebe und Weisheit Gottes trotz der eigenen Leiderfahrung und angesichts der Untaten der Menschen. Der Ausruf des Klosterbruders: »Nathan! Nathan!/ Ihr seid ein Christ! […]/ Ein beßrer Christ war nie!« (IV, 7, V. 688 ff.; B 9, 597) bezieht sich nicht allein darauf, dass Nathan nicht das Baby seines Freundes entgelten lässt, was die fanatischen Christen an ihm verbrochen haben, sondern auch darauf, dass er es in dieser Situation voll Dankbarkeit als ein Geschenk Gottes empfangen konnte. Nathan:

> […] So viel weiß ich nur; ich nahm
> Das Kind, trugs auf mein Lager, küßt es, warf,
> Mich auf die Knie' und schluchzte: Gott! Auf Sieben
> Doch nun schon Eines wieder!
> (IV, 7, 685 ff.; B 9, 597).

Freilich ist es die »Stimme der Vernunft« (und nicht der Nachvollzug einer in der Bibel kodifizierten Gotteserfahrung), die Nathan solche »innigste Ergebenheit in Gott« lehrt. Nicht nur auf das Buch Hiob, sondern auch auf die Leibnizsche philosophische Theodizee ist die Schlüsselszene des Dramas beziehbar.

Zum einen arbeitet sich Leibniz in der *Theodizee* (*Essais de Théodicée*, 1710; übers. Buchenau ²1968) an dem Unbegreiflichen ab, dass es allein am Willen und »Ratschluß« Gottes liegt, den Menschen einen guten oder schlechten Willen zu verleihen (z. B. 161, 180, 198; vgl. Nathans »Willst du nur, daß ich will!«); zum anderen gibt er eine philosophische Beschreibung der »Ergebenheit in Gott«, die die Umrisslinien von Nathans Erkenntnis enthält. »Gottes Ratschluß« denkt Leib-

niz als Vorsehung, (metaphysische) Vorherbestimmung; das wahre Vertrauen bekunde sich darin, dass man auch da, wo das eigene Streben zum Scheitern verurteilt zu sein scheint, seinen Einsatz für das Gute nicht aufgebe. »Die ganze Zukunft ist bestimmt; daran besteht kein Zweifel; aber da wir nicht wissen, *wie* sie bestimmt, was vorgesehen oder beschlossen worden ist, so müssen wir unsere Pflicht tun nach der uns von Gott gegebenen Vernunft« (133). Das »Vertrauen«, so Leibniz, »das sich in nichts von wahrer Frömmigkeit, lebendigem Glauben und heißer Liebe unterscheidet« (133), muss sich gerade dann bewähren, wenn Gottes Wege unergründlich sind.

Wir können nunmehr zusammenfassen, welche Rolle der Gottesbegriff für die Figurenführung und den Ausschlag zum glücklichen Ende spielt. Der Bezug zu dem *einen* Gott legt eine zwar unüberwindliche, aber auch heilsame Distanz zwischen die Figuren, was nichts anderes als die Konsequenz des monadologischen Perspektivismus ist: Sie bleiben alle befangen in den Glaubensvorstellungen, die sie mitbringen, deren je eigene Wahrheit zu entwickeln sie (oder das Publikum) aufgerufen sind – der pädagogische Erfolg der ersten Unterredung Nathans mit dem Tempelherrn (II, 6) zum Beispiel beruht ja lediglich darin, dass dieser eine überraschende Übereinstimmung in ihrer beider Überzeugungen zu entdecken sich freut. Zugleich steht der vertikale Bezug (›Gottesebenbildlichkeit‹) für die Notwendigkeit der eigenen, individuellen, dem Zugriff des Nebenmenschen entzogenen Entfaltung. Vor allem aber ermöglicht Nathans tätige »Ergebenheit in Gott« den Vertrauensvorschuss, der notwendig ist, um den Menschen die guten Absichten zuzugestehen und somit statt ihrer Fehler ihre Tugenden zu stärken. Nur als Funktion eines produktiven Glaubens an eine höhere Instanz erscheint in dem Stück die Menschenfreundlichkeit der Figuren (was fast wieder als eine aufgeklärte Form der lutherischen Gnadenlehre durchgehen könnte). Saladin streift diese Einsicht, wenn er seiner Mahnung, der Tempelritter möge sich nicht an die schlechteren, sondern immer nur an die beste Seite der Menschen halten, sofort hinzufügt: »und preise Gott!« (IV, 4, V. 329; B 9, 584).

Wir haben bislang die Frage umgangen, ob in dem Stück eine persönliche Gottesvorstellung

vertreten oder diese in einen philosophischen Begriff von dem Gesamtzusammenhang der Natur
(»Vorsehung«), der dem Menschen ein Geheimnis bleibe, aufgelöst wird. Für Ersteres spricht der
Wortlaut: Nathan redet mit seinem Gott, betet zu
ihm; für Letzteres sprechen die philosophischen
Konnotationen der Hiob-Szene (IV, 7), die Irrele-
vanz der semantischen Gehalte der Buchreligionen für die Gottergebenheit, die Struktur der
Kausalität und Determination sowie die Bedeutung der Vernunft. Versuchen wir abschließend,
Lessings Aufklärung zwischen Erkenntnisrelativismus, Religionskritik und Religionsphilosophie
zu verorten und die Konsequenzen für die Ästhetizität des Stücks anzudeuten.

Aufklärung und Ästhetik

> [...] Doch so viel tröstender
> War mir die Lehre, daß Ergebenheit
> In Gott von unserm Wähnen über Gott
> So ganz und gar nicht abhängt. – [...]
> (III, 1, V. 73 ff.; B 9, 543).

Nathans Lehre, die er Recha mit auf den Weg
gibt, enthält einen performativen Widerspruch,
ist sie selbst doch Ausdruck einer Gottesauffas-
sung, die von all dem befreit ist, was im Stück als
Aberglaube und fanatischer Wahn (»Wähnen«)
gekennzeichnet ist. Auch die Motivationsstruktur
des Dramas widerlegt, wie wir gesehen haben,
diese »Lehre«: Durchweg besteht ein enger Zusammenhang zwischen den – intellektuell durch-
drungenen oder nur gefühlsmäßig gegebenen –
religiösen Überzeugungen der Figuren und ihrer
Willensbildung, ihrer Handlungsweise; es besteht die genaueste Verbindung zwischen Gottesbild, Ergebenheit in Gott und Menschenfreundlichkeit; wie umgekehrt den wahnhaften Vorstellungen Dajas und des Patriarchen ihre destruktiven Taten entsprechen. Der Unterstrom der
Skepsis, den Rechas Trostwort zum Ausdruck
bringt, trifft demnach den Aufklärungsprozess
des Dramas selbst und relativiert jede Position,
sei sie nun religiös und theologisch oder metaphysisch und philosophisch begründet. Die Reflexion auf die Grenzen der Vernunft, die sich
darin ausspricht, ist jedoch keinesfalls gleichbedeutend damit, dass der Bereich, der sich jenseits
der Vernunfterkenntnis erstreckt, den Buchreligionen überlassen würde. Denn in Lessings »dramatischem Gedicht« gibt es den Gott, der sich

den Menschen in einer »Offenbarung« enthüllt,
nicht mehr. Es gibt nur den Gott, den sich die
Vernunft denken kann, und dieser Gott entzieht
und verbirgt sich, bleibt für die Vernunft unfass-
lich. Alle semantischen Gehalte der positiven Religionen, die mit dem Offenbarungsglauben zusammenhängen (Bund Gottes mit dem Volk Israel, Christologie), erscheinen nur in der Verzerrung der Karikatur, als Fanatismus, Aberglaube,
Einbildung und Schwärmerei – es sei denn, in ihnen wird der Keim einer »Vernunftwahrheit« gesehen. Das heißt aber, dass dem Stück eine prinzipielle Begrenztheit eignet, was die Erkenntnis
der Religionen anbelangt, über deren Inhalte es
schlechterdings nichts aussagt. Das Spezifische
und eigentlich Virulente von Lessings Standpunkt
beruht aber darin, dass das Drama eben auch
kein Plädoyer für die Lehren der natürlichen Religion und des Deismus enthält, obwohl das
›Menschsein‹ der Religionszugehörigkeit vorgeordnet (»Sind Christ und Jude eher Christ und
Jude,/ Als Mensch?« [II, 6, V. 523 f.]) und die
Notwendigkeit eines ›vernünftigen‹ Gottesbildes
nahegelegt werden. Denn das Vorzeichen der
Vernunft, das Reimarus vor den Gesamtzusammenhang der Welt (»Vorsehung«) rückt, ersetzt
Lessing durch dasjenige des Wunders und der
»Ergebenheit in Gott«. Die Tatsache, dass sich
(im Drama) die Zufälle zum Guten fügen und
der (Natur-)Kausalität ein sinnvolles Telos eignet,
kann ebenso nur als »Wunder« angestaunt, aber
nicht als Vernunftwahrheit bewiesen werden, wie
an das natürliche Gutsein der Menschen, die
wichtigste Prämisse des Deismus, nur im Vertrauen auf die »Vorsehung« geglaubt werden kann
– so haben wir den Sinn der Figurenkonzeption
und Handlungskonstruktion erschlossen.

Die für *Nathan den Weisen* zentrale Wendung
»Ergebenheit in Gott« fasst Lessings Position genau zusammen. Sie markiert die Verschiebung
vom Gott der Offenbarungsreligionen zu einem
Gottesbegriff, der, obwohl Gegenstand der Vernunft, von ihr immer nur vorläufig, immer nur
annäherungsweise erfasst werden kann; ein Gottesbegriff, der selbst im philosophischen Kontext
noch die Option auf einen Akt des Glaubens offenlässt. Zugleich markiert das Wort »Ergebenheit« den Umschlag von der Vernunftanstrengung
zu einer Haltung, einer habituell gewordenen Erfahrung, einem Berührtwerden – zu Recht verweist Goetschel (2004, 246 ff.) in diesem Zusam-

menhang auf Spinozas »intuitive Erkenntnis«, die identisch ist mit der Liebe Gottes (genitivus objectivus und subjectivus).

Welche Konsequenzen ergeben sich für die Funktion des Ästhetischen – des poetischen, bildhaften, parabolischen und metaphorischen Sprechens – in Lessings »dramatischem Gedicht«? Da nach unserer Lesart der Aufklärungsprozess in *Nathan dem Weisen* gar nicht auf die semantischen Gehalte der Religionen beziehbar ist, wird das Ästhetische von der Konkurrenz zu ihnen (bzw. dem Religiösen) entlastet. Bildlichkeit, Metaphorizität und Poetizität des Dramas ersetzen in ihrer Vieldeutigkeit und Offenheit die religiösen Vorstellungen sowenig wie sie einen Gegenentwurf zu ihnen bzw. ihrer Konstituierung und Konzeptualisierung bedeuten. Andererseits geht es bei Lessing um Erkenntnis und nicht um dezentrierte Sprachspiele. Die ästhetische Verfasstheit des »dramatischen Gedichts« bleibt an die aus Vernunftgründen nur zu glaubende Gewissheit des »Wunders« (der Vorsehung, der menschlichen Güte) gebunden. So bringt die Verlagerung von der diskursiven Aussage zum Bildhaften ›Wahrheit‹ perspektivisch zur Anschauung, ohne dass damit die – das Poetische überfordernde – Funktion verbunden wäre, das Unbedingte religiöser Erfahrung zu vermitteln oder religiöse Wahrheit zu ästhetisieren und durch einen Wahrheitspluralismus zu ersetzen. Beide Momente zusammen ermöglichen den Grundzug der Heiterkeit, der sich dem Werk als ästhetische Stimmung mitteilt und in allen seinen Schichten ausprägt.

Aufnahme und Wirkung

Die erste Rezeptionsphase – vom Erscheinen des Werks bis zu Lessings Tod – ist dadurch geprägt, dass man *Nathan den Weisen* tatsächlich als »Anti-Goeze Nr. 12« (Friedrich Schlegel; B 9, 1234) liest, dass man die theologische Materie aus dem poetischen Kontext herauslöst und auf die Ebene des Fragmentenstreits rückt. So ergeben die unmittelbaren Reaktionen ein zwiespältiges Bild. Einerseits ist *Nathan der Weise* ein großer Bucherfolg – die Auflage von 3.000 Exemplaren, die H.-F. Wessels (1979) errechnet (28), ist für die damalige Zeit beachtlich – und löst eine engagierte Lektüre aus, andererseits bewirkt der Druck der Orthodoxie, dass die öffentliche Parteinahme für

Lessing dürftig ausfällt. Das Stück spaltet das Publikum. Lessing erhält Zeugnisse einer begeisterten Rezeption in privaten Zirkeln wie die folgenden Zeilen Jacobis: »Nathan den Weisen, wovon ich ein Exemplar […] eine Stunde vor meiner Abreise aus München, durch den guten Boie erhielt, habe ich unter Wegens unter tausend Ausrufungen des Entzückens zweimal gelesen. Schenk und ich, wir rissen einander die Bogen aus den Händen, und es war gut daß wir bei unserer Ankunft frische Exemplare fanden« (an Lessing, 20.8.1779; B 9, Nr. 17, 1199. – Vgl. auch die Briefe der Elise Reimarus, 18.5.1779 und Anfang Juni 1779; B 9, Nr. 3, 1189 und Nr. 10, 1194). In einer Anzeige des *Nathan* in den *Gothaischen gelehrten Zeitungen* (29.12.1779) steht zu lesen, das Werk sei »gleich bey seiner Erscheinung allgemein verbreitet und verschlungen worden« (B 9, Nr. 22, 1204). Gleichzeitig macht sich Ablehnung breit. Gleim weiß an Lessing zu berichten: »Drei Wochen bin ich hier, mein teurer lieber Leßing, und in diesen drei Wochen, war Nathan der Weise, mein einziger Begleiter, ich hab' ihn studiert, ihn vorgelesen; o, ich möchte so gern in einem Buche von vierundzwanzig Bogen beweisen, was beweist man nicht? daß Sie was bessers nicht machen könnten. […] Bücher genug werden darüber geschrieben werden. Gott weiß, von welchen Bücherschreibern! Urteile der Bosheit und der Dummheit hört' ich die Menge; zum Besten der Menschen einen Juden, zum Schlimmsten einen Christen zu machen, welch ein Verbrechen!« (22.7.1779; B 9, Nr. 14, 1197). Gleim unterlässt das Vorhaben, eine »Rettung« des Stücks zu verfassen, Jacobi publiziert nichts dergleichen, unverhohlen erklärt Campe dem Freund, warum er nicht für ihn in die Bresche springt (Brief vom 30.8.1779; B 9, Nr. 18, 1200): »Was mir dieser Nathan ist, und mit welchen Empfindungen ich zu seinem Schöpfer hinaufsehe: das wollte ich neulich dem Publico in einer Recension in folgenden Zeilen sagen. […] Allein mein Vorhaben unterblieb, weil es zufälliger Weise Leuten bekannt geworden war, die nicht ermangelt haben würden, mich mit Ihnen in einen und eben denselben Pfuhl hinabzustoßen.« – Ähnliches wiederholt sich in den öffentlichen Verlautbarungen. Die Anhänger der Orthodoxie werfen Lessing Gehässigkeit gegen die christliche Religion vor, was eine moralische Diffamierung bedeutet. Die Befürworter des Stücks loben

in vagen und formelhaften Ausdrücken die poetischen Qualitäten, die Charakterzeichnung, den
dramatischen Plan und die Sprache, um dann zu
betonen, dass dieses Lob über die theologische
Problematik nichts aussage, nichts präjudiziere.
Oftmals liest sich die Versicherung, man berühre
die Religionsfrage nicht, wie eine Entschuldigung
für die vorangegangene Würdigung. »Wir verbitten hier«, schreibt Lorenz Westenrieder in den
von ihm herausgegebenen *Baierischen Beyträgen
zur schönen und nützlichen Litteratur* (Jg. 1, St. 11
u. 12, Nov. und Dez. 1779), nachdem er die Verbindung der dramatischen Handlung mit den
»Angelegenheiten einer höhern Art«, den »Gesinnungen« der Figuren »für oder wider die Reli-
gionsduldung«, berührt hat – »Wir verbitten hier
jede falsch verstehende Auslegung, und erklären
uns feyerlich, daß wir nicht gesinnt sind, uns in
Betrachtungen über den Werth oder Unwerth einer dieser Denkungsarten einzulassen, sondern
allein den Theil, der den Dichter angeht, vor uns
zu nehmen« (B 9, Nr. 20, 1202). Der Tenor derar-
tiger Besprechungen liegt auf der Hand: Der be-
treffende Rezensent will nicht in den Fragmentenstreit hineingezogen werden (vgl. auch Zeugnisse B 9, 1187 ff., Nr. 4, Nr. 6, Nr. 12, Nr. 13, Nr.
14, Nr. 24). Obwohl *Nathan der Weise* in den bekannten Rezensionsorganen der Zeit (wenngleich
manchmal mit Verspätung) als das Meisterwerk
eines bereits »classisch« gewordenen Nationalautors (B 9, Nr. 7, 1192) angekündigt und gepriesen
wird, ist dennoch Mendelssohns deprimierendes
Bild dieser Rezeptionsphase insgesamt wohl zutreffend, zumindest hat sich das Echo auf *Nathan*
den beiden Freunden so dargestellt. Mendelssohn schreibt in den *Morgenstunden* (1785; zit.
nach B 9, Nr. 37, 1232 f.): »Aber wie sehr veränderte sich die Scene, nach der Erscheinung des
Nathan! Nunmehr drang die Kabale aus den Stu-
dierstuben und Buchläden in die Privathäuser
seiner Freunde und Bekannten mit ein; flüsterte
jedem ins Ohr: Lessing habe das *Christenthum*
beschimpft […]. Der allenthalben willkommne
Freund und Bekannte fand nunmehr allenthalben trockene Gesichter, zurückhaltende, frostige
Blicke, kalte Bewillkommung und frohe Ab-
schiede, sah sich von Freunden und Bekannten
verlassen und allen Nachstellungen seiner Verfol-
ger blosgestellt.«
Zwei gewichtigere Reaktionen sind allerdings
noch zu Lebzeiten Lessings erschienen, in denen

unverhohlen für das Stück Partei ergriffen wird,
und zwar in Bezug auf den Kern der Debatte, die
theologische Materie. Ausgangspunkt ist eine Polemik gegen *Nathan*, in der die Argumente der
orthodoxen Partei gesammelt vorgetragen werden: des Breslauer Arztes Baltasar Ludewig Tralles' *Zufällige altdeutsche und christliche Betrachtungen über Hrn. Gotthold Ephraim Lessings
neues dramatisches Gedicht Nathan der Weise* (2
Tle., Breslau 1779). Bohnen charakterisiert und
situiert diese Schrift wie folgt (B 9, 1182): »In all
seiner literarischen Naivität, mit der Tralles etwa
Lessings Sprache und Dramenstil kritisiert, und
all dem heiligen Zorn des ›Rechtgläubigen‹, der
in Lessings Werk nur ›kälteste Gleichgültigkeit
gegen alle Religionen‹ (S. 29) sieht, ist Tralles'
Gegenschrift doch ein Symptom für das Unbehagen, das *Nathan der Weise* in einem breiteren Publikum ausgelöst haben muss.« Tralles' »Methode« besteht vornehmlich darin, die Äußerungen der Figuren mit der Autormeinung zu identifizieren. Gegen dies Verfahren richtet sich
Friedrich Wilhelm von Schütz in der *Apologie,
Lessings dramatisches Gedicht: Nathan den Weisen betreffend* (Leipzig 1781; vgl. B 9, 1182 f.). Die
perspektivische Gebundenheit und die charakte-
risierende Funktion der Figurenrede, auch der
Ringparabel, nicht beachtet zu haben, ist der
Hauptvorwurf, den er Tralles macht. Zuvor bereits erscheint eine andere Verteidigung Lessings,
die *Briefe an Madame B** über Lessings Nathan
den Weisen*. Diese *Briefe* sind in zwei Zeitschriften veröffentlicht, für die ein größerer Leserkreis
angenommen werden darf: Zuerst in der Halleschen *Akademie der Grazien*, einer Frauenzeit-
schrift (verstreut über das Jahr 1780), dann in der
Berliner *Litteratur- und Theater-Zeitung* (Dez.
1780 bis Mai 1781). Als Verfasser gilt mit hoher
Wahrscheinlichkeit der Jenaer Professor für Poesie und Beredsamkeit Christian Gottfried Schütz.
Schützens Rezeptionsmodus kommt in der folgenden Passage sehr deutlich zum Ausdruck
(Braun 2, 340): »Das ist wahre Größe der Gesinnungen! Wir fühlen es, daß unsere Seele sich erhebt, daß sie sich selbst einen höhern Schwung
giebt, daß sie sich freut, einmal so gedacht zu haben, oder einmal so denken zu können.« Schütz
rühmt, dass es Lessing gelungen sei, die »großen«, moralisch hochstehenden Gesinnungen
der Figuren psychologisch so glaubhaft zu machen, dass die gefühlsgesteuerte Identifikation

mühelos gelingt. Darüber hinaus sticht seine Rezension wegen des Bekenntnisses zur Botschaft der Ringparabel hervor (ebd. 335; vgl. B 9, Nr. 28, 1214 f.): »Daß es überhaupt gleichgültig sey, was und wie man von Religionssachen denke, sagt Nathan nirgends. Er sagt nur, daß jede Religionspartey Menschen unter sich haben könne, die Gott angenehm sind, wenn sie bey ihrem System Sanftmuth, herzliche Verträglichkeit, Wohlthun und innigste Ergebenheit an [!] Gott beweisen! Heißt dis nun Indifferentismus, so muß ich Ihnen frey bekennen, Madame, daß ich auch ein solcher Indifferentist bin, daß ich bey diesem Indifferentismus zu leben und zu sterben gedenke, und daß ich ihn durch klare Aussprüche Christi und der Apostel bestätigt finde.«

Sowohl Lessing als auch Mendelssohn begründen die Irritation und den Zwiespalt, die *Nathan der Weise* auslöst, damit, dass das Publikum noch überfordert, noch nicht reif für das Stück sei. Lessing beschließt das zweite Fragment einer Vorrede zu *Nathan* mit dem Satz: »Noch kenne ich keinen Ort in Deutschland, wo dieses Stück schon jetzt aufgeführt werden könnte. Aber Heil und Glück dem, wo es zuerst aufgeführt wird. –« (B 6, 666). Mendelssohn schreibt nach dem Tod Lessings an dessen Bruder Karl (Berlin, Februar 1781; JubA 13, 7; vgl. B 9, 1178): »Noch einige Wochen vor seinem Hintritte hatte ich Gelegenheit ihm zu schreiben: er solle sich nicht wundern, daß der große Haufe seiner Zeitgenossen das Verdienst dieses Werks verkenne; eine bessere Nachwelt werde noch funfzig Jahre nach seinem Tode daran lange Zeit zu kauen und zu verdauen finden. Er ist in der That mehr als *Ein* Menschenalter seinem Jahrhunderte zuvorgeeilt.« Dabei liegt die Überforderung nicht im gedanklichen »Gehalt«, sondern in der ästhetischen Präsentation. Die Toleranzdebatte wird unter den Gebildeten ja schon lange geführt, die »natürliche Religion« schon lange verteidigt. Neu dagegen ist die Integration in den Kontext »Drama« und »Theater«. Einerseits wird dadurch theoretischen Positionen – der Toleranz und Aufklärung –, die gesellschaftlich (noch) nicht generell akzeptiert sind, quasi die Wahrheit und Evidenz des Lebens selbst verliehen, ihr positiver Einfluss auf Menschen »von Fleisch und Blut« wird glaubhaft gemacht, aus abstrakten Möglichkeiten wird bewegende, überzeugende Gegenwart (deswegen der

Aufschrei der Orthodoxie). Andererseits wird das geläufige dramatische Modell um eine neuartige Dimension erweitert. »Drama« heißt um 1780 immer noch: affektgeleitete Interaktion der Figuren zum Zweck moralischer Rührung (vgl. Thorsten Meiers [2005] rezeptionsästhetische Untersuchung des Scheiterns der Uraufführung). In *Nathan der Weise* tritt zu der Ebene der Leidenschaften und Taten (= Handlung) die thematische Ebene (der Religionsfrage) hinzu. Beide Schichten sind ineinander verwoben, sie verschmelzen zu einem Dritten, das erst die poetische Welt des Stücks konstituiert. Mit dieser Synthese (von »Gedanke« und »Handlung«) sprengt Lessing den vorgegebenen Kanon der Gattungen mit den drei Rubriken: Komödie – Tragödie – mittlere Gattung des »ernsten (bürgerlichen) Dramas«. Er nennt das Stück »dramatisches Gedicht« (zum Titel vgl. Bohnen in B 9, 1144). An der Aufgabe, den Handlungsgang und die thematische Entfaltung in ihrem Wechselbezug zu erläutern, scheitern die Rezensenten der ersten Stunde. Wieland deutet die Richtung der zukünftigen Auseinandersetzung an, wenn er hervorhebt (*Der Teutsche Merkur*, Juni 1780; B 9, 1210): »Alle theologische Rücksicht hier bey Seite gesetzt, so sind gewiß wenig Schauspiele von so dogmatischem Endzweck zugleich so dramatisch gewesen.« Schrittweise erarbeiten sich nach Lessings Tod die Rezensenten und Kritiker das Verständnis für die poetische Form des Stücks. Zwei Momente sind dafür maßgebend: Die Reflexion auf die Gattungszugehörigkeit und die Erkenntnis von der formbildenden, poetisierenden Kraft eines metaphysischen Standpunkts. Ersteres leistet Johann Jakob Engel, Letzteres Moses Mendelssohn.

Für Johann Jakob Engel (*Anfangsgründe einer Theorie der Dichtungsarten*, Teil 1, 1783) dient der Begriff des »Lehrgedichts« dazu, das neuartige poetische Modell des *Nathan*-Dramas zu umreißen. Das Stück zerfällt vor seinem Blick nicht mehr in eine fesselnde Handlung und eine theologisch fragwürdige These. Vielmehr ist »Lehrgedicht« für ihn das Konzept, um die poetische Integration der unterschiedlichen, scheinbar divergierenden Elemente zu fassen. Die »unmittelbare Seelenschilderung«, die Handlungsführung, die Kontrastierung der Charaktere und die Liebesgeschichte, die Entdeckung der Familienverhältnisse, all dies sei lebendig und rührend vorgestellt und zwecke dennoch nur darauf ab, die »großen Wahrheiten« zu vermitteln, die der Dichter lehren wolle. Freilich habe das Stück »ein unendlich größeres Interesse als die gewöhnlichen Werke von dieser Gattung; und dieses Interesse verdankt es gewiß, neben der Würde und Wichtigkeit der Wahrheiten selbst, auch besonders dem ungemeinen Reiz seiner Form« (B 9, Nr. 36, 1229. Vgl. H.-F. Wessels 1979). Die Gattungsbezeichnung »Lehrgedicht« taucht nunmehr häufiger in Rezensionen auf (z. B. auch in der Kritik der ersten öffentlichen Theateraufführung am 14.4.1783 in Berlin; B 9, Nr. 34, 1225). Der Begriff wird verwendet, um die Einheit stiftende Funktion der »hohen Gesinnungen« der Figuren, der »Kette von Wahrheiten«, anzudeuten. Hier ist eine Umkehrung im Vergleich zu den anfänglichen Würdigungen erreicht, die auf der Ausblendung der Religionsfrage fußen. – Mendelssohn argumentiert im Ansatz zwar auch gattungstheoretisch, konzentriert sich aber mehr auf den Inhalt des Dramas. Er begreift *Nathan den Weisen* (in den *Morgenstunden*; vgl. B 9, Nr. 37, 1231–1233) als ein poetisches Analogon zu einem metaphysischen Weltbild, als eine letzte poetische Beschwörung der Leibnizschen Philosophie. Mendelssohns Wendungen sind bekannt, die Formeln vom Anti-Candide und dem Lobgedicht auf die göttliche Vorsehung. Mittels einer wohldurchdachten »Folge« von Begebenheiten ›dichte‹ Lessing eine Theodizee. Damit aber ist zugleich die Einsicht ausgesprochen, dass das Drama ein strukturiertes Ganzes ist und dass Form und Inhalt eine Einheit bilden. Mendelssohn gelangt zu seiner Beschreibung in dem Moment, in dem der Spinozismus und »Pantheismus« heraufziehen, die Wolffsche Terminologie endgültig ihre Prägekraft verliert und die Leibnizschen Denkbilder obsolet werden. Vielleicht ist diese Situation die Voraussetzung für die Erkenntnis gewesen, dass nur kraft des poetischen Plans das Wirken der Vorsehung einsichtig gemacht werden konnte.

Die gattungstheoretische Diskussion, ob *Nathan der Weise* ein Lehrgedicht oder ein Schauspiel sei, wird durch den Erfolg der Schillerschen Inszenierung in Weimar (1801) entschieden. Es ist die erste erfolgreiche Theateraufführung des Stücks (zur Bühnengeschichte vgl. Bohnen in B 9, 1184–1187; H.-F. Wessels 1979, 242 ff.). Kanonisch aber wird die Auffassung, dass in dem Werk Philosophie und Poesie zu einer Einheit verschmolzen seien, dass Handlung, Bild und diskursiv vermittelte »Wahrheit« untrennbar zusammengehörten (Beispiele zur Gattungsdiskussion vgl. Wessels 1979, 96 ff. und 117 ff.). So ist zum Beispiel für Herder, der das Stück eine »dramatische Schicksalsfabel« nennt, das Wesentliche, dass es »in dargestellter Handlung« die Verknüpfung »des geistigen und irrdischen Reichs der Schöpfung, des Allgemeinen und des Besondern«, zeige (*Adrastea*, 2. Bd., 4. St. [1801/1802]; Suphan 23, 374). Mit Herders und Goethes Formulierung der Toleranzbotschaft schließlich scheint sich die Hoffnung Lessings auf eine produktive Aneignung seines Stücks langfristig erfüllt zu haben. Herder, selbst Theologe, nennt die Aufforderung zur Duldung einen ewigen »Denkspruch« für »unser Geschlecht« (Suphan 23, 375): »Die Menschenvernunft und Menschengüte, die in diesem Drama die Waage halten, bleiben die höchsten Schutzgöttinnen der Menschheit.« Goethe schließlich formuliert den Wunsch (*Über das deutsche Theater*, 1815; MA 11/2, 164): »Möge doch die bekannte Erzählung, glücklich dargestellt, das deutsche Publikum auf ewige Zeiten [sich] erinnern, daß es nicht nur berufen wird, um zu schauen, sondern auch um zu hören und zu vernehmen. Möge zugleich das darin ausgesprochne Duldungs- und Schonungs-Gefühl der Nation heilig und wert bleiben.«

Quellen: B 9, 1151 ff.; Leibniz 1710, übers. Buchenau ²1968 [*Theodizee*]; Nicolai 1782/1988; Wünsche 1879, 329–349, hier 338–340 [*Schevet Jehuda*].

Literatur

zu Entstehung, Quellen und Kontext: Awerbuch in Lewis/Niewöhner (Hgg.) 1992, 43–59 [*Schevet Jehuda*]; Bohnen in B 9, 1136–1151; Cottone in Auteri/Cottone (Hgg.) 2005, 197–214; Düntzer 1882; Grundmann 2005 (interreligiöse Toleranz in Jehuda Halevis *Buch Kusari*); Horsch 2004; Jauß in Stierle/Warning (Hgg.) 1996, 384–414. [Tradition des »Religionsgesprächs«]; Kettner 1904, 320 ff.; Kuschel 1998, 264 ff. [Islam]; Kuschel 2004 [christlicher Antisemitismus]; Ley 2006 [die Ringparabel im Katholizismus]; Mecklenburg 2008 [christlicher Antisemitismus]; Mulsow 2001 [Quellen zur Ringparabel]; Niewöhner 1988; Niewöhner 1996 [Islam]; Nisbet 1979 [»De tribus impostoribus«]; Nisbet 2008, 665–690 [Entwicklung von Lessings religionsphilosophischem Denken seit 1770]; Schmitt 1998, 69–104 [rabbinische Tradition]; M. Schmitz in Zeuch (2005),

181–195 [Cusanus]; W. Schröder 1998 [»De tribus impostoribus«]; Vollhardt in Alt u. a. (Hgg.) 2002, 29–47 [Aporie der Apologetik als Folie für die Thematisierung der Toleranz]; Woesler 1993 [Quellen zur Ringparabel].

zu Forschung/Analyse: Angress 1971; Bark ⁴1989, 195–233; Birus (1977) in Bohnen (Hg.) 1984a, 290–327; Birus 1978; Birus 1981 [Motto zum *Nathan*]; Böhler 1971; Bohnen 1974; Bohnen (1979) in Bohnen (Hg.) 1984a, 374–401; Briegleb 1988, 191–315; Demetz (1966) in Bohnen (Hg.) 1984a, 168–218; Detering in Krah/Ort (Hgg) 2002, 35–52; Fick 1995; B. Fischer 2000; B. Fischer 2006/07 [2008]; K. Fischer ⁵1905; Fuhrmann 1983; Göbel 1971; Goetschel 2004, 230–250; Goetschel in Fischer/Fox (Hgg.) 2005, bes. 200–204 [Bezug zum Judentum]; Gustafson 1986; Guthke 2004/05 (2006); Guthke 2005; Gutjahr in Mauser/Saße (Hgg.) 1993, 269–278; Heller (1966) in Bohnen (Hg.) 1984a, 219–228; Hernadi (1971) in Bohnen (Hg.) 1984a, 341–349; Höltermann 1928; Jens/Küng 1985, 81–119; Koebner 1987, 138–206; von König 1976; von Lüpke 1989, 142–162; Mecklenburg 2008 [Bezug zum Judentum]; Müller Nielaba 2000; Niekerk 2004; Niewöhner 1988; Niewöhner 1996; Nirenberg 1970 [Ring als Opal]; Nisbet 2008, 782–810; Nisbet 2010; Pfaff 1983; Politzer (1958) in G. und S. Bauer (Hgg.) 1968, 343–361; Pütz 1986, 242–283; Sanna 1999, 91–148; Saße 1988, 216–262; Schilson 1995; Schilson 1997; Schlaffer 1973, 104–117; Schlossbauer 1998, 161–282 [komödiantische Elemente in *Nathan dem Weisen*]; Schmitz-Emans in Zeuch (Hg.) 2005, 197–222; H.J. Schnei-

der in Schmiedt/H.J. Schneider 1997, 46–63 [Poetizität der Ringparabel]; H.J. Schneider 2000; Schönert 2008; J. Schröder 1972; Simon 1991; Sloterdijk 2007; Strohschneider-Kohrs 1991; Strohschneider-Kohrs 2002; Ter-Nedden in Bultmann/Vollhardt (Hgg.) 2010 (im Druck); Weder 2008; Weidmann 1994 [Ökonomie in Nathan dem Weisen]; Will 1999; Ziegler ²1960, Sp. 2092–2113, bes. 2112 f.

zu Aufnahme und Wirkung: zeitgenössische Rezeption: Braun 2; B 9, 1187 ff.; G 2, 750 ff.; von Düffel 1972, 115 ff. [Dokumentsammlungen]; Goethe 1815 (MA 11/2, 161–173 [*Über das deutsche Theater*, zu Lessing 163 f.]); Herder 1801/1802 (Suphan 23, 374 f.); Mendelssohn 1781 (JubA 13, 6–7); U. Schulz 1977, 132 ff. [Theateraufführungen]; Stümcke (Hg.) 1904 [Nachahmungen und Travestien]. – *Literatur:* Bohnen in B 9, 1177–1187; Eckardt 1993; Erspamer 1997, bes. 41–55 [Tralles; Pfrangers *Mönch vom Libanon*] und 98 ff. [philosemitische Nachahmungen und antisemitische Travestien]; Fetscher 2005 [deutsch-jüdische Rezeption]; B. Fischer 2000 [deutsch-jüdische Rezeption bis Tabori]; Gansel/Siwczyk (Hgg.) 2009 [Einführung und Quellentexte zur Rezeption 1830–1914 im »Kulturraum Schule«; darunter Besprechung von Pfrangers *Mönch vom Libanon*: 275–290]; Goetschel 2000 (2001) [Mendelssohn; deutsch-jüdische Rezeption]; Th. Meier in Zielke (Hg.) 2005, 37–51; Schmitz-Emans in Zeuch (Hg.) 2005, 197–222 [postmoderne Variationen der Ringparabel]; Nisbet 2008, 808–810; Stümcke 1904, XIII–LVI; Suesse-Fiedler 1980, 1–25; Wessels 1979.

Spinoza-Gespräche

Entstehung, Quellen und Kontext

Erstdruck: 1785 veröffentlicht Friedrich Heinrich Jacobi den Bericht über ein Gespräch, das er mit Lessing in dessen letztem Lebensjahr geführt hat, beigefügt ist der einschlägige Briefverkehr mit Mendelssohn und Elise Reimarus: *Über die Lehre des Spinoza in Briefen an den Herrn Moses Mendelssohn*. Vom 5. bis 11. Juli 1780 weilt Jacobi als Lessings Gast in Wolfenbüttel, etwa zwischen dem 10. und 15. August 1780 besuchen beide gemeinsam den befreundeten Gleim in Halberstadt. Während dieser Zeit haben die Gespräche stattgefunden. Von Elise Reimarus erfährt Jacobi (März 1783), dass Mendelssohn ein Charakterportrait Lessings veröffentlichen wolle. Es entspinnt sich ein Briefwechsel mit Mendelssohn, in dem Jacobi über den Gesprächsverlauf berichtet (Jacobis Schreiben vom 4.11.1783). Den unmittelbaren Anlass der Publikation gibt die Schrift *Morgenstunden oder Vorlesungen über das Daseyn Gottes* (1785; vgl. JubA 3/2, XIff.), in der Mendelssohn den verstorbenen Freund als einen gottgläubigen »Weltweisen« darstellt, der, anknüpfend an wesentliche Elemente der Leibnizschen Philosophie, trotz einiger spinozistischer Motive einen theistischen Standpunkt nie aufgegeben habe (zu Jacobis Indiskretionen und Missverständnissen, der Frage nach der Authentizität seines Gesprächsprotokolls und zu dessen unterschiedlichen Versionen s. Nisbet 2008, 823 und 828–30; Engel 1999). – Text: G 8, 563–575.

In dem Gespräch, so wie Jacobi es mitteilt, bekennt sich Lessing nicht zu Leibniz, sondern zu Spinoza; außer der Philosophie des Spinoza, so sagt er, gebe es keine andere (G 8, 564). Diese ›Enthüllung‹ verursacht in der damaligen gebildeten Welt große Aufregung und Verunsicherung; signifikante, seit langem virulente Probleme des zeitgenössischen Denkens scheinen zum Austrag zu kommen.

›Spinozismus‹ bedeutet bis weit ins 18. Jahrhundert Materialismus, Fatalismus und Atheismus. Aus der Lehre Spinozas, dass Gott nicht über die Kreaturen herrsche, sondern das Wesen aller Kreatur sei, ergebe sich die Schlussfolgerung, dass Gott gar nicht existiere, da er ja nicht ›mehr‹, nichts ›anderes‹ sei als die Welt. Für Spinoza herrsche die blinde Notwendigkeit des Naturmechanismus, »Gott« sei in seiner Philosophie (»deus sive natura«) ein leeres Wort. Deshalb ist es im 18. Jahrhundert gefährlich, ein spinozistisches Denk- oder Glaubenssystem zu vertreten (Edelmann, dem Lessing in Berlin begegnet sein kann, musste das zum Beispiel erfahren), was jedoch die Verbreitung eines Crypto-Spinozismus nicht hinderte (Goetschel 2004, 184). Dabei beziehen nicht nur die orthodoxen Theologen, sondern auch die Vertreter des Deismus gegen Spinoza Stellung (allerdings ohne ihn wegen seiner ›Irrtümer‹ zugleich moralisch zu verunglimpfen). Weil für sie die Naturordnung allbestimmend ist, dient der Begriff des extramundanen Gottes (als des Schöpfers des Alls, des Garanten für die Harmonie der Welt und für das vernünftige Telos des menschlichen Lebens sowie der Menschheit insgesamt) zur Abgrenzung gegen den Materialismus. Johann George Sulzer zum Beispiel, der zeitgenössischen (Popular-)Philosoph, für den vom psychologischen Standpunkt aus die Abhängigkeit der Seele vom Körper, von der Physis, denkbar wird (*Vermischte Philosophische Schriften* 1773/1974, 101 f.), postuliert einen Schöpfergott (ebd., 348 ff.; 377 ff.) selbst für den Fall, dass der Geist nur Funktion der Materie sei, da das Weltgetriebe einen Urheber brauche. So auch Hermann Samuel Reimarus, der »Ungenannte« der Fragmentenpublikation; und Mendelssohn feiert in den *Morgenstunden* das Universum als lebendigen Spiegel Gottes, wobei er sorgfältig darauf achtet, die Differenz zu Gott nicht zu verwischen.

Obwohl Jacobi in seinem Gesprächsprotokoll warme Worte für Spinoza findet – eine »solche Ruhe des Geistes, einen solchen Himmel im Verstande, wie sich dieser helle reine Kopf geschaffen hatte, mögen wenige gekostet haben« (G 8, 569) –, setzt auch er ›Spinozismus‹ mit Atheismus gleich, wobei seine Position insofern akzeptierte Überzeugungen durcheinanderbringt, als er ebenfalls die Leibnizsche Philosophie und alle deistischen Gottesbeweise auf eine mechanistische, atheistische Welterklärung zulaufen sieht.

(Er gehört zu denjenigen Denkern, die mit der ›anthropozentrischen Wende‹ [s. S. 21] nicht zufrieden sind und im religiösen Gefühl ein Gegenmoment dazu suchen bzw. erfahren). Lessing hinwiederum verteidigt in dem von Jacobi berichteten Gespräch gerade die provokativsten Anschauungen, den spinozistischen Substanzbegriff und die Identifikation von ›Gedanke‹ und ›Ausdehnung‹ (d.i. Körperwelt), gegen den Atheismus-Vorwurf. Wenige Jahre später entwickeln dann Goethe und Herder eine neuspinozistische Naturphilosophie »im Rückschlag gegen die mechanistischen Denkmuster der Aufklärung« (Nisbet 2008, 831), was ihnen, so Nisbet, »ohne Lessings Vorbild« wohl kaum gelungen wäre (ebd.). Wir werden zum einen Jacobis Kritik an der zeitgenössischen Philosophie und ihren Modellen der Synthese (von Sinnlichkeit und Geist, Schöpfergott und natürlichem Zusammenhang der Welt [s. S. 27ff.]) erläutern, zum anderen den Wandel des Naturbegriffs verfolgen, wie er sich in den *fermenta cognitionis*, die Lessing seinem Gesprächspartner hinstreut, abzeichnet.

Lessing hat sich zeit seines Lebens mit Spinoza beschäftigt. Wir stellen zunächst die einschlägigen Schriften knapp vor, um in die Forschungsdiskussion, ob er Leibnizianer oder Spinozist gewesen sei, einzuführen.

Wichtige Texte mit metaphysischer Thematik vor den Spinoza-Gesprächen

– *Das Christentum der Vernunft* (B 2, 401– 407). Das Fragment ist ziemlich sicher auf die Jahre 1752/53 zu datieren, da Lessings Freund Christian Nikolaus Naumann in einem Brief vom 1.12.1753 an den jungen Theologen Theodor Arnold Müller ein recht genaues inhaltliches Referat gibt. Moses Mendelssohn berichtet in den *Morgenstunden*, Lessing habe gleich zu Beginn ihrer Bekanntschaft, also etwa im Frühjahr 1754, aus dem Manuskript vorgelesen (zum Kontext vgl. Stenzel in B 2, 995–1008).

Thema der – in Paragraphen geordneten – Schrift ist das Verhältnis von Gott und Welt. Ein philosophisches, ›vernunftgemäßes‹ Analogon zum biblischen Schöpfungsbericht wird entwickelt, der Schöpfungsgedanke wird philosophisch formuliert. Zugleich wird in das Gottesbild »der Vernunft« die Trinitätslehre integriert. Einerseits schließt sich Lessing eng an die Terminologie

Leibnizens an. Gottes Tätigkeit wird »Vorstellen, Wollen, Schaffen« genannt, Gott stelle nur das Beste, Vollkommenste vor und schaffe demnach die bestmögliche Welt. Die Welt bestehe aus einer unendlichen Reihe »einfacher Wesen«, »welche so aufeinander folgen, daß zwischen ihnen nirgends ein Sprung oder eine Lücke ist« – die Monaden-Konzeption klingt an (Monade = einfaches Wesen, das ›Substanz‹ ist). Die »einfachen Wesen« besäßen verschiedene Grade der Vollkommenheit. Gradmesser der »Vollkommenheit« ist die »Vorstellungskraft«. Lessing nennt die Vorstellungskraft »Bewußtsein«, welcher Begriff der Leibnizschen »aperception« (der bewussten Perzeption) nahekommt. Verschiedene Grade der Vollkommenheit seien soviel als verschiedene Grade des Bewusstseins, wo weniger »Bewußtsein« sei, da sei auch weniger Vollkommenheit anzutreffen. »Da in der Reihe der Wesen«, so der letzte Paragraph (§27) des Fragments, »unmöglich ein Sprung Statt [!] finden kann, so müssen auch solche Wesen existieren, welche sich ihrer Vollkommenheiten nicht deutlich genug bewußt sind, – – –«. Wenn somit die Begrifflichkeit von Leibniz stammt, nimmt Lessing doch wesentliche Differenzierungen vor. Sie zielen sämtlich darauf, Welt und Gott auf eine radikalere Weise miteinander zu verbinden, als Leibniz dies explizit tat. Lessing klammert den Gedanken aus, dass Gott unter mehreren möglichen Welten die beste wählte, den Gedanken der Wahl, mittels dessen Leibniz Gott der Welt gegenüber in Freiheit zu setzen und die Güte Gottes deutlich zu machen sucht. Vorstellen, wollen, schaffen, schreibt Lessing dagegen, seien für Gott *eines*, die Vorstellung der Welt sei zugleich deren Schöpfung, kein ›Spielraum‹ wird gelassen für eine Wahl. Damit wird indirekt das göttliche Urbild mit der »Wirklichkeit« identifiziert. Desgleichen weist Lessing den Gedanken der vielen möglichen, Gott zur ›Auswahl‹ stehenden Welten zurück. Gott könne nur das Vollkommenste denken, notwendig habe er diese Welt vorstellen, wollen und schaffen müssen. Deshalb seien »unendlich viel Welten« (§15) nicht möglich. Schließlich ist die Konsequenz impliziert, dass auch die Grenzen und Einschränkungen der geschaffenen Wesen *in* Gott sind. Lessing macht keinen Unterschied zwischen den Vorstellungen Gottes von weniger vollkommenen Wesen und weniger vollkommenen Vorstellungen (§24). Die einfachen Wesen sind für ihn in allen Graden ihrer Vollkommenheit das göttliche Bewusstsein selbst, sie drücken unterschiedliche Grade des göttlichen Bewusstseins aus. Diese Tendenz, Gott ›aufgehen‹ zu lassen in der Welt, die Tendenz zum Immanenzdenken, rückt bereits den frühen Lessing in die Nähe Spinozas. Jacobi zieht von diesem Fragment eine direkte Linie zum Paragraphen 73 der Erziehungsschrift, in dem Lessing die Trinitätslehre in spinozistische »Spekulationen der Vernunft« verwandelt (*Wider Mendelssohns Beschuldigungen*, 1786; Werke 4/2, 241).

– Die Breslauer Fragmente: Über die Wirklichkeit der Dinge außer Gott und *Durch Spinoza ist Leibnitz nur auf die Spur […] gekommen* (Barner datiert in B 5/1, 799, beide Bruchstücke auf das Frühjahr 1763). Bereits Karl Lessing sieht die zwei Fragmente vornehmlich als Zeugnisse für die Beschäftigung seines Bruders mit Spinozas System. Er veröffentlicht sie in seiner Biographie unter dem Titel »Spinozisterei« (*Lessings Leben*, Bd. 2, 1795, 164–170). In Breslau hat Lessing vermutlich die *Ethik*, Spinozas Hauptwerk, eingehend studiert. Darauf deutet – neben den Fragmenten – vor allem der Bericht Samuel Benjamin Kloses, des Rektors eines Breslauer Gymnasiums und damaligen Gesprächspartners Lessings (Daunicht 1971, 171): »Imgleichen wurde Spinoza's Philosophie der Gegenstand seiner Untersuchungen. Er las diejenigen, welche ihn hatten widerlegen wollen […]. Dippel war ihm der, welcher in des Spinoza wahren Sinn am tiefsten eingedrungen. Doch hat er hier nie das mindeste, wie gegen Jakobi, auch gegen seine Vertrautesten geäußert.« Auf Johann Conrad Dippel werden wir im Zusammenhang der Determinismus-Frage (vgl. Jerusalem-Aufsätze) zurückkommen.

– Über die Wirklichkeit der Dinge außer Gott (B 5/1, 401–402). Auch in diesem Fragment geht es um die Unmöglichkeit, zwischen den Gedanken (»Begriffen«), die Gott von den Dingen hat, und den wirklichen Dingen selbst zu unterscheiden. Erneut experimentiert Lessing mit dem spinozistischen Ansatz, Gott und Welt (»Natur«) als *Eines* zu denken. Im Kontext der Leibnizschen Philosophie (»Ich glaube zwar, die Philosophen sagen […]«) dient die Unterscheidung dazu, die Seinsweise der Welt (als Schöpfung) von derjenigen des Schöpfers abzugrenzen. Die Wirklichkeit der Dinge sei vom göttlichen Willen abhängig,

ihr Dasein sei, im Unterschied zur Notwendigkeit der göttlichen Existenz, zufällig. Lessing dagegen lässt dieses Argument nicht gelten. Sei die Wirklichkeit der Welt zufällig, so müsse sich auch für die Zufälligkeit der entsprechende Begriff in Gott finden lassen, womit die Differenz hinwegfiele. »Was außer Gott zufällig ist, wird auch in Gott zufällig sein, oder Gott müßte von dem Zufälligen außer ihm keinen Begriff haben. –« (B 5/1, 402). Das Fragment endet mit einem logischen Fehlschluss. Lessing möchte den Einwand entkräften, dass in Gott keine »Zufälligkeiten« gedacht werden dürfen. Begriffe von zufälligen Dingen, so entgegnet er, seien jedoch auch zufällige Begriffe. Das heißt: Wenn die »Leibnizianer«, die »Philosophen«, von einer zufälligen Welt sprechen, müssten sie, Lessings Raisonnement zufolge, ebenfalls einen »zufälligen (Welt-)Begriff« in Gott postulieren. Dies ist aber so wenig zwingend wie der Schluss, dass Begriffe von unvollkommenen Dingen unvollkommene Begriffe seien. Das Problem zeichnet sich ab, wie die göttliche Seinsfülle und die irdischen Beschränkungen zur »Deckung« gebracht werden können.

– Durch Spinoza ist Leibnitz nur auf die Spur der vorherbestimmten Harmonie gekommen (B 5/1, 403–405). Dieses Fragment bezeugt die neue Qualität von Lessings Spinoza-Verständnis. Es enthält eine Korrektur an der Deutung von Spinozas »Monismus«, die Mendelssohn in den *Philosophischen Gesprächen* (1755, Neuauflage 1761) entwickelte und der er ursprünglich zustimmte. Jetzt jedoch kommt er zu der Überzeugung, dass Mendelssohn das Einheitsdenken Spinozas nicht richtig gefasst habe und vor den Konsequenzen dieses radikalen Ansatzes ausgewichen sei. Die Details des »Trialogs« Spinoza – Mendelssohn – Lessing finden sich in den großen Lessing-Ausgaben aufgeschlüsselt (B 5/1, 797–808; G 8, 718–723). Der Text mit der (vermutlich von Karl Lessing hinzugefügten) Überschrift »An Moses Mendelssohn« ist wahrscheinlich der Entwurf für den Brief an den Freund vom 17.4.1763. – Die Identifikation Gottes mit der Natur impliziert die Identifikation von »Geist« bzw. »Denken« und »Ausdehnung«, wobei unter »Ausdehnung« die Seinsweise der Körperwelt, der sichtbaren Welt zu verstehen ist. In »Materie« und »Geist« bezeugt sich für Spinoza die gleiche *eine* »Substanz«, nämlich Gott. So sind für ihn auch Leib und Seele im Wesen identisch, sie sind

ihm Modifikationen der göttlichen Substanz. Deshalb sei die Ordnung der Gedanken die Gleiche wie die Ordnung der Dinge. Um das Problem der Verknüpfung von Leib und Seele kreist das vorliegende Fragment. Lessing vergleicht die Leibnizsche Lösung mit derjenigen Spinozas. Leibniz, der Leib und Seele als zwei verschiedene Substanzen denke, nehme, um die Koordination beider zu erklären, die »prästabilierte Harmonie« an. Gott habe (nach Leibniz) im Anfang die Gesetze der geistigen Welt und der Körperwelt aufeinander abgestimmt. Spinoza dagegen, für den Leib und Seele nur die zwei Seiten des gleichen Wesens seien, brauche keine »prästabilierte Harmonie«, um die Übereinstimmung zu erklären – denn welche Harmonie, fragt Lessing, könne es zwischen identischen Dingen geben? Harmonie setze Differenz voraus. Lessing greift zu einem Bild, um sich verständlich zu machen. Zwei Wilde sehen zum ersten Mal ihr Spiegelbild und bemerken, dass es die jeweils gleichen Bewegungen vollführt wie sie selbst. »Folglich, schließen beide, muß die Folge der Bewegungen des Bildes, und die Folge der Bewegungen des Körpers sich aus einem und eben demselben Grunde erklären lassen« (B 5/1, 405). An dieser Stelle bricht das Fragment ab. Danzels Ergänzung hat sich durchgesetzt (Danzel/Guhrauer Bd. 2/2, 1854, 112): »Es ist klar, wie Lessing fortfahren wollte: ›Aber über den Grund selbst werden sie uneinig sein; der eine wird sagen: mein Körper bewegt sich für sich selbst und das Bild im Spiegel ebenfalls, sie sind aber durch eine verborgene Macht so eingerichtet, daß sie übereinstimmen müssen, und der andere wird behaupten: Es finde nur *eine* Bewegung statt, die man nur zweimal an verschiedenen Orten erblicke: die erstere Ansicht wird dem Leibnizianismus, die andere dem Spinozismus entsprechen.‹« Es sei »unverkennbar«, fügt Danzel hinzu, »auf wessen Seite die Wage sich neigt; der Wilde, dessen Ansicht der Lehre des Spinoza analog ist, erklärt die Sache eben nach dem wahren Sachverhalte; der andere bringt eine gezwungene und unwahrscheinliche Theorie vor« (ebd. 112). – Lessing bricht seinen Vergleich an der Stelle ab, an der die Gefahrenzonen von Spinozas Philosophie sichtbar werden. Der Monismus droht im Materialismus zu enden. Lessings Bild hat materialistische Implikationen. Es zeigt die Seele (das Spiegelbild) als sekundäre Wirkung des Körpers und ganz von diesem abhängig.

– *Leibniz-Studien aus den Jahren 1772/73*. Anfang 1773 gibt Lessing den »Ersten Beitrag« seiner Schriftenreihe *Zur Geschichte und Litteratur. Aus den Schätzen der Herzoglichen Bibliothek zu Wolfenbüttel* heraus. Er enthält als siebten Teil den Aufsatz *Leibnitz von den ewigen Strafen* (B 7, 472–501). Im »Zweiten Beitrag«, der im Herbst 1773 erscheint, veröffentlicht er (als zwölften Teil) *Des Andreas Wissowatius Einwürfe wider die Dreieinigkeit* (B 7, 548–581). Die Entwürfe und Materialien zu einer Leibniz-Biographie, erstmals von Karl Lessing im zweiten Teil von *Lessings Leben* unter der Überschrift »Leibnitzisterei« publiziert (1795), werden von Göbel auf die ersten Monate des Jahres 1773 datiert (G 8, 732).

Die Aufsätze (»Rettungen«) und Entwürfe dokumentieren das verstärkte Interesse an Leibniz, das mit dem Erscheinen der ersten Gesamtausgabe von dessen Werken (*Opera omnia*, 6 Bde., besorgt von Louis Dutens 1768) zusammenhängen mag. Besonders die *Nouveaux essais sur l'entendement humain* (*Neue Abhandlungen über den menschlichen Verstand*), die 1765 (posthum) erstmals gedruckt werden, finden Lessings Aufmerksamkeit – jenes Werk, das so überaus befruchtend auf die Psychologie der Aufklärung wirkte (vgl. die Auszüge Lessings G 8, 546f.). Charakteristisch ist, dass Lessing Leibniz als einen Antipoden Wolffs liest. Leibniz habe sich von überschwenglichen Ideen durchaus anregen lassen, seine Philosophie trage das Gepräge des Enthusiasmus, der geistigen Erhebung – ein Zug, der Wolff völlig fehle. Daher der Schwung des Denkens bei Leibniz, wo Wolff in Pedanterie erstarre (B 8, 674f.). – Wir konzentrieren uns auf die beiden ausgeführten Schriften, die sog. »Leibniz-Rettungen«. Sie zeigen die produktive Aneignung Leibnizscher Theoreme.

– In der *Wissowatius*-Abhandlung (B 7, 548–581) geht es um den Sozianismus, eine christliche Sekte, die die Gottsohnschaft Jesu leugnete, ohne die Erhöhung Jesu über die Menschen aufzugeben. Dies ist für Lessing der Stein des Anstoßes. Er betont hier die Differenz zwischen Schöpfer und Geschöpf. Kein Mensch dürfe in die Nähe Gottes gerückt werden. Die Seele von Leibniz' Philosophie sei die »Wahrheit, daß Gott, und nur Gott, und nur er selbst, die Welt erschaffen habe; daß er sie durch kein Geschöpf habe schaffen lassen; daß ein Geschöpf nichts schaffen könne; daß das allervollkommenste Geschöpf ein Teil der

Welt sein müsse, und im Verhältnis gegen Gott kein beträchtlicher Teil der Welt sein könne, als die elendeste Made« (B 7, 575f.).

– In *Leibnitz von den ewigen Strafen* (B 7, 472–501) verteidigt Lessing Leibnizens Festhalten an der Lehre von der Ewigkeit der Höllenstrafen. Er gibt jedoch der »Glaubenslehre« eine Deutung, die von den Prämissen der Leibnizschen Philosophie her entwickelt ist. Er entwirft ein eindrucksvolles Bild der ›Weltordnung‹. Unentrinnbar seien die Folgen des schlechten Handelns. Sinke der Mensch auf einen geringeren Grad der Vollkommenheit, so hafteten ihm, gemäß dem Kausalitätsgesetz, die Folgen davon in Ewigkeit an, nichts könne jemals wieder getilgt werden, alles hinterlasse Spuren in der Seele, die fortwirkten. Fasst man, wie vernünftig, den Verlust an Vollkommenheit als Strafe auf, so seien allerdings die Strafen für die Verfehlungen der Menschen ewig. »Ewigkeit der Höllenstrafen« wird zum Bild für den gesetzlichen Zusammenhang des Universums. Zugleich hebt Lessing die Vorstellung von der »Hölle« als eines Ortes physischer Qualen auf. Jeder Mensch trage seinen Himmel und seine Hölle in sich. Lessing hat dabei kein psychisches Phänomen im Auge, sondern er meint den inneren Zustand, Beseligung und Unseligkeit, als notwendige, auf der göttlichen Ordnung beruhende Konsequenz guten und schlechten Tuns.

Ähnlich wie bereits in dem Fragment *Das Christentum der Vernunft* verwendet bzw. interpretiert Lessing jedoch Leibnizsche Denkbilder erneut so, dass sich zugleich eine Konvergenz mit »spinozistischen« Ideen ergibt. Er bezeichnet den unendlichen Abstand zwischen dem Schöpfer und dem Geschaffenen als den Kern von Leibniz' Philosophie. Damit macht er dessen Ansatz (fast gegen den Strich!) mit demjenigen Spinozas vergleichbar. Für Spinoza besitzt gegenüber der ewigen Substanz, der hervorbringenden Natur (»natura naturans«), das vergängliche Einzelding keine eigene Realität, es ist für sich selbst ganz irrelevant. In dem Gedanken der bis ins Unendliche wirkenden Kausalität ist der Gedanke der Notwendigkeit enthalten. Die Seele und ihre »Vorstellungen« unterliegen dem Satz vom zureichenden Grunde, sie sind determiniert. Dass Tugend und Laster ihren Lohn und ihre Strafe mit sich führten und allein *darin* das Gericht Gottes bestehe, ist ein Fundamentalsatz auch für Spinoza.

– *Philosophische Aufsätze von Karl Wilhelm Jerusalem: herausgegeben von Gotthold Ephraim Lessing* (B 8, 135–170). Verfasser der fünf Aufsätze, die Lessing im April 1776 mit eigenen »Zusätzen« versehen herausbringt, ist Karl Wilhelm Jerusalem, der Sohn des Braunschweiger Theologen Friedrich Wilhelm Jerusalem (vgl. Kap.: Fragmentenstreit). 1770/71 ist Karl Wilhelm Justizassessor in Wolfenbüttel, seit September 1771 Justizsekretär in Wetzlar, wo er am 30.10.1772 freiwillig aus dem Leben scheidet. Jerusalems Freitod bildet den Hintergrund von Goethes Werther-Roman (*Die Leiden des jungen Werthers*, 1774), gegen dieses literarische Echo ist Lessings Publikation gerichtet. Er möchte den verstorbenen Freund davor bewahren, mit Werther identifiziert zu werden. Lessings Einstellung zur Genie-Periode und der Entfesselung der Leidenschaft gibt der Brief an Eschenburg vom 26.10.1774 wieder (weitere Dokumente vgl. B 8, 875–878).

Die Aufsätze sind ein Beispiel für die Prägekraft der Leibnizschen Terminologie, mittels derer Jerusalem seine psychologischen Konzeptionen entwickelt. Um »Psychologie« geht es im dritten, vierten und fünften Aufsatz. Die beiden letzten Aufsätze enthalten eine (weitgehend affirmative) Auseinandersetzung mit Mendelssohns Theorie der Empfindungen. Für uns relevant ist der dritte Aufsatz zusammen mit Lessings Kommentar. Es geht um das Problem der Willensfreiheit.

Jerusalem schlägt Kapital aus der Verknüpfung von »Vorstellen« (»perceptio«) und »Begehren« (»appetitus«), mittels derer Leibniz die Tätigkeit der Seele ›erklärt‹, wobei Jerusalem zwischen Begehren und Wollen nicht unterscheidet. Nicht der menschliche Wille beherrsche die »Vorstellungen«, die ihn reizten, sondern umgekehrt lenkten die Vorstellungen den Willen. »Wollen« heißt für Jerusalem immer »etwas wollen«. Die »Vorstellungen« würden dem Menschen von außen gegeben, stünden nicht in seiner Verfügungsgewalt. Jerusalem entkräftet den Einwand, dass sich die Freiheit der Seele in der »Aufmerksamkeit« manifestiere – ein Standardargument, das z.B. Charles Bonnet in der vielgelesenen Schrift *Analytischer Versuch über die Seelenkräfte* (dt. 1770/1771; frz.: *Essai analytique sur les facultés de l'ame*, 1760) ausführlich darlegt. Die Seele, so Jerusalem, habe eben nicht die Kraft, frei ihre Aufmerksamkeit zu dirigieren und somit die Wirkungsintensität der Vorstellungen zu bestimmen. Vielmehr sei sie auch hier abhängig von den Vorstellungen, die ihre Aufmerksamkeit in unterschiedlichen Graden fesselten. Für jede Regung des Willens, für jede Präferenz müsse es einen zureichenden Grund geben. Dies auslösende Moment sei eine Vorstellung und immer wieder eine Vorstellung. Das letzte Glied der Kette bilde eine Vorstellung, »die durch einen sinnlichen Gegenstand rege gemacht ist« (B 8, 146). Nicht Freiheit, sondern die Notwendigkeit der Natur herrsche demnach im sittlichen Bereich.

Jerusalem verteidigt seine Thesen gegen die gängigen Vorwürfe seitens der »Moral« und der »Religion«. Es sei nicht wahr, dass die »Notwendigkeit« den Unterschied zwischen Tugend und Laster aufhebe und den Wert der Tugend nivelliere. Die Gebote der Vernunft würden dadurch, dass das Handeln der Menschen determiniert sei, nicht außer Kraft gesetzt. »Tugend« sei, sich von dem bestimmen zu lassen, was die Vernunft als »gut« vorstelle, während das »Laster« in der Hingabe an die Leidenschaften bestehe. Die Gleichsetzung von Vernunft und Tugend findet sich bei Spinoza ebenso wie bei Wolff oder Leibniz. Es ist frappierend, wie konventionell Jerusalems moralische Anschauungen ausfallen. Herrschaft der Vernunft über die Leidenschaften sei das sittliche Ziel, nur auf Scheingüter sei das leidenschaftliche Begehren gerichtet. Kläre der Mensch die dunklen Vorstellungen zu deutlichen auf, erkenne er deren Nichtigkeit. Notwendig ziehe er dann das von der Vernunft erkannte Gut vor. Allerdings lasse er sich zuweilen wider die bessere Einsicht hinreißen. Das liege daran, dass die sinnlichen Vorstellungen, solange sie nicht in deutliche verwandelt und damit entkräftet seien, stärker wirkten als die Vernunftbegriffe.

Auch den Einwand, dass die jenseitige Vergeltung zur absurden Ungerechtigkeit werde, wenn das gesamte menschliche Erleben und Handeln der »Notwendigkeit« unterworfen sei, weist Jerusalem zurück. Seine Argumente ähneln auffallend denen, die Lessing in der Abhandlung *Leibniz von den ewigen Strafen* vorträgt. Das Leben nach dem Tod sei die notwendige Konsequenz und Fortsetzung des irdischen Wandels, unabwendbar holten die Folgen jeder Tat die Seele ein, jeder Zustand, in den sie gefallen sei, präge sie dauerhaft. Deshalb bestehe kein Widerspruch zwischen »Notwendigkeit« und (ausgleichender) »Gerechtigkeit« im Jenseits.

Lessing bringt in seinem Kommentar (»Zusatz«) das Unternehmen Jerusalems auf den Punkt: Er verteidige ein »System«, das wegen seiner »gefährlichen Folgerungen« allgemein verschrieen sei. Lessing (B 8, 168): »Tugend und Laster *so* erklärt; Belohnung und Strafen *hierauf* eingeschränkt: was verlieren wir, wenn man uns die Freiheit abspricht?« Hinter dem »System« hat man den spinozistischen Begriff der »Notwendigkeit« vermutet. Signifikant ist, dass Lessing den eklatanten Bruch in Jerusalems Argumentation mit Emphase überspielt. Einerseits leugnet Jerusalem, dass die Seele ihre Aufmerksamkeit frei lenken könne, und führt die Kette von Vorstellen und Wollen, Reiz und Begehren, auf einen ersten sinnlichen Eindruck zurück. Andererseits sieht er die Beherrschung der Leidenschaften durch die Vernunft, ja, die Besiegung des stärkeren sinnlichen Eindrucks durch die Vernunftidee, nach der gleichen Notwendigkeit erfolgen. Nach welchem Gesetz, so wäre jedoch zu fragen, bricht denn die Vernunft die Macht der sinnlichen Vorstellung? Wenn die sinnliche Vorstellung notwendig den Ausschlag des Willens bestimmt und stärker als alles andere wirkt, wird ihre Schwächung durch entgegengesetzte deutliche Ideen unerklärbar. Wie gesagt: Lessing bemerkt den ins Auge springenden Widerspruch nicht. »Notwendigkeit« bedeutet für ihn vielmehr die Stärkung der Idee des Guten. Zwang und Notwendigkeit werden zu den Garanten dafür, dass die »Vorstellung des Besten« unfehlbar wirken, sich durchsetzen wird. Das »Müssen« wird mit der Wirkung des Guten, die »Notwendigkeit« mit der Vernunftordnung identifiziert. Wer das Gute erkannt habe, müsse und werde es tun. Der Determinismus hat optimistische Vorzeichen. Die »Bestimmung« *kann* innerhalb dieses »Systems« nur eine solche zum Guten sein, weil der Mensch in seinem »Begehren« und »Verabscheuen« sich ausschließlich von Vorstellungen des Guten, seien sie nun »dunkel« oder »deutlich«, leiten lässt (B 8, 168): »Ich danke dem Schöpfer, daß ich *muß*; das *Beste* muß.«

Ganz zufrieden jedoch ist Lessing noch nicht. Er macht dunkle Andeutungen darüber, dass dem deterministischen Denken Einwendungen von einer ganz anderen Seite drohten, »Einwendungen, die sich nur durch ein zweites, […] eben so befremdendes System heben ließen« (B 8, 169). Man hat hier einen ersten Fingerzeig auf das System der »Seelenwanderung« oder besser:

Wiederverkörperung der Seelen gesehen, über das der späte Lessing gerne spekuliert (s. S. 532). Sein Gedankengang an dieser Stelle wird zumeist wie folgt ergänzt: Nur wenn jede Seele in vielen Leben einen gleichen Grad der Vollkommenheit, d. h. ihre Vollendung, erreichen könne, sei der Idee der göttlichen Gerechtigkeit genug getan. Denn das Faktum der angeborenen Unterschiede in der Begabung zum Guten, woraus für die Seelen ewige Konsequenzen entsprängen, stelle, wie immer man es als »notwendig« erkläre, dennoch eine Ungerechtigkeit dar, die dem Begriff Gottes widerstreite. (Cyranka dagegen bezieht Lessings Anspielung auf ein »zweites System« auf Spinozas Monismus: 2005, 207–252).

Dass Lessing in der »Notwendigkeit« eine für Spinoza zentrale Konzeption erblickt, erhellt aus der oben angeführten Gesprächsnotiz Kloses (s. S. 518). Von allen, die Spinoza zu widerlegen suchten, so Lessing, habe Dippel ihn am besten verstanden. Dippel jedoch stellt in seiner Polemik die »Notwendigkeit« als den zentralen Gedanken von Spinozas Entwurf heraus. Johann Conrad Dippel (1673–1734, Pseudonym: Christianus Democritus) ist eine abenteuerliche Gestalt der Frühaufklärung. Er bricht mit der Orthodoxie, nähert sich dem Spinozismus und »Atheismus«, um dann zu einem Wortführer der pietistischen Bewegung zu werden. Er ist nicht nur Theologe, sondern auch Arzt, der chemische Experimente durchführt, d. h. Alchemie betreibt. Gegen Spinoza verteidigt er leidenschaftlich die Freiheit des Willens. Gleichwohl lassen sein Gottesbild und seine Naturauffassung bedeutsame Affinitäten zu Spinoza erkennen. Er denkt nicht dualistisch, Leib und Seele sind ihm keine geschiedenen Substanzen. In seiner Theologie steht die Liebe Gottes im Zentrum, von hierher gelangt er zu einer Aufhebung der Lohn-Strafe-Ethik (Alexander 1984). – Der Titel seiner gegen Spinoza gerichteten Schrift lautet (vgl. dazu Danzel/Guhrauer Bd. 2/2, 1854, 111, Anm. 2 und Leisegang 1931, 163 ff.): *Fatum fatuum, das ist, Die thörige Notwendigkeit, oder augenscheinlicher Beweiß, daß alle, die in der Gotts-Gelehrtheit und Sitten-Lehre der vernünfftigen Creatur die Freyheit des Willens disputiren, durch offenbare Folgen gehalten sind, die Freyheit in dem Wesen Gottes selbst aufzuheben, oder des Spinosae Atheismum vest zu setzen. Wobey zugleich die Geheimnisse der Cartesianischen Philosophie entdecket, und angewiesen, wie*

absurd diese Gauckeley sich selbst vernichtige, und was für Schaden dardurch im gemeinen Wesen gestifftet worden. Durch Christianum Democritum. Amsterdam 1710. 2. Aufl. Altona 1730 (zit. nach Voss 1970, 118).

– *Campe-Fragmente.* Die *Anmerkungen über Joachim Heinrich Campes »Philosophische Gespräche«* werden 1784 im *Theologischen Nachlaß* von Karl Lessing zuerst veröffentlicht, entstanden sind sie vermutlich im September/Oktober 1778 (vgl. den Brief Lessings an Campe vom Oktober 1778). Campes (1746–1818; Campe ist bekannt als Aufklärungspädagoge) *Philosophische Gespräche über die unmittelbare Bekanntmachung der Religion und über einige unzulängliche Beweisarten derselben* erscheinen 1773 (Text: B 10, 227 f.). – Das Aufsatzfragment *Daß mehr als fünf Sinne für den Menschen sein können* steht thematisch den *Anmerkungen* nahe, Göbel setzt als Entstehungszeitraum »nicht vor 1776, eher nach dem Herbst 1778« an (G 8, 744), Schilson datiert auf Sommer/ Herbst 1780 (B 10, 989). Erstdruck: 1795 im 2. Teil von *Lessings Leben* (von Karl Lessing. – Text: B 10, 229–232). In diesen Schriften führt Lessing die Andeutungen zur Seelenwanderung weiter aus. Mit Spinozas System scheinen seine Spekulationen nichts zu tun zu haben. Um so mehr fällt auf, dass Lessing in dem Gespräch mit Jacobi, das das freimütige Bekenntnis zu Spinoza enthält, ebenfalls mit Elementen einer unspinozistischen Seelenlehre spielt. Zunächst verweisen die Fragmente auf den Kontext der Leibniz-Rezeption. In dem Aufsatz *Daß mehr als fünf Sinne für den Menschen sein können* knüpft er an Gedankengänge Charles Bonnets an (*La palingénésie philosophique, ou idées sur l'état passé et sur l'état futur des êtres vivants*, 1769), der wiederum Leibnizsche Konzeptionen weiterführt. Auf Bonnet kommt Lessing Jacobi gegenüber zurück (G 8, 572 f.).

Das Experimentieren mit der Idee der Seelenwanderung ist im 18. Jahrhundert keine Seltenheit (vgl. Unger 1924). Den Hintergrund bildet die Tendenz, das Übernatürliche auf ›natürliche‹ Weise zu erklären. Beliebt ist die Vorstellung der Seelenreise durch das (als bevölkert gedachte) Universum. Nach dem Tod werde die Seele auf einem der vielen bewohnten Planeten ein neues – glücklicheres – Leben führen. Lessings Vetter Mylius träumt von solcher postmortalen »Raumfahrt«, in seiner Vorrede zu Mylius' Schriften spielt Lessing darauf an. Er selbst macht die »Mehrheit der Welten« zum Thema mehrerer Gedichte (vgl. Guthke 1981c). Einerseits werden hier »natürliche« Vorstellungen vom Jenseits entworfen. »Seligkeit« bedeutet für Mylius nicht die Anschauung Gottes, sondern die Erkenntnis des Universums. Einen Ort »jenseits« des Universums gibt es für ihn nicht. Andererseits ist die Befreiung der Seele vom Körper die Voraussetzung – eine (immer noch) ›jenseitige‹ Existenzweise. Vergleichbar sind die Spekulationen Charles Bonnets. Bonnet verbindet den Gedanken vom »Leben nach dem Tod« mit demjenigen des leib-seelischen Zusammenhangs. Nach dem Tod, dem Hinscheiden des Körpers, schaffe sich die Seele einen neuen Leib. Dieser werde der neuen Daseinsstufe entsprechen. Es werde ein verklärter Leib, ein ›Astralleib‹ mit unendlich verfeinerten Sinnen sein. Solchermaßen nicht mehr vom irdisch-materiellen Körper ›beschwert‹ und befreit von sinnlichen Begierden, werde die Seele auf vollkommeneren Planeten als der Erde leben können. Das Werk, in dem Bonnet seine ›Jenseitskonzeption‹ entwickelt (*La palingénésie philosophique [...]*, 1769; hier benutzte Ausgabe: 1770), wird für Lessing von großer Bedeutung. In dem Fragment *Dass mehr als fünf Sinne für den Menschen sein können* knüpft er an den Gedanken an, dass die Seele sich Wahrnehmungsorgane für ihre ›Umwelt‹ schaffe. Allerdings geht Lessing einen bedeutenden Schritt weiter, was die »Naturalisierung« der Jenseitsvorstellungen betrifft. Er lässt das Moment der »Verklärung« des Körpers fallen. »Seelenwanderung« heißt bei ihm Wiederverkörperung, Wiederkunft der Seele *auf Erden*. Das »Jenseits« wird quasi in das Diesseits ›hineingesehen‹, der irdische Körper ist kein Hindernis der Vollendung, sondern wird einbezogen in den Prozess der Vervollkommnung.

– In den *Anmerkungen über Joachim Heinrich Campes »Philosophische Gespräche«* wird das philosophische (und existentielle) Problem deutlich, auf das der Gedanke der Seelenwanderung die Antwort enthalten soll. Bei Campe wirft einer der Dialogpartner (Hermogenes) die Frage auf, warum die »göttliche Weisheit« die Menschen so unterschiedlich geschaffen und sie nicht alle »zu einem gleich hohen Grade der Vollkommenheit bestimmt habe?« (B 10, 985). Hermogenes erhält die Antwort, dass diese Frage ›offenbar nicht für

uns gehöre‹ (ebd.). Mit dieser Lösung des Theodizee-Problems gibt Lessing sich jedoch nicht mehr zufrieden. Den Ausweg sieht er in der Vorstellung, dass die Seele auf ihrem Weg zur Vervollkommnung mehrmals auf Erden erscheint, durch mehr als eine »Hülle der Menschheit« (B 10, 227) hindurch muss. Auch wenn im jeweils gegenwärtigen Weltzustand ein Maximum an Abstufung unter den Seelen anzutreffen sei (»Mannigfaltigkeit«), gelange jede Seele auf ihrer Wanderung durch verschiedene menschliche Körper zu der »nämlichen Ausbildung« ihrer »Fähigkeiten« (ebd.).

– In dem Aufsatzfragment *Daß mehr als fünf Sinne für den Menschen sein können* integriert Lessing den Palingenesie-Gedanken in ein Gesamtbild des Universums und gibt seiner Konzeption ein ›naturwissenschaftliches‹ Fundament. Er zeigt, dass die »Wanderung der Seelen« ein passendes Bild für das Verhältnis von Leib und Seele, Geist und Materie ist. Lessing deutet dieses Verhältnis als ein dynamisches, produktives. Die Seele mache die Materie zu ihrem Sinnesorgan. »Jedes Stäubchen der Materie kann einer Seele zu einem Sinn dienen. Das ist, die ganze materielle Welt ist bis in ihre kleinsten Teile beseelt« (B 10, 230). Nachdem die Seele die Stufen der einfachen Lebewesen durchlaufen habe, seien ihr im Menschen fünf Sinne »zu Teil geworden« (B 10, 229). Lessing spricht die Überzeugung aus, dass die Seele auf ihrem Weg zur Vollendung noch weitere Sinnesorgane hervorbringen werde. Wie Licht und Auge koordiniert seien, so würden im Lauf der Zeiten neue Entsprechungen zwischen körperlichen Sensorien und physikalischen ›Materien‹ sich bilden. Sinneserweiterung sei jedoch Bewusstseinserweiterung, neue Vorstellungswelten würden durch die neue Körperlichkeit entstehen (§§ 7/8). Umgekehrt, so ist zu ergänzen, schlummern in den niedrigeren Existenzstufen bereits die künftigen Organisations- und Bewusstseinsformen. Dies ist für Lessing die ›moderne‹ Version des ›alten‹ Systems von Metempsychose (Seelenwanderung) und Präexistenz. Der Versuch schließt mit einem Hinweis auf die antiken Seelenlehren. Lessing nennt Pythagoras und Plato, die »Ägyptier und Chaldäer und Perser, kurz alle Weisen des Orients« (B 10, 232).

– *Das Testament Johannis* (B 8, 447–454). Die Schrift gehört in den Kontext des Fragmentenstreits, Lessing veröffentlicht sie (im Oktober oder November) 1777 als Ergänzung zu dem Essay *Über den Beweis des Geistes und der Kraft*. Sie weist Parallelen zu Spinozas *Tractatus Theologico-Politicus* (1670; hier: übers. Gebhardt/Gawlick 1984) auf. Spinoza tritt in diesem Werk für eine Trennung zwischen Religion bzw. Glaube und philosophischer Spekulation ein. Religion, Glaube und Bibellektüre dienten der praktischen Lebensgestaltung, indem sie zu Liebe und Gehorsam Gott gegenüber anleiteten, nicht aber vermittle die Hl. Schrift philosophische Erkenntnis und theoretische Wahrheit. Das Liebesgebot wird für Spinoza zur Quintessenz der jüdischen und christlichen Religion, wobei er sich vor allem auf die Briefe des Apostels Johannes stützt. »Schließlich ist«, heißt es am Ende des 13. Kapitels (210), »vor allem noch auf jene Stelle bei Johannes hinzuweisen, von der später noch die Rede sein wird, worin er Gott nur durch die Liebe erklärt, weil niemand ihn sehen kann, und worin er schließt, daß der in Wahrheit Gott habe und erkenne, der die Liebe hat.« Der Begriff »Liebe«, so macht es die spätere Auslegung des Ersten Johannesbriefs (14. Kap., 215 f.) deutlich, meint die Nächstenliebe, die sich in Taten äußert. Auch Lessing stellt in dem kurzen Dialog *Das Testament Johannis* das Liebesgebot als die zentrale Aussage des Christentums hin. Die Pointe, die zugleich den Rückbezug auf Spinoza erlaubt, beruht darin, dass er Johannes zum Anwalt dieser Botschaft macht. Im 18. Jahrhundert hält man den Apostel und den Evangelisten noch für dieselbe Person. Das Johannesevangelium jedoch ist dasjenige unter den vier Evangelien, das die »Lehre« von Jesus als dem Sohn Gottes am entschiedensten verkündet. Lessing spielt Johannes gegen Johannes aus. Sein »Testament« (vgl. hierzu den Kommentar von Schilson, B 8, 1002–1006), die Aufforderung zur Liebe, werde seine spekulative Theologie überdauern.

– *Die Erziehung des Menschengeschlechts: §§ 73, 93–100, 79–85* (B 10, 93–99). In der *Erziehung des Menschengeschlechts* begegnen uns die bislang besprochenen spinozistischen Motive wieder. Paragraph 73 enthält die berühmte Trinitäts-Spekulation. Lessing wiederholt Gedankengänge, die ihn bereits in dem Fragment *Das Christentum der Vernunft* beschäftigten. Es geht ihm darum, das Paradox plausibel zu machen, dass Gott *eines* und *vieles* zugleich ist. Die Spekulation ist vertrackt. Von der vollständigen Vorstellung Gottes von sich selbst und der notwendigen Wirklichkeit dieser Vorstellung ist die Rede, von der »wahren Verdopplung« des göttlichen Wesens, die mit einem höchst fasslichen und schicklichen Ausdruck »Sohn Gottes« genannt werde. David Bell und Detlev Pätzold zeigen die Parallele zu Spinoza, der die Lehre von der zweiten göttlichen Person ebenfalls als Gleichnis für die eigene philosophische Gottesvorstellung deutet. Nach Pätzold sucht Lessing einen Gottesbegriff, in dem das Verhältnis Gottes zur Welt, zur Natur, bereits formuliert ist, und zwar so formuliert ist, dass die Gesamtheit der Schöpfung als Verwirklichung Gottes erscheint. Zum Angelpunkt wird der Begriff »Wirklichkeit« bzw. die Identität von Denken und Schaffen in Gott. Wenn die »Vorstellung«, die Gott von sich selbst hat, alles aktualiter (»wirklich«) enthält, was von Gott ausgesagt wird, dann »auch seine Eigenschaft Schöpfer, Ursache aller Dinge zu sein dergestalt, daß alle Dinge in ihm und er in allen Dingen ist« (Pätzold 1995, 140).

Die Paragraphen 93–100 enthalten die Spekulationen zur Seelenwanderung. Die Integration in den Prozess der Vervollkommnung wird deutlich. Das Ziel ist die Zeit des »neuen ewigen Evangeliums« (§ 86), wenn der Mensch »das Gute tun wird, weil es das Gute ist, nicht weil willkürliche Belohnungen darauf gesetzt sind« (§ 85). Er wird die Fülle des Lebens in den »innern bessern Belohnungen« der Tugend haben (§ 85).

In der Zurückweisung der christlichen Version des »Jüngsten Gerichts« und der jenseitigen Vergeltung (›Lohnethik‹) sehen viele Forscher eine weitere gewichtige Parallele zu Spinoza (wobei allerdings erst die ›anthropozentrische Wende‹ [s. S. 21] dazu geführt hat, dass man die religiöse Motivation, das Gute »aus Liebe zu Gott, dem Inbegriff des Guten« zu tun – so die Forderung in dem von Lessings Vater redigierten Katechismus [*Rechte Gestalt vom Anfang der Lehre Christl. Glaubens und Lebens [...]*, ²1753, 15] –, aufgrund der mit ihr verbundenen Hoffnung herunterbricht auf ein eigennütziges Lohn-Strafe-Denken, das mit der lutherischen Gnadenlehre völlig unvereinbar ist). Für Spinoza ist das Handeln mit Blick auf Lohn und Strafe, aus Hoffnung und

Furcht, kein tugendhaftes Handeln. Für den Weisen belohne die Tugend sich selbst. Der Weise handle und denke altruistisch, weil dies seiner wahren Natur entspreche, deren Einheit und Zusammenhang mit allen Dingen er erkannt, ›realisiert‹ habe.

Bei den ethischen Anschauungen zeichnet sich jedoch die Schwierigkeit ab, mit der die Spurensicherung – Leibniz oder Spinoza? – prinzipiell konfrontiert ist: Die Forderung nach ›Uneigennützigkeit‹ gehört im 18. Jahrhundert nicht Spinoza allein zu, sie wird generell und von allen Seiten erhoben. So heißt es z. B. bei Leibniz, dass die »echte Frömmigkeit« und »selbst das wahrhafte Glück« in der »Liebe zu Gott« bestünden, »in einer aufgeklärten Liebe, deren Feuer vom Lichte der Erkenntnis durchglüht« sei (*Essais de Théodicée [...]*, *Préface*, 1710; übers. Buchenau ²1968, 4). Christian Wolff stellt das »Gute« und die »Tugend« als Selbstzweck hin (sog. *Deutsche Ethik*, ¹1720; GW I/4, bes. §§ 5, 38), und auch Johann Friedrich Wilhelm Jerusalem, der Vertreter der Neologie, betrachtet es als das Ziel christlicher Erziehung, dass das Gute um seiner selbst willen geliebt werde (*Betrachtungen über die vornehmsten Wahrheiten der Religion, Fragmente*, 1792; hg. Müller 1991, 289–294). Überhaupt unterscheiden sich Spinozas theologiekritische Argumente am Ausgang des 18. Jahrhunderts kaum mehr von denjenigen des Deismus. Überall finden sich die gleichen Einwände und Vorbehalte gegenüber dem tradierten ›Religionssystem‹. Deshalb muss der Zusammenhang Spinoza – Lessing über die Motive der Religionskritik hinaus spezifiziert werden (Schultze 1982). Als ein weiteres Problem kommt hinzu, dass viele Denkbilder Lessings, wie z. B. das der Determiniertheit zum Guten, sowohl ›spinozistisch‹ (als Streben nach dem ›Nützlichen‹, im Dasein Erhaltenden) als auch ›leibnizisch‹ (als Streben nach einem Zweck, den der Mensch sich vorsetzt) gelesen werden können.

Forschung

Lessing als Leibnizianer

In der älteren Lessingforschung versteht man häufig unter der Frage nach Lessings Philosophie die Frage nach dem Einfluss von Leibniz oder Spinoza, man charakterisiert die Inhalte seines Denken, um ihn als Leibnizianer oder Spinozist einstufen zu können. Dabei erkennt man durchaus, dass Lessing Motive von beiden Philosophen übernimmt. Im Wesentlichen gelten als Indizien für die Prägung durch Leibniz der unbedingte Individualismus Lessings, der die Vollendung für jede einzelne Menschenseele gefordert habe (Hebler 1862, 135 ff.; Schmidt Bd. 2, ⁴1923, 428 f.), und der Entwicklungsgedanke. Für Hebler hält Lessing an der Zweckmäßigkeit der Welt fest, ist die Teleologie konstitutives Element seines Philosophierens (→Leibniz). Den »teleologischen Geist« grenzt Hebler wie folgt von dem Ansatz Spinozas ab: Spinoza »interessiert der Weltlauf nur wegen dessen, was ihm kausal oder vielmehr substantiell zugrunde liegt«, Lessing hingegen »nur wegen dessen, was bei der Geschichte [...] herauskommt« (137). Schmidt (Bd. 2, ⁴1923) dagegen differenziert zwischen »Kontinuität«, »Evolution« und »Teleologie«. Kontinuität und Evolution prägten als Leibnizsche Motive Lessings Denken, die Teleologie jedoch habe er verabschiedet, womit er Spinoza näherrücke. Unter ›Verabschiedung der Teleologie‹ versteht Schmidt die Erkenntnis von der (teilweisen) Triebbeherrschtheit des Menschen (432). Relative Einmütigkeit herrscht darüber, dass der ›Determinismus‹ sowohl von Leibniz als auch von Spinoza inspiriert sein kann. Zu Ende des 19. Jahrhunderts entspinnt sich eine ›Determinismus-Debatte‹, an der Heinrich Ritter, Danzel und Guhrauer beteiligt sind (vgl. Schmidt Bd. 2, 431). Streitpunkt ist die Frage, wie Lessing die Willensfreiheit beurteilt habe. Den (zumindest vorläufigen) Schlussstrich unter die Diskussion ziehen Hebler (144 ff.) und Schmidt, indem sie Leibnizens Auffassung von der Determiniertheit des menschlichen Willens klarstellen. Als ›spinozistisches‹ Element wird mit relativer Einmütigkeit Lessings Tendenz zum ›Monismus‹ beschrieben: Spinoza habe Lessing zu seinem Immanenzdenken und der Parallelisierung von Leib und Seele ermutigt. Repräsentativ ist das Resümee von Dilthey (¹³1957, 108): »Es genügt zu wissen, daß Lessing Leibniz den Gedanken der Entwickelung, der Stetigkeit des Weltzusammenhanges, der Verknüpfung vorstellender Monaden mit materiellen Monaden, eines Zusammenhangs kleinster Teile, in welchem das Gute verwirklicht wird, verdankt, von Spinoza dagegen die strenge

Konsequenz des Monismus hat.« Schmidt präzisiert die spinozistischen Momente: Lessing »hatte
Fäden hinübergesponnen zu Spinoza hin: durch
den beiden Systemen [i.e. dem Leibnizschen und
demjenigen Spinozas] gemeinsamen, von Lessing konsequent verfolgten Determinismus,
durch den Fortgang zum Monismus, durch das
Ἓν καὶ πᾶν [Hen kai pan], durch Abwehr einer
persönlichen extramundanen Gottheit [...], durch
die Abwendung von der Teleologie« (483f.). Um
die Bedeutung beider Philosophen für Lessing zu
veranschaulichen, führt Schmidt das Bild zweier
Kreise an, »die sich schneiden, und die Scheibe
Spinozas rückt vor. Wie weit?« (484). Die Antwort darauf lässt Schmidt offen. Teils »verhüllte,
teils zerbrochne Bekenntnisse« ließen keine eindeutige Zuordnung zu. Lessings Weltanschauung
sei »unabgeschlossen im Fluß und Guß« gewesen
(484).

Mit der Konstatierung einer ›Patt-Situation‹ bildet Schmidt allerdings die Ausnahme. Trotz des
Zugeständnisses spinozistischer Denkmotive will
man meistens Lessing als ›Leibnizianer‹ haben.
So dekrediert Hebler, nachdem er windungsreich
die Vereinbarkeit Lessingscher Theoreme mit
dem Ansatz Spinozas diskutierte, überraschend
und apodiktisch: Lessings »Pan« sei dasjenige
Leibnizens (137). Für von Arx (1944) ist Lessings
»ganzes Denken und Schaffen« ›bis in die Finger-
spitzen‹ »von Leibniz beeinflußt« (27), was den
Interpreten hinwiederum nicht hindert, die Verquickung von Trieb, Wille und Verstand unvermittelt mit Spinoza in Verbindung zu bringen
(144f.). Guhrauer zufolge hat Lessing hinter der
Flachheit der Schulphilosophie den »wahren«
Leibniz wiederentdeckt (Danzel/Guhrauer Bd.
2/2, 1854, 114): »durch Spinoza hat Lessing jenes
tiefere und allgemeinere Verständniß des *Leibniz*
gewonnen, vermöge dessen er endlich zu seinen
eigenthümlichen Ergebnissen in der Philosophie,
und deren Anwendung auf Religion und Theologie, durchgedrungen ist.« Lessings Bekenntnis zu
Spinoza Jacobi gegenüber wird als situationsge-
bunden und perspektivisch gebrochen relativiert.

Warum diese Vorliebe der Forscher für Leibniz?
Zwei Aspekte lassen sich als mögliche Gründe
anführen. Am Ausgang des 19. Jahrhunderts qualifiziert die Nähe zu Leibniz Lessing (erstens) als
religiösen und (zweitens) als schöpferischen
Denker. In der Durchdringung Leibnizscher Phi-

losopheme mit christlichen Inhalten (und umgekehrt) sieht Guhrauer das Auszeichnende von
Lessings ›Weltanschauung‹, wobei er die Konkretisierung seiner Behauptung schuldig bleibt. Wesentlich ist die Frage nach dem Gottesbegriff. Die
strenge Identifikation von Gott und Welt, die
man Spinoza zuschreibt, scheint Gott selbst aufzuheben. Von »Gott« zu sprechen, scheint logisch
und psychologisch nur sinnvoll, wenn man eine
Differenz zur Welt zugibt. So kommt Fittbogen
(1923), für den Lessing ein bedeutender religiöser Denker des 18. Jahrhunderts bleibt, zu der
These, Immanenz und Transzendenz kennzeich-
neten dessen Weltbild gleichzeitig. Man greift zu
der Formel »Panentheismus«, um das Ausser-
und In-der-Welt-Sein Gottes anzudeuten (Dilthey
¹³1957, 103). Das Motiv des ›Schöpferischen‹
hängt damit zusammen. Fittbogen sieht Spinozas
System als eminent ›statisch‹. Das ›Denken‹ sei
dem Geschehen nachgeordnet, sei »nur registrie-
rend, nur rezeptiv; das Sein« werde »nur nach-
träglich als vernünftig anerkannt« (255). Indem
Spinoza das Göttliche als bereits verwirklicht an-
sehe, lasse er keinen Spielraum für Entfaltung
und Entwicklung. Das aktive Denken kenne nur
Leibniz, für den die »Vernunft gebietet und ins
Dasein ruft, was sie als gut einsieht« (ebd.). »Von
dem aktiven Denken bei Leibniz aber, welches
das Sein bestimmt, war es nur ein Schritt zu dem
schöpferischen Denken, wie es Lessing faßt«
(ebd.). Schöpferische Dynamik, Veränderung,
das immerwährende Streben und Strebenwollen,
das Ungenügen mit dem Status quo – all diese
Elemente, die man mit Lessing verbindet, gehören auch zum damaligen Leibniz-Bild.

Hinzu tritt, dass man (allerdings nicht generell,
Hebler und Schmidt z. B. sind Ausnahmen) Leibniz, der die ›unbewussten Perzeptionen‹ und deren unterschwellige Gewalt ›entdeckte‹, als einen
der ›Väter‹ des Irrationalismus interpretiert. In
Leibniz stecke das Potential, den flachen Rationalismus der Aufklärung zu ›überwinden‹ (Bäumler
1923/1967, 37–43), Lessing habe sozusagen den
Leibnizschen Funken zur Flamme entzündet
(Dilthey ¹⁵1957, 104; Koch 1928, 119, 121). Hinter
der Frage: Leibniz oder Spinoza? öffnet sich
demnach eine andere, nämlich die nach dem
Verhältnis zwischen Rationalismus und Irrationalismus. Lessings Spinoza-Rezeption gewinnt ein
anderes Profil, andere Konturen treten hervor,
wenn nicht der Leibnizianismus zur Debatte

steht, sondern die Nachbarschaft zu Goethe ins Blickfeld rückt, für den die Bedeutung Spinozas schlecht herabgesetzt werden kann. Der »Pantheismus« erscheint nunmehr als die Philosophie der Zukunft, die den Rationalismus der Aufklärung abgelöst habe. So reklamiert z.B. Scholz (1916) Lessing für die neue, progressive, pantheistische Weltanschauung, stellt ihn in eine Reihe mit Herder und Goethe. Zugleich rückt er sorgfältig deren »Pantheismus« von demjenigen Spinozas ab. Spinoza habe den Rationalismus vollendet. Die Leistung Lessings und der jungen Generation sei es gewesen, einen Pantheismus auszuprägen, der religiöse, irrationale Momente enthalte (XXVIff.). Es handle sich um einen Pantheismus, der von Jacobis Rationalismus-Kritik nicht betroffen werde. Unter »Irrationalismus« versteht Scholz eine Haltung, in der der Primat des »Lebens« über das »Denken« anerkannt sei. Auf diesem Weg gelangt Scholz zu einem Lessing-Bild, das er von Fittbogen bestätigt findet (vgl. LXXV, Anm. 1) – von Fittbogen, der mit Vehemenz Lessings Nähe zu Spinoza bestreitet. Eine »durch die Weltordnung wirkende Gottheit«, eine »von der Welt unterschiedene« Ursache aller Dinge habe Lessing immer anerkannt (LXXII). »*Lessings* Spinozismus beschränkt sich demnach auf eine eigentümliche Renaissance der spinozistischen Erhabenheitsmotive; denn zu diesen gehört das Immanenzprinzip in seiner doppelten Beziehung auf die Empfindung der Welt und die Vergegenwärtigung des göttlichen Waltens, zu ihnen gehört auch die Loslösung des Göttlichen von den anthropomorphen Bildern eines gröberen oder feineren Personalismus« (LXXIV). Ähnlich wie Scholz argumentiert Danzel, für den Lessings »Spinozismus« der idealistischen Philosophie den Weg gebahnt habe (Danzel/Guhrauer Bd. 2/2, 1854, 113f.). Vom ›Irrationalismus‹ ist der ›Mystizismus‹ nicht weit entfernt. Leisegang (1931) macht auf das in der Tat merkwürdige Faktum aufmerksam, dass Lessing im Zusammenhang mit Spinoza Philosophen der naturmystischen Tradition zitiert – Henry Moore und van Helmont d.J. –, und legt es im Sinne seiner Hauptthese aus: Lessing sei jenseits der Traditionen der Aufklärung in seinem Verhältnis zu Gott ein ›Mystiker‹ gewesen (175f., 179). Wichtiges Motiv ist bei Leisegang das »Sein der Dinge in Gott«. In seine Gesamtsicht baut er einzelne Konzeptionen ein, die generell als Indizien für

Lessings ›Leibnizianismus‹ gelten: Lessing habe die Freiheit des Willens und die Ausserweltlichkeit Gottes vertreten, Letzteres durchaus im Einklang mit Immanenzdenken und Monismus.

Mehrere Motive tragen dazu bei, dass bei aller Gelehrsamkeit die Frage nach Lessings Beziehung zu Spinoza und Leibniz keine befriedigende Lösung findet: Die Verunglimpfung des »Rationalismus« und Verklärung des »Irrationalismus«, die starre Entgegensetzung der Leibnizschen und der Spinozistischen Ontologie, wodurch die ›Synthese‹ Lessings unverständlich wird, nicht zuletzt das Verlangen, *deutsche* Geistesgeschichte – Geschichte des »deutschen« Geistes – zu schreiben. Man bevorzugt den deutschen ›Ahnen‹ Lessings oder betont dessen selbständiges Schöpfertum.

Lessing als Spinozist

Wird im ausgehenden 19. und frühen 20. Jahrhundert Lessing (vorwiegend) zum »Leibnizianer« gemacht, so sieht man seit den 60er Jahren des 20. Jahrhunderts ihn verstärkt als »Spinozisten«. Für die ältere Forschung steht der »positive« religiöse Gehalt von Lessings Denken im Mittelpunkt des Interesses. Für die jüngere Forschung ist Lessings Religions- und Theologiekritik, der Angriff auf die orthodoxe ›Lehre‹, das Moment, das den unterschiedlichen Aspekten der Spinoza-Rezeption und den diversen spinozistischen Motiven das einheitliche Fundament unterlegt. Während man früher vor allem nach Lessings Studium und Verständnis der *Ethik*, des Systementwurfs Spinozas fragte, lenkt man den Blick nunmehr auf dessen bibelkritisches Hauptwerk, den *Tractatus Theologico-Politicus*. Dabei ist die Erkenntnis von dessen Bedeutung für Lessing nicht neu. Bereits 1916 macht van Stockum auf den auffallenden Parallelismus der Argumentation aufmerksam. Doch unterscheidet van Stockum zwischen Theologiekritik und Philosophie bzw. Metaphysik. In »allen Fragen, die die Theologie betreffen«, sieht er Lessing von Spinoza »abhängig«. Er spricht von dem »deutlichen Einfluß der Lehren des theologisch-politischen Traktats« (103). Was aber die philosophische Ausdeutung und Fundamentierung der Bibelkritik angeht, sieht van Stockum Lessing wiederum mehr von Leibniz geprägt. Lessing habe an einer Theodizee festgehalten und habe Gott und Welt nicht restlos identifiziert. Damit schließt sich van Stockum dem Haupttrend der älteren Lessing-Forschung an, zumal da er es zumeist bei einer unkommentierten Gegenüberstellung von Zitaten aus Spinozas und Lessings Werken belässt.

Der Perspektivenwechsel ist in George Pons Werk *Gotthold Ephraim Lessing et le Christianisme* (1964) vollzogen. Für Pons stellt Lessing die christliche Glaubensüberlieferung von einer neuen Seinsauffassung aus in Frage. Er sammelt die Parallelen zu Spinoza: Die Inthronisierung der »Natur« durch die Vernunft, die Wertschätzung Jesu als *Menschen* und Lehrers, die Zurückweisung des ›Auserwähltheits‹-Gedankens (Stellung zum Judentum), die Berufung auf das Johannesevangelium und die Betonung des praktischen Aspekts des Christentums. Für beide Denker sei das Liebesgebot die Quintessenz des Evangeliums. Das Ungenügen an der lutherischen Religion (bzw. Religionslehre) führt Pons auf die Hinwendung zum Diesseits zurück. Das Diesseits werde für Lessing wichtiger als das Jenseits. Diese Haltung mache ihn empfänglich für Spinozas Naturauffassung, vor allem für die monistische Lösung des Leib-Seele-Problems. Der Entwicklungsgedanke erhalte bei Lessing insofern eine spinozistische Wendung, als er auf die *diesseitige* Vereinigung von Gott und Welt ziele.

In Bollachers Studie zu Goethes Spinoza-Rezeption (1969, 194–234) finden sich Pons‹ Bemerkungen systematisiert. Bollacher zeichnet Lessings ›Weg‹ zu Spinoza detailliert nach, er diskutiert sämtliche Äußerungen und Dokumente bis zu den Jacobi-Gesprächen. Bollacher geht es um die philosophische Motivation von Lessings Bibelkritik. Für ihn ist die Abhängigkeit von Spinoza der ›Beweis‹ bzw. die Bestätigung dafür, dass Lessings Gottesbild nicht theistisch, deistisch oder gar personal-christlich geprägt sei. Lessing habe unter Berufung auf die ›Vernunft‹ den christlichen Transzendenz-Gedanken ad acta gelegt. Bollacher zeigt die spinozistische Überformung von Lessings Spätschriften. Die Hauptmotive sind: Die »Uneigennützigkeit«, d.h. die antichristliche Begründung der Ethik, die Ablehnung der ›Zweckursachen‹, die Bindung des Willens an die Einsicht, die Verankerung der Tugend in der Natur des Menschen (der ›Zwang zum Besten‹), der Determinismus (Jerusalem-Aufsätze), die Verabschiedung der Jenseitshoffnung und die ›Diesseitigkeit‹, die Unterscheidung zwischen der Religion Christi und der christlichen Religion,

d.h. die ›Zurückstufung‹ Jesu zum Menschen, der Vernunft-Impetus der »Erziehungsschrift«. Alle diese Motive laufen für Bollacher auf die von Lessing angestrebte »intellektuelle Emanzipation« hinaus. Die Geschichte der Menschheit enthülle die ›Rationalität des Universums‹. »Spinozismus« bedeutet hier die Auflösung der Theologie in Philosophie, der Begriff wird zum Synonym für Vernunftorientierung und Rationalismus. Zugleich wird der polemische Charakter der Zuordnung deutlich. Für Bollacher bekennt sich Lessing, wenn er sich zu Spinoza bekennt, zu all dem, was im 18. Jahrhundert revolutionär, rebellisch und diffamiert war. »Spinozismus« indiziert den Bruch mit der traditionellen, d.h. ›christlichen‹ ›Weltanschauung‹.

Die Analysen von Bell (1984) und Pätzold (1995) bringen nichts wesentlich Neues, Bollachers Befunde werden wiederholt. Bell und Pätzold verweisen zudem auf die Gott-Sohn-Spekulationen Spinozas. Beide Autoren gehen ausführlich auf die einschlägigen Lessingschen Texte und das Gespräch mit Jacobi ein und erläutern die »spinozistischen« Konzeptionen. Stellvertretend sei Bells Ergebnis zitiert (93): »Despite many points of agreement with Leibniz, Lessing is closer to Spinoza on the fundamental questions: both have a monistic view of the universe, which expresses divine immanence, and even more important, perhaps, both held ethical principles based on a rejection of free will, an acceptance of necessity, and on a reliance on the power of the understanding to lead us to blessedness.«

Goetschel (2004, 183–195 und 301–304; 196–206 und 304), der eine ›formative‹ Bezugnahme auf Spinoza nicht nur in Lessings (religions-)philosophischen Arbeiten, sondern auch in seinem dichterischen Werk (von den *Juden* bis zu *Nathan dem Weisen*) erkennen möchte (183–195), sieht den entscheidenden Moment dieser produktiven Rezeption (ausgerechnet) in der Aufhebung eines metaphysischen Wahrheitsbegriffs und in der Abkehr von allem ›Essentialismus‹. Im Fokus steht dabei der *Tractatus Theologico-Politicus*. Spinozas Betonung der Praxis der (Nächsten-) Liebe habe Lessing dazu angeregt, die Frage nach der Wahrheit der Religion im Rahmen eines funktionalistisch-pragmatischen Verständnisses zu beantworten (203).

Neuansätze

**Kondylis: Das ›Vereinigungsdenken‹ der Spätauf-
klärung.** Lessing verteidigt Leibnizsche Positionen so, dass sich ein ›spinozistischer‹ Sinn ergibt
(*Leibnitz von den ewigen Strafen*). Er benutzt
Leibnizens Terminologie so, dass die Unterschiede zu Spinoza sich verwischen (Jerusalem-
Aufsätze). In dem Gespräch mit Jacobi meint er
gar, Leibniz sei selbst im Herzen ein »Spinozist«
gewesen (G 8, 567). Und umgekehrt: Er passt
spinozistische Konzeptionen der leibnizschen
Denk- und Redeweise an, so etwa, wenn er von
dem Selbstbewusstsein und der Vorstellung Gottes von sich selbst spricht, die Geschöpfe als »einfache Wesen« (= Monaden) bezeichnet oder, wie
in der *Erziehung des Menschengeschlechts*, einen
Plan und ein »Ziel« Gottes (bzw. der Natur – §84)
postuliert. Das Bild vom Schöpfer Gott gibt er nie
auf – ein zutiefst ›unspinozistisches‹ Bild. Lessing
kann auf keinen der beiden Philosophen als seinen ›Vordenker‹ fixiert werden – oder auf beide.
Das Rätsel bzw. der scheinbare Widerspruch beruht darin, dass hier Motive aus zwei Systemen
kombiniert werden, die sich ursprünglich gegenseitig ausschließen.

Kondylis' (²1986) antwortet darauf, indem er
die Alternative – schreiben sich die fraglichen
Denkansätze von Leibniz oder von Spinoza her –
auflöst. Er erkennt, *dass* die Konturen der beiden
Entwürfe in den Auslegungen des 18. Jahrhunderts ineinanderfließen, und deutet dies als überaus erhellendes Symptom für den »Monismus«,
der die Philosophie der Spätaufklärung generell
charakterisiere. Unter »Monismus« versteht er
das Streben nach Vereinigung von Gott und Natur (Welt), Geist und Materie. Er deckt das Vereinigungsstreben in der Kosmologie, Erkenntnistheorie und Anthropologie auf. Man sehe Gott an
die Gesetze des Universums gebunden. Die Erkenntnis werde als Produkt des Wollens, besser:
der Triebe, aufgefasst, im Gegenzug werde der
Triebnatur eine angeborene Orientierung auf das
Gute zugestanden. Auf diese Weise erübrige
sich die Unterscheidung zwischen Wirk- und
Zweckursachen. Man könne von einer ›angeborenen Teleologie‹ sprechen. Mit den Antrieben
der Natur, sozusagen von ›unten‹ herauf, sei die
Richtung auf einen vernünftigen ›Zweck‹ gegeben. Analoges lasse sich auf dem Feld der Anthropologie beobachten, wo Leib und Seele als

Einheit gedacht würden. In der Psychologie lege
man Wert auf die »Vereinigung« und gleichmä-
ßige Entfaltung aller Seelenkräfte. Die Leibnizsche Philosophie enthalte Denkbilder, mittels
derer die monistischen Tendenzen sich problemlos ausdrücken ließen. Besonders fruchtbar sei
das Monadenmodell mit der Verflechtung von
»appetitus« und »perceptio« und den »unbewußten Perceptionen«. Es leiste die Vereinigung von
Erkennen und Wollen und die Beseelung der
Materie. Zudem sei in ihm die schroffe Entgegensetzung der niederen und höheren Seelenkräfte zugunsten eines Kontinuums ›überwunden‹. Auch die Leidenschaften seien als Antriebe
zum Guten, wenngleich auf niederer Stufe, in
den Kosmos der Psyche integriert. Gott und Welt
seien im monadologischen Modell ebenfalls in
eine enge Beziehung zueinander gebracht, indem
Gott, die Urmonade, durch die vollkommene
Vorstellung des Universums definiert und zum
»Typus« jeder geschaffenen Monade gemacht
werde.

Leibniz, so das Resümee von Kondylis, werde
für die Vertreter der Spätaufklärung zum Bundesgenossen, der die cartesianischen Trennungen
aufzuheben helfe. Es seien die »spinozistischen«
Momente, die seine Philosophie am Ende des 18.
Jahrhunderts so attraktiv machten. Man interpretiere ihn so, dass der Aspekt der »Vereinigung«
intensiviert werde, metaphysische Differenzierungen schiebe man dagegen gerne als Spitzfin-
digkeiten zur Seite. Gleichzeitig biete die Leibnizsche Philosophie gegenüber dem Spinozismus
den Vorteil, vor dem Materialismus-Verdacht zu
schützen. Denn die »Vereinigung«, die Verlegung
des Geistes *in* die Natur, Gottes *in* die Welt, der
Teleologie *in* den Ursprung, solle eine antimate-
rialistische Weltsicht begründen. Spinozas Monismus sei dagegen mit dem Materialismus-Ver-
dikt belastet gewesen. Die Leibniz-Rezeption arbeite der offenen Hinwendung zu Spinoza vor. In
ihr bahne sich die veränderte Sichtweise an, die
mit Lessing und dann mit Herder voll zum
Durchbruch gelange (zu Kondylis s. auch S. 9).

Nisbet: Lessings offene Denkhaltung. Nisbet
(2008, 821–833) verleiht der Debatte über Lessings Spinozismus insofern eine neue Bewertungsgrundlage, als er die konkreten Bedingungen des von Jacobi überlieferten Gesprächs, dessen Zustandekommen und spezifische Dynamik

untersucht. Auch Nisbet identifiziert spinozistische Motive in Lessings philosophischen Schriften (z. B. die Überwindung des Leib-Seele-Dua-
lismus oder ein naturalistisches Verständnis der
geoffenbarten Religion [821 f.]); bedeutsamer
seien jedoch die Elemente der Leibnizschen Philosophie für ihn gewesen, an denen er bis zuletzt
festgehalten habe: ihr Optimismus, Perspektivismus und Individualismus (Konzeption der Monade) sowie die Vorsehung als »Leitprinzip der
Geschichte« (821). Dass Lessing trotzdem Jacobi
gegenüber Partei für Spinoza ergriffen habe, liege
an der Gesprächssituation, wie Jacobi sie gesteuert habe: Lessing sei schon bald klar gewesen,
dass Spinoza »in Jacobis Augen für alles stand,
was er für philosophisch und theologisch verwerflich hielt« (824); deshalb habe er die Rolle
des »*advocatus diaboli*« gespielt, wie sie ihm seit
je »auf den Leib geschrieben war« (ebd.). Nisbet
durchleuchtet Lessings Gesprächstaktik, seine
Hakenschläge, seine provozierenden Fragen und
seine Ironisierung Jacobis auf überzeugende
Weise; er macht anschaulich, wie dieses anscheinende Bekenntnis zu Spinoza auf performativer
Ebene das Dementi eines solchen »Credos« (G 8,
565) darstellt. Lessings »Opposition gegen geschlossene Systeme« (Nisbet 2008, 824), der fun-
damentalste Einwand gegen die These, er habe
sich mit dem »systematischsten Philosophen des
siebzehnten Jahrhunderts« identifizieren können
(ebd.), präge auch seine Antworten auf Jacobis
Versuche, Spinozas System zu erklären (und dadurch dessen Denken gewissermaßen zu fixieren); und so enthalte seine Parteinahme für Spinoza zugleich sein Bekenntnis zu der ganz anderen Leibnizschen »Denkungsart«, die seiner eigenen »Vorstellung von Wahrheit« »viel näher«
komme (828): »Eben darum halt' ich ihn so wert;
ich meine, wegen dieser großen Art zu denken;
und nicht, wegen dieser oder jener Meinung, die
er nur zu haben schien, oder denn auch würklich
hatte.« (G 8, 567). – Unsere Analyse baut auf Nisbets Befunden auf, indem wir Lessings Argumente ›pro Spinoza‹ mit seiner perspektivischen
Erkenntnishaltung verbinden.

Analyse

Jacobi fordert die zeitgenössischen Intellektuellen
dadurch heraus, dass er die Möglichkeit einer

philosophischen bzw. ›vernünftigen‹ Gotteserkenntnis bestreitet; die Konstrukte der »natürlichen Religion« sind für ihn eine Illusion. Die Vernunft könne das gar nicht ›erkennen‹, was sie hier
gleichwohl deduziere, nämlich einen extramundanen Gott, Freiheit, Unsterblichkeit. Jeder Versuch, eine »natürliche« bzw. eine »philosophische
Religion« zu errichten, führe entweder zu »erlo-
genen« Begriffen (G 8, 570) oder ende in einem
materialistischen bzw. fatalistischen System. Die
Konsequenz des Rationalismus sei Atheismus.
Das Wesen des Geistes entziehe sich der Vernunfterkenntnis.

Jacobi bringt mit seiner Argumentation den
›Vereinigungsansatz‹ (Kondylis) der Aufklärung
ins Wanken. Sein Argument: Die Vernunft könne
den Zusammenhang der Dinge nur als Kausalität
denken, ein Bruch in der Kausalität, d. h. ein
wahrhaft freier, unbedingter Akt des Geistes, eine
Schöpfung aus dem Nichts, sei rational unbegreiflich. Spinozas Gottesbegriff sei der philosophisch
einzig konsequente: Gott als »Substanz« ohne
Verstand und Willen, denn Verstand und Willen
setzten bereits Gegenstände (des ›Vorstellens‹
und des Begehrens) voraus, eine Substanz, in der
es keine »Endursachen« (Zielprojektionen) gebe,
eine unendliche Natur, die als eine Art »Urstoff«
die Bestimmungen der Dinge in sich enthalte.
Ebenso sei die Leugnung des freien Willens das
einzig ›Vernunftgemäße‹. Wo es nur Kausalität,
nur Wirkursachen gebe, da habe »das denkende
Vermögen in der ganzen Natur bloß das Zuse-
hen; sein einziges Geschäfte ist, den Mechanismus der würkenden Kräfte zu begleiten« (G 8,
566). Jacobis Ängste sind erstaunlich ›modern‹.
Man fühlt sich an den Versuch gegenwärtiger
Neurobiologen erinnert, das psychische Leben
als Begleiterscheinung von Gehirnprozessen zu
»erklären«. Hören wir Jacobi über die Konsequenz des Rationalismus (G 8, 566): »Der Erfinder der Uhr erfand sie im Grunde nicht; er sah
nur ihrer Entstehung aus blindlings sich entwi-
ckelnden Kräften zu. [...] auch die Affekten und
Leidenschaften würken nicht, in so fern sie Empfindungen und Gedanken sind [...]. Wir *glauben*
nur, daß wir aus Zorn, Liebe, Großmut, oder aus
vernünftigem Entschlusse handelten. Bloßer
Wahn! In allen diesen Fällen ist im Grunde das,
was uns bewegt, *ein Etwas*, das von allem dem
nichts weiß, und das, *in so ferne*, von Empfindung
und Gedanke schlechterdings entblößt ist.«

Das Leibnizsche Monadenmodell bietet keinen Ausweg – im Gegenteil. Nicht anders als bei Spinoza machten bei Leibniz die »*Vorstellung des Äußerlichen und* [die] *Begierde*« das »*Wesen der Seele*« (G 8, 568) aus. Wo aber sei der Begriff, »den nicht ein *Gegenstand* erweckte«, der »Begriff vor dem Begriffe«, wo sei das Wollen ohne den Zwang des Triebs? (Brief vom 14.3.1782 an die Fürstin von Gallizin; zit. nach Altmann 1971, 34). Freiheit des Geistes liege gedanklich nicht in der Konsequenz von Leibnizens Philosophie. Nicht der freie Entwurf des Geistes, sondern die Naturkausalität, die »Wirkursachen« seien ihr Erklärungsprinzip. Die Harmonie mit den »Endursachen« sei eine bloße Phrase, die (postulierten) »Endursachen« änderten an der Naturnotwendigkeit nichts. Den Knoten, wie der Geist *vor* der Materie wirken könne, habe Leibniz nicht gelöst. Jacobi beharrt darauf: »daß es keine natürliche Philosophie des Übernatürlichen« geben könne (G 8, 571).

Jacobi interpretiert Spinozas »Substanz« ›reduktionistisch‹, fast scheint er sie mit »Materie« (vgl. »Urstoff«) gleichzusetzen. Der Parallelismus von Ausdehnung und Denken, Natur und Geist, sagt ihm nichts, für ihn gibt es nur Ursache und Wirkung, Ursache kann nur eines sein, entweder Geist oder Materie. So ist ihm auch die Überhöhung der Natur fremd, die mit der Annahme des ›Zugleich‹ von Natur und Gott gegeben ist.

Während Jacobi angesichts der Bedrohung durch Materialismus und Fatalismus seine Beruhigung darin findet, dass er sich, wie er sagt, aus der Philosophie zurückzieht (G 8, 569) und den »Salto mortale« (G 8, 565) in den Glauben wagt (»Fideismus«) – nur die »Offenbarung« führe vom »Endlichen zum Unendlichen« (G 8, 571) –, kommt in Lessings Antworten die Skepsis gegenüber solcher Bescheidung, die zugleich einer Gewissheit über die letzten Dinge zu entspringen scheint, zum Ausdruck; die Grenze, die Jacobi zwischen philosophischem und wissenschaftlichem Denken einerseits, dem Bereich des Unerforschlichen andererseits, ziehen möchte, lasse sich eben nicht »bestimmen« (G 8, 570). Skepsis verbindet sich dabei mit einem wendigen eklektizistischen Denken. Jacobi erwartete, in Lessing einen »rechtgläubigen Deisten« zu finden (G 8, 574; Scholz 1916, 74 und 100: »Theist« [vgl. Nisbet 2008, 824]) – um ihm die innere Nähe der Vernunftreligion zum Spinozismus zu zeigen und ihn

zum Offenbarungsglauben hinzulenken? Lessing jedenfalls entzieht sich ihm, indem er sich frei heraus zum Spinozismus bekennt und dann auch noch Luther als Bundesgenossen reklamiert (G 8, 570: Debatte über den freien Willen); Leibniz, über dessen »Parallelismus« zu Spinoza (G 8, 569) sich beide verständigen können, schreibt Lessing Ideen zu, die aus hermetischen Traditionen stammen (Expansion und Kontraktion Gottes als »Schöpfung« und »Bestehen der Welt« [G 8, 567]; vgl. Zimmermann 1969), wie überhaupt Lessings Aussagen über das »höchste Wesen« Jacobi an die Kabbala, »an Heinrich Morus und von Helmont« erinnern (G 8, 571), wobei sogar in seinem ›humorresistenten‹ (Nisbet) Bericht die Ironie durchscheint, mit der sein Gesprächspartner mit solchen Vorstellungsweisen spielt (zu den Verflechtungen zwischen Aufklärung und Hermetik vgl. auch Mulsow [1998], der die Zusammenhänge zwischen den Vorstellungen »Archäus« [Hermetik], »Monade« [Leibniz, van Helmont] und Seelenwanderung nachweist). Dass Lessing Denkmotive unterschiedlichster Couleur derart durcheinander würfeln kann – zuletzt erklärt er auch Hemsterhuis zum Spinozisten (G 8, 573f.) –, hängt mit seinem Perspektivismus und der Überzeugung zusammen, dass jede (philosophische und theologische) Position an der Wahrheit partizipiert und jede nur vorläufig ist. Gleich zu Beginn des Gesprächs, in der Diskussion über die ›Anstoß‹ gebende *Prometheus*-Hymne Goethes, fällt das für Lessings Denkweise charakteristische Stichwort »Gesichtspunkt«: »Der Gesichtspunkt, aus welchem das Gedicht genommen ist, das ist mein eigener Gesichtspunkt« (G 8, 563); und wo Lessing eine Übereinstimmung mit Jacobi konzediert, beharrt er doch auf der eigenen Perspektive: »Gut, sehr gut! Ich kann das alles auch gebrauchen; aber ich kann nicht dasselbe damit machen« (G 8, 571).

Mit seinem Bekenntnis zu Spinoza demonstriert Lessing also seine relativistische und perspektivische Erkenntnishaltung. Dies impliziert jedoch, dass in seinen Fragen, überraschenden Wendungen und Aperçus mit dem Erkenntnisvorbehalt zugleich der Bezug zur ›Wahrheit‹ sich abzeichnet, mit anderen Worten: dass sie auch inhaltlich bestimmte, positive Aussagen über Gott und Natur, Seele und Leib enthalten. Unsere These: In seinen Andeutungen wird ein Wandel des Naturbegriffs fassbar, der die Alternative Jacobis – Naturmechanismus bzw. materialistische Philosophie oder Offenbarungsglaube – aufhebt.

Lessing will sich »alles *natürlich ausgebeten ha-ben*« (G 8, 571), die »orthodoxen Begriffe von der Gottheit« sind nicht mehr für ihn (G 8, 563), die christliche personale Gottesvorstellung weist er zurück (G 8, 572). Die spinozistische allumfassende metaphysische »Substanz«, die für Jacobi, da er sie ohne Verstand und Willen denkt, den Menschen zur Marionette materieller Kausalität macht, bedeutet für Lessing zunächst einmal eine Konzeption, welche die Unfassbarkeit Gottes darstellen und Anthropomorphismen vermeiden soll. Gott dürfe nicht nach Analogie des Menschen gedacht und mit Wille, Absichten, Verstand ausgestattet werde. Spinoza sei es fern gelegen, »unsere elende Art, nach Absichten zu handeln, für die höchste Methode auszugeben, und den Gedanken oben an zu setzen« (G 8, 567), die Existenzweise der göttlichen Substanz, ihre überschwengliche Seligkeit, übersteige nicht allein alle Begriffe, sondern liege »völlig *außer* dem Begriffe« (G 8, 566). Wenn Lessing sich zum »*Hen kai pan*« (»Eins und alles«) bekennt und nichts Schockierendes in dem Gedanken findet, dass Geistiges vom Leiblichen abhängt (G 8, 566), setzt diese Wendung die Prämisse voraus, dass alles, was wir als Menschen erfahren, die Manifestation einer »höheren Kraft« (G 8, 566) ist, die »unendlich vortrefflicher« ist »als diese oder jene Würkung« (ebd.); dass wir mit all unserem Unterworfensein unter die Gesetze der Ausdehnung in einem »höheren Prinzip« geborgen sind (G 8, 566): »da doch alles, mit samt den Vorstellungen, von höheren Prinzipien abhängt. Ausdehnung, Bewegung, Gedanke, sind offenbar in einer höheren Kraft gegründet, die noch lange nicht damit erschöpft ist« (ebd.). Körper und Physis sind nicht auf ein bloß Mechanisches zu reduzieren – der emphatische Naturbegriff der folgenden Generation (Goethes ›Gott-Natur‹) kündigt sich an.

Die Ablehnung der personalen Gottesvorstellung bedeutet nicht, dass Lessing nicht auch in ihr eine ›innere Wahrheit‹ zu entdecken vermochte; zudem berichtet Jacobi, er habe eine »mit Persönlichkeit verknüpfte Fortdauer des Menschen nach dem Tode« »nicht für unwahrscheinlich« gehalten (G 8, 572). Jacobi erzählt von entsprechenden Gedankenexperimenten: »Wenn sich Lessing eine *persönliche* Gottheit vorstellen wollte, so dachte er sie als die Seele des Alls; und das Ganze nach der Analogie eines organischen Körpers« (G 8, 571). Nisbet stellt eine Verbindung zu den kabbalistischen Spekulationen von der »Expansion« und »Kontraktion« Gottes her, die wegen ihrer Dynamik großen Eindruck auf Lessing gemacht hätten: »denn wie Jacobi berichtet, verband er mit der christlichen Vorstellung von Gottes unveränderlicher Vollkommenheit unendliche Langeweile, mit der dynamischen kabbalistischen Vorstellung jedoch ständige Veränderung: Schlafen und Aufwachen, Tod und Wiederauferstehung alles Geschaffenen« (826; vgl. G 8, 572). Wiederum wird die Tendenz greifbar, ›Natur‹, als bewegtes Leben, nicht in einen Gegensatz zu Gott und Geist zu bringen (Nisbet: »Panentheismus« [827]).

Dieser Gedanke scheint für Lessing auch wegen der Konzeptualisierung der leib-seelischen Einheit wichtig gewesen zu sein; er »hing sehr an dieser Idee«, schreibt Jacobi (G 8, 572). Mit der Auflösung der »orthodoxen Begriffe« von der »Gottheit« (G 8, 563) rückt die Frage nach dem »Schicksal« der Seele in den Vordergrund. Lessing sucht nach neuen Auskünften, wobei er sich gerade für spekulative, visionäre Antworten zu interessieren scheint (vgl. das Fragment *Daß mehr als fünf Sinne für den Menschen sein können* und die Spekulationen über die Seelenwanderung; S. 523). Die Liste der bereits erwähnten Denker (Charles Bonnet, Dippel, F.M. van Helmont, Henry Moore, Hemsterhuis) ist durch Emanuel Swedenborg zu ergänzen, den er noch kurz vor seinem Tod liest (Guthke 1982, 33).

Aufnahme und Wirkung

Der Spinozismus-Streit ist die letzte große Kontroverse, die Lessing auslöst. Die unmittelbare Auseinandersetzung um die Philosophie und damit das Bild des Verstorbenen findet zunächst zwischen Jacobi und Mendelssohn statt; neben der philosophischen Thematik geht es auf dieser Ebene auch um die – damals weithin beachtete – Freundschaft zwischen dem Christen Lessing und dem Juden Mendelssohn, deren Intimität durch Jacobis Preisgabe der – anscheinend – geheimsten Überzeugungen Lessings in Zweifel gezogen wurde (dazu Goetschel 2004, 170–180; Nisbet 2008, 828 f.). Darüber hinaus wirken Jacobis Enthüllungen als Katalysator für die Spinoza-Renaissance und die Entwicklung einer neospinozistischen Naturphilosophie. In den einschlägigen Schriften Goethes und Herders ist der Rückbezug auf die Publikationen Jacobis erkennbar.

Die Wirkungsgeschichte von Jacobis *Über die Lehre des Spinoza in Briefen an den Herrn Moses Mendelssohn* beginnt mit der Entstehungsgeschichte. Bereits Mendelssohns *Morgenstunden oder Vorlesungen über das Daseyn Gottes* (1785) sind eine Reaktion auf Jacobis briefliche Mitteilung von Lessings Bekenntnis zu Spinoza (Jacobi an Mendelssohn, 4.11.1783). Mendelssohn entwirft das Bild eines »geläuterten Spinozismus«, dessen Verteidiger Lessing allenfalls gewesen sein könne, eines Spinozismus, der in Einklang steht mit dem, was für Mendelssohn unverbrüchliche Vernunftwahrheit ist: der Vorstellung von Gott als dem Architekten des Weltgebäudes (zu Mendelssohns Argumentationsstrategie und Haltung Jacobi gegenüber vgl. Goetschel 2004, 170–180; 299f.). Hierauf antwortet Jacobi mit der Publikation seiner Gespräche mit Lessing und seines Briefwechsels mit Elise Reimarus und Mendelssohn. Dem geläuterten Spinozismus, der mit der natürlichen Religion und vernünftigen Gotteserkenntnis in Harmonie gebracht ist, hält er seine Thesen entgegen: Spinozismus sei immer Atheismus, die Vernunfterkenntnis könne nur auf materielle Dinge bezogen sein, da die Vernunft nur ein passiver und reaktiver Spiegel des Universums sei, die ›vernünftige Religion‹ beruhe auf Selbsttäuschung, jede rationale Welterklärung führe notwendig zu Spinozismus und damit zum Atheismus. Jacobi provoziert die große Wirkung seiner Gegenschrift, indem er offensiv, dramatisierend und polarisierend argumentiert. Er inszeniert seinen Vorstoß als eine Überbietung des Fragmentenstreits. Fast könnte man meinen, er sehe sich in der Rolle des berufenen Verteidigers der christlichen Religion, nach dem Lessing vergeblich Ausschau hielt (vgl. B 8, 314f.). Lessing machte die weite Verbreitung deistischer Positionen publik. Jacobi dagegen macht publik: Nicht die vernünftige Religion, sondern Atheismus breite sich aus: »Ein Gespenst davon geht unter allerhand Gestalten seit geraumer Zeit in Deutschland um, und wird von Abergläubigen und Ungläubigen mit gleicher Reverenz betrachtet. Ich rede nicht allein von kleinen Geistern, sondern von Männern aus der ersten Klasse.«

(Scholz 1916, 140). Die Festlegung Lessings auf den ›wahren‹ Spinozismus impliziert den Generalangriff auf die ›natürliche Religion‹. Die Zerschlagung der Konstrukte der natürlichen Religion ist für Jacobi der Ausgangspunkt, sich auf diejenige Position zurückzuziehen, die auch Lessing dem Christen zugewiesen hat, die Position des »Gefühls«. Doch anders als für Lessing sind für Jacobi die Glaubensüberzeugungen, auf die den Menschen das »Gefühl« bringt, nicht in »Vernunftwahrheiten« zu transformieren, vielmehr kompensiert es die Defizite der Vernunft: es ist schöpferisch und das Organ für die Erkenntnis Gottes. Die Gefühlssicherheit des Christen beschwört er in dem letzten, vernunftkritischen Teil seiner Schrift und schließt sie mit einer Predigt Lavaters: ein ganz offenkundig an Mendelssohn adressierter Appell (Lavater hatte 1769 Mendelssohn öffentlich zur Konversion aufgefordert und damit einen Skandal ausgelöst; s. Nisbet 2008, 830 und 668f.).

Mendelssohn antwortet auf Jacobis *Briefe* mit der Gegenschrift: *Moses Mendelssohn an die Freunde Lessings. Ein Anhang zu Herrn Jacobi Briefwechsel über die Lehre des Spinoza* (1786). In seinen Augen stellen Jacobis ›Enthüllungen‹ eine Veruntreuung des Gedächtnisses seines verstorbenen Freundes dar (dazu und zum Folgenden Nisbet 2008, 829f.). Er war Zeuge der Vereinsamung gewesen, in die Lessing aufgrund des Fragmentenstreits geraten war; wenn Jacobi ihn nun als den Anhänger eines atheistischen Systems vorführt, musste dies Mendelssohn wie eine nachträgliche öffentliche Bestätigung der gegen Lessing zu seinen Lebzeiten erhobenen Verdächtigungen vorkommen; hatte doch Jacobi nicht auf die ›gottgläubigen‹ Elemente in Spinozas Denken verwiesen, sondern den Aspekt des Atheismus forciert. So habe er, wie Mendelssohn ihm vorwirft, Lessing als einen heimlichen Gotteslästerer und einen Heuchler (Scholz 1916, 293, 295) erneut in Verruf gebracht; Jacobi hätte besser daran getan, das »gefährliche Geheimnis« (Scholz 1916, 301) für sich zu behalten, anstatt das Andenken des Verstorbenen »bey der Nachwelt zu brandmarken« (ebd., 300) und die Freunde in den Überzeugungen zu verstören, die ihnen »so wichtig und so theuer« seien (ebd., 299). – Jacobi verteidigt sich mit der Schrift: *Friedrich Heinrich Jacobi wider Mendelssohns Beschuldigungen betreffend die Briefe über die Lehre des Spinoza* (1786).

Er spielt die Kompromisslosigkeit, mit der Lessing die »Wahrheit« gesucht habe, gegen die »Halbheit« des Deismus aus. Indem er die Argumente zitiert, mit denen Lessing die Zumutungen Goezes abwehrt, schiebt er dem Kontrahenten den Part des orthodoxen Dogmatikers der Vernunftreligion zu. Eine Parallele zum Fragmentenstreit zeigt sich vor allem in der Moralisierung und damit Emotionalisierung der Auseinandersetzung. Jacobi wittert (damit selbst den Part Goezes übernehmend) hinter der gedanklichen Halbheit, die er Mendelssohn vorwirft, Halbherzigkeit, Mangel an religiöser Gefühlsstärke und Heuchelei. Er beschuldigt den Gegner, die in der menschlichen Natur verwurzelten Bedürfnisse und Sehnsüchte nicht wahrhaben zu wollen, an denen die »Vernunftreligion« zuschanden werde. – Jacobis Rechtfertigung erreicht Mendelssohn nicht mehr. Er stirbt kurz nach der Ausarbeitung seiner Schrift *An die Freunde Lessings* am 4. Januar 1786.

In der zeitgenössischen Presse scheint man überwiegend Partei für Moses Mendelssohn ergriffen zu haben. So jedenfalls lassen es die Klagen Jacobis über seine Isolation in der gelehrten Welt (Scholz 1916, 362 und 363) vermuten. In die gleiche Richtung weist eine Bemerkung von Matthias Claudius, es sei wohl erlaubt, nachdem man allerseits über Jacobi herfalle, auch einmal für ihn zu sprechen (*Zwey Recensionen etc. in Sachen der Herren Leßing, M. Mendelssohn, und Jacobi,* Hamburg 1786; Sämtliche Werke, 348ff., hier 351: »Am Ende hat man bis daher so viele Stimmen für H.M. gehört, daß es auch lustig sein wird, einmal eine andre zu hören, und wäre es auch nur bloß der Abwechselung wegen.« – Scholz [1916, LXXVIIIff.] stellt Anzeigen der Streitschriften aus der *Jenaer Literaturzeitung,* Nicolais *Allgemeiner Deutschen Bibliothek* und der von Gedike und Biester herausgegebenen *Berlinischen Monatsschrift* zusammen; vgl. ergänzend Teller 1989, 189, Anm. 7.). 1786 erscheint eine Schrift, in der Jacobi verteidigt wird: *Die Resultate der Jacobischen und Mendelssohnschen Philosophie; kritisch untersucht von einem Freywilligen;* der Verfasser ist Thomas Wizenmann (Neudruck mit philosophiegeschichtlicher Einführung: 1984; weitere Literatur bei Goetschel 2004, 299, Anm. 1).

Jacobis Rede vom umgehenden Gespenst des Spinozismus deutet an, dass seine Publikation Entwicklungen zur Sprache bringt, die sich von langer Hand vorbereitet haben. Indem er die Fronten entschieden bezeichnet, treibt er die philosophische Debatte voran. Dabei entfaltet sich die ideengeschichtliche Wirkung des Spinoza-Buchs nach drei Richtungen. Erstens sucht Jacobi die zeitgenössischen Vertreter einer »Gefühlsreligion«, Lavater und Hamann, für sich zu mobilisieren, wobei keiner der beiden ganz konform mit ihm geht (Zeugnisse bei Scholz 1916, CXIXff. resp. CXXIIff. und Teller 1989, 177f.). Zweitens involviert Jacobi die Vertreter des Kantschen Kritizismus, indem er sich bei seiner Kritik der Vernunftreligion auf Kants Ansatz beruft (vgl. Scholz 1916, CIXff. und Teller 1989, 181ff. Scholz arbeitet die Unvergleichbarkeit beider Positionen heraus). Drittens will Jacobi die Antworten Goethes und Herders provozieren (Briefdokumente bei Scholz 1916, XCff. und CIff.). Er verwickelt Goethe unmittelbar in die Auseinandersetzung, indem er die Prometheushymne zum Ausgangspunkt des Gesprächs mit Lessing wählt. Ein reger Briefverkehr findet mit Goethe und Herder über den Spinozismus statt, auch mündlich debattiert man in Weimar über Spinoza (dazu v.a. Timm 1974, 299ff., 307ff.). Die beiden maßgeblichen Schriften sind Herders *Gott. Einige Gespräche* (1787; im vierten Gespräch erinnert Herder an die denkwürdige Unterredung Lessings mit Jacobi [Suphan 16, 495ff.]) und Goethes – allerdings zunächst nicht zum Druck bestimmte – *Studie nach Spinoza* (entstanden 1784/85, Erstdruck 1891; HA 13, 7–10). –

Das Bewusstsein der Erschütterungen, die der ›Spinozismus-Streit‹ auslöste, klingt noch in Goethes später Erinnerung an die Spinoza-Gespräche an. Er schreibt in *Dichtung und Wahrheit* (3. Teil, 15. Buch [1814]; HA 10, 49): Die *Prometheus*-Hymne, die Lessing veranlasst habe, sich »über wichtige Punkte des Denkens und Empfindens« gegen Jacobi zu erklären, »diente zum Zündkraut einer Explosion, welche die geheimsten Verhältnisse würdiger Männer aufdeckte und zur Sprache brachte: Verhältnisse, die, ihnen selbst unbewußt, in einer sonst höchst aufgeklärten Gesellschaft schlummerten. Der Riß war so gewaltsam, daß wir darüber [...] einen unserer würdigsten Männer, Mendelssohn, verloren.«

Quellen: Bonnet 1760, übers. Schütz Bd. 1/2, 1770/71; Bonnet 1770 [¹1769: *La palingénésie*]; Daunicht 1971; Mendelssohn (JubA 5/1, 152–161 [89.–90. »Literaturbrief«]) und 1785 (JubA 3/2, 1–175 [*Morgenstunden*], bes. 104–137 [Spinozismus; Lessing]); Jacobi 1786 (Werke 4/2, 169–276); Jerusalem 1768 ff., hg. Müller 1991; Leibniz 1710, übers. Buchenau ²1968 [*Theodizee*]; J.G. Lessing ²1753 [Katechismus]; J.A.H. Reimarus 1780; Spinoza 1670, übers. Gebhardt/Gawlick 1984; Sulzer 1773/1974, bes. 99–121 und 348–376; Wolff GW I/4 [»Deutsche Ethik«, Ausg. letzter Hand 1752].

Literatur

zu Entstehung: G 8, 747–750; Engel 1999 [Spurensuche und Rekonstruktion des Umfeldes der »Gespräche«]; Guthke in Schulz (Hg.) 1977, 229–271 [Lessing und das Judentum; Krypto-Spinozismus]; Nisbet 2008, 821–833.

zu Forschung/Analyse: Alexander 1984 [Dippel]; Allison 1982; Altmann 1971; von Arx 1944; Bäumler 1923/1967 [Leibniz]; D. Bell 1984; Bollacher 1969, 194–234; Danzel/Guhrauer Bd. 2/2, 1854; Dilthey ¹⁵1957, 76–110; Fittbogen 1923; Goetschel 2004; Hebler 1862; Koch 1928 [Lessings Irrationalismus]; Kondylis ²1986; Leisegang 1931; Nisbet 2008, 821–833; D. Pätzold in Buhr/Förster (Hgg.) 1985, 298–355; D. Pätzold 1995; Pons 1964; E. Schmidt Bd. 2, ⁴1923; Scholz 1916; Schultze in Höhle (Hg.) 1982, 28–42; van Stockum 1916; Strohschneider-Kohrs 2001 [Lessings Disput mit Moses Mendelssohn]; Voss 1970 [Dippel]; Yasukata 2002, 117–139 [Überblick über die bekannten Argumente; Prägung der Formel *pantaentheism*, welche die Vermittlung zwischen der Einheit und der individuellen Vielheit signalisieren soll, als Resümee].

zum Gedanken der Seelenwanderung; Okkultes: Altmann 1976; Arnsperger 1893; Cyranka 2005; Fittbogen 1914; Guthke 1981c; Guthke in Bahr/Harris/Lyon (Hgg.) 1982, 9–36 [Forschungsbericht]; Kofink 1912; Mulsow 1998 [Schade; »Archäenwanderung«]; Neugebauer-Wölk (Hg.) 1999 [Aufklärung und Esoterik]; Unger 1924; Zander 1999; Zimmermann 1969 [Hermetik].

zu Aufnahme und Wirkung: zeitgenössische Rezeption: Claudius 1786 (Sämtl. Werke, 348–360); Goethe 1784/85 (HA 13, 7–10 [*Studie nach Spinoza*]); Goethe 1814 (HA 10 [*Dichtung und Wahrheit*, 15. Buch]); Herder 1787 (Suphan 16, 495–531 [*Gott. Viertes Gespräch*]); Scholz 1916 [Jacobi vs. Mendelssohn; Schriften zum Pantheismusstreit]; Wizenmann 1786/ 1984. – *Literatur:* JubA 3/2, XII–LVIII [Kontroverse zwischen Jacobi und Mendelssohn]; Bollacher 1969 [Goethe]; Goetschel 2004, 170–180 [Mendelssohns *Morgenstunden* als Antwort auf Jacobi]; Knoll 1963, 33–56 [Hamann über Jacobis ›Spinozabüchlein‹]; Nisbet 2008, 831–833; Schürmann/Waszek/Weinrich (Hgg.) 2002, bes. 171–325 [Aufsätze zum Spinozismusstreit]; Suphan 1891 [Goethe]; Teller in Dahnke/Leistner (Hgg.) Bd. 1, 1989, 135–192; Timm 1974.

Anhang und Register

Zeittafel

1729 22. Januar: Gotthold Ephraim Lessing wird als drittes Kind des Ehepaars Lessing in Kamenz in der kursächsischen Oberlausitz geboren. Der Vater Johann Gottfried Lessing (geb. 1693) übernimmt 1718 das Amt eines Mittwochspredigers und Katecheten in Kamenz, 1724 wird er zum Archidiakon befördert (ADB Bd. 18, 448). Seit dem 16. Januar 1725 ist er mit Justina Salome (geb. 1703) verheiratet, der Tochter des Pastor Primarius (d.h. des Oberpfarrers) Gottfried Feller (1674–1733). Von den älteren Geschwistern ist der Sohn Johann Gottfried nicht mehr am Leben; die Schwester Dorothea Salome (geb. 1727) überlebt Lessing um viele Jahre (gest. 1803). Von den neun Geschwistern, die in den folgenden Jahren zur Welt kommen, sterben vier im Säuglings- bzw. Kleinkindalter.
24. Januar: Lessings Taufe in St. Marien durch den Großvater Gottfried Feller.

1733 26. Februar: Pastor Primarius Feller stirbt.
8. Juni: Johann Gottfried Lessing wird Amtsnachfolger seines Schwiegervaters. Die Familie zieht in das Pfarrhaus von St. Marien um.

1737 Lessing besucht die öffentliche Stadtschule (Lateinschule) in Kamenz, deren Rektorat der Magister Johann Gottfried Heinitz (1712–1790) gerade übernommen hat. Heinitz setzt sich für das Schultheater ein, das er in einer Programmschrift (1740) als »Schule der Beredsamkeit« feiert; 1740 wird unter seiner Leitung Gottscheds Mustertragödie *Der sterbende Cato* aufgeführt (E. Schmidt Bd. 1, ⁴1923, 5).
30. April: Lessings Vater richtet an den Kurfürsten von Sachsen, Friedrich August II. (1696–1763), ein Gesuch, der Sohn möge mit einer »Koststelle« an der Fürstenschule St. Afra in Meißen »versorgt« werden (eine »Koststelle« ist mit der Zahlung eines Beitrags verbunden). Dem Antrag wird stattgegeben.

1740 10. Juli: Geburt des Bruders Karl Gotthelf, des späteren Biographen Lessings und Herausgebers seines Nachlasses (gest. 1812). Während Lessings Hamburger und Wolfenbütteler Zeit wird Karl Gotthelf zu einem seiner wichtigsten Briefpartner.

1741 21. Juni: Lessing besteht die Aufnahmeprüfung der Fürstenschule St. Afra (Übersetzung eines deutsch diktierten Aufsatzes ins Lateinische; Prüfung in Griechisch, Religion und Mathematik); aufgrund seiner Leistungen wird ihm die zwölfte Dekurie erlassen (die auf 6 Jahre angesetzte Schulzeit ist in 4 Klassen zu je drei Dekurien eingeteilt; eine Dekurie umfasst also ein halbes Jahr). In St. Afra wird der Grundstein zu Lessings gelehrter (und philologischer) Bildung gelegt. Jeder Tag umfasst 10 Unterrichts- und Arbeitsstunden. Den Schwerpunkt bilden Religion (25 Wochenstunden) und Latein (15 Wochenstunden), es folgen Griechisch mit vier, Hebräisch mit drei Wochenstunden, Französisch, Rhetorik, Mathematik, Geschichte und Erdkunde sind mit jeweils zwei Wochenstunden vertreten. Logik und Mathematik werden von dem Magister Johann Albert Klimm (1698–1778) unterrichtet, der, selbst Wolffianer, die Schüler (z.T. in Privatstunden) mit den neueren Tendenzen in der Philosophie und Naturforschung vertraut macht.

1742 November: Lessing erhält auf vier Jahre eine Freistelle (freie Kost und Wohnung; der Vater hat nur noch für die Kleidung zu sorgen) in St. Afra (Stiftung der Familie von Carlowitz).

1746 8. Juni: Dem Gesuch des Vaters, den Sohn vorzeitig von der Schule nehmen zu dürfen, wird stattgegeben; Lessing darf die Schulzeit ein Jahr früher als üblich beenden.
20. September: Mit einem Stipendium der Stadt Kamenz lässt sich Lessing an der Universität Leipzig als Student der

Theologie immatrikulieren. Die wichtigsten akademischen Lehrer sind Abraham Gotthelf Kästner (1719–1800) und Johann Friedrich Christ (1700–1756). Kästner ist Mathematiker, darüber hinaus ein bekannter Epigrammatiker; großen Einfluss hat er aufgrund seiner Disputations-Seminare (Kolloquien über philosophische Streitfragen). Lessing bleibt mit ihm in Kontakt; noch von Wolfenbüttel aus stattet er ihm einen Besuch in Göttingen ab (während der Mannheimer Reise 1777). Christ ist vor allem als Pionier der bald in Mode kommenden Altertumskunde für Lessing bedeutsam geworden. – Freundschaft mit Christian Felix Weiße (1726–1804) und Christlob Mylius (1722–1754). Mit Weiße teilt Lessing die Theaterleidenschaft; sie übersetzen gemeinsam französische Stücke, um sich Freikarten für die Vorstellungen der Neuberin (1697–1760) zu verschaffen.

1748 Januar: Erfolgreiche Uraufführung des Lustspiels *Der junge Gelehrte* durch die Neubersche Truppe.

Februar: Gerüchte über Lessings freizügigen Lebenswandel sind nach Kamenz gedrungen, vor allem der Umgang mit Komödianten ist ein Stein des Anstoßes. Die Eltern rufen den Sohn nach Hause, wobei der Vater sich der Notlüge, die Mutter sei sterbenskrank, bedient. Lessing weilt bis zum Beginn des Sommersemesters in Kamenz. Die Eltern bezahlen seine Schulden und stimmen dem Fachwechsel von der Theologie zur Medizin zu.

14. April: Beginn des Sommersemesters. Lessing kehrt bald zur alten Lebensweise zurück. Er bürgt für die Schulden einiger Schauspieler, wird von diesen aber bei der Auflösung der Neuberschen Truppe im Stich gelassen.

Ende Juni/Anfang Juli: Mylius reist zur Beobachtung der Sonnenfinsternis (25. Juli) nach Berlin. Lessing folgt ihm, ohne sich in Leipzig seinen Freunden anzuvertrauen; erkrankt in Wittenberg (an die Mutter, 20. Januar 1749). Dort nimmt er im August das Medizinstudium wieder auf. Als ihn jedoch die Gläubiger errei-

chen, begleicht er seine Schulden mit den Mitteln seines Stipendiums, bricht das Studium ab und erarbeitet sich (ab November) schrittweise eine Existenz als »freier Schriftsteller« in Berlin. Er wohnt mit Mylius zusammen in der Spandauer Straße 68.

1750 10. Juli: Voltaire (1694–1778) trifft auf Einladung Friedrichs II. (1712–1786) in Berlin ein. Aufgrund der Empfehlung seines Privatsekretärs Richier de Louvain gibt er Lessing Übersetzungsaufträge.

1751 Ende Dezember: Lessing reist nach Wittenberg, um sein Universitätsstudium zu einem Abschluss zu bringen. Er vergisst, die Korrekturbögen von Voltaires *Le Siècle de Louis XIV.*, die ihm Richier geliehen hatte, zurückzugeben; Voltaire trägt es ihm nach und verbreitet bei Hof ein ungünstiges Bild von ihm.

1752 29. April: Lessing legt das Magisterexamen ab; im Zusammenhang damit stehen die lateinischen Vorarbeiten zur Biographie Juan Huartes (um 1529–1588).

November: Lessing kehrt nach Berlin zurück. Seine Wohnung ist der Nikolaikirchhof 10 (in der Nähe der Vossischen Buchhandlung). Die Mitgliedschaft im »Montagsklub« vermittelt neue Bekanntschaften, u. a. mit dem Buchhändler und Verleger Christian Friedrich Voß (1722–1795) und mit Karl Wilhelm Ramler (1725–1798), seit 1748 Professor der Philosophie und der schönen Wissenschaften an der Berliner Kadettenschule. Ramler, mit dem Lessing eine lebenslange Freundschaft verbindet, ist vor allem für seine Übersetzungen (Batteux und Horaz) bekannt; die rhetorische Orientierung bestimmt sein Dichtungsideal. Bis zu seinem Lebensende wird Lessing ihm seine Verse zur Korrektur übersenden. Dem Montagsklub gehört auch der Schweizer Popularphilosoph, Psychologe und Ästhetiker Johann Georg Sulzer (1720–1779) an, doch scheint sich ein näherer Kontakt zu Lessing erst später (ab 1755) geknüpft zu haben.

1753 28. Februar: Christlob Mylius bricht zu seiner Forschungsreise auf.

Vermutlich gegen Ende des Jahres macht Lessing die Bekanntschaft mit Moses Mendelssohn (1729–1786).

1753   Zur Michaelismesse (im Herbst) erscheint der erste Band der *Schrifften*, in denen Lessing den Ertrag seines bisherigen Schaffens dem Publikum vorstellt; der sechste (und letzte) Band (*Miß Sara Sampson*, *Der Misogyne*) kommt 1755 heraus.

1754   6. März: Mylius stirbt an einer Lungenentzündung in London.

Im Laufe des Jahres lernt Lessing den Buchhändler und Verleger Friedrich Nicolai (1733–1811) kennen, der sich bereits als (autodidaktisch gebildeter) Literaturkritiker hervorgetan hat. Lessing wiederum macht Nicolai mit Mendelssohn bekannt. Beginn eines regen und intensiven Gedankenaustauschs und einer zeitweiligen Zusammenarbeit der drei Freunde. – Aufgrund seiner bedeutenden Herausgebertätigkeit (v. a.: *Bibliothek der schönen Wissenschaften und der freyen Künste* und *Allgemeine deutsche Bibliothek*) wird Nicolai zu einer zentralen Figur der »Berliner Aufklärung«.

1755   9. Juli: Lessing reist mit Ramler nach Frankfurt an der Oder, um der Uraufführung der *Miß Sara Sampson* am 10. Juli durch die Ackermannsche Truppe beizuwohnen.

Die erste Jahreshälfte bringt die Bekanntschaft mit Johann Wilhelm Ludwig Gleim (1719–1803) und Ewald Christian von Kleist (1715–1759). Gleim, der in Halberstadt eine einträgliche Stelle hat (Domsekretär und Kanonikus), ist ein Repräsentant der anakreontischen Dichtung; nach dem Ausbruch des Siebenjährigen Krieges verherrlicht er in den *Preussischen Kriegsliedern [...] von einem Grenadier* den Feldzug Friedrichs II. Ewald von Kleist gehört als Offizier (Hauptmann) in preußischen Diensten zur Potsdamer Garnison; Berühmtheit hat er durch das Gedicht *Der Frühling* (1749) erlangt.

Mitte Oktober: Lessing gibt seine Stelle als Redakteur an der *Berlinischen Privilegierten Zeitung* auf und siedelt nach Leip-

zig über; E. Schmidt zufolge, um der Zeitungsfron zu entrinnen und als anerkannter Kritiker und Dramatiker in die Stadt zurückzukehren, die dem Theater weit günstiger ist als Berlin (Bd. 1, ⁴1923, 302). Im Herbst lernt er (vielleicht durch Weißes Vermittlung) den Leipziger Kaufmannssohn Gottfried Winkler (geb. 1731) kennen, der für eine auf vier Jahre geplante Europareise einen Begleiter sucht. Lessing übernimmt den Posten; vereinbart wird die Erstattung der Reisekosten und ein Jahresgehalt von 300 Talern. Lessing verspricht sich viel von der Reise (Brief an Mendelssohn vom 8.12.1756), die im Frühjahr 1756 angetreten werden soll.

1756   Februar: Lessing verweilt einige Wochen in Dresden, um die Kunstschätze zu studieren. Am 19. März kehrt er nach Leipzig zurück, nachdem er zuvor seine Eltern, die er in Dresden antraf, nach Kamenz begleitet hatte.

April: Mit seinem früheren Lehrer Christ bereitet Lessing die Reise vor.

10. Mai: Beginn der Reise mit Winkler. Sie fahren über Magdeburg nach Halberstadt, wo sie Gleim besuchen; weitere Stationen sind Wolfenbüttel und Hamburg. In Hamburg kommt es zur persönlichen Begegnung mit dem Schauspieler Konrad Ekhof (1720–1778) und mit Klopstock (1724–1803).

29. Juli: Ankunft in Amsterdam, von wo aus die Reise nach England weitergehen soll.

29. August: Preußische Truppen überschreiten die sächsische Grenze; Beginn des Siebenjährigen Kriegs. Als Leipzig besetzt wird, beschließt Winkler, die Reise abzubrechen.

Ende September: Ankunft in Leipzig; Lessing wohnt, wie vor der Reise, im Winklerschen Haus (der »Feuerkugel« am Neuen Neumarkt), in dem auch preußische Offiziere einquartiert sind.

1757   Mitte März: Ewald von Kleist wird als Major des Hausenschen Infanterieregimentes nach Leipzig versetzt. Er leitet das Lazarett und die Ausbildung der sächsischen Rekruten. Am 26. März erkrankt er schwer; er wird von Lessing, Weiße und Gleim, der im April nach Leipzig kommt, betreut.

Mai: Winkler ist verärgert über Lessings Umgang mit preußischen Offizieren; er kündigt Lessing die Wohnung und den Vertrag und weigert sich, die vereinbarten 600 Taler Entschädigung zu zahlen.

Das Jahr, das Lessing noch in Leipzig verweilt, ist geprägt von Geldnot (er verdient den Lebensunterhalt durch Übersetzungen; Mendelssohn unterstützt ihn mit 60 Talern, von Kleist wird er 100 Taler erhalten), Stellensuche (Kleist verwendet sich vergeblich für ihn) und von dem Prozess, den er gegen Winkler anstrengt (Mitte Mai). Dieser Prozess zieht sich 7 Jahre hin, bevor er für Lessing entschieden wird.

1758   8. Mai: Lessing kehrt nach Berlin zurück, wo er in der Heiligen-Geist-Straße 52 in der Nähe Ramlers wohnt.

Für das Leben in Berlin sind gemeinsame Projekte (mit Ramler, Mendelssohn und Nicolai) charakteristisch, die in einer Atmosphäre der Geselligkeit gedeihen: Treffpunkte sind die »Baumannshöhle«, ein Weinlokal in der Brüderstraße 27, oder das Resewitzer Kaffeehaus; auch verkehrt Lessing weiterhin im literarischen »Montagsklub« und tritt dem (von Sulzer mitbegründeten) »Freitagsklub« bei.

1759   12. August: Kleist wird in der Schlacht bei Kunersdorf, in der die Preußen von den Russen geschlagen werden, schwer verwundet; er stirbt am 24. August in einem Lazarett in Frankfurt an der Oder.

1760   April (oder Dezember): Der jüngste Bruder Erdmann Salomo Traugott (geb. 1741), der als Offiziersbursche mit den Sachsen nach Polen durchgebrannt und seither für die Familie verschollen war (vgl. Brief Lessings an den Vater vom 12.6.1759), stirbt in einem Warschauer Lazarett.

23. Oktober: Lessing wird (gegen Sulzers Stimme) zum auswärtigen Mitglied der Berliner Akademie der Wissenschaften gewählt.

7. November: Ohne von seinen Freunden Abschied zu nehmen, verlässt Lessing Berlin und reist nach Breslau, wo er beim Generalleutnant Bogislaw Friedrich von Tauentzien (1710–1791) die Stelle eines Gouvernementssekretärs übernimmt. Lessing hatte Tauentzien durch Kleists Vermittlung bereits 1758 in Leipzig kennengelernt.

Lessing bekleidet den Posten mit Sicherheit bis November 1764; er verlässt Breslau Mitte April 1765.

1763   15. Februar: Der Hubertusburger Friede wird geschlossen. »Schön wäre es, wenn, wie Klose etwa zwanzig Jahre später berichtete, Lessing es gewesen wäre, der die Proklamation verlesen hätte. [...] Aber die *Schlesische Zeitung* vom 12. März und andere zeitgenössische Quellen stellen unmißverständlich fest, daß diese Aufgabe einem Oberamtssekretär namens Förster zugefallen war«, wobei natürlich die Möglichkeit besteht, dass Lessing die Proklamation aufgesetzt hat (Nisbet: *Lessing. Eine Biographie* [2008], 387).

Mitte Juli: Lessing begleitet Tauentzien nach Potsdam; in Berlin, wo er die Freunde Mendelssohn, Nicolai und Ramler verfehlt, bleibt seine Hoffnung auf eine angemessene Anstellung unerfüllt.

Oktober: Rückkehr mit Tauentzien, der zum Gouverneur von Schlesien ernannt wurde, nach Breslau.

1764   Oktober: Lessing gewinnt seinen Prozess gegen Winkler; von den zugesprochenen 600 Talern muss er die Hälfte für die Prozesskosten aufwenden.

1765   Mitte April: Lessing verlässt Breslau und reist über Kamenz (Besuch bei den Eltern) und Leipzig, wo er Weiße und Nicolai wiedersieht, nach Berlin.

Mitte Mai: Ankunft in Berlin; Lessing wohnt bei dem Kupferstecher Schleuen »Am Königsgraben 10«. – Die Zeit bis zu dem Angebot aus Hamburg (November 1766) ist eine Phase vergeblicher Stellensuche. Mit *Laokoon*, dessen Veröffentlichung (März 1766) er gezielt betreibt, will er sich auf dem Gebiet der Altertumskunde ausweisen. Hoffnungen macht er sich auf die Stelle des Vorstehers der Königlichen Bibliothek und des Münz- und Altertumskabinetts in Berlin, die im Februar 1765 frei geworden war und die auch Winckelmann angeboten wird, auf ein Amt an den Kunstsammlungen in Dresden oder am Antiken- und Münzkabinett in Kassel, wo er sich im August 1766 aufhält.

1766 Mitte Juni: Lessing reist als Gesellschafter des jungen Leopold von Brenckenhoff nach Pyrmont, wo er Justus Möser (1720–1794) und Thomas Abbt (1738–1766) persönlich kennenlernt.

4. November: Anfrage Johann Friedrich Löwens (1727–1771) bei Nicolai, ob Lessing als Dramatiker am Hamburger Nationaltheater wirken möchte.

1767 Anfang April: Lessing verlässt Berlin und reist nach Hamburg. Mit den Unternehmern des Hamburger Nationaltheaters hat er ein Abkommen getroffen, das ihm genügend Freiheit lässt; erst allmählich scheint sich seine Rolle als Journalist des neuen Theaters herauskristallisiert zu haben. – Lessing mietet sich beim Kaufmann und Kommissionsrat Schmid am Brook ein.

Neben der Arbeit am Hamburger Nationaltheater stürzt sich Lessing in ein geschäftliches Unternehmen: Ostern 1767 errichtet Johann Joachim Christoph Bode (1730–1793) in Hamburg eine Druckerei, die zugleich eine unabhängige Verlagsanstalt sein soll. Eine Buchreihe *Deutsches Museum* wird geplant. Lessing wird Teilhaber; er steckt einen großen Teil des Erlöses aus dem Verkauf seiner Bibliothek (ca. 6000 Bände) in das Unternehmen, das sich jedoch zum finanziellen Desaster entwickelt (zum Selbstverlag-Projekt vgl. Schmidt Bd. 1, ⁴1923, 648–650).

In der ersten Jahreshälfte bringt Lessing eine Sammelausgabe seiner Lustspiele (*Lustspiele*, Theil 1 und 2) heraus; der zweite Teil enthält *Minna von Barnhelm*.

1768 19. April: Offizielles Ende der *Hamburgischen Dramaturgie* (= Datum des letzten Stücks); Lessing und Löwen legen ihre Ämter am Hamburgischen Theater

nieder; nach einer Interimsphase fällt die Leitung (im März 1769) an den Prinzipal Konrad Ackermann (1710 [1712?]–1771) zurück, der mit der Truppe weiterzieht.

Mitte Oktober: Lessing besorgt den Druck von Heinrich Wilhelm von Gerstenbergs (1737–1823) Trauerspiel *Ugolino* (in Bodes Druckerei); auch Klopstocks Trauerspiel *Hermanns Schlacht* soll gedruckt werden (erscheint 1769 bei Johann Heinrich Cramer, Hamburg/ Bremen). – Lessing setzt sich intensiv mit *Ugolino* auseinander: vgl. die Briefe an Nicolai vom 4.8.1767 und an Gerstenberg vom 25.2.1768.

Bekanntschaften und näherer Umgang während der Hamburger Jahre (u. a.): mit Klopstock; mit Matthias Claudius (1740–1815); mit dem orthodoxen Hauptpastor Johann Melchior Goeze (1717–1786) und dem liberalen Pastor Julius Gustav Alberti (1723–1772); mit der Familie des Kaufmanns, Unternehmers und Hamburger Großbürgers Engelbert König (1728–1769), dessen Frau Eva König (1736–1778) Lessing später heiratet; mit der Familie von Hermann Samuel Reimarus (1694–1768), dessen Kinder Johann Albert Hinrich (1729–1814) und Elise (1735–1805) eine Schlüsselrolle bei der Veröffentlichung der »Fragmente« spielen werden; des Weiteren lernt er den Musikdirektor der Hamburger Kirchen, Carl Philipp Emanuel Bach (1714–1788), und Johann Arnold Ebert (1723–1795) kennen, der seit 1748 Hofmeister (=Lehrer) und seit 1753 Professor für Geschichte und englische Literatur am Collegium Carolinum in Braunschweig ist.

Nach dem Scheitern der Hamburger Theater-Entreprise ist Lessing erneut auf Stellensuche. Neben vagen Plänen einer Italienreise (Winckelmann ist am 8. Juni 1768 in Triest ermordet worden) scheint ihm Klopstocks (nie realisiertes) Projekt, in Wien unter der Schutzherrschaft Kaiser Josephs II. (1741–1790) eine Deutsche Akademie für Kunst und Wissenschaft zu gründen, vielversprechend (vgl. Lessings Briefe an Nicolai, 10.8. und 25.8.1769 sowie dessen Antworten vom 19.8. und 29.8.1769).

1769 September: Ebert übermittelt Lessing das Angebot des Braunschweiger Erbprinzen Karl Wilhelm Ferdinand (1735–1806), die Stelle des Bibliothekars an der Wolfenbütteler »Bibliotheca Augusta« zu übernehmen.

18. oder 20. November: Lessing reist nach Braunschweig.

Dezember: Ernennung zum Bibliothekar mit einem Jahresgehalt von 600 Talern und freier Wohnung, zudem soll die Italienreise gefördert werden.

9. Dezember: Engelbert König stirbt auf einer Geschäftsreise in Venedig.

20. Dezember: Lessing kehrt nach Hamburg zurück.

1770 Ende Februar und Anfang April: Auf dem Weg nach Frankreich und auf seiner Rückreise besucht Johann Gottfried Herder (1744–1803) Lessing in Hamburg.

21. April: Ankunft in Braunschweig.

7. Mai: Feierliche Einführung in das Amt. Lessing bezieht fünf Zimmer in dem (sonst unbewohnten) herzoglichen Schloss in Wolfenbüttel (zu Lessings Tätigkeit als Bibliothekar vgl. Reifenberg 1995).

10. Juni: Beginn des Briefwechsels mit Eva König.

22. August: Lessings Vater stirbt im Alter von 77 Jahren.

Mitte/Ende Oktober: Besuch Mendelssohns in Wolfenbüttel und Braunschweig.

November: Lessing mietet bei dem Weinhändler Angott am Ägidienmarkt in Braunschweig ein Absteigequartier. Häufig trifft man sich im Gasthaus »Zum großen Weghause«, das zwischen Braunschweig und Wolfenbüttel liegt.

Zu Lessings Bekanntenkreis in Braunschweig und Wolfenbüttel gehören u.a.: der Hofprediger und neologische Theologe Johann Friedrich Wilhelm Jerusalem (1709–1789); dessen Sohn Karl Wilhelm Jerusalem (1747–1772); vor allem jedoch die Professoren am Collegium Carolinum; die wichtigsten neben Ebert sind Konrad Arnold Schmid (1716–1789), Professor der Religionswissenschaft und der lateinischen Sprache (seit 1761); der Dichter und Kritiker Just Friedrich Wilhelm Zachariae (1726–1777), seit 1761 Professor der Dichtkunst; Zachariae hat zudem die Aufsicht über die Buchhandlung und Druckerei des Waisenhauses und ist leitender Redakteur Braunschweigischer Zeitungen; sodann Johann Joachim Eschenburg (1743–1820), seit 1767 Hofmeister, 1773 zum außerordentlichen Professor und 1777 zum Ordinarius (Lehrstuhl für schöne Literatur und Philosophie) ernannt; seit 1782 auch Bibliothekar. Eschenburg ist Literaturtheoretiker und Anglist; 1775–1782 übersetzt er zum erstenmal Shakespeares sämtliche Werke (in Prosa). Nach Lessings Tod verwaltet er dessen Nachlass. – Unter den Hofleuten scheint ihm der Kammerherr Johann von Kuntzsch freundschaftlich nahe gestanden zu haben.

1771 6. bis 21. August: Besuch des Ehepaars Reiske in Wolfenbüttel. Lessing pflegt mit dem Orientalisten und Gräzisten Johann Jakob Reiske (1716–1774) einen gelehrten Kontakt und ist ihm als Bibliothekar bei dessen Veröffentlichungen behilflich.

Ende August: Lessing bekommt 2 Monate Urlaub bewilligt. Am 31. August reist er nach Hamburg (an Eva König, 30. August 1771).

Anfang September: Verlobung mit Eva König.

17. September: Weiterreise nach Berlin, wo Lessing die Ausgabe seiner *Vermischten Schriften* vorbereitet. Während dieses Aufenthalts spricht er mit den Freunden Nicolai und Mendelssohn über das Reimarus-Manuskript.

Anfang Oktober: Rückreise nach Hamburg.

14./15. Oktober: Aufnahme in die Freimaurer-Loge »Zu den drei Rosen« und Ausstellung des Logenpasses.

31. Oktober: Rückkehr nach Braunschweig.

Aufgrund der Verlobung mit Eva König sieht sich Lessing genötigt, seine finanzielle Lage aufzubessern (er steckt noch von Hamburg her in Schulden). Über Jahre ziehen sich seine Bemühungen, beim Herzog eine Gehaltserhöhung durchzusetzen, hin; erst im Juni 1776 kommt es (nach mehreren unerfüllt gebliebenen Angeboten) zu einer Aussprache mit dem Erbprinzen und zu einer für Lessing akzeptablen Regelung.

1771 erscheint der erste Band der *Vermischten Schriften*, der (u. a.) Lessings Epigrammdichtung und die *Zerstreuten Anmerkungen über das Epigramm* enthält; fortgesetzt wird diese Ausgabe (Theil 2–14) erst nach Lessings Tod von Karl Lessing und Eschenburg.

1772   13. Februar: Lessing erhält die Druckerlaubnis für die Beiträge *Zur Geschichte und Litteratur*; sie werden von der Zensur dispensiert. Die Reihe dient ihm (ab dem dritten Beitrag 1774) zur Veröffentlichung der Reimarus-Fragmente.

Mitte Februar: Eva König bricht zu ihrem zweiten, über 3½ Jahre sich erstreckenden Aufenthalt nach Wien auf, wo sie den Verkauf der zwei Fabriken ihres verstorbenen Mannes leitet (hierzu H. Schneider 1951e).

Zur Ostermesse gibt Lessing die *Trauerspiele* heraus; der Band enthält als neues Stück *Emilia Galotti*.

29. Oktober: Karl Wilhelm Jerusalem nimmt sich in Wetzlar das Leben.

1773   Juni: Lessing und Mendelssohn treffen sich in Braunschweig.

Die ersten beiden Beiträge *Zur Geschichte und Litteratur* erscheinen.

1774   Dezember: Eva König, die bereits Anfang Oktober die Samt- und Seidenfabrik zu vorteilhaften Bedingungen verkauft hat, hofft auf einen raschen Abschluss ihrer Geschäfte (Brief an Lessing, 28.12.1774).

1775   4. Februar: Lessing lässt sich auf 6 Wochen beurlauben (im März: Antrag auf Verlängerung des Urlaubs um weitere 4–5 Wochen).

11. (?) Februar: Abreise nach Leipzig; Reiseziel ist Wien. In Leipzig besucht er Weiße und Ernestine Christine Reiske (1735–1798). Seit dem Tod ihres Gatten (1774) setzt sie dessen Lebenswerk fort

und steht deshalb in Briefverkehr mit Lessing; dazu kommt die persönliche unerfüllte Liebe zu ihm (H. Schneider 1951b; Bennholdt-Thomsen/Guzzoni 1992, bes. 88–103; s. auch S. 46).

März: In Dresden besucht Lessing das Antiken-Kabinett; Begegnung mit Philipp Daniel Lippert (1702–1785). Über Prag, wo er mit dem Meister der Wiener Loge »Eintracht«, Ignaz von Born (1742–1791) zusammentrifft, reist er nach Wien weiter. – Verlust einer Kiste mit unveröffentlichten Manuskripten.

31. März: Ankunft in Wien und Wiedersehen mit Eva König. Lessing wohnt im Regensburger Hof in der Nähe des Stephansdoms.

April: Lessing wird in Wien mit großer Aufmerksamkeit empfangen; *Minna von Barnhelm* und *Emilia Galotti* werden ihm zu Ehren im Theater aufgeführt; bei Hof empfangen ihn Maria Theresia und Joseph II. (vgl. den Brief an den Bruder, 7. Mai 1775).

Anfang April: Der Braunschweigische Prinz Maximilian Julius Leopold (1752–1785) trifft in Wien ein. Er bittet Lessing, ihn auf einer Italienreise zu begleiten.

25. April: Beginn der Italienreise. Sie zieht sich, da der Prinz seine Rückkehr von der Entscheidung des Braunschweigischen Hofes in einer ihn betreffenden diplomatischen Angelegenheit abhängig macht, weit länger hin als ursprünglich geplant. Die Reiseroute: Venedig, Bologna, Florenz, Rom (über Pisa, Livorno, Bastia in Korsika, Genua, Turin, Pavia, Parma), wo man im September eintrifft; von dort (Oktober) Reise nach Neapel; Ende Oktober Beginn der Heimreise von Rom aus.

24. Dezember: Lessing, der sich in München von dem Prinzen getrennt hat, trifft in Wien ein, wo er Briefe von Eva König vorfindet; Eva König war im Mai aus Wien abgereist.

1776   Januar/Februar: Auf der Rückreise nach Wolfenbüttel macht Lessing Station in Dresden, wo er eine Audienz beim Kurfürsten Friedrich August III. (1750–1827) erhält (Verhandlung wegen der Stelle als

Direktor der Dresdner Kunstakademie), Kamenz, wo er nach elf Jahren Mutter und Schwester wiedersieht, sowie in Berlin, wo er den Dichter und Übersetzer Johann Heinrich Voß (1751–1826) sowie den Literaturtheoretiker und Vertreter der »Popularphilosophie« Johann Jakob Engel kennenlernt (1741–1802; Professor am Joachimsthaler Gymnasium; vgl. Daunicht 1971, Nr. 655 und 656).

23. Februar: Ankunft in Braunschweig.

Ende April: Lektüre von Johann Anton Leisewitz' (1752–1806) Trauerspiel *Julius von Tarent*. Das Werk beeindruckt Lessing sehr. Mit Leisewitz wird ihn während seiner letzten Wolfenbütteler Jahre eine engere Freundschaft verbinden.

Anfang Juni: Klärung der Arbeitsbedingungen in Wolfenbüttel: Lessing erhält eine Gehaltserhöhung von 200 Talern, Erlassung aller bisherigen Vorschüsse, neue Vorschüsse von 800–1000 Talern, Zusage einer neuen Wohnung bzw. Entschädigung. Zudem wird ihm der Hofratstitel verliehen.

5. September: Der Mannheimer Buchhändler Christian Friedrich Schwan (1733–1815) überbringt Lessing im Auftrag des kurpfälzischen Ministers von Hompesch die Ernennung zum Mitglied der Mannheimer Akademie der Wissenschaften. Mit der Ernennung ist ein Jahresgehalt von 100 Louisd'or verbunden; außerdem erwartet man, dass er beim Aufbau des Mannheimer Nationaltheaters behilflich sein wird.

8. Oktober: Hochzeit mit Eva König in York (bei Hamburg).

14. Oktober: Rückreise nach Wolfenbüttel. Die Familie (das Ehepaar und drei von Evas Kindern; ihr ältester Sohn Theodor [1757–1809] wohnt wegen eines Fußleidens bei einem Arzt in Landau) bezieht das obere Stockwerk des Meißnerschen Hauses am Schlossplatz in Wolfenbüttel.

1777 17. Januar: Lessing reist nach Mannheim und unterbreitet dort seine Vorschläge zur Errichtung und Führung des Theaters. Die Pläne scheitern; in für Lessing unerfreulicher Weise zieht sich das Hin

und Her um sein Engagement bis März hin; das mit zunehmender Erbitterung geführte briefliche Nachspiel setzt im April ein. – In Mannheim lernt Lessing in Friedrich Müller (gen. Maler Müller; 1749–1825) einen weiteren Vertreter der jungen Dichtergeneration näher kennen.

8. März: Die Schwester Dorothea Salome benachrichtigt Lessing vom Tod der Mutter.

(Vermutlich) September: Johann Daniel Schumanns (1714–1787) Gegenschrift eröffnet den Fragmentenstreit.

20. Dezember: Besuch Mendelssohns in Wolfenbüttel.

Ende Dezember: Umzug der Familie Lessing in das Schäffersche Haus. Dort wird am 25. Dezember der Sohn Traugott geboren, der nur 24 Stunden lebt.

1778 10. Januar: Eva Lessing stirbt. – Lessings Haushalt führt bis zu seinem Tod die Stieftochter Maria Amalia (»Malchen«; 1761–1848).

6. Juli: Kabinettsbefehl des Herzogs an den Direktor der Braunschweigischen Waisenhausbuchhandlung, in dem die Zensurfreiheit für die Beiträge *Zur Geschichte und Litteratur* widerrufen wird. Mit dieser Maßnahme soll die Fortführung des Fragmentenstreits unterbunden werden. Am 13. Juli fordert der Herzog Lessing auf, das Manuskript, aus dem die Fragmente veröffentlicht wurden, an die Bibliothek zurückzugeben.

Während seiner letzten Lebensjahre gewinnt der Hamburger Freundeskreis für Lessing größere Bedeutung; zur wichtigsten Vertrauten und Briefpartnerin wird ihm Elise Reimarus. Reisen nach Hamburg werden auch wegen der Erbschaftsangelegenheiten seiner Stiefkinder nötig. Auf einer dieser Reisen (September 1778) lernt er (u.a.) den Pädagogen Joachim Heinrich Campe (1746–1818) kennen. Campe wirkt seit Herbst 1777 in Hamburg als Erzieher; er leitet eine eigene (nicht-öffentliche) Erziehungsanstalt, in der er Prinzipien Rousseaus verwirklichen will; 1786 wird er mit der Reform des braunschweigischen Erziehungswesens betraut. Lessing interessiert sich besonders für die 1773 erschienenen *Philosophischen Gespräche [...]* (vgl. Campe an Lessing, Ende Sept. 1778, und Lessings Antwort, Oktober 1778).

1779   14. Januar: Bei Eschenburg in Braunschweig begegnet Lessing dem Entdeckungsreisenden, Naturforscher und Publizisten Johann Georg Forster (1754–1794), der ihn wenige Tage später in Wolfenbüttel besucht.

Mai: Lektüre von Friedrich Heinrich Jacobis (1743–1819) Roman *Woldemar* (vgl. den Dankesbrief an Jacobi vom 18. Mai).

Juni: Karl Lessing geht von Berlin als Münzdirektor nach Breslau.

1780   Lessings Gesundheitszustand wird zunehmend schlechter.

26. März: Herzog Karl von Braunschweig stirbt (1713–1780). Der Erbprinz tritt die Regierung an (Herzog Karl II. Wilhelm Ferdinand).

5.–11. Juli: Erster Besuch Jacobis in Wolfenbüttel und Braunschweig; Gespräche über Spinoza und den Pantheismus.

Etwa zwischen dem 10. und 15. August (zweiter Besuch Jacobis) sind beide zusammen in Braunschweig und bei Gleim in Halberstadt (G 8, 758).

Ende November: Der Fragmentenstreit droht für Lessing ernste Konsequenzen zu haben. Vom Herzog, der ihm jedoch offenkundig helfen möchte, erfährt er, dass das »Corpus evangelicorum« (die Vereinigung der evangelischen Reichsstände) ihn wegen der Herausgabe des Fragments *Von dem Zwecke Jesu und seiner Jünger* zur Rechenschaft ziehen lassen will (vgl. Lessings Briefe an Elise Reimarus, 28. November und Dezember 1780).

1781   15. Februar: Lessing stirbt in Braunschweig; um ihn sind die Stieftochter Amalia und Alexander Daveson (1755–?), ein jüdischer Kunsthändler, der wegen des Vorwurfs betrügerischer Machenschaften inhaftiert gewesen war und den Lessing nach seiner Freilassung zeitweise bei sich aufgenommen hatte.

Bibliographie

Forschungsstellen

Lessing-Akademie Wolfenbüttel. Internet-Adresse: www.lessingakademie, http://lessing-portal.hab. de; e-mail: lessingakademie@hab.de.

Arbeitsstelle für Lessing-Rezeption, Lessing-Museum Kamenz. Internet-Adresse: www.lessingmu seum.de sowie www.lessingrezeption-kamenz.de; e-mail: kontakt@ lessingmuseum.de.

Bibliographien

Finken, Karl-Heinz: Lessing-Bibliographie 1979–1982: Veröffentlichungen in den Lessing-Jubiläumsjahren, in: Lessing Yearbook 17 (1985), 285–319.

Guthke, Karl S.: Lessing-Literatur 1963–1968, in: Lessing Yearbook 1 (1969), 255–264.

Kuhles, Doris: Lessing-Bibliographie 1971–1985. Unter Mitarbeit von Erdmann von Wilamowitz-Moellendorff, Berlin/Weimar 1988.

Milde, Wolfgang: Gesamtverzeichnis der Lessing-Handschriften, Bd. 1, Heidelberg 1982.

Seifert, Siegfried: Lessing-Bibliographie, Berlin/ Weimar 1973.

Lessing Yearbook 1 ff. (1969 ff.) [mit Rezensionen und Bibliographien].

Bender, Wolfgang F./Siegfried Bushuven/Michael Huesmann: Theaterperiodika des 18. Jahrhunderts. Bibliographie und inhaltliche Erschließung deutschsprachiger Theaterzeitschriften, Theaterkalender und Theatertaschenbücher, Teil 1: 1750–1780, Bd. 1/2, München u. a. 1994, Teil 2: 1781–1790, Bd. 1–3, München u. a. 1997, Teil 3: 1791–1800, Bd. 1–3, München u. a. 2005.

Meyer, Reinhart: Das deutsche Trauerspiel des 18. Jahrhunderts. Eine Bibliographie, München 1977.

Meyer, Reinhart (Hg.): Bibliographia dramatica et dramaticorum. Kommentierte Bibliographie der im ehemaligen deutschen Reichsgebiet gedruckten und gespielten Dramen des 18. Jahrhunderts nebst deren Bearbeitungen und Übersetzungen und ihrer Rezeption bis in die Gegenwart. I. Abt.: Werkausgaben, Sammlungen, Reihen. Bd. 1–3, Tübingen 1986; II. Abt.: Einzeltitel. Bd. 1–21 (1700–1766), Tübingen 1993 ff.

Forschungsberichte

Albrecht, Wolfgang: Lessing-Forschung 1979– 1983. Ein Literaturbericht auf der Grundlage ausgewählter Buchpublikationen aus der BRD und den USA, in: Weimarer Beiträge 31, 1985, 670–679.

– (1990): Lessing-Forschung 1984 bis 1988. Ein Literaturbericht auf der Grundlage ausgewählter Publikationen, in: Weimarer Beiträge 36, 1164–1180.

Fick, Monika: Sinnlichkeit und Vernunft: ein un-geklärtes Verhältnis. Wichtige Publikationen zu Lessings bürgerlichem Trauerspiel, in: Diskussion Deutsch 131 (1993), 222–227.

Guthke, Karl S.: Lessing-Forschung 1932 bis 1962, in: Deutsche Vierteljahrsschrift für Literaturwissenschaft und Geistesgeschichte 38 (1964), Sonderheft, 68*–169* (wieder: Stuttgart 1965).

– (1975): Grundlagen der Lessingforschung. Neuere Ergebnisse, Probleme, Aufgaben, in: Günter Schulz (Hg.): [Zur Lessing-Forschung], Wolfenbütteler Studien zur Aufklärung, Bd. 2, Bremen/Wolfenbüttel, 10–46.

– (1981): Aufgaben der Lessing-Forschung heute. Unvorgreifliche Folgerungen aus neueren Interessenrichtungen, in: Göpfert (Hg.): Das Bild Lessings in der Geschichte, 131–160.

– (1982): Lessing zwischen heute und morgen: Expeditionen in die Region der offenen Fragen, in: Bahr/ Harris/Lyon (Hgg.): Humanität und Dialog, 9–36.

Schilson, Arno: Gotthold Ephraim Lessing und die Theologie. Zum Stand der Forschung, in: Theologie und Philosophie 47 (1972), 409–428.

Vollhardt, Friedrich: Das theologiekritische Spätwerk Lessings: Hinweise zu neueren Forschungen, in: The German Quaterly 64 (1991), 220–224.

Biographien und biographische Studien

Danzel, Theodor Wilhelm/Gottschalk Eduard Guhrauer: Gotthold Ephraim Lessing, sein Leben und seine Werke, Bd. 1/2, Leipzig 1850/53–54.

Harth, Dietrich: Gotthold Ephraim Lessing oder die Paradoxien der Selbsterkenntnis, München 1993.

Hildebrandt, Dieter: Lessing. Biographie einer Emanzipation, München/Wien 1979; auch: Frankfurt a. M./Berlin/Wien 1982.

Jasper, Willi: Lessing. Aufklärer und Judenfreund. Biographie, Berlin/München 2001.

Lessing, Karl G.: Gotthold Ephraim Lessings Leben, nebst seinem noch übrigen litterarischen Nachlasse, Theil 1, Berlin 1793, Theil 2/3, Berlin 1795, Nd. Hildesheim/New York/ Zürich 1998 (T. 1).

Lessing, Karl G.: Gotthold Ephraim Lessings Leben, hg. von Otto Lachmann, Leipzig 1887.

Nisbet, Hugh Barr: Lessing. Eine Biographie. Aus dem Englischen übersetzt v. Karl S. Guthke, München 2008.

Oehlke, Waldemar: Lessing und seine Zeit, Bd. 1/2, München 1919 (2. Aufl. 1929).

Stahr, Adolf: G.E. Lessing. Sein Leben und seine Werke, Bd. 1/2, 8. Aufl. Berlin 1877.

Schmidt, Erich: Lessing. Geschichte seines Lebens und seiner Schriften, Bd. 1/2, 4. Aufl. Berlin 1923, Nd. Hildesheim/Zürich/New York 1983.

Schneider, Heinrich: Lessing. Zwölf biographische Studien, München 1951.

Schulz, Günter (Hg.): Lessing und der Kreis seiner Freunde, Heidelberg 1985.

Sichelschmidt, Gustav: Lessing. Der Mann und sein Werk, Düsseldorf 1989.

Dokumentationen zu Leben und Werk; Einführungen und allgemeine Hilfsmittel

Albrecht, Wolfgang: Gotthold Ephraim Lessing, Stuttgart/Weimar 1997.

Albrecht, Wolfgang: Lessing. Chronik zu Leben und Werk, Kamenz 2008 (= Begleitbücher zur Dauerausstellung des Lessing-Museums, hg. von Dieter Fratzke).

Barner, Wilfried/Gunter E. Grimm/Helmuth Kiesel/Martin Kramer: Lessing. Epoche, Werk, Wirkung, 5. Aufl. München 1987 (6. unveränderte Aufl. 1998).

Brenner, Peter J.: Gotthold Ephraim Lessing, Stuttgart 2000.

Guthke, Karl S.: Gotthold Ephraim Lessing, 3. erweiterte und überarbeitete Aufl. Stuttgart 1979 (1. Aufl. 1967).

Hillen, Gerd: Lessing-Chronik. Daten zu Leben und Werk, München/Wien 1979.

Jacobs, Jürgen: Lessing. Eine Einführung, München/Zürich 1986.

Jung, Werner: Lessing zur Einführung, Hamburg 2001.

Mann, Otto/Rotraut Straube-Mann: Lessing-Kommentar, Bd. 1/2, München 1971.

Raabe, Paul/Barbara Strutz: Lessings Bucherwerbungen. Verzeichnis der in der Herzoglichen Bibliothek Wolfenbüttel angeschafften Bücher und Zeitschriften 1770–1781, Göttingen 2004.

–/–: Lessings Büchernachlaß. Verzeichnis der von Lessing bei seinem Tode in seiner Wohnung hinterlassenen Bücher und Handschriften, Göttingen 2007.

Bildbände

Drews, Wolfgang: Gotthold Ephraim Lessing in Selbstzeugnissen und Bilddokumenten, Reinbek bei Hamburg 1962 (28. Aufl. 2005).

Fratzke, Dieter (Hg.) (1991): Gotthold Ephraim Lessing in Kamenz: auf historischen Spuren durch seine Geburtsstadt, Kamenz (zuerst 1985).

– (1994): Lessings Lebensweg in musealen Bildern. Ausstellungskatalog, Kamenz (= Sonderheft 4 der Schriftenreihe: Erbepflege in Kamenz, hg. von Wolfgang Albrecht).

Raabe, Paul unter Mitwirkung von Manuel Lichtwitz (Ausstellung) und Wulf Piper (Katalog): Gotthold Ephraim Lessing 1729 bis 1781. Ausstellung im Lessinghaus, Wolfenbüttel 1981, Nd. Weinheim 1988 (= Ausstellungskataloge der Herzog August Bibliothek 31).

Raabe, Paul: Spaziergänge durch Lessings Wolfenbüttel, Hamburg/Zürich 1997.

Raabe, Paul/Günter Schöne: Lessing: Erinnerung und Gegenwart, das Lessinghaus in Wolfenbüttel, Hamburg 1979.

Ritter-Santini, Lea (Hg.): Eine Reise der Aufklärung: Lessing in Italien 1775. Ausstellung in der Herzog August Bibliothek und im Schlossmuseum Wolfenbüttel, Berlin 1993 (= Ausstellungskataloge der Herzog August Bibliothek 70).

Rudloff-Hille, Gertrud: Die authentischen Bildnisse Gotthold Ephraim Lessings. Zusammenfassende Darstellung der bis heute bekannt gewordenen Lessing-Porträts, Kamenz 1983 (2. Aufl. 1991).

Schneider, Ulrich Johannes: Bücher als Argumente. Lessing zwischen Bibliothek und Öffentlichkeit, Wolfenbüttel 2003 (= Begleitbuch zur Ausstellung in der Augusteerhalle der Herzog August Bibliothek Wolfenbüttel, 22. Januar bis 13. Juni 2004).

Schnierle, Herbert: Gotthold Ephraim Lessing, Salzburg 1981 (= Die Grossen Klassiker. Literatur der Welt in Bildern, Texten, Daten, Bd. 8).

Wölfel, Kurt (Hg.): Lessings Leben und Werk in Daten und Bildern, Frankfurt a. M. 1967.

Sammlungen und Reihen

Bahr, Ehrhard/Edward P. Harris/Laurence G. Lyon (Hgg.): Humanität und Dialog. Lessing und Mendelssohn in neuer Sicht, Detroit/ München 1982.

Barner, Wilfried/Albert M. Reh (Hgg.): Nation und Gelehrtenrepublik. Lessing im europäischen Zusammenhang, Detroit/München 1984.

Bauer, Gerhard und Sibylle (Hgg.): Gotthold Ephraim Lessing, Darmstadt 1968.

Braungart, Georg (Hg.): Neue Lessing Lektüren. Dokumentation eines Symposions in Wolfenbüttel aus Anlass des 60. Geburtstages von Wilfried Barner, Göttingen 1999 (= Lessing Yearbook 30 [1998]).

Engel, Eva J./Claus Ritterhoff (Hgg.): Neues zur Lessing-Forschung. Ingrid Strohschneider-Kohrs zu Ehren, Tübingen 1998.

Fauser, Markus (Hg.): Gotthold Ephraim Lessing. Neue Wege der Forschung, Darmstadt 2008 (mit einer Auswahlbibliographie 1985–2006).

Fratzke, Dieter/Wolfgang Albrecht (Hgg.): Lessing und Europa. 41. Kamenzer Lessing-Tage, Kamenz 2002.

Freimark, Peter/Franklin Kopitzsch/Helga Slessarev (Hgg.): Lessing und die Toleranz, Detroit/München 1986.

Göpfert, Herbert G. (Hg.): Das Bild Lessings in der Geschichte, Heidelberg 1981.

Harris, Edward P./Richard E. Schade (Hgg): Lessing in heutiger Sicht, Bremen/Wolfenbüttel 1977.

Lessings Dramen. Interpretationen, Stuttgart 1987.

Lessing und die Zeit der Aufklärung. Vorträge gehalten auf der Tagung der Joachim Jungius Gesellschaft der Wissenschaften Hamburg am 10. und 11. Oktober 1967, Göttingen 1968.

Mauser, Wolfram/Günter Saße (Hgg.): Streitkultur. Strategien des Überzeugens im Werk Lessings, Tübingen 1993.

McCarthy, John A./Herbert Rowland/Richard E.

Schade (Hgg.): Lessing International – Lessing Reception Abroad, Göttingen 2001 (= Lessing Yearbook 32 [2000]).

Werner, Hans-Georg (Hg.): Lessing-Konferenz Halle 1979, T. 1/2, Halle/Saale 1980.

Werner, Hans-Georg (Hg.): Bausteine zu einer Wirkungsgeschichte: Gotthold Ephraim Lessing, Berlin/Weimar 1984.

Schriftenreihe der Arbeitsstelle für Lessing-Rezeption (Kamenz):
– Gotthold Ephraim Lessing im kulturellen Gedächtnis – Materialien zur Rezeptionsgeschichte, Bd. 1 ff., 2009 ff.
Schriftenreihen der Lessing-Akademie Wolfenbüttel:
– Wolfenbütteler Studien zur Aufklärung, Bd. 1 ff., 1974 ff.
– Kleine Schriften zur Aufklärung, Bd. 1 ff., 1988 ff.
– Wolfenbütteler Vortragsmanuskripte, Bd. 1 ff., 2005 ff.
Schriftenreihe des Lessing-Museums Kamenz:
– Erbepflege in Kamenz, Bd. 1–25, 1981–2005; danach unperiodisch erscheinende Schriften des Lessing-Museums.
Schriftenreihe der Lessing Society (USA):
– Lessing Yearbook 1 ff., 1969 ff.

Literaturdidaktische Ausgaben; Modellanalysen

Als Reclam-Ausgaben liegen vor:
Sämtliche Gedichte [Grimm], die vollendeten Dramen und drei Jugendkomödien (*Der Freigeist* [Bohnen], *Die Juden* [Grosse], *Der junge Gelehrte* [Anger]), die Fragmente *D. Faust* und *Die Matrone von Ephesus* [Guthke], die Diderot-Übersetzung [K.-D. Müller], die Fabeln und Fabel-Abhandlungen [Rölleke] sowie eine Auswahl aus den religionsphilosophischen (*Die Erziehung des Menschengeschlechts* [Thielicke]), kunst- und dramentheoretischen Schriften (»Literaturbriefe« [Bender], *Hamburgische Dramaturgie* [Berghahn], *Laokoon* [I. Kreuzer], *Wie die Alten den Tod gebildet* [Uhlig], zur »Kritik und Dramaturgie« [Bühner], literaturtheoretische und ästhetische Schriften [A. Meier]). Reclams *Erläuterungen und Dokumente* gibt es zu *Emilia Galotti* [J.-D. Müller; neu: G. Dane], *Minna von Barnhelm* [Hein; neu: Schönborn], *Miß Sara Sampson* [Richel] und *Nathan der Weise* [v. Düffel]. Die herangezogenen Bände werden unter den Rubriken *Einzelausgaben* und *Quellen: Dokumentationen* aufgelistet.

Bark, Joachim (Hg.) (1980): Gotthold Ephraim Lessing: Minna von Barnhelm oder das Soldatenglück. Ein Lustspiel. Nachwort, Zeittafel, Erläuterungen und bibliographische Hinweise von J.B., München.
– (Hg.) (1989): Gotthold Ephraim Lessing: Nathan der Weise. Ein dramatisches Gedicht. Nachwort, Zeittafel, Erläuterungen und bibliographische Hinweise von J.B., 4. Aufl. München.
– (Hg.) (2001): Gotthold Ephraim Lessing: Nathan

der Weise. Ein dramatisches Gedicht in fünf Aufzügen. Textausgabe mit Materialien, ausgewählt und eingeleitet von J.B., Stuttgart.

Göbel, Helmut (Hg.): Lessings *Nathan*. Der Autor, der Text, seine Umwelt, seine Folgen, Berlin 1977. Erweiterte Neuausg. Berlin 2002.

Grimm, Gunter E.: Lessing in der Schule der Gegenwart, in: Barner u. a.: Lessing. Epoche, Werk, Wirkung (⁵1987), 418–427.

Große, Wilhelm (Hg.): Gotthold Ephraim Lessing: Nathan der Weise. Ein dramatisches Gedicht, in fünf Aufzügen. Mit einem Kommentar, Frankfurt a. M. 2003 (= Suhrkamp BasisBibliothek 41).

Hildebrandt, Dieter (Hg.): Gotthold Ephraim Lessing: Minna von Barnhelm. Vollständiger Text. Dokumentation, Frankfurt a. M. 1969.

Kröger, Wolfgang (1995): Gotthold Ephraim Lessing: Minna von Barnhelm. Grundlagen und Gedanken zum Verständnis des Dramas, 2. Aufl. Frankfurt a. M. (1. Aufl. 1985).
– (1995): Literaturwissen. Gotthold Ephraim Lessing, Stuttgart.

Schmitt, Axel (Hg.): Gotthold Ephraim Lessing: Emilia Galotti. Ein Trauerspiel in fünf Aufzügen. Mit einem Kommentar, Frankfurt a. M. 2004 (= Suhrkamp BasisBibliothek 44).
– (Hg.): Gotthold Ephraim Lessing: Miß Sara Sampson. Ein bürgerliches Trauerspiel in fünf Aufzügen, Berlin 1755. Mit einem Kommentar, Frankfurt a. M. 2005 (= Suhrkamp BasisBibliothek 52).

Wandruszka, Marie Luise (Hg.): Gotthold Ephraim Lessing: Minna von Barnhelm, oder Das Soldatenglück. Ein Lustspiel in fünf Aufzügen. Verfertigt im Jahre 1763. Mit einem Kommentar, Frankfurt a. M. 2005 (= Suhrkamp BasisBibliothek 73).

Will, Timotheus: Lessings dramatisches Gedicht *Nathan der Weise* und die Philosophie der Aufklärungszeit, Paderborn/München/Wien/ Zürich 1999.

Einzelausgaben von Lessings Werken, auf die in den Analysen zurückgegriffen wurde

Briefe, die neueste Literatur betreffend, hg. und kommentiert von Wolfgang Bender, Stuttgart 1972.

Briefe, die neueste Literatur betreffend. Mit einer Dokumentation zur Entstehungs- und Wirkungsgesdchichte, hg. und kommentiert von Wolfgang Albrecht, Leipzig 1987.

Lessings Briefwechsel mit Mendelssohn und Nicolai über das Trauerspiel. Nebst verwandten Schriften Nicolais und Mendelssohns, hg. von Robert Petsch, Leipzig 1910.

Gotthold Ephraim Lessing, Moses Mendelssohn, Friedrich Nicolai: Briefwechsel über das Trauerspiel, hg. und kommentiert von Jochen Schulte-Sasse, München 1972.

Emilia Galotti. Ein Trauerspiel in fünf Aufzügen. Hist.-krit. Ausgabe, hg. von Elke Monika Bauer, Tübingen 2004.

Ernst und Falk. Mit den Fortsetzungen Johann Gottfried Herders und Friedrich Schlegels, hg. von Ion Contiades, Frankfurt a. M. 1968.

D. Faust. Die Matrone von Ephesus, hg. von Karl S. Guthke, Stuttgart 1968.

Der Freigeist. Ein Lustspiel in fünf Aufzügen [...], hg. von Klaus Bohnen, Stuttgart 1980.

Hamburgische Dramaturgie, hg. und kommentiert von Klaus L. Berghahn, Stuttgart 1981.

Kleinigkeiten. Faksimile des Marbacher Manuskripts vorgestellt von Jochen Meyer, Göttingen 2000.

Philotas. Ein Trauerspiel. Studienausgabe mit Lessings *Kleonnis*, Gleims *Philotas*, Bodmers *Polytimet* und Texten zur Theorie, Entstehung und Aufnahme, hg. von Wilhelm Grosse, Stuttgart 1979.

Sämtliche Gedichte, hg. und kommentiert von Gunter Grimm, Stuttgart 1987.

Das Theater des Herrn Diderot. Aus dem Französischen übers. von Gotthold Ephraim Lessing, hg. von Klaus-Detlef Müller, Stuttgart 1986.

Übersetzungen aus dem Französischen Friedrichs des Großen und Voltaires, hg. von Erich Schmidt, Berlin 1892, Nd. München 1980.

Übersetzungen: Elektronische Edition: http://lessingportal.hab.de/index.php?id=142.

Vierundfunfzig zum Theil noch ungedruckte Dramatische Entwürfe und Pläne Gotthold Ephraim Lessing's, hg. von Robert Boxberger, Separat-Abdruck aus der neuen Ausgabe von Lessing's Werken, Berlin 1876.

Quellen

Dokumentationen zur Wirkung Lessings und seiner Werke

Albrecht, Wolfgang (1991): Den einen Wahrheitsucher, den anderen Irreführer. Zeitschriftenmaterialien zur Wirkung Lessings im Jahrzehnt seines Todes, in: Lessing Yearbook 23, 1–67.

– (Hg.) (2003): Lessing im Spiegel zeitgenössischer Briefe. Ein kommentiertes Lese- und Studienwerk, Teil 1: 1750 bis 1781, Teil 2: Anhang, Kommentar und Register, Kamenz (= Begleitbücher zur Dauerausstellung des Lessing-Museums, hg. von Dieter Fratzke). (Sigle: W. Albrecht 2003).

– (Hg.) (2005): Lessing. Gespräche, Begegnungen, Lebenszeugnisse, Bd. 1/2, Kamenz (= Begleitbücher zur Dauerausstellung des Lessing-Museums, hg. von Dieter Fratzke). (Sigle: W. Albrecht 2005).

Albrecht, Wolfgang/Dieter Fratzke (Hgg.): Sammlungsverzeichnis des Lessing-Museums Kamenz. Bd. 1–10, Kamenz 1997 ff.

–: Bd. 1, Teil 1: Bibliothek, bearbeitet von Edeltraud Schnappauf, Kamenz 1997.

–: Bd. 1, Teil 2: Bibliothek, bearbeitet von Edeltraud Schnappauf unter Mitwirkung von Rita Kretschmar und Monika Lehmann, Kamenz 1998.

–: Bd. 2, Teil 1: Theatralia. Nathan der Weise, bearbeitet von Edeltraud Schnappauf unter Mitwirkung von Rita Kretschmar, Kamenz 2000.

–: Bd. 2, Teil 2: Theatralia. Minna von Barnhelm, bearbeitet von Edeltraud Schnappauf unter Mitwirkung von Rita Kretschmar, Kamenz 2001.

–: Bd. 2, Teil 3: Theatralia. Teil 3: Emilia Galotti, bearbeitet von Edeltraud Schnappauf unter Mitwirkung von Maxi Ziehe, Kamenz 2003.

–: Bd. 2, Teil 4: Theatralia. Teil 4: Miß Sara Sampson, Philotas, frühe Lustspiele, bearbeitet von Edeltraud Schnappauf, Kamenz 2004.

–: Bd. 5, Teil 1: Nachlässe. Erich Schmidt, bearbeitet von Volker Ufertinger unter Mitwirkung von Wolfgang Albrecht, Kamenz 2002.

–: Bd. 7: Münzen, Medaillen und Freimaurerbijous, bearbeitet von Matthias Hanke, Kamenz 1999.

Bauer, Elke Monika (Hg.): Gotthold Ephraim Lessing: Emilia Galotti. Ein Trauerspiel in fünf Aufzügen. Hist.-krit. Ausgabe, Tübingen 2004.

Biedermann, Flodoard Freiherr von (Hg.): Gotthold Ephraim Lessings Gespräche nebst sonstigen Zeugnissen aus seinem Umgang, Berlin 1924.

Bohnen, Klaus (Hg.) (1982a): Lessing. Nachruf auf einen Aufklärer. Sein Bild in der Presse der Jahre 1781, 1881 und 1981, München.

Braun, Julius W. (Hg.): Lessing im Urtheile seiner Zeitgenossen. Zeitungskritiken, Berichte und Notizen, Lessing und seine Werke betreffend, aus den Jahren 1747–1781, Bd. 1–3, Berlin 1884–1897, Nd. Hildesheim 1969 (Sigle: Braun 1–3).

Brown, F. Andrew: Documents to Lessing's Reception in German-Language Journals, 1749–1781, in: Lessing Yearbook 15 (1983), 9–62.

Daunicht, Richard (Hg.): Lessing im Gespräch. Berichte und Urteile von Freunden und Zeitgenossen, München 1971 (Sigle: Daunicht 1971).

Diedrichsen, Diedrich/Bärbel Rudin (Hgg.): Lessing im Spiegel der Theaterkritik 1945–1979, Berlin 1980 (= Schriften der Gesellschaft für Theatergeschichte Bd. 67).

Düffel, Peter von (Hg.): G.E. Lessing: Nathan der Weise. Erläuterungen und Dokumente, Stuttgart 1972.

Dvoretzky, Edward (Hg.) (1971/72): Lessing. Dokumente zur Wirkungsgeschichte 1755–1968, Teil 1/2, Göppingen.

– (Hg.) (1981): Lessing heute. Beiträge zur Wirkungsgeschichte, Stuttgart.

Eibl, Karl: Gotthold Ephraim Lessing: Miss Sara Sampson. Ein bürgerliches Trauerspiel, Frankfurt a. M. 1971 (= Commentatio. Analysen und Kommentare zur deutschen Literatur 2).

Gansel, Carsten/Birka Siwczyk (Hgg.): Gotthold Ephraim Lessings *Nathan der Weise* im Kulturraum Schule (1830–1914), Göttingen 2009.

– (Hgg.): Gotthold Ephraim Lessings *Minna von Barnhelm* im Kulturraum Schule (1830–1914), Göttingen 2010 (im Druck).

Hein, Jürgen (Hg.): Gotthold Ephraim Lessing: Minna von Barnhelm. Erläuterungen und Dokumente, Stuttgart 1977.

Helbig, Louis Ferdinand: Gotthold Ephraim Lessing. Die Erziehung des Menschengeschlechts. Historisch-kritische Edition mit Urteilen Lessings und seiner Zeitgenossen, Einleitung, Entstehungsgeschichte und Kommentar, Bern/Frankfurt a. M./Las Vegas 1980.

Henning, Hans (Hg.): Lessings *Emilia Galotti* in der zeitgenössischen Rezeption, Leipzig 1981.

Hildebrandt, Dieter (Hg.): Gotthold Ephraim Lessing: Minna von Barnhelm. Vollständiger Text. Dokumentation, Frankfurt a. M. 1969.

Meyer, Jochen (Hg.): Musikalische Kleinigkeiten. Lockere Lieder von Gotthold Ephraim Lessing in Kompositionen seiner Zeitgenossen, Marbach 2001.

Müller, Jan-Dirk (Hg.): Gotthold Ephraim Lessing: Emilia Galotti. Erläuterungen und Dokumente, 2. Aufl. Stuttgart 1993.

Richel, Veronica (Hg.): Gotthold Ephraim Lessing: Miß Sara Sampson. Erläuterungen und Dokumente, Stuttgart 1985 (ergänzte Ausgabe: 2003)..

Schönborn, Sibylle (Hg.): Gotthold Ephraim Lessing: *Minna von Barnhelm*. Erläuterungen und Dokumente, Stuttgart 2003.

Scholz, Heinrich (Hg.): Die Hauptschriften zum Pantheismusstreit zwischen Jacobi und Mendelssohn, Berlin 1916.

Schulz, Ursula: Lessing auf der Bühne. Chronik der Theateraufführungen 1748–1789, Bremen/Wolfenbüttel 1977.

Steinmetz, Horst (Hg.) (1969): Lessing – ein unpoetischer Dichter. Dokumente aus drei Jahrhunderten zur Wirkungsgeschichte Lessings in Deutschland, Frankfurt a. M./Bonn.

– (Hg.) (1979): Gotthold Ephraim Lessings *Minna von Barnhelm*. Dokumente zur Rezeptions- und Interpretationsgeschichte, Königstein/Ts..

Stümcke, Heinrich (Hg.): Die Fortsetzungen, Nachahmungen und Travestien von Lessings *Nathan der Weise*, Berlin 1904.

Dokumentsammlung der Lessing-Akademie: www.lessing-akademie.de (s. dort unter »Lessingtexte« im Hauptmenü).

Textsammlungen

Bodmer, Johann Jakob/Johann Jakob Breitinger: Schriften zur Literatur, hg. von Volker Meid, Stuttgart 1980.

Bohnen, Klaus (Hg.): Deutsche Gedichte des 18. Jahrhunderts, Stuttgart 1987.

Brauneck, Manfred (Hg.): Spieltexte der Wanderbühne, Bd. 1–4, Berlin 1970–1975.

Brüggemann, Fritz (Hg.): Der Siebenjährige Krieg im Spiegel der zeitgenössischen Literatur, Leipzig 1935 (= Deutsche Literatur […] in Entwicklungsreihen, Reihe Aufklärung, Bd. 9), Nd. Darmstadt 1966.

Daunicht, Richard: Die Neuberin. Materialien zur Theatergeschichte des 18. Jahrhunderts, hg. vom Ministerium für Kultur der DDR, Heidenau/Saale o.J. [1956].

van Dülmen, Richard: Der Geheimbund der Illuminaten. Darstellung, Analyse, Dokumentation, Stuttgart/Bad Cannstatt 1975.

Lindner, Hermann: Fabeln der Neuzeit. England, Frankreich, Deutschland. Ein Lese- und Arbeitsbuch, München 1978.

Mathes, Jürg (Hg.): Die Entwicklung des bürgerlichen Dramas im 18. Jahrhundert. Ausgewählte Texte. Mit einem Nachwort von J. M., Tübingen 1974.

Neuber, Friederike Caroline: Das Lebenswerk der Bühnenreformerin. Poetische Urkunden. Teil 1/2, hg. von Bärbel Rudin/Marion Schulz, Reichenbach im Vogtland 1997/2002.

Payer von Thurn, Rudolf (Hg.): Wiener Haupt- und Staatsaktionen, Bd. 1/2, Wien 1908/ 1910.

Pfotenhauer, Helmut/Markus Bernauer/Norbert Miller (Hgg.): Frühklassizismus. Position und Opposition: Winckelmann, Mengs, Heinse, Frankfurt a. M. 1995 (= Bibliothek der Kunstliteratur 2).

Einzelwerke

Anonym: Die entdeckte Heimlichkeit der Freymäurer, o.O. 1779.

Abbt, Thomas: Vom Tode für das Vaterland (1761), in: Aufklärung und Kriegserfahrung. Klassische Zeitzeugen zum Siebenjährigen Krieg, hg. von Johannes Kunisch, Frankfurt/ M. 1996, 589–650.

Addison, Joseph/Richard Steele u. a.: The Spectator, hg. von Donald F. Bond, Vol. 1–5, Oxford 1965.

Anderson, Jacob: Neues Constitutionen=Buch der Alten Ehrwürdigen Brüderschafft der Frey=Maurer, Worin die Geschichte, Pflichten, Reguln etc. derselben, Auf Befehl der Grossen Loge […] verfasset worden. Aus dem Englischen übersetzt, 2. verm. Aufl. Frankfurt a. M. 1743.

Archenholz, Johann Wilhelm von: Geschichte des siebenjährigen Krieges in Deutschland von 1756 bis 1763 (1793), in: Aufklärung und Kriegserfahrung. Klassische Zeitzeugen zum Siebenjährigen Krieg, hg. von Johannes Kunisch, Frankfurt/ M. 1996, 9–513.

Aristoteles: Dichtkunst, ins Deutsche übersetzet, Mit Anmerkungen, und besondern Abhandlungen, versehen, von Michael Conrad Curtius, Hannover 1753, Nd. Hildesheim/New York 1973.

Aristoteles: Poetik. Griechisch/Deutsch, übersetzt u. hg. von Manfred Fuhrmann, Stuttgart 1982.

Aristoteles: Poetik, übersetzt und erläutert von Arbogast Schmitt, Berlin 2008 (= Werke in deutscher Übersetzung, begründet von Ernst Grumach, hg. von Hellmuth Flashar, Bd. 5).

Augustinus, Aurelius: Vom Gottesstaat (De Civitate Dei). Vollständige Ausgabe in einem Band, aus dem Lateinischen von Wilhelm Thimme, eingeleitet u. kommentiert von Carl Andresen, München 2007.

–: Alleingespräche (Soliloquiorum libri duo). In deutscher Sprache von Carl Johann Perl, Paderborn 1955. (Unveränderter Nachdruck 1983).

Ayrenhoff, Cornelius von: Erinnerung des Verfassers [= Vorrede zu *Hermanns Tod*, 1768], in: Sämmtliche Werke. Neu verb. und verm. Auflage in sechs Bänden, Bd. 1, Wien 1803, 99–104.

Batteux, Charles: Einschränkung der schönen Künste auf einen einzigen Grundsatz, aus dem Französischen übersetzt und mit Abhandlungen begleitet von Johann Adolf Schlegel, Teil 1/2, 3. Aufl. Leipzig 1770, Nd. Hildesheim/ New York 1976.

–: Principes de la littérature, 5. Aufl. Paris 1775, Nd. Genf 1967.

Baumgarten, Alexander Gottlieb: Meditationes philosophicae de nonnullis ad poema pertinentibus/

Philosophische Betrachtungen über einige Bedingungen des Gedichts (1735), übersetzt und mit einer Einleitung hg. von Heinz Paetzold, Hamburg 1983.

–: Theoretische Ästhetik. Die grundlegenden Abschnitte aus der »Aesthetica« (1750/58), übersetzt und hg. von Hans Rudolf Schweizer, 2. Aufl. Hamburg 1988.

Bayle, Pierre: Dictionnaire historique et critique, s. Gottsched.

Bayle, Pierre: Historisches und kritisches Wörterbuch. Eine Auswahl, übers. u. hg. von Günter Gawlick und Lothar Kreimendahl, Hamburg 2003.

Behrmann, Georg: Timoleon. Der Bürgerfreund. Ein Trauerspiel, Hamburg 1741, Nd. München 1981 (= Das deutsche Drama des 18. Jahrhunderts in Einzeldrucken, hg. von Reinhart Meyer, Bd. 1: Das Repertoire bis 1755, 57–202).

Bodmer, Johann Jakob: Critische Betrachtungen über die Poetischen Gemählde der Dichter, Zürich 1741, Nd. Frankfurt a. M. 1971.

–: Von dem Einfluß und Gebrauche der Einbildungs-Kraft; Zur Ausbesserung des Geschmackes [...], Frankfurt/Leipzig 1727.

–: Polytimet. Ein Trauerspiel. Durch Lessings Philotas, oder ungerathenen Helden veranlasset, in: Gotthold Ephraim Lessing: Philotas, hg. von Wilhelm Grosse, Stuttgart 1979, 63 ff.

Bodmer, Johann Jakob/Johann Jakob Breitinger: Critische Briefe, Zürich 1746, Nd. Hildesheim 1969.

–: Lessingische unäsopische Fabeln. Enthaltend die sinnreichen Einfälle und weisen Sprüche der Thiere. Nebst damit einschlagender Untersuchung der Abhandlung Herrn Leßings von der Kunst Fabeln zu verfertigen, Zürich 1760.

Bonnet, Charles: Analytischer Versuch über die Seelenkräfte. Aus dem Französischen übersetzt und mit einigen Zusätzen vermehrt von M. Christian Gottfried Schütz, Bd. 1/2, Bremen/Leipzig 1770/71.

–: La Palingénésie Philosophique, Ou Idées Sur L'État Passé Et Sur L'État Futur Des Úqtres Vivans [...], Bd. 1/2, Munster 1770 (Erstdruck: Genf 1769).

Breitinger, Johann Jakob: Critische Abhandlung von der Natur, den Absichten und dem Gebrauche der Gleichnisse, Zürich 1740, Nd. Stuttgart 1967.

–: Critische Dichtkunst, Bd. 1/2, Zürich 1740, Nd. Stuttgart 1966.

Cardanus, Hieronymus: De subtilitate, in: Opera Omnia, Bd. 3, Lyon 1663, Nd. Stuttgart/Bad Cannstatt 1966, 357–672.

Claudius, Matthias: Sämtliche Werke. Nach dem Text der Erstausgaben [...] hg. von Jost Perfahl, München 1976.

Cramer, Johann Andreas (Hg.): Der nordische Aufseher, Kopenhagen/Leipzig, Bd. 1 (1760), 2 (1762), 3 (1770) [Buchausgabe].

Cronegk, Johann Friedrich von: Schriften, Bd. 1, Leipzig 1760.

Diderot, Denis: Ästhetische Schriften, Bd. 1/2, übersetzt von Friedrich Bassenge und Theodor Lücke, Frankfurt a. M. 1967.

–: Le drame bourgeois, Fiction II: Le Fils naturel, ou Les épreuves de la vertu, Le Père de famille, avec

un Discours sur la poésie dramatique [...], hg. von Jacques und Anne-Marie Chouillet, Paris 1980 (= Oeuvres complètes, Bd. 10).

Dubos, Abbé [=Jean-Baptiste Dubos]: Réflexions critiques sur la poésie et sur la peinture, Collection Beaux-arts histoire, Paris 1993 [nach der Ausgabe von 1755].

Edelmann, Johann Christian: Abgenöthigtes, jedoch andern nicht wieder aufgenöthigtes Glaubens-Bekentniß/ Aus Veranlassung Unrichtiger und verhuntzter Abschrifften Desselben, Dem Druck übergeben, Und Vernünfftigen Gemüthern Zur Prüfung vorgeleget, Faks.-Neudruck der Ausg. 1746, mit einer Einleitung von Walter Grossmann, Stuttgart/Bad Cannstatt 1969.

Feder, Johann Georg Heinrich: Grundlehren zur Kenntniß des Menschlichen Willens und der natürlichen Gesetze des Rechtverhaltens, Göttingen 1782.

Ferguson, Adam: Versuch über die Geschichte der bürgerlichen Gesellschaft, hg. und eingeleitet von Zwi Batscha und Hans Medick, übersetzt von Hans Medick, Frankfurt a. M. 1986.

Fichte, Johann Gottlieb [u. a.]: Philosophie der Maurerei. Briefe an Konstant (1802/1803), in: Werke 1801–1806, hg. von Reinhard Lauth/ Hans Gliwitzky, Stuttgart/Bad Cannstatt 1991 (= Fichte-Gesamtausgabe der Bayer. Akademie der Wissenschaften, Werkeband 8; Sigle: AK).

Friedrich der Große: Das Politische Testament von 1752 [Testament Politique], aus dem Französischen übertr. v. Friedrich v. Oppeln-Bronikowski, mit einem Nachwort hg. v. Eckhard Most, Stuttgart 1974.

–: Der Antimachiavell oder Untersuchung von Machiavellis »Fürst«, bearbeitet von Voltaire, aus dem Französischen übersetzt von Helga Bergmann, Leipzig 1991.

Gädicke, Johann Christian: Freimaurer-Lexicon, Berlin 1818.

Gellert, Christian Fürchtegott : Moralische Vorlesungen, in: Gesammelte Schriften, krit. und komm. Ausgabe, hg. von Bernd Witte, Bd. 6, Moralische Vorlesungen. Moralische Charaktere, hg. von Sibylle Späth, Berlin/New York 1992, 1–285.

–: De Poesi Apologorum Eorumque Scriptoribus/ Von denen Fabeln und deren Verfassern [1744/1772], in: Gesammelte Schriften, krit. u. komm. Ausgabe, hg. von Bernd Witte, Bd. 5, Poetologische und Moralische Abhandlungen. Autobiographisches, hg. v. Werner Jung/John F. Reynolds/Bernd Witte, Berlin/ New York 1994, 1–99.

Gerstenberg, Heinrich Wilhelm von (Hg.): Briefe über Merkwürdigkeiten der Litteratur, Sammlung 1–3, Schleswig/Leipzig 1766/67, Fortsetzung Hamburg/Bremen 1770, Nd. Hildesheim/New York 1971.

Gleim, Johann Wilhelm Ludwig: Philotas. Ein Trauerspiel. Von dem Verfasser der preussischen Kriegeslieder vercificirt, in: Gotthold Ephraim Lessing: Philotas, hg. von Wilhelm Grosse, Stuttgart 1979, 43 ff.

–: Preußische Kriegslieder in den Feldzügen 1756 und 1757 von einem Grenadier, in: Der Siebenjährige

Krieg im Spiegel der zeitgenössischen Literatur, hg. von Fritz Brüggemann, Leipzig 1935 (Nd. Darmstadt 1966), 97–128.

Goethe, Johann Wolfgang: Sämtliche Werke nach Epochen seines Schaffens. Münchner Ausgabe, hg. von Karl Richter in Zusammenarbeit mit Herbert G. Göpfert u. a., München 1985 ff. (Sigle: MA).

–: Bd. 1/2: Der junge Goethe 1757–1775, hg. von Gerhard Sauder, München 1987 (darin: Rezensionsartikel für die *Frankfurter Gelehrten Anzeigen*).

–: Bd. 4/2: Wirkungen der Französischen Revolution 1791–1797, hg. von Klaus H. Kiefer u. a., München 1986 (darin: Dokumente zu *Über Laokoon*).

–: Bd. 11/2: Divan-Jahre 1814–1819, hg. von Johannes John u. a., München 1994 (darin: Über das deutsche Theater).

Goethe, Johann Wolfgang: Briefe. Hamburger Ausgabe in 4 Bänden, hg. von Karl Robert Mandelkow, 2. Aufl. Hamburg bzw. München 1968–1976 (Sigle: HA Briefe).

Goethe, Johann Wolfgang: Werke. Hamburger Ausgabe in 14 Bänden, hg. von Erich Trunz, 5.–11. Aufl. der Einzelbde, München 1975–81 (Sigle: HA).

–: Bd. 9/10: Autobiographische Schriften 1/2: Aus meinem Leben. Dichtung und Wahrheit, textkrit. durchges. von Lieselotte Blumenthal, 9. bzw. 7. neubearb. Aufl. München 1981.

–: Bd. 11: Autobiographische Schriften 3: Italienische Reise. hg. und kommentiert von Herbert von Einem, 9. Aufl. München 1979.

–: Bd. 12: Schriften zur Kunst und Literatur, 8. überarb. Aufl. München 1978 (darin: Über Laokoon; Nachlese zu Aristoteles' Poetik).

–: Bd. 13: Naturwissenschaftliche Schriften, textkrit. durchges. und kommentiert von Dorothea Kuhn und Rike Wankmüller, 7. überarb. Aufl. München 1975 (darin: Studie nach Spinoza).

Goeze, Johan Melchior: Theologische Untersuchung der Sittlichkeit der heutigen deutschen Schaubühne, überhaupt: wie auch der Fragen: Ob ein Geistlicher, insonderheit ein wirklich im Predigt-Amte stehender Mann, ohne ein schweres Aergernis zu geben, die Schaubühne besuchen […] und als einen Tempel der Tugend, als eine Schule der edlen Empfindungen, und der guten Sitten, anpreisen könne? 2. Aufl. Hamburg 1770.

Gottsched, Johann Christoph: Ausgewählte Werke, hg. von Joachim und Brigitte Birke, fortgeführt von P[hillip] M[arshall] Mitchell, Berlin/New York 1968 ff. (Sigle: BA).

–: Cato, Ein Trauerspiel. Vorrede zur ersten Ausgabe 1732, in: Gottsched: Sämtliche Dramen, hg. von Joachim Birke, Berlin 1970, 3–18 (=BA 2).

–: Die Schauspiele, und besonders die Tragödien sind aus einer wohlbestellten Republik nicht zu verbannen, in: Gottsched: Gesammelte Reden, bearbeitet von Rosemary Scholl, Berlin/ New York 1976, 492–500 (= BA 9/2).

–: Versuch einer Critischen Dichtkunst […], hg. von Joachim und Brigitte Birke, 4 Bde, Berlin/ New York 1973 (3 Textbände) und 1978 (Kommentarband; hg. von P.M. Mitchell) (= BA 6/1–4).

–: BA 6/1–2: Text der dritten Auflage 1742;

–: BA 6/2: zu der vierten Auflage 1751 hinzugefügte Kapitel;

–: BA 6/3: Variantenverzeichnis;

–: BA 6/4: Kommentar.

–: Die Deutsche Schaubühne, 2. Theil, Leipzig 1741, Nd. Stuttgart 1972.

–: Erste Gründe der gesammten Weltweisheit, Darinn alle Philosophische Wissenschaften in ihrer natürlichen Verknüpfung abgehandelt werden […], 2. Aufl. Leipzig 1736 (erste Aufl. Leipzig 1733–34, Nd. Frankfurt a. M. 1965).

–: Herrn Peter Baylens […] Historisches und Kritisches Wörterbuch, nach der neuesten Auflage von 1740 ins Deutsche übersetzt […], Leipzig 1741–1744, Nd. Hildesheim/New York 1974–1978.

Grosses vollständiges Universal-Lexicon aller Wissenschafften und Künste […], 64 und 4 Supplement-Bde, Halle/Leipzig: Johann Heinrich Zedler 1732–54, Nd. Graz 1961–64.

Großmann, Gustav Friedrich Wilhelm: Lessings Denkmal. Eine vaterländische Geschichte dem Deutschen Publikum zur Urkunde vorgelegt, Hannover 1791, Nd. Hildesheim/Zürich/New York 1997.

Haller, Albrecht von: Gedichte, hg. von Ludwig Hirzel, Bd. 2: Versuch schweizerischer Gedichte, unveränderte Studienausgabe, Frauenfeld/Leipzig 1917.

Harris, James: Three Treatises, 2. Aufl. London 1765, Nd. New York 1970.

Hecker, Johann Wilhelm: Die Religion der Vernunft, Berlin 1752.

Herder, Johann Gottfried: Sämtliche Werke, hg. von Bernhard Suphan, Nachdruck der Ausgabe Berlin 1877–1913, Hildesheim 1967–68 (Sigle: Suphan).

–: Bd. 1 (darin: Ueber die neuere Deutsche Litteratur. Eine Beilage zu den Briefen, die neueste Litteratur betreffend. 1766. 1767. Erste bis Dritte Sammlung von Fragmenten).

–: Bd. 2 (darin: Ueber die neuere Deutsche Litteratur. Fragmente. Erste Sammlung, Zweite völlig umgearbeite [!] Ausgabe. 1768 [Aesop und Leßing: 188–199]; Ueber Thomas Abbts Schriften. Zweites Stück).

–: Bd. 3 (darin: Kritische Wälder. […]. 1769. Erstes bis Drittes Wäldchen).

–: Bd. 4 (darin: Kritische Wälder. […]. 1769. Viertes Wäldchen).

–: Bd. 15 (darin: Historische Zweifel über das Buch: »Versuch über die Beschuldigungen […]«. 1782; Briefe über Tempelherrn […]. 1782; Zerstreute Blätter. Erste Sammlung. 1785. 1791. Zweite Sammlung. 1786. 1796 [Anmerkungen […] über das griechische Epigramm: 205–221; 337–392; Gotthold Ephraim Leßing: 486–512]).

–: Bd. 16 (darin: Zerstreute Blätter. Sechste Sammlung. 1797 [Palingenesie: 341–367]; Gott. Einige Gespräche. 1787. 1800).

–: Bd. 17 (darin: Briefe zu Beförderung der Humanität).

–: Bd. 23 (darin: Adrastea [über *Nathan* und *Emilia Galotti*: 374–376]).

Heinse, Wilhelm: Ardinghello und die glückseligen

Inseln, Bd. 1/2 (1787), Kritische Studienausgabe hg. von Max L. Baeumer, Stuttgart 1975.

Hirsch, Emanuel: Hilfsbuch zum Studium der Dogmatik. Die Dogmatik der Reformatoren und der altevangelischen Lehrer quellenmäßig belegt und verdeutscht, 4. Aufl. Berlin 1964, Nachdruck 1974.

Huarte, Juan: Prüfung der Köpfe zu den Wissenschaften, übersetzt von G.E. Lessing, Nachdruck der Ausgabe Zerbst 1752 mit einer kritischen Einleitung und Bibliographie von Martin Franzbach, München 1968.

Hume, David: Ein Traktat über die menschliche Natur, übersetzt von Theodor Lipps [1904/ 1906], mit neuer Einführung hg. von Reinhard Brandt, Bd. 1/2, Hamburg 1989.

Hutcheson, Francis: A System of Moral Philosophy (1755). Collected Works of Francis Hutcheson, Facsimile Editions Prepared by Bernhard Fabian, Vol. 5/6, Hildesheim 1969.

Franz Hutchesons [...] Sittenlehre der Vernunft, aus dem Englischen übersetzt [von Gotthold Ephraim Lessing], Bd. 1/2, Leipzig 1756.

Jacobi, Friedrich Heinrich: Werke, hg. von Friedrich Roth/Friedrich Köppen, Bd. 4, Abt. 1/2, Leipzig 1819, Nd. Darmstadt 1980 [Schriften zum Spinozismus-Streit].

Jerusalem, Johann Friedrich Wilhelm: Betrachtungen über die vornehmsten Wahrheiten der Religion, ausgewählt und hg. von Wolfgang Erich Müller, Hannover 1991.

Kleist, Ewald Christian von: Ihn foltert Schwermut, weil er lebt. Gedichte, Prosa, Stücke und Briefe, hg. und mit einem Nachwort von Gerhard Wolf, Frankfurt a. M. 1983 (zuerst Berlin 1982).

Klopstock, Friedrich Gottlieb: Ausgewählte Werke, hg. von Karl August Schleiden, München 1962.

Knigge, Adolph Freiherr: Sämtliche Werke, hg. von Paul Raabe, Bd. 12: Freimaurer- und Illuminatenschriften 1, Nendeln/Liechtenstein 1978 (Faks.-Drucke der Erstausgaben).

La Bruyère: Les Caractères ou Les Moeurs de ce Siècle, Paris 1875.

La Mettrie, Julien Offray de: Über das Glück oder Das Höchste Gut (»Anti-Seneca«), hg. und eingeleitet von Bernd Laska, Nürnberg 1985.

–: Die Kunst, Wollust zu empfinden, hg. und eingeleitet von Bernd A. Laska, Nürnberg 1987.

Lange, Samuel Gotthold: Horatzische Oden und eine Auswahl aus Des Quintus Horatius Flaccus Oden fünf Bücher, Faks. nach den Ausgaben von 1747 und 1752, Stuttgart 1971.

Leibniz, Gottfried Wilhelm: Neue Abhandlungen über den menschlichen Verstand. Übersetzt, eingeleitet und erläutert von Ernst Cassirer. Nachdruck der Ausgabe von 1915, Hamburg 1971.

–: Die Theodizee. Neu übersetzt und mit Anmerkungen versehen von Artur Buchenau. 2., durch ein Literaturverzeichnis und einen einführenden Essay von Morris Stockhammer ergänzte Aufl. Hamburg 1968.

Lessing, Gotthold Ephraim: s. Huarte: Prüfung der Köpfe zu den Wissenschaften.

–: s. Hutcheson: Sittenlehre der Vernunft.

–: s. Richardson: Äsopische Fabeln.

–: Übersetzungen aus dem Französischen Friedrichs des Großen und Voltaires, hg. von Erich Schmidt, Berlin 1892, Nd. München 1980.

Lessing, Gotthold Ephraim/Eva König, Briefe aus der Brautzeit 1770–1776. Mit einem einleitenden Essay von Walter Jens. Neu hg. und kommentiert von Wolfgang Albrecht, Weimar 2000.

Lessing, Johann Gottfried: Rechte Gestalt vom Anfang der Lehre Christl. Glaubens und Lebens nach der Ordnung des kleinen Catechismi Lutheri [...], 2. Aufl. Zwickau 1753.

–: Rectore Academiae [...] Domino Friderico Augusto [...] Disputatione Physica Novam, Veramque De Affectibus Sententiam [...] Publice defendet, Wittenberg 1712.

Lessing, Karl G.: Gotthold Ephraim Lessings Leben, nebst seinem noch übrigen litterarischen Nachlasse, Theil 1, Berlin 1793, Theil 2/3, Berlin 1795, Nd. Hildesheim/New York/ Zürich 1998 (Teil 1).

–: Gotthold Ephraim Lessings Leben, hg. von Otto F. Lachmann, Leipzig 1887.

(Pseudo-)Longinos: Vom Erhabenen. Griechisch/ Deutsch, übersetzt und hg. von Reinhard Brandt, Darmstadt 1983 (1. Aufl. 1966).

Löwen, Johann Friedrich: Geschichte des deutschen Theaters (1766) und Flugschriften über das Hamburger Nationaltheater (1766 und 1767), mit Einleitung und Erläuterungen hg. von Heinrich Stümcke, Berlin 1905.

Meier, Georg Friedrich: Anfangsgründe aller schönen Wissenschaften, 2. Aufl. Leipzig 1754 (T. 1), 1755 (T. 2), 1759 (T. 3), Nd. Hildesheim/New York 1976.

–: Gedancken von der Ehre, Leipzig 1746.

–: Theoretische Lehre von den Gemüthsbewegungen überhaupt, Halle 1744, Nd. Frankfurt/ M. 1971.

Meissner, Heinrich Adam: Philosophisches Lexicon [...] aus Christian Wolffens sämmtlichen teutschen Schrifften [...], Bayreuth/Hof 1737, Nd. Düsseldorf 1970.

Mendelssohn, Moses: Gesammelte Schriften. Jubiläumsausgabe, in Zusammenarbeit mit Fritz Bamberger u. a. begonnen von I. Elbogen u. a. [1929ff.], fortgesetzt von Alexander Altmann und Eva J. Engel, Stuttgart/Bad Cannstatt 1971ff. (Sigle: JubA).

–: Bd. 1: Schriften zur Philosophie und Ästhetik I, bearb. von Fritz Bamberger, Nachdruck der Ausg. Berlin 1929, Stuttgart/Bad Cannstatt 1971 (darin: Über die Empfindungen, Sendschreiben an einen jungen Gelehrten zu B., Betrachtungen über die Quellen und die Verbindungen der schönen Künste und Wissenschaften, Philosophische Schriften II: Ueber die Hauptgrundsätze der schönen Künste und Wissenschaften, 425ff.).

–: Bd. 2: Schriften zur Philosophie und Ästhetik II, bearbeitet von Fritz Bamberger und Leo Strauss, Nachdruck der Ausgabe Berlin 1931, Stuttgart/Bad Cannstatt 1972 (darin: Sendschreiben an den Herrn Magister Lessing in Leipzig, Von der Herrschaft über die Neigungen).

–: Bd. 3/2: Schriften zur Philosophie und Ästhetik III/2, bearbeitet von Leo Strauss, Stuttgart/ Bad

Cannstatt 1974 (darin: Morgenstunden oder Vorlesungen über das Daseyn Gottes, An die Freunde Lessings).

–: Bd. 5/1: Rezensionsartikel in Briefe, die neueste Litteratur betreffend (1759–1765), bearbeitet von Eva J. Engel, Stuttgart/Bad Cannstatt 1991.

–: Bd. 5/2: Rezensionsartikel in Allgemeine deutsche Bibliothek (1765–1784). Literarische Fragmente, bearbeitet von Eva J. Engel, Stuttgart/Bad Cannstatt 1991.

–: Bd. 8: Schriften zum Judentum II, bearbeitet von Alexander Altmann, Stuttgart/Bad Cannstatt 1983 (darin: Jerusalem oder über religiöse Macht und Judentum).

–: Bd. 12/1: Briefwechsel II,1 [1763–1770], bearbeitet von Alexander Altmann, Stuttgart/Bad Cannstatt 1976.

–: Bd. 13: Briefwechsel III [1781–1785], bearbeitet von Alexander Altmann, Stuttgart/Bad Cannstatt 1977.

–: Bd. 22: Dokumente I: Entlegene zeitgenössische Texte zu Moses Mendelssohns Leben und Wirken, bearbeitet von Michael Albrecht, Stuttgart/Bad Cannstatt 1995.

–: Bd. 23: Dokumente II: Die frühen Mendelssohn-Biographien, bearbeitet von Michael Albrecht, Stuttgart/Bad Cannstatt 1998.

–: Bd. 24: Porträts und Bilddokumente, bearbeitet von Gisbert Porstmann, Stuttgart/Bad Cannstatt 1997.

Mengs, R[aphael]: Gedanken über die Schönheit und den Geschmack in der Malerey, hg. von J. Caspar Fueßlin, 3. Aufl. Zürich 1771.

Molière: Le Tartuffe ou l'Imposteur [...]. Der Tartuffe oder Der Betrüger [...], übersetzt und hg. von Hartmut Köhler, Stuttgart 1986.

Montesquieu, Charles-Louis de Secondat, Baron de: Vom Geist der Gesetze, eingeleitet, ausgewählt und übersetzt von Kurt Weigand, Stuttgart 1965.

Mylius, Christlob: Eine Abhandlung, worinnen erwiesen wird: Daß die Wahrscheinlichkeit der Vorstellung, bey den Schauspielen eben so nöthig ist, als die innere Wahrscheinlichkeit derselben, in: Beyträge zur Critischen Historie der Deutschen Sprache, Poesie und Beredsamkeit, Bd. 8, Stück 29, Leipzig 1742, Nd. Hildesheim/New York 1970, 297–322.

–: Der Freygeist, eine Wochenschrift, auf das Jahr 1745. Leipzig 1746.

–: Vermischte Schriften. Gesammelt von Gotthold Ephraim Leßing, Berlin 1754, Nd. Frankfurt a.M. 1971.

ΜΥΘΩΝ ΑΙΣΩΠΕΙΩΝ ΣΥΝΑΓΩΓΗ [Mython Aisopeion Synagoge]. Fabularum Aesopicarum Collectio [...], ed. Jo. Gottfr. Hauptmann, Lipsiae [=Leipzig] 1741.

Nicolai, Friedrich: Versuch über die Beschuldigungen welche dem Tempelherrenorden gemacht worden, und über dessen Geheimniß; Nebst einem Anhange über das Entstehen der Freymaurergesellschaft, Berlin/Stettin 1782, Nd. Hildesheim/New York/Zürich 1988 (=Friedrich Nicolai: Gesammelte Werke, hg. von Bernhard Fabian und Marie-Luise Spieckermann, Bd. 5).

Opitz, Martin: Buch von der Deutschen Poeterey, in: Gesammelte Werke, hg. von George Schulz-

Behrend, Bd. 2: Die Werke von 1621–1626, Teil 1, Stuttgart 1978, 331–416.

Pfeil, Johann Benjamin Gottlob: Lucie Woodvil. Ein bürgerliches Trauerspiel in fünf Handlungen. Vom bürgerlichen Trauerspiele. Mit einem Nachwort hg. von Dietmar Till, Hannover 2006.

Phaedrus: Liber Fabularum. Fabelbuch. Lateinisch/Deutsch (Übersetzung: Friedrich Rükkert/Otto Schönberger), hg. von Otto Schönberger, Stuttgart 1975.

Pope, Alexander: An Essay on Man, in: Poetry and Prose of Alexander Pope, selected with an introduction and notes by Aubrey Williams, Boston u.a. 1969, 120–157.

Preston, William: Erläuterung der Freymäurerey. Aus dem Englischen des Bruder Preston übersetzet von J.H.C. Meyer, o.O. 1776.

Preußische Staatsschriften aus der Regierungszeit König Friedrichs II. Im Auftrag der Akademie der Wissenschaften zu Berlin hg. von H. von Sybel und G. Schmoller, Bd. 3 (Der Beginn des Siebenjährigen Kriegs), bearbeitet von Otto Krauske, Berlin 1892.

Pyra, Jakob Immanuel: Erweis, daß die Gottschedianische Sekte den Geschmack verderbe, Hamburg/Leipzig 1743; Fortsetzung des Erweises [...], Berlin 1744, Nd. Hildesheim/New York 1974.

Reimarus, Hermann Samuel: Apologie oder Schutzschrift für die vernünftigen Verehrer Gottes, Bd. 1/2, hg. von Gerhard Alexander, Frankfurt a.M. 1972.

–: Die vornehmsten Wahrheiten der natürlichen Religion, Bd. 1/2, hg. von Günter Gawlick, Göttingen 1985.

Reimarus, Johann Albert Hinrich: Betrachtung der Unmöglichkeit körperlicher Gedächtniß-Eindrücke und eines materiellen Vorstellungs-Vermögens, in: Göttingisches Magazin der Wissenschaften und Litteratur, hg. von Georg Christoph Lichtenberg und Georg Forster, 1780, 1. Jg., 4. St., 27–66 und 6. St., 351–386.

Richardson, Samuel: Äsopische Fabeln mit moralischen Lehren und Betrachtungen. Aus dem Englischen übertragen und mit einer Vorrede von Gotthold Ephraim Lessing [...], hg. und mit einem Nachwort versehen von Walter Pape, Berlin 1987 [Originaltitel der Übersetzung: Sittenlehre für die Jugend in den auserlesensten Aesopischen Fabeln].

Rousseau, Jean-Jacques: Vom Gesellschaftsvertrag oder Grundsätze des Staatsrechts (Du Contrat social; ou Principes du droit politique [1762]), übersetzt und hg. von Hans Brockard, 2. Aufl. Stuttgart 1986.

–: Schriften zur Kulturkritik. Über Kunst und Wissenschaft (1750). Über den Ursprung der Ungleichheit unter den Menschen (1755), übersetzt und hg. von Kurt Weigand, 4. Aufl. Hamburg 1983.

–: Abhandlung von dem Ursprunge der Ungleichheit unter den Menschen, aus dem Französischen von Moses Mendelssohn. Neu hg., mit einer Einführung und Anmerkungen von Ursula Goldenbaum, Weimar 2000.

–: Emile oder Über die Erziehung, hg., eingeleitet und mit Anmerkungen vers. v. Martin Rang, übers. von Eleonore Sckommodau, Stuttgart 1963.

Scaliger, Julius Caesar: Poetices libri septem, Lyon 1561, Faks.-Neudruck mit einer Einleitung von August Buck, Stuttgart/Bad Cannstatt 1964.

Schiller, Friedrich: Werke. Nationalausgabe, im Auftrag des Goethe- und Schiller-Archivs, des Schiller-Nationalmuseums und der Deutschen Akademie begründet von Julius Petersen, fortgeführt von Lieselotte Blumenthal u. a., im Auftrag der Stiftung Weimarer Klassik und des Schiller-Nationalmuseums Marbach hg. von Norbert Oellers, Weimar 1943 ff. (Sigle: NA).

–: Bd. 7/2: Don Karlos. Anmerkungen, hg. von Paul Böckmann und Gerhard Kluge, Weimar 1986.

–: Bd. 17: Historische Schriften. Erster Teil, hg. von Karl-Heinz Hahn, Weimar 1970 (darin: Die Sendung Moses).

–: Bd. 20: Philosophische Schriften. Erster Teil, hg. von Benno von Wiese, Weimar 1962 (darin: Ueber das gegenwärtige teutsche Theater, Was kann eine gute stehende Schaubühne eigentlich wirken?, Brief eines reisenden Dänen, Ueber die tragische Kunst, Ueber das Pathetische).

–: Bd. 22: Vermischte Schriften, hg. von Herbert Meyer, Weimar 1958 (darin: Mannheimer Dramaturgie).

–: Bd. 23: Briefwechsel. Schillers Briefe 1772–1785, hg. von Walter Müller-Seidel, Weimar 1956.

Schlegel, Friedrich: Kritische Ausgabe. 35 Bde, hg. von Ernst Behler mit Mitwirkung anderer Fachgelehrter, Paderborn u. a. 1958 ff. (Sigle: KA).

–: Bd. 2: Charakteristiken und Kritiken I (1796–1801), hg. von Hans Eichner, München/Paderborn/Wien/Zürich 1967 (darin: Über Lessing, Ideen).

–: Bd. 3: Charakteristiken und Kritiken II (1802–1829), hg. von Hans Eichner, München/Paderborn/Wien/Zürich 1975 (darin: Lessings Gedanken und Meinungen [1804]).

Schlegel, Johann Elias: Werke, hg. von Johann Heinrich Schlegel, Kopenhagen/Leipzig 1771 (Bd. 1), 1773 (Bd. 2), 1764 (Bd. 3), 1766 (Bd. 4), 1770 (Bd. 5), Nd. Frankfurt a. M. 1971.

Semler, Johann Salomo: Abhandlung von freier Untersuchung des Canon, hg. v. Heinz Scheible, 2. Aufl. Gütersloh 1980.

Spalding, Johann Joachim: Betrachtung über die Bestimmung des Menschen [1748/1749], in: Spaldings *Bestimmung des Menschen* (1748) und *Wert der Andacht* (1755), hg. v. Horst Stephan, Gießen 1908, 13–36.

–: Die Bestimmung des Menschen [1748], hg. v. Albrecht Beutel und Daniela Kirschkowski/Denis Prause (= Kritische Ausgabe, Abt. I, Bd. 1), Tübingen 2006.

Spinoza, Baruch de: Theologisch-Politischer Traktat, auf der Grundlage der Übersetzung von Carl Gebhardt neu bearbeitet, eingeleitet und hg. von Günter Gawlick, Hamburg 1984.

Sulzer, Johann Georg: Allgemeine Theorie der schönen Künste, 2. verm. Aufl. Bd. 1–4, Leipzig 1792–94, Nd. Hildesheim 1967 (Bd. 2–4) und 1970 (Bd. 1).

–: Vermischte Philosophische Schriften, T. 1/2, Leipzig 1773/1781, Nd. Hildesheim/New York 1974.

Uz, Johann Peter: Sämtliche Poetische Werke, hg. von August Sauer, Stuttgart 1890, Nd. Darmstadt 1964.

Walch, Johann Georg: Philosophisches Lexicon, Bd. 1/2, 4. Aufl. Leipzig 1775, Nd. Hildesheim/New York 1968.

Weiße, Christian Felix: Beytrag zum deutschen Theater, Theil 1–5, 2. Aufl. Leipzig 1765–1769; 3. Aufl. Leipzig 1771 (Th. 1).

–: Selbstbiographie, hg. von Christian Ernst Weiße/Samuel Gottlob Frisch, Leipzig 1806.

Wieland, Christoph Martin: Gesammelte Schriften, Erste Abteilung: Werke, Bd. 2: Poetische Jugendwerke, 2. Teil, hg. von Fritz Homeyer, Berlin 1909 (darin: *Empfindungen eines Christen, Sympathien*), Bd. 3: Poetische Jugendwerke, 3. Teil, hg. von Fritz Homeyer, Berlin 1910 (darin: *Lady Johanna Gray*), Bd. 4: Prosaische Jugendwerke, hg. von Fritz Homeyer/ Hugo Bieber, Berlin 1916 (darin: *Plan einer Academie*).

Winckelmann, Johann Joachim: Gedanken über die Nachahmung der Griechischen Werke in der Malerey und Bildhauerkunst, 2. Aufl. Dresden/Leipzig 1756, Nd. Baden-Baden/ Straßburg 1962.

–: Geschichte der Kunst des Alterthums, Th. 1/2, Dresden 1764, Nd. Baden-Baden/Straßburg 1966.

Wizenmann, Thomas: Die Resultate der Jacobischen und Mendelssohnschen Philosophie; kritisch untersucht von einem Freywilligen. Leipzig 1786, Nd. Mit einem Nachwort von Reiner Wild, Hildesheim 1984.

Wolff, Christian: Gesammelte Werke, hg. und bearbeitet von Jean École u. a., Hildesheim u. a. (Sigle: GW. Die zitierten Bände werden im Folgenden einzeln angegeben).

–: Vernünftige Gedancken von den Kräften des menschlichen Verstandes und Ihrem richtigen Gebrauche in Erkäntniss der Wahrheit […], 14. Aufl. 1754, hg. und bearbeitet von Hans Werner Arndt, Hildesheim 1965 (= GW, Abt. I: Deutsche Schriften, Bd. 1: Vernünftige Gedanken 1: »Deutsche Logik«).

–: Vernünfftige Gedancken von Gott, der Welt und der Seele des Menschen, auch allen Dingen überhaupt […], 11. Aufl. 1751, mit einer Einleitung und einem kritischen Apparat von Charles A. Corr, Hildesheim/Zürich/New York 1983 (= GW, Abt. I, Bd. 2: Vernünftige Gedanken 2: »Deutsche Metaphysik«).

–: Vernünfftige Gedancken von der Menschen Thun und Lassen, zu Beförderung ihrer Glückseeligkeit […], Ausg. letzter Hand 1752, mit einer Einleitung von Hans Werner Arndt, Hildesheim/New York 1976 (= GW, Abt. I, Bd. 4: Vernünfftige Gedancken 3: »Deutsche Ethik«).

–: Vernünfftige Gedancken von dem Gesellschafftlichen Leben der Menschen und insonderheit dem gemeinen Wesen zu Beförderung der Glückseligkeit des menschlichen Geschlechtes […], 4. Aufl. 1736, mit einer Einleitung von Hans Werner Arndt, Hildesheim/New York 1975 (= GW, Abt. I, Bd. 5: Vernünftige Gedanken 4: »Deutsche Politik«).

–: Grundsätze des Natur- und Völckerrechts. Mit einem Vorwort von Marcel Thomann, Hildesheim/New York 1980 (= GW, Abt. I, Bd. 19).

–: Ausführliche Nachricht von seinen eigenen Schrifften, die er in deutscher Sprache von den verschiedenen Theilen der Welt=Weißheit heraus gegeben […], 2. verm. Aufl. 1733, mit einer Einleitung von Hans Werner Arndt, Hildesheim/New York 1973 (= GW, Abt. I, Bd. 9). –: Gesammlete kleine philosophische Schrifften, Fünffter Theil, darinnen die zu der Sittenlehre gehörige Stücke enthalten […], Hildesheim/New York 1981 (= GW, Abt. I, Bd. 21/5).

–: Philosophia Practica Universalis, Methodo Scientifica Pertractata. Pars Posterior [1739]. Mit einem Nachwort von Winfried Lenders, Hildesheim/New York 1979 (= GW, Abt. II: Lateinische Schriften, Bd. 11).

Zedler s. Grosses vollständiges Universal-Lexicon.

Sekundärliteratur

Abrahams, Joachim: Diderot, Französisch und Deutsch. Eine Studie über das künstlerische Werk und seine zeitgenössische Übersetzung, in: Romanische Forschungen 51 (1937), 27–70 und 305–388.

Adam, Wolfgang: Lessings Briefschlüsse, in: Lessing Yearbook/Jahrbuch 30 (1998 [1999]), 131–139.

Adam, Wolfgang/Holger Dainat (Hgg.): »Krieg ist mein Lied«. Der Siebenjährige Krieg in den zeitgenössischen Medien, Göttingen 2007.

Agethen, Manfred: Geheimbund und Utopie: Illuminaten, Freimaurer und deutsche Spätaufklärung, München 1984.

Albrecht, Michael (1986): Moses Mendelssohn 1729–1786. Das Lebenswerk eines jüdischen Denkers der deutschen Aufklärung, Weinheim (= Katalog zur Ausstellung im Meissnerhaus der Herzog-August-Bibliothek Wolfenbüttel).

– (2000): »Aber ich folge dem Schlechteren«. Mendelssohns mathematische Hypothese zum Problem des Handelns wider besseres Wissen, in: Michael Albrecht/Eva J. Engel (Hg.): Moses Mendelssohn im Spannungsfeld der Aufklärung, Stuttgart-Bad Cannstatt, 13–35.

Albrecht, Paul: Leszing's Plagiate, Bd. 1–6, Hamburg/Leipzig 1890–91.

Albrecht, Wolfgang (1987): Nachwort zu: Gotthold Ephraim Lessing: *Briefe, die neueste Literatur betreffend*. Mit einer Dokumentation zur Entstehungs- und Wirkungsgeschichte, Leipzig, 480–522.

– (1991): Den einen Wahrheitssucher, den anderen Irreführer. Zeitschriftenmaterialien zur Wirkung Lessings im Jahrzehnt seines Todes, in: Lessing Yearbook 23, 1–67.

– (1993): Zwiespältigkeiten Lessingscher Streitkultur. Über die Auseinandersetzungen mit Wieland in den *Briefen, die neueste Literatur betreffend*, in: Maußer/Saße (Hgg.): Streitkultur, 103–112.

– (1993a): Streitbarkeit und Menschlichkeit. Studien zur literarischen Aufklärung Lessings, Stuttgart.

– (1993b): Kritik, Polemik und Ästhetik im Zeichen streitbarer Gelehrsamkeit. Lessings Beitrag zu den *Briefen, die neueste Literatur betreffend*, in: Albrecht: Streitbarkeit und Menschlichkeit, 57–96.

– (1997): Gotthold Ephraim Lessing, Stuttgart/ Weimar.

– (2003 [2004]): Neu erschlossene Briefe von und an Lessing, in: Lessing Yearbook 35, 95–117.

– (2004/5 [2006]): Erneu(er)te Grundlagenforschung zu Lessing tut not: ein Plädoyer nicht nur an die Mitglieder der Lessing Society, in: Lessing Yearbook 36, 7–12.

– (2005): Lessing-Editionen, in: Rüdiger Nutt-Kofoth/Bodo Plachta (Hgg.): Editionen zu deutschsprachigen Autoren als Spiegel der Editionsgeschichte, Tübingen, 315–327.

– (2007): Betimmung(en) des Menschen. Zu einem Zentralthema des Aufklärungsdiskurses und einigen seiner Facetten im Umkreis Lessings, in: Richard E. Schade/Dieter Sevin (Hgg.): Practicing Progress. The Promise and Limitations of Enlightenment. Festschrift for John A. McCarthy, Amsterdam/New York, 21–34.

– (2008/2009 [2010]a): Weitere neu erschlossene Briefe von und an Lessing und eine angeblich verschollene Manuskriptbestellung, in: Lessing Yearbook/Jahrbuch 38, 23–36.

– (2008/2009 [2010]b): Wezels Besuch in Wolfenbüttel 1779. Eine biographische Miszelle, in: Lessing Yearbook/Jahrbuch 38, 37–40.

Albrecht, Wolfgang/Richard Schade (Hgg.): Mit Lessing zur Moderne. Soziokulturelle Wirkungen des Aufklärers um 1900, Kamenz 2004.

Alexander, Gerhard (1972): Wie kam Lessing zur Handschrift der Wolfenbütteler Fragmente?, in: Philobiblon 16, 160–173.

– (1984): Spinoza und Dippel, in: Karlfried Gründer/Wilhelm Schmidt-Biggemann (Hgg.): Spinoza in der Frühzeit seiner religiösen Wirkung, Heidelberg, 93–110.

Allert, Beate: Lessing im Kontext kunsttheoretischer Debatten, in: Lessing Yearbook 32 (2000), 371–387.

Allison, Henry E. (1966): Lessing and the Enlightenment. His Philosophy of Religion and Its Relation to Eighteenth-Century Thought, Ann Arbor.

– (1982): Lessing's Spinozistic Exercises, in: Bahr/Harris/Lyon (Hgg.): Humanität und Dialog, 223–233.

Alt, Peter-André (1994): Tragödie der Aufklärung. Eine Einführung, Tübingen/Basel.

– (1995): Begriffsbilder. Studien zur literarischen Allegorie zwischen Opitz und Schiller, Tübingen.

– (1996): Aufklärung. Lehrbuch Germanistik, Stuttgart/Weimar.

– (2010): Der zerstückte Souverain. Zur Dekonstruktion der politischen Theologie im Drama des 18. Jahrhunderts (Gottsched, Weiße, Buri), in: Deutsche Vierteljahrsschrift für Literaturwissenschaft und Geistesgeschichte 84, 74–104.

Alt, Peter-André/Alexander Košenina/Hartmut Reinhardt/Wolfgang Riedel (Hgg.): Prägnanter Moment. Studien zur deutschen Literatur der Aufklärung und Klassik. Festschrift für Hans-Jürgen Schings, Würzburg 2002.

Altenhofer, Norbert: Geschichtsphilosophie, Zeichentheorie und Dramaturgie in der *Erziehung des Menschengeschlechts*. Anmerkungen zur patristischen

Tradition bei Lessing, in: Barner/M. Reh (Hgg.): Nation und Gelehrtenrepublik (1984), 25–36.

Althaus, Thomas: Das Uneigentliche ist das Eigentliche. Metaphorische Darstellung in der Prosa bei Lessing und Lichtenberg, Münster 1991.

Altmann, Alexander (1969): Moses Mendelssohns Frühschriften zur Metaphysik, Tübingen.

– (1971): Lessing und Jacobi: Das Gespräch über den Spinozismus, in: Lessing Yearbook 3, 25–70.

– (1973): Moses Mendelssohn. A Biographical Study, University of Alabama.

– (1976): Lessings Glaube an die Seelenwanderung, in: Lessing Yearbook 8, 7–41.

Aner, Karl: Die Theologie der Lessingzeit, Hildesheim 1964 (Nachdruck der Aufl. Halle 1929).

Anger, Alfred (1963): Deutsche Rokoko-Dichtung. Ein Forschungsbericht, Stuttgart.

– (1968): Literarisches Rokoko, 2. Aufl. Stuttgart (1. Aufl. 1962).

– (1982): Herders Fabeltheorien, in: Hasubek (Hg.): Die Fabel, 134–145.

Angermann, Erich: Das Auseinandertreten von »Staat« und »Gesellschaft« im Denken des 18. Jahrhunderts (1963), in: Ernst-Wolfgang Böckenförde (Hg.): Staat und Gesellschaft, Darmstadt 1976, 109–130.

Angress, Ruth K.: »Dreams that were more than dreams« in Lessing's *Nathan*, in: Lessing Yearbook 3 (1971), 108–127.

Arnsperger, Walther: Lessings Seelenwanderungsgedanke kritisch beleuchtet. Diss. Heidelberg 1893.

Arx, Arthur von: Lessing und die geschichtliche Welt, Frauenfeld/Leipzig 1944.

Asper, Helmut G. (1975): Spieltexte der Wanderbühne. Ein Verzeichnis der Dramenmanuskripte des 17. und 18. Jahrhunderts in Wiener Bibliotheken, Wien (= Quellen zur Theatergeschichte 1).

– (1980): Hanswurst. Studien zum Lustigmacher auf der Berufsschauspielerbühne in Deutschland im 17. und 18. Jahrhundert, Emsdetten.

Awerbuch, Marianne: Die Religionsgespräche in Salomo Ibn Vergas *Schevet Jehuda*, in: Bernard Lewis/ Friedrich Niewöhner (Hgg.): Religionsgespräche im Mittelalter, Wiesbaden 1992, 43–56.

Baasner, Rainer: Lessings frühe Rezensionen. Die *Berlinische Privilegierte Zeitung* im Differenzierungsprozeß der Gelehrtenrepublik, in: Mauser/ Saße (Hgg.): Streitkultur (1993), 129–138.

Bäbler, Balbina: Laokoon und Winckelmann: Stadien und Quellen seiner Auseinandersetzung mit der Laokoongruppe, in: Gall/Wolkenhauer (Hgg): Laokoon in Literature and Art (2009), 228–241.

Bäumer, Remigius: Cochlaeus, in: Lexikon für Theologie und Kirche, 3. völlig neu bearbeitete Aufl. hg. von Walter Kasper u.a., Bd. 2, Freiburg im Breisgau u.a. 1994, Sp. 1239–1240.

Bäumler, Alfred: Das Irrationalitätsproblem in der Ästhetik und Logik des 18. Jahrhunderts bis zur Kritik der Urteilskraft, Darmstadt 1967 (Nachdruck der 1. Aufl. 1923).

Bahr, Ehrhard: Lessing: Ein konservativer Revolutionär? Zu *Ernst und Falk: Gespräche für Freimäurer*, in: Harris/Schade (Hgg.): Lessing in heutiger Sicht (1977), 299–306.

Bahr, Ehrhard/Edward P. Harris/Laurence G. Lyon (Hgg.): Humanität und Dialog. Lessing und Mendelssohn in neuer Sicht, Detroit/ München 1982.

Bark, Joachim: Nachwort zu: Gotthold Ephraim Lessing: *Nathan der Weise. Ein dramatisches Gedicht*, hg. von J.B., 4. Aufl. München 1989, 195–233.

Barner, Wilfried (1973): Produktive Rezeption. Lessing und die Tragödien Senecas, München.

– (1977): Lessing und sein Publikum in den frühen kritischen Schriften, in: Harris/Schade (Hgg.): Lessing in heutiger Sicht, 323–343.

– (1981): Lessing zwischen Bürgerlichkeit und Gelehrtheit, in: Rudolf Vierhaus (Hg): Bürger und Bürgerlichkeit im Zeitalter der Aufklärung, Heidelberg, 165–204.

– (1982): Lessings *Die Juden* im Zusammenhang seines Frühwerks, in: Bahr/Harris/Lyon (Hgg.): Humanität und Dialog, 189–209.

– (1983): *Zu viel Thränen – nur Keime von Thränen.* Über *Miß Sara Sampson* und *Emilia Galotti* beim zeitgenössischen Publikum, in: Das weinende Saeculum, hg. von der Arbeitsstelle 18. Jahrhundert (Wuppertal), Heidelberg, 89–105.

– (1985): Vergnügen, Erkenntnis, Kritik. Zum Epigramm und seiner Tradition in der Neuzeit, in: Gymnasium 92, 350–371.

– (1986): Patriotismus und Kosmopolitismus bei Lessing während des Siebenjährigen Krieges, in: Revue d'Allemagne 18, 612–623.

– (1989): »Vaterland« und ›freywilliges Elend«. Über Lessings *Alcibiades*, in: Dieter Borchmeyer (Hg.): Poetik und Geschichte. Viktor Žmegač zum 60. Geburtstag, Tübingen, 22–36.

– (1993): »Laut denken mit einem Freunde«. Anmerkungen zu Lessings *Ernst und Falk*, in: Gutjahr/ Kühlmann/Wucherpfennig (Hgg.): Gesellige Vernunft, 1–12.

– (1993): Autorität und Anmaßung. Über Lessings polemische Strategien, vornehmlich im antiquarischen Streit, in: Mauser/Saße (Hgg.): Streitkultur, 15–37.

– (1997): Lessing und die griechische Tragödie, in: Flashar (Hg.): Tragödie, 161–198.

– (2001): Goethe und Lessing. Eine schwierige Konstellation, Göttingen.

– (2004): Über die Verstehbarkeit des ›Aufklärers‹ Lessing, in: Helwig Schmidt-Glintzer (Hg.): Aufklärung im 21. Jahrhundert. Vorträge, Wiesbaden, 11–40.

– (2005): ›Rettung‹ und Polemik. Über Kontingenz in Lessings frühen Schriften, in: Zeuch (Hg.): Lessings Grenzen, 11–23

Barner, Wilfried/Albert M. Reh (Hgg.): Nation und Gelehrtenrepublik. Lessing im europäischen Zusammenhang, Detroit/München 1984.

Barner, Wilfried/Gunter E. Grimm/Helmuth Kiesel/ Martin Kramer: Lessing. Epoche, Werk, Wirkung, 5. Aufl. München 1987 (6. unveränderte Aufl. 1998).

Barnett, Dene (1987): The Art of Gesture: The practices and principles of 18th century acting, Heidelberg.

– (1992): Die Aufführungspraxis der Schauspielkunst

im 18. Jahrhundert, in: Bender (Hg.): Schauspiel-kunst im 18. Jahrhundert, 113–132.

Barth, Ulrich: Aufgeklärter Protestantismus, Tübingen 2004.

Bartsch, Gerhard: *Laokoon* oder Lessings Kritik am französisch-preußischen Akademismus, in: Lessing Yearbook 16 (1984), 1–35.

Batley, Edward M. (1983/84): ›Tu exécutes commes tes maîtres jugent!‹ – The Henzi Affair and the Question of Lessing's Political Judgement, in: German Life and Letters 37, 251–261.

– (1999): Lessing's templars and the reform of German freemasonry, in: German Life and Letters 52, 297–313.

– (2005): Streitfragen und Skandal in Lessings Verhältnis zum Freimaurertum, in: Stenzel/Lach (Hgg.): Lessings Skandale, 101–111.

Baumgarten, Marcus: Lessing und Johann Nicolaus Meinhard: Übersetzungskonzept, Übersetzungspraxis, in: Berthold (Hg.): Lessings Übersetzungen (2008), 47–58.

Bauer, Elke: *Der Buchdruckerjunge aber klopfte und verlangte Manuscript.* Lessings Arbeitsweise und ihre mögliche Konsequenz für eine historisch-kritische Ausgabe, in: Jochen Golz/Manfred Koltes (Hgg.): Autoren und Redaktoren als Editoren. Internationale Fachtagung [...] veranstaltet von der Klassik Stiftung Weimar, Tübingen 2008, 130–143.

Bauer, Gerhard (1983): Der Bürger als Schaf und als Scherer. Sozialkritik, politisches Bewußtsein und ökonomische Lage in Lessings Fabeln (1973), in: Hasubek (Hg.): Fabelforschung, 260–297.

– (1994): Die nüchterne Freundschaft. Lessings Modifikationen eines Jahrtausendideals, in: Fausto Cercignani (Hg.): Studia theodisca, Bd. 1: Gotthold Ephraim Lessing, Mailand, 57–78.

Bauer, Gerhard und Sibylle (Hgg.): Gotthold Ephraim Lessing, Darmstadt 1968.

Baxmann, Inge/Michael Franz/Wolfgang Schäffner (Hgg.): Das Laokoon-Paradigma. Zeichenregime im 18. Jahrhundert, Berlin 2000.

Beckby, Hermann: Einführung in die Griechische Anthologie, in: H.B. (Hg.): Anthologia Graeca, Griechisch-Deutsch, Buch I–VI, 2. Aufl. München 1965, 10–116.

Becker-Cantarino, Barbara: Lessing und Wien, in: Bahr/Harris/Lyon (Hgg.): Humanität und Dialog (1982), 327–339.

Bedenk, Jochen: Verwicklungen. William Hogarth und die deutsche Literatur des 18. Jahrhunderts (Lessing, Herder, Schiller, Jean Paul), Würzburg 2004.

Beetz, Manfred (2001): Von der galanten Poesie zur Rokokolyrik. Zur Umorientierung erotischer und anthropologischer Konzepte in der ersten Hälfte des 18. Jahrhunderts, in: Luserke/Marx/Wild (Hgg.): Literatur und Kultur des Rokoko, 33–61.

– (2005): Anakreontik und Rokoko im Bezugsfeld der Aufklärung – Eine Forschungsbilanz, in: Beetz/Kertscher (Hgg.): Anakreontische Aufklärung, 1–17.

Beetz, Manfred/Hans-Koachim Kertscher (Hgg.): Anakreontische Aufklärung, Tübingen 2005.

Beise, Arnd: »Republikanischer und historischer als unsere Kadaver von Republiken vertragen können«. Bodmers ungedruckte vaterländische Dramen, in: Lütteken/Mahlmann-Bauer (Hgg.): Bodmer und Breitinger im Netzwerk der europäischen Aufklärung (2009), 327–349.

Bell, David: Spinoza in Germany from 1670 to the Age of Goethe, London 1984.

Bell, Matthew: Psychological Conceptions in Lessing's Dramas, in: Lessing Yearbook 28 (1996), 53–81.

Bender, Wolfgang F. (1971): Zu Lessings frühen kritisch-ästhetischen Schriften, in: Zeitschrift für deutsche Philologie 90, 161–187.

– (1972): Nachwort zu: Gotthold Ephraim Lessing: Briefe, die neueste Literatur betreffend, hg. von W.B., Stuttgart, 483–494.

– (1992): Vom »tollen« Handwerk zur Kunstübung. Zur »Grammatik« der Schauspielkunst im 18. Jahrhundert, in: Bender (Hg.): Schauspielkunst im 18. Jahrhundert, 11–50.

– (Hg.) (1992): Schauspielkunst im 18. Jahrhundert. Grundlagen, Praxis, Autoren, Stuttgart.

– (2001 [2002]): Ikonenbildung und Affirmation: Lessing in der Theaterpublizistik des 18. Jahrhunderts, in: Lessing Yearbook 33, 79–96.

Bender, Wolfgang F./Siegfried Bushuven/Michael Huesmann: Theaterperiodika des 18. Jahrhunderts. Bibliographie und inhaltliche Erschließung deutschsprachiger Theaterzeitschriften, Theaterkalender und Theatertaschenbücher, Teil 1: 1750–1780, Bd. 1/2, München u.a. 1994, Teil 2: 1781–1790, Bd. 1–3, München u.a. 1997, Teil 3: 1791–1800, Bd. 1–3, München u.a. 2005.

Bennholdt-Thomsen, Anke/Alfredo Guzzoni: Gelehrsamkeit und Leidenschaft. Das Leben der Ernestine Christine Reiske 1735–1798, München 1992.

Bergamaschi, Roberta: *Emilia Galotti.* Historische Quellen, in: Studia theodisca 11 (2004), 41–59.

Bergethon, K. Roald: Republicanism (?) and Revolution in G.E. Lessing's *Samuel Henzi*, in: Symposium 1 (1946), 60–74.

Berghahn, Cord-Friedrich: Mendelssohn als Leser Montesquieus. Zur Rekonstruktion einer Denkfigur der europäischen Aufklärung, in: Germanisch-Romanische Monatsschrift N.F. 52 (2002), 153–173.

Berghahn, Klaus L. (1981): Nachwort zu: Gotthold Ephraim Lessing: *Hamburgische Dramaturgie*, hg. von K.B., Stuttgart, 653–696.

– (1982): Der kritisierte Kritiker. Zur Lesererwartung, historischen Bedingung und Form von Lessings *Hamburgische Dramaturgie*, in: Bahr/Harris/Lyon (Hgg.): Humanität und Dialog, 155–164.

– (1985): Von der klassizistischen zur klassischen Literaturkritik, in: Peter Uwe Hohendahl (Hg.): Geschichte der deutschen Literaturkritik (1730–1980), Stuttgart, 10–75.

– (1993): Zur Dialektik von Lessings polemischer Literaturkritik, in: Mauser/Saße (Hgg.): Streitkultur, 176–183.

– (2005): Lessing the Critic: Polemics as Enlightenment, in: Fischer/Fox (Hgg.): A Companion to the Works of Gotthold Ephraim Lessing, 67–87.

Berthold, Helmut (2008): Übersetzung Riccobonis, Auszug aus Sainte-Albine – Aspekte des Illusionsbegriffs, in: Berthold (Hg.): Lessings Übersetzungen, 129–146.

– (2010): Zu Lessings Übersetzungen, in: Zum Europäer Lessing, Wolfenbüttel (= Wolfenbütteler Vortragsmanuskripte 9), 7–27.

Berthold, Helmut (Hg.): ›ihrem Originale nachzudenken‹. Zu Lessings Übersetzungen, Tübingen 2008.

Beutler, Ernst: Vom griechischen Epigramm im 18. Jahrhundert, Leipzig 1909.

Beyreuther, Erich (1962): Zinzendorf, Nikolaus Ludwig, Reichsgraf von […], in: Die Religion in Geschichte und Gegenwart, 3. neu bearbeitete Aufl. hg. von Kurt Galling, Bd. 6, Tübingen, Sp. 1913–1916.

– (1975): Die Bedeutung Pierre Bayles für Lessing und dessen Fragment über die Herrnhuter, in: Heinrich Bornkamm, Friedrich Heyer, Alfred Schindler (Hgg.): Der Pietismus in Gestalten und Wirkungen, Bielefeld, 84–97.

Beyschlag, Karlmann: Kommentar in: Lessings Werke, hg. von Kurt Wölfel, Bd. 3: Antiquarische Schriften. Theologische und philosophische Schriften, Frankfurt a. M. 1967.

Bieber, Margarete: Laocoon. The Influence of the Group Since its Rediscovery, Detroit 1967.

Binczek, , Natalie (2004): Das veränderliche Gewebe. Zur Empfindungstheorie in Lessings *Laokoon*, in: Zeitschrift für Ästhetik und Allgemeine Kunstwissenschaft 49/2, 219–235.

– (2007): Kontakt: Der Tastsinn in Texten der Aufklärung, Tübingen.

Birke, Joachim (1966): Gottscheds Neuorientierung der deutschen Poetik an der Philosophie Wolffs, in: Zeitschrift für deutsche Philologie 85, 560–575.

– (1968): Der junge Lessing als Kritiker Gottscheds, in: Euphorion 62, 392–404.

Birus, Hendrik (1978): Poetische Namengebung. Zur Bedeutung der Namen in Lessings *Nathan der Weise*, Göttingen.

– (1981): »Introite, nam et heic Dii sunt!« Einiges über Lessings Mottoverwendung und das Motto zum *Nathan*, in: Euphorion 75, 379– 410.

– (1984): Das Rätsel der Namen in Lessings *Nathan der Weise* (1977), in: Bohnen (Hg.): Lessings *Nathan der Weise*, 290–327.

Blakert, Elisabeth: Grenzbereiche der Edition: die Paralipomena zu Lessings *Laokoon*, in: Editio 13 (1999), 78–97.

Blitz, Hans-Martin: Aus Liebe zum Vaterland. Die deutsche Nation im 18. Jahrhundert, Hamburg 2000.

[Blümner, Heinrich]: Geschichte des Theaters in Leipzig. Von dessen ersten Spuren bis auf die neueste Zeit, Leipzig 1818.

Blümner, Hugo: Einleitung zu: Lessings Laokoon, hg. und erläutert von H.B., 2. Aufl. Berlin 1880, 1–140.

Blumenberg, Hans: Die Genesis der kopernikanischen Welt. 5. und 6. Teil: Der kopernikanische Komparativ. Die kopernikanische Optik, Frankfurt a. M. 1981 (zuerst 1975).

Böckmann, Paul (1932–33): Das Formprinzip des Witzes in der Frühzeit der deutschen Aufklärung, in: Jahrbuch des Freien Deutschen Hochstifts, 52–130.

– (1965): Formgeschichte der deutschen Dichtung,

Bd. 1: Von der Sinnbildsprache zur Ausdruckssprache. Der Wandel der literarischen Formensprache vom Mittelalter zur Neuzeit, 2. Aufl. Hamburg.

Bödeker, Hans Erich: Lessings Briefwechsel, in: Bödeker/Herrmann (Hgg.): Über den Prozeß der Aufklärung in Deutschland im 18. Jahrhundert: Personen, Institutionen und Medien, Göttingen 1987, 113–138.

Boehart, William: Politik und Religion. Studien zum Fragmentenstreit (Reimarus, Goeze, Lessing), Schwarzenbek 1988.

Böhler, Michael J.: Lessings *Nathan der Weise* als Spiel vom Grunde, in: Lessing Yearbook 3 (1971), 128–150.

Böning, Holger (1997): Aufklärung und Presse im 18. Jahrhundert, in: Jäger (Hg.): »Öffentlichkeit« im 18. Jahrhundert, 151–163.

– (2002): Periodische Presse. Kommunikation und Aufklärung. Hamburg und Altona als Beispiel, Bremen.

Bohnen, Klaus (1974): Geist und Buchstabe. Zum Prinzip des kritischen Verfahrens in Lessings literarästhetischen und theologischen Schriften, Köln/Wien.

– (1980): Nachwort zu: G.E. Lessing: *Der Freigeist*, hg. von K.B., Stuttgart, 101–117.

– (1981): Aspekte marxistischer Lessing-Rezeption (Mehring, Lukács, Rilla), in: Göpfert (Hg.): Das Bild Lessings in der Geschichte, 115–130.

– (Hg.) (1982a): Lessing. Nachruf auf einen Aufklärer. Sein Bild in der Presse der Jahre 1781, 1881 und 1981, München.

– (1982b): Lessing zur Feier. Über den ›Nachruf‹ auf einen unbequemen Autor in Geschichte und Gegenwart, in: Bohnen (Hg.): Lessing. Nachruf auf einen Aufklärer, 175–182.

– (Hg.) (1984a): Lessings *Nathan der Weise*, Darmstadt.

– (1984b): *Nathan der Weise*. Über das »Gegenbild einer Gesellschaft« bei Lessing (1979), in: Bohnen (Hg.): Lessings *Nathan der Weise*, 374–401.

– (1986): »Was ist ein Held ohne Menschenliebe!« (*Philotas*, 7. Auftr.). Zur literarischen Kriegsbewältigung in der deutschen Aufklärung, in: Freimark/Kopitzsch/Slessarev (Hgg.): Lessing und die Toleranz, 23–38.

– (1987) : Nachwort zu: Deutsche Gedichte des 18. Jahrhunderts, Stuttgart, 433–443.

– (2006): Grumbach, Struensee und die anklagende »Nachtigall«. Lessings Politik-Rezeption: ein deutsch-dänischer Problemfall, in: Bohnen: G.E. Lessing-Studien. Werke-Kontexte-Dialoge, Kopenhagen/München, 197–207 (zuerst 2001).

Bohnen, Klaus/Sven Aage Jørgensen/Per Øhrgaard: Aufklärung, Sturm und Drang, frühe Klassik. 1740–1789, München 1990 (= Geschichte der deutschen Literatur von den Anfängen bis zur Gegenwart, Bd. 6).

Boldt, Hans: Deutsche Verfassungsgeschichte. Politische Strukturen und ihr Wandel, Bd. 1: Von den Anfängen bis zum Ende des älteren deutschen Reiches 1806, München 1984.

Bollacher, Martin (1969): Der junge Goethe und Spinoza. Studien zur Geschichte des Spinozismus in der Epoche des Sturm und Drang, Tübingen.

- (1978): Lessing: Vernunft und Geschichte. Untersuchungen zum Problem religiöser Aufklärung in den Spätschriften, Tübingen.

- (1987): Wilhelm Abraham Teller. Ein Aufklärer der Theologie, in: Hans Erich Bödeker/Ulrich Herrmann (Hgg.): Über den Prozeß der Aufklärung in Deutschland im 18. Jahrhundert. Personen, Institutionen und Medien, Göttingen, 39–52.

Bonfatti, Emilio: Der Briefwechsel zwischen Gleim und Lessing, in: Wolfgang Adam/Markus Fauser (Hgg.): Geselligkeit und Bibliothek. Lesekultur im 18. Jahrhundert, Göttingen 2005, 29–43.

Bonn, Kristina: Vom Schönen. Schönheitskonzeptionen bei Lessing, Goethe und Schiller, Bielefeld 2008.

Boos, Heinrich: Geschichte der Freimaurerei. Ein Beitrag zur Kultur- und Literatur-Geschichte des 18. Jahrhunderts, 2. Aufl. Aarau 1906.

Borchmeyer, Dieter (1992): Lessing und sein Umkreis, in: Viktor Žmegač (Hg.): Geschichte der deutschen Literatur vom 18. Jahrhundert bis zur Gegenwart, Bd.I/1, 3. Aufl. Frankfurt a.M., 105–149.

- (1997): Schwankung des Herzens und Liebe im Triangel. Goethe und die Erotik der Empfindsamkeit, in: Walter Hinderer (Hg.): Codierungen der Liebe in der Kunstperiode, Würzburg, 63–84.

- (2004): Aufstieg und Fall der Zentralperspektive, in: Gabriele Brandstetter/Gerhard Neumann: Romantische Wissenspoetik. Die Künste und die Wissenschaften um 1800, Würzburg 2004, 287–310.

Bormann, Alexander von: *Philotas*-Lektüren. Zum Verhältnis von Tragödie und Aufklärung, in: Lessing Yearbook 1998 (1999), 31–52.

Bornkamm, Heinrich: Die innere Handlung in Lessings *Miss Sara Sampson*, in: Euphorion 51 (1957), 385–396.

Boxberger, Robert: Vorbemerkung und Einleitungen, in: Vierundfunfzig zum Theil noch ungedruckte Dramatische Entwürfe und Pläne Gotthold Ephraim Lessing's, Berlin 1876, hg. von R.B., 331–339.

Brauneck, Manfred: Die Welt als Bühne. Geschichte des Europäischen Theaters, Bd. 1 und Bd. 2, Stuttgart/Weimar 1993 und 1996.

Brauneck, Manfred/Christine Müller/Barbara Müller-Wesemann: Theaterstadt Hamburg. Schauspiel, Oper, Tanz. Geschichte und Gegenwart, Reinbek bei Hamburg 1989.

Braungart, Wolfgang: Vertrauen und Opfer. Zur Begründung und Durchsetzung politischer Herrschaft im Drama des 17. und 18. Jahrhunderts (Hobbes, Locke, Gryphius, J.E. Schlegel, Lessing, Schiller), in: Zeitschrift für Germanistik N.F. 15 (2005), 277–295.

Breithaupt, Fritz: Wie ist Gesellschaft möglich? Geld und Medien bei Lessing und Simmel, in: Albrecht/Schade (Hgg.): Mit Lessing zur Moderne (2004), 67–77.

Brenner, Peter J.: Gotthold Ephraim Lessing, Stuttgart 2000.

Breuer, Dieter (1999): Origenes im 18. Jahrhundert in Deutschland, in: Breuer: Mephisto als Theologe. Faust-Studien, Aachen, 31–60.

- (2006): *Der Bekräfftigte Origenes* – Das Ehepaar Petersen und die Leugnung der Ewigkeit der Höllenstrafen, in: Hartmut Laufhütte/Michael Titzmann (Hgg.): Heterodoxie in der Frühen Neuzeit, Tübingen, 413–424.

Breymayer, Reinhard: Ein unbekannter Gegner Gotthold Ephraim Lessings: Der ehemalige Frankfurter Konzertdirektor Johann Daniel Müller aus Wissenbach/Nassau (1716 bis nach 1785) […], in: Pietismus – Herrnhutertum – Erweckungsbewegung, Festschrift für Erich Beyreuther, Köln 1982, 109–145.

Briegel-Florig, Waltraud: Geschichte der Fabelforschung in Deutschland, Diss. Freiburg im Breisgau 1965.

Briegleb, Klaus: »Sterbender Fechter« Lessing? Neun Nathan-Variationen im Gedenkjahr 1988, in: Briegleb: Unmittelbar zur Epoche des NS-Faschismus. Arbeiten zur politischen Philologie 1978–1988. Frankfurt a.M. 1989, 191–315.

Brokoff, Jürgen: Ende der Aufklärung. Apokalyptik und Geschichtsphilosophie in Lessings *Erziehung des Menschengeschlechts*, in: Jürgen Brokoff/Bernd U. Schipper (Hgg.): Apokalyptik in Antike und Aufklärung, Paderborn/München/Wien/Zürich 2004, 147–170.

Brown, Andrew F.: Reason and Emotion in the Drama: Lessing *contra* Lessing?, in: Lessing Yearbook 15 (1983), 145–163.

Buch, Hans Christoph: Ut Pictura Poesis. Die Beschreibungsliteratur und ihre Kritiker von Lessing bis Lukács, München 1972.

Bultmann, Christoph: Lessings *Axiomata* (1778) als eine hermeneutische Programmschrift, in: Bultmann/Vollhardt (Hgg.): Hamburger »Fragmente« und Wolfenbütteler »Axiomata« (2010) (im Druck).

Bultmann, Christoph/Friedrich Vollhardt (Hgg.): Hamburger »Fragmente« und Wolfenbütteler »Axiomata«, Tübingen 2010 (im Druck).

Burgard, Peter J.: Lessing's Tragic Topography: The Rejection of Society and its Spatial Metaphor in *Philotas*, in: Deutsche Vierteljahrsschrift für Literaturwissenschaft und Geistesgeschichte 61 (1987), 441–456.

Burkhart, Dagmar: Eine Geschichte der Ehre, Darmstadt (Wissenschaftliche Buchgesellschaft) 2006.

Busch, Stefan: Blasphemisches Lachen in Klopstocks *Messias* und Lessings *Minna von Barnhelm*. Zur Herausbildung eines literarischen Leitmotivs der Moderne, in: Lessing Yearbook 33 (2001 [2002]), 27–54.

Butzmann, Hans: Lessings bürgerliches Trauerspiel *Tonsine*. Betrachtungen zu einem bisher verschollenen Entwurf, in: Detlev Lüders (Hg.): Jahrbuch des Freien Deutschen Hochstifts 1966, Tübingen 1966, 109–118.

Cassirer, Ernst: Die Philosophie der Aufklärung, 3. Aufl. Tübingen 1973 (zuerst 1932).

Catani, Stephanie (2008): *Prüfung der Köpfe zu den Wissenschaften*. Lessings Huarte-Übersetzung im Kontext poetologischer und anthropologischer Diskurse der Aufklärung, in: Berthold (Hg.): Lessings Übersetzungen, 29–45.

– (2010): »Die Schriften der Spanier…«. G.E. Lessing als Vermittler und Übersetzer spanischer Literatur, in: Zum Europäer Lessing, Wolfenbüttel (= Wolfenbütteler Vortragsmanuskripte 9), 29–49.

Chiarini, Paolo: Scipione Maffeis *Merope* und die Widersprüche der *Hamburgischen Dramaturgie*, in: Germanisch-Romanische Monatsschrift N.F. 47 (1997), 295–308.

Ciafardone, Raffaele: Die Philosophie der deutschen Aufklärung. Texte und Darstellung. Deutsche Bearbeitung von Norbert Hinske und Rainer Specht, Stuttgart 1990.

Ciolek, Agnieszka: Edition der Briefe von Gotthold Ephraim Lessing am Beispiel von zwei dienstlichen Briefen an Carl Heinrich Wilcke. Lessing als Sekretär des Generals Bogislav Friedrich von Tauentzien, in: Germanistische Studien 1 (2004), 2–9.

Clark, Christopher: Preußen. Aufstieg und Niedergang 1600–1947. Aus dem Englischen von Richard Barth/ Norbert Juraschitz/Thomas Pfeiffer, München 2007 (Originalausg. 2006).

Conrady, Karl Otto: Zu den deutschen Plautusübertragungen. Ein Überblick von Albrecht von Eyb bis zu J.M.R. Lenz, in: Euphorion 48 (1954), 373–396.

Consentius, Ernst (1899): »Freygeister, Naturalisten, Atheisten –« ein Aufsatz Lessings im Wahrsager, Leipzig.

– (1900): Der Wahrsager. Zur Charakteristik von Mylius und Lessing, Leipzig.

– (1902): Lessing und die Vossische Zeitung, Leipzig.

Contiades, Ion: Nachwort zu: Gotthold Ephraim Lessing: Ernst und Falk, hg. von I.C., Frankfurt a.M. 1968, 127–157.

Cosack, Wilhelm: Materialien zu Gotthold Ephraim Lessings Hamburgischer Dramaturgie, 2. Aufl. Paderborn 1891.

Cottone, Margherita: Das Islam-Bild zur Zeit der Aufklärung in Europa. Mohammed und die muslimische Religion zwischen Voltaire und Lessing, in: Laura Auteri/Margherita Cottone: Deutsche Kultur am Mittelmeer. Akten der Tagung Palermo […] 2003, Göppingen 2005, 197–214.

Cyranka, Daniel (2005): Lessing im Reinkarnationsdiskurs. Eine Untersuchung zu Kontext und Wirkung von G.E. Lessings Texten zur Seelenwanderung, Göttingen.

– (2007): Natürlich – positiv – vernünftig: Der Religionsbegriff in Lessings *Erziehungsschrift*, in: Ulrich Kronauer/Wilhelm Kühlmann (Hgg.): Aufklärung. Stationen – Konflikte – Prozesse. Festgabe für Jörn Garber, Eutin, 39–61.

Daniel, Ute: Hoftheater. Zur Geschichte des Theaters und der Höfe im 18. und 19. Jahrhundert, Stuttgart 1995.

Danzel, Theodor Wilhelm: Gottsched und seine Zeit. Auszüge aus seinem Briefwechsel. Nebst einem Anhange: Daniel Wilhelm Trillers Anmerkungen zu Klopstocks Gelehrtenrepublik, Leipzig 1848.

Danzel, Theodor Wilhelm/Gottschalk Eduard Guhrauer: Gotthold Ephraim Lessing, sein Leben und seine Werke, Bd. 1/2, Leipzig 1850/53–54.

Daunicht, Richard [1956]: Die Neuberin. Materialien zur Theatergeschichte des 18. Jahrhunderts, hg. vom Ministerium für Kultur der DDR, Heidenau/Saale o.J..

– (1963): Die Entstehung des Bürgerlichen Trauerspiels in Deutschland, Berlin.

Deicke, Gustav: Johann Jakob Dusch, Diss. Strassburg 1910.

Demetz, Peter: Lessings *Nathan der Weise*: Wirklichkeiten und Wirklichkeit (1966), in: Bohnen (Hg.): Lessings *Nathan der Weise* (1984), 168–218.

Deneke, Otto: Lessing und die Possen 1754, Heidelberg 1923.

Denneler, Iris: »Das einzige Wort!« – »Buchstabieren Sie es zusammen!« Ein Versuch, *Emilia Galotti* neu zu lesen, in: Germanisch-Romanische Monatsschrift N.F. 37 (1987), 36–51.

Desch, Joachim: Lessings ›poetische‹ Antwort auf die Reimarusfragmente, in: Hermann Samuel Reimarus (1973), 75–95.

Detering, Heinrich (1995): Das offene Geheimnis. Zur literarischen Produktivität eines Tabus von Winckelmann bis zu Thomas Mann, Göttingen.

– (2002): Die aufgeklärte Unvernunft. *Stella*, Goeze, Lessing und das Drama der Liebe, in: Hans Krah/Claus-Michael Ort (Hgg.): Weltentwürfe in Literatur und Medien. Phantastische Wirklichkeiten – realistische Imaginationen. Festschrift für Marianne Wünsch, Kiel, 35–52.

Devrient, Eduard: Geschichte der deutschen Schauspielkunst, hg. von Rolf Kabel/Christoph Trilse, Bd. 1/2, München/Wien 1967 (zuerst 1848–1874; 2. Aufl. 1905).

Dietze, Walter: Abriß einer Geschichte des deutschen Epigramms, in: Dietze: Erbe und Gegenwart. Aufsätze zur vergleichenden Literaturwissenschaft, Berlin/Weimar 1972, 247– 391, 525–588.

Dilthey, Wilhelm: Das Erlebnis und die Dichtung. Lessing. Goethe. Novalis. Hölderlin, 13. Aufl. Stuttgart 1957 (1. Aufl. 1906).

Dithmar, Reinhard: Die Fabel. Geschichte, Struktur, Didaktik, 7. Aufl. Paderborn/München/ Wien/Zürich 1988.

Döring, Detlef (1998): Die Fürstenschule in Meißen zur Zeit des jungen Lessing, in: Engel/Ritterhoff (Hgg.), Neues zur Lessing-Forschung, 1–29.

– (1999 [2000]): Ein unbekannter Brief Gotthold Ephraim Lessings vom 16. Dezember 1778 an Boie, in: Lessing Yearbook 31, 1–10.

– (2009): Der Literaturstreit zwischen Leipzig und Zürich in der Mitte des 18. Jahrhunderts. Neue Untersuchungen zu einem alten Thema, in: Lütteken/Mahlmann-Bauer (Hgg.): Bodmer und Breitinger im Netzwerk der europäischen Aufklärung (2009), 60–104.

Dörr, Volker: Offenbarung, Vernunft und ›fähigere Individuen‹. Die positiven Religionen in Lessings *Erziehung des Menschengeschlechts*, in: Lessing Yearbook 26 (1994), 29–54.

– (2006): Die *Erziehung des Menschengeschlechts* und der Glaube der Vernunft. Vortrag, gehalten am 11. Oktober 2005 im Rathaussaal Wolfenbüttel (Wolfenbütteler Vortragsmanuskripte 2).

Dombrowski, Stefan: Geschichte und Zeitkritik in Lessings *Minna von Barnhelm*, Aachen 1997.

Drescher-Ochoa, Heidrun: Kultur der Freiheit. Ein Beitrag zu Lessings Kulturkritik und -philosophie, Frankfurt a.M./Berlin/Bern/New York/Paris/Wien 1998.

Dreßler, Roland: Von der Schaubühne zur Sittenschule. Das Theaterpublikum vor der vierten Wand, Berlin 1993.

Dreßler, Thomas: Dramaturgie der Menschheit – Lessing, Stuttgart/Weimar 1996.

Drews, Jörg: Bekenntnis zum Kritiker Lessing. Zu seinem zweihundertsten Todestag am 15. Februar, in: Klaus Bohnen (Hg.): Lessing. Nachruf auf einen Aufklärer (1982), 100– 103.

van Dülmen, Richard: Die Gesellschaft der Aufklärer. Zur bürgerlichen Emanzipation und aufklärerischen Kultur in Deutschland, Frankfurt a.M., 1986.

Düntzer, Heinrich: Lessings Leben. Mit authentischen Illustrationen, Leipzig 1882.

Dürbeck, Gabriele: Einbildungskraft und Aufklärung. Perspektiven der Philosophie, Anthropologie und Ästhetik um 1750, Tübingen 1998.

Düsing, Wolfgang: Wandlungen des Literaturbegriffs in der *Laokoon*-Debatte zwischen Lessing und Herder, in: Alt u.a. (Hgg.): Prägnanter Moment (2002), 63–78.

Durchholz, Sabine: Im »Labyrinth der Literatur«: Shakespeares *Richard der Dritte* in den Versionen von Christian Felix Weiße und Carl Steinberg – Mit einem Blick auf Lessings Weiße-Rezeption, in: Lessing Yearbook/Jahrbuch 38 (2008/2009 [2010]), 169–191.

Durzak, Manfred (1969): Das Gesellschaftsbild in Lessings *Emilia Galotti*, in: Lessing Yearbook 1, 60–87.

– (1970): Äußere und innere Handlung in *Miß Sara Sampson*. Zur ästhetischen Geschlossenheit von Lessings Trauerspiel, in: Deutsche Vierteljahrsschrift für Literaturwissenschaft und Geistesgeschichte 44, 47–63.

– (1970a): Poesie und Ratio. Vier Lessing-Studien, Bad Homburg.

– (1970b): Von der Typenkomödie zum ernsten Lustspiel. Zur Interpretation des *Jungen Gelehrten*, in: Durzak: Poesie und Ratio, 9–43.

– (1970c): Vernunft und Offenbarung im Denken Lessings, in: Durzak: Poesie und Ratio, 105– 139.

– (1974): Gesellschaftsreflexion und Gesellschaftsdarstellung bei Lessing, in: Zeitschrift für deutsche Philologie 93, 546–560.

– (1992): Das Italienbild in Lessings Emilia Galotti – historisierende Parabel-Konstruktion oder präzise historische Analyse, in: Italo Michele Battafarano (Hg.): Deutsche Aufklärung in Italien, Bern/Frankfurt a.M./New York u.a., 191–204.

Dyck, Joachim: *Minna von Barnhelm* oder: Die Kosten des Glücks. Komödie von Gotthold Ephraim Lessing. Über Wirte als Spitzel, preußische Disziplin, Lessing im Kriege, frisches Geld und das begeisterte Publikum, Berlin 1981.

Dziergwa, Roman: Lessing und die Freimaurerei. Untersuchungen zur Rezeption von G.E. Lessings Spätwerk *Ernst und Falk. Gespräche für Freymäurer*

in den freimaurerischen und antifreimaurerischen Schriften des 19. und 20. Jahrhunderts (bis 1933), Frankfurt a.M./ Berlin/Bern/New York/Paris/Wien 1992.

Eberle, Stephan: Lessing und Zarathustra, in: Jahrbuch der Rückert-Gesellschaft 2006/07, 73–130.

Eckardt, Jo-Jacqueline: Lessing's *Nathan the Wise* and the Critics: 1779–1991, Camden House/Columbia 1993.

Ehrich-Haefeli, Verena: *Philotas*: Streiten nach außen – Streiten nach innen? Tragische Pannen der Verinnerlichung bei Lessing, in: Mauser/Saße (Hgg.): Streitkultur (1993), 223–237.

Eibl, Karl (1971): Gotthold Ephraim Lessing: *Miss Sara Sampson. Ein bürgerliches Trauerspiel*, Frankfurt a.M. (= Commentatio. Analysen und Kommentare zur deutschen Literatur 2).

– (1977): Identitätskrise und Diskurs. Zur thematischen Kontinuität von Lessings Dramatik, in: Jahrbuch der Deutschen Schillergesellschaft 21, 138–191.

– (1984): »…kommen würde« gegen »…nimmermehr gekommen wäre«. Auflösung des ›Widerspruchs‹ von §4 und §77 in Lessings *Erziehung des Menschengeschlechts*, in: Germanisch-Romanische Monatsschrift N.F. 34, 461–464.

– (1985): Lauter Bilder und Gleichnisse. Lessings religionsphilosophische Begründung der Poesie, in: Deutsche Vierteljahrsschrift für Literaturwissenschaft und Geistesgeschichte 59, 224–252.

– (1995): Die Entstehung der Poesie, Frankfurt a.M./ Leipzig.

Eichner, Siglinde: Die Prosafabel Lessings in seiner Theorie und Dichtung. Ein Beitrag zur Ästhetik des 18. Jahrhunderts, Bonn 1974.

Eigenmann, Susanne (1994): Zwischen ästhetischer Raserei und aufgeklärter Disziplin. Hamburger Theater im späten 18. Jahrhundert, Stuttgart/Weimar.

– (1998): Inmitten von Kultur, Wirtschaft und Natur. Hamburgs literarisches Leben um 1770, in: Stellmacher (Hg.): Stätten deutscher Literatur, 145–172.

Eloesser, Arthur: Das Bürgerliche Drama. Seine Geschichte im 18. und 19. Jahrhundert. Berlin 1898, Nd. Genf 1970.

Emmerich, Karl: Gottlieb Konrad Pfeffel als Fabeldichter. Ein Beitrag zur Geschichte der Fabel im 18. Jahrhundert, in: Weimarer Beiträge 3 (1957), 1–46.

Enders, Carl: Der geistesgeschichtliche Standort von Lessings *Horoskop*, in: Euphorion 50 (1956), 208–216.

Engbers, Jan: Der »Moral-Sense« bei Gellert, Lessing und Wieland. Zur Rezeption von Shaftesbury und Hutcheson in Deutschland, Heidelberg 2001.

Engel, Eva J. (1979): Young Lessing as Literary Critic (1749–1755), in: Lessing Yearbook 11, 69–82.

– (1994a): »Gedanck und Empfindung«. Ausgewählte Schriften. Festgabe zum 75. Geburtstag, Stuttgart-Bad Cannstatt.

– (1994b): Moses Mendelssohn und die *Briefe, die neueste Litteratur betreffend* (1759–1765), in: Engel: »Gedanck und Empfindung«, 251–305.

– (1994c): Zur Moses-Mendelssohn-Jubiläumsausgabe, in: Engel: »Gedanck und Empfindung«, 337–348.

- (1998): Ad se ipsum? »Werde ich denn niemals des Vorwurfs los werden können, den Sie mir wegen M. machten?«, in: Engel/Ritterhoff (Hgg.), Neues zur Lessing-Forschung, 43–57.

- (1999): Relativ wahr? Jacobis Spinoza-Gespräch mit Lessing, in: Euphorion 93, 433– 452.

Engel, Eva J./Claus Ritterhoff (Hgg.): Neues zur Lessing-Forschung. Ingrid Strohschneider-Kohrs zu Ehren am 26. August 1997, Tübingen 1998.

Enskat, Rainer: Bedingungen der Aufklärung. Philosophische Untersuchungen zu einer Aufgabe der Urteilskraft, Göttingen 2008.

Erb, Therese: Die Pointe in der Dichtung von Barock und Aufklärung, Bonn 1929.

Erbepflege in Kamenz 18 (1998): Lessing und die Literaturrevolten nach 1770, Kamenz 1999.

Erspamer, Peter R.: The Elusiveness of Tolerance: The »Jewish Question« from Lessing to the Napoleonic Wars, Chapel Hill/London 1997.

Eyck, John R.J./Katherine Arens: The Court of Public Opinion: Lessing, Goethe, and Werther's *Emilia Galotti*, in: Monatshefte 96 (2004), 40–61.

Fambach, Otto: Ein Jahrhundert deutscher Literaturkritik (1750–1850). Ein Lesebuch und Studienwerk, Bd. 3: Der Aufstieg zur Klassik (1750–1795), Berlin 1959.

Fasch, Agnes H.: De ovibus, Bd. 2: Das Schaf in der Bibel und die Rokokodichtung, Aschaffenburg 2007.

Fauser, Markus: Einleitung, in: Fauser (Hg.): Gotthold Ephraim Lessing. Neue Wege der Forschung, Darmstadt 2008, 7–17.

Feiereis, Konrad: Die Umprägung der natürlichen Theologie in Religionsphilosophie. Ein Beitrag zur deutschen Geistesgeschichte des 18. Jahrhunderts, Leipzig 1965.

Feinäugle, Norbert W.: Lessings Streitschriften. Überlegungen zu Wesen und Methode der literarischen Polemik, in: Lessing Yearbook 1 (1969), 126–149.

Feller, Richard: Geschichte Berns, Bd. 3: Glaubenskämpfe und Aufklärung 1653 bis 1790, 2. Aufl. Bern/Frankfurt a. M. 1974.

Fenner, Wolfgang: »Lessing wäre auch ein Mann für uns«. Neuigkeiten über Knigge und Lessing, in: Euphorion 88 (1994), 478–483.

Fetscher, Julius: Hiob in Gath. Deutsch-jüdische Lektüren von Lessings *Nathan der Weise*, in: Zeitschrift für Religions- und Geistesgeschichte 57 (2005), 209–231.

Fetting, Hugo: Conrad Ekhof. Ein Schauspieler des 18. Jahrhunderts, Berlin 1954.

Fick, Monika (1993): Verworrene Perzeptionen. Lessings *Emilia Galotti*, in: Jahrbuch der Deutschen Schillergesellschaft 37, 139–163.

- (1995): Die »Offenbarung der Natur«. Eine naturphilosophische Konzeption in Lessings *Nathan der Weise*, in: Jahrbuch der Deutschen Schillergesellschaft 39, 113–129.

- (1996): Geschmack, in: Historisches Wörterbuch der Rhetorik, Bd. 3, Tübingen, Sp. 870–901.

- (1996): Geschmacksurteil, in: Historisches Wörterbuch der Rhetorik, Bd. 3, Tübingen, Sp. 901–907.

- (1996a): Rezension: Alexander Košenina: Anthropologie und Schauspielkunst. Studien zur ›eloquentia corporis‹ im 18. Jahrhundert, in: Internationales Archiv für Sozialgeschichte der deutschen Literatur 21, 214–220.

- (2006/2007 [2008]): Lessings *Laokoon* zwischen Diskursanalyse und Präsenzdebatte, in: Lessing Yearbook, 113–124.

- (2009): Rangstreit zwischen Naturwissenschaft und Dichtung? Lessings »Querelle«-Gedicht aus Mylius' physikalischer Wochenschrift »Der Naturforscher«, in: Zeitschrift für Germanistik, N.F. 1, 77–89.

Fink, Gonthier-Louis (1980): Lessings *Ernst und Falk*. Das moralische Glaubensbekenntnis eines kosmopolitischen Individualisten, in: Recherches Germaniques 10, 18–64.

- (1998 [1999]): Lessings *Philotas* und seine Auseinandersetzung mit dem »Republikanismus« (1757–1760), in: Lessing Yearbook 30, 53–72.

Fink, Karl J./Rowland, Herbert (Hgg): The Eighteenth Century German Book Review, Heidelberg 1995.

Fischer, Axel: Nachwort zu: Gustav Friedrich Wilhelm Großmann: Lessings Denkmal, Hannover 1791, Nd. Hildesheim/Zürich/New York 1997, 3–56.

Fischer, Barbara (2000): Nathans Ende? Von Lessing bis Tabori: Zur deutsch-jüdischen Rezeption von *Nathan der Weise*, Göttingen.

- (2006/07 [2008]): To Each His Nathan: On the Theological Instrumentalization of Lessing, in: Lessing Yearbook/Jahrbuch 37, 103–112.

Fischer, Barbara/Thomas Fox (Hgg.): A Companion to the Works of Gotthold Ephraim Lessing, Camden House 2005 (2. Aufl. 2010).

Fischer, Bernhard: Von der Ars zur ästhetischen Evidenz. Überlegungen zur Entwicklung der Poetologie von Gottsched bis Lessing, in: Zeitschrift für deutsche Philologie 109 (1990), 481–502.

Fischer, Ernst/Wilhelm Haefs/York-Gothart Mix (Hgg.): Von Almanach bis Zeitung. Ein Handbuch der Medien in Deutschland 1700–1800, München 1999.

Fischer, Heinz-Dietrich (Hg.) (1972a): Deutsche Zeitungen des 17. bis 20. Jahrhunderts, Pullach bei München.

- (1972b): Die Zeitung als Forschungsproblem, in: Fischer (Hg.): Deutsche Zeitungen des 17. bis 20. Jahrhunderts, 11–24.

Fischer, Kuno: G.E. Lessing als Reformator der deutschen Literatur, 2. Theil: Lessings Nathan der Weise. Die Idee und die Charaktere der Dichtung, 5. Aufl. Stuttgart/Berlin 1905.

Fischer-Lichte, Erika (1989): Semiotik des Theaters. Eine Einführung, Bd. 2: Vom »künstlichen« zum »natürlichen« Zeichen. Theater des Barock und der Aufklärung, 2. Aufl. Tübingen.

- (1992): Entwicklung einer neuen Schauspielkunst, in: Bender (Hg.): Schauspielkunst im 18. Jahrhundert, 51–70.

Fischer-Lichte, Erika/Jörg Schönert (Hgg.): Theater im Kulturwandel des 18. Jahrhunderts. Inszenierung und Wahrnehmung von Körper – Musik – Sprache, Göttingen 1999.

Fittbogen, Gottfried (1914): Lessings Anschauungen über die Seelenwanderung, in: Germanisch-Romanische Monatsschrift 6, Heidelberg, 632–655.

– (1923): Die Religion Lessings, Leipzig.

Flaischlen, Cäsar: Otto Heinrich von Gemmingen. Mit einer Vorstudie über Diderot als Dramatiker. *Le père de famille – Der deutsche Hausvater.* Beitrag zu einer Geschichte des bürgerlichen Schauspiels, Stuttgart 1890.

Flajole, Edward S.: Lessing's Retrieval of lost Truths, in: Publications of the Modern Language Association of America 74 (1959), 52–66.

Flashar, Hellmut (Hg.): Tragödie. Idee und Transformation, Stuttgart/Leipzig 1997.

Förster, Wolfgang (Hg.): Aufklärung in Berlin, Berlin 1989.

Fontius, Martin/Rolf Geißler: Französische Aufklärer in Berlin, in: Wolfgang Förster (Hg.): Aufklärung in Berlin, Berlin 1989, 229–264.

Foucault, Michel: Die Ordnung der Dinge. Eine Archäologie der Humanwissenschaften, aus dem Französischen übersetzt von Ulrich Köppen, 14. Aufl. Frankfurt a. M. 1997.

Franke, Norman: »Experimente Gottes« – und die Folgen. Eschatologische Entwürfe in Lessings *Die Erziehung des Menschengeschlecht* [!] und Novalis' *Die Christenheit oder Europa*, in: Literaturstraße. Chinesisch-deutsches Jahrbuch für Sprache, Literatur und Kultur 1 (2000), 109–136.

Franke, Ursula: Kunst als Erkenntnis. Die Rolle der Sinnlichkeit in der Ästhetik des Alexander Gottlieb Baumgarten, Wiesbaden 1972.

Franz, Michael: Eusynopsis und Energie. Shaftesbury und James Harris, in: Baxmann/Franz/Schäffner (Hgg.): Das Laokoon-Paradigma (2000), 387–403.

Franzbach, Martin: Lessings Huarte-Übersetzung (1752). Die Rezeption und Wirkungsgeschichte des »Examen de Ingenios para las Ciencias« (1575) in Deutschland, Hamburg 1965.

Fratzke, Dieter/Wolfgang Albrecht (Hgg.): Lessing und Europa. 41. Kamenzer Lessing-Tage, Kamenz 2002.

Frenzel, Elisabeth: Stoffe der Weltliteratur. Ein Lexikon dichtungsgeschichtlicher Längsschnitte, 3. Aufl. Stuttgart 1970.

Freimark, Peter/Franklin Kopitzsch/Helga Slessarev (Hgg.): Lessing und die Toleranz, Detroit/München 1986.

Freudenthal, Gad: Aaron Salomon Gumpertz, Gotthold Ephraim Lessing, and the First Call for an Improvement of the Civil Rights of Jews in Germany (1753), in: Association for Jewish Studies Review 29 (2005), 299–353.

Freund, Gerhard: Theologie im Widerspruch. Die Lessing-Goeze-Kontroverse, Stuttgart/Berlin/Köln/Mainz 1989.

Fricke, Gerhard: Bemerkungen zu Lessings *Freigeist* und *Miss Sara Sampson*, in: Hugo Moser/Rudolf Schützeichel/Karl Stackmann (Hgg.): Festschrift für Josef Quint anlässlich seines 65. Geburtstages, Bonn 1964, 83–120.

Fridrich, Raimund M.: »Sehnsucht nach dem Verlo-renen«. Winckelmanns Ästhetik und ihre frühe Rezeption, Bern/Berlin/Bruxelles u. a. 2003.

Friedrich, Wolf-Hartmut: Sophokles, Aristoteles und Lessing, in: Euphorion 57 (1963) 4–27.

Friedrich, Hand-Edwin/Fotis Jannidis/Marianne Willems (Hgg.): Bürgerlichkeit im 18. Jahrhundert, Tübingen 2006.

Fries, Katja: Bodmers Lessingparodien als Literaturkritik, in: Lütteken/Mahlmann-Bauer (Hgg.): Bodmer und Breitinger im Netzwerk der europäischen Aufklärung (2009), 429–456.

Frischeisen-Köhler, Max/Willy Moog: Die Philosophie der Neuzeit bis zum Ende des 18. Jahrhunderts, 13. Aufl. Tübingen 1953 (= Friedrich Überwegs Grundriß der Geschichte der Philosophie Bd. 3).

Frömmer, Judith: Vom politischen Körper zur Körperpolitik: Männliche Rede und weibliche Keuschheit in Lessings *Emilia Galotti*, in: Deutsche Vierteljahrsschrift für Literaturwissenschaft und Geistesgeschichte 79 (2005), 169–195.

Frühsorge, Gotthardt/Harm Klueting/Franklin Kopitzsch (Hgg.): Stadt und Bürger im 18. Jahrhundert, Marburg 1993.

Fuhrmann, Helmut: Lessings *Nathan der Weise* und das Wahrheitsproblem, in: Lessing Yearbook 15 (1983), 63–94.

Fuhrmann, Manfred: Einführung in die antike Dichtungstheorie, Darmstadt 1973.

Gädeke Schmidt, Jutta: Lessings *Philotas*. Ästhetisches Experiment mit satirischer Wirkungsabsicht. Ein Beitrag zur Quellenforschung, Text- und Wirkungsgeschichte, New York/ Bern/Frankfurt a. M./ Paris 1988.

Gaede, Werner: Die publizistische Technik in der Polemik Gotthold Ephraim Lessings, Diss. Berlin 1955.

Gall, Dorothee/Anja Wolkenhauer (Hgg.): Laokoon in Literature and Art/ Laokoon in Literatur und Kunst, Berlin/New York 2009.

Gansel, Carsten: »Lebensideal der tätigen Energie«. Gotthold Ephraim Lessing als Kanonautor im ›Kulturraum Schule‹ zwischen 1800 und 1900, in: Hermann Korte/Marja Rauch (Hgg.): Literaturvermittlung im 19. und frühen 20. Jahrhundert, Frankfurt a. M. 2005, 81–95.

Gansel, Carsten/Birka Siwczyk (Hgg.): Gotthold Ephraim Lessings *Nathan der Weise* im Kulturraum Schule (1830–1914), Göttingen 2009.

– (Hgg.): Gotthold Ephraim Lessings *Minna von Barnhelm* im Kulturraum Schule (1830–1914), Göttingen 2010 (im Druck).

Gawlick, Günter (1973): Der Deismus als Grundzug der Religionsphilosophie der Aufklärung, in: Hermann Samuel Reimarus, 15–43.

– (1983): Hermann Samuel Reimarus, in: Martin Greschat (Hg.): Die Aufklärung, Stuttgart/ Berlin/Köln/Mainz, 299–311.

Gawlick, Günter/Lothar Kreimendahl: Einleitung, in: Bayle, Pierre: Historisches und kritisches Wörterbuch. Eine Auswahl, übers. u. hg. von Gawlick/Kreimendahl, Hamburg 2003, IX–LVI.

Gebauer, Gunter (Hg.): Das Laokoon-Projekt. Pläne einer semiotischen Ästhetik, Stuttgart 1984.

Gebhard, Walther: Zum Mißverhältnis zwischen der Fabel und ihrer Theorie, in: Deutsche Vierteljahrsschrift für Literaturwissenschaft und Geistesgeschichte 48 (1974), 122–153.

Geest, Guido: »Zum Friedrichstage«. Friedrich der Große und Lessing, in: Jahrbücher für die deutsche Armee und Marine 110 (1899), 1–34.

Gellhaus, Axel: Enthusiasmos und Kalkül. Reflexionen über den Ursprung der Dichtung, München 1995.

Gestrich, Andreas: Absolutismus und Öffentlichkeit. Politische Kommunikation in Deutschland zu Beginn des 18. Jahrhunderts, Göttingen 1994.

Glaser, Horst Albert: Das bürgerliche Rührstück. Analekten zum Zusammenhang von Sentimentalität mit Autorität in der trivialen Dramatik Schröders, Ifflands, Kotzebues und anderer Autoren am Ende des achtzehnten Jahrhunderts, Stuttgart 1969.

Godel, Rainer: »Eine unendliche Menge dunkeler Vorstellungen«. Zur Widerständigkeit von Empfindungen und Vorurteilen in der deutschen Spätaufklärung, in: Deutsche Vierteljahrsschrift für Literaturwissenschaft und Geistesgeschichte 76 (2002), 542–576.

Göbel, Helmut (1971): Bild und Sprache bei Lessing, München.

– (1980): Lessing und Cardano. Ein Beitrag zu Lessings Renaissance-Rezeption, in: Richard Toellner (Hg.): Aufklärung und Humanismus, Heidelberg, 167–186.

– (1998 [1999]): Das große und das kleine Ich. Eine Bemerkung zu Lessings *Erziehung des Menschengeschlechts*, in: Lessing Yearbook 30, 91–97.

Göpfert, Herbert G. (Hg.): Das Bild Lessings in der Geschichte, Heidelberg 1981.

Goetschel, Willi (2000 [2001]): Lessing, Mendelssohn, Nathan: German-Jewish Myth-Building as an Act of Emancipation, in: Lessing Yearbook (32), 341–360.

– (2004): Spinoza's Modernity. Mendelssohn, Lessing, and Heine, The University of Wisconsin Press, Madison/London.

– (2005): Lessing and the Jews, in: Fischer/Fox (Hgg.): A Companion to the Works of Gotthold Ephraim Lessing, 185–208.

Golawski-Braungart, Jutta (1995): Lessing und Riccoboni. Schauspielkunst und Rollenkonzeption im Trauerspiel *Miß Sara Sampson*, in: Sprache und Literatur 75/76, 184–204.

– (1999): Furcht oder Schrecken: Lessing, Corneille und Aristoteles, in: Euphorion 93, 401–431.

– (2005): Die Schule der Franzosen. Zur Bedeutung von Lessings Übersetzungen aus dem Französischen für die Theorie und Praxis seines Theaters, Tübingen/Basel.

– (2008): Shakespeare via Voltaire. Voltaires Brief *Sur la tragédie* in den *Beyträgen zur Historie und Aufnahme des Theaters* (1750), in: Berthold (Hg.): Lessings Übersetzungen (2008), 115–127.

– (2010): Lessing und Frankreich, in: Zum Europäer Lessing, Wolfenbüttel (= Wolfenbütteler Vortragsmanuskripte 9), 51–71.

Goldenbaum, Ursula (1999): Im Schatten der Tafelrunde: Die Beziehungen der jungen Berliner Zeitungsschreiber Mylius und Lessing zu französischen Aufklärern, in: Goldenbaum/Alexander Košenina (Hgg.): Berliner Aufklärung. Kulturwissenschaftliche Studien 1, Hannover, 69–100.

– (2004a): Die öffentliche Debatte in der deutschen Aufklärung 1697–1796. Einleitung, in: Goldenbaum: Appell an das Publikum. Die öffentliche Debatte in der deutschen Aufklärung 1687–1796. Mit Beiträgen von Frank Grunert u. a., Bd. 1, Berlin, 1–118.

– (2004b): Lessing contra Cramer zum Verhältnis von Glauben und Vernunft. Die Grundsatzdebatte zwischen den *Literaturbriefen* und dem *Nordischen Aufseher*, in: Goldenbaum: Appell an das Publikum. Die öffentliche Debatte in der deutschen Aufklärung 1687–1796. Mit Beiträgen von Frank Grunert u. a., Bd. 2, Berlin, 653–728.

Graf, Ruedi (1992): Das Theater im Literaturstaat. Literarisches Theater auf dem Weg zur Bildungsmacht, Tübingen.

– (1994): Utopie und Theater. Physiognomik, Pathognomik, Mimik und die Reform von Schauspielkunst und Drama im 18. Jahrhundert, in: Wolfram Groddeck/Ulrich Stadler (Hgg.): Physiognomie und Pathognomie. Zur literarischen Darstellung von Individualität. Festschrift für Karl Pestalozzi zum 65. Geburtstag, Berlin/New York, 16–33.

Grafton, Anthony: Cardanos Kosmos. Die Welten und Werke eines Renaissance-Astrologen (Übersetzung: Peter Knecht), Berlin 1999.

Graham, Ilse: Goethe and Lessing. The Wellsprings of Creation, London 1973.

Grau, Kurt Joachim: Die Entwicklung des Bewußtseinsbegriffs im 17. und 18. Jahrhundert, Halle/Saale 1916, Nd. Hildesheim/New York 1981.

Greis, Jutta: Drama Liebe. Zur Entstehungsgeschichte der modernen Liebe im Drama des 18. Jahrhunderts, Stuttgart 1991.

Griebel, Rolf-Eberhard: Historische Studien zu Gotthold Ephraim Lessings *Minna von Barnhelm oder das Soldatenglück*. Das Lustspiel – ein kritisches Zeitbild des friderizianischen Preußen, Diss. Ansbach 1978.

Grimm, Gunter (1977): Rezeptionsgeschichte. Grundlegung einer Theorie. Mit Analysen und Bibliographie, München.

– (1985): »Ich sehne mich herzlich wieder nach Deutschland«. Lessings Italienreise von 1775, in: Lessing Yearbook 17, 109–120.

– (1987): Nachwort zu: Gotthold Ephraim Lessing: Sämtliche Gedichte, hg. von G.G., Stuttgart, 385–440.

– (1992): Lessing oder Die Freiheit eines unfreien Schriftstellers, in: Grimm (Hg.): Metamorphosen des Dichters. Das Selbstverständnis deutscher Schriftsteller von der Aufklärung bis zur Gegenwart, Frankfurt a. M., 50– 66.

– (1993): »O der Polygraph!« – Satire als Disputationsinstrument in Lessings literaturkritischen Schriften, in: Mauser/Saße (Hgg.): Streitkultur, 258–268.

– (1998 [1999]): Botschaften der Einsamkeit – Briefe Lessings aus Wolfenbüttel, in: Lessing Yearbook 30, 141–149.

Grimminger, Rolf (Hg.): Hansers Sozialgeschichte der

deutschen Literatur, Bd. 3: Deutsche Aufklärung bis zur Französischen Revolution 1680–1789, 1./2. Teilband, München 1980.

Grisebach, Eduard: Die Wanderung der Novelle von der treulosen Wittwe durch die Weltlitteratur, Berlin 1889.

Groetsch, Ulrich: The Miraculous Crossing of the Red Sea: What Lessing and his Opponents during the Fragmentenstreit did not see, in: Bultmann/Vollhardt (Hgg.): Hamburger »Fragmente« und Wolfenbütteler »Axiomata« (2010) (im Druck).

Grundmann, Regina: »Wir sprechen keinem Menschen, welcher Religion er auch angehöre, den Lohn seiner guten Taten ab«. Jehuda Halevis interreligiöser Toleranzbegriff im *Buch Kusari*, in: Zielke (Hg.): Nathan und seine Erben (2005), 9–24.

Gustafson, Susan E. (1986): »Der Zustand des stummen Staunens«: Language Skepticism in *Nathan der Weise* and *Ernst und Falk*, in: Lessing Yearbook 18, 1–19.

– (1993): Beautiful Statues, Beautiful Men: The Abjection of Feminine Imagination in Lessing's *Laokoon*, in: Publications of the Modern Language Association 108, 1083–1097.

– (1995): Absent Mothers and Orphaned Fathers. Narcissism and Abjection in Lessing's Aesthetic and Dramatic Production, Detroit.

– (1999): Sadomasochism, Mutilation, and Men: Lessing's *Laokoon*, Herder's *Kritische Wälder*, Gerstenberg's *Ugolino*, and the Storm and Stress of Drama, in: Poetics Today 20, 197–218.

Guthke, Karl S. (1960): Problem und Problematik von Lessings Faust-Dichtung, in: Zeitschrift für Deutsche Philologie 79, 141–149.

– (1968): Nachwort zu: Gotthold Ephraim Lessing: D. *Faust. Die Matrone von Ephesus*, hg. von K.S.G., Stuttgart, 69–77.

– (1975a): Literarisches Leben im achtzehnten Jahrhundert in Deutschland und in der Schweiz, Bern/München.

– (1975b): Der junge Lessing als Kritiker Gottscheds und Bodmers, in: Guthke: Literarisches Leben im achtzehnten Jahrhundert, 24–71; 364–369.

– (1975c): Lessings sechstes Freimaurergespräch, in: Guthke: Literarisches Leben im achtzehnten Jahrhundert, 315–332; 403–405.

– (1975d): Haller und Lessing: Einsames Zwiegespräch, in: Guthke: Literarisches Leben im achtzehnten Jahrhundert, 118–153; 376–380.

– (1976): Lessings Problemkomödie *Die Juden*, in: Alexander von Bormann (Hg.): Wissen aus Erfahrungen. Werkbegriff und Interpretation heute, Festschrift für Herman Meyer zum 65. Geburtstag, Tübingen, 122–134.

– (1977): Lessing und das Judentum. Rezeption. Dramatik und Kritik. Krypto-Spinozismus, in: Günter Schulz (Hg.): Judentum im Zeitalter der Aufklärung, Wolfenbüttel 1977, 229–271.

– (1981a): »Notizen« = »critische Anmerkungen«? Zur Stützung meiner Hypothese über das »Sechste Freimaurergespräch«, in: Deutsche Vierteljahrsschrift für Literaturwissenschaft und Geistesgeschichte 55, 150–160.

– (1981b): Das Abenteuer der Literatur: Studien zum literarischen Leben der deutschsprachigen Länder von der Aufklärung bis zum Exil, Bern/München.

– (1981c): »Die Mehrheit der Welten«: Ein literarisches Thema im 18. Jahrhundert, in: Guthke: Das Abenteuer der Literatur, 159–186; 337–339.

– (1981d): Der Philosoph im Spielkasino: Lessings innere Biographie, in: Guthke: Das Abenteuer der Literatur, 94–122; 326–329.

– (1984a): Das deutsche bürgerliche Trauerspiel, 4. Aufl. Stuttgart.

– (1984b): Lessing, Shakespeare und die deutsche Verspätung, in: Barner/Reh (Hgg.): Nation und Gelehrtenrepublik, 138–150.

– (1993a): Lessings Rezensionen. Besuch in einem Kartenhaus, in: Jahrbuch des Freien Deutschen Hochstifts, 1–59.

– (1993b): »Nicht fremd seyn auf der Welt«. Lessing und die Naturwissenschaften, in: Lessing Yearbook 25, 55–82.

– (2000): G.E. Lessing: *Die Juden*, in: Dramen vom Barock bis zur Aufklärung (Literaturstudium: Interpretationen), Stuttgart, 275–294.

– (2003): Lessings Horizonte. Grenzen und Grenzenlosigkeit der Toleranz, Göttingen.

– (2004/05 [2006]): Die Geburt des Nathan aus dem Geist der Reimarus-Fragmente, Lessing Yearbook/Jahrbuch (36), 13–49.

– (2005): Die Erfindung der Welt. Globalität und Grenzen in der Kulturgeschichte der Literatur, Tübingen.

– (2006): Das deutsche bürgerliche Trauerspiel. 6. vollständig überarbeitete und erg. Aufl., Stuttgart/Weimar.

– (2007): Freund Hein? Der Tod in der Anakreontik, in: Manger, Klaus/Ute Pott (Hgg.): Rituale der Freundschaft, Heidelberg, 9–22.

– (2008): Rührstück oder »Schreckspiel«? Die Rezeption des deutschen bürgerlichen Trauerspiels im achtzehnten Jahrhundert, in: Jahrbuch des Freien Deutschen Hochstifts 2008, 1–80.

– (2009): Der Bürger und der »Zusammenstoß der Kulturen«. Exotik im bürgerlichen Trauerspiel, in: Jahrbuch der Jean-Paul-Gesellschaft 44 (2009), 141–160.

– (2010): Feindlich verbündet: Lessing und die *Neuen Erweiterungen der Erkenntnis und des Vergnügens*, in: Goethe Yearbook 17, 327–347.

Gutjahr, Ortrud: Rhetorik des Tabus in Lessings *Nathan der Weise*, in: Mauser/Saße (Hgg.): Streitkultur (1993), 269–278.

Gutjahr, Ortrud/Kühlmann, Wilhelm/Wucherpfennig, Wolf (Hgg.): Gesellige Vernunft. Zur Kultur der literarischen Aufklärung. Festschrift für Wolfram Mauser zum 65. Geburtstag, Würzburg 1993.

Habermas, Jürgen (1990): Strukturwandel der Öffentlichkeit. Untersuchungen zu einer Kategorie der bürgerlichen Gesellschaft, Frankfurt a. M. (zuerst 1962).

– (2005): Zwischen Naturalismus und Religion. Philosophische Aufsätze, Frankfurt a. M.

Haefs, Wilhelm/York-Gothart Mix (Hgg.): Zensur im Jahrhundert der Aufklärung. Geschichte – Theorie – Praxis, Göttingen 2007.

Häublein, Renata: die Entdeckung Shakespeares auf der deutschen Bühne des 18. Jahrhunderts. Adaption und Wirkung der Vermittlung auf dem Theater, Tübingen 2005.

Hamburger, Käte: Lessings ›tragisches Mitleid‹ und seine hermeneutischen Implikationen, in: Hubert Dethier/Eldert Willems (Hgg.): Cultural Hermeneutics of Modern Art. Essays in honor of Jan Aler, Amsterdam 1989, 245– 259.

Hamilton, John: Modernity, Translation and Poetic Prose in Lessing's *Briefe, die Neueste Literatur Betreffend* [!], in: Lessing Yearbook/Jahrbuch 36 (2004/2005 [2006]), 79–96.

Hanken, Caroline: Vom König geküßt. Das Leben der großen Mätressen. Aus dem Niederländischen von Christiane Kuby, Berlin 1996.

Haider-Pregler, Hilde: Des sittlichen Bürgers Abendschule. Bildungsanspruch und Bildungsauftrag des Berufstheaters im 18. Jahrhundert, Wien/München 1980.

Hammermayer, Ludwig: Zur Geschichte der europäischen Freimaurerei und der Geheimgesellschaften im 18. Jahrhundert. Genese – Historiographie – Forschungsprobleme, in: Éva H. Balázs (Hg.): Beförderer der Aufklärung in Mittel- und Osteuropa, Berlin 1979, 9–68.

Hansen, Günther: Formen der Commedia dell' Arte in Deutschland, hg. von Helmut G. Asper, Emsdetten 1984.

Harris, Edward P./Richard E. Schade (Hgg): Lessing in heutiger Sicht, Bremen/Wolfenbüttel 1977.

Harth, Dietrich (1978): Christian Wolffs Begründung des Exempel- und Fabelgebrauchs im Rahmen der Praktischen Philosophie, in: Deutsche Vierteljahrsschrift für Literaturwissenschaft und Geistesgeschichte 52, 43–62.

– (1993): Gotthold Ephraim Lessing. Oder die Paradoxien der Selbsterkenntnis, München.

Hass, Hans-Egon: Lessings *Minna von Barnhelm*, in: Hans Steffen (Hg.): Das deutsche Lustspiel, Göttingen 1968, 27–47.

Hasselbeck, Otto: Illusion und Fiktion. Lessings Beitrag zur poetologischen Diskussion über das Verhältnis von Kunst und Wirklichkeit, München 1979.

Hasubek, Peter (Hg.) (1982a): Die Fabel. Theorie, Geschichte und Rezeption einer Gattung, Berlin.

– (1982b): Einleitung, in: Hasubek (Hg.): Die Fabel, 7–12.

– (Hg.) (1983a): Fabelforschung, Darmstadt.

– (1983b): Einleitung, in: Hasubek (Hg.): Fabelforschung, 1–17.

– (1983c): Der Erzähler in den Fabeln Lessings (Originalbeitrag 1980), in: Hasubek (Hg.): Fabelforschung, 363–383.

Hatfield, Henry (1943): Winckelmann and His German Critics 1755-1781. A Prelude to the Classical Age, New York.

– (1956): Emilia's Guilt once more, in: Modern Language Notes 71, 287–296.

– (1964): Aesthetic Paganism in German Literature. From Winckelmann to the Death of Goethe, Cambridge/Massachusetts.

Hausmann, Franz Josef: Eine vergessene Berühmtheit

des 18. Jahrhunderts: Der Graf Caylus, Gelehrter und Literat, in: Deutsche Vierteljahrsschrift für Literaturwissenschaft und Geistesgeschichte 53 (1979), 191–209.

Hayden-Roy, Priscilla: Refining the Metaphor in Lessing's *Erziehung des Menschengeschlechts*, in: Monatshefte 95 (2003), 393–409.

Hebel, Franz: *Philotas* von Lessing und Gleim und *Polytimet* von Bodmer, in: Der Deutschunterricht 40/5 (1988), 74–88.

Hebler, Carl: Lessing-Studien, Bern 1862.

Heeg, Günther (2000): Das Phantasma der natürlichen Gestalt. Körper, Sprache und Bild im Theater des 18. Jahrhunderts, Frankfurt a. M./Basel.

– (2001): Massive Erhebung. Das französische Theatertableau des 18. Jahrhunderts als Medium der Affektsteuerung und Wahrnehmungslenkung, in: Erika Fischer-Lichte/Christian Horn/Sandra Umathum/Matthias Warstat (Hgg.): Wahrnehmung und Medialität, Tübingen/Basel, 51–66.

Heidsieck, Arnold (1979): Der Disput zwischen Lessing und Mendelssohn über das Trauerspiel, in: Lessing Yearbook 11, 7–34.

– (1986): Lessing, Locke und die anglikanische Theologie, in: Freimark/Kopitzsch/Slessarev (Hgg.): Lessing und die Toleranz, 71–79.

Hein, Jürgen (Hg.): Gotthold Ephraim Lessing: Minna von Barnhelm. Erläuterungen und Dokumente, Stuttgart 1977.

Heitner, Robert R. (1956): The Effect of the *Hamburgische Dramaturgie*, in: The Germanic Review 31, 23–34.

– (1963): German Tragedy in the Age of Enlightenment. A Study in the Development of Original Tragedies, 1724–1768, Berkeley/Los Angeles.

– (1963): A Gottschedian Reply to Lessing's Seventeenth *Literaturbrief*, in: Erich Hofacker/ Liselotte Dieckmann (Hgg.): Studies in Germanic Languages and Literatures. In Memory of Fred O. Nolte. A Collection of Essays Written by his Colleagues and his former Students, St. Louis, 43–58.

– (1973): Rationalism und Irrationalism in Lessing, in: Lessing Yearbook 5, 82–106.

Helbig, Louis Ferdinand: Gotthold Ephraim Lessing. Die Erziehung des Menschengeschlechts. Historisch-kritische Edition mit Urteilen Lessings und seiner Zeitgenossen, Einleitung, Entstehungsgeschichte und Kommentar, Bern/Frankfurt a. M./ Las Vegas 1980.

Heller, Peter: Dialektik und Dialog in Lessings *Nathan der Weise* (1966), in: Klaus Bohnen (Hg.): Lessings *Nathan der Weise* (1984), 219– 228.

Hellmuth, Eckhart: Die »Wiedergeburt« Friedrichs des Großen und der »Tod fürs Vaterland«. Zum patriotischen Selbstverständnis in Preußen in der zweiten Hälfte des 18. Jahrhunderts, in: Hellmuth/Reinhard Stauber (Hgg.): Nationalismus vor dem Nationalismus?, Hamburg 1995 (1998), 23–54 (= Aufklärung 10/2).

Henkel, Arthur: Anmerkungen zu Lessings Faust-Fragment, in: Euphorion 64 (1970), 75– 84.

Henning, Hans: Die Faust-Tradition im 17. und 18. Jahrhundert, in: Helmut Holtzhauer/Hans Henning (Hgg.): Goethe-Almanach auf das Jahr 1967, Berlin/Weimar o.J., 164–203.

Hempel, Brita: Sara, Emilia, Luise: drei tugendhafte Töchter. Das empfindsame Patriarchat im bürgerlichen Trauerspiel bei Lessing und Schiller, Heidelberg 2006.

Hermann Samuel Reimarus (1694–1768), ein »bekannter Unbekannter« der Aufklärung in Hamburg, hg. von der Joachim Jungius-Gesellschaft, Göttingen 1973.

Hernadi, Paul: Nathan der Bürger: Lessings Mythos vom aufgeklärten Kaufmann (1971), in: Bohnen (Hg.): Lessings *Nathan der Weise* (1984), 341–349.

Hess, Peter: Epigramm, Stuttgart 1989.

Heßelmann, Peter: Gereinigtes Theater? Dramaturgie und Schaubühne im Spiegel deutschsprachiger Theaterperiodika des 18. Jahrhunderts (1750–1800), Frankfurt a.M. 2002.

Heudecker, Sylvia: Modelle literaturkritischen Schreibens. Dialog, Apologie, Satire vom späten 17. bis zur Mitte des 18. Jahrhunderts, Tübingen 2005.

Heuschkel, Walter: Untersuchungen über Ramlers und Lessings Bearbeitung von Sinngedichten Logaus, Diss. Jena 1901.

Hildebrandt, Dieter (1969): *Minna von Barnhelm.* Das klassische Lustspiel – ein Zeitstück, in: Gotthold Ephraim Lessing: Minna von Barnhelm, hg. von Hildebrandt, Frankfurt a.M./Berlin, 5–28.

– (1979): Lessing. Biographie einer Emanzipation, München/Wien; auch: Frankfurt a.M./Berlin/Wien 1982.

– (1981): Christlob Mylius. Ein Genie des Ärgernisses. Berlin.

Hillen, Gerd: Die Halsstarrigkeit der Tugend. Bemerkungen zu Lessings Trauerspielen, in: Lessing Yearbook 2 (1970), 115–134.

Hillmann, Heinz: Ungerechte Obrigkeit und Widerstandsrecht im Absolutismus. – Von Lessings *Samuel Henzi* zu *Emilia Galotti,* in: Arno Herzig/Inge Stephan/Hans G. Winter (Hgg.): »Sie, und nicht Wir«. Die Französische Revolution und ihre Wirkung auf Norddeutschland, Bd. 1, Hamburg 1989, 87–106.

Hinck, Walter: Das deutsche Lustspiel des 17. und 18. Jahrhunderts und die italienische Komödie. Commedia dell'arte und Théâtre italien, Stuttgart 1965.

Hoensbroech, Marion Gräfin von: Die List der Kritik. Lessings kritische Schriften und Dramen, München 1976.

Höltermann, A.: Lessings *Nathan* im Lichte von Leibniz' Philosophie, in: Zeitschrift für Deutschkunde 42 (1928), 494–507.

Höyng, Peter: Die Geburt der Theaterzensur aus dem Geiste bürgerlicher Moral. Unwillkommene Thesen zur Theaterzensur im 18. Jahrhundert?, in: Wilhelm Haefs/York-Gothart Mix (Hgg.): Zensur im Jahrhundert der Aufklärung. Geschichte – Theorie – Praxis, Göttingen 2007, 99–119.

Hofmann, Michael: Aufklärung. Tendenzen – Autoren – Texte, Stuttgart 1999.

Hohendahl, Peter Uwe (Hg.): Patriotism, Cosmopolitanism, and National Culture. Public Culture in Hamburg 1700–1933, Amsterdam/New York 2003.

Holenstein Weidmann, Pia: Passionierte Tugend: Lukrezia, in: Deutsche Vierteljahrsschrift für Literaturwissenschaft und Geistesgeschichte 68 (1994), 1–21.

Hollmer, Heide/Albert Meier (Hgg.): Dramenlexikon des 18. Jahrhunderts, München 2001.

Horsch, Silvia: Rationalität und Toleranz. Lessings Auseinandersetzung mit dem Islam, Würzburg 2004.

Huber, Thomas: Studien zur Theorie des Übersetzens im Zeitalter der deutschen Aufklärung 1730–1770, Meisenheim am Glan 1968.

Hübner, Kurt: Glaube und Denken. Dimensionen der Wirklichkeit, 2. Aufl. Tübingen 2004.

Hügli, A.: Naturrecht. Neuzeit [bis Kant], in: Joachim Ritter/Karlfried Gründer (Hgg.): Historisches Wörterbuch der Philosophie, Bd. 6, Darmstadt 1984, 582–594.

Hünig, Angela: Das Soldatenstück des späten 18. Jahrhunderts: Annäherung an ein europäisches Genre durch den deutsch-englischen Vergleich, in: Anke Detken u.a. (Hgg.): Theaterinstitution und Kulturtransfer 2. Fremdkulturelles Repertoire am Gothaer Hoftheater und an anderen Bühnen, Tübingen 1998, 97–121.

Immer, Nikolas/Olaf Müller: Lessings Diderot: »süssere Thränen« zur Läuterung des Nationalgeschmacks, in: Berthold (Hg.): Lessings Übersetzungen (2008), 147–163.

van Ingen, Ferdinand: Tugend bei Lessing. Bemerkungen zu *Miss Sara Sampson,* in: Amsterdamer Beiträge zur neueren Germanistik 1 (1972), 43–73.

Jacob, Joachim: Die Schönheit der Literatur. Zur Geschichte eines Problems von Gorgias bis Max Bense, Tübingen 2007.

Jäger, Hans-Wolf (Hg.): »Öffentlichkeit« im 18. Jahrhundert, Göttingen 1997.

Jahn, Günter: Lessings Fabelabhandlungen. Ein Elementarbuch der Didaktik und Methodik, Bielefeld 2000.

Jasper, Willi: Lessing und Mendelssohn – ein Briefwechsel der Freundschaft, in: Jasper/Joachim H. Knoll (Hgg.): Preußens Himmel breitet seine Sterne... Beiträge zur Kultur-, Politik- und Geistesgeschichte der Neuzeit, Bd. 1, Hildesheim/Zürich/New York 2002, 215–227.

Jauch, Ursula Pia: Jenseits der Maschine. Philosophie, Ironie und Ästhetik bei Julien Offray de La Mettrie (1709–1751), München 1998.

Jauß, Hans Robert: Das Religionsgespräch oder: The last things before the last, in: Karlheinz Stierle/Rainer Warning (Hgg.): Das Ende. Figuren einer Denkform, München 1996, 384–414.

Jens, Walter (1983a): In Sachen Lessing. Vorträge und Essays. Stuttgart.

– (1983b): Feldzüge eines Redners [1969], in: Jens: In Sachen Lessing, 11–33.

– (1983c): Lessing und die Antike [1978], in: Jens: In Sachen Lessing, 34–61.

– (1983d): Ein Mann von Witz. Zwei Interpretationen. 1. Die Sinngedichte an den Leser [1982], in: Jens: In Sachen Lessing, 157–159.

Jens, Walter/Hans Küng: Gotthold Ephraim Lessing,

Nathan der Weise, in: Jens/Küng: Dichtung und Religion, München 1985.

Jørgensen, Sven-Aage (1998): Versuch über die »Jungen Gelehrten« um 1750, in: Engel/Ritterhoff (Hgg.), Neues zur Lessing-Forschung, 31–41.

– (1998 [1999]): Die »Jungen Gelehrten« von 1750, in: Lessing Yearbook 30, 11–20.

Jung, Werner: Lessing zur Einführung, Hamburg 2001.

Jung-Hofmann, Christina: Politik und Moral in Lessings *Emilia Galotti*, in: Literatur für Leser 87/1 (1987), 229–248.

Justi, Carl: Winckelmann und seine Zeitgenossen, Bd. 1–3, 2. Aufl. Leipzig 1898.

Kagel, Martin (2003 [2004]): Des Soldaten Glück: Aufklärung, Kriegserfahrung und der Ort des Militärs in Gotthold Ephraim Lessings *Minna von Barnhelm*, in: Lessing Yearbook 35, 9–34.

– (2007): Militärisches Heldentum und symbolische Ordnung in Gotthold Ephraim Lessings *Philotas* und *Minna von Barnhelm*, in: Adam/Dainat (Hgg.): »Krieg ist mein Lied«, 296–316.

Kaiser, Gerhard (1961): »Denken« und »Empfinden«: ein Beitrag zur Sprache und Poetik Klopstocks, in: Deutsche Vierteljahrsschrift für Literaturwissenschaft und Geistesgeschichte 35, 321–343.

– (1982): Lessing – ein lebender oder ein toter Autor? Er hat die Kritik zur Tugend, das Suchen zum Ziel gemacht: Zum zweihundertsten Todestag des Dichters, Journalisten und Philosophen, in: Bohnen (Hg.): Lessing. Nachruf auf einen Aufklärer, 112–117.

– (1991): Aufklärung, Empfindsamkeit, Sturm und Drang, 4. Aufl. Tübingen (1. Aufl. 1976).

Kaminski, Nicola: »Vis-à-vis du rien« oder Wie in einer Partie Karten mit dem Fräulein von Barnhelm und dem Chevalier de la Marliniere der Major von Tellheim das Große Los zieht, in: Stenzel/Lach (Hgg.): Lessings Skandale (2005), 161–178.

Kantzenbach, Friedrich Wilhelm: Protestantisches Christentum im Zeitalter der Aufklärung, Gütersloh 1965.

Kayser, Wolfgang: Die Grundlagen der deutschen Fabeldichtung des 16. und 18. Jahrhunderts, in: Archiv für das Studium der neueren Sprachen 86 (1931), 19–33.

Kayserling, M.: Moses Mendelssohn. Sein Leben und seine Werke, Leipzig 1862, Nd. Hildesheim 1972.

Keitsch, Christine: Der Fall Struensee – ein Blick in die Skandalpresse des ausgehenden 18. Jahrhunderts, Hamburg 2000.

Kemper, Hans-Georg: Deutsche Lyrik der frühen Neuzeit, Bd. 6/1, Empfindsamkeit, Tübingen 1997.

Kempski, Jürgen von (1973): Spinoza, Reimarus, Bruno Bauer – drei Paradigmen radikaler Bibelkritik, in: Hermann Samuel Reimarus, 96–112.

– (1982): Hermann Samuel Reimarus als Ethologe, in: Hermann Samuel Reimarus: Allgemeine Betrachtungen über die Triebe der Thiere, hauptsächlich über ihre Kunsttriebe. Mit einem Geleitwort von Ernst Mayr […] hg. von J. K., Bd. 1, Göttingen, 21–56.

Kertscher, Hans-Joachim und Thomas C. Fox: Lessing on the East German Stage and Screen, in: Fischer/Fox (Hgg.): A Companion to the Works of Gotthold Ephraim Lessing, 301–325.

Keßler, Martin: »Dieses Buch von einem protestantischen Frauenzimmer«. Eine unbekannte Quelle von Lessings »Erziehung des Menschengeschlechts«?, Göttingen 2009.

Kettner, Gustav: Lessings Dramen im Lichte ihrer und unserer Zeit, Berlin 1904.

Keydell, R.: Epigramm, in: Reallexikon für Antike und Christentum. Sachwörterbuch zur Auseinandersetzung des Christentums mit der Antike, begründet von Franz Joseph Dölger u. a., hg. von Theodor Klauser, Bd. 5, Stuttgart 1962, Sp. 539–577.

Kies, Paul P.: The Sources and basic model of Lessing's *Miss Sara Sampson*, in: Modern Philology 24 (1926/27), 65–90.

Kiesel, Helmuth: ›Bei Hof, bei Höll‹. Untersuchungen zur literarischen Hofkritik von Sebastian Brant bis Friedrich Schiller, Tübingen 1979.

Kiesel, Helmuth/Paul Münch: Gesellschaft und Literatur im 18. Jahrhundert. Voraussetzungen und Entstehung des literarischen Markts in Deutschland, München 1977.

Kim, Eun-Ae: Lessings Tragödientheorie im Licht der neueren Aristoteles-Forschung, Würzburg 2002.

Kittler, Friedrich A.: »Erziehung ist Offenbarung«. Zur Struktur der Familie in Lessings Dramen, in: Jahrbuch der Deutschen Schillergesellschaft 21 (1977), 111–137.

Klein, Dietrich: Aus lauter dunkelen Begriffen der Kabbalisten und Platonischen Juden… Hermann Samuel Reimarus als Ausleger des Johannesprologs, in: Bultmann/Vollhardt (Hgg.): Hamburger »Fragmente« und Wolfenbütteler »Axiomata« (2010) (im Druck).

Kleßmann, Eckart: Die Mendelssohns. Bilder aus einer deutschen Familie, Zürich/München 1990.

Knodt, Eva M.: »Negative Philosophie« und dialogische Kritik. Zur Struktur poetischer Theorie bei Lessing und Herder, Tübingen 1988.

Knoll, Renate: Johann Georg Hamann und Friedrich Heinrich Jacobi, Heidelberg 1963.

Koch, Franz: Lessing und der Irrationalismus, in: Deutsche Vierteljahrsschrift für Literaturwissenschaft und Geistesgeschichte 6 (1928), 114–143.

Koebner, Thomas: *Nathan der Weise* (1779). Ein polemisches Stück?, in: Lessings Dramen. Interpretationen, Stuttgart 1987, 138–206.

König, Dominik von: Natürlichkeit und Wirklichkeit. Studien zu Lessings *Nathan der Weise*, Bonn 1976.

Kofink, Heinrich: Lessings Anschauungen über die Unsterblichkeit und Seelenwanderung, Strassburg 1912.

Kommerell, Max: Lessing und Aristoteles. Untersuchung über die Theorie der Tragödie, 5. Aufl. Frankfurt a. M. 1984 (1. Aufl. 1940).

Kondylis, Panajotis: Die Aufklärung im Rahmen des neuzeitlichen Rationalismus, München 1986 (1. Aufl. 1981).

Kopitzsch, Franklin (1975): Lessing und Hamburg. Aspekte und Aufgaben der Forschung, in: Günter

Schulz (Hg.): [Zur Lessing-Forschung], Wolfenbütteler Studien zur Aufklärung, Bd. 2, Bremen/Wolfenbüttel, 47–120.

– (1980): Gotthold Ephraim Lessing und seine Zeitgenossen im Spannungsfeld von Toleranz und Intoleranz, in: Walter Grab (Hg.): Deutsche Aufklärung und Judenemanzipation, Tel-Aviv, 29–90 (= Jahrbuch des Instituts für Deutsche Geschichte; Beiheft 3).

Kornbacher-Meyer, Agnes: Komödientheorie und Komödienschaffen Gotthold Ephraim Lessings, Berlin 2003.

Korzeniewski, Uta: »Sophokles! Die Alten! Philoktet!« Lessing und die antiken Dramatiker, Konstanz 2003.

Koselleck, Reinhart: Kritik und Krise. Eine Studie zur Pathogenese der bürgerlichen Welt, 8. Aufl. Frankfurt a. M. 1997 (1. Aufl. 1959).

Košenina, Alexander (1995): Anthropologie und Schauspielkunst. Studien zur ›eloquentia corporis‹ im 18. Jahrhundert, Tübingen.

– (2003): »Der gelehrte Narr«. Gelehrtensatire seit der Aufklärung, Göttingen.

– (2008): Literarische Anthropologie. Die Neuentdeckung des Menschen, Berlin.

Krebs, Roland (1985): L'Idée de »Théâtre National« dans L'Allemagne des Lumières. Théorie et Réalisations, Wiesbaden.

– (2001): Théâtre français et théâtre allemande à Berlin sous le règne de Frédéric II. Une histoire parallèle?, in: Martin Fontius/Jean Mondot (Hgg.): Französische Kultur – Aufklärung in Preußen, Berlin, 167–177.

– (2002): Lessing und die französische Gelehrtenrepublik. Ein europäischer Dialog, in: Erbepflege in Kamenz 22, 63–82.

– (2005): Der Theologe vor der Bühne. Pastor Goezes *Theologische Untersuchung der heutigen deutschen Schaubühne* als Streitschrift gegen das Theater und Projekt einer Idealbühne, in: Ariane Martin/Nikola Roßbach (Hg.): Begegnungen: Bühne und Berufe in der Kulturgeschichte des Theaters, Tübingen, 43–52.

Krebs, Roland/Jean-Marie Valentin (Hgg.): Théâtre, nation et société en Allemagne au 18e siècle, Nancy 1990.

Kröger, Wolfgang (1979): Das Publikum als Richter. Lessing und die »kleineren Respondenten« im Fragmentenstreit, Nendeln/Liechtenstein.

– (1995): Gotthold Ephraim Lessing: *Minna von Barnhelm*. Grundlagen zum Verständnis des Dramas, 2. Aufl. Frankfurt a. M. (1. Aufl. 1985).

Kronauer, Ulrich (1978): Rousseaus Kulturkritik und die Aufgabe der Kunst. Zwei Studien zur deutschen Kunsttheorie des 18. Jahrhunderts, Heidelberg.

– (1995): Der kühne Weltweise. Lessing als Leser Rousseaus, in: Herbert Jaumann (Hg.): Rousseau in Deutschland. Neue Beiträge zur Erforschung seiner Rezeption, Berlin/New York, 23–45.

– (2005): Naturmensch und Kosmopolit. Lessings wahrer Freimaurer, in: Zeuch (Hg.): Lessings Grenzen, 143–160.

Kublitz, Maria: Maskierungen des weiblichen Sprechens – eine feministische Lesart der *Emilia Galotti*, in: Diskussion Deutsch 20 (1989), 4–18.

Kunisch, Johannes: Einleitung: Thomas Abbt. Vom Tode für das Vaterland (1761), in: Kunisch (Hg.): Aufklärung und Kriegserfahrung. Klassische Zeitzeugen zum Siebenjährigen Krieg, Frankfurt/ M. 1996, 971–989.

Kupferberg, Herbert: Die Mendelssohns, Tübingen/Stuttgart 1972.

Kuschel, Karl-Josef (1998): Vom Streit zum Wettstreit der Religionen. Lessing und die Herausforderung des Islam, Düsseldorf.

– (2004): »Jud, Christ und Muselmann vereinigt«? Lessings *Nathan der Weise*, Düsseldorf.

Laak, Lothar van: Grenzen der Verständigung? – Lessings *Briefe, die neueste Litteratur betreffend*, in: Zeuch (Hg.): Lessings Grenzen (2005), 25–46.

Laan, J.M. van der: »Lessing's ›Lost‹ Faust« and Faustus Socinus, in: Lessing Yearbook/Jahrbuch 38 (2008/2009 [2010]), 53–65.

Lach, Roman (2004): Characters in Motion. Einbildungskraft und Identität in der empfindsamen Komödie der Spätaufklärung, Heidelberg.

– (2005): Das Skandalon des Zufalls: Lessing und La Mettrie, in: Stenzel/Lach (Hgg.): Lessings Skandale, 129–144.

Labroisse, Gerd: Emilia Galottis Wollen und Sollen, in: Neophilologus 56 (1972), 311–323.

Lamport F.J. (1981): Lessing and the Drama, Oxford.

– (1990): The Death of Emilia Galotti – A Reconsideration, in: German Life and Letters 44/1, 25–34.

Landmesser, Christof: »Elementarbuch« oder »Kanon«. Lessings Deutung des Neuen Testaments, in: Bultmann/Vollhardt (Hgg.): Hamburger »Fragmente« und Wolfenbütteler »Axiomata« (2010) (im Druck).

Langen, August: Der Wortschatz des deutschen Pietismus, 2. Aufl. Tübingen 1968 (1. Aufl. 1954).

Lappert, Hans-Ulrich: G.E. Lessings Jugendlustspiele und die Komödientheorie der frühen Aufklärung, Diss. Zürich 1968.

Laska, Bernd: Einleitung, in: La Mettrie, Julien Offray de: Über das Glück oder Das Höchste Gut (»Anti-Seneca«), hg. von Laska, Nürnberg 1985, V–XXIX.

Lau, F.: Orthodoxie, altprotestantische, in: Die Religion in Geschichte und Gegenwart, 3. neu bearbeitete Aufl. hg. von Kurt Galling, Bd. 4, Tübingen 1960, Sp. 1719–1730.

Lehmann, Johannes Friedrich: Der Blick durch die Wand. Zur Geschichte des Theaterzuschauers und des Visuellen bei Diderot und Lessing, Freiburg im Breisgau 2000.

Leibfried, Erwin: Fabel, 4. Aufl. Stuttgart 1982.

Leisegang, Hans: Lessings Weltanschauung, Leipzig 1931.

Lennhoff, Eugen/Posner, Oskar (Hgg.): Internationales Freimaurerlexikon, München/ Wien 1975 (Nachdruck der Erstausgabe 1932).

Leppmann, Wolfgang: Winckelmann. Ein Leben für Apoll. Das rätselhafte, dramatische Lebensschicksal des Mannes, der als »Vater der Archäologie« und Begründer der deutschen Klassik Epoche machte, Frankfurt a. M. 1986.

Ley, Klaus: Die Ringparabel und der ›katholische‹ Lessing. Zur Deutungsgeschichte von *Decameron* I, 3 in Italien vor der Abfassung von *Nathan der Weise*, in: Germanisch-Romanische Monatsschrift, Neue Folge 56 (2006), 381–403.

Librett, Jeffrey S.: Destabilizing Typologies: Jewish Works, Christian Faith, and the Passage from Orient to Occident in G.E. Lessing's *Ernst und Falk: Gespräche für Freimäurer*, in: The Germanic Review 78/4 (2003), 301–318.

Liepe, Else: Der Freigeist in der deutschen Literatur des 18. Jahrhunderts, Diss. Kiel 1930.

Lindner, Hermann: Fabeln der Neuzeit. England, Frankreich, Deutschland. Ein Lese- und Arbeitsbuch, München 1978.

Loeb, Ernst: Lessings *Samuel Henzi*: Eine aktuelle Thematik, in: Monatshefte 65 (1973), 351–360.

Lohmeier, Anke-Marie: Tragödie und Theodizee. Neues Altes über Lessings Trauerspielpoetik, in: Sabine Doering/Waltraud Maierhofer/Peter Philipp Riedl (Hg.): Resonanzen. Festschrift für Hans Joachim Kreutzer zum 65. Geburtstag, Würzburg 2000, 83–98.

Ludz, Peter Christian (Hg.): Geheime Gesellschaften, Heidelberg 1979.

Luehrs, Phoebe M: Der Nordische Aufseher. Ein Beitrag zur Geschichte der moralischen Wochenschriften, Diss. Heidelberg 1909.

Lüpke, Johannes von (1989): Wege der Weisheit. Studien zu Lessings Theologiekritik, Göttingen.

– (1998): Der fromme Ketzer. Lessings Idee eines Trauerspiels *Der fromme Samariter nach der Erfindung des Herrn Jesu Christi*, in: Engel/Ritterhoff (Hgg.): Neues zur Lessing-Forschung, 128–151.

Lütkehaus, Ludger: Aufklärung über die Gegenaufklärung. Leben, Meinungen und Schicksale des »berüchtigten Dr. Bahrdt«, in: Gutjahr/Kühlmann/Wucherpfennig (Hgg.): Gesellige Vernunft (1993), 159–171.

Lütteken, Anett/Barbara Mahlmann-Bauer (Hgg.): Bodmer und Breitinger im Netzwerk der europäischen Aufklärung, Göttingen 2009.

Lützeler, Paul Michael (1971): Die marxistische Lessing-Rezeption – Darstellung und Kritik am Beispiel von Mehring und Lukács, in: Lessing-Yearbook 3, 173–193.

– (1976): Die marxistische Lessing-Rezeption (II). Darstellung und Kritik am Beispiel der *Emilia-Galotti*-Interpretation in der DDR, in: Lessing Yearbook 8, 42–60.

Lukas, Wolfgang: Anthropologie und Theodizee. Studien zum Moraldiskurs im deutschsprachigen Drama der Aufklärung (ca. 1730–1770), Göttingen 2005.

Luserke, Matthias (1993): »Wir führen Kriege, lieber Lessing«. Die Form des Streitens um die richtige Katharsisdeutung zwischen Lessing, Mendelssohn und Nicolai in *Briefwechsel über das Trauerspiel*. – Ein diskursanalytischer Versuch, in: Mauser/Saße (Hgg.): Streitkultur, 322–331.

– (1995): Die Bändigung der wilden Seele. Literatur und Leidenschaft in der Aufklärung, Stuttgart/Weimar.

Luserke-Jaqui: Anakreontik und Rokoko – Thesen zur Forschung oder Lesarten der AnakreoRokokontik, in: Beetz/Kertscher (Hgg.): Anakreontische Aufklärung (2005), 19–31.

Luserke, Matthias/Reiner Marx/Reiner Wild (Hgg.): Literatur und Kultur des Rokoko, Göttingen 2001.

Mahal, Günther (1972): Lessings *Faust*. Planen, Ringen, Scheitern, in: Faust-Blätter. Archiv-Nachrichten N.F. 11, 525–551.

– (1998): Faust. Untersuchungen zu einem zeitlosen Thema, Neuried.

Mahlmann-Bauer, Barbara: Lessings Fragment *Die Religion* und das Saatgut, das in *Die Erziehung des Menschengeschlechts* aufgegangen ist, in: Christoph Bultmann/Friedrich Vollhardt (Hgg.): Hamburger »Fragmente« und Wolfenbütteler »Axiomata« (2010) (im Druck).

Maier, Johann Erich: Gnade und Ästhetik. Von der Wiedergeburt zur Gnadenpoetik, Frankfurt / M. / Berlin / Bern / New York / Paris / Wien 1998.

Maissen, Thomas: »Mit katonischem Fanatisme den Despotisme daniedergehauen«. Bodmers *Brutus*-Trauerspiele und die republikanische Tradition, in: Lütteken/Mahlmann-Bauer (Hgg.): Bodmer und Breitinger im Netzwerk der europäischen Aufklärung (2009), 350–364.

Markiewicz, Henryk: Ut Pictura Poesis … A History of the Topos and the Problem, in: New Literary History 18 (1986/87), 535–558.

Markschies, Hans Lothar: Lessing und die äsopische Fabel, in: Wissenschaftliche Zeitschrift der Karl-Marx-Universität Leipzig, Gesellschafts- und Sprachwissenschaftliche Reihe 4 (1954/55), 129–142.

Marquard, Odo: Schwierigkeiten mit der Geschichtsphilosophie, Frankfurt a. M. 1973.

Martens, Wolfgang (1971): Die Botschaft der Tugend. Die Aufklärung im Spiegel der deutschen Moralischen Wochenschriften, 2. Aufl. Stuttgart.

– (1977): Lessing als Aufklärer. Zu Lessings Kritik an den Moralischen Wochenschriften, in: Harris/Schade (Hgg.): Lessing in heutiger Sicht, 237–48.

– (1982): Vom Erfinden selbstdenkender Köpfe, in: Bohnen (Hg.): Lessing. Nachruf auf einen Aufklärer, 118–122.

Martin, Dieter: Bodmers streitbare Koalition mit Christoph Martin Wieland, in: Lütteken/Mahlmann-Bauer (Hgg.): Bodmer und Breitinger im Netzwerk der europäischen Aufklärung (2009), 459–473.

Martinec, Thomas (2003): Lessings Theorie der Tragödienwirkung. Humanistische Tradition und aufklärerische Erkenntniskritik, Tübingen.

– (2005): Lessing und Aristoteles? Versuch einer Grenzbestimmung in Lessings Interpretation des aristotelischen Tragödiensatzes, in: Zeuch (Hg.): Lessings Grenzen, 81–100.

– (2008a): Friedrich Nicolai im Trauerspieldisput von 1756/57, in: Rainer Falk/Alexander Košenina (Hgg): Friedrich Nicolai und die Berliner Aufklärung, Hannover, 45–65.

– (2008b): Übersetzung und Adaption. Lessings Verhältnis zu Francis Hutcheson, in: Berthold (Hg.): Lessings Übersetzungen, 95–113.

Martini, Fritz: Riccaut, die Sprache und das Spiel in Lessings Lustspiel *Minna von Barnhelm* (1964), in: G. und S. Bauer (Hgg.): Gotthold Ephraim Lessing (1968), 376–426.

Martino, Alberto: Geschichte der dramatischen Theorien in Deutschland im 18. Jahrhundert, Bd. 1: Die Dramaturgie der Aufklärung (1730–1780). Aus dem Italienischen von Wolfgang Proß, Tübingen 1972.

Martinson, Steven D.: Lessing and the European Enlightenment, in: Fischer/Fox (Hgg.): A Companion to the Works of Gotthold Ephraim Lessing (2005), 41–63.

Marx, Reiner: Anakreontik als lyrische Initiation. Zu Lessings *Kleinigkeiten* und Goethes *Annette*, in: Matthias Luserke/Reiner Marx/Reiner Wild (Hgg.): Literatur und Kultur des Rokoko, Göttingen 2001, 135–146.

Mattenklott, Gert (1980): Drama – Gottsched bis Lessing, in: Ralph-Rainer Wuthenow (Hg.): Zwischen Absolutismus und Aufklärung: Rationalismus, Empfindsamkeit, Sturm und Drang. 1740–1786, Reinbek bei Hamburg, 277–298.

– (1997): Lessings Grenzen. Anmerkungen zum *Tagebuch der Italienischen Reise*, in: Germanisch-Romanische Monatsschrift N.F. 47, 227–235.

Mattenklott, Gert/Klaus R. Scherpe (Hgg.): Westberliner Projekt: Grundkurs 18. Jahrhundert. Die Funktion der Literatur bei der Formierung der bürgerlichen Klasse Deutschlands im 18. Jahrhundert, Kronberg/Ts. 1974.

Mattenklott, Gert/Helmut Peitsch: Das Allgemeinmenschliche im Konzept des bürgerlichen Nationaltheaters. Gotthold Ephraim Lessings Mitleidstheorie, in: Gert Mattenklott/Klaus R. Scherpe (Hgg.): Westberliner Projekt: Grundkurs 18. Jahrhundert, Kronberg/Ts. 1974, 147–188.

Matuschek, Stefan: Undogmatische Anschauung. Diderots Tempel- und Lessings Palast-Parabel, in: Lessing Yearbook 29 (1997), 31–55.

Maurer, Michael: Die Biographie des Bürgers. Lebensformen und Denkweisen in der formativen Phase des deutschen Bürgertums (1680–1815), Göttingen 1996.

Maurer-Schmoock, Sybille: Deutsches Theater im 18. Jahrhundert, Tübingen 1982.

Mauser, Wolfram (1975): Lessings *Miss Sara Sampson*. Bürgerliches Trauerspiel als Ausdruck innerbürgerlichen Konflikts, in: Lessing Yearbook 7, 7–27.

– (1989): Geselligkeit. Zu Chance und Scheitern einer sozialethischen Utopie um 1750, in: Aufklärung 4/1, 5–36.

– (1998 [1999]): »Billigkeit«. Zu Lessings Brief an Herzog Karl vom 8. August 1778, in: Lessing Yearbook/Jahrbuch, 151–159.

– (2000a): Konzepte aufgeklärter Lebensführung. Literarische Kultur im frühmodernen Deutschland, Würzburg.

– (2000b): Anakreon als Therapie? Zur medizinisch-diätetischen Begründung der Rokokodichtung, in: Konzepte aufgeklärter Lebensführung. Literarische Kultur im frühmodernen Deutschland, 301–329.

– (2000c): Weisheit im Schatten der Macht. Lessings Fabel *Die Esel*, in: Mauser: Konzepte aufgeklärter Lebensführung, 161–169.

Mauser, Wolfram/Günter Saße (Hgg.): Streitkultur. Strategien des Überzeugens im Werk Lessings, Tübingen 1993.

Mayer, Ewa: Théâtre de la proximité. Wandel der Ästhetik im französischen Theater an der Schwelle zum 18. Jahrhundert (Voltaire, Crébillon (père) und Houdar de La Motte), Berlin 2009.

Mayer, Hans: Faust, Aufklärung, Sturm und Drang, in: Sinn und Form. Beiträge zur Literatur 13 (1961), 101–120.

McCarthy, John: Lessing and the Project of a National Theater in Hamburg: »Ein Supplement der Gesetze«, in: Hohendahl (Hg.): Patriotism, Cosmopolitanism, and National Culture (2003), 71–90.

McInnes, Edward: Lessing's *Hamburgische Dramaturgie* and the Theory of the Drama in the Nineteenth Century, in: Orbis Litterarum 28 (1973), 293–318.

Mecklenburg, Norbert: »Laßt's lieber nicht gestorben sein!« Lessings *Nathan* und der christliche Antisemitismus, in: Literatur für Leser 31/4 (2008), 247–264.

Mehring, Franz: Die Lessing-Legende. Eine Rettung (1893) = Mehring: Gesammelte Schriften, hg. von Thomas Höhle/Hans Koch/Josef Schleifstein, Bd. 9, Berlin 1963.

Meier, Albert (1993): Dramaturgie der Bewunderung. Untersuchungen zur politisch-klassizistischen Tragödie des 18. Jahrhunderts, Frankfurt a.M.

– (2009): »Keine Fesseln von einem König!«. Bodmers Poetik des ›politischen‹ Schauspiels, in: Lütteken/Mahlmann-Bauer (Hgg.): Bodmer und Breitinger im Netzwerk der europäischen Aufklärung, 314–326.

Meier, Thorsten: Toleranz und ästhetische Disposition. Warum die Uraufführung von Lessings *Nathan der Weise* scheiterte, in: Zielke (Hg.): Nathan und seine Erben (2005), 37–51.

Mein, Georg: Morior, ergo sum. Der verhinderte Tausch in Lessings Philotas, in: Mein/Franziska Schößler (Hgg.): Tauschprozesse. Kulturwissenschaftliche Verhandlungen des Ökonomischen, Bielefeld 2005, 181–201.

Menninghaus, Winfried: Ekel. Theorie und Geschichte einer starken Empfindung, Frankfurt a.M. 1999.

Merker, Erna: Anakreontik, in: Reallexikon der deutschen Literaturgeschichte, 2. Aufl. hg. von Werner Kohlschmidt/Wolfgang Mohr, Bd. 1, Berlin 1958, 61–63.

Merker, Nicolao: Die Aufklärung in Deutschland, München 1982 (ital. 1968).

Metscher, Thomas: Shakespeares Spiegel. Geschichte und literarische Idee, Bd. 2: Klassik, Romantik und Aufklärung, Hamburg 1998.

Metzler-Lexikon antiker Autoren, hg. von Oliver Schütze, Stuttgart/Weimar 1997.

Meyer, Jochen: Einige Bogen Wein und Liebe, in: Gotthold Ephraim Lessing: Kleinigkeiten. Faksimile des Marbacher Manuskripts, hg. v. J. Meyer, Göttingen 2000, 195–238.

Meyer, Reinhart (1973): *Hamburgische Dramaturgie und Emilia Galotti*. Studie zu einer Methodik des wissenschaftlichen Zitierens entwickelt am Problem des Verhältnisses von Dramentheorie und Trauerspiel bei Lessing, Wiesbaden/Frankfurt a. M.

– (1980): Von der Wanderbühne zum Hof- und Nationaltheater, in: Rolf Grimminger (Hg.): Hansers Sozialgeschichte der deutschen Literatur 3, 186–216.

– (1986): Das französische Theater in Deutschland, in: Gerhard Sauder/Jochen Schlobach (Hgg.): ›Aufklärungen‹: Frankreich und Deutschland im 18. Jahrhundert, Bd. 1, Heidelberg, 145–165.

– (1990): Hanswurst und Harlekin oder: Der Narr als Gattungsschöpfer. Versuch einer Analyse des komischen Spiels in den Staatsaktionen des Musik- und Sprechtheaters im 17. und 18. Jahrhundert, in: Roland Krebs/Jean-Marie Valentin (Hgg.): Théâtre, nation et société, 13–39.

– (2005): Lessing on the German-Speaking Stage in the Federal Republic of Germany, Austria, and Switzerland, 1945–1990, in: Fischer/Fox (Hgg.): A Companion to the Works of Gotthold Ephraim Lessing, 283–299.

Meyer-Benfey, Heinrich: Lessings Faustpläne, in: Germanisch-Romanische Monatsschrift 11 (1923), 78–88.

Meyer-Kalkus, Reinhart: Schreit Laokoon? Zur Diskussion pathetisch-erhabener Darstellungsformen im 18. Jahrhundert, in: Gérard Raulet (Hg.): Von der Rhetorik zur Ästhetik. Studien zur Entstehung der modernen Ästhetik im 18. Jahrhundert, Rennes 1995, 67–110.

Michalson, Gordon E.: Lessing's »Ugly Ditch«: A Study Of Theology And History, University Park/London 1985.

Michelsen, Peter (1990a): Der unruhige Bürger. Studien zu Lessing und zur Literatur des 18. Jahrhunderts, Würzburg.

– (1990b): Die Erregung des Mitleids durch die Tragödie. Zu Lessings Ansichten über das Trauerspiel im Briefwechsel mit Mendelssohn und Nicolai, in: Michelsen: Der unruhige Bürger, 107–136 (zuerst 1966; Post-Scriptum 1990).

– (1990c): Ist alles gut? Pope, Mendelssohn und Lessing (Zur Schrift *Pope ein Metaphysiker!*), in: Michelsen: Der unruhige Bürger, 43–69 (zuerst 1979).

– (1990d): Der Kritiker des Details. Lessing in den *Briefen die Neueste Litteratur betreffend*, in: Michelsen: Der unruhige Bürger, 70–103 (zuerst 1975).

– (1990e): Die Problematik der Empfindsamkeit. Zu Lessings *Miß Sara Sampson*, in: Michelsen: Der unruhige Bürger, 163–220 (zuerst 1981).

– (1990f): Die »wahren Taten« der Freimaurer. Lessings *Ernst und Falk*, in: Michelsen: Der unruhige Bürger, 137–159 (zuerst 1979).

– (1990g): Die Verbergung der Kunst. Über die Exposition in Lessings *Minna von Barnhelm*, in: Michelsen: Der unruhige Bürger, 221–280 (zuerst 1973).

– (1992): Der Streit um die christliche Wahrheit: Lessing, mit den Augen Goezes gesehen, in: Lessing Yearbook 24, 1–24.

– (1993): Lessing, mit den Augen Goezes gesehen, in: Mauser/Saße (Hgg.): Streitkultur, 379–391.

Milde, Wolfgang (1969): Studien zu Lessings Bibliothekariat in Wolfenbüttel (1770–1781) – Bücherausleihe und Büchererwerbung, in: Lessing Yearbook 1, 99–125.

– (1981): Lessings »Amtsbriefe« als Sekretär des preußischen Generals v. Tauentzien – ihre früheren und heutigen Aufbewahrungsorte, in: Jahrbuch für Brandenburgische Landesgeschichte 32, 53–70.

– (1985): Textkritische Anmerkungen zu drei Lessingbriefen. Zur Zuverlässigkeit der Textwiedergabe. [...]. Lessing Yearbook 17 (1985), 133–146.

– (1988): Einleitung zu: Gotthold Ephraim Lessing: D. *Faust*. Fragmente und Berichte, hg. von W.M., Berlin, 7–24.

– (2001): Mediaevalia et Lessingiana. Kleine Schriften, hg. v. Wolfgang Maaz u. a., Hildesheim.

Mitchell, P.M.: Aspekte der Fabeltheorie im 18. Jahrhundert vor Lessing, in: Hasubek (Hg): Die Fabel (1982), 119–133.

Mix, York-Gothart: Literaturgeschichtsschreibung als Legitimationswissenschaft. Franz Mehrings *Lessing-Legende* und die Funktionalisierung des Bildungskanons im wilhelminischen Deutschland, in: Text und Kontext 22 (2000), 158–168.

Möller, Horst: Aufklärung in Preussen. Der Verleger, Publizist und Geschichtsschreiber Friedrich Nicolai, Berlin 1974.

Mönch, Cornelia: Abschrecken oder Mitleiden. Das deutsche bürgerliche Trauerspiel im 18. Jahrhundert. Versuch einer Typologie, Tübingen 1993.

Moore, Evelyn (1993): The Passions of Rhetoric. Lessing's Theory of Argument and the German Enlightenment, Dordrecht.

– (1993): Lessings *Rettung des Cardanus*. Zur Entstehung einer epistemologischen Polemik, in: Mauser/Saße (Hgg.): Streitkultur, 392–400.

Mortier, Roland: Diderot in Deutschland 1750–1850, übersetzt von Hans G. Schürmann. Stuttgart 1967 (französische Ausgabe: 1954).

Mücke, Dorothea von: The Powers of Horror and the Magic of Euphemism in Lessing's *Laokoon* and *How the Ancients Represented Death*, in: Veronica Kelly/Dorothea von Mücke (Hgg.): Body and Text in the Eighteenth Century, Stanford 1994, 163–180.

Mülder-Bach, Inka (1992): Bild und Bewegung. Zur Theorie bildnerischer Illusion in Lessings *Laokoon*, in: Deutsche Vierteljahrsschrift für Literaturwissenschaft und Geistesgeschichte 66, 1–30.

– (1998): Im Zeichen Pygmalions. Das Modell der Statue und die Entdeckung der »Darstellung« im 18. Jahrhundert, München.

Mülder-Bach (2000): Sichtbarkeit und Lesbarkeit. Goethes Aufsatz *Über Laokoon*, in: Baxmann/Franz/Schäffner (Hgg.): Das Laokoon-Paradigma, 465–479.

Müller, Ernst: Ästhetische Religiosität und Kunstreligion in den Philosophien von der Aufklärung bis zum Ausgang des deutschen Idealismus, Berlin 2004.

Müller, Jan-Dirk (Hg.): Gotthold Ephraim Lessing: *Emilia Galotti*. Erläuterungen und Dokumente, 2. Aufl. Stuttgart 1993.

Müller, Klaus-Detlef (1972): Das Erbe der Komödie im bürgerlichen Trauerspiel. Lessings *Emilia Galotti* und die commedia dell'arte, in: Deutsche Vierteljahrsschrift für Literaturwissenschaft und Geistesgeschichte 46, 28–60.

– (1986): Nachwort zu: Das Theater des Herrn Diderot. Aus dem Französischen übersetzt von Gotthold Ephraim Lessing, Stuttgart, 425–456.

Müller, Paul: Untersuchungen zum Problem der Freimaurerei bei Lessing, Herder und Fichte, Bern 1965.

Müller, Wolfgang Erich: Von der Eigenständigkeit der Neologie Jerusalems, in: Neue Zeitschrift für systematische Theologie und Religionsphilosophie 26 (1984), 289–309.

Müller Nielaba, Daniel (2000): Die Wendung zum Bessern. Zur Aufklärung der Toleranz in Gotthold Ephraim Lessings *Nathan der Weise*, Würzburg.

– (2005): »Aussicht«: Einige Überlegungen zur Lektürepoetologie in der *Erziehung des Menschengeschlechts*, in: Zeuch (Hg.): Lessings Grenzen, 253–265.

Mulsow, Martin (1998): Monadenlehre, Hermetik und Deismus. Georg Schades geheime Aufklärungsgesellschaft 1747–1760, Hamburg.

– (2001): »Die drei Ringe«. Toleranz und clandestine Gelehrsamkeit bei Mathurin Veyssière La Croze, Tübingen.

– (2002): Moderne aus dem Untergrund. Radikale Frühaufklärung in Deutschland 1680–1720, Hamburg.

– (2007): Freigeister im Gottsched-Kreis. Wolffianismus, studentische Aktivitäten und Religionskritik in Leipzig 1740–1745, Göttingen.

– (2009): Lessing und die Apokalypse: Eine Spurensuche, in: Frankfurter Allgemeine Zeitung Nr. 65 (18. März), N4.

– (2010): Lessing, Paalzow und die *Historische Einleitung in die Offenbarung Johannis*, in: Bultmann/Vollhardt (Hgg.): Hamburger »Fragmente« und Wolfenbütteler »Axiomata« (im Druck).

Muncker, Franz: Rezension: Ernst Consentius, Lessing und die Vossische Zeitung, Leipzig 1902, in: Euphorion 9 (1902), 737–748.

Mundt, Lothar: Lemnius und Luther. Studien und Texte zur Geschichte und Nachwirkung ihres Konflikts (1538/39), Bd. 1/2, Bern/ Frankfurt a. M./ New York 1983.

Mugnolo, Domenico: Die Merope-Tragödien Maffeis und Voltaires in Lessings *Hamburgischer Dramaturgie*, in: Italo Michele Battafarano (Hgg.): Deutsche Aufklärung in Italien, Bern/Frankfurt a. M./ New York u. a. 1992, 165–189.

Nagel, Ivan: Selbstmord und Emanzipation. Über Augustins Lucretia und Lessings Emilia, in: Nagel: Gedankengänge als Lebensläufe. Versuche über das 18. Jahrhundert, München 1987, 69–76.

Neiteler, Dieter/Winfried Woesler: Zur Wahl der Textgrundlage einer Neuedition von Lessings *Nathan der Weise*, in: Lessing Yearbook 31 (1999 [2000]), 39–64.

Nenon, Monika: Die Aufnahme Lessings in die Lebensphilosophie Wilhelm Diltheys, in: Albrecht/

Schade (Hgg.): Mit Lessing zur Moderne (2004), 61–66.

Der Neue Pauly. Enzyklopädie der Antike, hg. von Hubert Cancik/Helmuth Schneider, Altertum, Bd. 1, Stuttgart/Weimar 1996 und Bd. 4, Stuttgart/Weimar 1998.

Neugebauer-Wölk, Monika (1995): Esoterische Bünde und Bürgerliche Gesellschaft. Entwicklungslinien zur modernen Welt im Geheimbundwesen des 18. Jahrhunderts, Göttingen.

– (Hg.) (1999): Aufklärung und Esoterik, Hamburg.

Neumann, Gerhard: Nachwort zu: Deutsche Epigramme, hg. von G.N., Stuttgart 1969, 285–355.

Neumann, Peter Horst: Der Preis der Mündigkeit. Über Lessings Dramen. Anhang: Über Fanny Hill, Stuttgart 1977.

Neuß, Raimund: Tugend und Toleranz. Die Krise der Gattung Märtyrerdrama im 18. Jahrhundert, Bonn 1989.

Niefanger, Dirk (2005): Geschichtsdrama der Frühen Neuzeit. 1495–1773, Tübingen.

– (2009): Nicht nur Dokumente der Lessing-Rezeption: Bodmers literaturkritische Metadramen *Polytimet* und *Odoardo Galotti*, in: Lütteken/Mahlmann-Bauer (Hgg.): Bodmer und Breitinger im Netzwerk der europäischen Aufklärung (2009), 410–428.

Niekerk, Carl: Der anthropologische Diskurs in Lessings *Nathan der Weise*, in: Neophilologus 88 (2004), 227–242.

Niewöhner, Friedrich (1988): Veritas sive Varietas. Lessings Toleranzparabel und das Buch Von den drei Betrügern, Heidelberg.

– (1996): Das muslimische Familientreffen. Gotthold Ephraim Lessing und die Ringparabel, oder: Der Islam als natürliche Religion, in: Frankfurter Allgemeine Zeitung, 5. Juni, Nr. 129, N 6.

Nilges, Yvonne: Wie die Briten den Stil gebildet: James Thomson in der »Verdolmetschung« durch Lessing, in: Berthold (Hg.): Lessings Übersetzungen (2008), 81–94.

Nirenberg, Morton: The Opal: Lessing's Ring Reexamined, in: Modern Language Notes 1985 (1970), 686–696.

Nisbet, Hugh B. (1973): Lessing and the Search for Truth, in: Publications of the English Goethe Society N.S. 43, 72–95.

– (1978): Lessing and Pierre Bayle, in: Charles Philip Magill (Hg.): Tradition and Creation. Essays in Honour of Elizabeth Mary Wilkinson, Leeds, 13–29.

– (1979): *De Tribus Impostoribus*: On The Genesis Of Lessing's *Nathan der Weise*, in: Euphorion 73, 365–387.

– (1979): Laocoon in Germany: The Reception of the Group since Winckelmann, in: Oxford German Studies 10, 22–63.

– (1986): Zur Funktion des Geheimnisses in Lessings *Ernst und Falk*, in: Freimark/Kopitzsch/ Slessarev (Hgg.): Lessing und die Toleranz, 291–309.

– (1989): Lessing and Misogyny: *Die Matrone von Ephesus*, in: John L. Hibberd/Hugh B. Nisbet (Hgg.): Texte, Motive und Gestalten der Goethezeit. Festschrift für Hans Reiss, Tübingen, 13–31.

- (1993): Lessing's Ethics, in: Lessing Yearbook 25, 1–40.
- (1999 [2000]): The Rationalisation of the Holy Trinity from Lessing to Hegel, in: Lessing Yearbook 31, 65–89.
- (2005a): Probleme der Lessing-Biographie, in: Stenzel/Lach (Hgg.): Lessings Skandale, 1–19.
- (2005b): Lessings Umgang mit Außenseitern, in: Stenzel/Lach (Hgg.): Lessings Skandale, 79–100.
- (2006): Lessing, *Minna von Barnhelm*, in: Peter Hutchinson (Hg.): Landmarks in German Comedy, Oxford/Bern/Berlin u.a., 37–53.
- (2006): Über die Unvollständigkeit von Lessings *Laokoon*, in: Konrad Feilchenfeldt/Ursula Hudson/York-Gothart Mix/Nicholas Saul (Hgg.): Zwischen Aufklärung und Romantik. Neue Perspektiven der Forschung, Festschrift für Roger Paulin, Würzburg, 371–385.
- (2008): Lessing. Eine Biographie. Aus dem Englischen übersetzt v. Karl S. Guthke, München.
- (2010): On the Rise of Toleration in Europe: Lessing and the German Contribution, in: Modern Language Review 105 (2010) (im Druck).

Noel, Thomas: Theories of the Fable in the Eighteenth Century, New York/London 1975.

Nölle, Volker: Subjektivität und Wirklichkeit in Lessings dramatischem und theologischem Werk, Berlin 1977.

Nolte, Fred Otto (1933): Voltaire's *Mahomet* as a Source of Lessing's *Nathan der Weise* and *Emilia Galotti*, in: Modern Language Notes 48, 152–156.
- (1968): Lessings *Emilia Galotti* im Lichte seiner *Hamburgischen Dramaturgie* (1938), in: G. und S. Bauer (Hgg.): Gotthold Ephraim Lessing, 214–244.

Norden, Eduard: Lessing als klassischer Philologe (1929), in: Norden: Kleine Schriften zum klassischen Altertum, Berlin 1966, 621–638.

Norton, Robert E.: »Ein bitteres Gelächter«. Tragic and Comic Elements in Lessing's *Philotas*, in: Deutsche Vierteljahrsschrift für Literaturwissenschaft und Geistesgeschichte 66 (1992), 450–465.

Och, Gunnar: Lessings Lustspiel *Die Juden* im 18. Jahrhundert, in: Hans-Peter Bayerdörfer (Hg.): Theatralia Judaica. Emanzipation und Antisemitismus als Momente der Theatergeschichte. Von der Lessing-Zeit bis zur Shoah, Tübingen 1992, 42–63.

Oehlke, Waldemar: Lessing und seine Zeit, Bd. 1/2, München 1919 (2. Aufl. 1929).

Oelmüller, Willi: Die unbefriedigte Aufklärung. Beiträge zu einer Theorie der Moderne von Lessing, Kant und Hegel, Frankfurt a.M. 1969.

Off, Carsta: Ein Neuling in der Sammlung des Lessing-Museums Kamenz. Lessings Altersbildnis, in: Lessing Yearbook/Jahrbuch 38 (2008/2009 [2010]), 7–21.

Oschmann, Dirk: »Versinnlichung« der Rede. Zu einem Prinzip aufklärerischer Sprach- und Dichtungstheorie, in: Monatshefte 94 (2002), 286–305.

Osterkamp, Ernst: Nachwort zu: Johann Wolfgang Goethe: Über Laokoon (1798), Nachdruck der Ausgabe von 1896 [...], Stuttgart/Weimar 1998, 1–34.

Ott, Karl August: Lessing und La Fontaine. Von dem Gebrauche der Tiere in der Fabel, in: Germanisch-Romanische Monatsschrift N.F. 9 (1959), 235–266.

Ott, Michael: Das ungeschriebene Gesetz. Ehre und Geschlechterdifferenz in der deutschen Literatur um 1800, Freiburg im Breisgau 2001.

Oz-Salzberger, Fania: Translating the Enlightenment. Scottish Civic Discourse in Eighteenth-Century Germany (Oxford Historical Monographs), 2. Aufl. Oxford 2002.

Pagel, Björn: Lessings *Philotas* und seine produktive Rezeption bei Bodmer und Gleim, analysiert mit Bezug auf die zeitgenössische dramentheoretische Diskussion, Magisterarbeit Hamburg 1991.

Pätzold, Detlev (1985): Lessing und Spinoza. Zum Beginn des Pantheismus-Streits in der deutschen Literatur des 18. Jahrhunderts, in: Manfred Buhr/Wolfgang Förster (Hgg.): Aufklärung – Gesellschaft – Kritik. Studien zur Philosophie der Aufklärung, Bd. 1, Berlin, 298–355.
- (1995): Spinoza – Aufklärung – Idealismus. Die Substanz der Moderne, Frankfurt a.M..

Paetzold, Heinz: Alexander Gottlieb Baumgarten als Begründer der philosophischen Ästhetik, in: Alexander Gottlieb Baumgarten: Meditationes philosophicae de nonnullis ad poema pertinentibus. Philosophische Betrachtungen über einige Bedingungen des Gedichtes, übersetzt und hg. von H.P., Hamburg 1983, VII–LX.

Panofsky, Erwin: Die Perspektive als »symbolische Form«, in: Panofsky: Aufsätze zu Grundfragen der Kunstwissenschaft. Zusammengestellt und hg. von Hariolf Oberer und Egon Verheyen, Berlin 1964, 99–167

Pape, Walter: »Ein *billetdoux* an die ganze Menschheit«. *Christian Felix Weiße und die Aufklärung*, in: Wolfgang Martens (Hg.): Zentren der Aufklärung III: Leipzig. Aufklärung und Bürgerlichkeit, Heidelberg 1990, 267–295.

Passow, Wilfried: Anmerkungen zur Kunst des Theaters und der Regie im deutschen Theater des 18. Jahrhunderts, in: Bender (Hg.): Schauspielkunst im 18. Jahrhundert (1992), 133–145.

Pelters, Wilm: Lessings Standort. Sinndeutung der Geschichte als Kern seines Denkens, Heidelberg 1972.

Perels, Christoph (1971): Gotthold Ephraim Lessing und die *Jenaischen Gelehrten Zeitungen* von 1749 und 1750, in: Jahrbuch der Raabe-Gesellschaft, 7–20.
- (1974): Studien zur Aufnahme und Kritik der Rokokolyrik zwischen 1740 und 1760, Göttingen.

Peter, Hermann: G.E. Lessing und St. Afra, in: Deutsche Rundschau 26 (1881), 366–388.

Peter, Klaus: Friedrich Schlegels Lessing: Zur Wirkungsgeschichte der Aufklärung, in: Bahr/Harris/Lyon (Hgg.): Humanität und Dialog (1982), 341–352.

Petriconi, Hellmuth: Die verführte Unschuld. Bemerkungen über ein literarisches Thema, Hamburg 1953.

Petsch, Robert: Einleitung zu: Lessings Faustdichtung.

Mit erläuternden Beigaben hg. von R.P., Heidelberg 1911, 1–31.

Pfaff, Peter: Theaterlogik. Zum Begriff einer poetischen Weisheit in Lessings *Nathan der Weise*, in: Lessing Yearbook 15 (1983), 95– 109.

Pfeiffer, Rudolf: Die klassische Philologie von Petraca bis Mommsen, aus dem Englischen übertragen von Marlene und Erwin Arnold, München 1982.

Pikulik, Lothar (1966): »Bürgerliches Trauerspiel« und Empfindsamkeit, Köln/Graz.

– (1984): Leistungsethik contra Gefühlskult. Über das Verhältnis von Bürgerlichkeit und Empfindsamkeit in Deutschland, Göttingen.

– (1995): Begriffliche Wahrheit – poetische Wahrheit – Glaubenswahrheit. Zu Theorie und Praxis von Fabel und Parabel bei Lessing, in: Wolfram Malte Fues/Wolfram Mauser (Hgg.): »Verbergendes Enthüllen«. Zu Theorie und Kunst dichterischen Verkleidens. Festschrift für Martin Stern, Würzburg, 77–89.

– (2001): Die Mündigkeit des Herzens. Über die Empfindsamkeit als Emanzipations- und Autonomiebewegung, in: Aufklärung 13, 9–32.

Pinatel, Joseph: Le drame bourgeois en Allemagne au 18me siècle, Lyon 1938.

Piszczatowski, Pawel: Die *Erziehung des Menschengeschlechts* als Entwurf einer Neuen Mythologie, in: Ulrich Wergin/Karol Sauerland (Hgg.): Literatur und Theologie. Schreibprozesse zwischen biblischer Überlieferung und geschichtlicher Erfahrung, Würzburg 2005, 63–71.

Pizer, John: Lessing and the Fable, in: Fischer/Fox (Hgg.): A Companion to the Works of Gotthold Ephraim Lessing, 89–103.

Pockels, Carl Friedrich: Carl Wilhelm Ferdinand, Herzog zu Braunschweig und Lüneburg. Ein biographisches Gemälde dieses Fürsten, Tübingen 1809.

Politzer, Heinz: Lessings Parabel von den drei Ringen (1958), in: G. und S. Bauer (Hgg.): Gotthold Ephraim Lessing (1968), 343–361.

Polledri, Elena: Lessing übersetzt Goldoni? *L'Erede fortunata* und *Die glückliche Erbin*, in: Berthold (Hg.): Lessings Übersetzungen (2008), 59–80.

Pompe, Hedwig: Vom komischen Verlust des Exemplarischen in Lessings Komödie *Der junge Gelehrte*, in: Jens Ruchatz/Stefan Willer/Nicolas Pethes (Hgg.): Das Beispiel. Epistemologie des Exemplarischen, Berlin 2007, 186–207.

Pons, Georges (1964): Gotthold Ephraim Lessing et le Christianisme, Paris.

– (1980): Lessings Auseinandersetzung mit der Apologetik, in: Zeitschrift für Theologie und Kirche 77, 381–411.

Pries, Christine (Hg.): Das Erhabene. Zwischen Grenzerfahrung und Größenwahn, Weinheim 1989.

Primavesi, Oliver: Bild und Zeit. Lessings Poetik des natürlichen Zeichens und die Homerische Ekphrasis, in: Jürgen Paul Schwindt (Hg.): Klassische Philologie *inter disciplinas*. Aktuelle Konzepte zu Gegenstand und Methode eines Grundlagenfaches, Heidelberg 2002, 187–211.

Profitlich, Ulrich: *Fermenta cognitionis*. Zum 95. Stück

der *Hamburgischen Dramaturgie*, in: Lessing Yearbook/Jahrbuch 38 (2008/2009 [2010]), 41–51.

Prutti, Brigitte (1994): *Coup de Théâtre – Coup de Femme* or: What is Lessing's Emilia Galotti dying from?, in: Lessing Yearbook 26, 1–28.

– (1996): Bild und Körper. Weibliche Präsenz und Geschlechterbeziehungen in Lessings Dramen: *Emilia Galotti* und *Minna von Barnhelm*, Würzburg.

Pütz, Peter (1978): Die deutsche Aufklärung, Darmstadt.

– (1986): Die Leistung der Form. Lessings Dramen, Frankfurt a. M.

Raabe, Paul (1977): Lessing und die Gelehrsamkeit. Bemerkungen zu einem Forschungsthema, in: Harris/Schade (Hgg.): Lessing in heutiger Sicht, 65–88.

– (1982): Lessings letztes Lebensjahrzehnt: Überlegungen zu einer Forschungsaufgabe, in: Bahr/Harris/Lyon (Hgg.): Humanität und Dialog, 103–120.

Raabe, Paul/Barbara Strutz (2004): Lessings Bucherwerbungen. Verzeichnis der in der Herzoglichen Bibliothek Wolfenbüttel angeschafften Bücher und Zeitschriften 1770–1781, Göttingen.

– (2007): Lessings Büchernachlaß. Verzeichnis der von Lessing bei seinem Tode in seiner Wohnung hinterlassenen Bücher und Handschriften, Göttingen.

Rädle, Fidel: Lessings *Der junge Gelehrte* auf der Folie des religiösen lateinischen Theaters seiner Zeit, in: Lessing Yearbook 30 (1998 [1999]), 5–10.

Ranke, Wolfgang: Theatermoral. Moralische Argumentation und dramatische Kommunikation in der Tragödie der Aufklärung, Würzburg 2009.

Redekop, Benjamin W.: Enlightenment and Community. Lessing, Abbt, Herder, and the Quest for a German Public, Montreal/London/Ithaca 2000.

Reden-Esbeck, Friedrich Johann Freiherr von: Caroline Neuber und ihre Zeitgenossen. Ein Beitrag zur deutschen Kultur- und Theatergeschichte, Leipzig 1881.

Reed, Terence James: Von den Motoren der Menschheitsgeschichte: Zu Geschwindigkeitsunterschieden im teleologischen Denken des 18. Jahrhunderts, in: Lessing Yearbook 30 (1998 [1999]), 81–89.

Reh, Albert M. (1981): Die Rettung der Menschlichkeit. Lessings Dramen in literaturpsychologischer Sicht, Bern/München.

– (1984): Große Themen in kleiner Form. Gotthold Ephraim Lessings *Rettungen* – eine europäische Apologetik, in: Barner/Reh (Hgg.): Nation und Gelehrtenrepublik, 175–184.

– (1985): *Emilia Galotti* – »großes Exempel der dramatischen Algebra« oder »Algebra der Ambivalenz«?, in: Lessing Yearbook 17, 45–64.

Rehm, Walther (1951a): Götterstille und Göttertrauer. Aufsätze zur deutsch-antiken Begegnung, München.

– (1951b): Römisch-Französischer Barockheroismus und seine Umgestaltung in Deutschland, in: Rehm: Götterstille und Göttertrauer, 11–61; 329–336.

– (1951c): Winckelmann und Lessing, in: Rehm: Götterstille und Göttertrauer, 183–201; 357– 358.

Reichmann, Oskar: Die Konzepte von *Deutlichkeit* und *Eindeutigkeit* in der rationalistischen Sprachtheorie des 18. Jahrhunderts, in: Andreas Gardt/Klaus J. Mattheier/Reichmann (Hgg.): Sprachgeschichte des Neuhochdeutschen. Gegenstände, Methoden, Theorien, Tübingen 1995, 169–197.

Reifenberg, Bernd: Lessing und die Bibliothek, Wiesbaden 1995.

Reinhardt, Hartmut: Märtyrerinnen des Empfindens. Lessings *Miß Sara Sampson* als Fall von Richardson-Rezeption, in: Friedrich/Jannidis/Willems (Hgg.): Bürgerlichkeit im 18. Jahrhundert (2006), 343–375.

Reininger, Anton: Lessings *Minna von Barnhelm* und die französische Komödie des 18. Jahrhunderts, in: Studia theodisca 11 (2004), 99–142.

Reinitzer, Heimo (Hg.): Johann Melchior Goeze 1717–1786 (Vestigia Bibliae 8), Hamburg 1986.

Reinitzer, Heimo/Walter Sparn (Hgg.): Verspätete Orthodoxie. Über D. Johann Melchior Goeze (1717–1786), Wiesbaden 1989.

Reimarus s. Hermann Samuel Reimarus.

Reiter, Michael: Von der christlichen zur humanistischen Heilsgeschichte. Über G.E. Lessings *Erziehung des Menschengeschlechts*, in: Richard Faber/Eveline Goodman-Thau/Thomas Macho (Hgg.): Abendländische Eschatologie. Ad Jacob Taubes, Würzburg 2001, 165–180.

Rentschler, Robert Eric (1975): Lessing's fragmented norm: A reexamination of *Der junge Gelehrte*, in: The Germanic Review 50, 165–183.

– (1978): Lisette, the Laugher, in: Lessing Yearbook 10 (1978), 46–64.

– (1979): Damon oder die wahre Freundschaft, in: Modern Language Quarterly 40, 155–174.

Reventlow, Henning Graf von (1973): Das Arsenal der Bibelkritik des Reimarus: Die Auslegung der Bibel, insbesondere des Alten Testaments, bei den englischen Deisten, in: Hermann Samuel Reimarus, 44–65.

– (2001): Epochen der Bibelauslegung, Bd. 4: Von der Aufklärung bis zum 20. Jahrhundert, München.

Richel, Veronica (Hg.): Gotthold Ephraim Lessing: Miß Sara Sampson. Erläuterungen und Dokumente, Stuttgart 1985 (ergänzte Ausgabe: 2003).

Richert, Hans-Georg: Die *Declaration of Independence* und Lessings *Ernst und Falk*: eine bare Koinzidenz?, in: Uwe Faulhaber u. a. (Hgg.): Exile and Enlightenment. Studies in German and comparative literature in honor of Guy Stern, Detroit 1987, 77–86.

Richter, Julius: Rückblick aufs Lessingjahr 1929, in: Zeitschrift für Deutschkunde 44 (1930), 562–576.

Richter, Karl (1972): Literatur und Naturwissenschaft. Eine Studie zur Lyrik der Aufklärung, München.

– (1974): Geselligkeit und Gesellschaft in Gedichten des Rokoko, in: Jahrbuch der Deutschen Schillergesellschaft 18, 245–267.

Richter, Simon: Laocoon's Body and the Aesthetics of Pain. Winckelmann, Lessing, Herder, Moritz, Goethe, Detroit 1992.

Rieck, Werner: »Pleißathen« als literarisches Zentrum im 18. Jahrhundert – zur kulturgeschichtlichen Bedeutung Leipzigs in der deutschen Frühaufklärung, in: Stellmacher (Hg.): Stätten deutscher Literatur (1998), 73–95.

Riedel, Manfred: Bürgerliche Gesellschaft, in: Otto Brunner/Werner Conze/Reinhart Koselleck (Hgg.): Geschichtliche Grundbegriffe. Historisches Lexikon zur politisch-sozialen Sprache in Deutschland, Bd. 2, Stuttgart 1975, 719–800.

Riedel, Volker (1976): Lessing und die römische Literatur, Weimar.

– (1979): Lessings *Philotas*, in: Weimarer Beiträge 25, 61–88.

– (1990): Aristoteles, Lessing, Goethe und Fragen der modernen Wirkungsästhetik, in: Weimarer Beiträge 36, 1329–1340.

– (1996a): Literarische Antikenrezeption. Aufsätze und Vorträge, Jena.

– (1996b): Literaturkritik und klassische Philologie bei Lessing, in: Riedel: Literarische Antikenrezeption, 108–117.

– (1996c): Der Tod fürs Vaterland. Lessings *Philotas* und seine Tragödienfragmente mit Stoffen aus der griechischen Geschichte, in: Riedel: Literarische Antikenrezeption, 132–151.

Riedel, Wolfgang (1994): Anthropologie und Literatur in der deutschen Spätaufklärung. Skizze einer Forschungslandschaft, in: Internationales Archiv für Sozialgeschichte der deutschen Literatur, 6. Sonderheft, Forschungsreferate, 3. Folge, 93–157.

– (1994): Erkennen und Empfinden. Anthropologische Achsendrehung und Wende zur Ästhetik bei Johann Georg Sulzer, in: Schings (Hg.): Der ganze Mensch, 410–439.

Rilla, Paul: Lessing und sein Zeitalter, 2. Aufl. Berlin/Weimar 1968 (= Gotthold Ephraim Lessing: Gesammelte Werke, hg. von P.R., Bd. 10).

Ritchie, Gisela F.: Spuren des französischen Dramas bei Lessing, in: Barner/Reh (Hgg.): Nation und Gelehrtenrepublik (1984), 120–137.

Ritter, Heidi: *Minna von Barnhelm* auf dem aufklärerischen deutschen Theater, in: Werner (Hg.): Bausteine zu einer Wirkungsgeschichte (1984), 95–109; 456–460.

Ritter-Santini, Lea (Hg.) (1993): Eine Reise der Aufklärung: Lessing in Italien 1775. Ausstellung in der Herzog August Bibliothek und im Schloßmuseum Wolfenbüttel, Berlin (= Ausstellungskataloge der Herzog August Bibliothek 70).

– (1993a): Lessing und die Wespen. Die italienische Reise eines Aufklärers. Aus dem Italienischen [1991] von Gabriele Kroes-Tillmann, Frankfurt a. M./New York/Paris.

Robertson, John G. (1913/1914): Notes on Lessing's *Beyträge zur Historie und Aufnahme des Theaters*, in: The Modern Language Review 8, 511–532 und 9, 213–222.

– (1939): Lessing's Dramatic Theory, being an Introduction to and Commentary on his *Hamburgische Dramaturgie*, Cambridge (Neudruck 1965).

Robertson, Ritchie: Virtue versus ›Schwärmerei‹ in Lessing's *Emilia Galotti*, in: German Life and Letters 62 (2009), 39–52.

Rochow, Christian Erich (1994): Das Drama hohen Stils. Aufklärung und Tragödie in Deutschland (1730–1790), Heidelberg.

– (1999): Das bürgerliche Trauerspiel, Stuttgart.

Rölleke, Heinz: Die Eiche und das Schwein. Zur Intention einer Lessing-Fabel im Horizont einer neu entdeckten Quelle, in: Euphorion 96 (2002), 251–255.

Roßbach, Nikola: Empfindung zwischen Natur und Kunst. Zu theater- und kulturgeschichtlichen Dynamisierungsprozessen im 18. Jahrhundert am Beispiel von Lessings *Miß Sara Sampson*, in: Lenz-Jahrbuch 12 (2002/2003), 155–171.

Rudloff-Hille, Gertrud (1970): Die authentischen Bildnisse Gotthold Ephraim Lessings, in: Marginalien. Zeitschrift für Buchkunst und Bibliophilie 38, 44–61.

– (1991): Die authentischen Bildnisse Gotthold Ephraim Lessings. Zusammenfassende Darstellung der bis heute bekannt gewordenen Lessing-Portraits, 2. Aufl. Kamenz.

Rudowski, Victor Anthony: Lessing's *Aesthetica in Nuce*. An Analysis of the May 26, 1769, Letter to Nicolai, Chapel Hill 1971.

Rüskamp, Wulf: Dramaturgie ohne Publikum. Lessings Dramentheorie und die zeitgenössische Rezeption von *Minna von Barnhelm* und *Emilia Galotti*. Ein Beitrag zur Geschichte des deutschen Theaters und seines Publikums, Köln/Wien 1984.

van Runset, Ute: Lessing und Voltaire, ein Mißverständnis? Untersuchung eines Einflusses und seiner deutsch-französischen Rezeption, in: Barner/Reh (Hgg.): Nation und Gelehrtenrepublik (1984), 257–269.

Runte, Roseann: *The Matron of Ephesus* in Eighteenth-Century France: The Lady and the Legend, in: Studies in Eighteenth-Century-Culture 6 (1977), 361–375.

Sandys, John Edwin: A History of Classical Scholarship, Vol. 3: The Eighteenth Century in Germany, and the Nineteenth Century in Europe and the United States of America, 3. Aufl. New York/London 1967 (1. Aufl. 1958).

Sanna, Simonetta (1988): Lessings *Emilia Galotti*. Die Figuren des Dramas im Spannungsfeld von Moral und Politik, Tübingen.

– (1992): Von *Miss Sara Sampson* zu *Emilia Galotti*: Die Formen des Medea-Mythos im Lessingschen Theater, in: Lessing Yearbook 24, 45–76.

– (1999): Von der *ratio* zur Weisheit. Drei Studien zu Lessing, Bielefeld.

Saße, Günter (1988): Die aufgeklärte Familie. Untersuchungen zu Genese, Funktion und Realitätsbezogenheit des familialen Wertsystems im Drama der Aufklärung, Tübingen.

– (1993): Liebe und Ehe. Oder: Wie sich die Spontaneität des Herzens zu den Normen der Gesellschaft verhält. Lessings *Minna von Barnhelm*, Tübingen.

– (1993): Das Besondere und das Allgemeine. Lessings Auseinandersetzung mit Diderot über Wahrheit und Wirkung des Dramas, in: Gutjahr/Kühlmann/Wucherpfennig (Hgg.): Gesellige Vernunft, 263–276.

Sauder, Gerhard (1974/1980): Empfindsamkeit. Bd. 1: Voraussetzungen und Elemente, Stuttgart; Bd. 3: Quellen und Dokumente, Stuttgart.

– (1975): Bayle-Rezeption in der deutschen Aufklärung, in: Deutsche Vierteljahrsschrift für Literaturwissenschaft und Geistesgeschichte 49, Sonderheft: 18. Jahrhundert, 83–104.

– (1979): Sozialgeschichtliche Aspekte der Literatur im 18. Jahrhundert, in: Internationales Archiv für Sozialgeschichte der deutschen Literatur 4 (1979), 196–241.

Sauer, August: Das Phantom in Lessings *Faust*, in: Vierteljahrsschrift für Litteraturgeschichte 1 (1888), 13–27.

Scattola, Merio: Was sind *Axiomata*? Lessing und die Suche nach religiöser Wahrheit, in: Bultmann/Vollhardt (Hgg.): Hamburger »Fragmente« und Wolfenbütteler »Axiomata« (2010) (im Druck).

Schade, Richard Erich (1994): Lessing's »Braggart Soldier« Tellheim, in: Carleton Germanic Papers 22, 121–129.

– (1997): Lessing in London: James Johnstones *The Disbanded Officer*, in: Erbepflege in Kamenz 17 (1997), 105–117.

– (2008/2009 [2010]): Living with Lessing, in: Lessing Yearbook/Jahrbuch 38, 259–263.

Schadewaldt, Wolfgang: Furcht und Mitleid? Zur Deutung des Aristotelischen Tragödiensatzes, in: Hermes. Zeitschrift für klassische Philologie 83 (1955), 129–171.

Schieder, Theodor: Friedrich der Große. Ein Königtum der Widersprüche. Frankfurt a.M./Berlin/Wien 1983.

Schiering, Wolfgang: Zur Geschichte der Archäologie, in: Ulrich Hausmann (Hg.): Allgemeine Grundlagen der Archäologie. Begriff und Methode, Geschichte, Problem der Form, Schriftzeugnisse, München 1969, 11–161.

Schilson, Arno (1974): Geschichte im Horizont der Vorsehung. G.E. Lessings Beitrag zu einer Theologie der Geschichte, Mainz.

– (1993): »Glanz der Wahrheit« oder »blendender Stil«? Überlegungen zu Gegenstand und Methode in Lessings Streit mit Goeze, in: Mauser/Saße (Hgg.): Streitkultur, 56–77.

– (1995): Dichtung und (religiöse) Wahrheit: Überlegungen zu Art und Aussage von Lessings Drama *Nathan der Weise*, in: Lessing Yearbook 27, 1–18.

– (1997): » … auf meiner alten Kanzel, dem Theater«. Über Religion und Theater bei Gotthold Ephraim Lessing, Göttingen.

– (1998 [1999]): Denken als Dialog und »produktive Rezeption«. Über die Lektüre von Lessings *Erziehung des Menschengeschlechts*, in: Lessing Yearbook 30, 99–104.

Schings, Hans-Jürgen (1977): Melancholie und Aufklärung. Melancholiker und ihre Kritiker in Erfahrungsseelenkunde und Literatur des 18. Jahrhunderts, Stuttgart.

– (1980): Der mitleidigste Mensch ist der beste Mensch. Poetik des Mitleids von Lessing bis Büchner, München.

– (Hg.) (1994): Der ganze Mensch. Anthropologie und Literatur im 18. Jahrhundert, Stuttgart/Weimar.

- (1996): Die Brüder des Marquis Posa. Schiller und der Geheimbund der Illuminaten, Tübingen.
Schlaffer, Heinz: Der Bürger als Held. Sozialgeschichtliche Auflösungen literarischer Widersprüche, Frankfurt a. M. 1973.
Schlösser, Rudolf: Vom Hamburger Nationaltheater zur Gothaer Hofbühne. 1767–1779. Dreizehn Jahre aus der Entwicklung eines deutschen Theaterspielplans, Hamburg/Leipzig 1895.
Schlossbauer, Frank: Literatur als Gegenwelt. Zur Geschichtlichkeit literarischer Komik am Beispiel Fischarts und Lessings, New York u. a. 1998.
Schmidt, Erich (1897): Die Quellen der »Comischen Einfälle und Züge« Lessing's, in: Sitzungsberichte der Königlich-Preußischen Akademie der Wissenschaften zu Berlin, Berlin, 462–479; 644–645.
- 1923: Lessing. Geschichte seines Lebens und seiner Schriften, Bd. 1/2, 4. Aufl. Berlin, Nd. Hildesheim/Zürich/New York 1983.
Schmidt, Michael: Die »Liebhaberin der Vernunft« und ihr »Rechthaber«, in: Jan T. Schlosser (Hg.): Kulturelle und interkulturelle Dialoge. Festschrift für Klaus Bohnen zum 65. Geburtstag, Kopenhagen/München 2005, 35–51.
Schmidt, M./M. Stallmann: Pietismus, in: Die Religion in Geschichte und Gegenwart, 3. neu bearbeitete Aufl. hg. von Kurt Galling, Bd. 5, Tübingen 1961, Sp. 370–383.
Schmidt-Biggemann, Wilhelm: Lessings origenistische Eschatologie, in: Bultmann/Vollhardt (Hgg.): Hamburger »Fragmente« und Wolfenbütteler »Axiomata« (2010) (im Druck).
Schmiedt, Helmut: Angebundene und freie Poesie. Zur Rhetorik im Goeze-Lessing-Streit, in: Lessing Yearbook 23 (1991), 97–110.
Schmiesing, Ann: Lessing and the Third Reich, in: Fischer/Fox (Hgg.): A Companion to the Works of Gotthold Ephraim Lessing (2005), 261–280.
Schmitt, Axel: »Die Wahrheit rühret unter mehr als einer Gestalt«. Versuch einer Deutung der Ringparabel in Lessings Nathan der Weise ›more rabbinico‹, in: Engel/Ritterhoff (Hgg.): Neues zur Lessing-Forschung (1998), 69–104.
Schmitz, Markus: Die eine Religion in der Mannigfaltigkeit der Riten. Zur Erkenntnistheorie von Cusanus' De pace fidei sowie Lessings Nathan als Ausgangspunkt einer Konzeption des friedlichen Miteinanders verschiedener Religionen, in: Zeuch (Hg.): Lessings Grenzen (2005), 181–195.
Schmitz-Emans, Monika: Boccaccio, Lessing und Pavi@Variationen der Ringparabel, in: Zeuch (Hg.): Lessings Grenzen (2005), 197–222.
Schneider, Ferdinand Josef: Lessing und die monistische Weltanschauung, Halle/Saale 1929 (= Hallesche Universitätsreden 41).
Schneider, Heinrich (1951a): Lessing. Zwölf biographische Studien, München.
- (1951b): Lessing und das Ehepaar Reiske, in: Schneider: Lessing. Zwölf biographische Studien, 110–165; 282–285.
- (1951c): Lessing und die Freimaurer, in: Schneider: Lessing. Zwölf biographische Studien, 166–197; 285–293.

- (1951d): Lessings letzte Prosaschrift, in: Schneider: Lessing. Zwölf biographische Studien, 222–230; 298–300.
- (1951e): Eva Lessing in Wien, in: Schneider: Lessing. Zwölf biographische Studien, 231–244; 300–302.
- (1951f): Gefundene und verschwundene Lessingbriefe, in: Schneider: Lessing. Zwölf biographische Studien, 12–35; 272–275.
- (1951g): Lessing-Bildnisse und ihre Maler, in: Schneider: Lessing. Zwölf biographische Studien, 249–271; 302–304.
Schneider, Helmut J. (1990): Aufklärung der Tragödie. Lessings Philotas, in: Hannelore Mundt/Egon Schwarz/William J. Lillymann (Hgg.): Horizonte. Festschrift für Herbert Lehnert zum 65. Geburtstag, Tübingen, 10–39.
- (1997): Aufklärung und Fiktion in Lessings Ringparabel, in: Helmut Schmiedt/H.J. Schneider (Hgg.): Aufklärung als Form. Beiträge zu einem historischen und aktuellen Problem, Würzburg, 46–63.
- (2000): Gotthold Ephraim Lessing: Nathan der Weise, in: Dramen vom Barock bis zur Aufklärung (Literaturstudium: Interpretationen), Stuttgart, 295–332.
Schneider, Johannes: Lessings Stellung zur Theologie vor der Herausgabe der Wolfenbüttler Fragmente, s'Gravenhage [= Den Haag] 1953.
Schneiders, Werner (1974): Die wahre Aufklärung. Zum Selbstverständnis der deutschen Aufklärung, Freiburg/München.
- (1990): Hoffnung auf Vernunft. Aufklärungsphilosophie in Deutschland, Hamburg.
- (1995): Lexikon der Aufklärung, München.
- (2001): Das Zeitalter der Aufklärung, 2. verb. Aufl. München (1. Aufl. 1997).
Schödlbauer, Ulrich: Herders Paramythien. Vom Grund des Ungenügens an theologischer Rede, in: Theo Elm/Peter Hasubek (Hgg.): Fabel und Parabel. Kulturgeschichtliche Prozesse im 18. Jahrhundert, München 1994, 247–264.
Schön, Erich: Schillers Kabale und Liebe: (K)ein bürgerliches Trauerspiel. Schiller und Otto von Gemmingens Der deutsche Hausvater, in: Friedrich/Jannidis/Willems (Hgg.): Bürgerlichkeit im 18. Jahrhundert (2006), 377–403
Schönborn, Sybille: Christian Fürchtegott Gellert: Die zärtlichen Schwestern, in: Dramen vom Barock bis zur Aufklärung (Literaturstudium: Interpretationen), Stuttgart 2000, 224–250.
Schönborn, Sibylle (Hg.): Gotthold Ephraim Lessing: Minna von Barnhelm. Erläuterungen und Dokumente, Stuttgart 2003.
Schöne, Albrecht: Johann Wolfgang Goethe: Faust. Kommentare. Frankfurt a. M. 1999 (Sonderausgabe der 4. überarbeiteten Auflage von Band 7/2 der Goethe-Ausgabe des Deutschen Klassiker Verlages).
Schönenborn, Martina: Tugend und Autonomie. Die literarische Modellierung der Tochterfigur im Trauerspiel des 18. Jahrhunderts, Göttingen 2004.
Schönert, Jörg: Der Kaufmann von Jerusalem. Zum Handel mit Kapitalien und Ideen in Lessings Nathan der Weise, in: Scientia Poetica 12 (2008), 89–113.

– (2011): Lessing als Philologe: seine Projekte und Publikationen zur Geschichte der deutschen Sprache und Literatur, in: Wulf Oesterreicher/Maria Selig (Hgg.): Geschichtlichkeit von Sprache und Text. Philologie – Disziplingenese – Wissenschaftshistoriographie, München (im Druck).

Schoeps, Julius H.: Moses Mendelssohn, Frankfurt a. M. 1989.

Schöttker, Detlev: Metamorphosen der Freude. Darstellung und Reflexion der Heiterkeit in der Literatur des 18. Jahrhunderts, in: Deutsche Vierteljahrsschrift für Literaturwissenschaft und Geistesgeschichte 72 (1998), 354–375.

Scholz, Heinrich: Einleitung zu: Die Hauptschriften zum Pantheismusstreit zwischen Jacobi und Mendelssohn, hg. von H. Sch., Berlin 1916, IX–CXXVIII.

Schrader, Monika: Sprache und Lebenswelt. Fabeltheorien des 18. Jahrhunderts, Hildesheim/Zürich/New York 1991.

– (2005): Laokoon – »eine vollkommene Regel der Kunst«. Ästhetische Theorien der Heuristik in der zweiten Hälfte des 18. Jahrhunderts: Winckelmann, (Mendelssohn), Lessing, Herder, Schiller, Goethe, Hildesheim/Zürich/New York.

Schröder, Jürgen (1969): Das parabolische Geschehen der *Minna von Barnhelm*, in: Deutsche Vierteljahrsschrift für Literaturwissenschaft und Geistesgeschichte 43, 222–259.

– (1971): *Minna von Barnhelm*. Ästhetische Struktur und »Sprache des Herzens«, in: Lessing Yearbook 3, 84–107.

– (1972): Gotthold Ephraim Lessing. Sprache und Drama, München.

– (1977): Lessing. *Minna von Barnhelm*, in: Walter Hinck (Hg.): Die deutsche Komödie. Vom Mittelalter bis zur Gegenwart, Düsseldorf, 49–65, 368–370.

– (1981): Der »Kämpfer« Lessing. Zur Geschichte einer Metapher im 19. Jahrhundert, in: Göpfert (Hg.): Das Bild Lessings in der Geschichte, 93–114.

Schröder, Winfried: Ursprünge des Atheismus. Untersuchungen zur Metaphysik- und Religionskritik des 17. und 18. Jahrhunderts, Stuttgart/Bad Cannstatt 1998.

Schubart-Fikentscher, Gertrud: Zur Stellung der Komödianten im 17. und 18. Jahrhundert, Berlin 1963.

Schubert, Anselm: Das Ende der Sünde. Anthropologie und Erbsünde zwischen Reformation und Aufklärung, Göttingen 2002.

Schüller, Alexander: »*eins der edelsten meiner Geschöpfe*«. Die Symbolik der Biene in deutschen Fabeln des 18. Jahrhunderts, in: David Engels/Carla Nicolaye (Hgg.): Ille operum custos. Kulturgeschichtliche Beiträge zur antiken Bienensymbolik und ihrer Rezeption, Hildesheim/Zürich/New York 2008, 223–261.

Schürmann, Eva/Norbert Waszek/Frank Weinreich (Hgg.): Spinoza im Deutschland des achtzehnten Jahrhunderts. Zur Erinnerung an Hans-Christian Lucas, Stuttgart-Bad Cannstatt 2002.

Schüsseler, Matti: Unbeschwert aufgeklärt. Scherzhafte Literatur im 18. Jahrhundert, Tübingen 1990.

Schulte-Sasse, Jochen (1972): Der Stellenwert des Briefwechsels in der Geschichte der deutschen Ästhetik, in: Gotthold Ephraim Lessing, Moses Mendelssohn, Friedrich Nicolai: Briefwechsel über das Trauerspiel, hg. und kommentiert von J.S.-S., München, 168– 237.

– (1975): Literarische Struktur und historisch-sozialer Kontext. Zum Beispiel Lessings *Emilia Galotti*, Paderborn.

– (1980): Drama, in: Rolf Grimminger (Hg.): Hansers Sozialgeschichte der deutschen Literatur 3, 304–326.

Schultz, H. Stefan: The unknown manuscript of *Emilia Galotti* and other Lessingiana, in: Modern Philology 47 (1949), 88–97.

Schultze, Harald (1962): Toleranz und Orthodoxie. Johan Melchior Goeze in seiner Auseinandersetzung mit der Theologie der Aufklärung, in: Neue Zeitschrift für systematische Theologie 4, 197–219.

– (1982): Lessings Gottesgedanke und der Pantheismus, in: Thomas Höhle (Hg.): Lessing und Spinoza, Halle/Saale, 28–42.

– (2001): »Zufällige Geschichtswahrheiten«. Lessing und Semler im Streit, in: Zeitschrift für Theologie und Kirche 98, 449–463.

Schulz, Georg-Michael: Tugend, Gewalt und Tod. Das Trauerspiel der Aufklärung und die Dramaturgie des Pathetischen und des Erhabenen, Tübingen 1988.

Schulz, Günter (Hg.): Lessing und der Kreis seiner Freunde, Heidelberg 1985.

Schulz, Ursula: Lessing auf der Bühne. Chronik der Theateraufführungen 1748–1789, Bremen/Wolfenbüttel 1977.

Schuppener, Georg: Lessings Beitrag zur Entwicklung des Wortschatzes unter besonderer Berücksichtigung seiner Übersetzungen, in: Berthold (Hg.): Lessings Übersetzungen (2008), 1–19.

Schweizer, Hans Rudolf: Ästhetik als Philosophie der sinnlichen Erkenntnis. Eine Interpretation der *Aesthetica* A.G. Baumgartens mit teilweiser Wiedergabe des lateinischen Textes und deutscher Übersetzung, Basel/Stuttgart 1973.

Schweizer, Niklaus Rudolf: The Ut pictura poesis Controversy in Eighteenth-Century England and Germany, Bern/Frankfurt a. M. 1972.

Seeba, Hinrich C. (1973): Die Liebe zur Sache. Öffentliches und privates Interesse in Lessings Dramen, Tübingen.

– (2005): Modern Criticism in Historical Context: 200 Years of Lessing Reception, in: Fischer/Fox (Hgg.): A Companion to the Works of Gotthold Ephraim Lessing, 327–349.

Segreff, Klaus-Werner: Moses Mendelssohn und die Aufklärungsästhetik im 18. Jahrhundert, Bonn 1984.

Seiffert, Hans Werner: Neues über Lessings Literaturbriefe, in: Festschrift zur 250. Wiederkehr der Geburtstage von Johann Wilhelm Ludwig Gleim und Magnus Gottfried Lichtwer. Beiträge zur deutschen Literatur des 18. Jahrhunderts, hg. vom Gleimhaus, Halberstadt 1969, 65–79.

Sichtermann, Hellmut: Laokoon. Einführung, Stuttgart 1964 (= Werkmonographien zur bildenden Kunst 101).

Siebert, Donald T.: *Laokoon* and *Polymetis*: Lessing's Treatment of Joseph Spence, in: Lessing Yearbook 3 (1971), 71–83.

Siegrist, Christoph: Das Lehrgedicht der Aufklärung, Stuttgart 1974.

Simon, Ralf: Nathans Argumentationsverfahren. Konsequenzen der Fiktionalisierung von Theorie in Lessings *Nathan der Weise*, in: Deutsche Vierteljahrsschrift für Literaturwissenschaft und Geistesgeschichte 65 (1991), 609–635.

Simonis, Linda: Die Kunst des Geheimen. Esoterische Kommunikation und ästhetische Darstellung im 18. Jahrhundert, Heidelberg 2002.

Slessarev, Helga: Lessing und Hamburg. Wechselbeziehungen zweier »Persönlichkeiten«, in: Lessing Yearbook 13 (1981), 1–67.

Sloterdijk, Peter: Gottes Eifer. Vom Kampf der drei Monotheismen, Frankfurt a. M. und Leipzig 2007.

Smith, John H.: Lessings didaktisch-dialektisches Testament für uns, »die wir itzt leben«; oder: How »Erziehung« Makes a Difference, in: Lessing Yearbook 30 (1998 [1999]), 105–116.

Spalding, Almut: Elise Reimarus (1735–1805). The Muse of Hamburg. A Woman of the German Enlightenment, Würzburg 2005.

Specht, Rolf: Die Rhetorik in Lessings »Anti-Goeze«. Ein Beitrag zur Phänomenologie der Polemik. Bern/Frankfurt a. M./New York 1986.

Spitz, Hans-Jörg: Lessings Fabeln in Prolog- und Epilogfunktion, in: Helmut Rücker/Kurt Otto Seidel (Hgg.): »Sagen mit Sinne«. Festschrift für Marie-Luise Dittrich zum 65. Geburtstag, Göppingen 1976, 291–327.

Sørensen, Bengt Algot (1954): Das deutsche Rokoko und die Verserzählung im 18. Jahrhundert, in: Euphorion 48, 125–152.

– (1984): Herrschaft und Zärtlichkeit. Der Patriarchalismus und das Drama im 18. Jahrhundert, München.

Sørensen, Bengt Algot: Lessings *Laokoon* und Winckelmann, in: Lessing Yearbook 2004/2005 (2006), 69–78.

Staats, Reinhart: Der theologiegeschichtliche Hintergrund des Begriffes »Tatsache«, in: Zeitschrift für Theologie und Kirche 70 (1973), 316–345.

Stackelberg, Jürgen von (1996): Metamorphosen des Harlekin. Zur Geschichte einer Bühnenfigur, München.

– (2000): Drei Fabel-Repliken (La Fontaine, Samaniego, Lessing und Kleist), in: von Stackelberg: Gegendichtungen. Fallstudien zum Phänomen der literarischen Replik, Tübingen, 22–36.

Stadelmaier, Gerhard: Lessings Gemetzel. Verheerungen eines Gutewichts: Wiener Uraufführung von Tankred Dorsts »Schattenlinie«, in: F.A.Z. Nr. 25 (30.1.1995), 30.

Stahr, Adolf: G.E. Lessing. Sein Leben und seine Werke, Bd. 1/2, 8. Aufl. Berlin 1877 (1. Aufl. 1859).

Staiger, Emil: Lessing: *Minna von Barnhelm*, in: Staiger: Die Kunst der Interpretation. Studien zur deutschen Literaturgeschichte, 4. Aufl. München 1977, 63–82.

Stauf, Renate: »O Galotti, wenn Sie mein Freund, mein Führer, mein Vater seyn wollten!« Über die versäumte Fürstenerziehung in Lessings *Emilia Galotti*, in: Kulturelle Konfigurationen. Conrad Wiedemann zum 65. Geburtstag. Germanisch-Romanische Monatsschrift N.F. 52/1 (2002), 129–151.

Steigerwald, Jörn: Schwindelgefühle. Das literarische Paradigma der »Darstellung« als Anthropologicum (Klopstock, Sulzer, Herz, Hoffmann), in: Thomas Lange/Harald Neumeyer (Hgg.): Kunst und Wissenschaft um 1800, Würzburg 2000, 109–131.

Steiner, Uwe: Poetische Theodizee. Philosophie und Poesie in der lehrhaften Dichtung im achtzehnten Jahrhundert, München 2000.

Steinke, Hubert/Urs Boschung/Wolfgang Proß (Hgg.): Albrecht von Haller. Leben – Werk – Epoche, 2. Aufl. Göttingen 2008.

Steinmetz, Horst (1969): Einleitung zu: Lessing – ein unpoetischer Dichter, hg. von H. St., Frankfurt a. M./Bonn, 13–45.

– (1972): Aufklärung und Tragödie. Lessings Tragödien vor dem Hintergrund des Trauerspielmodells der Aufklärung, in: Amsterdamer Beiträge zur neueren Germanistik 1, 3–41.

– (1977): Emotionalität versus Rationalität: Gegensätze zwischen Theorie und Praxis des Dramas bei Lessing, in: Harris/Schade (Hgg.): Lessing in heutiger Sicht, 165–168.

– (1978): Die Komödie der Aufklärung, 3. Aufl. Stuttgart.

– (1979) (Hg.): Gotthold Ephraim Lessings *Minna von Barnhelm*. Dokumente zur Rezeptions- und Interpretationsgeschichte, Königstein/Ts..

– (1979a): Literaturgeschichte und Sozialgeschichte in widersprüchlicher Verschränkung: Das Hamburger Nationaltheater, in: Internationales Archiv für Sozialgeschichte der deutschen Literatur 4, 24–36.

– (1987): Verstehen, Mißverstehen, Nichtverstehen. Zum Problem der Interpretation, vornehmlich am Beispiel von Lessings *Emilia Galotti*, in: Germanisch-Romanische Monatsschrift N.F. 37, 387–398.

– (1987a): Das deutsche Drama von Gottsched bis Lessing. Ein historischer Überblick, Stuttgart.

– (1990): Impliziter und expliziter sozialer Appell im bürgerlichen Trauerspiel in Frankreich und Deutschland (Diderot und Lessing), in: Krebs/Valentin (Hgg.): Théâtre, nation et société, 59–72.

– (1993): Die Sache, die Person und die Verselbständigung des kritischen Diskurses. Offene und versteckte Antriebe und Ziele in Lessings Streitschriften, in: Mauser/Saße (Hgg.): Streitkultur, 484–493.

– (1998): Lessing. Lebenslauf ohne Biographie, in: Jürgen Fohrmann (Hg.): Lebensläufe um 1800, Tübingen, 91–103.

Stellmacher, Wolfgang (Hg.): Stätten deutscher Literatur. Studien zur literarischen Zentrenbildung 1750–1815, Frankfurt a. M./Berlin/Bern/New York/Paris/Wien 1998.

Stenzel, Jürgen (1993): Auseinandersetzung in Lessings frühen Schriften, in: Mauser/Saße (Hgg.): Streitkultur, 494–500.

– (2000): Kleine Welt – Große Welt. Gotthold Ephraim – Lessing. Versuch einer Festrede, in: Erbepflege in Kamenz 20, 13–35.

Stenzel, Jürgen/Roman Lach (Hgg.): Lessings Skandale, Tübingen 2005.

Stephan, Inge: »So ist die Tugend ein Gespenst«. Frauenbild und Tugendbegriff im bürgerlichen Trauerspiel bei Lessing und Schiller, in: Lessing Yearbook 17 (1985), 1–20.

Stern, Martin: ›Kein Dolchstoss ins Herz des Absolutismus‹ – Überlegungen zum bürgerlichen Trauerspiel anhand von Lessings *Emilia Galotti* und Schillers *Kabale und Liebe*, in: Krebs/Valentin (Hgg.): Théâtre, nation et société (1990), 91–106.

Sternberg, Meir: The *Laokoon* Today: Interart Relations, Modern Projects and Projections, in: Poetics Today 20 (1999), 291–379.

Sternberger, Dolf: Über eine Fabel von Lessing (1950), in: Sternberger: Figuren der Fabel. Essays, Frankfurt a. M. 1990, 60–78.

Stiening, Gideon (1998): Die »Härte der höchsten Gegensätze« im patriotischen Heroismus. Zur Bedeutung staatstheoretischer Dimensionen in Lessings *Philotas*, in: Barbara Bauer/Wolfgang G. Müller (Hgg.): Staatstheoretische Diskurse im Spiegel der Nationalliteraturen von 1500 bis 1800, Wiesbaden, 169–211.

– (2002): »Werden Sie lieber ganz sein Freund«. Zur Bedeutung von Lessings Spinoza-Rezeption, in: Eva Schürmann/Norbert Waszek/Frank Weinrich (Hgg.): Spinoza im Deutschland des achtzehnten Jahrhunderts. Zur Erinnerung an Hans-Christian Lucas, Stuttgart/Bad Cannstatt, 193–220.

Stierle, Karlheinz: Das bequeme Verhältnis. Lessings *Laokoon* und die Entdeckung des ästhetischen Mediums, in: Gebauer (Hg.): Das Laokoon-Projekt (1984), 23–58.

Stockinger, Ludwig: Gottscheds Stellung in der deutschen Literaturgeschichte, in: Kurt Nowak/Ludwig Stockinger (Hgg.): Gottsched-Tag. Wissenschaftliche Veranstaltung zum 300. Geburtstag von Johann Christoph Gottsched, Stuttgart/Leipzig 2002, 15–49.

Stockmayer, Karl Hayo von: Das deutsche Soldatenstück des 18. Jahrhunderts seit Lessings *Minna von Barnhelm*, Weimar 1898.

van Stockum, Theodor Cornelis (1916): Spinoza – Jacobi – Lessing. Ein Beitrag zur Geschichte der deutschen Literatur und Philosophie im 18. Jahrhundert, Groningen.

– (1962): Lessings Dramenentwurf *Die Matrone von Ephesus*, in: Neophilologus 46, 125–134.

Stollberg-Rilinger, Barbara: Europa im Jahrhundert der Aufklärung, Stuttgart 2000.

Straßner, Erich: Zeitschrift. Tübingen 1997.

Strohschneider-Kohrs, Ingrid (1989): Lessings letzter Brief an Moses Mendelssohn. Text und Kontext, in: Disiecta Membra. Studien Karlfried Gründer zum 60. Geburtstag, Basel.

– (1991): Vernunft als Weisheit. Studien zum späten Lessing, Tübingen.

– (1994): Lessing und Mendelssohn in ihrer Spätzeit, in: Michael Albrecht/Eva J. Engel/ Norbert Hinske (Hgg.): Moses Mendelssohn und die Kreise seiner Wirksamkeit, Tübingen, 269–290.

– (1999a): Poesie und Reflexion. Aufsätze zur Literatur, Tübingen.

– (1999b): Die überwundene Komödiantin in Lessings Lustspiel (1975), in: Strohschneider-Kohrs: Poesie und Reflexion, 95–115.

– (1999c): Lessings Selbstdeutungsbilder (1995), in: Strohschneider-Kohrs: Poesie und Reflexion, 139–158.

– (1999d): »Doppelreflexion« und »sokratische Ironie« in Lessings Spätschriften, in: Strohschneider-Kohrs: Poesie und Reflexion, 159–195.

– (2001): Lessing und Mendelssohn. Eine Freundschaft von historischem Rang, in: Biblische Notizen 109, 83–98.

– (2002): Lessings Hiob-Deutungen im Kontext des 18. Jahrhunderts, in: Edith Stein Jahrbuch 8, 255–268.

– (2003 [2004]): Nathan – »wie Melchisedek«. Lessings Brief an Herder vom Januar 1779. Text und Kontext, in: Lessing Yearbook 35, 119–136.

– (2005): Lessings dictum memorandum von »unsern Irrthümern«. Hinweise auf eine Grenzerfahrung, in: Zeuch (Hg.): Lessings Grenzen, 233–251.

– (2009): Historische Wahrheit der Religion. Hinweise zu Lessings Erziehungsschrift, Göttingen.

– (2010): Zur Logik der Erziehungs-Schrift. Widerspruch oder Kohärenz?, in: Bultmann/Vollhardt (Hgg.): Hamburger »Fragmente« und Wolfenbütteler »Axiomata« (im Druck).

Strube, Werner: Der Begriff des Erhabenen in der deutschsprachigen Ästhetik des 18. Jahrhunderts, in: Lothar Kreimendahl (Hg.): Aufklärung und Skepsis. Studien zur Philosophie und Geistesgeschichte des 17. und 18. Jahrhunderts. Günter Gawlick zum 65. Geburtstag, Stuttgart/Bad Cannstatt 1995, 272–302.

Stümcke, Heinrich: Die Nachwirkungen von Lessings Nathandichtung in der dramatischen Literatur, in: Die Fortsetzungen, Nachahmungen und Travestien von Lessings *Nathan der Weise*, hg. von H. St., Berlin 1904, XIII–LVI.

Suesse-Fiedler, Sigrid: Lessings *Nathan der Weise* und sein Leser: Eine wirkungsästhetische Studie, Stuttgart 1980.

Suphan, Bernhard: Aus der Zeit der Spinoza-Studien Goethes. 1784–85, in: Goethe Jahrbuch 12 (1891), 3–12.

Szondi, Peter: Die Theorie des bürgerlichen Trauerspiels im 18. Jahrhundert. Der Kaufmann, der Hausvater und der Hofmeister, hg. von Gert Mattenklott, Frankfurt a. M. 1973.

Taylor, Charles: Ein säkulares Zeitalter. Aus dem Englischen von Joachim Schulte, Frankfurt a. M. 2009 (Originalausg.: 2007).

Teller, Jürgen: Das Losungswort Spinoza. Zur Pantheismusdebatte zwischen 1780 und 1787, in: Hans-Dietrich Dahnke/Bernd Leistner (Hgg.): Debatten und Kontroversen. Literarische Auseinandersetzungen in Deutschland am Ende des 18. Jahrhunderts, Berlin/Weimar 1989, Bd. 1, 135–192.

Ter-Nedden, Gisbert (1986): Lessings Trauerspiele. Der Ursprung des modernen Dramas aus dem Geist der Kritik, Stuttgart.

– (2007): *Philotas* und *Aias*, oder Der Kriegsheld im

Gefangenendilemma. Lessings Sophokles-Modernisierung und ihre Lektüre durch Gleim, Bodmer und die Germanistik, in: Adam/Dainat (Hgg.): »Krieg ist mein Lied«. Der Siebenjährige Krieg in den zeitgenössischen Medien, 317–378.

– (2010): Lessings dramatisierte Religionsphilosophie. Ein philologischer Kommentar zu _Emilia Galotti_ und _Nathan der Weise_, in: Bultmann/Vollhardt (Hgg.): Hamburger »Fragmente« und Wolfenbütteler »Axiomata« (im Druck).

– (2010): Lessings Meta-Fabeln und Bodmers _Lessingische Unäsopische Fabeln_ oder Das Ende der Fabel als Lese-Literatur, in: Dirk Rose (Hg.): Europäische Fabeln des 18. Jahrhunderts zwischen Pragmatik und Autonomisierung. Tradition, Formen, Perspektiven, Bucha bei Jena, 159–205.

– (2011): Minna von Barnhelm, in: Ter-Nedden: G.E. Lessing: Dramen, Berlin 2011 (= Klassiker-Lektüren; geplanter Erscheinungstermin).

Tgahrt, Reinhard u.a.: Weltliteratur. Die Lust am Übersetzen im Jahrhundert Goethes. Eine Ausstellung des Deutschen Literaturarchivs im Schiller-Nationalmuseum Marbach am Neckar, München 1982 (= Marbacher Kataloge 37).

Thielicke, Helmut: Offenbarung, Vernunft und Existenz. Studien zur Religionsphilosophie Lessings, 3. erweiterte Aufl. Gütersloh 1957 (5. Aufl. 1967).

Thomke, Hellmut: Lessings Fragment _Samuel Henzi. Ein Trauerspiel_, in: Peter Csobádi/Gernot Gruber/Jürgen Kühnel u.a. (Hgg.): Das Fragment im (Musik-)Theater: Zufall und/oder Notwendigkeit? Vorträge und Gespräche des Salzburger Symposions 2002, Anif/Salzburg 2005, 167–176.

Thyssen, Erwin: Christlob Mylius. Sein Leben und Wirken. Diss. Marburg 1912 (Teildruck).

Timm, Hermann (1974): Gott und die Freiheit. Studien zur Religionsphilosophie der Goethezeit, Bd. 1: Die Spinozarenaissance, Frankfurt a.M..

– (1982): Eine theologische Tragikomödie. Lessings Neuinszenierung der Geistesgeschichte, in: Zeitschrift für Religions- und Geistesgeschichte, 1–17.

Torra-Mattenklott, Caroline: Metaphorologie der Rührung. Ästhetische Theorie und Mechanik im 18. Jahrhundert, München 2002.

Trappen, Stefan: Von der persuasiven Rhetorik zur Ausdruckssprache. Beobachtungen zum Wandel der Formensprache in Lessings Trauerspielen, in: Colloquium Helveticum 30 (1999), 67–87.

Treskow, Isabella von (2000): Zur Entstehung von Lessings Fabelkonzeption. Die Auseinandersetzung mit La Fontaine und seinen Nachfolgern am Beispiel von _Der Rabe und der Fuchs_, in: Archiv für das Studium der neueren Sprachen und Literaturen 237, 1–23.

– (2002): Der Zorn des Andersdenkenden. Pierre Bayle, das »Historisch-Kritische Wörterbuch« und die Entstehung der Kritik, in: Richard van Dülmen/Sina Rauschenbach (Hgg.): Denkwelten um 1700. Zehn intellektuelle Profile, Köln/Weimar/Wien, 1–21.

Trillmich, Rudolf: Christlob Mylius. Ein Beitrag zum Verständnis seines Lebens und seiner Schriften. Diss. Halle 1914.

Tumarkin, Anna (1930): Die Überwindung der Mimesislehre in der Kunsttheorie des XVIII. Jahrhunderts. Zur Vorgeschichte der Romantik, in: Harry Maync (Hg.): Festgabe Samuel Singer. Überreicht zum 12. Juli 1930 von Freunden und Schülern, Tübingen, 40–55.

– (1933): Der Ästhetiker Johann Georg Sulzer, Frauenfeld/Leipzig.

Unger, Rudolf: Zur Geschichte des Palingenesiegedankens im 18. Jahrhunderts, in: Deutsche Vierteljahrsschrift für Literaturwissenschaft und Geistesgeschichte 2 (1924), 257–274.

Unger, Thorsten: »Es ist theatralischer Unsinn.« Die _Emilia-Galotti_-Lektüre des Prinzen August von Sachsen-Gotha und Altenburg, in: Lessing Yearbook 31 (1999 [2000]), 11–37.

Utz, Peter: Das Auge und das Ohr im Text. Literarische Sinneswahrnehmung in der Goethezeit, München 1990.

Vail, Curtis C.D. (1934): Originality in Lessing's _Theatralische Bibliothek_, in: The Germanic Review 9, 96–101.

– (1935): Lessing and Montiano, in: Journal of English and Germanic Philology 34, 233–237.

Valentin, Jean-Marie (1985): Lessing et le Théâtre Français dans la _Dramaturgie de Hambourg_. Système des Genres et Renouveau de la Comédie, in: Jean Moes/Jean-Marie Valentin (Hgg.): De Lessing a Heine. Un siècle de relations littéraires et intellectuelles entre la France et l'Allemagne, Paris, 31–59.

– (2010): Introduction. Le théâtre, le national et l'humain, in: Gotthold Ephraim Lessing: _Dramaturgie de Hambourg_, traduction, introduction et commentaire par J.-M.V., Paris, IX–CXXVI.

Valjavec, Fritz: Die Entstehung der politischen Strömungen in Deutschland 1770–1815. Mit einem Nachwort von Jörn Garber, Kronberg/ Ts. 1978 (zuerst 1951).

Verweyen, Theodor: Emanzipation der Sinnlichkeit im Rokoko? Zur ästhetik-theoretischen Grundlegung und funktionsgeschichtlichen Rechtfertigung der deutschen Anakreontik, in: Germanisch-Romanische Monatsschrift N.F. 25 (1975), 276–306.

Verweyen, Theodor/Gunther Witting: Das Epigramm. Zum Problem von Struktur und Funktion am Beispiel seiner Geschichte, in: Dieter Lamping/Dietrich Weber (Hgg.): Gattungstheorie und Gattungsgeschichte. Ein Symposion, Wuppertal 1990, 259–295.

Vierhaus, Rudolf (1984): Staaten und Stände. Vom Westfälischen bis zum Hubertusburger Frieden 1648 bis 1763, Berlin.

– (1987a): Deutschland im 18. Jahrhundert. Politische Verfassung, soziales Gefüge, geistige Bewegungen. Ausgewählte Aufsätze, Göttingen.

– (1987): Montesquieu in Deutschland. Zur Geschichte seiner Wirkung als politischer Schriftsteller im 18. Jahrhundert [zuerst 1965], in: Vierhaus: Deutschland im 18. Jahrhundert, 9–32; 262–267.

– (1998 [1999]): Lessing und Elise Reimarus, in: Lessing Yearbook 30, 161–170.

Vietta, Silvio: Literarische Phantasie: Theorie und Geschichte. Barock und Aufklärung, Stuttgart 1986.

Villwock, Jörg: Lessings Fabelwerk und die Methode seiner literarischen Kritik, in: Deutsche Vierteljahrsschrift für Literaturwissenschaft und Geistesgeschichte 60 (1986), 60–87.

Vincenti, Leonello: Lessings *Philotas* (1937), in: G. und S. Bauer (Hgg.): Gotthold Ephraim Lessing (1968), 196–213.

Voges, Michael: »Notitzen« oder »critische Anmerkungen«? – Noch einmal zu Lessings *Sechstem Freimaurergespräch*, in: Deutsche Vierteljahrsschrift für Literaturwissenschaft und Geistesgeschichte 55 (1981), 135–149.

Vollhardt, Friedrich (1991): Das theologiekritische Spätwerk Lessings: Hinweise zu neueren Forschungen, in: The German Quaterly 64, 220–224.

– (2001): Selbstliebe und Geselligkeit. Untersuchungen zum Verhältnis von naturrechtlichem Denken und moraldidaktischer Literatur im 17. und 18. Jahrhundert, Tübingen 2001.

– (2002): Kritik der Apologetik. Ein vergessener Zugang zum Werk G.E. Lessings, in: Alt u.a. (Hgg.): Prägnanter Moment, 29–47.

– (2006): Lessings Lektüre. Anmerkungen zu den *Rettungen*, zum *Faust*-Fragment, zu der Schrift über *Leibnitz von den ewigen Strafen* und zur *Erziehung des Menschengeschlechts*, in: Euphorion 100, 359–393.

– (2006): Reimarus, Lessing und einige der Folgen, in: Günter Frank/Anja Hallacker/Sebastian Lalla (Hgg.): Erzählende Vernunft, Berlin, 329–340.

– (2009): Wahrheit suchen, skeptisch bleiben. Zu Hugh Barr Nisbets Lessing-Biographie, in: Merkur. Deutsche Zeitschrift für europäisches Denken 718, 254–260.

– (2010): ›Enthusiasmus der Spekulation‹. Zur fehlenden Vorgeschichte von Lessings Erziehungslehre, in: Bultmann/Vollhardt (Hgg): Hamburger »Fragmente« und Wolfenbütteler »Axiomata« (im Druck).

Voss, Karl-Ludwig: Christianus Democritus. Das Menschenbild bei Johann Conrad Dippel. Ein Beispiel christlicher Anthropologie zwischen Pietismus und Aufklärung, Leiden 1970.

Waetzold, Wilhelm: Deutsche Kunsthistoriker. Von Sandrart bis Rumohr, Leipzig 1921.

Waldberg, Max von: Zu Lessings *Theatralischer Bibliothek*, in: Zeitschrift für Deutschkunde 38 (1924), 163–169.

Walter, Wolfgang (Hg.): Hermann Samuel Reimarus 1694–1768. Beiträge zur Reimarus-Renaissance in der Gegenwart, Göttingen 1998.

Wasson, Adam: Dying between the Lines: Infinite Blindness in Lessing's *Laokoon* and Burke's *Enquiry*, in: Poetics Today 20 (1999), 175–195.

Weber, Peter (1970): Das Menschenbild des bürgerlichen Trauerspiels. Entstehung und Funktion von Lessings *Miß Sara Sampson*, Berlin.

– (1970): Lessings *Minna von Barnhelm*. Zur Interpretation und literarhistorischen Charakteristik des Werkes, in: Hans-Günther Thalheim/Ursula Wertheim (Hgg.): Studien zur Literaturgeschichte und Literaturtheorie, Berlin, 10–57.

Weder, Christine: Ein manipulierter Versuch: Das Märchen vom Experiment in Lessings *Nathan* und die naturwissenschaftliche Methodenlehre der »durch Fleiß hervorgebrachten Erfahrung«, in: Deutsche Vierteljahrsschrift für Literaturwissenschaft und Geistesgeschichte 82 (2008), 237–261.

Weidmann, Heiner: Ökonomie der ›Großmut‹. Geldwirtschaft in Lessings *Minna von Barnhelm* und *Nathan dem Weisen*, in: Deutsche Vierteljahrsschrift für Literaturwissenschaft und Geistesgeschichte 68 (1994), 447–461.

Weigand, Hermann J.: Warum stirbt Emilia Galotti?, in: Weigand: Fährten und Funde. Aufsätze zur deutschen Literatur, hg. von A. Leslie Willson, Bern/München 1967, 39–50 (zuerst 1929).

Weigand, Kurt: Einleitung zu: Montesquieu, Charles-Louis de Secondat, Baron de: Vom Geist der Gesetze, eingeleitet, ausgewählt und übersetzt von K.W., Stuttgart 1965, 3–85.

Weigl, Engelhard: Schauplätze der deutschen Aufklärung. Ein Städterundgang, Reinbek bei Hamburg 1997.

Weimar, Klaus: »Bürgerliches Trauerspiel«. Eine Begriffserklärung im Hinblick auf Lessing, in: Deutsche Vierteljahrsschrift für Literaturwissenschaft und Geistesgeschichte 51 (1977), 208–221.

Wellbery, David E. (1984): Lessing's *Laokoon*. Semiotics and Aesthetics in the Age of Reason, Cambridge/London/New York u.a..

– (1993): The Pathos of Theory: *Laokoon* Revisited, in: I. Hoesterey/U. Weisstein (Hgg.): Intertextuality: German Literature and Visual Art from the Renaissance to the Twentieth Century, Columbia, 47–63.

– (1994): Das Gesetz der Schönheit. Lessings Ästhetik der Repräsentation, in: Christiaan L. Hart Nibbrig (Hg.): Was heißt »Darstellen«?, Frankfurt a.M., 175–204.

Wentzlaff-Mauderer, Isabelle: Wenn statt des Mundes Augen reden. Sprachlosigkeit und nonverbale Kommunikation in *Miss Sara Sampson* (1755), *Düval und Charmille*, *Kabale und Liebe* (1784) und *Penthesilea* (1808), München 2001.

Werner, Hans-Georg (Hg.) (1984a): Bausteine zu einer Wirkungsgeschichte: Gotthold Ephraim Lessing, Berlin/Weimar.

– (1984b): *Minna von Barnhelm* in der Geschichte des ernsthaften Lustspiels, in: Werner (Hg.): Bausteine zu einer Wirkungsgeschichte, 50–94; 452–456.

– (1984c): Ideelle Formen der marxistischen Lessing-Aneignung in der DDR, in: Werner (Hg.): Bausteine zu einer Wirkungsgeschichte, 401–441; 503–510.

– (1986): Lessing und Forster: »Was Blut kostet ist gewiß kein Blut wert«. Kommentar zu einer Stelle aus *Ernst und Falk*, in: Hallesche Studien zur Wirkung von Sprache und Literatur 13, 31–42.

– (1987): Die Paradoxie der Vernunft. Lessings *Ernst und Falk*: Höhe- und Endpunkt der literarischen Aufklärung in Deutschland, in: Weimarer Beiträge 33, 574–598.

Wertheim, Ursula: Lessings Trauerspiel *Emilia Galotti* und das *Henzi*-Fragment. Zum Problem des bürgerlichen Helden, in: Wissenschaftliche Zeitschrift der Friedrich-Schiller-Universität 30 (1981), 65–78.

Wessell, Leonard P. (1973): »Geist« and »Buchstabe« as Creative Principles in Lessing's Dramaturgy, in: Lessing Yearbook 5, 107–146.

– (1977): G.E. Lessing's Theology. A Reinterpretation. A Study in the Problematic Nature of the Enlightenment, Den Haag/Paris.

– (1983): Lessing as an Aesthetic Thinker: An Essay on the Systematic Structure of Lessings Aesthetics. Part I: The Philosophical Background, in: Lessing Yearbook 15, 177–211.

Wessels, Hans-Friedrich: Lessings *Nathan der Weise*. Seine Wirkungsgeschichte bis zum Ende der Goethezeit, Königstein/Ts. 1979.

Whiton, John: Tellheim and the Russians: Aspects of Lessing's Response to the Seven Years' War in *Minna von Barnhelm*, in: Lessing Yearbook 17 (1985), 89–108.

Wieckenberg, Ernst-Peter (2004): Angst vor der Aufklärung? Der Hamburger Hauptpastor Goeze und die aufgeklärten Theologen, in: Helwig Schmidt-Glintzer (Hg.): Aufklärung im 21. Jahrhundert. Vorträge, Wiesbaden, 107–153.

– (2007): Johan Melchior Goeze, Hamburg.

– (2010): Wahrheit und Rhetorik. Lessings Theologiekritik im Fragmentenstreit, in: Bultmann/Vollhardt (Hgg.): Hamburger »Fragmente« und Wolfenbütteler »Axiomata« (im Druck).

Wiedemann, Conrad (1967): Polyhistors Glück und Ende. Von Daniel Georg Morhof zum jungen Lessing, in: Heinz Otto Burger/Klaus von See (Hgg.): Festschrift Gottfried Weber. Zu seinem 70. Geburtstag überreicht von Frankfurter Kollegen und Schülern, Bad Homburg v.d.H./Berlin/Zürich, 215–235.

– (1967): Ein schönes Ungeheuer. Zur Deutung von Lessings Einakter *Philotas*, in: Germanisch-Romanische-Monatsschrift N. F. 17, 381–397.

– (1984): Lessings italienische Reise, in: Barner/ Reh (Hgg.): Nation und Gelehrtenrepublik, 151–162.

– (1991): Zwischen Nationalgeist und Kosmopolitismus. Über die Schwierigkeiten der deutschen Klassiker, einen Nationalhelden zu finden, in: Aufklärung 4/2: Patriotismus, 75–101.

Wiegand, Julius: Epigramm, in: Reallexikon der deutschen Literaturgeschichte, 2. Aufl. hg. von Werner Kohlschmidt und Wolfgang Mohr, Bd. 1, Berlin 1958, 374–379.

Wierlacher, Alois (1967): Zum Gebrauch der Begriffe »Bürger« und »bürgerlich« bei Lessing, in: Neophilologus 51, 147–155.

– (1968): Das bürgerliche Drama. Seine theoretische Begründung im 18. Jahrhundert, München.

– (1973): Das Haus der Freude oder Warum stirbt Emilia Galotti?, in: Lessing Yearbook 5, 147–162.

Wiese, Benno von: Die Deutsche Tragödie von Lessing bis Hebbel: Erster Teil: Tragödie und Theodizee, zweiter Teil: Tragödie und Nihilismus, 6. Aufl. Hamburg 1964 (1. Aufl. 1948).

Wild, Christopher (2000): Der theatralische Schleier des Hymens. Lessings bürgerliches Trauerspiel *Emilia Galotti*, in: Deutsche Vierteljahrsschrift für Literaturwissenschaft und Geistesgeschichte 74, 189–220.

– (2002 [2003]): Geburt der Theaterreform aus dem Geist der Theaterfeindlichkeit: Der Fall Gottsched, in: Lessing Yearbook 34, 57–77.

– (2003): Theater der Keuschheit – Keuschheit des Theaters. Zu einer Geschichte der (Anti-)Theatralität von Gryphius bis Kleist, Freiburg im Breisgau.

de Wild, Henk: Tradition und Neubeginn. Lessings Orientierung an der europäischen Tradition, Amsterdam 1986.

Wilke, Jürgen: Literarische Zeitschriften des 18. Jahrhunderts (1688–1789), Teil 2: Repertorium, Stuttgart 1978.

Will, Timotheus: Lessings dramatisches Gedicht *Nathan der Weise* und die Philosophie der Aufklärungszeit. Paderborn/München/Wien/Zürich 1999.

Willems, Marianne (1993): Der »herrschaftsfreie Diskurs« als »opus supererogatum«. Überlegungen zum Interaktionsethos des ›bloß Menschlichen‹, in: Mauser/Saße (Hgg.): Streitkultur, 540–551.

– (2006): Individualität – ein bürgerliches Orientierungsmuster. Zur Epochencharakteristik von Empfindsamkeit und Sturm und Drang, in: Friedrich/ Jannidis/Willems (Hgg.): Bürgerlichkeit im 18. Jahrhundert, 171–200.

Wilms, Wilfried: Im Griff des Politischen – Konfliktfähigkeit und Vaterwerdung in *Emilia Galotti*, in: Deutsche Vierteljahrsschrift für Literaturwissenschaft und Geistesgeschichte 76 (2002), 50–73.

Wittkowski, Wolfgang (1985): Bürgerfreiheit oder -feigheit? Die Metapher des »langen Weges« als Schlüssel zum Koordinatensystem in Lessings politischem Trauerspiel *Emilia Galotti*, in: Lessing Yearbook 17, 65–87.

– (1991): Theodizee und Tugend: *Minna von Barnhelm* oder: Worum es in Lessings Dramen geht, in: Sprachkunst 22, 177–201.

Woesler, Winfried (1978): Lessings *Miß Sara Sampson* und Senecas *Medea*, in: Lessing Yearbook 10, 75–93.

– (1993): Zur Ringparabel in Lessings *Nathan*. Die Herkunft der Motive, in: Wirkendes Wort 43, 557–568.

– (2001): Brauchen wir eine neue Ausgabe von Lessings Briefwechsel?, in: Werner M. Bauer/ Johannes John/Wolfgang Wiesmüller (Hgg.): »Ich an Dich«: Edition, Rezeption und Kommentierung von Briefen, Innsbruck, 75–94.

– (2001): Lessing und Patzkes *Virginia* (1755), in: Franciszek Grucza (Hg.): Tausend Jahre polnisch-deutsche Beziehungen. Sprache – Literatur – Kultur – Politik. Materialen des Millennium-Kongresses 5.–8. April 2000, Warschau, 594–604.

– (2001): Brauchen wir eine neue Ausgabe von Lessings Briefwechsel?, in: Werner M. Bauer u.a. (Hgg.): »Ich an Dich«. Edition, Rezeption und Kommentierung von Briefen, Innsbruck 2001, 75–94.

– (2004/05 [2006]): Die Lachmann-Munckersche Ausgabe des Lessing-Briefwechsels aus heutiger Sicht – Das Problem der verlorenen Briefe, in: Lessing Yearbook/Jahrbuch 36, 97–107.

Woesler, Winfried/Ute Schönberger: Wie könnte

eine neue Lessing-Ausgabe aussehen?, in: Ariane Neuhaus-Koch/Gertrude Cepl-Kaufmann (Hgg.): Literarische Fundstücke. Wiederentdeckungen und Neuentdeckungen. Festschrift für Manfred Windfuhr, Heidelberg 2002, 11–31.

Woessner, Hans Peter: Lessing und das Epigramm, Diss. Zürich 1978.

Worvill, Romira: ‚Seeing' speech: illusion and the transformation of dramatic writing in Diderot and Lessing, Oxford 2005.

Wosgien, Gerlinde Anna: Literarische Frauenbilder von Lessing bis zum Sturm und Drang. Ihre Entwicklung unter dem Einfluß Rousseaus, Frankfurt a. M./Berlin/Bern/New York/Paris/Wien 1999.

Wünsche, August: Der Ursprung der Parabel von den drei Ringen, in: Livius Fürst/Arnold Bodek (Hgg.): Lessing-Mendelssohn-Gedenkbuch [...], hg. vom Deutsch-Israelitischen Gemeindebund, Leipzig 1879, 329–349.

Wurst, Karin A. (1988): Familiale Liebe ist die ›wahre Gewalt‹. Die Repräsentation der Familie in G.E. Lessings dramatischem Werk, Amsterdam.

– (1990): Abwesenheit-Schweigen-Tötung: Die Möglichkeiten der Frau? Lessings Funktionalisierung literarischer Klischees, in: Orbis Litterarum 45, 113–127.

– (2005): Gender and Identity in Lessing's Dramas, in: Fischer/Fox (Hgg.): A Companion, 231–257.

Wustmann, G.: Die Verbannung des Harlekin durch die Neuberin, in: Schriften des Vereins für die Geschichte Leipzigs 2 (1878), 149–163.

Wuthenow, Ralph-Rainer: Die gebändigte Flamme. Zur Wiederentdeckung der Leidenschaften im Zeitalter der Vernunft, Heidelberg 2000.

Yasukata, Toshimasa: Lessing's Philosophy of Religion and the German Enlightenment. Lessing on Christianity and Reason, Oxford 2002.

Zander, Helmut: Geschichte der Seelenwanderung in Europa, Darmstadt 1999.

Zarychta, Pawel: »Spott und Tadel«. Lessings rhetorische Strategien im antiquarischen Streit, Frankfurt a. M./Berlin/Bern u. a. 2007.

Zelle, Carsten (1991): Einleitung zu: Immanuel Jacob Pyra: Über das Erhabene, hg. von C.Z., Frankfurt a. M./Bern/New York/Paris, 7–35.

– (1995): Die doppelte Ästhetik der Moderne. Revisionen des Schönen von Boileau bis Nietzsche, Stuttgart.

– (1999): Verwöhnter Geschmack, schauervolles Ergötzen und theatralische Sittlichkeit. Zum Verhältnis von Ethik und Ästhetik in Moses Mendelssohns ästhetischen Schriften, in: Anselm Gerhard (Hg.): Musik und Ästhetik im Berlin Moses Mendelssohns, Tübingen, 97–115.

– (2008/2009 [2010]): »Ein deutscher Voltaire«. Karl

Viëtors Lessingbild im Gedenkjahr 1929 und dessen geistesgeschichtliche Voraussetzungen. *Mit einem Anhang: [Karl Viëtor:] »Lessing. Zum 200. Geburtstag«*, in: Lessing Yearbook/Jahrbuch 38, 67–104.

Zeller, Rosmarie: Die Rezeption des antiken Dramas im 18. Jahrhundert. Das Beispiel der Merope (Maffei, Voltaire, Lessing), in: Flashar (Hg.): Tragödie (1997), 142–160.

Zeman, Herbert: Die deutsche anakreontische Dichtung. Ein Versuch zur Erfassung ihrer ästhetischen und literarhistorischen Erscheinungsformen im 18. Jahrhundert, Stuttgart 1972.

Zeuch, Ulrike: Der Affekt – Tyrann des Ichs oder Befreier zum wahren Selbst? Zur Affektenlehre im Drama und in der Dramentheorie nach 1750, in: Fischer-Lichte/Schönert (Hgg.): Theater im Kulturwandel des 18. Jahrhunderts (1999), 69–89.

Zeuch, Ulrike (Hg.): Lessing Grenzen. Wiesbaden 2005.

Ziegler, Klaus: Das deutsche Drama der Neuzeit, III. Die Aufklärung, 3. Lessing, in: Wolfgang Stammler (Hg.): Deutsche Philologie im Aufriß, Bd. 2, 2. Aufl. Berlin 1960, Sp. 2092– 2113.

Zielke, Oxana (Hg.): Nathan und seine Erben. Beiträge zur Geschichte des Toleranzgedankens in der Literatur. Festschrift für Martin Bollacher, Würzburg 2005.

Zimmermann, Rolf Christian (1969): Das Weltbild des jungen Goethe. Studien zur hermetischen Tradition des deutschen 18. Jahrhunderts, Bd. 1: Elemente und Fundamente, München.

– (1986): Über eine bildungsgeschichtlich bedingte Sichtbehinderung bei der Interpretation von Lessings *Miß Sara Sampson*, in: Wolfgang Wittkowski (Hg.): Verlorene Klassik? Ein Symposium, Tübingen, 255–285.

– (1992): Die Devise der wahren Gelehrsamkeit. Zur satirischen Absicht von Lessings Komödie *Der junge Gelehrte*, in: Deutsche Vierteljahrsschrift für Literaturwissenschaft und Geistesgeschichte 66, 283–299.

Ziolkowski, Theodore: Language and Mimetic Action in Lessing's *Miss Sara Sampson*, in: The Germanic Review 40 (1965), 261–276.

Zum Europäer Lessing. Vortragsreihe der Lessing-Akademie (13. Mai – 24. Juni 2009), mit Beiträgen von Stephanie Catani, Jutta Golawski-Braungart, Helmut Berthold und Thomas Martinec und einem Vorwort von Christoph Helm, Wolfenbüttel 2010 (= Wolfenbütteler Vortragsmanuskripte 9).

Zunkel, Friedrich: Ehre, Reputation, in: Otto Brunner/Werner Conze/Reinhart Koselleck (Hgg.): Geschichtliche Grundbegriffe. Historisches Lexikon zur politisch-sozialen Sprache in Deutschland, Bd. 2, Stuttgart 1975, 1–63.

Werkregister

Sachregister

Namenregister